KB210646

탈무드

The Talmud: A Selection

Originally English language edition first published
by Penguin Books Ltd, London

Translation, introduction and notes copyright © Norman Solomon 2009
The author has asserted his moral rights

This Korean Edition © 2021 by Kyujang Publishing Company

노먼 솔로몬

규장

일러두기

1. 대괄호 [ ] 사용 : 독자의 이해를 돕기 위해 원서에 삽입된 내용으로, 탈무드 본문에 속하지 않으며 추측에 따른 것이다.

2. 성경 구절 표기 : 원서에는 JPS(Jewish Publication Society)와 KJV(King James Version) 및 저자의 번역이 혼용되었으나, 이 책에서는 기본적으로 개역개정을 따랐다(단, 저자가 무슨 성경을 참고했는지 알 수 있도록 JPS나 KJV를 표시하여 밝혔다). 번역된 성구가 개역개정과 다를 경우에는 ( ) 안에 개역개정을 따로 표기했다. 성경의 장절은 개역개정에 맞추었다.

3. 서체 구분 :
   이탤릭체 – 모든 편집 자료
   고딕체 – 성경의 인용
   볼드체 – 미쉬나와 타나임 본문

4. 들여쓰기 : 탈무드 자체의 본론에서 벗어나는 내용이나 논평 등은 한 단 들여쓰기했다. 벗어나는 내용에서 또 벗어나는 내용이거나 그에 대한 논평, 혹은 후대 편집자나 필사자가 삽입한 내용은 한 단 더 들여쓰기했다.

5. 참고 사항 표기 : 소책자 이름 뒤에 장과 문단을 콜론(:)으로 표시하거나, 페이지와 면수(탈무드 원전 기준)를 표기했다. 예를 들어, '베라코트(*Berakhot*) 4:2'는 소책자 베라코트의 4장 2문단을 의미하며, '베라코트 31a'는 베라코트의 31페이지 a면을 의미한다(필요한 경우에는 본문 좌우 여백에 표기해 두었다).

6. 인용부호 : 탈무드 원전에는 인용부호가 없으나, 독자의 이해를 위하여 필요한 부분에 일부 인용부호를 삽입했으며, 이하 많은 부분은 생략했다.

7. 용어 해설은 책의 맨 뒤쪽 '용어 해설'에 가나다순으로 정리했다.

   그 밖의 더 자세한 표기 사항은 이 책 서론의 54-58쪽을 참고하라.

역자 서문

탈무드는 주전 200년대부터 대략 7세기 동안 이스라엘과 바빌로니아에서 축적된 유대 율법과 전승을 담고 있는 권위 있는 책이며, 토라(모세오경)에 대한 주석인 미쉬나와 미쉬나에 대한 랍비들의 해석인 게마라를 포함한다. 전통적으로 탈무드는 바빌로니아 탈무드(바브리[Bavli])와 예루살렘 탈무드(예루샬미[Yerushalmi])로 나뉘는데, 대체로 예루살렘 탈무드는 도외시됐고 바빌로니아 탈무드가 인정받아왔다. 본 탈무드는 바빌로니아 탈무드에서 발췌했다.

노먼 솔로몬이 선택하여 번역하고 편집한 이 탈무드는 다음의 몇 가지 특징을 지니는데, 이 특징들은 독자들이 이 책을 선택해야 할 주요한 이유가 되기도 한다.

무엇보다, 이 책에는 탈무드 텍스트만이 아니라 탈무드를 이해할 수 있는 훌륭한 안내가 포함되어 있다. 우선 탈무드 전반에 대한 서론을 포함한다. 이는 독자들이 탈무드가 어떻게 배열됐는지, 어떤 역사를 지니는지, 어떤 사람들이 탈무드에 기여했는지, 탈무드의 사회적·역사적 배경이 어떠한지를 이해하는 데 도움을 준다. 이런 안내는 간략하지만 매우 전문적이며 권위 있는 내용을 담고 있어, 탈무드의 초보자도 이해하기 쉽다. 또한 각 주요 섹션 앞부분의 간략한 소개의 글은 읽을 내용에 대한 훌륭한 안내 역할을 한다. 탈무드는 방대한 내용 때문에 텍스트를 취사선택할 수밖에 없는데, 텍스트 앞에 나오는 소개의 글을 통해 전반적인 내용을 이해할 수 있어서 큰 도움이 된다.

텍스트 뒤에 나오는 정보 역시 매우 유용하다. 특히 탈무드에 등장하는 히브리어 용어는 입문자들이 이해하기에는 어려움이 있는데, 이런 용어에 대한 해설을 실어서 독자들이 충분히 이해할 수 있도록 돕고 있다. 탈무드 텍스트를 읽기 전에 이런 내용을 숙지하며 탈무드에 대한 전반적인 이해를 먼저 얻는다면 탈무드를 더욱 흥미진진하게 읽을 수 있을 것이다.

이 책은 탈무드에 대한 완역본이 아닌 선집이지만, 최대한 탈무드의 전체 구조를 반영하고 있다. 이러한 구성은 탈무드의 틀을 이해하는 데 큰 도움이 된다. 미쉬나는 여섯 개의 주요 주제(Order)로 구성되고, 각 주제는 다시 여러 소책자(tractate)로 구성되는데, 탈무드는 이런 구조를 반영하고 있으며, 이 책은 물론 이런 구조를 이해할 수 있도록 구성됐다. 실제 탈무드는 63개의 소책자(tractate)로 구성되어 방대한 양을 자랑하는데, 이를 적절하게 축약하기란 거의 불가능에 가깝다. 그런데도 읽을 만한 분량으로 축약한 노먼 솔로몬의 노고에 감사하지 않을 수 없다.

마지막으로 노먼 솔로몬의 인상적인 표현을 인용하는 것으로 마치려 한다.

"탈무드는 본질적으로 책이 아니라 활동이다."

탈무드를 단순한 문학작품으로 읽기보다는 참여하는 활동으로 읽어야 한다는 것이다. 탈무드는 무엇보다 유대인의 정체성과 관계 깊은 토라를 신중하게 다루는데, 이 탈무드를 어떻게 접근해야 할지를 단적으로 보여주는 표현이라고 할 수 있다. 오늘날의 독자들이 탈무드를 기록한 본래의 목적과 의도에 충실할 때 더욱 풍성하게 탈무드를 읽으며 즐길 수 있지 않겠는가!

임요한

서문

탈무드는 가톨릭교회가 종종 검열하고 때로 금지하며 불태웠던 책으로, 좀처럼 인정받지 못하고 적절하게 이해되지 못했던 책이다. 그러나 탈무드는 후기 고대의 가장 영향력 있는 저작 가운데 하나이다. 탈무드는 인간의 삶의 모든 양상을 다루고 밝혀주는데, 표면상으로는 법전이지만, 참신할 정도로 인간적인 문서이다.

탈무드를 이렇게 전적으로 새롭게 번역하고 축약하는 작업은 내게 커다란 기쁨을 가져다주었다. 그러나 이로 말미암아 약간의 어려운 문제도 제기됐다. 특히, 히브리어와 아람어로 간략하고 종종 모호한 주석이 달린 5,500쪽(현대판)의 많은 분량을, 어떻게 10분의 1도 안 되는 양으로 알기 쉽게 줄일 것인가가 난제였다. 발췌는 불가피하게 개인적인 선입견을 반영할 수밖에 없었으며, 각자 선호도가 다른 내용을 내가 임의로 생략한 것에 대해 사과한다. 내 목적은 다채로운 양식을 보여주면서도 각각의 중요한 주제에서 가치 있는 내용을 최대한 포함하는 것이었다. 이 책의 특징은 탈무드의 63개 소책자에서 각각 발췌한 내용이 전통적인 순서에 따라 배열되었다는 것이다. 따라서 독자가 전체 저작의 범위와 구조를 감상하는 데 도움이 될 것이다.

사람들은 다양한 이유로 탈무드를 읽는다. 경건한 유대인들에게 이것은 경건의 행위이다. 즉, 당신이 항상 이해할 수 있는 것은 아니더라도, "여호와의 율법을 묵상"(시 1:2)하는 것은 고결한 행위이다. 분명히 많은 다프 요미(Daf Yomi, 유대인들에게 탈무드 전체를 7년 반에 걸쳐 하루 한쪽씩 읽게 할 목적으로 1923년 랍비 메이르 샤피라[Meir Shapira]가 시작한 국제적인 프로그램) 독자들은 이 범주에 들 수 있다. 그리 종교적이지 않은 사람들은 탈무드를 개인의 정체성을 탐구할 목적으로 읽거나 역사, 인류학, 법의 원천으로 읽을 수도 있을 것이다. 어쩌면 논쟁의 방식이 마음을 수련하는 데 적합하다고 생각할 수도 있다.

탈무드를 연구하는 데는 여러 방법이 있다. 신학자는 자신의 종교적 해석을 뒷받침하는 자료를 찾으려고 탈무드를 사용할 수도 있고, 전통적인 유대인은 종교적 규율에서 실제적인 지침을 찾으려고 할 것이다. 반면에 학자는 역사적, 언어학적, 문학적, 사회학적 기술을 이용하여 탈무드의 발전 단계를 밝히고 인간 역사의 더 폭넓은 맥락에 자리매김하게 할 것이다.

물론 전통적이든 학문적이든 이용 가능한 학문의 분량이 너무 방대하여 각각 한 가지 사례 이상 제공될 수 없지만, 이 모든 접근이 이 책에 반영된다. 여기서는 역사적인 사실에 강조점을 둘 것이다. 따라서 우리는 탈무드의 랍비들이 누구였고, 그들이 무엇을 달성하고자 했으며, 그들은 어떤 종류의 세계에 살았고, 그들은 어떻게 그 세계를 인식했는가를 물어보는 것에서부터 시작해야만 한다. 이런 이유에서 지도, 삽화, 연표들이 포함되었다. 탈무드는 완벽한 형태로 하늘에서 떨어진 것이 아니라, 모든 근심, 혼란과 불안전함을 내포하면서 실제 사람들 사이와 이 세계에 존재하게 됐다.

본문은 문학적 구성을 신중하게 고려하지 않고서는 적절하게 이해될 수 없다. 즉, 누가 실제로 탈무드의 구성 문서들을 편집했는지를 고려해야 한다. 또 그들의 동기는 무엇이며 문서들은 어떻게 전달됐고 역사적 현실과 어떻게 관련되는지 고려해야 한다.

대부분의 독자는 이전에는 탈무드를 읽지 않았을 것이다. 어떤 이는 탈무드를 부분적으로만 읽고 이해하려고 노력했을 것이며, 또 어떤 이는 탈무드를 수용했고 이미 그 세계에 익숙하다고 느낄 것이다. 나는 여기에 그들 모두에게 가치 있는 것이 있기를 바란다. 랍비들이 현명하게 주장하듯이(*Hagiga* 3a), 새로운 것을 하나도 찾을 수 없는 학교는 없다. 그러므로 아마도 학식이 있는 자들도 이 책에서 그들의 지식을 위한 새로운 관점을 찾게 될 것이다. 또는 그들이 여기에서 실수를 찾을 수도 있으며, 이 경우 그들이 나를 수정해줄 것이다.

하지만 만약 당신이 이 낯선 세계에 새로 온 사람이라면, 당신은 어디에서 시작할 것인가? 종종 불리는 대로 '탈무드의 바다'에 당신은 어떻게 첫발을 내디딜 것인가? 당신은 당신이 본래 가진 위트와 호기심, 열린 마음 외에도 당신의 여정을 위한 한 가지 장비가 필요할 것이다. 그것은 성경(구약성경)이다. 당신이 가진 어떤 번역을 사용해도 좋지만 정확하게 이 책의 번역과 일치하지 않는다고 해서 놀라지마라. 현인들(탈무드의 랍비들이 더욱 적절한 호칭이겠지만)은 성경을 히브리어로 읽고 그 단어와 관용구에서 뉘앙스를 골라내는데, 이는 원어에 익숙하지 않은 독자들에게는 파악하기 어려울 수 있다. 나는 성경을 종종 자유롭게 그들의 해석과 일치하도록 번역했다.

첫 페이지에서 출발할 필요는 없다. 탈무드는 순차적인 방식으로 기록되지 않았기 때문이다. 여기저기 읽어라. 그러면 곧 당신의 시선을 끄는 것을 발견할 것이다. 아마도 학교에서 일어나는 사건에 대한 재미있는 일화나(탈무드에는 일반적으로 생각하는 것보다 훨씬 많은 유머가 있다)[1] 예상치 못한 지혜의 보석을 찾게 될 것이다. 이것을 당신의 출발점으로 삼아라. 무작위로 책을 펼쳐서 탈무드의 범위와 리듬 가운데 어떤 것을 선택하라. 마구 뛰어들어 마음껏 즐겨라. 당신은 몇 번 손발을 휘저어보다가 곧 수영할 수 있다는 것을 알게 될지도 모른다.

이 책이 당신을 데려다주는 것보다 당신이 더 나아가기를 원한다면 인도자가 필요할 것이다. 이 책을 다 읽을 때쯤이면 누가 당신을 더 나아갈 수 있도록 인도할 것인지, 또 누가 당신을 길에서 벗어나게 할 것 같은지를 분별할 수 있어야 한다.

무엇보다, 이 책을 즐겨라! 랍비들은 토라가 드러난 날의 기쁨보다 더 큰 기쁨은 없다고 말한다. 토라를 어디에서 연구하든지 그 기쁨의 가치는 존재한다.

나는 수 세기에 걸쳐 탈무드를 설명하는 데 힘을 쏟은 많은 랍비와 학자들에게 빚을 졌다. 무엇보다 개인적으로 나와 함께 본문 연구의 특권과 자극을 누렸던 교사들, 친구들, 학생들에게 헤아릴 수 없는 빚을 졌다는 것을 인정한다.

펭귄출판사의 편집부와 함께 일하게 된 것은 매우 유익했으며 즐거웠다. 나는 아담 프로이든하임, 엘리자베스 메리먼, 린데스 베이시에게 감사하고 싶다. 그들은 내가 바라던 대로 '축소판 탈무드'를 너무 어렵지 않고 읽을 만하게 출판할 수 있도록 큰 도움을 주었다. 특히 린은 문체와 내용에서 일관적이지 못한 부분을 해결하고 모호함을 없애는 데 대단한 인내를 발휘했다.

내 아내 힐러리 니센바움 박사의 지속적인 지지와 격려가 없었다면 나는 결코

이 저서를 마치지 못했을 것이다.

또한, 히브리 성경(2nd edition, Philadelphia: Jewish Publication Society, 1999)의 번역을 사용하도록 허락해준 유대 출판협회(Jewish Publication Society)에도 감사 드린다.

노먼 솔로몬

contents

첫째 주제
제라임 (ZERAIM, 씨앗들)

둘째 주제
모에드 ((MO'ED, 정한 때)

셋째 주제
나쉼 (NASHIM, 여자)

넷째 주제
네지킨 (NEZIQIN, 상해)

다섯째 주제
코다쉼 (QODASHIM, 거룩한 것들)

여섯째 주제
토호로트(TOHOROT, 정결)

서론

바빌로니아 탈무드는 그 핵심이 미쉬나이며 성경 다음으로 유대교의 고전적인 문헌이다. 성경이 해라면 탈무드는 그 빛을 반사하는 달이다. 탈무드의 권위는 성경을 옳게 해석한다는 그 주장에서 도출된다.

유대교는 확고하게 성경, 즉 그리스도인들이 '구약성경'이라고 부르는 저작으로 구성된 히브리 성경에 뿌리를 둔다. 하지만 유대교를 '구약의 종교'로 묘사하는 것은 적절하지 못하다. 그것은 마치 누군가 셰익스피어의 작품(아마도 일본어판)을 읽고서 자신이 현대 영국 문화나 미국 문화의 정수를 이해했다고 생각하는 것과 같다. 셰익스피어의 희곡이 영어를 사용하는 세계의 현대 문화에 중대하고도 본질적인 역할을 했다는 것은 누구도 부인하지 않을 것이다. 그러나 이러한 공헌이 현대의 전체적인 실재에 해당한다고 생각하는 것은 오해이다. 다른 자료에서 유래한 모든 부분뿐만 아니라 셰익스피어 이전과 이후의 수 세기의 발전을 무시하는 것이다.

마찬가지로, 유대교는 거룩한 경전이 포괄한 시기 이후나 심지어 기독교가 대두한 이후에도 변하지 않고 남아 있는 것은 아니다. 현재까지 유대교는 변화하는 역사적 상황에 반응하고 주변 문화와 상호작용하면서 계속 발전해왔다. 히브리 성경의 언어는 여전히 살아있고, 어휘는 각 세대와 함께 새로운 차원의 의미를 발달시키고 확장하며 얻어내는 가운데, 전통과 연속성 모두에 기여하고 있다. 구약 신학, 즉 그리스도인들이 고대 이스라엘의 종교적 사상을 이해하려는 시도는 완벽하게 적절한 연구 분야이지만, 유대교의 연구는 아니다.

탈무드를 포함해서 랍비 문헌들은 '종교'나 '유대교'라는 용어를 가리키는 히브리어 동위어를 거의 사용하지 않고, 대신에 '토라'를 말한다. 히브리어 단어 '토라'는 종종 '율법'으로 번역되지만, 이것은 오해를 일으키기 쉽다. '가르침' 또는 '길'이 더 낫다. 그러나 이 단어는 법이나 도덕적 가르침이라는 특정 주제, 또는 성경의 첫 다섯 권의 문헌('모세의 다섯 권의 책', 기록된 토라), 또는 전수된 전통 전체를 가리킬 수도 있다. 나는 이것을 번역하지 않은 채로 둘 것이다.

탈무드의 유대교와 성경의 명백한 의미 사이에는 차이점이 많이 있다. 예를 들어, 히브리 성경은 죽음 후의 삶에 대해 명백하게 말하지 않는다. 우리가 기대하는 맥락에서도 그런 가능성에 대한 암시가 거의 없다. 하지만 탈무드를 편찬한 랍비들은 죽음 후의 삶에 대한 신앙이 성경에서는 암묵적이지만 토라에서는 근본적인 것으로 간주했다. 미래의 삶은 신실한 자들에게는 궁극적인 행복의 장소이며 악인들에게는 고통의 장소라고 판에 박히게 언급했다. 또 다른 사례는 형사법에서 도출할 수 있다. 성경은 "눈은 눈으로"(출 21:24)라는 규칙을 규정하고 일정한 범죄에 대해 사형을 요구한다. 하지만 탈무드는 이 구절의 문자적 해석을 지지하지 않는다. 이론상 사형을 유지하더라도 실천에서 거의 불가능할 정도로 그 적용을 제한한다(*Bava Qama* 83b; 497쪽을 보라[1]).

구전 토라

랍비의 가르침과 성경의 관계는 복합적이다. 이는 명백히 현인들을 괴롭혔다. 주후 3세기에 이 이슈를 다루려는 시도에서 이중적 토라(Dual Torah)라는 개념이 만들어졌다.[2] 이에 따르면, 하나님이 모세에게 지시하신 기록된 토라(창세기-신명기)와 나란히, 시내산에서 하나님에게 받은 구전 토라가 있다. 이 구전은 기록된 말씀을 완성하면서 이어지는 수 세대의 신실한 선생들을 통해 수 세기 동안 보존됐고, 이는 현인들의 가르침에서 명확해진다. 그들이 표현하는 대로, "모세는 토라를 시내산에서 받았다. 그는 그것을 여호수아에게 건넸고, 여호수아는 장로들에게, 장로들은 선지자들에게, 그리고 선지자들은 그것을 총회 사람들에게 전했다"(*Avot* 1:1; 603쪽을 보라).

로마법은 '기록된 법'(jus scriptum)과 '기록되지 않은 법'(jus non scriptum)을 구

분했다. 로마인들에게 '기록되지 않은 법'은 관습(consuetudo)인 반면, '기록된 법'은 기록된 자료에 근거한 법을 의미했다. 1세기 유대 역사학자 플라비우스 요세푸스(Flavius Josephus)가 비슷하게 구분했는데, 이 구분은 아마도 바리새인들이 공유했을 것이다. 3) 그러나 기록된 토라와 구전 토라 사이의 구분은 다르다. 랍비들은 구전 토라를 기록되지 않은 율법뿐만 아니라 기록된 율법에 대한 정확한 해석으로 받아들였다. 그들은 지역의 관습(minhag)과 공공 조례(taqqanot)를 율법의 덜 중요한 범주로 여겼고, 실제로 구속력을 지니지만 오직 기록된 토라나 구전 토라에 의해 승인되는 것으로 인정했다.

어떻게 탈무드를 읽을 것인가?

탈무드는 읽기 위한 문학이나 영감을 위한 수사가 아니다. 권위 있는 선생의 설명과 더불어 구전으로 전달하고자 고안된 글이다. 4) 여기에는 짧은 본문들이 선호됐는데, 이는 논리보다는 기억을 장려하여 자료를 배열한 것이다. 아리스토텔레스의 저작과 마찬가지로, 탈무드는 주로 강의 메모로 구성되었다. 종종 거장보다는 열성적인 제자들이 편찬했으며, 전체적으로 결코 출판할 목적으로 다듬어진 글이 아니다. 가끔씩 나오는 '화려한 글귀'는 그 내러티브나 분석적 기술이 상상력을 사로잡는데, 이는 독자들에게 반가운 보상이 된다.

편집가들은 물론 현대 독자를 염두에 둔 것도 아니었고, 비유대인 세계나 심지어 일반적인 유대 대중들을 생각했던 것도 아니었다. 오히려 그들의 메모는 성경 본문이 지배적인 문화에 있는 헌신된 제자들을 위한 자료였으며, 진행되는 강화(講話)를 용이하게 하려는 목적을 가졌다. 게다가 이 강화는 친숙하지 않은 배경에서 설정된다. 미쉬나(아래의 설명대로 탈무드의 핵심)는 1-3세기 로마 팔레스타인의 산물이다. 그것에 주를 단 '바빌로니아' 탈무드는 종종 로마와 이란 사이에서 논쟁의 원인이 되기는 하지만, 본질적으로 이란의 통치 아래에 있던 3-7세기의 메소포타미아에서 대두했다.

이 요인들을 제대로 평가하면, 탈무드는 보편적인 인간 수준에서 다룰 수 있다.

우리는 모두 다른 사람들, 다른 성, 법과 정부, 음식 생산, 상업과 범죄, 축하와 기념, 삶과 죽음, 하나님(또는 최소한 어떤 형태의 궁극적인 존재의 가능성)을 다뤄야 한다. 탈무드를 읽는 기술 중의 한 부분은, 이것들이 탈무드가 관여하는 내용이라고 보는 것이다. 탈무드는 상당 부분은 땅과 관련되었고 세속적이고 실제적이다. 그래서 하나님을 섬기는 사람들을 안내하기 위한 저작으로 기대되지 못했다.

탈무드의 완성된 한 영어 번역본은 총 69권이나 된다. 탈무드의 길이는 장황함이나 반복 때문이 아니라, 철저하고 종합적이고자 하는 바람 때문에 생겨난 것이다. 실제로 탈무드의 문체는 독자들이 설명을 듣기 위해 후대 주석가들을 의지해야만 할 정도로 종종 간결하다.

탈무드는 본질적으로 책이 아니라 활동이다. 당신은 보통 문학작품을 읽듯이 탈무드를 읽는 것이 아니라, 탈무드에 관여한다고 할 수 있다. 탈무드라는 단어는 '연구'를 의미하며, 토라, 즉 성경과 전통의 창조적인 연구를 의미한다. 학생은 읽기보다는 하나님의 말씀을 밝히고 실천하는 데 즐거움으로 참여한다. 탈무드는 하나님의 말씀이 어떻게 실제 삶의 상황에 관여하게 됐는가에 대한 것이다.

현인들은 구전 토라를 기록하는 것을 주저한다고 표현했다. 그들은 구전 토라를 거룩한 성경, 곧 '기록된 토라'와 동등하게 두기를 바라지 않았고, 구전 토라의 역동적인 성격이 기록으로 고정되어 활력을 잃게 되는 것을 원하지 않았다.[5] 그러나 시간이 지나면서 자료가 너무 방대해지고 정확한 구술 전달이 너무 어려워지자 그것을 기록하게 됐고, 그래서 우리가 탈무드라고 부르는 방대한 책으로 편집됐다. 어떤 축어적 영감의 교리도 성경에 적용되는 것처럼 이 본문에 적용되는 것은 아니며, 기록상의 실수는 기꺼이 인정된다.

탈무드의 구조

탈무드의 틀은 미쉬나(Mishna, 종종 Mishnah라고도 한다)가 제공한다. 전통은 주후 3세기 초 팔레스타인 갈릴리에서 랍비 유다 하-나시(Judah ha-Nasi)[6]가 편집했다고 주장한다. 현대 학계는 상당한 후속 편집 활동이 있었다는 것을 인정하면서도, 이 시간과 장소를 받아들인다.

이 책의 내용을 잠깐 살펴보면, 미쉬나는 여섯 개의 주요 구분, 또는 주제(Order, 히브리어 세데르[seder], 복수는 세다림[sedarim])로 구성된 것을 볼 수 있다. 각 주제는 소책자(tractate)로 다시 나뉘었다. 중세 이후로 이 소책자들은 다시 장으로 나뉘었고, 장은 문단으로 나뉘었는데, 각 문단은 한 미쉬나로 간주된다.

동일한 용어인 미쉬나가 전체에도 사용되고 가장 작은 부분에도 사용되는 것은 역설적으로 보일 수도 있다. 엄격하게 말해서 미쉬나는 저작의 특징적인 구성 요소를 형성하는 종류의 간단한 규칙이나 가르침을 가리키는 용어이다. 따라서 어떤 사람들이 부르는 것처럼, 복수형인 미쉬나요트(mishnayot)로 전체를 가리키는 것이 더 적절할 것이다. 히브리어 미쉬나는 '반복하다'를 의미하는 어근에서 유래하는데, 이것은 스승이 제자에게 반복하여 교훈의 요약을 암기하도록 전달한 간략한 형식이다. 410년경 제롬은 '요즘 그들이 듀테로세이스(deuterōseis)라고 부르는'[7] 바리새인들의 전통을 언급하는데, 이는 히브리어 미쉬나요트에 상응하는 문자 그대로의 헬라어이다. 명백히 미쉬나는 구전 가르침으로 생각됐으며, 그 가르침의 내용을 배열한 것뿐만 아니라 세부적인 표현도 구전의 맥락에서 가장 잘 평가된다.

미쉬나는 체계적인 법전으로 제시되지만, 그 내용은 윤리와 종교적인 제의, 성적 도덕성과 같이 세속적인 법전에서는 포함되지 않을 삶의 여러 국면을 포괄한다. 미쉬나는 대략 파피니아누스(Papinian, 아마도 시리아의 에메사[Emesa] 출신)와 울피아누스(Ulpian, 두로 본토인)가 로마법의 방침을 설정하던 시대에 작성됐다. 황제 셉티미우스 세베루스(Septimius Severus)가 건립한 것으로 여겨지는 주요 법률 학교가 베이루트(Berytus, Beirut)의 인접한 지방에서 운영됐다.[8]

미쉬나는 그 전체로는 실제 사회를 통치하는 법이 아니었다. 한 예를 들자면, 편찬되던 시기에 한 세기 동안 성전이 없었는데도, 미쉬나에는 성전 제의에 대한 세부 규칙이 포함되어 있다. 또 다른 예를 들자면, 유다 하-나시 시대 이전에는 주도적인 대표자들이 유대 사회의 어떤 중요한 분야에도 큰 영향을 미쳤던 것 같지는 않다.

학자들은 미쉬나가 통합되는 범주를 다음과 같이 논의한다. 첫째, 이른 시기의 실제적 이스라엘이나 성전법, 둘째, 3세기 갈릴리의 가능한 곳에서 랍비들이 실행한 법, 셋째, 메시아적인 통치 아래에서 재구성된, 이상적인 이스라엘의 정치 조직에서 법이 되어야 할 것에 대한 구성이다. 명백히 이 모든 요소가 존재한다. 미쉬나는 토라를 이음매가 없는 영원한 전체, 곧 지금 여기서는 부분적이며 불완전하게만 실현될 수 있는 이상적인 '이스라엘'을 위한 청사진으로 계획한다. 토라를 통해 이스라엘(유대 국가)은 정치적으로는 무력하더라도 하나님과 협력하여 자신의 세계를 형성할 수 있다.[9]

바브리와 예루샬미

미쉬나는 팔레스타인과 바빌로니아 유대인의 중요한 사회 계층에서 권위 있는 문서로 받아들여졌다. 물론 유대 디아스포라 전역에서뿐만 아니라 그곳에서도 많은 다른 형태의 유대교가 존속하고 있었는데도 말이다. 미쉬나는 현인들의 독특한 유대교(랍비 유대교)를 명확히 표현했고, 법적인 실행을 위한 지침으로 기능했으며, 학교와 법정에서 가르침과 논쟁을 위한 초점을 제공했다. 랍비들은 미쉬나의 모순을 조화시키고, 거기에 포함되지 않았던 가르침에 대한 보고와 규정을 관련지으며, 성경과의 밀접한 관계를 명확히 하려 했다. 이렇게 해서 나오게 된 논의는 탈무드의 핵심을 구성하는데, 나중에는 게마라(Gemara, '배움', '완성', '결정')라고 알려졌다.[10]

3세기 전반, 미쉬나에 대한 설명과 보충은 팔레스타인과 바빌로니아에서 그들 사이의 빈번한 접촉과 학문적 교류와 더불어 나란히 진행됐다. 4세기에는 아바예(Abbaye)와 라바(Rava)가 바빌로니아에서 본문 읽기와 법 해석에 대한 새로운 접근법을 소개했다. 팔레스타인의 헬레니즘(이후의 비잔틴) 환경, 그리고 바빌로니아와 이란 문화 사이의 문화적 차이 및 접근법의 이런 차이들은 분파적 분열로 이어지지는 않았지만, 시간이 지나면서 더욱 두드러졌다.

팔레스타인과 바빌로니아 사이의 일탈은 두 탈무드에 반영된다. 팔레스타인 탈무드, 또는 예루샬미(Yerushalmi, 예루살렘 탈무드)는 이스라엘 땅의 탈무드로도 알려졌으며 주후 450년경에 완성됐다. 한편 바빌로니아 탈무드 또는 바브리(Bavli)는 주후 600년경 완성됐다. 이 두 탈무드는 후대에도 편집됐다. 엄격하게 말해서, 어느 것도 일찍이 '완성'되지는 않았다. 우리가 현재 가지고 있는 대로, 이 탈무드들은 계속되는 과정에서 외부의 사건들에 의해 '일시적'으로 멈추게 되면서 임의적인 단계들을 보인다.

두 탈무드는 아람어 방언에서 서로 다르고, 자주는 아니더라도 그들이 인정하는 결정에서도 서로 다르다. 자카리아스 프랭켈(Zacharias Frankel, 1801-1875)은 "예루살미가 바브리보다는 장황하지 않으며, 예루살미는 종종 답변을 주지 않으면서 질문을 제기한다. 예루살미에서의 논쟁은 거의 몇 단계를 넘지 않는 반면에 바브리에서는 여러 장 동안 지속될 수도 있다"라고 지적했다.[11] 20세기 학계는 이런 기본적인 토대에 대해 상당히 상세하게 설명했다. 사울 리버만(Saul Lieberman)은 예루살미가 가끔씩 헬라어와 라틴어 단어를 포함할 뿐 아니라(바브리는 더 적은 정도로 포함한다), 종종 전체 헬라어 구절과 잠언도 포함한다는 것을 입증했다. 제이콥 누스너(Jacob Neusner)는 합리적인 논쟁에 비추어 다른 입장들을 정당화하면서 바브리의 독특한 특징으로서의 대안들에 관한 주장을 지적한다. 데이비드 크래머(David Kraemer)는 바브리에서, 최소한 익명의 편집 섹션에서 다음과 같이 주장한다. "많은 선택사항이 종종 명백하게 그 자체를 위해 제시되며, … [최종] 결정은 종종 피한다. 모순된 의견들을 지지하는 대신에 선호도를 나타낸다. 바브리에서의 고찰은 탁월하며 … 현명함('탈무드 토라'라고 불림)은 주요한 가치이다. 전반적인 저술상의 선호도에서 이런 대비는 바브리와 예루살미의 가장 중요한 차이점이 될 수 있다."[12]

결국 유대인들은 바브리가 더 큰 권위를 지닌다고 인정하게 됐다. 이것은 예루살미가 추구하지 않는 논의를 바브리가 이어간다는 사실 때문만이 아니다. 7세기부터 계속해서 초기 이슬람 시기의 바빌로니아 게오님(Geonim, 학교 교장들)이 바브리의 결정을 선호했기 때문이기도 하다. 효과적으로 랍비 전통을 중세 유대인 사회에 전달한 것도 그들이다. 즉, 탈무드는 대략 주후 100년경부터 북아프리카를 거쳐 팔레스타인보다는 바빌로니아에서 서부 유럽에 도달했다.

예루샬미와 바브리의 구조는 미쉬나에 의해 결정된다. 두 탈무드는 동시에 미쉬나 시기의 다른 문헌들을 검토하고[13] 성경 주해에서 대중적인 의학과 미신적 관습까지 다양한 범주의 추가 자료와 일화를 소개하면서, 미쉬나의 소책자들에 대한 논평의 순서를 따른다.

이 책에 번역된 탈무드는 바브리(바빌로니아 탈무드)이다.

탈무드는 어떻게 시작됐는가?

로마 통치 시대의 미쉬나

로마인들은 주전 63년 유대를 침략했으며, 주후 135년 후 팔레스타인이라고 개명했다. 유대는 계속 로마의 통치를 받았고, 그 후에 비잔틴 정부가 여러 세기 동안 통치했다.

가장 이른 시기의 미쉬나 유형의 가르침은 제2성전기 말에 형성됐는데, 많은 가르침이 성전 예배의 맥락에서 다뤄졌다. 이는 힐렐 학파와 샴마이 '학파'[14]의 시기이다. 이 시기의 것으로 볼 수 있는 가르침들은 몇 가지 경향을 띤다. 첫째, 성경의 율법을 직접적으로 설명하거나, 둘째로, '토라 주변의 울타리', 즉 율법의 고결함을 보호하는 척도가 되는 경향을 띠거나, 셋째로, 율법들이 토라에서는 명시하지 않지만 오래된 것으로 간주하는 경향을 띤다.[15]

주후 66년에 유대는 로마에 맞서 반란을 일으켰다. 이 반란은 진압됐고 예루살렘 성전이 70년에 티투스(Titus) 황제에 의해 파괴됐다. 힐렐의 제자인 요하난 벤 자카이(Yoḥanan ben Zakkai)는 예루살렘의 포위망에서 도망쳐 예루살렘에서 멀지 않은 마을인 야브네(Yavné, 얌니아[Jamnia])에서 토라법의 해석과 적용을 위한 법정을 마련했다. 거기서 그는 새로운 상황에 맞추어 학파들의 가르침을 수정했다. 아마도 80년대 가말리엘(Gamaliel) 2세가 그의 뒤를 이었을 것이다. 가말리엘 2세는 기존의 가르침을 수정하고 전례(典禮)에서의 주요 변화를 도입한 강력한 지도자였다.

시므온 바 코지바(Simeon bar Koziba)('바 코크바'[Bar Kokhba])의 통솔 아래, 유대는 131년에 다시 로마의 점령을 종결지으려 했지만, 135년에 막대한 인명 피해를 입으면서 하드리아누스(Hadrian)에게 패했다.[16] 성전 파괴보다 이것이 유대 독립의 결정적인 종결을 나타낸다. 유대인들은 예루살렘에서 추방당했고, 나라의 많은 부분이 급속하게 이교화됐다.[17] 야브네 법정은 갈릴리의 우샤(Usha)로 옮겨졌고, 거기서 특히 메이르(Meir)가 우리가 아는 형태로 미쉬나의 기초를 놓았다. 율법은 야브네에서보다 더 상세하게 세분화됐고, 이를 달성하고자 현인들이 '유대인들'보다 선호한 용어인 '이스라엘 사람들'의 의도와 이해에 대해 더 신중하게 고려했다.

주후 3세기경 가말리엘 2세의 손자인 유다 하-나시는 이스라엘 땅의 현인들의 가르침을 모으고 다듬어 미쉬나를 편찬하기 시작했다. 이때 안토니우스가 황제였는지, 아니면 지역 장관이나 더 낮은 로마 관원이었는지는 명확하지 않다. 그러나 유대 전설이 '랍비'(유다)와 '안토니우스'(Antoninus) 사이의 우정을 숙고할 정도로 로마와 유대의 관계가 다소 나아졌다. 탈무드는 정치와 행정의 이슈보다는 신학적 이슈에서 그들이 몇몇 대화를 이끌어간 것으로 여긴다.

유다 하-나시와 그의 후손들은 아마도 레위기 4장 22절을 염두에 두고 나시(nasi)라는 히브리어 명칭('군주' 또는 '장[長]'; 복수, 네시임[nesi'im])을 취했을 것이다.[18] 이 명칭을 채택할 때, 유다는 아마도 유대 사람들에 대한 통솔을 주장했던 것 같다. 나중에 그가 다윗의 후손이라는 주장과 관련될 때, '로마인은 말할 것도 없고 예수가 아니라 다윗과 다윗의 가문이 이스라엘의 올바른 통치자였다'라는 은밀한 메시지가 있었을 수도 있다. 동시에 이것은 남자의 혈통에서 다윗의 조상됨을 주장하는, 바빌로니아 포로 시기 유대의 세습 통치자(exilarch)와 관련하여 팔레스타인의 네시임(nesi'im)이라는 훌륭한 가계를 확립했다.

유다가 로마에서 공식적으로 인정한 어떤 직위를 차지했다는 독립적인 증거는 전혀 없으며, 탈무드도 이런 주장을 하지 않는다.[19] 아마도 로마 행정부는 유다를 유대인들의 대변인으로 인정했을 것이다. 그가 '권위'를 부여받으러 시리아에 있는 총독에게 갔고 자기 백성을 위해 중재하러 로마에 갔다는 보고가 있기 때문이다.[20] 마틴 굿먼(Martin Goodman)은 행정부가 유다를 민족의 지도자보다는 종교적 지도자로 간주했을 것이라고 제안했다. 이는 3세기 내내 판결보다는 중재로

자기 무리에 속한 구성원들 간의 분쟁을 해결하던 기독교 감독들에게서 점차 받아들여지던 견해였다. 21)

이윽고 유다의 계승자들은 용어들이 무엇을 의미했든 간에, 유대 공동체의 '족장'(patriarch) 또는 때로 '지역 지배자'(ethnarch)로 인정받았다. 그러나 라틴어나 헬라어 문헌 자료나 비문에서 그들에게 적용되는 어떤 용어도 히브리어 '나시'에 상응하지 않는다. 22)

유다가 공식적인 지위를 누렸든 그렇지 않았든, 그는 현인들을 3세기에 갈릴리와 유대에 있는 유대인들의 효과적인 종교 지도자로 명백히 확립했다. 자연스럽게 정치적 지도자에 준하는 지도자로 확립한 것이다. 셰이 코헨(Shaye Cohen)은 다음과 같이 주장한다.

> 랍비 운동의 사회적 입장은 족장 유다의 통솔 아래에서 극적으로 변했다. 그의 시대에 랍비 운동은 사회적으로나 경제적, 정치적으로도 그 기반을 확장했다. 랍비들은 갈릴리와 유대와 해안가의 도시로 이주했다. 그들은 자신들의 동료에 가난한 자들을 포함할 방법을 찾기 시작했으며, 로마인들에게서 명백한 인정을 받았다. 이 시기는 이스라엘 땅에서 랍비직의 발전에 주요한 변화가 발생한 시기이다. 23)

마틴 제이콥스(Martin Jacobs)는 4세기 말 기독교 황제들이 통치할 때에만 네 시임들이 사실상의 권력의 정점에 도달했다고 주장한다. 《테오도시우스 법전》(Codex Theodosianus)에서 392년에 대한 한 항목에서는, 나시를 포함해서 유대 지도자들의 공식적인 지위를 지칭하는 표현으로 'viri clarissimi et inlustres'(출중하고 저명한 사람들)을 사용한다. 24) 그러나 415년에 대한 항목은 명백히 족장 가말리엘 6세를 격하시키고, 429년으로 연대가 추정되는 또 다른 항목은 유대인들과 족장들이 올린 세금을 압류한다. 25) 제이콥스는 《법전》에서 족장직에 관한 마지막 언급이 제도의 소멸을 가리키는지 의심한다. 키루스(Cyrrhus)(시리아)의 감독 테오도레투스(Theodoret)는 유대 족장들을 447/8년이나 되어서야 언급하지만, 26) 이것은 다윗의 조상됨에 대한 그들의 주장을 조롱하는 것일 뿐이므로, 제도가 여전히 기능했다는 확고한 증거를 제공하지 않는다. 고고학적 기록은 아마도 거룩한 땅에서 기독교 교회들이 점차 증가하는 것에 반응하여, 5세기에 회당 건물이 활발하게 소생했을 것이라는 사실을 보여준다.[27] 하지만 이것은 기능하는 족장직이 있었다는 것을 시사하지는 않는다.

유다가 권위를 취하는 것과 그가 통치 권력과 맺은 관계는 로마의 통제를 촉진했고, 그의 가르침을 따랐던 유대 종교 권위자들의 손에 권력과 권위를 주었다. 로마가 족장직을 옹호하거나 족장직에 최소한의 혜택을 베푼 것은, 공식적이지는 않더라도 갈릴리와 그 주변에서 현인들이 미쉬나를 권위 있는 유대 법전으로 도입하는 일에 힘을 실어주었을 것이다. 유다에게는 일종의 무장한 근위병이 따라다녔다고 하는데,[28] 이는 자기 시대의 '지역 지배자'가 진정한 왕과 거의 다르지 않았으며, 로마 정부가 승인하지 않더라도 인지했을 경우 사형으로 처벌하는 것을 목격했다는 교부 오리겐의 의심스러운 주장에서 확인되는 진술이다.[29] 그런데도 유대인들은 대외 관계에서는 로마의 관할 아래 있었으며, 제국의 다른 곳에 있는 자들은 말할 것도 없고 많은 팔레스타인 유대인들은 나시와 그의 유대교 해석의 영향을 벗어나 있었다.

이란과 바브리

유다와 그의 동료들의 실제적인 권위가 갈릴리와 그 주변 지역의 유대 공동체에서 미쉬나가 받아들여진 것을 설명해준다면, 바빌로니아에서는 어떤 사실이 미쉬나가 받아들여진 것을 설명해주는가? 유다의 시대에 메소포타미아는, 현재의 이란과 이라크 상당 지역을 대략 주전 247년부터 주후 224년까지 통치했던 파르티아인들(또한 그들의 시조 아르사케스[Arsaces]라는 이름을 따라 아르사크인들[Arsacids]로도 알려진)과 싸우고 그들의 계승자들이 226년에 메소포타미아 통치를 회복하기는 했지만, 일시적으로 로마의 통치를 받았다. 파르티아의 귀족들은 셀레우코스 왕조(Seleucids)가 세운 행정 기관을 상당 부분 인계받았다. 알렉산더를 계승하고 민족적으로는 헬라 통치자인 셀레우코스 왕조는 종교를 포함해서 그들이 통치했던 민족 집단의 내정에 대해 꽤 느슨한 태도를 취했다. 따라서 유대인들은 독특한 종교를 가진 독립적인 민족 집단으로 번성할 수 있었다. 바빌로니아 유대 공동체는 바 코크바 반란(Bar Kokhba Revolt) 이후에도 번성했을 뿐만 아니라, 디아스포라의 반란(Revolt of the Diaspora)이 트라야누스(Trajan)에 의해 진압된 주후 117년에 피난민들로 말미암아 불어났다. 이 공동체는 성경 시대인 이스라엘 사람들의 추방 이후에 존재했었다.

그러나 한동안 팔레스타인은 유대인의 학습이 이뤄지는 주요 중심지로 남아 있었고, 유다의 뛰어난 제자 히야(Ḥiyya)를 포함해서 학생들을 바빌로니아에서 끌어들였다. 히야의 조카이자 아바 아리카('키 큰 아바')로도 불렸던 아바 벤 아이부(Abba ben Aivu)는 219년 남부 바빌로니아의 수라(Sura)(현대 이라크의 힐라[Hilla]와 가까운)로 돌아가 거기서 토라를 가르쳤고, 유대법 체계로 미쉬나를 적용한다는 면에서 개척자가 됐다. 탈무드는 아바 벤 아이부가 팔레스타인에서 그의 교육을 마치기 전에 연구했었다는 것을 암시하는데, 그 가르침들은 그의 이름으로 이시기 이전부터 보고된다.[30] 그는 유다에게서 임명을 받은 듯하고, 일반적으로 탈무드 전반에서 '라브'(선생, 또는 랍비)로 불린다.

바빌로니아에 있는 라브의 어린 상대자는 바그다드보다 약간 아래에 있는 유프라테스강의 동쪽 기슭에 위치한 네하르데아(Nehardea)의 쉬무엘(Shmuel, 사무엘)이었다. 둘은 개인적으로 친했다. 탈무드의 한 일화는 그들이 나눈 한 식사를 기록하는데, 그 식사에서 쉬무엘은 라브를 '아바'라고 불렀고, 이 용어는 존경뿐만 아니라 애정을 나타낸다.[31] 탈무드는 그가 어떻게 유다의 눈병을 치료했고 유다가 어떻게 그를 임명하고 싶어 했는지를 설명한다(Bava Metzi'a 85b/86a). 어떤 학자들은 쉬무엘이 팔레스타인을 방문했는지조차 의심한다. 그러나 그는 명백히 미쉬나에 대한 철저한 지식을 습득했고, 그의 아버지는 학자였으며, 그도 종종 팔레스타인과 바빌로니아를 오갔다. 그리고 결국 네하르데아에 정착했던 유다의 제자 레비 벤 시시(Levi ben Sisi)와 접촉했었다.

라브와 쉬무엘은 미쉬나를 바빌로니아에 가져왔지만, 미쉬나의 조항들이 유대법 체계로 효력을 발휘하게 할 권한을 그들이 어떻게 얻었을까? 최소한 2세기 중반부터 바빌로니아의 유대사회는 공식적으로 인정받은 레쉬 갈루타(Resh Galuta, 포로의 지도자, 또는 세습 통치자[Exilarch])가 통치했다. 랍비 전통은 이 제도의 기원을 주전 6세기 유다의 여호야긴 왕의 추방에서 찾는다(왕하 25:27 ; 대상 3:17). 더욱 그럴듯하게, 제이콥 누스너는 볼로가세스(Vologases) 1세(주후 79년 사망)가 통치한 파르티아 정부에서 이 직위를 행정을 재정비하는 일부 기능을 맡도록 세웠으며, 이 직위의 도움으로 로마인들에 맞서 파르티아를 지지하는 유대인들의 협력을 얻었다. [32] 기원이 어떻든지 간에, 랍비 문헌에서 그렇게 불린 가장 이른 시기의 포로의 지도자가 후나(Huna) 1세였고, 그는 2세기 후반부에 번영을 누렸다. [33]

포로의 지도자가 독립적인 유대의 '망명 국가'를 유지하려면 재판관들과 행정가들이 필요했다. 게다가 독특하게 유대적인 정의를 집행할 재판관이 필요했다. 당면한 문제들을 유대 '독재자'의 손에 맡길 수도 없고,[34] 유대인이 사산인들의 정의에 입각한 재판권에 굴복할 수도 없었다. 왜냐하면 그들은 마기(Magi, 조로아스터교 사제)였으므로 그들의 권위를 받아들인다는 것은 조로아스터교로 개종하는 것과 같았기 때문이다. 라브와 쉬무엘과 그 제자들은 유례없이 유대법을 확립할 채비를 하고 있었다. 직접적인 성경 이상으로, 미쉬나는 최소한의 조정으로 바빌로니아 유대 사회의 필요에 딱 맞게 만들 수 있는 기성의 법 전집을 구성했기 때문이었다. [35]

라브와 쉬무엘 모두 당시의 포로의 지도자들에게 계속 복종했다. 대략 1세기 동안 그들을 각각 따르는 자들은 자신들의 선생을 더 중요한 권위로 인정하는 경향이 있었다. 그러나 네 번째 세대가 될 때 즈음 둘은 동등한 인물로 간주됐고, 대등하다는 점에서 서로 논쟁한다고 묘사됐다. 데이비드 굿블라트(David Goodblatt)는 이 당시 바빌로니아 '학파'라는 어떤 개념도 조직된 학문적 제도라는 의미에서 뒷받침되지 않는 역투사(retrojection)에 불과하다고 주장했다. 그러나 아마도 경쟁 학파가 있었을 것이다. [36]

3세기 바빌로니아에서 일어난 주요 정치적 사건은, 224년에 또 다른 이란 왕조인 사산인들이 파르티아인들을 멸망시킨 사건이다. 팔레스타인에 있는 라브의 동시대 사람인 랍비 요하난(Yoḥanan)은 '마기족들이 바빌론에 온다'는 소식, 즉 사산인들이 파르티아인들을 제압한다는 소식을 접했을 때 두려워서 퇴각했다.[37] 요하난은 전쟁에서 피할 수 없는 약탈만큼이나 조로아스터교에 대한 그들의 선교적 열정을 두려워했다. 마지막 아르사크인 통치자인 아르타바누스(Artabanus) 4세가, 224년 아르다시르(Ardashir)가 이끈 전투에서 사산인들에 의해 살해당했을 때, 라브 자신은 다음과 같이 애도했었다고 한다. "안토니우스가 죽었을 때, 랍비[족장 유다]는 '유대관계가 깨졌다'고 한탄했다. 아르다반(Ardavan)이 죽었을 때, 라브는 '유대관계가 깨졌다'고 한탄했다." 라브에게 붙여진 다른 해설에는, "로마 사람 아래에서이지만 마기 사람 아래에서는 아니다"라는 것과, "마기 사람들에게 어떤 것을 배우든지 그는 죽어 마땅하다"라는 것이 있다.[38]

아르다시르(226-241년 재위)는 페르세폴리스(Persepolis)에 가까운 스타크(Stakhr)에 있는 아나히타(Anahita)의 마기 대사제인 파파크(Papak)의 아들이었다. 아르다시르의 형 샤푸르(Shapur)는 오르무즈드(Ormuzd)의 신성한 불을 다스렸고, 비잔틴 시인이자 역사가인 아가티아스(Agathias)는 아르다시르가 "마기족의 의식에 입회했고 자신이 신비를 수행했다"라고 보고한다.[39] 아르다시르는 이런 배경에서, '외세'이자 이교도인 아르사크인들과 로마인들에게 승리한 직후, 이제는 자신의 권력으로 사람들에게 자신의 종교를 강요하고 싶어 했다. 카티르(Kartir) 사제가 3세기 말 개혁할 때에야 비로소 '국가 종교'에 대해 말할 수 있었지만, 유대인들과 의견을 달리하는 소수인들을 압제하려는 선교적 열정이 그의 통치상의 침략적인 제도와 결합됐다.

아르다시르의 아들 샤푸르 1세(대략 241-272년 통치)는 자기 제국의 서부에 있는 민족들을 달래어 로마에 맞서는 국경을 확보하려는 목적으로 더 관용적인 정책을 채택했다. 샤푸르는 260년에 로마 황제 발레리아누스(Valerian)를 무찌르고 그를 포로로 사로잡았다. 이 사건은 비샤푸르(Bishapur) 절벽의 일련의 바위 양각에 기념된 사건이다. 그가 마니교와 동일한 이름의 건립자 마니(Mani) 예언자를 보호한 것은, 조로아스터교 정통의 지배적인 형태에 대해 더 냉정하게 헌신했다는 것과 다른 형태의 종교에도 개방되어 있었다는 것을 가리킬 수도 있다. 대략 247년에 죽은 라브는 새로운 통치 양식에 조화되지 않았던 것 같지만, 유대인들은 그의 관용적인 정책에서 혜택을 누렸다. 다른 한편, 쉬무엘은 바그다드의 북동쪽으로 약 32km 떨어진 티그리스강 가까이에 있는 사산 왕조의 겨울 수도인 크테시폰(Ctesiphon)의 샤푸르를 종종 방문했었다. 그는 포로의 지도자 마르 우크바(Mar Uqba) 1세와 더불어 진심 어린 협력관계를 세웠었다고 한다. 심지어 샤푸르가 즐거워하도록 쉬무엘이 여덟 개의 포도주잔으로 저글링을 한 일화도 있다 (*Sukka* 53a).[40] 그들의 관계에 관한 이야기는 과장되기는 했지만, 랍비와 '안토니우스'의 관계보다는 더욱 확고한 토대에 근거한다.

　"국법이 법이다"(*Bava Qama* 113a ; 503쪽을 보라)라는 법칙은 쉬무엘이 말한 것으로 여겨지는데, 유대인들과 통치 당국의 관계에서 중대한 결과를 낳았다. 이것은 "가이사의 것은 가이사에게, 하나님의 것은 하나님께 바치라"(마 22:21)라고 예수님이 말한 진술과 피상적으로는 유사하다. 그러나 이 말은 물질의 영역과 영적인 영역 사이의 차이점을 의미하는 것으로는 해석되지 않았다. 오히려 땅의 보유를 통제하고 합리적인 세금을 올리는 적절한 정부의 권리를 인정했으며, 사산 왕조 정부의 적법성을 인정했다.[41] 이것을 쉬무엘이 고안했는지 샤푸르가 강요했는지, 단순히 일반적인 관행에서 나왔는지는 거의 문제가 되지 않는다. 이는 교묘한 타협으로, 유대 당국이 자유롭게 내부 상업 거래와 범죄 행위뿐만 아니라 가족법을 포함해서 모든 종교적인 문제를 자유롭게 관할하도록 하면서, 사산 왕조의 통치권을 인정하게 한다. 유대 법정은 세금을 부과하거나 사형으로 처벌하지는 않더라도, 이단자에게 태형을 포함한 명백한 처벌을 집행했다.[42]

　사산 왕조의 통치 양식은 결국 라브와 쉬무엘과 그의 계승자들이 유다의 미쉬나에 근거하여 유대의 독특한 법체계를 발전시키기에 적절한 것으로 드러났다. 그들의 법 제정, 논의, 설명, 주석, 설교와 숙고는 바빌로니아 탈무드의 중요한 부분을 구성한다.

　4세기에 팔레스타인과 바빌로니아의 유대법과 학습 사이에는 분명한 불일치가 대두했는데, 이는 당시의 정치적 상황을 반영한 것이었다. 샤푸르 2세의 오랜 통치 (309-373년)는 바빌로니아 유대 사회의 안정감을 보장했다. 유대인들은 샤푸르가 자신의 군대 운영 자금을 공급하도록 요구한 번거로운 세금을 최선을 다해 피하려 했다. 이에 대해 개인들이 처벌을 받았지만,[43] 유대인들이 조직적인 박해를 받지는 않았다. 라브 파파가 뒤를 이었는데, 아바예와 라바는 그들의 동료들과 더불어 팔레스타인에서 선례도 없고 필적할 수도 없는 방식으로 법의 실행과 이론을 발전시켰다. 그래서 국가의 방해가 없이도 법을 집행할 수 있었다.

샤푸르가 통치하는 동안 약 17명의 로마 황제가 통치했다. 395년에 로마는 콘스탄티노플에서 통치하는 동로마제국과 로마에서 통치하는 서로마제국으로 공식적으로 나뉘었다. 팔레스타인 유대인들은 일반적인 정치적 불안정과 313년 밀라노 칙령에 이어 점차 증가하는 기독교의 지배로 고통을 당했다.[44] 이 문제는 352년의[45] 반란을 갈루스(Gallus)가 잔인하게 진압한 사건과 363년의 지진으로 악화됐다. 그리스도인들은 기꺼이 이것들을 율리아누스(Julian) 황제(361-363년)의 독려로 감히 성전을 재건하기 시작한 대담한 유대인들에게 내린 징벌로 기쁘게 해석했다.[46] 이런 사실에도 불구하고, 이슬람 이전 시기의 팔레스타인에 있는 회당들의 유물은 유대인의 생활이 비잔틴 제국의 통치하에서 약간의 유예기간을 누렸음을 암시한다.[47] 그러나 팔레스타인 유대인들은 탈무드의 방언보다는 성경, 미드라쉬(midrash, 해석), 시, 전례(典禮)에 초점을 두었음을 짐작할 수 있다.

바빌로니아 탈무드의 사회 종교적 배경

샤푸르 2세의 통솔 아래 4세기에 개혁된 사산 왕조의 사회는 물려받은 네 가지의 사회적 유산으로 구성됐다. 이는 마기 사제들과 재판관들, 전사들, 서기관(행정관)들, 경작자들과 숙련공들과 상인들이었다. 각각의 유산은 자체의 수장과 제국 단위의 관료 체제를 두었다.[48]

유대인들도 종교 당국에 율법을 맡겼지만 이런 식으로 계층화되지는 않았다. 그러나 현인들은 제사장이 아니었고, 유산 계층을 구성하지도 않았으며, 제사장 직을 물려받는 유대인 제사장 가문은 자취만 남은 특권과 기능을 보유했을 뿐이었다. 유일하게 중요한 세습 직위는 정치적 수장인 레쉬 갈루타(Resh Galuta)였는데, 그는 다윗에게서 내려오는 직접적인 남자 혈통의 후손이라고 주장했다. 재판관의 기능을 한 현인들과 같은 권위의 다른 지위들은 원리상 모든 유대인 남성들에게 열려 있었다.

최고 통치자인 샤(Shah)[49] 아래에는 세 가지 주요 수준의 사산 왕조 지배체계가 있다. 그러나 유대의 '바빌로니아'는 그의 직접적인 통치를 받은 아소레스탄(Asōrestān)(앗수르)의 샤라브(Šahrab)와 다소 일치한다. 이렇게 유대인들은 레쉬 갈루타의 중재를 통해 그에게 직접 접근했고, 랍비들이 해석한 대로 자신들의 율법을 이행하기 위해 당국의 후원에 의존할 수 있었다. 이란 사제의 통제를 받는 지역에서는, 랍비들이 자신의 의지를 관철하는 것이 훨씬 어려웠을 것이다. 아마도 이런 이유에서 랍비 유대교가 이란 제국의 다른 곳보다 바빌로니아에서 더 발전했을 것이다.

3세기 동안 마즈다의 조로아스터교(Mazdean Zoroastrianism)는 이란의 국가 종교로 강화됐고, 미쉬나 유대교는 바빌로니아 유대인들의 법전으로 강화됐다. 기독교는 에데사(Edessa)를 통해 메소포타미아에 스며들었던 반면, 제국의 인도 끝에는 실제적인 불교 지역이 있었다. 예언자 마니(Mani)는 250년 바빌로니아에서 자신의 매우 성공적인 마니교의 영지적 혼합주의를 주장하기 전에, 기독교-유대의 한 엘카사이트(Elkasite) 수도원에서 수년을 보냈다. 또한, 로마 제국에 성행한 미트라교를 포함해서 조로아스터교에서 유래한 제의들도 일반적으로 퍼져 있었다.

종교 지도자들은 서로의 신앙을 맹비난했고, 경쟁 관계에 있던 종교들의 추종자들에 의해 '오염'되지 않도록 자신의 추종자들을 '보호'하려고 최선을 다했다. 유대인들은 뒤처지지 않았다. 기독교와 유대교가 의견을 달리하는 내용, 특히 랍비들이 성경을 악용하고 왜곡한다고 간주하는 것에 대해서는 현인들에게 미누트(minut, 이단)라고 거부되었고, 다른 신앙들은 우상숭배라고 거부당했다. 하지만 강단에서 무엇이 설교되든지 경제적인 이익은 다른 종교적 공동체와 민족적 공동체를 함께 묶었다. 물질문화, 과학, 의학, 미신은 시장에서 경계를 넘었는데, 물론 종교인들이 문헌 자료를 편찬하기 때문에 이것이 문헌 자료에서 항상 명백하게 나타나는 것은 아니다.

7세기 초[50] 사산 왕조 제국은 마지막 통치자 야즈데게르드(Yazdegerd) 3세가 다스릴 때 무슬림 아랍 사람들에게 멸망당했다. 많은 유대인이 환영한 새로운 시대는, 탈무드가 마감되고 유대 문화와 아랍 문화가 공생하면서 시작된 소위 게오님 시대라는 것이 특징이다.

미쉬나와 탈무드를 만든 사람들

980년대에 야곱 벤 니심 이븐 샤힌(Jacob ben Nissim ibn Shahin)은 튀니지, 카이로우안(Kairouan)의 유대 공동체를 대표하여 당시 주도적인 랍비이자 멀리 바빌로니아에 있는 품베디타(Pumbedita)의 교장(Gaon)인 셰리라(Sherira)에게 질문을 보냈다. 그는 누가 미쉬나를 썼는지 알기 원했다. 총회의 사람들(제2성전기의 일부 전설적인 현인들 단체)이 시작하고, 랍비 유다 하-나시가 완성하기까지 각 세대의 현인들이 더 추가됐는가? 그리고 누가 토세프타(Tosefta), 바라이타(baraita, 미쉬나에 통합되지 않은 타나임 자료), 탈무드를 구성했는가?

987년 셰리라가 답변으로 보낸 'Iggeret Rav Sherira Gaon'라고 알려진 서신은, 고전적인 유대 역사 편찬이며, 여전히 탈무드와 게오님 시대에 랍비 유대교의 기본적인 연대기를 제공한다.[51] 셰리라에게서 우리는 타나임(Tannaim)과 아모라임(Amoraim)의 연대기를 물려받았는데, 그들은 탈무드에 기여한 세보라임(Sevoraim)에 의해 이어지고, 이들은 다시 수라와 품베디타에서 게오님으로 이어진다.

셰리라는 미쉬나도 탈무드도 기록된 문서가 아니라고 주장한다. 구전이 그것들의 본질이며, 미쉬나와 탈무드는 반복과 암기로 가르쳐졌다.[52] 그런데도 누구도 그것들이 게오님 이전에 어떤 형태를 취했는지는 확신할 수 없다. 그러나 일부 기록물이 참고용으로 보관됐다는 증거가 있다.[53]

타나임, 타나(단수)

현인들의 가르침이 미쉬나에 기록됐는데, 그 현인들은 집단적으로 '타나임'(Tannaim)으로 알려졌다. 그들은 주전 1세기 후반부터 대략 주후 220년까지 이스라엘 땅에서 활동했다.

모두가 남아 있는 것은 아니지만 다른 저작도 그들의 것으로 여겨지는 가르침을 포함한다. 물론 어느 것도 미쉬나만큼 신중하게 보존된 것은 없다. 유다의 제자 히야의 것으로 여겨지는 비슷한 모음집은 미쉬나의 구조를 따르며, 토세프타('보충')로 알려졌다. 추가적인 가르침뿐만 아니라, 토세프타는 미쉬나에 대한 상세한 설명과 주석을 포함한다. 토세프타의 지위는 미쉬나보다 부차적이지만, 토세프타는 종종 탈무드에서 인용된다. 한편, 탈무드에 인용되지만 어떤 현존하는 모음집에도 발견되지 않는 비슷한 양식의 다른 가르침들은, 총괄적으로 바라이토트(baraitot)(단수, 바라이타[baraita]) 또는 '외부' 모음집으로 알려졌다.

가르침 가운데 많은 것들이 성경의 책들에 대한 주석 형태로 배열되는데, 가장 중요한 모음집은 다음과 같다(정확한 연대는 나타나 있지 않다).

> 메킬타(*Mekhilta*), 출애굽기의 일부에 대한 것. 랍비 이스마엘의 메킬타와 랍비 시므온 벤 요하이(Simeon ben Yoḥai)의 메킬타가 다른 주해 전통을 대변한다.
> 시프라(*Sifra*)(또는 시프라 드베이 라브[Sifra d'bei Rav]), 레위기에 대한 것.
> 시프레(*Sifré*), 민수기와 신명기에 대한 것.

타나임의 가르침은 대부분 히브리어로 되어 있고 율법에 대한 간략한 진술로 구성되며, 기억하도록 고안됐다. 의미가 항상 명확한 것은 아닌데, 선생이 의미와 맥락을 설명할 것을 염두에 두었기 때문이다.

타나임은 자신들의 가르침을 권위 있는 것으로 제시한다. 그들의 계승자들이 보기에 이 가르침들은 구전 토라를 구성한다.

아모라임, 아모라(단수)

아모라(Amora, 아람어, '화자'[話者])는 타나임을 따르는 랍비들을 가리키는 집합적인 용어이다. 그들은 4세기 후반까지 이스라엘 땅에서 활동했고 5세기 후반까지 바빌로니아에서 활동했다.

더 좁은 의미에서, 아모라는 필요하면 히브리어를 아람어로 번역하면서 선생의 가르침을 학생들에게 전하는 사람이다. 다음의 흥미로운 대화가 보여주듯이, 선생이 직접 학생을 가르치는 것은 품위가 없는 것으로 여겨졌다. (이슈가 되는 핵심은 이른 아침을 가리키는 미쉬나에 사용된 히브리어 표현이 '수탉이 울었다'인가, 아니면 '외치는 자가 불렀다'인가 하는 것이다.)

라브는 [신분을 숨기고] 랍비 쉴라의 집에 도착했다. 랍비 쉴라는 아모라가 없었다. 그래서 라브가 자원했다. [라브는] '외치는 자가 불렀다'라고 학생들에게 [미쉬나를] 전달했다. 랍비 쉴라는 "당신은 '수탉이 울었다'라고 말하는 게 어떻겠는가?"라고 말을 가로챘다. 라브가 대답했다. "자유인에게 달콤하게 들리는 피리는 [단순한] 직공에게는 거부당한다! 내가 이것을 랍비 히야 앞에서 말할 때, 그는 어떤 비판도 하지 않았다. 하지만 당신은 내게 '수탉이 울었다'라고 말하라고 명한다!" 랍비 쉴라는 "아, 당신은 라브인 것이 틀림없다!"라고 말했다(Yoma 20b).

아모라임(Amoraim)은 자신들이 타나임에 종속된다고 보았다. 그들은 타나임이 결정한 문제에 독립적인 판단을 행사하지 않았고, 그들의 판결을 명확히 하고 발전시켰다. 이것은 초기 이슬람 법학자 무지타히드(mujtahid)와, 그들의 선조들의 결정을 분석하고 발전시키고자 타크리드(taqlid, 이성적 논쟁)를 사용하면서 그들을 따르는 무칼리드(muqallid) 사이의 차이점과 비슷하다.

그들이 선조보다 못하다는 의식은 4세기 아모라의 것으로 여겨지는 다음의 논평에서도 자세히 드러난다.

랍비 제이라(Zeira)는 라바 바 지무나(Rava bar Zimuna)의 이름으로 다음과 같이 말했다. "앞선 자들이 천사의 아들들이라면, 우리는 사람의 아들들이다. 그들이 사람의 아들들이라면, 우리는 나귀와 같으며, 랍비 하니나 벤 도사(Ḥanina ben Dosa) 또는 랍비 비느하스 벤 야이르(Pinḥas ben Yair)의 나귀가 아닌 일반적인 나귀와 같다"(Shabbat 112b).

타나임과 아모라임 사이의 경계는 분명하지 않다. 바빌로니아의 라브와 쉬무엘 및 팔레스타인의 랍비 요하난과 같은 첫 세대 아모라임은, 종종 자신들의 가르침을 타나임과 비슷한 언어와 양식으로 나타냈다. 나중 세대는 한 타나(Tanna, 타나임의 단수)가 하는 것 같은 판결을 라브가 내놓았으며, 이전 타나임의 결정에 얽매이지 않았다고 인정했다. [54]

근본적인 차이는 타나임 본문의 형식화 양식과 아모라임 본문의 형식화 양식 사이에 드러났고, 네 번째 아모라임 세대, 곧 아바에와 라바에서 온전히 확립됐다. 초기 아모라임은 미쉬나의 가르침을 보충하거나 명확히 하는 가르침들을 표현하고자 히브리어를 사용했지만, 대부분의 아모라임 가르침은 아람어로 기록됐다. 그 가르침들은 종종 타나임 진술을 언급하며, 2차 수준의 논의를 위해 개발된 전문적인 아람어 어휘를 사용한다.

언어 이상으로 내용도 아모라임 강화와 타나임 강화를 구분한다. 타나임이 그들의 견해에 동의하지 않는 부분은 나란히 놓이고, 오직 소수의 경우에만 세부 논쟁이 보존된다. 게다가 그들은 서로의 견해를 설명하거나 정당화하려 하지 않는다. 반면에 아모라임은 많은 시간을 타나임의 견해를 설명하거나 정당화하는 데 보내고 서로 논쟁한다. 물론 타나임도 비슷한 방식으로 논쟁했을 수도 있지만 보존되지는 않았다.

최소한 네 세대 동안 팔레스타인과 바빌로니아 사이에 빈번한 접촉과 정보 교환이 있었다. 예를 들어, 아모라임의 셋째 세대부터 바빌로니아에 있는 팔레스타인 랍비 요하난의 영향이 매우 강하다. [55] 그러나 넷째 세대의 시대부터 바빌로니아 토라는 팔레스타인 토라에서 갈라서서 점차로 법 개념에 대한 분석에 집중하게 됐다. 따라서 아모라임 강화의 상당 부분은 율법의 경계를 확립하도록 돕는 광범위한 사례들을 검토하는 데 할애됐다.

호라아(hora'a, 의사 결정)의 역할은 분석과 논쟁의 역할에 비례하여 줄어든다. 이것은 부분적으로 주요 결정의 대부분이 이미 이뤄졌기 때문이기도 하지만, 의사 결정과 상관없이 엄밀한 의미에서의 토라 연구가 점차 신성한 의무로 나타나기 때문이다. 쉬무엘에 대한 한 일화는 전설적인 '아담의 책'의 내용으로 여겨지는, "라브 아쉬와 라비나는 호라아의 끝이다"(*Bava Metzi'a* 85b-86a)라는 진술을 포함한다. 마찬가지로 셰리라는, 몇몇 결정은 나중에 이뤄지겠지만 아모라임 활동이 5세기 초 라브 아쉬와 라비나와 함께 끝나게 됐다고 썼다. [56]

세보라임, 사보라(단수)[57]

셰리라는 "그리고 [아모라임] 후에, 명백히 어떤 호라아(의사 결정)도 없었지만 각 사항을 설명한 해석가가 있었고 호라아와 가까웠다. 그들은 우리의 선생 세보라임(Sevoraim)이라고 불렸다"라고 썼다. [58] 그는 가장 최근 세보라임 가운데 두 명인 이나(Ina)와 시무나(Simuna)의 저작의 예로, 소책자 '키두쉰'(*Qiddushin*)의 서두에서 길고 복잡한 한 문단을 인용했다. [59] 그러나 그들의 이름이 거기에 나오지 않으므로 그는 분명 다른 자료에서 받은 정보에 의존했을 것이다. 학문적 논쟁은 여전히 세보라임이 탈무드에 끼친 기여의 특성을 중심으로 진행된다. 보수적인 학자들은 세보라임이 "탈무드의 배열을 완성하고, 어떤 해결되지 않은 할라크(halakhic, 행동 방식, 유대법)에 대한 결정을 명확히 하며, 추가 논의와 존재하는 문헌들에 대한 설명을 소개하고, 문헌 연구를 촉진하고자 짧고 전문적인 지침 구절을 삽입했다"라고 주장한다. [60]

샤푸르 2세 시기에 아모라임과 더불어 시작된 랍비 전통의 수집과 편집이, 조로아스터 학자들이 아베스타에 자신들의 전통을 수집하고 편집한 시기와 대략 일치하는 것은 아마 우연이 아닐 것이다.

스타마임

셰리라에게서 나온 통상적인 견해는, 탈무드를 완성한 세보라임에 이어 사산 왕조가 쇠퇴하는 시기에 정치적 불안정으로 야기된 휴지기 이후 게오님이 나왔다는 것이다. 1968년, 데이비드 와이스 할리브니(David Weiss Halivni)는 히브리어로 된 탈무드의 일부 문학적 구성에 관한 기념비적인 연구에서 학자들을 놀라게 했다. 거의 모든 내용에 수많은 권위 있는 인용이 있음에도 불구하고, 대부분의 탈무드 본문은 익명의 논의들로 구성된다고 그가 지적했기 때문이다. 이 익명의 학자들은 실제 저자들이었다고 추론할 수 있다. 즉, 그들은 '자료를 전통으로 바꾸었다'.[61] 할리브니는 그들을 스타마임(Stammaim, '익명의'를 의미하는 히브리어 스탐[stam]에서) 이라고 불렀고, 427년부터 520년경(그는 나중에 이것을 확장하기는 했지만)까지 그들 이 활동한 것으로 추정했다.

세보라임이 탈무드에 기여한 것도 대부분 익명인데, 할리브니는 어떻게 그들의 공헌과 스타마임의 공헌을 구분했는가? 실제로 그는 왜 스타마임이 탈무드를 완성했고, 많은 작업을 하지 않은 세보라임이 뒤따랐다고 생각하는가? 그는 다음과 같이 두 가지 이유를 제시한다.

> 1. [게오님과 리쇼님(Rishonim)[62]]은 사보라임(Saboraim)이 탈무드에 본문을 추가했다고 말하는데, 이는 탈무드가 사보라임 시기에 어느 정도 완성됐다 는 인상을 준다.
>
> 2. 일반적으로 사보라임의 것으로 여겨지는 자료들에 있는 아모라임 인용들은 탈무드의 다른 곳에서 추적될 수 있으며, 명백히 거기서 나온 것이다. 반면에, 탈무드의 익명의 부분에 나오는 아모라임 인용들은 종종 탈무드의 다른 곳에 병행된 내용이 전혀 없다.[63]

'스타마임'이 세보라임과 구분되어 실제로 존재했다면, 셰리라는 왜 그들을 알아차리지 못했는가? 아마도 이에 대한 대답은 그들이 성취한 연구의 종류에 대한 평가에 있을 것이다. 본질적으로 그들은 바로 직전 세대의 논쟁에 관한 보고들을 수집하고 그것을 연구했을 것이다. 할리브니와 같은 현대 학자는 이런 연구가 얼마나 중요한지를 깨닫고 있다. 이것은 모든 미래 세대가 전통을 읽을 수 있는 방식의 토대를 마련한다. 셰리라가 이런 활동이 중요하지 않다고 일축한 것은 당연할 수도 있다. 왜냐하면, 그에게는 실질적인 전통이 자신도 여전히 그 일부라고 여기는 구전이었고, 중요한 활동은 각 세대에서 토라대로 살아가고 해석하는 활동이었기 때문이다. 세보라임은 자신들의 제한된 의사 결정과 그들이 도입한 명료화 과정을 통해 이런 수준을 달성했다. 그러나 그의 견해로는, 학교에서 일화와 논쟁을 메모하거나 암기한 제자들은 전통의 고리에서 독특한 단계로서의 타나임, 아모라임과 동등한 자격을 갖추지 못했을 것이다.

탈무드의 문체

할라카와 아가다

탈무드의 내용은 할라카(Halakha, '율법')와 아가다(Aggada, '내러티브')라는 두 장르로 구분되고, 둘은 한 수갸(sugya, 단위 또는 단락)에 나올 수 있으며, 바바 카마(*Bava Qama*) 60a-b(487-490쪽을 보라)의 경우처럼 심지어 서로 뒤섞일 수도 있다.

할라카는 아가다보다 더 정확하게 규정된다. 법은 모호하면 제 기능을 할 수 없기 때문이다. 할라카 논쟁이 복잡한 것이 문제인데, 왜냐하면 추리의 고리가 전통에 도전하는 것처럼 보이는 결론에 도달할 수도 있기 때문이다. 다음과 같이 어떤 현인들은 추론에 능하기로 유명했으며, 다른 현인들은 신뢰할 만한 전통의 전달로 유명했다.

> 라브 히스다(Ḥisda)와 라브 셰셰트(Sheshet)가 만났을 때, 라브 히스다의 입술이 라브 셰셰트가 가진 미쉬나의 지식 앞에서 떨렸다. 라브 셰셰트의 몸 전체가 라브 히스다의 추론에 흔들렸다(*Eruvin* 67a).

주후 320년경 라바(Rabba) 대신 라브 요세프(Rav Yosef)가 품베디타 학교의 교장으로 선택되었다. 이는 재판에 관한 기술보다는 전통의 건전성을 더 높이 평가했다는 것을 보여준다.[64]

탈무드의 할라크 결정은 후대 유대 전통에서 구속력이 있는 것으로 받아들여졌다. 그러나 11세기 스페인 시인이자 학자인 쉬무엘 하-나기드(Shmuel Ha-Nagid)는 아가다를 결정적인 것이라기보다는 영감을 주는 것이라고 특징지었다. 라쉬(Rashi)는 안식일에 생명을 구하는 것에 관한 아가다적 언급에 대해 논평하면서,

솔직하게 다음과 같이 진술했다.

"이것은 생명을 구하는 것이 안식일에 허용되는 이유가 아니라, … [편찬자가] 아가다를 통해 그것을 [일반 대중]에게 호소하기를 [원했기] 때문인데, 왜냐하면 여자들과 무지한 사람들이 설교에 참여했고 설교자는 [이야기로] 그들의 시선을 끌어야 했기 때문이다."[65]

문체와 주해

광범위한 문학 양식과 문체는 법적 논쟁, 성경 주해, 설교학, 비유, 이야기, 역사적 내러티브, 시, 과학, 미신, 대중적인 잠언을 분명히 표현하는 데 필요하다.

법적 논의와 주해적 논의는 독특한 구조와 어휘를 지닌다. 내러티브는 종종 삼중적인 예와 더불어 일정한 유형으로 만들어진다. 현인들과 그들 제자들의 일화를 포함할 때 활력이 더해지며, 종종 루이스 제이콥스(Louis Jacobs)가 지적하듯이, 논쟁을 극적으로 제시할 때도 활력이 더해진다.[66]

성경 주해는 랍비 시대 전에 발전한 기술을 기반으로 하며, 예를 들어, 사해문서의 페셰르(pesher) 주석에서 볼 수 있다.[67] 랍비 이스마엘과 랍비 갈릴리 사람 요세(Yosé)의 것으로 여겨지는 수사 법칙들은 주해 과정을 통제하고 임의로 되지 않도록 고안됐으며, 아래에서 설명된다.

언어

유다 하-나시는 갈릴리에서 민족의 부흥을 희망하면서, 유대인들이 아람어를 말하는 것을 다음과 같이 반대했다. "이스라엘 땅에서, 누구든 왜 아람어를 말해야 하는가? 거룩한 언어나 헬라어를 말해야 한다!" 4세기 초 품베디타에서 라브 요세프는 이와 비슷하게, "누구든 왜 아람어를 말해야 하는가? 거룩한 언어나 페르시아어를 말해야 한다!"라고 선언했다.[68] 그런데도 아람어는 수 세기 동안 근동에서 유대인들과 다른 소수 무리들 사이에서 지방어로 존속했으며, 지금도 여전히 만다이교도들이 사용하고 있다.

아마도 3세기의 바라이타(baraita)는 '콥트어, 또는 메대어(Median), 고(古) 히브리어(paleo-Hebrew) 문자, 엘람어, 헬라어'로 기록된 성경을 가리킬 것이다(*Shabbat* 115a). 미쉬나는 문서 인용을 제외하고는 히브리어로 기록되어 있다. 팔레스타인 뿐만 아니라 바빌로니아에서의 초기 아모라임은 미쉬나의 히브리어에서 약간 수정하기는 했지만, 그들의 '공식' 가르침을 히브리어로 계속 표현했다. 미쉬나와 같은 성격의 공식적인 판결 이외에 후대 아모라임 진술들은 아람로 표현되는 경향이 있는 반면, 논쟁에 사용되는 언어는 대부분 아람어다. 일부 페르시아('중세 이란어' 또는 팔레비어[Pahlavi]) 단어들이 특히 행정 용어와 군사 용어에서 나오지만, 라틴어나 헬라어 기원의 단어들보다는 적다.

강화의 단위

쉬마타(Sh'ma'ta, 아람어 '들리는 것', 강화[講話])는 할라크 교훈을 간략하게 요약한 것이다. 여러 개가 하나의 구체적인 주제에 대한 논의에 함께 엮일 때, 그 전체를 수갸(sugya)라고 하는데, 이는 '단계'를 가리키는 아람어에서 유래한 용어이다.[69] 여러 수교트(sugyot)는 함께 결합되어 한 모음집을 만들 수도 있다.

수교트의 작성은 6세기나 7세기가 돼서야 완성됐지만, 아마도 4세기에 시작됐을 것이다.[70] 많은 수교트는 발전 과정에서 다른 단계들을 반영하면서, 두 탈무드의 소책자들에 비슷한 버전으로 남아 있다. 종종 한 쉬마타의 경쟁 버전들은 단일 수갸에 나란히 놓인다. 이 책에 있는 사례로는 메길라(Megilla) 2a(317쪽을 보라), 네다림(Nedarim) 22a(412쪽을 보라), 나지르(Nazir) 16b-17a(417-418쪽을 보라), 바바 바트라(Bava Batra) 17b(539쪽을 보라), 호라요트(Horayot) 2a(607쪽을 보라)가 있다. 수갸의 발전과 문학적 구성은 오늘날 탈무드 학자들이 가장 뜨겁게 논쟁하는 주제에 속한다.

귀속시킴

한 가르침을 그것을 표현한 선생의 이름으로 보고하는 것은 '세상을 구원하는 것이다'.[71] 이것은 본질적으로 고결할 뿐만 아니라, 가르침에 덧붙여진 권위를 세우려는 실제적인 목적에 기여한다.

그러나 귀속시킴은 의문의 여지가 있다. 게마라 자체는 종종 한 현인이 말한 것에 대해 일치하지 않는 보고를 전하며, 그 확인이 종종 불명확하고,[72] 필사자는 때로 이름을 혼동한다. 또 귀속시킴은 다음과 같은 놀라운 사례에서 판결의 권위를 높이려고 '의도적으로' 수정되었다.

> 랍비 시므온 벤 파지(Simeon ben Pazi)는 예루살렘의 거룩한 회중을 대표하여, 랍비 여호수아 벤 레비(Joshua ben Levi)의 이름으로, 랍비 요세 벤 샤울(Yosé ben Shaul)의 이름으로, 랍비 [유다 하-나시]의 이름으로 말하기를, 랍비 시므온 [벤 요하이]와 그의 동료는 율법이 랍비 메이르(Meir)의 견해에 부합된다고 했다(Betza 27a).

게마라는 즉각 이것이 시대착오적이라고 지적한다. 즉, 시므온 벤 요하이는 메이르보다 앞섰다. 시므온의 판결이 메이르가 준 것과 동일하다는 간결한 대답은 귀속시킴이 메이르의 견해에 권위를 더하기 위해 고안된 허구임을 인정한다.

또한, 게마라는 논쟁 과정에서 "X가 이 반대에 직면했다면, 그는 …라고 말하여 반박할 수 있다"를 의미할 때, 종종 "X가 …라고 말했다"라는 공식을 사용한다. 아세르 벤 예히엘(Asher ben Yehiel)('the Rosh', 1250-1327년경)은 이런 형태의 표현에 주목했는데,[73] 이것은 어떤 학자들이 부르는 것처럼 '위명'(僞名, pseudepigraphy)이라기보다는 축약된 형태다. 누군가에게 X가 가설적인 것을 실제로 말했다고 잘못 믿게 할 의도가 전혀 없기 때문이다.

성경 해석

거룩한 본문은 그 자체로는 안내할 수 없다. 이것은 읽혀야만 하며, 모든 읽기는 해석이다.

토라는 시내산에서 모세에게 계시된 하나님의 말씀이라는 특별한 지위를 지닌다. 율법은 이 다섯 책들 가운데 하나의 구절에서 도출될 때에만 성경적이라고 간주한다. 부림절은 에스더서에만 근거하므로, 성경적인 제도가 아니라 랍비적 제도로 분류된다(부림절은 미드오라이타[mid'Oraita]가 아니라 미드라바난[mid'rabbanan]이다).

다음과 같은 세 가지 가정이 토라 본문의 랍비적 해석을 지배한다.

> 본문은 오류나 모순이 없다. 하나님은 실수하지 않으신다! 우리가 이것이
> 무엇인지 항상 아는 것은 아니더라도, 명백한 모순은 올바른 해석으로 해결
> 될 수 있다.
> 본문은 쓸데없는 반복이 없다. 어떤 율법은 반복되는데, 예를 들어 신명기는
> 이전 책에서 다룬 주제를 재검토하지만, 정확하게 표현하면 항상 새로운 측
> 면을 드러낸다.
> 본문은 우리가 알 필요가 있는 것은 무엇이든지 포함하면서 포괄적이다(더욱
> 최근에 이것을 주장한 랍비들이 있지만, 반드시 '모든 지식'일 필요는 없다[74]).

이 세 가정은 토라에만 적용된다. 히브리 성경의 나머지 예언서와 성문서는 오
류가 없다고 주장할 수는 있지만 쓸데없는 반복이 없지는 않다. 할라카를 만들
수는 없고, 할라카에 대한 이해를 도울 뿐이다.

바브리는 미쉬나 본문과 다른 타나임 저작들을 성경과 같이 신성불가침으로
다루지 않고, 필요하다면 '수정'될 수 있는 율법의 창고로 다룬다. 바브리는 모순
을 피하거나 율법의 '올바른' 버전을 확립하고 명확하게 하려는 의도로 수정을 제
안한다.[75] 아모라임은 때로 미쉬나 본문에 대해 "이것은 옳지 않다"(m'shabeshta
hi)라고 말한다.[76] 쉬무엘은 랍비들이 그것에서 올바른 할라카를 추론한다는 것
을 분명히 하려고 미쉬나의 귀속시킴을 의도적으로 뒤집는다(Pesaḥim 27a). 익명의
논평은 미쉬나의 본문을 라바의 판결에 맞도록 조정한다(Yevamot 12b ; 358쪽을 보
라). 후대 아모라임은 일반적으로 타나임이 불필요한 진술들을 보존하지 않았다
는 가정에서 작업한다. 그러나 라브 요세프가 받아들였듯이, 그들은 때로 "랍비는
불필요한 미쉬나를 포함했다"라는 사실을 받아들일 준비가 돼 있다.[77]

할리브니는 하키 카아마르(hakhi qa'amar, "이것이 그가 말하려고 의도한 것이다")
또는 에이마(eima, "나는 말할 수 있다")와 같은 일반적인 전문 용어들이 "수정과 설

명 사이에 맴돈다"라고 지적하고, '해석'(interpreting out)하는 과정을 묘사한다. 그리고 아모라임은 이 과정을 사용해서 미쉬나 진술을 제한된 맥락이나 특별한 경우에 적용하는 것을 규제한다.[78]

해석의 규칙

3세기에 학자들은 타나임이 성경을 해석할 때 사용한다고 믿었던 규칙을 열거했다. 힐렐이 일곱 가지 해석 규칙(미도트[middot])을 제시하고, 랍비 이스마엘이 13개의 규칙을 제시했으며, 랍비 갈릴리 사람 요세가 32개의 규칙을 제시했다고 보았다.[79] 규칙에는 합리성과 수사와 문법이 포함되었으며, 스토아학파가 호머를 해석하고 로마인들이 법 문서를 해석하는 방식과 닮은 점들이 있다.[80] 규칙은 다음의 네 가지 기본적인 유형으로 줄일 수 있다.

> 칼 바-호메르(Qal va-ḥomer): '사소한 것과 주요한 것', 한층 더 강력한 이유로 입증하는 논증. 이런 경우, 관련된 요소들이 더 강할 경우에 명백히 참일 것이라고 추론하는 것이 합리적이다. (이 책에서의) 사례: 페사힘(*Pesaḥim*) 66a(218쪽을 보라), 예바모트(*Yevamot*) 87b(375쪽을 보라), 산헤드린(*Sanhedrin*) 73b(561-562쪽을 보라).
>
> 그제라 샤바(G'zera shava): '비슷한 형식', 또한 헤케쉬(heqesh, '유추')로 알려짐. 한 단어나 구절이 두 개별 문단에 나오면, 두 경우의 율법을 적용하기 위해 유추를 사용할 수 있다. 사례: 베라코트(*Berakhot*) 31b(84쪽을 보라), 소타(*Sota*) 37b(424쪽을 보라).
>
> 일반적인 용어(크랄[k'lal])와 구체적인 용어(프라트[p'rat]), 또는 포괄적인 용어(리부이[ribbui])와 배타적인 용어(미우트[mi'ut]). 사례: 페사힘(*Pesaḥim*) 95a(231쪽을 보라), 수카(*Sukka*) 50b(274쪽을 보라).
>
> 의미는 문맥에 의해 결정된다. 사례: 로쉬 하샤나(*Rosh Hashana*) 2b(292쪽을 보라), 바바 메치아(*Bava Metzi'a*) 61a(525쪽을 보라).

논리 정연한 해석의 이런 네 가지 유형 이외에도 때로 두 가지 인공 장치가 사용되는데, 이는 성경을 읽어야 할 본문이기보다는 해독할 암호로 다루는 것 같다.

> 게마트리아(Gematria): 한 단어의 문자가 가지는 수적인 가치. 사례: 산헤드린(*Sanhedrin*) 97b(565쪽을 보라), 마코트(*Makkot*) 23b(573쪽을 보라).[81] 다양한 문자 수수께끼, 축약, 편지를 대용한 것이 이 범주에 속한다.
> 임 에이노 이냐안(Im eino 'inyan): 단어가 그 자체의 맥락에서 불필요하다면, 이것은 다른 곳에 바꾸어 놓는다. 심지어 한 글자도 한 단어에서 다른 단어로 바뀔 수 있다. 사례: 요마(*Yoma*) 48a.

직함과 명칭

한나 코튼(Hannah Cotton)은 주후 66년부터 135년까지의 시기에 유대에서 유대인의 삶을 반영하는 60개의 알려진 문서 가운데 어디에서도, 그 누구에게도 '랍비'라고 부르지 않는다고 주장했다.[82] 이 단어는 토라나 세속적인 분야에서 선생을 정중하게 부르는 양식이었지만, 이것이 3세기 이전에 종교적 학자와 지도자라는 한 범주를 가리켰다는 증거는 없다. 미쉬나는 이 직함을 사용하면서, 일관되게 이 범주에 있는 사람들을 랍비가 아니라 하카밈 현인들이라고 부른다. 이는 제롬이 지적한 용법이다.[83] 미쉬나도 라반이라는 직함을 사용하며, 바브리는 '라브'와 '마르'(Mar)('선생')를 추가한다.

셰리라는 탈무드가 '랍비'라는 직함을 이스라엘 땅의 학자들에게 적용하고, '라브'는 바빌로니아 사람들에게 적용한다고 주장했다.[84] 셰리라는 카이로우안(Kairouan) 공동체에 보내는 편지에서, "랍비는 라브보다 더 위대하고, 라반은 랍비보다 더 위대하며, 직함이 없는 이름이 라반보다 더 위대하다"라고 기록했다. 요카난 브루어(Yochanan Breuer)는 라브가 원래 랍비라는 방언에서 변형된 것으로, 소유격 어미를 없애는 동부 아람어의 습관과 일치한다고 주장하면서 이 전통적인 분석을 논박했다. 라반(일반적으로 동의하는 대로)은 나시(Nasi)에게 적용되는 직함이며,[85] 예를 들어 힐렐과 샴마이가 '직함이 없는 이름'으로 알려진 이유는, 그들이 직함을 사용한 것보다 앞서 나왔기 때문이다.[86]

마르(Mar)라는 직함은 시리아의 그리스도인들이 사용했듯 때때로 사용된다. 이 직함은 임명이 되지 않은 자들에게 사용됐던 것 같다. 이런 이유에서 흔히 레쉬 갈루타에게 적용됐을 수 있지만, 셰리라는 그것이 고유명사거나 중요한 직함이라고 말한다.[87]

직함은 때로 이름과 합쳐진다. 예를 들어 라바(Rava)는 라브 아바(Rav Abba)가 합쳐진 것이며, 라비나(Ravina)는 라브 아비나(Rav Avina)가 합쳐진 것이다.

신학

많은 학자들이 탈무드의 '신학'을 표현하려고 시도했는데, 가장 주목할 만한 학자가 솔로몬 셰크터(Solomon Schechter)이다. 그는 자료의 비체계적인 특성에 주목했다.[88] 랍비 신학은 이와 같은 자료에 근거해야만 한다.

> 랍비 하마 바 하니나(Ḥama bar Ḥanina)가 다음과 같이 말했다. 이 세 구절이 없다면 이스라엘의 죄인들[89]은 설 수 있는 다리가 없었을 것이다. [내가… 쫓겨난 자와] 내가 환난 받게 한 자[90]를 [모아](미 4:6)라고 기록되었고, 진흙이 토기장이의 손에 있음 같이 [너희가 내 손에 있느니라](렘 18:6)라고 기록되었으며, 또 내 영을 너희 속에 두어 너희로 내 율례를 행하게 하리니 너희가 내 규례를 지켜 행할지라(겔 36:27, JPS)라고 기록되었다.
>
> 랍비 야나이(Yannai) 학파에서는, 이것이 [이름] 디사합(Di Zahav)(신 1:1)에서 유래했을 수도 있다고 말했다. 디사합이 무엇인가? 랍비 야나이 학파에서는 이것이 모세가 거룩하신 이(그분은 찬양받으시리로다)에게 말한 것이라고 주장했다. 즉, 우주의 주! 그들이 충분하다[다이(dai)]고 말할 때까지 주님께서 이스라엘에 부어주신 은과 금[자하브(zahav)] 때문에! 그것이 그들을 죄로 이끌었다…. 랍비 히야 바 아바(Ḥiyya bar Abba)는 랍비 요하난의 이름으로 다

음과 같이 말했다. "이것은 아들을 가진 사람과 같은데, 그는 아들을 목욕시키고, 머리에 기름을 붓고, 음식과 마실 것을 주었으며, 아들의 목 주위에 돈지갑을 매어주었고, 사창가 문 옆에 두었다. 아들이 어떻게 죄를 짓지 않을 수 있는가?"(*Berakhot* 32a)

명백하게 랍비들은 자유의지와 결정론, 또는 '자연'과 '양육'의 관계에 대해 생각하고 있었다. 한 사람의 행동이 하나님이나 환경의 강력한 영향을 받거나 그에 따라 결정된다면 그가 자신의 행동에 대해 책임질 수 있는가? 하지만 랍비들은 체계적인 철학적 대답을 내지 않는다. '신학'이 '하나님의 말씀에 관한 연구'를 의미하는 것으로 본다면, 랍비들은 신학자들이다. 그러나 '신학'이 '하나님의 말씀을 해설하는 사상의 합리적 체계에 대한 구성'을 의미한다고 여긴다면, 랍비들은 신학자들이 아니다. 이 후자의 의미에서 알려진 유대 신학은 1세기 초 알렉산드리아의 헬레니즘 유대 철학자 필로(Philo)와 함께 중단되었고, 10세기에 사디아 가온(Saadia Gaon)과 다른 이들이 시리아 기독교 학자들에 의해 이슬람 세계에 중재되면서 헬라 철학자들과 직면할 때에야 비로소 소생했다. 탈무드는 신학자들이 자신의 체계를 세우는 데 사용할 건축 자재를 제공할 수 있지만, 탈무드 자체가 체계적인 사색에 관여하지는 않는다.

바브리는 '사회질서에 대한 설득력 있는 설명'을 제시한다고 말하는 증거는 다소 확대해서 해석되지만, 바브리의 가치와 사회에 대한 태도는 상당히 일관성이 있다. 하나님과 그분의 섭리, 토라와 랍비 전통의 신빙성과 진실성, 하나님의 '경륜'에서의 이스라엘의 중심성은 절대로 의심되지 않으며, 이 정도로 '탈무드의 저자는 단일한 방식으로 말한다'.[91] 하지만 어떤 특정한 형태의 논쟁이 일반적이면 어떤 것도 보편적이지 않다. 다른 시기와 장소에서 작성된 섹션은 다른 관심과 태도를 반영한다. 리처드 칼민(Richard Kalmin)이, 바브리가 넷째 세대 아모라임과는 다른 편집자들의 저작이라고 강조하는 것은 당연하다.[92] 게다가 바브리가 사산 왕조가 지배하던 바빌로니아에서의 유대인의 삶과 사상을 어느 정도로 온전하게 나타내는지, 그것이 탈무드를 편찬한 종교 학자들의 제한된 인식보다 더 나은지는 누구도 알지 못한다.

탈무드와 기독교

그리스도인들은 랍비 유대교가 형성되는 시기에 팔레스타인과 바빌로니아에서 점차 수가 늘고 있었다. 그들의 저술은 유대인들과 유대교에 가한 과도하고 신랄한 공격을 포함하고 있는데, 그 가운데 가장 악명 높은 것은 요한 크리소스톰 (347-407년경)의 《설교》(*Homilies*)이다. [93]

탈무드의 현대판 인쇄본은 기독교의 검열에 영향을 받았으며, 기독교에 대한 명백한 언급이 없다. 검열을 거치지 않은 원고는 항상 이름으로는 아니더라도 예수님을 언급하는 것 같은 많은 방언 진술을 보존한다. 이 책에서의 한 예는 산헤드린 (*Sanhedrin*) 42-43(555-556쪽을 보라)이다. 예를 들어 "예수가 불법적으로 생각하고, 자신의 랍비 선생에게 도전하며, 주술을 행했다"라고 말한다. 피터 셰퍼(Peter Schäfer)는 다음과 같이 주장한다. "(주로) 예수와 그의 가족에 대한 이런 바빌로니아 이야기들은, 복음서에 나오는 예수의 삶과 죽음의 이야기에 대한 의도적이고 매우 세련된 반대 내러티브인데, 이는 신약, 특히 요한복음의 상세한 지식을 전제하는 내러티브이다."[94]

기독교 신학과 예수님에 관한 주장에서 명백한 논의는 없는데, 물론 이런 문제들은 유대인과 그리스도인이 서로 인접하여 살았던 가이사랴(Caesarea)[95]와 셉포리스(Sepphoris)와 같은 마을이 있는 팔레스타인에서, 그리고 그리스도인들이 많은 니시비스(Nisibis)와 다른 메소포타미아 마을에서 논쟁이 됐음이 틀림없다. 기독교 관습에 대한 언급도 가끔 있다. 예를 들어, 랍비 요하난은 마아마드 (ma'amad)의 사람들이 '나사렛 사람들이기 때문에' 일요일에 금식하는 것을 삼갔다고 주장했다고 한다.[96]

그러나 많은 아가다는 기독교의 가르침에 대한 암묵적인 반응으로 읽을 수 있다. 예를 들어, 이스라엘이 죄를 지었음에도 그들에 대한 하나님의 사랑의 항구성을 종종 강조한다. 이것은 하나님이 이스라엘의 죄악 때문에 그들을 버렸고, 그리스도인들이 새로운 이스라엘을 구성했다고 말하는 기독교의 주장과는 대조된다. 율법 폐지에 관한 기독교의 가르침에 대한 반응은 율법의 지속적인 유효성에 대한 랍비의 강력한 강조에서 명백하게 드러난다. 또한, 율법이 시내산에서 계시되기 전에도 족장들이 율법과 심지어 랍비적인 보호막(rabbinic safeguards, 랍비들이 율법을 범하는 것을 막으려고 만든 규칙)도 지켰다는 주장(갈라디아서 3장과 대조됨)에서도 분명히 드러난다.[97] 증거 본문을 제시하려는 랍비의 열정은 최소한 부분적으로, 그리스도 중심으로 이런 본문들을 전용하려는 것에 대한 반응이다.[98]

4세기 팔레스타인에서 기독교 통치자가 '지상의' 예루살렘과 거룩한 땅에 새로운 관심을 갖게 됐을 때, 유대인들의 반응은 회당의 성상에서 분명하게 드러났다. 5세기 초 셉포리스의 회당에는 매일의 희생제물과 아론 계열 제사장직과 같은 주제들을 묘사하는 모자이크가 있었는데, 아마도 이런 상징들을 기독교에서 도용한 것에 대해 반박하기 위해서였을 것이다.[99]

본문의 전달

본문 비평

바브리의 최종 편집이 없다는 점은, 이어지는 세기에 본문에서 사소하게 조정하고 삽입할 길을 열어주었다. 게다가 필사자는 종종 자신이 필사하고 있는 것이 무엇인지 이해하지 못했고, 더 이해하기 쉽다고 여기는 것에 맞추어 본문을 '수정'했다.

손으로 쓴 본문의 여백에 기록된 논평이 본래 본문으로 필사될 때 사본에 약간의 변화가 생기는데, 이는 게오님 논평과 판결에서도 발생했던 것으로 알려졌다. 예를 들어, 라쉬(Rashi)는 본문에서 한 구절을 삭제하는데, 이것이 '할라코트 게돌로트'(Halakhot Gedolot), 즉 9세기 할라크의 권위자인 시므온 카야라(Simeon Kayyara)의 작업에서 왔다고 간주했기 때문이다.[100] 중세 학자들은 종종 지적인 일관성을 위해 본문들을 '수정'했다. 12세기 중세 랍비 야곱 탐(Jacob Tam)은 자기 할아버지 라쉬가 본문 자체를 훼손하기보다는 그의 주석에서 제안한 변경을 포함했다고 찬사를 보냈고, 자기 형제 사무엘(라쉬밤[Rashbam])에게 자신의 해석에 맞

게 오래된 버전을 제거하는 임무를 맡겼다. [101]

가장 이른 시기로 알려진 랍비 저술의 조각은, 아마도 6세기에 속하는 레호브 (Rehov) 회당(이스라엘의 벳스안[Bet Shean] 가까이에 있음)에 있는 비문이다. 카이로 게니자(Cairo Geniza)와 다른 곳에서 복구된 탈무드의 사본 조각은 학자들이 8세기에 속한다고 추정했다. 탈무드의 어떤 부분의 가장 오래된 사본은 옥스퍼드의 보들리 도서관에 있다. 이것은 소책자 케리토트(Keritot)의 일부이며, 연대는 1123년에 가깝다. 전체 소책자를 포함하는 가장 이른 시기로 추정할 수 있는 사본은 1177년의 플로렌스 사본(Florence Codex)이며, 가장 이른 시기의 거의 완성된 탈무드 사본은 1343년 뮌헨 사본(Munich Codex)이다. [102]

라쉬와 탈무드 본문의 복구

그의 머리글자 라쉬(Rashi)로 더 흔히 알려진, 상파뉴 트루아(프랑스)의 랍비 쉴로모 이츠하키(Shlomo Yitzḥaqi)(솔로몬 벤 이삭[Solomon ben Isaac], 1040-1105년)의 명성은 몇 가지 탁월한 업적에 근거한다. 그의 성경 주석은 언어학적인 발전으로 존중받았고, 그의 할라크 판결은 영향이 크며, 그는 유대 예식의 발전에 기여했다. 널리 퍼져 있는 그의 바빌로니아 탈무드에 대한 주석은, 원어로 탈무드를 읽고 싶어 하는 거의 모든 사람을 위한 첫 포문으로 900년이 지난 지금까지도 남아 있다. 이는 "라쉬가 없었다면 탈무드는 이스라엘에서 잊혔을 것이다"라는 격언을 정당화한다. [103]

기독교 유럽에서 11세기와 12세기는 개인과 집단의 종교적 부흥의 시기였다. 이와 연관되어 고대 문헌에 대한 관심이 새로워졌는데, 이는 종종 무슬림과 유대인들을 통해서 그리고 성경에서 하나님의 말씀에 잠재되어 있기는 하지만 우리 죄로 상실한 참된 지혜인 태곳적 지혜(prisca philosophia)를 회복하려는 희망 때문이다. 다시 말해서, 고대 문헌은 번역되고 신중하게 읽혀야 하며 성경과 조화를 이뤄야 했다. [104]

북서 유럽의 유대인들은 그들의 초점이 자신들 고유의 특별한 유산이라고 생각한 히브리 성경과 랍비들의 저술에 있었지만, 이 이상을 공유했다. 그들이 성경을 잘 이해하지 못한다고 해도 성경은 절대로 잊히지 않았다. 랍비 전통은 미쉬나, 예식적 관습과 시, 조상의 풍습을 통해 다소 알아들을 수 없는 형태로 받아들여졌지만, 바빌로니아 탈무드에 기록되고 게오님이 촉진한 더욱 엄정한 랍비 유대교는 10세기가 돼서야 서부 유럽(이탈리아를 제외하고)에 도달했다. 랍비 유대교가 도달한 길은 일반적으로 이슬람 세계에서 기독교 세계로 학식이 유입된 경로와 비슷하고 어떤 경우 동일하다.

스페인의 유대 아리스토텔레스 철학자인 아브라함 이븐 다우드(Abraham ibn Daud, 1100-1180년)는 지중해에서 해적에게 사로잡힌 바빌로니아 학자 네 명이 어떻게 몸값을 받고 서부 유대 공동체에서 석방됐는지 설명한다. 후쉬엘(Ḥushiel)이라는 한 학자는 튀니지의 카이로우안(Kairouan)에 정착했고 거기서 그의 아들 하나넬(Ḥananel, 대략 990-1055년)이 태어났다.[105] 이븐 다우드의 기사는 현대의 역사적 정밀 조사를 견디지 못했지만, 그 기사는 이슬람의 중심부에서 안달루시아를 포함한 머그레브(Maghreb)와 궁극적으로는 서구 기독교에까지 학식이 전달됐음을 잘 보여준다. 하나넬 벤 후쉬엘이 품베디타의 바빌로니아 하이 가온과 주고받은 일부 서신이 보존됐는데, 이는 그가 머그레브를 통해 스페인에까지 바빌로니아 학교의 학문을 어떻게 전했는지를 보여준다. 탈무드에 대한 그의 주석은 하이(Hai)의 저작에 깊이 의존하는데, 그는 종종 그의 말을 그대로 인용한다. 그러나 하나넬 당시, 탈무드는 이미 북쪽으로 라인랜드(Rhineland, 로타링기아 [Lotharingia])에까지 구축됐던 것이 분명하다. 거기서 마인츠(Mainz)의 라베누 게르솜(Rabbenu Gershom, 대략 960-1028년)은 학교를 세우고 첫 주석을 쓰고 있었다. 라쉬는 젊을 때 웜스(Worms)에서 공부하려고 그의 고향 트루아를 떠났고, 나중에 마인츠에서 게르솜의 제자에게 가르침을 받았으며, 주석을 읽고 게르솜과 하나넬의 가르침을 흡수했다. 라쉬는 처음에는 자기 아버지의 지도를 받아 탈무드를 공부했겠지만, 웜스에서 그의 주요 선생은 야아코브 벤 야카르(Ya'aqov ben Yakar)였는데, 라쉬는 종종 그를 인용한다(예, *Pesaḥim* 111a).

요나 프랭켈(Jonah Fraenkel)은 라쉬가 자신의 말을 사용하지만 보통 자기 선생들의 해석을 채택했다고 주장한다.[106] 그러나 라쉬가 명백하게 그들에게서 떠난 많은 사례가 있다. 최소한 767개의 부분에서, 라쉬는 "이것은 옳은 읽기다"(하키 가르시난[hakhi garsinan])라고 진술한다. 이것은 입수할 수 있는 사본들의 신뢰성이 부족한 데 대한 깊은 관심과, 탈무드법의 이해와 적용이 진척되기 전에 신뢰할 만한 본문이 확립되어야 한다는 라쉬의 이해를 보여준다. 이것은 지식이 담긴 고대 자료의 정확한 본문을 산출하는 것에 대해 대두된 유럽의 태도와 온전히 일치한다. 심지어 입법을 위한 토대로서의 고대 본문의 발견은, 유스티니아누스(Justinian)의 《학설개요》(*Digest*, 대략 1070년) 및 샤르트르의 성 이보(Saint Ivo of Chartres, 대략 1040-1116년)의 영향력 있는 《법령집》(*Decretum*), 그리고 《모든 법률전집》(*Panormia*)의 재발견과 비슷하다. 성 이보는 라쉬와 거의 정확하게 동시대 사람이었다.[107] 라쉬가 랍비 학교를 만든 것은 스콜라 철학의 성장 및 파리와 샤르트르의 학교와 같은 대성당 학교들의 등장이라는 맥락에서 볼 수 있다.[108]

라쉬는 사본의 증거에만 의존하지 않고, 때로 랍비들이 말하고자 의도한 것에 대한 자신의 고찰에 따라 본문을 조정했다. 예를 들어, 그는 다음과 같이 썼다.

이것은 사본들의 읽기이지만, 이것은 틀렸다. 주제를 이해하지 못하고 그 읽기에 근거하여 잘못 설명한 해석자들의 실수를 통해 [발생한 것이다].[109]

그는 필요하다면 사본의 증거 없이도 본문을 수정할 준비가 돼 있지만, 가능하다면 다음과 같은 증거를 찾고 싶어 했다.

어린 시절 이후로 나는 내가 탈무드를 이해한 것과 이 읽기를 조화시키려 노력했지만 그렇게 할 수 없었다. 그때 나는 [내 읽기가] 있는 한 사본을 우연히 접했는데, 그것은 라베누 게르솜 벤 유다가 기록한 것이다. 그가 평화롭게 잠들기를 바란다. 그리고 랍비 이삭 바 메나헴의 수정되지 않은 한 사본에서 [동일한 것을 발견했으며,] 그것이 내게는 옳아 보인다.[110]

라쉬는 진술과 질문을 구분하며(아직 물음표가 고안되지 않았었다), 따로 떨어져 있는 진술의 문맥을 설명했다. 특정 진술이 거부돼야 할 가정인지, 논쟁의 결론인지를 명확히 했으며, 따로 떨어져 있는 대명사의 언급을 한정했다. 무엇보다 그는 자신에게 친숙한 사전과 문법 저작들뿐만 아니라 그가 받은 게오님 전통을 능숙하게 사용하면서, 수많은 구문론적 문제와 어휘적 문제를 해결했다. 종종 그는 구프랑스어로 번역을 제공했는데, 이는 명백히 자신의 원 독자들에게 도움이 됐을 것이다. 그는 때로 실제적인 할라크 요점을 명확히 했다. 아가다에 대한 그의 태도는 융통성이 있었고, 때로 그것을 비유적으로나 훈계와 관련하여 해석했다.

이 번역에 대한 메모

대괄호 [ ] 안에 있는 단어와 구절은 독자를 돕기 위해 삽입됐다. 이 단어와 구절은 본문에 속하지 않고, 추측에 불과하다.

'그가 말했다'라는 끊임없는 반복은 성가실 수 있으므로, 나는 변경했다는 것을 밝히지 않고서 '그가 대답했다', '그가 주장했다', '그가 설명했다' 등과 같이 자유롭게 수정했다.

어떤 학자들은 중요하다고 생각할 수도 있지만, '랍비 X는 랍비 Y가 …라고 말했다고 말했다'와 '랍비 X가 랍비 Y의 이름으로 말했다'를 전혀 구분하지 않았다.

사본과 대부분의 인쇄된 원고는 많은 축약어를 사용하며, 종종 이것들이 모호함을 야기한다. 예를 들어, "R'I"는 랍비 예후다(Yehuda)(동일한 많은 이름들이 있다)나 랍비 이스마엘, 랍비 이삭을 의미할 수도 있다. 또한 라바(Rava)와 라바(Rabba)는 종종 혼동된다. [111)

현대 영어는 십일조, 정결법이나 희생제물과 같은 개념을 가리키는 준비된 어휘가 없다. 이것들은 관련된 섹션에서 소개하는 메모로 설명하겠다.

랍비의 아람어와 히브리어에는 할라크 논쟁과 성경 주해를 다룰 수 있는 특별한 공식이 있으나, 영어는 완곡한 표현을 사용할 필요가 있다.

영어는 기독교적인 맥락에서 발전했으며, 따라서 예를 들어 '구원'이나 '메시아'와 같은 영어로 된 신학적인 단어들에는 히브리어에 없는 함의가 생겼다. 기독교 신학을 본문에 주입하여 읽지 않도록 주의해야만 한다.

성경 번역

성경의 히브리어는 그 풍부함을 번역으로 온전히 포착할 수 없다. 이 사실은 고대에도 잘 인식됐다. 외경 《집회서》(*Ecclesiasticus*)를 번역한 그리스 번역가가 자신의 서론에 다음과 같이 쓴 것에서도 알 수 있다. "히브리어로 표현되고 다른 언어로 번역된 동일한 것들이 동일한 뜻을 가지는 것은 아니다."[112]

적절한 곳에서 나는 유대 출판협회의 히브리어 성경 번역 두 번째 판(Philadelphia, 1999, 영국 철자와 구두법에 맞게 약간 수정됐다), 즉 'JPS'(Jewish Publication Society)를 사용했고, 때로는 'KJV'(King James Version)를 사용했다. 다른 번역들은 탈무드가 성경을 읽는 것에 조화시킨 나 자신의 번역이다(보통은 개역개정을 따르고, JPS이든 KJV이든 저자의 번역이든 개역개정과 다를 경우에만 역주를 통해 밝혔으며 성경의 장절은 개역개정에 맞추었다-역주). 어떤 번역은 나도 모르게 존재하는 번역과 일치할 수도 있다. 장과 절의 숫자는 인쇄된 히브리어 성경에 사용된 숫자다(사본에는 전혀 없다). 개신교 버전은 약간의 차이는 있지만 이 장절을 따르고, 가톨릭 버전은 종종 다르다.

현인들은 히브리 본문에 매우 익숙했지만, 후대 유대 성경 주석가들과 현대 영어 번역가들은 이것을 다르게 읽을 수도 있다. 현인들은 다른 울림을 포착했고 종종 상상력이 풍부한 언어유희에 빠져들기도 했다. 예를 들어, 다음과 같다.

> 이는 … 말씀이니라(신 1:1). "거룩하신 이, 그분은 찬양받으시리로다"라고 말했다. 내 자녀들은 그들의 경건한 이들과 그들의 선지자들을 통해 벌과 같이 세상에서 한 역할을 감당한다. 그렇지 않으면, 벌의 꿀이 달콤하고 그 침은 가혹하듯이, [순종하거나 순종하지 않는 자들에게] 토라의 말씀도 마찬가지이다(Midrash *Deuteronomy Rabba* 1:6).

이것은 영어로는 일관되지 않지만, 히브리어로는 인상적이다. 즉, 데바림('말씀')과 데보림('벌들')이 동일한 자음으로 기록된다.

이 책에 나오는 가장 극단적인 한 예는 이사야서 22장 5절과 관련된다. JPS는 이 구절의 뒷부분을 "기르는 [환상의 골짜기에서] 격노했고, 쇼아(Shoa)가 언덕 위에서"라고 번역하고, KJV는 "성벽이 무너져 내리는 날이요, 산을 향해 부르짖는 날"이라고 번역한다. 나는, 내가 믿기에 랍비들이 이 구절을 이해한 방식으로 "그는 산을 위해 울부짖고 애도했다"라고 번역했다(Ta'anit 29a에서 ; 311쪽을 보라).

랍비들이 사용한 성경 본문은 '맛소라'(masoretic) 본문이라고 알려진 현재의 표준적인 히브리 본문과 아주 사소한 세부 내용에서만 달랐다.[113] 맛소라 학자들이 전달한 대로 우리에게 전수되었기 때문이다. 5-9세기에 이스라엘 땅에 있는 유대 학자들은 본문의 정확한 결정과 보존에 전념했었다.

이스라엘과 유대인과 팔레스타인

영어 단어 '유대인'(Jew)은 그 자체로 히브리어 고유명사 예후다(Yehuda, 유다)의 예후디(yehudi)에서 온 라틴어 'Judaeus'에서 유래한다. 원래 로마 행정부가 예루살렘을 중심으로 한 지방에 할당한 이름인 '유대'(Judaea)는 여기서 나왔다. 그러나 66-70년의 반란 동안 만들어진 유대인의 동전과 서류는 로마 당국을 의식적으로 거부하면서, '이스라엘'이라는 이름을 사용한다. 마찬가지로 일반적으로 랍비 문헌과 더불어 미쉬나는 유대인들을 가리키는 집합 명사로 예후딤(yehudim)이라는 용어를 거의 사용하지 않고, 하나님이 이스라엘 12지파의 조상 야곱에게 준 이름인 이스라엘을 사용한다.[114] 이에 대한 가능성 있는 여러 이유는 다음과 같다.

엄격하게 말해서 예후디(yehudi)는 이스라엘의 12지파 가운데 한 조상인 유다의 후손을 의미했으므로, 다른 지파의 구성원을 가리키는 데 사용될 수 없다. 그러므로 이스라엘이 더욱 정확하고 포괄적인 용어이다.

예후디는 유대 주민들을 가리키는 것으로 너무 협소하게 이해될 수도 있다.

'참된' 이스라엘(verus Israel)이라는 기독교의 주장에 맞서는 논쟁의 요소가 있을 수도 있다.

예후디라는 용어는 '유대인'(Jew)이 결국 영어에서 그런 것과 마찬가지로 경멸적인 함축적 의미를 얻었을 수도 있다. 이것은 랍비 요하난이 "한 유다인(예후디)이 있으니 … 모르드개라"(에 2:5)에 대해 "우상숭배를 거부하는 누구든지 예후디라고 불린다"라고 선언하는 이런 추세를 거스르는 것일 수도 있다(Megilla 13a).

하나님이 족장들에게 약속한 지리적 영토는 랍비들이 에레츠 이스라엘(Eretz Israel), 곧 이스라엘의 땅이라고 부른다. 이것은 단순히 땅이라고도 불리지만 결코 단순히 이스라엘이라고 불리지는 않는다. 미쉬나 기간과 그 후 한동안, 이 영토 안의 세 지역들은 실질적인 유대인 주민들을 포함했다. 즉, 예후다(Yehuda, 유대), 에베르 하-야르덴(Ever ha-Yarden, 트랜스요르단), 갈릴(Galil, 갈릴리)이 있다.

시리아 팔레스티나(Syria Palaestina)(나중에 단순히 팔레스티나)라는 이름에서 '팔레스타인'이 유래하는데, 율리우스 세베루스(Julius Severus)가 바 코크바 반란을 진압한 후 로마인들이 유대 지방에 부여한 이름이었다. 히브리어로 가장 가까운 동등어구는 에레츠 필리쉬팀(Eretz P'lishtim), 곧 성경에 나오는(예, 출 13:17) "블레셋 사람의 땅"이 되겠지만, 결코 랍비 문헌에는 나오지 않는다. 이 책에서는 '팔레스타인'이 후기 고대의 이 지역을 가리키는 통상적인 명칭으로 사용되며, 이것은 현대의 정치적인 함의를 지니지 않는다.

페이지 배치

탈무드가 서로 다른 수준의 강화에서 움직이고, 수준이나 화자를 확인하는 게 항상 쉬운 것은 아니므로 독자들은 종종 혼란스러워한다. 예를 들어, 한 현인은 성경의 한 절을 해석하는 한 미쉬나에 대해 논평하고, 다른 현인은 이 논평에 문제를 제기한다. 사본은 이를 명확히 하지 않는다. 사본에는 구두점이나 문단 나누기도 없고, 인용부호나 장과 절에 대한 언급도 없으며, 종종 명확한 선행사가 없이도 대명사를 사용한다.

독자의 이해를 돕고자 나는 다음과 같이 다른 활자와 공간을 사용했다.

*이탤릭체*는 모든 편집 자료에 대해 사용했다.

고딕체는 성경의 인용에 대해 사용했다.

볼드체는 미쉬나와 다른 타나임 본문에 대해 사용했다.

탈무드 본문의 나머지는 보통 글자체를 사용했다.

탈무드 자체에는 종종 본론에서 벗어나는 것도 있고, 논평도 있다. 이런 것들은 논쟁의 주요 흐름에서 빗나갈 수도 있으므로, 들여쓰기로 처리했다. 당신이 들여쓰인 자료를 무시하면, 당신은 끊김이 없는 본문을 가지게 될 것이다. 벗어나는 것에서 또 벗어나는 것이 있거나, 벗어난 것에 대한 논평이 있거나, 후대 편집자나 필사자가 삽입한다면, 그런 것들은 한 번 더 들여쓰기하여 구분할 것이다.

참고 사항

미쉬나와 토세프타(Tosefta)에 대한 참고 사항은, 예를 들어 베라코트(*Berakhot*) 4:2과 같이, 소책자 이름과 장과 문단으로 표기할 것이다. 바빌로니아 탈무드에 대한 참고 사항은, 예를 들어 베라코트(*Berakhot*) 31a와 같이, 소책자 이름과 페이지와 면으로 표기할 것이다. 이 책에 대한 참고 사항은 '*Berakhot* 31a; 83쪽을 보라'와 같이 쪽수를 덧붙일 것이다. 이스라엘 땅의 탈무드에 대한 참고 사항은 예루샬미라는 단어 뒤에 소책자 이름, 장, 섹션이나 페이지와 면으로 표기할 것이다.

2차 자료에 대한 각주의 참고 사항은 저자 이름, 짧은 제목과 쪽수로 축약되어 소개할 것이다.

참고 자료

일반적인 배경에 대해서는 다음의 내용이 도움이 될 것이다.

The Cambridge Companion to the Talmud and Rabbinic Literature, ed. C. E. Fonrobert and Martin S. Jaffee (Cambridge: Cambridge University Press, 2007).

Chajes, Z. H., *The Student's Guide Through the Talmud,* tr. Jacob Shachter (London: East and West Library, 1952).

Chernick, Michael (ed.), *Essential Papers on the Talmud* (New York and London: New York University Press, 1994).

Halivni, David Weiss, *Peshat & Derash: Plain and Applied Meaning in Rabbinic Exegesis* (New York and Oxford: Oxford University Press, 1991).

Harris, Jay, *How Do We Know This?* (New York: SUNY Press, 1994).

Jacobs, Louis, *Structure and Form in the Babylonian Talmud* (Cambridge: Cambridge University Press, 1991).

Jastrow, Marcus, *Dictionary of Talmud Babli, Yerushalmi, Midrashic Literature and Targumim,* 2 vols. (reprinted, New York: Pardes, 1950).

Katz, Steven T. (ed.), *The Cambridge History of Judaism, Vol. 4: The Late Roman and Rabbinic Period* (Cambridge: Cambridge University Press, 2006).

Kraemer, David, *Reading the Rabbis: The Talmud as Literature* (New York: Oxford University Press, 1996).

Neusner, J., *Vanquished Nation, Broken Spirit: The Virtues of the Heart in Formative Judaism* (New York: Cambridge University Press, 1987).

Schwartz, Seth, *Imperialism and Jewish Society,* 200 B.C.E. to 640 C.E. (Princeton: Princeton University Press, 2001).

Strack, H. L. and G. Stemberger, *Introduction to the Talmud and Midrash* (Edinburgh: T. & T. Clarke, 1991).

THE

탈무드

TALMUD

노먼 솔로몬이
선택하고 번역하고 편집하다

THE TALMUD

첫째 주제

제라임

ZERAIM, 씨앗들

서론

　미쉬나는 기도에 대한 소책자로 시작한다. 이것은 기록된 토라와 구전 토라의 연속성을 확립하며, 하나님과의 관계가 현인들이 세상을 이해하는 열쇠라고 제안한다.

　제라임(씨앗들)이라는 제목이 시사하듯이, 나머지 주제는 땅과 관련이 있다. 땅, 즉 이스라엘 땅의 신성함과 그 땅과 끊을 수 없는 백성의 연결됨이 특히 강조됐다. 왜냐하면 미쉬나는 그 땅이 로마의 지배를 받은 때에 편찬됐기 때문이다.

　둘째 소책자 페아(Pe'ah, 밭의 모퉁이)는 가난한 자들이 모을 수 있도록 밭의 이삭을 남겨두는 것과 같은, 가난한 자들을 위한 조항을 포함한다. 나머지 소책자들 대부분은 다른 종류의 십일조를 포함한 반면, 셰비이트(Shevi'it, 일곱째 해)는 안식년과 빚의 면제를 다룬다. 이 문제들은 부록 2에 요약된다.

　셰비이트와 킬라임(Kil'ayim, 혼합)은 환경 이슈를 논의할 때 인용된 자료를 포함한다. 안식년과 희년에 농경을 금지하는 것은 땅의 자원을 보존할 책임을 가르치기 위해서이다. 반면에, 혼합된 종에 대한 금지는 자연 질서를 부당하게 다루는 것에 대한 경고로 읽을 수 있다.

베라코트

BERAKHOT, 축복들

성경에 정기적인 개인 기도를 위한 조항은 없지만, '하나님과의 대화'가 성경의 주요 특징이다. 아브라함은 상속자를 위해 기도했고, 야곱은 에서에게서 보호해 달라고 기도했으며, 모세는 백성을 용서해달라고 기도했다. 솔로몬은 성전 개관식에서 기도했고 다니엘은 바빌론에서 하루에 세 번 기도했다. 많은 시편들이 예루살렘의 제2성전에서 낭송됐으며, 추가적인 매일의 기도 역시 낭송됐을 것이다. [1]

주전 2세기까지 거슬러 올라가는 사해 문서들은 성전 밖에서의 정기적인 유대인의 고백과 공동의 기도에 대한 가장 이른 시기의 증거를 포함한다. 사해 문서들은 외경 시편, 쉐마, 축복, 십계명과 식사에 대한 은혜를 포함하고 있고, 랍비들이 표현한 것과 비슷한 구절과 주제를 사용한다.

유대의 기도 예식은 대략 주후 100년에 예루살렘 가까이에 있는 야브네(얌니아)에서 가말리엘 2세의 통솔하에 확정됐으며, 그의 체계는 이 소책자를 강조한다. 기도 예식에는 두 가지 주요 구성 요소가 있는데, 아침과 저녁에 암송하는 쉐마가 있고, 원래 아침과 오후에 낭송하지만 이미 2세기에 매일 세 번(아침, 오후, 저녁) 거행하는 테필라(Tefilla), 즉 기도가 있다. 랍비들 역시 다양한 경우를 위한 축복을 공식화했고, 공적인 토라 읽기를 규정했다.

쉐마는 세 개의 성경 읽기로 구성된다. 즉, 신명기 6장 4-9절, 11장 13-21절과 민수기 15장 37-41절이 있다. 이 구절들의 처음 부분인, 이스라엘아 들으라 우리 하나님 여호와는 오직 유일한 여호와이시니는 신앙에 대한 근본적인 유대의 선언이며 이슬람의 샤하다(Shahada, 신앙의 증언)와 비슷하다. 서약과 더불어 이 구절을 낭송하는 것은 '하늘나라의 멍에를 받아들이는 것'으로 불리며, 첫 단락의 나머지는 '계명의 멍에를 받아들이는 것'이다. 둘째 단락은 보상과 징벌에 대한 믿음을 선언하는 것이며, 셋째 단락은 출애굽에서 드러난 하나님의 구속의 능력을 상기시키는 것으로 마무리된다.

테필라(탁월한 '기도')는 보통 서 있을 때 하기 때문에 아미다(amida, '서 있는')로 알려졌으며, 테필라가 원래 18개의 축복(나중에 19개로 증가함)이나 단락으로 구성되므로 세모네 에스레(shemoné esré, '18')로도 알려졌다. 이것은 찬양과 청원과 감사로 구성됐다. 테필라는 존중하는 태도를 유지하면서 발을 모으고 오른손은 가슴 왼쪽에 두고 예루살렘을 향하여 조용하게 한다. 아래에서 '기도'라고 달리 명시하지 않는다면 구체적으로 이 기도를 가리킨다.

13세 이상의 남자들 10명이 공동의 기도를 위한 미냔(minyan), 곧 정족수를 구성한다. 그러나 미쉬나는 매일 세 번의 기도를 공공의 의무보다는 개인의 의무로 간주한다. 공동의 기도를 위해서는 다른 이들과 합류하는 것이 미덕이지만, 개인들은 자신이 회당에 있든지 다른 이들과 함께 있든지 상관없이 매일 기도를 낭송한다. [2]

이 소책자는 학생들이 이미 친숙하다고 여기는 기도의 의미를 규정하고, 정리하며, 탐구한다.

1장

미쉬나:

우리는 저녁마다 몇 시부터 쉐마를 낭송해야 하는가? 랍비 엘리에셀에 따르면, 코하님(Kohanim)이 테루마(teruma)에 참여하러 들어갈 때부터[3] 첫 야경까지이다. [4] 현인들 [대부분은] 자정까지라고 말한다. 라반 가말리엘은 새벽까지라고

말한다. 한번은 [가말리엘의] 아들들이 만찬에서 [늦게] 돌아와 [아직] 쉐마를 낭송하지 않았다. 그는 그들에게, 만약 아직 새벽이 아니라면 너희는 그것을 낭송해야만 한다고 말했다. 게다가 현인들이 자정 전에 [무언가 해야 한다고] 말할 때마다, 미츠바(mitzva)는 새벽까지 확장된다. 즉, [희생제물의] 기름과 수족을 불사르는 미츠바는 새벽까지 확장되며, 그날에 [희생제물을] 먹는 미츠바도 새벽까지 확장된다. 그렇다면 현인들은 왜 '자정까지'라고 말했는가? [그것은] 사람들이 죄[를 지을 가능성]으로부터 보호하기 위함이었다.

게마라:

그가 **몇 시부터**라고 말할 때 언급하는 타나(Tanna)[5]는 무엇인가? 그리고 그는 왜 우리에게 아침[에 무슨 일이 일어나는지를] 가르치기보다는 먼저 저녁을 언급하는가? 타나는 성경을 언급하는데, 왜냐하면 누워 있을 때에든지 일어날 때에든지(신 6:7)라고 기록되어 있기 때문이다. 그는 우리에게 누워 있을 때의 쉐마 암송이 코하님이 테루마에 참여하러 들어갈 때부터라고 설명한다.

또는, 그는 [저녁이] 세상의 창조 [이야기]에서 [먼저 나온다고] 추론하는데, 왜냐하면 저녁이 되고 아침이 되니 이는 첫째 날이니라(창 1:5)라고 기록되어 있기 때문이다.

만약 [저녁을 먼저 언급해야 한다면], 미쉬나는 왜 아침에 그는 그 전에 두 축복을 말하고 후에 한 축복을 말하며, 저녁에 그 전에 두 축복과 후에 두 축복을 말한다[6]라고 진술하는가? 분명히 그는 저녁을 먼저 다뤄야 하는가? 타나는 저녁 [쉐마]로 시작하고 아침으로 이어간다. 그가 아침 [쉐마]를 다룰 때, 그는 그것에 대해 말해야 할 것을 마치고 그다음에 저녁에 대한 문제로 되돌아간다.

모두가 가말리엘의 고정된 기도와 정기적인 기도 시간의 제도에 만족하는 것은 아니다. 왜냐하면 이것은 기도의 자발성을 훼손할 수 있기 때문이다. 랍비 엘리에셀이 이 소책자의 뒤에서 이것을 표현하듯이, **기도가 고정된 자, 그의 기도는 탄원이 아니다**(Mishna 4:4). 하지만 가말리엘은 명백히 개인의 자발적인 기도를 억제하려 한 것은 아니었다. 2장은 미쉬나와 초기 탈무드 시기에 주도적이었던 몇몇 랍비들의 개인기도 모음집을 포함한다. 이는 3세기 팔레스타인의 현인 엘르아살 벤 페다트(Eleazar ben Pedat)가 정기적으로 온전히 헌신하며 쉐마와 테필라를 낭송하는 가치를 주장하는 데서 소개됐다. 각각 "그가 자신의 기도를 마쳤을 때, X는 … 라고 말하곤 했다"라고 시작하는 기록의 면밀한 양식화는, 문학적 형성의 긴 과정을 나타낸다. 비슷한 버전들이 세부 내용에서는 다르다. 수 세기에 걸쳐, 이러한 여러 기도가 예식에 통합됐다. 예를 들어 라브의 기도는 새로운 달을 위한 공중 기도로 널리 사용됐으며, 라비나의 아들 마르(Mar)의 기도는 테필라를 따르는 개인 기도를 위한 토대가 되었다.

2장

게마라:

랍비 엘르아살은 다음의 구절은 무슨 의미냐고 말했다. 이러므로 나의 평생에 주를 송축하며 '주의 이름을 부르며'(주의 이름으로 말미암아, 개역개정) 나의 손을 들리이다(시 63:4, JPS). 나의 평생에 주를 송축하며는 쉐마를 가리키며, 주의 이름을 부르며 나의 손을 들리이다는 기도를 가리킨다. 이렇게 하는 자에 대해 [시편 기자는] 기름진 것을 먹음과 같이 나의 영혼이 만족할 것이라(시 63:5, JPS)라고 말한다. 이에 더하여 그는 두 세계, 곧 이 세계와 다음 세계를 물려받는다. 계속해서 나의 입이 기쁜 입술로 주를 찬송하되라고 찬양할 것이기 때문이다.[7]

랍비 엘르아살이 자신의 기도를 마쳤을 때, 이렇게 말하곤 했다.

"우리 가운데 사랑과 형제애, 평화, 우정이 있는 것이 당신의 뜻이기를 바라나이다, 주 우리 하나님이시여. 우리 제자들의 수를 늘려주시며 우리가 번성하게 하시고, 우리에게 목적과 희망을 주시며 우리에게 에덴동산에서의 우리 몫을 허락하소서. 당신의 세계에 있을 [때] 우리가 고결한 동행과 성향을 즐거워하게 하소서. 우리가 일찍 일어나 우리 마음의 열망을 성취하고 당신의 이름을 두려워하게 하시며, 우리 행복이 당신 앞에서 가치 있게 하소서."[8]

랍비 요하난이 자신의 기도를 마쳤을 때, 이렇게 말하곤 했다.

"주 우리 하나님이시여, 당신이 우리의 수치와 악을 볼 때 스스로 자비를 입으시고 능력으로 감싸시며 선대함으로 둘러싸고 은혜로 예비하시는 것이 당신의 뜻이게 하소서. 당신의 선하심과 인내의 속성이 당신을 통해 드러나게 하소서."

랍비 제이라(Zeira)가 자신의 기도를 마쳤을 때, 이렇게 말하곤 했다.

"우리가 죄를 짓지 않거나 수치스럽게 행동하지 않거나 우리 조상들보다 불명예스럽게 행동하지 않는 것이 당신의 뜻이기를 바라나이다, 주 우리 하나님이시여."

랍비 히야(Hiyya)가 자신의 기도를 마쳤을 때, 이렇게 말하곤 했다.

"당신의 토라가 우리의 일이 되어야 하는 것이 당신의 뜻이기를 바라나이다, 주 우리 하나님이시여. 우리가 낙심하지 않고 우리의 눈이 흐려지지 않게 하소서."

랍비 라브(Rav)가 자신의 기도를 마쳤을 때, 이렇게 말하곤 했다.

"우리에게 긴 생명, 선한 삶, 축복과 생존과 좋은 건강의 삶, 죄를 두려워하는 삶, 수치와 당혹감이 없는 삶, 부와 명예의 삶, 토라를 사랑하고 하늘을 두려워하는 삶, 선을 향한 우리의 소망을 이뤄주시는 삶, 이것을 허락하는 것이 당신의 뜻이기를 바라나이다, 주 우리 하나님이시여."

랍비 [족장 유다가] 자신의 기도를 마쳤을 때, 이렇게 말하곤 했다.

"오만함과 오만한 사람들에게서 보호하시고, 악한 사람들과 사고에서, 악한 성향에서, 나쁜 무리와 이웃들에게서, 파괴자 사탄에게서, 언약에 대한 것이든 아니든 가혹한 소송과 소송자들에게서 우리를 보호하시는 것이 당신의 뜻이기를 바라나이다, 주 우리 하나님이시여."

그리고 랍비에게 릭토르(lictor)[9]가 동행했다는 사실에도 불구하고 이렇게 되기를!

랍비 라브 사프라(Rav Safra)가 자신의 기도를 마쳤을 때, 이렇게 말하곤 했다.

"선대나 후대의 가족 중에 순수한 동기로 [하든지] 부적절한 동기로 [하든지] 당신의 토라를 [연구하는 일에] 참여하는 제자들 가운데 평화가 깃드는 것이 당신의 뜻이기를 바라나이다. 부적절한 동기에서 연구하는 자들에 대해서는, 그들의 동기가 순수해지기를 바라나이다!"

랍비 알렉산드리(Alexandri)가 자신의 기도를 마쳤을 때, 이렇게 말하곤 했다.

"우리가 서 있는 곳이 어둠이 아니라 빛의 장소인 것이 당신의 뜻이기를 바라나이다, 주 우리 하나님이시여. 우리가 낙심하지 않고 우리의 눈이 흐려지지 않게 하소서."

어떤 이는 이것이 라브 함누나(Rav Hamnuna)가 말한 것이라고 하지만, 랍비 알렉산드리가 자신의 기도를 마쳤을 때, 이렇게 말하곤 했다.

"우주의 주님이시여! 우리가 당신의 뜻을 성취하고자 하는 것이 당신에게 명백합니다. 무엇이 우리를 가로막습니까? 반죽 덩어리에 있는 누룩[10]과 나라들의 압제입니다. 우리가 [당신에게] 돌아가고, 완벽한 마음으로 당신의 뜻인 율법을 순종하도록 우리를 이 두 가지에서 구원하는 것이 당신의 뜻이기를 바라나이다."

랍비 라바(Rava)가 자신의 기도를 마쳤을 때, 이렇게 말하곤 했다.

"오 나의 하나님이시여, 내가 창조되기 전에 나는 아무 가치가 없었습니다. 그리고 나는 창조되었으나 마치 내가 창조되지 않은 것과 같습니다. 나는 평생 [단지] 먼지일 뿐이니, 내가 죽을 때 얼마나 더 그렇겠습니까? 나는 당신 앞에 수치와 모욕이 가득한 그릇으로 [서 있습니다]. 내가 더는 죄를 짓지 않는 것이 당신의 뜻이기를 바라나이다, 주 우리 하나님이시여. 당신의 풍부한 자비로움으로 내 죄를 깨끗하게 하시되, 질책과 중병으로는 하지 마소서."

이것은 [또한] 속죄일에 더 어린 자 라브 함누나가 드린 기도였다.

라비나의 아들 마르가 자신의 기도를 마쳤을 때, 이렇게 말하곤 했다.

"오 나의 하나님이시여, 내 혀를 악에서 보호하시고 내 입술이 교활함을 말하지 않도록 보호하소서. 나를 저주하는 말에 내가 침묵하게 하시고, 내가 모두에게 먼지가 되게 하소서. 내가 당신의 계명을 좇도록 당신의 토라에 내 마음을 열게 하소서. 나를 악한 성향과 악한 여자들에게서, 그리고 세상에 일어나는 모든 어려움에서 구원하소서. 내게 악한 것을 꾸미는 자들의 계획과 의도를 좌절시키소서. 내 입의 말과 마음의 묵상이 주님 앞에 열납되기를 원하나이다"(시 19:14, JPS).

누군가가 또 다른 미츠바(mitzva)에 열중하면 그는 쉐마를 낭송하는 데서 면제될 수 있는데, 그는 두 가지를 할 시간이 없거나 자신의 마음을 적절하게 집중할 수 없기 때문이다. 3장은 한 예로 가까운 친척을 잃고 장례를 준비해야 할 책임이 있는 사람을 인용한다. 논의 과정에서 게마라는 시체 앞에서 어떻게 존경을 표해야 할지를 고려하고, 죽은 사람이 살아있는 자들이 무엇을 하는지를 알고 있는지에 대해 묻는다. 죽음 후의 삶에 대한 교리는 의심의 여지 없이 받아들여지지만, 살아있는 자와 죽은 자 사이의 소통이 가능한지에 대해서는 의견의 일치가 없다.

3장

게마라:

이 점을 고려해보자. 죽은 자를 위해 밤을 새는 자는 [그가 책임을 지는] 자기 [친척이] 아니더라도 쉐마를 낭송하는 것과 테필라(tefilla)와 테필린(tefillin)과 토라의 모든 미츠보트(mitzvot, 미츠바의 복수)에서 면제된다. 만약 둘이 [함께 밤을 새면] 하나는 밤을 새고, 다른 이는 쉐마를 낭송한다. 벤 아자이(Ben Azzai)는, 그들이 배를 타고 있으면 한 구석에 [시체를] 두고 다른 구석에서 함께 기도할 수 있다고 말한다.

어디에서 [벤 아자이와 익명의 미쉬나가] 다른가? 라비나는, [그 지키는 자들이 떠나면] 쥐가 [시체를 공격할] 가능성을 고려할 [필요가] 있는지에 대해 의견이 다르다고 말한다. [익명의 미쉬나는 이것에] 관심을 가지지만, [벤 아자이는] 그렇지 않다고 말한다.

랍비들은 다음과 같이 가르쳤다. **한 장소에서 다른 장소로 뼈를 옮기는 자는 뼈를 주머니에 넣지 말아야 하며,**[11] **주머니를 자기 나귀 위에 두고 뼈 위에 [앉으면서] 타지 않아야 한다. 이는 뼈들을 경시하여 다루는 것이 되기 때문이다. 그러나 그가 비유대인이나 강도들이 [그것을 빼앗을까 봐] 두렵다면, 그때는 허용된다. 뼈와 마찬가지로 토라 두루마리에도 동일하게 적용된다.**

[이 마지막 문장은] 무엇을 가리키는가? 만약 [바라이타의] 전반부 [곧 우리는 뼈 주머니를 나귀 위에 두지 않고 주머니 위에 앉지 않아야 한다는 것을

가리킨다면, 이것은 당연하다. 즉, 분명히 토라 두루마리는 뼈 못지않게 [존중이 필요하다!] 그러므로 이것은 뒷부분, [즉 두루마리를 비유대인이나 강도들에게서 보호하고자 주머니에 있는 두루마리를 나귀 위에 두고 그 주머니 위에 앉는 것이 허용된다는 것]을 가리킴이 틀림없다.

레하바(Reḥava)는 라브 예후다의 이름으로 다음과 같이 말했다. 시체[12]를 보고 동행하지 않는 자는 누구라도 [이 구절을] 범한다. 곧, 가난한 자를 조롱하는 자는 그를 지으신 주를 멸시하는 자요(잠 17:5, JPS). 그가 시체와 동행한다면, 그의 보상은 무엇인가? 라브 아시(Rav Assi)는 이런 사람에 대해 성경이 가난한 자를 불쌍히 여기는 것은 여호와께 꾸어 드리는[13] 것이니(잠 19:17, JPS), 그리고 궁핍한 사람을 불쌍히 여기는 자는 주를 공경하는 자니라(잠 14:31, JPS)라고 말한다고 했다.

랍비 히야와 랍비 요나단은 공동묘지를 통과하여 걸을 때 대화를 나누고 있었으며, 랍비 요나단의 술 장식이 땅에 끌리고 있었다. 랍비 히야는 그에게 다음과 같이 말했다. [죽은 자들이] "내일 그들이 우리에게 오고 이제 그들이 우리를 조롱한다!"라고 말하지 않도록 술 장식을 들어라.[14] 랍비 요나단은 그에게 말했다. 그들이 실제로 그렇게 많이 아는가? 죽은 자들은 아무것도 모르며(전 9:5, JPS)라고 기록되지 않았는가? [랍비 히야가] 그에게 대답했다. 당신이 [성경을] 배웠다면, 당신은 그것을 검토하지 않았고, 당신이 그것을 검토했다면, 당신은 세 번 [그것을 조사하지] 않았으며, 당신이 세 번 [그것을 조사했다면] 그것은 당신에게 결코 설명되지 않았다! 산 자들은 죽을 줄을 알되(전 9:5, JPS)는 심지어 그들이 죽을 때에도 '산 자들'이라고 불리는 의인들을 가리키지만, 죽은 자들은 아무것도 모르며는 평생 '죽은 자들'이라고 불리는 악인들을 가리킨다.

다음 두 단락에 있는 증거 본문들은 아마도 히야와 요나단의 대화에 대한 보고에 나중에 추가된 것이겠지만, 그 증거 본문들은 랍비 히야의 진술에 삽입됐다. 명확히 하기 위해, 그 본문들은 독립 단위로 배열된다.

기록된 대로, [의인들은 심지어 그들이 죽을 때에도 '산 자들'이라고 불린다]. 또 갑스엘 '살아있는 자'[15](용사, 개역개정)의 손자 여호야다의 아들 브나야이니 그는 용맹스런 일을 행한 자라 일찍이 '모압의 두 제단 화로를 쳤고'(모압 아리엘의 아들 둘을 죽였고, 개역개정) 또 눈이 올 때에 구덩이에 내려가서 사자 한 마리를 쳐죽였으며(삼하 23:20 ; 대상 11:22). 살아있는 자의 손자. 분명히 모든 사람은 살아있는 사람의 자녀다! 하지만 '살아있는 자의 손자'는 [여기서] '심지어 죽을 때에도 살아있는 자들이라고 불릴 자의 손자'를 [의미한다]. 용맹스런 일을 행한 자라. 그는 나가서 토라를 위해 많은 일꾼을 모았다.[16] 모압의 두 제단 화로를 쳤고. 그는 제1성전이나 제2성전에 동등한 사람을 전혀 남겨두지 않았다. 눈이 올 때에 구덩이에 내려가서 사자 한 마리를 쳐죽였으며. 누군가는, [이것은] 그가 얼음을 깨뜨리고 [정결하게 하기 위해] 내려가 자신을 담갔다는 것을 [의미한다][17]고 말한다. 다른 이는, [이것은] 그가 겨울의 한 날에 시프라 드 베이 라브(Sifra d'bei Rav)[18]를 가르쳤다는 것을 [의미한다]고 말한다.

죽은 자들은 아무것도 모르며는, 살아있는 동안에도 '죽은 자들'이라고 불리는 악인을 가리킨다. 이는 너 극악한 시체[19](너 극악하여 중상을 당할, 개역개정) 이스라엘 왕아(겔 21:25)라고 기록된 대로이다. 그렇지 않으면 [당신은] 여기서 [다음을 추론할 수도 있다]. 즉, 죽일 자[20]를 두 사람이나 세 사람의 증언으로 죽일 것이요(신 17:6). 그는 여전히 살아있지만 [성경은 그를 그의 죄 때문에] 이미 죽은 자로 [간주한다].[21]

랍비 히야의 아들들은 [자신들의 아버지가 죽은 후에 그의 유산을 상속받으러] 마을로 나갔다. 그들은 연구하기가 어려웠고, 그래서 [배운 것을] 기억하려고 노력했다. 한 아들이 다른 아들에게 말했다. 우리 아버지는 우리의 고민을 알고 있는가? 다른 아들이 대답했다. 그가 어떻게 알겠는가? 성경에는 그의 아들들이 존귀하게 되어도 그가 알지 못하며 그들이 비천하게 되어도 그가 깨닫지 못하나이다(욥 14:21, JPS)라고 기록되어 있다. 다른 아들이 그에게 말했다. 하지만 그가 알지 못하는가? [성경은 계속된다]. 다만 그의 살이 아프고 그의 영혼이 애곡할 뿐이니이다(욥 14:22, JPS). 랍비 이삭은, 벌레들이 살아있는 자의 살에 꽂힌 바늘과 같이 죽은 자들을 고통스럽게 한다고 말한다.

그들은 말하기를, [죽은 자들은] 자신의 고통을 알지만, 그들은 다른 이들의 고통을 알지 못한다고 한다.

[죽은 자들은 살아있는 자들 가운데 무슨 일이 일어나는지 알지] 못하지 않는 가? 분명히 다음과 같이 가르치고 있다. 한 하시드(Hasid)[22]가 한번은 기근이 있던 새해 절기 전날에 가난한 사람에게 한 데나리온을 주었다. 그의 아내가 그것 때문에 그를 괴롭혀서, 그는 나가서 공동묘지에서 밤을 보냈다. 그는 두 영이 대화하는 것을 들었다. 한 영이 다른 영에게 "오라! 휘장 뒤에서[23] 어떤 재앙들이 세상에 닥칠지 듣자!"라고 말했다. 다른 영이 "나는 갈대 돗자리에 묻혔으므로 [나올] 수 없다. 너는 가서 네가 들은 것을 내게 말하라"라고 대답했다. 그녀는 세상을 돌아다니다가 돌아왔다. 그녀의 친구는 "너는 휘장 뒤에서 무엇을 발견했는가?"라고 물었다. 그녀는 "나는 누군가가 첫 번째 비에 씨를 뿌리면 우박이 [그의 수확을] 망칠 것이라고 들었다"라고 대답했다. [하시드는] 두 번째 비가 내릴 때 나가서 씨를 뿌렸다. 다른 모든 사람은 그들의 수확을 망쳤지만 그의 수확은 그렇지 않았다.

다음[24] 해에 그는 다시 공동묘지에서 밤을 보내고, 동일한 두 영이 대화하는 것을 들었다. 한 영이 다른 영에게 "오라! 휘장 뒤에서 어떤 재앙이 세상에 닥칠지 듣자!"라고 말했다. 다른 영이 그녀에게 "내가 갈대 돗자리에 묻혔으므로 [나올] 수 없다고 네게 말하지 않았느냐? 너는 가서 네가 들은 것을 내게 말하라"라고 말했다. 그녀는 세상을 돌아다니다가 돌아왔다. 그녀의 친구는 "너는 휘장 뒤에서 무엇을 발견했는가?"라고 물었다. 그녀는 "나는 누군가가 두 번째 비에 씨를 뿌리면 가뭄이 [그의 수확을] 망칠 것이라고 들었다"라고 대답했다. [하시드는] 첫 번째 비가 내릴 때 나가서 씨를 뿌렸다. 다른 모든 사람의 수확은 망쳤지만, 그의 수확은 그렇지 않았다.

그의 아내가 그에게 "작년에 모든 사람의 수확은 [우박으로] 망쳤는데 왜 당신의 수확은 그렇지 않았으며, 지금 모든 사람의 수확은 가뭄의 영향을 받았는데 왜 당신의 수확은 그렇지 않았는가?"라고 물었다. 그는 아내에게 전체 이야기를 들려주었다.

오래지 않아 하시드의 아내와 [둘째] 소녀의 어머니 사이에 싸움이 일어났다. 하시드의 아내는 "보라! 내가 당신에게 당신의 딸이 갈대 돗자리에 묻힌 것을 보여주겠다"라고 말했다.

다음 해에 그는 나가서 공동묘지에서 밤을 보내고, 동일한 두 영이 대화하는 것을 들었다. 한 영이 다른 영에게 "오라! 휘장 뒤에서 어떤 재앙이 세상에 닥칠지 듣자!"라고 말했다. 다른 영이 그녀에게 "멈춰라! 우리 대화가 살아있는 자들 사이에 들렸다"라고 말했다.

[여기서] 당신은 죽은 자들이 [살아있는 자들 가운데서 일어나는 일을] 정말로 안다는 사실을 이해할 수 있다. 반드시 그런 것은 아니다. 아마도 누군가가 죽어서 그 후에 가서 그들에게 알려줬을 것이다.

[죽은 자들이 살아있는 자들 가운데서 일어나는 일을 안다는] 증거는 다음과 같다. 제이리(Zeiri)는 그의 여주인에게 돈을 맡기곤 했는데, 그가 멀리 연구하러 간 동안에 그녀가 죽었다. 그는 돈이 어디에 있는지 그녀에게 물으려고 그녀의 무덤가로 갔다. 그녀는 그에게 "가서 이러이러한 장소에 있는 문 경첩 밑에서 돈을 가져가라. 그리고 내 어머니에게 내 빗과 화장 먹 통을 내일 올 이러이러한 사람에게 보내라고 하라"라고 말했다. 그러므로 당신은 그들이 정말로 안다는 것을 볼 수 있다!25) 그러나 반드시 그런 것은 아니다. 아마도 두마(Duma)26)가 이미 [그녀의 친구에게 죽음이 임박했음을] 알렸을 것이다.

[죽은 자들이 살아있는 자들 가운데서 일어나는 일을 안다는] 증거는 다음과 같다. 쉬무엘의 아버지가 고아들의 돈을 담당하고 있었다. 쉬무엘은 그의 아버지가 죽을 때 없었지만 사람들은 그를 '고아들의 돈을 쓴 사람의 아들'이라고 불렀다.27) [쉬무엘은] 공동묘지에서 [자기 아버지를] 찾았다. 그는 [영들에게] "나는 아바(Abba)28)를 원한다!"라고 말했다. 그들은 "여기에 많은 아바들이 있다"라고 말했다. 그는 "나는 아바의 아들 아바를 원한다"라고 말했다. 그들은 "여기에 아바들의 아들 아바가 많다"라고 말했다. 그는 "쉬무엘의 아버지, 아바의 아들 아바를 원한다! 그는 어디에 있는가?"라고 말했다. 그들은 "그는 하늘의 예쉬바(yeshiva, 토라를 연구하는 대학)에 올라갔다"라고 말했다. 이 일이 일어나는 동안 그는 밖에 앉아 있는 레비(Levi)29)를 목격했다. 그는 그에게 "당신은 왜 밖에 앉아 있는가? 왜 [하늘의 예쉬바로] 올라가지 않았는가?"라고 물었다. [레비는] "매년

내가 그의 예쉬바에 참석하지 못하여 랍비 아파스(Appas)를 화나게 했기 때문에 그들이 나를 [하늘의 예쉬바로] 데려가지 않을 것이라고 들었다"라고 대답했다. 한편, [쉬무엘의] 아버지가 도착했고 [쉬무엘은] 그가 울고 웃는 것을 보았다. 그는 "당신은 왜 울고 계십니까?"라고 말했다. 그는 "곧 네가 여기에 올 것이기 때문이다"라고 대답했다. "그러면 당신은 왜 웃고 계십니까?" "네가 이 세상에서 존중받고 있기 때문이다."

[쉬무엘은] "내가 존중받는다면 그들이 레비를 [하늘의 예쉬바로] 데려가게 하십시오"라고 말했다. 그러자 그들은 그를 데려갔다. [쉬무엘은 그의 아버지에게] 고아들의 돈이 어디에 있느냐고 물었다. 그는 "가서 방앗간에서 돈을 꺼내라. 위와 아래에 있는 것은 우리의 것이며, 그 사이에 있는 것은 고아들의 것이다"라고 대답했다. "당신은 왜 그런 식으로 했습니까?" 그는 다음과 같이 대답했다. "도둑이 오면 그들은 [고아들의 돈이 아니라] 우리 [돈을] 가져갈 것이며, 땅이 돈을 썩게 하면, 우리 것을 썩게 할 것이다." 그러므로 당신은 [쉬무엘이 오고 있다는 것을 그의 아버지가 알았다는 사실에서, 죽은 자들이 살아있는 자들에게 무슨 일이 일어날지를] 정말로 안다는 사실을 볼 수 있다! [반드시 그렇지는 않다]. 아마도 쉬무엘은 달랐을 것이다. 그는 매우 존중받았으므로, 그들은 미리 그의 도착을 알렸고 그를 위해 길을 준비했다.

쉬무엘 바 나흐마니(Shmuel bar Naḥmani)가 랍비 요나단의 이름으로 "우리가 어떻게 죽은 자들이 서로 이야기하는지를 아는가?"라고 말했듯이, 랍비 요나단 역시 이에 대한 그의 마음을 바꾸었다. 여호와께서 그에게 이르시되 이는 내가 아브라함과 이삭과 야곱에게 맹세하여 그의 후손에게 주리라 한 땅이라(신 34:4)라고 말했기 때문이다. 여기서 '한'(말한)은 무엇을 의미하는가? 가서 아브라함과 이삭과 야곱에게 "내가 이제 그들의 자녀들을 위해 그들에게 서약한 맹세를 성취했다"라고 말하라는 것이다. 당신이 [죽은 자들이] 세상에서 무슨 일이 일어나는지 알지 못한다고 생각한다면, 그들에게 어떤 말을 하는 취지가 무엇이겠는가? 결국 그들은 무엇을 알고 있는가? 하지만 그들이 정말로 안다면 [그들이 이미 알았다는 것을 알고서] 그들에게 말하는 취지는 무엇이겠는가? [취지는] 그들이 모세에게 감사를 표현하도록 하는 것[일 수 있다].

4장은 기도의 시간과 기도 이행의 측면을 포함하며, 테필라에 초점을 둔다. 예식이 게오님 시기(대략 500-1100년) 동안 확고해진 이후로 줄곧, 세 번의 매일 기도인 샤하리트(shaharit), 민하(minha), 아라비트(aravit)(아침, 오후, 저녁)가 있었고, 절기 때에는 무사프(musaf, '추가적인')가 추가됐으며, 욤 키푸르와 우기 금식 때에는 다섯 번째 예식인 네일라(ne'ila, '문들의 닫힘')가 있었다.

가말리엘 2세가 주후 90년에 야브네에 도착했는데, 거기서 요하난 벤 자카이가 70년 성전 파괴 후에 공회를 세웠었다. 가말리엘의 가족은 부유했고 영향력이 있었으며 명백히 로마의 인정을 받았다. 그는 스스로 요하난 대신 법정의 나시(수장)로 나섰는데, 요하난은 야브네를 떠나 브로르 하일(Beror Hayil)에서 가르쳤다. 다음 이야기는 가말리엘의 권위주의적 경향을 암시한다. 아마도 그는 로마인들에게 통일된 대열을 보여줄 필요가 있다는 것을 인식했을 것이다. 또한 그가 대표하는 '지배 계층'과 다른 현인들 사이의 사회적 거리도 분명하다.

내러티브는 사건이 발생한 지 몇 세기 후에 편집되어 결합됐으며, 이것과는 세부 내용이 다른 비슷한 기사들이 있다. 명백히 나시 가문이 랍비 유대교를 '인계'받았다는 것은 인상적이었으며, 가말리엘의 강한 성격과 할라크의 시작은 지속적인 영향력을 발휘했다. 더 나아가 이야기들은 우리에게 사건들 자체보다는 사산 왕조의 바빌로니아에 있는 랍비의 태도와 제도에 대해 더 많은 것을 이야기해 준다. 가말리엘은 가말리엘의 공회에서 보좌한 사람이 했던 강의를 관장했다. 그곳을 베트 하-미드라쉬(bet ha-midrash, '연구의 집')라고 묘사하는 것은 시대에 맞지 않는 것으로 보인다.

4장

미쉬나:
아침 기도를 [위한 시간은] 정오까지 [확대되는데,] 랍비 유다는 넷째 시간[30]의

[끝]까지라고 말한다. 오후 기도를 [위한 시간은] 한낮까지 [확대되는데,] 랍비 유다는 플라그 하-민하(plag ha-minḥa)[31]까지라고 말한다. 저녁 기도는 고정되지 않는다. [안식일과 절기의] 추가 기도는 낮 어느 때에도 [낭송할 수 있다].

게마라:

27a   **저녁 기도는 고정되지 않는다.**

고정되지 않는다는 것은 무엇을 의미하는가?

당신이 이것의 의미를 "더 일찍 암송하지 않았다면 밤사이 언제나 낭송할 수도 있다"라는 것으로 본다면, **저녁 기도를 [위한 시간이] 밤 전체로 [확대된다]**고 말했어야 한다.

그러면 그것이 전혀 의무적이지 않다는 것을 의미하는가? 이것은 저녁 기도가 선택적이라는 [의견]과 일치할 것이다. 왜냐하면 라브 예후다는 쉬무엘의 이름으로, "라반 가말리엘은 저녁 기도가 의무적이라고 하며, 랍비 여호수아는 저녁 기도가 선택적이라고 주장한다"라고 말했기 때문이다.

아바예는, 율법은 그것이 의무적이라고 말한 자에 따른다고 말하지만, 라바는, 율법은 그것이 선택적이라고 말한 자에 따른다고 한다.

랍비들은 다음과 같이 가르쳤다. 한 제자가 랍비 여호수아 앞에 와서 물었다. 저녁 기도는 의무적입니까, 아니면 선택적입니까? 랍비는 선택적이라고 대답했다.

[제자는] 그다음에 라반 가말리엘 앞에 와서 물었다. 저녁 기도는 의무적입니까, 아니면 선택적입니까? 그는 의무적이라고 대답했다. 제자가 말했다. 하지만 랍비 여호수아는 그것이 선택적이라고 내게 말했습니다! [가말리엘이] 대답했다. 방패를 든 자들이[32] 연구의 집에 들어올 때까지 기다리라!

방패를 든 자들이 연구에 집에 들어왔을 때, 질문자가 일어나서 물었다. 저녁 기도는 의무적입니까, 아니면 선택적입니까?

라반 가말리엘은 의무적이라고 대답했다. 그리고는 현인들에게 돌아서서 말했다. 누구라도 의견이 다른가?

랍비 여호수아는 아니라고 대답했다.

78 첫째 주제 **제라임**(ZERAIM, 씨앗들)

[가말리엘이 말했다.] 나는 당신의 이름으로 그것이 선택적이라는 말을 듣지 않았는가? 일어서라, 여호수아여! 그리고 그들이 당신에 대해 증언하게 하라!

여호수아는 일어서서 말했다. 내가 살아있고 그가 죽었다면 살아있는 자들은 죽은 자를 반박할 수 있겠지만, 그가 살아있고 내가 살아있는데 살아있는 자들이 어떻게 살아있는 자들을 반박할 수 있겠는가?

랍비 여호수아가 계속 서 있는 동안, 라반 가말리엘은 자기 자리를 다시 차지하고 [계속] 설명했는데, 마침내 사람들이 안절부절못하고 강의자33) 후츠피트 (Ḥutzpit)에게 멈추라고 말하자 [후츠피트가] 멈췄다.

그들이 말했다. [가말리엘] 얼마나 오래 [랍비 여호수아를] 성가시게 굴 것인가? 얼마 전에 가말리엘은 새해 [계산]에 대해 그를 성가시게 굴었고, [그다음에] 랍비 사독의 갓 태어난 어린 양의 문제로 그를 성가시게 굴었다.34) 이제 그는 다시 그 문제를 다룬다! 우리가 그를 물러나게 하자!

누가 그를 대신할 수 있는가? 우리는 랍비 여호수아를 임명할 수 있는가? [거의 어렵다]. 왜냐하면, 그는 이 문제와 관련되어 있기 때문이다. 우리는 랍비 아키바 (Aqiva)를 임명할 수 있는가? [거의 그렇지 않다]. 왜냐하면, 그는 '좋은 가문'이 아니기 때문이며35) [가말리엘이] 그를 희생시킬 수도 있기 때문이다. [그러므로] 랍비 엘르아살 벤 아자리아를 임명하자. 그는 학식이 있고 부유하며 에스라의 10대 후손이기 때문이다.

그는 학식이 있다.36) 누구라도 질문을 제기하면 그는 그것에 답할 수 있다.

그는 부유하다. 그가 황제를 매수해야만 한다면 그는 그렇게 할 수 있다.

그는 에스라의 10대 후손이다. 그는 '좋은 가문'을 가지고 있어서 [가말리엘이] 그를 희생시킬 수 없다.

그들은 가서 [엘르아살]에게 말했다. 선생이 메티브타(metivta)37)의 교장이 되는 데 동의합니까?

그는, 내 가족과 상의해야 한다고 대답했다.

그는 자기 아내와 상의했다. 그녀가 말했다. 그들이 당신 [역시] 물러나게 할 것인가?

28a

그는, 한 사람이 한 날을 위한 명예의 잔을 누릴[38] 수 있으며, 그다음 날 그것을 박살나게 한다고 대답했다.

그녀가 말했다. 당신은 하얀 머리를 가지지 않다![39]

그날은 그의 18번째 생일이었다. 기적적으로 그의 머리 열여덟 가닥이 하얗게 변했다.

그런 이유에서 [미쉬나는], 랍비 엘르아살 벤 아자리아가, 나는 70세의 노인과 같다고 말한다고 한다···.[40]

그들은 다음과 같이 가르쳤다. 그날에 그들은 문지기를 없애고 제자들이 들어오도록 허용했는데, 왜냐하면 라반 가말리엘이, 온전한 성실함이 없는 어떤 제자도 배움의 집에 들어갈 수 없다고 선언했기 때문이다. 그날에 [가말리엘이 배제했던 제자들을 위해] 많은 의자가 추가됐다.

랍비 요하난은, 아바 요셉 벤 도스타이(Abba Joseph ben Dostai)와 [다른] 랍비들이 이것에 대해 논쟁했다고 말했다. 한 사람은 400개의 의자가 추가됐다고 말하고 다른 사람은 700개의 의자라고 말했다.

라반 가말리엘은 [많은 제자가 들어오는 것을 보았을 때] 화가 났다. 그는 하나님께서 금지하시기를, "나는 이스라엘에게서 토라를 보류했다"라고 말씀하셨다고 생각했다. 꿈에 그에게 연기가 가득한 하얀 항아리들이 보였다. 하지만 실제로는 그렇지 않았다.[41] 즉, 그의 생각을 쉬도록 하려고 그것이 보였을 뿐이다.

그들은 다음과 같이 가르쳤다. 그날에 [소책자] 에두요트(Eduyot)를 가르쳤고, [미쉬나가] '그날에'라고 말하는 곳마다, 그날은 [가말리엘이 물러난 날인데], 연구의 집에서 결정을 요구했던[42] 율법의 요점은 하나도 남김없이 다 결정되었다.

라반 가말리엘도 연구의 집에 한순간도 빠지지 않았다. 왜냐하면 미쉬나가 다음과 같이 말했기 때문이다. 그날에 암몬 사람 개종자 유다가 연구의 집 앞에 자신을 소개했고, 이렇게 물었다. 내가 회중에 들어갈 수 있는가?[43] 라반 가말리엘은 그에게, 당신은 회중에 들어가는 게 금지됐다고 말했다. 랍비 여호수아는 그에게, 당신은 회중에 들어가도록 허락됐다고 말했다. 라반 가말리엘은 [그다음에 랍비 여호수아]에게 말했다. 암몬 사람과 모압 사람은 여호와의 총회에 들어오지 못하리니(신 23:3, JPS)라고 하지 않았는가? 랍비 여호수아가 그에게 대답했다. 하지만 암몬과 모압은 여전히 그들 자리에 있는가? 나는…열국의 경계선을 걷어치웠고 그들의 재물을 약탈하였으며 '그들을 추방하였으며'(또 용감한 자처럼 위에 거주한 자들을 낮추었으며, 개역개정)(사 10:13, JPS)라고 한 것처럼, 산헤립이 와서 모든 민족을 섞었다. 그리고 분리되는 누구든지 대다수와 구별된 것으로 간주된다. 44) 라반 가말리엘이 대답했다. 그 후에 내가 암몬 자손의 포로를 돌아가게 하리라 여호와의 말씀이니라(렘 49:6, JPS)라고도 말하지 않았는가? 랍비 여호수아가 다시 합류했다. 그들이 [아직] 회복되지 않았더라도 내가 내 백성 이스라엘이 사로잡힌 것을 돌이키리니(암 9:14, JPS)라고 말하지 않았는가? 그들은 이미 [유다가] 회중에 들어오도록 허락했다.

라반 가말리엘, 이런 식으로 사정이 돌아가므로, 나는 가서 랍비 여호수아와 화해하려 한다고 말했다.

그가 [여호수아의] 집에 도착했을 때, 그는 벽이 [검댕으로] 검게 된 것을 보았다. 그는, 당신의 집 벽에서 보면 당신은 대장장이처럼 보인다고 [외쳤다].

[여호수아가] 말했다. 당신이 지도자가 되는 세대에게 화로다! 당신은 학식 있는 자들의 고통을 거의 이해하지 못한다. 그들이 어떻게 자신들을 부양하며, 그들이 어떻게 제공받는가!

[가말리엘이] 말했다. 나는 당신 앞에서 나 자신을 낮춘다! 나를 용서하라!

[여호수아가] 그를 무시했다.

[가말리엘이 말했다.] 내 아버지의 집을 위해 [나를 용서하라!]

그는 용서했다.

그들이 말했다. 누가 랍비들에게 [우리가 싸움을 해결했다고] 알릴 것인가? 한 직공이 [참석했고], 그가 그들에게, 내가 가겠다고 말했다.

랍비 여호수아는 다음과 같은 [메시지를] 연구의 집에 보냈다. 겉옷을 입은 자가 겉옷을 입게 하라! 겉옷을 입지 않은 자가 겉옷을 입은 자에게 내가 그것을 입도록 네 겉옷을 벗으라고 말하겠는가?[45)]

랍비 아키바는 랍비들에게 말했다. 라반 가말리엘의 종들이 들어와서 우리를 징벌할 수 없도록 문을 닫아라![46)]

랍비 여호수아는, 내가 [랍비들에게 알리러] 몸소 가는 게 낫겠다고 말했다.

그는 와서 문을 두드리고 말했다. 뿌리는 사람의 아들, 뿌리는 사람이 뿌리게 하라! 뿌리는 사람도 아니고 뿌리는 사람의 아들도 아닌 자가 뿌리는 그 사람에게, 당신의 물은 동굴 물이며 당신의 재는 구운 고기의 재라고 말해야 하는가?[47)]

랍비들이 말했다. 우리가 이제 [가말리엘이 직위를 재개한 것을 보았으니, 엘르아살을] 어떻게 해야 하는가? [우리는] 그를 면직시킬 [수 없다]. 왜냐하면, 사람은 거룩함을 축소하는 것이 아니라 증대해야 한다고 결정됐기 때문이다.[48)] 그들 가운데 한 명이 한 주간을 관장하고[49)] 다른 이가 다른 주간을 관장해야 하는가? 그것은 불공평할 것이다. 그러므로 라반 가말리엘이 두 주 동안 관장하도록 하고 랍비 엘르아살 벤 아자리아가 셋째 주간에 관장하도록 하라.

이런 이유에서 선생은 다음과 같이 말한다. 이것은 누구의 주간이었는가? 이것은 랍비 엘르아살 벤 아자리아의 주간이었다.

[저녁 기도에 대해 문제를 제기한] 제자는 랍비 시므온 벤 요하이였다.

기도의 외부 사정과 '기교'가 기도의 본질 및 예배자와 하나님 사이의 관계를 방해하도록 해서는 결코 안 된다. 다음 부분에서 우리는 한나(Hannah)의 기도가 좋은 예가 되는 것을 볼 것이다.

'마음의 방향'인 카바나(Kavvana)는 미츠보트를 이행하는 데 본질적이다. 그러나 많은 수준의 카바나가 있다. 중요한 구분은 리투아니아 사람 랍비 하임 솔로베이트치크(Rabbi Hayyim Soloveitchik, 1853-1917년)가 다음과 같이 상세히 설명했다. "할라카는 당신이 기도할 때에 단어들의 의미에 집중하는 것과 당신이 미츠바를 이행하고 있음을 인식하는 것에 대해 말할 게 많다. 하지만 이런 문제를 넘어, 당신의 마음에서 모든 산만하게 하는 생각들을 버리고 당신이 거룩한 임재 가운데 서 있다고 느낄 필요가 있다. 이것은 단순한 '할라크 요구'가 아니라, 기도의 본질적인 정의에 속한다. 즉 이것이 없이는 당신은 전혀 기도하지 않고 있으며 할라크 양식은 시작조차 하지 않은 것이다. "50)

5장

게마라:

랍비들은 다음과 같이 가르쳤다. 기도하는 자는 자기 심장을51) 하늘로 향해야만 한다. 아바 사울은, 이것이 그들의 '심장을 단단하게 하시며'(마음을 준비하시며, 개역개정) 귀를 기울여 들으시고(시 10:17)가 의미하는 바라고 말한다.

다음과 같이 가르침을 받았다. 랍비 유다가 말했다. 랍비 아키바가 회중들과 함께 기도할 때 그는 그들을 불편하게 하지 않으려고 짧게 했지만, 그가 혼자 기도할 때는 당신이 그를 한구석에 남겨두면 또 다른 구석에서 그를 발견할 수 있었다. 그는 정말 많이 무릎을 꿇고 엎드렸다.

랍비 히야 바 아바는, 창문을 열고라고 말한 대로, 우리는 창문이 있는 집에서 항상 기도해야 한다고 말했다. 당신은 기도할 때 온종일 해야 한다고 생각하는가? [아니다.] 다니엘은 하루 세 번씩이라고 이것을 분명히 했다. 당신은 그가 바빌론에 도착했을 때 이 기도를 시작했다고 생각하는가? [아니다.] 왜냐하면 전에 하던 대로라고 기록되었기 때문이다. 당신은 당신이 선호하는 어떤 방향으로든 기도하는 것이 옳다고 생각하는가? [아니다.] 이런 이유에서 예루살렘으로 향한이라고 말한다(단 6:10).52) 당신은 [세 번의 매일의 기도를] 한 번에 할 수 있다고 생각하는가? [아니다.] 이것은 저녁과 아침과 정오에(시 55:17)라고 기록된 대로 다윗이 분명히 했다. 크게 기도해야 하는가? [아니다.] 입술만 움직이고 음성은 들리지 아니하므로(삼상 1:13)라고 말한 대로, 이것은 한나를 통해 명백해졌다. 당신은 당신의 [개인적인] 필요를 위해 먼저 간구하고 그다음에 찬양해야 하는가? [아니다.] 이것은 주의 종의 기도와 간구를 돌아보시며(왕상 8:28)라고 말한 대로 솔로몬이 분명히 했다. 즉, 먼저 찬양하고 그다음에 간구한다.

에메트 브야치브(emet v'yatziv)53) 후에는 개인 간구를 하지 않지만, 기도 후에 [간구하는 것은] 옳으며 [간구는] 속죄일의 고백만큼이나 길 수도 있다.

라브 함누나는 다음과 같이 말했다. 성경이 한나에 대해 [말하는 것]에서 얼마나 많은 율법을 도출할 수 있는지 [보라!] 한나가 속으로 말하매, 여기서 [당신은] 기도할 때 당신의 마음이 향해야만 한다는 것을 [배운다]. 입술만 움직이고. 여기서 [당신은] 말로 명백히 표현해야 한다는 것을 [본다]. 음성은 들리지 아니하므로. 여기서 [당신은] 기도할 때 당신의 목소리를 높이지 않아야 한다는 것을 [본다]. 엘리는 그가 취한 줄로 생각한지라. 여기서 [당신은] 취했을 때 기도하는 것이 금지된다는 것을 [배운다](삼상 1:13, JPS).

31b 엘리가 그에게 이르되 네가 언제까지 취하여 있겠느냐(삼상 1:14, JPS). 랍비 엘르아살은, 여기서 [당신은] 만약 다른 사람에게서 어떤 부적절한 것을 보면 그를 꾸짖어야 한다는 것을 [배운다]고 말한다.

한나가 대답하여 이르되 내 주여 그렇지 아니하니이다(삼상 1:15, JPS). 울라(Ulla)는 랍비 요세의 이름으로, 그녀가 "당신은 이 문제에서 대가(lord)가 아니며, 거룩한 영이 당신에게 머물지도 않는다. 왜냐하면 당신은 그렇게 나를 의심하기 때문이다!"라고 말하려고 [의도했다]고 한다. 어떤 이는 그녀가 그에게 다음과 같이 말하려고 [의도했다]고 말한다. "당신은 주(lord)가 아니며, 셰키나(Shekhina)와 거룩한 영이 당신과 함께하지 않는다. 왜냐하면 당신은 내게 죄가 있으며 무죄하지 않다고 판단했기 때문이다. 나는 마음이 슬픈 여자라 포도주나 독주를 마신 것이 아니요 여호와 앞에 내 심정을 통한 것뿐(삼상 1:15, JPS)이라는 것을 볼 수 없는가?" 랍비 엘르아살은, 여기서 [당신은] 누군가가 잘못해서 당신을 부적절하다고 의심한다면 당신은 그에게 [그 사실을] 알려야 한다는 것을 [배운다]고 말했다.

당신의 여종을 '벨리알의'(악한, 개역개정) 여자[54]로 여기지 마옵소서(삼상 1:16). 랍비 엘르아살은, 여기서 [당신은] 한 사람이 취한 상태에서 기도한다면 그것은 마치 그가 우상을 섬기는 것과 같다는 사실을 [배운다]고 말했다. 여기 '벨리알의 딸'이라는 용어가 있듯이 '벨리엘의 아들들'이라는 용어도 있다. 너희 가운데서 '벨리알의 아들들이[55] 나가서 그들 마을의 주민들을 파괴하여'(어떤 불량배가 일어나서 그 성읍 주민을 유혹하여, 개역개정)(신 13:13). 그 맥락이 우상숭배이듯이, 여기서도 우상숭배를 [의미한다].

엘리가 대답하여 이르되 평안히 가라(삼상 1:17, JPS). 랍비 엘르아살은, 여기서 [당신은] 그의 무죄함에 대해 어떤 것을 의심했다면 당신은 그를 달래야 한다는 것을 [배운다]고 말했다. 그뿐만 아니라, 당신은 이스라엘의 하나님이 네가 기도하여 구한 것을 허락하시기를 원하노라(삼상 1:17, JPS)라고 말한 대로, 그를 축복해야 한다.

서원하여 이르되 만군의 여호와여…(삼상 1:11, JPS). 랍비 엘르아살은 다음과 같이 말했다. 거룩하신 이여, 그분은 찬양받으시리로다. 그분이 세상을 창조하신 날부터 한나가 그를 만군의 [주]로 부를 때까지, 누구도 거룩하신 이, 그분은 찬양받으시리로다, 그분을 만군의 주[56]로 부르지 않았다. 한나는 거룩하신 이, 그분은 찬양받으시리로다, 그분에게 "우주의 주여, 당신은 당신의 세계에 창조한 모든 수많은 이들 가운데서, 내게 한 아들을 허락하는 것이 너무 과한 일입니까?"라고 말하고 있었다.

이것은 어떤가? 살과 피의 왕은 자기 종들을 위해 연회를 열었다. 가난한 사람이 문에 서 있었다. 그는 빵 한 조각을 요구했지만, 누구도 주목하지 않았다. 그는 왕 [앞에] 밀치고 들어가 말했다. "전하! 당신이 연 이 큰 잔치에서, 당신이 내게 빵 한 조각을 허락하는 것이 너무 과한 일입니까?"

만일 주의 여종의 고통을 돌보시고(삼상 1:11, JPS). 랍비 엘르아살은 다음과 같이 말했다. 한나는 거룩하신 이에게, 그분은 찬양받으시리로다, "우주의 주여! 당신이 [내 고통을] 보신다면, 좋습니다! 하지만 보지 못하신다면, [내가 무엇을 할지] 보십시오![57] 나는 내 남편 엘가나 앞에서 나 자신을 [또 다른 남자와 함께] 격리할 것입니다. 내가 나를 격리할 때, 그들은 내게 간음이 의심되는 아내로서 마실 [쓴] 물을 줘야 할 것입니다. 당신은 당신의 토라가 왜곡되지 않도록 하실 것이며, 토라는 여인이 더럽힌 일이 없고 정결하면 '무죄로 밝혀지고 씨앗을 잉태하게 될 것이다'(해를 받지 않고 임신하리라, 개역개정)(민 5:28)라고 합니다"라고 말했다.

씨앗을 잉태하게 될 것이다를 "그녀가 불임이었다면 출산하게 될 것이다"라고 해석하는 자들에 따르면, 이 모두는 매우 좋다. 하지만 이것이 "만약 그녀가 고통 가운데 출산할 것이었다면 그녀는 쉽게 출산할 것이며, 그녀가 여자아이들을 낳을 것이었다면 그녀는 남자아이들을 낳을 것이고, 어둠 가운데 낳을 것이었다면 공평함 가운데 낳을 것이며, 작은 아이를 낳을 것이었다면 큰 아이를 낳을 것이다"를 의미한다고 말하는 자들에 따른다면, 당신은 어떻게 이것을 설명할 수 있는가?

왜냐하면, 다음과 같이 배웠기 때문이다. 무죄로 밝혀지고 씨앗을 잉태하게 될 것이다. 이것은 그녀가 불임이었다면 그녀는 출산할 것이라고 가르친다. 이는 랍비 이스마엘의 견해이지만 랍비 아키바는 "그렇다면 모든 불임의 여자들은 가서 [다른 남자들과] 자신을 격리하고 간음하지 않은 누구든지 임신할 것이다!"라고 반대했다. 그러므로 이것은 "그녀가 고통 가운데 출산할 것이었다면 그녀는 쉽게 출산할 것이며, 작은 아이를 낳을 것이었다면 큰 아이를 낳을 것이고, 어둠 가운데 낳을 것이었다면 공평함 가운데 낳을 것이며, 한 아들을 낳을 것이었다면 둘을 낳을 것이다"를 의미함이 틀림없다.

이 후자의 견해에 대해, 만일…돌보시고를 당신은 어떻게 설명하는가? [대답:] 토라는 인간의 언어로 말하[므로 어떤 설명도 요구되지 않는다].[58]

주의 여종의 고통을…주의 여종을 잊지 아니하시고 주의 여종에게 … 주시면. 랍비 하나나(Hanina)의 아들 랍비 요세가 말했다. 왜 세 번 여종을 반복하는가? 한나는 거룩하신 이에게, 그분은 찬양받으시리로다, 다음과 같이 말했다. "우주의 주여! 당신은 여자들에게 세 번의 생사와 관련된 시험(어떤 이는 죽음에 대한 세가지 접근이라고 말한다), 곧 생리의 [법칙], [제사장을 위한] 반죽 덩어리 챙겨두기, 안식일 불붙이기를 행하셨습니다. 내가 그것들 가운데 어떤 것이라도 어겼습니까?"

주의 여종에게 '사람의 씨앗'(아들, 개역개정)을 주시면….[59] '사람의 씨앗'은 무엇을 의미하는가? 라브는 '사람들 가운데 한 사람'이라고 말했다. 쉬무엘은 두 사람, 즉 사울과 다윗에게 기름을 부을 씨앗이라고 말했다.[60] 랍비 요하난은, 그의 제사장들 중에는 모세와 아론이 있고 그의 이름을 부르는 자들 중에는 사무엘이 있도다 (시 99:6, JPS)라고 한 것과 같이 두 사람, 즉 모세와 아론과 동등한 씨앗이라고 말했다. 하지만 제자들은, 사람의 씨앗은 사람들 가운데 '섞인'(즉, 보통) 씨앗을 [의미한다]고 말한다. 라브 디미(Rav Dimi)가 왔을 때, 그는 거인도 난쟁이도 아니며,

너무 약하지도 너무 강하지도 않고,[61] 너무 붉지도 너무 창백하지도 않으며, 너무 현명하지도 너무 어리석지도 않다고 말했다.

나는 여기서 내 주 당신 곁에 서서 여호와께 기도하던 여자라(삼상 1:26, JPS). 랍비 여호수아 벤 레비는, 여기서 [당신은] 기도하고 있는 누군가의 네 규빗 안에 앉는 게 금지된다는 것을 [추론할 수 있다]고 말했다.

세계 전체는 창조주 하나님에게 속한다. 우리 인간들은 소유주가 아니라 맡은 자들이다. 랍비들은 하나님의 창조 세계에서 얻은 모든 즐거움에 대해 하나님에게 감사하는 단순한 형식의 기도를 만들었다. 이것은 여섯 개의 히브리어 단어 – 주님은 찬양받으시리로다, 하나님, 우리 하나님이자 세상의 통치자시여 – 등으로 구성되며, 예를 들어 장미의 향기를 맡거나, 자연의 경이로움을 보거나 음식과 음료를 섭취하며 누리는 혜택에 대한 적절한 묘사가 따른다. 미쉬나는 다양한 종류의 음식에 적절한 포괄적인 의식을 정하고, 게마라는 이 기도에 대한 성경의 토대가 있는지 묻는다. 아모라임은 이 기도의 성경적인 토대는 없지만, 창조주가 제공한 것에 대해 창조주에게 감사하는 것은 상식일 뿐이라고 결론 내린다.

6장

미쉬나:

소산물을 [먹거나 마시기 전에] 당신은 어떤 찬양을 낭송해야 하는가? 나무의 소산물에 대해서 당신은, "나무의 소산물을 만드신 분 [우리 하나님이자 세상의 통치자시여, 주 하나님은 찬양받으시리로다]"[62]라고 말한다. 하지만 포도주에 대해 당신은, 포도나무의 소산물을 만드신 분이라고 말한다. 땅의 소산물에 대해 당신은, 땅의 소산물을 만드신 분이라고 말한다. 하지만 빵에 대해 당신은, 땅에서 나온 빵을 만드신 분이라고 말한다. 채소에 대해서 당신은, 땅의 소산물을 만드신 분이라고 말한다. 하지만 랍비 유다는, 채소의 온갖 종류를 만드신 분이라고 말하라고 한다.

게마라:

이에 대한 [성경의] 토대는 무엇인가? 랍비들이 가르친 대로, 거룩하니 여호와께 드려 찬송할 것이며(레 19:24)[63]라고 한다. 이 구절은 [열매를 먹기] 전과 후에 찬양이 필요하다고 가르친다. 이에 근거하여 랍비 아키바는 사람이 [하나님을] 찬양하기 전에 어떤 것도 맛보아서는 안 된다고 말했다.

이것이 거룩하니 찬송할 것이며라는 [표현이] 가리키는 것인가? 명백히 이것은 토라가 우리에게 "먹기 전에 그것을 속량하라"라고 말하거나 "[찬양의] 노래가 필요한 것은 속량되어야 하며, [찬양의] 노래가 필요하지 않은 것은 속량될 필요가 없다"라고 말하기 때문에 필요하다. 랍비 쉬무엘 바 나흐마니가 랍비 요나단의 이름으로 말한 대로, 우리가 어떻게 [찬양의] 노래가 포도주에 대해서만 [불려야] 한다는 것을 알겠는가? 왜냐하면, 포도나무가 그들에게 이르되 하나님과 사람을 기쁘게 하는 내 포도주를 내가 어찌 버리고 가서(삿 9:13, JPS)라고 말하기 때문이다. 포도주가 사람들을 기쁘게 한다는 것을 인정하더라도 어떻게 그것이 하나님을 기쁘게 하는가? 여기서 당신은 ['하나님을 기쁘게 하는'] 찬양의 노래가 포도주에 대해서만 불린다는 것을 본다.

이 주장은 [레위기의 이 구절을] '넷째 해 재배'에 [적용]하는 자들에게는 좋다. [왜냐하면 그들은 이 구절에 대한 이런 대안의 해석을 거부할 것이기 때문이다.] 하지만 [이것을] '넷째 해의 포도나무'[에 제한하는] 자들은 [이 대안의 해석에 이 구절이 필요하다는 것을 보면서,] 무엇을 말할 수 있는가?

게다가 당신이 레위기의 이 구절을 '넷째 해 재배'[에 적용한다] 할지라도 당신이 엄밀한 병행 내용에서 추론한다면 효과가 있을 것이다.

왜냐하면, 다음과 같이 배웠기 때문이다. 랍비는, 한 곳에서는 너희에게 그 소산이 풍성하리라(레 19:25)라고 말하고, 다른 곳에서는 포도원의 소산(신 22:9)이라고 한다고 말했다. [신명기에서] '소산'이 포도원의 소산이듯이, 레위기에서 '소산'은 구체적으로 포도원의 소산이며, [일반적인 '재배'의 소산이 아니다].

여전히 찬양을 위한 토대로 남겨진 한 '찬양'[64]이 있다. 이 추론을 하지 않는다면, 당신은 [먹을 때] 찬양을 [말하는 의무]의 토대를 어디에 둘 수 있겠는가?

또한, 당신이 추론한다고 해도, 먹기 전이 아니라 먹은 후에만 찬양에 대한 [성경의] 토대를 가지게 될 것이다.

우리는 다음과 같이 사소한 것에서부터 주요한 것까지 논의할 수 있으므로 이것은 문제가 아니다. 만약 당신이 배부를 때 [하나님을] 찬양해야 한다면, 당신이 배고플 때 얼마나 찬양해야 하는가!

이것은 포도주에 대해 찬양할 필요성을 해결해주는데, [왜냐하면, 레위기의 그 구절은 우리가 지금 해석하는 대로, 다른 어떤 재배가 아니라 포도원을 가리키기 때문이다]. 다른 종류의 [음식은] 어떤가?

우리는 포도원의 [소산물을 위해 하나님을 찬양할 필요성]에서 추론할 수 있다. 포도원은 우리가 누리는 것이며 당신은 [그것에 대해 하나님을] 찬양해야만 하듯 이, 당신은 당신이 누리는 어떤 것에 대해서도 [하나님을] 찬양해야만 한다.

당신은 더 엄격한 율법이 포도원에 적용된다는 주장, [예를 들어] 당신이 [가난한 사람들을 위해] 익지 않은 포도를 남겨둬야 한다는 이런 계통에 반대할 수 있다. [65]

당신은 밀가루를 [인용하여 반대 의견을] 반박할 수 있다. 밀가루도 할라(ḥalla) 의 법에 해당하므로 엄격하다. [66]

각 주장은, 이것은 저것과 같지 않고 저것은 이것과 같지 않다는 식으로 이리저리 진행된다. 공통의 요인은 그것들이 우리가 누릴 수 있는 것이며, 그것들은[67] 찬양이 필요하다는 것이다. 우리는 누리는 어떤 것이든 찬양이 필요하다고 추론한다.

하지만 [포도주와 밀가루는 제단에 바쳐진다는] 공통점을 지닌다. 그러므로 [우리는] 제단에 [전제로 붓는 기름인] 감람유 [이외의 음식에 대해서도 찬양이 필요하다는 것을 어떠한 근거로 주장할 수 있는가?]

감람유를 포함하려면 제단[과의 연관성]이 필요한가? 불이 곡식 단과 아직 베지 아니한 곡식과 감람나무 케렘(kerem)[68]에 퍼졌다고 기록되지 않았는가 (삿 15:5)? 라브 파파(Rav Papa)는, 케렘이 자이트(zayit)라는 단어와 결합되지 않으면 결코 '감람나무 농장'을 의미하지 않는다고 말했다.

문제는 다음과 같이 여전히 남아 있다. [우리가 찬양을 위한 성경의 토대를 발견하는 이런 항목들 가운데] 공통 요인은 그것들이 제단과 연결된다는 것이다.

그렇다면 아마도 우리는 일곱 가지 품종[69]에서 [찬양의 원리를] 도출해야 할 것이다. 일곱 가지 품종이 당신이 누리는 것들이다. 당신은 [그것에 대해 하나님을] 찬양해야만 하듯이, 당신이 누리는 어떤 것에 대해서도 [하나님을] 찬양해야만 한다.

당신은, 첫 열매가 일곱 가지 품종에서 바쳐져야 하기에 [더 엄격한 법이 일곱 가지 품종에 적용된다는] 주장의 계통에 반대할 수 있다. 또한 [신명기 8장 10절]은 당신이 [먹은] 후에 찬양해야 한다고 말한다. 그러면 당신은 먹기 이전에 찬양해야 한다는 것을 어떻게 아는가?

우리는 다음과 같이 사소한 것에서부터 주요한 것까지 논의할 수 있으므로 이것은 문제가 아니다. 만약 당신이 배부를 때 [하나님을] 찬양해야 한다면, 당신이 배고플 때 얼마나 찬양해야 하는가!

어쨌든, 당신이 [레위기 19장 24절]을 [단순히 포도나무가 아니라] 모든 식물에 적용한다고 말하더라도, 당신은 예를 들어 달걀이나 생선과 같이 식물 이외의 다른 음식에 대해 찬양해야 한다는 것을 어떻게 아는가?

그러므로 [성경의 토대를 찾는 것을 그만두라! 우리는] 이것이 상식이라고 [결론 내린다]. 사람은 [그의 창조주를] 찬양하지 않고는 이 세상에 있는 어떤 것도 누리지 않아야 한다.

9장은 하나님의 은혜로운 구원 행위에 대해 하나님께 감사하는 공식으로 시작한다. 게마라의 논의는 라브의 이름으로 라브 예후다에게 돌려진 교훈, 곧 "선한 왕과 선한 해와 선한 꿈과 같은 세 가지는 자비가 필요하다"를 포함해서 세 무리에 대한 연속된 말씀을 낳는다. 이런 빈약한 이유에다가 편집자들은 꿈에서 그들이 얻을 수 있는 자료를 덧붙인다.

해몽 입문서는 이집트 제12왕조(주전 1991-1786년)의 체스터 비티 파피루스(Chester Beatty Papyrus) 기록부터 니느웨의 아슈르바니팔(주전 668-627년) 서재에서 발견된 바빌로니아 꿈 안내서까지 오래된 장르다. 주후 2세기 로마에서 아르테미도루스(Artemidorus)는 자신의 시대까지의 해몽을 요약하고, 회의론자들과 다른 이들의 비판에 응답했다. 그는 현재를 반영하는 꿈 엔히프니온(enhypnion)과 미래를 가리키는 꿈 오네이로스(oneiros)를 중요하게 구분한다.[70] 게마라는 모든 꿈이 예견하는 꿈은 아니라는 비슷한 입장을 취한다. 여기서 번역되지 않은 한 문단은 다양한 꿈의 상징들과 그 의미를 열거한다. 그리고 아르테미도루스(더욱 최근에는 프로이트[Freud])는 종종 언어유희를 통해 '꿈의 작용'을 해석한다. 그러나 자료는 모두 철저하게 유대화됐으며, 대부분의 상징은 성경 본문과 연결되어 있다.

모음집은 회의적인 양식으로 시작한다. 요셉의 꿈(창 37장)은 가장 참된 꿈조차도 약간의 난센스를 포함한다는 것에 대한 실례로 인용된다. 즉, 요셉은 해와 달과 열한 별, 즉 그의 아버지와 어머니와 형제들이 그에게 절하는 꿈을 꿨지만, 그의 어머니는 이미 죽었다. 쉬무엘은 그가 나쁜 꿈을 꾸었으면 꿈은 거짓을 말한다(거짓 꿈을 말한즉, 개역개정)라는 스가랴서 10장 2절을 인용했다. 또, 그가 좋은 꿈을 꾸었으면 꿈은 거짓을 말하는가?라는 질문으로 그것을 인용했다. 다음과 같은 모호한 진술은 랍비 바나아(Rabbi Bana'a)가 말한 것으로 여겨진다. "예루살렘에 꿈을 해몽하는 자가 24명이 있다. 한번은 내가 꿈을 꾸고 그들 모두를 방문했다. 그들은 각자 다른 해몽을 했으며, 각각은 실현됐다. 이는 '해석이 입을 따른다'라고 말하는 것을 입증한다." 게다가, 쉬무엘 바 나흐마니는 랍비 요나단의 이름으로, 왕이여 왕이 침상에서 장래 일을 생각하실 때에(단 2:29)라고 한 것과 같이 사람은 자기 마음의 생각만을 나타낸다고 말했다.

하나는 로마를 배경으로 하고, 다른 하나는 사산 왕조 왕궁을 배경으로 하는 두 일화는 로마와 이란 사이의 끊임없는 전쟁을 반영한다. 다시 말하면, 회의주의가 있다. 통치자의 은밀한 두려움을 이용하라. 그러면 그는 그것에 대한 꿈을 꿀 것이다.

유머와 섭리적인 결말을 가진 바 헤댜(Bar Hedya)의 이야기는 아바예와 라바의 삶에 관한 독창적인 문학적 단편이다. 두 사람이 오랜 기간 동시에 동일한 꿈을 꾸고 동일한 해몽가의 도움을 구한다는 믿기 어려운 플롯에 근거한 것이다. 물론 깊은 의미에서, 아바예와 라바는 동일한 꿈을 꾸었고, 이 꿈들은 성경 본문으로 채워진 꿈이었다. 하지만 여기에도 회의주의가 있다. 만약 정말로 해몽가가 자신의 해몽을 성취하게 했다면, 그 해석들은 임의로 자신의 필요에 맞게 만들어져 객관적인 타당성을 가지지 못하게 된다. 그리고 어쨌든, 하나님은 인간의 문제에 섭리를 행사하지 않으시는가(*Shabbat 156a* ; 181쪽을 보라)?

9장

게마라:

가이사(Caesar)[71]는 랍비 여호수아 벤 하나니아(Joshua ben Ḥanania)에게 말했다. 당신의 [백성들은] 당신이 매우 현명하다고 생각하니, 내가 꿈에서 무엇을 볼 것인지 내게 말하라! 그가 대답했다. 당신은 페르시아 사람들이 당신을 왕의 군대에 소집하고, 당신을 사로잡아 황금 지팡이로 돼지를 돌보게 하는 것을 볼 것이다. [가이사는] 온종일 이에 대해 생각했고 밤에 [자기 꿈에서] 그것을 보았다.

샤푸르 왕은 쉬무엘에게 말했다. 당신의 [백성들은] 당신이 매우 현명하다고 생각하니 내가 꿈에서 무엇을 볼지 내게 말하라! 그가 대답했다. 당신은 로마 사람들이 와서 당신을 사로잡아 금으로 된 방아로 대추야자를 새긴 건축용 돌을 부수게 하는 것을 볼 것이다. [샤푸르는] 온종일 이에 대해 생각했고 밤에 [자기 꿈에서] 그것을 보았다.

바 헤댜(Bar Hedya)는 꿈 해몽가였다. 그에게 돈을 지불하면 그는 좋게 해석해주었으며, 그에게 돈을 지불하지 않으면 좋게 해석해주지 않았다.

아바예와 라바는 [비슷한] 꿈을 꾸었다. 아바예는 [바 헤댜에게 해몽하라고] 돈을 지불했지만, 라바는 하지 않았다.

그들은 "우리 꿈에서 그들이 우리에게, 네 소를 네 목전에서 잡았으나…(신 28:31)라고 낭송했다"[72]라고 말했다. 바 헤댜는 라바에게 "당신의 일은 실패할 것이고 당신은 먹는 것에서 즐거움을 누리지 못할 것이다"라고 말했다. 그리고 아바예에게는 "당신의 일은 번성하고 당신은 먹지 않아도 너무 행복할 것이다"라고 말했다.

그들은 "그들이 우리에게, 네가 자녀를 낳을지라도 그들이 포로가 되므로 너와 함께 있지 못할 것이며…(신 28:41)라고 낭송했다"라고 말했다. 바 헤댜는 라바에게는

[단순하고] 나쁜 의미로 해몽했다. 그리고 아바예에게는 "당신은 많은 아들과 딸들을 낳을 것이다. 그래서 당신의 많은 딸들이 다른 집안에 시집가는 모습이 마치 포로로 잡혀가는 것처럼 보일 것이다"라고 말했다.

그들은 "그들이 우리에게 네 자녀를 다른 민족에게 빼앗기고…(신 28:32)라고 낭송했다"라고 말했다. 그는 아바예에게 말했다. "당신은 많은 아들과 딸들을 낳을 것이다. 당신은 [그들이] 당신의 친척들과 [결혼하기를] 원할 것이나, [당신의 아내는 그들이] 그녀의 친척들과 [결혼하기를] 원할 것이다. 그래서 그녀는 당신을 설득하여 자녀들을 '다른 민족'과 같은 그녀의 친척들에게 주라고 할 것이다." 그는 라바에게는 "당신의 아내는 죽을 것이며, 아들과 딸들은 또 다른 여자의 손에 넘어갈 것이다"라고 말했다.

[이것은 다음과 일치한다.] 랍비 예레미야가 라브의 이름으로, "네 자녀를 다른 민족에게 빼앗기고는 무엇을 의미하는가?"라고 말한 것을 라바 [자신이] 목격했다는 것이다. [이것은 자녀들의 어머니가 아닌] 아버지의 아내[를 가리킨다].

"우리 꿈에서 그들은 우리에게, 너는 가서 기쁨으로 네 음식물을 먹고(전 9:7)라고 낭송했다." 아바예에게 그는 "당신의 일은 번성할 것이며, 당신은 먹고 마시고 이 구절을 [순전한] 기쁨으로 낭송할 것이다"라고 말했다. 그리고 라바에게는 "당신의 일은 실패하며, 당신은 [당신의 짐승을] 죽이지만 먹지 못할 것이다. 당신은 마실 것이고, 당신의 두려움을 달래려고 [이 구절을] 낭송할 것이다"라고 말했다.

"우리 꿈에서 그들은 우리에게, 네가 많은 종자를 들에 뿌릴지라도 메뚜기가 먹으므로 거둘 것이 적을 것이며(신 28:38)라고 낭송했다." 그는 아바예에게는 이 구절의 전반부를 적용했고, 라바에게는 뒷부분을 적용했다.

"그들은 우리에게, 네 모든 경내에 감람나무가 있을지라도 그 열매가 떨어지므로 그 기름을 네 몸에 바르지 못할 것이며(신 28:40)라고 낭송했다." 그는 아바예에게는 이 구절의 전반부를 적용했고, 라바에게는 뒷부분을 적용했다.

"그들은 우리에게, 땅의 모든 백성이 여호와의 이름이 너를 위하여 불리는 것을 보고 너를 두려워하리라(신 28:10)라고 낭송했다." 그는 아바예에게는 "학교 교장으로서 당신의 명성은 높아질 것이며, 사람들은 경외함으로 당신을 대할 것이다"라고 말했다. 라바에게는 "왕의 금고는 깨어지고 당신은 도둑으로 몰릴 것이며, 모두가 당신에게서 교훈을 얻을 것이다"[73]라고 말했다. 다음 날 왕의 금고는 깨지고 라바는 체포됐다.

그들은 "[우리 꿈에] 우리가 포도주 나무통 위에서 상추를 보았다"라고 말했다. 아바예에게 그는 "당신의 상품은 상추와 같이 번성할 것이다"라고 말했다. 라바에게는 "당신의 상품은 상추처럼 쓰다"라고 말했다.[74]

그들은 "우리가 포도주 나무통 위에서 고기를 보았다"라고 말했다. 아바예에게 그는 "당신의 포도주는 맛이 좋으며, 모든 사람이 당신에게서 고기와 포도주를 사러 올 것이다"라고 말했다. 라바에게 그는 "당신의 포도주는 강하여 모든 사람이 포도주와 함께 먹으려고 고기를 사야만 할 것이다"라고 말했다.

그들은 "우리가 야자나무에 매달린 항아리를 보았다"라고 말했다. 아바예에게 그는 "당신의 상품은 야자와 같이 퍼진다"라고 말했다. 라바에게 그는 "당신의 상품은 대추야자 열매와 같이 달콤하다"[75]라고 말했다.

그들은 그에게 "우리는 포도주 나무통 위에서 석류를 보았다"라고 말했다. 아바예에게 그는 "당신의 상품은 석류와 같이 비싸다"라고 말했다. 라바에게 그는 "당신의 상품은 석류와 같이 시큼하다"라고 말했다.

그들은 "우리가 우물에 떨어진 항아리를 보았다"라고 말했다. 아바예에게 그는 "격언에 '빵은 우물에 떨어지고 남은 게 없다'라고 한 것과 같이 당신의 상품은 수요가 많다"라고 말했다. 라바에게 그는 "당신의 상품은 실패하여 당신은 그것을 우물에 던질 수 있다"라고 말했다.

그들은 "우리가 우리 베개 위에 어린 나귀가 서서 울고 있는 것을 보았다"라고 말했다. 아바예에게 그는 "당신은 왕이 되고 [당신을 위해 말할] 아모라(amora)를 가지게 될 것이다"라고 말했다.[76] 라바에게 그는 "페테르 하모르(peter ḥamor)[77]라는 단어가 당신의 테필린에서 삭제됐다"라고 말했다. [라바는] "하지만 나는 그들을 보았고 그들이 거기에 있었다!"라고 응수했다. 그는 "페테르 하모르에 있는 바브(vav)라는 글자가 명백히 삭제됐다"라고 말했다.[78]

그때 라바는 홀로 그에게 가서 "[내 꿈에] 나는 집의 바깥문이 붕괴되는 것을 보았다"라고 말했다. [바 헤댜는] 당신의 아내가 죽을 것이라고 말했다.

그는 "내가 어금니와 앞니들이 떨어져 나가는 것을 보았다"라고 말했다. [바 헤댜는] 당신의 아들과 딸이 죽을 것이라고 말했다.

그는 "내가 두 비둘기가 날아가는 것을 보았다"라고 말했다. [바 헤댜는] 당신이 두 아내와 이혼할 것이라고 말했다.

그는 "내가 두 개의 순무 머리를 보았다"라고 말했다. [바 헤댜는] 당신이 두 번 타격을 입을 것이라고 말했다. 라바는 그날 종일 연구의 집에 가서 앉아 있었다.[79] 그리고는 두 눈먼 사람들이 싸우는 것을 발견하고 그들을 떼어놓으려고 갔는데, 그들이 그를 두 번 때렸다. 그들은 그를 다시 때리려 했지만, 그는 "충분하다! 나는 두 개만 보았다!"라고 말했다.

그 후에 라바는 가서 바 헤댜에게 돈을 지불했다. 그는 "내가 벽이 무너지는 것을 보았다"라고 말했다. [바 헤댜는] 당신이 무한한 재산을 얻을 것이라고 말했다.

그는 "내가 아바예의 집이 무너지고 우리를 먼지로 덮는 것을 보았다"라고 말했다. [바 헤댜는] 아바예가 죽고 당신은 학교를 넘겨받을 것이라고 말했다.

그는 "내가 내 집이 무너지는 것을 보았고 모든 사람이 와서 벽돌을 세우는 것을 도왔다"라고 말했다. [바 헤댜는] 당신의 가르침이 세상에 퍼질 것이라고 말했다.

그는 "내가 내 머리가 갈라지고 내 뇌가 나오는 것을 보았다!"라고 말했다. [바 헤댜는] 그것은 당신의 베개에서 나오는 깃털이었다고 말했다.

그는 "내 꿈에 이집트의 할렐(Hallel)[시편 113-118편]이 낭송됐다"라고 말했다. [바 헤댜는] 기적이 당신에게 일어날 것이라고 말했다.

[바 헤댜는] 배를 타고 그와 동행하려 했지만, 속으로 '나는 왜 기적이 일어나게 될 사람과 함께 가야 하는가?'라고 생각했다.[80] 그가 배에서 내렸을 때, 그는 자기 두루마리를 떨어뜨렸다. 라바가 그것을 발견하고, "모든 꿈은 [해몽가의] 입에서 진행된다"라는 것을 읽었다. "악당!" 그가 외쳤다. "당신은 힘을 가졌고, 당신은 이 모든 불행을 야기했다! 나는 당신의 모든 것을 용서할 수 있지만, 라브 히스다의 딸의 [죽음은] 아니다. 당신이 당신에게 어떤 자비도 베풀지 않을 정부의 손

에 넘어가기를!"

[바 헤댜가] 생각했다. '나는 무엇을 할 수 있는가? 한 현인의 저주는 부당하더라도 효과가 있다. 나는 추방될 것이다. 왜냐하면, 선생이 말하기를 추방이 죄를 속한다고 하기 때문이다.' 그는 로마인들 가운데 추방됐고, 최고 금고 관리자의 집 문에 앉았다. 최고 금고 관리자는 꿈을 꾸었고, [바 헤댜]에게, 나는 바늘이 내 손가락을 찌르는 꿈을 꾸었다고 말했다. [바 헤댜는], [해몽하려면] 내게 한 주즈(zuz)를 지불하라고 말했다. 그가 지불하지 않자 [바 헤댜는] 계속 침묵했다. [최고 금고 관리자는], [나는] 내가 두 손가락이 썩는 것을 보는 [꿈을 꾸었다]고 말했다. [바 헤댜는], [해몽하려면] 내게 한 주즈(zuz)를 지불하라고 말했다. 그는 지불하지 않았고 [바 헤댜는] 계속 침묵했다. [최고 금고 관리자는], [나는] 내가 전체 손이 썩는 것을 보는 [꿈을 꾸었다]고 말했다. [바 헤댜는], [네가 관리하는] 모든 비단옷이 썩었다고 말했다.

소식이 궁전에 들어갔고, 최고 금고 관리자는 소환되어 사형 선고를 받았다. 그는 "왜 나인가? 알지만 아무것도 말하지 않은 그 사람을 데려오라!"라고 항변했다. 그들은 바 헤댜를 데려와 그에게 "당신의 주즈 때문에 왕의 비단옷 566벌이 썩었다!"라고 말했다. 그들은 줄을 두 백향목에 연결하여 그의 다리를 하나씩 각각의 줄에 묶었다. 그들이 줄을 놓았을 때 그의 머리는 갈라지고,[81] 그 후에 각 [나무는 튕겨서] 자기 자리로 [되돌아갔으며] 그는 둘로 갈라져 떨어졌다.

베라코트는 더욱 격앙된 어조로 마무리한다.

랍비 엘르아살은 랍비 하니나의 이름으로 다음과 같이 말했다. 네 모든 자녀는 여호와의 '제자가 될 것이니'(교훈을 받을 것이니, 개역개정) 네 자녀에게는 큰 평안이 있을 것이며(사 54:13)라고 한 것과 같이, 현인들의 제자들은 세상에서 평화를 증진시킨다.─ 바나이크(banayikh) [네 자녀들]이 아니라 보나이크(bonayikh) [네 건축가들]이라고 읽어라.

주의 법을 사랑하는 자에게는 큰 평안이 있으니 그들에게 장애물이 없으리이다(시 119:165).

네 성 안에는 평안이 있고 네 궁중에는 형통함이 있을지어다 내가 내 형제와 친구를 위하여 이제 '기도하리니'(말하리니, 개역개정) 네 가운데에 평안이 있을지어다 여호와 우리 하나님의 집을 위하여 내가 너를 위하여 '평화를'(복을, 개역개정) 구하리로다(시 122:7-9).

여호와께서 자기 백성에게 힘을 주심이여 여호와께서 자기 백성에게 평강의 복을 주시리로다(시 29:11).

페아

PE'AH, 밭의 모퉁이

이 소책자는 농경 소산물에 대한 가난한 사람들의 권리를 다룬다. 주요 제목은 다음과 같다.

1. 페아(Pe'ah) – 밭의 '모퉁이'나 '끝' – 거기서 소책자의 이름을 취한다. 이것은 레위기 19장 9절, 너희가 너희의 땅에서 곡식을 거둘 때에 너는 밭 모퉁이까지 다 거두지 말고에서 유래한다.

2. 레케트(Leqet) – '채집' – 네 떨어진 이삭도 줍지 말며(레 19:9). 아래 4장 10문단에서 정의된다.

3. 쉬크하(Shikh'ḥa) – '잊힌 것' – 네가 밭에서 곡식을 벨 때에 그 한 뭇을 밭에 잊어버렸거든 다시 가서 가져오지 말고 나그네와 고아와 과부를 위하여 남겨두라(신 24:19). 아래 5장 7문단에서 논의된다.

4. 페레트(Peret) – '열매' – 네 포도원의 열매를 다 따지 말며 네 포도원에 떨어진 열매도 줍지 말고 가난한 사람과 거류민을 위하여 버려두라 나는 너희의 하나님 여호와이니라(레 19:10 ; cf. 신 24:20-21). 아래 7장 3문단에서 정의된다.

5. 올로트('Ol'lot) – '고아를 위한 포도' – 네가 네 포도원의 포도를 딴 후에 그 '익지 않은[1) [포도를]'(남은 것을, 개역개정) 다시 따지 말고 객과 고아와 과부를 위하여 남겨두라

(신 24:21). 아래 7장 4문단에서 정의된다.

6. 마아세르 아니(Maaser 'Ani) – '가난한 자들을 위한 소산의 십분의 일'(신 14:28-29, 26:12 – 부록 2를 보라).

성경에서 룻기는 이 율법 가운데 일부의 실천을 잘 보여준다. 미쉬나가 시작되는 단락은 이제 정통적인 매일의 예식에 포함됐는데, 이 단락은 원리상 상한선이 없는 미츠보트의 범주에서 페아를 일반적으로 선행과 함께 둔다.

미쉬나는 정의와 경계에 관심을 가진다. 어떤 곡물이 페아 또는 페레트가 될 수 있겠는가? 우리는 어떻게 가난한 사람들과 주인의 주장 사이의 균형을 맞출 수 있겠는가? 누가 '가난한 자'의 자격을 갖추는가? 이 법들은 십일조의 법과 어떤 영향을 주고받는가? 어떤 법은 미쉬나 시대에 시행됐다. 원래의 형태대로 법이 실제로 시행될 수 없을 때도, 법을 연구하는 것은 유대인들에게 궁핍한 자의 안녕을 위한 책임감을 가르쳐주었을 것이다.

1장

1. 이것들은 고정된 척도가 없는 [미츠보트]이다. 즉, 페아, 첫 열매, '[예루살렘 성전에 있는 여호와 앞에] 보이는' 제물, 선행의 실천, 토라 연구가 이에 해당한다. 이것들은 우리가 이 세상에서 그 열매를 즐기는 것이지만, 반면에 부모를 공경하고 선행을 실천하며 사람들 사이에 평화를 가져오는 것과 같은 나무 밑동은 다가올 세상을 위해 남아 있다. 하지만 토라 연구는 모두에게 평등하다. [2]

2. 당신은 페아로 최소한 [작물의] 60분의 1은 남겨야 한다. 그들은 고정된 척도가 없다고 말했지만, 이 모두는 밭의 크기와 가난한 사람들의 수와 작물의 크기에 달려있다. [3]

3. 페아는 밭의 시작과 중간에 남겨진다. 랍비 시므온은, 밭의 끝에[도] [4] 일부를 남겨두는 것이 필수적이라고 말했다. 랍비 유다는, 끝에 페아의 한 줄기를 남겨두는 것으로 충분하지만, 만약 [주인이] 그렇게 하지 않는다면 그가 [처음과 중간에] 준 것은 단순히 헤프케르(hefqer) [5]로 간주된다고 말한다.

4. [현인들은] 페아를 위한 일반적인 규칙을 다음과 같이 공식화했다. 즉, 먹을 수 있고, 보관할 수 있고, 땅에서 재배하며, 한 번에 수확하여 저장할 수 있는 것은 무엇이든지 페아가 될 수 있다. 이것은 곡류와 콩류를 포함한다.

5. 나무 가운데 슈맥(sumach), 캐럽, 호두, 아몬드, 포도나무, 석류, 감람나무, 대추야자나무가 페아가 될 수 있다.

4장

10. 무엇이 레케트(leqet)인가? 당신이 추수할 때 떨어지는 것은 무엇이든지 여기에 해당한다. 만약 그가 한 아름 수확하거나 한 손 가득 뽑고, 가시에 찔려 [소산물을] 땅에 떨어뜨렸다면, 그것은 땅 주인에게 속한다.[6] 그러나 무언가가 그의 손이나 낫 위에 떨어진다면 그것은 가난한 사람들에게 속한다. 그의 손이나 낫에서 떨어져 나가는 것은 가난한 사람들에게 속한다. 그런데 랍비 아키바는, 그것이 땅 주인에게 속한다고 말한다.

5장

7. 일꾼들이 곡식 단을 잊었지만 주인이 그것을 잊지 않았거나, 주인이 그것을 잊었지만 일꾼들이 잊지 않았거나, 가난한 사람들이 [수확하는 자들을] 방해했거나 [곡식 단을] 짚 아래에 숨겼다면, 이것은 쉬크하(shikh'ḥa)가 아니다.[7]

6장

1. 샴마이 학파는, [만일 누군가가 어떤 것을] 가난한 사람들을 위해서[만] 헤프케르라고 선언한다면, 그것은 헤프케르라고 말한다. 하지만 힐렐 학파는, 안식년의 경우와 마찬가지로 부자[와 가난한 사람들]에게 똑같이 헤프케르라고 선언할 때, 그것이 오직 헤프케르라고 말한다.[8]

만약 밭의 단들이 모두 [대량으로] 한 카브(kab, 부피 단위)였으며, 하나가 네 카브였고 [주인이 네 카브의 단을] 잊었다면, 샴마이 학파는 그것이 쉬크하가 아니라고 말하고, 힐렐 학파는 그것이 쉬크하라고 말한다.

7장

3. 무엇이 페레트(peret)인가? 포도를 수확할 때 떨어지는 것은 무엇이든지 여기에 해당한다. 만일 누군가가 포도를 수확하면서 한 송이를 자르다가 잎에 엉켜서 [그 송이가] 땅에 떨어져 [포도가] 떨어졌다면, 이것은 땅 주인에게 속한다. 만약 그가 [떨어지는 포도를 잡으려고] 수확할 때 포도나무 아래에 바구니를 두었다면, 그는 가난한 사람들의 것을 강탈하는 것이다. 이런 사람에 대해, 옛 지계석을 옮기지 말며 고아들의 밭을 침범하지 말지어다(잠 23:10, JPS)라고 했다.[9]

4. 무엇이 올로트('ol'lot)인가? 주요 가지도 큰 가지도 없는 [곳에 걸린 포도가 여기에 해당한다].[10] 주요 가지와 큰 가지가 있다면, 그 [포도는] 땅 주인에게 속하지만, 어떤 의심의 여지가 있다면 그 포도는 가난한 사람들에게 속한다. 포도송이가 포도나무에 붙어 있는 가지에서 따로 떨어져 있는 포도들이 있어 포도송이와 함께 떨어진다면, 그 포도는 주인에게 속하게 되고, 그렇지 않다면 가난한 사람에게 속한다. 랍비 유다는, 따로 떨어진 포도는 포도송이가 될 수도 있다고 말하지만, 현인들은, 그 포도는 [가난한 사람들에게 권리가 주어지는] 올로트라고 말한다.

페아 및 그와 연결된 은혜에 대한 세부 내용을 마무리한 후, 미쉬나는 가난한 사람들을 위한 십일조를 규제하는 규칙으로 옮겨간다. 미쉬나는 사회적 지원을 위한 재정 혜택에 대해 일반적인 고려를 하는 것으로 마무리한다.

8장

5. 헛간에 있는 가난한 사람들 각자에게 적어도 절반의 카브의 밀을 주어야 한

다. 즉, 한 카브의 보리(랍비 메이르는 2분의 1의 카브를 말한다), 한 카브와 2분의 1의 스펠트밀, 한 카브의 무화과 또는 한 마네(maneh)의 대추야자(랍비 아키바는 절반의 마네를 말한다), 2분의 1통의 포도주(랍비 아키바는 4분의 1을 말한다), 4분의 1의 [감람]유(랍비 아키바는 8분의 1을 말한다)를 주어야 한다. 어떤 다른 열매에 대해서도 아바 사울은, [수익과 더불어] 두 끼를 위한 음식을 사고팔기에 충분한 양이라고 말한다.

6. 이 분량은 코하님과 레위인들과 이스라엘 사람들에게 [동일하게 적용된다]. 만약 [땅 주인이 자신의 가난한 친척을 위해 수확의] 일부를 보유하고 있었다면, 그는 절반을 보유하고 절반을 나눠줄 수 있다. 만약 그가 약간만 가지고 있다면,[11] [가난한 사람들] 앞에 그것을 두고, 그들끼리 그것을 나누도록 할 수 있다.

7. 이리저리 이동하는 가난한 사람에게는 [밀가루가] 한 셀라(sela)에 대해 네 세아(seah)일 때, 최소한 한 덩어리 가치의 두폰디움(dupondium)을 주어야 한다.[12] 만약 그가 밤에 머물[고자 한다면] 그에게 밤에 머무는 데 필요한 것을 주어야 한다. 안식일을 지내려 한다면 그에게 세 끼의 음식을 주어야 한다.

누구라도 두 끼를 위해 [충분한] 음식을 가졌다면, 그는 무료급식소에서 받지 않아야 한다. 만약 그가 14끼에 해당하는 음식을 가졌다면 그는 [매주의 자선] 기금을 받지 않아야 하는데, 그 기금은 두 명이 모으고 세 명이 나눈다.[13]

8. 누군가가 현금으로 200주즈(zuz)[14]가 있다면, 그는 레케트, 또는 쉬크하, 페아, 가난한 자들을 위한 십일조를 받지 않아야 한다. 그가 [200주즈에서] 한 데나리온이 부족하다면, 그다음에 천 명의 사람들이 동시에 그에게 [한 데나리온을] 준다고 해도, 그는 받을 수 있다.

그는 자기 집이나 자기 장사의 도구를 팔 의무는 없다.[15]

9. 만일 누군가가 장사할 50주즈가 있다면, [가난한 자의 혜택을] 받지 않아야 한다.

필요가 없지만 받는 자는 누구든지 그가 다른 사람들에게 의존할 때까지 이 세상을 떠나지 못할 것이다. 필요하지만 받지 않는 자는 누구든지 그가 다른 사람을 후원할 위치에 있을 때까지 이 세상을 떠나지 않을 것이며, 이런 사람에 대해 성경은, 무릇 여호와를 의지하며 여호와를 의뢰하는 그 사람은 복을 받을 것이라(렘 17:7, JPS)라고 한다. 동일한 사항이 진리와 성실함으로 올바른 판결을 내리는 재판관에게도 [적용된다].

눈이 멀거나 다리를 절지 않는데도 [자선의 혜택을 받기 위해] 그런 척하는 자들은 누구든지, 너는 마땅히 공의만을 따르라(신 16:20)고 한 것과 같이, 눈이 멀거나 다리를 절 때까지 노년이 되어 죽지 않을 것이다. [마찬가지로] 뇌물을 받고 재판을 왜곡하는 어떤 재판관이라도, 너는 뇌물을 받지 말라 뇌물은 밝은 자의 눈을 어둡게 하고 의로운 자의 말을 굽게 하느니라(출 23:8, JPS)라고 한 것과 같이, 그의 눈이 침침해질 때까지 노년이 되어 죽지 않을 것이다.

데마이

DEMAI, 의심스럽게 십일조로 바쳐진 소산물

고대 이스라엘 사회는 십일조로 후원을 받는 제사장에 의존했다. 후기 제2성전 시대 즈음 팔레스타인의 경제 구조는 토라에서 묘사하는 것과는 근본적으로 바뀌었지만, 어떤 형태의 십일조는 여전히 널리 퍼져 있었다. 십일조와 의식의 정결법 준수를 강화하기 위해서 바리새인들 사이에 교제의 한 형태가 발전했다. 이것은 랍비 유대교의 형성에 중대한 역할을 했다.[1] 두 가지 수준이 있었는데, 사람은 오직 십일조에 대해서나 십일조와 의식의 정결에 대해서 자신을 신뢰할 만한 사람으로 확립할 수 있었다. 이 교제의 구성원들은 아메 하 – 아레츠('amé ha-aretz, 그 땅의 사람들, 즉 '보통' 사람들)와는 구분되는 하베림(ḥaverim, 친구들, 동료들)이라고 알려졌다.

추리 과정은 2장에서 암시되었고, 토세프타에서 더욱 온전하게 발전됐다.[2] 아마도 사해 문서의 '공동체의 규칙'에 묘사된 과정과 비슷할 것이다.

한 사람이 하베르(ḥaver, 하베림의 단수)의 책임을 맡았을 때, 그의 가족과 종들도 그의 앞에서 헌신할 것으로 기대됐다. 그가 그 후 아메 하– 아레츠 가족 출신의 여자와 결혼한다면, 그는 그녀를 받아들인 데 대해 책임을 져야 할 것이다.[3]

소수의 특권층에 대한 입회식은 당시 로마 제국에서 널리 유행한 '비밀 단체'에서 일반적이었지만, 십일조와 정결 집단의 교제는 그들의 조건을 받아들일 준비가 되어 있는 모든 유대인에게 열려 있었다. 구성원들(하베림)은 십일조와 의식의 정결법, 더 높은 윤리적 기준과 토라에 대한 헌신을 더 엄격하게 지키면서 다른 이들과 다른 생활양식을 따라야 할 것으로 기대됐다.

이 소책자는 어느 정도의 사회 갈등이 하베림과 아메 하-아레츠 사이에 일어났다는 인상을 준다. 하베림은 아메 하-아레츠가 하나님의 계명을 소홀히 한다고 무시했고, 아메 하-아레츠는 그들의 '그대보다 더 거룩하다'라는 태도에 분개했다. 이 갈등은 신약에서도 반복된다. 신약에서 예수님은 "화 있을진저 외식하는 서기관들과 바리새인들이여 너희가 박하와 회향과 근채의 십일조는 드리되 율법의 더 중한 바 정의와 긍휼과 믿음은 버렸도다 그러나 이것도 행하고 저것도 버리지 말아야 할지니라"(마 23:23)라고 말씀하셨다. 이는 랍비 자신들의 평가와도 일치한다(아래 3장 1문단을 보라). 여기서 우리는 십일조법에 순종하는 것을 보호하고자 하베림이 마련한 실제적인 제도에 관심을 둔다.

데마이(Demai)는 '아마도'를 가리키는 아람어에서 유래했는데, 이는 암 하-아레츠('am ha-aretz)의 소산물로 정의된다. 본질적으로 데마이의 문제는 사회적이다. 하베르가 어떻게 암 하-아레츠와 교류하는가? 그는 자신이 암 하-아레츠에게서 받은 그 음식이 사회적 맥락이나 상업적 맥락에서 십일조가 바쳐진 것인지 확신할 수 없다. 그는 그것에 대해 다시 십일조를 바쳐야만 하는가? 하베림은 암 하-아레츠가 테루마(제사장들의 몫)를 따로 챙겨주었으나 십일조를 바치지는 않았다고 가정하는 것이 안전하다고 결정했다. 이것에 대해 토라가 중대한 벌금을 부과하고 있고 어쨌든 적은 양의 문제이기 때문이다. 그러므로 하베르는 십일조를 바쳐야만 한다. 그러나 대부분의 아메 하-아레츠는 사실상 십일조를 바쳤으므로, 다시 십일조를 바치라는 요구는 다음과 같은 경우에 완화됐을 수 있다. 첫째, 십일조법이 엄격하지 않은 곳이거나, 둘째, 손님을 위한 환대 등의 특별한 필요가 있는 경우이다.

1장

1. 데마이[에 대해 가장] 관대하게 [다뤄진 음식들은] 야생 무화과, 그리스도의

가시 대추나무 열매,[4] 마가목(sorbus) 열매, 하얀 무화과, 아시아산 무화과 열매, 나무에서 익지 않은 대추야자, 늦은 포도, 케이퍼 베리(caperberry)이다. 유대에는 슈맥 [열매], 유대 식초와 고수풀도 있다.[5] 랍비 유다는, 야생 무화과는 일 년에 두 번 열매 맺는 것들을 제외하고는 면제되며, 가시 대추나무 열매는 쉬크모나(Shiqmona)에서 나오는 것을 제외하고는 면제되고, 아시아산 무화과 열매는 나무에서 온전히 익은 것들을 제외하고는 면제된다고 말한다.

3. 만일 누군가가 씨앗이나 가축 사료를 위해 [소산물을] 사거나, [무두질] 가죽을 위해 밀가루를 사거나, 불을 밝히거나 기구를 닦기 위해 기름을 산다면, 그는 데마이[로서 십일조를 바치는 것]에서 면제된다.

크지브(K'ziv)[6] 너머는 데마이에서 면제된다.

암 하 – 아레츠의 할라(ḥalla), 테루마를 포함한 모든 혼합물, 두 번째 십일조로 지불된 음식, 소제의 나머지 [모두는] 데마이에서 면제된다.[7]

2장

1. 다음은 모든 곳에서 데마이로서 십일조를 바쳐야 하는 것들이다. 즉, 무화과, 대추야자, 구주콩나무 열매, 쌀, 커민(cumin) 열매가 있다. 누구라도 [이스라엘의] 땅 밖에서 온 쌀을 사용한다면, 이것은 면제된다.

2. 누군가가 [십일조에 대해] 신뢰받으려 할 때, 그는 자신이 먹는 것과 자신이 파는 것과 자신이 사는 것에 대해 십일조를 바쳐야 하고, 암 하 – 아레츠의 환대를 받지 않아야 한다. 랍비 유다는, "암 하 – 아레츠의 환대를 받는 자를 [신뢰할 만하다고 간주할 수 있다]"라고 말하지만, [다른 현인들은] "그가 스스로 신뢰받지 못한다면 어떻게 다른 이들이 그를 신뢰할 수 있는가?"라고 응수했다.

3. 누군가가 하베르가 되고자 한다면, 그는 암 하 – 아레츠에게 액체로 된 [소산물이나] 마른 [소산물을] 팔 수 없으며, 그에게서 액체로 된 [소산물을] 살 수도 없다. 그는 암 하 – 아레츠에게서 환대를 받을 수도 없으며, 옷을 입고 있다면 그에게 환대를 베풀 수도 없다.[8] 랍비 유다는, 그는 양과 염소를 길러서는 안 되

며,[9] 맹세나 부질없는 행위를 해서도 안 되고, 죽은 자를 위해 자신을 더럽혀서도 안 되며, 연구의 집에서 학자들의 필요를 충족시켜야 한다고 말했다. 그러나 [다른 현인들은] 이 문제들은 상관이 없다고 대답했다.

자선과 환대는 십일조에 대한 열정 때문에 방치되어서는 안 된다.

3장

1. [하베르는] 데마이를 가난한 사람들에게나 [자기] 손님들에게 먹도록 줄 수 있다. 라반 가말리엘은 자기 일꾼들에게 데마이를 주곤 했다. 샴마이 학파는 자선을 관리하는 자들이 [그들이 알기에] 십일조를 바치지 않을 자들에게 십일조가 바쳐진 것을 주고, [그들이 알기에] 십일조를 바칠 자들에게 십일조가 바쳐지지 않은 것을 주어서 모두가 적절한 것을 얻는다고 말한다. 하지만 현인들은, 그들이 차별 없이 배분해야 하며 십일조를 하고자 하는 사람은 누구나 그렇게 할 수 있다고 말한다.

4장

1. 만약 당신이 십일조를 바쳤다고 신뢰할 수 없는 누군가에게서 열매를 사고서 십일조를 바치는 것을 잊었는데, [이제 안식일이 되었다면] 당신은 그에게 안식일에 [그가 십일조를 바쳤는지]를 묻고서 그의 말에 의지하여 먹을 수 있다.[10] [그러나] 안식일의 마지막에 어둠이 내리면, 당신은 먹기 전에 십일조를 바쳐야만 한다. 당신이 그를 발견할 수 없지만 십일조에 대해 신뢰할 수 없는 또 다른 사람이 십일조가 바쳐졌다고 말했다면, 당신은 그의 말에 의지하여 먹을 수 있다. 그러나 안식일의 마지막에 어둠이 내리면, 당신은 먹기 전에 십일조를 바쳐야만 한다. 랍비 시므온 셰주리(Simeon Shezuri)는 심지어 주중에도 당신이 데마이로 전락한 레위의 십일조[의 양]에 대해 그에게 묻고 그의 말에 의지하여 먹을 수 있다고 말한다.

2. 누군가가 자기 친구에게 그와 먹도록 맹세했지만,[11] [그 친구는] 그가 십일 조를 바쳤는지 신뢰하지 못한다면, 그가 십일조를 바쳤는지 그에게 확인하고 [그 의 결혼에 이어지는] 첫 안식일에 그와 함께 먹을 수 있다.[12] 그러나 둘째 안식일 에 [어쨌든 그가 절기에 참여하지 않는다면] 그는 주인이 그에게서 혜택을 받지 않 겠다고 맹세한다고 해도 십일조를 바치지 않고서 먹어서는 안 된다.[13]

  6장과 7장은 십일조를 바친 사람과 바치지 않은 사람들 사이의 거북한 상황을 해결한다.

6장

7. 십일조를 바치는 사람과 바치지 않는 사람, 두 사람이 동일한 통에서 자신 들의 포도를 수확했다면 십일조를 바치는 사람은 자신을 위해 십일조를 확보해야 하고, 또한 어디에서든 십일조를 바치지 않는 자의 몫을 위해서도 확보해야 한다.

8. [십일조를 바치는 사람과 바치지 않는 사람,] 두 사람이 밭을 빌리거나 밭 을 물려받거나 [그것을 같이 소유했다면, 십일조를 바치는 사람은 십일조를 바치 지 않는 사람에게], 당신은 이런저런 장소에서 밀을 취하고 나는 이런저런 장소에 서 밀을 [취하겠다], 또는 당신은 이런저런 장소에서 포도주를 [취하고] 나는 이런 저런 장소에서 포도주를 [취하겠다]고 말할 수 있다. 그러나 그는, 당신은 밀을 취 하고 나는 보리를 [취하겠다], 또는 당신은 포도주를 취하고 나는 기름을 [취하겠 다]고 말하지 않아야 한다.

9. 만약 하베르와 암 하-아레츠가 자신들의 아버지[에게서 땅을] 물려받았다 면, 하베르는, 당신은 이런저런 장소에서 밀을 취하고 나는 이런저런 장소에서 밀 을 [취하겠다], 또는 당신은 이런저런 장소에서 포도주를 [취하고] 나는 이런저런 장소에서 포도주를 [취하겠다]고 말할 수 있지만, 그는, 당신은 밀을 취하고 나는 보리를 [취하겠다], 또는 당신은 액체로 된 것을 취하고 나는 마른 것을 [취하겠 다]고 말하지 않아야 한다.

10. 만약 개종자와 우상숭배자가 자신들의 아버지의 [재산을] 물려받았다면, [개종자는 우상숭배자에게], 당신은 우상을 취하고 나는 돈을 취하겠다, 또는 당신은 포도주를 [취하고] 나는 열매를 [취하겠다]고 말할 수 있다. 그러나 [재산이] 이미 개종자의 소유가 됐다면, 이것은 금지된다.

킬라임

KIL'AYIM, 혼합

이 소책자는 다음과 같이 한 종류나 또 다른 종류를 혼합하는 것을 금지하는 여러 성경 구절을 상세히 설명한다.

네 가축을 다른 종류와 교미시키지 말며 네 밭에 두 종자를 섞어 뿌리지 말며 두 재료로 직조한 옷을 입지 말지며(레 19:19, JPS).

네 포도원에 두 종자를 섞어 뿌리지 말라 그리하면 네가 뿌린 씨의 열매와 포도원의 소산을 '저주받을까'(다 빼앗길까, 개역개정) 하노라[1](신 22:9).

너는 소와 나귀를 겨리하여 갈지 말며(신 22:10, JPS).

양털과 베 실로 섞어 짠 것을 입지 말지니라(신 22:11, JPS).

킬라임(kil'ayim)이라는 단어는 오직 이 법의 맥락에서 성경의 레위기 19장 19절에서만 세 번 나온다. 이것은 이중 복수이며, 아마도 '둘 다'(both)를 의미하는 아랍어 킬란(kilān)과 같은 어족어일 것이다.

미쉬나는 금지된 혼합의 '철학'에 대해서는 추측하지 않는다. 미쉬나의 목적은 단순히 율법을 실제적인 용어로 번역하는 것일 뿐이다. 후대의 권위자들은 이를 보충했다. 이탈리아 신비주의자 메나헴 레카나티(Menaḥem Recanati, 대략 1300년)는 이 미츠보트를, '영적인 힘'을 섞는 것, 즉 혼란스럽게 하여 하나님의 창조를 부정하는 마술의 금지와 연결시켰다. 더 윤리적인 성향을 가진 독일의 랍비 삼손 라파엘 허쉬(Samson Raphael Hirsch, 1808-88년)는 이 미츠보트가 자연의 정결과 환경 보호에 대한 존중을 가르쳤다고 생각했다(그는 하나님이 우리가 현재 발견한 대로의 각 종을 창조하셨다고 믿었다).

미쉬나는 식물이나 동물의 어느 쌍이 동일한 종이라고 간주되는지, 그리고 이것이 교배 육종이 아니어서 '섞일' 수도 있는지를 확립함으로써 시작한다. 분류 체계는 현대 생물학에서 사용한 것과는 일치하지 않는다. '종'(히브리어, 민[min])은 전반적인 모습과 기능과 이름으로 이해해야 한다.

모든 식물과 동물을 정확하게 확인할 수는 없다. 의심스러운 곳에서 나는 예후다 펠릭스(Yehuda Feliks)의 하-초메아흐(Ha-Tsomeaḥ)와 미쉬나 셰비이트(Mishnah Shevi'it)를 의존한다. 항목이 확인될 수 없는 곳에서, 히브리어는 번역되지 않은 채로 둘 것이다.

1장

1. 밀과 독보리(rye-grass)는 서로 킬라임이 아니다.[2] 보리와 귀리, 스펠트밀과 호밀, 잠두와 프랑스 살갈퀴, 붉은 그라스 완두와 그라스 완두, 제비콩과 나일강 동부콩은 서로 킬라임이 아니다.

2. 오이와 멜론은 서로 킬라임이 아니다. 랍비 유다는 그것들이 킬라임이라고 말한다. 상추와 야생 상추, 치커리와 야생 치커리, 리크(leek)와 야생 리크, 고수풀과 야생 고수풀,[3] 겨자와 하얀 겨자, 호리병박[4]과 구운 호리병박, 동부콩과 구주콩은 서로 킬라임이 아니다.

3. 순무와 평지(식물), 케일과 트루브토르(trubtor),[5] 비트와 수영(식물)은 서로 킬라임이 아니다. 랍비 아키바는, 마늘과 라컴볼['스페인 마늘'], 양파와 골파, 루핀과 노란 루핀이 서로 킬라임이 아니라고 덧붙인다.

4. 나무들 가운데 배와 크러스타미눔(crustaminum) 배, 플럼과 산사나무는 서로 킬라임이 아니다. [그러나] 사과와 시리아 배, 배와 아몬드, 대추와 그리스도의 가시 대추는 서로 닮았고, [동일한 종으로 생각될 수 있다고 해도] 서로 킬라임이다.

5. 무와 평지(식물), 겨자와 겨자과의 들풀, 그리스 호리병박과 이집트 호리병박 또는 구운 호리병박은 서로 닮았어도 서로 킬라임이다.

6. 이리와 개, 야생 개와 여우, 염소와 사슴, 야생 염소와 양, 말과 노새, 노새와 나귀, 나귀와 야생당나귀는 서로 닮았어도 서로 킬라임이다.

7. 우리는 나무에 나무를, 채소에 채소를, 채소에 나무를, 나무에 채소를 가져와서는[6] 안 된다. 랍비 유다는 채소를 나무에 가져오는 것은 허용한다.

8. 우리는 아시아산 무화과의 그루터기에 채소를 심어서는 안 되며, 탱자나무에 루타를 심어서도 안 되는데, 이것은 나무에 채소를 가져오는 것이기 때문이다. 우리는 그것을 시원하게 하려고[7] 해총(海蔥)에 무화과나무의 어린 새싹을 심어서는 안 된다. 포도나무의 어린 새싹은 [멜론이] 수분을 발산하도록 멜론에 넣어서는 안 되는데, 이는 채소에 나무를 가져오는 것이기 때문이다. 호리병박의 씨는 보존하려고 아욱에 두어서는 안 되는데, 이는 채소를 채소에 가져오는 것이기 때문이다.

9. 누군가가 포도나무 아래에 순무와 무를 저장한다면, 잎들 일부를 [계속] 노출할 경우 이것이 킬라임일지, 안식년[에 자랄지], [또는] 십일조를 바칠 필요가 있는지, 안식일에 들어올려야 할지 걱정할 필요가 없다.

누군가가 밀과 보리를 함께 파종하면 그것은 킬라임이다. 랍비 유다는, 만약 그가 [최소한] 밀 두 [낟알들]과 보리 한 [낟알을] 파종하거나 밀 한 [낟알]과 보리 두 [낟알]을 파종하거나 밀과 보리와 스펠트밀 [한 낟알씩]을 파종한다면 그것이 킬라임이라고 말한다.

'함께 심는다'라는 것은 무엇을 의미하는가? 농부가 예를 들어 두 다른 작물을 여러 에이커의 한 밭에 뿌리지 않는다고 생각하는 것은 불합리할 것이다. 미쉬나는 여기서 겉모양에 초점을 둔다. 작물의 혼합처럼 보이는 것은 금지되며, 개별 작물처럼 보이는 것은 허용된다. 정의는 3장 1문단에서 정점에 달하는데, 거기서 6×6 손바닥 크기의 작은 구역에 심을 수 있는 다른 종류의 최대 숫자를 고려할 것이다.

3장 미쉬나 5는 "현인들이 금지하는 것은 무엇이든지 겉모양 때문이다"라고 진술한다. 이 진술 및 관련 진술을 염두에 두고서, 애버리 – 펙(Avery-Peck)은 "질서와 그로 인한 거룩함이 미리 결정된 탁월한 모델에 의존하는 것은 아니다. 그것은 각 이스라엘 사람들이 세상을 정돈하고 그에 따라 세상을 거룩하게 하고자 하는 소원의 기능이다"라고 주장했다.[8] 이것은 상당히 빈약한 토대에 근거한다. 미쉬나는 포도원이나 밭에서의 한 특정 지역으로 인식되는 것을 정의하지만, 이것은 인식의 심리학과 관련 있는 것이며, 어떤 특별한 이스라엘의 신비나 성별의 능력을 의미하는 것은 아니다. 이스라엘 사람들은 다른 사람들과 다르게 밭의 경계를 인식하지 않는다.

2장

6. 만일 누군가가 자신의 밭에 다른 종류의 구획들을 조성하기 원한다면, 샴마이 학파는 [구획들] 사이에 세 고랑 넓이의[9] 공간을 남겨둬야 한다고 말하지만, 힐렐 학파는 샤론에서 [쟁기질하는 데 사용된] 멍에[만큼 넓은 공간을] 남겨야 한다고 말한다. [이 공간들은] 서로 가깝다.

7. 밀의 한 구획의[10] 구석이 보리[의 한 구획을] 통과했다면 이것은 허용할 수 있다. 왜냐하면 이것은 [섞인 파종보다는 밀] 밭의 끝으로 보일 것이기 때문이다.

그의 밭에 밀을 파종하고 자기 이웃의 밭은 다른 종류[의 작물]을 파종하면 그는 [자기 이웃의 밭] 옆에 자기 이웃이 재배하는 작물과 같은 종류를 [파종]할 수 있다. [왜냐하면 이것은 이웃의 밭의 확장처럼 보일 것이기 때문이다.]

그와 그의 이웃 모두 밀을 재배하고 있다면, [그래도] 그는 [자기 이웃의 밭] 옆에 다른 어떤 종류[의 작물은] 아니더라도 아마(flax)를 한 줄 파종할 수 있다. 랍비 시므온은, 아마와 다른 작물들은 차이가 없다고 말한다. 랍비 요세는, 그는 [자신의] 밭 중간에도 아마 한 줄을 시험할 수 있다고 말한다.

9. 누군가가 자기 밭에 온갖 다른 종류를 파종하기 원한다면, 각 작은 구획은 4분의 1카브[의 곡식을] 파종하는 데 필요한 구역이 되어, 한 세아의 [곡식을 파종하는 데 필요한 구역의 한 밭에서 24개의 작은 구획을 조성할 수 있다. 그는 그 [작은 구획들]에 자기가 원하는 어떤 작물이라도 파종할 수 있다.

랍비 메이르에 따르면, [곡식 밭에 겨우] 하나 또는 두 개의 작은 구획이 있다면, 그는 작은 구획들에 겨자를 파종할 수 있지만, 세 개가 [있다면] 파종하면 안 된다. 이것은 겨자밭으로 보이고, [마치 그는 혼합된 밭을 재배하고 있는 것처럼 보일 것이다]. 현인들 [대부분은] 아홉 구획은 괜찮을 거라고 말하지만 열 구획은 괜찮지 않다고 한다. 랍비 엘리에셀 벤 야곱은, 밭이 4분의 1쿠르(kur)의 곡식을 파종하는 데 필요한 구역만큼 크다고 해도, 그 구역에 [겨자의] 한 작은 구획 이상을 재배하지 않아야 한다고 말한다.

10. 4분의 1카브 구역에 무엇이 있든지 모든 것이 분량으로 계산된다. 포도나무가 [그 구역을 넘어 퍼졌거나], 또는 무덤이나 바위가 있다면, 그것은 4분의 1카브 구역에 포함된다.

만약 [한 종류의] 곡식을 그가 [또 다른 종류의] 곡식[이 심긴 밭에] 파종하면, 그는 [그 사이에] 4분의 1카브에 해당하는 공간을 남겨야만 한다. 만약 [한 종류의] 채소를 [다른] 채소[가 심긴 밭에] 파종하면, 여섯 손바닥으로 [충분하다]. 채소 사이의 곡식이나 곡식 사이의 채소는 4분의 1카브의 [공간이 필요하다]. 랍비 엘리에셀은, 곡식 가운에 있는 채소는 여섯 손바닥이면 [충분하다]고 말한다.

4장부터 7장까지는 포도원에서 대두하는 특별한 문제를 다룬다(5장 5문단에서 의 중대한 경우). 신명기 22장 9절은 만약 당신이 두 종류의 씨앗을 당신의 포도원에 파종하면, 작물뿐만 아니라 포도원은 '거룩'하며, 그것은 저주받아 사용할 수 없게 된다고 한다.

이 금지는 얼마나 확장되는가? 학파들은 포도원 근처에 재배하는 것은, 첫째로 포도나무를 경작하기에 충분한 공간이 남아 있고, 둘째로 '밭', 곧 구별되는 작물을 구성하여 심기에 충분할 때만 허용될 수 있다고 규정한다. 이것은 야브네와 우샤(Usha)의 계승자들에게 무엇이 포도나무를 무작위로 재배하는 것과 구별되는 구성인지 정하게 남겨둔다. 즉, 개별 포도나무는 얼마나 가까워야만 하는가, 그리고 포도원을 구성하는 최소한의 숫자는 얼마인가 하는 문제이다.

6장은 격자 구조물을 다루고, 7장은 포도나무를 채소에 취목하고 접목하는 것과 포도나무가 우연히 채소 구획에 침범하는 것을 다룬다. 8장에서 미쉬나는 식물의 '혼합' 및 다양한 동물과의 경작에서 '혼합'의 한계를 정한다.

4장

1. 샴마이 학파는, [만약] 포도원에 16규빗 넓이의 기본적인 작은 구획이 [있다면], [당신은 거기에 다른 작물을 파종할 수 있다]고 말한다. 힐렐 학파는, 12규빗을 말한다. 무엇이 '포도원의 기본적인 작은 구획'인가? 만약 [기본적인 작은 구획이] 16규빗 넓이가 되지 않는다면, 당신은 포도나무의 경작을 위한 충분한 공간을 마련해야만 하며,[11] 그 후에 당신은 나머지를 파종할 수 있다.

2. 무엇이 '기본적인 가장자리'인가? [포도나무와 울타리 사이에] 12규빗이 되지 않는다면, 당신은 거기에 다른 씨앗을 가져오지 않아야 한다. 만약 12규빗이 있다면 당신은 포도나무의 경작을 위한 충분한 공간을 마련해야만 하며, 그 후에 당신은 나머지를 파종할 수 있다.

5장

5. 누군가가 포도원에 채소를 심거나 거기에 채소를 기른다면, 그는 45그루의 포도나무에 부적격 판단을 내린다. 이것은 언제 적용되는가? 포도나무가 4규빗 또는 5규빗씩 떨어져 심길 때이다. 만약 [포도나무가] 6규빗 또는 7규빗씩 떨어져

심긴다면, 정사각형이 아니라 원으로 측정된 16규빗 안의 [채소는 모두 사용할 수 없는 상태가 된다]. [12)

6장

1. 포도원에서 혼합된 씨앗의 [소산물]을 파종하고 기르며 거기서 어떤 혜택을 얻는 것도 금지된다. [다른 곳에서는] 혼합된 씨앗을 파종하거나 기를 수는 없지만, [소산물을] 먹는 것과 명백히 거기서 혜택을 얻는 것은 허용된다. 의복의 혼합된 재료는[13) 모든 [이런] 방식에서 허용되며, 입는 것만 금지된다. 이종 교배된 동물은 기르고 데리고 있을 수 있지만 [실제로] 새끼를 낳는 것은 금지된다. 이종 교배된 동물은 서로 경계를 넘을 수 없다.

2. 농장 동물과 농장 동물, 야생 동물과 야생 동물, 농장 동물과 야생 동물, 부정한[14) 동물과 부정한 동물, 정한 동물과 정한 동물, 부정한 동물과 정한 동물, 정한 동물과 부정한 동물은, 경작하는 것이나 [마차를] 끄는 것이나 [함께] 이끄는 것이 금지된다.

미쉬나는 마차를 운전하는 자와 타는 자가 동일하게 허물이 있다고 규정한다(랍비 메이르가 논박했다). 그다음에 미쉬나는 동물을 운송수단에 매는 방법을 검토하고 어떤 동물이 어느 종에 속하는지를 논의한다.

9장

1. 양의 털과 린넨은 킬라임[으로서 함께 입는 것이 금지된] 유일한 재료다. 양의 털과 린넨은 [마찬가지로] 역병으로 더럽혀질 수 있는 유일한 재료다. 코하님은 성전에서 섬기도록 양의 털과 린넨을 [함께] 입는다.

누군가가 낙타의 털을 양의 털과 혼합했는데, 대다수가 낙타의 털이라면 그것은 [린넨과 함께 입을] 수 있다. 그러나 대다수가 양의 털이라면 금지된다. 그리고 각각 [정확하게] 동일한 양이 있다면, 그것은 금지된다.

8. 너는 '샤아트네즈를'(섞어 짠 것을, 개역개정) 입지 말지니라(신 22:11). [즉] 슈아 (shu'a, 부드러운, 즉 다듬은), 타브우이(tavui, 돌린), 누즈(nuz, 엮은) 어떤 것이라도 입지 말라고 한 것과 같이, 다듬고 돌리고 엮은 [재료]로 된 것은 킬라임으로서 금지된다. [15)]

셰비이트

SHEVI'IT, 일곱째 해

다음의 세 성경 본문이 이 소책자에 중요한 역할을 한다.

너는 여섯 해 동안은 너의 땅에 파종하여 그 소산을 거두고 일곱째 해에는 갈지 말고 묵혀두어서 네 백성의 가난한 자들이 먹게 하라 그 남은 것은 들짐승이 먹으리라 네 포도원과 감람원도 그리할지니라(출 23:10-11, JPS).

여호와께서 시내산에서 모세에게 말씀하여 이르시되 이스라엘 자손에게 말하여 이르라 너희는 내가 너희에게 주는 땅에 들어간 후에 그 땅으로 여호와 앞에 안식하게 하라 너는 육 년 동안 그 밭에 파종하며 육 년 동안 그 포도원을 가꾸어 그 소출을 거둘 것이나 일곱째 해에는 그 땅이 쉬어 안식하게 할지니 여호와께 대한 안식이라 너는 그 밭에 파종하거나 포도원을 가꾸지 말며 네가 거둔 후에 자라난 것을 거두지 말고 가꾸지 아니한 포도나무가 맺은 열매를 거두지 말라 이는 땅의 안식년임이니라 안식년의 소출은 너희가 먹을 것이니 너와 네 남종과 네 여종과 네 품꾼과 너와 함께 거류하는 자들과 네 가축과 네 땅에 있는 들짐승들이 다 그 소출로 먹을 것을 삼을지니라(레 25:1-7, JPS).

매 칠 년 끝에는 면제하라 면제의 규례는 이러하니라 그의 이웃에게 꾸어준 모든 채주는 그것을 면제하고 그의 이웃에게나 그 형제에게 독촉하지 말지니 이는 여호와를 위하여 면제를 선포하였음이라 이방인에게는 네가 독촉하려니와 네 형제에게 꾸어준 것은 네 손에서 면제하라(신 15:1-3, JPS).

다른 성경에서 안식년은 다음과 같이 언급된다. 레위기 26장 34-35절에서는 국가가 포로 된 것을 안식년을 소홀히 한 데 대한 징벌로 규정하며, 예레미야서 34장 8-22절에서는 유다의 상류층에게 '[자신들의] 조상의 언약'에 따라 노예를 놓아주지 않은 것에 대해 책망한다. 일곱 번의 안식 주기의 끝을 나타내는 희년(레 25:8-16)은 이 소책자의 미쉬나에는 나오지 않는다.

느헤미야는 포로기 이후 공동체가 일곱 번째 해마다 농경을 유예하고 빚을 탕감하는 데 순종한 것을 기록한다(느 10:31). 마카비1서(6:49, 53, 54)와 요세푸스(Antiquities 11:338, 13:228-235, 14:202, 14:475)는 제2성전기 말에 안식년을 준수했다는 증거를 보여준다. 요세푸스는 "알렉산더 대왕과 율리우스 시저가 유대인들에게 안식년에 세금을 면제시켰는데, 이는 바 코크바 혁명 뒤에 폐지된 특권이었다"라고 주장한다. 그는 또한 주전 37년은 안식년이었다고 지적한다(Antiquities 14:475). 이에 근거하여 현행 천년기의 첫 안식년은 2000/2001년이 되는데, 현재 정교회의 관행과 일치하는 결과다.

두 탈무드가 따르는 토세프타[1)는 '라반 가말리엘과 그의 공회', 즉 가말리엘 3세[2)가 학파들의 판결을 거부하고 6년째 해 전반의 재배를 허용했기 때문에, 미쉬나의 시작 부분에서는 적용할 수 없다고 진술한다. 그런데도 미쉬나는 '나무들의 밭'과 '하얀 밭', 즉 곡식이나 콩류의 밭에 대해 계속 자세하게 정의하고, 여러 학파의 판결에 대한 야브네와 우샤 랍비들의 상세한 설명을 인용한다.

1장

1. 당신은 일곱째 해 이전 해에 나무의 밭에서 얼마나 오래 쟁기질을 계속할 수

있는가? 샴마이 학파는, [그해의] 열매에 이득이 되는 만큼의 기간까지라고 말한다. 힐렐 학파는 오순절 전까지라고 말한다. 이 [시기들은] 서로 가깝다.

2. 무엇이 '나무들의 밭'을 구성하는가? 각각 이탈리아[3] 60마네(maneh)의 [무게가 나가는] 마른 무화과를 생산할 수 있으면서, 한 베트 세아(bet seah)에 세 나무가 있는 곳은 어디든지, 당신은 나무들의 이득을 위해 전체 밭을 쟁기질할 수 있다. 만약 그 [양]보다 적다면, 당신은 무화과 추수자와 그의 바구니[에 필요한] 거리인 [각 나무] 주변을 쟁기질할 수 있다.

3. 나무들이 열매를 맺는 것인지 열매를 맺지 않는 것인지는 차이가 없다. 만약 [무화과라면], 그 나무들이 각각 이탈리아 60마네의 [무게가 나가는] 마른 무화과를 생산할 수 있다면, 당신은 그 나무들의 이득을 위해 전체 밭을 쟁기질할 수 있다. 만약 양이 그것보다 적다면 당신은 필요한 만큼만 [각 나무] 주변을 쟁기질할 수 있다.[4]

2장

1. 당신은 일곱째 해 이전 해에 하얀 밭에서[5] 얼마나 오래 쟁기질을 계속할 수 있는가? 사람들이 오이와 박을 심기 위해 쟁기질할 수 있을 만큼 [겨울비 때문에] 충분한 수분이 [땅에] 남아 있는 기간까지이다. 랍비 시므온은 "그 경우 법을 결정하는 것은 각 개인에게 달려있다. [오히려] 당신은 오순절까지 나무들의 밭을 [쟁기질할 수 있으며,] 하얀 밭은 유월절까지 할 수 있다"라고 말한다.

6. 당신은 일곱째 해의 새해 [절기] 30일 이내에 심거나 접목하거나 취목할 수 없다.[6] 누군가가 실제로 [이 시기에] 심거나 접목하거나 취목했다면, 그는 그것의 뿌리를 뽑아야만 한다. 랍비 유다는, 3일 이내에 하지 않는 접목은 이루어지지 않을 것이라고 말한다. 랍비 요세와 랍비 시므온은 2주라고 말한다.

한 사람이 안식년에 적법하게 자기 밭에서 할 수 있는 몇 가지 일은 구경꾼에게는 농사일로 보일 수 있다. 예를 들어, 그는 자기 양을 가두려고 밭의 일부를 깨끗이 치우거나, 연료를 위해 막대기를 모으거나, 건축을 위해 돌을 채석하기 원할 수 있다. 이 모두는 그의 주된 의도가 아니더라도 부수적으로 밭을 개선하는 일이다. 미쉬나는 다른 이들을 잘못 인도할 수 있는 것과 그렇지 않은 것, 또는 금지된 활동 '대신'에 사용할 수 있는 것을 분명하게 구분한다.

3장

4. 누군가가 자기 밭을 [자기 가축을 위한] 축사로 바꾸기를 바란다면, 그는 두 세아의 면적에 울타리를 쳐야 한다. [그것이 배설물로 가득할 때, 인접한 곳에 축사를 만들려면] 그는 하나는 가운데 두고서, 세 개의 칸막이를 이동시켜야 한다. 따라서 합하여 네 세아의 면적을 사용하게 된다. 라반 시므온 벤 가말리엘은 [그가] 여덟 세아의 면적을 [사용할 수 있다]고 말한다. 그의 전체 밭이 네 세아 [뿐]이라면 그는 [자기 밭에 거름을 주려는 의도로] 보이는 것을 피하기 위해 약간은 [울타리를 치지 않은 채로] 두어야 한다. [이것을 마치면, 그는] 울타리를 친 구역에서 [배설물을] 치우고, 거름을 [비축하는] 자들[에게 허용된] 방식으로 자기 밭에 쌓아야 한다. [7]

4장

1. 처음에 그들은, 그가 다른 누군가의 밭에서 우선 더 큰 것들을 모으는 것과 마찬가지로, 자기 밭에서 막대기나 돌이나 잔디를 모을 수 있다고 말했다. 죄인들이 숫자가 증가했을 때, [현인들은] 당신이 다른 누군가의 밭에서[만] 모을 수 있으며, 보수를 받지 않고, 명백히 보수로 음식을 마련해놓지 않은 경우에만 모을 수 있다고 규정했다. [8]

안식년의 소출은 너희가 먹을 것이니(레 25:6). 강조점은 '먹다'에 있다. 당신은 다른 목적으로 소산물을 사용하지 않아야 하며, 그 소산물이 익지 않았을 때 거두지 않아야 한다는 것이다.

7. 당신은 언제 일곱째 해에 [저절로 자란] 열매를 먹을 수 있는가? 익지 않은 무화과가 빨갛게 변하자마자, 당신은 밭에서 당신의 빵과 함께 먹을 수 있다. 무화과가 완전히 익었을 때, 당신은 [먹기 위해] 집에 가져갈 수 있다. 마찬가지로, 다른 해에는 그때가 십일조를 바쳐야만 하는 시기이다.

8. 익지 않은 포도들이 [처음] 주스로 [변할] 때, 당신은 밭에서 당신의 빵과 함께 먹어도 좋다. 포도들이 완전히 익었을 때, 당신은 [먹기 위해] 집에 가져갈 수 있다. 마찬가지로, 다른 해에는 그때가 십일조를 바쳐야만 하는 시기이다.

빚을 탕감하는 것 이외에 안식년의 법은 온전히 이스라엘 땅에서만 적용되지만, 랍비들은 '시리아'⁹⁾와 같은 일부 인접 지역에도 확장했다. 이것은 사람들이 안식년의 의무를 회피하려고 이주하지 못하게 하기 위해서였을 것이다.

6장

1. 일곱째 해를 위한 세 지역이 있다. 바빌론에서 돌아온 자들이 다시 정착한 이스라엘 땅의 일부는 [북동쪽] 크지브(K'ziv) [엑딥파(Ecdippa)] 지역까지인데,¹⁰⁾ 그들은 [소산물]을 먹지 않았고, [땅]을 경작하지 않았다. [바빌론에서 돌아온 자들이 다시 정착하지 않고] 이집트에서 올라온 자들이 차지한 지역,¹¹⁾ 곧 크지브에서 그 강까지와 아마나까지의 지역에서는 [소산물]을 먹어도 좋지만, [땅]은 경작하지 않아야 한다. 그 강과 아마나 내륙까지의 지역에서는, [소산물]을 먹을 수 있고 [땅]을 경작할 수 있다.

2. 시리아에서, 그들은 수확된 [작물]을 작업할 수는 있지만,¹²⁾ 아직 땅에 있는 것은 작업할 수 없다. 그들은 타작하고 까부르며, 밟고 단을 만들 수 있지만, 추수할 수 없으며, 포도와 무화과를 수확할 수 없다.

7장

1. [현인들은] 일곱째 해에 대한 일반적인 원리를 세웠다. 일곱째 해의 [거룩함은], 교환해서 받은 것[뿐만 아니라] 사람들이나 짐승들을 위한 음식이나 염료가 되거나, 땅에 [남겨진다면] 간직되지 않는 어떤 것에도 적용된다. [이 모두는] 제거해야만 한다.

무엇이 [이 범주에 포함되는가]? 야생 생강 잎, 꼬리 고사리 잎, 치커리, 리크, 쇠비름, 난초가 있으며, 동물 사료 가운데 엉겅퀴와 가시가 있으며, 염료 가운데 대청의 뒷그루와 잇꽃이 있다. 이 [모두]와, 또한 이것들과 교환되는 것은 일곱째 해의 법에 적용된다. 그리고 이 모두와 이것들과 교환되는 것은[13] [적절한 시기에] 제거되어야만 한다.

2. 그리고 그들은 다음과 같은 또 다른 원리를 세웠다. 일곱째 해의 [거룩함]은 교환해서 받은 것[뿐만 아니라] 사람들이나 짐승들을 위한 음식이나[14] 염료가 되거나, 땅에 [남겨진다면] 유지되는 어떤 것에도 적용된다. [이]것들은 제거할 필요가 없다.

무엇이 [이 범주에 포함되는가]? 야생 생강 뿌리, 꼬리 고사리 뿌리, 헬리오트로프, 난초, 보크리야(bokhriya)[15]가 있으며, 염료 가운데는 꼭두서니(식물), 염색공의 목서초가 있다. 이 [모두]와 이것들과 교환되는 것은 일곱째 해의 법에 적용되지만, 이 모두도, 이것들과 교환되는 것도 [땅에 유지되고, 따라서 야생에서 계속 사용할 수 있으므로] 제거될 필요가 없다. 랍비 메이르는 "이것들과 교환되는 것은 새해까지 제거되어야만 한다"라고 말하나, 그들은 "이것들 자체는 제거될 필요가 없으며, 이것들과 교환된 것은 더더욱 제거될 필요가 없지 않겠는가!"라고 말한다.

8장

2. 일곱째 해[의 소산물]은 먹고 마시고 기름 붓기 위한 것이다. [즉,] 보통 먹는 것을 먹기 위한 것이며, 보통 마시는 것을 마시기 위한 것이고, 보통 연고에 사

용되는 것으로 기름 붓기 위한 것이다. 당신은 포도주나 식초가 아니라, 기름으로 [만] 기름 부을 수 있다. 동일한 것이 테루마와 둘째 십일조에 적용되지만, 일곱째 해는 그 기름이 불을 밝히는 데도 사용될 수 있다는 점에서 관대하다. 16)

너와 …네 가축과 네 땅에 있는 들짐승들이 다 그 소출로 먹을 것을 삼을지니라(레 25:1-7). 안식년에 자란 열매는 '네 땅에 있는 들짐승'이 이용할 수 있는 동안에만 먹을 수 있다. 남아 있는 어떤 것도 그 종이 더는 야생으로 자라지 않을 때까지 '제거'돼야만 한다. 비우르(bi'ur, 제거)를 위한 날은 종과 지역에 따라 다르다.

9장

2. 비우르를 위한 세 지역은 유다, 트랜스요르단, 갈릴리가 있으며, 이 지역들은 각각 세 지방[으로 나뉜다. 갈릴리는] 상 갈릴리와 하 갈릴리와 유역[으로 나뉜다]. 아시아산 무화과가 자라지 않는 크파르 하나니아(K'far Ḥanania) 위쪽은 상부 갈릴리이고, 아시아산 무화과가 자라는 크파르 하나니아 아래쪽은 하부 갈릴리이며, 골짜기는 티베리아스 주변 [지역]이다.

유다에서 [세 지역은] 산, 저지대, 유역[이다]. 룻다(Lydda)의 저지대는 남부 저지대와 같으며, 인접한 구릉지는 킹스 힐(King's Hill)과 같다. 벧 호론(Bet Ḥoron) 부터 지중해까지는 한 지방이다.

3. 그들은 왜 [아홉 지방이 아니라] 세 지역을 말했는가? 사람들이 [그 지역의 어떤 지방에서도] 그 종이 더는 [자라지] 않을 때까지 각 [지역]에서 먹을 수 있도록 하기 위함이다.

랍비 시므온은, 유다만이 세 지방으로 나뉘었고 다른 모든 지방은 킹스 힐과 같았다고 말했다.

모든 지역은 감람과 대추야자를 위한 지역으로 [간주된다]. 17)

1세기와 2세기 팔레스타인의 유대 사회는 레위기와 신명기에서 볼 수 있는 것

보다 더 상업에 의존했다. 상업 신용 대부를 활성화하고자, 힐렐은 프로스불 (prosbul)을 고안했다. 이 프로스불의 조건에서는 빚이 일곱째 해 전에 수집을 위해 법정의 손에 맡겨질 수 있다. 그다음에는 법정의 벌금과 같이 일곱째 해에 탕감되지 않을 것이다. 프로스불은 '공회 앞에서'를 의미하는 헬라어 프로스볼레 (prosbolē) 또는 프로스 보울렌(pros boulēn)이다.

10장

1. 일곱째 해에는 문서로 한 것이든 아니든 빚을 탕감한다. 가게 주인이 연장한 신용 대부를 취소하지는 않지만, 만약 [가게 주인이 빚을] 대부로 [전환했었다]면 [일곱째 해에는] 그것을 탕감한다. 랍비 유다는, 일곱째 해에는 하나씩 취소한다고 말한다.[18]

일곱째 해에는 지불해야 할 임금을 취소하지는 않는다. 랍비 요세는, 일곱째 해에 금지된 일에 대해 약정한 임금을 취소한다고 말한다.

3. 일곱째 해에는 프로스불[의 조건에서 생긴] 빚을 취소하지 않는다. 이것은 힐렐이 제정한 것이다. 힐렐은 사람들이 서로 빌려주기를 꺼리는 것을 보았고, 삼가 너는 마음에 악한 생각을 품지 말라 곧 이르기를 일곱째 해 면제년이 가까이 왔다 하고 네 궁핍한 형제를 악한 눈으로 바라보며 아무것도 주지 아니하면(신 15:9, JPS)이라는 토라의 말씀을 어기는 것으로 보았다. 그래서 그는 프로스불을 제정했다.

4. 프로스불의 핵심은 다음과 같다. 나는 내가 원하는 때 언제든지 빚을 거둘 수 있도록 내게 진 모든 빚을 당신, 아무개, 이러이러한 곳에 있는 재판관에게 양도한다는 것이다. 재판관이나 증인들이 그 아래에 서명한다.

8. 누군가가 일곱째 해에 [당신에게 진] 빚을 갚기를 원한다면, 당신은 "그것을 면제하라!"라고 말해야 한다. 그가 끝까지 주장하면, 당신은 면제의 규례[19]는 이러하니라(신 15:2)라고 한 대로, 그것을 받을 수 있다. 동일한 원리가 도피성에 피한 살인자에게 적용된다. 만약 마을 사람들이 그를 존중하기를 원한다면, 그는 "나는 한 사람을 살해했다"라고 말해야 한다. 그들이 끝까지 주장하면, 이것은 살인

자에 대한 말씀이다(살인자가 그리로 도피하여 살 만한 경우는 이러하니, 개역개정)(신 19:4)라고 한 대로 그는 받아들일 수 있다.

9. 누군가가 일곱째 해에 빚을 갚으면, 현인들[20]은 그에게 만족한다. 누군가가 자녀들이 그와 함께 개종한 개종자에게서 빌린다면, 그는 [그들의 아버지가 죽은 후에] 그 자녀들에게 갚을 의무는 없지만, 그가 갚는다면 현인들은 그에게 만족한다. 동산(chattel)은 [구매자가] 그것들을 옮길 때[만] 얻지만, 현인들은 그의 말을 준수하는 누구라도 만족한다.[21]

테루모트

TERUMOT, 거제

제사장이 백성에게서 받을 몫은 이러하니 곧 그 드리는 제물의 소나 양이나 그 앞다리와 두 볼과 위라 이것을 제사장에게 줄 것이요 또 네가 처음 거둔 곡식과 포도주와 기름과 네가 처음 깎은 양털을 네가 그에게 줄 것이니(신 18:3-4, JPS).

이 "처음 거둔 곡식"은 테루마로 알려졌다. 1) 이 단어는 '올려진 것'을 의미하며, 현대 히브리어로는 '기부'이다(cf. 영어 관용구, '모금하다'[to raise money]). 일반적인 번역은 '거제'(heave-offering)이다. 이것을 받는 코헨은 직무를 맡은 성전 제사장일 필요는 없다. 그의 아내와 부양가족들이 받을 자격이 있듯이, 남성 혈통에 있는 아론의 어떤 남자 후손도 받을 자격이 있다.

테루마는 신성한 지위를 가졌다. 코하님이 아니거나 정결한 상태가 아닌 사람들은 그것을 먹지 못하도록 엄격하게 금지됐다. 만약 음식이 정결하지 않다면, 그것을 먹지 말아야 했다.

테루마는 성전 시대 후에 계속 시행됐다. 2세기 랍비 타르폰(Tarfon)은 연구의 집에 불출석했다고 가말리엘 2세에게 비난을 받았는데, 자신이 '[제사장의] 임무를 수행하고 있었다'는 이유, 즉 테루마를 먹고 있었다는 이유로 변명했다. 2)

4장

3. 테루마의 양은 다음과 같다. 관대한 [사람은 곡물의] 40분의 1[3)]을 [준다]. 샴마이 학파는 30분의 1을 말한다. 평균은 50분의 1이다. 60분의 1은 인색하다. 만일 누군가가 테루마를 확보하고 [자신이] 60분의 1[만 구분했다는 것을] 알았다면, 이것은 [유효한] 테루마이며, 그는 [더 많은] 테루마를 확보할 필요가 없다. 만약 그가 [오직] 61분의 1이었다는 것을 알았다면, 이것은 [유효한] 테루마이지만, 그는 자신의 평소의 양을 분량과 무게와 숫자에 따라 [만회하기 위해 더 많은] 테루마를 확보해야만 한다. 랍비 유다는, [이 추가된 테루마는 주요 작물]에 인접하지 않은 소산물에서도 취할 수 있다고 말한다.

테루마가 성별되지 않은 음식에 떨어진다면 어떻게 되는가? 부정결한 테루마가 정결한 음식에 떨어진다면 어떻게 되는가? 일반적으로 떨어진 양이 100분의 1이 되지 않는다면 무시해도 좋지만, 법이 명확하지 않은 복잡한 상황이 많이 있다. 혼합물을 다루는 규칙들이 널리 적용될 수 있는데, 그 규칙들은 역시 정결한(kosher) 음식이나 부정결한 음식과 같은 일상 문제에 영향을 미친다.

5장

5. 테루마의 한 세아가 [성별되지 않은 음식의] 100[세아]에 떨어졌고, 그다음에 그가 혼합물의 일부를 취하고 그것이 다른 일부 [음식]에 떨어졌다면, 랍비 엘리에셀은, [그 혼합물은] 마치 [모두가] 실제 테루마였던 것처럼 오염시킨다고 말한다. 그러나 현인들은 [그것이 포함된 실제 테루마의 양]에 비례해서만 오염시킨다고 말한다.

6. 테루마의 한 세아가 [성별되지 않은] 100[세아] 이하의 [음식에] 떨어져, [혼합물이] 오염되고 혼합물 일부가 다른 일부 [음식]에 떨어졌다면, 랍비 엘리에셀은, [그 혼합물은] 마치 [모두가] 실제 테루마였던 것처럼 오염시킨다고 말한다.

그러나 현인들은, [그것이 포함된 실제 테루마의 양]에 비례해서만 오염시킨다고 말한다.

오염된 음식은 비례해서만 오염시킨다. 누룩은 비례해서만 누룩을 만든다. 떠온 물은 비례해서만 미크베(miqvé, 웅덩이)를 무효화한다.

마아세로트

MA'ASEROT, 십일조

이 소책자에서 주로 다뤄진 십일조는 마아세르 리숀(Ma'aser Rishon, 첫 십일조)으로 레위인들에게 지정된 것이지만, 의무에 대한 규칙은 일반적으로 십일조에 적용된다.

내가 이스라엘의 십일조를 레위 자손에게 기업으로 다 주어서 그들이 하는 일 곧 회막에서 하는 일을 갚나니 이후로는 이스라엘 자손이 회막에 가까이하지 말 것이라 죄값으로 죽을까 하노라 그러나 레위인은 회막에서 봉사하며 자기들의 죄를 담당할 것이요 이스라엘 자손 중에는 기업이 없을 것이니 이는 너희 대대에 영원한 율례라 이스라엘 자손이 여호와께 거제로 드리는 십일조를 레위인에게 기업으로 주었으므로 내가 그들에 대하여 말하기를 이스라엘 자손 중에 기업이 없을 것이라 하였노라(민 18:21-24, JPS).

1장

1. [현인들은] 십일조를 위한 일반적인 규칙을 다음과 같이 만들었다. 먹을 수 있고 누군가에게 속하며, 땅에서 자라는 것은 무엇이든지 십일조를 바칠 책임이 있다.

그리고 그들은 다음과 같은 또 다른 일반적인 규칙을 만들었다. 우선 먹을 수 있는 것과 나중에 계속 먹을 수 있는 것¹⁾은 무엇이든지, 먹을 [양을] 늘리려고 보관됐을지라도 크든 작든 십일조를 바칠 책임이 있다. 그러나 만약 그것이 우선 먹을 수 없지만, 나중에 계속 먹을 수 있게 된다면, 그것은 먹을 수 있을 때까지는 십일조를 바칠 책임이 없다.

2. 열매는 어떤 단계에서 십일조를 바칠 책임이 생기는가? 무화과는 익기 시작하자마자이며, 포도와 야생 포도는 씨가 보일 때이다. 슈맥과 베리와 모든 붉은 [열매]는 빨갛게 됐을 때이며, 석류는 부드럽게 될 때이다. 대추야자는 [부풀어 오르는] 반죽 덩어리 [같은 금을] 보일 때이며, 복숭아는 '잎맥'이 나타날 때이고, 호두는 호두가 [껍데기에서] 분리될 때이다. 랍비 유다는, 호두와 아몬드 모두 껍질이 단단해질 때 [십일조를 바칠 책임이 생긴다]고 말한다.

미쉬나는 다른 열매와 채소의 익는 단계를 규정하고, 그다음에 둘째 단계인 '수확'을 고려한다. 수확 이전에는 열매가 십일조를 바칠 지점에 도달했다 해도 실제로 십일조를 바치지 않고서 무의식적으로 그것을 먹을 수 있지만, 수확 후에 무의식적인 섭취는 금지된다.

5. 무엇이 십일조에 대한 '수확'인가? 오이와 호리병박의 경우, 수확은 그 털이 떨어질 때이다. 만약 오이와 호리병박의 털이 떨어지지 않는다면, 수확은 그것이 더미로 [모일] 때이다. 멜론의 경우, 수확은 멜론의 털이 떨어질 때이다. 만약 털이 떨어지지 않으면, 펴져서 [마를] 때이다. 묶는 채소들의 경우, 수확은 그 채소들을 묶을 때이다. 만약 묶지 않는다면, 수확은 그가 [그 채소들을] 용기에 채울 때이다. 만약 그가 용기에 채우지 않는다면, 수확은 그가 자신이 필요한 모든 것을 모았을 때이다. [만약 그가] 바구니[에 그 채소들을 모은다면, 수확은 그가 바구니를 [잎으로] 덮을 때이다. 만약 그가 덮지 않는다면, 수확은 그가 바구니를 채웠을 때이다. 만약 그가 바구니를 채우지 않는다면, 수확은 그가 자신이 필요한 모든 것을 모았을 때이다.

[어떤 상황에서] 이것이 적용되는가? 그가 [소산물을] 시장에 가져갈 때이다. 만약 그가 그것을 집에 가져간다면, 그는 집에 도착할 때까지 무의식적으로 [그것

을] 먹을 수 있다.

비슷한 규칙들이 다른 작물과 상황에도 마련된다. 작물이 온전히 수확되지 않았다고 해도, 그 작물을 십일조를 위해 '정할' 수 있는 조치가 있다. 이런 조치를 한 사람은 심지어 무의식적으로 먹기 전에라도 십일조를 바쳐야 할 것이다. 이 규칙들을 적용하기 위해 사례들이 제시된다. 미쉬나 2장 7문단은 신명기 23장 24-25절을 언급하는데, 신명기 본문에서 일꾼들이 작업하는 작물을 자유로이 먹을 수 있는 권리가 확립된다.[2] 이것은 랍비들이 일꾼들의 권리와 십일조의 종교적 의무 사이에서 법의 잠재적인 충돌을 어떻게 다루는지를 보여준다.

2장

5. 만약 누군가 자기 친구에게 "여기 한 잇사르(issar)가 있다. 그것에 대해 다섯 무화과를 내게 달라"라고 말한다면, 그는 그것들을 먹기 전에 십일조를 바쳐야만 한다. 이것은 랍비 메이르의 의견이다. 그러나 랍비 유다는, 그가 무화과를 하나씩 먹는다면 그는 [십일조를 바칠] 필요가 없지만, 그가 함께 먹는다면 바쳐야만 한다고 말한다. 랍비 유다는, 예루살렘에 장미 정원이 있었는데 거기서 무화과가 잇사르에 서너 개 팔렸고, 테루마와 십일조도 무화과에서 확보된 적이 없다고 말했다.

7. 만일 누군가가 자기 무화과를 매달도록[3] 일꾼을 고용하고, [그 일꾼이] "내가 무화과를 먹는 조건으로"라고 요구한다면, 그는 먹을 수 있으며 [십일조에서] 면제된다. 만약 [그가] "나와 내 가정이 먹는 조건으로" 또는 "내 아들이 내 임금만큼 먹는 조건으로"라고 [요구한다면], 그는 먹을 수 있으며 [십일조에서] 면제되지만, 그의 아들은 자신이 먹은 것에 대해 십일조를 바쳐야만 한다. [만약 그가] "내가 매달고 있는 동안과 매단 후에 [둘 다] 먹는 조건으로"라고 말한다면, 그는 매달고 있는 동안에 먹을 수 있고 [십일조에서] 면제되지만, 매단 후에는 자신이 먹는 것에 대해 십일조를 바쳐야만 한다. 왜냐하면, 토라는 그에게 [그가 일할 때

를 제외하고는] 먹을 권리를 허락하지 않기 때문이다. 규칙은 이것이다. 누군가가 토라[가 허락하는 권리에 근거하여] 먹을 때 그는 십일조에서 면제되지만, 그가 토라[가 허락하는 것에 근거하여] 먹지 않는다면 그는 십일조를 바쳐야만 한다.

4장

1. 만일 누군가가 [수확하기 전에] 보존하거나 절이거나 소금을 친다면, 그는 [십일조]를 바쳐야만 한다. 만약 그가 [소산물을 익게 하려고] 땅에 파묻는다면, 그는 [십일조에서] 면제된다. 만약 그가 [단순히] 밭에서 [소산물을 먹으려고 소금에] 담근다면, 그는 [십일조에서] 면제된다. 만약 그가 쓴맛을 없애려고 감람을 으깬다면, 그는 [십일조에서] 면제된다. 만약 그가 감람을 자기 살에 대고 누른다면 그는 [십일조에서] 면제되지만, 만약 그가 [기름을] 자신의 손에 짠다면, 그는 십일조를 바쳐야만 한다. 누군가가 [발효되는 포도주에서] 찌꺼기를 음식 접시에 뜬다면 그는 [십일조에서] 면제되지만, 만약 [빈] 항아리에 뜬다면 그는 십일조를 바쳐야만 한다. 왜냐하면, 그것은 작은 통과 같기 때문이다.

5장

1. 만약 누군가 자기 [땅]에 있는 농작물을 자기 땅의 다른 곳에 옮겨 심으려고 뽑는다면, 그는 [십일조에서] 면제된다. 만약 그가 자라고 있는 농작물을 샀다면 그는 면제된다. 만약 그가 자기 친구에게 보내려고 [농작물을] 샀다면, 그는 면제된다. [하지만] 랍비 엘르아살 벤 아자리아는, 만약 비슷한 것들을 시장에 판다면, 그것에 대해서는 십일조를 바쳐야만 한다고 말한다.

마아세르 셰니

MA'ASER SHENI, 둘째 십일조

마아세르 셰니 소산물은 예루살렘으로 가져가서 거기서 정결하게 먹어야만 한다. 다른 대안으로는, 십일조를 바치는 자는 그 십일조를 '속량'할 수 있다. 즉, 그 것을 돈으로 교환할 수 있는데, 그는 이 돈을 예루살렘으로 가져가서 거기서 둘째 십일조로 먹을 식료품을 산다.

너는 마땅히 매년 토지 소산의 십일조를 드릴 것이며 네 하나님 여호와 앞 곧 여호와 께서 그의 이름을 두시려고 택하신 곳에서 네 곡식과 포도주와 기름의 십일조를 먹으며 또 네 소와 양의 처음 난 것을 먹고 네 하나님 여호와 경외하기를 항상 배울 것이니라 그 러나 네 하나님 여호와께서 자기의 이름을 두시려고 택하신 곳이 네게서 너무 멀고 행로 가 어려워서 네 하나님 여호와께서 그 풍부히 주신 것을 가지고 갈 수 없거든 그것을 돈 으로 바꾸어 그 돈을 싸 가지고 네 하나님 여호와께서 택하신 곳으로 가서 네 마음에 원 하는 모든 것을 그 돈으로 사되 소나 양이나 포도주나 독주 등 네 마음에 원하는 모든 것을 구하고 거기 네 하나님 여호와 앞에서 너와 네 권속이 함께 먹고 즐거워할 것이며 네 성읍에 거주하는 레위인은 너희 중에 분깃이나 기업이 없는 자이니 또한 저버리지 말 지니라(신 14:22-27, JPS).

1장

1. 당신은 둘째 십일조를 팔거나 저당 잡히거나 교환하지 않아야 하며, 그것과 물건들을 비교하지 말아야 한다. [당신이] 예루살렘에 [도착할 때] 당신 친구에게 "여기에 너를 위한 [둘째 십일조] 포도주가 있으니 내게 기름을 달라"라고 말하지 않아야 한다. 이는 다른 종류의 소산물에도 동일하게 적용된다. 그러나 당신은 서로에게 [둘째 소산물을] 선물할 수 있다.

2. 당신은 흠이 없고 살아있는 것이든 흠이 있고 도살된 것이든, 십일조[로 예비된] 소를 팔 수 없다. [둘째 십일조]는 아내와 약혼하는 데 사용하기에 유효하지 않다.[1] [그러나] 첫 번째 태어난 소는, 흠이 없고 살아있는 것이든 흠이 있고 도살된 것이든 팔 수 있으며, 아내와 약혼하는 데 사용하기에 유효하다.

당신은 가공하지 않은 동전이나, 현재 쓰이지 않는 동전이나, [현재] 당신 소유가 아닌 동전으로 둘째 십일조를 속량할 수 없다.

3. 만약 화목제로 소를 사거나, 먹기 위한 짐승[2]을 [둘째 십일조의 수익]으로 산다면, 고기보다 가죽이 더 많더라도 가죽은 성별된 지위를 잃는다.[3]

[마찬가지로,] 포도주가 봉인된 단지로 팔리는 곳에서 단지는 성별된 지위를 잃는다.

호두와 아몬드 껍질은 성별된 지위를 잃는다.

발효하고 있는 포도주는 둘째 십일조 돈으로 살 수 없지만, 발효가 끝나면 둘째 십일조 돈으로 살 수 있다.

5. 만약 당신이 물, 소금, 여전히 땅에 붙어 있는 소산물, 예루살렘에 도달할 수 없는 소산물을 사려고 [둘째 십일조 돈을 사용]한다면, 그 십일조 구매는 무효이다. 만약 당신이 자신도 모르게 이렇게 했다면,[4] [상품과] 돈은 되돌려줘야 한다. 만약 의도적이라면 그 품목은 예루살렘에 가져가서 먹어야만 하며, 만약 성전이 없다면 그것들은 썩을 때[까지 버려두어야]만 한다.

7. 당신은 남종과 여종, 땅, '부정한' 짐승을 둘째 십일조 돈으로 살 수 없지만, 만약 샀다면 [예루살렘에서 적법한 둘째 십일조 소산물의] 가치에 상응하는 것을

먹어야만 한다.

당신은 남자와 여자의 유출이나 자녀 출생 제물[5)로 새들을 가져올 수 없으며, 둘째 십일조에서 속죄제나 속건제를 가져올 수 없지만,[6) 만약 당신이 가져왔다면, [예루살렘에서 적법한 둘째 십일조 소산물의] 가치에 상응하는 것을 먹어야만 한다.

규칙은 이렇다. 당신이 둘째 십일조 돈으로 개인이 먹기 위한 것이 아닌 어떤 것이라도 구매했다면, 당신은 [예루살렘에서 적법한 둘째 십일조 소산물의] 가치에 상응하는 것을 먹어야만 한다.

2장

1. 둘째 십일조는 먹고 마시고 기름을 붓기 위한 것이다. 보통 먹는 것을 먹고, 보통 마시는 것을 마시며, 보통 연고로 사용되는 것을 기름 붓는다. 당신은 [둘째 십일조] 포도주나 식초가 아니라 오직 기름으로만 기름 부어야만 한다. 당신은 기름에 허브와 향신료를 가미하지 말아야 하며,[7) 둘째 십일조 돈으로 향신료가 가미된 기름을 구매하지 않아야 한다. 그러나 포도주에 허브와 향신료를 첨가할 수는 있다.

만약 꿀이나 향신료가 [포도주]에 떨어져서 그것을 개선했다면, 가치의 증가는 비례하여 계산된다. [마찬가지로,] 만약 생선을 둘째 십일조 완두와 함께 끓여 개선했다면, 가치의 증가는 비례하여 계산된다. [그러나,] 만약 [둘째 십일조] 가루 반죽을 구워서 개선했다면, 가치의 증가는 둘째 [십일조에만] 돌려진다. 판결은, 개선[하게 한 성별되지 않은 품목을 계속] 찾을 수 있다면[8) 가치의 증가는 비례하여 계산되지만, 그렇지 않다면 그것은 둘째 [십일조]에 누적된다는 것이다.

구매와 판매의 어떤 과정도 시장의 현실에 직면해야 한다. 그러므로 소책자의 많은 부분이 둘째 십일조의 이익을 보존하는 것, 즉 판매나 구매 또는 돈의 교환에서 어떤 손실도 없도록 하는 것에 집중한다.

4장

1. 누군가가 둘째 십일조 소산물을 비싼 곳에서 싼 곳으로 옮기거나 싼 곳에서 비싼 곳으로 옮긴다면, 그는 [높든 낮든] 그 지역 가격에 따라 그 소산물을 속량해야만 한다. 만약 그가 곳간에서 마을로 소산물을 가져온다면, 이익은 둘째 [십일조]에 생기며, [그는] 자기 주머니에서 비용을 [지불해야만 한다].

2. 둘째 십일조는 더 낮은 시장 가격, [즉] 소매상인이 판 가격이 아니라 그가 지불한 [가격에] 속량된다. [마찬가지로, 둘째 십일조 돈]은 돈 교환자가 큰 단위의 화폐를 작은 단위의 화폐로 교환하여 받는 비율보다는 큰 단위의 화폐를 교환하여 주는 비율로 교환된다.

둘째 십일조는 추측으로 속량될 수 없다. 가격이 명확하면, 한 증인이 [있을 때] 속량될 수 있다. 만약 가격이 명확하지 않으면, 예를 들어 얇은 막이 포도주에 형성됐거나 열매가 시들해지거나 동전이 녹슬었다면, 세 증인이 [있을 때] 속량되어야 한다.

만약 주인 자신이 소산물을 속량한다면, 5분의 1을 더하여 지불해야 한다(레 27:31). 다음 미쉬나는 어떤 결과를 고려한다.

3. 주인이 [둘째 십일조를 속량하려고] 한 셀라(sela)를 제안하고 다른 누군가도 한 셀라를 제안한다면, 주인이 우선권을 얻는다. 왜냐하면, 주인이 5분의 1을 더해야 하기 때문이다. 만약 주인이 한 셀라를 제안하고 다른 누군가가 한 셀라에 한 잇사르(issar)를 추가로 제안한다면, 한 셀라에 한 잇사르를 제안한 사람이 우선권을 얻는다. [전체 금액이 적더라도] 더 높은 원금을 제안하기 때문이다.

당신이 당신의 둘째 십일조를 속량할 때, [원래] 당신의 것이든 당신이 선물로 받은 것이든, 당신은 [그 가격에] 5분의 1을 더해야만 한다.

마지막 장은 두 가지 새로운 주제를 계속 다룬다. 포도나무의 열매는 심은 때부터 3년 동안 먹을 수 없을 것이다. 넷째 해에는 그것이 '거룩'(레 19:24)하며, 마아세르 셰니(ma'aser sheni)와 같이 예루살렘에 가져가 정결하게 먹어야만 한다.

5장

2. 넷째 해의 포도나무 [열매]는 어느 방향으로든 하루 여행 거리가 [떨어진] 곳에서 예루살렘으로 가져온다.[9] 얼마가 한계인가? 남쪽으로 에이라트(Eilat),[10] 북쪽으로 아크라바트(Aqrabat), 서쪽으로 룻다(Lydda), 동쪽으로 요단강이다. 열매가 많을 때, 그들은 [예루살렘의] 벽 가까이에서 온 열매라도 [직접 도시로 가져오기보다는] 속량할 수 있다고 규정했다. 이것은 그들이 원할 때는 언제나 그들이 원래의 과정으로 되돌릴 수 있다는 이해에 근거했다. 랍비 요세는 "[규정은] 성전 파괴 후에 주어졌으며, 성전이 재건됐을 때 원래의 과정으로 회복될 것이라고 이해되었다"라고 말한다.

몇 단락은 안식년 주기의 셋째 해와 여섯째 해의 십일조 '제거'와 이를 동반하는 선언(신 26:12-15)에 할애됐다. 소책자는 주전 175-104년 존 히르카누스(John Hyrcanus, 요하난 대제사장)가 성경의 과정 일부를 중지한 것에 대해, 모호하지만 애석해하는 성찰로 마무리한다. 십일조 선언은 아마도 폐지됐을 것이다. 왜냐하면, 존 히르카누스 시대에 코하님이 이전에는 레위인들에게 할당됐던 십일조를 찬탈했기 때문이다. 내가 그것을 레위인에게 주어라고 선언하는 것은 더는 사실이 아닐 것이다. 리버만(Lieberman)은 일깨우는 부름과 '두드리기'가 우상숭배하는 것처럼 보이므로 둘 다 폐지됐다고 주장했다. 이집트 사제들은 그들의 매일의 예배를 신들이 깨어나기를 기원하며 시작했다. 그래서 시편 44편 23절의 표현으로 하나님을 부르는 것은 하나님이 자고 있다는 것을 암시하는 것으로 오해될 수도 있다. 짐승을 도살하기 전에 기절시키는 것은 우상숭배자들 사이에서 일반적인 관행이었는데, 이는 흠이 있게 하고, 그 짐승을 토라법에 따른 희생제물에 부적합하게 만드는 관행이다. 혼란을 피하려고 요하난은 '두드리기', 즉 짐승의 머리를 도살하기 전에 표시하는 이전의 유대 관행을 멈췄다.[11]

15. 대제사장 요하난은 십일조 선언을 멈추고, 일깨우는 부름과 두드리는 자들을 폐지했다. 그의 시대까지 예루살렘에 망치 소리가 들렸고, 누구도 데마이(demai)에 대해 문의할 필요가 없었다.

할라

ḤALLA, 가루 반죽 제물

히브리어 단어 할라는 이제 '찰라'(challah)로 익숙하다. 이는 땋은 모양으로 된, 달걀이 풍부하고 하얀 빵 덩어리인데, 유대인들이 안식일 식사로 먹는다. 이 빵 덩어리는 15세기 유럽에서 생겨났다. 성경에서 할라는 빵이나 케이크를 가리키는 일반적인 단어이다. 랍비 용어에서 이것은, 구운 빵 각 묶음에서 민수기에 따라 코하님을 위해 확보해둔 제물을 가리킨다. 할라를 제의적으로 정결한 코하님에게 줄 가능성은 없으므로, 상징적인 몫을 확보해두고 그 후에 태운다. 이 관행은 여전히 오늘날 정통 유대인들이 따른다.

여호와께서 모세에게 말씀하여 이르시되 이스라엘 자손에게 말하여 이르라 너희는 내가 인도하는 땅에 들어가거든 그 땅의 양식을 먹을 때에 여호와께 거제를 드리되 너희의 처음 익은 곡식 가루 떡을 거제로 타작마당의 거제같이 들어 드리라 너희의 처음 익은 곡식 가루 떡을 대대에 여호와께 거제로 드릴지니라(민 15:17-21, JPS).

1장

1. 다섯 가지 [곡식 종류]는 할라법의 적용을 받는다. 밀, 보리, 스펠트밀, 귀리나 호밀[로 구운 빵]은 할라의 책임이 있다. [다섯 가지 모두] 함께 유월절 전 하다쉬(ḥadash)로 금지되고, 오메르(Omer) 전에 수확할 수 없다.[1) 이것들은 오메르 전에 뿌리를 내리면, 오메르 때는 [먹기 위해] 이것들을 풀어주지만, 뿌리를 내리지 않는다면 다음 오메르까지 [계속] 금지된다.

9. 테루마나 할라를 [확보해두지 않으면 그 주인은 하늘의 손에] 죽임을 당할 수도 있다.[2) [코헨이 아닌 사람이 우연히 일부를 먹는다면,] 그는 [보상으로 그 가치 이외에] 5분의 1을 지불해야만 한다. [두 가지 모두] 코하님이 아닌 자들에게는 금지된다. 이것들은 코하님의 재산이며, 101 가운데 [1이 채 안 되게 구성하는 혼합물]에서 성격을 잃는다. [코하님은] 이것들을 먹기 전에 손을 씻어야 하며, [정결하게 한 것이 효과를 발휘하도록] 저녁[까지 기다려야]만 한다.

정결한 [가루 반죽은] 부정결한 [가루 반죽]에 대해 [할라로] 줄 수 없다. [할라는] 접촉하고 [반죽]된 가루 반죽에서 확보돼야만 한다.

누군가가 "내 전체 수확은 테루마이다" 또는 "내 가루 반죽 전체는 할라이다"라고 선언한다면, 그의 말은 효과가 없다. 일부는 [성별되지 않고] 남겨야만 한다.

2장

6. 효모와 가늘고 조잡한 겨를 포함한 밀가루의 4분의 5 카브는 할라의 책임이 있다. 조잡한 겨가 제거됐지만 다시 [빠져] 들어갔다면, 이것은 포함되지 않는다.

7. 할라로 확보해야 할 양은 24분의 1이다. 누군가가 자신이나 자기 아들의 절기를 위해 가루 반죽을 준비한다면, 이것은 24분의 1이다. 시장에 내놓으려고 빵 굽는 사람이나 시장에서 파는 여자[에 대해서는 비율이] 48분의 1이다. 그녀의 가루 반죽이 부주의해서든 조심스럽게 해서든 부정하게 된다면, [비율은] 48분의 1이다. 의도적으로 부정하게 만들어졌다면, 24분의 1[이 구분돼야만 하며] 그러

므로 죄인은 이익을 누리지 못한다.

마지막 두 장은 다양한 종류의 가루 반죽의 조합에 대한 복잡한 문제와 제의적 정결, 유대 경계를 넘어선 할라의 지위에 관심을 둔다.

올라

'ORLA, 첫 삼 년의 열매

너희가 그 땅에 들어가 각종 과목을 심거든 그 열매는 아직 할례받지 못한 것으로 여기되 곧 삼 년 동안 너희는 그것을 할례받지 못한 것으로 여겨 먹지 말 것이요 넷째 해에는 그 모든 과실이 거룩하니 여호와께 드려 찬송할 것이며 다섯째 해에는 그 열매를 먹을지니 그리하면 너희에게 그 소산이 풍성하리라 나는 너희의 하나님 여호와이니라(레 19:23-25, JPS).

히브리어 올라는 일반적으로 '할례받지 못한'을 의미하는 단어와 관계가 있다. KJV은 "그것의 열매는 아직 할례받지 않은 것으로 여길지니라"라고 번역한다.

넷째 해 열매(네타 르바이[neta' r'vai])는 이 소책자에서 논의하지 않는다. 위의 간략한 언급이 베라코트(Berakhot) 35a(6장을 보라)와 마아세르 셰니(Ma'aser Sheni) 5장에 있다.

1장

1. 만약 당신이 [나무를] 울타리나 재목으로 심는다면, [그 열매는 올라의 법칙

에서] 면제된다. 랍비 요세는, 안의 [성장은] 음식을 위한 것이고 밖의 성장은 울타리를 위한 것이라고 하더라도, 안의 것은 [법의] 적용을 받고 밖의 것은 면제된다고 말한다.

2. 우리 조상들이 [여호수아의 날에] 그 땅에 들어갔을 때, [이미] 심긴 것은 무엇이든지 [올라의 법에서] 면제됐지[만,] 그들 [자신이] 심은 [것은] 그들이 아직 그 땅을 정복하지 못했더라도 [그 법의] 적용을 받았다.

만약 당신이 공적 [이익]을 위해 심는다면 [그 열매는 올라법의] 적용을 받지만, 랍비 유다는 [그것을] 면제해준다.

만약 [누군가가] 공적인 땅에 심거나 비유대인이 심거나, 약탈자가 심거나 누군가가 배에 심거나 소산물이 스스로 자란다면, [그 열매는] 올라[법의] 적용을 받는다.

3. 만약 나무가 [뿌리 주변의] 흙과 함께 뿌리가 뽑히거나 강이 흙과 함께 범람해서 잠겼는데, 그 나무가 [붙어 있는 흙과 함께] 살아남을 수 있다면, 그것은 [올라의 해를 다시 계산하는 것에서] 면제된다. 그러나 살아남을 수 없다면, [올라의 해는 다시 계산돼야만 한다].[1]

만약 한쪽의 흙이 분리됐거나 쟁기 때문에 어지럽혔거나 먼지가 되기까지 흔들렸는데 그 후에 [그 나무가 남아 있는 흙과 함께] 살아남을 수 있다면, 그것은 [올라의 해를 다시 계산하는 것에서] 면제된다. 그러나 살아남을 수 없다면, [올라의 해는 다시 계산돼야만 한다].

2장과 3장은 혼합물을 규정하는 랍비 체계의 일부를 이룬다. 금지된 물질이 허용된 것에 떨어진다면, 혼합물은 자동으로 더럽혀진 것은 아니다. 이것은 보통 금지된 물질이 혼합물에 맛을 전했는지 등과 같이 상대적인 양을 묻는 것이 적절하다.

2장

1. 테루마, 테루마트 마아세르, 할라와 처음 거둔 열매는 101 가운데 [1이 채

안 되게 구성하는 혼합물]에서 그 성격을 잃는다. [2] 이것들은 함께 [한 부분에] 포함되고, [동등한 한 부분이 혼합물에서] 제거돼야만 한다.

올라와 포도나무 혼합물은 201 가운데 [1이 채 안 되게 구성하는 혼합물]에서 그 성격을 잃는다. 이것들은 함께 [한 부분에] 포함되지만, [어떤 동등한 부분도 혼합물에서] 제거될 필요가 없다. 랍비 시므온은 이것들이 함께 계산되지 않는다고 말한다. 그러나 랍비 엘리에셀은 [만약 이것들이 혼합물에] 맛을 더한다면 함께 계산되지만, [단순히] 혼합물을 금하게 하지는 않는다고 말한다.

4. [아무리 적은 양이라도] 올라 또는 포도나무 혼합물, 테루마를 발효시키거나 양념을 하거나 더럽힌 것은 [혼합물을] 금지된 것으로 [만든다.] 샴마이 학파는, 최소한 달걀 크기일 경우에만 [혼합물을] 부정결하게 [할 수 있다]고 말한다.

5. 크파르 요트마(K'far Yotma)의 도스타이(Dostai)는 샴마이 학파의 한 제자였다. 그는 "나는 샴마이[3] 자신이 달걀 크기보다 작은 것은 부정결함을 전달하지 않는다고 말한 것을 들었다"라고 했다.

6. 그렇다면 그들은 왜 "발효시키거나 양념을 하거나 더럽힌 어떤 [양이라도]"라고 말했는가? 이것은 [오염시키는 것과 오염되는 것이] 같은 종류의 [음식인 경우 엄중하게 하기 위해서였다. 이것들이 종류가 다른 것일 때는 엄중하게 함과 관대하게 함이 모두 있다. 이것은 무엇을 의미하는가? 만약 [예를 들어,] 밀가루 반죽을 발효시키기에 충분한 양의 밀 효모가 그 반죽에 떨어진다면, 그때는 밀의 양이 효모의 100배 이상이든 아니든, [그 혼합물은] 금지된다. 그리고 만약 밀의 양이 효모 양의 100배가 되지 않는다면, 그때는 효모가 그 반죽을 발효시키기에 충분하든 그렇지 않든, [그 혼합물은] 금지된다.

7. 그리고 "이것들이 종류가 다른 것일 때는 엄중하게 함과 관대하게 함이 모두 있다"라는 말은 무엇을 의미하는가? 만약 [예를 들어,] 거칠게 빻은 밀가루와 렌틸콩을 함께 끓여서 [혼합물에] 맛을 더할 정도로 충분히 [금지된 종류가] 있다면, 그때는 [금지된 종류의] 양이 [허용된 것의] 100 가운데 1보다 덜 되든 그렇지 않든, [그 혼합물은] 금지된다. 하지만 [금지된 종류가 혼합물에] 맛을 더하기에 충분하지 않다면, 그때는 [금지된 종류의] 양이 [허용된 것의] 100 가운데 1보다 덜

되든 그렇지 않든, [그 혼합물]은 허용된다.

3장

9. 만약 [한 나무의 열매가 여전히 올라의 적용을 받는지 그렇지 않은지에 대해] 의심이 [생긴 경우], 이스라엘 땅에서는 그 열매가 금지되지만 시리아에서 허용된다면, 이스라엘 땅을 넘어 [더 먼 곳]에서는 사람들이 당신을 보지 않는 한 가서 [그 열매를] 마음껏 즐길 수 있다. 4)

[마찬가지로, 만약] 채소를 포도원에 심었었고 누군가가 가까이에서 채소를 팔고 있는 경우, 이스라엘 땅에서 [그 채소]가 금지되지만5) 시리아에서 허용된다면, 이스라엘 땅을 넘어 [더 먼 곳]에서는 직접 그 채소들을 수확하지 않는 한 가서 [그 채소를] 마음껏 즐길 수 있다.

마지막 문장은 하다쉬('새로운') 주제, 즉 새로운 계절의 곡식 수확을 소개한다. 레위기 23장 14절에서 새 수확은 오메르 전까지 먹지 않아야 하며, 새 수확의 한 단을 성전에 바쳐야 한다고 말한다. 이것은 보통 유월절 두 번째 밤에 하게 된다.

하다쉬는 토라에서 규정하는 것처럼 모든 곳에서6) 금지된다. 올라는 [모세가 시내산에서 받은] 율법대로 [이스라엘 땅을 넘어서도] 금지된다. 킬라임은 서기관들의 조례로서 [이스라엘 땅을 넘어서도] 금지된다.

비쿠림

BIKKURIM, 처음 거둔 열매

많은 종교에는 신선한 계절 소산물에 대한 감사를 표현하는 공식적인 예식이 있다. 신명기는 고대 의식을 하나님이 조상들에게 그들 자손을 위해 땅에 대한 약속을 성취한 것에 감사하는 의식으로 바꾼다. 그들은 이 땅을 하나님과의 언약의 조건으로 보유하는데, 그들은 하나의 선택된 성소에서 이 하나님을 예배한다.

네 하나님 여호와께서 네게 기업으로 주어 차지하게 하실 땅에 네가 들어가서 거기에 거주할 때에 … 그 토지의 모든 소산의 맏물을 거둔 후에 그것을 가져다가 광주리에 담고 네 하나님 여호와께서 그의 이름을 두시려고 택하신 곳으로 그것을 가지고 가서 그때의 제사장에게 나아가 그에게 이르기를 내가 오늘 당신의 하나님 여호와께 아뢰나이다 내가 여호와께서 우리에게 주시겠다고 우리 조상들에게 맹세하신 땅에 이르렀나이다 할 것이요(신 26:1-3, JPS).

1장

1. 어떤 이는 처음 거둔 열매를 가져와서 [선언문을] 낭송한다. 어떤 이는 가져

오지만 낭송하지 않고, 어떤 이는 가져오지도 낭송하지도 않는다.

다음과 같은 이들은 가져오지 않는다. 자기 땅에 심지만 사유지나 공공의 땅에 취목하는 자와, 이와 비슷하게 사유지나 공공의 땅에서 자신의 땅으로 취목하는 자이다. 만일 누군가가 자신의 땅에 심고 사유지나 공공의 재산을 가로질러 자기 땅의 [또 다른 지역]에 취목한다면, 그는 가져오지 않는다. 그러나 랍비 유다는, 이런 이들은 가져온다고 말한다.

2. 왜 [앞의 사람은] 가져오지 않는가? 네 토지에서 처음 거둔 열매의 가장 좋은 것을 가져다가(출 23:19, JPS), 즉, 모든 재배는 당신 [자신의] 땅에서 나와야 한다고 말하기 때문이다.

소작인들, 곡식을 나누는 자들, 땅을 강제로 빼앗은 자들, 강도들은 네 토지에서 처음 거둔 열매의 가장 좋은 것을 가져다가라고 말하는 동일한 이유에서 가져오지 않는다.

3. 처음 거둔 열매는 [이스라엘 땅의 유명한] 일곱 종류에서만 가져오고, 산 대추야자, 골짜기 열매, 열등한 종류의 감람에서는 가져오지 않는다.

처음 거둔 열매는 오순절(Shavuot) 전에 가져와서는 안 된다. 츠부임(Tz'vuim)[1] 산의 사람들은 오순절 전에 자신들이 처음 거둔 열매를 가져왔지만 받아들여지지 않았다. 토라에서 맥추절을 지키라 이는 네가 수고하여 밭에 뿌린 것의 첫 열매를 거둠이니라 수장절을 지키라(출 23:16, JPS)라고 말하기 때문이다.

현인들은 이스라엘 후손이 아닌 누군가가 "우리 조상 아브라함과 이삭과 야곱의 하나님"이라고 말할 수 있다는 개념을 불편하게 여겼다. 그가 육체적으로 그 세 명에게서 유래하지 않았다고 보았기 때문이다. 나중에 랍비들은 아브라함이 모든 하나님을 경외하는 자들의 조상이며, 모든 유대인은 그들의 후손에 상관없이 '우리 조상들의 하나님'에게 기도한다는 사실에 근거하여 이 미쉬나에서 제안한 대안을 거부했다.

4. 이들은 가져오지만 낭송하지 않는다. 개종자는 가져오지만 낭송하지 않는데, 그는 여호와께서 우리에게 주시겠다고 우리 조상들에게 맹세하신이라고 말할 수 없기 때문이다. 하지만 그의 어머니가 이스라엘 사람이라면, 그는 가져와서 낭송

한다. 그가 혼자 기도할 때, 그는 "이스라엘의 조상들의 하나님"이라고 말하고, 회당에서 그는 "당신들의 조상들의 하나님"이라고 말한다. 하지만 그의 어머니가 이스라엘 사람이라면 그는 "우리 조상들의 하나님"이라고 말한다.

땅의 소유권은 선언하기 위한 기본적인 자격이다. 하지만 무엇이 '땅'을 구성하는가? 단지 두 그루나 세 그루의 나무를 소유하는 것으로 충분한가? 도중에 열매를 분실하거나 망치면 어떻게 되는가? 이런 문제는 이 장의 나머지에서 다룬다.

2장은 할라 1장 9문단에서 주어진 용어와 동일한 용어로 처음 거둔 열매의 지위를 규정한다. 미쉬나는 이것이 십일조의 자격과 같지 않다고 진술한 후, 여러 주제에 걸쳐서 자격의 차이점들을 규정한다. 3장은 처음 거둔 열매를 가지고 가는 순례자 행렬을 생생하게, 그리고 아마도 이상화하여 묘사한다. 리버만은 소에 금박을 입히는 것, 감람 화환, 피리 연주자와 같은 이 행렬의 여러 특징이 성경에 전례가 없고, 미쉬나에 다시 나오지 않는다고 지적했다. 이것들은 이교도의 의식으로 호머(Homer)와 다른 고전 저작에도 입증된다. 권위자들은 그것을 히두르 미츠바 (hiddur mitzva), 즉 '경건한 행동의 장식'으로 간주했던 자들에게 용인하는 것을 허용했다. [2]

3장

1. 처음 거둔 열매는 어떻게 따로 떼어 두는가? 한 사람이 자기 밭에 내려가서 첫 무화과나 첫 포도, 첫 석류를 본다. 그는 그 주위를 갈대로 묶는다. 랍비 시므온은, 그가 그렇게 했더라도 그것들을 수확할 때 그는 다시 그것들을 처음 거둔 열매로 선언한다고 말한다.

2. 그들은 어떻게 처음 거둔 열매를 [예루살렘으로] 가져가는가? 이 지역의 모든 마을의 [대표자들이] 주요 마을에 모이고 마을 광장에서 잠을 잔다. 즉 그들은 집에 들어가지 않는다. 다음 날 아침 일찍 관리가 너희는 일어나라 우리가 시온에 올라가서 우리 하나님 여호와(의 집)[3]께로 나아가자(렘 31:6)라고 말한다.

3. 예루살렘 [가까이에 사는] 자들은 무화과와 포도를 가져온다. 멀리서 [오는]

자들은 마른 무화과와 건포도를 가져온다. 소가 앞장서고 소의 뿔은 금으로 입히고 감람 화환을 소의 머리에 둔다. 이들이 예루살렘에 가까이 다가갈 때까지 피리가 이들 앞에서 연주된다. 예루살렘에 가까워졌을 때, 그들은 [전령을] 먼저 보내고 그들이 처음 거둔 열매를 장식한다. 관리들과 보물 관리자들이 그들과 품위를 맞추어 그들에게 인사하려고 나오며, 예루살렘의 모든 기술공이 "이런저런 곳의 우리 형제들이여, 평화 가운데 오라!"라고 그들을 환영하면서, 그들 앞에 선다.

4. 피리는 그들이 성전 언덕에 도착할 때까지 그들 앞에서 연주됐다. 그들이 성전 언덕에 도착하자마자 심지어 왕 아그립바도 어깨에 바구니를 메고 성전 뜰에 들어가곤 했다. 그들이 성전 뜰에 도착할 때, 레위인들은 다음과 같은 노래를 불렀다. 여호와여 내가 주를 높일 것은 주께서 나를 끌어내사 내 원수로 하여금 나로 말미암아 기뻐하지 못하게 하심이니이다(시 30:1, JPS).

5. 바구니 위의 비둘기들이 날아 올라가고 [사람들은 자기 바구니를] 제사장들에게 건넸다.

6. [순례자는] 바구니가 여전히 자기 어깨에 있는 동안, 내가 오늘 당신의 하나님 여호와께 아뢰나이다에서 단락의 끝까지 낭송할 것이다. 랍비 유다는 다음과 같이 말한다. [그는] 내 조상은 방랑하는 아람 사람으로서까지[만 낭송할 것이다]. 그가 내 조상은 방랑하는 아람 사람으로서에 도달할 때, 그는 자기 어깨에서 바구니를 내리며, 그 끝을 잡고, 제사장은 [바치는 자의 손] 아래에 자기 손을 두고 [그 바구니를] 흔들 것이다. 그 후에 [순례자는] 내 조상은 방랑하는 아람 사람으로서부터 단락 마지막까지 낭송하고, 바구니를 제단 옆에 내리며 절하고 떠날 것이다.

7. 우선 어떻게 낭송할지 아는 자는 누구든지 그렇게 했고, 어떻게 낭송할지 모르는 자들은 상기시켰다. 사람들이 [처음 거둔 열매를] 가져오기 꺼리는 것을 [그들이 보았을 때],4) 방법을 아는 자들과 방법을 알지 못하는 자들을 상기시키기로 했다.

8. 부유한 사람들은 자신들이 처음 거둔 열매를 은과 금 바구니에 가져왔고, 가난한 사람들은 버드나무 조각으로 된 바구니에 가져왔다. 두 바구니와 처음 거둔 열매는 제사장들에게 주었다.

THE TALMUD

둘째 주제

모에드

MO'ED, 정한 때

서론

두 소책자(샤바트[Shabbat], 에루빈[Eruvin])는 매우 자세하게 안식일법을 다룬다. 베차(Betza)는 이 법을 절기에 적용한 것을 다룬다. 부록 1은 절기의 모든 목록과 더불어 유대 달력을 설명한다.

두 절기는 이 주제에서 특별히 다룬 소책자가 없다. 샤부오트(Shavuot, 칠칠절 또는 초실절)는 제라임(Zeraim)이라는 주제 안의 비쿠림(Bikkurim)에서 어느 정도 다룬다. 그러나 하누카(Hanuka)는 우연히 언급할 때만 나오며,[1] 이것을 생략한 이유는 정치적인 동기일 수도 있다. 아마도 유다 하-나시가 로마의 지배를 받을 당시, 지배 권력에 대한 저항을 기념하는 절기의 소책자를 출판하는 것이 무분별하다고 생각했을 것이다.

샤바트

SHABBAT, 안식일

안식일은 금요일 일몰에서 토요일 별빛까지 미치며 대략 25시간이다. 이는 창세기 2장 1-3절에 창조의 절정으로서 처음 언급되며, 안식일에 대한 언급은 성경 전반에 나온다.

십계명의 두 버전은 안식일의 이중적인 의미를 상세히 설명한다. 출애굽기는 영적인 측면에 초점을 둔다. 즉, 안식일은 창조의 완전함을 기념하며 자유인, 노예, 가축이 다음과 같이 함께 안식한다.

안식일을 기억하여 거룩하게 지키라 엿새 동안은 힘써 네 모든 일을 행할 것이나 일곱째 날은 네 하나님 여호와의 안식일인즉 너나 네 아들이나 네 딸이나 네 남종이나 네 여종이나 네 가축이나 네 문안에 머무는 객이라도 아무 일도 하지 말라 이는 엿새 동안에 나 여호와가 하늘과 땅과 바다와 그 가운데 모든 것을 만들고 일곱째 날에 쉬었음이라 그러므로 나 여호와가 안식일을 복되게 하여 그날을 거룩하게 하였느니라(출 20:8-11, JPS).

신명기는 사회적인 측면에 초점을 둔다. 즉, 하나님께서 당신을 이집트의 노예에서 자유롭게 하셨으므로, 당신과 노예와 가축과 자유로운 남자와 여자 모두가 똑같이 안식일에 안식해야만 한다는 것이다.

네 하나님 여호와가 네게 명령한 대로 안식일을 지켜 거룩하게 하라 엿새 동안은 힘써 네 모든 일을 행할 것이나 일곱째 날은 네 하나님 여호와의 안식일인즉 너나 네 아들이나 네 딸이나 네 남종이나 네 여종이나 네 소나 네 나귀나 네 모든 가축이나 네 문 안에 유하는 객이라도 아무 일도 하지 못하게 하고 네 남종이나 네 여종에게 너 같이 안식하게 할 지니라 너는 기억하라 네가 애굽 땅에서 종이 되었더니 네 하나님 여호와가 강한 손과 편 팔로 거기서 너를 인도하여 내었나니 그러므로 네 하나님 여호와가 네게 명령하여 안식일을 지키라 하느니라(신 5:12-15, JPS).

이 소책자의 많은 부분은 안식일에 금지된 활동과 관련이 있다. 성경은 예를 들어, 불을 밝히는 것과 같이 어떤 종류의 일을 명백하게 금지하지만, 안식일의 개념과 미쉬나의 상세한 체계 사이의 연관성은 명백하지 않다. 희년서와 같은 위경 연구와 사해문서 연구는 안식일법이 점진적으로 발전했다는 것을 보여주었다. 미쉬나 자체는 안식일 준비와 무크체(muqtzé)와 같은 문제에 대한 힐렐 학파와 샴마이 학파의 1세기 논쟁부터, 3세기 갈릴리에서 만들어졌을 가능성이 높은 7장에서의 금지된 활동에 대한 39가지 범주의 목록까지 나아가면서, 후대 단계의 증거가 된다.

소책자는 안식일에 '나르는 것'을 금지하는 사항으로 시작한다. 즉, 육체적으로 물건을 공적인 구역에서 개인적인 구역으로 옮기거나 그 반대로 옮기는 것, 또는 어떤 것을 공적인 구역 내에서 4규빗 이상 옮기는 것에 대한 금지를 고려한다. 이것은 문 앞에 있는 가난한 사람을 환영하는 집주인의 사례에서 잘 드러난다. 그다음에 미쉬나는 안식일 준비를 논의하고, 2장에서는 오늘날까지 유대 가정에서 중요한, 금요일 저녁의 특색이 되는 불 밝히기를 논의한다.

'무슨 재료로 안식일 불을 밝힐 수 있는가?' 심지이든지 연료이든지 거부된 재료들은 불꽃을 튀기거나 불쾌한 냄새를 낸다. 10세기 유럽에 소개된 양초는 로마 시대에는 알려지지 않았지만, 이제는 흔히 안식일을 시작하는 데 사용된다. 어떤 이들은 미쉬나가 추천하는 대로 감람유 등잔을 사용하기도 한다.

게마라는, 8일간의 한겨울 절기 하누카를 기념하여 밝히는 불에 어떤 재료가 사용될 수 있는지 묻는다. 아래에 일부 번역된 단락은 이 절기에 대해 가장 잘 알려주는 랍비 자료인데, 이에 대해 미쉬나는 단지 우연히 언급한다.

여덟 가지로 뻗은 하누키야(ḥanukiya, 촛대) 또는 메노라(menora)는 오늘날의 유대 가정에서는 친숙한 물건이며, 예술적인 독창성의 주제가 된다. 이런 가치 있는 금속 물품은 현대 이전 시대에는 개인적인 재력으로는 사용할 수 없는 것이었다. 이어지는 단락에서 조사해볼 때 우리는 '중요한 사람들'만이 불을 피우거나 빛을 밝힐 여유가 있었다는 것을 예상할 수 있다.

2장

게마라:

라브 후나는, 현인들이 안식일에 불을 밝히는 데 사용할 수 없다고 말한 이런 심지와 기름은 안식일이든 주중이든 하누카에서는 사용할 수 없다고 말했다.

라바는 이렇게 말한다. 라브 후나가 그처럼 말하는 이유는 무엇인가? 그는 만약 [하누카] 불이 꺼지면 당신은 그것을 다시 붙여야 하며, 따라서 당신은 불이 꺼졌을 경우 부주의하게 불을 다시 붙이지 못하는 것을 미연에 방지하도록 최상의 재료만을 사용해야 한다고 주장한다. 그리고 그 불은 [예를 들어, 책을 읽는 데] 사용할 수 있게 허용되므로, 그것에 불을 붙일 때 최상의 재료를 사용해야만 한다고 [주장한다.] 그렇지 않으면 불꽃을 튀길 수도 있고, 무의식적으로 그것을 조정하다가 안식일을 범할 수도 있기 때문이다.

라브 히스다(Rav Ḥisda)는, 현인들이 안식일에 불을 밝히는 데 사용할 수 없다고 말한 이런 심지와 기름은 주중의 하누카에서는 사용할 수 있지만, 안식일의 하누카에서는 사용할 수 없다고 말했다.

그는 만약 [하누카] 불이 꺼지면 당신은 그것을 다시 붙여야 하며, [또한] 당신은 그 불을 사용하는 것이 허용된다고 주장한다.

21b

어떤 이는 랍비 제이라가 라브의 이름으로 말했다고도 하는데, 랍비 제이라 (Zeira)는 라브 마트나(Rav Matna)의 이름으로 다음과 같이 말했다. 현인들이 안식일에 불을 밝히는 데 사용할 수 없다고 말한 이런 심지와 기름은 안식일이든 주중이든 하누카에서는 사용할 수 있다.

라브 이르미야(Rav Yirmiya)는 이렇게 말한다. 무엇이 라브의 주장인가? [라브는] 만약 [하누카] 불이 꺼지면 당신은 그것을 다시 붙이지 않아야 하며, 당신은 그 불을 사용하는 것이 금지된다고 주장한다.

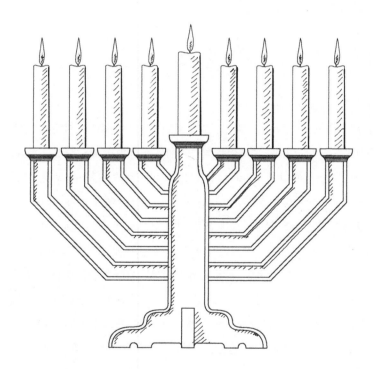

하누키야(Hanukiya)

여덟 가지로 뻗은 하누키야(메노라). 특정 목적을 위해 사용되는 하누카 등잔과 밀랍 사용은 중세에 발전한 것이다.

제자들은 이것을 라브 이르미야의 이름으로 아바예에게 보고했고 그는 이것을 받아들이지 않았다. 그러나 라빈이 들어와서 [동일한 진술을] 랍비 요하난의 이름으로 아바예에게 보고했을 때, 그는 그것을 받아들였다. 그는 "내가 훌륭했었다면 나는 이 문제를 더 일찍 배웠을 텐데!" 라고 말했다. 하지만 그는 이것을 배웠다. [그런데 왜 후회하는가?] 이 것은 '젊은 시절의 배움'과 차이가 있었다. 1)

그러면 만약 [하누카] 불이 꺼지면 당신은 그것을 다시 붙일 필요가 없는가? 이에 대한 반대로, [우리는] [하누카 불의] 미츠바는 일몰부터 사람들이 거리에서 걷기를 멈춘 [때]까지2) 미친다고 [가르침을 받았다]. 이것은 만약 [이 기간에] 불이 꺼지면 당신은 그것을 다시 붙여야만 한다는 것을 [의미]하지 않는가? 아니다. [그 의도는] 만약 당신이 그것에 불을 붙이지 않았다면, 당신은 여전히 그렇게 할 수 있다는 것일[지도 모른다]. 그렇지 않다면, [이것은 당신이 등잔에 넣어두어야 할 기름의] 양[을 가리킨다].

[일몰 후 이 기간]은 얼마나 오래인가? 라바 바 바 하나(Rabba bar bar Ḥana)는, 팔미라들(Palmyrenes)3)이 걸어 다니기를 멈출 때까지라고 말한다.

랍비들은 다음과 같이 가르쳤다. **하누카의 [기본적인] 미츠바는 [매일 밤] 가정마다 하나의 불을 밝히는 것이다. 더 잘하고 싶은 자들은 각 사람이 불을 밝힌다. 가능한 최선의 방식으로 하고 싶어 하는 자들에 대해서, 샴마이 학파는 첫날 밤에 여덟 개의 불을 밝히고, 그다음에 [매일 밤 하나씩] 줄이라고 말한다. 힐렐 학파는 첫날 밤에 한 개의 불을 밝히고, 그다음에 [매일 밤 하나씩] 늘리라고 말한다.**

울라(Ulla)는 다음과 같이 말했다. 서쪽에 두 아모라임,4) 랍비 요세 바 아빈 (Yosé bar Avin)과 랍비 요세 바 제비다(Yosé bar Zevida)는 [이 점에서 힐렐 학파와 샴마이 학파의 이유에 대해] 의견이 달랐다. 그들 가운데 하나는, 샴마이 학파는 불의 숫자가 다가올 날들과 상응하기를 원하며, 힐렐 학파는 지나간 날들과 상응하기를 원한다고 말했다. 다른 이는, 샴마이 학파는 불의 숫자가 [초막절]에 희생제물로 바친 소와 상응하기를 원하고,5) 힐렐 학파는 거룩한 문제에서 줄이기보다는 늘려야 한다는 [이 원리를 따른다고] 말했다.

[마찬가지로] 라바 바 바 하나는 랍비 요하난의 이름으로, 시돈에 두 장로가 있었으며 그들 가운데 하나는 샴마이 학파를 따랐고, 다른 이는 힐렐 학파를 따랐다고 보고했다. 한 사람은 [불의 숫자가 초막절] 희생제물로 바친 소와 상응해야 한다고 그 이유를 설명했고, 다른 이는 거룩한 문제에서 줄이기보다는 늘려야 한다고 설명했다.

랍비들은 다음과 같이 가르쳤다. **하누카 불을 문 옆이 아니라 밖에 두는 것이 미츠바이다. 만약 당신이 위층에 산다면 거리가 내다보이는 창문에 불을 두어라. 위험한 시기에는,**[6] **불을 [바깥] 탁자 위에 두어도 충분하다.**

라바는 다음과 같이 말했다. 개인적인 용도로 또 다른 등불이 필요하지만, 만약 당신에게 불이 있다면 이것은 필요하지 않다. [그러나] 중요한 사람은 그에게 불이 있더라도 또 다른 등불이 필요하다.

무엇이 하누카인가? 랍비들은 다음과 같이 가르쳤다. **하누카의 8일은 기슬르월 25일에 시작한다. 당신은 그때 찬양이나 금식을 하지 않을 수 있다. 헬라인들이 성전에 들어갔을 때, 그들은 거기에 있는 모든 기름을 더럽혔다. 하스몬 사람들이 그들을 제압했을 때, 그들은 수색하여 제사장의 봉인이 있는 하나의 기름 단지를 찾아냈다. 그것은 [성전 촛대를] 하루 동안만 밝힐 수 있는 기름을 담고 있었다. 하지만 기적이 발생했고, 그들은 그것으로 8일 동안 불을 밝힐 수 있었다. 후에 그들은 할렐과 감사를 기념하기 위한 [행사로서 8일을] 확립했다.**[7]

성경은 포함시키는 과정보다는 배제하는 과정에서 정해졌으며, 토라와 대조된다고 여기는 책들은 금했다. 여기서 라브의 이름으로, 어떤 현인들은 성경에서 전도서와 잠언을 없앨 것을 고려했다고 보고된다. 미쉬나 야다임(Mishna Yadayim) 3장 5문단은 아가와 전도서를 배제하려는 시도를 언급한다.

라브 쉬무엘의 아들 라브 예후다는 라브의 이름으로, 현인들은 전도서의 말씀이 서로 모순되기 때문에 전도서를 금하기[8] 원했다고 말했다. 그렇다면 왜 그들은 금하지 않았는가? 왜냐하면, 전도서가 토라의 말씀으로 시작하고 끝나기 때문이다. 전도서는 토라의 말씀으로 시작하는데, 해 아래에서 수고하는 모든 수고가 사람에게 무엇이 유익한가(전 1:3)라고 기록됐다. 그들이 랍비 야나이(Rabbi Yannai)의 학파에서 말한 대로, 해 아래 있는 것에는 어떤 [유익도] 없고, 태양 [즉, 토라 ― 라쉬]에 앞서는 것에서 [유익]이 있다. 그리고 전도서는 토라의 말씀으로 마무리하는데, 일의 결국을 다 들었으니 하나님을 경외하고 그의 명령들을 지킬지어다 이것이 '사람의 모든 것이다'(모든 사람의 본분이니라, 개역개정)[9](전 12:13)라고 기록됐다.

이것이 사람의 모든 것이다의 [의미]는 무엇인가? 랍비 엘르아살은, 전 세계가 이 목적을 위해서만 창조됐다고 말했다. 랍비 아바 바 카하나(Abba bar Kahana)는, 이것이 전 세계와 동등한 가치가 있다고 말했다. 시므온 벤 아자이(Simeon Ben Azzai)는, 전 세계가 이 [목적]을 위한 수단으로만 창조됐다고 말했는데, 어떤 이는 시므온 벤 조마(Simeon Ben Zoma)가 말했다고도 한다.

어떤 면에서 '그 말씀이 서로 모순되는가?' 괴로움이 환락보다 나으니(초상집에 가는 것이 잔칫집에 가는 것보다 나으니, 개역개정)(전 7:2, JPS), 환락에 관하여는 나는 이것이 칭찬할 만하다고 하였고(내가 웃음에 관하여 말하여 이르기를 그것은 미친 것이라 하였고, 개역개정)(2:2)라고 기록됐으며, 이에 내가 희락을 찬양하노니(8:15), 희락에 대하여 이르기를 이것이 무슨 소용이 있는가 하였노라(2:2, JPS)라고도 기록됐다.

전혀 문제가 되지 않는다. 괴로움이[10] 환락보다 나으니는, 거룩하신 이, 그분은 찬양받으시리로다, 그분이 이 세상에 있는 의인들에게 진노하실 때가 이 세상에 있는 악인들에게 만족해하실 때보다 낫다는 것을 [의미한다]. 환락에 관하여는 나는 이것이 칭찬할 만하다고 하였고는, 그분이 이 세상에 있는 의인을 즐거워하실 때를 의미한다. 이에 내가 희락을 찬양하노니는, 미츠바[를 행할 때] [경험하는] 기쁨을 가리키며, 희락에 대하여 이르기를 이것이 무슨 소용이 있는가 하였노라는, 미츠바[를 행할 때] [경험하는] 것 이외의 기쁨이다.

이것은 셰키나(임재)가 한 사람이 비참하거나 나태할 때, 환락이나 부질없는 행위나 수다나 무익한 일들에 [관여]할 때 그에게 오지 않는다는 것을 가르쳐준다. [엘리사가 말하기를…] 이제 내게로 거문고 탈 자를 불러오소서 하니라 거문고 타는 자가 거문고를 탈 때에 여호와의 손이 엘리사 위에 있더니(왕하 3:15)라고 기록된 대로, 미츠바를 [행함]으로 달성하는 기쁨의 상태에 있을 때만 셰키나가 온다는 것이다.

라브 예후다는, 동일한 것 [즉, 기쁜 마음으로 접근한 것 – 라쉬]이 할라크의 결정에 적용된다고 말했다. 라브는, 동일한 것이 좋은 꿈에도 적용된다고 말했다.

[할라크를 기쁜 마음으로 접근해야 한다고 말하는 라브 예후다는 옳을] 수 있는가? 라브 기델(Rav Giddel)은 라브의 이름으로 다음과 같이 말한다. 제자는 선생 앞에 앉아서 자신의 입술에 괴로움이 뚝뚝 떨어지지 않는다면,[11] 입술은 백합화 같고 몰약의 즙이 뚝뚝 떨어지는구나(아 5:13, JPS)라고 한 대로, 그의 입술은 탈 것이다. 여기서 쇼샤님(shoshanim, '백합화')이라고 읽지 말고 셰-쇼님(she-shonim, '배운')이라고 읽고, 모르(mor, '몰약')라고 읽지 말고 마르(mar, '괴로움')라고 읽어라. 전혀 문제가 되지 않는다! 선생은 그 주제에 기쁘게 접근해야 하고, 제자는 신중하게 접근해야 한다. 그렇지 않으면 두 진술은 라바의 관행대로 선생에게도 적용될 수 있는데, 한 진술은 선생이 시작하기 전에, 다른 진술은 강화를 통해 적용될 수 있다. 강화 전에 그는 농담을 말하고 학생들은 웃겠지만, 그다음에 그는 경건하게 앉아 설명을 시작할 것이다.

그들은 또한 잠언을 금하는 것을 고려했는데, 잠언의 말씀들이 서로 모순되기 때문이다. 그들은 왜 그렇게 하지 않았는가? 그들은, "우리가 잠언을 조사하여 그 모순을 해결하지 않았는가?"[12]라고 말했다. 우리는 이 [책을] 조사하고 [그 모순을 해결할] 것이다.

어떤 면에서 '그 말씀이 서로 모순되는가?' 잠언은 미련한 자의 어리석은 것을 따라 대답하지 말라(잠 26:4)라고 기록됐고, 미련한 자에게는 그의 어리석음을 따라 대답하라(26:5)라고 기록됐다.

이는 전혀 문제가 되지 않는다! 한 [구절은] 토라의 문제를 언급하고, 다른 구절은 세속적인 것들을 언급한다.

이것은 "당신의 아내는 내 아내이고, 당신의 자녀들은 내 자녀들이다!"라고 말하면서 랍비 앞에 온 사람과 같다. [랍비는] 그에게, "당신은 포도주를 한 잔하겠는가?"라고 말했다. 그는 그것을 마시고 폭발했다. [마찬가지로,] 한 사람이 "네 어머니는 내 아내이고, 당신은 내 아들이다"라고 말하면서, 랍비 히야(Hiyya)에게 접근했다. [랍비 히야는] 그에게, "당신은 포도주를 한잔하겠는가?"라고 말했다. 그는 그것을 마시고 폭발했다. 랍비 히야는, 랍비의 기도가 그의 자녀들이 사생아로 [낙인찍히지] 않도록 도왔다고 말했다. 왜냐하면, 그는 다음과 같이 기도하곤 했기 때문이다. "우리 주 하나님이여, 오늘 나를 무례함과 무례한 사람들에게서 보호하는 것이 당신의 뜻이게 하옵소서."13)

이것은 어떻게 토라 문제에 적용되는가? 한 예는 라반 가말리엘이 될 것이다. 그는 [다가올 세상의 주제]를 해설하고, 그녀가 잉태도 하고 출산도 할 것이며14)(잉태한 여인과 해산하는 여인이 함께 있으며, 개역개정)(렘 31:8)라고 말한 대로, 한 여자가 매일 출산할 것이라고 말했다. 한 제자가, 해 아래에는 새 것이 없나니(전 1:9)라고 말하면서 이를 비웃었다. [라반 가말리엘은] 그에게, "오라! 내가 당신에게 이 세상에서 이것과 같은 것을 보여주겠다!"라고 말했다. 그는 그에게 닭을 보여주었다.

다른 때에 라반 가말리엘은 [다가올 세상의 주제를] 설명하고, 그 가지가 무성하고 열매를 맺어서(겔 17:23)라고 한 대로, 나무가 매일 열매를 맺을 것이라고 말했다. 나무는 항상 가지가 있듯이, 매일 열매를 맺을 것이다! 한 제자가 해 아래에는 새것이 없나니라고 말하면서 이를 비웃었다. [라반 가말리엘은] 그에게, "오라! 내가 당신에게 이 세상에서 이것과 같은 것을 보여주겠다!"라고 말했다. 그는 나가서 그에게 케이퍼 베리 수풀을 보여주었다.15)

다른 때에 라반 가말리엘은 [다가올 세상의 주제를] 설명하고, 땅에도 곡식이 풍성하고16)(시 72:16, JPS)라고 한 대로, 이스라엘 땅의 [나무들이] 언젠가 빵과 비단옷을 생산할 것이라고 말했다. 한 제자가 해 아래에는 새 것이 없나니라고 말하면서 이를 비웃었다. [라반 가말리엘은] 그에게, "오라! 내가 당신에게 이 세상에서 이것과 같은 것을 보여주겠다!"라고 말했다. 그는 나가서 그에게 [빵 덩어리와 같이 생긴 - 라쉬] 버섯과 독버섯을, 그리고 [비단 모양을 한 - 라쉬] 부드럽고 어린 야자나무잎을 보여주었다.

게마라는 힐렐과 샴마이에 관한 이야기 모음집으로 갑작스럽게 이동하는데, 그 모음집은 많은 시대착오적 표현들과 문학적 발전의 많은 증거를 포함하고 있다. 따라서 모음집은 묘사된 사건들 후에 수 세기 동안 현재의 형태를 갖추지 않은 것 같다. 데이비드 크래머(David Kraemer)는 다른 학자들과 함께 힐렐이 토라를 '한 다리로' 요약한 섹션의 개종 이야기 이전 버전에서 아보트 드 랍비 나단(Avot de Rabbi Nathan)이 없다는 것을 지적했다. 그리고 그가 바브리의 독특한 개념이라고 믿는 구전 토라뿐만 아니라, 기록된 토라를 은연중에 '해석'으로 축소하는 것, 그리고 두 토라의 동등함과 상호의존성에 관심을 돌린다.[17] 세 이야기 모두는 개종자들에 대해 현저하게 긍정적인 태도를 보인다.

랍비들은 다음과 같이 가르쳤다. 당신은 항상 샴마이와 같이 성급하지 말고 힐렐과 같이 인내해야 한다. 두 사람이 서로 내기를 걸었다. 그들은, 우리 가운데 누구라도 힐렐을 분노하게 하는 자가 400주즈(zuz)를 얻는다고 말했다. 한 사람은 "내가 그를 성나게 할 것이다!"라고 말했다. 그날은 안식일 전날이었고, 힐렐은 자기 머리를 감고 있었다. [그 사람은] "힐렐이 있습니까? 힐렐이 있습니까?"라고 외치면서[18] [힐렐의] 집 문을 지나갔다.

[힐렐은] 옷을 입고 나와서 그에게 인사하고 말했다. "내 아들아, 네가 원하는 것이 무엇이냐?"

그가 대답했다. "당신에게 질문할 게 있습니다!"

"그렇다면 물으라. 얘야, 물으라!"

"바빌로니아 사람들은 왜 둥근 머리를 가졌습니까?"

[힐렐은] 대답했다. "얘야, 너는 중요한 질문을 했다. 그것은 그들에게 능숙한 산파가 없기 때문이다."

[그 남자는] 나가서 한 시간을 기다리고, 그러고는 돌아와 다시 외쳤다. "힐렐이 있습니까? 힐렐이 있습니까?"

[힐렐은] 옷을 입고 나와서 그에게 인사하고 말했다. "내 아들아, 네가 원하는 것이 무엇이냐?"

그가 대답했다. "당신에게 질문할 게 있습니다!"

"그렇다면 물으라. 얘야, 물으라!"

"팔미라 사람들은 왜 부드러운 눈을 가졌습니까?"

[힐렐은] 대답했다. "얘야, 너는 중요한 질문을 했다. 그것은 그들이 모래가 많은 곳에서 살기 때문이다."

[그 남자는] 나가서 한 시간을 기다리고, 그다음에 돌아와 다시 외쳤다. "힐렐이 있습니까? 힐렐이 있습니까?"

[힐렐은] 옷을 입고 나와서 그에게 인사하고 말했다. "내 아들아, 네가 원하는 것이 무엇이냐?"

그가 대답했다. "당신에게 질문할 게 있습니다!"

"그렇다면 물으라. 얘야, 물으라!"

"아프리카 사람들은 왜 넓은 발을 가졌습니까?"

[힐렐은] 대답했다. "얘야, 너는 중요한 질문을 했다. 그것은 그들이 물웅덩이 가운데 살기 때문이다."

[그 남자가 말했다]. "나는 질문할 게 많지만 당신이 화를 낼까 봐 두렵습니다."

[힐렐은] 옷을 입고 그 앞에 앉아 말했다. "네가 원하는 모든 질문을 해라!"

[그 남자는 말했다]. "당신은 사람들이 이스라엘의 대가라고 부르는 힐렐입니까?"

"그렇다."

"그렇다면 이스라엘에 당신과 같은 이가 많지 않기를 바랍니다!"

"얘야, [너는] 왜 [그렇게 말하느냐]?"

"왜냐하면, 당신 때문에 내가 400주즈를 잃었기 때문입니다."

[힐렐은] 대답했다. "네 감정을 절제하라! 힐렐이 화를 내는 것보다 네가 400주즈와 400주즈를 다시 잃는 게 더 낫다!"

[또 다른 이야기]. 랍비는 다음과 같이 가르쳤다. 한 이교도가 샴마이 앞에 와서, "당신은 얼마나 많은 토라를 가졌습니까?"라고 물었다.

그는 "기록된 토라와 구전 토라 둘이다"라고 대답했다.

[그 남자는] "나는 당신이 기록된 토라에 대해 말하는 것은 믿습니다만, 구전 토라에 대해 말하는 것은 믿지 않습니다. 당신이 기록된 토라[만을] 가르친다는

조건으로 나를 개종시켜보십시오!"라고 말했다. 샴마이는 화내며 그를 꾸짖고 돌려보냈다.

그는 [동일한 질문을 가지고] 힐렐에게 왔고, [힐렐은] 그를 개종자로 받아들였다. 첫날 힐렐은 그에게 알렙, 베트, 김멜, 달렛[19]을 가르쳤다. 다음 날 그는 [글자의] 순서를 바꾸었다. 그 사람은 "하지만 그것은 당신이 어제 내게 가르쳐준 것이 아닙니다!"라고 항변했다. [힐렐은] "그렇다면 너는 [알파벳 순서에 대해] 내게 의지했다! 구전 토라에 대해서도 내게 의지하라!"라고 말했다.

또 다른 경우, 한 이교도가 "내가 한 다리로 서 있는 동안 전체 토라를 내게 가르친다는 조건으로 나를 개종시켜보십시오!"라고 말하면서, 샴마이에게 자신을 소개했다. [샴마이는] 자신이 쥐고 있던 건축가의 줄자를 가지고 그를 내쫓았다.

그는 [동일한 질문을 가지고] 힐렐에게 왔고, [힐렐은] 그를 개종자로 받아들였다. [힐렐은] 그에게, "다른 사람들이 너에게 하기를 원치 않는 일은 너도 그들에게 하지 말라! 그것이 전체 토라이다. 나머지는 주석이다. 가서 배워라!"라고 말했다.

또 다른 경우, 한 이교도가 연구의 집을 지나갔고 서기관이 그들이 지을 옷은 이러하니 곧 흉패와 에봇과…(출 28:4, JPS)라고 읽는 것을 엿들었다. 그는 "이것들이 누구를 위한 것입니까?"라고 물었다. 그들은 "대제사장을 위한 것이다"라고 대답했다. 그는 혼자서 생각했다. '나는 그들이 나를 대제사장으로 임명하도록 개종할 것이다.'

그는 "당신이 나를 대제사장으로 임명하는 조건으로 나를 개종시켜보십시오"라고 말하면서, 샴마이에게 자신을 소개했다. [샴마이는] 자신이 쥐고 있던 건축가의 줄자를 가지고 그를 내쫓았다.

그는 [동일한 질문을 가지고] 힐렐에게 왔고, [힐렐은] 그를 개종자로 받아들였다. [힐렐은] 그에게 "지도자[20]의 전략을 알지 못한다면 누구도 지도자로 임명될 수 없다. 가서 지도자의 전략을 배워라!"라고 말했다. [그 사람은] 나가서 [토라를] 연구했다. 그가 외인이 가까이 오면 죽일지며(민 1:51, JPS)라는 구절을 만났을 때, 그는 "이것이 누구에게 적용됩니까?"라고 물었다. [힐렐은] 그에게 "[이것은] 이스라엘의 왕 다윗에게조차도 [적용된다. 왜냐하면, 그는 아론의 후손이 아니었기 때문이다"라고 대답했다. 그때 그 개종자는 "[본토] 이스라엘 사람들은 모든 곳에 계신 이의 자녀들이라고 불리며, 그분은 그들을 향한 사랑 때문에 이스라엘은 내 아들 내 장자라(출 4:22, JPS)라고 부르시지만 그들에게 외인이 가까이 오면 죽일지며라고 기록했다. 그러므로 지팡이와 주머니를 가지고 온 보잘것없는 이방인인 내게 이 구절은 얼마나 더 많이 적용되겠는가!"라며 추론했다. 그는 샴마이에게 가서 "나는 대제사장으로 적합하지 않습니다! 외인이 가까이 오면 죽일지며라고 기록되지 않았습니까?"라고 말했다. 그다음에 그는 힐렐에게 돌아가서 "인내하는 힐렐이여, 축복이 당신의 머리에 머물기를 원하나이다. 왜냐하면, 당신은 셰키나의 날개 아래 나를 가까이 두었기 때문입니다"라고 말했다.

나중에 그 세 [개종자는] 한 여관에서 만났다. 그들은 "샴마이의 성급함 때문에 우리는 세상에서 쫓겨날 뻔했지만, 힐렐의 인내로 말미암아 우리는 셰키나의 날개 아래 가까이 있게 되었다"라고 말했다.

십계명은 사람들이 안식일에 자신들의 가축에게 일 시키는 것을 금했다. 미쉬나는 이것이 가축이 안식일에 장신구나 보호 덮개를 할 수는 있지만 어떤 형태의 짐도 나르는 데 사용되어서는 안 된다는 것을 의미한다고 해석한다. 랍비 엘르아살 벤 아자리아는 자기 소가 뿔 사이에 리본을 하고 나가는 것을 허용했는데, 이는 이것이 짐이 될 수 있다는 대다수 의견과는 반대된다. 게마라는 이것이 자기 이웃의 소이며, 이웃이 잘못을 저지르고 있다는 것을 이웃에게 알렸어야 하므로 그에게 책임이 있다고 결론 내린다. 이것은 우리가 우리 이웃의 행동에 어느 정도로 책임이 있는지에 대한 논의로 이어지며, 죄와 징벌 사이의 연관성에 대해 일반적인 성찰로 이어진다. 죄가 없이 고통이 있을 수 있는가? 누구라도 전적으로 죄가 없을 수 있는가?

5장

랍비 암미(Ammi)는 다음과 같이 말했다. 죄가 없이는 죽음도 없으며, 죄악이 없이는 고통도 없다. 범죄하는 그 영혼은 죽을지라 아들은 아버지의 죄악을 담당하지 아니할 것이요 아버지는 아들의 죄악을 담당하지 아니하리니(겔 18:20)라고 기록된 대로, 죄가 없이는 죽음도 없다. 내가 회초리로 그들의 죄를 다스리며 채찍으로 그들의 죄악을 벌하리로다(시 89:32)라고 기록된 대로 죄악이 없이는 고통도 없다.

[랍비 암미의 견해에 대해] 다음과 같은 반대가 제기됐다. **섬기는 천사들은 거룩하신 이, 그분은 찬양받으시리로다, 그분에게 말했다. 왜 주님은 아담에게 징벌을 가했습니까? 그분은 천사들에게, 나는 그에게 한 가지 단순한 계명을 주었는데 그가 어겼다고 말씀하셨다. 그들은 그분에게 말했다. 모세와 아론은 전체 토라를 준수하지 않았습니까? 하지만 그들은 그런데도 죽었습니다. 그분은 대답하셨다. 모든 사람에게 임하는 그 모든 것이 일반이라 의인과 악인, 선한 자와 깨끗한 자와 깨끗하지 아니한 자 … 에게 일어나는 일들이 모두 일반이니(전 9:2).**

[랍비 암미의 견해는] 다음과 같이 가르친 타나[의 견해와 일치한다]. **랍비 시므온 벤 엘르아살은, 너희가 나를 믿지 아니하고(민 20:12)라고 말한 대로, 모세와 아론도 자신들의 죄 때문에 죽었다고 말한다.** [이것은,] 만약 너희가 나를 믿었더라면 너희의 때는 아직 이 세상을 떠나게 되지 않았을 것이라는 사실을 [의미한다].

그들은 다음과 같이 반대했다. **네 사람이 뱀의 조언 때문에 죽었으며,**[21] **그들은 야곱의 아들 베냐민, 모세의 아버지 아므람, 다윗의 아버지 이새, 다윗의 아들 길르압이다.**

이것은 모두가 게마라이고,[22] 다윗의 아버지 이새는 예외인데, 성경은 다음과 같이 언급한다. 압살롬이 아마사로 요압을 대신하여 군지휘관으로 삼으니라 아마사는 이스라엘 사람 이드라[23]라 하는 자의 아들이라 이드라가 나하스의 딸 아비갈과 동침하여 그를 낳았으며 아비갈은 요압의 어머니 스루야의 동생이더라(삼하 17:25). 하지만 [아비가일]은 실제로 나하스의 딸인가? 그들의 자매는 스루야와 아비가일이라 … 아비가일은 아마사를 낳았으니(대상 2:16-17)라고 기록된 대로, 분명히 그녀는 이새의 딸이었다. [우리는 아비가일이] 나하쉬(naḥash) [뱀]의 조언 때문에 죽은 사람[의 딸이었다고 추론해야만 한다].

누가 [이 반대를 제기했는가]? 타나가 섬기는 천사들에 대해 말했을 리는 없다. 왜냐하면, 그는 모세와 아론을 그들의 죄 때문에 죽지 않은 [자들 가운데] 포함했을 것이기 때문이다. 그러므로 그는 랍비 시므온 벤 엘르아살이 틀림없지 않겠는가. 그에게서 우리는 죄가 없이 죽음이 있고 죄악이 없이 고통이 있다고 결론 내릴 수 있다.

[그러므로] 랍비 암미의 [반대] 견해는 반박된다.

켈수스(Celsus)와 같은 이교 철학자들과 마르키온(Marcion) 및 마니교도 파우스투스(Faustus the Manichee)와 같은 '이단'24)은, 성경이 언뜻 보기에 악한 행위들을 하나님과 우리가 고결하다고 여기도록 장려됐던 두드러지는 인물들의 탓으로 돌린다는 점에서 성경을 공격했다. 플라톤은 전통적인 그리스 신화에 대해 비슷한 비판을 제기했었지만, 그는 호머가 잘못했다고 비판하고 이런 이야기들은 젊은이들에게 가르치지 않아야 한다고 기꺼이 권고하려 했다. 반면에, 랍비들은 하나님의 말씀을 있는 그대로 옹호하지 않을 수 없음을 느꼈다. 알렉산드리아 학자들이 본문을 근본적으로 재해석하여 호머를 옹호했던 것과 마찬가지로, 그들은 자신의 영웅들을 좀 더 호감을 주는 관점으로 제시하려고 내러티브의 간격을 채우면서 이를 달성했다.

랍비 요나단 벤 엘르아살은 3세기 초 바빌로니아에서 갈릴리의 셉포리스로 이주하고, 이단들에 맞서는 자신의 논증법에 대한 명성을 얻었다. 성경 인물들에 대한 그의 옹호로 각 '묘사'가 이런 특징들을 공유하는 한 문학적 단위에 삽입됐다.

1. 랍비 요나단의 이름으로 랍비 쉬무엘 바 나흐마니에게 돌림.
2. 'X가 죄를 지었다고 말하는 누구든지 잘못됐다'라는 공식.
3. X가 죄인이 아니었다는 것을 증명하는 증거 본문.
4. X의 외견상 잘못된 행동을 가리키는 본문.
5. X의 죄가 비교적 사소할지라도, 성경은 마치 그가 크게 죄를 지은 '것처럼' 설명한다고 주장하는 본문에 대한 재해석.

랍비 쉬무엘 바 나흐마니는 랍비 요나단의 이름으로 다음과 같이 말했다. 다윗이 죄를 지었다고 말하는 누구든지 잘못됐다. 왜냐하면, 다윗이 그의 모든 일을 지혜롭게 행하니라 여호와께서 그와 함께 계시니라(삼상 18:14)라고 말하기 때문이다. 만약 셰키나가 그와 함께했다면 그가 죄를 짓게 되는 게 가능할까?

이 경우, 다음과 같은 [나단의 비판은] 무엇을 의미하는가? 그러한데 어찌하여 네가 '악을 행하려고 여호와의 말씀을 업신여겼느냐'(여호와의 말씀을 업신여기고 나 보기에 악을 행하였느냐, 개역개정)[25] 네가 칼로 헷 사람 우리아를 치되 암몬 자손의 칼로 죽이고 그의 아내를 빼앗아 네 아내로 삼았도다(삼하 12:9).[26] 그는 [정말로] 죄를 지으려고 의도했지만, [실제로는] 그렇게 하지 않았다.

라브는, 다윗의 후손인 랍비 [족장 유다]가 다윗을 유리하게 재해석했다고 다음과 같이 말했다. 어찌하여 네가 악을 행하려고 여호와의 말씀을 업신여겼느냐. 이 '악'은 토라에 나오는 다른 '악들'과 다르다. 왜냐하면, 다른 곳에서는 그가 했다라고 기록됐지만, 여기서는 [단지] 하려고라고 말하기 때문이다. 즉, 그는 죄를 지으려고 의도했지만 [사실은] 그렇게 하지 않았다.

네가 칼로 헷 사람 우리아를 치되. 당신은 산헤드린에 의해 [독립적으로] 그가 재판을 받도록 해야 했지만, 그렇게 하지 못했다.

그의 아내를 빼앗아 네 아내로 삼았도다. '빼앗는' 것은 정당했는데, 왜냐하면 이 치즈 열 덩이를 가져다가 그들의 천부장에게 주고 네 형들의 안부를 살피고 증표를 가져오라(삼상 17:18)라고 한 대로, 랍비 쉬무엘 바 나흐마니가 랍비 요나단의 이름으로 말할 때, 다윗 집의 전쟁에 [싸우러] 나간 자는 누구든지 자기 아내를 위해 [조건적인] 이혼증서를 썼기 때문이다. 무엇이 '그들의 증표'(Aruba)인가? 라브 요세프는 그와 그녀와 관련된 문제들, [즉 이혼증서]라고 가르쳤다.[27]

암몬 자손의 칼로 죽이고. 당신이 암몬 사람들의 칼에 대한 책임을 지지[28] 않듯이, 당신은 헷 족속 우리아의 문제에서 책임을 지지 않을 것이다.

그 이유는 무엇인가? [우리아는 반역의 죄를 범했으며, 따라서 사형에 처할 수 있다. 왜냐하면] 그는 왕을 배반했었다. 그는 내 주 요압과 내 왕의 부하들이 바깥 들에 진 치고 있거늘(삼하 11:11)이라고 말함으로써 [다윗이 아니라 요압에게 그의 충성을 맹세했기 때문이다].

라브는, [다윗이] 헷 사람 우리아의 일 외에는 [평생에 여호와 보시기에 정직하게 행하고 자기에게 명령하신 모든 일을 어기지 아니하였음이라[(왕상 15:5)라고 기록된 대로, 당신이 다윗의 문제를 살펴볼 때, 우리아의 문제 이외에는 잘못된 것을 찾지 못한다고 말했다.

원로 아바예는 [라브의 말에서] 모순을 지적했다. 라브는 이것을 말할 수 있는가? 라브 [자신은], 다윗이 [죄를 지었는데, 왜냐하면 그는 므비보셋에 대한] 비방을 받아들였기 때문이라고 말하지 않았는가? [이것은 좋은] 질문이다.

이 지점에서, 라브는, 왕이 그에게 말하되 그가 어디 있느냐 하니 시바가 왕께 아뢰되 로드발 암미엘의 아들 마길의 집에 있나이다 하니라(삼하 9:4)라고 기록되고, 다윗 왕이 사람을 보내어 로드발 암미엘의 아들 마길의 집에서 그를 데려오니(삼하 9:5)라고 기록된 대로, 다윗이 비방을 받아들였다고 말했다. [다윗은] 이미 [시바가] 거짓말을 하는 것을 보았는데, [시바가 므비보셋을] 다시 비방했을 때, [다윗은] 왜 그 말을 들었는가? 왕이 이르되 네 주인의 아들이 어디 있느냐 하니 시바가 왕께 아뢰되 예루살렘에 있는데 그가 말하기를 이스라엘 족속이 오늘 내 아버지의 나라를 내게 돌리리라 하나이다 하는지라(삼하 16:3)라고 하기 때문이다. 그리고 우리는 왕이 [이 고발을] 들었는지를 어떻게 아는가? 왜냐하면 왕이 시바에게 이르되 므비보셋에게 있는 것이 다 네 것이니라 하니라 시바가 이르되 내가 절하나이다 내 주 왕이여 내가 왕 앞에서 은혜를 입게 하옵소서 하니라(16:4)라고 하기 때문이다.

하지만 쉬무엘은 다윗이 비방을 받아들이지 않았다고 말한다. 예루살렘에서 와서 왕을 맞을 때에 왕이 그에게 물어 이르되 므비보셋이여 네가 어찌하여 나와 함께 가지 아니하였더냐 하니 대답하되 내 주 왕이여 왕의 종인 나는 다리를 절므로 내 나귀에 안장을 지워 그 위에 타고 왕과 함께 가려 하였더니 내 종이 나를 속이고 종인 나를 내 주 왕께 모함하였나이다 내 주 왕께서는 하나님의 사자와 같으시니 왕의 처분대로 하옵소서 … 왕이 그에게 이르되 네가 어찌하여 또 네 일을 말하느냐 내가 이르노니 너는 시바와 밭을 나누라 하니 므비보셋이 왕께 아뢰되 내 주 왕께서 평안히 왕궁에 돌아오시게 되었으니 그로 그 전부를 차지하게 하옵소서(19:25-27, 29-30)라고 기록한 대로, [다윗은 므비보셋의 배반의] 징후를 인식했다.

[므비보셋이 의미하는 것은 다음과 같다.] '당신이 언제 평안히 와서' 이것을 내게 행할 것인가? 내 싸움은 당신과의 싸움이 아니고, 당신을 평안히 [돌아오게] 한 이와의 싸움이다. 이것이 요나단의 아들은 므립바알이라(대상 8:34, 9:40)의 의미이다. 그의 이름이 므립바알이었는가? 분명히 그의 이름은 므비보셋이었다! 하지만 그가 자기 주인과의 싸움을 선동할 때,[29] 하늘의 목소리는 그에 대해 싸움, 싸움의 아들이라고 선언했다. 이는 우리가 말했던 대로의 싸움이며,[30] 사울이 아말렉 성에 이르러 '골짜기에서 싸웠다'(골짜기에 복병시키니라, 개역개정)[31](삼상 15:5)라고 기록된 [사울의 손자,] 싸움의 아들이다. 랍비 마니는, [사울이] 골짜기에서 일어난 일에 관하여 [싸웠다]고 말한다.

라브 예후다는 라브의 이름으로, 다윗이 므비보셋에게 너는 시바와 밭을 나누라라고 말할 때, 하늘에서 목소리가 "르호보암과 여로보암이 왕국을 나눌 것이다"라고 선언했다고 말했다.

라브 예후다는 라브의 이름으로, 만약 다윗이 [시바의] 비방을 거부했었다면, 다윗 집의 왕국은 결코 나뉘지 않았을 것이며, 이스라엘은 우상을 섬기지도 않고 우리는 우리 땅에서 쫓겨나지 않았을 것이라고 말했다.

미쉬나는 안식일에 금지된 39가지의 메라코트(melakhot, 행동)를 열거한다. 이것은 폭넓은 범주이며, 새로운 고안과 기술을 포함할 정도로 후대 유대교에서 확장된다. 예를 들어 불을 밝히는 것에 대한 금지는 내부 연소 엔진을 작동하는 것, 그래서 자동차를 운전하는 것을 포함하는 데까지 확장됐다.

7장

미쉬나:

40개에서 하나 부족한 활동의 '조상들'[32]이 다음과 같이 [안식일에 금지된다]. [씨] 뿌리기, 쟁기질하기, 수확하기, 단으로 모으기, 타작하기, 까부르기, 분류하기, 갈고 고르기, 반죽하기, **빵 굽기,** [양의] 털 깎기, 양털 표백하기, 실의 끝을 쳐

내기, 실 염색하기, 실 잣기, 베틀 넘어 [실을] 잡아당기기, [실을 베틀에 고정하려고] 두 고리를 만들기, 두 실을 엮기, [엮은] 실[의 끝을] 분리하기, [매듭] 묶기, [매듭] 풀기, 두 실 꿰매기, 두 실을 꿰매기 위해 [재료를] 잡아당기기, 사슴에 덫 놓기, 사슴 도살하기, 사슴의 가죽 벗기기, [그 가죽을] 소금에 절이기, 가죽 무두질하기, 가죽 문지르기, 가죽을 조각내어 자르기, 두 글자를 쓰기, 두 글자를 쓰기위해 지우기, 건축하기, 철거하기, [불을] 끄기, 불붙이기, 최종 망치질,[33] 한 영역에서 다른 영역으로 옮기기. 이것이 하나 부족한 40개의 '주요 범주들'이다.

게마라:

왜 그 숫자인가? 랍비 요하난은, [이것이] 만일 누군가가 하나를 '잊고서' [모든 행위를] 했다면, 그는 각 항목과 모든 항목에서 책임을 져야 한다는 것을 [가리킨다]고 말했다.

씨 뿌리기와 쟁기질하기. 명백히 사람들은 먼저 쟁기질하고 그다음에 씨를 뿌린다. 그러므로 미쉬나는 먼저 '쟁기질하기'를 말하고 그다음에 '씨 뿌리기'를 말해야하지 않는가? [아니다]. 타나는 이스라엘의 땅에 있는데, 거기서 그들은 씨를 뿌리고 그다음에 두 번째 쟁기질을 한다.[34]

다음과 같이 가르침을 받았다. **씨 뿌리기, 가지치기, 심기, 취목하기, 접목하기는 모두 한 범주의 활동이다.** 이것은 우리에게 무엇을 가르치는가? 이것은 우리에게 만일 누군가가 비슷한 유형의 많은 활동을 한다면 그는 오직 한 번만 책임을 져야 한다는 것을 가리킨다.

랍비 아하(Aḥa)는 랍비 히야 바 아쉬(Ḥiyya bar Ashi)의 이름으로, 가지치기는 심기와 같이 책임을 지게 하고, 심기와 취목하기와 접목하기는 씨 뿌리기와 같이 책임을 지게 한다고 말했다. 씨를 뿌리지만 심지 않은 것은? 이것 또한 씨 뿌리기와 같다고 할 수 있다.

라브 카하나(Rav Kahana)는, 만일 누군가가 가지를 치고 나무가 필요하다면, 그는 두 번 책임을 지는데, 한 번은 수확을 위해서 그리고 한 번은 심기를 위해서라고 말했다.[35]

라브 요세프는, 만일 누군가가 알팔파(alfalfa)[36]를 자른다면, 그는 두 번 책임을 지는데, 한 번은 수확을 위해서 그리고 한 번은 심기를 위해서라고 말했다.

아바예는, 만일 누군가가 비트 잎[37]을 자른다면, 그는 두 번 책임을 지는데, 한 번은 수확을 위해서 그리고 한 번은 심기를 위해서라고 말했다.

그리고 쟁기질하기. 다음과 같이 가르침을 받았다. **쟁기질하기와 파기와 갈기는 모두 한 범주의 활동이다.**

라브 셰셰트(Rav Sheshet)는, 만일 누군가가 실내에서 흙더미를 제거했다면, 그는 건축에 대한 책임을 질 것이며, 만약 실외라면 그는 쟁기질에 대한 책임을 질 것이라고 말했다.

라바는, 만일 누군가가 실내에서 구멍을 메운다면 그는 건축에 대한 책임을 질 것이며, 만약 실외라면 그는 쟁기질에 대한 책임을 질 것이라고 말했다.

랍비 아하는, 만일 누군가가 단지 흙이 필요해서[38] 안식일에 구멍을 판다면, 그는 면제된다고 말했다. 심지어 사람이 일반적인 목적을 위해 행하지 않은 활동에 대해 책임을 질 수도 있다고 주장하는 랍비 유다에 따르면, 그 활동이 건설적이라면 면제되겠지만, 이것은 파괴적이다.

그리고 수확하기. 다음과 같이 가르침을 받았다. **곡물 수확하기, 포도나 대추야자나 감람이나 무화과 따기[39]는 모두 한 범주의 활동이다.** 라바 파파는, 만일 누군가가 손바닥에 흙 한 덩어리를 쥐고 던져서 대추야자를 떨어뜨린다면 그는 두 번 책임을 지는데, 한 번은 따기에 대해서이고, 한 번은 껍질 벗기기에 대해서라고 말했다. 라브 아쉬는, 이것은 따기나 껍질 벗기기의 일반적인 방식이 아니므로 [그는 면제된다]고 말했다.

그리고 단으로 모으기. 라바는, 염전에서 소금을 모은 누군가는 단으로 모으기에 대해서처럼 책임이 있다고 말했다. 아바예는, **단 모으기가 땅에서 자라는 식물에만 적용된다고 말했다.**

그리고 타작하기. 다음과 같이 가르침을 받았다. **곡물과 아마 섬유와 면을 치고 두드리는 것은 모두 한 범주의 활동이다.**

까부르기와 분류하기, 갈기, 체 치기. 까부르기와 분류하기와 체 치기는 동일한 것이 아닌가? 아바예와 라바 둘 다, [성소의 건축]에서 일어나는 활동이 서로 비슷할 때도 열거된다고 말했다. 그렇다면 왜 분쇄하기는 열거하지 않는가?[40] 아바예는, 가난한 사람은 [가루를] 분쇄하지 않고 자기 빵을 먹기 때문이라고 대답했다. 라바는 "활동의 주요 범주들은 하나 부족한 40개였으며, 만약 당신이 거기에 분쇄하기를 더하면 40개가 될 것이다"라고 말한 랍비에 따라 [이 목록이 편찬된다]고 대답했다.

　　이 경우 다른 것들 가운데 하나를 삭제하고 분쇄하기를 삽입하라! 아바예의
　　설명이 더욱 그럴듯하다.

여러 아모라임은 '분류하기'에 대한 불가해한 타나임의 규칙을 이해하려고 노력한다. 한 문학적 단위로서 그것은 매우 양식화되어 있으며, 대화 양식으로 약 1세기에 걸친 논의를 제시한다.

랍비들은 다음과 같이 가르쳤다. 만약 그 앞에 많은 종류의 음식이 있었다면, **그는 분류하고 먹을 수도 있으며, 분류하고 제쳐둘 수도 있다. 그는 분류하지 않아야 하며, 만약 그가 분류한다면 그는 속죄제를 바쳐야 한다.**

이것은 무엇을 의미하는가?

울라(Ulla)는, 그것이 의미하는 바를 이렇게 말했다. 그날에 **그는 분류하고 먹을 수도 있으며**, 그날에, **그는 분류하고 제쳐둘 수도 있다.** 그다음 날에 **그는 분류하지 않아야 하며, 만약 그가 분류했다면 그는 속죄제를 바쳐야 한다.**

라브 히스다는 다음과 같이 반대했다. '그날에' 굽도록 허용됐는가, 아니면 '그날에' 요리하도록 허용됐는가? 그리하여 라브 히스다는, [이것은 다음을 의미한다]고 말했다. 그 양보다 덜하게[41] **그는 분류하고 먹을 수도 있으며**, 그 양보다 덜하게 **그는 분류하고 제쳐둘 수도 있다. 그 양 이상이라면 그는 분류하지 않아야 하며, 만약 그가 분류한다면 그는 속죄제를 바쳐야 한다.**

라브 요세프는 다음과 같이 반대했다. '그 양보다 덜하게' 굽는 것이 허용되는가? 그래서 라브 요세프는 [이것은 다음을 의미한다]고 말했다. 손으로, **그는 분류하고 먹을 수도 있으며, 분류하고 제쳐둘 수도 있다. 깔때기가 있거나 접시에 있다면 그는 분류하지 않아야 하며, 체나 바구니가 있는데 만약 그가 분류한다면**

그는 속죄제를 바쳐야 한다.

라브 함누나(Rav Hamnuna)는 다음과 같이 반대했다. 그것이 깔때기나 접시에 대해 어떤 것이라도 말을 하는가? 그리하여 라브 함누나는, [이것은 다음을 의미한다]고 말했다. 그는 버려진 것에서 음식을 **분류하고 먹을 수도 있고, 분류하고 제쳐둘 수도 있다.** 하지만 음식에서 버려진 것을 [제거함으로써] 그는 **분류하지 않아야 하며, 만약 그가 분류한다면 그는 속죄제를 바쳐야 한다.**

아바예는 다음과 같이 반대했다. 그것이 버려진 음식에 대해 무슨 말이라도 하는가? 그리하여 아바예는, [이것은 다음을 의미한다]고 말했다. 즉각적인 섭취를 위해 그는 **분류하고 먹을 수도 있고, 분류하고 제쳐둘 수도 있다.** 하지만 그날 [나중을] 위해, 그는 **분류하지 않아야 한다. 만약 그가 분류했다면** 그는 저장을 위해 분류하는 자와 같으며, **속죄제를 바쳐야 한다.**

제자들은 이것을 라바에게 보고했고, 그는 나흐마니[42]가 잘 말했다고 했다.

지나치게 법에 몰두한다면 안식일을 특징짓는 아름다움과 영성에서 주의를 분산시킬 수도 있다. 다음의 단락(*수갸*[sugya])은 매우 세심한 규정이 그 규정의 영적인 본질과 아름다움을 보호하고 집중하는 구조를 이룬다는 사실을 우리에게 상기시킨다. '오네그 샤바트', 즉 '안식일의 기쁨'이라는 용어는 그것을 준수하는 유대인에게 안식일이 무엇을 의미하는지를 완벽하게 설명한다. 즉, 영적인 것이 물질과 반대하여 달성되는 것이 아니라, 하나님의 물질 창조에 대한 찬양을 통해 달성된다.

16장

게마라:

랍비 시므온 벤 파지(Simeon ben Pazzi)는 랍비 여호수아 벤 레비가 바 카파라(Bar Kappara)의 이름으로, "세 끼로 안식을 기념하는 자는 누구든지[43] 세 번의 재앙, 즉 메시아의 진통, 게힌놈(Gehinnom, 내세의 영역)의 심판, 하나님과 마곡의 전쟁에서 구원받을 것이라고 말했다"라는 것을 언급했다. 메시아의 진통에서, [안식일에] 대해 [안식일을 [기억](출 20:8)하라고 하고, [메시아의 진통에 대해] 보라 여호와의 크고 두려운 날이 이르기 전에 내가 선지자 엘리야를 너희에게 보내리니(말 4:5, JPS)라고 하며, 게힌놈의 심판에서, [안식일에] 대해 [안식일을 [기억]하라고 하고, [게힌놈의 심판에 대해] 그날은 분노의 날이요(습 1:15, JPS)라고 한다. 하나님과 마곡의 전쟁에서, [안식일에] 대해 [안식일을 [기억]하라고 하고, [하나님과 마곡의 전쟁에 대해] 그날에 곡이 이스라엘 땅을 치러 오면(겔 38:18, JPS)이라고 한다.

랍비 요하난은 랍비 요세의 이름으로 다음과 같이 말했다. 네가 여호와 안에서 즐거움을 얻을 것이라 내가 너를 땅의 높은 곳에 올리고 네 조상 야곱의 기업으로 기르리라 여호와의 입의 말씀이니라(사 58:14)라고 한 대로, 누구든지 안식일을 기뻐하는 자는 무한한 유산을 누릴 것이다. [이것은] 아브라함의 [유산과] 같지 않으니, 아브라함에게는 너는 일어나 그 땅을 종과 횡으로 두루 다녀 보라(창 13:17)라고 말했었다. 이삭[의 유산]과도 같지 않으니, 이삭에게는 내가 이 모든 땅을 너와 네 자손에게 주리라(창 26:3, JPS)라고 말했다. 하지만 야곱[의 유산]과는 같으니, 야곱에게는 네가 서쪽과 동쪽과 북쪽과 남쪽으로 퍼져나갈지며(창 28:14, JPS)라고 기록됐다.

라브 나흐만 바 이삭은, [안식일을 기뻐하는 자는 누구든지] 추방의 고통에서 구원받을 것이라고 말했다. 여기 내가 너를 땅의 높은 곳에 올리고(사 58:14)라고 기록되었으며, 네가 그들의 높은 곳을 밟으리로다(신 33:29)라고 기록됐다.

라브 예후다는 라브의 이름으로 다음과 같이 말했다. 안식일을 기뻐하는 자는 누구든지, 여호와를 기뻐하라 그가 네 마음의 소원을 네게 이루어주시리로다(시 37:4)라고 한 대로, 그의 마음의 소원이 허락될 것이다. 나는 여기서 기쁨이 무엇을 의미하는지 알지 못하지만, 안식일을 일컬어 즐거운 날이라(사 58:13)라고 할 때, 당신은 이것이 안식일의 기쁨을 [가리킨다]고 말해야만 한다.

당신은 어떻게 안식일을 기쁨으로 만들 것인가?

라브 쉬무엘 바 셰라트의 아들 라브 예후다는 라브의 이름으로, "비트 한 접시와 큰 물고기와 최상의 마늘로"라고 말했다.

라브 히야 바 아쉬는 라브의 이름으로, 만약 당신이 안식일을 기념하려고 한다면, 아무리 작은 것이라도 '기쁨'이라고 말했다.

예를 들어, 무엇으로? 라브 파파는 한 잔의 하사나(harsana)[44]라고 말했다.

라브 히야 바 아바는, 이것을 행하는 에노스[45]는 복되도다(개역개정에는 없음) … 안식일을 지켜 더럽히지 아니하며(사 56:2)라고 한 대로, 누군가가 안식일을 적절하게 준수할 때, 에노스 시대처럼 우상을 섬긴다고 해도 그는 용서받을 수 있다고 말했다. 여기서 므할로(m'ḥal'lo, '더럽히지 아니하며')가 아니라 마훌 로(maḥul lo, '그가 용서받았다')라고 읽으라.

라브 예후다는 라브의 이름으로, 만약 이스라엘이 자신들의 첫 안식일을 지켰더라면 어떤 나라나 언어도 그들을 이길 수 없었을 것이라고 말했다. 일곱째 날에 백성 중 어떤 사람들이 거두러 나갔다가[46](출 16:27, JPS)라고 했으며, 그 뒤에 아말렉이 와서 이스라엘과 르비딤에서 싸우니라(출 17:8, JPS)가 이어진다.

랍비 요하난은 랍비 시므온 벤 요하이의 이름으로, 만약 이스라엘이 두 안식일을 적절하게 지켰더라면 그들은 당장 속량될 것이라고 말했다. 나의 언약을 굳게 잡는 고자들에게는이라고 하고, 내가 곧 그들을 나의 성산으로 인도하여(사 56:4,7, JPS)라고 한 대로 말이다.

랍비 요세가 말했다. 내 몫이 안식일에 세 끼를 즐기는 자들 가운데 떨어지게 하소서!

랍비 요세의 진술은 안식일과는 거의 관계가 없을지라도, 탈무드 편집자들이 여기에 삽입한 모음집을 시작하고, 결국 게마라는 안식일의 기쁨이라는 주제로 돌아온다. 몇 가지 일화는, 사람들이 비천한 일에 관여하는 것을 고귀하다고 생각하지 않았던 매우 계층화된 사회의 배경에서 읽어야 한다. 이런 일들은 보통 여자나 종들에게 맡겨질 수 있지만, 안식일을 기념하는 것은 열심히 추구할 개인적인 특권이었다.

119a 랍비 하니나는 안식일 전날에 옷을 차려입고 서서 외친다. 오라! 우리 여왕 안식일을 환영하러 나아가자!

랍비 야나이는 안식일 전날에 자신의 [가장 좋은] 옷을 입고 외쳤다. 오라, 신부여! 오라, 신부여!

라바 바 라브 후나는 라바 바 라브 나흐만에게 들렀다. 그들은 기름 바른 구운 과자 세 세아로 그를 섬겼다. 그가 물었다. 당신은 어떻게 내가 오는지 알았는가? 그들이 대답했다. 당신이 그녀보다 우리에게 더 중요한가?[47]

랍비 아바는 13개의 은화로 13명의 도살업자에게서 고기를 샀다. 그는 입구에서 고기를 [자신의 종들에게][48] 건네주고, 그들에게 말했다. 서둘러라! 서둘러라!

랍비 아바후(Abbahu)는 불을 불려고 상아 의자에 앉았다.

라브 아난은 구드나(gudna)[49]를 입었는데, 왜냐하면 랍비 이스마엘의 학파에서는 **당신이 주인에게 포도주를 대접할 때 그를 위한 냄비를 끓이면서 입었던 옷을 입지 말라고 배웠기 때문이다.**

라브 사프라(Rav Safra)는 [양의] 머리를 태워 그슬렸다.

라바는 물고기에 간을 했다.

라브 후나는 등잔에 불을 붙였다.

라브 파파는 심지를 준비했다.

라브 히스다는 비트를 썰었다.

라바와 라브 요세프는 나무를 모았다.

랍비 제이라는 불이 타오르게 했다.

라브 나흐만 바 이삭은 자기 어깨로 짐을 안팎으로 날랐다. 그가 말했다. 만약 랍비 암미와 랍비 아시(Assi)가 나를 방문한다면 나는 그들을 위해 짐을 나르지 않겠는가?

어떤 이는, 랍비 암미와 랍비 아시가 그들의 어깨로 짐을 안팎으로 날랐다고 말한다. 그들은 말했다. 만약 랍비 요하난이 우리를 방문한다면 우리는 그를 위해 짐을 나르지 않겠는가?

안식일을 존중하는 자 요셉에게는 많은 재산을 소유한 이교도 이웃이 있었다. 갈대아 사람 [점성가]는 그 이웃에게 말했다. 안식일을 존중하는 자 요셉이 이것을 모두 누릴 것이다! [그리하여 그 이웃은] 자신의 모든 재산을 팔고, [그 수익으로 보석을 샀으며] 그것을 자기 터번에 두었다. 그가 나룻배를 타고 건널 때, 터번이 바람에 날려 물에 떨어졌고, 물고기가 그것을 삼켰다. 그들은 그 물고기를 잡아서 안식일 전날에 [시장에] 가져가 팔려고 내놓았다. 그들이 물었다. 이제 누가 이것을 사겠는가? [사람들이] 말했다. 이것을 안식일을 존중하는 자 요셉에게 가져가라. 그는 항상 물고기를 산다. 그들이 요셉에게 [물고기를] 가져가자 그는 그것을 샀다. 그가 물고기의 배를 열었을 때, 그는 그 안에서 보석을 발견했다. 그는 보석을 금 13개에 팔았다. 50) 한 노인이 그를 만나 말했다. 누가 안식일을 위해 빌렸는가? 안식일이 그에게 보답한다!

랍비는 랍비 요세의 아들 랍비 이스마엘에게 물었다. 이스라엘 땅의 부자들에게 어떤 [특별한] 장점이 있는가?51) 그는 이렇게 대답했다. 그것은, 너는 마땅히 매년 토지 소산의 십일조를 드릴 것이며(신 14:22) - 십일조를 바쳐라. 그러면 너희는 부요하게 될 것이다52) - 라고 한 대로, 그들이 십일조를 바치기 때문이다.

바빌로니아의 [부자들이] 십일조를 바치지 않는 것을 보면, 그들은 어떤 [특별한] 장점이 있는가? 그는, 그들은 토라를 존중한다고 대답했다.

그리고 다른 땅에 있는 자들은? 랍비 히야 바 아바가 다음과 같이 설명한 대로, 그들은 안식일을 존중한다. 나는 한 번은 라오디게아 신사[의 집]에 초대받았고, 그들은 그 앞에 금 탁자를 놓았는데, 이것을 옮기는 데 10명이 필요했다. 16개의 은 사슬이 그 탁자 위에 고정됐으며, 접시와 잔과 주전자와 단지들, 그리고 모든 종류의 최상의 음식과 양념들이 차려졌다. 그들은 봉사할 때, 땅과 거기에 충만한 것과 세계와 그 가운데에 사는 자들은 다 여호와의 것이로다(시 24:1, JPS)라고 말했으며, 그들이 청소할 때, 하늘은 여호와의 하늘이라도 땅은 사람에게 주셨도다(시 115:16, JPS)라고 말했다. 나는 "얘야, 너는 이것에 합당하게 무엇을 행했느냐?"라고 그에게 물었다. 그는 "나는 도살업자였고, 좋은 품질의 짐승을 만날 때마다 '이것이 안식일을 위하게 하소서!'라고 말했다"라고 대답했다. 나는 "너는 복되도다! 그리고 네가 받아 마땅한 것을 허락하신, 어디에나 계신 이는 찬양받으실지로다!"라고 말했다.

가이사53)는 랍비 여호수아 벤 하나니아에게 "안식일 식사가 너무나 매력적인 냄새가 나는 것은 어째서인가?"라고 물었다. 그는 "우리가 샤바트54)라고 불리는 어떤 양념을 넣었다"라고 말했다. 가이사는 "내게 그것을 조금 달라"라고 요청했다. [여호수아는] "샤바트(Shabbat, 안식일)를 준수하는 자들에게는 그것이 작용하며, 준수하지 않는 자들에게는 작용하지 않는다"라고 [대답했다].

포로의 지도자(Exilarch)는 라브 함누나에게 물었다. [안식일을 일컬어] 즐거운 날이라, 여호와의 성일을 '존귀한' 날이라 하여(사 58:13, JPS)의 의미는 무엇인가? 그는 이것이 먹거나 마실 것이 없는 때인 속죄일을 가리킨다고 말했다. 토라는, 새로운 옷을 [입에] 그것을 존중하라고 말한다.

이를 존귀하게 여기고(사 58:13, JPS). 라브는 이것을 "일찍 시작함으로써"라고 말하지만, 쉬무엘은 이것을 "늦게 확대함으로써"라고 말한다.

라브 파파 바 아바의 아들들은 그에게 물었다. 매일 고기와 포도주를 가진 우리와 같은 사람들이 [샤바트를 존중하기 위해] 무엇을 다르게 할 수 있는가? 그는, 만약 당신이 보통 일찍 먹는다면 나중에 먹고, 만약 당신이 보통 늦게 먹으면 더 일찍 먹으라고 말했다.

여름에 라브 셰셰트는 자기 제자들을 [안식일에] 태양에 앉히고, 겨울에는 그늘에 앉히곤 했다. 그래서 그들은 일찍 떠나 [샤바트를 즐겼다].

랍비 제이라는 [토라 연구에 몰두한 – 라쉬] 여러 제자를 찾곤 했다. 그는 그들에게, 제발 [안식일을] 더럽히지 말라고 말하곤 했다. [55)]

어떤 이는 랍비 여호수아 벤 레비라고 말하지만, 라바는 당신이 안식일 전날에 홀로 기도하더라도 바이크홀루(vay'khulu)를 낭송해야 한다고 말했다(창 2:1-3). 라브 함누나는, 누구라도 안식일 전날에 기도하고 바이크홀루를 낭송할 때 거룩하신 이, 그분은 찬양받으시리로다, 그분이 그를 창조의 협동자로 간주하신다고 말했다. 바이크홀루("그리고 그들은 완결됐다")라고 되어 있지만, 바이칼루(vay'khallu, "그리고 그들은 완결했다")라고 읽어라. [56)]

랍비 엘르아살은, 우리는 어떻게 말이 행동과 같다는 것을 아는가? 여호와의 말씀으로 하늘이 지음이 되었으며(시 33:6, JPS)라고 기록됐다고 말했다. [57)]

라브 히스다는 마르 우크바(Mar Uqba)의 이름으로 다음과 같이 말했다. 누구라도 안식일 전날에 기도하고 바이크홀루를 낭송할 때, 각 사람에게 동행하는 두 섬기는 천사가 그들의 손을 그의 머리에 얹고 네 악이 제하여졌고 네 죄가 사하여졌느니라(사 6:7, JPS)라고 말할 것이다.

다음과 같이 가르침을 받았다. **랍비 요세 벤 예후다는 다음과 같이 말했다. 사람이 안식일 전날 회당에서 돌아올 때, 두 섬기는 천사, 즉 하나는 선하고 하나는 나쁜 천사가 각 사람과 함께 동행한다. 만약 그가 집에 도착했을 때, 등잔이 빛나고 탁자가 놓이며 긴 의자가 펼쳐지는 것을 발견하면 선한 천사는 "다가올 안식일에 이렇게 되는 것이 [하나님의] 뜻이 되게 하소서"라고 말하고, 나쁜 천사는 "아멘!"이라고 말하지 않을 수 없다. 하지만 그렇지 않으면 나쁜 천사는 "다가올 안식일에 이렇게 되는 것이 [하나님의] 뜻이 되게 하소서"라고 말하고 선한 천사는 "아멘!"이라고 말하지 않을 수 없다.**

랍비 엘르아살은, 단지 감람 [크기의 먹을 것이] 필요하다 해도 항상 안식일 전날에 자기 탁자를 정리해야 한다고 말했다.

그리고 랍비 하나나는, 단지 감람 [크기의 먹을 것이] 필요하다 해도 항상 안식일 후에 자기 탁자를 정리해야 한다고 말했다. 샤바트 후의 뜨거운 물[58]이나 샤바트 후의 뜨거운 빵은 건강에 도움이 된다.

그들은 샤바트 후에 랍비 아바후(Abbahu)를 위해 삼 년 된 송아지를 준비하곤 했지만, 그는 [단지] 콩팥들을 [먹었다]. 그의 아들 아비미(Abimi)가 성장했을 때, "아버지는 왜 이 모든 [음식을] 낭비합니까? 안식일 전날에 약간의 콩팥을 남깁시다!"라고 했다. 그들은 일부를 남겼지만 사자가 와서 [그 송아지를] 먹었다.[59]

'제이리(Zeiri)의 노트에 기록된' 법을 참조하면, 다른 랍비들의 '노트'에 언급된 내용을 볼 수 있다. 여기에는 3세기 팔레스타인의 아가다 기록자 여호수아 벤 레비의 노트에 나오는 언급이 포함되는데, 이는 한 사람의 성격이나 운명이 그가 태어난 요일에 따라 결정된다는 것을 내포하는 것 같다. 하지만 랍비 하나나는 한 사람의 삶은 그가 태어난 때에 상승중인 마잘(mazzal)에 의해 인도된다고 선언한다. 마잘은 그 의미가 다양하기 때문에 번역하지 않은 채로 두었다. 그것은 별자리, 12궁의 표시, 또는 여기서처럼 '움직이는 천체', 즉 태양이나 달이나 행성을 의미할 수 있다.

그리스 점성술과 인도 점성술은 아르다시르 1세가 226년 사산 제국을 건립한 직후에 바빌로니아를 포함해서 이란에 유입됐는데, 그때는 라브와 쉬무엘이 활동했던 때다. 사람들의 삶이 천체에서 오는 영향의 통제를 받는다는 점성술사의 신념은 고대 세계에 널리 퍼져 있었지만, 이 신념은 자유의지, 보상과 징벌에 대한 기본적인 유대의 가르침과 충돌한다. 요하난, 라브, 쉬무엘, 몇몇 그들의 계승자들은 하나나의 갓 태어난 아이의 운명에 대한 점술(genethlialogy)과 거리를 두고, 이스라엘이 하나님의 계명에 충실하기만 하다면 점성술의 영향에서 벗어나, 직접적으로 하나님의 섭리 아래 있다는 것을 입증한다.

점성술에 대한 믿음은 마이모니데스와 같은 극히 드문 사람들이 이에 대해 도전하는 가운데, 현대까지 유대인들 사이에 지속됐다. 마잘 토브(mazzal tov, '좋은 별자리')라는 유대인의 축하 표현은 이 믿음에서 유래한다.

24장

게마라:

랍비 하나나는 다음과 같이 말했다. 가서 레비의 아들에게, 결정하는 것은 출생 날짜의 마잘이 아니라 시간의 마잘이라고 말하라. 태양 아래 [태어난] 자는 빛날 것이며, 그는 자신의 것을 먹고 자신의 것을 마실 것이다. [하지만] 그의 비밀은 드러날 것이며, 그가 훔치려고 [시도]한다면 그는 성공하지 못할 것이다. 금성 아래 [태어난] 자는 부요하게 될 것이며, 생계를 부양하는 자가 될 것이다. 왜냐하면, 빛이 그 안에서 태어나기 때문이다. 수성 아래 [태어난] 자는 빛나고 현명할 것이다. 왜냐하면 [수성은] 태양의 서기관이기 때문이다. 달 아래 [태어난] 자는 곤경을 겪을 것이다. 그는 짓겠으나 그것이 파괴될 것이며, 파괴하나 그것이 지어질 것이다. 그는 자신의 것이 아닌 것을 먹고, 자신의 것이 아닌 것을 마실 것이다. 그의 비밀은 숨겨지고, 만약 그가 훔치면 그는 성공할 것이다. 토성 아래 [태어난] 자는 계획이 좌절되는 자가 될 것이다. 어떤 이는, 그를 음해하는 계획이 좌절될 것이라고 말한다. 목성 아래 [태어난] 자는 정의로울 것이다. 라브 나흐만 바 이삭은, 단지 계명을 [수행할] 때라고 말한다. 화성 아래 [태어난] 자는 피를 흘리는 자가 될 것이다. 라브 아쉬는, [그가] 피를 내게 하는 자, 또는 도살업자, 강도, 모헬 (mohel, 생후 8일이 된 사내아기에게 유대교의 의식에 따라 할례를 해주는 사람)이 [될 수 있다]고 말한다. 라바(Rabbah)는, 나는 화성 아래 [태어났지만 나는 이것들에 해당하지 않는다]고 말한다. 아바예가 대답했다. 선생이여, 당신도 징벌하고 죽인다. [60]

다음과 같이 가르침을 받았다. 랍비 하나나는, 마잘은 현명하게 하고 부요하게 하며 이스라엘은 마잘의 영향을 받는다고 말했다. 랍비 요하난은, 이스라엘이 마잘의 영향을 받지 않는다고 말했다.

[랍비 요하난의 이 견해는 그의 가르침과 일치한다. 왜냐하면] 랍비 요하난은 이렇게 말했다. 우리는 어떻게 이스라엘이 마잘의 영향을 받지 않는다는 것을 아는가? 그것은 여호와께서 이와 같이 말씀하시되 여러 나라의 길을 배우지 말라 이방 사람들은 하늘의 징조를 두려워하거니와 너희는 그것을 두려워하지 말라(렘 10:2), [즉], 여러 나라는 [하늘의 징조]를 두려워하게 하지만, 이스라엘은 두려워하지 않게 하라고 기록됐기 때문이다.

라브 역시 이스라엘이 마잘의 영향을 받지 않는다고 주장했다. 왜냐하면, 라브 예후다는 라브의 이름으로 이렇게 말했다. 우리는 이스라엘이 마잘의 영향을 받지 않는다는 것을 어떻게 아는가? 그것은 그를 이끌고 밖으로 나가(창 15:5)라고 기록됐기 때문이다. 아브라함은 거룩하신 이, 그분은 찬양받으시리로다, 곧 우주의 주님 앞에서 내 집에서 길린 자가 내 상속자가 될 것이니이다(창 15:3)라고 말했다. 그분은, 아니라 네 몸에서 날 자가 네 상속자가 되리라(15:4)라고 말씀하셨다. [아브라함은] 그분에게 말했다. 우주의 주님이시여, 나는 점성(horoscope)을 보았으며 나는 아들을 낳을 운명이 아닙니다. [주님은 아브라함]에게 다음과 같이 대답하셨다. 너의 점성을 버려라! 이스라엘은 마잘의 영향을 받지 않는다! 네가 [아들을 낳을 수 없다고 생각하는] 이유는 무엇인가? [그것은] 금성이 서쪽에 있기 때문인가? 그렇다면 누가 동방에서 목성을 일깨워서 그의 명령을 행하도록 소환하였는가(누가 동방에서 사람을 일깨워서 공의로 그를 불러 자기 발 앞에 이르게 하였느냐, 개역개정)(사 41:2)[61]라고 기록된 대로, 나는 그것을 동쪽으로 되돌릴 것이다.

그리고 [당신은] 쉬무엘 역시 이스라엘은 마잘의 영향을 받지 않는다고 [주장했다고 추론할 수 있다]. 쉬무엘과 아블라트(Ablat)[62]가 [함께] 앉아 있을 때, 어떤 사람들이 밭에 [가는 도중에] 그 앞을 지나갔다. 아블라트는 쉬무엘에게, 그 사람은 나가지만 돌아오지 않을 것이며, 뱀이 그를 물어 그가 죽을 것이라고 말했다. 쉬무엘은, 만약 그가 이스라엘 사람이면 돌아올 것이라고 말했다. 그들이 [여전히] 거기에 앉아 있는 동안에, 그가 돌아왔다. 아블라트는 일어나 [그 남자의] 짐을 내리고 그 안에서 반으로 잘린 뱀을 발견했다. 쉬무엘이 [그 사람에게] "당신은 무엇을 했는가?"라고 물었다. 그는 다음과 같이 대답했다. "매일 우리 [모두는] 음식을 [바구니에] 함께 두고 그것을 먹는다. 오늘은 [내가] 우리 가운데 한 명이 음식이 없어 [그가] 당황해하는 것을 [보았다]. 나는 [내 동료들에게], 내가 [음식을 모아서] 자루에 그것을 넣겠다고 말했다. 내가 [아무것도 없는 그 사람에게] 왔을 때, 나는 [음식을] 그에게서 꺼내는 척하여 그가 당황하지 않도록 했다." 쉬무엘은, 당신이 미츠바를 행했다고 말했다. [그다음에] 쉬무엘은 나가서 공의는 죽음에서 건지느니라(잠 10:2) - 고통스러운[63] 죽음뿐만 아니라 어떤 죽음에서도 건진다 - 라고 설교했다.

그리고 [당신은] 랍비 아키바 역시 이스라엘은 마잘의 영향을 받지 않는다고 [주장했다고 추론할 수 있다]. 랍비 아키바에게는 딸이 있었는데, 갈대아 사람 [점성술사]들은 그에게 그의 딸이 정원에 들어오는 날에 뱀에게 물려 죽을 것이라고 말했다. 그는 이 문제에 대해 많이 걱정했다. 어느 날 그의 딸은 자기 이마에 하고 있던 장신구를 벗어 땅에 찔렀는데, 그것이 뱀의 눈을 꿰뚫었다. 그녀가 아침에 장신구를 집어 들었을 때, [죽은] 뱀이 끌려왔다. 그녀의 아버지는 그녀에게 무엇을 했었는지 물었다. [그녀는] "지난 저녁 한 가난한 사람이 문에서 불렀지만 모두 잔치 때문에 바빠서 누구도 그의 소리를 듣지 못했습니다. 그래서 나는 아버지가 내게 준 음식의 몫을 가져다가 그에게 주었습니다"라고 말했다. [그때] 랍비 아키바는 나가서 공의는 죽음에서 건지느니라(잠 10:2) - 고통스러운 죽음뿐만 아니라 어떤 죽음에서도 건진다 - 라고 설교했다.

그리고 [당신은] 랍비 나흐만 바 이삭[의 이야기]에서도 이스라엘은 마잘의 영향을 받지 않는다는 사실을 [추론할 수 있다]. 갈대아 사람 [점성술사]들은 랍비 나흐만 바 이삭의 어머니에게 그녀의 아들이 강도가 [될 운명이라고] 말했다. 그녀는 그에게 머리 덮개를 벗지 않도록 하고, 하늘의 두려움이 네게 임하도록 네 머리를 덮고 기도하라고 말했다. 그는 그녀가 왜 그렇게 말했는지 알지 못했다. 어느 날 그는 야자나무 아래에서 공부하며 앉아 있었는데, 그때 그의 옷이 그의 머리에서 흘러내렸다. 그는 야자를 올려다보았고, 유혹이 엄습했다. 그는 올라가 자신의 이로 야자 열매 한 묶음을 뜯어냈다.[64]

에루빈

ERUVIN, 경계들

하나님은 이스라엘 사람들을 이집트에서 인도하여 내신 후, 사막에서 그들을 '하늘에서 온 빵'으로 먹였다. 그들은 그것을 '만나'라고 불렀다. 이것은 6일 동안 그들을 위해 내렸지만, 안식일에는 내리지 않았다. 대신에 그들은 금요일에 두 배의 몫을 모았다. 일곱째 날에 대한 모세의 가르침은 너희는 각기 처소에 있고 일곱째 날에는 아무도 그의 처소에서 나오지 말지니라(출 16:29)였다.

어떤 랍비들은 이것을, 사람들이 안식일에 할당된 경계 내에서 머물러야만 한다는 것을 의미한다고 이해했다.[1] 이 경계는 시작할 때 당신이 있는 곳에 달려있다. 예를 들어, 만약 당신이 마을에 있었다면, 당신은 마을과 그 너머의 2000규빗 되는 곳은 어디든 어떤 방향으로든 걸어 다닐 수 있을 것이다. 당신이 2000규빗 안에서 만나는 마을이나 촌락도 오직 4규빗으로만 계산될 것이므로, 당신은 그 안에서도 어디에나 이동할 수 있다. 만약 당신이 가령 3000규빗 떨어진 다음 마을로 방문하기를 원한다면, 당신은 안식일이 시작할 때 두 마을의 2000규빗 내에 있는 한 장소에 있거나 미리 거기에 식사를 둠으로써, '거주지'를 세워 방문할 수 있다. 이 식사는 에루브 테후민(eruv teḥumin), 경계의 에루브(eruv, 혼합물)로 알려졌다.

또 다른 경계 이야기는 개인 재산에서 온다. 만약 당신과 내가 공동 뜰에 공개된 집(또는 오늘날 한 구획 내의 개별 아파트)에 산다면 내 재산에 대한 경계가 있고, 당신의 재산에 대한 경계가 있으며, 우리 모두 통과할 권리를 가지는 공동 구역이 있다. 이 구역들 내에서 우리가 이동하는 데 어떤 제약은 없어도, 한 구역에서 다른 구역으로 물건을 옮기는 데는 랍비적 제약이 있다. 제약이 가해지는 장치를 에루브 하체로트(eruv ḥatzerot), 뜰의 에루브라고 부른다. 그 뜰의 모든 거주민은 그들 가운데 하나의 집에 차려진 공동 식사를 제공하여, 그들이 안식일 식사를 위해 함께 거주하는 것으로 간주한다. 문자 그대로, '혼합' 또는 '공유'를 의미하는 에루브라는 단어는 이 식사를 가리킨다. 쉬무엘이 언급한 대로(Eruvin 49a), 만약 누군가가 자신의 빵 조각을 가지기를 고집한다면, 그 에루브는 모두에게 무효가 될 것이다. 에루브는 공유를 의미하기 때문이다. 명백히 에루브는 종교적 의미뿐만 아니라, 사회적 의미를 전달한다.

우리의 뜰은 거리(히브리어: 마부이[mavui])에 공개된 많은 뜰 가운데 하나일 수도 있다. 이 경우, 거리의 끝(들)에 경계 표시를 세울 뿐만 아니라, 그 뜰의 모든 거주민은 쉬투프 므부오트(shittuf m'vuot)라고 알려진 에루브의 셋째 종류를 공유할 것이다. 이런 종류의 에루브는 준수하는 유대인들이 지정된 구역에서 나를 수 있도록, 흔히 마을이나 마을 내의 한 구역에 세워진다.

넷째 종류의 에루브인 에루브 타브쉴린(eruv tavshilin)은 절기의 안식일에 음식을 준비할 수 있도록 한다. 베차(Betza) 2장을 보라.

4장

미쉬나:

외국인이나 악한 영이 [자신의 안식일 경계를 넘어] 누군가를 옮긴다면, 그는 [움직일 수 있는] 공간이 네 규빗뿐이다. 만약 그들이 그를 되돌려 보낸다면, 그것은 마치 그가 전혀 떠나지 않은 것과 같다.

만약 그들이 그를 다른 마을로 데려가거나 그를 방목장이나 감옥에 둔다면, 라반 가말리엘과 랍비 엘르아살 벤 아자리아는 그가 그곳 어디든지 움직일 수 있다고 말한다. [그러나] 랍비 여호수아와 랍비 아키바는 그가 오직 네 규빗만 움직일 수 있다고 말한다.

한번은, 그들이 브린디시(Brindisi)[2]에서 떠나 그들의 배가 바다에 놓였다. 라반 가말리엘과 랍비 엘르아살 벤 아자리아는 그곳 도처를 걸었다. [그러나] 랍비 여호수아와 랍비 아키바는 네 규빗을 넘어 움직이지 않았다. 왜냐하면, 그들은 자신에게 엄격하기를 원했기 때문이다.

한번은 그들이 [금요일에] 해 질 녘까지 항구에 들어가지 못했는데, [그때는 이미 안식일이 시작됐다]. 그들은 라반 가말리엘에게 말했다. 우리가 정박해도 되겠는가? 그는 그렇게 해도 좋다고 말했다. 나는 밖을 살펴보았고, 우리가 어둡기 전에 경계 내로 들어갔다는 것을 [알았다].

게마라:

하늘을 통한 경계들

라브 하나니아는 다음과 같이 물었다. 경계들은 [손바닥] 열 개의 높이 위로 적용되는가,[3] 아니면 [손바닥] 열 개의 높이 위로 적용되지 않는가?

당신은 열 [손바닥] 높이와 네 손바닥 넓이의 기둥에 대해 물어볼 필요가 없다. 왜냐하면, 그것은 땅이 부푼 것이므로 [땅 자체가 경계의 규칙에 종속되기] 때문이다. 열 손바닥 높이이지만 네 손바닥 넓이가 되지 않는 기둥에 대해서나, [열 손바닥 위로 공중에] 뛰어오른 사람에 대해서는 질문하라. 그렇지 않으면 배를 타고 있는 누군가에 대해 질문하라.[4]

[대답은] 무엇인가?

라브 호샤야(Rav Hoshaya)는, 다음과 같은 증거가 있다고 말했다. **한번은 그들이 브린디시에서 떠나 그들의 배가 바다에 놓였다.** 이제 만약 당신이 경계들이 열 [손바닥] 높이 위에 적용된다고 말한다면, 그런 이유에서 그들은 자신들에게 엄격하기를 원한 것이다. 그러나 만약 경계들이 열 [손바닥] 높이 위에 적용되지 않는다면, 그들은 왜 [경계에 대한 질문이 대두하지 않는 것을 알면서도, 자신들에게 엄격하기를] 원했는가?

아마도 이것은 라바가 [다른 맥락에서] 말한 대로일 것이다. [즉, 배가] 얕은 곳에 있어서, [갑판이 땅 위로 열 손바닥이 안 됐다]. 여기서도 [아마] 그들은 얕은 곳에 있었을 것이다. 5)

또 다른 증거가 있다. **한번은 그들이 해 질 녘까지 항구에 들어가지 못했다.** 이제 만약 당신이 경계들이 열 [손바닥] 높이 위에 적용된다고 말한다면, 그것은 옳다. 하지만 만약 경계들이 열 [손바닥] 높이 위에 적용되지 않는다면, 무엇이 문제였는가?

라바는, 그것이 얕은 곳으로 움직이고 있었[으므로, 경계법이 적용됐다]고 말한다.

한 증거가 있다. **일곱 가지 교훈이 안식일 아침에 수라에 있는 라브 히스다 앞에서 낭송됐고, 안식일 오후 늦게 품베디타에 있는 라바 앞에서 낭송됐다.** 누가 그것들을 낭송했는가? 경계들이 열 [손바닥] 높이 위에 적용되지 않는다고 추론할 수 있는 엘리야였는가? [반드시] 그렇지는 않다. 아마도 악마 요셉이 그것들을 낭송했을 것이다. 6)

한 증거가 있다. 만일 누군가가 **"나는 다윗의 아들이 오는 날에 나실인이 되기로 [맹세한다]"**라고 말한다면, 그는 **안식일과 절기에 포도주를 마실 수 있지만, 주중에는 포도주를 마시는 것이 금지된다.** 7) 이제 만약 당신이 경계들이 열 [손바닥] 높이 위에 적용된다고 말한다면, 그런 이유에서 [다윗의 아들은 자신의 여행이 안식일을 범할 것이므로 그때 도착하지 않을 것이기 때문에] 그는 [포도주를 마시는 것이] 허용될 것이다. 하지만 만약 경계들이 열 [손바닥] 높이 위에 적용되지 않는다면, 그는 왜 [다윗의 아들이 도착할 수도 있다는 것을 알고서도] 허용돼야 하는가?

이것은 또 다른 이유에서다. 성경은 **보라 여호와의 크고 두려운 날이 이르기 전에 내가 선지자 엘리야를 너희에게 보내리니**(말 4:5, JPS)라고 말한다. 엘리야가 전날에 도착하지 않았[으므로, 다윗의 아들은 그의 여행이 허용된다고 해도, 오늘 안식일에 도착하지 않을 것이다].

하지만 만약 그렇다면, 그는 엘리야가 전날에 오지 않은 것을 보고서 주중 어떤 날이라도 [포도주를 마시는 것이] 허용되어야 한다. 그래서 우리는 [엘리야가 왔다고 추측하지[만, 나실인이 되려는 자는 엘리야가] 큰 뜰(Great

Court)에서[만] 자신을 소개했[으므로, 그것을 알지 못했다. 그렇다면 왜 안식일은 달라야 하는가?] 엘리야는 [금요일에] 큰 뜰에서 자신을 소개했을 수 있다! [그러나 그렇지 않다.] 이스라엘은 이미 엘리야가 안식일이나 절기 전날에 오지 않을 것이라고 확신했다. 그것이 어떤 사람들에게는 문제가 될 것이기 때문이다.[8]

이것은 만약 엘리야가 [안식일이나 절기 전날에] 오지 않는다면 메시아도 그때 오지 않으리라고 추측하게 한다. 이 경우 [나실인이 되려는 자는] 금요일에 [포도주를 마시는 것이] 허용되어야 한다! 엘리야는 [금요일에] 오지 않겠지만, 메시아는 올 수도 있다. 메시아가 올 때는 모두가 이스라엘의 종이 될 것이[고, 그들을 위해 안식일을 준비할 것이므로, 그의 도착은 문제가 되지 않을 것이기 때문이다].

일요일에 [포도주를 마시는 것이] 그에게 허용되어야 한다. [이것은 진술되지 않았으므로,] 우리는 경계들이 [열 손바닥 높이 위에] 적용되지 않는다고 추론할 수 있다. 왜냐하면, 만약 경계들이 실제로 적용된다면 엘리야가 안식일에 도착할 수 없으므로, 그는 일요일에 [포도주를 마시는 것이] 허용되어야 하기 때문이다!

타나(Tanna)는 경계들이 적용되어야 하는지, 그리고 더 엄격하게 나아가야 하는지 의심한다.

이 사람이 [나실인이 되기로] 언제 맹세했는가? 만약 주중이었다면, 일단 그가 나실인이 되었을 때 어떻게 안식일에 면제될 수 있는가? 그러므로 그는 안식일이나 절기에 맹세했을 것이다. 그리하여 그날에 그는 [포도주를 마시는 것이] 허용되지만, 그때부터는 계속 금지된다.

정신이 없는 제자

한번은 그들이 어두울 때까지 항구에 들어가지 못했다.

다음과 같이 가르침을 받았다. 라반 가말리엘은 마른 땅 위의 2000규빗과 바다 위의 2000규빗을 정할 수 있는 관(管)을 가지고 있었다.[9]

만약 당신이 골짜기가 얼마나 깊은지 알기를 원한다면, 관을 가지고 와서 조

사해보라. 그러면 당신은 그 골짜기가 얼마나 깊은지 알게 될 것이다. [10)]

만약 당신이 야자나무가 얼마나 높은지 알기를 원한다면, 그 그림자와 당신의 그림자를 측정하라. 그러면 당신은 그 야자나무가 얼마나 높은지 알 것이다. 만약 당신이 들짐승이 무덤 [기념비]의 그늘에 집을 짓지 않을 것인지[11)] 확인 하고 싶다면, 그날 넷째 시에 지팡이를 올리고 그 그림자가 어떤 방향으로 떨어지는지를 보라. 그다음에 [기념비가 그날 그 시간에 그늘지지 않도록 그 것을] 거기서 위아래로 경사지게 하라.

라브 하니라이(Rav Ḥanilai)의 아들 느헤미야는 자신의 연구에 깊이 몰두하여 [정신없이 안식일] 경계를 넘어 거닐었다. 라브 히스다는 라브 나흐만에게 말했다. 당신의 제자 느헤미야가 곤경에 빠졌다! [라브 나흐만은], [그렇다면] 그가 돌아 올 수 있도록 사람들과 울타리를 만들라[12)]고 대답했다.

라브 나흐만 바 이삭은 라바 뒤에 앉아 있었고, 라바는 라브 나흐만 앞에 있었 다. [13)] 라브 나흐만 바 이삭은 라바에게 다음과 같이 말했다. 무엇이 라브 히스다 의 문제인가? 그것은 [울타리를 만들기에] 충분한 사람들이 있다는 것인가? 하지 만 그는 할라카가 라반 가말리엘에 따른 것인지, 아니면 [울타리를 만들기에] 충 분한 사람들이 있지 않다는 것인지를 알고 싶어 하며, 또한 할라카가 라반 엘리에 셀에 따른 것인지 아닌지를 알고 싶어 한다.

명백히 우리는 [울타리를 만들기에] 충분한 사람이 없는 경우를 다루고 있음이 틀림없다. 왜냐하면, 만약 사람들이 충분하다면 무엇이 문제이겠는가? 라브는 할 라카가 방목장과 감옥과 배의 경우에 라반 가말리엘을 따랐다고 [이미] 말하지 않았는가? 그러므로 우리는 충분한 사람이 없는 경우를 다루고 있음이 틀림없으 며, 문제는 할라카가 랍비 엘리에셀을 따른 것인지에 대한 것이다. [랍비 엘리에셀 은 만일 누군가가 경계를 넘어 2규빗을 벗어난다면 그는 다시 들어갈 수 있다고 말했다 - 라쉬.]

이것은 면밀히 검토하면 명백하다. 왜냐하면 [라브 나흐만은] 그에게, '그가 들어올 수 있다'고 말했기 때문이다. 분명히 '들어온다'는 것은 울타리가 없 다는 것을 내포한다.

라브 나흐만 바 이삭은 라바에게 다음과 같이 반대했다. 만약 [수카(Sukka, 장막)의] 벽이 무너지면 그는 사람들이나 물건들을 거기에 세워둘 수 없고, [틈 위에] 시트를 펼치려고 침대를 받칠 수도 없다. 왜냐하면, 절기에는 새로운 일시적인 '장막'을 만드는 것이 금지되어 있고, 안식일에는 더더욱 그렇기 때문이다.

이 논의는 확정적이지 않다. 우리는 정신없는 학생이 안식일 후까지 서 있도록 두어야 하는지를 알지 못한다.

마을이 원형이 아니라면 이런 일을 할 명백한 방법이 없는 것을 보고, 당신은 어떻게 마을 주변의 경계를 규정하는가? 미쉬나는 마을의 형태에 상관없이 경계는 마을의 최대 범위에 근거하여 완벽하게 직사각형으로 정리되어야 한다고 진술한다. 게마라는 직사각형이 남북과 동서로 일렬로 세워져야 한다고 명확히 한다. 이것은 하지점과 동지점 및 추분과 추분 사이의 시간 경과를 고려하게 되면서, 기술적인 논의를 유발한다. 편집자들은 여기서 토라를 배우는 가치와 연구하는 최상의 방법에 대한 진술 모음집을 삽입했다. 이것은 그들의 현실적인 자질과 몇 가지 일화의 따뜻한 인간미, 토라를 배울 때 그들이 보이는 기쁨과 사랑의 느낌에 주목할 만하다.

이 선집은 재치에 대한 여호수아 벤 하나니아의 익살스러운 성찰들로 시작한다. 이 성찰들은 그 자신이 재치 있는 이단자들과 불신자들 사이에 유명했을 때 더더욱 날카로웠다. 그다음에는 랍비 메이르의 아내 베루리아(Beruria)와 관련된 몇 가지 일화가 나오는데, 그녀는 랍비들이 명백하게 존중하여 인용하는 몇 안 되는 여자들 가운데 하나이다(비록 이것이 그녀에 대해 무례한 이야기들을 만들어낸 중세 주석가들에게는 너무 과한 것으로 입증됐을지라도).

5장

게마라:

랍비 여호수아 벤 하나니아는 다음과 같이 말했다. 일찍이 나보다 앞선 유일한 사람들은 여자와 소년과 소녀였다. 그 여자에게 무슨 일이 일어났는가? 한번은 내가 여관에 머물고 주인이 내게 콩 한 접시를 만들어주었다. 첫날, 나는 그것을 먹고 아무것도 남기지 않았으며, 다시 둘째 날 나는 그것을 먹고 아무것도 남기지 않았다. 셋째 날 그녀는 너무 많은 소금을 넣었고, 나는 그것을 맛본 후에 먹지 않았다. 그녀가 말했다. 선생님, 왜 안 드십니까? 나는 그날 일찍 먹었다고 대답했다. 그녀는 다음과 같이 말했다. 그렇다면 당신은 빵을 쪼개지 않았어야 했습니다! 아마도 당신은 이전 것을 위한 페아(pe'ah)로서 [종을 위한 이 콩을] 따로 떼어두었을 것이다.[14] 현인들은 페아를 요리하는 솥이 아닌 접시에 챙겨두어야 한다고 말하지 않았는가?

그 소녀에게는 무슨 일이 있었는가? 나는 걷고 있었고 그 길은 밭을 통과했다. 한 소녀가 내게 말했다. 선생님, 이것은 [개인]의 밭이지 않습니까? 나는 그녀에게, 이것은 잘 밟은 길[이며, 따라서 공적인 길이라고 말했다. 그녀가 대답했다. 당신과 같은 도둑들이 그것을 밟았습니다!

그리고 그 소년에게는 무슨 일이 있었는가? 한 소년이 교차로에 앉아있는 것을 보았을 때, 나는 길을 가는 중이었다. 나는 그에게 물었다. 어느 길이 마을로 가는 길인가? 그는, 이 길은 짧지만 길고, 저 길은 길지만 짧다고 말했다. 나는 짧지만 긴 [길]을 따라갔는데, 내가 마을에 도착했을 때 그곳이 정원과 과수원으로 둘러싸인 것을 발견했다. 그래서 나는 되돌아와야만 했다. 나는 그에게 말했다. 얘야, 너는 내게 이것이 짧은 [길]이라고 말하지 않았느냐? 그는 내게 말했다. 하지만 나는 당신에게 그것이 길다고 말하지 않았습니까! 나는 그의 머리에 입 맞추고 그에게 말했다. 이스라엘아, 너희는 복되다. 왜냐하면, 너희는 가장 큰 자부터 가장 작은 자까지 모두 기민하기 때문이다.

갈릴리 사람 랍비 요세가 베루리아를 만났을 때 그는 집에 오는 길이었다. 그는 그녀에게 물었다. 우리가 롯다로 가려면 어떤 길을 가야 하는가? 그녀는 그에게 말했다. 어리석은 갈릴리 사람이여! 현인들이 여자들에게 너무 많이 말하지 말라고 하지 않았는가![15] 너는 "어느 길이 롯다로 가는 길인가?"라고 말했어야 했다.

[또 다른 경우] 베루리아는 자신의 교훈을 조용히 검토하고 있는 학생을 우연히 만났다. 그녀는 그를 호되게 꾸짖고[16] 말했다. [하나님이 나와 더불어 영원한 언

약을 세우시] 만사에 구비하고 견고하게 하셨으니(삼하 23:5, JPS)라고 기록되지 않았는가? 만약 [당신의 배움이] 당신 몸의 248가지 부분까지 만사에 구비된다면[17] 견고하게 될 것이고, 만약 그렇지 않다면 견고하게 되지 않을 것이다. [그리고 실제로] 그들은 다음과 같이 가르쳤다. 랍비 엘리에셀에게는 그의 교훈을 조용히 검토하곤 하던 한 제자가 있었으며, 3년 후에 그는 자신이 배운 것을 잊었다.

배움의 미덕에 대한 더 많은 일화는 토라 연구의 혜택과 기쁨에 대한 진술로 분명히 이어진다. 여기는 선집이다.

랍비 여호수아 벤 레비가 말했다. 만약 당신이 여행 중이고 동료가 없다면 그것들은 우아한 동반자요(이는 네 머리의 아름다운 관이요, 개역개정)[18]라고 한 대로 토라를 연구하라. 만약 네 목이 아프다면 네 목의 금사슬이니라(잠 1:9, JPS)라고 한 대로 토라를 연구하라. 만약 속이 좋지 않다고 느낀다면 이것이 네 몸에 양약이 되어라고 한 대로 토라를 연구하라. 만약 네 뼈가 아프면, 네 골수를 윤택하게 하리라(잠 3:8, JPS)라고 한 대로 토라를 연구하라. 만약 네 전체 몸이 좋지 않다고 느끼면, 그의 온 육체의 건강이 됨이니라(잠 4:22, JPS)라고 한 대로 토라를 연구하라.

랍비 히야의 아들 라브 예후다는 다음과 같이 말했다. 보라! 거룩하신 이, 그분은 찬양받으시리로다, 그분의 길은 육체와 피의 길과 같지 않다! [이것은] 만일 누군가가 그의 친구에게 약을 준다면, 어디에는 좋지만 다른 데에는 좋지 않은 것과 같이 육체와 피의 길이 그렇다. 하지만 거룩하신 이, 그분은 찬양받으시리로다, 그분이 토라를 이스라엘에게 주셨을 때, 그의 온 육체의 건강이 됨이니라라고 한 대로, 그것은 그의 온몸을 위한 치유였다.

라브 요세프 바 하마의 아들 라바는 라브 요세프[19]를 화나게 했다. 속죄일 전날이 다가왔을 때 [라바는], 내가 가서 그와 화해하겠다고 말했다. 그는 가서 [라브 요세프의] 종이 [자기 주인을 위해] 포도주를 붓고 있는 것을 발견했다. 그는, 내가 붓겠다고 말했다. [그 종은] 그것을 건네주었고 [라바가] 포도주를 부었다. [라브 요세프는] 그것을 맛보고서 말했다. 이것은 마치 요세프 바 하마가 부은 것 같은 맛이 난다! 그가 말했다. 바로 나다! [라브 요세프는], 당신이 내게 이 구절들의 의미를 말할 때까지 앉지 말라고 [말했다]. 그들은 광야에서 맛다나에 이르렀고 맛다나에서 나할리엘에 이르렀고 나할리엘에서 바못에 이르렀고 바못에서 모압 들에 있는 골짜기에 이르러(민 21:18-20, JPS). 그는 다음과 같이 대답했다. 누군가가 자신을 모두가 짓밟는 광야(미드바르[midbar])처럼 만들 때[20] [토라]는 선물(마타나[mattana])로 그에게 건네질 것이다. 그가 그것을 선물로 받아들일 때 하나님은 그를 소유(나할리엘[naḥaliel])로 받아들일 것이다. 하나님이 그를 소유하실 때, 나할리엘에서 바못(높은 곳)에 이르렀고라고 한 대로 그는 위대하게 될 것이다. 하지만 그가 교만하게 되면, 거룩하신 이, 그분은 찬양받으시리로다, 그분이 바못에서 모압 들에 있는 골짜기에 이르러라고 한 대로 그를 내던지실 것이다. 만약 [그때] 그가 회개하면 거룩하신 이, 그분은 찬양받으시리로다, 그분이 골짜기마다 돋우어지며(사 40:4)라고 한 대로, 그를 다시 세우실 것이다.

랍비 히야 바 아바는 다음과 같이 말했다. 무화과나무를 지키는 자는 그 과실을 먹고(잠 27:18, JPS)의 의미가 무엇인가? 토라의 말씀들은 왜 무화과나무에 비유되는가? 당신이 무화과나무를 찾을 때마다 무화과를 발견하는 것처럼, 당신이 토라를 묵상할 때마다 의미를 깨닫는다.

랍비 쉬무엘 바 나흐마니는 다음과 같이 말했다. 그는 사랑스러운 암사슴 같고 아름다운 암노루 같으니 너는 그의 품을 항상 족하게 여기며 그의 사랑을 항상 연모하라(잠 5:19, JPS)의 의미는 무엇인가? 토라의 말씀들은 왜 암사슴에 비유되는가? 이것은 암사슴의 태[21]가 좁고 매번 처음처럼 자기 짝을 만족시키듯이, 토라의 말씀들도 끊임없이 처음처럼 그 말씀을 배우는 자들을 만족시킨다는 것을 당신에게 말해준다. 아름다운 암노루 같으니. [토라는] 토라를 배우는 모든 이에게 은혜를 베푼다! 너는 그의 품을 항상 족하게 여기며. 여기서 토라의 말씀들은 왜 품에 비유되는가? 이것은 아기가 젖을 빨 때마다 우유를 얻듯이, 당신이 토라의 말씀들을 묵상할 때마다 의미를 깨닫게 된다는 것을 말해준다. 그의 사랑을 항상 연모하라. 그들이 말하는 랍비 엘르아살 벤 페다트(Eleazar ben Pedat)처럼 말이다. 그들이 말하기를, 엘르아살은 자기 상품이 셉포리스의 위쪽 시장에서 전시되는 동안 셉포리스의 아래 시장에서 토라에 몰두하면서 앉아있었다고 한다. [22]

랍비 페리다(Perida)에게는, 그가 모든 것을 400번 반복하면 [그때에야] 그것을 이해하는 한 [제자]가 있었다. 어느 날 [페리다는] 자신이 어떤 미츠바에 대해 해석을 요구받았다는 [메시지를 받았다]. 그는 [보통 때처럼 400번 그 제자에게 교훈을] 반복했지만, [그 제자는] 그것을 이해하지 못했다. [페리다는] 그에게 "[오늘은] 무슨 차이가 있는가?"라고 말했다. 그는 "선생님, 그들이 당신에게 주의해야 할 미츠바가 있다고 말한 순간에 나는 집중력을 잃었습니다. 내가 '이제 선생님이 [가려고] 일어나고 있다, 이제 선생님이 [가려고] 일어나고 있다'고 계속 생각하고 있었기 때문입니다"라고 대답했다. [페리다는] 그에게, "네 마음을 집중해라. 그러면 내가 [다시] 가르쳐 주겠다"라고 말했다. 그는 다시 400번 [그 교훈을] 반복했다. 이에 하늘의 목소리가 나와서 [페리다에게] 다음과 같이 말했다. "너는 [네 보상으로] 무엇을 원하는가? 네 생명에 400년이 더해지기를 원하는가, 아니면 너와 네 세대가 다가올 세상의 삶을 얻기를 원하는가?" 그는 "나와 내 세대가 다가올 세상의 삶을 얻기를 원합니다"라고 말했다. 거룩하신 이, 그분은 찬송받으시리로다, 그분은 "그에게 둘 다 허락하라!"라고 선포하셨다.

학생들에게 달력 계산의 주요 이슈 가운데 하나에 몰입하도록 하면서, 경계를 '사각으로 만들기'의 주제가 재개된다.

랍비들은 다음과 같이 가르쳤다. **당신이 [마을의 경계를] 사각으로 만들 때, 세상의 북쪽에 북쪽을 맞추고 세상의 남쪽에 남쪽을 맞추면서 세상을 사각으로 만드는 것에 따라 마을을 사각으로 만든다.**[23] 이에 대한 연상법은 북쪽에는 양(羊)자리이고, 남쪽에는 전갈자리다.

랍비 요세는 다음과 같이 말한다. 만약 당신이 세상을 사각으로 만들기에 따라 어떻게 사각으로 만드는지 알지 못한다면, 태양의 길을 따라 사각을 만들어야 한다. 그것을 어떻게 하는가? 긴 날에 태양이 뜨고 지는 [측면은] 북쪽을 향한다. 짧은 날에 태양이 뜨고 지는 곳은 남쪽을 향한다. 니산(Nisan)월과 티쉬레이(Tishrei)월[24]의 분점(分點)에서 태양은 남으로 불다가 북으로 돌아가며(전 1:6)[25]라고 기록된 대로, 직접 동쪽으로 뜨고, 직접 서쪽으로 진다. 즉 낮에는 남쪽으로 가고, 밤을 [향해서는] 북쪽으로 돌아간다.

이리 돌며 저리 돌아 바람은 그 불던 곳으로 돌아가고(전 1:6). 이것은 동쪽 구역과 서쪽 구역을 가리킨다. 때로 이것은 이 구역들을 따라 이 구역들 주변으로 움직인다.

라브 메샤르샤(Rav Mesharshya)는 이 규칙들은 적용되지 않는다고 말한다. 왜냐하면, 다음과 같이 가르쳐졌기 때문이다. **태양은 결코 북동쪽의 지역에서 뜨지 않고, 북서쪽에서 지지 않으며, 남동쪽 지역에서 뜨지 않고, 남서쪽에서 지지 않았다.** 26)

쉬무엘은 다음과 같이 말한다. 니산월 분점이 정확하게 그날의 네 쿼터 가운데 하나, [즉,] 그날의 시작, 또는 그 밤의 시작, 정오, 한밤중에 떨어진다. 티쉬레이(Tishrei)월 분점은 낮이든 밤이든, 1과 2분의 1 또는 7과 2분의 1시에 떨어진다. 한 테쿠파(tequfa, 주기)에서 다음까지는 91일, 7과 2분의 1시간이고, 어떤 테쿠파도 다른 것에서 반 시간 이상을 끌지 않을 것이다. 27)

쉬무엘은 또한 다음과 같이 말했다. 만약 봄 분점이 목성과 일치하면, 나무들이 [폭풍으로] 박살 날 것이다. 만약 겨울 분점이 목성과 일치하면 식물들이 시들 것이다.

즉, 만약 달의 출생이 달의 시간이나 목성의 시간에 일어났다면 말이다. 28)

페사힘

PESAḤIM, 유월절

너희는 이레 동안 무교병을 먹을지니 그 첫날에 누룩을 너희 집에서 제하라(출 12:15, JPS).

이레 동안은 누룩이 너희 집에서 발견되지 아니하도록 하라(출 12:19).

1장

미쉬나:

[니산월의] 14일 밤에, 당신은 등잔불로 하메츠(ḥametz, 누룩)를 찾아야만 한다. 당신이 하메츠를 두지 않는 곳들을 찾을 필요는 없다.

어떤 상황에서 그들은 지하실에 있는 두 줄의 [통]을 [찾아야만 하는가]? 당신이 하메츠를 거기에 두었을 [경우에만] 그렇다.

샴마이 학파는 이 두 줄이 지하실 전체 지역의 두 줄을 [의미한다]고 말하지만, 힐렐 학파는 두 줄이 바깥 두 줄, 즉 가장 위의 줄을 [의미한다]고 말한다.

*14일 밤*에는 문자 그대로는 '14일의 빛에'이다. 게마라는 이 표현이 완곡어법이며, 맹인에 대한 아람어 관용구 사기 나호르(*sagi nahor*)의 '많은 빛을 가진 자'에서

처럼, 여기서 '빛'이 어둠을 나타낸다고 말한다. 그리고 불쾌함을 피하고자 완곡어법을 일반적으로 사용하는 것에 대한 조언을 제시한다고 결론 내린다.

성경에서 명백하게 진술하지는 않더라도 하메츠는 니산월 14일의 오후, 즉 유월절 전의 오후에 금지됐다고 일반적으로 받아들여진다. 현인들은 증거 본문을 찾는다.

날들은 이전 저녁 어두울 때 시작하는 것으로 간주된다. 예를 들어 만약 니산월 15일이 목요일이라면, 수요일 저녁 해 질 녘에 시작한다. 낮 시간은 일출에서 일몰까지의 기간을 12개의 동등한 부분으로 나누어 계산한다.

게마라:

미쉬나¹⁾는 다음과 같이 진술한다. **랍비 메이르는 그들이 다섯째 시간 내내 [하메츠를] 먹고 여섯째 시간이 시작될 때 [남은 것을] 태운다고 말한다. 랍비 유다는, 그들이 넷째 시간 내내 [하메츠를] 먹고 다섯째 시간 내내 기다리며 여섯째 시간이 시작될 때 [남은 것을] 태운다고 말한다. [명백히,] 그들 모두 여섯째 시간 이후에 하메츠를 [먹는 것이] 금지된다는 것에 동의한다.** 이것은 무엇에 근거하는가?

아바예는, [그것이] 두 구절[에 근거한다]고 말했다. 한 구절은 이레 동안은 누룩이 너희 집에서 발견되지 아니하도록 하라(출 12:19)이고, 다른 구절은 그 첫날에 누룩을 너희 집에서 제하라(12:15)라고 진술한다. 이것은 무엇을 의미하는가? [니산월의] 14일이 칠 일 전에 하메츠를 제거하는 날로서 추가된다는 것이다. ²⁾

[대신에] 하메츠가 제거되어야만 하는 [시점으로] 15일의 밤을 포함하려면 [둘째 구절이 필요하다는 것을 왜 말하지 않는가? 결국, 우리는 [성경이] 날들을 기록했으므로, 이것은 밤이 아니라 날을 의미한다고 생각할 수 있다. [따라서] 밤이 [금지에] 포함된다고 우리에게 말하기 위해 [둘째 구절이 필요하다]!

[아니다. 이 구절은] 이에 대해 필요하지 않다. 누룩을 제거하는 것은 하메츠를 먹는 것을 [금지하는 것]과 비교되며, 하메츠를 먹는 것을 [금지하는 것은] 마차(matza, 무교병)를 먹으라는 [명령]과 비교된다. 누룩을 제거하는 것

은 하메츠를 먹는 것을 [금지하는 것]과 비교되는데, 왜냐하면 이레 동안은 누룩이 너희 집에서 발견되지 아니하도록 하라 무릇 '하메츠'(유교물, 개역개정)를 먹는 자는 … 끊어지리니(출 12:19)라고 기록됐기 때문이다. 하메츠를 먹는 것을 [금지하는 명령은] 마차를 먹으라는 [명령]과 비교되는데, 왜냐하면 너희는 아무 '하메츠'(유교물, 개역개정)이든지 먹지 말고 너희 모든 유하는 곳에서 '마차'(무교병, 개역개정)를 먹을지니라(12:20)라고 기록됐고, 마차에 대해서는 저녁까지 너희는 '마차'(무교병, 개역개정)를 먹을 것이요(12:18)라고 기록됐기 때문이다.

그렇다면 하메츠가 제거되어야만 하는 [시점으로] 14일의 밤을 추가하려면 [둘째 구절이 필요한가?] [아니다. 그렇지 않다. 왜냐하면] 성경은 하지만 그 [첫]날에(그 첫날에, 개역개정)(출 12:15)라고 말하기 때문이다. 이것은 '아침에'를 의미하는가? [아니다. 왜냐하면] 하지만은 [그날의] 구분을 의미하기 때문이다.

랍비 이스마엘의 학파에서는 다음과 같이 가르침을 받았다. 첫째 달 그달 열나흘날(출 12:18)이라고 한 대로, 우리는 14일이 '첫째'라고 불린다는 것을 알았다.[3]

라브 나흐만 바 이삭은, 성경이 네가 제일 먼저 난 사람이냐(욥 15:7)라고 말한 대로, '첫째'는 '이전의'를 의미할 수도 있다고 말한다.

그렇다면, 첫날에는 너희가 … 취하여는 어떤가? 이것도 이전 날을 의미할 수 있는가? [분명히 아니다!] 이것은 다르다. 너희가 … 너희의 하나님 여호와 앞에서 이레 동안 즐거워할 것이라(레 23:40)를 [이어가기] 때문이다. 일곱째 [날이] 그 절기의 일곱째 [날]임이 틀림없듯이, 첫[날은] 그 절기의 첫[날]이다.

하지만 [마찬가지로, 유월절과 관련하여] 그 첫날에 누룩을 너희 집에서 제하라 … 일곱째 날까지 유교병을 먹는 자는(출 12:15)[4]이라고 기록되었으므로 [당신은 이 맥락에서 '첫째'가 '이전'을 의미한다고 어떻게 주장할 수 있는가?] 만약 이것이 단순히 '첫째'를 의미한다면, 성경은 첫날이라고 기록했어야만 했다. 그렇다면 왜 [정관사와 함께] 그 첫날이라고 기록하게 했는가? 즉, 이것은 우리가 말한 대로 [여기서는 '이전'을 의미함이] 틀림없다.

하지만 동일한 표현이 수코트(Sukkot) 절기(장막절)와 관련하여 레위기에서 인용된 구절에 사용된다. [그러므로 왜] 첫날이 거기에도 [기록됐는가?] 게다가 거기에 [정관사가 두 번 사용되는데,] 첫날에도 안식하고 여덟째 날에도 안식할 것이요(레 23:39)라고 기록됐기 때문이다. 그것은 다르다. 성경이 여덟째 날에도 안식[의 날이 될] 것이요라고 기록할 때, 그 절기의 여덟째 날을 가리킴이 틀림없다. [마찬가지로] 첫째를 언급할 때 그것은 그 절기의 첫날을 의미함이 틀림없다. 그렇다면 왜 [정관사를 사용]하는가? 이는 절기의 중간 날들을 배제하기 위해서일 것이다. 하지만 [분명히] 이것은 첫째와 여덟째를 [명백히 언급하는 것]과 이어지는가? [반드시 그런 것은 아니다. 왜냐하면,] 성경이 그리고 첫날에도라고 기록한 대로, 접속사 그리고는 명시된 것에 추가함을 의미한다. 즉 우리는 중간 날들이 포함된다는 것을 이해해야 한다. [그러므로 이것은] 우리에게 [그것이 부정확한 추론일 것이라는 사실을] 알리려고 [정관사를 사용한다].

그렇다면 토라가 접속사나 정관사를 사용하지 못하도록 하라! 게다가, 첫날에는 성회로 모일지니(레 23:35)라고 진술하므로, 명백히 거기에서 '첫째'는 '이전'[으로 이해될 수 있는가?] [그러므로] 우리는 [이 맥락에서 '첫째'는 '이전'을 의미한다는 개념을 포기해야만 한다. 대신에] 랍비 이스마엘의 학파에서 해석한 대로, [레위기 23장에서] 첫째를 세 번 반복해서 사용해야 한다. 왜냐하면, 랍비 이스마엘의 학파에서는 다음과 같이 가르쳤기 때문이다.

그들은 세 번의 '첫째'라는 장점을 통해 세 번의 '첫째', 즉 에서의 씨의 파괴, 성전의 건축, 메시아의 이름을 얻었다. 처음(먼저, 개역개정) 나온 자는 붉고 전신이 털옷 같아서(창 25:25)라고 기록된 대로, 에서의 씨의 파괴를 얻었다. 영화로우신 보좌여 '처음부터'(시작부터, 개역개정) 높이 계시며 우리의 성소이시며(렘 17:12)라고 기록된 대로 성전의 건축을 얻었다. 그리고 보라 시온에서 처음 된 자들아(내가 비로소 시온에게 너희는 이제 그들을 보라, 개역개정)(사 41:27)라고 기록된 대로 메시아의 이름을 얻었다.

라바는, [유월절 이전의 오후에 하메츠를 금지하는 것은 다음 구절에서 유래한다고 말했다. 너는 내 제물의 피를 유교병과 함께 '도살하지 말며'(드리지 말며, 개역개정)(출 34:25). [이것은] 당신의 소유에 누룩이 여전히 있는 동안 유월절 [어린 양]을 도살하지 말라는 것을 [의미한다].

이것은 [각 사람에게] 그가 자기 어린 양을 도살하는 시점을 의미하는가? 아니다. [이것은] 토라가 도살을 위해 명시한 [전체] 기간을 [의미한다].

한 바라이타(baraita)는 동일한 것을 가르친다. 그 첫날에 누룩을 너희 집에서 제하라(출 12:15). 이것은 그 절기의 전날을 의미한다. 아니면 이것이 그 절기[의 첫날] 자체를 의미할 수 있는가? [아니다. 왜냐하면] 너는 내 제물의 피를 유교병과 함께 '도살하지 말며'(드리지 말며, 개역개정)(출 34:25)라고 기록됐기 때문이다. [이것은] 당신이 당신의 소유에 누룩이 여전히 있는 동안 유월절 [어린 양]을 도살하지 말라는 것을 [의미한다]. 이것은 랍비 이스마엘의 의견이지만, 랍비 아키바는 [이 해석]이 필연적인 것은 아니라고 말한다. 그 첫날에 누룩을 너희 집에서 제하라(출 12:15)라고 하며, 이들 날에는(이 두 날에는, 개역개정) 아무 일도 하지 말고(12:16)라고 기록됐다. 태우는 것은 금지된 일의 주요 범주이기 [때문에], 하메츠를 제거하는 것은 그 절기 날에는 하지 않아야 한다는 게 분명하다.

랍비 요세는, [이스마엘의 해석]이 필연적인 것은 아니라고 말한다. 그러나 그 첫날에 누룩을 너희 집에서 제하라라고 한다. [이것은] 그 절기의 전날을 의미함이 틀림없다. 아니면 이것이 그 절기를 의미할 수 있는가? [아니다. 왜냐하면] 그러나는 [시간의] 구분을 가리키고, 그 절기에 허용될 수 없기 때문이다. 또한, 누룩 제거는 하메츠를 먹는 것을 금지하는 것과 비교되며, 하메츠를 먹는 것을 금지하는 것은 마차를 먹는 것과 비교되기 때문이다.

라바는 우리가 랍비 아키바의 진술에서 세 가지를 추론할 수 있다고 말했다. 즉, 우리는 하메츠를 태움으로써 제거해야 한다고 추론할 수 있다. 또, 안식일에 불을 붙이는 것을 금지하는 것이 토라에서 금지된 활동의 한 범주로 명시한다고 추론할 수 있다. 그리고 우리는 불을 붙이는 것이 [개인적인] 필요 때문에 [절기에] 허용되므로, 필요가 없을 때도 허용된다는 규정을 받아들일 수 없다고 추론할 수 있다.

증거 본문은 충분하다! 다음 섹션은 근본적으로 다른 종류의 추론을 실례로 설명한다. 이것은 매우 양식화된 학문적 훈련이다. 제자들은 다양한 타나임 진술 배후에 있는 원리들을 이해하고, 그 원리들을 다양한 상황에서 하메츠를 찾을 필요성에 대한 질문에 적용하도록 도전받는다. 논의의 토대가 되는 것은 토라는 이음매가 없이 온전하며, 그 원리는 법의 모든 영역을 넘어 확장된다는 전제다. 새로운 질문에 대한 대답이 밝혀질 때 발견의 기쁨이 있다. 라바가 언급한 것을 제외하고도, 이 단락은 타나임 자료에 대한 익명의 논의인데, 이는 먼 가능성에 대해 지나치게 걱정하지 않도록 하려는 미쉬나의 상식적인 조언에 의해 촉발된 것이다.

미쉬나:

쥐[5]가 하메츠를 한 집에서 다른 집으로, 한 곳에서 다른 곳으로 끌고 갔는지 걱정할 필요가 없다. 왜냐하면 [만약 우리가 이런 가능성을 고려해야 한다면,] 우리는 쥐가 어떤 것을 뜰에서 뜰로, 마을에서 마을로 옮겼는지를 걱정해야 할 것이며, 이런 문제는 끝이 없을 것이다.

게마라:

아홉 개의 마차 묶음과 한 개의 하메츠 묶음이 있고, 쥐가 와서 하나를 가져갔는데, 우리는 쥐가 마차를 가져갔는지 하메츠를 가져갔는지 알지 못한다. 이것은 '아홉 가게'의 [바라이타]에 해당한다. 만약 묶음 가운데 하나가 분리되고 그다음에 쥐가 와서 그것을 가져갔다면, 이것은 [바라이타의] 뒷부분에 해당한다. 바라이타가 다음과 같이 진술하기 때문이다. [올바르게] 도살된 고기를 파는 아홉 가게와 썩은 고기를 파는 한 가게가 있다. 그는 한 가게에서 [고기를] 샀지만, 어느 가게에서 샀는지 알지 못한다. 의심이 되는 [이런 경우에, 고기는] 금지된다. [반면에,] 만약 [고기가 가게 밖에서] 발견됐다면 [우리는] 다수를 따르고[, 고기는 허용된다].

마차 한 묶음과 하메츠 한 묶음으로 두 묶음이 있고, 이 묶음들 앞에는 하나는 조사했고 다른 하나는 조사하지 않은 두 집이 있다. 그런데 두 쥐가 도착한다.

한 쥐는 마차를 가져가고, 한 쥐는 하메츠를 가져간다. 우리는 어느 쥐가 어느 집으로 들어갔는지 알지 못한다. 이것은 '두 상자'의 [바라이타]에 해당한다. 왜냐하면, 바라이타가 다음과 같이 진술하기 때문이다. **제사장 몫의 한 상자와 보통 음식 한 상자로 두 상자가 있고, 두 상자 앞에 두 자루[6]가 있는데, 하나는 제사장 몫의 자루고 하나는 보통 음식의 자루다. 음식이 상자에서 자루로 떨어졌다. 이 것은 [모두] 허용되는데, 왜냐하면 보통 음식의 상자가 보통 음식의 자루로 떨어지고, 제사장 몫의 상자가 제사장 몫의 자루로 떨어졌다고 내가 가정할[7] 수 있기 때문이다.**[8]

[오늘날에는] 랍비의 지위에만 해당되는 제사장 몫에 관해 **내가 가정할 수 있다고** 말하는 [것이 모두 매우 좋은 일이지만], 우리는 이것을 드오라이타(d'Oraita, 토라에 의해 제정된 법)인 하메츠에 대해서 말할 수 있는가? [그렇다. 하메츠의 금지는 실제로 드오라이타이지만], 하메츠를 찾는 것은 드오라이타인가? [명백히] 그것은 랍비식이다. 왜냐하면 토라는 오직 [하메츠]가 효력이 없고 무익하다고 선언되기만을 요구하기 때문이다.

한 묶음의 하메츠와 [이미] 조사한 두 집이 있고, 한 쥐가 와서 그것을 가져갔는데, 우리는 어느 [집]에 쥐가 들어갔는지 알지 못한다. 이것은 '두 길'의 [미쉬나]에 해당한다. 왜냐하면 미쉬나는 다음과 같이 진술하기 때문이다. **하나는 정결하고 하나는 부정결한 두 길이 있는데, 누군가가 두 길 가운데 한 길을 따라 걸었고, 정결한 [음식을] [준비했다]. 그다음에 다른 누군가가 다른 길을 따라 걸었고, 정결한 [음식을] [준비했다]. 랍비 유다는, 만약 그들 둘이 각자 물어봤다면, 둘[이 준비한 음식]이 정결하지만, 만약 그들이 함께 물었다면 그것은 부정결하다고 말한다. 랍비 요세는 어느 쪽이든 그것은 부정결하다고 말한다.**[9]

어떤 이는 랍비 요하난이라고 하지만, 라바는 [미쉬나에 대해] [만약 그들이] 함께 [묻는다면 그 음식은 부정결하고] 만약 차례로 묻는다면 그것은 정결하다는 것에 모두가 동의한다고 주장했다. 그들은 한 사람이 다른 사람을 대신해서 묻는 경우에 대해서만 논의한다. 랍비 요세는 이것을 [둘이] 함께 [묻는 것]에 비교하고, 랍비 유다는 이것을 차례로 묻는 것에 비교한다.

만약 [그 쥐가] 그 집에 들어갔는지 그렇지 않은지에 대해 의심이 된다면, 이것은 '골짜기'의 [미쉬나]와 랍비 엘리에셀과 랍비들 사이의 논쟁에 해당한다. 왜냐하면 미쉬나는 다음과 같이 진술하기 때문이다. 만일 누군가가 비 오는 계절에 골짜기에 들어가는데 밭에 부정결의 [근원지]가 있고, 그가 "내가 그 장소를 지나갔지만 나는 이 밭에 들어갔는지 아닌지를 알지 못한다"라고 말한다면, 랍비 엘리에셀은 그가 정결하다고 선언했다. 그러나 랍비들은 그가 부정결하다고 선언했다. 왜냐하면, 랍비 엘리에셀은 "만일 누군가가 [부정결한 장소에] 들어갔는지 의심이 된다면 [그는] 여전히 정결하지만, 반면에 만약 그가 부정결의 [근원지]를 만졌는지에 대해 의심이 된다면 그는 부정결하다"라고 주장했기 때문이다. [10]

만약 [그 쥐가 그 집에] 들어가고, [그 사람이] 찾았는데 아무것도 발견하지 못했다면, 이것은 랍비 메이르와 랍비들 사이의 논쟁에 해당한다. 왜냐하면 미쉬나는 다음과 같이 진술하기 때문이다. **랍비 메이르는 부정결하다고 추정되는 곳은 어디든지, 그 근원지가 없어졌는지에 대한 결정적인 정보가 있을 때까지는 부정결한 상태로 남아 있다고 말하곤 했다. 하지만 랍비들은, 당신이 바위나 미개간지에 도달할 때까지 찾으라고 말한다.** [11]

만약 [그 쥐가 그 집에] 들어가고, [그 사람이] 찾았는데 하메츠를 발견했다면, 이것은 랍비(Rabbi)와 라반 시므온 벤 가말리엘 사이의 논쟁에 해당한다. [12] 왜냐하면, 한 바라이타가 다음과 같이 진술하기 때문이다. 만약 무덤이 밭에서 소실됐고 누군가가 그 밭에 들어간다면, 그는 부정결하다. 만약 무덤이 [밭 안에] 위치한다면, [그 밭에 들어간 사람은] 정결하다. 왜냐하면, 소실됐던 무덤이 발견된 그 무덤이라고 추정할 수 있기 때문이다. 이것은 랍비(Rabbi)의 의견이지만 라반 시므온 벤 가말리엘은, [이것이 동일한 무덤이 아니고 하나 이상 있는 경우에는] 전체 밭을 찾아야만 한다고 말한다.

만약 그가 아홉 개의 [하메츠 묶음을] 남겨두고, [다시 돌아와서] 열 개를 발견했다면, 이것은 랍비(Rabbi)와 [다른] 랍비들 사이의 논쟁에 해당한다. 왜냐하면, 한 바라이타가 다음과 같이 진술하기 때문이다. 만약 그가 [둘째 십일조 돈의] 100[주즈]를 남겨두고, [다시 돌아와서] 200을 발견했다면, [그는] 성별되지 않은

[돈]과 둘째 십일조 [돈]이 함께 섞였다고 [추정해야만 한다]. 이것은 랍비(Rabbi)의 의견이지만, [다른] 랍비들은, [첫 번째 돈은 누군가가 가져갔으며, 200은] 모두 성별되지 않은 [돈]이라고 말한다. 13)

만약 그가 열 개의 [하메츠 묶음을] 남겨두고, [다시 돌아와서] 아홉 개를 발견했다면, 이것은 한 바라이타의 끝에 해당한다. 왜냐하면, 한 바라이타의 끝은 다음과 같이 진술하기 때문이다. 만약 그가 200[주즈]를 남겨두고 [다시 돌아와서] 100을 발견했다면, 100은 남아 있고, 100은 누군가가 가져갔다. 이것은 랍비(Rabbi)의 의견이지만, [다른] 랍비들은, [첫 번째 돈은 누군가가 가져갔고, 100]은 모두 성별되지 않은 [돈]이라고 말한다.

만약 그가 [하메츠를] 한구석에 남겨두고, [다시 돌아와서] 그것을 다른 구석에서 발견했다면, 이것은 라반 시므온 벤 가말리엘과 [다른] 랍비들 사이의 논쟁에 해당한다. 왜냐하면, 한 바라이타가 다음과 같이 진술하기 때문이다. 만일 누군가가 집에서 삽을 잃어버렸다면, 그 집은 부정결하다. 왜냐하면, 부정한 사람이 들어와서 그 집의 내용물을 부정하게 만들고 그것을 가져갔다고 추정해야만 하기 때문이다. 라반 시므온 벤 가말리엘은, 그 집은 정결한데, [주인이 삽을] 다른 누군가에게 빌려주고 그것에 대해 잊었거나, 그 [자신이] 그것을 한구석에서 가져가 다른 구석에 두고는 잊었다고 추정할 수 있기 때문이라고 말한다.

누가 구석에 대해 어떤 것이라도 말했는가? 바라이타에 그것에 대한 말씀은 없지만, 한 바라이타에서는 다음과 같이 기록되어 있다. 만일 누군가가 집에서 삽을 잃어버렸다면, 그 집은 부정결하다. 왜냐하면, 부정한 사람이 들어와서 그 집의 내용물을 부정하게 만들고 그것을 가져갔다고 추정해야만 하기 때문이다. 만약 [주인이] 한쪽 구석에 [삽을] 두었다가 다른 한쪽 구석에서 그것을 발견한다면, 그 집은 부정결하다. 왜냐하면, 부정한 사람이 들어가서 [삽을] 한쪽 구석에서 가져다가 다른 한쪽 구석에 두었다고 추정해야만 하기 때문이다. 라반 시므온 벤 가말리엘은, 그 집은 정결한데, [주인이 삽을] 다른 누군가에게 빌려주고 그것에 대해 잊었거나, 그 [자신이] 그것을 한구석에서 가져가 다른 구석에 두고는 잊었다고 추정할 수 있기 때문이라고 말한다.

다음은 미쉬나에 대한 '연속되는 주석'이다. 흥미로운 여담은 해석을 모호하게 하지 않는다. 게마라는 목록에 있는 물질들이 '참된' 하메츠가 아니라, 하메츠를 포함하는 혼합물과 하메츠의 저속한 형태라는 두 범주로 나뉜다는 것을 분명히 한다.

본문은 바빌로니아에서 친숙하지 않은 히브리어 용어와 헬라어 용어를 포함하므로, 아모라임은 일정량의 언어학에 관여해야만 한다. 유대 포도주와 에돔 포도주를 비교하는 것은 숨은 의미(subtext)를 전달한다. 즉, 에돔은 로마의 상징이며, 유다와 에돔의 교차적인 운명은 유다가 결국에는 승리한다는 것을 가리킨다.

3장

미쉬나:

당신은 다음의 어떤 것이든 당신의 소유로 보유하면 유월절[법]을 어기게 된다.[14] 즉, 바빌로니아의 소스, 메대 맥주, 에돔 식초, 이집트 맥주(zythos), 염색공의 수프, 도살업자의 가루 반죽, 서기관의 접착제이다.[15] 랍비 엘리에셀은, 또한 여자의 화장품이라고 말한다. 종합하면, 당신은 곡식으로 [만들어진] 어떤 것이든 가지면 범하게 된다.[16] 이 목록에 있는 품목은 금지되지만, 당신이 '끊어지는' 책임을 지도록 하지는 않는다.[17]

게마라:

랍비들은 다음과 같이 가르쳤다. 바빌로니아 소스에 대해 세 가지가 언급됐다. 그것은 심장을 막고, 눈을 멀게 하며, 몸을 약하게 한다. 그것이 심장을 막는 이유는 유장(乳漿)을 포함하기 때문이다. 그것이 눈을 멀게 하는 이유는 소금 때문이다. 그것이 몸을 약하게 하는 이유는 그 안에 곰팡이가 난 빵이 있기 때문이다.

랍비들은 다음과 같이 가르쳤다. 세 가지는 인분을 증가시키고, 키를 굽게 하며, 사람에게서 자기 눈의 빛 가운데 500의 1을 빼앗는다. 검은 빵,[18] 숙성되지 않은 맥주와 생채소가 이에 해당한다.

랍비들은 다음과 같이 가르쳤다. 세 가지는 인분을 줄이고, 키를 늘리며, 눈을 밝게 한다. 정제된 빵, 기름진 고기, 숙성된 포도주가 이에 해당한다. 정제된 빵은 고운 밀가루로 만들어졌고, 기름진 고기는 아직 출산하지 않은 염소에게서 나오며, 숙성된 포도주는 3년 된 것이다.

몸 전체에 좋은 신선한 생강, 오래된 후추, 정제된 빵, 기름진 고기와 숙성된 포도주를 제외하고는, [몸의] 한 [부분]에 좋은 것은 무엇이든지 다른 부분에는 나쁘며, 이것에 좋은 것은 저것에 나쁘다.

메대 맥주는 그 안에 보리 물을 넣기 [때문에 금지된다].

에돔 식초는 그 안에 보리를 넣기 [때문에 금지된다].

라브 나흐만은, 처음에 그들이 유대에서 전제를 [위한 포도주를] 가져오곤 했을 때, 유대 포도주는 그 안에 보리를 넣지 않으면 신맛으로 변하지 않았다고 말했다. 그들은 [시게 된 포도주를] 무조건 '식초'라고 불렀다. 오늘날에는 그 안에 보리를 넣지 않으면 시게 변하지 않는 것이 에돔 포도주이므로, 그들은 이것을 '에돔 식초'라고 부른다.[19] 이는 그가 황폐하였으니 내가 **충만함을 얻으리라**[20](겔 26:2, JPS)라고 한 것을 성취한다. 만약 [이스라엘]이 충만하면 다른 하나인 [에돔]은 황폐하게 될 것이며, 만약 다른 하나 [에돔]이 충만하면 [이스라엘]은 황폐하게 될 것이다.

라브 나흐만 바 이삭은, [이스라엘과 에돔의 교차하는 운명]은 이것에서 유래한다고 말했다. 한 백성이 다른 백성보다 더 강력하게 될 것이다(이 족속이 저 족속보다 강하겠고, 개역개정)(창 25:23, JPS).

랍비 유다는 다음과 같이 말했다. 원래 당신이 암 하-아레츠에게서 식초를 샀다면, 그것에 대해 십일조를 바칠 필요가 없다. 왜냐하면, 당신은 그것이 찌꺼기에서 만들어졌다고 추정할 수 있기 때문이다. 하지만 이제 당신이 암 하-아레츠에게서 식초를 산다면, 당신은 그것에 대해 십일조를 바쳐야만 한다. 왜냐하면, 당신은 그것이 포도주로 만들어진다고 추정해야만 하기 때문이다.

랍비 유다는 찌꺼기에 대해 십일조를 바칠 필요가 없다고 주장하는가?

분명히 미쉬나는 다음과 같이 말한다. 만일 누군가가 물에 찌꺼기를 담그면 그는 [십일조에서] 면제된다. 그러나 랍비 유다는 그가 [십일조를 바쳐야]만 한다고 말한다.[21] 그가 의미하는 것은, [만약 당신이 암 하-아레츠에게서 식초를 샀다면 그것에 대해 십일조를 바칠 필요가 없는데, 왜냐하면] 암 하-아레츠는 찌꺼기에 대해 [십일조를 바치지 않았다는] 의심을 받지 않기 때문이다. 그렇지 않으면, 한 진술은 여과기로 만든 식초[22]와 관련 있으며, 다른 진술은 흠뻑 젖은 씨로 만든 식초와 관련 있다.

이집트 맥주. 이집트 맥주는 무엇인가? 라브 요세프는 다음과 같이 가르쳤다. [그것은] 보리 3분의 1과 잇꽃 씨 3분의 1과 소금 3분의 1로 [구성된다]. 라브 파파는 [제조법에서] 보리에 대해 밀로 대체했다. (연상기호는 SISNI이다.[23]) 그들은 이것들을 담그고 굽고 갈며, 유월절과 오순절 사이에 [혼합물을] 마신다. 만약 당신이 변비에 걸렸다면 이것이 당신을 풀어줄 것이며, 만약 설사로 고생한다면 이것은 당신을 수축시킬 것이다. 이것은 병든 사람들과 임신한 여자들에게는 위험하다.

염색공의 수프. 여기에서 그들은 이것이 랙 염료를 축축하게 하는 쌀뜨물이라고 이해한다.[24]

도살업자의 가루 반죽. 빵은 3분의 1도 익지 않은 곡식으로 만들었다. 그들은 이것을 항아리 위에 두고 습기를 빨아들이게 한다.

그리고 서기관의 접착제. 여기서 그들은 이것을 가죽 세공인의 접착제라고 이해한다. 호즈나(Ḥozna'a)의 라브 쉬미는, 이것이 부유한 소녀들이 사용하는 화장품이며, 그 후에 가난한 소녀들[25]에게 남은 것을 준다고 말했다.

[라브 쉬미가] 옳을 리가 없다. 랍비 히야는 미쉬나가 네 개의 일반적인 항목과 세 개의 교역품을 열거한다고 가르치지 않았는가? 만약 당신이 [서기관의 접착제]가 부유한 소녀들의 화장품이라고 말한다면, [셋째] 교역품은 무엇인가? 만약 당신이 가죽 세공인의 접착제[를 의미한다고] 말한다면, 그러면 무엇인가? 그것은 왜 서기관의 접착제로 불리는가? 그것은 가죽 세공인의 접착제로 불려야 한다! 라브 오샤야(Rav Oshaya)는 이것이 명백히 가죽 세공인의

접착제이지만, 서기관들이 이것으로 자신들의 종이를 붙이는 데에도 함께 사용했으므로 서기관들의 접착제로도 언급된다고 말했다.

랍비 엘리에셀은, 또한 여자의 화장품이라고 말한다. 여자의 화장품? 명백히 그는 여자들이 바르는 것을 의미한다. 라브 예후다는 라브의 이름으로 다음과 같이 말했다. 유대 소녀들이 육체적으로 성숙했지만 [성]년에는 도달하지 않았을 때, 가난한 소녀들은 라임을 [제모제]로 바르고, 부유한 소녀들은 여섯 달은 몰약 기름을 쓰고(에 2:12)라고 기록된 대로, 고운 밀가루와 몰약의 고급 기름을 바른다.

몰약 기름이 무엇인가? 라브 후나 바 이르미야는 스탁테(Stakte, 향수)라고 말했다. [26] 라브 이르미야 바 아바는, 3분의 1도 익지 않은 감람[에서 추출한] 기름이라고 말했다. 랍비 유다는 옴파키아스(Omphakias) [27] [즉,] 3분의 1도 익지 않은 감람[에서 추출한] 기름이라고 말했다.

그들은 이것을 왜 바르는가? 왜냐하면, 이것은 [쓸모없는] 머리카락을 제거하고 살을 부드럽게 하기 때문이다.

종합하자면, 당신은 곡식[으로 만든] 어떤 것이든 가지면 범하게 된다. 다음과 같이 가르침을 받았다. **랍비 여호수아는 이렇게 말한다. 미쉬나가 당신이 곡식[으로 만든] 어떤 것이라도 가지면 범한다는 [일반적인] 규칙을 제시하는 것을 보고, 현인들은 왜 이런 [구체적인] 항목을 열거했는가? 이는 사람들이 이것들과 그 이름을 알게 하기 위해서였다.**

이것은 바빌론으로 온 서쪽 사람 [28]에게 일어난 일과 같다. 그는 약간의 고기를 가지고 있었고, "내게 음식[그릇]을 건네 달라!"라고 요청했다. 그는 그들이 그에게 쿠타(kutaḥ)를 건네 달라고 말하는 것을 들었다. 그가 '쿠타'라는 단어를 듣자마자, 그는 단념했다. [왜냐하면 그는 이것이 바빌로니아 소스이며, 자기 고기와 함께 먹을 수 없는 우유를 포함했다는 것을 알았기 때문이다].

무엇이 미쉬나와 바빌로니아 탈무드가 존재하는 사회에서 유대인들 사이의 계층 구조를 결정하는가? 키두쉰(*Qiddushin*) 마지막 장의 시작과 마찬가지로, 아래의 아가다는 좋은 가족, 곧 여기서는 대제사장 아론의 후손의 '거룩함'에 가치를 부여한다. 최고의 가치는 토라 학습에 부여하는데, 이는 호라요트(*Horayot*)의 마지막 미쉬나에서 더욱 강력하게 표현된 핵심 내용이다(611쪽을 보라).

탈무드를 당연한 것으로 받아들이는 사회 구조는 어느 정도로 당시 유대인의 삶과 실제에 일치하는가? 랍비 여호수아 벤 레비의 아들 요세프의 '가까운 죽음'이라는 환상에서, 그는 학식 있는 자들을 제외한 모든 사람 가운데 역전된 사회 질서를 보았다. 그 환상은 이상과 현실 사이의 불일치를 가리킨다.

때로 학식 있는 자들(탈미드 하캄[talmid ḥakham])과 무지한 자들(암 하-아레츠) 사이에 증오에 달하는 긴장이 있었다. 이런 증오는 아마도 철저한 십일조와 제의적 정결로 '무지한 대중들'과 자신들을 분리하는 하베림의 배타성에 대한 반응으로 생겨났을 것이다. 이런 증오는 아모라임 가운데서 줄어든다.[29]

미쉬나:

만일 누군가가 자신의 유월절 [어린 양]을 도살하거나 자기 아들에게 할례를 행하려고 하거나 자신의 [장래] 장인어른의 집에서 약혼 잔치하러 가는 도중에 있다면, 그리고 그가 자기 집에 하메츠를 둔 것이 기억났는데, 만일 집에 돌아가서 그것을 제거하고도 자신의 미츠바를 행할 시간이 있다면,[30] 그는 집으로 돌아가서 그것을 제거해야 한다. 만약 둘 다 행할 충분한 시간이 없다면, 그는 [집으로 돌아가지 않고] 마음속으로 [하메츠를] 잊고서 [그의 미츠바를 진행해야 한다].

[만약 그가 사람들을] 우상숭배자나 강, 불, 붕괴하는 건물에서 구하려고 [가는 도중이라면,] 그는 [집으로 돌아오지 않고] 마음속으로 [하메츠를 잊고서 자신의 미츠바를 진행해야 한다].

[만약 그가] 어떤 임의의 [목적]에서 안식일 거주지를 세우려고 [가는 도중이라면,] 그는 [하메츠를 제거하기 위해] 즉시 돌아와야만 한다.

만일 누군가가 예루살렘을 떠나, 자신이 여전히 신성한 고기를 가지고 있다는 것을 발견하면, 동일한 것이 [적용된다]. 만약 그가 감람산을 지났다면, 그는 어디에 있든지 [그 고기를] 불사를 수 있지만, 만약 지나지 않았다면 그는 [예루살렘에] 돌아와서, 성읍 안에서 제단 불로 나무와 함께 그것을 불살라야 한다.

얼마만 한 양에 대해서 돌아와야만 하는가? 랍비 메이르는, 두 경우 모두 달걀 크기라고 말한다. 랍비 유다는 두 경우 모두 감람 크기라고 말한다. 현인들 [대부분]은, 신성한 고기는 감람 크기이고, 하메츠는 달걀 크기라고 말한다.

게마라:

그들은 다음을 반대했다. 만일 누군가가 자신의 [장래] 장인어른의 집에 약혼 잔치하러 가거나 어떤 임의의 [목적]에서 안식일 거주지를 세우려고 가는 도중이라면, 그는 [하메츠를 제거하기 위해] 즉시 돌아와야만 한다.

랍비 요하난은, 모순이 없다고 말했다. 하나는 랍비 유다[의 의견]이며, 다른 하나는 랍비 요세[의 의견]이다. 한 바라이타는 다음과 같이 가르치기 때문이다. 약혼 잔치는 랍비 유다에 따르면 선택적이지만, 랍비 요세는 그것이 미츠바라고 말한다.

[그러나] 라브 히스다는 [미쉬나와 바라이타 사이의] 논쟁이 [장래의 신랑이 자신의 처 친척들과 함께 하는] 둘째 식사와[만] 관련이 있다고 진술했지만, 모두는 첫 식사가 미츠바라고 동의하기 때문에, 당신은 미쉬나와 바라이타 모두가 랍비 유다의 의견과 일치한다고 말할 수 있다. 즉, 하나는 첫 식사와 관련 있고, 다른 하나는 둘째 식사와 관련 있다. [이에 대한 토대는] 다음과 같이 가르치는 한 바라이타[이다]. 랍비 유다는, 오직 약혼 식사만이 미츠바이며 [이어지는] 시브로노트 (sivlonot)[31] 식사는 아니라고 들었다고 말했다. 랍비 요세는, 나는 약혼 식사와 시브로노트 식사 모두 [의무적이라고] 들었다고 대답했다.

다음과 같이 가르침을 받았다. 랍비 시므온은, 제자는 어떤 식으로든 미츠바 절기가 아닌 절기에서 이득을 보아서는 안 된다고 말한다.

예를 들어, 무엇이 미츠바 절기가 아닌가? 랍비 요하난은, 예를 들어, [보통] 이스라엘 사람과 코헨 딸[의 결혼], 또는 무지한 사람과 학자 딸의 결혼이 있다고 말했다. 왜냐하면, 랍비 요하난은, 코헨의 딸과 [보통] 이스라엘 사람과의 결혼은 좋은 전조가 아니라고 말했기 때문이다.

그가 말한 것은 무엇을 의미하는가? 라브 히스다는, [그가] 그녀는 [일찍] 과부가 되거나 이혼하거나 자녀가 없으리라는 것을 [의미했다]고 말한다. 한 바라이타는, 그가 그녀를 [일찍 – 라쉬] 묻든지, 그녀가 그를 묻거나 가난하게 만들 것이다라고 말한다.

어떻게 이렇게 될 수 있는가? 랍비 요하난 [자신은], 이렇게 말한다. 만약 당신이 부자가 되기를 원한다면, 토라와 제사장이 함께 부를 일으킬 수 있도록 아론의 씨[32]에 충실히 대하라고 말하지 않았는가? 전혀 문제가 되지 않는다. 한 진술은 학식 있는 사람에게 한 것이고, 다른 진술은 무지한 사람에게 한 것이다.

랍비 여호수아는 코헨의 딸과 결혼하여 병이 들었다. 그는, 아론이 내가 그의 씨에 충실하고 그가 나와 같은 사위를 가지는 것에 만족하지 않았다고 말했다.

라브 이디 바 아빈(Rav Idi bar Avin)은 코헨의 딸과 결혼하여 그녀에게서 임명된 두 아들, 라브 셰셰트와 랍비 여호수아를 낳았다.

라브 파파는, 내가 코헨의 딸과 결혼하지 않았다면, 나는 부요하게 되지 않았을 것이라고 말했다.

라브 카하나(Rav Kahana)는, 내가 코헨의 딸과 결혼하지 않았다면, 나는 추방되지 않았을 것이라고 말했다. 그들은 그에게 말했다. 하지만 당신이 토라의 장소로 추방됐다! [그는], 내가 내 집을 자발적으로 떠나지 않았다고 [대답했다].[33]

랍비 이삭은, 누구든지 미츠바 절기[34]가 아닌 절기에서 이득을 얻는 자는 [상아 상에 누우며 침상에서 기지개 켜며] 양 떼에서 어린 양과 우리에서 송아지를 잡아서 먹고 … 그들이 이제는 사로잡히는 자 중에 앞서 사로잡히리니(암 6:4,7, JPS)라고 한 대로, 언젠가 추방될 것이라고 말했다.

랍비들은 다음과 같이 가르쳤다. 어디에서든지 과도하게 먹는 제자는 자기 집을 파괴하고, 자기 아내를 과부로 만들며, 자기 자녀들을 고아로 만들 것이다. 그는 자신의 배움을 잊고, 싸움에 휘말릴 것이며, 자기 아버지와 선생뿐만 아니라 하늘의 이름을 더럽힐 것이며, 모든 세대에 대해 자신과 자기 자녀들과 자기 손자들의 평판을 떨어뜨릴 것이다.

그들에게 '평판을 떨어뜨린다'라는 것은 무슨 의미인가? 아바예는, [사람들이] 그의 자녀를 화덕 열기구의 아들로 부를 것이라고 말했다. 라바는, 마시는 그릇 가운데 춤추는 자의 아들이라고 말했다. 라브 파파는, 냄비를 핥는 자의 아들이라고 말했다. 라브 셰마이아는, 땅에 붕괴된 자의 아들이라고 말했다.

랍비는 다음과 같이 가르쳤다. 당신이 학식 있는 사람의 딸과 결혼하려면 당신이 소유한 것은 무엇이든지 팔아라. 그다음에 만약 당신이 죽거나 추방되어야만 한다면, 당신은 당신의 자녀들이 제자들 [가운데 포함될] 것이라고 확신할 수 있다. 하지만 무지한 사람(암 하-아레츠)의 딸과 결혼하지 말라. 왜냐하면, 당신이 죽거나 추방되어야만 한다면, 당신의 자녀들은 무지한 자들이 될 것이기 때문이다.

랍비들은 다음과 같이 가르쳤다. 당신이 학식 있는 사람의 딸과 결혼하려면, 당신이 소유한 것은 무엇이든지 팔아라. 그리고 당신의 딸을 학식 있는 사람과 결혼시켜라. 이것은 한 포도나무의 포도에 아름답고 받아들일 수 있는 한 포도나무의 포도를 [섞는 것]과 같다. 그러나 무지한 자의 딸과 결혼하지 말라. 왜냐하면, 이것은 포도나무의 포도에 추하고 받아들일 수 없는 가시덤불의 열매를 [섞는 것]과 같기 때문이다.

랍비들은 다음과 같이 가르쳤다. 당신이 학식 있는 사람의 딸과 결혼하려면 당신이 소유한 것은 무엇이든지 팔아라. 만약 당신이 학식 있는 사람의 딸을 발견할 수 없다면, 자신의 세대에서 뛰어난 사람[35]의 딸과 결혼하라. 만약 당신이 자신의 세대에서 뛰어난 사람의 딸을 찾을 수 없다면, 공동체 지도자의 딸과 결혼하라. 만약 당신이 공동체 지도자의 딸을 찾을 수 없다면, 자선 기금 관리자의 딸과 결혼하라. 만약 당신이 자선 기금 관리자의 딸을 찾을 수 없다면, 아이들을 가르치는 선생의 딸과 결혼하라. 하지만 결코 무지한 자의 딸과 결혼하지 말라. 왜냐하면, 그들은 가증한 자들이며, 그들의 여자들도 가증한 자들이다. 그들의 딸에 대해서, 짐승과 교합하는 모든 자는 저주를 받을 것이라(신 27:21)라고 했기 때문이다.

다음과 같이 가르침을 받았다. 랍비는 다음과 같이 말한다. 이는 짐승과 새 … 에 대한 '토라'(규례, 개역개정)니(레 11:46)라고 한 대로, 무지한 자가 고기를 먹는 것은 금지된다. 토라를 배우는 자는 누구나 짐승과 새의 고기를 먹을 수 있지만, 토라를 배우지 않는 자는 짐승과 새의 고기를 먹을 수 없다.

이어지는 견해는 과장이며, 흔한 랍비식의 표현 양식이다. 이 견해들은 모두에게 확장되는 긍휼과 사랑을 요구하는 수많은 랍비의 진술들과 균형을 이룬다. 랍비들은 하나님의 말씀을 알지 못하는 삶은 짐승의 삶과 같다고 확신했다.

랍비 엘르아살은 "안식일에 해당하는 속죄일[에도] 무지한 자를 찌르는 것이 허용된다!"라고 말했다. 그의 제자들은 "하지만 선생이여, 당신은 왜 '살해'³⁶⁾라고 말하지 않습니까?"라고 물었다. 그는 "한 사람은 축복이 필요하고, 다른 사람은 필요하지 않다!"라고 말했다.

랍비 엘르아살은 여행 중에 무지한 자와 동행하는 것이 금지된다고 말했는데, 이는 [토라는](그는, 개역개정) 네 생명이시요 네 장수이시니(신 30:20)라고 했기 때문이다. [무지한 자는] 자신의 생명에 대해 아무것도 신경 쓰지 않으므로, 그는 심지어 다른 누군가의 생명에 대해서도 신경 쓰지 않을 것이다.

랍비 쉬무엘 바 나흐마니는 랍비 요하난의 이름으로, "마치 무지한 자가 물고기인 것처럼 그를 찢는 것이 허용된다"라고 말했다. 랍비 쉬무엘 바 이삭은 "심지어 그의 등뼈로부터"라고 말했다. 랍비 아키바는 "내가 무지한 자였을 때, 내가 제자를 나귀와 같이 물 수 있도록 누가 내게 그를 붙잡게 할 것인가!"라고 말하곤 했다. 그의 제자들은 "당신은 왜 '개와 같이'라고 말하지 않았는가?"라고 물었다. 그는, "[나귀는] 뼈를 물고 부러뜨리지만, [개는] 물어도 뼈를 부러뜨리지는 않는다"라고 대답했다.

한 바라이타는 다음과 같이 가르쳤다. 랍비 메이르는, 만일 누군가가 자기 딸을 무지한 자와 결혼시키면 그것은 마치 그가 딸을 사자 앞에 던지는 것과 같은데, [왜냐하면] 사자가 밟고 먹고 수치심이 없듯이, 무지한 자는 [자기 아내를] 때리고 성관계를 하며 수치심이 없기 때문이라고 말하곤 했다.

한 바라이타는 다음과 같이 가르쳤다. 랍비 엘리에셀은, 만약 그들이 장사를 위해 우리가 필요하지 않았더라면 그들은 우리를 죽였을 것이라고 말하곤 했다.

랍비 히야는 다음과 같이 가르쳤다. 만일 누군가가 무지한 자 앞에서 토라를 논의하면,[37] 그것은 마치 그가 그 앞에서 자기 약혼자와 성관계를 하는 것과 같다.[38] 그것은 모세가 우리에게 '유산으로서 토라를 명령했으니'(율법을 명령하였으니, 개역개정)(신 33:4)라고 한 대로이다. – 모라샤(morasha, '유산')가 아니라 모라사(m'orasa, '약혼한')라고 읽어라.

무지한 자들, 특히 그들의 여자들은 민족들이 이스라엘을 싫어하는 것보다 훨씬 더 많이 학식 있는 자를 싫어한다. 타나임은, 배웠지만 [자기 배움을] 포기한 자가 그들 누구보다 더 악하다고 가르쳤다.

랍비들은 다음과 같이 가르쳤다. 암 하-아레츠에 대해 여섯 가지를 말한다. 즉, 증거를 제시하고자 그를 초대하지 말라. 그에게서 증거를 받지 말라. 그에게 비밀을 전달하지 말라. 그를 고아들을 위한 보호자로 임명하지 말라. 그에게 자산 배분의 책임을 지우지 말라. 그와 동행하여 여행하지 말라. 어떤 이는, 그가 자신의 잃은 재산을 주장하지 않아야 한다고 말한다.[39] 하지만 [목록을 만든] 타나는 [그가 주장해야 한다고 생각하는데, 왜냐하면] 그가 준비한 것을 의인이 입을 것이요(욥 27:17)라고 한 대로, 그는 거기서 이익을 얻을 훌륭한 상속자를 낼 수 있기 때문이다.

게마라는 미쉬나에 대한 논의로 돌아간다.

만일 누군가가 예루살렘을 떠나서 자신이 [여전히] 신성한 고기를 가지고 있다는 것을 발견하면, 동일한 것이 [적용된다]. 이것은 랍비 메이르가 달걀 크기가 중대한 [양]이라고 주장하지만, 랍비 유다는 심지어 감람 크기도 중대하다고 주장한다는 것을 의미하는가? 이에 반해 [미쉬나는 다음과 같이 진술한다]. **무엇이 지문(zimmun)이 요구되는 [최소한의 음식의] 양인가? 그것은 감람 크기이지만, 랍비 유다는 달걀 크기라고 말한다.**[40]

랍비 요하난은 "의견을 반대로 하라!"[41]라고 말했다.

아바예는 "의견을 반대로 하지 말라!"라고 말했다. 거기서[42] 그들은 증거 본문에서 주장하지만 여기서 그들은 추론으로 주장한다. 거기서 그들은 다음과 같이 증거 본문에서 주장한다. 랍비 메이르는 네가 먹어서 배부르고 … 그를 찬송하리라(신 8:10)라고 주장한다. 여기서 네가 먹어서는 먹는 것을 가리키고, 배부르고는 마시는 것을 가리킨다. '먹는 것'은 [최소한으로] 감람 크기를 의미하므로, [우리는 지문을 포함해서 심지어 감람 크기에 대해서도 찬송해야 한다]. 하지만 랍비 유다는, 네가 먹어서 배부르고는 만족을 주는 달걀 크기의 음식을 내포하고 [따라서, 찬송할 요건은 오직 우리가 달걀 크기의 음식을 먹을 때 시작된다]고 주장한다. 여기서 [하메츠의 경우에] 그들은 추론으로 다음과 같이 주장한다. 랍비 메이르는 [당신이] 돌려줘야[만 할 양은] 부정결[에 허용될 만한 양]과 같으며, 부정결[에 허용될 만한 양]이 달걀 크기이듯이, [당신이] 돌려줘야[만 할 양은] 달걀 크기라고 주장한다. 하지만 랍비 유다는, [당신이] 돌려줘야[만 할 양은] 금지된 [양]과 같으며, 감람 크기의 [하메츠가] 금지되듯이, [당신이] 돌려줘야[만 할 양은] 감람 크기라고 주장한다.

한 바라이타는 다음과 같이 진술한다. **랍비 나단은 두 경우에 분량이 달걀 두 개라고 말했지만, 현인들은 그에게 동의하지 않았다.**

다음 모음집은 사회적 지위가 배움으로 결정되어야 한다는 관심을 통해 이전 아가다와 연결된다. [43]

그날에는 '예카로트(yeqarot)가'(빛이, 개역개정) 없겠고 '키파온'(kippa'on)(광명한 것들, 개역개정)이 떠날 것이라[44](슥 14:6).

랍비 엘르아살은, 이것이 이 세상에는 드물지만 다가올 세상에는 풍부할[45] 빛을 [가리킨다]고 말했다.

랍비 요하난은, [이것이] 이 세상에서는 어렵지만 다가올 세상에서는 쉽다고 입증될 [소책자] 네가임(Nega'im)과 오할로트(Ohalot)를 가리킨다고 말했다.

그리고 랍비 여호수아 벤 레비는, 이것이 이 세상에서 매우 존중받지만 다가올 세상에서는 주저앉을 사람들을 [가리킨다]고 말했다.

이것은 랍비 여호수아 벤 레비의 아들 라브 요세프[에게 일어난 일]과 같은데, 그는 병이 들어 기절했다. 그가 깨어났을 때, 그의 아버지는 그에게 "너는 무엇을 보았느냐?"라고 물었다. 그는 "내가 세상이 뒤집히는 것을 보았으며, 여기에 높이 있는 자들은 거기에서 낮아졌고, 여기서 낮은 자들은 거기서 높아졌다"라고 말했다. [여호수아 벤 레비는] "내 아들아, 너는 세상을 [마땅히 그래야 하는 대로]

분명하게 보았다. 그러나 우리 [배운 사람들은] 거기서 어떻게 놓였느냐?"라고 말했다. [그는 다음과 같이 대답했다]. "우리가 여기에 있는 [동일한 순서로] 거기에 있었고, 나는 그들이 '자기 배움을 가지고 여기에 도착한 자는 복되도다'라고 말하는 것을 들었다. 나는 또 그들이 '누구도 [로마] 정부가 살해한 [순교자들]과 같이 높은 수준으로 설 수 없다!'라고 말하는 것을 들었다."

그는 누구를 언급하는 것인가? 만약 랍비 아키바와 그의 동료를 언급하는 것이라면, 명백히 그들은 단순히 그들의 순교만으로 그런 높은 수준에 놓일 수 없었을 것인가? 그는 룻다에서 살해된 자들을 언급하고 있는 것임이 틀림없다.[46]

너희는 이스라엘 온 회중에게 말하여 이르라 이달 열흘에 너희 각자가 어린 양을 잡을 지니 각 가족대로 그 식구를 위하여 어린 양을 취하되 … 이달 열나흗날까지 간직하였다가 해질 때에 이스라엘 회중이 그 양을 잡고(출 12:3,6, JPS).

랍비 유대교는 절대적인 것이 거의 없다. 자주, 이것은 한 의무와 다른 의무 사이에서 균형을 유지하는 경우이다. 유월절 어린 양은 니산월 14일에 잡아서 같은 밤 15일에 먹어야 한다. 매일의 희생제물과 안식일의 희생제물만 성전에서 안식일에 잡을 수 있다. 그렇다면 니산월 14일이 안식일에 해당한다면 어떻게 되는가?

양식 비평과 역사적인 증거는 힐렐의 이야기가 2세기보다 빠르지 않으며 후속으로 개정됐을 수 있다고 제안한다. 아모라임은 관련된 할라크 원리에 대한 자신들의 이해에 맞추어 그것을 변경한다.

6장

미쉬나:

유월절 [희생제물]의 이런 측면들은 안식일을 어기는 것이다. 즉, 안식일에 희생제물은 도살될 수 있고, 그 피는 [제단 위에] 뿌릴 수 있으며, 그 내장은 청소하고 기름은 태울 수 있지만, 굽거나 내장을 헹굴 수는 없다.

희생제물을 당신의 어깨로 옮기거나, 안식일 경계를 넘어 그것을 가져가거나, 상처를 잘라내는 것은 안식일을 어기는 것이다. 랍비 엘리에셀은, 그것들이 [안식일을] 정말로 어긴다고 말한다.

게마라:

랍비들은 다음과 같이 가르쳤다. 이 법은 브네이 바티라(Bnei Bathyra)[47]를 곤란하게 했다. 한번은 니산월 14일이 안식일에 해당했다. 그들은 [법을] 잊었었고, 그것이 안식일보다 중요한 것인지를 알지 못했다. 그들이 말했다. 유월절 [어린 양]을 [잡는 것이] 안식일보다 더 중요한지 아는 사람이 있는가?

[누군가가] 그들에게, 바빌로니아 사람 힐렐이라고 불리는 한 사람이 바빌론에서 왔으며, 그는 그 세대의 두 명의 위대한 [학자들], 셰마이아(Shemaia)와 아브탈리온(Avtalion)의 문하에 참여했고, 그는 유월절이 안식일보다 더 중요한지에 대해 알고 있다고 말했다.

그들은 그에게 초청장을 보냈고, 그에게 물었다. 당신은 유월절이 안식일보다 더 중요한지에 대해 아는가?

그는 대답했다. 그해에 유월절은 한 번만 있는가? 명백히 우리에게는 안식일보다 중요한 것이 1년에 200개 이상 있다.[48]

그들은 말했다. 당신은 이것을 어떤 [성경 본문]에 근거하는가? 그는 다음과 같이 대답했다. 그 정한 기일에라는 [표현은] 유월절과 관련하여 사용되며(민 9:2), 그 정한 기일에는 또한 매일의 희생제물에도 사용된다(28:2). 그 정한 기일에 매일의 희생제물을 [잡는 것이] 안식일 [금지]보다 중요하다는 것을 [가리키듯이,] 유월절과 관련하여 사용될 [때] 그 정한 기일에는 그것이 안식일 [금지]보다 중요하다는 것을 [가리킨다]. 게다가 다음과 같은 한층 더 강력한 주장이 있다. 매일의 희생제물을 소홀히 하는 것이 카레트(karet)의 형벌을 초래하지는 않지만, 만약 매일의 희생제물이 안식일 [금지]보다 중요하다면, 유월절을 소홀히 하는 것은 카레트의 형벌을 초래하므로 얼마나 더 안식일 [금지]보다 중요하겠는가!

그들은 즉각적으로 그에게 의자를 취하라고 요청하고 그를 교장으로 임명했으며, 온종일 그는 유월절의 법을 설명했다. [그다음에] 그는 그들을 비판하기 시작했고 다음과 같이 말했다. 내가 너희들을 관장하려고 바빌론에서 온 것은 도대체 누구의 잘못인가? 그것은 너희의 게으름이다. 왜냐하면, 너희는 그 세대의 두 위대한 [학자들] 셰마이아와 아브탈리온을 섬기지 않았기 때문이다.

그들은 물었다. 선생이여! 만일 누군가가 안식일 전에 [어린 양을 잡으려고] 칼을 가져오는 것을 잊었다면, 그는 무엇을 해야 합니까?[49] 그는 다음과 같이 대답했다. 나는 그 [점]에 관한 율법을 들었지만, 그것을 잊었다. 하지만 그것을 이스라엘에게 맡겨라. 만약 그들이 선지자들이 아니라면, 그들은 선지자들의 자녀들이다.[50]

다음 날, 어린 양을 가져온 자들은 칼을 어린 양의 양털에 꽂았고, 염소를 가져온 자들은 칼을 염소 뿔 사이에 두었다. 그는 그들이 한 것을 보았을 때 법을 기억했고, 이것이 [곧] 셰마이아와 아브탈리온이 내게 말한 것이라고 말했다.

한 선생이 다음과 같이 설명했다. 그 정한 기일에라는 [표현은] 유월절과 관련하여 사용되며(민 9:2), 그 정한 기일에는 또한 매일의 희생제물에[도] 사용된다(28:2). 그 정한 기일에 매일의 희생제물을 [잡는 것이] 안식일 [금지]보다 중요하다는 것을 [가리키듯이,] 유월절과 관련하여 사용될 [때] 그 정한 기일에는 그것이 안식일 [금지]보다 중요하다는 것을 [가리킨다].

하지만 우리는 어떻게 매일의 희생제물이 안식일에 바쳐졌는지를 아는가? 만약 당신이 그것은 그 정한 기일에라는 표현에 근거한다고 말한다면, 이것은 유월절에 대해서도 기록된 것이다. [그러므로 왜 매일의 희생제물을 인용하는가?] 사실, 추론이 근거하는 것은 그 정한 기일에라는 표현이 아니라, 상번제와 그 전제 외에 매 안식일의 번제니라(민 28:10)라는 구절이다. 이는 매일의 희생제물이 안식일에[도] 바쳐졌다는 것을 의미한다.

한 선생은 다음과 같이 설명했다. 게다가 다음과 같은 한층 더 강력한 주장이 있다. 매일 희생제물을 소홀히 하는 것이 카레트(karet)의 형벌을 초래하지 않지만, 매일의 희생제물이 안식일 [금지]보다 중요하다면, 유월절을 소홀히 하는 것은 카레트의 형벌을 초래하므로 유월절은 얼마나 더 안식일 [금지]보다 중요하겠는가!

하지만 이것은 다음과 같이 반대의 여지가 있다. 매일의 희생제물은 [유월절보다 더] 자주 있고, 전적으로 [제단에서 먹으므로, 우리는 유월절에 대해 한층 더 강력한 주장을 할 수 없다. 왜냐하면, 유월절은 이 점에서 더 관대하기 때문이다. 그들은 다음과 같이 대답했다. 힐렐은] 먼저 그들에게 한층 더 강력한 주장을 했지만 그들은 그것을 거부했으므로, 그는 그다음에 비유로 논증했다.

그다음에 만약 그가 [본문에 근거한 유효한] 비유를 [만들] 수 있다면, 그는 왜 [먼저] 한층 더 강력한 논증을 제시했는가? 그는 [마치] 다음과 같이 [말하는 것처럼] 인신공격식으로 논증하고 있다. 당신은 비유를 배우지 못했을지 모르며, 본문에 근거한 비유를 당신의 [주도로] 고안하지 못할 수도 있다. 그러나 당신은 당신의 주도로 사소한 것에서 중요한 것까지 논증할 수 있으니 그러므로 그렇게 하라! 그러나 그들은 그의 논증을 반박했[고 그는 비유로 돌아오지 않을 수 없었다].

한 선생은 다음과 같이 설명했다. **다음 날, 어린 양을 가져온 자들은 칼을 어린 양의 양털에 꽂았고, 염소를 가져온 자들은 칼을 염소 뿔 사이에 두었다.** 하지만 명백히 이것은 성별된 짐승을 사용하고 있는 것인가? [아니다. 그들은] 힐렐의 [알려진 견해와] 일치하여 행동했는데, 왜냐하면 다음과 같이 배웠기 때문이다. **그들은 힐렐에 대해, 그의 날에 누구도 번제로 거룩한 것을 더럽히지 않았다고 말한다. 왜냐하면, 그들은 [짐승을] 성전 뜰에 성별되지 않은 채로 가져왔고, [그때만] 짐승들을 성별하고, 자신들의 손을 짐승들에게 얹고 죽였기 때문이다.**

그들은 어떻게 안식일에 유월절 [어린 양을] 성별할 수 있는가? 미쉬나는 **당신이 테루마와 십일조를 성별하거나 평가하거나 바치거나 분리할 수 없다고 판결하지 않는가?** 이것은 절기 때이며, 안식일에는 한층 더 강력하지 않은가?51) 이것은 고정된 시간이 없는 의무적인 제물에만 적용되지만, 고정된 시간이 있는 의무적인 제물은 랍비 요하난이 "한 사람이 자기 유월절 [어린 양을] 안식일과 절기의 절기 제물로 성별할 수 있다"라고 말했듯이, 안식일이 고정된 시간이라면 [안식일에] 성별할 수 있다.

하지만 [어린 양의 양털에 칼을 넣어 옮기는 것은, 안식일에 금지된] 짐을 실은 짐승을 몰고 가는 형태가 아닌가? [그렇다. 하지만] 이것은 짐승을 몰고 가는 보통의 방식과는 다른 방식이다. [비록] 이것이 보통의 방식과 다른 방식으로서 토라법에서 금지된 것은 아니라고 해도, 명백히 그것은 랍비들이 금지하는 것인가? 이것은 정확하게 다음과 같이 [브네이 바티라가 힐렐에게 제기한] 질문이다. 만약 토라가 [실제로] 어떤 것을 금지하지 않지만 랍비들이 그것을 보호의 조치로 금지한다면, 그런데도 미츠바를 성취하기 위해 보통의 방법과는 다른 방법으로 해야 하는가? [그가 다음과 같이 대답한 것은 이 질문에 대한 답이다]. **이것을 이스라엘에게 맡겨라. 만약 그들이 선지자들이 아니라면, 그들은 선지자들의 자녀들이다.**

힐렐은 그들의 '게으름' 때문에 브네이 바티라를 비판할 때, 평소답지 않게 분노와 자만심에 굴복했다. 이것이 이제 다룰 주제이다.

라브 예후다는 라브의 이름으로 다음과 같이 말했다. 교만한 자는 누구든지, 그가 현명한 사람이라고 해도 그의 지혜는 그에게서 떠나간다. 만약 그가 선지자라면, 예언이 그에게서 떠나간다. 만약 그가 현명한 사람이라면, 그의 지혜가 그에게서 떠나간다. [이것을 우리는] 힐렐에게서 [보게 된다]. 선생이 말하기를, [그다음에] 그는 그들을 비판하기 시작했고, 그 후에 그는, **내가 법을 들었지만 나는 그것을 잊었다**고 대답했다는 것에서도 알 수 있다. 만약 그가 선지자라면 예언이 그에게서 떠날 것이다. [이것을 우리는] 드보라에게서 [보게 된다]. 구원이 그쳤으니, 이스라엘에는 그쳤으니(이스라엘에는 마을 사람들이 그쳤으니, 개역개정) 나 드보라가 일어나 이스라엘의 어머니가 되기까지 그쳤도다(삿 5:7)라고 기록됐기 때문이다. 그리고 이후에 깰지어다 깰지어다 드보라여 깰지어다 깰지어다 너는 노래할지어다52)(5:12)라고 기록됐기 때문이다.

레쉬 라키쉬(Resh Laqish)는 다음과 같이 말했다. 한 사람이 화가 났을 때, 그가 현명한 사람이라고 해도 그의 지혜가 그에게서 떠나며, 그가 선지자라면 예언이 그에게서 떠난다. 만약 그가 현명한 사람이라면 그의 지혜가 그에게서 떠난다. [이것을 우리는] 모세에게서 [보게 된다]. 모세가 군대의 지휘관 곧 싸움에서 돌아온 천부장들과 백부장들에게 노하니라(민 31:14, JPS), 그리고 [그다음에] 제사장 엘르아살이 싸움에 나갔던 군인들에게 이르되 이는 여호와께서 모세에게 명령하신 율법이니라(31:21, JPS)라고 기록됐기 때문이다. 여기서 법이 모세를 피한 것 같다. 53) 만약 그가 선지자라면 예언이 그에게서 떠난다. [이것을 우리는] 엘리사에게서 [보게 된다]. 내가 만일 유다의 왕 여호사밧의 얼굴을 봄이 아니면 그 앞에서 당신을 향하지도 아니하고 보지도 아니하였으리이다(왕하 3:14, JPS), 그리고 그다음에 이제 내게로 거문고 탈 자를 불러오소서 하니라 거문고 타는 자가 거문고를 탈 때에 여호와의 손이 엘리사 위에 있더니(3:15, JPS)54)라고 기록됐기 때문이다.

라브 마니 바 파티쉬(Rav Mani bar Patish)는, 한 사람이 화를 낼 때, 하늘이 이미 그에게 위대하다고 했더라도 그는 낮아진다고 말했다. 우리는 이것을 엘리압에게서 알게 된다. 엘리압이(그가, 개역개정) 다윗에게 노를 발하여 이르되 네가 어찌하여 이리로 내려왔느냐 들에 있는 양들을 누구에게 맡겼느냐 나는 네 교만과 네 마음의 완악함을 아노니 네가 전쟁을 구경하러 왔도다(삼상 17:28, JPS)라고 기록되고, 엘리압에 대해, 여호와께서 사무엘에게 이르시되 그의 용모와 키를 보지 말라 내가 이미 그를 버렸노라(삼상 16:7, JPS)라고 기록됐기 때문이다. 이는 그때까지 그분이 그를 사랑하셨었다는 것을 의미한다.

유월절 어린 양은 성전에서 바쳐졌다. 즉, 집에서 먹기 전에 하나님께 바쳤다. 이것을 나눠야 하는 무리는 미리 지정되어야만 했다. 예를 들어 결혼한 여자의 경우는 두 무리에 '포함'될 수도 있는데, 이는 그녀의 새 가족의 무리와 그녀가 태어난 가족의 무리이다. 그런데 개인은 한 무리 이상의 구성원이 될 수가 없으므로, 그녀는 어떤 무리와 기념해야 하는가? 게마라는 자기 남편의 집과 자기 아버지의 집에서 동일하게 행복한 신부의 기쁨을 묘사한다.

8장

미쉬나:

여자가 자기 남편의 집에 살고 있을 때, 만약 그녀의 남편과 그녀의 아버지가 모두 자신을 위해 [어린 양을] 잡았다면, 그녀는 자기 남편의 집에 참여한다.

만약 그녀가 [결혼에 이어지는] 첫 절기에 자기 아버지의 집에 가고, 그녀의 남편과 그녀의 아버지 모두 그녀를 위해 [어린 양을] 잡았다면 그녀는 자기가 원하는 것은 어느 것이든지 참여할 수 있다.

만약 보호자가 고아를 [위해] 양을 잡았다면 그는 자기가 원하는 곳에서 먹을 수 있다.

두 협업자의 한 노예는 어디에서도 [유월절 어린 양을] 먹을 수 없다.

반은 노예이고 반은 자유인인 자[55]는 자기 주인의 [유월절 어린 양을] 먹을 수 없다.

게마라:

[그녀는 자기가 원하는 것은 어느 것이든지 참여할 수 있다]. 이것은 베레라 (berera, 선택)가 그녀의 선택을 유효하게 하면서 소급하여 작용한다는 것을 의미한다. [아니다. 반드시 그런 것은 아니다. 아마도] 그녀가 원하는 것은 어느 것이든지는 [양을] 잡았을 때 그녀가 원하는 어느 것이든지를 의미하므로, 그 선택은 소급해서 작용하지 않는다.

[한 바라이타]는 다음과 같은 [미쉬나의 규칙]에 모순된다. [결혼에 이어지는] 첫 절기에 신부가 [유월절 어린 양을] 자기 아버지와 먹고, 그 후에 만약 그녀가 원하면 자기 아버지와 먹거나 만약 그녀가 원하면 자기 남편과 먹는다.

[대답은 다음과 같다.] 모순이 전혀 없다. 한 바라이타는 그녀가 가고 싶어 하는 한 사례에 대해 말한다. 또한, 그녀가 하고 싶어 하지 않는 한 사례에 대한 미

쉬나가 있다. [전자의 사례는] 나는 그가 보기에 화평을 얻은 자 같구나(아 8:10, JPS)라고 기록된 대로이다. 랍비 요하난은, 이것은 자기 남편의 집에서 편안하고, 자기 아버지 집에 가서 [자기 가족에게] 자신이 얼마나 복된지 말하고 싶은 한 신부와 같다고 말했다. 또 그날에 네가 나를 내 남편이라 일컫고 다시는 내 '주인'(바알, 개역개정)이라 일컫지 아니하리라(호 2:16)라고 기록된 대로이다. 이에 대해 랍비 요하난은, 이것은 자기 아버지의 집에 있는 신부와 같지 않고, 자기 시아버지의 집에 있는 신부와 같다고 설명했다.

더 많은 훈계는 다음과 같다.

우리에게 있는 작은 누이는 아직도 유방이 없구나(아 8:8, JPS). 랍비 요하난은, 이것은 엘람을 [가리키는데,] 그의 백성은 배우는 데는 성공했지만 가르치는 데는 성공하지 못했다고 말했다.[56]

나는 성벽이요 내 유방은 망대 같으니(아 8:10, JPS). 랍비 요하난은 다음과 같이 말했다. 나는 성벽이요. 이 표현은 토라를 가리킨다. 내 유방은 망대 같으니. 이것은 [이스라엘을 양육한] 현인들을 가리킨다. 라바는 나는 성벽이요가 이스라엘 회중을 가리킨다고 해석했다. 내 유방은 망대 같으니. 이것은 [이스라엘을 영적으로 육성하는] 회당과 연구의 집을 가리킨다고 말했다.

라브 주트라 바 토비아(Rav Zutra bar Tovia)는 라브의 이름으로 다음과 같이 말했다. 우리 아들들은 어리다가 장성한 나무들과 같으며 우리 딸들은 궁전의 양식대로 아름답게 다듬은 모퉁잇돌들과 같으며(시 144:12, JPS)의 의미는 무엇인가? 우리 아들들은 어리다가 장성한 나무들과 같으며. 이들은 죄를 맛보지 않은 이스라엘의 젊은 남자들이다. 우리 딸들은 궁전의 양식대로 아름답게 다듬은 모퉁잇돌들과 같으며. 이들은 자신들의 남편들을 위해 자신의 처녀성을 지키는 이스라엘의 처녀들이다. 피가 가득한 동이와도 같고 피 묻은 제단 모퉁이와도 같을 것이라(슥 9:15)[57]라고 하고, 그렇지 않으면 우리의 곳간에는 백곡이 가득하며 우리의 양은 들에서 천천과 만만으로 번성하며(시 144:13, JPS)라고 한 것과 같다. 궁전의 양식대로 아름답게 다듬은 모퉁잇돌들과 같으며. 성경은 이것을 마치 성전이[58] 그들 당시에 다시 지어져야 하는 것처럼 [젊은 남자와 처녀들] 모두에게 설명한다.

호세아 선지자는 하나님과 이스라엘의 관계를 남편과 아내의 관계로 묘사한다. 다음 해석의 배경은 아마도 하나님이 이스라엘의 죄 때문에 이스라엘을 거부했었다는 기독교의 주장일 것이다. 그 반응은 이스라엘이 죄를 지었다는 것을 부인하는 것이 아니라, 하나님의 사랑이 죄를 이겼다는 것을 확증하는 것이다.

웃시야와 요담과 아하스와 히스기야가 이어 유다 왕이 된 시대 곧 요아스의 아들 여로보암이 이스라엘 왕이 된 시대에 브에리의 아들 호세아에게 임한 여호와의 말씀이라(호 1:1, JPS). 네 명의 선지자들이 한 시기에 예언했고, 여호와의 말씀의 시작은 호세아와 함께였다(여호와께서 처음 호세아에게 말씀하실 때, 개역개정)[59](호 1:2)라고 한 대로, 호세아는 그들 가운데 가장 대단했다. 호세아는 그분이 함께 이야기하신 첫 사람이었는가? 명백히 모세와 호세아 사이에 많은 선지자가 있었다. 랍비 요하난은, 그는 당시 예언한 선지자들, 즉 호세아, 이사야, 아모스, 미가 가운데 처음이었다고 말했다.

거룩하신 이, 그분은 찬양받으시리로다, 그분이 호세아에게 말씀하셨다. 네 자녀들 [이스라엘]은 죄를 지었다! [호세아는] 이렇게 대답했어야 했다. 그들은 당신의 자녀, 당신의 사랑하는 자녀, 아브라함과 이삭과 야곱의 자녀이니, 그들에게 자비를 내리소서! 그러나 그는 그렇게 말하지 않았을 뿐만 아니라, 이렇게 말했다. 우주의 주여! 모든 세계가 당신의 것입니다! 그들을 다른 민족을 위해 바꾸소서!

거룩하신 이, 그분은 찬양받으시리로다, 그분이 다음과 같이 말씀하셨다. 나는 이 사람에게 무엇을 할 수 있는가? 나는 그에게, 가서 음란한 여자를 맞이하여 음란한 자식들을 낳으라고 말할 것이다. 그리고 그다음에 그녀를 돌려보내라고 말할 것이다. 만약 그가 그녀를 돌려보낼 수 있다면 나는 이스라엘을 돌려보낼 수 있다! [이것이] 너는 가서 음란한 여자를 맞이하여 음란한 자식들을 낳으라(호 1:2)라고 기록된 대로이다.

그다음에 본문은, 이에 그가 가서 디블라임의 딸 고멜을 맞이하였더니(호 1:3, JPS)라고 한다.

라브는, [그녀가] '고멜'이라고 불린 이유는 모두가 그녀와 성관계를 했기 때문이며, '디블라임'은 그녀가 나쁜 소식, 즉 나쁜 소식의 딸이었기 때문이라고

말했다. 쉬무엘은, '디블라임'은 모두가 그녀를 대추야자처럼 짓밟았기 때문이라고 말했다. [60)

또 다른 해석의 [계열은] 다음과 같다. '고멜'에 대해 랍비 유다는, 그녀 당시 [대적이] 이스라엘의 소유물을 파괴하려고 했기 때문이라고 말했으며, 랍비 요하난은, 아람 왕이 여호아하스의 백성을 멸절하여 '자기 발아래 먼지와 같이 그들을 짓밟았으며'(타작마당의 티끌같이 되게 하고, 개역개정)(왕하 13:7, JPS)[61)라고 한 대로, 적들이 그들을 완전히 약탈했기 때문이라고 했다.

고멜이 임신하여 아들을 낳으매 여호와께서 호세아에게 이르시되 그의 이름을 이스르엘이라 하라 조금 후에 내가 이스르엘의 피를 예후의 집에 갚으며 이스라엘 족속의 나라를 폐할 것임이니라 … 고멜이 또 임신하여 딸을 낳으매 여호와께서 호세아에게 이르시되 그의 이름을 로루하마라 하라 내가 다시는 이스라엘 족속을 긍휼히 여겨서 용서하지 않을 것임이니라 … 또 임신하여 아들을 낳으매 여호와께서 이르시되 그의 이름을 로암미라 하라 너희는 내 백성이 아니요 나는 너희 [하나님]이 되지 아니할 것임이니라(호 1:3-4,6,8-9, JPS).

두 아들과 한 딸이 호세아에게 태어났을 때, 거룩하신 이, 그분은 찬양받으시리로다, 그분이 다음과 같이 말씀하셨다. 너는 네 주인 모세에게서 배웠어야 했다. 내가 그와 말했을 때, 그는 그의 아내와 헤어졌다. 이제 너는 네 아내와 헤어져라!

호세아가 대답했다. 우주의 주여! 나는 그녀에게서 자녀를 낳았으며, 나는 그녀를 돌려보내거나 그녀와 이혼할 수 없습니다!

거룩하신 이, 그분은 찬양받으시리로다, 그분이 다음과 같이 반박하셨다. 만약 창녀를 아내로 가졌으며, 심지어 그녀의 자녀들이 네 자녀인지 다른 누군가의 자녀인지 알지 못하는 네가 [그녀와 헤어질 수 없다면, 너는 어떻게 내게] 이스라엘과 헤어지라고 [말할 수 있는가]? 그들은 내 자녀이며, 내가 시험한 자들의 자녀이며, 아브라함과 이삭과 야곱의 자녀이며, 세상에서 나의 네 가지 소유물들 가운데 하나이다.

[하나님의 소유물들 가운데] 하나는, 여호와께서 그 조화의 시작 곧 태초에 일하시기 전에 나를 가지셨으며(잠 8:22)라고 한 대로, 토라이며, 다른 하나는 [지

극히 높으신 하나님] 그분은 하늘과 땅을 소유했으며(천지의 주재이시요 지극히 높으신 하나님이여, 개역개정)(창 14:19)라고 한 대로, 하늘과 땅이다. 또 하나는 그의 오른손으로 '얻은'(만드신, 개역개정) 산(시 78:54, JPS)이라고 한 대로, 거룩한 성전이며, 다른 하나는 주께서 '소유한'(사신, 개역개정) 백성(출 15:16)이라고 한 대로, 이스라엘이다.

[호세아]가 자신이 죄를 지었다는 것을 깨달았을 때, 자신을 위해 긍휼을 구하는 기도를 하기 시작했다. 거룩하신 이, 그분은 찬양받으시리로다, 그분이 말씀하셨다. 네 자신을 위해 긍휼을 간청하기보다는 이스라엘을 위해 긍휼을 간청해라. 너 때문에 나는 그들에게 세 가지 판결을 했다.[62]

[그다음에 호세아는] 그들을 위해 기도하고 [가혹한] 판결을 피했다. 이뿐만 아니라, 그는 다음과 같이 말하면서 그들을 축복하기 시작했다.

이스라엘 자손의 수가 바닷가의 모래같이 되어서 헤아릴 수도 없고 셀 수도 없을 것이며 전에 그들에게 이르기를 너희는 내 백성이 아니라 한 그곳에서 그들에게 이르기를 너희는 살아 계신 하나님의 아들들이라 할 것이라 이에 유다 자손과 이스라엘 자손이 함께 모여…(호 1:10-11, JPS). 내가 나를 위하여 그를 이 땅에 심고 '로 – 루하마'(긍휼히 여김을 받지 못하였던 자, 개역개정)를 긍휼히 여기며 '로 – 암미'(내 백성 아니었던 자, 개역개정)에게 향하여 이르기를 너는 내 백성이라 하리니 그들은 이르기를 주는 내 하나님이시라 하리라 하시니라(2:23, JPS).

랍비 요하난은 다음과 같이 말했다. 지도자들에게 화가 있으리로다! 그것은 지도력을 행사하는 자들을 매장한다. 유다 왕 웃시야와 요담과 아하스와 히스기야 시대에 아모스의 아들 이사야가 …'한 예언이라'(본 계시라, 개역개정)(사 1:1, JPS)[63]라고 한 대로, 활동이 네 왕들의 통치에 걸치지 않은 선지자는 단 한 명도 없다.

랍비 요하난은 다음과 같이 말했다. 왜 요아스의 아들 여로보암은 유다의 왕들과 함께 열거될 자격이 있었는가? 왜냐하면, 그는 [선지자] 아모스에 대한 비방 받 아들이기를 거부했기 때문이다. 우리는 그가 포함됐다는 것을 안다. 웃시야와 요담과 아하스와 히스기야가 이어 유다 왕이 된 시대 곧 요아스의 아들 여로보암이 이스라엘 왕이 된 시대에 브에리의 아들 호세아에게 임한 여호와의 말씀이라(호 1:1, JPS)라고 기록됐기 때문이다. 우리는 그가 비방을 거부했다는 것 역시 안다. 왜냐하면, 벧엘의 제사장 아마샤가 이스라엘의 왕 여로보암에게 보내어 이르되 이스라엘 족속 중에 아모스가 왕을 모반하나니 … 아모스가 말하기를 여로보암은 칼에 죽겠고(암 7:10-11, JPS)라고 기록됐기 때문이다. 그는 다음과 같이 생각했다. '하나님은 그가 그렇게 말하는 것을 금지시켰다! 하지만 그가 실제로 그것을 말했다면, 나는 하나님이 그에게 [그렇게 말하라고] 시킨 것을 보고 무엇을 할 수 있는가.'

랍비 엘르아살은, 거룩하신 이, 그분은 찬양받으시리로다, 그분은 나는 계속하지 않겠고 이스라엘 족속을 긍휼히 여기겠다(내가 다시는 이스라엘 족속을 긍휼히 여겨서, 개역개정)[64](호 1:6)라고 한 대로, 화를 내실 때도 긍휼을 잊지 않으신다. 랍비 요세 벤 하나나는 이 구절의 끝에서 하지만 나는 분명히 그들을 용서할 것이다(용서하지 않을 것임이니라, 개역개정)[65]와 같이 [동일한 것을] 도출했다.

랍비 엘르아살은 게다가 다음과 같이 말했다. 거룩하신 이, 그분은 찬양받으시리로다, 그분이 이스라엘을 민족들 가운데 포로로 끌려가게 하셨으며, 내가 그를 이 땅에 심고라고 한 대로, 개종자들이 그들의 숫자에 더해질 수 있었다. 누구도 여러 쿠르(kur)를 수확할 의도가 아니라면 한 세아를 뿌리지 않는다. 랍비 요하난은, '로-루하마'(긍휼히 여김을 받지 못하였던 자, 개역개정)를 긍휼히 여기며 ['로-암미'(내 백성 아니었던 자, 개역개정)에게 향하여 이르기를 너는 내 백성이라 하리니][66](호 2:23, JPS)라는 [이 구절의 끝에서] 동일한 것을 추론했다.

랍비 요하난은 랍비 시므온 벤 요하이의 이름으로 말했다. 다음 구절의 의미가 무엇인가? 너는 종을 그의 상전에게 비방하지 말라 그가 너를 저주하겠고 너는 죄책을 당할까 두려우니라 아비를 저주하며 어미를 축복하지 아니하는 무리가 있느니라(잠 30:10-11, JPS). 아비를 저주하며 어미를 축복하지 아니하는에서 어떻게 비방하지 말라가 나오는가? 이것은 심지어 아버지를 저주하고 어머니에게 축복하지 않는 세대라고 해도, 자기 주인에게 노예를 비방하는 것을 삼가야 한다는 것을 의미한다. 이것이 우리가 호세아에게서 배운 것이다.[67]

랍비 오샤야(Oshaya)는 다음과 같이 말했다. 여호와의 은혜가 넘치는 이스라엘의 구원(삿 5:11 참고, JPS)이라는 표현의 의미는 무엇인가? 거룩하신 이, 그분은 찬양받으시리로다, 그분이 그들을 민족들 가운데 흩으심으로써[68] 이스라엘에 은혜롭게 행하셨다. 한 로마 사람[69]이 랍비 하니나에게 말했다. 우리가 당신들보다 낫다. [요압은 에돔의 남자를 다 없애기까지 이스라엘 무리와 함께] 여섯 달 동안 그곳에 머물렀더라(왕상 11:16, JPS)는 당신들에 대해 기록된 것이지만, 당신들은 수년 동안 우리의 영향력 안에 있었고, 우리는 당신들에게 어떤 것도 하지 않았다. 랍비 하니나는 이렇게 대답했다. 내가 내 한 제자에게 [대답하도록] 해도 되겠는가? 랍비 오샤야가 [그 로마 사람]과의 [대화에] 끼어들어 말했다. 그것은 당신이 무엇을 해야 할지 모르기 때문이며, 우리가 모두 [당신의 영토 안에] 있는 것은 아니므로 당신은 우리 모두를 파멸시킬 수 없다. [당신이] 당신 영토 안에 있는 자들[만을 파멸시키려 한다면 사람들은] 당신들을 불완전한 힘이라고 부를 것이다. 로마 독수리 옆에서 다른 이가 대답했다. 우리는 그 [생각]을 가지고 나가고 들어온다![70]

랍비 히야는 다음과 같이 가르쳤다. 하나님이 그 길을 아시며 있는 곳을 아시나니(욥 28:23)는 무엇을 의미하는가? 거룩하신 이, 그분은 찬양받으시리로다, 그분은 이스라엘이 [가혹한] 로마의 법령을 견딜 수 없다는 것을 아시고 그들을 바빌론으로 추방하셨다.

랍비 엘르아살은, 거룩하신 이, 그분은 찬양받으시리로다, 그분이 이스라엘을 바빌론으로 추방하신 이유는 내가 그들을 스올의 권세에서 속량하며 사망에서 구속하리니(호 13:14, JPS)라고 한 대로, 바빌론이 스올만큼이나 낮기 때문이라고 말했다.

랍비 하나니아는, [그분이 그들을 바빌론으로 추방하신] 이유는 [바빌론의] 언어가 토라의 언어와 가깝기 때문이라고 말했다.

랍비 요하난은, 그분은 그들을 그들의 어머니 고향으로 되돌려 보내기를 [원하셨기] 때문이라고 말했다. 이것은 자기 아내에게 화를 내는 남자와 같다. 그는 그녀를 어디로 보낼 것인가? 그녀의 어머니에게 되돌려 보낸다.

마찬가지로 랍비 알렉산드리(Alexandri)는 다음과 같이 말했다. 이스라엘, 이집트의 은, [모세가 시내산에서 가져온 돌로 된] 평판 위의 기록, 이 세 가지가 원래의 자리로 되돌아온다. 이스라엘은 우리가 말한 대로 돌아온다. 이집트의 은은 르호보암 왕 제오년에 애굽의 왕 시삭이 올라와서 예루살렘을 치고 [여호와의 성전의 보물과 왕궁의 보물을 모두 빼앗고](왕상 14:25-26, JPS)라고 기록된 대로 돌아온다. 평판 위의 기록은 내가 그 두 돌판을 내 두 손으로 들어 던져 너희의 목전에서 깨뜨렸노라(신 9:17)라고 기록된 대로 돌아온다. 그리고 돌은 깨졌지만, 글은 [하늘 위로] 날아갔 다고 가르침을 받았다.

수갸(sugya)는 익살스러운 일화로 마무리되고 재확신하게 하는 교훈이 이어진다.

울라(Ulla)는, 그들이 대추야자를 먹고 토라를 연구하도록 [바빌론으로 추방됐 다]고 말했다. 울라가 품베디타에 도착했을 때, 그들은 그에게 대추야자 한 접시 를 제공했다. 그가 물었다. 한 주즈에 얼마나 많은 [대추야자 접시]를 가져올 수 있는가? 그들은 세 접시라고 대답했다. 그가 외쳤다. 한 주즈에 한 바구니의 꿀이 며, [너희] 바빌로니아 사람들은 토라를 연구하지 않는다! 밤 동안 [대추야자가] 그를 괴롭혔다. [다음 날 아침 그는 다음과 같이 외쳤다.] 한 바구니의 치명적인 독이 바빌론에서는 한 주즈에 해당한다. 그런데도 그들은 토라를 배운다!

랍비 엘르아살 역시 다음과 같이 말했다. 많은 백성이 가며 이르기를 오라 우리가 여호와의 산에 오르며 야곱의 하나님의 전에 이르자(사 2:3)라는 구절의 의미는 무엇인 가? 왜 아브라함이나 이삭의 하나님이 아니라 야곱의 하나님인가? 여호와의 산에 서 '비전이 있다'(준비되리라, 개역개정)(창 22:14, JPS)라고 한 대로 하나님이 아브라함에 게는 산과 같은데, 이것은 그런 아브라함과 같지 않다. 또 이삭이 … 들에 나가 묵 상하다가(창 24:63)라고 한 대로 하나님은 이삭에게 들과 같은데, 그런 이삭과도 같 지 않다. 그곳 이름을 '하나님의 집'(벧엘, 개역개정)이라 하였더라(창 28:19)라고 한 대로 하나님은 야곱에게 집과 같은데, 이는 그런 야곱과 같다.

랍비 요하난은 이렇게 말했다. 이에 유다 자손과 이스라엘 자손이 함께 모여 한 우두머리를 세우고 그 땅에서부터 올라오리니 이스르엘의 날이 클 것임이로다(호 1:11, JPS)라고 하고, 저녁이 되고 아침이 되니 이는 첫째 날이니라(창 1:5)[71]라고 기록된 대 로, 추방된 자들을 모으는 것은 하늘과 땅을 창조하는 날과 같이 크다.

9장은 다음과 같은 둘째 유월절을 다룬다.

여호와께서 모세에게 말씀하여 이르시되 이스라엘 자손에게 말하여 이르라 너희나 너희 후손 중에 시체로 말미암아 부정하게 되든지 먼 여행 중에 있다 할지라도 다 여호와 앞에 마땅히 유월절을 지키되 둘째 달 열넷째 날 해 질 때에 그것을 지켜서 어린 양에 무교병과 쓴 나물을 아울러 먹을 것이요 아침까지 그것을 조금도 남겨두지 말며 그 뼈를 하나도 꺾지 말아서 유월절 모든 율례대로 '그들이 바칠 것이니라'(지킬 것이니라, 개역개정) (민 9:9-12, JPS).

희생제물은 첫째 유월절과 둘째 유월절이 동일하지만, 무교절은 준비되지 않는다. 따라서 두 기념 사이에는 여러 가지 차이점들이 있다.

9장

미쉬나:

첫째 유월절과 둘째 유월절은 무슨 차이가 있는가?

첫째 유월절에는 하메츠를 [당신의 소유에서] 볼 수 없고 발견할 수도 없다.[72] **그러나 둘째 유월절에 당신은 유교병과 무교병을 집에서 가질 수도 있다.**

첫째 유월절에는 할렐[73]**이 [유월절 희생제물을] 먹을 때 낭송되어야만 한다. 그러나 둘째 유월절에는 할렐이 [유월절 희생제물을] 먹을 때 낭송될 필요가 없다.**

두 유월절 모두 할렐이 희생제물을 바칠 때 낭송되어야만 한다. 두 유월절 모두 유월절 희생제물을 무교병과 쓴 나물과 함께 먹으며, 두 유월절 모두 안식일보다 더 중요하다.

게마라:

랍비들은 다음과 같이 가르쳤다. 유월절 모든 율례대로 그들이 바칠 것이니라. 성경은 [유월절 어린 양의] 몸에 적용되는 이런 미츠바에 대해 말한다. 우리는 어떻게 이것이 몸에 적용되는 미츠바에 대해 말한다는 것을 아는가? 왜냐하면, 어린 양에 무교병과 쓴 나물을 아울러 먹을 것이요라고 기록됐기 때문이다. 이것은 또한 몸에 적용되지 않는 미츠보트에 대해 말하는가? [아니다. 왜냐하면] 이것은 그 뼈를 하나도 꺾지 말아서라고 진술하기 때문이다. 뼈를 꺾지 말라는 [금지]가 구체적으로 몸에 적용되는 미츠바이듯이, 몸에 적용되는 모든 미츠보트가 [포함된다]. 이시 벤 예후다(Issi ben Yehuda)는, [당신은] 그들이 바칠 것이니라(지킬 것이니라, 개역개정)라는 말씀에서, 성경이 몸에 적용되는 미츠보트에 대해서[만] 말한다고 [추론할 수 있다].

한 선생은 다음과 같이 설명했다. 그것은 [유월절 희생제물의] 몸에 적용되지 않는 미츠보트에 대해서도 말하는가? 하지만 명백히 당신은, 성경이 몸에 적용되는 이런 미츠보트들에 대해 말한다고 했다. [그러므로, 무엇이 문제인가? 한 바라이타는 성경이] 어린 양에 무교병과 쓴 나물을 아울러 먹을 것이요라고 말하는 것으로 보아, 당신은 그들이 바칠 것이니라가 [어린 양이나 새끼]에 제한되지 않는다는 사실을 알 수 있다고 본다.[74] [그러므로] 나는 이것이 크랄(k'lal, 일반용어)에 이어지는 프라트(p'rat, 구체적 용어)와 같다고 생각할 수 있다.[75] 그 경우 크랄은 프라트를 확장하고, 아마도 모든 [유월절의 측면을] 포함할 것이다. [한 바라이타]는 당신에게 이것은 그 경우가 아니라고 말하기를 원한다.

이시 벤 예후다는 그 뼈를 하나도 꺾지 말아서라는 [구절을] 어떻게 이용하는가? 그는 골수를 포함하는 뼈와 포함하지 않는 뼈 사이에는 어떤 차이점도 없다는 것을 [확립하는 데] 이 구절을 필요로 한다.

[다른] 랍비들은 그들이 바칠 것이니라라는 [구절을] 어떻게 이용하는가? [그들은 둘째] 유월절 [희생제물이] 한 사람만을 위해 잡아서는 안 되고,[76] 가능한 한 [다른 사람들과 그것을 나누려고] 해야 한다는 것을 [확립하기 위해 이 구절을 필요로 한다].

랍비들은 다음과 같이 가르쳤다. 유월절 모든 율례대로 그들이 바칠 것이니라. 당신은 첫 유월절에 하메츠를 [당신의 소유에서] 볼 수 없거나 발견할 수 없듯이, 둘째 유월절에도 하메츠를 [당신의 소유에서] 볼 수 없거나 발견할 수 없다고 생각하는가? [그렇지 않다. 왜냐하면 성경은], 어린 양에 무교병과 쓴 나물을 아울러 먹을 것이요라고 말하기 때문이다.[77] 하지만 이것은 [구체적인 계명 이외의] 긍정적인 계명만을 제외할 것이다. 나는 어떻게 [구체적인 계명 이외에] 부정적인 계명도 제외될 수 있다는 것을 아는가? 왜냐하면, 아침까지 그것을 조금도 남겨두지 말며라고 기록됐기 때문이다. 나는 이것에서 긍정적인 계명에 합쳐진 부정적인 계명이 제외된다는 것만을 추론할 것이다. 나는 어떻게 [구체적인 계명 이외에] 심지어 순수한 부정적인 계명도 제외되어야 하는지를 아는가? 왜냐하면, 그 뼈를 하나도 꺾지 말아서라고 기록됐기 때문이다. [요약하자면] 포함된 것들이 명시되었듯이, 하나의 긍정적인 계명과 긍정적인 계명에 합쳐진 하나의 부정적인 계명, 그리고 하나의 순수한 부정적인 계명, 곧 [모든 다른] 긍정적인 계명과 긍정적인 계명에 합쳐진 부정적인 계명과 순수한 부정적인 계명이 [제외된다].

그렇다면, 무교병과 쓴 나물과 [비교하여] 무엇이 포함되는가? [둘째 유월절 희생제물이, 첫 유월절과 같이] 불로 구워져야만 한다는 것이다. 그리고 무엇이 제외되는가? 발효제를 제거할 [필요가 없다는] 것이다.

우리는 반대로 논증해야만 할 것인가?[78] [아니다. 왜냐하면, **유월절 희생제물의] 몸에 적용되는** 미츠보트를 포함하는 것이 바람직하기 때문이다.

그리고 아침까지 그것을 조금도 남겨두지 말며와 [비교하여] 무엇이 포함되는가? [둘째 유월절 희생제물의 고기는 첫째 유월절의 고기와 마찬가지로 그 경계를 넘어] 제거될 수 없다는 것이다(출 12:46). 그리고 무엇이 제외되는가? 하메츠를 자신의 소유에서 보거나 발견하는 것이 금지된다는 것이다.

우리는 반대로 논증해야만 할 것인가? [아니다. 왜냐하면, **유월절 희생제물의] 몸에 적용되는** 미츠보트를 포함하는 것이 바람직하기 때문이다.

그리고 그 뼈를 하나도 꺾지 말아서와 [비교하여] 무엇이 포함되는가? [둘째 유월절 희생제물의 고기는 첫째 유월절의 고기와 마찬가지로] 날로 먹을 수 없다는 것이다(출 12:9). 무엇이 제외되는가? 너는 내 제물의 피를 '[네 소유에] 누룩이 있을 때'(유교병과 함께, 개역개정) 드리지 말며(출 34:25).

우리는 반대로 논증해야만 할 것인가? [아니다. 왜냐하면, **유월절 희생제물의] 몸에 적용되는** 미츠보트를 포함하는 것이 바람직하기 때문이다.

마지막 장은 세데르('순서')로 알려진 유월절 전날 식사에 할애했다. 이것은 출애굽을 상기하고 성찰하는 가족 절기다. 의식의 순서를 포함하는 책은 하가다('이 야기를 들려주기')라고 불리는데, 이 단어는 너는 그날에 네 아들에게 보여 이르기를 (v'higadta)(출 13:8, JPS)이라는 구절에 있는 브히가드타(v'higadta)에서 유래한다.

미쉬나의 처음 부분에서는 가난한 자들에 대한 조항에 관심을 두는데, 부유한 자들과 가난한 자들이 함께 참여할 수 없다면 진정으로 기쁜 행사가 될 수 없기 때문이다.

랍비들은 어떻게 두 배, 특히 쌍둥이가 행운이 없거나 위험하다는 미신이 널리 퍼져 있는 시대에, 세데르에 수반되는 네 잔의 포도주–두 배의 두 배–를 위한 요건을 정할 수 있었는가? 랍비들은 직접적으로 미신에 도전하지 않고, 바람직하지 않은 상황이나 특히 민감한 사람들에 대한 미신의 영향을 제한한다. 다양한 견해가 제시되지만, 그들의 전반적인 태도는 다소 회의적이다.

10장

미쉬나:

누구도 오후 기도 시간부터 어둠이 떨어질 때까지 유월절 전날에 먹어서는 안된다. 심지어 가장 가난한 이스라엘 사람도 그가 누울 때까지 먹어서는 안 된다. 그가 너무 가난해서 [보통 자기 식사를 위해] 무료 급식소[에 의존한다고] 해도 그들은 그에게 [온전한 유월절 식사와 함께 요구되는], 적어도 네 잔의 포도주를 주어야 한다.

게마라:

그들은 그에게 [요구되는], 적어도 네 잔의 포도주를 주어야 한다. 랍비들은 어떻게 위험하게 될 수도 있는 것을 제정할 수 있었는가? 한 바라이타는, 사람이 두 번 먹어서는 안 되고, 두 번 마셔서는 안 되며, 두 번 성관계를 해서는 안 된다고 가르치지 않는가?

라브 나흐만은 다음과 같이 말했다. [네 개의 세데르 잔은 괜찮다. 왜냐하면] 성경은 이 밤은 … 여호와 앞에 지킬 것이니(출 12:42)라고 말하기 때문이다. 여기서 밤은 당신이 악마들에게서 보호를 받는 밤이다.

라바는, 축복의 잔은 나쁜 것이 아닌 좋은 것을 위해 [다른 것들과] 합쳐진다고 말했다.

라비나는, 랍비들이 자유의 징표로 네 잔을 제정했으며, 각각은 그 자체로 미츠바[79]라고 말했다.

두 번 성관계를 해서는 안 된다. 왜 안 되는가? 명백히 [성관계를 두 번 하는 것은 '두 번을 하려고' 나서는 것이 아니라] 분리된 결정이다.[80] 아바예가 말했다. [한 바라이타]가 말하려고 의도한 것은 한 사람이 두 번 먹어서는 안 되고, 두 번 마셔서는 안 되며, 그가 약해져서 [두 번 먹거나 마심으로 인해] 해를 [쉽게 받게] 된 경우, 한 번이라도 성관계를 하지 말아야 한다는 것이다.

랍비들은 다음과 같이 가르쳤다. **만일 누군가가 두 배로 마시면, 그의 피가 그의 머리 위에 있다!**[81]

라브 예후다는 다음과 같이 말했다. 이것은 언제 적용되는가? 만약 그가 그 사이에 신선한 공기를 마시지[82] 않았을 경우이다. 만약 그가 신선한 공기를 마셨다면, [두 번 마시는 것은] 괜찮다.

라브 아쉬는, 나는 라브 하나니아 바 비비(Rav Ḥanania bar Bibi)가 각 잔을 마신 후 바깥으로 나가는 것을 보았다고 말했다.

[위험은] 만약 그가 여행을 떠나려고 할 경우는 적용되지만, 그가 집에 머물려고 할 경우는 적용되지 않는다.

랍비 제이라는, 자는 것은 여행을 떠나는 것과 같다고 말했다.

라브 파파는, 쉬러 가는 것은 여행을 떠나는 것과 같다고 말했다.

하지만 그가 집에 머문다면 정말로 괜찮은가? 라바는 벽들을 세지 않았는가?[83] 그리고 아바예가 한 잔을 마실 때, 그의 어머니[84]는 [그가 두 잔이 아니라 분명히 세 잔을 마시도록 하려고] 두 잔을 자신의 손에 [준비하여] 쥐고 있었다. [마찬가지로] 라브 나흐만 바 이삭이 두 잔을 마셨을 때 그의 종은 한 잔을 준비하여 쥐고 있었으며, 그가 한 잔을 마셨을 때 [심지어 그들이 집에 머무르는데도] 그의 좋은 두 잔을 준비하여 쥐고 있었다.

그것은 [라바 또는 나흐만 바 이삭과 같이] 중요한 사람에게는 다르다. [왜냐하면 악마들이 그를 잡으려고 나와 있을 가능성이 크기 때문이다].

울라는, '두 배'는 열 잔에는 적용되지 않는다고 말했다.

[이것을 말할 때,] 울라는 그의 [평소의] 계통을 따른다. 왜냐하면, 어떤 이는 이것을 한 바라이타에서 가르쳤다고 말하지만, 울라는 현인들이 애도의 집에서 열 잔을 [마시는 관습을] 제정했다고 말했다. 만약 '두 배'가 열 잔에 적용된다면, 현인들은 어떻게 위험할 수도 있는 [관습을] 소개할 수 있겠는가?

하지만 '두 배'는 여덟 [잔]에는 분명히 적용된다.

라브 히스다와 라바 바 바 하나는, '평화', [즉 일곱]은 좋은 것에는 합쳐지고 나쁜 것에는 합쳐지지 않[으므로, 여덟은 해롭지 않]지만, '두 배'는 여섯 [잔]에는 분명히 적용된다고 말했다.

라바와 라브 예세프는, '은혜', [즉 다섯]은 좋은 것에는 합쳐지고 나쁜 것에는 합쳐지지 않[으므로, 여섯은 해롭지 않]지만, '두 배'는 네 [잔]에는 분명히 적용된다고 말했다.

아바예와 라바는, '보호', [즉 셋]은 좋은 것에는 합쳐지고 나쁜 것에는 합쳐지지 않[으므로, 넷은 해롭지 않][85]고 말했다.

[이렇게 말할 때] 라바는 자신의 습관을 따랐다. 왜냐하면, 라바는 네 잔으로 자기 학생들에게 작별을 고했기 때문이다. [그들 가운데 하나인] 라바 바 리바이(Rava bar Livai)가 해를 입었지만, 그가 내 강의에서 계속 나를 괴롭혔기 때문이라고 말하면서, 그는 이것을 전혀 설명하지 않았다.

라브 요세프는 다음과 같이 말했다. 요셉이라는 악마가 내게 말하기를, 악마들의 왕 아쉬모다이(Ashmodai)가 모든 두 배를 담당하고 있으며, 게다가 왕[으로서] 그가 [누구에게나] 해를 끼친다고 말할 수 없다고 했다.

다른 이들은 이것을 반대의 의미에서, 그는 왕[으로서] 성미가 급하고, **왕은 자신을 위해 길을 만들려고 울타리를 무너뜨릴 수 있으며 누구도 그를 막을**

수 없으므로, 자신이 좋아하는 것을 한다고 보고한다.[86]

라브 파파는 다음과 같이 말했다. 요셉이라는 악마가 "우리 [악마들]은 둘을 죽이지만 우리는 넷을 죽이지는 않는다. 우리는 [두 배가] 의도적이든 우연이든, 둘에게는 해를 끼친다. 넷에 대해서는, [우리는 만약 두 배가] 우연이라면 해를 끼치지만, 의도적이지 않다면 해를 끼치지 않는다"라고 내게 말했다. 만일 누군가가 부주의하게 [두 배가] 일어나도록 했다면 그에게는 무슨 치료책이 있는가? 그는 자신의 오른손 엄지를 왼손으로 쥐고, 왼손 엄지를 오른손으로 쥐며, 너와 내가 셋이 된다고 말한다. 만약 그가, 너와 내가 넷이 된다고 말하는 목소리를 듣는다면, 그는, 너와 내가 다섯이 된다고 말해야 한다. 만약 너와 내가 여섯이 된다고 말하는 목소리를 듣는다면, 그는, 너와 내가 일곱이 된다고 말해야 한다. 이 일이 한번 일어났고, 이것이 101번이 됐을 때 악마가 갑자기 나왔다.[87]

아메이마르(Ameimar)는 다음과 같이 말했다. 우두머리 여자 마법사가 한번은 내게 말하기를, 만약 네가 여자 마법사를 만난다면, 이렇게 말해야 한다고 했다. 찢어진 바구니에서 뜨거운 인분이 너희 입속으로 들어가라, 오 여자 마법사들이여! 너희가 마술을 쓰는 머리가 갈라지고[88] 너희가 마법을 쓰는 조각들이 날아가게 하소서! 너희 약이 흩어지고, 바람이 너희 손에서 신선한 사프란을 날려버리게 하소서, 오 여자 마법사들이여! [하늘이] 나를 돌보고, 내가 나를 돌보며, 너희가 나를 돌보는 한, 나는 너희 가운데 오지 않았다. 내가 너희 가운데 왔으므로, 나는 너희가 내게 냉담했고 나는 자신을 돌보지 않았다는 것을 알았다.[89]

서쪽에서 그들은 두 배에 대해 까다롭게 굴지 않는다.

네하르데아(Nehardea)의 라브 디미(Rav Dimi)는 포도주 통에 포도주의 양[을] 표시한 숫자[에] 대해서도 까다롭게 굴었다. 한번은 우연히 [통들이 짝수로 나왔고] 통이 터졌다.

이 문제의 원리는, 만약 누구라도 [두 배]에 민감하다면 [악마는] 그에게 민감하고, 그가 [두 배]에 민감하지 않다면 [악마는] 그에게 신경 쓰지 않는다는 것이다.

그렇다 해도 우리는 신경을 써야 한다.

라브 디미가 들어왔을 때, 그는 "달걀 두 개, 호두 두 개, 오이 두 개, 그리고 다른 것 두 개는 시내산의 모세법[에 따라 금지]된다!"[90]라고 말했다. 그러나 랍비들은 그가 말한 '다른 것'이 무엇을 의미하는지 알지 못했으므로, 그들은 그 '다른 것' 때문에 모든 두 배를 금지했다.

우리가 열이나 여덟, 여섯, 넷이 두 배로 계산되지 않는다고 말할 때 이것은 악마와 관련이 있었지만, 주술을 위해 우리는 더 큰 숫자들에 대해 걱정해야만 한다. 자기 아내와 이혼한 한 남자에게 사건이 있었다. 그 아내는 나가서 여관 주인과 결혼했다. [전남편은 거기에] 포도주를 마시러 매일 가곤 했는데, 그녀는 그에게 마술을 걸려고 했지만 그는 항상 두 배를 [피하려고] 조심했으므로 성공하지 못했다. 어느 날 그는 많이 마셨고, 셈을 놓쳤다. 열여섯 잔까지는 머리가 맑았지만, 그 후에 그는 혼란스러워서 더는 조심하지 못했다. [여관 주인은 그가] 두 배에 [도달했을 때] 그를 내쫓았다. 그는 가는 길에 한 아랍 사람을 만났는데, 그 아랍 사람은 그에게 "나는 죽은 사람이 여기에 걸어가는 것을 보았다"라고 말했다. 그가 자기 길을 계속 갈 때, 그는 야자나무를 잡았다. 그 나무는 소리쳤고 그 남자는 숨을 거두었다.

라브 아비라(Rav Avira)는 두 배가 접시나 빵 덩어리에는 적용되지 않는다고 말했다.

원리는 이 두 배가 사람들이 완성한 것에는 적용되지 않는다는 것이다. 자연스럽게 완성된 것들 가운데, 당신은 음식을 조심해야만 한다.[91]

두 배는 여관에 적용되지 않는다.[92]

두 배는 그의 마음을 바꾸는 누군가에 적용되지 않는다.

두 배는 손님들에게 적용되지 않는다.[93]

두 배는 중요한 사람이 아니라면 여자들에게 적용되지 않는다.

랍비 여호수아의 아들, 라브 히네나(Rav Ḥinena)는 아스파라거스 포도주는 나쁜 것에는 합쳐지지 않고 좋은 것에는 합쳐진다고 말했다.

라비나는 라브의 이름으로, 우리는 두 배에 대해 [의심이 가는 경우] 더 엄격해야 한다고 말했다.

어떤 이는, [그가] 더 관대한 쪽으로 [말했다]고 말한다.

유월절의 가족 의식에 자녀들이 참여하도록 모든 노력이 이뤄지며, 어떤 관습은 명백히 그들의 호기심을 일으키도록 고안됐다. 보편적인 유대 관습은 '네 가지 질문'을 낭송하려고 세데르에 참석한, 가장 어린 유능한 자녀를 위한 것이다.

미쉬나:

[포도주의] 둘째 잔은 그를 위해서 붓고, 이제[94] 자녀는 자기 아버지에게 질문한다. 만약 자녀가 [아직] 물을 정도로 총명하지 않다면 아버지는 그에게 다음과 같이 가르친다.

이 밤은 모든 [다른] 밤과 얼마나 다른가! 모든 [다른] 밤마다 우리는 하메츠나 마차를 먹을 수 있지만 오늘 밤에는 마차만 먹는다. 모든 [다른] 밤마다 우리는 어떤 채소라도 먹지만 오늘 밤은 쓴 [나물을] 먹는다. 모든 [다른] 밤마다 우리는 굽거나 요리하거나 끓인 고기를 먹을 수 있지만 오늘 밤은 오직 구운 고기만 먹는다. 모든 [다른] 밤마다 우리는 한 번 적시지만, 오늘 밤 우리는 두 번 적신다.[95]

아버지는 아들의 수용 능력에 따라 가르친다. 그는 수치로 시작하고 칭찬으로 마무리하며, 아람 사람은 자기 아버지를 파멸시키려고 노력하였다[96](신 26:5 참고)에서 설명한다.

게마라:

랍비들은 다음과 같이 가르쳤다. 만약 아들이 현명하면 그가 [네 가지 질문을] 하고, 만약 [그 아들이] 현명하지 않다면 아내가 묻는다. 아니면, [아버지가] 자신에게 묻는다. 유월절법을 아는 두 학식 있는 제자가 [세데르를 공유한다]고 해도, 그들은 서로 묻는다.

모든 [다른] 밤마다 우리는 한 번 적시지만, 오늘 밤 우리는 두 번 적신다. 라바는 "명백히 어느 다른 밤에라도 전혀 적실 의무가 없는가?"라고 반대했다. 미쉬나는 모든 [다른] 밤마다 우리는 한 번이라도 적실 필요가 없고, 오늘 밤 우리는 두 번 적셔야 한다고 읽어야 한다.

라브 사프라는 "하지만 자녀들은 어떤 의무라도 있는가?"[97]라고 반대했다. 그래서 라브 사프라는, 미쉬나는 모든 [다른] 밤마다 우리는 한 번이라도 적시지 않고, 오늘 밤 우리는 두 번 적신다고 읽어야 한다고 말했다.

그는 수치로 시작하고 칭찬으로 마무리한다. [미쉬나에서] '수치'의 [의미는] 무엇인가? 라브는, 우리 옛 조상들은 우상숭배자들이었다고 말하고, 쉬무엘은, 우리는 [이집트에서] 노예였다고 말했다. 98)

라브 나흐만은 [세데르에서] 그의 노예 다루(Daru)에게, "만약 주인이 그의 노예에게 자유를 허락하고 그에게 은과 금을 준다면, [그 노예는] 무엇이라고 말해야 하는가?"라고 말했다. [다루는] "그는 그에게 감사하고 그를 칭송해야 한다"라고 대답했다. 라브 나흐만은 "너는 우리에게 네 가지 질문을 면제해주었다!"라고 말했다. 그는 이어서, "우리는 [이집트]에서 노예였다…"라고 말했다.

미쉬나:

라반 가말리엘은, 이 세 가지, 곧 페사흐(Pesaḥ), 마차(matza), 마로르(maror)를 유월절 [식사]에서 언급하지 않은 자는 누구든지 자신의 의무를 다하지 못했다고 말하곤 했다.

페사흐[유월절]: 너희는 이르기를 이는 여호와의 유월절 제사라 여호와께서 애굽 사람에게 재앙을 내리실 때에 애굽에 있는 이스라엘 자손의 집을 넘으사 우리의 집을 구원하셨느니라 하라(출 12:27, JPS)라고 한 대로, 하나님이 이집트에서 우리 집을 넘었기 때문이다.

마차[무교병]: 그들이 애굽으로부터 가지고 나온 발교되지 못한 반죽으로 무교병을 구웠으니(출 12:39, JPS)라고 한 대로, 우리 조상들이 이집트에서 속량됐기 때문이다.

마로르[쓴 나물]: 어려운 노동으로 그들의 생활을 괴롭게 하니 곧 흙 이기기와 벽돌 굽기와 농사의 여러 가지 일이라(출 1:14, JPS)라고 한 대로, 이집트 사람들이 이집트에 있는 우리 조상들의 삶을 괴롭게 했기 때문이다.

모든 세대에서 당신은, 너는 그날에 네 아들에게 보여 이르기를 이 예식은 내가 애굽에서 나올 때에 여호와께서 나를 위하여 행하신 일로 말미암음이라 하고(출 13:8, JPS)라고 한 대로, 당신이 직접 이집트에서 나왔다고 생각해야 한다. 이런 이유에서 우리는 우리 조상들과 우리 자신을 위해 이 모든 이적을 행한 이에게 감사하고 찬양하고 영광을 돌리며, 높이고 존중하고 축복하며, 환호하고 찬미해야만 한다. 그분은 우리를 노예에서 자유로, 염려에서 기쁨으로, 애도에서 축하로, 어둠에서 큰 빛으로, 압제에서 속량으로 이끄셨기 때문이다. 그러므로 우리는 "할렐루야!"라고 말하자.[99]

우리는 [식사 전, 세데르의 이 지점에서] 얼마나 많은 [할렐]을 말해야 하는가? 샴마이 학파는 자녀들을 즐겁게 하는 어머니(시 113:9)까지라고 말하지만, 힐렐 학파는 단단한 바위가 산이 될 때(차돌로 샘물이 되게, 개역개정)(시 114:8)까지라고 말한다.

당신은 [세데르의 이 부분을] 속량에 [대한 찬양]으로 결론 내린다. 랍비 타르폰(Tarfon)은, [당신은] "우리를 속량하고, 우리 조상들을 이집트에서 속량한 분"이라고 [말하라]고 했지만, [찬양 공식으로] 끝나지 않는다. 랍비 아키바는, [당신은] "그러므로 우리 주 하나님과 우리 조상의 하나님이 미래에 평화롭게 당신의 재건된 성읍에서 기뻐하며, 당신을 섬기는 기쁨 가운데 다른 때와 절기로 우리를 이끄시고, 우리가 거기서 유월절과 [다른] 희생제사에 참여하게 하소서 … 당신은 찬양받으시리로다, 이스라엘을 속량하신 주, 오 주님이시여!"라고 [말하라]고 했다.

게마라:
라바는 당신이 "그리고 그분이 우리를 거기에서 인도하여 내셨다"라고 말할 필요가 있다고 했다.

라바는 다음과 같이 말했다. [당신이 라반 가말리엘이 명시한 세 가지 품목에 올 때,] 당신은 [입증하는 방식으로] 마차를 들고, 쓴 나물을 들어야 하지만, 고기를 들 필요는 없다. 실제로 [만약 당신이 고기를 든다면] 이것은 마치 당신이 [성전] 밖에서 희생제물을 먹고 있는 것처럼 보일 것이다.

장애에 대한 랍비의 규정은 '표준화'와 과도하게 번거로운 의무를 부과하지 않으려는 것 사이에서 균형을 잡으려고 노력한다. 특별한 문제가 세데르에서 대두하는데, 왜냐하면 이것은 어느 정도 출애굽을 시각적으로 보여주는 것이기 때문이다. 눈먼 사람이 어떻게 참여할 의무를 가질 수 있는가? 두 명의 셋째 세대 아모라임인 라브 요세프와 라브 셰셰트는 눈이 멀었었다. 그들은 무엇을 했는가?

라브 아하 바 야곱은, 눈먼 사람은 하가다['이야기를 들려주기']의 [의무]에서 면제된다고 말했다. [하가다와 관련하여] 이 일로 말미암음이라(출 13:8)라고 기록됐으며, [반항하는 아들과 관련하여] 우리의 이 자식(신 21:20)이라고 기록됐다. 거기서 눈먼 사람들이 제외됐듯이, 여기서도 눈먼 사람들은 제외됐다.

어떻게 이럴 수 있는가? 마레마르(Maremar)는, 내가 라브 요세프의 제자들에게 누가 이 집에서 하가다를 낭송했는가를 물었을 때, 그들은 내게 라브 요세프가 [직접 그렇게 했다고 말했고, 내가] 누가 라브 셰셰트의 집에서 하가다를 낭송했냐고 [물었을 때,] 그들은 내게 라브 셰셰트가 [직접 그렇게 했다]고 말했다고 하지 않았는가?

제자들은 마차[를 먹을 의무]가 오늘날에는[100] 랍비의 지위를 지닌 자들에게[만 속하며, 그러므로 라브 요세프와 라브 셰셰트가 관대하게 통치했다]고 주장했다.

그렇다면 라브 아하 바 야곱이 마차를 [먹을 의무가] 오늘날 드오라이타라고 주장한 것이 이어지는가? 명백히 라브 아하 바 야곱 자신은 마차가 오늘날 드라바난이라고 진술했다! [아니다. 그는 이것이 드오라이타라고 주장하지 않는다. 하지만] 그는 랍비들이 제정한 것은 무엇이든지, 그들은 토라가 행한 방식으로 제정했다고 주장했다.

하지만 명백히 라브 요세프와 라브 셰셰트는 랍비들이 제정한 것은 무엇이든지 토라가 행한 방식으로 제정했다는 것에 동의할 것인가? [그렇다. 하지만 신명기의 경우에] '이것'은 눈먼 사람을 제외하는 데 [기여할 수도] 있지만, 마차[의 경우]에 토라는 '이 일로 말미암음이라' 이외에 무엇을 쓸 수 있었겠는가. [이것은 눈먼 사람을 제외한 것이 아니라] 마차와 쓴 나물이 [있어야만 한다]는 것을 [명시한다.]

셰칼림

SHEQALIM, 연간 성전세

제2성전기 후반까지 로마 제국과 페르시아 제국 내내 실질적인 유대인들이 있었다. 예루살렘 성전은 유대인의 정체성을 위한 핵심이었으며, 그 연결고리는 1인당 성전 후원을 위한 세금으로 매년 반 세겔의 감면을 통해 표현됐다(출 30:13). 로마 사람들은 그 돈을 지켜보았고, 70년 성전 파괴 후에 베스파시아누스 (Vespasian)는 로마의 유피테르 카피톨리누스(Jupiter Capitolinus) 사원을 위해 두 당 두 드라크마의 피스쿠스 유다이쿠스(fiscus Judaicus, '유대 기부금')로 대체했다. 이는 당연하게도 유대인들이 피하려고 최선을 다했던 세금이다. 로마는 최소한 3세기까지 계속 이것을 거뒀다. [1]

소책자는 세겔의 징수와 의무, 그리고 성전 보고의 행정을 다룬다. 미쉬나는 성전 절차에 대한 확실한 전통을, 회복을 희망하는 이상적인 재건과 엮는다.

1장

1. 아달(Adar)월 1일에, 세겔 [징수]와 킬라임[에 대한 금지가 선언된다. [아달월] 15일에 [에스더서] 두루마리가 성읍에서 읽히며,[2] 길, 마을 광장, 공공 웅덩이,

공적인 작업의 유지와 무덤 표시에 [주목한다]. 법정 [대리인들은] 킬라임을 위해 [들판을 조사하기] 시작한다.

2. 랍비 유다는, 처음에는 그들이 [단순히 금지된] 작물을 뿌리 뽑아 그것들이 있는 곳에 던졌지만, [그들 밭의 이 무료 괭이질로 이득을 보는] 죄인들이 증가하자 [법정은] 그 밭들이 헤프케르(hefqer)라고 선언했다. [3]

3. [아달월] 15일에 [세겔] 징수 시설이 [예루살렘의] 성읍에 열렸으며, [아달월] 23일에는 성전 구역에서 열렸다. 시설들이 성전 구역에 일단 열리면, [법정은 지불하지 않는 자들의] 상품을 압수하기 시작했다. 그들은 누구의 상품을 압수했는가? 레위인과 이스라엘 사람과 개종자와 자유롭게 된 노예의 상품들이었고, 여자나 노예나 자녀들의 상품들은 아니다.

만약 아버지가 한 번 자기 아들을 위해 한 세겔을 지불했다면 그는 계속해야만 한다.

코하님의 상품들은 평화를 유지하기 위해 압수되지 않는다. [4]

2장

3. 만일 누군가가 돈을 내고, 이것이 나의 세겔을 위한 것이라고 말한다면, 샴마이 학파는, 초과분은 낙헌제(free-will offerings)에 사용되어야만 한다고 말하고, 힐렐 학파는, 초과분은 성별되지 않는다고 말한다. 만약 그가, 내 세겔을 이 [돈]에서 [취하라]고 말한다면, 두 학파 모두 초과분이 성별되지 않는다는 데 동의한다. 만약 그가, 이 [돈]이 속죄제를 위한 것이라고 말한다면, 두 학파는 어떤 초과분도 낙헌제에 사용되어야만 한다는 데 동의한다. 하지만 만약 그가, 나는 이 돈에서 [지불하여] 속죄제를 바치고 싶다고 말한다면, 두 학파는 초과분이 성별되지 않는다는 데 동의한다.

4. 랍비 시므온이 말했다. 세겔과 속죄제 사이에 왜 차이점이 있는가? [이것은] 세겔은 고정된 금액이지만 속죄제는 가치가 고정되지 않았기 [때문이다].

5. 랍비 유다가 다음과 같이 말했다. 세겔 [역시] 고정된 가치를 지니지 않는

다. 이스라엘이 포로에서 돌아왔을 때, 그들은 [반] 다르코노트(darkonot)를 가져왔고, 나중에 그들은 [반] 셀라(sela)를 가져왔으며, 그 후에 [반] 테바인(teva'in)를 가져왔다. [마지막으로] 그들은 [반] 데나리온을 가져오기를 원했다.[5] 랍비 시므온은 이렇게 말했다. 그렇다 해도 그들 모두는 어느 시점에서도 동일한 양을 주었다. 한 사람은 한 셀라에 해당하는 속죄제를 가져온 반면에, 또 한 사람은 두 셀라 가치의 속죄제를 가져오고, 다른 사람은 세 셀라 가치의 속죄제를 가져올 수도 있다.

3장

1. 그들은 일 년에 세 번, 곧 유월절 15일 전과 샤부오트 15일 전과 수코트 15일 전에 보고(寶庫)에서 기금을 모았는데, 이 시기는 가축 십일조를 위한 시기였기 때문이다.[6] 이것은 랍비 아키바의 의견이지만, 벤 아자이는, [세 번은] 아달월 29일과 시반(Sivan)월 1일과 압(Av)월 29일이었다고 말했다. 랍비 엘르아살과 랍비 시므온은, 니산(Nisan)월 1일과 시반월 1일과 엘룰(Elul)월 29일이었다고 말했다. 왜 티쉬레월 1일이 아닌, 엘룰월 29일이 나은가? 왜냐하면 [티쉬레월 1일]은 [새해] 절기이고 그 절기에는 십일조를 바칠 수 없으므로, 그들은 그것을 엘룰월 29일로 앞당겼다.

2. 돈은 세 상자에 넣었고, 각각은 세 세아 용량이며, 알렙(aleph)과 베트(bet)와 김멜(gimmel)로 표시됐다. (랍비 이스마엘은 이것들이 헬라어, 즉 알파[alpha]와 베타[beta]와 감마[gamma]로 표시됐다고 말한다.) 돈을 회수하는 사람은 접히는 긴 옷이나 테필린이나 호부(護符)를 착용하고서 [보고에] 들어가지 않아야 했다. 왜냐하면, 만약 그가 가난했다면 사람들은 그가 보고에서 훔친 것에 [대한 징벌이었다고] 의심할 것이고, 반면에 만약 그가 부자였다면 사람들은 그가 보고에서 [훔침으로써] 부자가 됐다고 의심할 것이기 때문이다. 여호와 앞에서나 이스라엘 앞에서나 무죄하여(민 32:22, JPS)라고 하고, 네가 하나님과 사람 앞에서 은총과 귀중히 여김을 받으리라(잠 3:4, JPS)라고 말한 대로, 하나님 앞에서 무죄하게 나타나야 하는 것처럼

사람들 앞에서도 무죄하게 나타나야 하기 때문이다.

3. 라반 가말리엘의 가족의 일원은 자신들의 손가락 사이에 세겔을 쥐고서 들어갈 것이다. 그들은 징수자 앞에서 그것을 던질 것이며, 징수자는 그것을 상자에 밀어 넣을 것이다. [보고에서] 기금을 꺼내기 전에, 기금을 꺼낸 그 사람은 [이 참석자들에게], "내가 꺼낼까요?"라고 말할 것이다. 그들은 그에게 세 번, "꺼내라, 꺼내라, 꺼내라!"라고 말할 것이다.

4. 그가 첫 번째 [가득 찬] 상자를 꺼낼 때, [그는 상자들의 그 부분을] 가죽 덮개로 덮었고, 두 번째 상자에 대해서도 마찬가지로 했지만, 그가 세 번째로 꺼낸 후에는 덮개를 덮지 않았는데, 그가 잊고서 무심코 이미 꺼낸 것에서 꺼냈기 때문이다.

첫 번째 가득 찬 상자는 이스라엘 땅[의 사람들]을 위해 꺼냈고, 두 번째는 성벽이 있는 성읍을 위해 꺼냈으며, 세 번째는 바빌로니아와 메대와 먼 땅들을 위해 꺼냈다. [7]

5장

1. 이들은 성전 관료들이었다. 요하난 벤 피느아스(Yoḥanan ben Phineas)는 기념품을 [담당하고], 아히야(Ahijah)는 관제를, 맛다디아 벤 사무엘(Mattathias ben Samuel)은 제비뽑기를, 페타히아(Petaḥiah)는 새를 담당했다. – 페타히아는 실제로 모르드개이지만 그가 자신의 말씀으로 강화를 열었고(파타흐[pataḥ]) 70개의 언어에 능통했었다. – 벤 아히야는 위장병이 있는 자들을 [담당하고] 느후니아(Neḥunia)는 우물 파기를, 게비니(Gevini)는 우는 자를, 벤 게베르(Ben Gever)는 문 닫는 것을 [담당했으며], 벤 바비(Ben Babi)는 고리를, 벤 아즈라(Ben Arza)는 악기를, 호그로스 벤 레비(Hogros ben Levi)는 음악을, 가르무(Garmu) 가문은 제단에 올리는 빵을, 아브티노스(Avtinos)의 가족은 향 준비를, 엘르아살은 휘장을, 비느아스는 옷을 담당했다.

2. 세 명이 안 되는 [보조] 보고 관리자는 결코 없었고, 일곱 명의 [주요] 보고

관리자가 있었다. 어떤 공적인 재정직도 두 [관료] 이상으로 이행되어야 하지만, 대다수의 대중이 동의했던 대로, 벤 아히야는 위장병이 있는 자들을 위한 [책임을 맡았]고, 엘르아살은 휘장을 위한 [책임을] 맡았다.

6. 성전에는 두 방이 있는데, 하나는 침묵의 방으로 [불렸고], 다른 하나는 기구의 방으로 불렸다. 하나님을 두려워하는 사람들은 돈을 은밀하게 침묵의 방에 둘 것이며, 좋은 계층[8] 사람의 가난한 친척들은 은밀하게 거기서 도움을 받을 것이다. 기구를 가진 자는 누구든지 그것을 기구의 방에 둘 것이며, 30일마다 한 번씩 보고 관리자가 그것을 열 것이다. 만약 그들이 성전을 위해 사용할만한 것을 발견하면, 그것을 보유할 것이다. 그들은 나머지를 팔아, 성전 유지 기금에 이익을 더할 것이다.

6장

1. 13개의 뿔 모양의 용기와 13개의 [돈 교환] 계산대와 13개의 성소에 절할 장소가 있었다. 라반 가말리엘과 부대제사장(deputy high priest) 랍비 하나냐의 [가족들은] 14개의 [장소]에서 절하곤 했으며, 추가 장소는 나무 저장고 가까이에 있었다. 이곳이 언약궤를 봉인했던 곳이었다는 전통이 있다.[9]

2. 한 제사장이 한때 [이 지역에서] 바빴고, 지면이 인접 지역과는 달랐다는 것을 알아차렸다. 그는 자기 친구에게 말하려고 갔지만, 그가 자신의 진술을 가까스로 마치기 전에 쓰러져 죽었다. 그 후 그들은 이곳이 언약궤가 봉인된 곳이었다고 확신했다.

7장

6. 랍비 시므온은, 법정이 [성전 경비에 대해] 일곱 가지 조치를 제정했다고 말했다. 하나는 비유대인이 해외에서 번제로 [한 짐승을] 보냈을 때, 만약 그가 그것과 더불어 관제를 보냈다면 그것은 바쳐지지만, 만약 그렇지 않다면 관제가 공공

비용에서 제공될 것이다. 10)

마찬가지로, 만약 개종자가 죽고 희생제물을 [위한 짐승들을] 남겼으며, 짐승들을 위한 관제를 남겼다면 그것은 바쳐지지만, 그렇지 않다면 관제가 공공 비용에서 제공될 것이다. 11)

법정도 만약 대제사장이 죽었다면 그의 소제는 공공 비용에서 제공되어야 한다고 규정했다. 랍비 유다는, 이것은 그의 상속자가 지불해야 한다고 말한다. [둘다] 이것은 [한 에바의] 온전한 [10분의 1]이어야 한다는 데 [동의한다].

7. [그들은 또한] 제사장들이 나무에서 이익을 얻을 수 있고, 붉은 암송아지의 재는 신성모독의 법에 종속되지 않으며, 거부된 한 쌍의 새는 공공 비용으로 대체될 것이라고 [규정했다]. 랍비 요세는, 새를 제공하는 누구든지 거부된 것을 대체해야만 한다고 말했다.

8장은 예루살렘에서 발견된 침이나 기구의 정결한 상태, 성소 휘장과 제물의 찌꺼기 처리와 같은 부속물을 정결하게 하는 방법을 포괄한다. 여기에 다음과 같은 마지막 미쉬나가 있다.

8장

8. 매일 드리는 제물의 수족들은 동쪽에 위치한 [제단] 경사로의 낮은 부분 위에 [처분을 위해] 두고, 추가 제물의 수족들은 서쪽에 위치한 [제단] 경사로의 낮은 부분 위에 [처분을 위해] 둔다. 초하루 제물의 수족들은 제단 주변 아래에 [처분을 위해 둔다].

세겔과 처음 거둔 열매는 성전이 존속할 때에만 운용되지만, 곡식과 가축의 십일조와 짐승의 첫 새끼의 법은 성전이 존속하는 것과 상관없이 적용된다.

만일 누군가가 [성전이 없는 데도] 세겔과 처음 거둔 열매가 성별된다고 선언하면, 그것들은 성별된 지위를 얻는다. 랍비 시므온은, 만일 누군가가 [오늘날] 처음 거둔 열매가 성별된다고 선언하면, 그것들은 성별되지 않는다고 말한다.

⟜⟜ 🙖 **다섯째 소책자** 🙖 ⟜⟜

요마

YOMA, 그날

'그날'은 욤 키푸르(Yom Kippur), 속죄일, 즉 하나님과의 화해의 날이다. 첫 일곱 장은 그날에 대한 성전 절차를 레위기 16장에 근거하여 상세하게 제시한다. 여덟째 장이자 마지막 장에서 미쉬나는 속죄의 공적인 의식에서 그날의 개인적인 측면으로 옮겨간다.

1장

미쉬나:

욤 키푸르 이전 7일 동안, 대제사장은 자기 집에서 파헤드린(Parhedrin)[1] 방으로 옮겨지고, 그가 자격을 상실할 만한 일이 생길 경우에 대비하여 대리인이 임명된다.

랍비 유다는 그의 아내가 죽을 경우 또 다른 아내가 그를 위해 준비된다고 말한다. 왜냐하면, 자기와 집안을 위하여 속죄하고(레 16:6)라고 했기 때문이다. '집안'은 그의 아내다. [다른 현인들은 랍비 유다에게], 만약 그렇다면 이 문제의 끝은 없을 것이라고 말했다.

게마라:

[또 다른] 미쉬나는 다음과 같이 진술한다. [붉은] 암소를 불사르기 7일 전, 그들은 그것을 불살라야 하는 제사장을 그의 집에서 돌의 방(Stone Chamber)으로 알려진 비라(bira) 앞에 있는 북동쪽 방으로 옮겼다. 2)

이것은 왜 돌의 방이라고 불렸는가? 왜냐하면, 거기에 있는 모든 기구가 똥이나 돌 또는 흙으로 만들어졌기 때문이다. 왜 그런가? 그것은 미쉬나가 다음과 같이 진술하는 대로, 붉은 암송아지를 그날에만 물에 담갔던 누군가가 그것을 몰고 갔을 수 있기 때문이다. 즉, 그들은 암소를 불살라야 하는 제사장을 부정하게 만들었고, 그 후에 그를 [정결하게 하는 미크베(miqvé, 웅덩이)에] 담갔다. 이는 [그의 담금 이후] 3) 태양이 그 위에 진 누군가만이 [암소를 불사를 수 있다고] 주장하는 사두개인들의 견해를 일축하기 위함이다. [따라서 랍비들은] 사람들이 이 문제를 가볍게 여기지 않도록, 부정결에 예민하지 않은 똥과 돌, 흙으로 된 기구를 주장했다.

[암소를 태운 제사장은] 왜 북동쪽에 [격리됐는가]? 왜냐하면, 암소에 대해 그 피를 회막 앞을 향하여 일곱 번 뿌리고(민 19:4)라고 기록된 대로, [암소는] 속죄제였기 때문이다. 그러므로 랍비들은 그가 구별되는 북동쪽 방을 차지해야 한다고 규정했다. 4)

비라(bira)는 무엇인가? 라바 바 바 하나(Rabba bar bar Hana)는 랍비 요하난의 이름으로, 성전산(Temple Mount)의 한 장소라고 말했다. 하지만 레쉬 라키쉬는, 내가 준비한 비라(내가 위하여 준비한 것, 개역개정)(대상 29:19)라고 [다윗이 말한] 대로, 전체 성전이 '비라'라고 불린다고 말했다. [대제사장을 7일 동안 고립시키는 성경적] 토대는 무엇인가?

게마라는 우리가 이것을 붉은 암송아지를 불사른 제사장의 고립에서 도출했는지, (하지만 이것은 어떤 성경의 토대를 가지는가?) 아니면 제사장직 취임 때 아론의 분리에서 도출했는지, (레 8장 - 그렇다면 왜 취임의 다른 절차에도 적용하지 않는가?) 시내 산 언약 이전에 모세의 고립에서 도출했는지(출 24:16 - 하지만 이것은 6일 동안만이었다)를 묻는다. 아론의 분리를 전례로 논의하는 것은, 역사적으로 가장 그럴듯한 해석, 즉 성전 절차를 통제하려는 바리새인의 노력을 반영한다는 것을 밝힌다.

한 바라이타는 다음과 같이 레쉬 라키쉬의 견해를 지지한다. 이런 식으로 아론이 성소에 들어올 것이다(아론이 성소에 들어오려면, 개역개정)(레 16:3). 이런 식으로, 즉 취임식의 맥락에서 가리키는 방식으로. 취임식에서 무슨 [일이 있었는가]? 아론은 7일 동안 구분됐고, 하루 동안 섬겼다. 모세는 의식 [수행에 관해] 그에게 지시하려고 [하나님의 말씀을] 7일 내내 그에게 전달했다. 마찬가지로 대대로 대제사장은 7일 동안 구분되고 하루 동안 섬긴다. 사두개인이 아닌, 모세의 제자 두 사람이 의식을 [수행할 때] 그에게 지시하기 위해 7일 내내 그에게 [진정한 전통을] 전달한다. 이런 이유에서 그들은 욤 키푸르 이전 7일 동안, 대제사장이 자기 집에서 파헤드린 방으로 옮겨진다고 말했다. 그들이 대제사장을 옮기듯이, 그들은 붉은 암송아지를 불사른 제사장을 비라 앞에 있는 북동쪽 방으로 옮긴다. 매일 그들은 모든 [사용 가능한 정결용 물]의 [규정된 양]을 그것들 각각에 뿌린다.

3장

게마라:

랍비는 다음과 같이 가르쳤다. 가난한 사람과 부유한 사람, 악한 사람이 재판을 받으러 왔다. 그들은 가난한 사람에게 묻는다. 너는 왜 토라 연구에 참여하지 않았는가? 만약 그가, 내가 생계를 꾸리느라 너무 힘들었기 때문이라고 말한다면, 그들은, "당신이 힐렐보다 더 궁색한가?"라고 대답한다. 그들은 힐렐이 매일 일하러 가서 한 트로파이코스(tropaikos)를 벌고, 연구의 집 문지기에게 그 절반을 지불하며, 다른 절반으로 자신과 자기 가족을 부양했다고 말한다. 어느 날 그는 충분한 돈을 벌 수 없어서, 문지기가 그를 들여보내려고 하지 않았다. 그는 셰마이아와 아브탈리온의 입에서 살아있는 하나님의 말씀을 들으려고, 그 집 위로 올라가서 채광창[5]에 앉았다. 그들은, 그날이 동지이자 금요일이었고, 눈이 내리고 있었다고 말한다. [다음 날 아침] 새벽이 다가오자, 셰마이아는 아브탈리온에게 말했다. 내 형제 아브탈리온이여, 이 집은 항상 밝지만 오늘은 어두운데, 구름이 있는가? 그들은 올려다보았고, 채광창에서 한 사람의 모습을 보았다. 그들이 올라갔을 때, 그들은 그가 3규빗의 눈에 묻혀있는 것을 발견했다. 그들은, 우리가 안식일[법]보다 이 사람을 중요시해야 하는 것이 옳다고 말하면서, 그를 구하여 씻기고 기름을 발라준 후, 불가에 그를 앉혔다.

그들은 부유한 사람에게 묻는다. 당신은 왜 토라 연구에 참여하지 않았는가? 만약 그가, 내가 내 일로 너무 바빴기 때문이라고 말한다면, 그들은, 분명히 너는 랍비 엘르아살 벤 하르솜(Eleazar ben Harsom)보다 더 부유하지 않다고 말한다. 그에 대해 그들은, 그의 아버지가 육지의 1,000개 마을과 바다의 1,000개의 배를 그에게 남겼지만, 매일 그는 자신의 어깨에 밀가루 한 단지를 메고 마을마다 나라 마다 토라를 배우려고 다녔다고 말한다. 그의 종들이 한번은 그를 만났지[만 그를 알아보지 못하고,] 그에게 공적인 징발을 하려 했다.[6] 그는 "내가 당신에게 빌 겠으니 내가 토라를 연구하도록 내버려두라!"라고 항명했다. 그들은 "랍비 엘르 아살 벤 하르솜의 생명을 두고 맹세하노니, 우리는 너를 놓지 않을 것이다!"라고 대답했다. [그들이 그를 알아보지 못한 것은] 그가 밤낮으로 토라 연구에 몰두하 여 결코 그들을 감독하지 않았기 때문이다.

그들은 악한 사람에게 묻는다. 당신은 왜 토라 연구에 참여하지 않았는가? 만 약 그가, 내가 너무 잘생기고 내 욕망을 만족시키려는 충동을 받았기 때문이라 고 말한다면, 그들은 그에게 "당신은 요셉보다 더 잘생겼는가?"라고 말한다. 그 들은 덕을 갖춘 사람 요셉에 대해, 보디발의 아내가 매일 그를 유혹하려고 했다 고 말한다(창 37장). 그녀는 [그를 유혹하려고] 아침에 입은 것을 저녁에 입지 않았 다. 그녀는 그에게, 내 말을 듣기만 하라고 말했다. 그는, 아니라고 말했다. 그녀 는, 그렇다면 나는 네가 감옥에 구속되는 것을 볼 것이라고 말했다. 그는, 여호와 께서는 갇힌 자들에게 자유를 주시는도다라고 말했다. 그녀는, 나는 너를 불구로 만 들 것이라고 말했다. 그는, 여호와께서 비굴한 자들을 일으키시며라고 말했다. 그녀 는, 내가 너의 눈을 멀게 할 것이라고 말했다. 그는, 여호와께서 맹인들의 눈을 여 시며(시 146:7-8)라고 말했다. 그녀는 그에게 자신과 자고 자기와 함께 하자고 은 1,000개를 주었지만, 그는 그녀의 말을 들으려 하지 않았다. 이 세상에서 그녀와 함께 자는 것도 다음 세상에서 그녀와 함께하는 것도 하지 않았다(동침하지 아니할 뿐더러 함께 있지도 아니하니라, 개역개정)(창 39:10).

그렇다면 힐렐은 가난한 자의 죄악을 보여주고, 엘르아살 벤 하르솜은 부유한 자의 죄악을 보여주며, 요셉은 탐욕스러운 자의 죄악을 보여준다.

첫 일곱 장에서 충실하고 상세하게 묘사된 공적인 성전 절차는 도움이 되지만, 죄 용서와 하나님에 대한 회복에 있어 본질적인 것은 아니다. 회개, 곧 테슈바(teshuva, 하나님에게 '돌아감')가 본질적이며, 마지막 장의 주요 주제인데, 이 마지막 장에서 금식과 다른 형태의 자기 훈련을 포함해서 속죄일의 개인적인 '준수'를 다룬다.

8장

미쉬나:

욤 키푸르에는 먹거나 마시거나, 씻거나 기름 바르거나 [가죽] 신발을 신거나 성관계를 하는 것이 금지된다.

왕과 신부는 자신들의 얼굴을 씻을 수 있다. 랍비 엘리에셀의 의견에 [최근] 출산한 여자는 신발을 신을 수 있지만, [다른] 현인들은 이것을 금지했다.

만약 당신이 씨를 포함한 큰 대추야자 크기와 동등한 것을 먹거나 당신의 뺨을 채울 정도로 충분히 마신다면, 처벌을 받는다. 모든 음식은 합하여 대추야자 크기이며, 모든 마실 것은 한입 가득 정도이지만, 음식과 마실 것을 합하지는 않는다.

게마라:

금지된다? 명백히 [금지될 뿐만 아니라,] 카레트(karet)에 의해 처벌받을 수 있다!

어떤 이는 랍비 예레미야라고 하는데, 랍비 일라(Ila)는 [처벌은 온전한 양을 먹거나 마신 자에게만 적용되므로], 절반의 분량인 경우를 포괄하려면 [이런 식으로 표현]돼야 한다고 말했다.[7]

만약 당신이 토라가 절반의 분량을 금지한다고 주장한다면 이 [논증]은 타당성이 있지만, [랍비들은 아니더라도] 토라가 절반의 분량을 허용한다는 견해에 대해 당신은 무엇이라고 말할 수 있는가?

왜냐하면, 다음과 같이 가르쳐졌기 때문이다. 랍비 요하난은, 절반의 분량을 토라가 금지한다고 말한다. 레쉬 라키쉬는, 절반의 분량을 토라가 허용한다고 말한다.

[주어진 대답]은, 랍비 요하난의 견해에 대해서는 만족할 만하지만, 당신은 레쉬 라키쉬의 견해에 대해서는 무엇을 말할 수 있는가?

레쉬 라키쉬는 [절반의 분량을] 랍비들이 금지한다는 데 동의한다.

이 경우, [만약 그가 어떤 금지된 음식의 절반의 분량을 먹지 않기로 맹세했지만, 그 후 그것을 먹었다면,] 그는 [맹세를 어긴 것에 대해] 희생제물을 가져오지 않아도 된다. [왜냐하면, 금지된 것을 하겠다는 맹세는 유효하지 않기 때문이다]. 그러면, 미쉬나는 왜 다음과 같이 진술하는가? [만일 누군가가,] **나는 먹지 않겠다고 맹세한다고 말하고, 그가 코세르(kosher, 정결한 음식)가 아닌 고기, 또는 기어 다니는 것들을 먹었다면, 그는 [맹세를 어긴 것에 대한 징벌의] 책임이 있지만, 랍비 시므온은 그가 면제된다고 주장한다.**[8] 이런 질문이 제기된다. 왜 [그는 책임을 져야 하는가]? 명백히 그는 이미 [이런 것들을 먹지 않겠다는] 시내산에서의 맹세 아래 있[으므로, 그것들을 먹지 않겠다는 또 다른 맹세는 더 이상의 효력이 없으며, 무효인가? 이 질문에 대해] 라브와 쉬무엘과 랍비 요하난은, [여기가 그의 맹세가] 금지된 것들과 허용되는 것들을 포함했던 [곳]이라고 대답했다. 하지만 레쉬 라키쉬는 이렇게 말했다. 첫째, 랍비의 견해에서 그가 명백하게 절반의 분량을 [먹지 않겠다고 맹세했거나], 둘째, 랍비 아키바의 견해에서 그가 그렇게 명백하게 말하지 않았더라도, [자신을 맹세로 얽매는 누군가가] 가장 적은 양조차도 금지하려 한다고 주장했다면 적용될 것이다.

만약 당신이 토라가 절반의 분량을 허용한다는 견해에 대해 그가 희생제물을 가져와야만 할 것이라고 주장한다면, 미쉬나는, **증언의 맹세가 증언할 자격이 있는 사람들에게만 적용된다고 말하지 않는가?**[9] [이것을 고려해서,] 우리는 "[미쉬나가] 누구를 제외하는가?"라고 물었다. 라브 파파는, 미쉬나가 왕을 제외한다고 말했다. 라브 아하 바 야곱은, 미쉬나가 [전문적인] 도박꾼을 제외한다고 말했다. 이제 [전문적인] 도박꾼[의 증언은] 랍비들이 그의 자격을 박탈할지라도 [엄격한] 토라[법]에서는 받아들여질 수 있을 것이다. 그런데도 당신은 그가 맹세하는 것이 면제된다는 사실을 알게 된다. [대답은 다음과 같다.] 이 경우는 다른데, 왜냐하면 성경은 알리지 아니하면 그는 자기의 죄를 져야 할 것이요(레 5:1)라고 말하고, [도박꾼]은 말할 자격이 없기 때문이다. [10]

미쉬나가 어떤 것이 카레트에 의해 처벌받을 수 있다고 가르칠 때, 결코 '금지됐다'고 말하지 않는 것이 [사실인가]? 그들이 모두 금지됐다고 말할지라도, 카레트는 오직 먹거나 마시거나 일을 하는 자들에게만 적용된다고 말하는 한 바라이타는 [어떤가]? 바라이타가 의미하는 것은, 그들이 '금지됐다'라고 말했을 때 그들은 절반의 분량을 가리켰을 뿐이지만, 온전한 분량에 대해서는 그 징벌이 카레트라는 것이며, 그러나 징벌이 카레트라고 해도 이것은 오직 먹는 것과 마시는 것과 일을 하는 것에만 적용된다는 것이다. 그렇지 않으면, 당신은 [단순히] '금지된'이라는 단어가 나머지에 적용된다고 말할 수도 있는데, 이는 라바와 라브 요세프가 랍비들의 다른 책들에서 다음과 같이 읽은 것이기도 하다. [11] 우리는 어떻게 먹는 것과 마시는 것과 기름 바르는 것과 [가죽] 신발을 신는 것과 성관계가 욤 키푸르에 금지된다는 것을 아는가? [이 금지는] '그만두다'를 의미하는 샤바톤(shabbaton)이라는 단어에서 유래된다.

절반의 분량에 대한 사항을 이어가자면, 랍비 요하난은 토라가 이것들을 금지한다고 말한다. 레쉬 라키쉬는 토라가 이것들을 허용한다고 말한다. 랍비 요하난은, 토라가 이것들을 금지한다고 말한다. 어떤 양도 온전한 분량으로 포함될 수 있으므로, 당신은 [아무리 작은 양이라도] 금지된 음식을 먹는 것이다. 레쉬 라키쉬는, 토라가 이것들을 허용한다고 말한다. 토라는 '먹는 것'을 금지하는데, [작은 양은 '먹는 것']이 아니다.

랍비 요하난은 레쉬 라키쉬에게 다음과 같이 반대했다. [12] 나는 명시된 처벌이 있는 것은 무엇이든지 금지에 포함된다고 추측할 수 있다. 코이(koi)[13]와 절반의 분량은 어떤 명시된 처벌도 수반하지 않는다. 그런데도 나는 이것들이 금지됐는지 어떻게 아는가? 왜냐하면, 성경이 모든 기름(기름, 개역개정)(레 7:23)이라고 말하기 때문이다. [레쉬 라키쉬는 다음과 같이 대답할 수 있다]. 이것들은 랍비들만이 금지하며, 증거 본문은 뒷받침할 뿐이다.

욤 키푸르에 금식하는 의무는 절대적이지 않다. 생명 보존이 우상숭배와 살인과 간음을 제외하고 다른 모든 계명보다 우선시된다는 일반적인 원리에 근거하여, 그의 생명이 위태롭게 된 누구든지 금식하는 것이 금지된다.[14] 미쉬나는 몇몇 사례를 제시한다. 예를 들어, 한 임신한 여자가 자신이 간절히 원하는 음식의 냄새를 맡았으면, 그 간절함이 지나갈 때까지 약간 주어야 한다.

그리고 생명[의 위험]과 관련된 모든 의심은 안식일 [준수]보다 더 중요하다.

라브 예후다는 라브의 이름으로, 이것은 이 안식일에 미치는 의심뿐만 아니라, 심지어 추가적인 안식일에 미치는 의심도 의미하는 것이라고 말했다. 어떤 식으로인가? 이것은 다음을 우리에게 말하려고 의도했다. [만약 의사들이 환자가] 8일 동안 [치료가 필요하다고] 판단하고, 첫날이 안식일이었다면, 우리는 "[치료를 받으려면] 우리가 두 안식일을 더럽히지 않도록 안식일 후까지 기다리라"라고 말하지 않는다.

이것은 한 바라이타에서도 다음과 같이 가르쳐진다. 당신은 안식일에 아픈 사람을 위해 마실 물이든 치료할 물이든 물을 데울 수 있으며, 이 안식일뿐만 아니라 다음 안식일에도 할 수 있다. 기다려서 그의 상태가 향상되는지 보자고 말하지 말고 즉각 물을 데워라. 왜냐하면 생명[의 위험]과 관련된 모든 의심은 안식일 [준수]보다 더 중요하며, 이 안식일뿐만 아니라 추가되는 안식일에도 중요하기 때문이다. [해야 할 필요가 있는 것은] 비이스라엘 사람이나 사마리아 사람이 할 것이 아니라 성인 이스라엘 사람이 해야 한다. 이런 것들은 여자나 사마리아 사람의 충고에 따르면 안 된다고 말하지 말라. 그들의 의견은 다른 이들의 의견과 합쳐질 수 있다.

랍비들은 다음과 같이 가르쳤다. 안식일에 생명을 구하는 데 필요한 무슨 일이든지 하라. 상황 대처가 빠른 자는 누구든지 칭송받아야 한다. 법정에서의 위임을 찾지 말라.

이것이 어떻게 작용하는가? 만약 당신이 아이가 바다에 빠지는 것을 본다면, 그물을 펼쳐 아이를 낚아라. **상황 대처가 빠른 자는 누구든지 칭송받아야 한다. 법정에서의 위임을 찾지 말라.** 비록 당신이 [우연히] 물고기를 잡고 있다고 하더라도. 15)

만약 당신이 아이가 구덩이에 떨어지는 것을 본다면, 구덩이를 파고 아이를 끌어올려라. **상황 대처가 빠른 자는 누구든지 칭송받아야 한다. 법정에서의 위임을 찾지 말라.** 비록 당신이 [우연히] 계단을 건설하고 있다고 하더라도.

만약 당신이 아이에게 문이 닫히는 것을 보면, 그것을 부수고 아이를 구하라. **상황 대처가 빠른 자는 누구든지 칭송받아야 한다. 법정에서의 위임을 찾지 말라.** 비록 당신이 [우연히] 널빤지를 부수고 있다고 하더라도.

불을 끄고, 불이 난 그 길에 장애물을 놓아라. **상황 대처가 빠른 자는 누구든지 칭송받아야 한다. 법정에서의 위임을 찾지 말라.** 비록 당신이 [우연히] 땅을 고르고 있다고 하더라도. 16)

이 모든 경우는 언급할 필요가 있다. 만약 바다만을 언급했다면, 당신은 이것이 그가 휩쓸려 갈 수 있기 때문이라고 생각할 수 있지만, 그가 구덩이에 있었다면 그는 [샤바트 후까지] 거기에 머물 수 있다. [그러나 한 바라이타는 당신에게 이것이 옳지 않다고 말한다]. 만약 구덩이만을 언급했다면, 당신은 이것이 [아이가] 놀라서이기 때문이라고 생각할 수 있지만, 그가 문 뒤에 갇혔다면 누군가가 다른 쪽에 앉아 [샤바트 후까지 달가닥거리는] 견과류로 그를 즐겁게 할 수 있다. [그러나 한 바라이타는 당신에게 이것이 옳지 않다고 말한다]. 그리고 왜 불을 끄는 것과 장애물을 놓는 것을 언급하는가? [왜냐하면, 아무도 거기에 없다고 해도 이것은 해야 하기 때문이다. 그러나 오직] 인접한 뜰에서만 해야 한다.

미쉬나:
속죄제와 한정된 속건제는 속죄한다. 죽음과 속죄일은 테슈바(teshuva, 참회)와

함께 속죄한다. 테슈바는 [즉각, 연중 어느 때든지] 적극적인 죄와 소극적인 죄를 포함한 모든 사소한 죄에 대해서도 속죄한다. 주요한 죄에 대해서도 테슈바는 속죄일이 [최종 속죄를 초래하기]까지 극복하도록 돕는다.

만일 누군가가, 내가 죄를 짓고 그다음에 회개하겠으며, [그다음에] 죄를 [다시] 짓고 회개하겠다고 말한다면, 그에게는 회개할 기회가 주어지지 않는다.[17] [만약 그가,] 내가 죄를 짓겠으며 속죄일이 속죄할 것이라고 [말한다면], 속죄일이 그를 위해 속죄하지 않는다.

속죄일은 사람과 하나님 사이의 죄를 속죄하지만, 한 사람과 다른 사람 사이의 죄는 [범죄한 쪽이] 화해를 [실행하기] 전까지는 용서받지 못한다.

랍비 엘르아살 벤 아자리아는 다음과 같이 설명했다. 너희의 모든 죄에서 너희가 여호와 앞에 정결하리라(레 16:30). 속죄일은 하나님에게 범하는 죄를 속죄하지만, 한 사람과 다른 사람 사이의 죄는 [범죄한 쪽이] 화해를 [실행하기] 전까지는 용서받지 못한다.

랍비 아키바가 다음과 같이 말했다. 오 이스라엘이여! 너희는 복되도다. 누구 앞에서 너희는 [죄에서] 깨끗하게 하며, 누가 너희를 깨끗하게 하는가? 맑은 물을 너희에게 뿌려서 너희로 정결하게 하되(겔 36:25, JPS)라고 하고, 여호와는 이스라엘의 미크베이다(이스라엘의 소망이신 여호와여, 개역개정)(렘 17:13)라고 한 대로, 하늘에 계신 너희 아버지가 깨끗하게 하신다. 미크베가 부정결한 자들을 정결하게 하듯이, 거룩하신 이, 그분은 찬양받으시리로다, 그분이 이스라엘을 깨끗하게 하신다.[18]

게마라:

랍비 마탸 벤 하라쉬(Matya ben Ḥarash)는 로마에 있는 랍비 엘르아살에게 물었다. 랍비 이스마엘이 설명한 회개의 네 범주에 대해 아는가?

[랍비 엘르아살은], 세 가지가 있으며 테슈바는 그 각각에 [필요하다]고 대답했다. 만일 누군가가 긍정적인 명령을 준수하지 못하고 그다음에 회개했다면, 배역한 자식들아 돌아오라 내가 너희의 배역함을 고치리라(렘 3:22, JPS)라고 한 대로, 그는 그곳에서 움직이기 전에 용서받는다. 만약 그가 부정적인 명령을 어기고 다음에 회

개했다면, 이날에 너희를 위하여 속죄하여 너희를 정결하게 하리니(레 16:30, JPS)라고 한 대로, 테슈바가 속죄일이 용서를 허락할 때[까지] 그를 극복하도록 돕는다. 그가 만약 [성경이] 카레트 또는 사형으로 [지명한 이런 계명 가운데 어느 것이라도] 어겼다면, 내가 회초리로 그들의 죄를 다스리며 채찍으로 그들의 죄악을 벌하리로다(시 89:32, JPS)라고 한 대로, 테슈바와 속죄일이 그가 극복하도록 돕고 고통이 그에게서 나온 죄를 비튼다. 하지만 만일 누군가가 하나님의 이름을 더럽혔다면, 진실로 이 죄악은 너희가 죽기까지 용서하지 못하리라 하셨느니라 주 만군의 여호와의 말씀이니라(사 22:14, JPS)라고 한 대로, 테슈바는 그가 극복하도록 도울 수 없으며, 속죄일이 용서를 허락할 수 없고 고통도 [죄를] 비틀 수 없다.

'하나님의 이름을 더럽히는 것'(힐룰 하솀 [ḥillul Hashem])은 무엇을 의미하는가?

라브는 이렇게 말했다. 만약 내가 즉각 지불하지 않고 도살업자에게서 고기를 가져갔다면, 나와 같은 이에게는 [그것은 힐룰 하솀이 될 것이다]. [19]

아바예는 다음과 같이 설명했다. 이것은 그들이 [지불용] 청구서를 작성하지 않은 곳에서는 적용되겠지만, 그들이 지불용 청구서를 작성한 곳에서는 문제가 되지 않는다. [20]

라비나는, 마타 메하샤(Mata Meḥasya)[21]가 그들이 지불하려고 청구한 장소라고 언급했다.

아바예가 두 협업자에게서 고기를 샀을 때, 그는 그들에게 각각 [개별적으로] 지불하고,[22] 그다음에 계산을 위해 그들을 모을 것이다.

랍비 요하난은 이렇게 말했다. 만약 내가 토라를 [배우지] 않거나 테필린을 [입지] 않고 네 규빗을 걸었다면, 나와 같은 이에게는 [그것은 힐룰 하솀이 될 것이다].

랍비 야나이(Yannai) 학파의 이삭은, 힐룰 하솀은 누군가가 자기 친구들이 자신을 수치스럽게 느끼는 방식으로 이야기의 대상이 될 때라고 말했다.

라브 나흐만 바 이삭은 예를 들어 "만약 사람들이 '하나님이 아무개를 용서하시기를!'이라고 말한다면"이라고 설명했다.

아바예는 다음과 같이 말했다. 네 하나님 여호와를 사랑하라(신 6:5)고 가르침을 받았던 대로, [당신은 다음과 같은 방식으로 행동할 것이다]. 하나님의 이름이 당신 때문에 사랑을 받을 것이다. 성경과 미쉬나를 연구하고, 학식 있는 자를 섬기고, 모두 즐겁게 대하라. 그러면 사람들은 너에게 "그에게 토라를 가르친 그의 아버지와 그에게 토라를 가르친 그의 선생은 복되도다!"라고 말할 것이다. 토라를 연구하지 않은 자들에게는 화가 있으리로다! 토라를 연구한 이 사람의 길이 얼마나 즐겁고 공정한가! 이 사람에 대해 성경은, 내게 이르시되 너는 나의 종이요 내 영광을 네 속에 나타낼 이스라엘이라 하셨느니라(사 49:3, JPS)라고 말한다. 하지만 만약 누구라도 성경과 미쉬나를 연구하고 학식 있는 자를 섬기지만, 그의 문제를 정직하게 처신하지 않고 즐겁게 사람들에게 말하지 않으면, 사람들이 그에 대해 무엇이라고 말하겠는가? 토라를 연구한 아무개에게 화가 있으리로다! 그에게 토라를 가르친 그의 아버지에게 화가 있으며, 그에게 토라를 가르친 그의 선생에게 화가 있으리로다! 그의 행동이 얼마나 삐뚤어졌고, 그의 방식이 얼마나 불쾌한지 보라! 이런 사람에 대해 성경은, 그들이 이른바 그 여러 나라에서 내 거룩한 이름이 그들로 말미암아 더러워졌나니 곧 사람들이 그들을 가리켜 이르기를 이들은 여호와의 백성이라도 여호와의 땅에서 떠난 자라 하였음이라(겔 36:20, JPS)라고 말한다.

랍비 하마 바 하니나(Hama bar Ḥanina)는 말했다. 테슈바는 위대하도다. 왜냐하면, 내가 그들의 '고통'(반역, 개역개정)[23]을 고치고 기쁘게 그들을 사랑하리니(호 14:4, JPS)라고 한 대로, 그것은 세상을 치유하기 때문이다.

랍비 하마 바 하니나는 모순을 지적했다. 배역한 자식들아 돌아오라는 것은, 그들의 죄가 이제 단지 유치한 고의적인 행위로 간주된다는 의미로 기록됐고, 계속해서 내가 너희의 배역함을 고치리라는 것은, [이제 용서받았더라도 그들의 죄는 그 표시를 남긴 깊은 병으로 간주된다는 의미로 – 라쉬] 기록됐다(렘 3:22, JPS). [이는 다음과 같이 전혀 모순이 없다]. 한 [표현은] 사랑으로 [회개한 자들에게] 사용됐고, 다른 표현은 두려움으로 [단순히 회개한 자들에게] 사용됐다.[24]

라브 예후다는 모순을 지적했다. 배역한 자식들아 돌아오라 내가 너희의 배역함을 고치리라고 기록됐고, 배역한 자식들아 돌아오라 나는 너희 '주인'(남편, 개역개정)임이라[25] 내가 너희를 성읍에서 하나와 족속 중에서 둘을 택하여 너희를 시온으로 데려오겠고(렘 3:14, JPS)라고 기록됐다. [이 가운데 처음 것은 회개하는 자들을 하나님의 '자식'으로 말하고, 둘째는 그분의 종으로 말하는데, 왜냐하면 그분은 그들의 주인이시기 때문이다. 다음과 같이 모순은 전혀 없다. 한 [구절은] 사랑으로 [하나님에게 돌아오는 자들에 대해 말하고] 다른 구절은 고통의 결과로 [하나님에게 돌아오는 자들에 대해] 말한다.

랍비 레비는 다음과 같이 말한다. 테슈바는 위대하도다. 왜냐하면, 네 하나님 여호와께로 돌아오라(호 14:1, JPS)라고 기록된 대로, 그것은 영광의 보좌에 도달하기 때문이다.

랍비 요하난은 다음과 같이 말한다. 테슈바는 위대하도다. 그것은 토라에서의 금지보다 중요한데, 왜냐하면 [여호와의 말씀이 내게 이와 같이 임하니라](그들이 말하기를, 개역개정) 가령 사람이 그의 아내를 버리므로 그가 그에게서 떠나 타인의 아내가 된다 하자 남편이 그를 다시 받겠느냐[26] 그리하면 그 땅이 크게 더러워지지 아니하겠느냐 하느니라 네가 많은 무리와 행음하고서도 내게로 돌아오려느냐 여호와의 말씀이니라(렘 3:1)라고 기록됐기 때문이다.

랍비 요나단은 다음과 같이 말한다. 테슈바는 위대하도다. 그것은 구속을 이루는데 왜냐하면, 여호와의 말씀이니라 구속자가 시온에 임하며 야곱의 자손 가운데서 죄과를 떠나는 자에게 임하리라(사 59:20, JPS)라고 기록됐기 때문이다. 그는 왜 구속자로 오는가? 왜냐하면, 야곱 안에 죄에서 돌아온 자들이 있기 때문이다.

레쉬 라키쉬는 다음과 같이 말한다. 테슈바는 위대하도다. 네 하나님 여호와께로 돌아오라 네가 불의함으로 말미암아 엎드러졌느니라(호 14:1)라고 기록된 대로, 그것은 의도적인 범죄를 의도적이지 않은 범죄로 바꾼다. '죄'는 의도적이지만 [이 구절은] 이것을 단순히 '엎드러진 것'이라고 부른다.

그럴 수는 없다. 명백히 레쉬 라키쉬는 다음과 같이 말한다. 테슈바는 위대하도다. 왜냐하면, 만일 악인이 돌이켜 그 악에서 떠나 정의와 공의대로 행하면 그가 그로 말미암아 살리라(겔 33:19, JPS)라고 기록된 대로, 그것은 의도적인 범죄를 공로로 바꾸기 때문이다. [문제가 전혀 안 된다.] 한 [구절은] 사랑으로 [회개한 자들에 대해 말하고,] 다른 구절은 [단지] 두려움으로 [회개한 자들에 대해] 말한다.

랍비 쉬무엘 바 나흐마니는 랍비 요나단의 이름으로 말한다. 테슈바는 위대하도다. 만일 악인이 돌이켜 그 악에서 떠나 정의와 공의대로 행하면 그가 그로 말미암아 살리라고 기록된 대로, 이것은 사람의 날을 길게 한다.

랍비 이삭은 다음과 같이 말한다. 그들은 서쪽에서 라바 바 마리의 이름으로 말한다. 와서 보라. 거룩하신 이, 그분은 찬양받으시리로다, 그분의 길들은 살과 피의 길들과 같지 않다. 만약 한 사람이 다른 사람을 화나게 하면, 그때는 살과 피 가운데 [그 당한 쪽이] 화해를 받아들일지 명확하지 않으며, 심지어 그가 받아들인다고 해도 이것이 말로 될지 명확하지 않다. 하지만 거룩하신 이에 대해 말하자면, 그분은 찬양받으시리로다, 한 사람이 개인적으로 그분을 화나시게 한다면, 너는 말씀을 가지고 여호와께로 돌아와서(호 14:2)라고 한 대로, 그는 그분과 말씀[만]으로 화해할 수 있다. 그 이상으로 [계속] 선한 바를 받으소서라고 한 대로, 그는 그분에게 감사할 것이다. 게다가 성경은 계속 우리가 수송아지를 대신하여 입술의 열매를 주께 드리리이다라고 한 대로, 마치 그가 소를 바친 것처럼 이야기한다. 그리고 이것이 속건제를 의미한다고 당신이 생각하지 않도록, 성경은 기쁘게[27] 그들을 사랑하리니(14:4)라고 진술한다.

다음과 같이 가르침을 받았다. **랍비 메이르는 말한다. 테슈바는 위대하도다. 왜냐하면 내가 그들의 반역을 고치고 기쁘게 그들을 사랑하리니 나의 진노가 그에게서 떠났음이니라[28](호 14:4)라고 기록된 대로, 회개하는 한 개인을 위해 전 세상이 용서받기 때문이라는 것이다. 성경은 '그들에게서'가 아니라 '그에게서'라고 말한다.**

당신은 누군가가 참된 회개자인지 어떻게 분별할 수 있는가? 라브 예후다는 예를 들어 "만약 그가 다시 [동일한] 죄를 저지를 기회가 두 번 있지만, 그것을 삼간다면"이라고 말한다. 라브 예후다는 "동일한 여자[에게], 동일한 [날에], 동일한 장소에서"를 의미한다고 설명했다.

라브 예후다는 라브가 모순을 지적했다고 말했다. 허물의 사함을 받고 자신의 죄가 가려진 자는 복이 있도다(시 32:1)라고 기록됐고, 자기의 죄를 숨기는 자는 형통하지 못하나(잠 28:13)라고 기록됐다. 전혀 모순이 없다. 한 [구절은] 공적으로 알려진 죄[에 대해 말하고], 다른 구절은 공적으로 알려지지 않은 죄 가운데 하나에 대해 말한다. [29] 라브 주트라 바 투비아(Rav Zutra bar Tuvia)는 라브 나흐만[의 이름으로], 한 [구절은] 사람과 사람 사이의 죄[에 대해 말하고,] 다른 구절은 사람과 하나님 사이의 죄에 대해 말한다고 말했다.

수카

SUKKA, 장막절

너는 매년 세 번 내게 절기를 지킬지니라 … 수장절을 지키라 이는 네가 수고하여 이
룬 것을 연말에 밭에서부터 거두어 저장함이니라(출 23:14,16, JPS).

너희가 토지 소산 거두기를 마치거든 일곱째 달 열닷샛날부터 이레 동안 여호와의 절
기를 지키되 첫날에도 안식하고 여덟째 날에도 안식할 것이요 첫날에는 너희가 아름다
운 나무 실과와 종려나무 가지와 무성한 나무 가지와 시내 버들을 취하여 너희의 하나
님 여호와 앞에서 이레 동안 즐거워할 것이라 너희는 매년 이레 동안 여호와께 이 절기를
지킬지니 너희 대대의 영원한 규례라 너희는 일곱째 달에 이를 지킬지니라 너희는 이레
동안 초막에 거주하되 이스라엘에서 난 자는 다 초막에 거주할지니 이는 내가 이스라엘
자손을 애굽 땅에서 인도하여 내던 때에 초막에 거주하게 한 줄을 너희 대대로 알게 함
이니라 나는 너희의 하나님 여호와이니라(레 23:39-43, JPS).

민수기 29장 12-34절은 절기를 위한 성전 희생제물을 열거하고, 35-38절은 장
엄한 대회중의 여덟째 날(Eighth Day of Solemn Assembly)을 소개한다.

너희 타작마당과 포도주 틀의 소출을 거두어들인 후에 이레 동안 초막절을 지킬 것이요 절기를 지킬 때에는 너와 네 자녀와 노비와 네 성중에 거주하는 레위인과 객과 고아와 과부가 함께 즐거워하되 네 하나님 여호와께서 택하신 곳에서 너는 이레 동안 네 하나님 여호와 앞에서 절기를 지키고 네 하나님 여호와께서 네 모든 소출과 네 손으로 행한 모든 일에 복 주실 것이니 너는 온전히 즐거워할지니라(신 16:13-15, JPS).

이 소책자는 수카 절기(장막절)를 위해 유대인 가정에 세워진 수카(sukka, 오두막, 초막, 장막)의 건설과 올바른 사용, 그리고 수확을 대표하는 아르바 미님(Arba'a Minim, 네 식물 종류), 절기의 즐거운 기념을 다룬다.

장의 처음에서는 수카를 정의한다. 본질적인 요소는 스카크(s'khakh, '덮개')인데, 이것은 인정받은 재료로 만들고 적절한 높이에 두어야만 한다. 벽은 스카크를 지지하는 데 필요하며 울타리를 형성하지만, 벽의 역할은 본질적이라기보다는 기능적이다. 벽은 특별한 목적에 맞게 만들 필요는 없다.

이 수갸(sugya)는 잘 발전되고 매우 양식화된 문학 단위를 형성한다. 이전 랍비들의 입으로 표현된 논쟁의 많은 부분은, 보고가 아니라 그들이 어떻게 자신의 규정을 정당화할 수 있었는지에 대한 고찰이다. 예를 들어, 누구도 헬레나 여왕의 수카에 대한 역사적인 정보를 가지고 있지 않았다. 오히려 그것은 나중의 이론에 맞도록 '다시 고안'되고 있다.

1장

미쉬나:

만약 수카가 높이 20규빗 이상이라면, 그것은 유효하지 않다. 하지만 랍비 유다는 그것이 유효하다고 말한다.

만약 그것이 높이 열 손바닥 이하이거나 세 개의 벽보다 적거나 그늘보다 빛이 더 많으면, 그것은 유효하지 않다.

게마라:

다른 곳에서 미쉬나는, 만약 막다른 곳의 [경계를 이루는 기둥이] 20규빗보다 높으면, 그는 그것을 낮추어야 한다[1]고 말한다. 왜 여기서는 미쉬나가 '유효하지 않다'고 말하는 반면, 거기서는 당신에게 그것을 옳게 두는 법을 말하는가?

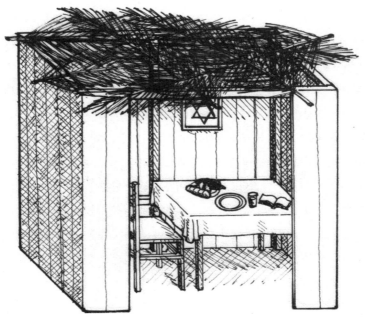

수카(Sukka)

장막

수카는 성경적이므로 미쉬나는 '유효하지 않다'라고 진술한다. 막다른 곳[에 대한 법]은 랍비식이므로 당신에게 이것을 옳게 두는 법을 말한다.

대안으로, [당신은] 심지어 성경의 명령으로 이것을 옳게 두는 법을 알려줄 것이라고 [말할 수도 있다]. 그러나 논의할 게 많은 수카의 경우, 단순히 '유효하지 않다'라고 말하는 반면, 간단한 막다른 곳에 대해서는 당신에게 그것을 옳게 두는 법을 말한다.

무엇이 [수카의 높이에 대한 법]의 [성경적] 토대인가?

라바는, 성경이 이는 내가 이스라엘 자손을 애굽 땅에서 인도하여 내던 때에 초막에 거주하게 한 줄을 너희 대대로 알게 함이니라(레 23:43, JPS)라고 말한다고 했다. 20규빗의 높이까지는 사람이 자신이 수카에 살고 있다고 인식하지만, 20규빗 이상에서는 자신이 수카에 살고 있다고 인식하지 못하는데, 이는 그것이 눈에 들어오지 않기 때문이다.

랍비 제이라²⁾는, [이것이] 여기에서 [유래한다]고 말했다. 즉, 또 '수카가'(초막이, 개역개정) 있어서 낮에는 더위를 피하는 그늘을 지으며 [또 풍우를 피하여 숨는 곳이 되리라](사 4:6). 20규빗의 높이까지 사람은 수카에 의해 그늘지지만, 20규빗 이상이면 그는 수카가 아니라 벽에 의해 그늘진다.

아바예는 그에게, 만약 그렇다면 누군가가 아스드롯 가르나임(Ashtarot Qarnayim)³⁾에 수카를 만들었다고 가정해보라고 말했다. [그가 수카의 덮개가 아니라 뒤쪽 측면으로 그늘지는 것을 보면] 이것이 유효하지 않겠는가? [랍비 제이라는 이렇게 대답했다]. 아스드롯 가르나임을 없애라. 그러면 당신은 여전히 수카를 가질 것이다. 벽을 없애라. 그러면 당신은 수카를 가지지 못할 것이다.

하지만 라바는, [이것이] 여기에서 [유래한다]고 말했다. 즉, 너희는 이레 동안 초막에 거주하되(레 23:42). 토라는 "네 상설 거주지에서 7일 동안 떠나 임시 거주지에서 살아라"라고 말하고 있다. 20규빗의 높이까지 사람은 임시 거주지를 만들 수 있지만, 20규빗 이상이면 그는 임시 거주지가 아니라 상설 거주지를 만들게 될 것이다.

아바예는 그에게 물었다. 만약 그렇다면 누군가가 철벽을 세우고 그들을 덮은 [수카를] 두었다고 가정해보라. 그것은 [유효한] 수카가 아닌가? 라바는 다음과 같이 대답했다. 내가 의도한 것은 20규빗의 높이, 즉 사람이 임시 거주지를 만들 [수] 있는 [높이]까지 그가 상설 [건축물]을 세운다고 한다면 그는 미츠바를 성취한 것이다. 반면 20규빗 이상, 즉 사람이 상설 거주지를 만들 수 있는 높이 이상으로 그가 임시 [건축물]을 세운다고 한다면, 그는 미츠바를 성취하지 않았다는 것이다.

다른 이들은 라바의 제안을 거절한다. 그의 구절은 미래 세대를 가리킨다는 것이다. 그들은 랍비 제이라의 제안을 거절한다. 그의 구절은 메시아 시대를 가리킨다는 것이다. 랍비 제이라 자신은 이렇게 말할 것이다. "만약 그렇다면 성경은, '덮개⁴⁾는 낮에 그늘을 위한 것이 될 것이다'라고 말했을 것이다." 수카가 있어서 낮에는 더위를 피하는 그늘을 지으며… 라고 말하므로, 두 추론이 가능하다.

[다른 두 사람은] 아바예의 반대 때문에 라바의 제안을 거부한다.

랍비 요시아가 라브의 이름으로 한 다음의 주장은 [앞의 사람들 가운데] 누구에게 동의하는 것인가? [랍비 유다와 다른 현인들 사이의] 논쟁은, 벽이 스카크에 닿지 않는 경우와 관련 있지만, 만약 벽이 스카크에 닿는다면 수카는 20규빗보다 높아도 유효하다.

누구에게 동의하는가? 라바에게 동의한다. 왜냐하면, 그는 수카가 눈에 들어오지 않기 때문이라고 말했기 때문이다. 만약 벽이 스카크까지 확장된다면 수카가 눈에 들어온다.

라브 후나가 라브의 이름으로 한 이 주장은 누구에게 동의하는가? [랍비 유다와 다른 현인들 사이의] 논쟁은, 수카[의 범위가] 4×4규빗이 안 되는 경우와 관련 있지만, 만약 4×4규빗 이상이라면 수카는 20규빗보다 높다고 해도 유효하다.

누구에게 동의하는가? 랍비 제이라에게 동의한다. 왜냐하면, 그는 그늘 때문이라고 말했기 때문이다. 만약 그 범위가 크다면 수카는 그늘을 드리운다.

라브 하난 바 라바가 라브의 이름으로 한 주장은 누구에게 동의하는 것인가? [랍비 유다와 다른 현인들 사이의] 논쟁은, [수카의 범위가] 그의 머리와 몸의 대부분과 탁자를 수용할 정도로 큰 경우와 관련 있지만, 만약 그의 머리와 몸의 대부분과 탁자 이상을 수용할 수 있다면 수카는 20규빗보다 높아도 유효하다.

누구에게 동의하는가? 그들 가운데 누구에게도 동의하지 않는다!

명백히 랍비 요시아는 라브 후나와 라브 하난 바 라바 [모두]에게 동의하지 않는다. 왜냐하면, 그들은 직선 치수를 제시하지만, 그는 제시하지 않기 때문이다. 하지만 라브 후나와 라브 하난 바 라바는 수카를 유효하게 하는 데 필요한 것에 대해 동의하지 않는다. 그러면, 한 명은 수카를 유효하게 하는 [최소한의 요구사항]이 4×4규빗이라고 주장하고, 다른 이는 수카를 유효하게 하는 [최소한의 요구사항]이 그의 머리와 몸의 대부분과 탁자를 수용할 정도로 충분한 [크기]라고 주장하는가?

아니다. 모두 수카를 유효하게 하는 [최소한의 요구사항]이 그의 머리와 몸의 대부분과 탁자를 수용할 정도로 충분한 [크기]라는 데 동의한다. 여기서 논쟁은 [랍비 유다와 현인들]이 수카의 [범위]가 그의 머리와 몸의 대부분과 탁자를 수용할 정도로 큰 [경우]에 대해 서로 다른가이다. 만약 그의 머리와 몸의 대부분과 탁자 이상을 수용할 수 있다면, 수카는 [20규빗보다 높아도] 유효하다는 데는 동의한다. 또는, [랍비 유다와 현인들]이 수카의 [범위]가 그의 머리와 몸의 대부분과 탁자를 수용할 정도로 큰 것과 4[×4]규빗인 것 사이에 있다는 [경우]에 대해 서로 다른가가 논쟁이 되지만, 만약 수카가 4[×4]규빗 이상이라면 그 수카가 유효하다는 데 모두 동의한다.

반대 의견이 다음과 같이 제기됐다. 만약 수카가 높이 20규빗 이상이라면 유효하지 않다. 그러나 랍비 유다는 40이나 50규빗이라고 해도 유효하다고 말한다. 랍비 유다는, 헬레나 여왕[5)]이 룻다에 머물 때, 그녀의 수카의 높이가 20규빗 이상이었으며, 장로들이 들락날락하면서 아무 언급도 하지 않았다고 말했다. [현인들은 랍비 유다에게 대답했다. 이것이 무엇을 증명하는가? 그녀는 여자이고 여자들은 수카[의 법]에서 면제된다. [랍비 유다]가 그들에게 대답했다. 하지만 그녀는 일곱 아들이 있지 않았는가? 게다가 그녀가 무엇을 하든지, 현인들의 [규정]에 따라 했었다.

왜 바라이타는 게다가 그녀가 무엇을 하든지 현인들의 [규정]에 따라 했었다고 덧붙이는가? 당신은 그녀의 자녀들이 어리고, 어린 자녀들은 수카에서 면제된다고 생각했을 수 있다. 그러나 일곱 명이 있었으므로, 그들 가운데 누구도 자기 어머니에게서 독립할 정도로 나이가 들지 않았다는 것은 불가능하다. 만약 당신이 랍비들만이 어머니에게서 독립한 자녀가 [수카에 살] 의무가 있다고 규정하고, [헬레나 여왕은] 랍비법을 따르지 않았다고 말할 수도 있으므로, 그들은 **게다가 그녀가 무엇을 하든지 현인들의 [규정]에 따라 했었다**라고 덧붙인다.

이제, 만약 당신이 [랍비 유다와 다른 현인들 사이의] 논쟁은 벽이 스카크에 닿지 않는 경우와 관련이 있다고 말한다면, 여왕은 공기를 즐기려고 이런 수카에서 거주했을 수 있다. 하지만 당신이 이 논쟁은 작은 수카에 대한 것이라고 말한다면, 여왕은 분명히 작은 수카에 거주하지 않을 것이다!

라바 바 라브 아다는, 그들이 작은 칸막이 방으로 나뉜 수카를 생각했음이 틀림없다고 말했다.[6]

하지만 여왕은 작은 칸막이 방으로 나뉜 수카에 거주할 것인가?

라브 아쉬는, 그들이 작은 칸막이 방을 포함하[되 오로지 작은 칸막이 방으로만 구성되지는 않은] 수카를 생각했음이 틀림없다고 말했다. 현인들은 그녀의 아들들이 주된 수카에 있었지만, 그녀 자신은 사생활을 위해 작은 칸막이 방에 앉았고 이런 이유에서 [장로들은] 그녀에게 반대하지 않았다고 생각했다. 랍비 유다는 그녀의 아들들이 그녀와 함께 있었고, 그런데도 [장로들은] 반대하지 않았다고 생각했다.

레위기 23장 40절에 열거된 네 식물을 랍비들은 시트론(citron, 에트로그[etrog]), 야자 잎(루라브[lulav]), 도금양과 버드나무라고 여겼다. 세 도금양 가지와 두 버드나무 가지는 야자 잎에 묶여 있다. 예배자들은 할렐 시편(113-118편)을 노래할 때, 오른손에 그것들을 쥐고, 그 옆에 시트론을 왼손에 쥐고 있다. 3장과 4장은 식물들에 대한 종류, 크기 등에 관한 규정을 제시한다. 아래의 발췌는 히두르 미츠바(hiddur mitzva)의 개념을 다룬다. 미츠바를 수행할 때 사용되는 물품은 법의 글자 자체의 뜻을 성취해야 할 뿐만 아니라 미적으로도 만족시켜야 한다.

3장

다음과 같이 가르침을 받았다. 시든 것은 유효하지 않지만, 랍비 유다는 유효하다고 말한다. 라바는, 이 논쟁이 야자 잎에 대한 것이었다고 말했다. 즉, 현인들은 시트론이 아름다운 게 틀림없듯이, 야자 잎도 그렇다고 [추론하면서] 야자 잎과 시트론을 비교한다. 하지만 랍비 유다는 우리가 야자 잎을 시트론에 비교하지 않는다고 주장한다. 시트론이 아름다운 게 틀림없다는 데는 모두가 동의한다.

랍비 유다는 야자 잎이 아름다운 게 틀림없다고 주장하지 않는가? 명백히 미쉬나는, 랍비 유다가 **"당신은 [야자 잎] 위를 묶어야만 한다"**라고 말한다고 한다. 이것은 야자 잎을 아름답게 보이게 만들기 위한 것이 아닌가? 아니다. 이것은 다음의 이유 때문이다. 즉, 랍비 유다는 랍비 타르폰의 이름으로 "[성경은] 카프토(kappot) [잎을] 카푸트(kafut, 묶이다)[로 읽을 수 있다고 말한다]. 만약 이것이 펼쳐지면 당신은 이것을 함께 묶어야 한다"라고 말한다.

그는 이것이 아름다운 게 틀림없다고 주장하지 않는가? 명백히 미쉬나는, 랍비 유다가 **"당신은 야자 잎을 그것과 같은 종류와 묶을 수 있다"**라고 말한다고 한다. 이것은 야자 잎이 아름답게 보이게 하려는 것이 아닌가? 아니다. 왜냐하면 라바는, 이것을 [아름답지 않은] 야자의 내피나 뿌리에도 그렇게 한다고 말했기 때문이다. 그러므로 랍비 유다의 핵심은 무엇인가? 그는 야자 잎이 묶여야만 한다고 주장하지만, 만약 당신이 야자 잎을 다른 종류에 묶고자 한다면, 당신은 [토라가 요구하는 네 종류보다는] 다섯 종류를 가져야 할 것이라고 주장한다.

랍비 유다는 시트론이 아름다운 게 틀림없다고 주장하는가? 명백히 한 바라이타는 다음과 같이 말한다. 당신이 네 종류 가운데 어느 것도 생략하지 않아야만 하듯이, 당신은 그것들에 추가하지 않아야 한다. 만약 시트론을 구할 수 없다면, 당신은 [그 대신에] 마르멜로나 석류나 다른 어떤 것도 가져와서는 안 된다. 만약 [넷 가운데 어느 것이라도] 약간 시들었다면 그것은 [여전히] 유효하지만, 만약 [완전히] 시들었다면 그것은 유효하지 않다. 랍비 유다는, 비록 [완전히] 시들었다고 해도 [그것은 유효하다]고 말한다. 랍비 유다는, 게다가 야자 잎들을 손자들에게 상속으로 주는 마을이 있었다고 말했다. 현인들은 "당신은 어떻게 그에 대한 증거를 가져올 수 있는가?"라고 되물었다. 강압은 다르다.[7] 아무튼 [이것은 명백하게], 랍비 유다가 [완전히] 시들었다고 해도 [그것은 유효하다]고 말한다고 진술한다. 그는 시트론을 언급하고 있는 것이 아닌가? 아니다. 야자 잎을 언급하고 있다.

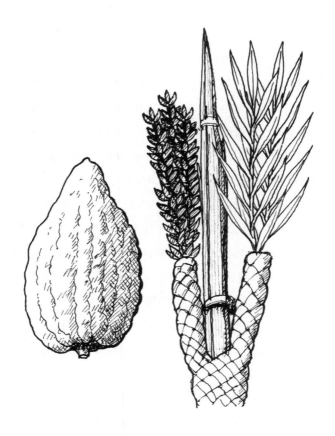

수코트(Sukkot)를 위한 네 종류의 식물

왼쪽: 에트로그(etrog, 시트론)

오른쪽: 도금양, 야자 잎, 버드나무

한 선생은 다음과 같이 설명했다. **당신이 네 종류 가운데 어느 것도 생략하지 않아야만 하듯이, 당신은 그것들에 추가하지 않아야 한다.** 이것은 명백하지 않은가? 당신은 랍비 유다가 야자 잎이 묶여야만 한다고 말한 대로, 당신이 또 다른 종류를 사용한다고 해도 각각은 별개의 물품으로 간주될 것이며, [추가된 종류는 네 종류와 관련 있는 것으로 보이지 않는다고] 생각했을 수 있다. 그러나 [한 바라이타는] 당신에게 [이것이 실수라고] 말한다.

한 선생은 다음과 같이 설명했다. **만약 시트론을 구할 수 없다면, 당신은 [그 대신에] 마르멜로나 석류나 다른 어떤 것도 가져와서는 안 된다.** 이것은 명백하지 않은가? 당신은 시트론에 대한 생각을 잊지 않도록 그에게 [대체 열매를] 가져오라는 것으로 생각할 수도 있다. 그러나 [한 바라이타는] 당신에게 이것이 실수로 이어질 수 있다고 말한다. 왜냐하면, 사람들은 [시트론을 얻을 수 있을 때도 대체 열매를] 계속 [가져올] 것이기 때문이다.

[랍비 유다가 시트론이 아름다워야 한다고 요구하지 않는다는] 증거는 다음과 같다. **늙은 시트론은 유효하지 않다고 하나, 랍비 유다는 그것이 유효하다고 주장한다.** 이것은 실제로 [랍비 유다가 시트론이 아름다워야 한다고 요구한다는] 라바의 주장을 반박한다.

[여전히] 랍비 유다는 시트론이 아름다운 게 틀림없다고 주장하지 않는가? 명백히 미쉬나는, **만약 그것이 연두색이면 랍비 메이르는 유효하다고 말하지만, 랍비 유다는 그것을 거부한다고** 진술한다. [이는 시트론이 아름답지 않기 때문이 아니라,] 익지 않았기 때문이다.

또 다른 증거는 다음과 같다. **랍비 메이르는 시트론의 최소 크기는 호두 크기라고 말하나, 랍비 유다는 달걀 크기라고 말한다.** 이것은 랍비 유다가 시트론이 아름다워야 한다고 요구하기 때문이 아닌가? 아니다. 시트론이 익지 않았기 때문이다.

또 다른 증거는 다음과 같다. **최대 크기에 대해, 랍비 유다는 "당신이 한 손으로 두 개를 쥘 수 있는 것은 무엇이든지"라고 말하나, 랍비 요세는 "[당신이 두 손으로 하나를 [쥘 수 있다고] 하더라도"라고 말한다.** 이것은 [랍비 유다가] 그것이 아름다워야 한다고 요구하기 때문이지 않은가? 아니다. 라바가 말한 대로, 당신은 오른손으로 야자를 쥐고 왼손으로 시트론을 쥐어야 한다. 때로 사람은 이것들을 뒤섞고 손을 바꿔야만 하며, [만약 시트론이 너무 크다면] 그는 [시트론을 손상시켜] 그것을 유효하지 않게 만들 수도 있다.

그러나 랍비 유다는 성경(레 23:40)이 이것을 '아름다운'을 의미하는 '하다르(hadar) [나무의 열매]'라고 부른다고 [명백히 인정하는가? 아니다]. 그는 하다르가 '거주하는'이라는 뜻의 하 – 다르(ha-dar)를 의미한다고 간주한다. 즉, 매년 나무에 남아 있는 것이다.[8]

수코트는 이스라엘의 우기 전에 오며, 초기부터 물 긷는 의식과 비를 위한 기도와 관련이 있었다. 첫 단락은 일반적인 용어와 구체적인 용어 또는 포괄적인 용어와 한정적인 용어로 본문의 해석 방법을 잘 보여주며, 후자는 더 광범위한 해석으로 이어진다.[9]

5장

미쉬나:

피리는 [수코트의] 5일이나 6일에 울린다. 이것은 물 긷기라는 피리이며, 안식일이나 절기보다 중요하지는 않다.[10]

게마라:

50b

랍비들은 다음과 같이 가르쳤다. 피리는 안식일보다 중요하다. 이것은 랍비 요세 벤 예후다의 의견이다. 현인들 [대다수는] 피리가 심지어 절기보다 중요하지 않다고 말한다.[11]

라브 요세프는, 이 논쟁은 희생제물을 동반하는 음악에 대한 것이라고 말한다. 랍비 요세는, 악기를 사용하는 음악은 필수적이며, 그러므로 이것은 예배의식의 행위이고 안식일보다 중요하다고 주장한다. 현인들은 목소리로 하는 음악이 필수적이며, 따라서 [악기를 연주하는 것은] 예배의식의 행위가 아니고 안식일보다 중요하지 않다고 주장한다. 그러나 모두가 물 긷기에서의 음악은 단순히 즐거움을 위한 것이며 안식일보다 중요하지 않다는 데는 동의한다.

라브 요세프는 말했다. 무엇 때문에 나는 이것이 논쟁의 모든 것이라고 말하는가? 한 바라이타는, **랍비(Rabbi)는 나무로 만든 용기를 거부하지만, 랍비 요세벤 예후다는 받아들인다**고 진술한다. 명백히 그들의 논쟁의 토대는 다음과 같다. [나무로 된 용기]를 받아들일 만하다고 규정하는 자는 "악기를 사용하는 음악이 필수적이므로 우리는 모세의 오보에[12]에서 배울 수 있다"라고 주장하지만, [나무로 된 용기]를 거부하는 자는 "목소리로 된 음악이 필수적이고 오보에는 신성한 예배의식의 용기가 아니므로, 우리는 모세의 오보에에서 배울 수 없다"라고 주장한다는 것이다.

아니다. [아마도] 둘 다 악기를 사용하는 음악이 필수적이라고 주장하며, 여기에서의 논쟁은 '불가능한 것에서 가능한 것을 추론하는 것'이라고 주장할 것이다.[13] [나무로 된 용기를] 받아들이는 자는 불가능한 것에서 가능한 것을 추론하고, 거부하는 자는 불가능한 것에서 가능한 것을 추론하지 않는다.

대안으로, 모두가 악기를 사용하는 음악이 필수적이라는 것과, 당신은 불가능한 것에서 가능한 것을 추론할 수 없다는 데 동의한다. 논쟁은 등대[를 만들기 위한 재료]가 '일반적인 것과 구체적인 것'에 따른 성경에서 유래했는지, '포괄적인 것과 한정적인 것'에 따른 성경에서 유래했는지에 대한 것이다. 하지만 랍비(Rabbi)는 '일반적인 것과 구체적인 것'에 따라 해석한다.

랍비(Rabbi)는 다음과 같이 '일반적인 것과 구체적인 것'에 따라 해석한다. 너는 등잔대를 만들되는 일반적인 것이며, 순금으로는 구체적인 것이고, 다시 너는 등잔대를 쳐 만들되는 일반적인 것이다(출 25:31). 일반적인 용어에 구체적인 용어가 따르고, 그다음에 또 다른 일반적인 용어가 구체적인 용어와 비슷한 것을 산출한다. 여기서 구체적인 용어가 금속을 가리키듯이, [등잔대는 금속인 것이 틀림없다.

랍비 요세 벤 예후다는 다음과 같이 '포괄적인 것과 한정적인 것'에 따라 해석한다. 너는 등잔대를 만들되는 포괄적이며, 순금으로는 한정적인 것이고, 다시 너는 등잔대를 쳐 만들되는 포괄적인 것이다. 포괄적인 것, 한정적인 것, 포괄적인 것은 모두를 포함한다. 이것은 무엇을 포함하는가? 어떤 재료든지 포함한다. 이것은 무엇을 제외하는가? 도기를 제외한다.

다음 미쉬나가 기쁜 성전 의식을 이상적으로 회상하는 것은, 죄와 유혹에 대한 묵상으로 이어지면서 게마라에서 확장된다.

미쉬나:

물 긷기의 기쁨을 목격하지 않은 자는 누구든지 결코 참된 기쁨을 목격하지 못했다. 첫 절기 날의 마지막에 [제사장들과 레위인들은] 여인의 뜰에 내려오는데, 거기서 그들은 큰 개수 공사를 했었다. 금으로 된 등잔대가 거기에 서 있었으며, 각각의 꼭대기에는 네 그릇이 있었고, 네 사닥다리로 닿을 수 있다. 네 명의 젊은 제사장은 120로그(log) 주전자를 나르면서 [기름을] 각 그릇에 부었다. 그들은 [횃불을] 밝히는 데 제사장의 낡은 옷과 허리띠를 사용했고, 예루살렘의 모든 뜰은 물 긷기의 빛으로 빛났다.

경건하고 선한 공적을 쌓은 사람들이 자신들 앞에 불타는 횃불을 두고 찬양과 감사를 노래하며 춤을 추었다. 레위인들은 남성의 뜰에서 여인의 뜰로 내려오는 15개의 계단 - 이는 시편의 성전에 올라가는 15개의 노래[14]와 일치한다 - 에서 하프와 현악기, 타악기, 나팔 등 수많은 악기를 연주했으며, 여인의 뜰에서 레위인들은 자신의 악기를 들고 서서 노래했다.

두 제사장이 두 나팔을 들고서 남성의 뜰에서 여인의 뜰로 가는 계단의 윗문에 서 있었다. 알리는 자가 외칠 때,[15] 그들은 테키아 테루아 테키아(teqi'a, teru'a, teqi'a)라고 소리를 냈다. 그들이 열 번째 계단에 도달했을 때, 그들은 [다시] 테키아 테루아 테키아(teqi'a, teru'a, teqi'a)라고 소리를 냈다. 그들은 동쪽 출구에 도착할 때까지 계속 [자신들의 나팔]을 불었다. 그들이 동쪽 출구에 도착했을 때, 그들은 동쪽에서 서쪽으로 돌아서서[16] 말했다. "이곳에 있었던 우리 조상들은 태양을 향해 동쪽으로 절하면서 성소로 등을 돌리고 동쪽으로 향했다.[17] 하지만 우리는, 우리의 눈이 하나님을 향한다." 랍비 유다는, 그들이 우리는 하나님을 위하고 우리 눈은 하나님을 향한다고 말하면서, 이 구절을 이중으로 했다고 말한다.

게마라:

랍비들은 다음과 같이 가르쳤다. 물 긷기의 기쁨을 목격하지 않은 자는 누구든지 결코 참된 기쁨을 목격하지 못했으며, 영광 가운데 있는 예루살렘을 응시하지 않은 자는 누구든지 결코 매력적인 성읍을 응시하지 못했고, 영광 가운데 있는[18] 성전을 보지 못한 자는 누구든지 결코 아름다운 건물을 보지 못했다.

그들은 어느 [성전 건물을 의미하는가]? 어떤 이는 라브 히스다라고 하는데, 아바예는, 헤롯의 건물이라고 말했다. 그는 무엇을 지었는가? 라바는 대리석과 설화 석고라고 말했다. 어떤 이는 다음과 같이 말한다. [그가] 휘안석과 대리석과 설화 석고로 [만들었다].[19] 그는 회반죽이 붙도록 한 줄은 나오고 한 줄은 들어가게 했다. 그는 금으로 입히기를 원했지만, 랍비는 바다의 파도와 같이 생겨서 있는 그대로가 더 좋다고 말했다.[20]

다음과 같이 가르침을 받았다. **랍비 유다는, 알렉산드리아에서 이중 주랑을 보지 않은 누구든지 결코 이스라엘의 위엄을 보지 못했다고 말했다.**

그들은 이것이 한 주랑이 다른 주랑 안에 있는 큰 바실리카(basilica, 왕궁)와 같으며, 때로 이것은 출애굽할 때 이집트를 떠났던 인원만큼 많은 60만 명을 수용했다고 말했다. 어떤 이는 이집트를 떠난 인원의 두 배였다고 말한다. 금으로 된 보좌 71개가 거기에 있었는데, 이 숫자는 산헤드린에 있던 [재판관의] 숫자와 일치한다. 그리고 각각은 21,000달란트나 되는 금으로 만들었다. 중앙에는 나무로 된 단이 있었는데, 그 위에서 회중을 감독하는 이가 깃발을 들고 서 있었다. "아멘!"이라고 응답할 때에 그는 자기 깃발을 흔들었고, 모든 사람이 "아멘!"이라고 응답했다.

사람들은 무작위로 앉지 않았다. 금 세공인은 그들의 [지정된] 자리에, 은 세공인은 자신들의 자리에, 대장장이는 자신들의 자리에, 놋쇠 작업자[21]는 자신들의 자리에, 직공은 자신들의 자리에 앉았다. 그리하여 가난한 사람이 들어왔을 때, 그는 누가 자신의 동료 기술공인지 분별하여 그들에게 접근할 수 있었으며, 자신과 자기 식객들을 위해 후원을 받을 수 있었다.

아바예는, 마케도니아의 알렉산더가 그들 모두를 죽였다고 말했다.[22]

그들은 왜 징벌을 받았는가?[23] 그들이 [여호와께서 너희에게 이르시기를] 너희가 이후에는 그 길로 다시 돌아가지 말 것이라(신 17:16, JPS)라는 성경의 이 말씀을 어겼기 때문이다.

[로마 지도자가] 왔을 때, 그는 그들이 [자신들의] 책에서 곧 여호와께서 멀리 땅끝에서 한 민족을 [독수리가 날아오는 것같이] 너를 치러 오게 하시리니(신 28:49, JPS)를 읽는 것을 발견했다. 그는, '지금 나는 배로 10일 거리에서 왔지만, 바람이 나를 끌고와서 배가 5일 만에 도착했다'고 생각했다. 그래서 그는 그들을 공격하여 죽였다.

거기서 그들은 큰 개수 공사를 했다. '큰 개수 공사'가 무엇인가? [여인의 뜰 바닥]은 원래 평평해서 그들은 발코니로 둘렀고 여자들이 위에 앉고 남자들이 아래에 앉도록 배치했다. [24]

랍비들이 가르친 [대로] **처음에는 여자들이 안에 앉았고 남자들이 밖에 앉았지만, 이는 천박한 행위를 일으켰다. 그다음에 그들은 여자들을 밖에 앉게 하고 남자들을 안에 앉게 했지만, 이 역시 천박한 행위를 일으켰다. 그래서 그들은 여자들을 위에 앉게 하고 남자들을 아래에 앉게 했다.**

그들은 어떻게 그렇게 할 수 있었는가? 여호와의 손이 내게 임하여 이 모든 일의 설계를 그려 나에게 알려 주셨느니라(대상 28:19, JPS)라고 기록되지 않았는가?[25] 라브는, 그들이 다음과 같이 해석할 증거 본문을 발견했다고 말했다. 즉, 온 땅 각 족속이 따로 애통하되 다윗의 족속이 따로 하고 그들의 아내들이 따로 하며(슥 12:12, JPS). 그들은 다음과 같이 [추론했다]. 다가올 날에 [사람들이] 애도하고 그들이 강한 욕망(Evil Inclination)의 노예가 되지 않았을 때, 토라가 "남자들이 혼자가 되며 여자들도 혼자가 될 것"이라고 말한다면, 사람들이 스스로 즐기기에 바쁘고 강한 욕망이 지배하는 여기에서는 얼마나 더 [성별이 분리되어야 하겠는가].

그들은 무엇을 위해 애도할 것인가? 랍비 도사(Dosa)와 랍비들은 이를 논의했다. 한 사람이, [그들은] 살해당한 요셉의 아들 메시아를 [애도할 것이라고 말했다. 다른 이는, [그들은] 살해당한 강한 욕망을 [애도할 것이라고 말했다. 이제 만약 당신이, [그들은] 살해당한 요셉의 아들

52a

메시아를 [애도할 것이라고 말한다면, 그것은 그들이 그 찌른 바 그를 바라보고 그를 위하여 애통하기를 독자를 위하여 애통하듯 하며(슥 12:10)라고 기록된 대로이다. 하지만 만약 당신이, [그들은] 살해당한 강한 욕망을 [애도할 것이라고 말한다면, 왜 애도하는가? 명백히 그들은 [오히려] 기뻐해야 한다! 그들은 왜 울 것인가?

이것은 다음과 같이 랍비 유다가 설명한 대로이다. 다가올 날에 거룩하신 이, 그분은 찬양받으시리로다, 그분이 강한 욕망을 데려가 의인들과 악인들이 있는 앞에서 그를 살해하실 것이다. 의인들에게 그분은 강력한 산으로 나타나실 것이며, 악인들에게는 가느다란 실로 나타나실 것이다. 두 [집단은] 울 것이다. 의인들은 "우리가 어떻게 일찍이 이 강력한 산을 이겼는가!"라고 말하면서 울 것이다. 악인들은 "우리가 어떻게 이 가느다란 실을 이기지 못했는가!"라고 말하면서 울 것이다. 그리고 거룩하신 이, 그분은 찬양받으시리로다, 그분이 만군의 여호와가 이같이 말하노라 이 일이 그날에 남은 백성의 눈에는 기이하려니와 내 눈에야 어찌 기이하겠느냐(슥 8:6)라고 한 대로 그들의 놀라움을 같이할 것이다.

[마찬가지로] 라브 아시는 "처음에는 강한 욕망이 실과 같을 것이나,[26] 쓸모없는(거짓으로, 개역개정) 끈[27]을 삼아 죄악을 끌며 수레 줄로 함같이 죄악을 끄는 자는 화 있을진저(사 5:18)라고 한 대로 결국에는 그것이 수레 줄과 같을 것이다"라고 말했다.

위경과 사해 문서 모두 두 명의 '기름 부음 받은 이' 또는 메시아 – 즉, 아론에게서 내려온 한 제사장과 다윗에게서 내려온 '일반' 메시아 – 에 대해 말한다. 그러나 탈무드는 한 메시아를 전투에서 질 요셉의 후손으로 여기고, 다른 메시아는 승리할 다윗의 후손으로 여긴다. 마이모니데스와 다른 이들이 무시했을지라도, 요셉의 아들 메시아 개념은 신비주의자들(Kabbalist)이 채택했고, 마지막 구속 직전 시대의 전조가 됐다.

랍비들은 다음과 같이 가르쳤다. 거룩하신 이, 그분은 찬양받으시리로다, 그분이 다윗의 아들 메시아 – 그가 우리 시대에 신속하게 계시되기를 바라나이다! – 에게 이렇게 말씀하신다. 내가 여호와의 명령을 전하노라 [여호와께서 내게 이르시되 너는 내 아들이래 오늘 내가 너를 낳았도다 내게 구하라 내가 이방 나라를 네 유업으로 주리니(시 2:7-8, JPS)라고 한 대로, 내게 어떤 것이라도 구하라. 그러면 내가 네게 그것을 허락하겠다. 그가 요셉의 아들 메시아가 살해되는 것을 보았을 때 그는 그분에게 "우주의 주시여! 내가 당신에게 오직 원하는 것은 생명뿐입니다!"라고 말한다. [하나님은], 심지어 네가 구하기도 전에 그가 생명을 구하매 주께서 그에게 주셨으니(시 21:4, JPS)라고 네 조상 다윗이 예언했다고 대답했다.

어떤 이는 랍비 여호수아 벤 레비라고 하는데, 랍비 아비라(Avira)가, 강한 욕망은 다음과 같이 일곱 가지 이름을 지닌다고 설명했다.

거룩하신 이, 그분은 찬양받으시리로다, 그분은 사람의 마음이 계획하는 바가 어려서부터 악함이라(창 8:21)라고 한 대로, 그것을 악함이라고 불렀다.

모세는 너희는 마음에 할례를 행하고(신 10:16)라고 한 대로, 그것을 할례받지 못함이라고 불렀다.

다윗은 하나님이여 내 속에 정한 마음을 창조하시고(시 51:10, JPS) ─ 이는 부정한 것[도] 있다는 것을 의미한다 ─ 라고 한 대로, 그것을 부정함이라고 불렀다.

솔로몬은 네 원수가 배고파하거든 음식을 먹이고 목말라하거든 물을 마시게 하라 그리하는 것은 핀 숯을 그의 머리에 놓는 것과 일반이요 여호와께서 네게 갚아 주시리라(잠 25:21-22, JPS)라고 한 대로, 그것을 원수라고 불렀다. 이샬렘 라크(y'shallem lakh, "네게 보상할 것이다")가 아니라 야쉴리메누 라크(yashlimenu lakh, "그를 네 손으로 인도할 것이다")라고 읽어라.

이사야는 돋우고 돋우어 길을 수축하여 내 백성의 길에서 거치는 것을 제하여 버리라 하리라(사 57:14, JPS)라고 한 대로 그것을 거치는 것이라고 불렀다.

에스겔은 너희 육신에서 '돌 같은'(굳은, 개역개정) 마음을 제거하고 부드러운 마음을 줄 것이며(겔 36:26, JPS)라고 한 대로, 그것을 돌이라고 불렀다.

요엘은 내가 북쪽 군대를 너희에게서 멀리 떠나게 하여(욜 2:20, JPS)라고 한 대로, 그것을 북쪽에서 온 이[28]라고 불렀다.

랍비들은 다음과 같이 가르쳤다. 내가 북쪽 군대를 너희에게서 멀리 떠나게 하여. 이것은 강한 욕망이다. 메마르고 적막한 땅으로 쫓아내리니. 즉 유혹할 사람이 전혀 없는 장소로 쫓아낸다는 것이다. 그 앞의 부대는 동해로. 왜냐하면 그 눈을 첫 성전에 두고 그것을 파괴하고 그 현인들을 죽였기 때문이다. 상한 냄새가 일어나고 악취가 오르리니. 왜냐하면 세상의 민족들을 무시하고 이스라엘의 원수들에게 주목하기 때문이다. 29) [여호와께서] 큰 일을 행하셨음이로다(욜 2:20-21, JPS). 아바예는, [그 관심은] 학자들에게 가장 강력하게 [집중되어 있다]고 말했다.

이것은 아바예[에게 일어난 것과 같다. 그는 누군가가 한 여자에게 함께 여행하자고 말하는 것을 엿들었다. [그리하여] 그는, 내가 따라가서 그들이 죄를 짓지 못하도록 하겠다고 생각했다. 그는 세 파라상(parasang, 거리 단위)이나 되는 넓은 땅을 지나 그들을 따라갔다. 그들이 헤어졌을 때 그는, 그들이 "긴 여행이었지만 동행은 즐거웠다"라고 말하는 것을 들었다. [아바예는] 가서 비참하게 문 경첩에 기대었는데,30) 한 노인이 와서 그에게 **누구든지 다른 사람보다 더 위대한 자는 [악을 행하려는] 더 강한 욕망을 가진다고** 가르쳤다.

랍비 이삭은, 항상 악할 뿐임을(창 6:5)이라고 한 대로, 한 사람의 욕망이 매일 그에게 맞서 일어난다고 말했다.

랍비 시므온 벤 라키쉬는, 악인이 의인을 엿보아 살해할 기회를 찾으나(시 37:32, JPS)라고 한 대로 한 사람의 욕망이 매일 그에게 맞서 일어나고 그를 죽이려고 한다고 말했다.

그리고 거룩하신 이, 그분은 찬양받으시리로다, 그분이 여호와는 그를 악인의 손에 버려 두지 아니하시고 재판 때에도 정죄하지 아니하시리로다(시 37:33, JPS)라고 한 대로, 그를 돕지 않는다면, 그는 욕망을 이길 수 없다.

랍비 이스마엘의 학파에서 다음과 같이 가르쳤다. **만약 그렇게 추한 자가 네게 말을 걸면,**31) **그를 연구의 집으로 데려오라. 만약 그가 돌이라면 그는 녹을 것이고, 만약 그가 철이라면 그는 박살 날 것이다. 만약 그가 돌이라면 그는 녹을 것이다. 왜냐하면, 오호라 너희 모든 목마른 자들아 물로 나아오라**(사 55:1)라고 기록되었고, **물은 돌을 닳게 하고**(욥 14:19)라고 기록됐기 때문이다. **만약 그가 철이라면, 여호와의 말씀이니라 내 말이 불 같지 아니하냐 바위를 쳐서 부스러뜨리는 방망이 같지 아니하냐**(렘 23:29, JPS)라고 기록된 대로, **그는 박살 날 것이다.**

베차

BETZA, 절기법

일반적인 명칭은 그 시작하는 단어 베차('달걀')이다. 이것은 또한 욤 토브('절기')로 알려졌는데, 절기에 허용되거나 금지된 활동의 유형을 규정하기 때문이다. 이 규정은 안식일법과 관련된다. 안식일에 금지되는 것은, 불을 붙이고 운반하는 것과 음식을 준비하는 것을 제외하고, 절기에도 금지된다. 여기서는 이 활동들이 허용되는 상황과 음식 준비를 구성하는 것에 대해 명확히 한다.

이 소책자는 시시해 보이는 질문으로 시작한다. 절기에, 그날 암탉이 낳은 달걀을 먹어도 되는가? 보통 더 엄격한 샴마이 학파는 이 경우 더 관대한 견해를 가진다. 그러나 누구도 달걀의 원래 문제가 무엇에 관한 것이었는지는 아는 것 같지 않다. 여러 아모라임 해석을 조사하고 결국에는 다음과 같은 라바의 해석이 우세해진다. 미쉬나는 만약 절기가 일요일이라면 그 달걀은 안식일에 '준비'(오직 '하늘'에 의해서라면)됐을 것이라고 염려한다. 절기를 위해 안식일에 준비하는 것은 허용되지 않으므로, 그 달걀을 먹지 못할 수도 있다.

그 달걀은 달력을 확정하는 이슈와 같은 훨씬 중요한 이슈를 위한 시험 사례가 된다. 디아스포라에서는 왜 각 절기가 연속되는 날로 두 번 준수되는가? 원래 디아스포라 유대인들은 어느 날이 그달 초하루로 선언되는지에 대해(한 달은 29일이나 30일일 수 있다) 예루살렘에서 정보를 받은 것에 의존했다. 유월절과 장막절은 그달의 15일에 시작한다. 예루살렘에서 온 전령들이 제 때에 도착하지 않는다면, 절기를 준수하기 위한 정확한 날짜가 언제인지에 대해 의구심이 들 것이다. 정확한 날짜를 계산하려면 이렇게 배가하는 것이 필요했는가? 성전이 재건되고, 예상했던 대로 유대인들이 관찰에 의해 달력을 고정하고, 예루살렘에서 정보를 가진 전령들을 급파하는 것으로 되돌아갈 때 무슨 일이 일어날 것인가?

논의의 토대를 이루는 것은 달력을 고정할 때 이스라엘 땅 의회의 으뜸 됨을 유지하려는 노력이었다. 계산하는 현행 제도는 10세기 초에 마무리됐다. 배가되는 절기의 날이 그때 쓸모없다고 선언되지 않은 것은, 사디아(Saadia)와 하이(Hai)를 포함해서 게오님의 보수적인 입장 때문이다. [1]

1장

미쉬나:

만약 절기에 달걀을 낳으면, 샴마이 학파는 그것을 먹어도 좋다고 말하지만, 힐렐 학파는 그것을 먹을 수 없다고 말한다.

샴마이 학파는, [유월절 전에] 효모를 [제거하는 분량은] 대추야자 크기이며, 누룩을 [제거하는 분량은] 감람 크기라고 말하지만, 힐렐 학파는 둘 다 감람 크기라고 말한다.

만일 누군가가 절기에 야생 짐승이나 새를 죽인다면, 샴마이 학파는 그가 [피를] 덮기 위해 자기 삽으로 땅을 팔 수 있다고 말하지만,[2] 힐렐 학파는 그가 절기 전에 준비한 흙이 없다면 죽일 수 없다고 말한다. 그들은 [그런데도] 만약 그가 죽였다면 그는 삽으로 파고 [피를] 덮어야 하며, 화덕에 있는 재는 준비된 [것으로 간주한다는] 데 동의한다.

게마라:

다음과 같이 가르침을 받았다. 라브는, 만약 디아스포라에서 배가된 절기의 [첫

날에] 달걀을 낳는다면 [둘째 날]에 [그것을 먹는 것이] 허용된다고 말하지만, 라브 아시는, 만약 한 날에 낳으면 다른 날에 [그것을 먹는 것이] 금지된다고 말한다.

이것은 라브 아시가 두 날을 '한 거룩함', [즉 하나의 긴 거룩한 날]로 간주했기 때문일 수 있는가? [명백히 아니다. 왜냐하면] 라브 아시 자신은 한 날과 다른 날 사이에 하브달라(havdala)를 암송하곤 했기 때문이다. 라브 아시는 [배가된 날을 긴 한 날로 간주해야 하는지, 아니면 구별되는 두 날로 간주해야 하는지에 대해] 주저하고는, 두 계산에서 더 엄격한 쪽을 택했다.

랍비 제이라는, 오늘날 우리는 달의 시기를 알지만, 여전히 배가된 [절기의] 날들을 준수하기 때문에, 라브 아시의 규정이 합리적인 것 같다고 말한다. [하지만] 아바예는, 미쉬나가 **원래 그들은 횃불을 밝히곤 했지만, 사마리아 사람들이 방해했을 때, 그들은 [대신에] 전령들을 급파했었다**고 진술하므로, 라브의 규정이 합리적인 것 같다고 말한다.[3] 만약 사마리아 사람들이 [방해하기를] 멈췄다면 우리는 [횃불 신호로 신속하게 정보를 얻어] 하루만 준수했을 것이다. [심지어 지금도,] 전령들이 [절기를 위해 제 때에] 도착할 장소들에서, 우리는 [오직] 하루를 준수한다.

이제 우리는 새로운 달이 언제로 고정되는지 아는데,[4] 왜 두 날을 지키는가? 그들이 거기서 다음과 같은 [지시를] 보냈기 때문이다. 너희 조상의 관습을 [유지하도록] 주의하라. 언젠가 너희는 박해당할 수 있으며 과실이 잇따라 일어날 것이다.

새해 절기는 그달 첫날에 해당하지만, 그날은 증인들이 그날 자체에 대해 새 달의 출현을 증언할 때까지는 결정할 수 없는데, 그때 즈음이면 누군가에게 알리는 것이 너무 늦을 수도 있다. 따라서 새해 절기는 심지어 이스라엘 땅에서도 이틀 동안 준수했다.

다음과 같이 가르침을 받았다. 라브와 쉬무엘 모두 이렇게 말했다. 새해 [첫]날 낳은 달걀은 [둘째] 날에 금지되는데, 미쉬나가 다음과 같이 가르치기 때문이다. **원래 그들은 온종일 [새] 달의 [출현에 대한] 증언을 받아들일 것이다. [그러나,] 한번은 증인들이 늦게 도착했고 레위인들은 [성전에서 노래할] 찬양[을 선택할 때]**

혼란스러워했다. 그래서 [현인들은] 증인들을 오후 희생제사 전에 받지 않아야 한다고 규정했다. 만약 증인들이 오후 희생제사보다 늦게 도착하면 그날과 다음 날 모두 거룩하다고 취급됐다.[5]

라바는, 라반 요하난 벤 자카이의 법령 때 이후로 달걀이 허용됐는데, 미쉬나가 다음과 같이 [계속] 진술하기 때문이라고 말했다. 성전이 파괴된 후, 라반 요하난 벤 자카이는 [새] 달[의 출현에 대한] 증언을 [새해의] 날 내내 받을 수 있다고 규정했다.[6]

아바예는 그에게 말했다. 하지만 라브와 쉬무엘 둘 다, 새해 [첫]날 낳은 달걀은 [둘째 날]에 금지된다고 말하지 않았는가?

[라바가] 되물었다. 내가 너에게 라반 요하난 벤 자카이에 대해 말했고, 너는 라브와 쉬무엘을 인용하는가![7]

[아바예:] 그렇다면 라브와 쉬무엘은 미쉬나에 문제가 있는가?

[라바:] 전혀 문제가 없다. 이것은 우리를 위한 것이고, 그것은 그들을 위한 것이다.[8]

하지만 라브 요세프는, 요하난 벤 자카이의 법령 후에도 달걀은 여전히 금지됐다고 말한다. [이것을 금지하는 실질적인 근거가 더는 없는 것으로 보이는데] 왜인가? [이 금지는] 권위 있는 법정[9]이 제정했으며, 권위 있는 법정이 제정한 어떤 [법이라도 동등하게] 권위 있는 법정이 폐지할 수 있기 때문이다.

본제에서 벗어나는 내용이 라브 요세프의 원리에 대한 성경적 토대에 이어진다. 아바예는 다음과 같이 그 논증으로 돌아간다.

아바예는 그에게 말했다. [그렇다면] 달걀에 대한 금지는 권위 있는 법정이 제정한 문제인가? [명백히 아니다.] 그것은 [초하루에 대한] 증언과 [관련된 논쟁의] 결과일 [뿐]이다. 만약 증언이 받아들여지면 그 달걀은 허용된다.

베이 칼루히트(Bei Kaluḥit)의 두 명, 라브 아다와 라브 살몬은, 요하난 벤 자카이의 법령 후에도 그 달걀은 여전히 금지됐다고 말했다. [이것을 금지하는 실질적인 근거가 더는 없는 것은] 왜인가? 왜냐하면, 성전이 신속하게 재건되고,[10] 그때 사람들은, 작년에 우리는 [첫날에 낳은] 달걀을 둘째 날에 먹었[으므로], 올해에도 동일하게 할 것이라고 말했을 것이다. 그들은 작년에는 두 개의 [개별적인] 거룩함이 있었고, 올해에는 한 개의 거룩함이 있을 뿐이라는 사실을 깨닫지 못할 것이기 때문이다. 11)

그렇다면 우리는 어떻게 증언을 받을 수 있는가? [다음과 같은 동일한 논쟁이 사용될 수 있다]. 성전은 신속하게 재건될 수 있으며, 사람들은, "작년에 우리는 그날 내내 증언을 받았[으므로] 우리는 올해에[도] 증언을 받을 것이다"라고 말할 것이다. [아니다.] 증언을 [받는 것은 법정의 문제이고, [법정은 실수하지 않을 것이다]. 달걀은 모두의 일이며 [실수가 있을 것이다].

라바는, 요하난 벤 자카이의 법령 후에도 달걀이 여전히 금지됐다고 말했다. 요하난 벤 자카이 자신은 만약 증인들이 오후 희생제사의 [시기] 이후에 도착했다면 그날과 다음 날 모두 거룩할 것이라는 데 동의했는가?

라바는, 할라카는 관대하든 엄격하든 이 세 문제에서 라브를 따른다고 말했다.

만약 절기가 금요일에 해당한다면, 절기가 시작되기 전에 안식일을 위해 준비해야만 한다. 간단한 안식일 식사가 금요일에 준비되고, 이에 근거하여 절기에도 안식일 준비를 계속하는 것이 허용된다. 이 절차는 에루브 타브쉴린(eruv tavshilin)이라고 알려졌다.

2장

미쉬나:

만약 절기가 금요일에 해당한다면, 당신은 그날에 주로 안식일을 위해 요리할 수 없다. 그러나 당신은 절기 [자체]를 위해 요리할 수 있으며, 남은 것은 안식일에 [먹을 수 있다]. 당신은 절기 전날에 [안식일을 위해] 요리할 수 있으며, 이에 근거하여 안식일을 위해 절기에 [계속] 요리한다.

샴마이 학파는, [이 절차가 유효하려면 당신은 안식을 위해] 두 접시를 요리[해야] 한다고 말하지만, 힐렐 학파는 하나[로도 충분하다]고 말한다. [두 학파는] 달걀 드레싱이 있는 생선은 두 접시로 [간주된다]는 데 동의한다.

만일 누군가가 [안식일 전에 준비된 음식]을 먹거나 분실했다면, 약간이라도 남아 있는 한, 그는 안식을 위해 [절기에 요리하는 것]에 의존할 수 있다.

게마라:

이 [절차는] 무엇에 근거하는가?

쉬무엘은, 성경이 안식일을 기억하여 거룩하게 지키라(출 20:8), 즉 안식일을 잊을 수도 있는 상황에서 기억하라고 한다고 말했다.

그의 말은 무엇을 의미했는가?

라바는, [그는] 사람들이 절기를 위한 좋은 몫뿐만 아니라 안식을 위한 [음식의] 좋은 몫을 선택하도록 확실히 [하기를 원했다]고 말했다.

라브 아시는, 우리가 안식일을 위해 절기에 요리하지 않아야만 한다면, 주중을 위해 절기에 요리하는 것은 얼마나 더 나쁜지 사람들이 고찰하도록 하기 위해서였다고 말한다.

[이제] 미쉬나는 다음과 같이 진술했다. 당신은 절기 전날에 [안식일을 위해] 요리할 수 있고, 이에 근거하여 안식을 위해 절기의 그날에도 [계속] 요리할 수 있다. 이것은 라브 아쉬에 따르면 옳다. 왜냐하면, 그는 그것이 우리가 안식일을 위해 절기에 요리하지 않아야만 한다면 주중을 위해 절기에 요리하는 것이 얼마나 더 나쁜지 사람들이 고찰하도록 하기 위해서였으며, 이런 이유에서 당신은 절기 전날에 요리할 수 있지만 절기의 그날에는 할 수 없다고 말하기 때문이다. 하지만 라바의 견해에서, 왜 '절기 전날에'라고 말하는가? 절기의 그날에는 요리하는 게 허용되어야 한다. [라바는 원리상으로] 사람들이 소홀히 할 수 있는 위험이 없다면, 이것이 허용된다는 데 [동의할 것이다].

타나는 [이 절차를] 다음과 같은 [만나 이야기]에 토대를 둔다. 너희가 구울 것은 굽고 삶을 것은 삶고(출 16:23). 랍비 엘르아살은, 이미 구운 것을 기반으로 굽고, 이미 삶은 것을 기반으로 삶으라고 말했다. 이 구절에서 현인들은 에루브 타브쉴린(eruv tavshilin)의 원리를 도출했다.

랍비들은 다음과 같이 가르쳤다. 한번은 랍비 엘리에셀이 앉아 그날 내내 절기법을 설명했다. 한 무리의 제자들이 떠나고 그는 "그들이 큰 통을 가졌다!"[12]라고 설명했다. 둘째 무리가 떠났고, 그는 "이들은 통을 가졌다!"라고 말했다. 셋째 무리가 떠나고 그는 "이들은 주전자를 가졌다!"라고 말했다. 넷째 무리가 떠나고 그는 "이들이 작은 주전자를 가졌다!"라고 말했다. 다섯째 무리가 떠나고 그는 "병을 가졌다!"라고 말했다. 여섯째 무리가 떠나려고 일어났을 때, 그는 "이들에게 저주가 있기를!"이라고 말했다. 그가 [나머지] 제자들을 응시하자 그들의 얼굴이 창백해졌다. 그는 "[저주가] 너희에게 임하는 것이 아니라 떠나는 자들에게 임한다. 얘들아, 왜냐하면 그들은 덧없는 것을 위해 영원한 것을 포기했기 때문이다"라고 말했다. 그가 마침내 그들을 돌려보낼 때 그는, 너희는 가서 살진 것을 먹고 단 것을 마시되 준비하지 못한 자에게는 나누어 주라 이날은 우리 주의 성일이니 근심하지 말라 여호와로 인하여 기뻐하는 것이 너희의 힘이니라(느 8:10, JPS)라고 말했다.

한 선생은 "그들이 덧없는 것을 위해 영원한 것을 포기했느냐? 명백히 절기에 즐기는 것은 미츠바이다!"라고 설명했다.

랍비 엘리에셀은 자신의 입장에 일관적이다. 그는 한 바라이타가 다음과 같이 진술한 것처럼, 절기에 즐기는 것은 선택이라고 말했기 때문이다. **랍비 엘리에셀은, 절기에 한 사람이 [온종일] 먹거나 마시거나 [온종일] 앉거나 배워야 한다고 말했다. 하지만 랍비 여호수아는 "그것을 나누어라. 절반은 하나님을 위해, 절반은 당신을 위해!"라고 말했다.**

랍비 요하난은 그들 둘이 동일한 구절을 해석했다고 주장했다. 성경은 네 하나님 여호와 앞에 성회로 모이고(신 16:8)라고 말하지만, 또한 장엄한 대회로 '너희를 위해'(개역개정에는 없음) 모일 것이요(민 29:35)라고 말한다. 어떻게 그럴 수 있는가? 랍비 엘리에셀은 이것이 전적으로 하나님을 위한 것이거나 전적으로 너희들을 위한 것이어야만 한다고 생각했으나, 랍비 여호수아는 '그것을 나누어라. 절반은 하나님을 위해, 절반은 당신을 위해!'라고 생각했다.

5장

미쉬나:

'안식'으로든 '선택'으로든[13] 미츠바로든 [만약 당신이] 샤바트에 그것을 [했다면], 당신이 [어떤 형태의 활동]에 대해서든 책임진 것을 절기에도 책임져야 한다.

다음과 같은 활동들은 '안식'으로서 금지된다. 즉, 나무 오르기, 짐승 타기, 수영, [음악에 맞추어] 손뼉치기나 허벅지 치기, 춤추기이다.

다음과 같은 활동은 '선택'으로서 금지된다. 즉, 판결하기, 약혼, 할리차(ḥalitza), 수혼이다.

다음과 같은 활동은 미츠바로서 금지된다. 성별하기, [성별을 위한] 가치 매기기, 헤렘(ḥerem) 선언하기, 테루마와 십일조 분류하기이다.

안식일[에 금지된 활동]과 절기[에 금지된 것] 사이의 유일한 차이점은 음식 준비에 관한 것이다.

게마라:

나무 오르기. [이것은] 그가 가지를 꺾은 경우에 [금지된다].

짐승 타기. 그가 경계를 넘는 경우이다. 그때 경계는 드오라이타(d'Oraita)인가? [명백히 아니다. 금지하는 이유는] 그가 [박차를 가하는 데 사용하려고] 가지를 꺾는 경우[여야만 한다].

수영. 그가 수영 도구를 만드는 경우이다.

손뼉치기나 허벅지 치기, 춤추기. 그가 악기를 수선하는 경우이다.

다음과 같은 활동은 '선택'으로서 금지된다. 즉, 판결하기. [판결하는 것은] 미츠바가 아닌가? [한 바라이타는] 더 좋은 [재판관을] 얻을 수 있어서 이 재판관이 재판하는 것은 미츠바가 아닐 것이라는 사례를 포함한다.

약혼. 하지만 [결혼하라는 것이] 미츠바이다! [한 바라이타는] 그가 이미 아내와 자녀를 가진 경우를 포함한다.[14]

할리차와 수혼. 하지만 [수혼]은 미츠바이다! [한 바라이타는] 형이 있어서, 그

형이 수혼을 맡는 게 바람직할 것이라는 경우를 포함한다.

이 모두가 금지되는 이유는 무엇인가? 기록하는 것을 막기 위해서이다.

다음과 같은 활동은 미츠바로서 금지된다. 성별하기, [성별을 위한] 가치 매기기, 헤렘(ḥerem) 선언하기이다. 왜냐하면, 이것들은 사업을 하는 것과 같다.

테루마와 십일조 분류하기. 이것은 명백하지 않은가? 라브 요세프는 다음과 같이 가르쳤다. 이는 그가 이것을 같은 날에 코헨에게 가져가는 [상황]을 가리킨다. 만약 소산물이 [절기] 전에 십일조를 바쳐야 하는 것이라면, 그것은 단지 [금지]된다. 만약 책임이 [절기에] 생긴다면, 예를 들어 그것이 그가 할라를 챙겨두는 데 필요한 가루 반죽이었다면, 그는 그것을 챙겨두고 코헨에게 그것을 가져갈 수 있다.

어떤 것은 '선택'[의 범주에 있는 활동들]이지만 '안식'은 아니며, 어떤 것은 미츠바[의 범주에] 있지만 '안식'은 아닌가? 랍비 이삭은, 그것은 '뿐만 아니라'를 의미한다고 말했다. '뿐만 아니라'는 금지된 '안식'만이 아니라 심지어 '선택'과 연결된 '안식'이며, 금지된 '선택'과 연결된 '안식'만이 아니라, 심지어 미츠바와 연결된 '안식'이다.

로쉬 하샤나

ROSH HASHANA, 새해

이 소책자는 주로 달력의 고정(부록 1을 보라)에 관심을 가진다. 마지막 장은 새 해 절기에 쇼파르(shofar, 양의 뿔로 만든 악기)를 부는 것을 다룬다.

해는 언제 시작하는가? 출애굽기(12:2)에 따르면, 첫 달은 '봄의 달', 즉 니산월 이다. 그러나 유대인들이 로쉬 하–샤나(Rosh ha-Shana, '해의 시작')로 기념하는 절 기는 일곱째 달, 즉 티쉬레이월 첫날, "나팔을 불어 기념할 날"이며(레 23:24, JPS), 이런 식으로 필로와 요세푸스, 그리고 사해 문서에 알려졌다. 흔히 문서에 사용된 셀레우코스 해(Seleucid year) 역시 가을에 시작했다.

오늘날 역년(曆年), 과세 연도, 학년이 다른 날짜에 시작하는 것은 흔한 일이다. 마찬가지로 미쉬나의 현인들은 문서, 세금, 십일조와 예식에 대해 따로 해를 규정 할 필요가 있다고 여겼다.

1장

미쉬나:

네 가지 새해가 있다.

니산월 1일은 왕과 절기를 위한 새해다.

엘룰월 1일은 가축 십일조를 위한 새해다. 랍비 엘르아살과 랍비 시므온은 티쉬레이월 1일이라고 말한다.

티쉬레이월 1일은 해를 [세는 것]과, 안식년과 희년과 [과실]수와 채소 심기를 위한 새해다.

세바트월 1일은 샴마이 학파에 따르면 나무를 위한 새해이지만, 힐렐 학파는 [세바트월] 15일을 말한다.

게마라:

니산월 1일은 왕과 절기를 위한 새해다. 이것이 어떻게 법에 영향을 미치는가? 라브 히스다는 "문서와 관련해서"라고 말했다. 왜냐하면 미쉬나는, **날짜가 앞서는 채무 증서는 무효이며, 날짜가 지난 것이 유효하다고 가르치기 때문이다.**[1]

랍비들은 다음과 같이 가르쳤다. **만약 왕이 아달월 29일에 왕위에 올랐다면, [그는 하루만 통치했다고 해도] 니산월 1일에 1년을 마친 것으로 [여겨진다].** 하지만 그가 니산월 1일에 왕위에 올랐다면, 그의 둘째 해는 다음 해 니산월 1일이 되어야 시작된다.

한 학자는, 만약 그가 니산월 1일에 왕위에 올랐다면, 그의 둘째 해는 다음 해 **니산월 1일이 되어야 시작된다**고 주장했다. 이것은 니산월 1일이 왕을 위한 새해이며, [또한] 새해의 한 날은 [전체] 해로 계산된다는 것을 우리에게 가르쳐준다.

만약 그가 니산월 1일에 왕위에 올랐다면, 그의 둘째 해는 다음 해 니산월 1일이 되어야 시작된다. 이것은 명백하지 않은가? 아니다. 그가 아달월에 임명됐지[만 니산월이 되어서야 차지하게 된 경우를 포함해서] 진술되어야만 한다. 당신은 [니산월 1일이] 그의 둘째 해[로 계산되어야 한다고] 생각했을 수도 있지만, [본문은] 당신에게 [그렇지 않다고] 말한다.

랍비들은 다음과 같이 가르쳤다. 만약 [한 왕이] 아달월에 죽고, 다른 왕이 아달월에 그를 계승했다면, 그해는 둘에게 계산된다. 만약 그가 니산월에 죽고, 다른 왕이 그를 니산월에 계승했다면, 그해는 둘에게 계산된다. 만약 그가 아달월에 죽고, 다른 왕이 그를 니산월에 계승했다면, 첫해는 첫째 [왕]에게 계산되고, 둘째 해는 둘째 왕에게 계산된다.

한 학자는 다음과 같이 설명했다. **만약 [한 왕이] 아달월에 죽고, 다른 왕이 아달월에 그를 계승했다면, 그해는 둘에게 계산된다.** 이것은 명백하지 않은 가? 당신은 우리가 두 [왕]에게 한 해를 계산하지 않을 것이라고 생각했을 수 있다. 그래서 그것은 [우리가 그렇게 한다는 것]을 우리에게 알려준다.

만약 그가 니산월에 죽고, 다른 왕이 그를 니산월에 계승했다면, 그해는 둘에게 계산된다. 이것은 명백하지 않은가? 당신은 우리가 만약에 해의 마지막 하루라면 그 하루가 한 해로 계산된다고 말하지만, 만약에 해의 시작이었다면 그렇게 말하지 않을 것이라고 생각했을 수 있다. 그래서 그것이 [우리가 그렇게 한다는 것]을 우리에게 알려준다.

만약 그가 아달월에 죽고, 다른 왕이 그를 니산월에 계승했다면, 첫해는 첫째 [왕]에게 계산되고, 둘째 해는 둘째 왕에게 계산된다. 이것은 명백하지 않은가? [다음의 경우를 포함하는 것이] 필요하다. 즉, 그는 아달월에 왕으로 임명됐고, 그는 이전 왕의 아들이어서, 당신은 두 해가 그에게 계산되어야 한다고 생각했을 수 있다. 그래서 그것은 우리에게 [이것이 그런 경우가 아니라고] 알려준다.

랍비 요하난은 다음과 같이 말했다. 우리가 어떻게 왕이 즉위한 해가 니산월에서 계산된다는 것을 알겠는가? 이스라엘 자손이 애굽 땅에서 나온 지 사백팔십 년이요 솔로몬이 이스라엘 왕이 된 지 사 년 시브월 곧 둘째 달에 솔로몬이 여호와를 위하여 성전 건축하기를 시작하였더라(왕상 6:1, JPS)라고 한다. 솔로몬의 통치는 출애굽과 비교되며, 출애굽이 니산월에 있었던 것처럼, 솔로몬의 통치도 니산월부터 [계산된다].

하지만 우리는 어떻게 이집트의 출애굽이 자체로 니산월부터 계산됐는지 아는가? 아마도 티쉬레이월부터 계산된 것이 아닌가? 이스라엘 자손이 애굽 땅에서 나온 지 사십 년째 오월 초하루에 제사장 아론이 여호와의 명령으로 호르산에 올라가 거기서 죽었으니(민 33:38, JPS)라고 기록되고, 마흔째 해 열한째 달 그달 첫째 날에 모세가 이스라엘 자손에게 … 다 알렸나(신 1:3, JPS)라고 기록되었으므로, 그럴 수는 없다. 그는 압(Av)월을 [출애굽부터] 사십 년째로 가리키고, [이전] 셰바트월을 [역시] 사십 년째로 간주하므로, [출애굽부터 계산하기 위한] 해의 시작이 티쉬레이월일 수 없다. [2]

이 구절들 가운데 하나는 명백하게 출애굽으로 [계산하지만], 다른 것은 어떻게 출애굽으로 [계산하는지] 아는가? 라브 파파가 말한 대로, 두 맥락이 비교되도록 제 이십 년(느 2:1)이 나란히 나온다. 마찬가지로 여기서 사십 년째는 두 맥락이 비교되도록 나란히 나온다. 하나가 출애굽을 언급하듯이, 다른 것도 출애굽을 언급한다.

우리는 어떻게 압월에 발생한 사건이 셰바트월의 사건보다 앞서는지를 아는가? 아마도 셰바트월의 사건이 먼저였는가? 이것은 그럴 수 없다. 왜냐하면, 그가(모세가, 개역개정) … 아모리 왕 시혼을 쳐죽이고(신 1:4, JPS)라고 기록됐고, 가나안 사람 곧 아랏의 왕이 … 듣고(민 21:1)라고 기록된 대로, 아론이 죽었을 때 시혼이 [여전히] 살아 있었기 때문이다. 그는 [그를 오도록 유도한] 어떤 것을 들었는가? 그는 아론이 죽고 영광의 구름이 떠났다는 것을 들었고, 이스라엘을 칠 전쟁을 할 기회가 왔다고 결론 내렸다. 이런 이유에서 온 회중 곧 이스라엘 온 족속이 아론이 죽은 것을 보고(바-이류[va-yir'u])(민 20:29)라고 기록됐는데, 랍비 아바후는 키(ki)를 '왜냐하면'으로 이해하면서 이것을 바-이류(va-yiyr'u, "그들이 두려워했다")로 해석했다. 왜냐하면 레쉬 라키쉬는, 키가 '만약', '~인 경우', 또는 '때문에'를 의미할 수 있다고 가르쳤기 때문이다. [3]

3a

당신은 어떻게 [둘을] 비교할 수 있는가? 한 경우에 그것은 가나안 사람이고, 다른 경우에는 시혼이다! 그들은, 시혼과 아랏과 가나안이 동일한 [사람]이라고 가르쳤다. 즉, [그가] 시혼이라고 [불린] 이유는, 그가 사막의 망아지(사야흐[sayaḥ])와 같았기 때문이다. 가나안이라고 불린 이유는, 거기가 그의 영토였기 때문이다. 그리고 그의 [개인] 이름은 무엇이었는가? 아랏이다. 다른 이들은 "[그가] 아랏이라고 [불린] 이유는 그가 사막의 들나귀(아라드[arad])와 같았기 때문이며, 가나안이라고 불린 것은 거기가 그의 영토이기 때문이다. 그리고 그의 [개인] 이름은 무엇이었는가? 시혼이었다"라고 말한다.

그해는 이야르(Iyar)월로 시작하는가? 아니다. 이것은 불가능한데, 왜냐하면 둘째 해 첫째 달 곧 그달 초하루에 성막을 세우니라(출 40:17, JPS)라고 기록되고, 둘째 해 둘째 달 스무날에 구름이 증거의 성막에서 떠오르매(민 10:11, JPS)라고 기록됐기 때문이다. 니산월을 [출애굽부터] 둘째 해로 언급하고, [그다음 달] 이야르월을 [또한] 둘째 해로 언급하기 때문에, 이야르월이 그해의 시작일 리가 없다.

그렇다면 그해는 시반(Sivan)월로 시작하는가? 아니다. 이것은 불가능한데 왜냐하면 이스라엘 자손이 애굽 땅을 떠난 지 삼 개월이 되던 날(출 19:1)이라고 기록되기 때문이다. 이제 만약 ['셋째 달' 시반월]이 새해였다면, '둘째 해에'라고 기록되었어야 했다.

그렇다면 담무르(Tammuz)월이나 압월이나 아달월이 [새해인가]?

랍비 엘르아살은, [우리는 왕의 즉위 새해의 달을] 다음에서 [도출한다]고 말했다. 즉, 솔로몬이 왕위에 오른 지 넷째 해 둘째 달 둘째에(둘째 날, 개역개정)⁴⁾ 건축을 시작하였더라(대하 3:2). 명백히 [두 번째] 둘째는 그의 통치 둘째 달을 의미하는가?

라비나는, 다음과 같이 반대했다. 아마도 이것이 그달의 둘째 [날]을 의미하는가? 만약 그렇다면, '둘째 날'이라고 명백하게 말했을 것이다. 그렇다면 이것은 '그 주의 둘째 날'을 의미하는가? [아니다.] 첫째, 우리는 성경 어디에서도 주의 둘째 날을 명시하는 곳을 발견하지 못한다. 또한, 우리는 '둘째'를 두 번 사용한 것 사이에서 유추해야만 하며, 처음이 달을 가리키듯이, 둘째도 달을 가리킨다.

한 바라이타는 랍비 요하난을 지지하는데, 그는 열왕기에서 왕의 즉위 새해의 달을 도출했다. 어떻게 우리는 니산월부터 왕들의 해를 계산하는지 아는가? 왜냐하면, 이스라엘 자손이 애굽 땅에서 나온 지 사백팔십 년이요(왕상 6:1)라고 기록되고, 아론이 … 호르산에 올라가(민 33:38)라고 기록되며, 그가 아모리 왕 시혼을 쳐죽이고(신 1:4)라고 기록되고, 온 회중 곧 이스라엘 온 족속이 아론이 죽은 것을 보고(민 20:29, JPS)라고 기록되며, 둘째 해 첫째 달(출 40:17)이라고 기록되고 둘째 해 둘째 달 스무날에(민 10:11)라고 기록되며, 이스라엘 자손이 애굽 땅을 떠난 지 삼 개월이 되던 날(출 19:1)이라고 기록되고 건축을 시작하였더라(대하 3:2)라고 기록됐기 때문이다.

라브 히스다는 이렇게 말했다. 이것은 이스라엘 왕들을 언급하는 것에서만 가르쳐졌지만, 하가랴의 아들 느헤미야의 말이라 아닥사스다 왕 제 이십 년 기슬르월에 (느 1:1, JPS)라고 하고, 아닥사스다 왕 제 이십 년 니산월에(느 2:1, JPS)라고 기록된 대로, [다른] 나라의 왕들도 티쉬레이월부터 계산된다. 그가 기슬르월을 [아닥사스다 왕의 통치] 제 이십 년으로 언급하고, [그다음] 니산월을 [그의 통치의] 제 이십 년으로 언급하므로, [아닥사스다 왕의 통치] 시작이 니산월이었을 수는 없다.

3장은 쇼파르(shofar)라는 주제, 즉 어떤 짐승에서 뿔을 취할 수 있으며, 어떤 소리를 내야 하는지, 만약 도구가 손상된다면 어떻게 하는지를 소개한다. 정확한 의도가 매우 중요하다. 만약 한 사람이 그것을 불고 다른 사람이 들으면 둘 다 의식적으로 미츠바를 이행하려고 의도함이 틀림없다.

3장

미쉬나:

만약 쇼파르가 갈라져 함께 붙었다면 그것은 유효하지 않다. 만일 누군가가 쇼파로트(shofarot, 쇼파르의 복수)의 부분들을 접착제로 함께 붙였다면, 그것은 유효하지 않다. 만약 그것이 뚫려서 소리를 방해하여 구멍을 막았다면, 이것은 유효하지 않다. 그렇지 않다면 유효하다.

만일 누군가가 구덩이나 물구덩이, 질그릇 단지에서 쇼파르의 소리를 낸다면, 그리고 그가 들은 것이 쇼파르의 소리라면, 그는 자기 의무를 성취한 것이다. 그러나 그가 오직 메아리만 들었다면 그는 성취하지 못했다.

마찬가지로 만일 누군가가 회당을 지나거나 그의 집이 회당 가까이에 있고 그가 쇼파르의 소리나 [에스더세의 두루마리가 [부림절에] 읽히는 것을 들었다면, 그리고 만약 그가 이를 주목하였다면 그는 자신의 의무를 성취했다. 그러나 만약 주목하지 않았다면 그는 성취하지 못했다. 두 사람이 [동일한 소리를] 들었다고 해도, 한 사람은 그 소리를 마음에 두었지만 다른 사람은 그렇지 않았다.

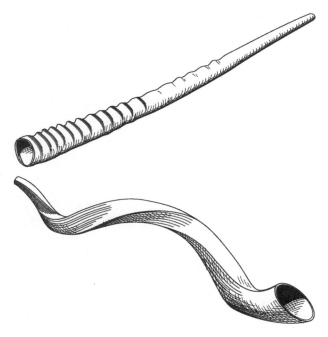

쇼파르(Shofar)

곧은 것과 굽어진 것

게마라:

손상을 입은 쇼파로트에 대해 몇 가지 명확히 한 후에, 게마라는 다음과 같이 계속한다.

만일 누군가가 구덩이나 물구덩이, 질그릇 단지에서 쇼파르 소리를 낸다면. 라브 후나는 "이것이 구덩이 밖에 서 있는 사람들, [따라서 메아리만 들은] 사람들에게는 적용되지만, 구덩이에 있는 사람들은 자신들의 의무를 성취했다. [왜냐하면, 그들은 쇼파르의 실제 소리를 들었기] 때문이다"라고 말했다. 우리는 이것을 다음과 같이 한 바라이타에서도 발견한다. 즉, **만일 누군가가 구덩이나 물구덩이, 질그릇 단지에서 쇼파르 소리를 낸다면, 그는 자기 의무를 성취하지 못했다.** 하지만 미쉬나는 그가 성취했다고 말하지 않는가? 그래서 그것은 라브가 말한 대로임이 틀림없다.

어떤 이는 다음과 같이 이것을 모순이라고 명확히 말한다. **만일 누군가가 구덩이나 물구덩이, 질그릇 단지에서 쇼파르 소리를 낸다면, 그는 자기 의무를 성취하지 못했다.** 하지만 미쉬나는 그가 자기 의무를 성취했다고 말하지 않는가? 라브 후나는 이렇게 말한다. 모순이 전혀 없다. 한 [판결]은 구덩이의 구석에 서 있는 자들에게 적용되고, 다른 [판결]은 구덩이에 있는 자들에게 적용된다.

자신의 의무를 성취하려면, 의도적으로 행동해야만 한다. 하지만 요구사항이 덜 명확한 둘째 수준의 의도(카바나[kavana])가 있다. 즉, 당신은 자신이 하고 있는 것을 안다고 해도, 당신이 미츠바를 성취하고 있다고 인식하는 것 또한 필수적인가?

그들은 쉬무엘의 아버지에게 보내졌다. **만일 누군가가 [유월절에] 무교병을 먹지 않을 수 없었다면, 그는 [미츠바를] 성취했다.**

누가 그에게 강요했는가? 만약 그가 악마에 사로잡혔다면, 한 바라이타는 **만일 누군가가 제정신인 기간과 미친 기간이 있다면 그가 제정신인 동안 [법은 그를] 모든 면에서 제정신이라고 [간주하고], 그가 미친 동안 [법은 그를] 모든 면에서 미쳤다고 [간주한다]고 진술하지 않는가?**[5] 라브 아쉬는 페르시아 사람들에 의해 강요됐다고 말했다.

라바는, 이것이 만일 누군가가 쇼파르를 [단순히] 음악으로 들었다고 해도 그는 자신의 의무를 성취했다는 것을 의미한다고 말했다. 이것은 명백하게 동일한 것이 아닌가? [완전히 그렇지는 않다.] 당신은, [무교병의 경우] 토라는 그가 무교병을 먹어야 한다고 말했고 그는 결국 그것을 먹었다고 생각했을 수도 있다. 하지만 현재의 예에서, 토라는 소리의 기념[6](나팔을 불어 기념할 날, 개역개정)(레 23:24)이라고 말하는데, [이는 의도를 의미한다]. 그리고 이 개인은 [미츠바를 이행하는 것보다는 음악을 하는 데] 사로잡혀 있기 때문에, [라바는 이것이 그 경우에 해당하지 않는다고] 우리에게 알린다.

다음 미쉬나는 정신적인 태도와 종교적인 신앙에 대한 더욱 철학적인 고찰이다.

미쉬나:

모세가 손을 들면 이스라엘이 이기고 손을 내리면 아말렉이 이기더니(출 17:11, JPS). 그렇다면 모세의 손이 전투에서 성공하게 하거나 낙심하게 했는가? [명백히 아니다!] 하지만 이것은 이스라엘이 위를 보고서 자신들의 마음을 하늘에 계신 자신들의 아버지에게 바치는 한, 그들은 이겼으며, 그렇지 않으면 그들이 실패했다는 것을 당신에게 가르친다.

마찬가지로, 여호와께서 모세에게 이르시되 불뱀을 만들어 장대 위에 매달아 물린 자마다 그것을 보면 살리라(민 21:8)라고 한다. [뒷]뱀이 죽이거나 치료했는가? [명백히 아니다!] 하지만 이것은 이스라엘이 위를 보고서 자신들의 마음을 하늘에 계신 자신들의 아버지에게 바치는 한, 그들은 치료받았고, 그렇지 않으면 그들이 멸망했다는 것을 당신에게 가르친다.

농아와 바보와 미성년자는 자신들의 의무를 성취하고 공중을 대표해 행동할 수 없다. 규칙은 [미츠바를 성취할] 의무를 가지지 않는 자는 누구나 다른 이들을 대표해서 미츠바를 이행할 수 없다는 것이다.

랍비들은 안식일에 악기를 연주하지 못하도록 금했다. 이것은 만약 로쉬 하샤나가 토요일에 해당되면 쇼파르를 불지 않아야 한다는 것을 의미하는가, 아니면 성경의 명령이 랍비들의 예방적 조치보다 더 중요하다는 것인가?

4장

미쉬나:

만약 로쉬 하샤나의 절기가 안식일에 해당했다면, 그들은 성전에서 쇼파르를 불겠지만 [예루살렘] 성읍에서는 아니다.

성전이 파괴된 후, 라반 요하난 벤 자카이는 로쉬 하샤나가 안식일에 해당할 때 그날에 법정이 있는 곳은 어디에서나 [쇼파르를] 불어야 한다고 규정했다. 랍비 엘르아살은, 라반 요하난 벤 자카이가 이것을 야브네를 위해서만 규정했다고 말했다. 그들은 [랍비 엘르아살에게], [이러한 점에서] 야브네와 법정이 개회하는 다른 어떤 장소 사이에 차이점이 없다고 말했다.[7]

이런 점에서 또한 예루살렘은 야브네보다 우위에 있었다. 그들은 로쉬 하샤나가 안식일에 해당할 때, 그날에 당신이 [그것을] 보거나 들을 수 있고 가까이 접근할 수 있는 어떤 마을에서도 [쇼파르를] 불었다. 하지만 야브네에서는 법정 [자체]에서만 불었다.

게마라:

우리는 이것을 어떻게 아는가? 랍비 레비 바 라흐마(Levi bar Laḥma)는 랍비 하마 바 하나나의 이름으로 이렇게 말했다. 한 구절은 너희에게 쉬는 날이 될지니 이는 '소리의 기념'(나팔을 불어 기념할 날, 개역개정)이요(레 23:24)라고 하지만 다른 구절은 너희가 나팔을 불 날이니라(민 29:1)라고 한다. 모순이 전혀 없다. 한 구절은 절기가 안식일에 해당할 때 적용되고, 다른 구절은 절기가 주중에 해당할 때 적용된다.

라바는 다음과 같이 [반대했다]. 만약 [안식일에 쇼파르를 부는 것이] 토라에 의해 금지된다면, 성전에서는 어떻게 허용될 수 있는가? 또한 [쇼파르를 부는 것이] 성경이 그것을 제외해야 할 필요가 있는 [금지된]일인가? 명백히 쉬무엘의 학파에서는, 아무 '육체 노동'(노동, 개역개정)도 하지 말라(민 29:1)라고 하며, '육체'는 쇼파르를 부는 것이나 화덕에서 빵을 꺼내는 것[과 같은 활동]을 제외하는데, 이런 활동은 노동이라기보다는 기술이기 때문이라고 가르쳤다. 그래서 라바(Rava)는 토라가 [샤바트에 쇼파르를 부는 것을] 허용하지만, 랍비들은 라바(Rabba)가 "모든 사람이 [로쉬 하샤나에] 쇼파르를 불 의무가 있으나 모두가 그것을 부는 법을 아는 것은 아니다"라고 말한 대로 그것을 금지했다고 말했다. 그러므로 랍비들은 누군가가 전문가에게 [가르침을 받기 위해] 손에 그것을 들고서 공공 지역에서 네 규빗을 옮김[으로써 샤바트를 범함] 경우, 샤바트에 그것을 불지 않아야 한다고 규정했다. 동일한 이유에서 [그들은] 루라브(lulav)를 가져가거나 [샤바트에 에스더세의 두루마리를 읽는 것을 [금지했다].

타아니트

TA'ANIT, 공적 금식

이 소책자는 다음과 같은 두 가지 짧은 기도가 언제 테필라(tefilla)에 삽입되는지에 대한 규정으로 시작한다. '하나님의 능력 선언', 즉, '바람을 불게 하고 비를 내리게 하는 이여'는 겨우내 했다. '비와 이슬을 허락하소서'라는 '비에 대한 간구'는 예루살렘으로 간 순례자들이 새해 절기의 주기 후에 자신들의 먼 고향으로 돌아올 때까지 하지 않았으며, 시간은 장소에 따라 달랐다. 두 기도는 여전히 예배 의식에 남아 있다.

이스라엘의 우기는 늦은 가을에 시작한다. 만약 헤쉬반(Heshvan)월(늦은 10월/이른 11월) 17일까지 비가 내리지 않으면 법정은 점차 가혹해지는 연속된 금식을 시작할 것이며, 그때 사람들은 비를 위해 기도할 것이다. 이 소책자의 많은 부분은 이것과 관련이 있으며 재앙을 이기기 위한 다른 금식들과도 관련이 있다.

첫 세 가지 금식은 학자들만을 위한 것이었다. 만약 다음 달(기슬르월)까지 비가 없으면 법정은 세 공적인 금식을 선언할 것이다. 이 금식들에는 또 다른 세 금식이 이어지고 그다음에는 필요하다면 월요일과 목요일마다 일곱 금식이 이어진다. [1] 나팔 부는 제사장들과 제사장들의 반열에 대한 언급은 성전 시대를 시사하지만, 다른 특징들은 후대 시기와 관련된다.

2장

미쉬나:

[비]를 위한 금식의 절차는 무엇인가?

그들은 [기도] 강대상을 마을 광장에 가져가 그 위에, 그리고 의장과 수석 재판관의 머리 위에 재를 뿌리고, 모두 자신들의 머리 위에 재를 뿌린다. 최고 연장자는 그들에게 다음과 같이 비난의 말을 건넨다. "형제들이여! 니느웨 사람들에게 하나님이 그들의 굵은 베와 그들의 금식을 보았다고 하지 않고, 하나님이 그들이 행한 것 곧 그 악한 길에서 돌이켜 떠난 것을 보시고(욘 3:10)라고 하신다. [마찬가지로,] 선지자는 너희는 옷을 찢지 말고 마음을 찢고(욜 2:13)라고 말한다." 그들은 기도할 때 서서 한다. 기도는 존경할 만하고 유창한 사람이 인도하는데, 그는 자녀가 있어도 집의 세간은 없는 사람이다. 그러므로 그의 기도는 진심 어린 것이 될 것이다.

미쉬나는 24개의 축복과 거기에 동반되는 뿔과 나팔 소리를 상세히 설명하고 그다음에 다음과 같이 이어간다.

첫 세 금식에서 [그 주에 섬기는 제사장] 반열의 구성원들이 금식하지만 [그 금식을] 마치지는 않는다.[2] 둘째 세 금식에서 그 반열의 구성원들은 금식하고 마친다. 그리고 섬기는 가족의 구성원들은 금식하지만 마치지는 않는다. 마지막 일곱 금식에서 두 무리는 마친다. 이것은 랍비 여호수아의 견해이지만, [다른] 현인들은 다음과 같이 말한다. 이 무리 중 누구도 첫 세 금식을 준수하지 않는다. 둘째 세 금식에서 그 반열의 구성원들은 금식하지만 마치지 않고, 섬기는 가족의 구성원들은 전혀 금식하지 않는다. 마지막 일곱 금식은 그 반열의 구성원들은 [금식하고] 마치며, 섬기는 가족의 구성원들은 금식하지만 마치지는 않는다.

게마라:

[비]를 위한 금식의 절차는 무엇인가? 그들은 [기도] 강대상을 마을 광장에 가져간다. 이것은 처음 금식들과 함께 발생했는가? 이에 반하여, 첫 세 금식과 둘째 세 금식에서, 그들은 그해의 나머지 금식에서 하는 것처럼 회당에 들어가 기도하

지만, 마지막 일곱 금식에서 그들은 [기도] 강대상을 마을 광장에 가져가 그 위에, 그리고 의장과 수석 재판관의 머리 위에 재를 뿌리고, 모두 자신들의 머리 위에 재를 뿌린다. 랍비 나단은, 그들이 구운 것에서 재를 가져왔다고 말했다. 라브 파파는, 우리 미쉬나도 마지막 일곱 금식에 대해 말한다고 했다.

[미쉬나는] 다음과 같이 진술한다. 의장의 머리 위에, 그리고 그다음에 모든 사람이 뿌린다. 어떻게 이럴 수 있는가? 한 바라이타는 다음과 같이 가르친다. **랍비가 말하기를, 위엄은 더 위대한 것에서부터 시작하며, 무례함은 더 못한 것에서부터 시작한다고 한다.**

모세가 아론과 그 남은 아들 엘르아살에게와 이다말에게 이르되(레 10:12)라고 말한 대로, **위엄은 더 위대한 것에서부터 시작하며 무례함은 더 못한 것에서부터 시작한다.** 우리가 뱀이 먼저 저주를 받고 그다음에 하와 그다음에 아담이 저주를 받은 것을 발견하기 때문이다(창 3장).

재를 그들 머리 위에 두는 것은 [그들에 따르면] 위엄이다. 왜냐하면, 이것은 "당신은 우리 모두를 위해 기도하기에 충분한 자격이 있다"는 것을 의미하기 때문이다.

모두가 자신들의 머리 위에 재를 뿌린다. 라브 아다는 "만약 모두가 자기 머리에 재를 뿌린다면, 의장과 수석 재판관에게도 마찬가지로 하라!"라고 요청했다. 다른 사람들은 왜 자신들 위에 재를 두어야 하는가? 랍비 가이사랴의 아바는, 스스로 낮추는 자는 다른 이들이 낮추는 자와 같지 않다고 말했다.

머리의 어느 부분에 재를 두어야 하는가? 랍비 이삭은 "무릇 시온에서 슬퍼하는 자에게 '영광'(화관, 개역개정)을 주어 그 재를 대신하며(사 61:3)³⁾라고 한 대로, 테필린의 장소에"라고 말했다.

그들은 왜 마을 광장으로 나가는가? 랍비 히야 바 아바는 "[이것은 마치] 우리가 개인적으로 울부짖지만 응답을 받지 못했으니, 우리는 이제 공개적으로 우리 자신을 낮추겠다고 말하는 것[과 같다]"라고 말했다. 레쉬 라키쉬는 "우리는 우리 자신을 [우리 집에서] 추방했으니 우리의 추방이 우리를 속량하게 하소서!"라고 말했다. [두 의견] 사이에 [무슨 실제적인 차이가] 있는가? 두 의견은 한 회당에서 다

른 회당으로 옮기는 것이 충분한가에 대해 서로 다를 것이다. 4)

그들은 왜 [기도] 강대상을 마을 광장으로 가져가는가? 랍비 여호수아 벤 레비는, [이것은 마치] 우리는 우리 기도를 담을 겸손한 그릇을 가졌지만, 우리 죄 때문에 이것은 천하게 됐다고 말하는 [것과 같다]고 했다.

그들은 왜 굵은 베를 입는가? 랍비 히야 바 아바는, [이것은 마치] 우리는 [단지] 짐승들이라고 말하는 [것과 같다]고 했다.

그들은 왜 [기도] 강대상 위에 재를 뿌리는가? 랍비 유다 벤 파지는, [이것은 마치], 환난 당할 때에 내가 그와 함께 하여5)(시 91:15, JPS)라고 말하는 [것과 같다]고 했다. 레쉬 라키쉬는, 그들의 모든 환난에 동참하사(사 63:9, JPS)라고 말했다.

랍비 제이라는, 내가 처음 랍비들이 [기도] 강대상 위에 재를 뿌리는 것을 보았을 때, 내 몸 전체가 떨렸다고 말했다.

각 개인은 왜 자기 머리 위에 재를 두는가? 랍비 레비 바 하마와 랍비 하니나는 이에 대해 의견이 달랐다. 한 명은, [이것은 마치] 우리는 당신 앞에서 재와 같다고 말하는 [것과 같다]고 했고, 다른 이는, 이것이 이삭의 재를 떠올리게 한다고 말했다. 무슨 차이가 있는가? 차이점은 누군가가 평범한 흙을 사용했는가일 것이다. 6)

호니(Honi)와 아바 힐기야(Abba Ḥilkiah)와 하니나 벤 도사(Sota 49a; 433쪽을 보라)는 주전 1세기부터 계속 갈릴리에서 카리스마적인 기적을 낳는 사람들이었다. 이야기들은 그들의 치유 활동에 대해 말하며, 표면상 하나님과의 '친밀함'은 예수님에 대해 말했던 이야기들과 비슷하다. 7) 그들은 '체제'에 의해 신중하게 존중받았는데, 시므온 벤 셰타(Simeon ben Shetaḥ)는 그 신중함을 입증한다.

3장

게마라:

원을 만드는 자, 호니

랍비들은 다음과 같이 가르쳤다. **한번은 아달월 대부분이 지나갔고 비가 전혀**

내리지 않았다. 그들은 원을 만드는 자 호니에게 "비를 위해 기도해 달라!"라는 말을 전했다. 그는 그들에게, 유월절 화덕이 [비에] 허물어지지 않도록 가서 그것을 가져오라고 말했다.[8] 그는 기도했지만, 비가 내리지 않았다. 그는 내가 내 파수하는 곳에 서며 성루에 서리라(합 2:1)라고 한 대로, 하박국 선지자가 했던 것처럼 원을 그리고 그 가운데 섰다. 그는 [하나님에게] 다음과 같이 말했다. 우주의 주시여, 당신의 자녀들이 당신의 가족 가운데 하나로 나를 의지했습니다. 나는 당신이 당신의 자녀에게 자비를 베풀 때까지 여기서 조금도 움직이지 않겠다고 당신의 위대한 이름으로 맹세합니다!

비가 조금씩 내리기 시작했다. 그의 제자들은 그에게 말했다. 선생이시여, 대단한 존경을 표합니다.[9] 우리에게는 이 [빈약한] 비가 단지 당신의 맹세에서 당신의 책임을 면하게 하려고 내리고 있는 것 같습니다.

호니는 [다시 하나님에게] 다음과 같이 말했다. 이것은 내가 요구한 것이 아닙니다. 우물과 도랑과 동굴을 [채울] 비를 원합니다! [이에] 통의 구멍만큼 큰 [비가] 억수같이 쏟아붓기 시작했다. 현인들은 그것이 통나무보다 작지 않았다고 평가했다.

그의 제자들은 그에게 말했다. 선생이시여, 대단한 존경을 표합니다. 만약 비가 이렇게 내린다면 세상을 파괴할 것처럼 보입니다!

호니는 [다시 하나님에게] 다음과 같이 말했다. 이것은 내가 요구한 것이 아닙니다. 호의와 축복과 관대함의 비를 원합니다! [그때 비는] 적절한 양으로 내렸지[만] 사람들이 비 때문에 성전산으로 올라가지 [않을 수 없을 때까지 지속됐다]. 그들은 [호니에게] 말했다. 선생이시여! 당신이 비가 내리도록 기도한 대로, 멈추기를 기도하소서!

그는 다음과 같이 대답했다. 내 전통은 과도한 선을 [제거하도록] 기도하지 않는 것이다. 그래도 내게 감사의 표시로 [바칠] 소를 가져오라.

그들은 그에게 감사 [제물을 바칠] 소를 가져왔다. 그는 그의 손을 소 위에 얹고, 다음과 같이 선언했다. 우주의 주시여! 당신이 이집트에서 이끌어 낸 당신의 백성 이스라엘이 과도한 선이나 과도한 악을 감수할 수 없나이다. 당신이 그들에게 진노할 때, 그들은 그것을 참을 수 없나이다. 당신이 그들에게 선의로 비를 내렸을 때, 그들은 그것을 견딜 수 없나이다. 비가 그치고 구원이 세상에 임하는 것이 당신의 뜻이게 하소서!

즉시 바람이 불고 구름이 흩어지며, 태양이 비추고 사람들은 밖으로 나가 버섯을 땄다.

시므온 벤 셰타는 호니에게 다음과 같은 말을 전했다. 당신이 호니가 아니었다면, 나는 당신을 파문시켰을 것이다! 만약 비의 열쇠가 맡겨진 엘리야의 시대였다면, 당신의 행동은 하늘의 이름을 더럽히지 않았겠는가?[10] 하지만 당신이 거룩하신 이, 그분은 찬양받으시리로다, 그분 앞에 장난스럽게 놀았고, 아버지가 장난꾸러기 아이에게 양보하는 것과 같이 당신이 원하는 것은 무엇이든지 양보하는 것을 볼 때, 내가 무엇을 할 수 있겠는가? 만약 그가 "아빠, 뜨거운 물에 나를 목욕시켜 주세요. 내게 차가운 물로 샤워하게 해주세요. 호두와 아몬드와 복숭아와 석류를 내게 주세요"라고 말한다면, 그의 아버지는 아이가 원하는 것을 가지게 할 것이다. 당신에 대해 성경은 네 부모가 복되도다, 너를 낳은 어머니가 기뻐하는도다(네 부모를 즐겁게 하며 너를 낳은 어미를 기쁘게 하라, 개역개정)(잠 23:25)라고 한다!

랍비는 다음과 같이 가르쳤다. 돌로 깎아 만든 방[11]의 사람들이 호니에게 무슨 메시지를 보냈는가? [너는 그에게 기도하겠고 그는 들으실 것이며…] 네가 무엇을 결정하면 이루어질 것이요 네 길에 빛이 비치리라 사람들이 너를 낮추거든 너는 교만했노라고 말하라 하나님은 겸손한 자를 구원하시리라 죄 없는 자가 아니라도[12] 건지시리니 네 손이 깨끗함으로 말미암아 건지심을 받으리라(욥 22:27-30). 네가 무엇을 결정하면. 당신이 아래 땅에서 정하고, 거룩하신 이, 그분은 찬양받으시리로다, 그분이 하늘에서 당신의 말을 성취하신다! 네 길에 빛이 비치리라. 당신의 기도를 통해, 당신은 어둠 가운데 있었던 세대에게 빛을 가져다주었다. 사람들이 너를 낮추거든 너는 교만했노라고 말하라. 당신은 당신의 기도를 통해 낮았던 세대를 일으켰다. 하나님은 겸손한 자를 구원하시리라. 당신은 당신의 기도를 통해 죄로 가라앉은 세대를 구원했다. 죄 없는 자가 아니라도 건지시리니. 당신은 당신 행동의 정결함을 통해 그들을 구원했다.

70년 동안 잠을 잔 호니

랍비 요하난은 다음과 같이 말했다. 평생 그렇게 선한 사람 [호니]는 여호와께서 시온의 포로를 돌려 보내실 때에 우리는 꿈꾸는 것 같았도다(시 126:1)라는 구절에 난처해했다. 그는 '70년 동안 잠들어 꿈을 꾸는 게 가능할까?'라고 궁금해했다.

어느 날 그는 나가서 거닐었고 한 사람이 캐럽(carob) 나무를 심고 있는 것을 보았다. 그는 그에게 "그것이 언제 열매를 맺을까?"라고 물었다. [그 사람]은 "70년이 지나서"라고 대답했다. [호니는 "당신은 자신이 70년을 살 것이라고 확신하는가?"라고 말했다. [그 남자는] "나는 캐럽 나무가 심어진 세상에 들어갔으며, 내 조상들이 나를 위해 심었으므로 나는 내 아들들을 위해 심는다"라고 대답했다.

[호니]는 앉아서 빵을 쪼개고 잠이 들었다. 동굴13)이 그를 보이지 않게 숨기면서 그의 주변에 형성됐고, 그는 70년 동안 잠들었다.

[그가 깨어났을 때] 그는 한 사람이 [캐럽 나무에서] 열매를 따는 것을 보았다. 그는 "당신이 그것을 심은 자인가?"라고 말했다. [그 남자는] "나는 그의 손자입니다"라고 대답했다.

[호니는, '나는 70년 동안 잠들었음이 틀림없다!'라고 속으로 생각했다. 그는 여러 세대의 나귀 새끼들이 자신의 나귀에서 내려온 것을 보았다. 그는 집에 가서 "원을 만드는 자, 호니의 아들이 살아있는가?"라고 물었다. 그들은 "그의 아들은 더 이상 여기 없고 그의 손자가 있다"라고 대답했다. 그는 그들에게 "내가 원을 만드는 자, 호니다"라고 대답했지만, 그들은 그를 믿으려 하지 않았다.

그는 연구의 집에 들어가서 학생들이 "강연이 원을 만드는 자 호니의 시절만큼이나 명확하다"라고 언급하는 것을 들었다. 호니는 연구의 집에 들어갔을 때 학생들이 그에게 제기하는 모든 질문에 답할 수 있었다.

그는 "내가 그다!"라고 말했다. 하지만 누구도 그를 믿지 않았고, 그들은 그에게 합당한 존경을 표하려 하지 않았다. 그는 우울해졌고 죽기를 기도했다.

그것이 "동반자냐 죽음이냐!"라는 잠언이 의미하는 것이다.

호니의 손자 이야기

아바 힐기야는 호니의 아들의 아들이었다. 세상에 비가 필요할 때마다 랍비들은 그에게, 그가 기도하면 비가 올 것이라고 전했다.

한번은 세상에 비가 필요했다. 그들은 그에게 비를 위해 기도해 달라고 요청하려고 두 랍비를 보냈다. 그들이 그의 집에 도착했을 때, 그는 없었다. 그래서 그들은 들에 나갔는데 그가 괭이질하는 것을 발견했다. 그들은 그에게 인사했지만, 그는 대답하지 않았다.

저녁이 가까워지자 그는 나뭇가지들을 모았다. 그는 삽과 나뭇가지들을 한 어깨에 메고, 자신의 옷을 다른 어깨에 늘어뜨렸다. 그는 줄곧 신발을 신지 않았지만, 물에 들어왔을 때만 신발을 신었다. 가시와 가시덤불이 있는 곳에서 그는 [자기 살을 노출하면서] 자기 겉옷을 들어 올렸다. 그가 마을에 돌아왔을 때, 그의 아내는 나와서 그에게 인사하려고 치장을 했다. 그들이 집에 도착했을 때, 그의 아내가 먼저 들어갔고 그가 따라갔으며, 랍비들이 그를 따라갔다. 그는 앉아 빵을 쪼개었지만, 랍비들에게 참여하라고 초대하지 않았다. 그는 자녀들을 위해 빵을 쪼개었고, 큰아이에게 한 부분을 주고 작은아이에게 두 부분을 주었다. 그때 그는 자기 아내에게 말했다. 나는 랍비들이 비 때문에 여기에 있는 것을 알고 있으니 기도하러 지붕으로 올라가자. 만약 거룩하신 이, 그분은 찬양받으시리로다, 그분이 비를 내려주시려고 하면 우리는 우리 자신에게 공적을 주장할 필요가 없을 것이다.[14] 그들은 지붕으로 올라가서 그는 한구석에 섰고 그녀는 다른 구석에 섰다. 그러자 구름이 그녀 쪽에서 형성되기 시작했다.

그들이 돌아왔을 때, 그는 랍비들에게 말했다. 당신들은 왜 여기에 왔느냐? 그들은, 랍비들이 당신에게 비를 위해 기도해 달라고 요청하도록 우리를 보냈다고 대답했다.

그는, 그렇다면 당신들에게 아바 힐기야의 도움이 필요하지 않게 하신 편재하신 이가 찬양받으시리라고 말했다.

그들이 말했다. 우리는 당신 때문에 비가 왔다는 것을 알지만 제발 당신이 하고 있는 이런 이상한 일들을 설명해주겠는가? 당신은 왜 우리 인사에 대답하지 않았는가?

그는, 내가 낮까지는 고용됐고, 내 일을 소홀히 하지 않아야 한다고 생각했다고 대답했다.

당신은 왜 삽과 나뭇가지를 한 어깨에 메고, 당신 옷은 다른 어깨에 늘어뜨렸는가?

그는 그들에게, 그것은 빌린 옷이었고, 나는 그것을 한 가지 목적으로만 빌렸지 다른 목적으로 빌리지는 않았다고 말했다.

당신은 왜 줄곧 신발을 신지 않고 물에 들어왔을 때만 신었는가?

그는, 나는 줄곧 [발아래 무엇이 있는지] 볼 수 있었지만, 물에서는 볼 수 없었다고 대답했다.

당신이 가시와 가시덤불에 이르렀을 때, 당신은 왜 [당신의 살을 가시와 가시덤불에 노출하면서] 당신의 겉옷을 들었는가?

하나는 치유되지만, 다른 하나는 그렇지 않다.

당신이 마을에 돌아왔을 때, 당신의 아내는 왜 나와서 당신에게 인사하려고 치장했는가?

내가 내 눈을 다른 여자에게 두지 않도록 하기 위해서이다.

그녀는 왜 집에 먼저 들어가고 그다음에 당신이 따르고 우리가 따랐는가?

나는 당신이 어떤 사람들인지 [그리고 내가 내 아내와 함께 당신을 신뢰할 수 있는지] 알지 못했다.

당신이 빵을 쪼갤 때 왜 당신은 우리에게 참여하라고 초대하지 않았는가?

집에 그렇게 많은 빵이 있지 않았고, 나는 아무것도 아닌 것에 대해 당신들이 감사를 표하게 하고 싶지 않았기 때문이다.

당신은 왜 큰아이에게는 빵의 한 부분을 주고, 작은아이에게는 두 부분을 주었는가?

한 아이는 집에 있고, 다른 아이는 [연구하러] 회당에 참여하기 위해 [온종일 나가 있기 때문이다 – 라쉬].

구름이 왜 당신 방향에서가 아니라, 당신의 아내가 기도하고 있는 방향에서 먼저 형성됐는가?

여자는 집에 남아서 가난한 이들에게 빵을 주는데, 이는 즉각적으로 유익하게 하지만, 나는 즉각적으로 유익하지 않은 돈만 주기 때문이다. 그게 아니면, 이웃이 범죄자들[로 어려워할] 때 나는 그들이 죽기를 기도했지만, 그녀는 그들이 회개하도록 기도했고 그들이 그렇게 했기 때문이다.

4장

미쉬나:

다섯 가지 재앙이 담무르월 17일에 우리 조상들에게 닥쳤고 다섯 재앙이 티샤 브아브(Tisha b'Av, 압월 9일)에 닥쳤다.

담무르월 17일에 [모세에 의해] 석판이 깨졌고, 매일의 희생제사가 멈추었으며, [예루살렘] 성읍의 [벽들이] 갈라졌고, 아포스토모스가 토라를 태우고, 형상이 성소에 세워졌다. 15)

티샤 브아브에 우리 조상들이 그 땅에 들어가지 않아야 한다는 법령이 공포되고, 제1성전과 제2성전이 모두 파괴됐으며, 베이타르(Beitar)는 사로잡혔고, [예루살렘] 성읍은 갈아엎어졌다.

압[월이] 시작되면서 우리는 기쁨이 줄었다.

머리 깎기와 옷 세탁이 티샤 브아브의 주중에는 금지됐지만, 안식일을 기념하는 금요일에는 허용됐다.

티샤 브아브 전날에는 두 요리를 먹지 않아야 하며, 고기를 먹거나 포도주를 마셔서도 안 된다. 라반 시므온 벤 가멜리엘은, [단지 평소와는] 다른 것을 해야 한다고 말한다. 랍비 유다는 침상을 뒤집는 것16)은 의무라고 주장하지만, 현인들은 동의하지 않았다.

라반 시므온 벤 가말리엘은, 압월 15일과 속죄일은 이스라엘의 가장 기쁜 날이라고 말했다. 예루살렘의 소녀들은 그때 하얀 옷을 빌려 입고 나간다. 이것은 누구도 [자신의 것을 가지지 않았다고] 당혹스러워하지 않도록 하기 위해서였다. 예루살렘의 소녀들은 나가서 포도원들 사이에서 춤을 추었다. 그들은 무엇을 [노래] 했는가? 젊은 남자! 당신의 눈을 들고 당신이 누구를 선택할지 생각하라! 아름다움을 찾지 말고 유형을 찾아라. 고운 것도 거짓되고 아름다운 것도 헛되나 오직 여호와를 경외하는 여자는 칭찬을 받을 것이라 그 손의 열매가 그에게로 돌아갈 것이요 그 행한 일로 말미암아 성문에서 칭찬을 받으리라(잠 31:30-31, JPS).

마찬가지로 시온의 딸들아 나와서 솔로몬 왕을 보라 혼인날 마음이 기쁠 때에 그의 어머니가 씌운 왕관이 그 머리에 있구나(아 3:11, JPS)라고 했다. 혼인날. 이것은 토라가 계시된 날이다. 기쁠 때에. 이것은 성전이 지어진 날이다. 우리 시대에 성전이 신속히 다시 지어지게 하소서![17]

게마라:

티샤 브아브에 우리 조상들이 그 땅에 들어가지 않아야 한다는 법령이 공포됐다. 우리는 어떻게 이것을 아는가? 둘째 해 첫째 달 곧 그달 초하루에 성막을 세우니라(출 40:17, JPS)라고 기록됐다. 이제, 한 학자는 첫해에 모세가 성막을 만들었고, 둘째 해에 모세가 성막을 세웠으며 정탐꾼을 보냈다고 말했다. 그다음에 우리는 둘째 해 둘째 달 스무날에 구름이 증거의 성막에서 떠오르매 … 그들이 여호와의 산에서 떠나 삼 일 길을 갈 때에(민 10:11, 33, JPS)라고 읽는다. 랍비 하마 바 하니나는, 이 때 그들이 주님에게서 돌아섰다고 주장했다. 우리는 계속해서 읽는다. 그들 중에 섞여 사는 다른 인종들이 탐욕을 품으매 이스라엘 자손도 다시 울며 … 한 달 동안(11:4, 20, JPS). 이는 시반월 22일이다. [그 후에,] 이에 미리암이 진영 밖에 이레 동안 갇혀 있었고(12:15, JPS). 이는 시반월 29일이 된다. 그다음에 사람을 보내어(13:2, JPS). 그리고 한 바라이타는 모세가 정탐꾼을 보낸 때가 시반월 29일이었다고 확증한다. 그다음에는 사십 일 동안 땅을 정탐하기를 마치고 돌아와(13:25, JPS)이다.

명백히 [시반월 29일부터 압월 9일까지] 39일뿐이다! 아바예는, 그분은 나를 치는 기한을 선포하시어(성회를 모아, 개역개정) 내 청년들을 부수심이여(애 1:15, JPS)라고 기록되고, 온 회중이 소리를 높여 부르짖으며 백성이 밤새도록 통곡하였더라(민 14:1, JPS)라고 기록된 대로, 그해 담무르월은 꼭 찬 달이었다고 말

했다. 18)

라바는 랍비 요하난의 이름으로, 그 밤은 티샤 브아브였다고 말했다. 거룩하신 이, 그분은 찬양받으시리로다, 그분이 너희는 이유 없이 울었다고 말씀하셨다. 나는 [이날을] 전 세대에 걸쳐서 너희를 위해 우는 [날]로 규정한다!

제1 … 성전은 파괴됐다. 바벨론 왕 느부갓네살의 열아홉째 해 오월 칠일에 바벨론 왕의 신복 시위대장 느부사라단이 예루살렘에 이르러 여호와의 성전과 왕궁을 불사르고(왕하 25:8-9, JPS)라고 기록되고, 바벨론의 느부갓네살 왕의 열아홉째 해 다섯째 달 열째 날에 바벨론 왕의 어전 사령관 느부사라단이 예루살렘에 이르러 여호와의 성전과 왕궁을 불사르고…(렘 52:12-13, JPS)라고 기록된 대로이다. 다음과 같이 가르침을 받았다. 당신은 '열째 날'이라고 기록되었으므로 일곱째 날(칠일)이라고 말할 수 없다. 당신은 '칠일'이라고 기록되었으므로, 열째 날이었다고 말할 수 없다. 무슨 일인가? 이방인들이 일곱째 날에 성전에 들어가 거기서 먹고 일곱째 날과 여덟째 날에 성전을 더럽혔다. 그들은 아홉째 날 어둡기 직전에 성전에 불을 놓아, 성경이 아하 아깝다 날이 기울어 저녁 그늘이 길었구나(렘 6:4, JPS)라고 한 대로, 성전은 온종일 탔다.

랍비 요하난이 의미했던 바는 다음과 같다. 내가 이 세대에 살았더라면 나는 [기념일을] 열째 날로 고정했을 것이다. 왜냐하면, 이때가 성소 대부분이 탔던 때이기 때문이다. 그러나 [다른] 랍비들은 재앙이 시작된 날을 [기념하는 게] 바람직하다고 생각했다.

그리고 우리는 어떻게 제2[성전이 티샤 브아브에 파괴됐는지를] 아는가? 한 바라이타는 **보상은 무죄한 날에 주어지고 징벌은 죄악의 날에 주어진다**고 가르친다.

그들은, 제1성전은 티샤 브아브 전날에 파괴됐다고 말한다. 그날은 여호야립이 제사장 직무를 하던 안식년의 끝 토요일 밤이었고, 레위인들은 노래하면서 단상에 서 있었다. 그들은 무엇을 노래하고 있었는가? 그들의 죄악을 그들에게로 되돌리시며(시 94:23, JPS). 그들이 그들의 악으로 말미암아 그들을 끊으시리니라는 노래에 도달하기 전에 이교도 [군대가] 들어와 그들을 제압했다. 이것은 제2[성전 파괴] 때도 동일했다.

베이타르가 사로잡혔다. 게마라. [19)]

이 일화들은 하나님의 섭리를 보여주며, 모든 민족의 의인들은 다가올 세상에서 자리를 얻을 수 있다는 것을 가르친다. [20)] 대안이 배교밖에 없는 상황에서 유대인은 자기 생명을 포기할 준비가 되어 있어야 한다. 그러나 순교를 적극적으로 구해서는 안 된다는 견해가 결국 지배적으로 받아들여졌다.

그리고 [예루살렘] 성읍은 갈아엎어졌다. 다음과 같이 가르침을 받았다. 악인 티니우스 루푸스(Tinius Rufus)가 성전을 파괴했을 때, 라반 가말리엘은 사형 선고를 받았다. [21)] 한 병사가 연구의 집에 들어가 "그 유명한 사람이 소환됐다! 그 유명한 사람이 소환됐다!"라고 외쳤다. 라반 가말리엘은 듣고 숨었다. [그 병사는] 은밀하게 그에게 다가가 "만약 내가 당신을 구하면, 내게 다가올 세상을 주겠는가?"라고 물었다. 그는 "그렇다!"라고 대답했다. "내게 맹세하라!" [라반 가말리엘은] 그에게 맹세했다. [그 병사는] 올라가서 그 지붕에서 자신을 던져 죽었다. 우리가 배운 대로, 만약 그들이 법령을 내리고 그들 가운데 하나가 죽으면 그 법령은 취소된다. "[그 병사는] 다가올 세상으로 예정됐다!"라고 외치는 하늘의 목소리가 들렸다.

랍비들은 다음과 같이 가르쳤다. 제1성전이 파괴됐을 때, 젊은 제사장들 무리는 자신들의 손에 성전 열쇠를 쥐고서 모였으며, 성전 지붕으로 올라갔다. 그들은 "우주의 주시여! 우리가 보호자로서 우리 의무를 다하지 못했으므로 우리는 열쇠를 당신에게 돌려드리나이다!"라고 외쳤다. 그들은 자신들을 내던졌고 한 손의 손바닥이 나와서 그들을 받았다. [젊은 제사장들은] 그때 불로 뛰어들었다. 이사야가, 환상의 골짜기에 관한 경고라 네가 지붕에 올라감은 어찌함인고 소란하며 떠들던 성, 즐거워하던 고을이여 너의 죽임을 당한 자들은 칼에 죽은 것도 아니요 전쟁에 사망한 것도 아니라(사 22:1-2, JPS)라고 애도한 것도 그들을 위해서였다. 그리고 거룩하신 이, 그분은 찬양받으시리로다, 그분은 이렇게 [애도하셨다]. 그분이 산악을 위해 울부짖고 신음하도다(산악에 사무쳐 부르짖는 소리로다, 개역개정)(사 22:5). [22)]

이 소책자는 다음과 같이 시므온 벤 가말리엘의 욤 키푸르와 압월 15일 기념에 대한 놀라운 주장으로 마무리한다.

라반 시므온 벤 가말리엘은, 압월 15일과 속죄일이 이스라엘의 가장 기쁜 날들이었다고 말했다. 욤 키푸르는 명백히 [즐거운] 날인데, 왜냐하면 그날은 사면과 용서의 날이며, 두 번째 평판이 [시내산에서 모세에게] 주어진 날이기 때문이다. 하지만 압월 15일에 대해서는 무엇이 [그렇게 특별한가]?

라브 예후다는 쉬무엘의 이름으로, 이날은 지파들 사이에 서로 결혼하는 것이 허락된 날이라고 말했다. 이것은 어디에 근거했는가? [다음의 구절에 근거했다.] 슬로브핫의 딸들에게 대한 여호와의 명령이 이러하니라(민 36:6, JPS). [즉, 그들이 어느 지파와 결혼할 수 있는가에 대한 제약이] 이 세대에만 적용된다.

라브 요세프는 라브 나흐만의 이름으로, 이날은 이스라엘 사람들이 미스바에서 맹세하여 이르기를 우리 중에 누구든지 딸을 베냐민 사람에게 아내로 주지 아니하리라 하였더라(삿 21:1, JPS)라고 말한 이후, 베냐민 지파가 [이스라엘의] 회중에 [다시] 들어가는 게 허용된 날이라고 말했다. 그들은 이것을 어디에 근거했는가? 우리 중에 누구든지 … 아니하리라[라는 표현에 근거한다]. 우리 중에 누구든지 [자신의 자녀를 주지] 않겠지만, 우리 자녀들은 줄 수 있다.

라바 바 바 하나는 랍비 요하난의 이름으로, 이날은 광야에서 죽기로 선고받은 자들이 죽기를 다한 날이라고 말했다. 한 학자는, 모든 군인이 사망하여 백성 중에서 멸망한 후에 여호와께서 내게 말씀하여 이르시되(신 2:16-17)라고 한 대로, 모세에게 하신 [하나님의] 말씀이 광야에서 죽기로 선고받은 자들이 죽기를 다한 후에야 재개됐다고 말했다. 그 말씀이 내게 [다시 한번] 들려왔다.

울라는, 엘라의 아들 호세아가 이스라엘 사람들이 순례 절기를 기념하려고 [예루살렘에 가지] 못하도록 느밧의 아들 여로보암이 임명한 근위대를 폐지한 날이라고 말했다. 그는, 그들이 원하는 곳에 갈 수도 있다고 말했다. 23)

라브 마트나는, 이날은 [로마인들에 의해] 베이타르에서 살해된 자들을 장사하도록 허락된 날이라고 말했다. 왜냐하면, 라브 마트나는 다음과 같이 말했기 때문이다. 베이타르에서 살해된 자들을 장례하도록 허락된 날에 야브네에 있는 [랍비들이] "누가 선하며, 누가 선을 야기할 것인가?"라는, [식사 후 감사 기도에서 하는 축복을] 제정했다. "누가 선한가?" 시체들이 썩지 않았기 때문이다. "누가 선을 야기할 것인가?" 그들을 장사지낼 수 있기 때문이다.

라바와 라브 요세프는 모두 다음과 같이 말했다. 이날은 그들이 제단 불을 위한 나무 자르기를 멈추었던 날이다. 왜냐하면 바라이타가 다음과 같이 가르쳤기 때문이다. **위대한 랍비 엘리에셀은, 그들이 압월 15일부터 계속 나무 자르기를 멈추었는데, 태양이 약해져 가고 [나무는 적절하게] 마르지 않기 때문이라고 말했다.** 라브 메나샤(Rav Menashya)는, 그들이 이날을 '나무 자르는 자를 끊은 날'이라고 불렀다고 말했다.

[압월 15일] 후 더하는 자는 증가하고, 더하지 않는 자는 멸망한다. 멸망한다? 라브 요세프는 "그의 어머니가 그를 묻게 하소서!"라고 말했다. [24]

[그날들에] 예루살렘의 소녀들에 대해. 랍비는 다음과 같이 가르쳤다. **왕의 딸은 대제사장의 딸에게서 빌릴 것이고, 대제사장의 딸은 부대제사장**(deputy high priest)**의 딸에게서 빌릴 것이며, 부대제사장의 딸은 전쟁 제사장의 딸에게서 빌릴 것이고, 전쟁 제사장의 딸은 일반 제사장의 딸에게서 빌릴 것이며, 모든 이스라엘은 서로 빌려 아무것도 가지지 않은 자가 난처해하지 않을 것이다.**

그리고 모든 [옷들은 정결하게 하기 위해] 상자에 담겼다. 여기서 랍비 엘리에셀은 "그것들이 상자 안에서 접히더라도"라고 말했다.

예루살렘의 소녀들은 나가서 포도원 사이에서 춤을 추었다. 다음과 같이 가르침을 받았다. 아내가 없는 자는 누구든지 거기에 갔다. 잘 연결된 소녀들은, "젊은이여 …"라고 말했다.

랍비들은 다음과 같이 가르쳤다.

아름다운 이들은 "아름다움을 찾아라. 아내들은 아름다움을 위한 것이다!"라고 할 것이다. 잘 연결된 이들은 "[좋은] 가족을 찾아라. 아내들은 자녀들을 위한 것이다!"라고 말할 것이다. 추한 이들은 "하늘을 위해 아내를 삼으라. 하지만 우리를 금으로 장식하라!"라고 말할 것이다.

울라 비라아(Ulla Bira'a)는 랍비 엘리에셀의 이름으로 이렇게 말했다. 장래에 거룩하신 이, 그분은 찬양받으시리로다, 그분이 의인들을 위해 춤을 추실 것이며, 그분은 에덴동산에서 그들 가운데 춤을 추실 것이다. 각각은 그날에 말하기를 이는 우리의 하나님이시라 우리가 그를 기다렸으니 그가 우리를 구원하시리로다 이는 여호와시라 우리가 그를 기다렸으니 우리는 그의 구원을 기뻐하며 즐거워하리라 할 것이며(사 25:9, JPS)라고 한 대로, 자기 손가락으로 가리킬 것이다.

메길라

MEGILLA, 부림

히브리어 단어 메길라(megilla, '두루마리')는 여기서 에스더서를 가리킨다. 다섯 권의 성경(아가, 룻기, 예레미야애가, 전도서, 에스더서)은 집합적으로 다섯 개의 메길로트라고 간주된다. 중세 기원의 한 관습[1]은 각각을 구체적인 예식 행사에서 읽도록 했다. 즉, 아가는 유월절에, 룻기는 샤부오트(Shavuot, 오순절)에, 예레미야애가는 압월 9일에, 전도서는 초막절에, 에스더서는 부림절에 읽도록 했다. 탈무드는 에스더서의 읽기에 대해서만 안다.

부림절은 에스더서에서 언급되지만 토라의 다섯 권에서는 언급되지 않는다. 그러므로 랍비들은 이것을 성경의 제도가 아니라 랍비식의 제도로 다룬다. 절기를 제도화한 모르드개와 '큰 대회의 사람들'은 랍비 법정의 법관 직무를 수행하는 것으로 간주하는데, 이는 시대에 맞지 않는다.

1장

미쉬나:

메길라는 이전도 이후도 아니고 [아달월] 11, 12, 13, 14, 15일에 읽는다.   2a

여호수아 당시 성곽도시는 15일에 읽는다. 마을과 큰 성읍은 14일에 읽지만, 마을은 [이전] 장날로 [그 읽기를] 앞당긴다. 2)

이것은 어떻게 계산하는가? 만약 [아달월 14일]이 월요일에 해당한다면, 마을과 큰 성읍은 그날에 [메길라]를 읽고, 성곽[도시]는 그다음 날에 읽는다. 만약 화요일이나 수요일에 해당한다면, 마을은 이전 장날로 [그 읽기를] 앞당기고, 큰 성읍은 그것을 그날에 읽으며 성곽[도시]는 그다음 날에 읽는다. 만약 목요일에 해당한다면, 마을과 큰 성읍은 [메길라를] 그날에 읽고, 성곽[도시]는 그다음 날에 읽는다. 만약 안식일 전날에 해당한다면, 마을은 이전 장날로 [그 읽기를] 앞당기고, 큰 성읍과 성곽[도시]는 그날에 읽는다. 만약 안식일에 해당한다면, 마을과 큰 성읍은 이전 장날로 [그 읽기를] 앞당기고, 성곽[도시]는 그다음 날에 읽는다. 만약 일요일에 해당한다면, 마을은 이전 장날로 [그 읽기를] 앞당기고, 큰 성읍은 그날에 읽으며 성곽[도시]는 그다음 날에 읽는다.

게마라:

메길라는 11일에 읽는다. 우리는 어떻게 이것을 아는가? 우리가 간단히 설명하겠지만, 현인들은 마을 사람들이 성읍에 있는 자신들의 형제들에게 물과 음식을 공급하도록, [그들의 읽기를] 장날로 앞당기는 것을 관대하게 허용한다.

[이것은 문제가 아니었다.] 우리가 의미한 것은 다음과 같다. [부림절의 법은 틀림없이] 모두 큰 대회 사람들이 제정했다는 것이다. 왜냐하면, '만약 당신이 큰 대회 사람들이 [오직 아달월] 14일과 15일로 제정했다고 가정한다면, 랍비들은 어떻게 큰 대회 사람들이 제정한 것을 폐지하는가?' 하는 것 때문이다. 미쉬나는, **배움과 수에서 [첫 법정을] 능가하지 않는다면, 법정은 또 다른 법정이 제정한 것을 폐지할 수 없다고 가르치지 않는가?**3) 그렇다면 명백히 모든 [날짜들은] 큰 대회 사람들이 제정했다. 그러면 이것들은 [에스더서의] 어디에서 가리키는가?

라브 셰멘 바 아하바(Rav Shemen bar Ahava)는 랍비 요하난의 이름으로, 성경이 비-즈마네이헴(bi-z'maneihem)[정한 기간에] 이 부림일을 지키게 하였으니(에 9:31)라고 한다고 말했다. 많은 [다른] 기간이 부림일을 위해 규정됐다.

이 표현은 문맥에서 요구되는 것이 아닌가?4) 만약 그것이 [전부]라면 성경은 즈만(z'man)이라고 말할 수 있었다. 즈마네이헴(z'maneihem)은 문맥에서 명시된 두 기간만이 아니라, 많은 기간을 [가리킨다].

[명백히 여러] 다른 기간들이 있으므로, 이것은 여전히 [문맥에서] 요구되는가?5)

만약 그렇다면 즈마남(z'manam, '그들의 시간')이라고 말했을 수 있다. 즈마네이헴은 [11일부터 계속되는] 모든 기간을 [가리킨다].

이것은 더 [많은] 기간을 의미하는가?

[아니다.] 즈마남이 두 날을 [포함]하듯이 즈마네이헴은 [추가된] 두 날을 [포함한다].

나는 [이것이] 12일과 13일을 포함하지[만, 11일을 포함하지는 않는다고] 생각할 수도 있다. 그러나 이것은 그런 경우가 아니다. 왜냐하면 라브 쉬무엘 바 이삭은, 13일이 어쨌든 공적인 모임이며 그래서 명시할 필요가 없었고, 여기서도 마찬가지로 13일은 공적인 모임이기에 명시할 필요가 없다고 말했기 때문이다.

나는 [이것이] 16일과 17일을 [포함한다고] 생각할 수도 있다. 그러나 이것 역시 그런 경우일 리가 없다. 왜냐하면, [이날들은] 지나가지 않을 것이다(이 두 날을 이어서 지켜 폐하지 아니하기로 작정하고, 개역개정)(에 9:27)라고 기록됐기 때문이다.

하지만 랍비 쉬무엘 바 나흐마니는, 성경이 이날들에(이날에, 개역개정) 유다인들이 대적에게서 벗어나서(에 9:22)라고 한다고 지적했다. 여기서 날들, '이날들에' [즉, 두 날은 곧] 11일과 12일이다.

나는 [이것이] 12일과 13일을 [포함한다고] 생각할 수도 있다. [아니다. 왜냐하면] 라브 쉬무엘 바 이삭이 말했듯이, 13일은 어쨌든 공적인 모임으로 명시할 필요가 없으며 여기서 마찬가지로 13일은 공적인 모임이므로 명시할 필요가 없다.

나는 [이것이] 16일과 17일을 [포함한다고] 생각할 수도 있다. [아니다. 왜냐하면 이날들은] 지나가지 않을 것이다라고 기록됐기 때문이다.

랍비 쉬무엘 바 나흐마니는 왜 즈마네이헴에서 [날짜]를 도출하지 않았는가? 왜냐하면, 그는 즈마남과 즈마네이헴 사이의 차이점이 중요하다고 간주하지 않았기 때문이다. 왜 라브 셰멘 바 아하바는 이날들에의 [날짜]를 도출하지 않았는가? 왜냐하면, 그는 이것을 미래 세대의 맥락에서 해석하기 때문이다.

라바 바 바 하나는 랍비 요하난의 이름으로 다음과 같이 말했다. [우리 미쉬나는] 랍비 아키바에게 돌려지지 않은 의견인데, 왜냐하면 그는 즈만, 즈마남, 즈마네이헴을 해석하지만 [대다수의] 현인들은 메길라를 [적절한] 기간[, 즉 아달월 14일과 15일에]만 읽어야 한다고 주장하기 때문이다.

반대 의견이 다음과 같이 제기됐다. **랍비 유다는 말한다. 이것이 언제 되는가? 해들이 제자리를 찾고 이스라엘이 자신들의 땅에 살 때이다. 하지만 오늘날에는 사람들이 그것에 초점을 두므로, [메길라는] 명시된 기간 [14일과 15일]에만 읽는다.**[6) 랍비 유다는 누구의 의견을 해석하고 있는가? 이것은 랍비 아키바의 의견일 리가 없다. 왜냐하면 [랍비 아키바는] 오늘날에도 [마을 사람들은 이른 날에 읽는다고] 주장한다. 그래서 이 의견은 [아키바를 반대하는] 현인들의 의견임이 틀림없지만, 그는 해들이 제자리를 찾고 이스라엘이 자신들의 땅에 살 때, 우리는 [앞당긴 날짜에] 읽는다고 진술한다. 이것은 랍비 요하난의 입장을 반박한다.

다음은 [이전 논의에 대한] 다른 버전이다.

라바 바 바 하나는 랍비 요하난의 이름으로 다음과 같이 말했다. [우리 미쉬나는] 랍비 아키바에게 돌려지지 않은 의견인데, 왜냐하면 그는 즈만, 즈마남, 즈마네이헴을 해석하기 때문이다. 그러나 [대다수의] 현인들은 사람들이 그것을 바라보므로 오늘날에는 메길라를 [적절한] 기간에만 읽어야 한다고 주장한다.

한 바라이타는 다음을 지지한다. **랍비 유다는 말한다. 이것이 언제 되는가? 해들이 제자리를 찾고 이스라엘이 자신들의 땅에 살 때이다. 하지만 오늘날에는 사람들이 그것에 초점을 두므로, [메길라는] 명시된 기간 [14일과 15일]에만 읽는다.**

라브 아쉬는 [랍비 유다에게 돌려진 진술들이] 모순된다는 것을 발견하고, [따라서] 그 바라이타를 랍비 요세 바 예후다에게 돌렸다. 랍비 유다는 사람들이 그것을 바라보므로 오늘날에는 메길라를 명시된 기간에만 읽어야 한다고 실제로 말했는가? 이와는 대조되게, [다음 미쉬나는 다음과 같이 진술한다]. **랍비 유다는 말했다. 이것이 어디에 적용되는가? [마을 사람들이] 월요일과 목요일에 [성읍에] 들어가는 장소에서이다. 그러나 그들이 월요일과 목요일에 들어가지 않는 곳에서는 [메길라]를 명시된 날짜에만 읽는다.** [즉, 마을 사람들이] 월요일과 목요일에 [성읍에] 들어가는 장소에서는 심지어 오늘날에도 [이날들에 메길라]를 읽는다. [다르게 말하는] 한 바라이타는 그러므로 랍비 요세 바 예후다에게 돌려져야 한다.

그래서 그는 랍비 유다의 모순되는 진술들에 동의하지 않으므로, 그 바라이타를 랍비 요세 바 예후다의 것으로 돌리는가? [그렇다. 왜냐하면] 라브 아쉬는 어떤 이가 그 바라이타를 랍비 유다의 이름으로 가르쳤다고 배웠고, 어떤 이는 랍비 요세 바 예후다의 이름으로 가르쳤다고 배웠기 때문이다. 그는 랍비 유다[에게 돌려진] 진술이 모순된다는 것을 발견했으므로, 랍비 유다의 이름으로 가르친 자들이 정확하지 않았고, 랍비 요세 바 예후다의 이름으로 가르친 자들이 정확했다고 추론했다.

미쉬나가 편찬될 때 즈음 영향력 있는 헬라어를 말하는 이집트의 유대 공동체가 크게 쇠퇴했다. 그러나 알렉산드리아 유대인들은 원래 히브리어가 아니라 헬라어로 토라를 읽었고, 그들의 본문, 곧 헬라어 70인경은 많은 세부 내용에서 랍비들이 사용한 히브리어 본문과는 다른 것으로 알려졌다. [7]

랍비들은 또한 자신들의 두루마리에 있는 것과는 매우 다른 고대 히브리어 문자도 알고 있었다. 그들은 고대 문자를 크타브 이브리(k'tav 'Ivri, '히브리어 문자')로 간주하고, 자신들의 것을 크타브 아슈리(k'tav Ashuri, '앗수르 문자')로 간주했다. 오늘날에는 이것이 각각 고대 히브리어(palaeo-Hebrew)와 아람어로 알려졌다. 랍비들은 에스라가 크타브 아슈리를 채택한 것이라고 여겼지만, 아무리 에스라라도 시내산에서 모세에게 주어졌을 '히브리' 문자를 어떻게 감히 바꿀 수 있겠는가?

메주자(Mezuza)

이 용기에 히브리어로 신명기 6장 4-9절과 11장 13-21절이 기록된 양피지가 들어있다.

미쉬나:

8b
　[율법에서 한편으로] 두루마리들과 [다른 한편으로] 테필린과 메주조트 (mezuzot) 사이의 유일한 차이점은, 두루마리는 어떤 언어로도 기록될 수 있는 반면에 테필린과 메주조트는 오직 앗수르 [문자]로만 기록될 수 있다는 것이다. 라 반 시므온 벤 가말리엘은, 그들은 오직 두루마리만 헬라어로 기록할 수 있게 허용했고, [히브리어 이외에는 어떤 다른 언어도] 허용하지 않았다고 말한다.

게마라:

　그래서 그것들은 힘줄로 [양피지를] 깁는 것과 손을 더럽히는 것에 대해서도 동

일하다.[8]

두루마리는 어떤 언어로도 기록할 수 있다. 그들은 다음과 같이 반대했다. [또다른 미쉬나는] 탈굼(Targum, 성경의 아람어 번역본)으로 기록된 성경 또는 성경으로 기록된 탈굼,[9] 또는 [고대] 히브리어 문자들은 손을 더럽히지 않으며, 오직 앗수르 문자로 두루마리에 잉크로 기록된 것만이 [손을 더럽힌다]라고 진술한다.[10]

라바는 말했다. 모순이 전혀 없다. 한 [미쉬나는] 우리 문자를 [언급하고] 다른 미쉬나는 그들의 문자를 언급한다.

9a

아바예는 그에게 다음과 같이 말했다. 당신은 [다른 미쉬나가] 그들의 문자에 대해 말하고 있다고 제안하는가? 만약 그렇다면 탈굼으로 기록된 성경 또는 성경으로 기록된 탈굼은 무엇을 의미하는가? 누군가가 [잘못된 문자로] 성경을 성경으로 기록했거나 탈굼을 탈굼으로 기록했더라도, 동일한 것이 [적용될 것이다]. 왜냐하면, 미쉬나는 [명백하게] 앗수르 문자로 두루마리에 잉크로 기록된 것만이라고 진술하기 때문이다.

하지만 모순은 없다. 한 [미쉬나는] 현인들[의 의견]이고, 다른 미쉬나는 라반 시므온 벤 가말리엘[의 의견]이기 때문이다.

하지만 만약 라반 시므온 벤 가말리엘이라면, 그는 헬라어를 [허용한다].

그렇다면 모순이 없다. 한 [미쉬나는] 두루마리[에 대해 말하고,] 다른 미쉬나는 테필린과 메주조트에 대해 말한다. 테필린과 메주조트가 다른 이유는, 그리고 그것들은 …일 것이다(개역개정에는 없음)(신 6:6)라고 말하기 때문이다. 이는 그것들이 틀림없이 그것들 [즉, 히브리어로] 되어 있다는 것을 [의미한다].

하지만 [테필린과 메주조트]에서 어떤 성경으로 기록된 탈굼이 있을 수 있는가? 토라에는 [아람어 단어들] 이가르 사하두타(Y'gar Sahaduta)(여갈사하두다, 개역개정)(창 31:47)가 있지만, [테필린과 메주조트에는] 어떤 아람어가 있는가?

그래서 모순이 없다. 한 [미쉬나는] [에스더서의] 두루마리[에 대해 말하고,] 다른 미쉬나는 [다른] 두루마리에 대해 말한다. 에스더서가 다른 이유는, 그들이 기록할 때 그리고 그들의 언어로(그 기록하고 정해 놓은 때, 개역개정)(에 9:27)라고 한다는 것이다.

하지만 [에스더서에는] 어떤 **성경으로 기록된 탈굼이 있는가**? 라브 파파는, 왕의 조서[pitgam(피트감)]가 이 광대한 전국에 반포되면(에 1:20)[에서 피트감이라는 단어]라고 말했다. 라브 나흐만 바 이삭은, 모든 여인들이 그들의 남편을 존경하리이다 [y'qar(이카르)](에 1:20)[에서 이카르라는 단어]라고 말했다.

라브 아쉬는 다음과 같이 말했다. 이 [미쉬나가] 다른 책들에 적용되며, 이것은 랍비 유다의 의견이다. 왜냐하면 한 바라이타가 **테필린과 메주조트는 오직 앗수르 [문자]로만 기록될 수 있지만 다른 랍비들은 헬라어를 허용했다**고 진술하기 때문이다.

하지만, 그리고 그것들은 …일 것이다(개역개정에는 없음)(신 6:6)라고 말하지 않는가? 그렇다면, **다른 책들은 어떤 언어로도 기록될 수 있지만, 우리 랍비들은 헬라어를 허용했다**고 말하라.

허용했다? 이것은 첫 타나가 [헬라어]를 금지했다는 것을 내포하는가?

오히려, 하지만 **우리 랍비들은 그것들이 헬라어로 기록되는 것을 허용했을 뿐이다**라고 말하라. 게다가 한 바라이타는 다음과 같이 진술한다. **랍비 유다가 말하기를, 심지어 우리 랍비들이 헬라어를 허용했을 때도 그들은 프톨레마이오스 문제 때문에 오직 토라 두루마리가 헬라어로 기록되는 것을 허용했다**고 한다.

프톨레마이오스 1세 소테르(Ptolemy I Soter, 주전 367-282년경)로 시작하여 이집트의 그리스 통치자들은 박물관으로 알려진 알렉산드리아의 큰 도서관을 건립하고 유지했다. 이것은 모든 그리스 문학뿐만 아니라 지중해와 중동과 인도의 다른 언어에서 헬라어로 번역된 것을 통합하면서 국제적인 도서관이 되고자 했다. 70인경으로 알려진 히브리 성경의 헬라어 번역은 거기서 한 자리를 찾았을 수도 있다.

아마도 주전 2세기 중반에 유대교의 명분을 장려하고자 기록됐을, 알렉산드리아 유대인의 위작인 아리스테아스 편지(Letter of Aristeas)는, '이스라엘 12지파에서' 뽑힌 72명의 학자들에 의해서 72일만에 완성된 히브리 성경의 번역을 가장 이른 시기에 설명했다. [11] 필로는 주전 285-246년 이집트를 통치했던 프톨레마이오스 2세 필라델포스(Ptolemy II Philadelphus)가 유대법의 번역을 위임하려고 예루살렘에 있는 대제사장에게 보냈다고 진술한다. 요세푸스도 명백히 아리스테아스

편지를 인용하면서, 이 이야기를 말한다. [12] 이들 가운데 어떤 것도 72명의 독립적인 번역가들이 본문에 대한 동일한 수정을 내놓은 기적에 대해 암시하지 않는다. 이야기에서 이 요소는 완벽하게 계시된 토라의 교리를 옹호하고, 사람들의 문제에 간섭하는 하나님의 보호를 입증하면서, 알려진 본문의 상이함을 설명하는 한 방식인 것 같다.

게마라의 내러티브는 여기서 편의를 위해 표를 만들었다. '표준 버전'은 맛소라 히브리어 본문의 번역이며, 이 경우 랍비들 이전의 것과 일치한다. '수정된 버전'은 번역가들이 수정했다고 랍비들이 주장하는 본문의 번역이다. 수정사항 중 세 가지는 현존하는 70인경 본문과 일치하며(창 2:2 ; 출 12:40 ; 민 16:15), 다른 수정은 변증과 신학적인 고려 때문인 것 같다.

다음과 같이 가르쳐졌기 때문이다. 프톨레마이오스 왕은 72명의 원로들을 모아 그들에게 72개의 집을 주고, 그가 왜 그들을 거기에 두었는지는 알려주지 않았다. 그는 각각에게 [개별적으로] 방문하여, "나를 위해 당신의 선생 모세의 토라를 기록하라!"라고 말했다.

거룩하신 이, 그분은 찬양받으시리로다, 그분이 각자의 마음에 조언하셔서, 그들 모두 같은 의견이 됐다. [13] 다음이 그들이 기록한 것이다.

	표준 버전	수정된 버전
창 1:1	태초에 하나님이… 창조하시니라	하나님이 시작을 창조하셨다[14]
창 1:26	우리의 형상을 따라 우리의 모양대로 우리가 사람을 만들고	나는 한 형상과 한 모양으로 사람을 만들 것이다[15]
창 2:2	[하나님이]…일곱째 날에 마치시니 …일곱째 날에 안식하시니라	[하나님이] 여섯째 날에 마치시니 일곱째 날에 안식하시니라[16]
창 5:2	남자와 여자를 창조하셨고	그를 남자와 여자로 창조하셨고[17]
창 11:7	자, 우리가 내려가서 거기서 그들의 언어를 혼잡하게 하여	내가 내려가서 그들의 언어를 혼잡하게 하여[18]

창 18:12	사라가 속으로 웃고	사라가 자기 친척들[19] 사이에서 웃고
창 49:6	그들이 그들의 분노대로 사람을 죽이고 그들의 혈기대로 소의 발목 힘줄을 끊었음이로다	그들이 그들의 분노대로 소[20]를 죽이고 그들의 혈기대로 마구간을 훼손하였다
출 4:20	모세가 그의 아내와 아들들을 나귀에 태우고	모세가 그의 아내와 아들들을 사람 운반기구[21]에 태우고
출 12:40	이스라엘 자손이 애굽에 거주한 지 사백삼십 년이라	이스라엘 자손이 애굽과 다른 땅들에 거주한 지 사백삼십 년이라[22]
출 24:5	이스라엘 자손의 청년들을 보내어	이스라엘 자손의 자투테(za'tuté)[23]를 보내어
출 24:11	하나님이 이스라엘 자손들의 존귀한 자들에게 손을 대지 아니하셨고	하나님이 이스라엘 자손들의 자투테(za'tuté)에게 손을 대지 아니하셨고
민 16:15	나는 그들의 나귀 한 마리도 빼앗지 아니하였고	나는 그들의 탐나는 [소유][24]를 빼앗지 아니하였고
신 4:19	너희의 하나님 여호와께서 천하 만민을 위하여 배정하신 것을 보고	너희의 하나님 여호와께서 천하 만민을 위하여 빛을 주기로 배정하신 것을 보고[25]
신 17:3	가서 다른 신들을 섬겨 … 내가 명령하지 아니한	가서 다른 신들을 섬겨 … 내가 [그에게] 섬기라고 명령하지 아니한[26]

그들은 또한 [레위기 11장 6절의 금지된 짐승의 목록에서] '토끼' 대신에 '발의 신속함'이라고 썼다. 왜냐하면, 프톨레마이오스의 아내가 '토끼'로 불렸기 때문이다.[27] 그들은 그가 '유대인들이 토라에 내 아내의 이름을 넣어 나를 조롱하고 있다'고 생각하기를 원치 않았다.

그리스와 이스라엘 사이에 인식되는 사상적 갈등에 비추어 볼 때, 이어지는 결론은 놀랍다. 그것은 그리스 문화에서 발견되는 아름다움이 이스라엘의 가치를 명확히 표현하는 데 사용된다는 조건으로 이 아름다움을 강력하게 승인한다.

라반 시므온 벤 가말리엘은, 그들은 오직 두루마리만 헬라어로 기록할 수 있게 허용했고, [히브리어를 제외한 다른 어떤 언어도] 허용하지 않았다고 말한다.

랍비 아바후는 랍비 요하난의 이름으로, 율법은 라반 시므온 벤 가말리엘의 [의견]과 일치한다고 말했다. 랍비 요하난은, 게다가 라반 시므온 벤 가말리엘이 자신의 의견을 다음의 성경 한 구절에 토대를 두었다고 말한다. 즉, 하나님이 '야벳에게 아름다움을 허락하사'(야벳을 창대하게 하사, 개역개정)[28] 셈의 장막에 거하게 하시고(창 9:27)이다.

고멜과 마곡[29]을 의도한 것인가? 랍비 히야 바 아바는, 야벳에게 아름다움을 허락하사라고 말하므로, 이것은 야벳의 아름다움이 셈의 장막에 거할 것을 의미한다고 말했다. [30]

공적인 기도는 13세 이상의 자격을 갖춘 남성 누구라도 인도할 수 있다. 그러나 개인은 부적절하게 옷을 입거나 발음이 만족스럽지 못하거나 이단일 경우 자격이 상실될 수 있다. 기도가 미쉬나의 시기에 엄격하게 고정되지 않았으므로, 랍비들은 이단적 사상을 소개할 수 있는 기도 인도자에 대해 경계해야 했다. 그리스도인들은 자신들의 믿음을 회당 기도에 스며들게 하려고 당연히 노력했을 것이며, 이것은 그들이 회당에서 쫓겨났다는 복음서의 주장(요 9:22, 12:42, 16:2)을 뒷받침한다.

조로아스터교는 파르티아 제국과 사산 왕조 제국에서 지배적인 종교였으며, 선과 악의 두 세력을 믿는 영지주의자들은 세상에서 패권을 차지하려고 노력하는 가운데 미쉬나 시대 즈음에 로마 제국의 상당 부분에 퍼져 있었다. 미쉬나와 게마라는 단일 세력인 하나님이 우리에게 좋은 것으로 보이든 나쁜 것으로 보이든 일어나는 모든 일에 대한 책임을 지고 있다고 주장함으로써, 유대인들이 어떻게 반응했는지를 보여준다.

이 단락은 미츠보트의 합리성에 대한 언급과, 자유의지와 결정론에 대해 랍비 하니나에게 돌려지는 간략하지만 분명한 설명을 포함한다.

4장

미쉬나:

만일 누군가가, 내가 색깔 있는 [옷을] 입고서 [기도] 탁자[31]에 서 있지 않겠다고 말한다면, 그는 심지어 하얀 옷을 입고서도 그렇게 할 수 없다. [만약 그가], 내가 샌들을 신고 [기도를 인도]하지 않겠다고 말한다면, 그는 심지어 맨발로도 그렇게 할 수 없다.

만일 누군가가 그의 테필린을 둥글게 만든다면, 그것은 위험하고 미츠바를 성취하지 못한다. 테필린을 자기 이마에 두거나 자기 손바닥에 두는 것은 분파주의자들의 태도이다. 만약 그가 금으로 테필린을 두르거나 자기 소매 위에 둔다면 이것은 외부자들의 방식이다. 32)

게마라:

왜인가? 우리는 그가 이단의 영향을 받았다고 의심하는데, [왜냐하면 그는 율법이 요구하지 않는 것을 주장하기 때문이다].

만일 누군가가 그의 테필린을 둥글게 만든다면, 그것은 위험하고 미츠바를 성취하지 못한다. 명백히 우리는 이것을 [다른 곳에서] 배웠는데, 왜냐하면 한 바라이타가 다음과 같이 진술하기 때문이다. 정사각형 테필린은 시내산에서 모세가 [받은] 율법의 [요구사항]이다. 라바는 이것이 바느질과 사선에 적용된다고 분명히 했다. 라브 파파는, 우리 미쉬나는 그가 그것들을 마구스(Magus)처럼 만든 [추가적인 경우를 포함한다]고 말했다. 33)

미쉬나:

"선이 당신을 축복하기를"은 이단의 한 형태다. "당신의 긍휼이 새의 둥지에 확장되며, 당신의 이름이 선을 위해 언급되소서!" 또는 "우리는 감사를 드립니다! 우리는 감사를 드립니다!"와 같은 형태로 누군가가 기도한다면, 그를 침묵하게 해야 한다.

금지된 성적 결합에 대한 성경 구절을 비유적으로 해석하는 자는 누구든지 그를 침묵하게 해야 한다.

만일 누군가가 너는 결단코 자녀를 몰렉에게 주어 …하지 말라(레 18:21)를 너는 아람 여자를 임신하게 하지 말라고 해석한다면, 그를 엄격하게 침묵하게 해야 한다. 34)

게마라:

이제 우리는 감사를 드립니다! 우리는 감사를 드립니다!는 분명히 [받아들일 수 없는데,] 왜냐하면 이것은 마치 [그가] 두 세력에게 [기도하고 있는] 것처럼 보이기 때문이다. **당신의 이름이 선을 위해 언급되소서!** 이것 또한 분명히 [받아들일 수 없는데,] 왜냐하면 이것은 마치 우리가 하나님의 좋은 것에 대해서는 찬양하지만 나쁜 것에 대해서는 감사하지 않는 것처럼 들리기 때문이다. 미쉬나는 **우리가 좋은 [소식에] 대해 찬양하는 것처럼 [나쁜 일이 일어날 때 하나님을] 찬양해야 한다**고 진술한다.[35] 하지만 **당신의 궁휼이 새의 둥지에 확장되게 하소서**는 무엇이 잘못됐는가?

서쪽의 두 아모라임인 랍비 요세 바 아빈과 랍비 요세 바 제비다가 이에 대해 논의했다. 한 사람은, [이것이 잘못된 이유는] 이것이 창조에서의 편애를 내포하기 [때문]이라고 했고,[36] 다른 이는, [이것이 잘못된 이유는] 이것이 하나님의 [유일한] 속성은 궁휼이며, 반면에 [그분의 계명들]은 판결임을 내포하기 [때문]이라고 했다.[37]

누군가가 라바 앞에서 기도를 인도하면서, "당신은 새의 둥지를 불쌍히 여겼으니 우리도 불쌍히 여기소서!"라고 말했다. 라바는 "이 학자는 자기 주인에게 어떻게 호소해야 할지 얼마나 아름답게 알고 있는가!"라고 언급했다. 아바예는 "하지만 미쉬나는 당신이 그를 침묵시켜야 한다고 말하지 않는가?"라고 말했다. 라바는 아바예의 재치를 증진하려 할 뿐이었다.[38]

랍비 하나나 앞에서 기도를 인도하는 누군가가, "위대하고 강력하며 놀랍고 고귀하며 강하고 강력한 하나님이여!"라고 말했다. 랍비 하나나는 "당신은 당신의 주인을 찬양하는 것을 마쳤는가?"라고 물었다. 만약 [우리가 보통 기도에서 사용하는] 세 가지 별칭이 모세가 토라에 기록하지 않았거나 큰 대회의 사람들이 기도에서 확정하지 않았다면, 우리는 [감히] 그들에게 "이미 당신은 모두 다 말했다!"라고 할 수 없었을 것이다. 그것은 마치 한 사람이 수천만 개의 금 조각을 가졌는데 사람들은 그에게 몇 개의 은 데나리온을 가졌다고 칭찬하는 것과 같다. 그것은 모욕이지 않겠는가?

랍비 하니나는, 이스라엘아 네 하나님 여호와께서 네게 요구하시는 것이 무엇이냐 곧 네 하나님 여호와를 경외하여(신 10:12)라고 한 대로, 하늘을 경외하는 것을 제외하고 모두가 하늘의 통제하에 있다고 말했다.

그렇다면 하늘을 경외하는 것은 단지 작은 일인가? 그렇다. 우리의 선생 모세에게는 그것이 작은 것이다. 만약 당신이 누군가에게 큰 물품을 요구하고 그가 그것을 가졌다면, 그것은 그에게 작은 것과 같다. 만약 당신이 그에게 작은 물품을 요구하는데 그가 그것을 가지지 않았다면, 그것은 그에게 큰 것과 같다.

라비 제이라는, 만일 누군가가 "셰마! 셰마!"라고 말한다면, 그것은 "우리가 감사를 드립니다! 우리가 감사를 드립니다!"라고 말하는 것과 같다. [그는 두 세력을 섬긴다는 인상을 준다.] 그들은 [랍비 제이라에게] 다음과 같이 반대했다. **만일 누군가가 셰마를 말하고 그것을 중복한다면, 그것은 부적절하다.** 부적절하지만 당신은 그를 침묵시킬 필요가 없다. 반대는 없다. 만약 그가 단어별로 반복한다면 [, 그것은 부적절하지만 두 세력을 섬기고 있는 것 같지는 않다]. 만약 그가 구절별로 반복한다면, 그것은 두 세력을 섬기는 것과 같으며 그를 침묵하게 해야 한다.

라브 파파는 라바에게 "아마도 [그는 구절을 반복하고 있을 뿐이다]. 왜냐하면, 그는 처음에는 집중하지 않았고 이제 집중하고 있기 때문이다"라고 말했다. "당신은 하늘을 [친한] 친구처럼 대하는가!"라고 라바가 되물었다. 만약 그가 집중하지 않았다면 망치로 그를 쳐라. 그래서 그가 정말로 집중하게 하라![39]

금지된 성적 결합에 대한 성경 구절을 비유적으로 해석하는 자는 누구든지 그를 침묵하게 해야 한다. 라브 요세프는 [한 사례를 제시했다]. 만일 누군가가 너는 네 아버지의 벌거벗음이나 네 어머니의 벌거벗음을 드러내지 말라(네 어머니의 하체는 곧 네 아버지의 하체이니 너는 범하지 말라, 개역개정)(레 18:7)라고 말했다면, 그것은 네가 그들을 당혹스럽게 할 수 있는 어떤 것도 드러내지 않아야 한다는 것을 의미했다.

만일 누군가가 너는 결단코 자녀를 몰렉에게 주어 …하지 말라를 해석한다면. 랍비 이스마엘 학파에서는 다음과 같이 가르쳤다. [미쉬나는] 여기서 성경이 비이스라엘 [여자]와 성관계를 하고 자녀가 우상숭배의 위험에 처하도록 한 이스라엘 사람에 대해 말한다고 [하는 자를 염두에 둔다].

모에드 카탄

MO'ED QATAN, 절기의 중간

유월절과 초막절은 각각 7일과 8일 동안 지속된다. 성경은 첫째 날과 마지막 날을 '거룩한 성회'로 지목하는데, 그날에는 음식 준비 이외의 일은 금지된다. 중간의 날들 - 히브리어 홀 하 - 모에드(Ḥol ha-Mo'ed), 문자 그대로 '성별되지 않은 절기의 [날들]' - 은 비교적 중요하지 않은 정도로 거룩하게 여겨지며, 어떤 종류의 일은 이날에 금지된다. 이 소책자는 토대를 이루는 원리를 명확하게 말하지는 않아도, 무엇을 할 수 있으며 할 수 없는지에 대한 예를 제시한다. 라쉬는 토라가 현인들에게 어떤 종류의 일이 허용되는지 결정하도록 위임했으며, 현인들은 예를 들어 밭에 물을 대는 것처럼 소홀히 할 경우 중대한 재정적 손실을 일으킬 수도 있는 모든 것을 허용했다고 말한다.

1장

미쉬나:

당신은 이미 있는 샘으로든 새롭게 흐르는 샘으로든, 절기나 안식년의 중간 날에 마른 밭에 물을 댈 수 있지만, 빗물이나 깊은 샘물은 사용해서는 안 된다.

당신은 [습기를 유지하려고] 포도나무 주위에 원형의 움푹한 곳을 만들 수 없다.

랍비 엘르아살 벤 아자리아는 당신이 안식년에 새로운 관개 수로를 만들 수 없다고 말하지만, 현인들은 당신이 안식년에 새로운 관개 수로를 만들 수 있으며, 절기 중간 날에 훼손된 것을 수리할 수 있다고 말한다. 당신은 [또한] 훼손된 공공 상수도를 수리할 수 있으며, 상수도를 파고, 길과 도로와 담금 웅덩이를 수리하며, 공적으로 필요한 것은 무엇이든지 하고 장례 장소를 표시할 수 있다. [법정 관료는] 킬라임을 [뿌리 뽑으러] 나갈 수 있다.

게마라:

이제 만약 붕괴할 수 있어 [큰 수리가 필요한] 새로운 샘에서 당신이 물을 대는 게 허락된다면, 붕괴할 것 같지 않은 이미 있는 샘에서 물을 대는 것도 허락될 것이다. [그러면 왜 이미 있는 샘을 언급하는가?] 그들은 두 가지를 명시할 필요가 있었다고 말한다. 미쉬나가 오직 새롭게 흐르는 샘만을 명시했다면 나는, [샘이] 붕괴한다 해도 여기 마른 밭에 물을 대는 것은 [허락되]지만, 습기가 많은 밭에 물을 대는 것은 허락되지 않았다고 추론했을 수도 있다. 하지만 그 샘이 붕괴할 것 같지 않은 이미 있던 샘이라면, 당신은 그 샘으로 심지어 습기가 많은 밭에 물을 댈 수 있다. 그러므로 미쉬나는 당신에게 샘이 새것이든 이미 있던 것이든 상관이 없으며, 당신은 마른 밭에 물을 대는 데 그 샘을 사용할 수 있지만 습기가 많은 밭에는 사용할 수 없다는 것을 알려준다.

우리는 어떻게 [미쉬나의] 표현인 베이트 하−쉬라흐인(beit ha-sh'laḥin)이 '마른'을 의미하는지 아는가? 네가 피곤할 때에(신 25:18)의 탈굼은 브아트 므샬히 브라이(v'at m'shalhi v'lai)이다. 1)

우리는 어떻게 베이트 하−바알(beit ha-ba'al)이 습기만 많은 [문자 그대로, '만족한'] 밭을 의미하는지 아는가? 마치 청년이 '처녀에 만족함2) 같이'(처녀와 결혼함 같이, 개역개정)(사 62:5)라는 구절은 탈굼에서는 "청년이 처녀에게 만족하듯이, 네 자녀가 네게서 만족을 찾을 것이다"라고 번역한다.

손실을 [피하는 것이 중간 날에 허락되고] 이익을 내는 것은 허락되지 않는다고 주장하는 것은 어느 타나인가?

라브 후나는 그것이 랍비 엘리에셀 벤 야곱이라고 말한다. 왜냐하면 [나중에] 미쉬나가 다음과 같이 진술하기 때문이다. **랍비 엘리에셀 벤 야곱은, 당신이 전체 밭에 물을 대는 게 아니라면 한 나무에서 다른 나무로 수로를 열 수 있다고 말한다.**

당신은 여기서 [실제로] 랍비 엘리에셀 벤 야곱이 [단순히] 이익을 위한 [일]은 허락되지 않는다는 것을 주장한다고 추론할 수 있지만, 그가 손실을 피하려고 중노동을 허락한다는 것을 어떻게 아는가?

라바 파파는, 그것이 랍비 유다라고 말한다. 왜냐하면, 한 바라이타가 다음과 같이 가르치기 때문이다. **랍비 메이르에 따르면, 만약 샘이 [중간 날에] 터진다면, 당신은 심지어 습기가 많은 밭에 물을 대는 데 그 샘을 사용할 수 있다. 랍비 유다는, 당신이 망가진 마른 밭에 물을 대는 데만 그 샘을 사용할 수 있다고 말한다. 랍비 엘르아살 벤 아자리아는, 당신이 어느 것도 할 수 없다고 말한다. 게다가 랍비 유다는, 중간 날에는 사람이 자신의 채소밭이나 망쳐진 작은 구역에 물을 대려고 수로를 바꿀 수 없다고 말한다.**

그가 말한 '망가진'은 무엇을 의미하는가? 만약 그것이 문자 그대로 망가진 것이라면, 밭에 물을 대는 핵심은 무엇인가? 아바예는, 그는 [원래] 샘이 [못 쓰게 됐]지만 또 다른 샘이 터진 것으로 '망친'을 의미한다고 말했다. 그리고 아바예는 랍비 엘르아살에게, 그것은 차이가 없으며, [원래] 샘이 못 쓰게 되든 아니든 그는 새롭게 흐르는 샘을 사용할 수 없다고 대답한다.

어떻게 [한 바라이타는, 손실을 막는 게 중간 날에 허용되지만, 이익을 내는 것은 안 된다고 랍비 유다가 주장한다는 것을 암시하는가]? 아마도 랍비 유다가 습기가 많은 밭이 아니라 마른 밭에만 물을 대는 것을 허용할 때, 그는 새롭게 흐르는 샘에 [대해 말하고 있었으며], 그 샘이 붕괴할까 봐 [염려했을 것이다]. 그러나 붕괴할 것 같지 않은, 이미 있는 샘[의 경우], 그는 습기가 많은 밭이라도 물을 대는 것을 허용할 것이다.

만약 이것이 당신이 생각한 것이라면, 우리 미쉬나는 누구의 의견과 일치하는가? [아무도 없다]. 그래서 [우리는] 랍비 유다에게 샘이 새것이든 이미 있는 것이든 당신은 마른 밭에 [물을 댈] 수 있지만, 습기 있는 밭은 안 된다고 [결론 내려야만 한다]. 미쉬나가 새롭게 흐르는 샘에 대해 말할 때, 이것은 당신에게 랍비 메이르가 얼마나 멀리 갈 [준비가 되어 있는지]를 말하는 것이다. 즉, 그는 당신이 심지어 습기가 많은 밭도 새롭게 흐르는 샘으로 물을 댈 수 있다고 허용한다.

현인들은 절기 동안 면도하고 세탁하는 것을 금지했는데, 이는 사람들이 이런 것들을 미리 하고 절기가 시작됐을 때 최상의 모습을 보이는 것을 분명히 하기 위해서이다. 어떤 범주들, 예를 들어 감옥에서 풀려난 사람, 긴 여행에서 돌아온 한 창녀, 절기가 시작될 때 애도 기간이 끝난 사람은 중간 날에 면도할 수 있다. 왜냐하면, 그들이 이전에 그렇게 할 수 없기 때문이다.

애도의 주제가 언급됐으므로, 편집자는 여기서 율법을 검토하기로 하는데, 율법은 어디에서도 미쉬나에서 체계적으로 제시되지 않았기 때문이다. 레위기는 애도할 의무가 있는 친척 목록을 제시한다. 거기에는 야곱(창 50:1-14), 아론(민 20:29), 모세(신 34:8)와 같은 뛰어난 지도자들을 위한 애도가 언급된다. 그러나 토라는 보통 사람들에 대한 애도 절차에 대해 거의 말하지 않는다.

애도의 가장 격렬된 시기는 장례 날로 시작하여 7일이다(쉬바[shiv'a]). "쉬바에 앉다"라는 일반적인 유대 표현은 이 시간을 가리키는데, 이때 애도자는 땅이나 낮은 의자에 앉거나 애도를 표하는 자들의 방문을 받는다. 이후에는 쉘로쉼('삼십', 곧 첫 7일을 포함하는 30일)이 이어지는데, 덜 격렬된 애도의 시기이다. 부모는 12개월 동안 애도된다.

이 미쉬나는 개인 애도의 시간과 절기가 충돌될 때 일어나는 갈등을 다룬다. 애도할 때의 수갸는 다소 느슨하게 구성되는데, 아마도 성경에 거의 토대가 없기 때문일 것이다. 규정은 율법보다는 사회 관습으로서 발전했으며, 몇몇 타나임은 미쉬나와는 다른 입장을 취한다. 애도의 법과 관련하여, 더 관대한 권위자에 따라 결정된다는 쉬무엘의 원리에 따라(19b), 쉬바 또는 쉘로쉼의 기간이 절기 전에 시작하는 한, 절기는 그것을 취소하는 것으로 결정된다.

3장

미쉬나:

누군가가 순례 절기 3일 이전에 장례를 치른다면, 쉬바의 법이 그에게 적용되기를 멈춘다. 만약 [절기 전] 8일이라면, 쉴로쉼법은 적용되지 않는다.

원리는,[3] 샤바트는 [애도한다는 외관상의 표시가 금지된다고 해도 애도의 하루로] 계산되고 애도 기간을 줄이지 않는다는 것이다. 절기의 날들은 [애도 기간]을 줄이지만 [애도 기간 쪽으로] 계산되지 않는다.

랍비 엘리에셀은, 성전 파괴 이후 샤부오트가 [이런 면에서] 샤바트와 같다고 말했다. 라반 가말리엘은, 로쉬 하샤나와 욤 키푸르가 [이런 면에서] 순례 절기와 같다고 말했다. 그러나 [대다수의] 현인들은, [법이] 어느 것에도 따르지 않고, 샤부오트는 순례 절기와 같으며, 로쉬 하샤나와 욤 키푸르는 샤바트와 같다고 말한다.

게마라:

랍비들은 다음과 같이 가르쳤다. 코헨이 자신을 더럽힐 수밖에 없는 제사장 법전[4]에 명시된 모든 [친척들]을 위해 애도해야만 한다. 그 사람들에는 아내, 아버지, 어머니, 형제, [처녀] 여자 형제, 아들, 딸이 포함된다. [랍비들은] 어머니의 형제, 어머니의 처녀 여자 형제, 아버지 쪽이든 어머니 쪽이든 결혼한 여자 형제를 추가했다.

랍비 아키바는, 그가 그들을 위해 애도하듯이 그는 그들의 '둘째들'[5]을 위해 애도한다고 말한다. 하지만 랍비 시므온 벤 엘르아살은, 그가 애도하는 유일한 '둘째들'은 자기 아들의 아들이며 자기 아버지의 아버지라고 말한다. [다른] 현인들은, 그가 누구를 위해 애도하든 그는 함께 애도한다고 말한다.[6]

현인들이 말한 것은 [랍비 아키바가 말한 것과 같지 않은가? [그들 사이의] 차이점은, 현인들은 그가 [주요 애도자]로서 동일한 집에 있을 경우에[만 애도해야 한다고 규정하는 반면에, 랍비 아키바는 그가 상관없이 애도해야 한다고 규정한다는 것이다]. 이것은 다음과 같이 라브가 자기 아들 히야에게 말하고, 라브 후나

20b

가 자기 아들에게 말한 것과 같다. 즉, 당신이 그녀와[7) 함께 있을 때, 애도 [의식]을 준수하라. 당신의 그녀와 함께 있지 않을 때, 애도 [의식]을 준수하지 말라.

마르 우크바(Mar Uqba)의 장모의 아들이 죽어서 그는 그를 위해 쉬바와 쉘로쉼을 준수하기로 결정했다. 라브 후나는 [마르 우크바]를 방문했다. 그가 "당신은 투라나이타(tzuranaita)[8)를 먹을 것인가?"라고 [물었다]. 그들이 "[당신은] 당신의 아내를 존중하여 [애도를 준수해야 한다]"라고 말할 때, 그것은 당신의 장인이나 장모가 [죽었을] 경우만이다. 이에 대해 한 바라이타가 다음과 같이 가르친다. 만약 누군가의 장인이나 장모가 죽었다면, 그는 자기 아내에게 화장 먹이나 입술연지로 화장하게 하지 않아도 되며, 침상을 뒤집고 그녀와 함께 애도 [의식]을 준수해야 한다. 동일한 사항이 그녀에게 해당된다. 즉, 만약 그녀의 시아버지나 시어머니가 죽었다면, 그녀는 화장 먹이나 입술연지로 화장하게 하지 않아야 하며, 침상을 뒤집고 그와 함께 애도 [의식]을 준수해야 한다.

하지만 다른 바라이타는 다음과 같이 진술한다. 비록 그들이, 그가 자기 아내에게 화장 먹이나 입술연지로 화장하게 하지 않아도 된다고 말했지만, 그녀는 그의 잔을 붓고 그의 침상을 준비하고 그의 얼굴과 손과 발을 씻을 수 있다. 이것은 모순이 아닌가? 한 [바라이타는] 그의 장인이나 장모가 [죽었을 경우를 다루고], 다른 바라이타는 다른 친척이 죽었을 경우를 다루는 것임이 틀림없다. 다음이 그 증거이다.

다른 바라이타는 다음과 같이 [분명하게] 진술한다. 그들이 [당신은] 당신의 **아내를 존중하여 [애도를 준수해야 한다]**고 말할 때, 그것은 당신의 장인이나 장모가 [죽었을] 경우만이다.

아메마르(Amemar)의 아들의 아들이 죽었고, [아메마르는 자기 옷을] 그에게 빌려주었다. [아메마르의] 아들이 도착했을 때, [아메마르는] 다시 [자기 옷을] 빌려주었다. 그때 [아메마르는] 자신이 [자기 옷을] 앉아서 빌려주었다는 것을 깨달았고, 그는 일어나 [다시] 서서 자기 옷을 빌려주었다.

[그때] 라바 아쉬는 아메마르에게 "[옷을] 빌려주려고 서는 것은 무슨 근거가 있는가?"라고 물었다.

[그는] 욥이 일어나 겉옷을 '빌려주었고'(찢고, 개역개정)(욥 1:20)라고 [대답했다].

[아쉬:] 그런 경우, 그리고 그가 서서(그가 이미 정한 뜻대로, 개역개정) 말하기를 내가 그 여자를 맞이하기를 즐겨하지 아니하노라(신 25:8)는 [어떤가? [그는 자신의 거절을 선언하려고 서야만 하는가?] 한 바라이타는 **앉든지 서든지 눕든지**라고 진술한다.

[아메마르는, 신명기]는 그가 '섰다'라고 말하지 않고, 욥기는 그가 '일어났고 겉옷을 빌려주었다'라고 말한다고 대답했다.

라미 바 하마는 다음과 같이 설명했다. [옷을] 빌려주려고 서는 것은 무슨 근거가 있는가? 욥이 일어나 겉옷을 빌려주었고. 어쩌면 [욥은 보통의 요구사항] 이상의 것을 했는가? [정말로, 당신은 욥의 행동이 과도하다고 말해야 한다]. 그렇지 않으면 머리털을 밀고(욥 1:20)가 [문자 그대로 적용되어야만 할 것이다].

그러므로 [우리는] 다음에서 [그것을 도출한다]. 왕이 곧 일어나서 자기의 옷을 '빌려주었고'(찢고, 개역개정)(삼하 13:31). [아니다.] 어쩌면 [다윗은 보통의 요구사항] 이상의 것을 했는가? [정말로, 당신은 다윗의 행동이 과도하다고 말해야 한다]. 그렇지 않으면 땅에 드러눕고(삼하 13:31)가 역시 [문자 그대로 적용되어야만 할 것이다]. 그러나 한 바라이타는 다음과 같이 진술한다. **만약 그가 침상이나, 의자나, 선생의 의자 또는 마루에 앉았다면,**[9] 그는 법에 따르지 않았다. 그리고 랍비 요하난은, [이것은] 그가 침상을 뒤집는 규정을 따르지 않았기 때문이라고 말했다.

라미 바 하마는, [성경은 다윗이] 마치 땅 위인 것처럼 [뒤집힌 침상에 누웠다는 것을 의미한다]고 대답했다.

랍비들은 다음과 같이 가르쳤다. 이것은 애도자가 하지 말아야만 하는 일들이다. 즉, 일, 씻기, 기름 바르기, 성관계, 신발 신기가 있다. 그는 또한 토라나 선지서나 성문서를 읽지 않아야 하며, 미쉬나 또는 미드라쉬, 할라코트, 탈무드, 아가다를 연구하지 않아야 한다. 그러나 만약 사람들이 [배우기 위해] 그를 의지하면, 그는 그렇게 할 수 있다. 랍비 요세의 아들이 셉포리스에서 죽었을 때, 그는 연구의 집에 참석하여 종일 [토라를] 설명했다.

라바 바 바 하나가 사별을 겪었다. 그는 자신이 교훈을 [전하러] 나가지 않아야 한다고 생각했지만, 랍비 하나냐는 그에게, **만약 사람들이 [배우기 위해] 그를 의지하면, 그는 그렇게 할 수 있다는 사실을** 상기시켰다. 그는 [강의하기 위해] 보조자를 임명하는 게 옳다고 생각했지만, 라브는 그에게, 바라이타는 **그가 보조자를 임명하지 않는 한 그가 무엇을 할 수 있는가?**라고 가르친다고 말했다. 그는 한 바라이타에서 다음과 같이 보고된 것과 비슷하게 행동했다. 즉, **랍비 유다 바 일라이의 아들이 죽었다. [그런데도] 그는 연구에 집에 들어갔다. 랍비 하나냐 벤 아카비아가 와서 그 옆에 앉았다. 그는 [강의를] 랍비 하나냐 벤 아카비아에게 속삭였다. 랍비 하나냐 벤 아카비아는 [그것을] 보조자에게 [반복했고] 보조자는 그것을 사람들에게 전달했다.**

하기가

HAGIGA, 절기의 희생제물

빈손으로 내 앞에 나오지 말지니라 … 네 모든 남자는 매년 세 번씩 주 여호와께 보일 지니라(출 23:15,17, JPS).

너의 가운데 모든 남자는 일 년에 세 번 곧 무교절과 칠칠절과 초막절에 네 하나님 여호 와께서 택하신 곳에서 여호와를 뵈옵되 빈손으로 여호와를 뵈옵지 말고(신 16:16, JPS).

랍비들은 이 단락이 두 가지 다른 제물을 명령한다고 이해했다. 즉, '여호와께 보이는' 것, 그리고 관련된 번제와 절기를 기념하는 화목제이다.

순례 절기(페사흐, 샤부오트, 수코트)는 널리 즐기는 행사이다. 필로는 1세기 초에 다음과 같이 그 장면을 생생하게 묘사했다.

수많은 성읍에서 수많은 군중이 온다. 어떤 이는 육지를 건너, 어떤 이는 바다 를 건너, 동과 서, 남과 북에서 모든 절기에 온다. 그들은 성전을 삶의 소동과 혼 란에서 벗어나는 일반적인 정박지와 안전한 피난처로서의 항구로 여기고, 거기서 조용한 날씨를 찾으려 한다. 그리고 그들의 가장 이른 해부터 그들을 무겁게 짓누

르는 근심의 멍에에서 풀려나, 온화한 기쁨의 무대에서 잠시 숨 쉬는 공간을 즐기려고 한다. 1)

미쉬나는 자유롭고 건강하고 온전한 정신의 남성 성인들만이 '여호와 앞에 보일' 의무를 지닌다고 말하는 것 같다. 게마라는 이 범주의 한계를 시험한다. 두 사례는 매우 흥미롭다. '반은 노예이고 반은 자유인'이라는 것은 고전적인 법적 딜레마이며, 우리는 이것이 참을 수 없는 지위이며 마침내 불법이 되는 지위라는 것을 상기하게 된다. 농아는 장애에 대한 랍비의 태도에 해결의 실마리를 던져준다. 2) 이런 사람들과 소통하고 이들을 교육하도록 효과적인 방법을 고안하기까지 거의 2천 년이 걸렸다.

1장

미쉬나:

농아, 지적 장애자, 아이, 미확인의 성을 지닌 자, 양성의 여자, 자유하지 않은 노예, 저는 자, 시각장애인, 병든 자, 나이가 많거나 걸어서 [예루살렘에] 오를 수 없는 자를 제외한 모든 사람이 [세 번의 순례 절기에 제물3)을 가지고 예루살렘에서 여호와 앞에] 보일 의무를 지닌다.

누가 [이 목적에 대해] 아이인가? 샴마이 학파는, 자기 아버지의 어깨에 타고 예루살렘의 성전산에 오를 수 없는 자라고 말한다. 힐렐 학파는, 세 번의 발[절기]4) (출 23:14)라고 한 대로, 자기 아버지의 손을 잡고 예루살렘의 성전산에 오를 수 없는 자라고 말한다.

샴마이 학파는, 보이는 절기의 제물은 [최소한] 은 두 개의 [가치가] 있어야 하며, 절기의 화목제는 한 개의 은 마아(ma'a)라고 말한다. 힐렐 학파는, 보이는 절기의 제물은 [최소한] 한 개의 은 마아의 [가치가] 있어야 하며, 절기의 화목제는 은 두 개라고 말한다.

게마라:

[모두가 보일 의무를 지닌다.] 누가 [명시된 자들 이외의] 모두에 포함되는가? 반은 노예이고 반은 자유인인 자다.

반은 노예이고 반은 자유인인 자는 '보임'에서 면제된다고 주장하는 라비나에 따르면, 또 누가 포함되는가? [절기의] 첫날에 절었지만 둘째 날에 나은 자다.

절기의 각 날이 다른 날에 대해 보상할 수 있다고 주장하는 자들의 견해에서는 다 좋지만, 나중 날이 첫날에 대한 보상이라고 주장하는 자들의 견해에서는 누가 모두에서 제외되는가?[5] 한 눈이 먼 자다.

이것은 한 바라이타에서 다음과 같이 진술하는 타나의 의견과는 일치하지 않을 것이다. 즉, 요하난 벤 다하바이(Yoḥanan ben Dahavai)는 랍비 유다의 이름으로, 여호와께 보일지니라(출 23:17) - 그분이 두 눈으로 보러 오시듯이, 그가 두 눈으로 보일 것이다[6] - 라고 한 대로, 한 눈이 먼 자는 '보임'에서 면제된다고 말했다.

대안으로는, 우리가 이전에 말했던 대로이며, 라비나의 질문에 대해서는 문제가 되지 않는다. 왜냐하면, 한 의견은 원래의 미쉬나와 일치하고, 다른 의견은 마지막 미쉬나와 일치하기 때문이다. 미쉬나는 다음과 같이 진술한다. **힐렐 학파는, 반은 노예이고 반은 자유인인 자가 하루는 자기 주인을 섬기고 하루는 자신을 섬긴다고 말한다. 샴마이 학파는 그들에게, 당신은 그의 주인에게 공급했지만, 자신을 위해서는 아니라고 말했다. 그는 여자 노예와 결혼할 수 없고, 자유한 여자와도 결혼할 수 없다. 그는 결혼하지 않은 채로 지내야 하는가? 명백히 [아니다. 왜냐하면]** 혼돈하게 창조하지 아니하시고 사람이 거주하게 그것을 지으셨으니(사 45:18, JPS)라고 한 대로, 세상은 생육하고 번성(창 1:28)하도록 창조됐기 때문이다. **그래서 사회 정의를 위해서,[7] 그의 주인은 그의 가치의 절반에 해당하는 빚의 증명서를 써서 [완전히] 그를 자유하게 해야 한다. 힐렐 학파는 자신들의 의견을 개정하여 샴마이 학파처럼 규정했다.**[8]

농아,[9] **지적 장애자, 아이를 제외하고.** 미쉬나는 지적 장애자와 아이와 더불어 헤레쉬(ḥeresh)를 열거한다. 지적 장애자와 아이가 이해가 부족하듯이, [여기서 언급되는] 헤레쉬도 이해가 부족한 자다. 이것은 미쉬나가 다음과 같이 [다른 곳에서] 말한 것을 확증한다. 즉, 현인들이 헤레쉬라는 용어를 사용할 때마다, 그들은 듣지도 말하지도 못하는 자를 의미한다. [10] 여기서 말하지만 들을 수 없는 자나 들을 수 있지만 말하지 못하는 자는 [예루살렘에서 여호와 앞에] 보일 의무를 지닌다는 것이 추론된다. 이것은 다음과 같이 한 바라이타가 가르친 것이다. 말하지만 들을 수 없는 자는 헤레쉬이며, 듣지만 말할 수 없는 자는 일렘('illem)이다. 둘 다 [법의 눈에는] 모든 면에서 건전한 정신을 가졌다.

우리는 어떻게 말하지만 들을 수 없는 자가 헤레쉬라고 불리며, 들을 수 있지만 말할 수 없는 자가 일렘이라고 불리는지를 아는가? 나는 듣지 못하는 헤레쉬 같고 입을 열지 못하는 일렘과 같다(나는 듣지 못하는 자 같아서 내 입에는 반박할 말이 없나이다, 개역개정)(시 38:14)라는 구절에서이다. 그렇지 않으면 "그는 말을 잃었다"라는 유명한 관용구에서이다. [11]

[우리는 단지 우리의 미쉬나가,] 말하지만 들을 수 없는 자나 들을 수 있지만 말 못 하는 자가 [예루살렘에서 여호와 앞에 보일] 의무가 있다는 것을 [의미한다고 해석했다]. 하지만 한 바라이타는 말하지만 들을 수 없는 자나 들을 수 있지만 말 못 하는 자가 면제된다고 가르친다.

어떤 이는 라바라고 하는데, 라비나는, 미쉬나가 완전하지 않다고 말했다. 이것이 말하고자 하는 것은 다음과 같다. 모두가 농아를 제외하고 [세 순례 절기에 예루살렘에서 여호와 앞에] 보일 의무를 지닌다. 만약 그가 말하지만 들을 수 없거나 듣지만 말하지 못한다면, 그는 [여호와 앞에] 보이는 것에서 면제되지만, 보이는 것에서 면제되더라도 그는 [절기]에 축하할 의무가 있다. [그러나] 만약 그가 듣지도 말하지도 못하거나 지적 장애자이거나 아이라면 … 그가 토라의 모든 미츠바에서 면제되는 것으로 보아, 그는 축하할 의무에서도 면제된다.

한 바라이타 역시 이처럼 말한다. 모두가 [세 순례 절기에 예루살렘에서 여호와 앞에] 보이고 축하할 의무를 지닌다. 단, 말하지만 들을 수 없거나 듣지만 말하지 못하는 헤레쉬는 제외된다. [왜냐하면] 그는 보이는 것에서 면제되기 때문이다. 하지만 보이는 것에서 면제[되더라도] 그는 [절기]에 축하할 의무가 있다. 듣지도 못하고 말하지도 못하는 자나 지적 장애자나 아이는 축하하는 것에서도 면제된다. 왜냐하면, 그가 토라의 모든 미츠바에서 면제되기 때문이다.

그들이 보이는 것에서 면제되지만 축하할 의무가 있다고 하는 데서 ['보이는 것'과 축하하는 것 사이에] 무슨 차이가 있는가? 동일한 표현 '보이다'는 곧 백성의 남녀와 어린이와 … 모으고(신 31:12)라고 기록되고, 온 이스라엘이 네 하나님 여호와 앞…에 모일 때에(신 31:11)라고 기록된 대로, 하켈(haqhel)[12]과 관련하여 사용된다. 우리는 [농아가] 이 [의무에서 면제되는지]를 어떻게 아는가? 왜냐하면, 그들이 '듣게 하고 배우게 하고'(듣고 배우고, 개역개정)(31:12)라고 기록되었기 때문이다. 그리고 한 바라이타는, 그들이 듣게 하고는 말하지만 듣지 못하는 자를 제외하며, 그들이 배우게 하고는 듣지만 말하지 못하는 자를 제외한다고 해석하기 때문이다.

당신은 말할 수 없는 자가 배울 수 없다고 말하려고 하는가? 어떤 이들은 랍비 요하난의 누이의 아들들이라고 말하는데, 랍비(유다 하-나시)의 이웃에 [사는] 랍비 요하난 벤 구드가다(Yoḥanan ben Gudgada)의 아들들인 말 못 하는 이들은 어떤가? 랍비(Rabbi)가 연구의 집에 들어갈 때마다 그들은 가서 그 앞에 앉아, 그들의 머리를 끄덕이고는 자신들의 입술을 움직였다. 랍비는 그들을 위해 기도했고 그들은 고침을 받았으며, 그들이 율법, 시프라(Sifra), 시프레(Sifré)와 모든 탈무드에 통달했었다는 것이 밝혀졌다![13]

마르 주트라(Mar Zutra)는 그들이 가르치게 하고[14] [라는 구절]을 읽으라고 말했다.

라브 아쉬는, 성경이 [어떤 경우든] 그들이 가르치게 하고를 의미하는 게 틀림없다고 말했다. 만약 당신은 그것이 그들이 배우게 하고를 의미하고, 들을 수 없는 자는 배울 수 없다고 가정한다면, 그것은 그들이 듣게 하고에서 추론됐을 것이다. 그러므로 이것이 그들이 가르치게 하고를 의미한다는 데는 의심의 여지가 없다.

다음에는 미쉬나와 탈무드에서 비의적(祕儀的) 가르침을 언급하는 얼마 안 되는 예들 가운데 하나가 온다. 명백히 랍비들과 동시대에 유대 신비주의자들 무리가 있었다. 남아 있는 헤이칼로트 문헌은 사실적으로 거룩한 임재에 나아가며 하늘의 왕궁을 통과하는 숙련자들의 '여행'을 묘사한다.[15] 그러나 탈무드는 언급한다고 해도 거의 그 여행들을 언급하지 않는다. 아마도 랍비들이 특히 성경의 하나님을 조물주로 전락시키는 영지주의 교리를 마음에 두고 있었다면, 이런 종류의 활동에 대해 근심했을 것이다. 시간이 지나면서 어떤 타나임, 특히 아키바와 시므온 벤 요하이의 이름들이 신비적 관습과 연결됐지만, 역사가들은 이렇게 여기는 것에 대해 의심한다.

이 미쉬나에 사용된 마아세 브레쉬트(ma'ase' b'reshit, 창조의 사역)(창 1장)와 마아세 메르카바(ma'ase' merkava, 병거의 사역)(겔 1장)라는 용어는 후대 유대 신비주의 가르침에서 중요성을 지니게 됐으며, 중세 신비주의자들이 자신들의 성찰을 위해 사용했다. 다른 극단으로는 마이모니데스(Maimonides)가 이 용어들을 각각 물리학과 형이상학으로 해석했다.

게마라에서 '다른 이'(히브리어, 아헤르[Aḥer])는 랍비 문헌에서 전형적인 이단이 된 2세기 타나인 엘리사 벤 아부야(Elisha ben Avuya)이다. 누구도 정확하게 그의 일탈이 어떤 형태를 띠었는지 또는 실제로 그가 이단이었는지를 알지 못한다. 어떤 초기 랍비 본문은 그를 그의 반(class)에서 완벽하게 평범한 일원으로 다룬다.[16] 다른 버전과 비교해 보면 이렇게 고도로 발전된 내러티브는 아마도 다른 사람들과 관련된 것이며, 죄와 이단뿐만 아니라 선생과 제자의 관계, 천사와 사람의 관계, 토라 배움의 미덕, 죄인들의 구속을 다루는 몇 가지 일화를 합친 것임을 암시한다.

알론 고센-고트스타인(Alon Goshen-Gottstein)은 엘리사 벤 아부야 이야기의 의미를 재평가했다. 우리는 '정원'이나 과수원에 들어간 랍비들에 대해 토세프타의 개요에서 들려준 핵심 이야기를 해석해야 하는가? 이것은 신비한 '여행'에 대한 기사(G. G. Scholem이 지지하는 전통적인 견해)인가, 네 종류의 토라 학자에 대한 비유(E. E. Urbach)인가, 또는 '모형론적' 내러티브(Goshen-Gottstein이 선호하는 견해)인가?[17]

2장

미쉬나:

만약 그가 현명하지 않고 자신이 이해할 수 없다면, 금지된 성적 접촉에 [대한 토라의 섹션은 세 명이 있는 곳에서 설명하지 않아야 하며, 창조 섹션은 두 명이 있는 곳에서 설명하지 않아야 하고, 병거 섹션은 한 명이 있는 곳에서 설명하지 않아야 한다.

다음의 네 주제를 고찰하는 누구든지 그가 결코 태어나지 않았다면 더 좋았을 것이다. 그것은, 무엇이 위에 있는가, 무엇이 아래에 있는가, 무엇이 앞에 있는가, 무엇이 뒤에 있는가이다.

그리고 그가 속한 이에게[18] 존경을 표하는 데 관심을 보이지 않는 자는 누구든지, 결코 태어나지 않았다면 더 좋았을 것이다.

게마라:

랍비들은 다음과 같이 가르쳤다. 네 명, 곧 벤 아자이와 벤 조마와 다른 이[19]와 랍비 아키바가 정원[20]에 들어갔다. 아키바가 그들에게 말했다. 너희들이 순수한 대리석 돌에 도달했을 때, "물이다! 물이다!"라고 말하지 마라. 왜냐하면, 거짓말하는 자는 내 목전에 서지 못하리로다(시 101:7)라고 말하기 때문이다.

벤 아자이는 응시하고 죽었다. 그에 대해 성경은 그의 경건한 자들의 죽음은 여호와께서 보시기에 '통탄할'(귀중한, 개역개정) 것이로다(시 116:15, JPS)라고 말한다.

벤 조마는 응시했고 미쳤다. 그에 대해 성경은 너는 꿀을 보거든 족하리만큼 먹으라 과식함으로 토할까 두려우니라(잠 25:16, JPS)라고 말한다.

다른 이는 식물을 잘랐다.[21]

랍비 아키바는 평화롭게 빠져나왔다.

그들은 벤 조마에게 물었다. 개를 거세하는 것이 허용되는가? 그가 대답했다. 너희의 땅에서는 이런 일을 행하지도 말지며(레 22:24). [당신이 어디에 있든지, 우상숭배자들이 하는] 이런 일들을 네 땅에서 하지 말라!

그들은 벤 조마에게 물었다. 만약 처녀가 임신한다면 대제사장은 그녀와 결혼할 수 있는가?[22] 우리는 피를 [흘리게 하지] 않고서 여러 번 처녀와 성관계를 할 수 있다고 주장하는 쉬무엘의 주장을 고려하는가, 아니면 쉬무엘이 비정상적이라고 주장하는 것인가? 그는, 쉬무엘이 주장한 것은 비정상적이라고 대답했다.[23] 그러나 우리는 그녀가 [여전히 처녀일 때] 욕조에서 임신할 수도 있다고 정말로 고려한다. 하지만 쉬무엘은 만약 정자가 화살과 같이 발사하지 않는다면 그것은 임신하게 할 수 없다고 진술하지 않았는가? [대답은 다음과 같다. 비록 정자가 욕조에 있을 때까지 그녀에게 들어가지 않았더라도,] 그것은 원래 [생길] 때 화살과 같이 발사했다.

랍비들은 다음과 같이 가르쳤다. 랍비 여호수아 벤 하나니아는 성전산 꼭대기 위에 서 있었다. 24) 벤 조마는 그를 보았지만 서 있지 않았다. [여호수아가] 물었다. 너는 무엇을 하고 있었느냐, 벤 조마야!

그가 대답했다. 내가 윗물과 아랫물이 합쳐지는 곳을 바라보고 있었는데, 하나님의 영은 수면 위에 운행하시니라(창 1:2) – 자기 새끼를 건드리지 않고 그 위를 나는 비둘기와 같이 – 라고 한 대로, 그들 사이에는 세 손가락 넓이 이상이 되지 않았다.

랍비 여호수아는 자기 제자들에게 말했다. 벤 조마는 여전히 [정신이] 나갔다. 하나님의 영이 언제 수면 위에 운행했는가? 첫날이다. 하지만 물과 물로 나뉘라 하시고(창 1:6)25)라고 기록된 대로, [윗물과 아랫물 사이의] 구분은 둘째 날이었다.

[그렇다면] 얼마나 많은 간격인가? 라브 아하 바 야곱은, 머리카락 한 가닥만큼이라고 말했다. [다른] 랍비들은, [다리의] 두꺼운 판자 사이의 공간과 같다고 말했다. 어떤 이는 라브 아시라고 하는데, 마르 주트라는, 두 컵을 함께 누른 것과 같다고 말했다.

다른 이는 식물을 잘랐다. 그에 대해 성경은 네 입으로 '네가 총애를 잃게'(네 육체가 범죄하게, 개역개정) 하지 말라(전 5:6, JPS)라고 말한다.

그게 무엇이었는가? 그는 앉아서 이스라엘의 공적을 기록하도록 허락받은 메타트론(Metatron)26)을 보았다. [다른 이는], 내가 위에는 앉는 것도 없고 수고하는 것도 없고 목의 뒤도 없고,27) 지침도 없다는 것을 배웠다고 숙고했다. 아마도 하나님은 두 세력이 있다는 것을 금지하지 않았는가?

그들은 메타트론을 데려가 그를 60번이나 불로 강타했다. 28) 그들은 "당신은 그를 보았을 때 왜 서 있지 않았는가?"라고 물었다.

[메타트론]에게는 다른 이의 공적을 지울 권한이 주어졌으며, 하늘의 목소리가 "배역한 자식들아 돌아오라(렘 3:14). 하지만 다른 이에게는 아니다!"라고 외친다.

[다른 이는] '내가 이제 저 세상에서 배제됐으므로, 나는 이 세상에 가서 즐기겠다!'라고 생각했다. 다른 이는 악으로 돌아섰다.

그는 창녀를 발견하고 그녀를 유혹했다. 그녀는 "하지만 당신은 엘리사 벤 아부야가 아닌가?"라고 말했다. [그래서] 그는 안식일에 목초지에서 무를 뽑아서 그녀에게 주었다. 그녀는 그가 다른 사람임이 틀림없다고 생각했다.

다른 이가 악으로 돌아선 후에, 그는 랍비 메이르에게 물었다. 하나님이 저것에 따라 이것을 만드셨다(이 두 가지를 하나님이 병행하게 하사, 개역개정)(전 7:14)는 의미가 무엇인가?

[랍비 메이르]는 거룩하신 이, 그분은 찬양받으시리로다, 그분이 창조하신 무엇이든지 그분은 그것의 보완을 창조하셨는데, 즉, 그분은 산을 창조하시고 언덕을 창조하셨으며, 그분은 바다를 창조하시고 강을 창조하셨다고 대답했다.

다른 이는 다음과 같이 대답했다. 이것은 당신의 선생 아키바가 가르친 것이 아니다. 그분은 덕스러운 사람을 창조하시고 악인도 창조하셨으며, 그분은 에덴동산을 창조하셨고, 게힌놈을 창조하셨다는 것이다. 각 사람에게는 두 몫이 있다. 덕스러운 사람이 옳다고 발견될 때, 그는 에덴동산에서 악인의 몫과 함께 자신의 몫을 받는다. 악인이 죄가 있다고 발견될 때, 그는 게힌놈에서의 덕스러운 사람의 몫과 함께 그의 몫을 받는다.

라브 메샤르샤(Rav Mesharshya)는 말했다. 이 [생각은] 성경 어디에서 [발견되는가]? 덕스러운 사람에 대해, 그들의 땅에서 갑절이나 얻고 영원한 기쁨이 있으리라(사 61:7, JPS)라고 기록되며, 악인에 대해서는, 배나 되는 멸망으로 그들을 멸하소서(렘 17:18, JPS)라고 기록된다.

다른 이가 악으로 돌아선 후에, 그는 랍비 메이르에게 물었다. 황금이나 수정이라도 비교할 수 없고 정금 장식품으로도 바꿀 수 없으며(욥 28:17, JPS)의 의미가 무엇인가?

그는, 이것이 금과 정금의 장식품만큼이나 얻기 어렵지만, 수정만큼 깨뜨리기 쉬운 토라의 말씀을 가리킨다고 대답했다.

다른 이는 다음과 같이 대답했다. 이것은 당신의 선생 아키바가 가르친 것이 아니다. 깨진 금과 수정 장식품에 대한 방책이 있듯이, 배운 자들이 잘못된 길로 들어선 후에 그들에 대한 방책이 있다는 것이다.

[메이르:] 그런 경우, 회개하라!

[다른 이:] 그러나 나는 이 부분 뒤에서[29] "배역한 자식들아 돌아오라. 하지만 다른 이에게는 아니다!"라고 들었다.

랍비들은 다음과 같이 가르쳤다. 다른 이는 안식일에 말을 타고 있었으며 랍비 메이르는 그에게서 토라를 배우려고 뒤에서 걷고 있었다. [다른 이가] 말했다. 메이르야 돌아서라! 나는 말의 걸음에서 당신이 안식일의 한계에 도달했다는 것을 분별할 수 있다.

그렇다면 당신도 돌아서라![30] 메이르가 말했다.

[다른 이:] 내가 당신에게 말하지 않았느냐? 나는 이 부분 뒤에서 "배역한 자식들아 돌아오라. 하지만 다른 이에게는 아니다!"라고 들었다.

[메이르는] 그를 붙잡고 그를 연구의 집으로 인도했다.

네 구절을 내게 낭송하라! [다른 이가] 한 아이에게 말했다.

[그 아이는] 여호와께서 말씀하시되 악인에게는 평강이 없다 하셨느니라(사 48:22)라고 낭송했다.

[메이르는] 그를 또 다른 연구의 집으로 인도했다.

네 구절을 내게 낭송하라! [다른 이가] 한 아이에게 말했다.

[그 아이는] 네가 잿물로 스스로 씻으며 네가 많은 비누를 쓸지라도 네 죄악이 내 앞에 그대로 있으리니(렘 2:22, JPS)라고 낭송했다.

[메이르는] 그를 또 다른 연구의 집으로 인도했다.

네 구절을 내게 낭송하라! [다른 이가] 한 아이에게 말했다.

[그 아이는] 멸망을 당한 자여 네가 어떻게 하려느냐 네가 붉은 옷을 입고 금장식으로 단장하고 눈을 그려 꾸밀지라도 네가 화장한 것이 헛된 일이라 연인들이 너를 멸시하여 네 생명을 찾느니라(렘 4:30, JPS)라고 낭송했다.

[메이르는] 그를 또 다른 연구의 집으로 모두 13번 인도했고, 모든 [아이들이] 이런 종류의 구절을 낭송했다.

마지막 아이에게 [다른 이가] 말했다. 네 구절을 낭송하라!

[그 아이는] 악인에게는 하나님이 이르시되 네가 어찌하여 내 율례를 전하며 내 언약을 네 입에 두느냐(시 50:16, JPS)라고 낭송했다.

그 아이는 말을 더듬었고, 그것은 마치 그가 "엘리사에게 하나님이 이르시되…"라고 말하는 것처럼 들렸다.[31] 어떤 이는, [다른 이가] 칼을 가지고 그를 죽였다고 말한다. 어떤 이는 [다른 이가] 만약 내게 칼이 있었다면 나는 그를 죽였을 것이라고 말했다고 한다.

다른 이가 죽었을 때 그들은,[32] 그가 [징벌을] 선고받을 수도 없고, 다가올 세상에 받아들여질 수도 없다고 말했다. 그가 [징벌을] 선고받을 수도 없는 것은 그가 [토라 연구에] 참여했기 때문이다. 그가 다가올 세상에 받아들여질 수도 없는 것은 그가 죄를 지었기 때문이다.

랍비 메이르는 다음과 같이 말했다. [그의 죄가 깨끗하게 될 때] 그가 다가올 세상에 받아들여지도록 그들이 그에게 [징벌을] 선고하는 편이 낫겠다. 내가 죽을 때, 나는 그의 무덤에서 [반드시] 연기가 오르게 하겠다.[33]

랍비 메이르가 죽었을 때, 다른 이의 무덤에서 연기가 올랐다.

랍비 요하난이 말했다. 자신의 선생을 태운 것이 어떤 종류의 영웅적 행동인가? 그는 우리 중 한 명이었는데 우리는 그를 구원할 수 없는가? 만약 내가 그의 손을 붙잡는다면, 누가 내게서 그를 데려갈 수 있는가? 내가 죽을 때, 나는 그의 무덤에서 나오는 연기를 맡을 것이다.

랍비 요하난이 죽을 때, 다른 이의 무덤에서 연기가 멈추었다. 찬양자가 [랍비 요하난에 대해], "문을[34] 지키는 자라도 당신의 길을 막아서지 못했습니다, 오 선생이시여!"라고 말했다.

다른 이의 딸은 랍비(유다 하-나시)에게 와서 자선을 요구했다.

당신은 누구의 딸인가? 그가 물었다.

나는 다른 이의 딸입니다. 그녀가 대답했다.

그는 그녀에게 말했다. 그의 후손이 여전히 이 세상에 있는가? 그는 그의 백성 가운데 후손도 없고 후예도 없을 것이며 그가 거하던 곳에는 남은 자가 한 사람도 없을 것이라(욥 18:19, JPS)라고 기록되지 않았는가?

그녀는 그에게 말했다. 그의 행동이 아니라 그의 배움을 생각하라.

그 순간에 불이 [하늘에서] 내려와 랍비의 의자를 태웠다.[35]

랍비는 "만약 이것이 [토라]로 인해 불명예스럽게 된 자들에게 [일어난 일]이라면, 토라를 통해 명예롭게 된 자들에게는 얼마나 더 [놀라운 일들이] 일어나겠는가!"라고 한탄했다.

랍비 메이르는 어떻게 다른 이의 발에서[36] 토라를 연구할 수 있었는가? 라바 바바 하나는 랍비 요하난의 이름으로 말했다. 제사장의 입술은 지식을 지켜야 하겠고 사람들은 그의 입에서 율법을 구하게 되어야 할 것이니 제사장은 만군의 여호와의 사자가 됨이거늘(말 2:7)의 의미가 무엇인가? 만약 그가 만군의 여호와의 천사와 같다면, 그의 입에서 토라를 찾으라. 하지만 [그가 만군의 여호와의 천사와 같지] 않다면, 그의 입에서 토라를 찾지 말라!

레쉬 라키쉬는, 랍비 메이르가 [자신의 행동을 정당화하는] 성경 한 구절을 찾았다고 말했다. 너는 귀를 기울여 지혜 있는 자의 말씀을 들으며 내 지식에 마음을 둘지어다(잠 22:17, JPS) – 이것은 "그들의 지식에 마음을 두라"라고 하지 않고, "내 지식에 마음을 둘지어다"라고 한다.

라브 하나나는, [그가] 딸이여 듣고 보고 귀를 기울일지어다 네 백성과 네 아버지의 집을 잊어버릴지어다(시 45:10 JPS)라는 구절에서 [그것을 추론할 수 있었다]고 말했다.

이 구절들 사이에 모순이 있지 않은가? 아니다. 전혀 모순이 없다. [잠언과 시편은] 위대한 사람에게 [전해지고], [말라기서는] 보잘것없는 사람에게 [전해진다].

라브 디미가 [바빌론에] 왔을 때, 그는 "서쪽에서는 랍비 메이르가 대추야자를 먹고 그 껍질을 버렸다고 말한다"라고 했다.

라바는 골짜기의 푸른 초목을 보려고 … 내가 호도 동산으로 내려갔을 때에(아 6:11, JPS)를 설명했다. 현인들은 왜 호두와 비교되는가? 그것은 호두가 진흙과 흙으로 덮일 수 있지만, 안의 [열매는] 손상되지 않듯이, 현인은 타락할 수 있지만 [그 안의] 토라는 손상되지 않는다는 것을 가르쳐주기 위해서이다.

다음의 짧은 일화는 이전 진술을 극화한 것이다. 마지막의 작지만 대담무쌍한 신인동형론적 단락은, 다음과 같이 '하나님의 파토스', 즉 하나님이 인간과 함께 고통을 겪음에 대한 랍비의 가르침을 집약하여 보여준다.

라바 바 쉴라(Rabba bar Shila)는 [선지자] 엘리야[37]를 만났다. 그가 물었다. 거룩하신 이, 그는 찬양받으시리로다, 그분은 무엇을 하고 계신가?

[엘리야는], 그분은 각 랍비들의 이름으로 강화를 되풀이하고 계시지만, 랍비 메이르의 이름으로는 안 하고 계신다고 말했다.

[라바 바 쉴라:] 왜 [그런가]?

[엘리야:] 랍비 메이르는 다른 이에게서 그의 강화를 배웠기 때문이다.

[라바 바 쉴라:] 랍비 메이르가 석류를 발견하고는 그가 그 열매를 먹고 껍질은 버렸다.

[엘리야:] 이제 [거룩하신 이, 그분은 찬양받으시리로다, 그분이] "내 아들 메이르가…"라고 말씀하실 것이다.

누군가가 고통을 당할 때, 하나님의 임재는 무엇을 말하는가? 내 머리는 무겁고, 내 팔은 무겁다. 만약 그런 식으로, 거룩하신 이, 그분은 찬양받으시리로다, 그분이 악인의 피로 인해 고뇌하신다면, 의인이 피를 흘릴 때는 얼마나 더 [고뇌하시겠는가].

THE TALMUD

셋째 주제

나쉼

NASHIM, 여자

서론

이 주제를 구성하는 일곱 소책자 가운데 다섯은, 여자들의 지위와 권리를 규정한다. 12살까지의 소녀는 그녀의 아버지의 권위 아래 있으며, 결혼한 여자는 그녀의 남편의 권위 아래 있고, 결혼하지 않은 성인 여자는 독립한다. 미쉬나는 여자들의 지위 변화가 일어나는 방식을 규정한다.

나머지 두 소책자는 맹세를 다루는데, 맹세의 내용이 남자와 여자에게 모두 동등하게 적용되는 몇 안 되는 예외를 다룬다. 게마라(*Sota* 2a; 1장을 보라)는 이전 소책자 케투보트(*Ketubot*)가 맹세와 관련된 문제를 다루므로, 네다림(*Nedarim*, 서원)이 포함된다고 제안한다. 네다림은 자연스럽게 나지르(*Nazir*, 나실인)로 이어지는데, 그 둘은 맹세와 관련되기 때문이다. 그리고 나지르는 소타(*Sota*)로 이어지는데, 민수기 5장과 6장에서 소타와 나란히 놓인다.

이 주제는 역설적으로 기틴(*Gittin*, 이혼)이 키두쉰(*Qiddushin*, 약혼)보다 앞서고, 가장 어려운 예바모트가 먼저 나오면서, 가장 긴 소책자로 시작하고 가장 짧은 소책자로 마무리한다.

예바모트

YEVAMOT, 법적인 누이 관계

형제들이 함께 사는데 그중 하나가 죽고 아들이 없거든 그 죽은 자의 아내는 나가서 타인에게 시집 가지 말 것이요 그의 남편의 형제가 그에게로 들어가서 그를 맞이하여 아내로 삼아 그의 남편의 형제 된 의무를 그에게 다 행할 것이요 그 여인이 낳은 첫 아들이 그 죽은 형제의 이름을 잇게 하여 그 이름이 이스라엘 중에서 끊어지지 않게 할 것이니라 그러나 그 사람이 만일 그 형제의 아내 맞이하기를 즐겨하지 아니하면 그 형제의 아내는 그 성문으로 장로들에게로 나아가서 말하기를 내 남편의 형제가 그의 형제의 이름을 이스라엘 중에 잇기를 싫어하여 남편의 형제 된 의무를 내게 행하지 아니하나이다 할 것이요 그 성읍 장로들은 그를 불러다가 말할 것이며 그가 이미 정한 뜻대로 말하기를 내가 그 여자를 맞이하기를 즐겨하지 아니하노라 하면 그의 형제의 아내가 장로들 앞에서 그에게 나아가서 그의 발에서 신을 벗기고 그의 얼굴에 침을 뱉으며 이르기를 그의 형제의 집을 세우기를 즐겨 아니하는 자에게는 이같이 할 것이라 하고 이스라엘 중에서 그의 이름을 신 벗김 받은 자의 집이라 부를 것이니라(신 25:5-10, JPS).

이 법들은 랍비의 해석에 따라 남자와 여자 사이의 허용된 관계와 금지된 관계의 범위를 규정하는 식으로 설명된다. 다른 상황에서는 남자가 자기 형제의 (전)처와 결혼할 수 없다(레 18:16).

원리상으로, 일부다처제가 성경 시대 후에 유대인들 사이에서 명백히 혼한 것은 아니었지만, 남자는 자신이 이미 결혼했다고 해도 신명기에서 명령하는 대로 자신의 죽은 형제의 과부와 결혼할 수 있었다. 로마법은 이중 결혼을 처벌했지만, 로마 당국은 미쉬나 시기의 팔레스타인에서 유대인의 일부다처제를 묵인했을 수 있다. [1]

게마라(39b)는 할리차(ḥalitza, 신발을 벗는 의식)가 '요즈음'에는 실제로 형수와 결혼하는 것보다 우선적으로 행해져야 한다는 아바 사울의 의견을 기록한다. 그러나 이 문제는 여전히 중세 시대에 논란의 여지가 있었으며, 영국 종교개혁에서 심각한 반발이 있었다. 1530년에 왕 헨리 8세는 아라곤의 캐서린(Catherine of Aragon)과 자신의 수혼(levirate marriage)을 무효화하려고 이탈리아에 있는 유대 자료에서 증거를 구했다. 랍비들은 헨리가 캐서린을 제쳐놓지 못하게 하라는 압박을 받았던 교황 클레멘트 7세에게 조언했으며, 이 결혼이 성경의 관례와 현행의 세파르디(중세 스페인계 유대)의 유대 관행과도 일치한다는 것을 입증하는 데 어려움이 거의 없었다. [2]

남자는 살아있는 두 자매와 결혼할 수 없다(레 18:18). 그러므로 만약 죽은 형제의 아내가 그의 아내의 누이라면(두 형제가 두 자매와 결혼했다면), 살아있는 형제는 수혼을 이행할 수 없다. 일반적으로 만약 과부가 시동생과 함께 결혼하는 데 금지된 여자라면, 그녀가 그의 형제와 결혼하지 않았더라도 그는 자기 형제의 죽음 후에 그 과부와 결혼하지 않을 수 있다. 게다가 그녀는 공동 아내(일부다처제의 결혼에서 한 여자의 남편의 또 다른 아내)가 되는 의무에서도 면제된다. 미쉬나의 처음 부분에서는, 열다섯 명의 여자 친척들이 이 범주에 해당한다고 말한다.

미쉬나의 처음 부분에 열거된 여러 사례를 포함하여 이 소책자에서 논의하는 더 이상한 사례는, 실제적인 판례법이 아니라 법의 한계를 시험하려고 고안된 가정적인 구성이다. 실제로 35a에서 게마라는 어떤 사례가 실제로 일어났다는 제안에 놀라움을 표현한다.

1장

미쉬나:

15명의 여자가 자신들의 공동 아내와 자신들의 공동 아내의 공동 아내, 이렇게 무한정으로 이붐(yibbum)과 할리차에서 면제를 받는데, 다음의 사람들이 그들이다. 즉, [생존하는 형제의] 딸, 그의 딸의 딸, 그의 아들의 딸, [다른 사람과의 결혼에서 낳은] 그의 아내의 딸, 그의 아들의 딸, 그의 딸의 딸, 그의 장모, 그의 장모의 어머니, 그의 장인의 어머니, 그의 어머니 쪽의 자매, 그의 어머니의 자매, 그의 아내의 자매, 그의 어머니 쪽의 형제의 아내, 자신의 세계에 있지 않은 형제의 아내,[3] 그의 며느리가 있다. 이들은 자신들의 공동 아내와 자신들의 공동 아내의 공동 아내, 이렇게 무한정으로 이붐과 할리차에서 면제를 받는다.

그러나 만약 이들 가운데 누구라도 항변을 하거나,[4] [남편이 죽기 전에] 이혼했거나, 불임으로 드러났다면, 공동 아내는 [그 형제와 결혼하는 것이] 허용된다. 하지만 당신은 그의 장모나 그의 어머니나 그의 장인의 어머니에 대해서, 그들이 불임으로 드러났다거나 '항변'했다고 말할 수 없다.

다음 섹션은 토라법을 당시 관습에 적용하려는 자들이 어떻게 탈무드를 읽는지를 볼 기회를 제공한다. 뉴욕에서 주도적인 정통 할라크 권위자였던 랍비 모셰 파인스타인(Moshe Feinstein, 1895-1986년)은, 임신하면 생명이 위태로울 수 있다는 의사의 조언을 받은 한 여자가 임신을 피하고자 성관계 동안 '패드'를 사용할 수 있느냐는 질문을 받았다. 그는 이것을 허용할 뿐만 아니라 추천하면서 다음과 같이 주장했다. 랍비 메이르와 현인들 사이의 논쟁은, 위험이 최소화되고 하늘의 긍휼을 의지하는 게 적절한 곳에서 명시된 '세 여자들'에게만 관련되지만, 이 경우와 마찬가지로 위험이 중대한 곳에서는 모두가 피임을 사용하는 데 동의하리라는 것이다. 질문자는 아마도 페서리(여성용 피임기구)를 염두에 두었을 것이다(파인스타인은 이것을 명확히 하지 않는다). 파인스타인은 모크(mokh, '패드')를, 정자를 흡수하거나 차단하도록 성관계 전에 질에 넣는 어떤 재료라고 해석하는 라쉬의 견해를 따른다. 그러나 라쉬의 손자 야콥 탐(Jacob Tam)은 그것이 성관계 이후 정자를 제거하는 데 사용되는 면봉이었다고 주장했다. 그러므로 어떤 할라크 권위자들은 장벽 피임을 완전히 금지한다. [5] 할라크주의자의 접근은 순수하게 본문 중심이다. 그들은 역사적으로 어떤 피임기구가 탈무드의 랍비들에게 알려졌는지 조사하지 않는다. 경구 피임은 다른 이슈를 제기한다. 이 이슈는 아래 65b에서 논의한다. 바빌로니아의 라브와 팔레스타인의 랍비 엘르아살은 모두 "남자가 자신의 미성년 딸을 결혼시키는 것은 금지된다"라고 규정하지만(Qiddushin 41a), 아동 결혼은 중세 말까지 유대인의 삶의 실상으로 남아 있었다. 미성년자들과의 성관계는 이런 맥락에서이다.

게마라:

라브 아시는, 한 불임 여성의 공동 아내가 죽은 남편의 형제와 결혼하는 것은 금지된다고 제안한다. 반대는 다음과 같이 제기된다.

미쉬나는 다음과 같이 진술한다. **만약 이들 가운데 누구라도 항변을 하거나, [남편이 죽기 전에] 이혼했거나, 불임으로 드러났다면, 공동 아내는 [그 형제와 결혼하는 것이] 허용된다.**

문제가 전혀 안 된다! [라브 아시의 진술은 그가 그녀와 결혼할 때 그녀가 불임이었다는] 것을 알았던 곳에 [적용된다]. [미쉬나는] 그가 알지 못한 곳에 적용되며, 이것은 정확하게 지적된다. 왜냐하면, 미쉬나는 **불임이었다**고 하지 않고 **불임으로 드러났다**고 말하기 때문이다.

12b   라바는 다음과 같이 규정한다. 율법은 [죽은 형제가] 그녀가 결혼 당시 불임이었다는 것을 알았더라도, 불임 여자의 공동 아내가 [죽은 남편의 형제와 결혼하는 것이] 허용된다는 것이며, [이것은] 자기 자신의 딸의 불임 공동 아내에게도 해당하는 것이다. 하지만 미쉬나는 **불임으로 드러났다**고 진술하지 않는가? [라바는, 대신에] **불임이었다**고 읽으라고 [말할 것이다].

라빈이 도착했을 때, 그는 랍비 요하난의 이름으로, [그 과부가] '항변자'의 공동 아내이든지, 불임 여자의 공동 아내이든지, 그녀의 남편이 이혼하고 재혼한 여자의 공동 아내이든지, [6] 그녀는 [시동생이나 시아주버니]와 결혼하는 것이 허용된다고 말했다.

라브 비비(Rav Bibi)는 라브 나흐만이 있을 때 다음과 같이 가르쳤다. 세 여자, 곧 미성년자, 임신한 여자, 수유하는 여자는 패드를 [사용하여] 성관계를 할 수 있다. 미성년자는 그녀가 임신할 경우와 그녀가 죽을 경우를 대비해서 [패드를 사용하는 것이 허용된다]. 임신한 여자는 태아가 손상될 경우를 대비해서 허용되며,[7] 수유하는 여자는 그녀가 [다시 임신하여] 강제로 아기의 젖을 떼게 될 때 그 아기가 죽을 경우를 대비해서 허용된다. 누가 미성년자인가? 11살에서 하루 지난 때부터 12살에서 하루 지난 때까지의 나이에 속한 소녀이다. 만약 그녀가 그것보다 더 어리거나 더 나이가 들었다면, 그녀는 보통 방식으로 성관계를 해야 한다고 랍비 메이르는 말한다. 그러나 현인들은 그들 모두가 보통 방식으로 성관계를 해야 하며, 여호와께서는 순진한 자를 지키시나니(시 116:6, JPS)라고 말한 대로, 하늘이 긍휼을 베풀 것이라고 말한다.

이제, 그녀가 임신할 경우와 그녀가 죽을 경우를 대비해서라고 말하므로, 임신하고 죽지 않은 미성년자들이 있다는 것을 논의할 차례이다. 만약 그렇다면 '항변'한 장모가 있을 수 있지만,[8] 미쉬나는 하지만 당신은 그의 장모나 그의 어머니나 그의 장인의 어머니에 대해서, 그들이 불임으로 드러났다거나 '항변'했다고 말할 수 없다!라고 진술한다.

한 바라이타가 그녀가 임신하고 죽을 경우를 대비해서라고 [말한다고] 이해하라. 왜냐하면, 라바 바 리바이(Rabba bar Livai)는 다음과 같이 진술했기 때문이다. 이것들이 한계이다. 한계 아래로 그녀는 전혀 임신하지 않을 것이다. 이 한계 내에서 그녀는 죽고, 태아도 죽을 것이다. 그 한계 위에서 그녀는 살고 태아는 살 것이다.

명백히 이것은 그럴 리가 없다. 왜냐하면, 라바 바 쉬무엘이 [명백하게] 다음과 같이 가르쳤기 때문이다. 당신은 그의 장모나 그의 어머니나 그의 장인의 어머니에 대해서, 그들이 불임으로 드러났다거나 '항변'했다고 말할 수 없는데, 왜냐하면 그들은 이미 출산했기 때문이다. 그러므로 한 바라이타는 그녀가 임신할 경우와 그녀가 죽을 경우를 대비해서를 의미함이 틀림없다.

그렇다면 문제는 여전히 남아 있다!

라브 사프라(Rav Safra)는, 자녀[9]는 [그녀의 나이에 상관없이 더 이상 미성년자가 아니라는] 표시라고 대답했다. 어떤 이는, 자녀는 [성인의 증거로서 결혼 적령기의] 표시 이상이라고 말한다.

샤바트(Shabbat) 31a에 나오는 힐렐과 샴마이에 대한 일화는 개종자에게 강력하게 권고하는 태도를 가리키지만, 아래의 바라이타는 신중함을 암시한다. 이는 아마도 유대교 개종자들이 신앙을 버리고 유대인들을 당국에 비방할 때, 또는 개종자들이 기독교나 이단 분파에 합류하여 방해가 될 때 필요할 것이다. 이것은 개종자들을 '배반자'로 여기는 랍비 헬보(Ḥelbo)의 신랄하면서도 모호한 비유의 배후에 놓인 것일 수도 있다. [10]

4장

게마라:

랍비들은 다음과 같이 가르쳤다. 누군가가 오늘날에 개종하겠다고 자신을 소개할 때, 우리는 그에게 말한다. 왜 당신은 개종하기를 원하는가? 당신은 오늘날 이스라엘 사람들이 고생에 찌들고 눌리며, 경멸당하고 애를 먹고 박해당한다는 것을 알지 못하는가? 만약 그가, 나는 알고 있으며, 나는 [그들의 고통을 나누기에도] 하찮다고 [느낀다고] 대답하면, 우리는 그를 즉시 받아들인다. 우리는 그에게 몇 가지 쉬운 미츠보트와 몇 가지 어려운 미츠보트를 가르치고, 레케트(leqet), 쉬크하(shikh'ḥa), 페아(pe'ah), 불충분한 십일조[의 소홀함 때문에 야기되는] 죄, 그리고 계명을 [어긴 것에] 대한 징벌을 그에게 알린다. 우리는 그에게 이렇게 말한다. 당신이 이 단계에 도달하기 전에 당신은 금지된 기름을 먹는 것에 대해 카레트의 책임을 지지 않도록 주의하고 안식일을 범했다고 돌에 맞지 않도록 주의하라. 이제 만약 당신이 금지된 기름을 먹으면 카레트의 책임을 질 수 있으며, 만약 당신이 안식일을 어기면 돌에 맞을 수 있다.

우리가 그에게 계명을 [어긴 것에] 대한 징벌을 알렸듯이, 우리는 [순종에 대한]

보상을 알린다. 우리는 그에게, 세상은 의인을 위해 만들어졌지만, 이스라엘은 요즈음 과도한 복이나 과도한 고통을 견딜 수 없다는 것을 알아야 한다고 말한다. 우리는 [그에게] 과도하게 [경계시키지] 않으며, 과도하게 자세한 내용으로 들어가지도 않는다.

만약 그가 받아들인다면, 우리는 그에게 즉시 할례를 베푼다. 만약 할례를 무효로 하는 [표피의] 조각이 남았다면, 이것을 바로잡는다.[11] 그가 회복했을 때, 그는 지체 없이 물웅덩이에 잠긴다. 두 명의 학식 있는 사람들이 그에게 몇 가지 쉬운 미츠보트와 몇 가지 어려운 미츠보트를 상기시키면서 가까이에 선다. 그가 나와서 몸을 말리자마자, 그는 모든 면에서 이스라엘 사람이다.

만약 [그 개종자가] 여자라면, 여자들이 그녀의 목까지 물속에서 그녀를 받쳐 주고, 두 명의 학식 있는 사람들이 그녀에게 몇 가지 쉬운 미츠보트와 몇 가지 어려운 미츠보트를 상기시키면서 밖에 선다. 자유롭게 되는 노예에게처럼 동일한 절차가 전향자에게 적용된다.[12] 전향자와 노예 모두 월경 중인 여자를 [정결하게 하는 데 유효한] 어떤 [물웅덩이]에도 담글 수 있다. 게다가 [담금]에 방해가 되는 것은 무엇이든지[13] [동일하게] 전향자와 노예와 월경 중인 여자에게도 방해가 된다.

한 선생이 다음과 같이 말했다. 누군가가 오늘날에 개종하겠다고 자신을 소개할 때, 우리는 그에게 말한다. 왜 당신은 개종하기를 원하는가? … 우리는 그에게 몇 가지 쉬운 미츠보트와 몇 가지 어려운 미츠보트를 가르친다. 이렇게 하는 이유는 무엇인가? [그것은] 만약 그가 떠나기를 원한다면, [쉽게 그렇게 할 수 있도록] 하기 위해서이다. 왜냐하면, 랍비 헬보가 말하기를, 나그네 된 자가 야곱 족속과 연합하여 그들에게 예속될 것이며(사 14:1, JPS)라고 기록된 대로, 전향자는 이스라엘에게 딱지만큼 나쁘다고 했기 때문이다.[14]

그리고 레케트, 쉬크하, 페아, 불충분한 십일조[의 소홀함 때문에 야기되는] 죄, 그리고 계명을 [어긴 것에] 대한 징벌을 그에게 알린다. 왜인가? 랍비 히야 바 아바는 랍비 요하난의 이름으로, 노아 후손들은 한 페루타보다 못한 도둑질에도 처형을 당하고, [훔친 재산을] 보상하여 [징벌을 피할 수] 없기 때문이라고 말했다.[15]

우리는 [그에게] 과도하게 [경계시키지] 않으며, 과도하게 자세한 내용으로 들어가지도 않는다. 랍비 엘르아살은 이렇게 말했다. 우리가 성경 어디에서 이것을 발견할 수 있는가? [룻에 대해] 나오미가 룻이 자기와 함께 가기로 굳게 결심함을 보고 그에게 말하기를 그치니라(룻 1:18, JPS)라고 기록됐다. [나오미는,] 우리는 안식일 경계를 넘는 게 금지된다고 [말했다]. [룻은], 어머니께서 가시는 곳에 나도 가고 라고 [대답했다]. 우리는 남자들과 홀로 머무는 게 금지된다. [그녀는], 어머니께서 머무시는 곳에서 나도 머물겠나이다라고 [대답했다]. 우리에게는 [지켜야 할] 613개의 계명이 있다. 어머니의 백성이 나의 백성이 되고라고 [대답했다]. 우리는 우상을 섬기지 않아야 한다. 어머니의 하나님이 나의 하나님이 되시리니라고 [대답했다]. 우리에게는 네 가지 종류의 사형 선고가 있다. 어머니께서 죽으시는 곳에서 나도 죽어라고 [대답했다]. 법정은 [범죄자들을 위한] 두 가지 무덤을 가지고 있다. 나도 죽어 거기 묻힐 것이라라고 [대답했다](룻 1:16-17).

만약 그가 받아들인다면, 우리는 그에게 즉시 할례를 베푼다. 왜인가? 우리는 미츠바를 지연시키지 않는다.

만약 할례를 무효로 하는 [표피의] 조각이 남았다면, 이것을 바로잡는다. 이것은 미쉬나를 따르는 것인데, 미쉬나에서는 다음과 같이 진술한다. 다음의 [표피의] 조각들은 할례를 무효화한다. 즉, 귀두 대부분을 덮은 살이다. 만약 이것들이 제거되지 않았다면, 그는 테루마를 먹을 수 없다.[16] 랍비 예레미야 바 아바는 라브의 이름으로, [이것이] 세로로 귀두 대부분을 덮은 살을 [의미한다]고 말했다.

그가 회복했을 때, 그는 지체 없이 물웅덩이에 잠긴다. 그가 회복했을 때이며, 그가 회복되기 전은 아니다. 왜 그런가? 왜냐하면, 물이 상처를 자극하기 때문이다.

두 명의 학식 있는 사람들이…. 하지만 랍비 히야는 랍비 요하난의 이름으로, 전향자는 세 명의 [사정관]이 필요하다고 말하지 않았는가? [실제로] 랍비 요하난은 그의 타나에게 "셋이다!"라고 말하라고 가르쳤다.[17]

그가 나와서 몸을 말리자마자, 그는 모든 면에서 이스라엘 사람이다. 이것이 어떻게 법에 영향을 미치는가? 만약 그가 본래의 신앙으로 되돌아가고, 그다음에 이스라엘 여자와 결혼한다면, 그는 변절한 이스라엘 사람의 지위를 지니며, 그가 계약한 어떤 결혼도 유효하다.

자유롭게 되는 노예에게처럼 동일한 절차가 전향자에게 적용된다. 당신은 이것이 공식적으로 미츠보트에 서약하는 것을 의미한다고 추정할 것이다.[18] 이 [추정]에 반대하여, [한 바라이타는 다음과 같이 진술한다]. 이것은 누구에게 적용되는가? 전향자에게다. 하지만 자유롭게 되는 노예는 미츠보트에 공식적으로 서약할 필요가 없다.

라브 셰세트는 "전혀 문제가 안 된다!"라고 말한다. 하나는 랍비 시므온 벤 엘르아살의 의견이고, 다른 하나는 [대다수] 현인들의 의견이다. 한 바라이타는 다음과 같이 진술한다. 그 부모를 위하여 … 애곡한 후에(신 21:13).[19] 이것은 언제 적용되는가? 만약 그녀가 [미츠보트를] 받아들이지 않았을 경우이다. 하지만 만약 그가 받아들였다면 그녀는 자신을 담그고 [그녀를 잡은 자와 결혼하는 게] 즉각 허용된다. 랍비 시므온 벤 엘르아살은, 그녀가 [미츠보트를] 받아들이지 않았다고 해도, 그녀는 자신의 노예 지위를 확립하고자 담그게 되고, 그다음에 자유하게 될 때 다시 담그게 된다고 말한다. 그리고 그가 그녀를 자유롭게 했을 때, 그는 즉각 [그녀를 자신의 아내로 맞이하는 게] 허용된다.

6장

미쉬나:

사람이 자녀를 갖지 않은 경우를 제외하고는, 생육하고 번성하라(창 1:28)는 것에서 단념하지 않아야 한다. 샴마이 학파는 두 남자를 말하고 힐렐 학파는 남자와 여자를 창조하시고(창 1:27)라고 한 대로, 한 남자와 한 여자를 말한다.

게마라:

그래서 그가 만약 자녀를 가졌다면 그가 생육하고 번성하라는 것에서 단념할 수 있지만, 아내를 가지는 것에서는 아니다. 이것은 라브 나흐만이 쉬무엘의 이름으로 말한 것을 확증한다. 그는, 사람이 많은 자녀를 가졌다고 해도, 사람이 혼자 사는 것이 좋지 아니하니(창 2:18)라고 한 대로, 아내가 없으면 안 된다고 했기 때문이다.

하지만 어떤 이는, 만약 그에게 자녀가 있다면 그는 **생육하고 번성하라**는 것에서 단념할 수 있고 또 아내를 가지는 것에서도 마찬가지라고 말한다. 이것은 라브 나흐만이 쉬무엘의 이름으로 말한 것과 모순되는가? 아니다. 만약 그에게 자녀가 없다면, 그는 자녀를 낳을 수 있는 아내와 결혼해야 하지만, 그에게 이미 자녀가 있다면 그는 자녀를 낳을 수 없는 아내와 결혼할 수도 있다.

[법에서 이 두 견해 사이에] 차이점이 있는데, [첫째 견해에서 그가 이미 자녀가 있다고 해도] 그가 [만약] 자녀를 [낳을 수 있는 아내와 결혼하는 게 필요하다면] 토라 두루마리를 팔 수 있는 반면에, 둘째 견해에서는 그렇지 않을 수 있다.

샴마이 학파는 두 남자를 말한다. 샴마이 학파에 [이에 대한] 무슨 이유가 있는가? 그들은 이것을 모세에게서 배운다. 왜냐하면, 모세의 아들은 게르솜과 엘리에셀이라 [그 후에 그는 자기 아내와 헤어졌다](대상 23:15)라고 기록됐기 때문이다.

그리고 힐렐 학파는? 그들은 세상이 창조된 방식에서 배운다. [20]

샴마이 학파는 왜 세상이 창조된 방식에서 배우지 않는가? [왜냐하면] 불가능한 것에서 가능한 것을 추론할 수 없기 때문이다.

힐렐 학파는 왜 모세에게 배우지 않는가? 그들은, 한 바라이타가 다음과 같이 가르치는 대로, 모세가 [법에 따르기보다는] 자발적으로 행동했다고 말할 것이다.

모세는 자발적으로 세 가지 일을 했고, 그의 판단은 편재하신 이의 판단과 일치했다. 즉, 그는 자기 아내와 헤어졌고, [돌로 된] 평판을 부쉈으며, 하루를 더했다.

그는 자기 아내와 헤어졌다. 그는 이것의 토대를 무엇에 두었는가?[21] 세키나는 짧고 지정된 시간에만 함께 말한 이스라엘에게도 여인을 가까이 하지 말라(출 19:15)고 지시했는데, 하물며 지정된 시간도 없이 세상을 위해 **끊임없이 준비해야만 하는 나는 얼마나 더 [여자와 접촉하는 것을 피해야]** 하겠는가! 그리고 그의 판단은 편재하시는 이의 판단과 일치했다. 왜냐하면, 가서 그들에게 각기 장막으로[22] 돌아가라 이르고 너는 여기 내 곁에 서 있으라(신 5:30-31, JPS)라고 기록됐기 때문이다.

그는 [돌로 된] 평판을 부쉈다. 그는 이것의 토대를 무엇에 두었는가? 그는 이렇게 추론했다. 613개의 계명 가운데 하나일 뿐인 유월절 어린 양의 경우에도, 토라가 이방 사람은 먹지 못할 것이나(출 12:43)라고 규정하는데, 이스라엘이 변절하였으므로[23] 하물며 나는 그들 앞에 전체 토라를 두는 것을 얼마나 더 거절해야 하겠는가? 그리고 그의 판단은 편재하시는 이의 판단과 일치했다. 왜냐하면, 네가 깨뜨린(출 34:1)이라고 기록됐기 때문이다. 그리고 레쉬 라키쉬는 이것이 거룩하신 이, 그분은 찬양받으시리로다, 그분이 모세에게 그것들을 깨뜨린 것에 대해 고맙다고 말씀하셨다는 것을 의미한다고 했다. [24]

그는 하루를 더했다. 그는 이것의 토대를 무엇에 두었는가? 오늘과 내일 그들을 성결하게 하며(출 19:10)라고 기록됐다. 그는 이것을 '내일과 같은 오늘'이라고 이해했다. 즉, 내일이 그 전날을 포함하듯이, 오늘은 그 전날을 포함한다. 하지만 오늘의 전날은 이미 지나갔으므로, [하나님은] 오늘을 제외한 이틀을 의미하셨음이 틀림없다. 그리고 그의 판단은 편재하시는 이의 판단과 일치했다. 왜냐하면, 셰키나는 안식일이 되어서야 [이스라엘에] 쉬러 왔기 때문이다.

한 바라이타는 다음과 같이 가르친다. **랍비 나단은, 샴마이 학파가 두 남자와 두 여자라고 말하나 힐렐 학파는 한 남자와 한 여자라고 말한다고 한다.**

라브 후나가 말했다. 랍비 나단의 버전에 대해 샴마이 학파에 무슨 이유가 있는가? 그것은, 그가 또 가인의 아우 아벨을 낳았는데(창 4:2) – 아벨과 그의 누이, 가인과 그의 누이[25] – 라고 기록되고, [그 후에] 이는 하나님이 내게 가인이 죽인 아벨 대신에 다른 씨를 주셨다 함이며(창 4:25)라고 기록됐다. 하지만 다른 이들은 [하와가] 단지 감사를 표현하고 있었다고 말한다.

또 다른 바라이타는 다음과 같이 가르친다. **랍비 나단은, 샴마이 학파가 한 남자와 한 여자라고 말하나 힐렐 학파는 한 남자 또는 한 여자라고 말한다고 한다.**

라바가 말했다. 랍비 나단의 버전에 대해 힐렐 학파에 무슨 이유가 있는가? 그것은, 혼돈하게 창조하지 아니하시고 사람이 거주하게 그것을 지으셨으니(사 45:18)라고 기록됐으며, [심지어 한 남자나 한 여자도] '거주'에 해당된다.

다음과 같이 가르침을 받았다. 만약 그가 우상숭배자였고 그 후 개종했을 때 그에게 자녀들이 있었다면, 랍비 요하난은, 그가 자녀들을 낳았으므로 그는 **생육하고 번성하라**는 것을 성취했다고 말한다. 레쉬 라키쉬는, 개종자는 새로 태어난 아이와 같으므로 그는 **생육하고 번성하라**는 것을 성취하지 못했다고 말한다.

여기서 그들은 일관된 방향을 따르는데, 다음과 같이 가르쳐졌기 때문이다. 만약 그가 우상숭배자였고 그 후 개종했을 때 그에게 자녀들이 있었다면, 랍비 요하난은, [아버지가 이미] 자기의 기력의 '첫 열매'(시작, 개역개정)(신 21:17)를 가졌으므로 [그의 개종 후 첫 태생의 아들은] 유산의 장자권을 가지지 못한다고 말한다. 레쉬 라키쉬는, 개종자는 새로 태어난 아이와 같으므로 [그가 개종한 후 첫 태생의 아들은] 유산의 장자권을 가진다고 말한다.

두 경우는 [진술될] 필요가 있다. 만약 우리가 전자만을 알았다면, 우리는 랍비 요하난이 그 관점을 **생육하고 번성하라**에 대해서만 주장했다고 생각할 것이다. **생육하고 번성하라**가 개종 전에도 적용됐기 때문이다. [26] 그러나 장자의 유산 문제에서 그는 레쉬 라키쉬에 동의할 것이다. 만약 우리가 후자의 경우만 알았다면, 우리는 그것이 레쉬 라키쉬가 자신의 견해를 주장하는 곳이라고 생각하겠지만, 그는 전자의 경우 랍비 요하난에 동의했을 것이다. 그러므로 둘 다 [진술될] 필요가 있다.

랍비 요하난은 그때에 발라단의 아들 바벨론의 왕 브로닥발라단이 … 보낸지라(왕하 20:12, JPS)라고 레쉬 라키쉬에 반대했다. [레쉬 라키쉬는,] 그들이 우상숭배자들로 남아 있는 동안 그들은 가족 관계를 유지하지만, 그들이 개종하면 그들은 그 관계들을 잃는다고 [대답했다].

많은 논의가 노예의 자녀들, 죽은 자녀들, 손자들이 숫자를 메울 수 있는지 등에 대해 다뤄진다. 그때 미쉬나는 랍비 여호수아의 진술에 근거하여 도전받는다.

62b   **우리 미쉬나는 랍비 여호수아의 [의견]과 일치하지 않는다. 왜냐하면, 한 바라이타가 다음과 같이 가르치기 때문이다. 랍비 여호수아는 다음과 같이 말한다. 너는 아침에 씨를 뿌리고 저녁에도 손을 놓지 말라 이것이 잘 될는지, 저것이 잘 될는지, 혹 둘이 다 잘 될는지 알지 못함이니라**(전 11:6, JPS)라고 한 대로, **만약 한 사람이 젊을 때 결혼했다면 그가 노년에 결혼하게 하라. 만약 그가 젊을 때 자녀를 낳았다면**

그가 노년에 자녀를 낳게 하라.

랍비 아키바는 다음과 같이 말한다. 너는 아침에 씨를 뿌리고 저녁에도 손을 놓지 말라고 한 대로, 만약 당신이 젊을 때 토라를 배웠다면 노년에 토라를 배우라. 만약 당신이 젊을 때 제자들을 길렀다면 노년에 제자들을 길러라.

그들은, 랍비 아키바가 가바스에서 안디바드리(Antipatris)[27]까지 수만 명의 제자를 거느렸으며, 그들은 서로를 존중하여 대하지 않았으므로 모두 한 시기에 죽었다고 말한다. [그 후에] 랍비 아키바가 남쪽에 있는[28] 우리 랍비들, 곧 랍비 메이르, 랍비 유다, 랍비 요세, 랍비 시므온, 랍비 엘르아살 벤 샤무아에게 접근하여 그들을 가르칠 때까지 세상은 황량했다. 그리고 당시 토라를 보존한 것은 바로 그들이었다.[29]

다음과 같이 가르침을 받았다. 그들 모두는 유월절과 오순절 사이에 죽었다.

어떤 이는 히야 바 아빈이라고 하는데, 라브 하마 바 아바는, 그들 모두 악한 죽임을 맞이했다고 말했다. 그것이 무엇인가? 아스카라 (Askara)[30]이다.

라브 마트나는, 할라카는 랍비 여호수아에 따라 진행된다고 말했다.

거기에는 결혼을 찬양하는 진술과 결혼에 대한 조언의 모음이 이어진다. 마이클 새트로우(Michael Satlow)는 랍비 문헌에서 부부간의 사랑이라는 개념을 신중하게 분석했다. 긍정적인 랍비의 태도는 이전 로마 전통과 일치할 뿐만 아니라 사산 왕조의 조로아스터교의 관습과도 일치한다. 이것은 사산 왕조 제국 그리스도인들의 태도와는 대조를 이루는데, 그들은 사산 왕조의 사회에 적응하고자 자신들의 금욕주의와 독신주의 전통을 수정하려는 상당한 압박을 느꼈다. 이사야 개프니(Isaiah Gafni)는 팔레스타인 랍비들과 바빌로니아 랍비들 사이에서 결혼에 대한 태도의 차이가 주변 사회에서의 태도에 어떻게 반영되는지를 보여주었다.[31]

랍비 탄훔(Tanḥum)은 랍비 하니라이(Ḥanilai)의 이름으로, 만약 한 사람이 아내가 없다면 기쁨이 없고 복이 없으며, 좋지 않다고 말했다. 그가 기쁨이 없다는 것은 너와 네 권속[32]이 함께 먹고 즐거워할 것이며(신 14:26, JPS)라고 기록됐기 때문이다. 복이 없다는 것은 네 집에 복이 내리도록 하게 하라(겔 44:30, JPS)라고 기록됐기 때문이다. 좋지 않다는 것은 사람이 혼자 사는 것이 좋지 아니하니(창 2:18, JPS)라고 기록됐기 때문이다.

서쪽에서는 그들은 토라가 없으며, [보호]벽이 없다고 말한다. 토라가 없다는 것은 나의 도움이 내 속에 없지 아니하냐 나의 능력[33]이 내게서 쫓겨나지 아니하였느냐(욥 6:13, JPS)라고 기록됐기 때문이며, [보호]벽이 없다는 것은 여자가 남자를 둘러싸리라(렘 31:22)라고 기록됐기 때문이다.

라바 바 울라는, 평안함(평화)이 없다면, 이는 네가 네 장막의 평안함을 알고 네 '가정을'(우리를, 개역개정) 살펴도 잃은 것이 없을 것이며(욥 5:24)라고 기록됐기 때문이라고 말했다.

랍비 여호수아 벤 레비는, 만일 누군가가 자기 아내가 하나님을 두려워하는 것을 알면서 그녀를 살피지 않으면,[34] 그는 죄인이라 불릴 것이며, 이는 네가 네 장막의 평안함을 알고 네 가정을 살펴도라고 말하기 때문이라고 말했다.

랍비 여호수아 벤 레비는, 네가 네 장막의 평안함을 알고 네 가정을 살펴도라고 말하는 대로, 사람이 여행을 떠나려 할 때 자기 아내를 살펴야 한다고 말했다.

그것은 [이 구절에서] 유래하는가? 명백히 이것은 너는 남편을 원하고 남편은 너를 다스릴 것이니라(창 3:16, JPS)에서 오는가? 라브 요세프는, [여호수아 벤 레비의 구절은] 그녀의 월경이 다되어 갈 시간이 가까워서 [남편이 출발할] 상황에 필요하다고 말했다. [그 시간에] 얼마나 가까워야 [성관계를 하는 게 허용되는가]? 라바는, 온 밤이나 온 하루라고 말했다.

이것은 [만약 그가] 선택적인 [여행을 출발할 경우]에는 적용되지만, 미츠바에 대한 경우라면 그는 골몰할 것이다.[35]

랍비들은 다음과 같이 가르친다. 자기 아내를 자신과 같이 사랑하며, 그녀를 자신보다 더 존중하고, 자기 아들과 딸을 바른길로 인도하며 그들이 성년이 되자마자 그들을 결혼시키는 자에 대해, 성경은 네가 네 장막의 평안함을 알고라고 말한다.

그의 이웃들을 사랑하는 자, 자기 친척들을 가까이 데려오고, 그의 누이의 딸과 결혼하며[36] 가난한 자들에게 궁핍할 때에 빌려주는 자에 대해, 성경은 네가 부를 때에는 나 여호와가 응답하겠고 네가 부르짖을 때에는 내가 여기 있다 하리라(사 58:9, JPS)라고 말한다.

랍비 엘르아살은 아내가 없는 남자는 남자가 아니라고 말하는데, 남자와 여자를 창조하셨고 … 그들의 이름을 사람[37]이라 일컬으셨더라(창 5:2, JPS)라고 하기 때문이다.

랍비 엘르아살은 또한 아내가 없는 남자는 남자가 아니라고 말하는데, 하늘은 여호와의 하늘이라도 땅은 사람에게 주셨도다(시 115:16, JPS)라고 하기 때문이다.

랍비 엘르아살은 또한 다음과 같이 말했다. 그를 위하여 돕는 '크네그도(k'negdo)[38]를'(배필을, 개역개정) 지으리라 하시니라(창 2:18)의 의미가 무엇인가? 만약 그가 그럴만한 자격이 있다면 그녀는 그를 돕지만 그렇지 못하다면 그녀는 그를 거스른다.

랍비 요세는 [선지자] 엘리야[39]를 만났다. [랍비 요세가 물었다.] 그를 위하여 돕는 자를 지으리라라고 기록됐는데, 여자는 어떤 식으로 남자를 돕는가? [엘리야는] 다음과 같이 대답했다. 남자는 집에 밀을 가져온다. 그런데 그는 [있는 그대로] 그것을 씹는가? 그는 집에 세마포를 가져온다. 그런데 그는 [짜지 않은] 세마포를 입는가? 그녀는 그의 눈에 불을 밝히고 [그가] 스스로 설 [수 있도록] 하지 않는가?

랍비 엘르아살도 다음과 같이 말했다. 이번에는 마침내(이는, 개역개정) 내 뼈 중의 뼈요 살 중의 살이라(창 2:23, JPS)의 의미가 무엇인가? 이것은 아담이 모든 짐승과 교접 [하려고 시도했지만] 그가 하와를 만날 때까지 만족하지 못했다는 것을 가르친다.

엘르아살도 다음과 같이 말했다. 땅의 모든 족속이 너로 말미암아 복을 얻을 것이라(창 12:3, JPS)의 의미는 무엇인가? 거룩하신 이, 그분은 찬양받으시리로다, 그분이 아브라함에게, 나는 네게 접붙일 좋은 두 가지가 있는데, 모압의 룻과 암몬의 나아마(Naamah)라고 말씀하셨다.[40]

땅의 모든 족속. 땅에 사는 족속들도 이스라엘 때문에 복을 받는다.[41] 땅의 모든 족속. 갈리아에서 스페인으로 항해하는 배조차도 이스라엘 때문에 복을 받는다.

랍비 엘르아살은, 노를 잡은 모든 자와 사공과 바다의 선장들이 다 배에서 내려 언덕에 서서(겔 27:29, JPS)라고 한 대로, 모든 직업을 가진 사람들이 [언젠가] 그 땅에 설 것이라고[42] 말했다.

랍비 엘르아살은 또한, 다 … 내려라고 한 대로, 어떤 직업도 그 땅[에서 일하는 것]보다 더 낮은 직업은 없을 것이라고 말했다.

랍비 엘르아살은 두 사람이 밭에서 양배추를 파종하는 것을 보았다. 그는, 만약 당신이 전체 길이를 [파종]한다고 해도 당신은 장사하는 게 형편이 더 나을 것이라고 말했다.

라브는 곡식 밭을 지나가고 있을 때, 그것이 바람에 흔들리는 것을 보았다. 그는 "네가 좋은 대로 모두 흔들라! 장사하는 게 더 낫다!"라고 말했다.

라바는 다음과 같이 말했다. 100주즈를 장사에 [투자하라]. 그러면 당신은 매일 고기와 포도주를 가지게 될 것이다. 100주즈를 농사에 투자하라. 그러면 당신은 소금과 잡초를 얻게 될 것이다. 그뿐만 아니라, 당신은 당신이 수확한 것을 땅에 두고 사람들과 분쟁에 휘말릴 것이다.

라브 파파는 다음과 같이 말했다. [네 가정을 위해 곡식을] 파종하고 사지 마라. 비용이 같다고 해도 [당신이 재배하는 것이] 복을 받는다. 가난해지기 전에 팔아라. [그리하여 당신은 장사하고 가난을 피할 수 있다]. 하지만 당신의 카펫만 팔고, 대체할 수 없는 옷은 팔지 마라. 구멍은 그 위에 바르지 말고 메워라. 다시 짓기보다는 그 위에 발라라. 짓는 자는 누구든지 가난하게 되기 때문이다. 땅을 파는 데는 신속하라. 하지만 아내를 얻는 데는 신중하라. 아내를 위해 한 계단 내려가고 가장 좋은 친구를 위해 한 계단 올라가라.[43]

랍비 엘르아살 벤 아비나는, 내가 여러 나라를 끊어 버렸으므로 그들의 망대가 파괴되었고 내가 그들의 거리를 비게 하여 지나는 자가 없게 하였으므로 그들의 모든 성읍이 황폐하며 사람이 없으며 거주할 자가 없게 되었느니라 내가 이르기를 너는 오직 나를 경외하고 교훈을 받으라(습 3:6-7, JPS)라고 한 대로, 징벌이 오직 이스라엘 때문에 임할 것이라고 말했다.

라브는 랍비 히야를 떠나고 있었다. [랍비 히야는] 그에게 "하나님이 당신을 죽음보다 더 나쁜 것에서 구원하시기를 바란다!"라고 말했다. 그는 조심스럽게 살펴

보고 다음을 발견했다. 여인은 사망보다 더 쓰다는 사실을 내가 알아내었도다(전 7:26, JPS).

라브의 아내는 그를 괴롭혔다. 만약 그가 콩을 준비하라고 말하면, 그녀는 렌틸콩을 준비했다. 렌틸콩을 준비하라고 하면 콩을 준비했다. 그의 아들 히야가 성장했을 때, 그는 자기 어머니에게 전달한 지시를 바꾸었다. [라브는], 네 어머니가 나아졌다고 말했다. 히야는, 나는 [지시를] 바꾸었다고 말했다. [라브는] 다음과 같이 말했다. 이것이 [그들이] "당신에게서 나온 자가 당신을 가르친다"라고 말할 [때] 사람들이 [의미하는] 것이다. [그러나] 그것을 하지 마라. 왜냐하면, 완전히 속이며 이웃마다 다니며 비방함이라(렘 9:4)라고 하기 때문이다.

랍비 히야의 아내는 그를 괴롭히곤 했다. 만약 그가 [가치 있는] 어떤 것이라도 발견하면, 그는 그것을 수다르(sudar)에서 싸서 그녀에게 가져왔다. 라브는 "하지만 그녀가 너를 괴롭히지 않는가?"라고 말했다. 그는 "우리의 자녀들을 낳고 우리를 죄에서 구원한 것으로 충분하지 않은가!"라고 대답했다.

라브 예후다는 자기 아들 이삭에게 여인은 사망보다 더 쓰다는 사실을 내가 알아내었도다라는 [구절을] 가르치고 있었다. [그 아이는] "누구와 같습니까?"라고 물었다. [그는,] 네 어머니와 같다고 [대답했다]. 하지만 라브 예후다 역시 그의 아들 이삭에게 네 샘으로 복되게 하라 네가 젊어서 취한 아내를 즐거워하라(잠 5:18, JPS)라는 [구절을] 가르치지 않았는가? [그 아이는] "누구와 같습니까?"라고 물었다. [그는,] 네 어머니와 같다고 [대답했다]. [여기에는 모순이 전혀 없다]. 그녀는 그와 싸우곤 하지만 쉽게 말로 화해한다.

나쁜 아내는 무엇과 같은가? 아바예는, 그녀는 상을 차리고 자기 입을 [그에 거스른다]고 말했다. 라바는, 그녀는 상을 차리고 그에게 등을 돌린다고 말했다.

랍비 하마 바 하니나는, 남자가 결혼할 때 아내를 얻는 자는 복을 얻고 여호와께 은총을 받는 자니라(잠 18:22)라고 한 대로, 그의 죄를 막았다고[44) 말했다.

서쪽에서 한 남자가 결혼할 때, 그들은 "얻었는가(Found) 아니면 발견하는가(find)?"라고 묻곤 한다. 얻었다는 것은 아내를 얻는 자는 복을 얻고이며, 발견하는 것은 여인은 사망보다 더 쓰다는 사실을 내가 알아내었도다이다.

수갸는 비슷한 맥락으로 약 한 페이지가 계속된다. 불행하게도 현인들의 아내들은 그들이 남편에 대해 느낀 것을 기록으로 남기지 않았다.

토라에 있는 첫 미츠바는 출산이다. 곧 생육하고 번성하라이다. 자녀를 낳는 것은 남자보다 여자에게 더 위험 부담이 있다. 누구라도 죽음의 위험과 관련된 미츠바에 복종할 수 있는가? 히야의 아내 유디스가 경구피임약을 사용하는 것을 주목하라.

미쉬나:

남자들에게는 생육하고 번성하라고 명령하고 여자들에게는 명령하지 않는다. 랍비 요하난 벤 바로카(Yoḥanan ben Baroqa)는 이 둘에 대해, 하나님이 그들에게 복을 주시며 하나님이 그들에게 이르시되 생육하고 번성하여 땅에 충만하라(창 1:28)고 진술한다고 말한다.

게마라:

우리는 [여자들이 아니라 남자들에게 생육하고 번성하라고 명령했다는 것을] 어떻게 아는가? 랍비 일라아는 랍비 엘르아살 벤 시므온의 이름으로, 말한다. 성경은 땅에 충만하라, 땅을 정복하라(창 1:28)라고 말한다. 여자들이 아니라, 남자들이 정복하는 것은 통상적이다.

그와는 반대로, '정복하라'[는 복수인데, 이것은] 둘 다를 의미한다!

라브 나흐만 바 이삭은, 이것은 불완전하게 기록됐다고 말했다. [45)

라브 요세프는, [이 추론은] 나는 전능한 하나님이라 생육하며 번성하라(창 35:11)[46)라고 [아브라함에게 하신 말씀에서 나온다]고 말했다.

랍비 일라아가 랍비 엘르아살 벤 시므온의 이름으로 말한 또 다른 것은 다음과 같다. 들게 될 무언가를 말하는 것이 미츠바인 것처럼, 듣지 않게 될 무언가를 말하지 않는 것도 미츠바이다. 랍비 아바는, 거만한 자를 책망하지 말라 그가 너를 미워할까 두려우니라 지혜 있는 자를 책망하라 그가 너를 사랑하리라(잠 9:8, JPS)라고 한 대로, [이것은 그 이상으로] 의무라고 말했다.

랍비 일라아도 랍비 엘르아살 벤 시므온의 이름으로 이렇게 말했다. 당신의 아버지가 돌아가시기 전에 명령하여 이르시기를 너희는 이같이 요셉에게 이르라 … 이제 바라건대 그들의 허물과 죄를 용서하라 하셨나니…(창 50:16-17, JPS)라고 [요셉의 형제들에 대해] 기록된 대로, 평화를 위해서 본심을 속이는 것은 허용된다. 랍비 나단은, 사무엘이 이르되 내가 어찌 갈 수 있으리이까 사울이 들으면 나를 죽이리이다(삼상 16:2)[47]라고 한 대로, [그렇게 하는 것이] 미츠바라고 말했다. [마찬가지로,] 랍비 이스마엘 학파에서는 다음과 같이 가르쳤다. 평화가 크도다! 거룩하신 이, 그분은 찬양받으시리로다, 심지어 그분도 본심을 속이셨다. 먼저 [사라가 속으로 웃고 이르되…] 내 주인도 늙었으니 [내게 무슨 즐거움이 있으리요]라고 기록되지만, 그다음에 [천사가 그것을 아브라함에게 보고할 때, 그는] 사라가 왜 웃으며 이르기를 내가 늙었거늘 어떻게 아들을 낳으리요 하느냐(창 18:12-13, JPS)라고 했다고 기록되었다.

랍비 요하난 벤 바로카는 말한다. 랍비 요하난과 랍비 여호수아 벤 레비에 [대해], 다음과 같이 가르침을 받았다. 한 명은 할라카가 랍비 요하난 벤 바로카에 따른다고 말했고, 다른 한 명은 할라카가 랍비 요하난 벤 바로카에 따르지 않는다고 말했다.

[여기에] 할라카가 랍비 요하난 벤 바로카에 따르지 않는다고 말한 것은 랍비 요하난이었다는 증거가 [있다]. 랍비 아바후는 앉아서 랍비 요하난의 이름으로, 할라카가 [랍비 요하난 벤 바로카에 따랐다고] 진술했지만, 랍비 암미와 랍비 아시는 [반대하며] 그에게서 얼굴을 돌렸다. 어떤 이는, 그것을 말한 이는 랍비 히야 바 아바였고, 랍비 암미와 랍비 아시가 얼굴을 돌렸다고 말한다.

라브 파파가 지적했다. 만약 그것을 말한 이가 랍비 아바후였다면 그들은 가이사를 존경하여 그에게 어떤 말을 하는 것도 삼갔겠지만,[48] 만약 랍비 히야 바 아바였다면 그들은 왜 그것이 랍비 요하난의 말이 아니었다고 하지 않았는가?

[결국] 무슨 일이 일어났는가?

한 증거가 다음과 같이 있다. 랍비 아하 바 하나나는 다음과 같이 보고했다. 랍비 아바후가 랍비 아시의 이름으로 말했다. 가이사랴 회당에서 랍비 요하난에게 소송[49]이 제출됐는데, 그는 [그 남편이] 그녀에게 이혼을 허락하고 그녀에게 케투바(ketuba)를 지불해야만 한다고 판결했다. 이제 만약 당신이 그녀가 ['생육하고 번성하라']는 명령을 받지 않았다고 말한다면, 그녀에게 왜 케투바를 보상하는가? 아마도 그녀는 랍비 암미 앞에 나타난 여자와 같이 [추가 주장]이 있을 것이다. 그녀가 케투바를 주장할 때, [랍비 암미는] "가라! 당신은 ['생육하고 번성하라']는 명령을 받지 않았다!"라고 말하면서 처음에 거절했다. 그녀는 "그러면 노년에 나는 무엇을 해야 하는가?"라고 말했다. [랍비 암미는], 만약 그렇다면 우리는 [지불]해야만 한다고 말했다.

한 여자가 [비슷한 요구로] 라브 나흐만 앞에 왔고, 그는 "당신은 ['생육하고 번성하라']는 명령을 받지 않았다!"라고 대답했다. 그녀가 "그러면 나는 내 손의 막대기와 나를 묻을 삽이 필요 없는가?"라고 말했다. [랍비 암미는], 만약 그렇다면 우리는 [지불]해야만 한다고 말했다.

[랍비 히야의 아들] 유다와 히스기야는 쌍둥이였다. 그들 가운데 하나는 아홉 달 [임신] 끝에 완전하게 되어 태어났고, 다른 하나는 일곱 달 초에 태어났다. 랍비 히야의 아내 유디스는 출산할 때 크게 고생했다. 그녀는 자기 옷을 갈아입고, [자기 신분을 숨기고] 그 앞에 나와서, "여자들은 생육하고 번성하라는 명령을 받았는가?"라고 물었다. 그는 아니라고 대답했다. 그녀는 가서 불임약을 마셨다. [한참 후에] 그 이야기가 나왔다. 그는 그녀에게 "그렇다면 당신은 어떻게 나에게 더 많은 자녀(왜냐하면 그 선생이, 유다와 히스기야는 형제들이고 파지와 타비는 자매들이었다고 말했기 때문이다)를 낳았는가?"[50]라고 물었다.

그들은 ["생육하고 번성하라"]라고 명령받지 않았는가? 라브 아하 바 카티나는 랍비 이삭의 이름으로, "어떤 여자가 반은 자유인이고 반은 노예여서, 그들은 그녀의 주인에게 그녀를 자유롭게 놓아주라고 강요했다"라고 말하지 않았는가? 라브 나흐만 바 이삭은, 그것은 [그녀가 결혼해서 자녀를 가질 수 있게 하려는 것이 아니라, 사람들이] 그녀를 창녀로 대했기 때문이라고 말했다.

10장은 엄격하게 법을 적용하는 데서 오는 심각한 사회문제를 다룬다. 결혼한 여자는 첫 남편이 죽거나 그가 그녀와 이혼하지 않으면 재혼할 수 없지만, 만약 해

외여행 중에 그가 실종되면 어떤가? 보통의 증거법은 두 명의 독립적인 성인 남자에게 그의 죽음에 대한 증언을 요구할 것이다. 이런 증거는 얻을 수 없을지도 모르며, 그 여자는 재혼할 수 없거나 실종된 남편의 재산에서 자신의 케투바를 주장할 수 없이 아구나(aguna, '묶인 여자')가 될 것이다. 그러므로 증거의 규칙이 완화되어 간접적인 증거와 여자와 노예들의 증언도 받아들여질 수 있다.

이것은 모두가 동의했지만, 이론적 토대는 결코 명확하지 않으며, 이 수갸의 주제가 된다. 데이비드 크래머(David Kraemer)는 "게마라는 다양한 자료와 권위자들을 언급할 때, 그들의 권위를 절충하고 그들의 목소리를 본질적으로 게마라 자체에 버금가게 만든다"라고 주장한다. [51] 현재의 수갸에서 대두한 것이 아모라임의 결정적이지 않은 이론적 구조와 대조적인 타나임법의 확고함일지라도, 여기에는 일부 진리가 있다.

10장

미쉬나:

한 여자의 남편이 해외로 갔고, [한 증인이[52]] 와서 그녀에게 그가 죽었다고 말했다. 그녀는 재혼했고 그 후에 그의 [첫] 남편이 돌아왔다. 그녀는 두 [남편] 모두를 떠나야만 하고 각각의 이혼증서가 필요하며, 어느 쪽에도 케투바 또는 그녀의 투자에 대한 수입, 부양비, 옛 옷에 대해 요구할 권리가 없다. [53] 그녀가 어느 남편에게서든 이것들을 스스로 도왔다고 해도 그녀는 이것들을 돌려줘야만 한다. 어느 남편에게서 낳은 아이도 마므제르(mamzer, 금지한 결혼에서 태어난 아이)이며, [어느 남편이 코헨이라면] 그는 그녀를 장사지내는 데 더럽히지 않아도 된다. [남편 측에서는, 어느 남편이든] 그녀가 찾은 어떤 것에 대해서도, 그녀가 한 일의 어떤 이익에 대해서도 요구할 권리가 없으며, 그녀의 맹세를 취소할 수도 없다. 만약 그녀가 이스라엘 사람이었다면 그녀는 코헨과 결혼할 자격이 박탈된다. 그녀가 레위인이라면 그녀는 더 이상 십일조를 먹을 수 없다. 만약 그녀가 제사장 가문에 속했다면 그녀는 더 이상 테루마를 먹을 수 없다. 남편의 상속자들 모두 그녀의 케투바를 상속받지 못한다. 만약 어느 남편이 죽으면 그의 형제가 그녀와 결혼할 수 없지만, 할리차(그의 발에서 신발을 벗기고 땅에 침을 뱉는 의식)는 행해야만 한다.

랍비 요세는 그녀가 첫 남편의 재산에서 자기 케투바를 요구할 수 있다고 말한다.

랍비 엘르아살은, 첫 남편이 그녀가 찾은 것과 그녀의 일의 이익에 대한 권리를 가지며 그녀의 맹세를 취소할 수 있다고 말한다.

랍비 시므온은, 첫 남편의 형제가 첫 남편이 죽은 후 그녀와 결혼하거나 할리차를 행하면, 이는 그녀의 공동 아내를 [그와 결혼하거나 그에게서 할리차를 받는 의무에서] 면제시킨다고 말한다. 게다가 그녀가 [첫 남편]에게서 낳은 어떤 아이도 마므제르가 아니다.

만약 [두 증인이] 그녀 남편의 죽음을 증언하여, 그녀가 [특별한] 허가의 [필요] 없이 재혼했다면, 그녀는 [첫 남편에게] 돌아갈 수 있다.

만약 그녀가 법정의 허락으로 재혼했다면, [그래도] 그녀는 [둘째 남편을] 떠나야 하지만, [간음죄에 대한] 희생제물을 가져오는 것에서 면제된다. 만약 그녀가 법정의 허락 없이 재혼했었다면, 그녀는 [둘째 남편을] 떠나야만 하고 희생제물을 가져올 의무가 있다. 법정의 권한으로도 희생제물에서 그녀를 면제하기에 충분하다.

만약 법정이 그녀에게 재혼하도록 허락했지만, 그녀가 가서 간음하고 [그 후에 그녀의 남편이 돌아왔다면] 그녀는 희생제물을 가져와야만 한다. 법정은 그녀에게 결혼하도록 허용했을 뿐 간음하도록 허용한 것은 아니기 때문이다.

게마라:

미쉬나의 끝에서, 만약 그녀가 [특별한] 허가의 [필요] 없이 재혼했다면, 그녀는 [첫 남편에게] 돌아갈 수 있다고 진술한다. 즉, 그녀는 두 증인의 증거로 재혼했다. 이것은 미쉬나의 초반부가 [그의 죽음에 대해] 한 증인[만 있었기 때문에, 그녀에게 법정의 허가가 필요했던 경우에 대해 말한다]는 것을 의미한다. 여기서 한 증인이 믿어[진 것 같다]. [실제로] 또 다른 미쉬나[54]는 [명백하게], 한 여자가 다른 여자를 인용하거나 한 여자가 남자 노예나 여자 노예를 인용하는 것과 같이, 한 증인이 다른 증인을 인용하는 것에 [근거하여] 결혼을 허가하는 것이 관습이 됐다고 진술한다. 그래서 우리는 한 명의 증인이 믿어진다고 이해한다.

마찬가지로 [다른 맥락에서] 한 미쉬나[55]는, 만약 한 증인이, 당신은 금지된 기름을 먹었다고 말하지만, [피고인이] 나는 먹지 않았다고 말한다면, 그는 [속죄제물을 가져올 의무에서] 면제된다고 진술한다. [면제되는] 이유는 그가 [고발을] 부인한다는 것이다. 그가 침묵했더라면, [증인이] 믿어졌을 것이다. 그러므로 당신은 토라가 한 증인을 신뢰한다는 것을 본다.

이에 대한 근거는 무엇인가?

한 바라이타[에서 다음과 같이 추론된다]. 그가 범한 '죄가 그에게 알려지면'(죄를 누가 그에게 깨우쳐 주면, 개역개정)(레 4:28). 이는 다른 이들이 그에게 알리는 것이 아니라 [그가 스스로 깨닫는다는 것이다]. 당신은 그에게 [증인이 있고 증인의 진술을] 반박하지 않았다면, [속죄제물을 가져올 의무에서] 면제되리라고 생각하는가? [이것은 그렇지 않다. 그러므로 토라는] 그에게 알려지면 [이라고 기록한다]. 이는 '[그가 알아낼]지라도'를 [의미한다].

어떻게 이럴 수가 있는가? 두 증인이 와서 그가 그들의 진술을 반박한다면, 우리는 왜 [그들의 증언이 받아들여질 것이라고 우리에게 말하는] 성경이 필요한가? 그래서 [한 바라이타는] 한 [증인만이 연루되는 사건을 염두에 둠이] 틀림없으며, 이것은 우리에게] 만약 [피고인이 증인의 진술을] 반박하면 [피고인이] 믿어지지[만, 그렇지 않으면 증인이 믿어진다고 우리에게 말한다]. 이것은 한 증인이 믿어진다는 것을 입증한다.

하지만 아마도 이것은 증인이 믿어지기 때문이 아니라, 피고인이 침묵하기 때문일 것이다. 침묵은 [유죄를] 인정하는 것과 같은가? 실제로 이것은 사실로 보인다. 미쉬나의 뒷부분이 이처럼 말하기 때문이다. 만약 두 [증인이], 당신은 금지된 기름을 먹었다고 말하지만, 그가 그것을 부인하면, 그는 [속죄제물을 가져올 의무에서] 면제된다. 하지만 랍비 메이르는 그가 [속죄제물을 가져올] 의무가 있다고 말한다. 랍비 메이르는 다음과 같이 이것은 아포르티오리 논법(만약 전에 인정한 것이 진실이라고 한다면 현재 주장되고 있는 것은 한층 더 강력한 이유에 의하여 진실일 수 있다는 가정에 입각한 논법)을 따른다고 말한다. 만약 두 증인이 심각한 사형의 유죄를 입증할 힘을 가진다면, 하물며 그들은 누군가에게 [상대적으로] 사소한 속죄제물을 가져오는 의무를 지울 힘이 있지 않겠는가! [다른 랍비들은 다음과 같이 메이르에게 대답한다]. 하지만 그는, "나는 고의적으로 [범죄를 저질렀다]"라고 주장할 수 있는데, 이 경우 속죄제물은 우연적인 죄에 대해서만 속죄하기 때문에, 그는 속죄제물을 가져오지 않을 것이다.

그렇다면 첫 사건에서 [그가 고의적으로 범죄를 저질렀다는 것에 근거하여 면제될 수 있다는 사실을 볼 때], 왜 랍비들은 속죄제물을 가져올 의무를 지우는가? 그가 [증인들과는 반대로] 믿을 만하기 때문인가? [아니다!] 랍비들은 우리가 [그를 믿는 게 아니라] 증인들을 믿는다고 해도, 그가 두 증인의 진술을 반박할 때 그에게 속죄제를 면제시킨다. [그러므로 면제하는 이유는 우리가 그를 믿는다는 것이 아니다]. 그 이유는 그가 침묵하기 때문임이 틀림없다. 침묵은 [유죄를] 인정하는 것과 같다.

[그래서 한 증인이 믿어지는가 하는 문제는 상관이 없다. 미쉬나의 진술은] 어떠한 이유에 근거한다. [이 사건은] 금지된 기름인지 허용된 기름인지에 대해 의심될 때의 한 덩어리 고기와 같으며, 증인은 그가 확실히 그것이 허용된 기름이라고 안다는 것을 증언한다. [이런 사건에서] 그는 믿어진다.

　　당신은 [둘을] 어떻게 비교할 수 있는가? [고기] 사건에서 어떤 금지도 이전에 확립되지 않았다. 우리의 미쉬나 사건에서 우리는 그녀가 결혼한 여자였으며, '벌거벗음의 문제'[56]는 두 증인이 필요하다는 것을 안다.

그렇다면 [미쉬나를] 금지된 기름이라고 알려진 고기로 보고, 한 증인은 그것이 허용된 기름이라고 증언하는 [사건]과 비교해 보라. 그는 믿어지지 않을 것이다!

　　당신은 [그 둘을] 어떻게 비교할 수 있는가? [고기] 사건에서 100명의 증인이 그것은 허용된 기름이라고 증언한다고 해도 그들은 믿어지지 않을 것이다. 우리 미쉬나에서, 우리가 테벨(tevel)과 헤크데쉬(heqdesh)와 코나모트(qonamot)[57]에서 발견하듯이, 만약 두 사람이 온다면 그들은 믿어질 것이므로, 한 사람도 믿어진다.

토라가 테벨과 헤크데쉬와 코나모트에 대해 한 증인의 증언을 받아들인다는 증거가 제시되지만, 근거가 충분하지 않다고 거부되었다. 이로 말미암아 게마라는 여자에게 유리하게 증거의 규칙을 완화하는 다른 정당성을 찾게 된다.

랍비 제이라는 "[만약 첫 남편이 돌아온다면], 마지막에 그녀에게 적용되는 엄중함 때문에 우리는 [통상적인 엄격한 증거의 기준을 요구하지 않음으로써], 처음에는 그녀가 재혼하는 것을 더 쉽게 한다"라고 말한다.

그렇다면 [상황이 잘못됐다면] 엄격하게 적용하지 말고, [그녀가 재혼하는 것을] 쉽게 하지 말라!

랍비들은 그녀가 아구나(aguna)가 되지 않도록 [재혼하는 것을] 쉽게 하는 것을 선호했다.

케투보트

KETUBOT, 결혼 자격

랍비들은 결혼의 안정과 질을 보증하는 데 관심을 두었으며, 케투바('기록된 [문세')는 이 목적을 위해 가치 있는 도구였다. 케투바는 남편에게 자기 아내와 그녀의 자녀들의 생계를 책임지도록 하는 의무를 지웠는데, 이는 보통 상황에서 그가 그녀와 이혼한다고 해도 계속될 것이다. 그의 재산에 대한 책임이 뒷받침되므로, 그는 가볍게 이혼에 의지하지 않을 것이다. 그러나 그녀가 어떤 심각한 부부간의 비행에서 유죄라면, 법정은 케투바에 있는 그녀의 재정적 권리를 박탈할 수 있다. 케투바의 형태는 거의 전설적인 주전 1세기 바리새인 시므온 벤 셰타(Simeon ben Shetaḥ)에게 돌려졌다. [1] 그에게 돌리는 것은 이 제도가 오래됐고 성경에 나오지는 않더라도 권위가 있다는 랍비의 확신을 뒷받침한다.

1961년 이스라엘 고고학자 이가엘 야딘(Yigael Yadin)은 사해의 서쪽 해안에 위치한 한 동굴에서 발견된 한 묶음의 파피루스 두루마리를, 대략 주후 94-132년의 바바타(Babatha)라고 불리는 유대인 여자의 개인 문서로 확인했다. 그 묶음 가운데는 아람어로 기록되었으며 표준적인 200주즈보다 400주즈로 맹세하는 케투바의 초기 형태가 있다. 그 문헌은 랍비가 확립한 것과 매우 닮았다. 바바타와 그녀의 남편은 둘 다 증인들 앞에서 왼쪽 페이지에 서명했다. 정확하게 셀레우코스 해

136년(주전 176년)의 연대로 추정되는 훨씬 오래된 아람어 결혼 문서는, 1980년대 마레샤에서 에돔 문서들 가운데 발견됐다. 이것은 랍비 케투바에서 발견되는 많은 용어를 포함하며, 아마도 아람어로 된 흔한 법이었을 것이다. [2]

탈무드 시기의 결혼은 남편과 아내 모두에게 심각한 경제적, 종교적 결과를 가져왔지만, 재판관도 랍비도 요구되지 않는 개인적이며 세속적인 계약이었다. [3] 결혼은 종교 당국이 관리한 '성례'가 아니었지만, 하나님과 이스라엘에 대한 신랑과 신부로서의 개념이 탈무드 시기 말에 지배적이었을 때, 점차 깊은 종교적 상징을 얻게 됐다. [4]

1장

미쉬나:

처녀는 수요일에 결혼하고 과부는 목요일에 결혼한다. 법정은 마을에서 일주일에 두 번 월요일과 목요일마다 개정한다. [신랑이 신부가] 처녀가 [아니라는] 불만을 [신고하고 싶다]면, 그는 법정에 [참석하고자] 일찍 일어날 수 있다.

게마라:

라브 요세프는 라브 예후다가 쉬무엘의 이름으로 "그들은 왜 처녀가 수요일에 결혼해야 한다고 했는가?"라고 말했다는 것을 보고했다. 왜냐하면 미쉬나는, 만약 [결혼을 위해 규정된] 시간이 왔고 그녀가 아직 아내로 받아들여지지 않았다면 그녀는 그의 [음식을] 먹고, [만약 그가 코헨이라면 그녀는] 테루마를 먹을 [권리를 얻는다]고 진술하기 때문이다. [5] 만약 [규정된] 시간이 일요일에 해당한다면 그는 그녀에게 [즉각] 음식을 제공할 의무가 있는가? [아니다.] 우리 미쉬나는 **처녀들은 수요일에 결혼**한다고 진술하기 때문이다. [6]

라브 요세프는 "아브라함의 주님에 의해! [쉬무엘은] 가르쳐지지 않은 것에서 가르쳐진 것을 도출했다!"라고 설명했다.

무엇이 가르쳐졌고 무엇이 가르쳐지지 않는가? 명백히 둘 다 가르침을 받았다! [라브 요세프는] 명백하게 가르쳐지지 않은 것에서 명백하게 가르쳐진 것을 도출했다는 [의미로 말한 것이 틀림없다].

그래서 이 보고가 옳다면, 쉬무엘은 다음과 같이 의미했음이 틀림없다. 그들은 왜 처녀들이 수요일에 결혼해야 한다고 말했는가? 미쉬나는, 이것은 [신부가 처녀가 아니라는] 불만을 [신랑이 신고해야 할 경우를] 대비한 것이며, 그는 법정에 [참석하려고] 일찍 일어날 수 있다고 말한다. 그러면 [그가 월요일 개정에 참석할 수 있으므로] 그녀가 일요일에 결혼하도록 하라! [이것은 가능하지 않다.] 현인들은 이스라엘 딸들의 복지를 걱정했고, 따라서 남편이 삼 일, 곧 일요일과 월요일과 화요일에 [결혼] 예식을 준비하면서 노력해야 하며, 그다음에 수요일에 결혼해야 한다고 규정했다. 그래서 미쉬나는 현인들이 이스라엘 딸들의 복지를 너무 걱정하여, [더 나아가] **만약 [결혼을 위해 규정된] 시간이 왔고 그녀가 아직 아내로 받아들여지지 않았다면 그녀는 그의 [음식을] 먹고, [만약 그가 코헨이라면 그녀는] 테루마를 먹을 [권리를 얻는다]**라고 말한다. 만약 일요일의 그 시간이 경과했다면, 그는 [수요일까지] 그녀와 결혼할 수 없으므로 그녀에게 음식을 제공할 의무가 없다는 [결론에 도달한다].

[라브 요세프는 다음과 같이 계속 언급했다]. 만약 그가 병이 들었거나 그녀가 병이 들었거나 그녀의 월경이 시작됐다면, [결혼이 합법적으로 지연되므로] 그는 그녀에게 음식을 제공할 의무가 없다는 결론에 도달한다.

어떤 이는 다음과 같은 질문 형식으로 이를 표현한다. 만약 그가 병이 든다면 어떻게 되는가? 우리는 [만약 규정된 기간이 일요일에 끝난다면 그가 그녀에게 제공할 책임을 지지 않는다]는 이유를 상황의 효력 때문이라고 말하며, 마찬가지로 [병든 것도] 상황의 효력 때문이라고 말하는가?

아니면 우리는 거기서는 랍비의 법령을 통해 속박이 대두되지만 여기서는 [법령이] 없고 [개인적인 사건이 있을 뿐]이라고 말하는가? 만약 그가 병이 들어 [결혼을 연기해야 한다면], 그런데도 그는 그녀에게 제공할 책임을 져야 한다고 해도, 만약 그녀가 병이 들면 어떻게 되는가? 그가 "나는 여기 [결혼할 준비를 하고] 서 있다"라고 말할 수 있는가? 아니면, 그녀가 "당신의 밭은 망쳐졌다!"라고 말할 수 있는가?[7] [만약 그녀가 병이 들었다면], 그녀가 당신의 밭이 망쳐졌다고 말할 수 있다는 것을 시인한다고 해도, 만약 그녀의 월경이 그때 시작됐다면 어떻게 되는가? 만약 그것이 그녀의 정기적인 월경이었다면 그녀는 명백히 당신의 밭이 망쳐졌다고 말할 수 없다. 그녀의 정기적인 월경의 시기가 아닌 경우에만 문제가 대두할 것이다. 그녀의 정기적인 월경의 시기가 아니므로 그녀는 당신의 밭이 망쳐졌다고 말할 수 있는가? 아니면 [우리는] 어떤 여자들은 불규칙한 월경 기간을 가지므로 정기적인 월경과 다르지 않다고 [말하는가]?

라브 아하이는 한 대답을 제안했다. [미쉬나는] **만약 [결혼을 위해 규정된] 시간이 왔고 그녀가 아직 아내로 받아들여지지 않았다면 그녀는 그의 [음식을] 먹고, [만약 그가 코헨이라면 그녀는] 테루마를 먹을 [권리를 얻는다]**라고 [말한다]. 미쉬나는 **만약 그가 결혼하지 않았다면**이라고 하지 않고 **만약 그녀가 아직 아내로 받아들여지지 않았다면**이라고 말한다. 그렇다면 [미쉬나는] 어떤 상황을 [예견하는가]? 만약 그녀가 [결혼이 일어나지 않도록] 방해한 [자]라면, 그녀는 왜 음식과 테루마를 먹을 [권리를 얻]어야 하는가? [미쉬나는] 그녀가 속박으로 고통당하고 있다는 것을 [염두에 두고 있음이 틀림없다]. 그런데도 미쉬나는 **그녀는 그의 [음식을] 먹고, [만약 그가 코헨이라면 그녀는] 테루마를 먹을 [권리를 얻는다]**라고 진술한다.

라브 아쉬는, 나는 여전히 지연이 그의 잘못이 아니라면 그녀가 먹을 [권리를 얻지] 못한다고 말한다고 했다. 미쉬나는 실제로 '만약 그가 결혼하지 못하면'이라고 말했을 수도 있지만, 초반부는 그녀에 대해 말하고 있으므로 뒷부분도 그녀를 [주제로] 말하고 있다.

라바는, [속박]의 법이 이혼의 경우에는 다르다고 말했다.

라바는 우리가 보기에, 속박이 이혼[에 붙여진 조건에 따른 것이라면 [타당한 호소]가 아니라고 주장한다. 어디에서 라바는 이것을 도출하는가? 이것은 다음과 같이 진술하는 미쉬나에서 올 수 있는가? [만약 한 남자가 자기 아내에게 "이것이 내가 12개월 이내에 돌아오지 못한다는 조건으로 주는 당신의 게트(get, 이혼증서) 이다"라고 말하면서 자기 아내에게 게트를 건네고] 그가 12개월 이내에 죽는다면,

이것은 [유효한] 게트가 아니다[8] 즉, 만약 그가 죽으면 이것은 유효하지 않지만, 그가 병이 들면 유효한가? 하지만 아마도 만약 그가 병이 들었다면 무효할 것이며, 미쉬나는 단순히 게트가 [남편이] 죽은 후에 효력을 발휘할 수 없다는 것을 지적하고 있다.

[남편이] 죽은 후에는 어떤 게트도 없는가? 미쉬나는 이전에, [만약 그가] **"이것이 내가 죽을 때 당신의 게트이다", 또는 "이것이 이 [치명적인] 질병이 [끝날] 때 당신의 게트이다", 또는 "이것은 내가 죽은 후에 당신의 게트이다"**라고 말한다면, 그는 어떤 것도 말하지 않았다고 진술했다.

아마도 이것은 '우리 랍비들'의 의견을 제외하는 것일 것이다. 왜냐하면, 한 바라이타는 **하지만 우리 랍비들은 그녀가 [생존하는 형제에게서 할리차를 얻지 않고] 결혼하도록 허락했다**라고 설명하기 때문이다.[9]

'우리 랍비들'은 누구인가? 라브 예후다는 쉬무엘의 이름으로, '기름을 허용한 법정'이라고 말했다.[10] 그들은 랍비 요세의 의견을 받아들였는데, 그는 게트에 있는 날짜가 [그 게트가 조건의 최종적인 성취에 따라 즉각 효력을 발휘하도록 의도된 것임을 입증한다고] 말했다.

그렇다면 아마도 [라바는 자기 의견을] 다음과 같은 미쉬나의 끝에 [기반을 두는 것 같다. 만약 그가] "내가 12개월 이내에 돌아오지 않으면 [이 게트가] 즉각 [효력을 발휘한다"라고 말하고] 그가 죽는다면, 그 게트는 유효하다. 이것은 그가 죽는 경우이지[만, 그가] 병이 든 경우에도 동일한 것이 적용됨을 의미하는가? 아마도 그는 [자기 아내가] 자기 형제에게 가기를 원치 않으므로, 그가 죽을 경우만을 의미하는 것 같다.[11]

아마도 [라바는 자기 의견을] 이러한 [선례에] 토대를 두는 것 같다. 한 남자가, 만약 내가 30일 이내에 돌아오지 않는다면 이것은 게트라고 말했다. 30일의 끝에 그가 돌아왔지만, 그는 나룻배로 말미암아 [강의 건너편에] 묶여 있었다. 그는 [맞은편 쪽으로] "나는 가고 있다! 나는 가고 있다!"라고 [외쳤다]. 쉬무엘은, 이것은 '가고 있는' 것이 아니라고 말했다.[12] 아마도 예견할 수 있는 속박은 다를 것이다. 즉, 그가 [적법한] 조건을 정했어야 했지만 그렇게 하지 않아서 그가 자신의 손실을 초래했다.

라바는 [이혼에는 속박에 대한 호소가 없다고] 규정한 자신 나름의 이유가 있다. 이것은 고결한 여자들과 치밀하지 못한 여자들 [모두를 위해서이다]. 이것은 고결한 여자들을 [위해서인데,] 왜냐하면 만약 [조건이 속박 때문에 여전히 성취되지 못하고 있을 때] 게트가 무효하다고 규정한다면, 속박이 전혀 없었지만 그녀는 있었다고 생각할 수도 있으므로, 그녀가 아구나로 남아 있기 때문이다. 이것은 또한 치밀하지 못한 여자들을 [위해서인데,] 왜냐하면 [조건이 속박 때문에 여전히 성취되지 못하고 있을 때] 게트가 무효하다고 규정한다면, 속박이 있었지만 그녀는 전혀 없었다고 생각할 수도 있으므로, 그녀가 재혼하여 그 게트가 무효가 되고 [따라서] 그녀의 자녀들은 마므제르(mamzer)가 되기 때문이다.

다음 섹션은 랍비법에서 여전히 가장 민감한 이슈 가운데 하나를 다룬다. 이혼은 본질적으로 개인적인 절차다. 남자는 이혼증서를 증인들 앞에서 자기 아내에게 전달한다. 법정은 당연히 여자를 아구나가 되는 것에서 구하고 싶어 하므로, 어떻게 결혼을 취소할 수 있는가? 우리는 현인들이 과감한 조치를 취할 준비가 되어 있다고 이해한다.

그리하여 토라법에는 게트가 무효가 되지만, '고결한 여자와 치밀하지 못한 여자'를 위해서 [게트를 받은] 결혼한 여자가 다른 사람과 결혼하도록 허락받을 상황이 있을 수 있는가?

그렇다. 남자가 여자와 약혼할 때, 그는 '랍비들의 의도에 따라' 약혼하며, 랍비들은 [소급해서] 그의 약혼 기념품[13]을 압수하여 첫 결혼을 무효화한다.

라비나는 라브 아쉬에게 물었다. 만약 그가 돈으로 그녀와 약혼했다면 그것은 괜찮은가? 만약 그가 동거로 약혼한다면 어떻게 되는가?[14] [그는], 랍비들은 그의 동거를 매춘 행위로 선언했다고 [대답했다].

4장과 5장은 케투바의 본문과 내용을 다룬다.

4장

미쉬나:

[만약 남편이] 케투바를 쓰지 않았다면, 그런데도 처녀는 200주즈를 주장하고 과부는 100주즈를 주장할 수 있는데, 이는 법정에서 정한 [결혼의] 조건이기 때문이다.

만약 그가 '200주즈' 대신에 '한 마네(maneh) 가치의 밭'을 기록하고, "모든 내 재산을 당신의 케투바에 맹세한다"라고 기록하지 않았다면, 그래도 그는 온전히 책임을 져야 하는데, 이는 법정에서 정한 [결혼의] 조건이기 때문이다.

만약 그가 "당신이 포로로 잡혀가면 나는 당신을 위해 몸값을 치르고 당신을 내 아내로 되찾을 것이다"라고 기록하지 않거나, 코헨의 경우 "당신이 포로로 잡혀가면 나는 당신을 위해 몸값을 치르고 당신을 당신 집에 돌려보낼 것이다"라고 기록하지 않았다면, 그래도 그는 온전히 책임을 져야 하는데, 이는 법정에서 정한 [결혼의] 조건이기 때문이다.

만약 그녀가 포로로 끌려가면 그는 그녀를 위해 몸값을 지불해야 한다. 그는 "여기에 당신의 게트와 당신의 케투바 [돈]이 있으니 스스로 몸값을 지불하라"라고 말할 수 없다.

만약 그녀가 병이 들었다면, 그는 그녀의 치료 비용을 지불해야 한다. 그는 "여기에 당신의 게트와 당신의 케투바 [돈]이 있으니 스스로 치료하라"라고 말할 수 없다.

게마라:

[미쉬나 초반에 나오는 진술은] 누구의 의견인가? 이것은 랍비 메이르의 의견이다. 왜냐하면 그는, 만일 누군가가 처녀에 대해 200주즈가 안 되게 [주고] 과부에 대해 한 마네를 준다면, 그것은 마치 간음을 저지르고 있는 것과 같다고 말한다. 반면에 랍비 유다는, 만약 그가 원한다면 그는 처녀를 위해서는 200주즈에 대한 문서를 써주고, 그녀는 "내가 당신에게서 한 마네를 받았다"라고 기록한다. 과부

에 대해서는 그가 한 마네를 기록하고, 그녀는 "나는 당신에게서 50[주즈]를 받았다"라고 기록한다고 말했다.[15]

　하지만 [우리 미쉬나의 둘째] 부분은 랍비 유다의 의견임이 틀림없는데, [그것이] 만약 그가 '200주즈' 대신에 '한 마네 가치의 밭'을 기록하고, "모든 내 재산을 당신의 케투바에 맹세한다"라고 기록하지 않았다면, 그래도 그는 온전히 책임을 져야 하는데, 이는 법정에서 정한 [결혼의] 조건이기 때문이다라고 [진술하기 때문이다].

　[분실된] 담보는 서기관의 잘못과 같이 [취급되며, 법정에 의해 강제된다]고 주장하는 이는 랍비 유다이다. 반면에, 랍비 메이르는, [분실된] 담보가 서기관의 잘못과 같이 [취급되지] 않으며, 강제될 수 없다고 주장한다. 왜냐하면, 미쉬나가 다음과 같이 진술하기 때문이다. 만일 누군가가 빚에 저당 잡힌 재산이 있는 빚 증서를 발견했다면, 심지어 빌린 자가 동의한다고 해도 그는 빌려준 사람에게 증서를 돌려주지 않아야 한다. 법정이 [저당 잡힌 재산에서] 지불을 강제할 수 있기 때문이다. 만약 재산이 빚에 저당 잡히지 않았다면, 그는 증서를 빌려준 자에게 돌려줘야 한다. 법정이 [저당 잡힌 재산에서] 지불을 강제할 수 없기 때문이다. 이것은 랍비 메이르의 의견이지만 현인들은 그가 어떤 경우든 문서를 돌려주지 않아야 한다고 말한다. 왜냐하면, 법정이 [재산이 명백하게 저당 잡히지 않았다고 해도 그 재산에서] 지불을 강제할 수 있기 때문이다.[16]

　미쉬나의 초반부는 랍비 메이르에 [따른 것]임이 틀림없으며, 뒷부분은 랍비 유다에 [따른 것]임이 틀림없다. 만약 당신이 전체 미쉬나가 랍비 메이르에 [따른 것]이고, 그가 케투바와 [상업] 문서를 구분한다고 생각한다면, 분명히 그는 그렇지 않다! 한 바라이타는 다음과 같이 진술한다. 다섯 가지는 저당 잡히지 않은[17] 재산에서[만] 권리를 주장할 수 있다. 그 다섯은 소산물, 소산물을 개선하기 위한 것들, [이전 남편과 낳은] 자기 아내의 아들이나 딸을 부양하는 책임을 맡은 자, 담보가 없는 빚 증서, 담보가 없는 케투바이다. 그렇다면 우리는 누가 [분실된] 담보를 서기관의 잘못으로 [취급하지] 않는다고 주장하는지 아는가? 랍비 메이르이다! 하지만 그는 케투바를 포함하[므로, 명백히 케투바와 다른 어떤 문서를 구분하지 않는다].

당신은 [우리 미쉬나가] 랍비 메이르에 [따른]다고 말하거나, 랍비 유다에 [따른]다고 말할 수 있다.

당신은 그것이 랍비 유다에 [따른]다고 말할 수 있다. 즉, 거기서 그녀는 '내가 받았다'라고 기록하고, 여기서 그녀는 '내가 받았다'라고 기록하지 않는다.

또는 당신은 그것이 랍비 메이르에 [따른]다고 말할 수 있다. 즉, 미쉬나가 "그런데도 그는 온전히 책임을 진다"라고 말할 때, 그것은 [그가] 저당 잡히지 않은 재산에서 [지불할 책임이 있다]는 것을 의미한다.

5장

미쉬나:

그들은, 처녀에게는 200[주즈]의 자격이 주어지고, 과부에게는 한 마네의 자격이 주어진다고 말하지만, 만약 [남편이] 더 주고 싶다면, 그는 100마네라도 더할 수 있다.

만약 그녀가 과부가 되거나 이혼한다면, 약혼을 했든 결혼을 했든 그녀는 전체 [총액]을 받는다.

랍비 엘르아살 벤 아자리아는 이렇게 말한다. 만약 결혼했다면 그녀는 전체를 받으며, 만약 약혼했다면 처녀는 200주즈를 받고 과부는 한 마네를 받는다. 왜냐하면, 그가 그녀와 결혼할 것이라고 이해하고서 [추가 금액을 계약에 포함하여] 기록했을 뿐이기 때문이다.

랍비 유다는 이렇게 말한다. 그가 만약 원한다면, 그는 처녀에게 200주즈에 대한 증서를 기록할 수 있고, 그녀는 "내가 당신에게서 한 마네를 받았다"라고 기록하며, 과부에게는 그가 한 마네를 기록하고 그녀는 "나는 당신에게서 50[주즈]를 받았다"라고 기록한다.

랍비 메이르는, 만일 누군가가 처녀에 대해 200이 안 되게 [주고], 과부에 대해 한 마네를 준다면, 그것은 마치 간음을 저지르고 있는 것과 같다고 말한다.

게마라:

[남편이 자기 아내의 부부 재산 계약을 늘릴 수 있다는 것은] 명백[하지 않은 가]? [아니다. 만약 이것이 진술되지 않았다면], 나는 랍비들이 더 많이 가지지 못한 사람들을 당황하게 하지 않으려고 고정된 총액을 제정했다고 생각했을 수 있다. [그러므로 미쉬나는] 우리에게 [이것은 그런 경우가 아니라고] 알린다.

만약 [남편이] 덧붙이고 싶다면. 미쉬나는 그가 기록하고 싶다고 말하지 않고, **그가 덧붙이고 싶다고 말한다.** 이것은 랍비 아이부가 랍비 야나이의 이름으로 주장한 견해, 곧 케투바에 덧붙여진 조건들은 [마치 그 조건들이] 케투바 [자체의 일부인 것처럼 효력을 발휘한다]는 견해를 뒷받침한다.

이것은 [자신의 케투바를] 판 여자, [자신의 케투바를] 포기한 여자, 자신의 부부 의무를 거부한 여자,[18] [자신의 케투바를] 훼손하는 여자,[19] 법을 어기는 여자, [케투바에 서약된 재산의 가치가] 증가하는 곳, 맹세, 안식년[에 빚을 탕감하는 것]과 관련하여, 자신의 모든 재산을 자기 자녀들에게 넘긴 남자, 부동산이나 우수하지 못한 [땅]에서의 권리 주장, 신부가 자기 아버지의 집에 머무른 기간[에 발생한 권리 주장], 만약 그들의 어머니가 징수하기 전에 죽었을 때 케투바에 있는 남자 자녀들의 [권리 주장]에 영향을 미친다.

[그들의 어머니 재산에서] 케투바의 [권리를 주장하는] 남자 자녀들에 [대해] 다음과 같이 가르침을 받았다.

품베디타[의 학자들]은, 그들이 담보권이 있는 재산에서는 권리를 주장할 수 없는데, [왜냐하면] 미쉬나가 케투바의 올바른 표현은 '그들이 상속할 것이다'라고 가르치기 때문이라고 말한다.

마타 메하샤(Mata Meḥasya)의 학자들은, 그들이 담보권이 있는 재산에서는 권리를 주장할 수 있는데, [왜냐하면] 미쉬나가 케투바의 올바른 표현은 '그들이 가질 것이다'라고 가르치기 때문이라고 말한다.

법은, 그들이 담보권이 있는 재산에서는 권리를 주장할 수 없는데, [왜냐하면] 미쉬나가 케투바의 올바른 표현은 '그들이 상속할 것이다'라고 가르치기 때문이라는 것이다.

만약 [아버지가 케투바 지불을 위해] 동산들을 [지정했었고], 동산들이 사용 가능하다면, 고아들은 맹세 없이 [임금으로] 그 동산들을 가질 수 있다. 만약 그 동산들이 사용 가능하지 않다면, 다음과 같다.

품베디타[의 학자들]은, [고아들은 그들이 알기로 그들의 어머니가 이미 스스로 취하지 않았다는] 맹세 없이, [그 재산에서 징수할 수 있다]고 말한다.

마타 메하샤의 학자들은, [고아들은 그들이 알기로 그들의 어머니가 이미 스스로 취하지 않았다는] 맹세로[만, 그 재산에서 징수할 수 있다]고 말한다.

법은, [고아들은 그들이 알기로 그들의 어머니가 이미 스스로 취하지 않았다는] 맹세 없이, [그 재산에서 징수할 수 있다]는 것이다.

만약 [아버지가 케투바의 지불에 대해] 네 경계로 땅을 명시했다면, [고아들은 그들이 알기로 그들의 어머니가 이미 다른 무언가를 담보로 소유하지 않았다는] 맹세 없이 그 땅을 소유할 수 있다. 만약 그가 한 경계만을 명시했다면, 다음과 같다.

품베디타[의 학자들]은, 어떤 맹세도 [필요하지] 않다고 말한다.

마타 메하샤의 학자들은, 맹세가 [필요하다]고 말한다.

법은, 어떤 맹세도 [필요하지] 않다는 것이다.

만약 [누군가가] 증인들에게 "[문서를] 작성하고 서명하고서 그것을 [다른 상대방에게] 주어라"라고 말했다면, 그런 후 만약 그들이 키냔(qinyan)을 만들었다면,[20] [그 뒤] 그들은 [서명하기 전에] 그에게 다시 회부할 필요가 없다.

품베디타[의 학자들]은, 그가 그에게 다시 회부할 필요가 없다고 말한다.

마타 메하샤의 학자들은, 그가 그에게 다시 회부할 필요가 있다고 말한다.

법은, 그가 그에게 다시 회부할 필요가 있다는 것이다.

랍비 엘르아살 벤 아자리아는 '…등등'이라고 말한다. 라브와 랍비 나단 가운데 한 명은, 법이 랍비 엘르아살 벤 아자리아에 따른 것이라고 말하고, 다른 이는 법이 랍비 엘르아살 벤 아자리아에 따른 것이 아니라고 말한다.

그 법은 랍비 엘르아살 벤 아자리아에 따른 것이다. 랍비 나단이 추측에 근거하여 판결할 [준비가 되어 있었다]는 증거가 있다. 랍비 나단이, 치명적인 병에 걸린 사람[이 내린 지시들]과 의심스럽게 십일조가 바쳐진 소산물에 대

한 레위의 십일조에서 테루마와 관련하여 법이 랍비 시므온 셰주리에 따른다고 말했기 때문이다. 21)

하지만 라브도 추측을 인정하지 않는가? 왜냐하면, 다음과 같이 가르쳐졌기 때문이다. 그들은 라브의 학파에서 라브의 이름으로 죽어가는 사람의 선물에 대해 말하고, 거기서 키냔은 "그가 탈 수 있는 두 마리의 말을 주었다"22)라고 기록되어 있다고 말하지만, 쉬무엘은, 이것을 어떻게 판결해야 할지 모른다고 말했다.

"그들은 라브의 학파에서 라브의 이름으로, '그가 탈 수 있는 두 마리의 말을 주었다'라고 말한다." 이것은 건강이 좋은 사람의 선물과도 같고, 죽음을 기대하는 가운데 하는 선물과도 같다. 만약 그가 회복한다면 그는 자기 마음을 바꿀 수 없다는 점에서, 이것은 건강이 좋은 사람의 선물과 같다. 그리고 만약 그가, 내가 빌린 것은 아무개에게 가야 하고, 그 후에 그가 빌린 것은 그가 회복해도 아무개에게 가야만 한다는 점에서, 이것은 죽음을 기대하는 가운데 하는 선물과 같다.

"하지만 쉬무엘은, '이것을 어떻게 판결해야 할지 모른다'고 말했다." 아마도 [유언자의] 의도는 [선물이 단순히 죽어가는 사람의 선언을 통해서가 아니라] 문서의 [힘]에 근거하여 획득되리라는 것이다. 그러나 문서는 죽은 이후에는 효력을 발휘할 수 없다.

그래서 그들 둘의 추측을 받아들이는 것 같다. [그] 법이 [랍비 엘르아살 벤 아자리아에 따른다]고 말하는 자에게, 이것은 옳다. [그] 법이 [랍비 엘르아살 벤 아자리아에 따르지 않는다]고 말하는 자에게, 여기서 역시 추측이 [관여한다]. 즉, [신랑이] 자신의 감정을 보여주려고23) [재산 계약을 늘리]고, 자신의 감정을 입증했다.

라브 하니나는 랍비 야나이 앞에서 앉아, 그 법이 랍비 엘르아살 벤 아자리아에 따른다고 말했다. [랍비 야나이]는 그에게 "가서 당신의 구절을 밖에서 읽어라!24) 그 법이 랍비 엘르아살 벤 아자리아에 따르지 않는다"라고 말했다.

라브 이츠하크 벤 아브디미(Rav Yitzḥaq ben Avdimi)는 우리 선생의 이름으로,[25] 그 법이 랍비 엘르아살 벤 아자리아에 따른다고 말했다.

라브 나흐만은 쉬무엘의 이름으로 그 법이 랍비 엘르아살 벤 아자리아에 따른다고 말했다. 하지만 라브 나흐만은 자신의 부분에 대해서는 [그러나] 네하르데아의 [학자들]은 라브 나흐만의 이름으로, 그 법이 랍비 엘르아살 벤 아자리아에 따르며, 랍비 엘르아살 벤 아자리아에 따라 판결된 어떤 관결도 아무개에게 일어날 것이라고 말하면서, 라브 나흐만[26]이 저주를 말했다고 해도, 그 법이 랍비 엘르아살 벤 아자리아에 따른다고 말했다.

실제 결정은 랍비 엘르아살 벤 아자리아에 따라 진행된다.

케투바는 전적으로 자기 아내를 향한 남편의 책임과 관련된다. 그녀의 책임은 무엇인가?

미쉬나:

이것들은 여자가 자기 남편을 위해 해야 할 일들이다. 즉, 그녀는 갈고, 빵을 굽고, 옷을 빨고, 요리하고, 아이를 돌보며, 그의 침상을 정돈하고, 양털을 짜야만 한다.

만약 그녀가 한 여종을 데려왔다면, 그녀는 갈거나 굽거나 옷을 빨래할 필요가 없다. 그녀가 둘을 데려온다면 그녀는 요리할 필요도 없고 아이를 돌볼 필요도 없다. 셋을 데려온다면 그녀는 그의 침상을 정돈할 필요도 없고 양털을 짤 필요도 없다. 넷을 데려온다면 그녀는 의자에 앉아 있을 수 있다!

랍비 엘르아살은, 그녀가 100명의 여종을 데려온다고 해도, [그래도] 그녀는 양털을 짜야만 하는데, 게으름으로 말미암아 악해지기 때문이라고 말한다. 라반 시므온 벤 가말리엘은, [마찬가지로] 만약 남편이 자기 아내에게 양털을 짜지 않도록 맹세하게 했다면, 그는 그녀와 이혼해야 하며,[27] 그녀에게 케투바를 지불해야 하는데, 게으름으로 말미암아 미치기 때문이다.

게마라:

그녀는 갈아야만 하는가? [명백히 물레방아가 이것을 한다 – 라쉬.] 오히려 그녀는 가는 일에 관여해야만 한다. 그렇지 않으면 그녀는 손절구를 사용할 수 있다.

미쉬나는 랍비 히야의 [견해]와 일치하지 않는데, 왜냐하면 랍비 히야는 **아내들이 아름다움을 위한 것이며 아이들을 [낳기] 위한 것**이라고 가르치고, **장식용**이라고 가르치며, 만약 당신이 당신의 아내를 빛나게 하려면 그녀에게 비단옷을 사주고, 만약 당신이 당신 딸에게 좋은 외모를 선사하려면 딸이 결혼 적령기에 도달할 때, 딸에게 먹을 닭과 마실 우유를 주라[28]고 가르쳤기 때문이다.

그녀의 아이들을 돌보라. 이 미쉬나는 샴마이 학파의 [규정]과 반대되는가? 토세프타는 다음과 같이 가르친다. 만약 그녀가 자기 아이에게 젖을 빨게 하지 않겠다고 맹세했다면, 샴마이 학파는 그녀가 아이의 입에서 젖을 뗀다고 말하고, 힐렐 학파는 [맹세에도 불구하고] 그가 아내에게 아이를 돌보라고 강제할 수 있다고 말한다. 만약 그녀가 [그 아이의 아버지와] 이혼한다면, 그는 그녀에게 강제할 수 없지만, 만약 [그 아기가] 그녀를 인식하고 [다른 누구의 젖도 빨기를 거부한다면 전 남편은] 그녀에게 지불해야 하고, [아기에게] 위험이 있을 경우에는 그녀에게 강제로 돌보게 해야 한다.

[미쉬나는] 샴마이 학파와도 일치할 수 있다. [토세프타는] 그녀가 맹세하고 그가 그 맹세를 확증하여 그가 '그녀의 이 사이에 손가락을 넣는다'[29]는 반면에, 힐렐 학파는 그녀가 자신의 이 사이에 손가락을 넣었다고 주장하는 사례를 다룬다.

그렇다면 [학파들은] 왜 케투바의 [조항에 반하는 맹세를 한 여자의] 단순한 [사례]를 논쟁하지 않는가? 게다가 한 바라이타는 다음과 같이 진술한다. 샴마이 학파는 그녀가 젖을 먹일 필요가 없다고 말한다. 그래서 미쉬나는 샴마이 학파와 일치하지 않는다고 [결론 내리는 것이] 더 일리가 있다.

만약 [그 아기가] 그녀를 인식하고 [다른 누구의 젖도 빨기를 거부한다면]. 몇 살 때까지인가? 라바는 랍비 이르미야 바 아바가 라브의 이름으로 세 달이라고 말했지만 쉬무엘은 삼십 일이라고 말했다고 하며, 랍비 이삭은 랍비 요하난의 이름으로 오십 일이라고 말했다고 한다. 라브 쉬메이 바 아바예는, 법은 랍비 이삭이 랍비 요하난의 이름으로 말한 것에 따른다고 말했다.

그렇다면 라브와 랍비 요하난 둘 다 아이의 발육에 따라 아이를 평가했지만,

쉬무엘의 규정은 실제에 따른 것인가? 라미 바 에스겔이 왔을 때 그는, "내 형제가 쉬무엘의 이름으로 진술한 규정을 주의하지 말라"라고 말했다. 쉬무엘이 말한 것은 [그 아기가] 그녀를 알아보는 나이라는 것이었다. 한 여자가 쉬무엘 앞에 와서, 그가 그녀를 시험하려고 라브 디미 바 요세프에게 요청했다. 그는 그녀를 여자들의 줄에 앉게 하고 아기를 돌렸다. [그 아이가] 그녀에게 도달했을 때, 그녀가 그 아기에게서 눈을 돌렸는데도 그 아기는 그녀를 응시했다.[30] 그는 "당신의 눈을 들고 당신 아기를 데려가라"라고 말했다.

눈먼 아기는 [자기 어머니를] 어떻게 알아보는가? 라브 아쉬는, 냄새와 맛으로 안다고 말했다.

랍비들은 다음과 같이 가르쳤다. 아기는 24개월간 젖을 빤다. 그 후에는 '땅에 기는 짐승'[31]을 빠는 것과 같다. 이것은 랍비 엘리에셀의 의견이다. 그러나 랍비 여호수아는, 그가 네 살이나 다섯 살까지 계속 젖을 빨 수 있지만 24개월 후 멈추고서 그다음에 다시 시작했다면 그 아기는 '땅에 기어 다니는 짐승'을 빠는 것과 같다고 말한다.

한 학자는, 그때부터 계속 그 아기는 '가증스러운 것'을 빠는 것과 같다고 말한다.

[모유가 '가증스러운 것'과 같다는 개념에 대해] 반대 의견이 다음과 같이 제기됐다. 두 발 동물의 우유는 부정한가? 당신은 '만약 [토라가] 짐승들에 관대하고 접촉을 허용하지만 그런데도 짐승들의 우유에는 엄격하다면,[32] 접촉으로 더럽힐 수 있는 사람들의 경우, 사람들의 우유에 엄격하지 않을 수 있겠는가?'라고 추론할 수 있다. 그런 이유에서 토라는 낙타는 새김질은 하되 … 부정하고(레 11:4)라고 말한다. 이것은 부정하지만 두 발 동물의 우유는 부정하지 않고 정결하다. 아마도 나는 두 발 동물의 우유에 대해서만 예외로 삼아야 할 것이다. 왜냐하면, 우유는 일부 동물들만 금지되지만,[33] 피는 모든 짐승이 금지되므로 그들의 피도 예외가 아니지 않은가? 그런 이유에서 토라는 낙타는 새김질은 하되 … 부정하고라고 말한다. 즉 [낙타는] 부정하지만 두 발 동물의 피는 부정하지 않고 정결하다. 라브 세셰트는 "그것을 피할 미츠바는 단 하나도 없다!"라고 덧붙였다.

모순이 전혀 없다. 한 [규정]이 만약 [우유가 가슴을] 떠난 경우에 적용된다면,

다른 규정은 그렇지 않은 경우에 적용된다.

그 반대는 한 바라이타가 다음과 같이 가르치는 대로, 피에 적용된다. 만약 빵 덩어리에 피가 있었다면 그는 먹기 전에 그것을 긁어내야 하지만, 피가 여전히 그의 이 사이에 있다면, 그는 피를 빠는 것에 대해 걱정할 필요가 없다.

한 선생은 다음과 같이 말했다. 랍비 여호수아는 아기가 네 살이나 다섯 살 때까지 [가슴에서] 계속 젖을 빨아도 된다고 말했다. 하지만 랍비 여호수아는 그가 자기 가방을 자기 어깨에 메고 다닐 때까지라고 말하지 않았는가? 둘은 동일한 것이 된다.

라브 요세프는 할라카가 랍비 여호수아에 따른 것이라고 말했다.

결혼할 때 아내의 권리 가운데 성관계에 대한 권리가 있다. 하지만 만약 남편이 자기 아내에게서 즐거움을 얻지 않기로 맹세했거나 장기간 집에서 떨어져 있어야 하는 직업을 가졌거나 연구하러 멀리 떠나고 싶어 한다면 어떻게 되는가?

미쉬나:

만일 누군가가 자기 아내와 성관계를 하지 않겠다고 맹세했다면, 샴마이 학파는 [그 한계는] 두 주라고 말하고, 힐렐 학파는 한 주라고 말한다. 제자들은 아내들의 동의 없이[도] 삼십 일[까지] 연구하러 집을 떠날 수 있다.

성관계 빈도에 대해 토라가 [정한] 횟수는, 랍비 엘리에셀에 따르면 게으름뱅이들에게는[34] 매일이며, [농부들]에게는 일주일에 두 번이며, 나귀를 모는 자들에게는 일주일에 한 번이며, 낙타를 모는 자들에게는 30일에 한 번이고, 선원들에게는 6개월에 한 번이다.

게마라:

제자들에게는 횟수가 어떻게 되는가? 라브 예후다는 쉬무엘의 이름으로, 안식일 전날부터 안식일 전날까지라고 말했다.[35]

그는 시냇가에 심은 나무가 철을 따라 열매를 맺으며 … 같으니(시 1:3, JPS). 어떤 이는 라브 후나라고도 하고 어떤 이는 라브 나흐만이라고 하는데, 라브 예후다는,

이 사람은 안식일 전날마다 자기 아내와 성관계를 하는 자라고 말했다.

랍비 히야의 아들 예후다는 랍비 야나이의 사위였다. 그는 라브 밑에서 연구하러 갔고, 매일 저녁 집에 돌아왔다. 그가 집에 도착했을 때, 그는 자기 앞에 불기둥이 있는 것을 보곤 했다. 어느 날 그는 연구에 늦게까지 몰두했다. 그 징표가 나타나지 않자, 랍비 야나이는 침상을 뒤집으라고[36] 말했다. 만약 예후다가 살아있었다면 그는 부부간의 의무를 소홀히 하지 않았을 것이다. 이것은 주권자에게서 나오는 허물(전 10:5, JPS)과 같았다. [예후다는] 죽었다.

랍비(유다 하-나시)는 랍비 히야의 딸과 자기 아들의 결혼을 조정하고 있었다. 그가 케투바를 쓰려고 할 때, 그 소녀가 죽었다. 그는 "하나님이 금지하셨다! [그 가족에게] 무언가 잘못됐음이 틀림없다!"라고 말했다. 그들은 앉아서 가족들의 기록을 조사했고, 랍비가 셰파티아(Shefatia)를 통한 [다윗 왕의 아내] 아비달의 후손이었던 반면에, 랍비 히야는 다윗의 형제 삼마[37]의 후손이었다는 것을 알았다.

그때 그는 자기 아들을 랍비 요세 벤 지므라의 딸과 결혼시키려고 했다. 그들은 [아들이] 연구하는 데 12년을 보내야 한다는 사실에 동의했다. 그들이 그 앞에 [신부를] 데려왔을 때, [그 젊은이는] "6년으로 하자!"라고 말했다. 그들은 그녀를 다시 데려왔고, 그는 "내가 그녀와 먼저 결혼하고, 그다음에 가서 연구하겠다!"라고 말했다. 그는 자기 아버지에게 [이것을 인정하는 게] 부끄러웠다. 그의 아버지는 "내 아들아, 너는 너의 창조주를 이해하라!"라고 말했다. 먼저 그는, 주께서 백성을 인도하사 그들을 주의 기업의 산에 심으시리이다(출 15:17)라고 말했지만, 그다음에 그는, 내가 그들 중에 거할 성소를 그들이 나를 위하여 짓되(출 25:8)[38]라고 말했다.

그는 가서 12년 동안 연구했다. 그가 돌아올 때 즈음, 그의 아내는 더 이상 아이들을 낳을 수 없었다. 랍비는 "우리가 어떻게 해야 하는가? 그가 그녀와 이혼해야 하는가?"라고 말했다. 그들은 "이 불쌍한 여자는 12년을 헛되이 기다렸다!"라고 말할 것이다. 그는 추가로 아내를 얻어야 하는가? 사람들은 "이 사람이 그의 아내이며, 이 사람은 그의 창녀다!"라고 말할 것이다. 그래서 그는 그녀를 위해 기도했고 그녀는 회복됐다.

랍비 시므온 벤 요하이의 결혼 후에, 랍비 하나니아 벤 하키나이(Ḥanania ben

Ḥakhinai)가 연구하러 나갔다. [랍비 시므온은] "당신과 함께 가려고 하니 나를 기다리라"라고 말했지만, 그는 기다리지 않았다. 그는 가서 12년 동안 연구했는데, 그즈음 마을의 길이 변했고 그는 집으로 돌아오는 길을 찾을 수 없었다. 그는 강둑에 앉아 사람들이 "하키나이의 딸아! 하키나이의 딸아! 앞치마를 채우고 같이 가자!"라고 부르는 소리를 들었다. 그는 그녀가 그 가족의 일원임이 틀림없다고 추론했다. 그는 그녀를 따라갔고, 그의 아내가 앉아서 밀가루를 체로 고르고 있는 것을 발견했다. 그녀가 그를 보았을 때, [그녀는 너무 놀라] 숨을 멈추었다. 그는 "우주의 주님이시여! 이것이 이 불쌍한 여자에 대한 보상입니까!"라고 [항변했다]. 그는 그녀를 위해 기도했고, 그녀는 회복됐다.

랍비 하마 바 비시는 연구의 집에서 12년을 보냈다. 그가 돌아갈 [준비가 됐을] 때, 그는 "나는 하키나이의 아들이 했던 일을 하지 않겠다!"라고 말했다. 그는 연구의 집에 머물렀고, 집에 전갈을 보냈다. 그의 아들 오샤야가 와서 그 앞에 [신분을 속이고 – 라쉬] 앉았다. [랍비 하마는] 그에게 질문했고, 그의 배움에 대한 이해가 훌륭하다는 것을 알았다. 그는 낙담하며, '만약 내가 집에 머물렀더라면 나는 이와 같은 아들을 [기를] 수 있었을 텐데!'라고 생각했다. 그가 집에 왔을 때, 그의 아들이 따라왔다. [랍비 하마는 알지 못하는 젊은 사람이] 자신에게 물으러 온다고 생각하면서 서 있었다. 그의 아내가 그에게 "아버지는 그의 아들 앞에 서 있는가?"라고 말했다. 라미 바 하마는 세 겹 줄은 쉽게 끊어지지 아니하느니라(전 4:12)라는 구절에 대해 설명했는데, 이것은 랍비 하마 바 비시의 아들 랍비 오샤야에게 적용된다.

랍비 아키바는 벤 칼바 사부아(Ben Kalba Sabua)의 목자였다. 벤 칼바 사부아의 딸은 그가 고결하고 탁월한 사람인 것을 보았다. 그녀는 "내가 당신과 결혼하면, 당신은 연구할 것인가?"라고 말했다. 그는 그렇다고 말했다. 그녀는 그와 은밀히 결혼하고 그를 그의 길로 보냈다. 그의 아버지가 이것을 들었을 때, 그는 자기 집에서 그녀를 쫓아내고 그녀가 자신의 재산에서 어떤 식으로든 혜택을 받지 않아야 한다고 맹세했다. 아키바는 12년 동안 연구하러 갔다. 그가 돌아왔을 때, 그는 12,000명의 제자들을 데리고 왔다. 그는 한 노인이 자기 아내에게 "왜 당신은 살아있는 과부와 같이 계속 살아가는가?"라고 묻는 것을 엿들었다. 그녀는 "만약 그가 내 말을 들었다면 그는 다시 12년을 공부할 것이다!"라고 대답했다. [아키바는] '그렇다면 나는 [내 연구를 계속하라는] 그녀의 허락을 받았다'라고 생각했다. 그래서 그는 가서 다시 12년을 연구했다. 그가 돌아왔을 때, 그는 24,000명의 제자들을 데리고 왔다. 그의 아내는 [그가 오고 있다는 소식을] 듣고 그를 만나러 나갔다. 그의 이웃들이 "당신을 치장할 [좋은] 옷을 빌려라!"라고 말했다. 그녀는 의인은 자기의 가축의 생명을 돌보나(잠 12:10)라고 대답했다. 그녀가 그에게 도달했을 때, 그녀는 땅에 엎드려 그의 발에 입 맞추었다. 그의 종들이 그녀를 밀어내려고 했지만, 그는 "그녀를 두라! 우리는 우리가 가진 모두를 그녀에게 빚졌다!"라고 말했다. 그녀의 아버지는 위대한 사람이 마을에 왔다는 것을 들었다. 그는 "내가 가서 그가 내 맹세를 풀 수 있는지 보겠다"라고 말했다. [아키바는] "당신은 [당신의 사위가] 위대한 [배움]의 사람이라면 당신의 맹세를 [적용할] 생각이었는가?"라고 말했다. 그는 "[내 맹세는] 그가 한 장이나 한 법이라도 배운다고 하면 [계속 유지할 생각이 없었다]"라고 대답했다. 아키바는 내가 그라고 말했다. [벤 칼바 사부아]는 엎드려 [아키바의] 발에 입 맞추고, 자기 재산의 반을 그에게 넘겨주었다.

랍비 아키바의 딸은 벤 아자이에게 동일하게 했다. 이런 이유에서 그들은, 양은 양을 따르고,[39] 그 어머니에 그 딸이라고 한다.

한 아내가 저지른 어떤 범죄들로 말미암아 그녀는 케투바에 따른 자신의 재정적 권리를 몰수당하게 되고, 반대로 그 남편이 저지른 어떤 범죄로 말미암아 그녀는 이혼 소송을 제기하게 된다. 랍비법에서 이혼은 법정이 아니라 남편에 의해 공식적으로 효력이 발생하지만, 법정이 남편에게 강제로 그의 아내와 이혼하고 그녀에게 케투바를 지불하게 할 몇 가지 상황이 있다.

7장

미쉬나:

이 [여자들] 즉, 모세법을 어긴 자들과 유대[40] 사람들은 케투바 없이 [결혼 생활을] 떠나야만 [한다]. 무엇이 모세법을 [어기는 것에 해당되는가?] 만약 그녀가 그에게 십일조를 바치지 않은 음식을 먹도록 주거나, 월경 기간에 그와 함께 동거하거나, [가루 반죽에서] 할라를 챙겨두는 것을 소홀히 하거나, 맹세하고서 지키지 못하는 경우이다. 무엇이 유대 사람들의 법을 [어기는 것에 해당되는가?] 만약 그녀가 자기 머리를 덮지 않고 나가거나, 공공장소에서 장황하게 말하거나,[41] 거리에서 [낯선] 남자들과 대화할 경우이다. 아바 사울은, 그녀가 [자기 남편의] 부모를 남편이 있는 데서 얕잡아 보는 경우라고 덧붙인다. 랍비 타르폰은, 그녀가 목소리가 높은 경우라고 덧붙인다. 무엇이 '목소리가 높은 것'인가? 만약 그녀가 자기 집에서 너무 크게 말하여 이웃이 그녀의 목소리를 듣는 경우이다.

미쉬나:

[법정은] 이런 사람들에게 이혼하라고 강제한다.[42] 그들이 결혼할 때, 이것이 사실이든 아니든 그의 피부가 병이 들거나, 비용종(nasal polyp)이 있거나, 그가 개똥을 수집하는 자이거나, 청동 세공업자이거나 무두장이인 경우가 이에 해당된다. 랍비 메이르는, 이 모든 경우 그들이 결혼하기 전에 그가 그녀에게 상황을 분명히 한다고 해도, 그녀는 "내가 참을 수 있다고 생각했지만 이제는 참을 수 없다!"라고 말할 수 있다고 했다. 현인들은, 그의 살이 썩는 피부병의 경우를 제외하고는 그녀가 [합의된] 상황을 받아들여야만 한다고 말한다.

시돈에 있는 한 무두장이는 또 다른 무두장이였던 형제를 남겨두고 죽었다. 현인들은, 그녀가 [그녀의 시동생과 결혼하기를 거부]할 수 있고, "나는 당신의 형은 받아들일 수 있었지만, 당신은 받아들일 수 없다"라고 말할 수 있다고 했다.

다음 페이지는 파산법의 적용에 관심을 가진다. 극소수의 사례만 제시하므로,

계산을 어떤 원리에 근거해야 하는지에 대해 초기 권위자들 사이에 상당히 의견이 다양했다. 이것은 현대 수학자들의 관심을 끌었다. 로버트 J. 아우만(Robert J. Aumann)과 마이클 매쉴러(Michael Maschler)는 이 단락에서 "세 가지 다른 파산 문제에 대해, … 탈무드는 상응하는 제휴 게임의 핵소체(nucleoli)와 정확하게 동일한 해결책을 처방한다"라고 주장한다. [43] 이것은 단지 아우만과 매쉴러가 하나의 연산방식에 의해 미쉬나가 내놓은 것과 동일한 숫자의 결과를 산출할 수 있다는 것을 의미한다. 이 연산방식은 세 과부들(또는 파산 사건의 채무자들)을, 그들의 주장에 따라 재산을 비례적으로 나누기보다는 재산을 나눌 연속적인 제휴를 형성하는 것으로 다룬다. 아우만은 "게임 이론 분석을 통해 갈등과 협동에 대한 우리의 이해를 향상시켰다"라는 감사와 더불어 2005년 경제학 분야에서 노벨상을 받았다. 그러나 탈무드에 대해서나, 또는 더욱 놀랍게도 수학에 대해서는 노벨상이 수여되지 않았다.

이 미쉬나와 이어지는 미쉬나 둘 다 일부다처제의 증거로 여겨서는 안 된다. 이것들은 제한된 재산에 대한 경쟁하는 권리 주장이 있는 파산법의 원리를 입증하고자 고안된 축약적인 연습 문제들이다. 랍비 라쉬가 주장하듯이, 우리 미쉬나는 모든 주장이 동시에 발생했으며, 따라서 어떤 것도 시간적으로 앞서지 않는다고 여긴다.

10장

미쉬나:

세 아내를 둔 한 남자가 죽었다고 [가정해보자]. 한 사람의 케투바는 100[주즈]이고, 한 사람의 케투바는 200이며, 한 사람의 케투바는 300이다. 만약 100[주즈만 그의 재산에 남는다면] 그들은 이것을 동등하게 나눈다. 만약 200주즈가 있다면 100에 대한 케투바를 가진 자는 50을 가지고, 200과 300[에 대한 케투바]를 가진 자는 각각 금 세 개[44]를 가진다. 만약 300이 있다면, 100에 대한 케투바를 가진 자는 50을 가지고, 200에 대한 케투바를 가진 자는 100을 가지며,

300에 대한 케투바를 가진 자는 여섯 개의 금을 가진다.

모험적 사업에 돈을 투자한 세 명에게도 동일하게 적용된다.[45] 이런 식으로 [최종액]이 증가하느냐 감소하느냐에 따라 그것을 나눈다.

게마라:

100에 대한 케투바를 가진 자는 50을 받는다. [그들 셋이 첫 100에 대해 동등한 권리를 주장하는 것으로 보아,] 명백히 그녀는 $33\frac{1}{3}$을 받아야 하는가?

쉬무엘은, 200에 대한 [케투바를 가진 아내가] 그녀에게, "나는 당신과 [첫 번째] 100을 문제 삼지 않겠다"라고 기록한 경우에만 [그녀는 50을 받는다]고 말했다.

하지만 만약 [우리가] 이와 같은 [사건을 다루고 있다]면, [미쉬나의] 뒷부분은 왜, 200에 대한 케투바를 가진 자는 100을 받으며, 300에 대한 케투바를 가진 자는 여섯 개의 금을 받는다라고 말하는가? 첫째 아내는 둘째에게 "당신이 [첫 번째] 100에 대해] 당신의 권리를 포기했다!"라고 말할 수 있었다.

[둘째 아내는 첫째]에게 "나는 문제 삼지 않겠다고 말했으나, 내 권리를 포기하지 않았다"라고 말할 수 있었다.

만약 300이 있다면, 100에 대한 케투바를 가진 자는 50을 받고, 200에 대한 케투바를 가진 자는 100을 받는다. [왜인가?] 명백히 그녀는 [단지] 75를 주장할 수 있는가?

쉬무엘은, 300에 대한 [케투바를 가진 아내가] 100에 대한 케투바를 가진 자와 200에 대한 케투바를 가진 자 모두에게, "나는 당신들과 [첫 번째] 100을 문제 삼지 않을 것이다"라고 기록한 경우에만 [둘째가 100을 받는다]고 말했다.

네하르 페코드(Nehar Peqod)의 라브 야아코브(Rav Yaakov)는 라비나의 이름으로, [미쉬나에 있는] 가운데 [사례는 두 [연속되는] 권리 주장의 [한 사례]이며, 마지막 것도 두 [연속되는] 권리 주장의 [한 사례]라고 말했다. 중간 것은 두 [연속되는] 권리 주장과 관련되며, 75[주즈]를 먼저 이용할 수 있고, 그다음에 [이어지는] 경우에 대해 125를 이용할 수 있게 되었다. 마지막 것은 두 [연속되는] 권리 주장과 관련되며, 75[주즈]를 먼저 이용할 수 있고, 그다음에 [이어지는] 경우에 대해

225를 이용할 수 있게 되었다.

다음과 같이 가르침을 받았다. **이것은 랍비 나단의 미쉬나이지만, 랍비는 이에 대해 랍비 나단에게 동의하지 않는다고 말한다. 그들은 재산을 동등하게 나눈다.** **모험적 사업에 돈을 투자한 세 명에게도 동일하게 적용된다.** 쉬무엘은, 만약 하나는 100, 하나는 200으로 둘이 기여했다면 이익은 [그들 사이에 동등하게] 나누어진다고 말했다.

라바는, 그들이 쟁기질할 소[에 투자하고, 그들이 쟁기질하는 데 사용하는 경우에] 쉬무엘의 판결은 그럴듯하다고 말했다. [그러나] 만약 그들이 쟁기질할 소[에 투자]하지만, 소가 [식용으로] 도살된다면, 각각은 자신이 투자한 것에 비례하여 받는다. 하지만 라브 함누나는, 그들이 쟁기질할 소[에 투자]하고 그다음에 소를 [식용으로] 도살했더라도, 그들은 이익을 동등하게 나눈다고 말했다.

반대 의견이 다음과 같이 제기됐다. **만약 하나가 100을 기여하고 다른 하나가 200을 기여하여, 둘이 한 프로젝트에 기여한다면, 이익은 동등하게 나눠진다.**[46) 이것은 그들이 쟁기질할 소[에 투자]하지만, 소가 [식용으로] 도살되는 사례가 아닌가? 따라서 라바의 [설명을] 반박하는 것이 아닌가? 아니다. 이것은 그들이 쟁기질할 소[에 투자]하고 그들이 소를 쟁기질하는 데 사용하는 [사례와] 관련된다. 하지만 만약 그들이 쟁기질할 소[에 투자]하고 그 후에 소를 [식용으로] 도살했다면 어떻게 [되는가]? 각각은 자신이 투자한 것에 비례하여 받는가? 이 경우 뒷부분은 왜 다음과 같이 읽는가? **만약 각각이 자신의 돈으로 [소를**[47)]**] 사고 그들이 그것들을 합쳤다면, 각각은 자신이 기여한 것에 비례하여 돌려받는가?** 뒷부분은 구분을 [명확하게] 하고, 다음과 같이 진술해야 한다. 이것이 언제 적용되는가? 소들이 쟁기질을 위한 것이고, 그들이 소들을 쟁기질하는 데 사용할 경우이다. 하지만 만약 소들이 쟁기질을 위한 것이고, [그 후에] 그들이 소들을 식용으로 도살했다면 각각은 자신이 기여한 것에 따라 받는다. [실제로,] 다음의 사실이 뒷부분이 의미하는 바이다. 여기가 소들이 쟁기질을 하는 곳이고 그들은 소들을 쟁기질하는 데 사용했지만, 만약 소들이 쟁기질을 위한 것이고, [그 후에] 소들을 식용으로 도살했다면, 이것은 마치 각각이 자신의 돈으로 [소를] 사고, 그들이 소들을 합치고서 각각이 자신이 기여한 것에 비례하여 되돌려 받는 것과 같다.

미쉬나는 다음과 같이 말했다. 모험적 사업에 돈을 투자한 세 명에게도 동일하게 적용된다. 이런 식으로 [최종액이] 증가하느냐 감소하느냐에 따라 그것을 나눈다. 이것은 [문자 그대로,] 돈이 더 적거나 더 많다는 것을 의미하지 않는가? 라브 나흐만은 라바 바 아부하의 이름으로, 아니라고 말했다. 증가하는 것은 인증된 주짐(zuzim)을 의미하고, 감소하는 것은 가치가 떨어진 이스티라스(istiras)를 의미한다.

정치학, 종교, 결혼법이 다음 발췌에서 만난다. 미쉬나는 명백하게 이스라엘 땅의 으뜸 됨을 확립하는 데 관심을 가지지만 바빌로니아 사람 예후다 바 에스겔은 토라의 으뜸 됨을 추구한다.

전문적으로 몇 가지를 명확히 한 후 게마라는 이스라엘 땅에 대한 태도를 잘 보여주는 진술의 모음을 제시한다. 첫째는 랍비 제이라가 바빌로니아에서 이스라엘로 이주하기로 결정할 때, 라브 예후다 바 에스겔과 랍비 제이라의 대화로 각색된다. 현재의 문학 양식으로, 이것은 유대인의 삶의 두 중심 사이의 계속되는 경쟁관계를 표현한다. '군사적 형태로 올라가지 않을 것'을 포함해서, 요세 바 하나나의 '세 가지 맹세'는 종종 정치적 시온주의의 종교적 반대자들이 인용했다. 시온주의자들은 땅에 대해 열렬히 주창하는 자인 랍비 엘르아살의 견해에 더 만족해했다.

13장

미쉬나:

남자와 여자 모두 이스라엘 땅으로 오를 수 있으며 누구도 [거기서] 내려올 수 없다. 모두가 예루살렘으로 올라갈 수 있으며 누구도 내려올 수 없다. [48]

만약 [한 남자가] 이스라엘 땅에서 아내를 얻어 이스라엘 땅에서 그녀와 이혼했다면, 그는 이스라엘 땅의 통화로 케투바를 지불해야만 한다. 만약 그가 이스라엘 땅에서 아내를 얻어 갑바도기아에서 그녀와 이혼했다면, 그는 이스라엘 땅의 통화로 케투바를 지불할 수 있다. 만약 그가 갑바도기아에서 아내를 얻어 이스라엘 땅에서 그녀와 이혼했다면, 그는 이스라엘 땅의 통화로 케투바를 지불해야만 한다. 그러나 라반 시므온 벤 가말리엘은, 그가 갑바도기아의 통화로 지불할 수도 있다고 말한다. 만약 그가 갑바도기아에서 아내를 얻어 갑바도기아에서 그녀와 이혼했다면, 그는 갑바도기아의 통화로 지불해야만 한다.

게마라:

랍비들은 다음과 같이 가르쳤다. 사람은 심지어 주민 대다수가 우상숭배자인 마을에서도, 항상 이스라엘 땅에 거주해야만 한다. 그는 대다수가 이스라엘 사람들인 마을에서도 그 땅 밖에서 거주하지 않아야 한다. 왜냐하면 나는 너희의 하나님이 되며 또 가나안 땅을 너희에게 주려고(레 25:38)라고 말한 대로, 만약 당신이 이스라엘 땅에 거주한다면 그것은 마치 당신이 하나님을 가지는 것과 같고, 반면에 당신이 그 땅 밖에 거주한다면 그것은 마치 당신이 하나님을 가지지 않는 것과 같기 때문이다. 그러면 그 땅 밖에 사는 누구도 하나님을 가지지 못하는가? [명백히 그들은 가진다.] 그러나 의도된 바는, 만약 당신이 그 땅 밖에 거주한다면 마치 당신이 우상을 섬기는 것과 같다는 것이다. 다윗은, 이는 그들이 이르기를 너는 가서 다른 신들을 섬기라 하고 오늘 나를 쫓아내어 여호와의 기업에 참여하지 못하게 함이니이다(삼상 26:19, JPS)라고 말했다. 그러므로 이것은 당신이 그 땅 밖에 거주한다면 마치 당신이 우상을 섬기는 것과 같다는 것을 의미한다. [49]

랍비 제이라는 이스라엘 땅에 올라가기를 원했으므로, 그는 라브 예후다를 피하려고 했다. 라브 예후다는, 바빌로니아에서 이스라엘 땅까지 올라가는 자는 누구든지, 그것들이 바벨론으로 옮겨지고 내가 이것을 돌보는 날까지 거기에 있을 것이니라 … 여호와의 말씀이니라(렘 27:22, JPS)라고 한 대로, 명확한 계명을 어기는 것이라고 말했다.

그리고 랍비 제이라는? 이 구절은 [사람들이 아니라] 거룩한 기구들을 가리킨다고 한다.

그리고 라브 예후다는? 예루살렘 딸들아 내가 노루와 들사슴을 두고 너희에게 부탁한다 내 사랑이 원하기 전에는 흔들지 말고 깨우지 말지니라(아 2:7)라는 또 다른 구절이 있다고 한다.

그리고 랍비 제이라는? 이 [구절은] 이스라엘 [백성이] 군대 대형으로[50] 올라가지 않아야 한다는 것을 [가리킨다]고 한다.

그리고 라브 예후다는? 너희에게 부탁한다(3:5)라는 또 다른 구절이 반복된다고 한다.

그리고 랍비 제이라는? 그는 이 구절을 랍비 요세와 마찬가지로 사용한다. 왜냐하면 랍비 요세 바 하니나가 "세 가지 맹세가 무엇인가?"(아 2:7, 3:5, 8:4 참고)[51]라고 물었기 때문이다. 하나는 이스라엘이 군대 대형으로 올라가지 않아야 한다는 것이며, 하나는 거룩하신 이, 그분은 찬양받으시리로다, 그분이 이스라엘에게 민족들을 배반하지 말라고 맹세하게 하셨다는 것이다. 또 하나는 거룩하신 이, 그분은 찬양받으시리로다, 그분이 민족들에게 이스라엘을 너무 거칠게 압제하지 말라고 맹세하게 하셨다는 것이다.

그리고 라브 예후다는? 내 사랑하는 자가 원하기 전에는 흔들지 말며 깨우지 말지니라(아 8:4)[52]라고 기록된다고 한다.

그리고 랍비 제이라는? 그는 랍비 레비가 말한 것, 즉 '왜 여섯 맹세가 있는가?'를 [다루려면 추가 구절이] 필요하다고 한다. 우리가 언급한 세 가지 이외에도, [이스라엘]은 끝을 드러내지 않아야 하며, 끝을 미루지 않아야 하고, 민족들에게 비밀을 드러내지 않아야 한다.

내가 노루와 들사슴을 두고 너희에게 부탁한다. 랍비 엘르아살은 다음과 같이 말한다. 거룩하신 이, 그분은 찬양받으시리로다, 그분이 이스라엘에게, 만약 너희가 내 맹세를 지키면 복될 것이다. 하지만 너희가 지키지 않으면 나는 너희 살이 노루와 들사슴의 [살과] 같이 [먹히도록] 허락할 것이라고 말씀하셨다.

랍비 엘르아살은 이렇게 말했다. 이스라엘 땅에 사는 자는 누구든지, 그 거주민은 내가 병들었노라 하지 아니할 것이라 거기에 사는 백성이 사죄함을 받으리라(사 33:24, JPS)라고 한 대로, 죄가 없이 산다.

라바는 라브 아쉬에게, [바빌론에 있는] 우리는 이 구절을 고통당하는 자에게 적용한다고 말했다.

라브 아난은 이렇게 말했다. 이스라엘 땅에 장사되는 자는 누구든지, 그것은 마치 제단 아래 장사되는 것과 같다. 내게 토단을 쌓고(출 20:24)라고 기록되고, 다른 곳에 그의 땅이 그의 백성을 깨끗하게 할 것이라(자기 땅과 자기 백성을 위하여 속죄하시리로다, 개역개정)(신 32:43)[53]라고 기록된다.

울라는 [바빌로니아에서] 이스라엘 땅으로 여행하곤 했지만, 그 땅 밖에서 죽었다. 이것이 랍비 엘르아살에게 알려졌을 때, 그는 이렇게 말했다. 그대는 울라다! 너는 더러운 땅에서 죽을 것이요(암 7:17, JPS). 그들은 [랍비 엘르아살]에게 말했다. 하지만 그의 관이 왔다!

랍비 엘르아살은, 죽을 때 [그 땅에] 흡수되는 것은 살아서 [그 땅에] 흡수되는 것과 비교할 수 없다고 대답했다.

[그 땅에 사는] 한 남자에게는 [바스라의 북동쪽] 베이 호자아에 과부를 남겨두고 자녀가 없이 죽은 형제가 있었다. 그는 "내가 내려가서 그녀를 아내로 맞이할까요?"라고 랍비 하니나에게 물었다. [랍비 하니나는] "그의 형제가 우상숭배자와 결혼했는데,[54] 그를 죽인 편재하신 이는 복이 있도다. 당신은 그를 따르겠는가?"라고 되물었다.

바빌로니아 유대인들은 성경과 미쉬나가 분명히 하듯이, 이스라엘 땅의 으뜸 됨을 부인할 수 없지만, 토라를 배우는 것과 가족의 정결을 이유로 그들이 살았던 지역에 대한 특별한 지위를 추구했다.

라브 예후다는 쉬무엘의 이름으로, 이스라엘 땅을 떠나는 것이 금지되듯이 다른 땅으로 바빌로니아를 떠나는 것이 금지된다고 말했다.

라바와 라브 요세프는 둘 다, "품베디타에서 베이 쿠비로 가는 것조차도"라고 [덧붙였다].

주제가 종종 그 땅의 아름다움, 풍성함, 신성함과 관련된 열정적인 진술들과 더불어 몇 페이지 동안 계속된다. 마지막 찬사는 다음과 같이 바빌로니아 사람 라브에게 돌려진다.

라브 히야 바 아쉬는 라브의 이름으로, [들짐승들아 두려워하지 말지어다 들의 풀이 싹이 나며] 나무가 열매를 맺으며 무화과나무와 포도나무가 다 힘을 내는도다(욜 2:22, JPS)[55]라고 한 대로, 이스라엘 땅의 열매를 맺지 못하는 나무도 언젠가 열매를 맺을 것이라고 말했다.

네다림

NEDARIM, 서원

서약(히브리어 샤부아[shavu'a])은 무언가를 하거나 하지 않겠다는 개인의 헌신이다. 서원(히브리어 네데르[neder])은 용어가 때로 더 광범위하게 사용되지만, 물건이나 활동에 대한 금지다.

어떤 특징은 둘에게 공통적이다. 서약이나 서원은 명백하게 표현되지 않거나 용어가 그것을 행한 사람의 의도와 일치하지 않으면 효력을 발휘하지 않는다. 일단 적절하게 서약이나 서원을 하면, 온전히 구속력을 지닌다. 어떤 상황에서는 서약이나 서원은 법정이나 전문가 학자가 해제할 수 있으며, 그것이 잘못 이해한 가운데 만들어졌고, 또 그것을 만든 자가 이제 그렇게 한 것을 후회한다는 것을 분명히 하려면 구실을 찾아야만 한다.

2장

미쉬나:

16a 이런 점에서[1] 서약은 서원보다 더 엄격하다. 그러면 서원은 어떤 면에서 서약보다 더 엄격한가? 누군가가, 코남(Qonam),[2] 나는 수카(sukka)나 루라브(lulav)

를 만들 수 없다고 하거나, 나는 테필린을 착용하지 않을 것이라고 말하는 경우, 그가 서원으로 공식화했다면 그것은 효력이 있지만, 그가 서약으로 공식화했다면 그것은 효력이 없다. 왜냐하면, 당신은 미츠바에 반하여 서약을 할 수 없기 때문이다.

게마라:

어떤 면에서 서원은 서약보다 더 엄격한가? 라브 카하나는 라브 기델이 라브의 이름으로(하지만 라브 타뷰미는 그가 쉬무엘의 이름으로 말했다고 한다) 다음과 같이 보고했다. 당신이 미츠바에 반하여 서약할 수 없다는 것을 우리는 어떻게 아는가? 토라는, 그가 결심한 서약을 지킬 것이니라(민 30:4)라고 말한다. 즉, 그는 자신의 문제에 대한 서약을 깰 수 없지만, 하늘의 문제에 대해서는 [자신의 서약을] 깨야만 한다.

그렇다면 서원은 왜 [서약]과 달라야 하는가? 명백히, 사람이 여호와께 서원하였으면 … 깨뜨리지 말고라고 하듯이, 서약하였으면 … 그가 입으로 말한 대로 다 이행할 것이니라(민 30:2)라고 한다.

아바예는 다음과 같이 설명했다. 서원은, 그가 "수카에서 나오는 모든 이익은 내게 금지된다"라고 말한 경우이지만, 서약은, 그가 "나는 수카에서 이익을 취하지 않겠다고 맹세한다"라고 말한 경우이다.

라바는 다음과 같이 반대했다. 미츠보트가 [개인의] 이익을 위해 주어졌는가? 오히려 서원은 그가 "수카에 앉는 것은 내게 금지된다"라고 말한 경우이며, 서약은 그가 "나는 수카에 앉지 않겠다고 맹세한다"라고 말한 경우이다. 3)

거기가 우리가 이것을 도출한 곳인가? 한 바라이타가 "만일 누군가가 미츠바에 **반하여 행동하겠다고 맹세했지만 그에 반하여 행동하지 않으면 그는 자기 서약을 어긴 데 대해 책임을 질 것이라고 볼 수 있는가?"**라고 진술하는 대로, 명백히 이것은 다른 구절에서 왔다. 성경은 악한 일이든지 선한 일이든지 하리라(레 5:4)고 말한다. '선한 일을 하는 것'이 선택적인 것을 가리키듯이,4) '악한 일을 행하는 것'도 선택적인 것을 가리킨다. 이것은 미츠바를 무시하겠다고 맹세하지만 미츠바를 무시하지 않는 자를 배제하는데, 그에게는 어떤 선택권도 없기 때문이다.

[두 구절이 필요하다.] 즉, 한 구절은 [자신의] 서약을 [어긴] 데 대한 속건제를 면제시키고, 다른 구절은 서약을 무효화한다.

만약 서원이 될 수 있는 말을 한 누군가가 실제로는 그가 말한 것을 의도하지 않았다는 것 – 랍비의 표현으로는 "그의 마음과 그의 입이 하나가 아니다" – 이 분명하면, 서원은 유효하지 않다. 이에 대한 몇 가지 예들이 3장에서 논의된다.

3장

미쉬나:

현인들은 구속력을 지니지 않는 네 가지 서원, 즉, 도전적인 서원, 말이 안 되는 서원, 우연적인 서원, 속박 상황에서 한 서원을 공표했다.

무엇이 '도전적인 서원'인가? 누군가가 물건을 팔고 있는데, 그가 "코남, 나는 한 셀라 이하로 그것을 내놓을 수 없다"라고 말하고, 다른 이는 "코남, 나는 한 세겔 이상으로 당신에게 주지 않겠다!"라고 말한다. [5] 그들은 세 데나리온에 합의를 볼 수 있[으며, 명백한 서원에 매이지 않는다].

게마라:

현인들은 구속력을 지니지 않는 네 가지 서원을 공표했다. 랍비 아바 바 메멜은 랍비 암미에게 말했다. 당신이 우리에게 랍비 유다 네시아의 이름으로 "네 서원의 미쉬나는 랍비 타르폰의 이름으로 한 랍비 유다의 의견이었다"라고 말했는데, 타르폰은 나실인이 되는 [서원은] 무조건적이어야만 하므로 누구도 나실인이 아니다라고 말했다. [6]

라바는 다음과 같이 말했다. 그것은 심지어 [나실인에 대해 동의하지 않는] 현인들의 견해일 수 있다. [우리 미쉬나가] "그들이 동의했다"라고 말하지 않고 "그들이 합의할 수 있다"라고 말한다는 것이다. [7]

라비나는 라브 아쉬에게 물었다. 만약 한 상인이 한 셀라 이상을 서원하고 다른 상인이 한 세겔 이하를 바쳤다면, 그 서원은 유효한가 아니면 여전히 '도전'인가?

[라브 아쉬는,] 미쉬나가 이렇게 가르친다고 대답했다. 만약 [한 사람이] 그의 친구에게 잔치에 가자고 괴롭히고 있었고, 그 친구가 "코남, 나는 네 집에 들어가거나 찬물 한 모금[이라도] 맛본다!"라고 말했다면, [그런데도] 그는 그 집에 들어가서 찬 음료를 마실 수 있다. 왜냐하면, 그는 단지 그 [잔치에서] 자기가 먹거나 마시지 않겠다는 의미였기 때문이다.[8] 왜 그런가? 명백히 그는 '물 한 모금이라도'라고 말하지 않았는가? 하지만 그런 식으로 사람들은 말한다. 마찬가지로 [상인들의 경우,] 그런 식으로 말한다.

[라비나는 다음과 같이 반대했다]. 당신은 어떻게 [두 사건을] 비교할 수 있는가? 물의 경우, 의인은 거의 말하지 않고 많은 것을 한다.[9] [상인들에 대해서는,] 의심이 간다. 그들이 '한 셀라 이상' 또는 '한 세겔 이하'라고 말할 때, 그들은 [서로] 도전하고 있는가, 아니면 그들은 그것이 [적절한] 서원이 되도록 실제로 진심으로 그러는가?

라브 예후다는 라브 아시의 이름으로, 이 네 종류의 서원은 학자가 해제해야 한다고 말했다. 그가 이것을 쉬무엘 앞에서 반복했을 때, [쉬무엘은] "현인들이 구속력을 지니지 않는 네 가지 서원을 선언했다고 미쉬나가 진술하는데, 당신은 어떻게 그 서원들에 대해 학자의 해제가 필요하다고 말할 수 있는가?"라고 외쳤다.

라브 요세프는 이 쉬마타(sh'ma'ta)를 다음과 같이 가르쳤다. 라브 예후다는 라브 아시의 이름으로, 이 네 종류의 서원은 학자가 해제할 수 있는 유일한 종류라고 말했다. 그는 그 학자가, [직접 묻는 자가 후회를 표현하고 서원을 해제해 달라고 구하도록] 해주는 어떤 구실을 제안할 수 없다고 주장한다.[10]

라브 요세프의 해석에 반대하여, 게마라는 해제를 요구한 사람들에게 구실을 제안한 현인들의 몇 사례를 제시한다. 현인들이 서원을 하는 관습에 대해 난색을 표한 것은 명백해진다.

누군가가 [서원을 해제해 달라고 요구하며] 라브 후나에게 왔다. [라브 후나가] 물었다. 당신은 [서원할 때처럼] 여전히 동일한 마음인가? 그 사람은 아니라고 대답했고, [라브 후나는] 그를 해제해주었다.

누군가가 [서원을 해제해 달라고 요구하며] 라브 후나의 아들 라바에게 왔다. [라바가] 물었다. 열 명의 사람들이 당시 당신을 달랬다면 당신은 그 서원을 했겠는가? 그 남자는 아니라고 대답했고, [라바는] 그에게 해제해주었다.

한 바라이타는 다음과 같이 진술한다. **랍비 유다는, 당신이 [서원에 대해 해제해 달라고 구하는] 사람에게 그가 [서원할 때처럼] 동일한 마음인지를 묻는다. 만약 그가 아니라고 대답하면, 당신은 그를 해제해준다. 랍비 요세의 아들 랍비 이스마엘은 "열 명의 사람이 [당신이 서원했던 당시] 당신을 달랬다면 당신은 그 서원을 했겠는가?"라고 물었다. 만약 그 남자가 아니라고 대답하면, 그를 해제해주었다.**

누군가가 [서원을 해제해 달라고 요구하며] 랍비 아시에게 왔다. [랍비 아시가] 물었다. 당신은 [서원한 것을] 후회하는가? 그 남자는 그렇다고 대답했고, [랍비 아시는] 그를 해제해주었다.

누군가가 [서원을 해제해 달라고 요구하며] 랍비 엘르아살에게 왔다. [랍비 엘르아살이] 물었다. 당신은 정말로 서원하기를 원했는가? 그 남자가 대답했다. 아니다. 만약 그들이 나를 위협하지 않았더라면, 나는 원하지도 않았을 것이다. [랍비 엘르아살이] 말했다. 그렇다면 당신이 [실제로] 원하는 대로 될지어다!

한 여자가 자기 딸에게 서원하게 했고, 그 후에 [그 서원을 해제해 달라고 요구하며] 랍비 요하난 앞에 왔다. [그는 그녀에게] 말했다. 만약 당신의 이웃이 '그녀가 자기 딸에서 다루기 힘든 어떤 것을 보지 않았다면, 그녀는 딸에게 맹세하게 하지 않을 텐데'라고 생각했을 것이라고 당신이 깨달았다면, 당신은 그렇게 했겠는가? 그녀는 아니라고 대답했고, 그는 그녀를 해제해주었다.

랍비 야나이 원로의 딸의 아들이 [서원에서 해제해 달라고 요구하러] 그에게 갔다. [랍비 야나이가 물었다.] 그들이 너의 [하늘의] 회계장부를 열어 너의 모든 행동을 조사할 것을 알았다면 너는 서원했겠는가?[11] [그 손자는] 아니라고 대답했고, [랍비 야나이는] 그를 해제해주었다.

랍비 아바는 "그것은 무슨 구절에 근거하는가?"라고 물었다. 서원하고 그 후에 살피면(잠 20:25)에서 근거한다.

랍비 야나이는 이 구실을 받아들였을지라도 우리는 받아들이지 않고, 또 우리는 라바 바 바 하나가 다음과 같이 진술한 한 바라이타[에 근거하여] 랍비 요하난의 이름으로 제시한 다른 구실도 받아들이지 않는다. **라반 가말리엘은, 칼로 찌름같이 함부로 말하는 자가 있거니와 지혜로운 자의 혀는 양약과 같으니라(잠 12:18), 즉 [서원]한 자는 누구든지 칼에 찔려도 마땅하지만, 현인들의 말은 치유한다는 구절에서, 한 노인을 [그의 서원으로부터] 해제해주었다.**

그리고 우리는 다음과 같은 한 바라이타에 있는 구실을 받아들이지 않는다. **랍비 나단은, 서원한 자는 금지된 제단을 쌓은 자와 같으며,**[12] **그가 그 서원을 성취한다면 그것은 마치 그가 그 후 즉시 희생제물을 바친 것과 같다**[13]**고 말한다.**

이 진술의 앞부분은 구실로 받아들일 만하다. 아바예는 뒷부분이 구실로 받아들일 만하다고 말했고, 라바는 아니라고 말했다.

이런 식으로 라브 카하나는 이 쉬마타를 가르쳤지만, 라브 타뷰미는 다음과 같이 그것을 가르쳤다. 이 진술의 뒷부분은 구실로 받아들일 만하지 않다. 아바예는 앞부분을 구실로 받아들일 만하다고 말했고, 라바는 아니라고 말했다.

[그런데도] 할라카는 앞부분도 뒷부분도 구실로 받아들일 만하지 않다는 것이다.

그리고 우리는 쉬무엘이 말한 것을 구실로 받아들이지 않는데, 왜냐하면 쉬무엘은, 그가 [자기 서원을] 성취한다고 해도 그는 악하다고 불릴 것이라고 말했기 때문이다. 랍비 아바후는 "이것은 무슨 구절에 근거하는가?"라고 물었다. 네가 서원하지 아니하였으면 무죄하리라(신 23:22). 또한, 동일한 표현이 거기서는 악한 자가 소요를 그치며(욥 3:17)에도 나온다.

라브 요세프가 말했다. 우리는 다음과 같이 미쉬나에서 동일한 [생각을] 발견한다. 만약 그가 악인의 서원과 같이 말했다면, 이것은 서약을 위해서든, 희생제물이나 나실인의 지위에 대한 [헌신이든], 유효하다. 만약 그가 고결한 자들의 서원과 같이 말했다면 그는 어떤 것도 말하지 않았다.[14]

어떤 상황에서 여자의 서원은 그녀가 미성년자(12세 이하)인지, 성인(12½세부터)

인지, 나아라(na'ara, 중간 단계)인지에 따라, 그의 아버지나 남편이 취소할 수 있다. 그녀가 자기 아버지 집에서 미성년자인 한, 그녀는 아버지의 권위 아래 있으며, 그는 그녀의 서약을 취소할 수 있다(민 30:4-6). 그녀가 결혼할 때, 그녀는 자기 남편의 권위에 넘어가는데, 남편은 그녀의 서약을 취소할 수 있다(민 30:7-9). 결혼하지 않은 성인 여자는 자신의 서원을 온전히 통제한다. 랍비의 해석은 남편이 취소할 수 있는 서원의 유형을 자기 부인(self-denial)과 '그와 그녀 사이의 문제', 즉 결혼을 방해할 문제라는 두 범주로 제한한다.

11장

미쉬나:

이것들은 [남편이] 취소할 수 있는 서원이다. 즉, "나는 씻지 않겠다" 또는 "나는 씻겠다", "나는 나 자신을 치장하지 않겠다"나 "나는 나 자신을 치장하겠다"와 같은 자기 부인(self-denial)의 서원이다. 랍비 요세는, 이것들은 자기 부인의 서원이 아니고, 다음의 서원이 그에 해당한다고 말했다. 만약 그녀가 "전 세계의 소산물이 내게 코남(qonam)이다"라고 말한다면 그는 이것을 취소할 수 있지만, 만약 그녀가 "이 지역의 소산물이 내게 코남이다"라고 말했다면 그는 다른 곳에서 나는 소산물로 그녀에게 공급해야만 한다. 만약 그녀가 "이 식품점의 소산물이 내게 코남이다"라고 말했다면, 그는 이것을 취소할 수 없지만, 그의 모든 공급이 거기서 왔었다면, 그는 [그 서원을] 취소할 수 있다. 이것은 랍비 요세의 관점이다.

게마라:

그는 자기 부인(self-denial)의 서원을 취소할 수 있지만, 자기 부인과 관련되지 않는 서원은 취소할 수 없다. 하지만 한 바라이타는 남편이 아내에게, 아버지가 자기 집에 있는 어린 딸에 대한 것이니라(민 30:16)라고 진술한다. 이것은 남편이 자신과 아내 사이의 문제에 대해 서원을 취소할 수 있다고 가르친다.[15]

그들은, 그가 두 종류 모두를 취소할 수 있다고 설명했다. 그는 자기 부인의 서원을 항구적으로 취소할 수 있지만, 자기 부인과 관련되지 않는다면, 그는 아내가 자기 권위 아래 있는 동안만 취소할 수 있다. 그리고 그가 그녀와 이혼한다면 서원은 효력을 발휘하게 된다. [이것은] 자기 부인과 관련되지 않은 그와 아내 사이의 문제에 대한 서원[에는 적용되지]만, 만약 서원이 자기 부인과 관련된다면 그 서원은 [전혀] 효력을 발휘하지 않는다.

이것은 정말로 자기 부인과 관련되지 않는 문제들이 그가 아내와 이혼할 때 효력을 발휘하는 경우인가? 명백히 미쉬나는 다음과 같이 진술한다. **랍비 요하난 벤 누리는, 그가 아내와 이혼하고 그녀가 그에게 금지된 채로 남는 경우, 그는 서원을 취소해야만 한다고 말한다.**[16] 여기서 당신은 그가 그녀와 이혼한다고 해도, 만약 그가 이전에 서원을 취소했다면 그 취소는 효력을 유지한다는 것을 볼 수 있다.

그들은, 그가 두 종류를 취소할 수 있다고 설명했다. 그는 자신과 다른 이들에 대해 모두 자기 부인의 서원을 취소할 수 있지만, 만약 자기 부인과 관련되지 않는다면, 그는 자신에 대해서는 취소할 수 있지만 다른 이들에 대해서는 취소할 수 없다.

넷째 소책자

나지르

NAZIR, 나실인

나실인(히브리어 나지르, '삼가다', 또는 '자신을 성별하다')은 자신의 머리를 자르지 않고, 포도나무의 소산물을 삼가며, 시체와의 접촉을 피했다(민 6:1-21). 성경 시대 다른 중동 문화에서의 거룩한 사람들과 같은 나실인은, 예를 들어 전사의 지도자인 삼손과 같이 자신의 지위를 평생 유지했던 카리스마적인 인물이었다(삿 13-16장). 제2성전기 말에는 '삼손의 나실인 신분'과 같은 평생의 나실인 신분은 예외였고, 보통의 기간은 30일이었으며, 그 기간이 마칠 때 희생제물을 바쳤다.

제2성전기의 유대 사회에서 나실인의 숫자나 역할에 대해서는 거의 알려지지 않았지만, 외경(마카비1서 3:49)과 신약(행 21:24)에 가끔 나오며 다른 고대 저자들도 언급하고 있다.[1] 비슷한 서원이 주전 70년에 성전이 파괴된 후에도 지속됐지만, 제도는 희생제사가 없이 적절하게 운영될 수 없었으며, 바빌로니아에서는 실행되지 않았다.

유다 하-나시와 같은 시대 사람인 엘르아살 카파르(Eleazar Kappar)는 그의 언급을 모든 나실인에게 적용하려 한 것인지는 분명하지 않지만(3a), 나실인을 죄인으로 낙인찍는다. 이것은 여러 랍비가 서원을 일반적으로 탐탁지 않게 여기는 것과 비슷하다(Nedarim 22). 마이모니데스는 이슬람 환경에서 글을 쓰면서 그 관습에서 다음과 같은 가치를 발견했다. "나실인 사상의 동기는 분명하다. 그것은 포도주를 마시는 것을 절제시키려는 데 있다. 이는 고대와 현대인들을 몰락시키는 원인이었기 때문이다."[2]

선택된 단락은 데이비드 크래머가 스타마임의 '허구적 논쟁'이라고 부르는 것을 잘 보여준다.[3] 명백히 이것은 논쟁에 대한 자구적 보고가 아니며, 원래의 논쟁이 무엇인지에 대한 두 가지 버전이 있다. 하나는 익명이고 다른 하나는 마르 바 라브 아쉬의 것으로 여겨진다. 종종 게마라에서처럼 고안된 질문이 한 주제의 여러 요소를 밝히는 데 탐조등으로 사용되며, 전체가 양식화된 구성으로 가공됐다. 여기서는 부분적으로 번역했다.

3장

미쉬나:

만일 누군가가 나실인이 되겠다고 서원할 때 무덤에 있었다면, 그가 거기서 30 16b 일 동안 머물더라도 그것은 [그의 나실인 신분]으로 계산되지 않고, 그는 자신을 더럽힌 것에 대해 속죄하는 희생제물을 바치지 않는다. [왜냐하면 나실인 신분이 아직 시작되지 않았기 때문이다.] 만약 그가 [무덤을] 떠나 [자신을 정결하게 하고] 그 후에 다시 들어갔다면, 그가 준수한 날들은 [그의 나실인 신분]으로 계산되고 그는 자신의 더럽힘을 속죄하고자 희생제물을 바쳐야 한다. 랍비 엘리에셀은, 그가 [자신을 정결하게 한] 동일한 날에 다시 들어가면 안 된다고 말한다. 토라는 첫날들(지나간 기간, 개역개정)은 무효니라(민 6:12)라고 말하기 때문이다.

게마라:

다음과 같이 가르침을 받았다. 만일 누군가가 나실인이 되겠다고 서원할 때 무덤에 있었다면, 랍비 요하난은 그 서원이 성립된다고 말하고, 레쉬 라키쉬는 성립되지 않는다고 말한다.

랍비 요하난은 이 서원이 성립된다고 말한다. 즉, 서원은 일시 중지되고 정결하게 한 후 효력을 발휘한다.

레쉬 라키쉬는 이 서원이 성립되지 않는다고 말한다. 즉, 그가 [정결하게 한 후] 재확증할 경우에만 그것이 성립되고 효력을 발휘한다.

랍비 요하난은 다음과 같이 레쉬 라키쉬에 반대한다. 만일 누군가가 나실인이 **되겠다고 서원할 때 무덤에 있었다면, 그가 거기서 30일 동안 머물더라도 그것은** [그의 나실인 신분]으로 계산되지 않고, 그는 자신을 더럽힌 것에 대해 속죄하는 **희생제물을 바치지 않는다.** 즉, 그는 희생제물을 바치지 않지만, 서원은 효력을 발휘한다.

[레쉬 라키쉬는] 다음과 같이 대답한다. 이는 그가 더럽혀지는 범주에 속하지 않으므로 그는 희생제물을 바치지 않는다.

랍비 요하난은 다음과 같이 반대한다. 만일 누군가가 **정결하게 하지 않고 나실 인이 되겠다고 서원했다면, 그는 자기 머리카락을 자르거나 포도주를 마시지 말 아야 하며, 죽은 사람 때문에 자신을 더럽혀서는 안 된다. 만약 그가 자기 머리카 락을 자르거나 포도주를 마시거나 죽은 사람 때문에 자신을 더럽히면, 그는 40번 의 채찍질을 면할 수 없다.**[4] 만약 서원이 성립된다고 당신이 동의한다면 이것은 왜 그가 태형을 면할 수 없는지를 설명하지만, 만약 서원이 존재하지 않았다면 왜 그는 태형을 면할 수 없는가?

17a   [레쉬 라키쉬는 다음과 같이 대답한다]. 이것은 어떤 경우인가? [이것은] 그가 나가서 [자신을 정결하게 하고] 다시 들어온 경우이다.

랍비 요하난은 다음과 같이 반대한다. [한 바라이타가 진술하기를,] **나실인이 되겠다고 서원한 부정한 사람과 더럽혀진 정결한 사람 사이의 유일한 차이점은, 나실인이 되겠다고 서원한 부정한 사람이 그의 나실인 신분에 포함되어 [정결]의 일곱째 날로 계산될 수 있지만, 더럽혀진 정결한 사람은 그의 나실인 신분에 포함 되어 [정결]의 일곱째 날로 계산될 수 없다는 것이다.** 만약 당신이 그 서원이 성립 되지 않았다고 여긴다면, [첫날들은] 왜 계산해야 하는가?

마르 바 라브 아쉬는 "[랍비 요하난과 레쉬 라키쉬가] 그 서원이 성립된다는 데 동의하며, 태형에 대해서는 동의하지 않는다"라고 말했다. 랍비 요하난은 "이 서원이 성립되므로, 그는 태형을 면할 수 없다"라고 주장하지만, 레쉬 라키쉬는 "서원이 성립되지만, 그는 태형을 면할 수 있다"라고 주장한다.

랍비 요하난은 레쉬 라키쉬에 반대한다. 만일 누군가가 무덤에 있는 동안 나실인이 되겠다고 서원했다면, 그가 거기서 30일 동안 머물더라도 그들은 [그의 나실인 신분]으로 계산되지 않고, 그는 자신을 더럽힌 것을 속죄하는 희생제물을 바치지 않는다. 즉, 그는 희생제물을 바치지 않지만, 그는 태형을 면할 수 없다.

[레쉬 라키쉬는 다음과 같이 대답한다.] 타나가 그는 면할 수 있다고 진술한 것은 정확했을 것이다. 그러나 미쉬나는, 만약 그가 [무덤을 떠나 자신을 정결하게 하고] 그 후에 다시 들어갔다면, [그가 준수한] 날들은 [그의 나실인 신분]으로 계산되고, 그는 자신의 더럽힘을 속죄하고자 희생제물을 바쳐야만 한다고 계속 말한다. 앞부분에서는, 그는 자신의 더럽힘을 속죄하고자 희생제물을 바치지 않는다고 말했고[, 태형을 언급하는 것은 생략한다].

증거는 다음과 같다. 나실인이 되겠다고 서원한 부정한 사람과 더럽혀진 정결한 사람 사이의 유일한 차이점은, 나실인이 되겠다고 서원한 부정한 사람이 그의 나실인 신분에 포함되어 [정결]의 일곱째 날로 계산될 수 있지만, 더럽혀진 정결한 사람은 그의 나실인 신분에 포함되어 [정결]의 일곱째 날로 계산될 수 없다는 것이다. 태형에 대해 둘이 동등하다는 [결론이다].

[레쉬 라키쉬는 다음과 같이 대답한다.] 아니다. 그들은 머리카락 자르기에 대해서는 동등하지만, 태형에 대해서는 동등하지 않다. 그렇다면 한 바라이타는 왜 태형을 언급하지 않는가? 바라이타는 그에게 불리한 문제가 아니라 유리한 [문제]를 다루기 때문이다.

증거는 다음과 같다. 만일 누군가가 정결하게 하지 않고 나실인이 되겠다고 서원했다면, 그는 자기 머리카락을 자르거나 포도주를 마시지 말아야 하며, 죽은 사람 때문에 자신을 더럽혀서는 안 된다. 만약 그가 자기 머리카락을 자르거나 포도주를 마시거나 죽은 사람 때문에 자신을 더럽히면, 그는 40번의 채찍질을 면할 수 없다. 이것은 명백히 [레쉬 라키쉬의 견해]를 논박한다.

소타

SOTA, 제멋대로인 아내

민수기 5장 11-31절은 남편에게 간음했다고 의심받는 아내의 시련에 의한 재판 (trial by ordeal) 과정을 제시한다. 랍비 시대 즈음 이것은 쓸모없게 됐지만, 그런데 도 랍비들은 이것을 토라의 다른 조항과 가능한 한 나란히 두며 거기서 교훈을 도 출하여 상세하게 설명했다. 증거의 표준적인 규정과는 일관되지 않아 보일지라도, 이 과정은 토세프타에서 상세히 발전된 주제인 일종의 동해(同害) 복수법('이에는 이 로 갚는' 징벌)으로 설명된다.

1장

미쉬나:

랍비 엘리에셀은, 만약 누군가가 자기 아내에게 질투의 경고문을 내려면 두 증 인이 있는 데서 그렇게 해야 하지만, 그는 그녀에게 한 증인이나 자신의 증언에 따 라 쓴 물을 마시게 할 수도 있다 말한다. 랍비 여호수아는, 만일 누군가가 자기 아내에게 질투의 경고문을 내려면 두 증인이 있는 데서 그렇게 해야 하고, 그는 그 녀에게 두 증인의 증언에 따라 쓴 물을 마시게 할 수 있다고 말한다.

그는 어떻게 '질투의 경고문'을 내는가? 만약 두 증인이 있는 데서 그녀에게 아무개에게 말하지 말라고 말했는데 그녀가 그와 이야기했다면, 그녀는 여전히 남편에게 허락되고, [만약 그가 코헨이라면 그녀는] 테루마를 먹는 것도 허락된다. 만약 그녀가 [경고의 대상과] 함께 은둔하고, 자신을 더럽힐 만큼 충분히 길게 그와 함께 있었다면, 그녀는 그녀의 남편에게 금지되고 테루마를 먹는 것도 금지된다. [남편이 형제를 남겨두고 자녀가 없이] 죽으면, 그녀는 할리차를 받아들이고 그 형제와 결혼하지 않아야 한다.

게마라:

이제 타나는 방금 나실인을 다뤘다. 그는 이에 이어 왜 제멋대로인 아내를 다루는가? 그것은 다음과 같이 한 바라이타가 진술하는 대로이다. 랍비는 다음과 같이 말했다. 토라가 왜 제멋대로인 아내에 관한 법 옆에 나실인법을 두는가? 그것은 제멋대로인 아내의 치욕을 보는 자는 누구든지 포도주를 마시지 않겠다고 맹세할 것이라고 당신에게 가르치기 위해서이다!

그렇다면 왜 [성경에 나오는 순서대로] 소타를 나지르 앞에 두지 않았는가? 타나는 랍비가 설명한 대로 케투보트를 다루었고, 그 과정에서 그는 서원과 관련된 문제를 다루었으며, 이는 네다림으로 이어졌다. 그다음에 그는 비슷한 주제인 나실인을 다루었으며, 그 후 소타를 다루었다.

만약 누군가가 질투의 경고문을 낸다면. '만약'은 그가 그것을 하지 않는 게 바람직하다는 것을 의미한다. 즉, 우리 타나는 질투의 경고문을 내는 것이 적절하지 않다고 주장함이 틀림없다.

라브 쉬무엘 바 이삭은, 레쉬 라키쉬가 소타를 [가르치기] 시작했을 때, 악인의 규가 의인들의 땅에서는 그 권세를 누리지 못하리니(시 125:3, KJV)라고 한 대로, 그는 [하늘이] 남자의 행동에 따라 그에게 어울리는 배우자를 골라준다고 말하곤 했다.

라바 바 바 하나는 랍비 요하난의 이름으로, 하나님이 고독한 자들은 가족과 함께 살게 하시며 갇힌 자들은 이끌어 내사 형통하게 하시느니라(시 68:6)[1]라고 한 대로, 홍해를 가르는 것만큼이나 [하늘이] 배우자를 골라주는 것이 어렵다고 말했다.

이것이 그런가? 라브 예후다는 라브의 이름으로, 자녀가 생기기[2] 40일 전에 하늘의 목소리가 다음과 같이 외친다고 말한다. 아무개의 딸은 아무개를 위하며, 아무개의 집은 아무개를 위하고, 아무개의 밭은 아무개를 위한다! 어떤 모순도 없다. [라브]는 첫 결혼에 대해 말하고, [랍비 요하난은] 둘째 결혼에 대해 말한다.

랍비 엘리에셀은, ⋯ 그는 그녀에게 한 증인이나 자신의 증언에 따라 쓴 물을 마시게 할 수 있다고 말한다. 랍비 여호수아는, ⋯ 그는 그녀에게 두 증인의 증언에 따라 쓴 물을 마시게 할 수 있다고 말한다. 그들은 단지 질투와 은폐에 대해 논쟁하지만, 한 증인이 더럽힘[에 대한 증거로] 충분할 것이라는 데 동의한다. [실제로] 미쉬나는, 한 증인이 나는 그녀가 더럽혀진 것을 보았다고 진술하면, 그녀는 [쓴 물을] 마시지 않는다고 진술한다.[3] 한 증인으로 충분하다고 말하는 것에 대해 성경에는 어떤 토대가 있는가?

랍비들은 다음과 같이 가르쳤다. 그 여자의 더러워진 일에 증인도 없고(민 5:13), 여기서 성경은 두 증인이 없다는 것을 의미한다. 아니면 이것이 심지어 한 증인도 없다는 것을 의미할 수 있는가? 성경은 사람의 모든 악에 관하여 ⋯ 한 증인으로만 정할 것이 아니요(신 19:15)라고 진술한다. 그렇다면 지금 증인이라고 말한다면, 나는 이것이 한 증인을 의미한다고 이해해야 하지 않을까? '한'이라는 단어는 무엇을 추가하는가? 그것은 증인이 한 명임을 의미한다고 명시하지 않는다면, 토라가 '증인'을 이야기하는 곳은 어디든지 증인이 두 명임을 의미한다는 일반적인 원리를 확립한다. 그러므로 여기서 토라가 그 여자의 더러워진 일에 증인도 없고라고 말할 때, 이것은 만약 두 명이 아니라 한 명만 있으면 그녀가 강요되지도(그가 잡히지도, 개역개정) 아니하였어도(민 5:13), 그녀는 [자기 남편에게] 금지된다는 것을 의미한다.

그리하여 한 증인에 대한 요구는 [신명기에 있는 구절]에서 유래하며, 그렇지 않으면 당신은 그 여자의 더러워진 일에 증인도 없고가 "단 한 명의 증인도 없다"를 의미한다고 생각할 수도 있다. 하지만 한 명의 증인도 없다면 그녀는 어떻게 금지될 수 있는가? 그런데도 이 구절은 필요하다. 왜냐하면 [이 구절이 없다면] 당신은 그 여자의 더러워진 일에 증인도 없고라고 할 때, 이것은 "그녀에 대한 반대 심문에서 한 명의 증인도 신뢰할 수 없다"라는 것을 의미한다고 생각할 수 있었다. 그녀에 대한 반대 심문은 신뢰받지 못하는가? 우리는 두 증인이 필요한가? 만약 이것이 그런 경우라면 이 구절은 아무 말도 할 필요가 없었다. 왜냐하면, 우리는 토라 전반에서 [두 증인이 필요하다는] 증거법에서 그렇듯이 금전법에서의 유추로 추론할 수 있기 때문이다. 그런데 여전히 이 문제를 명확하게 진술할 필요가 있다. 당신은 그가 그녀에게 경고했고 그런데도 그녀는 [피고인과 함께] 은둔했으므로 한 증인이 그녀에 대한 반대 심문에서 신뢰를 받아야 한다.

그렇다면 이것은 한 증인에도 불구하고 그녀가 허용된다는 것을 의미하는가? 그녀가 강요되지도 아니하였어도라고 기록되지 않았는가? 그것은 그녀가 한 증인의 증언으로 금지된다는 것을 의미한다. 이 구절이 없이는, 당신은 두 증인만 신뢰할 수 있고 한 증인은 신뢰할 수 없으며, 두 증인이 있다고 해도 우리는 그녀가 강요되지도 아니하였어도라고 결론 내릴 수 없다고 생각할 수도 있다. 그러므로 이 구절은 여전히 필요하다. 이 구절은 우리에게 이것이 그런 경우가 아니라는 것을 알려준다.

7장은 '거룩한 언어'로 말할 필요가 있거나 말할 필요가 없는 기도와 공식적인 선언을 열거한다. 히브리어로 말해야만 하는 것들 가운데는 제사장이 제멋대로인 아내에게 하는 지시(민 5:19-22)와 제사장의 축복도 있다. 더 이상 역할을 수행하는 유대 제사장직도 없지만, 많은 가문이 여전히 아론 혈통의 후손이라고 주장하며, 코하님(단수, 코헨)으로 알려졌다. 그들은 회당에서 제사장의 축복을 전달하는 것을 포함해서 흔적만 남아 있는 의무와 특권을 유지하는데, 이스라엘과 대부분의 세르파드 공동체에서는 매일, 이스라엘 밖 아슈케나지(Ashkenazic) 공동체에서는 절기에만 한다.

여호와께서 모세에게 말씀하여 이르시되 아론과 그의 아들들에게 말하여 이르기를 너희는 이스라엘 자손을 위하여 이렇게 축복하여 이르되 여호와는 네게 복을 주시고 너를 지키시기를 원하며 여호와는 그의 얼굴을 네게 비추사 은혜 베푸시기를 원하며 여호와는 그 얼굴을 네게로 향하여 드사 평강 주시기를 원하노라 할지니라 하라 그들은 이

같이 내 이름으로 이스라엘 자손에게 축복할지니 내가 그들에게 복을 주리라(민 6:22-27, JPS).[4]

7장

미쉬나:

제사장의 축복은 어떻게 법령으로 규정되는가?

성전 밖에서 제사장의 축복은 세 축복으로 낭송되고, 성전 안에서는 한 축복으로 낭송된다.

성전 안에서 [하나님의] 이름은 기록된 대로 발음되고, 성전 밖에서는 [오직] 대체 이름이 사용된다.

성전 밖에서 코하님은 자신들의 손을 어깨높이로 든다. 성전 안에서 대제사장을 제외하고는 [그들은] 자신들의 머리 위로 [손을 든다]. 왜냐하면, 대제사장은 [금으로 된] 관 위로 자신의 손을 들 수 없기 때문이다.[5] 랍비 유다는 아론이 백성을 향하여 손을 들어 축복함으로(레 9:22, JPS)라고 기록된 대로, 대제사장이 관 위로 손을 들 수 있다고 말한다.

게마라:

랍비들은 다음과 같이 가르쳤다. 곧 거룩한 언어로, 너희는 … 이렇게 축복하여. 당신은 '거룩한 언어로'라고 말하지만, 어떤 언어로도 할 수 있는 것인가? [아니다. 왜냐하면] 여기서 너희는 … 이렇게 축복하여라라고 하고, 거기서 백성을 축복하기 위하여 그리심산에 서고(신 27:12)라고 하기 때문이다. 거기서 거룩한 언어로 [되었듯이] 여기서도 거룩한 언어로 [되어야만 한다]. 랍비 유다는 다음과 같이 말한다. [이 논쟁은] 필요하지 않다. 왜냐하면, 이렇게라고 말하기 때문인데, 이는 그들이 [정확하게] 이 말들로 말해야만 한다는 것을 [의미한다].

다른 바라이타는 다음과 같이 가르친다. 곧 서서, 너희는 … 이렇게 축복하여. 당신은 '서서'라고 말하지만, 이것은 앉아서 했을 수도 있는가? [아니다. 왜냐하면]

여기서 너희는 … 이렇게 축복하여라고 하고, 거기서 백성을 축복하기 위하여 그리심 산에 서고라고 말하기 때문이다. 거기서 그들이 선 대로, 여기서 그들은 서야만 한 다. 랍비 나단은 다음과 같이 말한다. [이 논쟁은] 필요하지 않다. 왜냐하면, 그를 섬기며 또 여호와의 이름으로 축복하게 하셨으니(신 10:8)라고 말하기 때문이다. 즉, 섬김은 서는 것을 요구하듯이, 축복도 서는 것을 요구한다. 그리고 우리는 섬김은 서는 것을 요구한다고 알고 있다. 왜냐하면, 명백하게 [여호와 앞에] 서서 [그를 섬 기며] 라고 진술하기 때문이다.

또 다른 바라이타는 다음과 같이 가르친다. 곧 손을 들어, 너희는 … 이렇게 축 복하여. 당신은 '손을 들어'라고 말하지만, 손을 들지 않고 할 수 있을 것인가? [아 니다. 왜냐하면] 여기서 너희는 … 이렇게 축복하여라고 하고, 거기서 아론이 백성을 향하여 손을 들어 축복함으로(레 9:22, JPS)라고 말하기 때문이다. 거기서 그가 손을 들었듯이, 여기서도 그들은 손을 들어야만 한다.

랍비 요나단은 [이 비유에] 동의하지 않았는데, [왜냐하면, 당신은 다음과 같 이 주장할 수 있기 때문이다]. 거기서 대제사장 [아론이 직무를 집행할] 때는 초하루였으며, 대중을 위한 희생제물이었던 것처럼, 여기서도 [제사장의 축 복에 대해] 대제사장과 초하루와 공적인 희생제사[에 대한 요구가 있어야 한 다].[6]

랍비 나단은 다음과 같이 말한다. [이 논쟁은] 필요하지 않다. 왜냐하면, 그와 그 의 자손에게 항상(신 18:5)이라고 말하기 때문이다. 여기서 그의 아들은 그와 비교된 다. 그가 [축복할 때] 손을 들어야만 하듯이, 그의 아들들은 축복할 때 손을 들어야 만 한다. 게다가 항상이라고 말하는데, 축복은 [다른 형태의] 예식과도 같다.

더 많은 바라이타들은 제사장의 축복이 다른 곳에서는 대체된 이름으로 할지라 도, 성전에서는 네 글자로 된 하나님의 이름으로 선언되어야만 한다는 것, 그리고 개종자들과 여자들과 노예들도 축복에 포함된다는 것, 제사장들과 백성들은 서 로 마주해야만 한다는 것, 축복은 크게 선언되어야 한다는 것을 제시하여 입증하 려고 한다. 아바예는 둘이나 그 이상의 코하님이 있는 경우라도 그들은 공식적으 로 축복하도록 소집된다고 주장한다. 여호수아 벤 레비의 진술 모음집은 대개 제사장의 축복에 대한 것인데, 다음과 같다.

랍비 여호수아 벤 레비는 다음과 같이 말했다. 거룩하신 이, 그분은 찬양받으시리로다, 그분이 제사장의 축복을 바라시는지 우리는 어떻게 아는가? [우리는 이 것을] 그들은 이같이 내 이름으로 이스라엘 자손에게 축복할지니 내가 그들에게 복을 주리라(민 6:27, JPS)라고 한 것[에서 배운다].

랍비 여호수아 벤 레비는 다음과 같이 말했다. 너를 축복하는 자에게는 내가 복을 내리고(창 12:3, JPS)라고 한 대로, 축복하는 모든 제사장은 자신이 축복받을 것이다.

랍비 여호수아 벤 레비는 다음과 같이 말했다. 두칸(dukhan)[7]에 오르지 않은 모든 코헨은 너희는 … 이렇게 축복하여, 그들에게 말하라, 그들은 이같이 내 이름으로와 같은 세 가지 명확한 계명을 어기는 것이다.

라브는, 누군가는 그가 [코헨과 결혼한] 이혼자의 아들이거나, 할리차를 받고 [코헨과 결혼한] 여자의 아들이라고 의심할 수 있다고 주장한다.[8]

랍비 여호수아 벤 레비는 또한 다음과 같이 말했다. 의식의 축복에서[9] [두칸]에 오르지 않은 모든 코헨은 아론이 백성을 향하여 손을 들어 축복함으로 속죄제와 번제와 화목제를 마치고 내려오니라(레 9:22, JPS)라고 한 대로, [나중에] 오르지 않아야 한다. 즉, 거기서 [축복이] 의식과 [연결]됐듯이, [제사장의 축복이 낭송될 때마다, 축복은] 의식과 연결된다.

이것이 옳은가? 랍비 암미와 랍비 아시는 [의식의 축복 후에] 오르지 않았는가? [실제로는 아니다.] 랍비 암미와 아시는 전에 자신의 자리를 떠났지만,[10] [그 후까지 두칸에] 도달하지 못했다. 랍비 오샤야가 가르쳤던 대로, [랍비 여호수아 벤의 설명은, 의식의 축복 동안 코헨이] 자기 자리를 떠나지 않은 경우에는 적용되지만, 그가 자기 자리를 떠난 경우에는 그는 오를 수 있다.

마찬가지로, 미쉬나는 다음과 같이 진술한다. **만약 그가 자기 손을 들고서 [주도하는] 기도로 돌아올 수 있다고 확신한다면, 그는 그렇게 할 수 있다.**[11] 우리는 [그가 의식의 축복 동안 요구되는 대로 오르지 않은 것을 보고] 이것에 의문을 제기했고, 그가 [오르기 위한 준비로] 약간 움직였다는 [대답이 제시됐다]. 여기서도 [랍비 암미와 랍비 아시는 오르기 위한 준비로] 약간 움직였다.

랍비 여호수아 벤 레비는 또한 다음과 같이 말했다. [식사에 이어지는 감사 기도에서] 축복의 잔은, 관대한 자는 복을 받으니(선한 눈을 가진 자는 복을 받으리니, 개역개정) 이는 양식을 가난한 자에게 줌이니라(잠 22:9, JPS)라고 한 대로, 관대한 사람에게 건네야 한다. 여기서는 복을 받으니가 아니라 복을 받으리니로 읽어라.

랍비 여호수아 벤 레비는 또한 다음과 같이 말했다. 우리는 심지어 새도 누가 인색한지 분별할 수 있다는 것을 어떻게 아는가? 새가 보는 데서 그물을 치면 헛일이겠거늘(잠 1:17, JPS)[12]이라고 기록되어 있다.

랍비 여호수아 벤 레비는 또한 다음과 같이 말했다. 만약 당신이 인색한 자에게서 이득을 얻는다면, 당신은 금지된 것을 어긴 것이다. 왜냐하면, 인색한(악한 눈이 있는, 개역개정) 자의 음식을 먹지 말며 그의 맛있는 음식을 탐하지 말지어다 대저 '그는 장부를 기록하는 자와 같으니'(그 마음의 생각이 어떠하면 그 위인도 그러한즉, 개역개정) 그가 네게 먹고 마시라 할지라도 그의 마음은 너와 함께 하지 아니함이라(잠 23:6-7, JPS)라고 말하기 때문이다.

랍비 여호수아 벤 레비는 또한 다음과 같이 말했다. 목이 부러진 소에 대한 [의식]은[13] 우리의 손이 이 피를 흘리지 아니하였고(신 21:7)라고 한 대로, 야비한 행위의 결과이다. [그렇다면] 법정의 장로들이 피를 흘렸다고 누가 생각할 것인가? [명백히 아니다. 그 선언으로 그들이 의미하는 것은, 그 희생자가] 우리 영토에 들어와서 우리가 그를 내보냈거나, 우리가 그를 보고도 그를 가도록 한 [사건이 아니었다는 것이다. 즉, 그것은] 그가 우리 영토에 들어왔는데 우리가 그를 음식도 없이 가게 했거나, 우리가 그를 보고 그와 [여행 중에] 동행할 누군가가 없이 그를 떠나게 한 [사건이 아니었다].

라브 아다는 랍비 시믈라이(Simlai)의 이름으로, 회당에 참여한 모든 사람이 코하님이라면 그들은 [축복하려고 강단에] 오른다고 말했다.

그들은 누구를 축복하는가? 랍비 제이라는, 들에 있는 그들의 형제들이라고 말했다.

이것이 어떻게 그럴 수 있는가? 라브 미냐민 바 히야의 아들 아바는 코하님 뒤에 있는 사람들이 축복에 포함되지 않는다고 말하지 않았는가?[14]
전혀 문제가 안 된다. 만약 그들이 속박당했기 [때문에 빠졌다면,] 그들
은 [축복에] 포함된다. 만약 속박이 없었다면 포함되지 않는다.

하지만 쉬호리(Shiḥori)의 라브 쉬미는, 회당에 참여한 모든 사람이 코하님이라면
어떤 이들은 [축복하려고 강단에] 오르고 어떤 이들은 [그들의 자리에 남아서] 아멘
이라고 응답한다고 가르치지 않았는가? 전혀 문제가 없다. 열 명이 남으면 [그들이
그들 자리에 머물지만, 만약 열 명이 남지 않았다면, [그들은 모두 오른다].

코하님 뒤에 있는 사람들이 축복에 포함되지 않는다는 라브 미냐민 바 히야
의 아들 아바의 진술을 더 자세히 살펴보자. 명백하게도 키 작은 사람들 앞
에 있는 키 큰 사람들은 장벽이 아니며, 기도 강대상은 장벽이 아니지만, 칸
막이는 어떤가? [칸막이가 장벽이 아니다]라는 증거가 있는데, 랍비 여호수
아 벤 레비가 "철 장벽도 이스라엘과 하늘의 아버지 사이를 갈라놓을 수 없
다!"라고 말했기 때문이다.

중간에 삽입된 표현들을 더 많이 사용한 후에, 우리는 다음과 같이 제사장의 축
복에 대한 여호수아 벤 레비의 판결로 돌아온다.

랍비 여호수아 벤 레비는 또한 다음과 같이 말했다. 거룩함 가운데(성소를 향하여,
개역개정) 너희 손을 들고 여호와를 송축하라(시 134:2)라고 한 대로, 코헨은 손을 씻기
전까지는 축복할 때 손을 들 수 없다.

랍비 엘르아살 벤 샤무아의 제자들은 그에게 물었다. 당신은 도대체 어떻게 그
렇게 오래 살았는가? 그가 대답했다. 나는 결코 회당을 지름길로 사용하지 않았
으며, 나는 결코 거룩한 사람들의 머리를 넘지 않았고,[15] 나는 축복을 [선언하지]
않고는 [제사장의] 축복을 위해 내 손을 들지 않았다고 대답했다.

어떤 축복인가? 랍비 제이라는 라브 히스다의 이름으로 말했다. [우리 하나
님, 주시요, 우주의 왕이시여, 당신은 찬양받으시리로다], 그분이 우리에게
아론의 거룩함을 입히셨고, 우리에게 당신의 백성 이스라엘을 사랑으로 축복
하라고 명령하셨다.

전투 전에 군사들에게 연설하는 제사장과 관료들은 히브리어로만 해야 했다.

이는 8장에서 전쟁에 대한 논의, 전쟁의 정당성과 행위로 이어진다. 이 간략한 섹션은 다음 세 종류의 전쟁 사이에서 랍비의 구분을 위한 토대가 된다. 즉, 밀헤메트 호바(milhemet ḥova, 의무적인 전쟁으로서 원래의 정복 전쟁에만 국한된다), 밀헤메트 레슈트(milhemet reshut, 임의의 전쟁으로서 아마도 산헤드린, 우림과 둠밈의 권위에서만 가능했을 것이다), 그리고 예방적인 전쟁을 포함한 방어적 전쟁이다. [16]

8장

미쉬나:

책임자들은 또 백성에게 말하여 이르기를 [두려워서 마음이 허약한 자가 있느냐 그는 집으로 돌아갈지니 그의 형제들의 마음도 그의 마음과 같이 낙심될까 하노라](신 20:8). 랍비 아키바는, 두려워서 마음이 허약한은 전쟁의 긴장을 견딜 수 없거나 꺼낸 칼을 볼 수 없는 자에 대한 단순한 의미로 이해해야 한다고 말한다. 갈릴리 사람 랍비 요세는, 두려워서 마음이 허약한은 그가 죄를 저질렀기 때문에 두려운 자를 의미한다고 말한다. 토라는 그에게 모든 다른 이들 사이에서 떠날 기회를 준다. [17] 랍비 요세는, 두려워서 마음이 허약한은 과부와 결혼한 대제사장, 보통의 코헨과 결혼하여 할리차를 받은 이혼자나 여자, 이스라엘 사람과 결혼한 마므제레트(mamzeret)나 네티나(netina), 마므제르나 나틴과 결혼한 이스라엘 여자 등을 의미한다고 말한다. [18] 이것은 임의적인 전쟁에만 적용되지만,[19] 의무적인 전쟁에는 모두가 가야만 하며, 심지어 그의 방에서 신랑도, 그녀의 닫집에서 신부도 나와서 가야만 한다. 랍비 유다는, 이것이 미츠바 전쟁에만 적용되지만, 의무적인 전쟁에는 모두가 가야만 하며, 심지어 그의 방에서 신랑도 그녀의 닫집에서 신부도 나와서 가야만 한다고 말했다.

게마라:

어떤 면에서 랍비 요세와 갈릴리 사람 랍비 요세가 다른가? 그들은 랍비법을 어기는 죄에 대해 다르다.

다음의 바라이타는 그들 가운데 어느 한 명을 따른다. **누군가가 한 테필라를 착용하는 것과 다른 테필라를 착용하는 것 사이에서 말했더라도**[20] 그것은 죄로 간주되는데, 그는 군대의 신분에서 돌아가야 하는가? 이것은 갈릴리 사람 랍비 요세의 견해와 일치한다. 그리고 그에 따르면 랍비들의 이 가르침은 다음과 같다. **만약 그가 나팔 소리나 방패 부딪히는 소리에 움츠러들거나 칼이 번쩍일 때 무릎 사이에 소변을 보면, 그는 [그 신분에서] 돌아가야 하는가?** 이것은 갈릴리 사람 랍비 요세보다는 랍비 아키바에 따르는가?[21] 심지어 갈릴리 사람 랍비 요세도 [이런 사람은 행렬에서 돌아가야 한다는 데] 동의할 것이다. 왜냐하면, 성경은 그의 마음과 같이 낙심될까 하노라라고 말하기 때문이다.

이것은 임의적인 전쟁에만 적용된다. 랍비 요하난은, 랍비들의 '임의적인 전쟁'은 랍비 유다의 '미츠바 전쟁'에 맞먹는다고 말했다.

라바는 다음과 같이 말했다. 여호수아의 정복 전쟁이 의무적이었으며, 다윗의 확장주의 전쟁은 임의적이었다는 데 모두 동의하지만, 우상숭배자들이 그들을 공격하는 것을 막고자 계획된 예방적 전쟁의 [지위에] 대해서는 의견이 다르다. 하나는 그것을 '미츠바 전쟁'이라고 부르고, 다른 이는 그것을 임의적인 전쟁이라고 부른다. 차이점은 또 다른 미츠바에 관여한 누군가에 대한 것이 될 것이다. [즉, 그는 방어적인 전쟁에서의 면제를 주장할 수 있다.]

마지막 장은 소타 자체의 제도와 같이 랍비 시기에는 쓸모없게 된 성경 제도, 즉 다음과 같이 송아지의 목을 꺾는 의식에 초점을 둔다.

네 하나님 여호와께서 네게 주어 차지하게 하신 땅에서 피살된 시체가 들에 엎드러진 것을 발견하고 그 쳐죽인 자가 누구인지 알지 못하거든 너희의 장로들과 재판장들은 나가서 그 피살된 곳의 사방에 있는 성읍의 원근을 잴 것이요 그 피살된 곳에서 제일 가까운 성읍의 장로들이 그 성읍에서 아직 부리지 아니하고 멍에를 메지 아니한 암송아지를 취하여 그 성읍의 장로들이 물이 항상 흐르고 갈지도 않고 씨를 뿌린 일도 없는 골짜기로 그 송아지를 끌고 가서 그 골짜기에서 그 송아지의 목을 꺾을 것이요 … 그 피살된 곳에서 제일 가까운 성읍의 모든 장로들은 그 골짜기에서 목을 꺾은 암송아지 위에 손을 씻으며 말하기를 우리의 손이 이 피를 흘리지 아니하였고 우리의 눈이 이것을 보지도 못하였나이다 여호와여 주께서 속량하신 주의 백성 이스라엘을 사하시고 무죄한 피를 주의 백성 이스라엘 중에 머물러 두지 마옵소서 하면 그 피 흘린 죄가 사함을 받으리니 너는 이와 같이 여호와께서 보시기에 정직한 일을 행하여 무죄한 자의 피 흘린 죄를 너희 중에서 제할지니라(신 21:1-4, 6-9).

랍비들이 토라법을 폐지하는 것은 생각할 수 없을 것이다. 그래서 그 고대 제도의 중지는 대신에 사람들의 타락 기준에 근거하여 정당화되었다. 즉, 소타의 경우 남자들이 이제 여자들만큼 부도덕하다는 개념에 근거한다.

세대들의 타락에 대한 고찰은 이 장을 끝내는 '랍비의 묵시록'으로 이어진다. [22]

9장

미쉬나:

만약 살인자가 송아지의 목이 꺾이기 전에 발견됐다면, [그 송아지는] 가서 무리들 사이에서 풀을 먹어도 좋다. 만약 송아지의 목이 꺾인 후라면, 그 송아지는 그 장소에 묻힌다. 왜냐하면, 송아지는 의심의 상황에서 [속죄하려고] 데려왔으며, 그 의심에 대해 속죄했고 떠났기 때문이다. 송아지의 목이 꺾이고 살인자가 그 후 발견됐다면, [그래도] 그는 처형당한다.

만약 한 증인이, 나는 살인자를 보았다고 하고, 다른 이는, 당신은 보지 못했다고 말하거나, 한 여자가, 나는 살인자를 보았다고 하고, 다른 이는, 당신이 보지 못했다고 한다면, 그 송아지의 목은 꺾였다.

만약 한 증인이, 나는 살인자를 보았다고 말하고, 두 증인은, 당신은 보지 못했다고 말한다면, 그 송아지의 목은 꺾였다.

만약 두 증인이, 우리는 [그 살인자를] 보았다고 말하고, 한 증인은, 당신은 보지 못했다고 말한다면, 그 송아지의 목은 꺾이지 않았다.

살인자들이 증가했을 때, 그들은 송아지의 목을 꺾는 [의식]을 일시 중지했다. [이때는] 테히나 벤 파리샤(Teḥina ben Parisha) 또는 살인자의 아들이라고도 알려진 엘리에셀 벤 디나이의 시기였다.

[남자] 간음자들이 많아졌을 때, 쓴 물이 중지됐다. 너희 딸들이 음행하며 너희 며느리들이 간음하여도 내가 벌하지 아니하리니 이는 남자들도 창기와 함께 나가며 음부와 함께 희생을 드림이니라(호 4:14, JPS)라는 구절에 따라 쓴 물을 중지시킨 이는 요하난 벤 자카이였다.

체레다(Tzereda)의 요세 벤 요에제르와 예루살렘의 요세 벤 유다의 죽음 후에, [나는 여름 과일을 딴 후 … 같아서] 먹을 포도송이가 없으며 내 마음에 사모하는 처음 익은 무화과가 없도다(미 7:1, JPS)[23]라고 한 대로, '송이들'이 멈추었다.

대제사장 요하난은 십일조 선언을 멈추었고 깨우는 외침과 문 두드리는 사람들을 폐지했다. 그의 날까지 예루살렘에 망치 소리가 들렸고, 누구도 데마이(demai)에 대해 물을 필요가 없었다.[24]

미쉬나:

산헤드린이 기능을 멈추었고, 노래하면서 포도주를 마시지 못하고 독주는 그 마시는 자에게 쓰게 될 것이라(사 24:9, JPS)라고 한 대로, 노래가 잔칫집에서 멈추었다.

초기 선지자들이 죽었을 때, 우림과 둠밈은 멈추었다.

성전이 파괴됐을 때, 샤미르(shamir)와 '벌집에서 떨어지는 것'이 없어졌고, 경건한 자가 끊어지며(시 12:1)라고 한 대로, 신앙의 사람들이 이스라엘에서 사라졌다. 라반 시므온 벤 가말리엘은, 랍비 여호수아가 성전이 파괴된 그날부터 저주가 없는 날이 단 하루도 없었으며, 이슬이 축복으로 떨어지지 않았고, 열매가 그 향을 잃었다고 증언했다고 말한다. 랍비 요세는, 심지어 즙도 그 열매에서 사라졌다고 덧붙였다. 랍비 시므온 벤 엘르아살은, 정결을 [소홀히 하여] 맛과 냄새가 없어졌고, 십일조를 [소홀히 하여] 곡식에서 기름이 없어졌다고 말한다. 현인들은 부덕함과 주술이 모든 것을 망쳤다고 말한다.

미쉬나:

베스파시아누스(Vespasian) 전쟁에서 그들은 신랑이 관을 쓰지 않아야 하고, 에 49a
루스(erus)25)를 연주하지 않아야 한다는 법령을 공표했다. 티투스(Titus) 전쟁에서
그들은 신랑이 관을 쓰지 않아야 하고, 남자는 자기 아이에게 헬라어를 가르치지
않아야 한다는 법령을 공표했다. 마지막 전쟁에서26) 그들은 신랑이 가마를 타고
마을을 이곳저곳 다니지 않아야 한다는 법령을 공표했지만, 우리 랍비들은 [나중
에] 신랑이 가마를 타고 마을을 이곳저곳 다니는 것을 허락했다.

랍비 메이르의 죽음으로 비유를 만드는 자들이 멈추었다. 벤 아자이의 죽음으
로 부지런한 학생들이 멈추었다. 벤 조마의 죽음으로 설교자들이 멈추었다. 랍비
아키바의 죽음으로 토라를 존중함이 멈추었다. 랍비 나니나 벤 도사의 죽음으로
[훌륭한] 행동을 하는 사람들이 멈추었다. 그들은 그가 경건한 자들의 가장 작은
자(카톤[qaton])였으므로 그를 카톤타(Qatonta)라고 불렀는데, 랍비 요세 카톤타의
죽음으로 경건이 멈추었다. 랍비 요하난 벤 자카이의 죽음으로 지혜의 광채가 멈
추었다. 원로 라반 가말리엘의 죽음으로 토라의 명예가 멈추었고, 정결과 금욕이
없어졌다. 랍비 이스마엘 벤 포에부스의 죽음으로 제사장직의 광채가 멈추었다.
랍비 [유다 하-나시]의 죽음으로 겸손과 죄에 대한 두려움이 멈추었다.

게마라:

랍비들은 다음과 같이 가르쳤다. 랍비 비느하스 벤 야이르(Pinḥas ben Yair)가
다음과 같이 말했다. 성전이 파괴됐으므로 하베림(ḥaverim)과 자유인들은 수치스
럽게 자신들의 머리를 덮고, [위대한] 행동의 사람들은 줄어든 반면에 폭력적이고
구변이 좋은 사람들이 만연하고, 누구도 조사하거나 구하거나 묻지 않는다. 그렇
다면 우리는 누구를 신뢰할 수 있는가? 하늘에 계신 우리 아버지이다!

위대한 랍비 엘르에셀은 다음과 같이 말한다. 성전이 파괴됐으므로 현인들은
초등 선생으로 격하됐고, 초등 선생은 감시자로, 감시자는 보통 사람으로 격하 49b
됐지만, 반면에 보통 사람은 점점 더 약해지며, 누구도 조사하거나 구하거나 묻
지 않는다. 그렇다면 우리는 누구를 신뢰할 수 있는가? 하늘에 계신 우리 아버지

이다!

메시아의 발자국에[27] 무례함이 증가하고, [존경할 가치가 없는] 사람들이 명예를 추구하며,[28] 포도나무가 열매를 맺으나 포도주가 비쌀 것이고, 통치권은 이단에게 넘어갈 것이며,[29] 누구도 꾸짖지 않으며, 의회는 사창가가 되며, 갈릴리는 파괴되고 가블라는 황폐하게 되며, 시골 지역 사람들은 마을 이리저리로 방랑하나 어떤 은혜도 발견하지 못하며, 서기관들의 배움이 저하되고, 죄를 두려워하는 자들이 멸시를 당하고 진리는 숨겨질 것이며, 젊은이들은 노인들을 수치스럽게 여기고 장로들은 아이들 앞에 설 것이다. 아들이 아버지를 멸시하며 딸이 어머니를 대적하며 며느리가 시어머니를 대적하리니 사람의 원수가 곧 자기의 집안 사람이리로다(미 7:6, JPS). 세대의 얼굴이 개의 얼굴이 되고 어떤 아들도 자기 아버지 앞에서 수치스러워하지 않을 것이다. 그렇다면 우리는 누구를 신뢰할 수 있는가? 하늘에 계신 우리 아버지이다!

다음 단락은 미쉬나에서의 이 소책자를 마무리하지만, 바브리에서는 아보다 자라(Avoda Zara) 20b에서 다소 다른 어법이 나온다. 여기서는 메시아를 예견하는 일반적인 타락에 맞서, 개인에게 최종 구속 전에 영적인 성장으로 향하는 길을 제안한다. 이탈리아 랍비 모세 하임 루자토(Moshe Ḥayyim Luzzatto, 1707-46)는 이것을 자신의 유명한 윤리 고전 《의로운 자의 길》(Mesilas Yesharim)에 대한 틀로 사용한다.

랍비 비느하스 벤 야이르는 이렇게 말한다. [하나님의 계명에 대한] 열정이 깨끗함으로 이어지고, 깨끗함은 정결로, 정결은 절제로, 절제는 거룩함으로, 거룩함은 겸손으로, 겸손은 죄에 대한 두려움으로, 죄에 대한 두려움은 경건으로, 경건은 영성으로,[30] 영성은 죽은 자의 부활로 이어지고, 죽은 자의 부활은 엘리야가 가져온다. 그가 영원히 기억되게 하소서!

기틴

GITTIN, 이혼

이혼에 대한 개인적인 의미, 사회적인 의미, 종교적인 의미에 대한 성찰은 탈무드 전반에 흩어진 아가도트(aggadot, 아가다의 복수)에 나온다. 이 소책자의 마지막 페이지에서는 바람직한 것 또는 그렇지 않으면 이혼에 대한 '도덕적 이슈'라고 부를 수 있는 것에 대해 논의한다. 케투보트가 이혼이 허용되거나 의무적인 조건을 다루는 곳에서 대부분의 기틴은 이혼증서의 기록과 전달에 대한 절차 문제에 관심을 가진다.

성경에 나오지 않는 히브리어 용어 게트(get, 기틴[gittin]의 단수)는 랍비들이 이혼증서를 가리키는 데 사용하는데, 이는 또한 상업문서와 노예를 해방하는 문서도 가리킬 수 있다.

이혼법은 신명기 24장 1-4절에서 도출된다. 1절의 이와 같은 문자 그대로의 번역은 각 표현에서 나오는 법의 핵심을 나타내도록 배열되었다.

사람이 아내를 맞이하여	결혼의 지위가 어떻게 확립되는가?
성관계를 하고(데려온 후에, 개역개정)	동거가 결혼을 확립할 수 있다.
그에게 수치되는 일이 있음을 발견하고	사람이 이혼하지 않을 수 없는 근거들
그를 기뻐하지 아니하면	사람이 이혼할 수 있는 근거들
(그녀에게)	구체적인 여자에게 기록되어야만 한다.
이혼	이혼은 제한이 없어야 한다.
증서를	그 위에 기록되는 대상은 움직일 수 있어야만 한다.
써서	남편이나 그의 대리인이 기록한 문서가 있어야만 한다.
그의 손에	여자나 여자를 대신하여 받아야만 한다.
주고	게트는 전달되어야만 한다.
그를 자기 집에서 내보낼 것이요	

이혼 과정은 정의상 남자가 여자를 풀어주는 것이다. 이것은 보통 남자가 주도하여 법정이 사전에 동의하든지 안 하든지 발생하지만, 케투보트(Ketubot) 77a(399쪽을 보라)에서처럼, 조치는 아내의 부탁이든 아니든 법정이 주도할 수도 있다.

어떤 문제에서는 법이 소급하여 상황을 결정할 수도 있지만, 베레라(berera, '선택')로 알려진 법적인 장치는, 기틴과 함께 일어날 수 없다. 남편과 아내 모두 작성할 때 자각하며 분명하게 명시되지 않으면, 게트는 그 이름들이 옳다고 해도 무효가 된다.

3장

미쉬나:

구체적인 여자를 위해 기록되지 않은 게트는 무효이다.

이것은 어떻게 작용하는가?

만약 한 남자가 길을 따라 걷다가, 서기관들이 이러이러한 사람이 이러이러한 장소의 이러이러한 여자와 이혼한다고 작성한 것을 듣고서, 그가 저것은 내 이름이며, 저것은 내 아내의 이름이라고 생각한다면, [그들이 작성한 게트는] 그가 이혼하는 데 유효하지 않다.

게다가 만약 한 남자가 자기 아내와 이혼하려고 [게트]를 작성하고는 마음을 바꿨는데, 그 마을의 또 다른 남자가 이것을 발견하고 그에게, 내 이름은 당신의 이름과 같으며 내 아내의 이름은 당신의 아내의 이름과 같다고 말한다면, [둘째 남자는] 그것을 가지고 이혼하는 데 유효하지 않다.

게다가, 만약 한 남자에게 동일한 이름을 가진 두 아내가 있고, 더 나이 든 여자와 이혼하려고 게트를 작성했다면, 그는 그것으로 더 어린 여자와 이혼할 수 없다.

게다가 만약 한 남자가 서기관에게, "작성하라! 내가 이것을 [내 아내 가운데] 누구에게든 내가 결정하는 이에게 주겠다"라고 지시했다면, 이것은 그가 이혼하는 데 유효하지 않다.

게마라:

한 남자가 자기 아내와 이혼하려고 [게트]를 작성하고는 마음을 바꾸었다. 그러면 [미쉬나에서의] 첫 [진술은] 무엇에 대한 것인가? 라브 파파는, [게트를 어떻게 작성하는지] 배우기 바쁜 서기관들에 대한 것이라고 말한다. 라브 아쉬는, 당신은 본문의 정확한 어법에서 이것을 추론할 수 있는데, 서기관이 읽고 있는 것이 아니라 받아쓰고 있다고 말하기 때문이며, 그것이 이를 증명한다고 말한다.

[미쉬나는] 게다가라는 말로 무엇을 의미하는가? 그들은 랍비 이스마엘 학파에서 다음과 같이 가르쳤다. 이혼하려고 작성되지 않은 [게트]뿐만 아니라, 심지어 이혼하려고 작성한 것도 무효이다. 이 사람이 가지고 이혼하려고 작성되지 않은 것뿐만 아니라 그가 가지고 이혼하려고 작성된 것도 무효이다. 이 [아내가] 가지고 이혼하려고 작성되지 않았던 것뿐만 아니라 이 [아내가] 가지고 이혼하려고 작성됐던 것도 무효이다. 이것은 왜 그런가? 만약 [성경이] 그가 이혼증서를 그의 손에 줄 것이라고 기록했더라면, 나는 이것이 첫 사례를 배제할 것으로 생각했을 수도 있다. 그 첫 사례에서 [증서는] 단절을 위해서가 아니라 [단순히 실행을 위해서] 작성됐지만, 만일 누군가가 자기 아내와 이혼하려고 그것을 작성했는데 그다음에 자기 마음을 바꾸고, [다른 사람이 그것을 사용했다면], 그것은 단절을 위해 작성됐기 때문에 유효할 것이다. 그러므로 토라는 그리고 그는 써서(개역개정에는 '그리고

그는'이 없음)라고 기록한다. 만약 토라가 그리고 그는 써서라고 기록했을 뿐이라면, 나는 이것이 [남편 자신이] 그것을 작성하지 않은 사례를 배제했다고 생각했을 수 있다. 만약 그가 두 아내가 있었고 그는 그것을 직접 작성했다면, [그가 원래 다른 아내를 위해 그것을 의도했었다는 사실에도 불구하고] 나는 그것이 유효하다고 생각할 것이다. 그러므로 토라는 그녀에게라고 진술하는데, [이는] 이 [아내를] 염두에 두고 있다는 것을 [의미한다]. 마지막 사례는 왜 [포함되는가]? 그것은 우리에게 에인 베레라(ein berera)의 [어떤 소급하는 결정도 아닌] 원리를 알려주기 위해서이다.

게다가, 만약 한 남자에게 동일한 이름을 가진 두 아내가 있고, 더 나이 든 여자와 이혼하려고 게트를 작성했다면, 그는 그것으로 더 어린 여자와 이혼할 수 없다.

[이것은] 그가 더 어린 여자와 이혼할 수 없고 더 나이 든 여자와 이혼할 수 있다는 것을 [의미한다]. 라바는, 만약 한 마을에 요셉 벤 시므온이라 불리는 두 사람이 있다면, [그들 가운데 누가 청구서를 발행했는지 명확하지 않더라도,] 그들이 다른 사람들에게 그 청구서를 제공할 수도 있다는 결론이 나온다고 말했다. 아바예는 그에게 이렇게 말했다. 만약 당신이 이렇게 해석한다면, 미쉬나에 있는 첫 사례, 즉 저것은 내 이름이며, 저것은 내 아내의 이름이다. 그것은 그가 이혼하는 데 유효하지 않다는 것은, 마찬가지로 둘째 사람이 그것으로 이혼할 수 없고, 첫째 사람이 이혼할 수 있다는 것을 의미한다. 그러나 우리는 **누구도 그들에게 청구서를 제공할 수 없다고 말했다.** 그러므로 우리는 무엇을 말할 수 있는가? [청구서는] 랍비 엘르아살의 의견에 따라 [제공될 수 있는데,] 그는 전달의 증인들이 그 거래의 효력을 나타낸다고 주장한다. 여기서도 [즉, 첫 남편이 게트를 자기 아내에게 전달하는 곳에] 전달의 증인들이 있다. 랍비 엘르아살에 따르면 [이 절차는 유효하다].

라브는, 첫째를 제외하고 [미쉬나에 열거된] 모든 [기틴]은 제사장직에서 자격을 잃는다고 말했지만,[1] 쉬무엘은 첫째도 자격을 잃는다고 말했다.

쉬무엘은 자신의 추론의 [통상적인 방향을] 따르는데, 왜냐하면 쉬무엘은 미쉬나의 현인들이 게트가 무효라고 간주했던 곳은 어디든지, 그들은 무효이고 자격을 상실했다는 것을 의미한다고 말했기 때문이다. 그들이 할리차를 무효라고 간주했던 곳은 어디든지 그들은 무효이고 형제들에게서 자격을 잃는다는 것을 의미했다. [2]

서쪽에서 그들은 랍비 엘르아살의 이름으로, '왼쪽'과 '밤'은 무효이고 자격을 잃으며, '미성년자'와 '양말'은 무효이지만 자격을 잃지는 않는다고 말했다. [3] 제이리는, 그들 가운데 누구도 마지막을 제외하고는 자격을 잃지 않는다고 말했다. 라브 아시는, 마찬가지로 그들 가운데 누구도 마지막을 제외하고는 자격을 잃지 않는다고 말했다. 그리고 랍비 요하난은, 마지막조차도 자격을 잃지 않는다고 말했다.

랍비 요하난은 자신의 추론의 [통상적인 방향을] 따르는데, 왜냐하면 라브 아쉬가 랍비 요하난의 이름으로, [자신들의 유산을] 나눈 형제들은 구매자들과 같으며, [그 재산을] 희년에는 서로에게 돌려줘야만 한다고 말했기 때문이다.

두 사례가 필요하다. 왜냐하면, 만약 랍비 요하난이 자신의 의견을 [이혼] 사례로만 진술했다면, 나는 우리가 이것을 염두에 둔다는 [의미에서], 그녀에게 [게트의 작성이] 요구되므로 베레라(berera)가 여기서는 작용하지 않는다고 생각했을 수도 있다. 하지만 나는 [상속의 사례에서는] 토라가 희년에 [부동산] 구매품들을 [원래 소유자에게] 돌려주도록 요구하지만, 유산이나 선물은 그렇지 않다고 [생각했을 것이다]. 랍비 요하난이 [형제들이 물려받은] 밭에 대해서만 자신의 의견을 진술했더라면, 나는 그것이 [단순히] 엄중한 것이었다거나, [유산이 한 소유주에게 속한─라쉬] 현상 유지를 회복하기 위해서였지만, 그것이 [이혼 사례에는] 적용되지 않을 것으로 생각했을 수 있다. 그러므로 두 진술이 필요하다.

라브 호샤야는 라브 예후다에게 물었다. 만약 그가 서기관에게, "[나를 위해 게트를] 작성하라! 내가 그것을 각각 동일한 이름을 지닌 [내 아내들 가운데] 누구든 먼저 문을 통과해 오는 사람에게 주겠다"라고 말했다면 어떻게 되는가?

그는, [이에 대한 대답은] 우리 미쉬나에서 다음과 같이 [내포된다]고 대답했다. **게다가 만약 한 남자가 서기관에게, "작성하라! 내가 이것을 [내 아내 가운데] 누구든 내가 결정하는 이에게 주겠다"라고 지시했다면, 이것은 그가 이혼하는 데 유효하지 않다.** 여기서 베레라가 작용하지 않는다는 결론이 나온다. [즉, 법은 소급

하여 어느 아내를 의도했는지 결정하지 않는다는 것이다.]

[호샤야는 다음과 같은 다른 미쉬나에서 이에 대해] 반대를 제기했다. 만일 누군가가 자기 아들에게, 나는 너희들 가운데 누가 먼저 예루살렘에 오든지 그를 위해 유월절 어린 양을 도살하겠다고 말했다면, 첫아들, 곧 그의 머리와 몸이 거의 다 도착했을 때, 그는 어린 양을 나눌 권리를 획득하고, 그의 형제들을 대신할 권리를 얻는다. 4)

[라브 예후다가] "호샤야, 내 아들아! 유월절 어린 양이 이혼과 무슨 상관이냐?"라고 대답했다. [유월절 어린 양에 관한 미쉬나에 대해, 다음과 같이 가르침을 받았다. 랍비 요하난은, [이것이 아버지가] 그들에게 계명을 준수하도록 독려하려고 [의도한 사례]라고 말했다. 신중하게 본문을 살펴보아도 그것을 알 수 있다. 왜냐하면, 본문은 첫아들, 곧 그의 머리와 몸이 거의 다 도착했을 때, 그는 어린 양을 나눌 권리를 획득하고, 그의 형제들을 대신할 권리를 얻는다고 말했기 때문이다. 그렇다면 만약 당신이 아버지가 그들을 이전에 [참석자로] 지목했다고 말한다면 그것은 옳다. 하지만 만약 그가 단지 [어린 양을] 도살한 후에 그들을 지목했다면, 그들은 어떻게 [참석자 가운데] 포함될 수 있는가? 미쉬나는, [어린 양이] 도살될 때까지[만 사람들이] 지목되고 뽑힐 수 있다고 가르치지 않는가?

한 바라이타는 다음과 같이 이것을 뒷받침한다. 한번은 우연히 소녀들이 소년들보다 먼저 도착했는데, 이는 소녀들이 열심이었고 소년들은 게을렀기 때문이다.

아바에는 다음과 같이 말했다. [라브 호샤야]는 결과가 외부 요인에 달려있던 사례에 관해 물었지만, [라브 예후다는] 결과가 [행위자] 자신의 행동에 달려있던 사례로 대답했으며, 그 후 [라브 호샤야는] 외부 요인에 달려있는 사례로 대답했다!5)

라바는 다음과 같이 대답했다. 무엇이 문제인가? 아마도 베레라의 [원리]를 받아들이는 자는 결과가 외부 요인에 달려있든 [행위자] 자신의 행동에 달려있든 상관없이 그것을 주장할 것이며, 베레라를 받아들이는 자는 결과가 외부 요인에 달려있든 [행위자] 자신의 행동에 달려있든 상관없이 그것을 거절할 것이다.

라브 메샤르샤는 라바에게 말했다. 명백히 랍비 유다는 결과가 [행위자] 자신의 행동에 달려있는 사례에서의 베레라를 받아들이지 않지만, 결과가 외부 요인에 달려있는 사례에서의 베레라는 정말로 받아들인다. 왜냐하면, 한 바라이타는 다음과 같이 가르치기 때문이다. **포도주를 사마리아 사람들에게 구매한 자는, 내가 구분할 두 로그(log)는 테루마이며, 열은 첫 십일조이고, 아홉은 둘째 십일조라고 선언해야 한다. 그 후에 그는 속량하고**(둘째 십일조 - 라쉬) **즉시 마실 수 있다. 랍비 메이르도 마찬가지로 말하지만, 랍비 유다와 랍비 요세와 랍비 시므온은 그것을 금지했다.** [여기서 랍비 유다는 십일조로 따로 떼어둔 몫들은 소급하여 베레라가 결정하는 것을 허용하지 않는 것 같다. 이 사례에서 어느 몫을 따로 떼어 둘 것인지 결정하는 이는 바로 행위자 자신이다. 반면에 결과가] 외부 요인에 [달려있는 사례에서 랍비 유다는] 베레라를 받아들이는데, 이는 미쉬나가 [남편이 자신이 현재의 병으로 죽는다는 조건에서, 즉 외부 요인에서 그녀에게 게트를 전달하도록 한 여자에 대해], 다음과 같이 진술하기 때문이다. **그 기간에 그녀의 지위는 무엇인가? 랍비 유다는, 그녀가 모든 면에서 결혼한 여자이지만 [그녀의 남편이] 죽을 때 그 게트는 [소급하여] 작용한다고 말한다.**

라비나는 라바에게, 명백히 랍비 시므온은 결과가 [행위자] 자신의 행동에 달려있는 사례의 베레라는 받아들이지 않지만, 결과가 외부 요인에 달려있는 사례의 베레라는 받아들인다고 말했다. 결과가 자신의 행동에 달려있는 사례는 위에서 인용한 사례이다. 결과가 외부 요인에 달려있는 사례는 다음과 같은 한 바라이타에서 나온다. **[만약 한 사람이], 나는 [당신이 내 아내가 되는 것에 대해 내] 아버지가 동의하는 조건에서, 당신을 [내 아내로 삼아 약혼하고자] 당신과 성관계를 갖겠다고 [말한다면], 그녀는 [이 행위로 그와] 약혼하게 된다. 랍비 시므온 벤 유다는 랍비 시므온의 이름으로, 만약 아버지가 동의한다면 그녀는 약혼한 것이지만, 동의하지 않으면 약혼한 것이 아니라고 말했다.**

[라바는 라비나에게 말했다. 랍비 유다와 랍비 시므온도 행위자 자신의 결정 [에 따른 조건적인 사례]와 외부적 요인[에 따른 조건적인 사례] 사이를 구분하지 않는다. 그들은 베레라의 [원리를 둘 다에게] 적용한다. [랍비 시므온이 십일조의 사례에서 반대하는] 이유는 [베레라와 관계가 있지 않고 단순히] 단지(jar)가 깨지

는 경우를 대비한 것이다. 그러므로 그 사람은 [그 조건을 충족시킬 수 없을 것이고], 소급해서 십일조를 바치지 않은 소산물을 마시는 [죄를 짓게] 될 것이다. [랍비 메이르는] 그들에게 말했다. 그것이 깨질 때[, 우리는 그것에 대해 걱정할 것이다]!6)

5장

미쉬나:

학살이 일어나는 전쟁의 시기에,7) 유대에는 전혀 시카리(sicarii)8)가 없었으며, 학살이 일어나는 전쟁의 시기 이후로는 유대에 시카리가 있었다.

[법은] 어떻게 [작용하는가]? 만일 누군가가 시카리우스(sicarius)에게서 [땅을] 사고, 그다음에 [정당한] 주인에게서 샀다면, 그 매매는 무효이다.9) 만약 그가 [정당한] 주인에게서 사고, 그다음에 시카리우스에게서 샀다면, 그 매매는 유효하다.

[마찬가지로,] 만약 그가 남편에게서 사고 그다음에 아내에게서 [땅을] 샀다면, 그 매매는 무효이다.10) 그러나 만약 그가 아내에게서 사고 그다음에 남편에게서 샀다면, 그 매매는 유효하다.

이것은 원래 미쉬나였다. 나중에 법정은 만일 누군가가 시카리우스에게서 [땅을] 산다면, 그는 [정당한] 주인에게 [보상으로 그 가치의] 4분의 1을 지불해야 한다고 판결했다. 이것은 [정당한] 주인이 [그 땅을 직접 다시] 살 위치가 아닌 경우에만 해당된다. 그러나 만약 그가 [그렇게 할] 위치에 있다면 그는 다른 누구보다도 우선권을 가진다.

랍비 [유다 하-나시]는, 만약 땅이 12년 동안 시카리우스의 소유로 남아 있었다면, 그것을 구매한 자는 누구든지 [그 가치의] 4분의 1을 [정당한] 주인에게 지불한다는 조건에서 그것을 보유할 권리가 있다고 투표하도록 법정을 소집했다.

게마라:

만약 **학살이 일어나는 전쟁의 시기**에 전혀 시카리가 없었다면, 학살이 일어나는 전쟁의 시기 후에 시카리는 어떻게 있게 되었는가? 라브 예후다는, 미쉬나는 **학살이 일어나는 전쟁의 시기**에 시카리에 대한 법이 작용하지 않았고[, 학살이 일어나는 전쟁의 시기 후에 그 법이 작용했다]는 것을 의미한다고 말했다. 랍비 아시는 다음과 같이 세 가지 [연속되는] 법령이 있었다고 말했다. 즉, 첫째는, [유대인을] 죽이지 않는 자는 누구든지 죽임을 당할 것이다. 중간은, [유대인을] 죽이는 자는 누구든지 4주즈를 받을 것이다. 마지막은, [유대인을] 죽이는 자는 누구든지 죽임을 당할 것이다. 첫째와 중간 법령에서는 유대인들이 자신의 생명을 잃기보다는 자기 재산을 포기하는 데 동의할 것이다. 마지막 법령에서는 '그가 이제 땅을 가지게 하라. 하지만 그다음에 나는 법정에서 그를 고소할 것이다'라고 생각할 것이다.

큰 반란의 어려운 시기에 대한 언급은 70년 제2성전의 파괴를 둘러싼 사건들을 해석하는 내러티브로 이어진다. 여기서 주어진 앞부분의 복잡한 문학 구조는 5세기나 6세기가 되어서야 비로소 현재의 형태에 이르게 됐다. 이 내러티브의 역사적 가치는 제한적이지만, 랍비의 기억의 형성과 랍비의 죄에 대한 태도, 고통과 외부 세계에 대해 해결의 실마리를 던져둔다.

랍비 요하난은 다음과 같이 말했다. 항상 경외하는 자는 복되거니와 마음을 완악하게 하는 자는 재앙에 빠지리라(잠 28:14, JPS)라는 구절의 의미는 무엇인가? 예루살렘은 캄차(Qamtza)와 바 캄차(Bar Qamtza)[11] 때문에 파괴됐다. 투라 말카(Tur Malka)[12]는 수탉과 암탉 때문에 파괴됐다. 베이타르는 마차의 끌채 때문에 파괴됐다.

예루살렘은 캄차와 바 캄차 때문에 파괴됐다. 한 사람이 캄차라 불리는 친구와 바 캄차라 불리는 적을 가지고 있었다. 그는 잔치를 벌이고 캄차를 초대하려고 그의 종들을 보냈다. 그 종은 나가서 [실수로] 바 캄차를 데려왔다. 그가 와서 거기에 있는 [바 캄차]를 발견했을 때, 그가 외쳤다. "당신은 내 적이 아닌가? 여기서 무엇을 하고 있는가? 일어나서 가라!" [바 캄차는] "내가 여기 있으니 나를 머물게 해주면 내가 무엇을 먹든지 마시든지 지불하겠다"라고 대답했다. 그는 "아니다"라고 말했다. "그렇다면 내가 당신 음식의 절반을 지불하겠다." "아니다!" "내가 전체 식사를 지불하겠다." "아니다!" 그는 [바 캄차]의 팔을 붙잡고 그를 밖으로 내던졌다. 바 캄차는 랍비들이[13] 거기에 앉아 있었지만 개입하지 않았다고 판단을 내렸다. '명백히 그들은 [그가 한 일을] 인정한 것이다. 내가 그들을 [로마] 정부에 고발하겠다.' 그래서 그는 나가서 가이사에게 "유대인들이 당신에 맞서 반란을 모의하고 있다!"라고 말했다.

[로마 사람이] "당신은 무슨 증거를 가지고 있는가?"라고 물었다.

그는, 만약 그들에게 희생제물을 [위한 짐승을] 보내면, 당신은 그들이 그것을 바칠 것인지 아닌지를 보게 될 것이라고 말했다.

[그 로마 사람은] 3년 된 송아지를 가지고 가도록 [바 캄차]를 보냈지만, 도중에 [바 캄차]는 그 입에 흠을 냈다. 어떤 이는 눈에 있는 얼룩이라고도 말하는데, 이것은 우리에게는 흠이 되지만 그들에게는 아닌 곳이다.

[그런데도] 랍비들은 정부와의 평화를 위해 그것을 바칠 생각을 했지만, 랍비 스가랴 벤 유킬로스는 "백성들이 흠 있는 짐승을 제단에 바치고 있다고 말할 것이다!"라고 반대했다. 그들은 [바 캄차]를 죽이려는 생각을 했지만, [다시] 랍비 스가랴가, "사람들은 당신이 신성한 짐승에 흠집을 낸 것으로 처형당할 수 있다고 말할 것이다"라고 반대했다.

랍비 요하난은, 랍비 스가랴 벤 유킬로스의 과묵함이 우리 집을 파괴하고, 우리 성전을 불태우며, 우리를 우리 땅에서 포로로 끌려가게 했다고 생각했다.

그는 이것에 대한 [서신을] 네로 가이사(Nero Caesar)[14]에게 보냈다. [네로]가 도착했을 때, 그는 동쪽으로 화살을 쏘았고, 그 화살이 예루살렘에 떨어졌다. 서쪽으로 쏘아도 그 화살이 예루살렘에 떨어졌고, 네 방향 모두로 쏘아도 그 화살이 예루살렘을 [향해] 떨어졌다. 그는 한 아이에게 물었다. 너는 오늘 [성경의] 무슨 구절을 배웠느냐? [그 아이는], 내가 내 백성 이스라엘의 손으로 내 원수를 에돔[15]에게 갚으리니(겔 25:14, JPS)라고 대답했다. 그는 이렇게 생각했다. 거룩하신 이, 그분은 찬양받으시리로다, 그분이 자기 집을 파괴하기를 원하시며, 그다음에 [자신을 위해] 그것을 한 자가 누구든지 그의 손을 씻을 것이다! 그는 도망쳐 개종했으며, 그는 랍비 메이르의 조상이었다.

그는 이것들에 대해 베스파시아누스(Vespasian)[16]에게 보고했다. 베스파시아누스가 와서 3년 동안 [예루살렘을] 포위했다. 니고데모 벤 고리온(Nicodemus ben Gorion), 벤 칼바 사부아(Ben Kalba Savu'a), 벤 치치트 헤-케세트(Ben Tzitzit he-Keset)라는 세 명의 부자들이 [예루살렘에] 있었다.

니고데모 벤 고리온이 그렇게 불린 이유는 태양이 그를 위해 비추었기 때문이며,[17] 벤 칼바 사부아가 그렇게 불린 이유는 그의 집에 개처럼 배고픈 채로 들어간 누구든지 배가 불러 나왔기 때문이다.[18] 벤 치치트 헤-케세트가 그렇게 불린 이유는, 그의 옷의 술이 방석을 따라 질질 끌렸기 때문이다. 어떤 이는 그의 방석이 로마의 위대한 것들 가운데 [놓였기 때문이라고 말한다.[19]

그들 가운데 하나가, 나는 [포위에 버티도록] 밀과 보리를 제공할 수 있다고 말했고, 하나는, [나는] 포도주와 소금과 기름을 [제공할 수 있다]고 말했으며, 하나는, [나는] 땔감을 [제공할 수 있다]고 말했다. 그들은 [그들 사이에] 21년을 지탱하기에 충분한 창고를 가지고 있었다.

랍비들은 [그 세 명 가운데] 땔감을 제공하는 자를 가장 높이 존중했다. 라브 히스다는 그의 종에게 모든 열쇠를 맡겼지만, 땔감 [창고의] [열쇠는] 맡기지 않았는데, 이는 라브 히스다가, 밀 창고는 [연료로] 60개의 땔감 창고가 필요하다고 말했기 때문이다.[20]

[성읍에] 열심당(Zealots)[21]이 있었다. 랍비들은, 가서 [로마 사람들과] 화평하자고 말했지만, 열심당은 그렇게 하지 않았다. 오히려 그들은, 그들과 전쟁하자고 말했다. 랍비들은, 그것은 효과가 없을 것이라고 말했다. [그래서 열심당은] 가서 기근을 일으키며 밀과 보리 창고에 불을 놓다.[22]

보에투스(Boethus)의 딸 마르타는 예루살렘에서 가장 부요한 여자들 가운데 하나였다. 그녀는 고운 밀가루를 사러 전령을 보냈지만 다 팔렸다. 전령은 고운 밀가루는 없고 하얀 밀가루만 있다고 보고했다. 그래서 그녀는 하얀 밀가루를 구하러 보냈지만, 그동안 하얀 밀가루도 다 팔렸다. 전령은 하얀 밀가루도 없고 낮은 등급의 밀가루[23]만 있다고 보고했다. 그래서 그녀는 낮은 등급의 밀가루를 구하러 보냈지만, 그동안 낮은 등급의 밀가루도 다 팔렸다. 전령은 낮은 등급의 밀가루도 없고 보릿가루만 있다고 보고했다. 그래서 그녀는 보릿가루를 구하러 보냈지만, 그동안 보릿가루도 다 팔렸다. 그녀는 자기 신을 신고, 내가 가서 [직접] 내가 먹을 무언가를 찾을 수 있는지 보겠다고 말했다. 그러나 소똥이 그녀의 발에 붙어서 그녀는 죽었다. 라반 요하난 벤 자카이는, 또 너희 중에 온유하고 연약한 부녀 곧 온유하고 연약하여 자기 발바닥으로 땅을 밟아 보지도 아니하던 자라도(신 28:56, JPS)라는 구절을 그녀에게 적용했다. 다른 이들은, 그녀가 랍비 사독의 [버려진] 무화과를 먹고 병이 들어 죽었다고 말한다. 그녀가 죽어갈 때 그녀는 "이것이 내게 무슨 소용인가?"라고 하면서 자기의 모든 은과 금을 꺼내어 그것을 거리에 던졌다. 이것은 그들이 그 은을 거리에 던지며 그 금을 오물 같이 여기리니 이는 … 그들의 은과 금이 능히 그들을 건지지 못하며(겔 7:19, JPS)라고 기록된 대로이다. (이제 랍비 사독은 성전이 파괴되지 않도록 [기도하면서] 40년 동안 금식했으며, 그가 먹었을 때 그 음식이 자기를 빠져나가는 것을 볼 수 있었다.[24] 그가 회복하고 있을 때 그들은 그에게 무화과를 가져왔고, 그는 그 즙을 빨고는 나머지는 버렸다.)

열심당의 지도자 아바 시카라(Abba Sikkara)는 라반 요하난 벤 자카이의 누이의 아들이었다. [요하난은] 은밀히 그를 오라고 불렀다. 그가 도착했을 [때, 요하난은] 그에게 말했다. 당신이 언제까지 이렇게 오래 끌면서 기근으로 모든 사람을 죽일 것인가? [아바 시키라가] 대답했다. 내가 무엇을 할 수 있겠는가? 만약 내가 무언가 말한다면 [내 추종자들이] 나를 죽일 것이다!

[요하난은], 만약 내가 [예루살렘에서] 나갈 수만 있다면, 나는 무언가를 구원할 수 있을지도 모른다고 [말했다].

[아바 시카라는 다음과 같이 말했다.] 당신이 아프다는 소문을 퍼뜨리고 사람들이 와서 너에 관해 묻게 하라. 그다음에 어떤 부패한 물질을 가져와서 네게 뿌리고 당신이 죽었다고 말하게 하라. 다른 사람이 아닌 너의 제자들이 너를 나르게 하라. 왜냐하면, 그들은 살아있는 몸이 시체보다 더 가볍다는 것을 알아차릴 수 있기 때문이다.[25]

그는 그렇게 했다. 랍비 엘리에셀은 그를 한쪽에서 날랐고, 랍비 여호수아는 다른 쪽에서 그를 날랐다. 그들이 문에 도착했을 때, [지키던 열심당이 칼로 시체를] 찌르기를 원했다. [제자들은], 그들이 자신들의 선생을 찔렀다고 로마 사람들이 말할 것이라고 [반대했다]. [그때 열심당은 그 시체를] 흔들기를 원했다. [제자들은], 그들이 자신들의 선생을 흔들었다고 로마 사람들이 말할 것이라고 [반대했다]. 그들은 문을 열었다.

[랍비 요하난이 베스파시아누스] 앞에 도착했을 때, 그는 "국왕 만세! 국왕 만세!"라고 말했다.

[베스파시아누스:] 당신은 두 가지 점에서 죽어 마땅하다! 첫째, 나는 왕이 아니며, 당신은 나를 왕으로 불렀다. 26) 둘째, 내가 왕이라면 당신은 왜 이전에 존중을 표하러 오지 않았는가?

[요하난:] 당신은 자신이 왕이 아니라고 말했지만, 당신은 명백히 왕이다. 레바논이 권능 있는 자에게 베임을 당하리라(사 10:34)라고 기록된 대로, 만약 당신이 왕이 아니었다면 예루살렘은 당신의 손에 넘어갈 수 없었을 것이기 때문이다. 그 권능 있는 자(개역개정, 영도자)는 그들 중에서 나올 것이요(렘 30:21)라고 기록된 대로, 권능 있는 자는 왕을 의미한다. 아름다운 산과 레바논(신 3:25)이라고 기록된 대로, 레바논은 성전을 가리킨다. 당신이 왕이었는지 당신이 묻는 것에 대해, 내가 왜 이전에 내 존중을 표하러 오지 않았는가 하면, [그것은 우리 가운데 열심당이 지금까지 나를 가지 못하게 했기 [때문이다].

[베스파시아누스:] 만약 당신에게 꿀 한 통이 있었고 뱀이 그것을 쫓았다면, 당신은 뱀을 제거하려고 그 통을 부수지 않겠는가?27)

[랍비 요하난은] 침묵했다.

라브 요세프 또는 아마도 랍비 아키바는 다음과 같이 설명했다. 지혜로운 자들을 물리쳐 그들의 지식을 어리석게 하며(사 44:25, JPS). 그는, 우리는 집게를 가져와 뱀을 잡아 죽이고 그 통을 [훼손하지 않도록] 해야 한다고 말했어야 했다. 28)

그러는 동안 한 전령이 다음과 같은 메시지를 가지고 로마에서 도착했다. "일어나라! 가이사가 죽었고, 로마의 위대한 사람들이 당신을 지도자로 삼기를 원한다!"

[베스파시아누스는] 장화 하나를 신고 있었다. 그는 다른 하나를 신으려 했지만 맞지 않았다. 그는 첫 번째 장화를 벗으려고 노력했지만 나오지 않았다. 그는 "무슨 일인가?"라고 말했다.

[요하난이] 말했다. 걱정하지 마라! 좋은 기별은 뼈를 윤택하게 하느니라(잠 15:30, JPS)라고 기록된 대로, 당신은 좋은 기별을 받았다.

[베스파시아누스:] 그렇다면 내가 무엇을 해야 하는가?

[요하난:] 심령의 근심은 뼈를 마르게 하느니라(잠 17:22, JPS)라고 기록된 대로, 당신이 좋아하지 않는 누군가를 데려와서 그를 당신 앞에 지나가게 하라.

[베스파시아누스는 충고받은 대로] 했고, 그것이 효과가 있었다.

[베스파시아누스:] 당신은 너무 현명한데 왜 당신은 지금까지 내게 오지 않았는가?

[요하난:] 내가 당신에게 말하지 않았는가?

[베스파시아누스:] 그리고 나도 당신에게 말하지 않았는가? [어쨌든,] 나는 지금 떠나는데, 나는 [포위를 계속하도록] 다른 누군가를 보낼 것이다. 29) 당신은 내가 당신에게 무엇을 허락해주기를 원하는가?

[요하난:] 내게 야브네와 그 현인들을 주고, 라반 가말리엘의 가족을 살려주며, 랍비 사독을 위해 의사를 제공하라.

라브 요세프 또는 아마도 랍비 아키바는 다음과 같이 설명했다. 지혜로운 자들을 물리쳐 그들의 지식을 어리석게 하며(사 44:25, JPS). 그는, 이번에는 우리를 그냥 놔두라고 말했어야 했다. 하지만 [요하난은], '그는 그것을 허락하지 않을 것이며 나는 어떤 것도 이루지 못할 것이다'라고 생각했다.

미쉬나 시기에 결혼과 이혼은 개인적인 절차였다. 결혼과 이혼이 옳게 이행된다면, 법정은 양측에 구속력 있게 행해진 것을 인정할 것이다. 그런 이유에서 학파들은 이혼을 생각하는 누군가에게 어떤 충고를 해야 하는지, 이혼은 법적 이슈가 아니라 도덕적 이슈인지에 대해 논의했다. 후대 유대법은 이혼을 개인적인 영역에서 제거했다. 중세 시대 이후로 그것은 베트 딘(bet din), 즉 종교 법정을 통해서만 이행될 수 있다.

샴마이 학파에게는 간음만이 이혼을 위한 도덕적 정당성을 확보한다. 힐렐 학파와 아키바(우연히도 자기 아내에 대한 헌신으로 유명했던)에게는 심지어 사소한 골칫거리도 충분할 것이다. 증거 본문은 양측을 위해 제공되더라도, 논쟁이 더 깊어지는 것은 분명하다. 샴마이 학파는 결혼의 신성함과 신중함을 강조하고, 힐렐 학파는 관계의 질을 강조하는데, 즉 사랑이 더 이상 사소한 여러 재앙을 극복할 만큼 강하지 않을 때나, 남자가 다른 여자들을 자기 아내보다 더 아름답다고 생각하기 시작할 때, 결혼은 이미 위험에 처해 있다고 여긴다.

기독교인들이 바울이 했다고 믿는 방식으로, 어떤 랍비 권위자가 이혼을 금지했다는 증거는 없다. 학자들은 다마스쿠스 문서(4:20b-5:6a)에 있는 단락에 근거하여, 이혼을 철저하게 금지하는 것에 대해 쿰란 공동체에 선례가 있다고 제안했다. 그러나 더 깊은 사해 문서 조사에서는 이에 대해 의구심을 제기한다. 기껏해야 쿰란 할라카는 '이전 배우자가 여전히 살아있는 한, 이혼에 이은 재혼'을 금지했을 수 있다.[30)]

9장

미쉬나:

샴마이 학파는, 말의 벌거벗음(그에게 수치되는 일, 개역개정)이[31)] 있음을 발견하고(신 24:1)라고 한 대로, 아내가 부정하지 않다면 사람이 자기 아내와 이혼하지 않아야 한다고 말한다. 하지만 힐렐 학파는, 그가 그녀의 말의 벌거벗음이 있음을 발견하고라고 한 대로, "그녀가 자기 음식을 지나치게 익혔다고 하더라도"라고 말한다. 랍비 아키바는 만약 그녀가 그의 눈에서 호의를 발견하지 않는다면(그를 기뻐하지 아니하면, 개역개정)(신 24:1)이라고 한 대로, "그가 아내보다 다른 사람이 더 아름답다는 것을 알았더라도"라고 말한다.

게마라:

다음과 같이 가르침을 받았다. 힐렐 학파는 샴마이 학파에게 "성경은 말이라고 하지 않는가?"라고 하고, 샴마이 학파는 "하지만 성경은 벌거벗음이라고 이야기하지 않는가?"라고 말했다. 힐렐 학파가 이에 대답했다. 만약 벌거벗음이라고 이야기하고 말이라고 이야기하지 않았다면, 나는 그녀가 간음[32] 때문에 떠나야 한다고 생각하지만 그보다 [덜한] 다른 이유 때문에는 아니라고 생각했을 수 있다. 그러므로 성경은 말이라고 이야기한다. 하지만 만약 말이라고 이야기하고 벌거벗음이라고 이야기하지 않았다면, [그녀가 어떤 사소한] 일 때문에 [이혼한다]면 그녀는 다른 남자와 결혼하는 게 허락되지만, [그녀가] 간음 때문에 [이혼한다]면 그녀는 다른 남자와 결혼하는 게 허락되지 않는다고 나는 생각할 것이다.

샴마이 학파는 말을 어떻게 사용하는가? 말이 여기서도 나오고, 또한 다음에도 나온다. 두 증인의 입으로나 또는 세 증인의 입으로 '말이'[33] 설 것이다'(그 사건을 확정할 것이며, 개역개정)(신 19:15). [최소한] 두 증인이 필요하듯이, 여기서도 두 증인이 필요하다.[34]

그리고 힐렐 학파는? 힐렐 학파는 말로 [입증된] 벌거벗음을 이야기하지 않는다. 그리고 샴마이 학파는? 샴마이 학파도 벌거벗음 또는 말을 이야기하지 않는다. 그리고 힐렐 학파는? [정확하게] 이런 이유에서 힐렐 학파는 말의 벌거벗음을 이야기하지 않는다. 곧, 이것은 '벌거벗음이나 말', [즉 간음이나 그보다 덜한 문제]를 의미한다.

랍비 아키바는 "그가 아내보다 다른 사람이 더 아름답다는 것을 알았더라도"라고 말한다. [그가 학파들과] 논쟁[하는 토대는 무엇인가? 그것은 레쉬 라키쉬가 지적한 [점]인데, 왜냐하면 레쉬 라키쉬가, '키'(ki)는 '만약', '아마도', '그러나', '왜냐하면'이라는 네 가지 다른 의미를 지닌다고 말하기 때문이다.[35] 샴마이 학파는 만약 그녀가 그의 눈에서 호의를 발견하지 않는다면, 키(ki) 그녀에게서 말의 벌거벗음이 있음을 발견하고라는 구절을, 왜냐하면 그가 그녀에게서 말의 벌거벗음을 발견했기 때문에로 [읽어야 한다고] 주장한다. 하지만 랍비 아키바는 이것이 또는 만약 그가 그녀에게서 말의 벌거벗음을 발견했다면을 의미한다고 여긴다.

라브 파파는 라바에게, "[만약 그가 그녀와 이혼하기를 원하지만] '벌거벗음'도 '말'도 발견하지 못한다면 어떤 [상황인가]?"라고 물었다. [라바는 다음과 같이 대답했다.] 토라는 성폭행범에 대해 평생에 그를 버리지 못하리라(신 22:29, JPS), 즉 그가 살아있는 한 그는 그녀를 다시 받아들여야만 한다[36]고 하므로, 토라는 그 경우 [그는 이혼할 힘이 없다]고 한다. 그러나 이 경우, 그가 행한 것은 이미 행해진 것이다.[37])

라브 메샤르샤는 라바에게 다음과 같이 물었다. 만약 사람이 자기 아내와 이혼하기로 결정했고, 그녀는 여전히 그와 남편과 아내로 살고 있다면 어떻게 되는가? [라바는] 네 이웃이 네 곁에서 평안히 살거든 그를 해하려고 꾀하지 말며(잠 3:29, JPS)라는 구절을 낭송했다.

한 바라이타는 다음과 같이 가르쳤다. 랍비 메이르는, 사람들의 음식에 대한 태도가 다양하듯이 여자들에 대한 그들의 태도가 다양하다고 말하곤 했다. 만약 파리가 자기 잔에 떨어지면 파리를 던지고 [잔의 내용물을] 마시지 않는 사람들이 있다. 파포스 벤 유다(Pappos ben Judah)는 여자에 대해 이와 같은 사람이다. 즉, 그는 그가 밖에 나갈 때는 언제든지 자기 아내를 가두었다. 그다음에 만약 파리가 자기 잔에 떨어지면 파리를 던지지만 [잔의 내용물을] 마시는 사람들이 있다. 대부분의 사람이 이와 같다. 즉, 그는 아내가 그녀의 형제들과 남자 친척들과 이야기하도록 내버려 둔다. 그리고 만약 자기 접시에 있는 음식에 파리가 떨어지면 그것을 빨고 먹는 사람들이 있다. 이것은 악한 사람의 방식인데, 그는 자기 아내가 그녀의 머리를 덮지 않은 채로 나가서 시장에서 실을 잣고, 양측에[38] 열린 [옷을 입으며] 남자들과 목욕하는 것을 본다(남자들과 목욕한다? [명백히 아니며,] 남자들이 목욕하는 장소에서 목욕한다).[39] 그녀에게서 말의 벌거벗음을 발견했으므로(그에게 수치되는 일이 있음을 발견하고, 개역개정) … 그를 자기 집에서 내보낼 것이요(신 24:1)라고 한 대로, 이런 여자와 이혼하는 것은 의무이다. 그 여자는 그의 집에서 나가서 다른 사람의 아내가 되려니와(24:2)라고 하는데, 성경은 그를 '다른'이라고 부른다. 이는 마치 그가 첫 [남편]과 동등한 사람이 아닌 것처럼 말하는데, 왜냐하면 [첫 남편이] 악한 여자를 자기 집에서 내보냈지만, 이 사람은 악한 여자를 자기 집에 들여왔기 때문이다. 만약 둘째 [남편이] 훌륭하다고 [드러나면], 그의 둘째 남편도 그를 미워하여 … 그를 자기 집에서 내보냈거나(24:3)라고 한 대로, 그는 [역시] 그녀를 돌려

보낼 것이다. 만약 그렇지 않다면 그녀는, 둘째 남편이 죽었다 하자(24:3)라고 한 대로, 그를 장사지낼 것이다. 즉, 그는 죽어 마땅한데, 왜냐하면 [첫 남편이] 악한 여자를 자기 집에서 내보냈지만, 이 사람은 자기 집으로 악한 여자를 들여왔기 때문이다.

이스라엘의 하나님 여호와가 이르노니 나는 이혼하는 것[40]과 옷으로 학대를 가리는 자를 미워하노라(말 2:16, JPS). 라브 예후다는, 만약 당신이 그녀를 미워하면 그녀를 보내라고 말했다. 랍비 요하난은, 이혼한 자는 미움을 당해야 한다고 말했다. 하지만 그들은 의견이 다르지는 않았다. 한 진술은 첫 결혼에 대한 것이었고, 다른 진술은 둘째 결혼에 대한 것이었다. 랍비 엘르아살은 다음과 같이 가르쳤다. 너희가 이런 일도 행하나니 곧 눈물과 울음과 탄식으로 여호와의 제단을 가리게 하는도다 그러므로 여호와께서 다시는 너희의 봉헌물을 돌아보지도 아니하시며 그것을 너희 손에서 기꺼이 받지도 아니하시거늘 너희는 이르기를 어찌 됨이니이까 하는도다 이는 너와 네가 어려서 맞이한 아내 사이에 여호와께서 증인이 되시기 때문이라 그는 네 짝이요 너와 서약한 아내로되 네가 그에게 거짓을 행하였도다(말 2:13-14, JPS)[41]라고 한 대로, 누군가가 자기 첫 아내와 이혼할 때, 제단조차도 눈물을 흘린다.

키두쉰

QIDDUSHIN, 약혼

여자의 법적 지위는 미혼에서 결혼으로 어떻게 바뀌는가? 그녀는 어떻게 한 가족에서 다른 가족으로 '옮기는'가? 이 소책자의 대부분은 이 변화가 있게 될 키두쉰(qiddushin) 또는 에루신(erusin, 약혼)이라고 불리는 법적 절차에 관심을 가진다. 이는 본인들과 대리인들에 의한 획득과 이송 양식 및 계약에 부과된 조건과 내포된 조건에 대한 일반적인 논의로 이어진다.

키두쉰에 영향을 미치는 이는 항상 남자이며, 그는 여자의 자주적인 동의 없이는 이것을 할 수 없다. 이에 대한 유일한 예외는, 아버지가 성경법 아래에서 자신의 미성년자 딸을 위한 결혼을 계약할 수 있다는 것이다. 우리가 보았던 대로, 랍비들은 아동의 결혼을 금지하려고 시도했지만 실패했다. [1]

가족법의 다른 문제들은 부모와 자녀의 상호 책임, 근접의 정도, 코하님과 개종자들과 다른 무리들의 개인적인 지위를 다뤘다.

1장

미쉬나:

아내를 얻는 세 가지 방법은, 곧 돈과 문서와 성관계에 의해서다.

돈에 관해서 샴마이 학파는, 한 데나리온 또는 한 데나리온의 가치가 있는 [물품]이라고 말하며, 힐렐 학파는 한 페루타, 또는 한 페루타의 가치가 있는 [물품]이라고 말한다. 한 페루타는 얼마인가? 이탈리아 한 아스(as)의 8분의 1이다.[2]

그녀는 자신의 [독립을] 이혼이나 자기 남편의 죽음으로 얻는다.

형수나 제수를 [자신의 죽은 남편의 형제가] 성관계를 통해 [아내로] 얻으며, 형수나 제수는 자신의 [독립을] 할리차 또는 시동생이나 시아주버니의 죽음으로 얻는다.

게마라는 이 주제의 몇 가지 중요한 측면, 특히 여자의 자주적인 동의의 필요성을 밝히고자 겉으로 보기에는 핑계에 해당하는 것을 탐구한다.

게마라:

아내를 얻는다. 왜 미쉬나는 여기서 **아내를 얻는다**라고 말하는 반면, [2장 시작에서는] **남자가 키두쉰을 실행한다**라고 말하는가? 그것은 거기서는 돈을 언급해야만 하기 때문이다. [키두쉰을 실행하기 위한] 돈의 정당성은 [아브라함이] 에브론 밭을 산 것에서 단어의 유추로 도출된다. 즉, 한 곳은 누구든지 아내를 맞이하여(신 22:13)라고 기록되어 있고, 다른 곳은 내가 그 밭 값을 당신에게 주리니 당신은 내게서 받으시오(창 23:13)라고 기록되어 있는데, '받는다'(맞이한다)는 것은 얻는다는 것을 의미한다. 왜냐하면 아브라함이 … 밭과 함께 사서(창 49:30)라고 기록되어 있기 때문이다. 그렇지 않으면 [이것은] 밭을 은으로 사고(렘 32:44)[에서 유래할 수도 있다]. 이런 이유에서 **아내를 얻는다**라고 말한다.

그렇다면 [2장은] "남자가 얻는다!"로 시작하게 하라. [1장은] 토라 표현, '얻다'를 의미하는 카나(qana)로 [시작]하지만, 나중에 미쉬나는 랍비의 표현을 사용한다.

랍비의 표현 [키두쉰]은 무엇을 의미하는가? 이것은 헤크데쉬(heqdesh)[3])가 [금지]되듯이, 이제는 그녀가 모든 [다른 남자들]에게 금지된다는 것을 의미한다.

우리 미쉬나는 **남자가 얻는다**라고 말할 수 있었다. [그러나] 미쉬나는 계속해서 **그녀가 자신의 [독립을] 얻는다**라고 말한다. 그 맥락에서 그녀는 타나의 주제이므로, 그녀는 시작에서도 주제가 된다.

그렇다면 **남자가 얻는다… 남자가 준다…** 라고 말할 수는 없었는가? 이런 식일 수는 없을 것이다. 이는 [어떤 면에서 그녀는 자신의 독립을] 남편의 죽음[으로] 얻을 수 있기 때문이며, 남편은 이것을 '주지' 않는다. 하늘이 한다!

또한, [미쉬나가] **남자가 얻는다…** 라고 말했다면, 당신은 [이것이 그녀의 동의가 없어도 되는] 사례라고 생각했을지 모른다고 주장할 수 있다. 그러므로 미쉬나는 그녀의 의지에 반하지 않고, 그녀의 동의로 된다는 것을 [의미하면서] **아내를 얻는다…** 라고 말한다.

다음 발췌는 미츠보트라는 용어로 규정되는, 가족 내의 상호 책임과 관련 있다.

미쉬나:

아버지에 대한 아들의 미츠보트[4])는 남자들은 [준수할] 의무가 있지만, 여자들은 [준수하는 것]에서 면제된다.

아들에 대한 아버지의 미츠보트는 남자들과 여자들 모두에게 의무적이다.

시간에 의존하는 모든 긍정적인 미츠보트는 남자들이 [준수할] 의무가 있지만, 여자들은 [준수하는 것]에서 면제된다.

시간에 의존하지 않는 모든 긍정적인 미츠보트는 남자들과 여자들 모두에게 의무적이다.

시간에 의존하든 의존하지 않든 모든 부정적인 미츠보트는 남자들과 여자들 모두에게 의무적이다. 단, 머리 가를 둥글게 깎지 말며(레 19:27), 수염 끝을 손상하지 말며(레 19:27), 죽은 자를 만짐으로 말미암아 스스로를 더럽히지 말려니와(레 21:1)[5])는 제외된다.

게마라:

아버지에 대한 아들의 미츠보트는 무엇을 의미하는가? 만약 당신이 [이것은] 자기 아버지를 향한 아들의 의무를 [의미한다고] 말한다면, [어떻게] **남자들은 의무가 있지만, 여자들은 면제된다고** [말할 수 있는가]?

[딸들도 부모를 향한 의무가 있다. 왜냐하면] 한 바라이타가 다음과 같이 가르치기 때문이다. 남자에 대해서는, 나는 남자가 [자기 아버지와 어머니를 존중해야 한다]는 것만을 안다. 그러면 여자도 [마찬가지로 해야만 한다]는 것을 나는 어떻게 아는가? 너희 [각] 사람은 부모를 경외하고(레 19:3)라고 할 때, [동사 '경외하다'가 복수로 되어 있으므로, 최소한] 두 [남자와 여자에게 전달된]다.

라브 예후다는, 그것이 의미하는 바는, 아버지가 자기 아들을 위해 행해야만 하는 미츠보트라고 말한다. 이것을 우리가 배웠는데, 랍비가 다음과 같이 가르치기 때문이다. 아버지는 자기 아들에게 할례를 행하고 토라를 가르치며, 아내를 찾아주고 그에게 장사를 가르칠 의무가 있다. 어떤 이는 아버지가 아들에게 수영을 가르칠 의무도 있다고 말한다. 랍비 유다는, 만약 사람이 자기 아들에게 장사를 가르치지 못하면 그는 그에게 도둑질을 가르치는 것이라고 말했다.[6]

[랍비 유다는 어떻게], 그가 그에게 도둑질을 가르치는 것이다![라고 말할 수 있는가? 그는 실제로 그에게 훔치도록 가르치는가? [아니다. 하지만] 그것은 마치 그가 그에게 훔치라고 가르치는 것과 같다. [왜냐하면, 만약 그가 장사를 모른다면 그는 먹기 위해 사람들을 강탈하도록 내몰릴 것이기 때문이다 - 라쉬.]

의무와 여자의 면제에 대한 성경의 토대

자기 아들에게 할례를 행하고. 이에 대한 성경의 토대는 무엇인가? 그것은 아브라함이(그가, 개역개정) 하나님이 명령하신 대로 할례를 행하였더라(창 21:4)라고 기록된다. 너희 중 남자는 다 할례를 받으라(창 17:10)라고 기록된 대로, 만약 아버지가 아들에게 할례를 행하지 않는다면, 그에게 할례를 행하는 책임은 법정에 양도된다. 만약 법정이 그에게 할례를 행하지 않는다면 할례의 책임은 자신에게 양도되는데,

이는 할례를 받지 아니한 남자 곧 그 포피를 베지 아니한 자는 [백성 중에서] 끊어지리니 그가 내 언약을 배반하였음이니라(창 17:14)라고 기록되기 때문이다.

우리는 [어머니가 자기 아들에게 할례를 행하는 데] 책임을 지지 않는다는 것을 어떻게 아는가? 이는 하나님이 그에게 명령하신 대로(개역개정에는 '그에게'가 없음)(창 21:4)라고 하기 때문인데, 여기서 '그녀'가 아니라 '그'라고 한다.

우리는 [이것이 하나님이 아브라함에게 말씀하신] 때의 [경우였다]는 것을 발견한다. 우리는 [이것이] 전 [세대에 적용된다는 것을] 어떻게 아는가? 랍비 이스마엘 학파에서 다음과 같이 가르쳤다. **토라가 '차브'(tsav, 명령하다)라는 표현을 사용하는 곳마다, 그 표현은 그 당시와 [다가올] 세대에 대한 권고를 [전달한다]. 이것이 권고라는 것은 [여호수아에 대한 구절에서 추론되는데,] 너는 여호수아에게 명령하고 그를 담대하게 하며 그를 강하게 하라(신 3:28)라고 기록되었기 때문이다. [이것이] 그 당시와 [다가올] 세대에 대한 [것이라는 사실은], 너희에게 명령한 모든 것을 여호와께서 명령한 날 이후부터 너희 대대에(민 15:23)라는 절[에서 도출한다].**

그를 대속하고. 이에 대한 성경의 토대는 무엇인가? 그것은 네 아들 중 처음 난 모든 자는 대속할지니라(출 13:13)라고 기록된다. 그리고 만약 그의 아버지가 그를 대속하지 않았다면, 반드시 대속할 것이요[7](민 18:15)라고 기록된 대로, 그는 자신을 대속할 의무가 있다.

우리는 [어머니가 자기 아들에게 할례를 행하는 데] 책임을 지지 않는다는 것을 어떻게 아는가? 기록된 단어는 티프데(tifdé, '대속하다')인데, 이는 티파데(tipadé, '대속될지라')로 읽을 수 있다.[8] [이것은] 자신을 대속할 의무가 있는 자는 누구든지 다른 사람을 대속할 의무가 있지만, 자신을 대속할 의무가 없는 자는 누구든지 다른 사람을 대속할 의무가 없다는 것을 [의미한다].

그렇다면 우리는 [여자가] 자신을 대속할 의무가 없다는 것을 어떻게 아는가? 왜냐하면 티파데(tipadé, '대속될지라')로 읽을 수 있는 티프데(tifdé, '대속하다')가 기록됐기 때문인데, 이는 다른 사람을 대속할 의무가 있는 자는 누구든지 자신을 대속할 의무를 지니지만 다른 사람을 대속할 의무가 없는 자는 자신을 대속할 의무를 지니지 않는다는 것을 [의미한다].

그리고 우리는 그 밖의 다른 누구도 그녀를 대속할 의무가 없다는 것을 어떻게 아는가? 성경은 네 아들 중 처음 난 모든 자는 대속할지니라(출 13:13)라고 말하는데, 딸들이 아니라 아들들이라고 한다.

우선 사항들

랍비들은 다음과 같이 가르쳤다. [만약] 그가 대속될 [필요가] 있고, 그의 아들이 [대속될 필요가 있는데, 그들 가운데 한 명만 대속할 수 있는 돈이 있다면], 그가 자기 아들보다 우선된다. 랍비 유다는 그의 아들이 그보다 우선된다고 말하는데, 이는 자기 아들을 대속하는 미츠바가 그에게 부과되고, 그는 자기 아들을 대속할 의무를 지니기 때문이다.[9]

29b   라브 이르미야는 다음과 같이 말했다. 만약 다섯 셀라만[10] 이용 가능하다면 그는 자기 아들보다 우선된다는 데 모두가 동의한다. 왜인가? 왜냐하면, 개인적인 미츠바가 우선되기 때문이다. 그들은 다섯 셀라를 [다른 누군가에게] 맹세하고 다섯 셀라는 저당 잡히지 않은 [상황에 대해서만] 다르다. 랍비 유다는, 토라에 기록된 대여는 마치 문서로 기록된 것과 같다고 말한다.[11] 그는 [저당 잡히지 않은] 다섯 [셀라]로 자기 아들을 대속하고, 코헨은 맹세된 셀라를 그 아버지를 위한 대속으로 회수한다. [다른] 랍비는, 토라에 기록된 대여는 마치 문서로 기록된 것과 같지 않다고 말한다. 그러므로 그 자신의 미츠바가 우선시 되는데, [즉, 그는 저당 잡히지 않은 다섯 셀라로 자신을 대속하고, 자기 아들을 대속할 수는 없다.]

랍비들은 다음과 같이 가르쳤다. [만약 그가] 자기 아들을 대속하고 [제물을 구매할 충분한 돈이 없이] 절기를 위해 [예루살렘에] 오른다면, 그는 자기 아들을 대속하고 그다음에 절기를 위해 올라야 한다. 랍비 유다는, 그가 절기를 위해 올라야 하고, 그다음에 자기 아들을 대속해야 한다고 말하는데, 이는 [절기를 기념하는 것은] 일시적인 미츠바이지만 [대속은] 나중 날짜에 수행될 수 있으므로 일시적인 미츠바가 아니기 때문이다.[12] 이제 랍비 유다는 [자기 의견에 대한 만족할 만한] 이유를 제시했지만, 랍비들의 이유는 무엇인가? [그것은] 성경이 [먼저] 네 아들

중 장자는 다 대속할지며 빈손으로 내 얼굴을 보지 말지니라(출 34:20)라고 말한다는 것이다.

랍비들은 다음과 같이 가르쳤다. 우리는 만일 누군가가 다섯 아내에게서 다섯 [장자]를 가졌다면, 그는 그들 모두를 대속해야 한다는 것을 어떻게 아는가? 이것이 의미하는 바는, 네 아들 중 장자는 다 대속할지며이다.[13] 성경은 이것을 태를 여는(모든 첫 태생, 개역개정)(출 34:19)과 연결하므로, 이것은 명백하지 않은가? 당신은 우리가 유산을 상속받는 장자에게서 장자[의 의미를] 추론해야 한다고 생각했을 수도 있다. 거기서는 자기의 기력의 시작이라(신 21:17), [즉 아버지에게 태어난 첫 아이]라고 되어 있듯이, 여기서는 그의 기력의 장자이다. 이는 당신에게 그 경우는 다르다는 점을 알려준다.

토라 연구

그에게 토라를 가르치고. 우리는 이것을 어떻게 아는가? 그것을 너희의 자녀에게 가르치며(신 11:19)[14]라고 기록되어 있다. 그리고 그의 아버지가 그를 가르치지 않았다면, 그것을 배우며(신 5:1)라고 기록된 대로, 그는 자신을 가르쳐야만 한다.

우리는 [어머니가 자기 아들을 가르칠] 의무가 없다는 것을 어떻게 아는가? 왜냐하면, 그것을 너희의 자녀에게 가르치며라고 기록되고, 그것을 배우며라고 기록되기 때문이다. [이것은] 배울 의무가 있는 자는 누구든지 가르칠 의무가 있지만, 배울 의무가 없는 자는 누구든지 가르칠 의무가 없다는 것을 [의미한다].

그렇다면 그녀가 자신을 가르칠 의무가 없다는 것을 어떻게 아는가? 왜냐하면, 그것을 너희의 자녀에게 가르치며라고 기록되고, 그것을 배우며라고 기록되기 때문이다. [이것은] 다른 이들을 가르칠 의무가 있는 자는 누구든지 자신을 가르칠 의무가 있지만, 다른 이들을 가르칠 의무가 없는 자는 누구든지 자신을 가르칠 의무가 없다는 것을 [의미한다].

그리하여 우리는 다른 이들이 그녀를 가르칠 의무가 없는 것을 어떻게 아는가? 성경은 그것을 너희의 자녀(아들들)에게 가르치며라고 말하는데, 당신의 딸들이 아니라 당신의 아들들이라고 말한다.

우선 사항에 대한 더 많은 질문과 약간의 일화

랍비들은 다음과 같이 가르쳤다. [만약] 그가 배울 [필요가] 있고, 그의 아들이 배울 [필요가] 있다면, 그는 자기 아들보다 우선시된다. 랍비 유다는, 만약 그의 아들이 현명하고 그가 배운 것을 유지한다면, 그의 아들이 우선시된다고 말한다. 15)

이것은 라브 아하 바 야곱의 아들, 라브 야곱에게 일어난 일과 같다. 그의 아버지는 그를 아바예 밑에서 연구하라고 보냈다. 그가 도착했을 때, [그의 아버지는] 그가 매우 현명하지 않은 것을 알았고,16) 그에게 이렇게 말했다. "너보다 내가 [연구하는 게] 나으니 집에 돌아가라. 내가 참석하겠다." 아바예는 [라브 아하]가 온다는 말을 들었다. 이제, 아바예 학교의 [이웃에 너무 위험한] 귀신이 있어서, 사람들이 낮에 무리를 지어 다녀도 다쳤다. [아바예는 학생들에게 아하를] 환대하지 말라고 말했다. 왜냐하면, [그가 학교에 머문다면] 기적이 일어날 지도 모르기 때문이다. 17) [그러므로 아하는] 학교에서 밤을 보냈다. 귀신은 일곱 머리를 가진 괴물로 그에게 나타났다. [아하가 기도하며] 엎드릴 때마다, 머리 하나가 [괴물에게서] 떨어졌다. 아침에 [아하는] 그들에게 "기적이 일어나지 않았더라면 내 생명이 위험에 처했을 것이다!"라고 [항변했다]. 랍비들은 다음과 같이 가르쳤다. **토라를 배우고 결혼하라. 즉 토라를 먼저 배우게 하고, 그다음에 결혼하게 하라. 하지만 그가 아내 없이 [자신의 성욕을 통제할] 수 없다면, 그는 먼저 결혼하고 그다음에 토라를 배워야 한다.** 라브 예후다는 쉬무엘의 이름으로 말했다. 법은 사람이 먼저 결혼하고 그다음에 토라를 배워야 한다는 것이다. 랍비 요하난이 외쳤다. 맷돌이 그의 목 주변에 있는데, [당신은 그가] 토라에 관여하기를 [기대하도다]! 하지만 그들 사이에는 [실제] 의견의 불일치가 없다. 하나는 우리를 위해 [판결했고], 하나는 그들을 위해 판결했다. 18)

라브 히스다는 라브 함무나가 위대한 사람이라고 [말하면서], 그를 라브 후나에게 격찬하며 추천했다. [라브 후나는], 당신이 그를 만날 때 그를 내게 데려오라고 말했다. [함무나가] 왔을 때, [라브 후나는] 그가 수다르(sudar)를 착용하고 있지 않았다는 것을 목격했다. 그가 물었다. "당신은 왜 수다르를 착용하고 있지 않은가?" "나는 결혼하지 않았기 때문이다." [라브 후나는] 그에게서 돌아서서 말했다. "당신이 결혼할 때까지는 다시 나를 보지 마라." [여기서] 라브 후나는 자신의 [관습적인] 의견을 따르고 있었는데, 이는 그가, [만약 사람이] 스무 살에 [도달하고] 결혼하지 않으면 그의 모든 날은 죄 가운데 [보내게] 될 것이라고 말했기 때문이다. 당신은 [그가 실제로] 죄를 짓는 것을 [의미했다고] 생각하는가? [아니다. 그는] 그의 모든 날은 죄로 가득한 생각으로 [보내게] 될 것을 의미했다.

라바는 동일한 것을 랍비 이스마엘 학파에서 가르침 받았다고 말했다. 스무 살 때까지, 거룩하신 이, 그분은 찬양받으시리로다, 그분이 앉아서 [사람이] 결혼할 때를 [보려고] 기다리신다. 그가 스무 살이 되어도 결혼하지 않으면 [하나님은] 말씀하신다. 그의 영혼이 망하게 하소서! 라브 히스다는 이렇게 말했다. 내가 내 동료를 능가하는 이유는, 내가 열여섯 살에 결혼했기 때문이다. 내가 열네 살에 결혼했다면 나는 사탄에게 "네 눈에 화살!"[19]이라고 말했을 것이다.

2장

미쉬나:

남자는 개인적으로나 대리인을 통해서 키두쉰을 실행할 수 있다. 여자는 개인적으로나 대리인을 통해서 키두쉰을 받아들일 수 있다.

남자는 개인적으로나 대리인을 통해서 자신의 사춘기[20] 딸에 대한 키두쉰을 실행할 수 있다.

게마라:

만약 그가 대리인을 통해 키두쉰을 실행할 수 있다면, 그가 직접 그것을 할 수 있다고 말할 필요가 있는가? 라브 요세프는 이렇게 말했다. 우리가 [안식일과 관련하여] 라브 사프라가 [양의] 머리를 불에 그슬리고 라바가 생선에 소금을 쳤다는 것을 알았듯이,[21] 대리인을 통해서 그것을 하는 것보다는 직접 미츠바를 행하는 것이 낫다.

어떤 이는 라브 예후다가 라브의 이름으로 말했듯이, [대리인을 통해 키두쉰을 행하는 것이] 금지된다고 말한다. 왜냐하면, 라브 예후다는 라브의 이름으로 다음과 같이 말하기 때문이다. 남자는 여자에 대해 불쾌한 것을 발견하여 그녀가 그에게 싫어하는 바가 될 수도 있으므로, 여자를 보지 않고는 키두쉰을 행해서는 안 된다. 그리고 토라는 네 이웃 사랑하기를 네 자신과 같이 사랑하라(레 19:18)라고 말한다.

[이 견해에 대해] 라브 요세프는, **여자는 개인적으로나 대리인을 통해서 키두쉰을 받아들일 수 있다**는 미쉬나의 뒷부분에 대해 설명하고 있음이 틀림없다. 만약 그녀가 대리인을 통해 키두쉰을 받아들일 수 있다면, 그녀가 직접 그것을 할 수 있다고 말할 필요도 없지 않은가? 라브 요세프는, 우리가 [안식일과 관련하여] 라브 사프라가 [양의] 머리를 불에 그슬리고, 라바가 생선에 소금을 쳤다는 것을 알았듯이, 대리인을 통해서 그것을 하는 것보다는 직접 미츠바를 행하는 것이 낫다고 말했다. 하지만 레쉬 라키쉬가 주장하듯이, 그녀는 [대리인을 의지하는 게] 금지되지 않을 것이다. 왜냐하면, 레쉬 라키쉬는 "과부가 되는 것보다 두 시체와 사는 게 낫다"라는 [아람어 잠언을 인용하기] 때문이다.[22]

남자는 자기 사춘기 딸을 위해 키두쉰을 실행할 수 있다. 사춘기이지만 미성년자는 아니다. 이것은 라브의 견해를 뒷받침하는데, 라브 예후다는 라브의 이름으로 다음과 같이 말했다. 그의 딸이 "나는 이 사람이 좋고 [저 사람은 좋아하지 않는다]"라고 말할 만큼 나이가 들 때까지, 남자가 자기 딸을 대신해서 키두쉰을 받아들이는 것은 금지된다.

우리는 대리인들을 사용할 수 있는지 어떻게 아는가? 한 바라이타는 다음과 같이 진술한다. 그는 그가 대리인을 임명할 수 있다는 가르침을 보낼 것이며, 그는 그녀에게 그녀가 대리인을 임명할 수 있다는 가르침을 보낼 것이다. 그는 가르침을 보낼 것이며, 대리인이 추가로 대리인을 임명할 수 있다는 [가르침을 함께] 그녀에게

보낼 것이다.[23)]

이것은 이혼을 포괄하지만, 우리는 [이것이] 키두쉰에도 [적용된다는 것을] 어떻게 아는가? 당신은 우리가 이것을 이혼에서 추론할 수 있다고 말할 수 있다. 이혼이 [결혼과 다르게] 심지어 그녀의 의지에 반하여 효력을 발휘할 수 있지만, 당신은 대리인이 나가는 자에게 영향을 미칠 수 있듯이, 들어오는 자에게 영향을 미칠 수 있다고 주장하면서, 들어오는 자를 나가는 자에 비교할 수 있다.

하지만 그렇다면 이 미쉬나는 어떤가? 만일 누군가가 자기 대리인에게, 가서 나를 위해 테루마를 챙겨두라고 지시한다면, 그 대리인은 주인이 보통 하는 [비율대로] 테루마를 챙겨두어야 한다. 만약 그가 주인의 습관을 알지 못한다면, 그는 50분의 1을 챙겨두어야 한다. 만약 그가 대략 10분의 1을 챙겨둔다면, 테루마는 유효하다.[24)] 이것은 무엇에 근거하는가? 당신이 이혼에 대해 제안한다면, [우리는] 이혼이 세속적인 문제라고 [반대할 것이다]. [이것은] 너희는 또한 챙겨둘지라(너희는 … 중에서 … 드리고, 개역개정)(민 18:28)에서 [도출되며], '또한'은 대리인을 포함한다.

왜 토라는 테루마[와 관련해서]만 대리인을 언급하지 않는가? 그렇다면 우리는 그것에서 다른 사례들을 추론할 수 있는가? 테루마를 지정하는 것은 단순히 정신적인 과정이기 때문이다.

그렇다면 이 미쉬나는 어떤가? 한 무리가 자신들의 유월절 [어린 양을] 잃었고, 그들은 누군가에게 그것을 찾아 자신들을 위해 도살해 달라고 요청했으며, 그는 가서 그렇게 했다. [그러는 동안에] 그들은 한 마리를 사서 직접 도살했다. 만약 그의 것이 먼저 도살됐다면, 그는 그것을 먹고, 그들은 그와 함께 먹고 마신다.[25)] 이것은 어디에 토대를 두는가? 당신이 [이것은] 다른 [사례들에서 도출된다]고 제안한다면, [우리는] 희생제물과 관련해서 [테루마조차도] 세속적이라고 [반대할 것이다].

그것은 랍비 여호수아 벤 코르하가 다음과 같이 말한 대로이다. 우리는 한 사람의 대리인이 그 자신과 같다는 것을 어떻게 아는가? 그것은 해 질 때에 이스라엘 회중이 그 양을 잡고(출 12:6)라고 기록된다. 하지만 명백히 한 사람만이 [그 무리를 대표하여] 도살하는가? 여기서 당신은 한 남자의 대리인이 그 자신과 같다는 것을 볼 것이다.

4장

미쉬나:

열 개의 계보가 바빌론에서 올라왔다. 즉, 코헨,[26] 레위, 이스라엘, 할랄(ḥalal), 개종자, 자유인, 마므제르(mamzer),[27] 나틴(natin), 쉬투키(sh'tuqi), 아수피(asufi) 가 있다.

코헨, 레위, 이스라엘은 서로 [결혼하는 것이] 허락된다.

레위, 이스라엘, 할랄, 개종자, 자유인은 서로 [결혼하는 것이] 허락된다.

개종자, 자유인, 마므제르, 나틴, 쉬투키, 아수피는 서로 [결혼하는 것이] 허락 된다.

쉬투키['조용한 자']는 자기 어머니를 알지만, 자기 아버지를 알지 못하는 자다.

아수피['모인 자' - 버린 아이]는 거리에서 모인 사람이며, 자기 아버지와 어머니 를 알지 못하는 자다.

아바 사울은 쉬투키를 브두키(b'duqi)라고 불렀다.

게마라:

열 개의 계보가 바빌론에서 올라왔다. [미쉬나는] 왜 이스라엘 땅에 간 것이 아 니라 바빌론에서 올라왔다고 말하는가? 그것은 너는 일어나 네 하나님 여호와께서 택하실 곳으로 올라가서(신 17:8)라고 배운 대로 부차적인 정보를 주기 위해서이다. 이것은 성전이 이스라엘 나머지 땅보다 더 높다는 것과 이스라엘 땅은 다른 모든 땅보다 높다는 것을 가르친다.

성전은 명백히 이스라엘 나머지 땅보다 더 높다. 이런 이유에서 네 성중에서 … 서로 간에 고소하여 … 너는 일어나 네 하나님 여호와께서 택하실 곳으로 올라가서(신 17:8)라고 기록된다. 하지만 우리는 이스라엘 땅이 다른 모든 땅보다 더 높다는 것 을 어떻게 아는가? 그것은 그러므로 여호와의 말씀이니라 보라 날이 이르리니 그들이 다시는 이스라엘 자손을 애굽 땅에서 '인도하여 오르게 하신'(인도하여 내신, 개역개정) 여호 와의 사심으로 맹세하지 아니하고 이스라엘 집 자손을 북쪽 땅, 그 모든 쫓겨났던 나라에서 '인도하여 오르게 하신'(인도하여 내신, 개역개정) 여호와의 사심으로 맹세할 것이며(렘 23:7-8)라고 기록됐기 때문이다.

미쉬나는 왜 **이스라엘 땅까지 올라왔다고** 하지 않고 **바빌론에서 올라왔다고** 말하는가? 이것은 랍비 엘르아살[의 진술을] 뒷받침하는데, 랍비 엘르아살은, **에스라가 고운 가루와 같이 그것을 체질할 때에야 비로소 바빌론에서 올라왔다고** 말했기 때문이다.[28]

다음과 같이 가르침을 받았다. 아바예는, 미쉬나가 **그들이 올라왔다,** [즉] 자발적으로 왔다고 한다고 말했다. 라바는, 미쉬나가 그들이 [자신들의 의지에 반하여] **그들을 데려왔다고** 한다고 말했다.

[아바예와 라바는] 랍비 엘르아살의 [진술에] 동의하지 않는다. 랍비 엘르아살은, **에스라가 고운 가루와 같이 그것을 체질할 때에야 비로소 바빌론에서 올라왔다고** 말했다. 아바예는 랍비 엘르아살의 진술을 거부하는 반면에, 라바는 그것을 받아들인다. 또는, 아마도 그들 모두 랍비 엘르아살의 진술을 받아들이지만 이에 대해 동의하지 않는다. 즉, 그들 가운데 하나는 에스라가 사람들을 분류했고, 그 다음에 그들이 [이스라엘 땅에] 자발적으로 올라왔다고 주장하는 반면에, 다른 이는 [에스라가] 그들에게 강제로 올라오게 했다고 주장한다.

이제 [미쉬나가] **그들이 올라왔다고** 한다 자, 즉, 라브 예후다가 쉬무엘의 이름으로 말한 것에 따르면, 모든 땅은 이스라엘 땅과 비교하면 가루 반죽이지만,[29] 이스라엘 땅은 바빌론과 비교하면 가루 반죽이다. 하지만 [미쉬나가] **그들이 그들을 데려왔다고** 한다는 자에 따르면, 명백히 그들은 [자신들의 계보를] 알았을 것이다. [그리하여 이스라엘 땅의 계보는 바빌론의 계보만큼이나 순수할 것인가?] 그 세대는 알았겠지만, 후대 세대들은 알지 못했을 수도 있다.

[미쉬나가] **그들이 올라왔다고** 한다는 자에 따르면, 그것은 내가 무리를 아하와로 흐르는 강 가에 모으고 거기서 삼 일 동안 장막에 머물며 백성과 제사장들을 살핀 즉 그 중에 레위 자손이 한 사람도 없는지라(스 8:15, JPS)라는 구절의 의미이다. 하지만 [미쉬나가] **그들이 그들을 데려왔다고** 한다는 자에 따르면, 명백히 그들은 [레위인이 포함됐다는 것을 확실하게 하려고] 주의했겠는가? 그들은 적합한 자들을

[강제로] 포함하는 것이 아니라, 적합하지 않은 자들의 자격을 박탈하는 데 주의했을 것이다.

코헨, 레위, 이스라엘. 우리는 [이 계보의 사람들이 바빌론에서 이스라엘 땅까지] 올라왔는지 어떻게 아는가? 왜냐하면, 이에 제사장들과 레위 사람들과 백성 몇과 노래하는 자들과 문지기들과 '느티님'[30](느디님 사람들, 개역개정)이 각자의 성읍에 살았고 (스 2:70, JPS)라고 기록됐기 때문이다.

할랄, 개종자, 자유인. 우리는 할라림(ḥalalim, 할랄의 복수)이 [올라왔는지] 어떻게 아는가? 다음과 같이 가르침을 받았다. 랍비 요세는, "통상적인 지위는 대단한 것이다!"라고 말한다. 왜냐하면, 이렇게 기록됐기 때문이다. 제사장 중에는 하바야 자손과 학고스 자손과 바르실래 자손이니 바르실래는 길르앗 사람 바르실래의 딸 중의 한 사람을 아내로 삼고 바르실래의 이름을 따른 자라 이 사람들은 계보 중에서 자기 이름을 찾아도 얻지 못하므로 그들을 부정하게 여겨 제사장의 직분을 행하지 못하게 하고 '티르샤타(Tirshatha)[31]가'(방백이, 개역개정) 그들에게 명령하여 우림과 둠밈을 가진 제사장이 일어나기 전에는 지성물을 먹지 말라 하였느니라(스 2:61-63). 그는 그들에게 다음과 같이 말했다. 당신의 관례적인 지위에 머물라. 당신은 포로 때 무엇을 먹었는가? 제사장들의 몫(Priests'–due)[32]이다. [제사장직에서 거부된다고 해도,] 여기 [이스라엘 땅에서] 당신은 제사장들의 몫을 먹을 수 있지[만, '지성물', 즉 희생제물의 고기는 안 된다].

이제, 그들은 제사장들의 몫에서 계보로 승격된다[33]고 말하는 자들의 의견에 따르면, 제사장들의 몫을 먹고 있는 이 가문들은 [잘못] 승격될 것이다! [아니다.] 그들이 선호하는 추정이 약하기 [때문에, 이것은 일어나지 않을 것이다.]

[하지만 만약 그들에게 온전한 제사장의 지위가 부여되지 않는다면, 랍비 요세는] "관례적인 지위는 대단하다!"[라고 말함으로써] 무엇을 [의미했는가]? 이전에 그들은 랍비적 지위의 제사장들 몫만 먹을 수 있었는데,[34] 이제 그들은 성경적 지위의 제사장들 몫을 먹을 수 있다.

대안적인 대답으로는, 그들이 랍비의 규정에 따른 제사장들 몫을 계속 먹을 수 있지만, 토라가 그렇게 명령하는 것은 먹을 수 없다. 우리는 성경적 지위의 제사장들 몫을 먹는 [관례적인 권리]에 근거하여 **제사장들 몫에서 계보로 승격될** 뿐이다.

이 경우,[35] [랍비 요세는] "관례적인 지위는 대단하다!"라고 말함으로써 무엇을 의미했는가? 이전에는 [그들이 바빌론에서 랍비적 지위의 제사장들 몫을 먹을 때], 그들이 [자격이 없이] 성경적 지위의 제사장들 몫을 먹을 수 있는지에 관심을 가질 필요가 없었는데, 이는 바빌론에 아무도 없었기 때문이다. 이제 그들이 [자격이 없이] 성경적 지위의 제사장들 몫을 먹을 수 있는지에 관심을 가진다고 해도, 그들은 성경적 지위의 제사장들 몫은 아니더라도 랍비적 지위의 제사장들 몫은 계속 먹을 수 있다.[36]

하지만 그들이 지성물(가장 거룩한 것들)을 먹을 수 없고 다른 [거룩한] 것들은 먹을 수 있다는 [의미에서] **티르샤타**(방백이, 개역개정) 그들에게 명령하여 … **지성물을 먹지 말라 하였느니라**(스 2:63)라고 기록되지 않았는가? 이것이 ['가장 거룩한 것', 즉 문자 그대로 '거룩한 것들 가운데 거룩한 것']이 의미하는 바이다. **일반인은 성물을 먹지 못할 것이며**(레 22:10)라고 한대로 '거룩한 것'이라고 불리는 어떤 것도 안 되며, '거룩한 것들'이라고 불리는 어떤 것도 안 된다. 그리고 **제사장의 딸이 일반인에게 출가하였으면 거제의 성물**(문자 그대로, '거룩한 것들')**을 먹지 못하되**(레 22:12)라고 기록된 대로, '거룩한 것들'이라고 불리는 어떤 것도 안 된다. 한 학자는 이것이 그녀가 거룩한 것들에서 옮겨진 것을[37] 먹어서는 안 된다는 것을 의미한다고 말했다.

개종자, 자유인. 우리는 [그들이 올라왔다는 것을] 어떻게 아는가? 라브 히스다는, 성경이 [사로잡혔다가 돌아온 이스라엘 자손과] 자기 땅에 사는 이방 사람의 더러운 것으로부터 스스로를 구별한 모든 이스라엘 사람들에게 속하여 이스라엘의 하나님 **여호와를 찾는 자들이 다 먹고**(스 6:21)[38]라고 말한다고 한다.

마므제르. 우리는 [마므제림(mamzerim)도 바빌론에서 돌아왔다는 것을] 어떻게 아는가? 왜냐하면, 호론 사람 산발랏과 '노예였던'[39](종이었던, 개역개정) 암몬 사람도비야가 … 듣고(느 2:10)라고 기록되고, [도비야에 대해] 도비야는 아라의 아들 스가냐의 사위가 되었고 도비야의 아들 여호하난도 베레갸의 아들 므술람의 딸을 아내로 맞이하였으므로 유다에서 그와 동맹한 자가 많음이라(느 6:18)라고 기록됐기 때문이다.

[명백히] 그는 만약 우상숭배자나 노예가 이스라엘 여자와 동거하면 그 아이는 마므제르라고 주장한다. [40] 하지만 우상숭배자나 노예가 이스라엘 여자와 동거하면 그 아이는 합법적이라고 주장하는 자들에 따르면, 우리는 무슨 증거를 가지고 있는가? 그리고 어쨌든, 우리는 [도비야와 여호하난이 그들의 이스라엘 사람 아내들에게서] 자녀들을 낳았다는 것을 어떻게 아는가? 아마도 그들에게는 자녀가 없었을 것이다. 게다가 [그들에게 자녀가 있다고 해도] 우리는 그들이 자녀들과 함께 [바빌론에서] '올라왔다'는 것을 어떻게 아는가? 아마도 그들은 [이스라엘 땅에서] 자녀들을 가졌을 것이다.

그래서 [우리는] 여기서 [다음을 증명해야만 한다]. 델멜라와 델하르사와 그룹과 앗돈과 임멜로부터 올라온 자가 있으나 그들의 종족이나 계보가 이스라엘에 속하였는지는 증거할 수 없으니(느 7:61 JPS). 델멜라('소금 언덕'). 이들은 그들의 행위가 소금 언덕으로 변한 소돔과 같은 사람들이다. 델하르사('침묵의 언덕'[41]). 이는 '아빠!'라고 부르지만, 그의 어머니가 그를 침묵하게 하는 자다. 그들의 종족이나 계보가 이스라엘에 속하였는지는 증거할 수 없으니. 이는 거리에서 모인 아수피('버린 아이')이다. 그룹과 앗돈과 임멜. 곧 주님(아돈[adon])이 말씀하신다(아마르[amar]). 나는 이스라엘이 나에 의해 그룹으로 존중받을 것이라고 말했지만, 그들은 스스로를 표범과 같이 만들었다. [42] 랍비 아바후는, 그들이 스스로를 표범과 같이 만들었을지라도, 나는 그들을 그룹으로 존중한다고 말했다.

라바 바 바 하나는, 누구라도 부적합한[43] 아내를 얻었을 때, 델멜라와 델하르사[44] …로부터 올라온 자가 있으나(느 7:61)라고 한 대로, 성경은 그것을 마치 그가 전체 세상 위에 쟁기질하고 소금을 뿌린 것처럼 설명한다.

라바 바 라브 아다는 라브의 이름으로, "만일 누군가가 돈 때문에 결혼한다면, 그들이 여호와께 정조를 지키지 아니하고 사생아를 낳았으니(호 5:7)라고 한 대로, 그는 나쁜 행동을 하는 자녀들을 낳게 될 것이다"라고 말했다. 당신이 돈이 달아난다고 생각하면, 새 달이 그들과 그 기업을 함께 삼키리로다가 계속될 것이다. 그러므로 당신이 그의 기업을 생각하지만, 그녀의 기업은 생각하지 않는다면, 성경은 [명백히] 그 기업을 진술한다. 당신이 그것이 오래 [걸릴 것이라고] 생각한다면, 성경은 [명백히] 새 달을 진술한다.

어떻게 그것을 가리키는가? 라브 나흐만 바 이삭은, 달이 가고 달이 오며 그들의 돈은 상실된다고 말했다.

라바 바 라브 아다 역시(어떤 이는 랍비 살라가 라브 함누나의 이름으로 말했다고 하지만), 누구든지 부적합한 아내와 결혼할 때에, 엘리야는 그를 묶고, 거룩하신 이, 그분은 찬양받으시리로다, 그분이 그를 채찍질한다고 말씀하셨다. 타나는 다음과 같이 가르쳤다. 그들 모두에 대해,[45] 엘리야는 다음과 같이 기록하며, 거룩하신 이, 그분은 찬양받으시리로다, 그분이 서명하신다. 자기 자손의 자격을 박탈하는 자는 화 있으리로다. 그는 자기 가족을 더럽히거나 부적합한 아내와 결혼한 자로다. 엘리야는 그를 묶고, 거룩하신 이, 그분은 찬양받으시리로다, 그분이 그를 채찍질하신다.

바빌로니아 랍비들은 자신들의 통제 아래 유대인의 '순수 계보'를 너무 확실히 하려고 했다. 그래서 메소포타미아 지역은 '순수한 계보의 지역'으로 선언됐다.[46] 이것은 다른 사람들이 유대인이 될 수 없다는 것을 의미하지 않았다. 개종자들은 환영받았고, 마므제림과 다른 '열등한' 계보들도 유대인으로서의 자신들의 지위를 유지했다.

다음의 일화는 순수한 계보와 도덕적 행동의 연관성을 잘 보여준다. 또한, 랍비들이 나아갈 준비가 되어 있었던 최대한의 한계는, 종종 대중의 반대에 직면하여 그들이 순수한 계보라고 생각하는 것을 확보하는 것이다. 이 이야기의 하부 주제는 약간의 유머가 가미되어, 예후다 바 에스겔이 라브 나흐만을 '진압'한다는 것이다. 리처드 칼민은 라브 나흐만이 포로의 지도자(Exilarch)와의 연관성 때문에 비판받고 있다는 제이콥 누스너의 주장을 반박했다.[47]

이 이야기는 품베디타(라브 예후다의 장소)에서 또는 아마도 사건들이 난 지 오랜 후에 수라(Sura)에서 편집됐으므로, 이 학교들에서 배운다는 우월감을 보이려고 의도됐을 수도 있다. 쉬무엘의 제자이자 계승자인 나흐만은 이 이야기가 제안하는 만큼 자기 선생의 가르침을 몰랐던 것 같다. 또 다른 서브텍스트(subtext, 언외의 의미)는 하스몬가에 대한 부정적인 랍비의 태도이다.

누구든지 다른 이의 가문을 묻고서 결코 [사람들에 대해] 좋게 말하지 않는 자들은 그 자신이 자격을 잃는다. 쉬무엘은, 그는 자신의 잘못으로 다른 이들에게 의구심을 던진다고 말했다.

네하르데아에서 온 한 남자가 품베디타에 있는 도살업자에게 가서 고기를 요구했다. [그 도살업자는] 그에게 말했다. 라브 예후다 바 에스겔의 종을 위한 [고기]의 무게를 달기까지 기다리라. 그러면 내가 당신에게 응대하겠다.

그 남자는 불평했다. 그가 우선시하고 나보다 먼저 응대하는 이 예후다 바 쉬비스켈(Yehuda bar Shviskel)48)은 누구인가?

그들은 라브 예후다에게 이에 대해 말했다. 예후다는 그 남자를 금지시켰다. 그들은, [그 사람은 항상] 사람들을 노예라고 부른다고 말했다. [라브 예후다는 그 사람이] 노예라고 선언했다.

그 사람은 [라브 예후다가] 라브 나흐만의 법정 앞에 나오도록 소환장을 구하여, 그 소환장을 전달했다.

그때 라브 예후다는 라브 후나에게 가서 말했다.49) 내가 가야겠는가, 가지 않아야겠는가?

라브 후나는, 당신은 위대한 사람이므로 당신이 갈 의무는 없지만, 포로의 지도자50)를 존중하여 가라고 말했다.

[라브 예후다가 라브 나흐만의 장소에] 도착했을 때, 그는 그가 난간을 만들고 있는 것을 발견했다. 그는 이렇게 말했다. 당신의 선생(Your Eminence)51)은 라브 후나 바 이다가 쉬무엘의 이름으로 말한 것, 즉 일단 사람이 공동체의 지도자로 임명되면 그는 세 명이 있는 곳에서 [육체] 노동에 관여하지 않아야 한다는 것을 받아들이지 않는가?

나는 단지 작은 군데리타(gunderita)52)를 만들고 있다. 라브 나흐만이 대답했다.

그렇다면 명백히 당신은 그것을 토라가 부르는 대로 마아케(ma'aqé)라고 부르거나, 아니면 랍비들이 부르는 대로 메히차(meḥitza)라고 불러야 한다.

카르페타(qarpeta)에 앉아서 기도하라!

랍비들이 그것을 부르는 대로, 왜 사프살(safsal)은 아닌가? 아니면 흔히 알려진 대로 이트차바(itztaba)는 아닌가?

먹을 에트론가(etronga)를 가져라!

라브 예후다는, 쉬무엘이 "에트론가라고 말하는 누구든지 세 가지 자부심 가운데 한 부분을 가진다"라고 말했다고 했다. 랍비들이 부르는 대로 에트로그(etrog)이든지, 흔히 불리는 대로 에트로가(etroga)이든지.

[그다음에 포도주] 한 인바가(inbaga)를 마셔라!

당신은 랍비가 부르는 대로 이스파르고스(ispargos)나 흔히 불리는 대로 아나파크(anapaq)[53]를 좋아하지 않는가?

도나그(Donag)는 우리에게 마실 것을 가져올 것이다.

[라브 예후다는], 쉬무엘이 사람은 여자를 이용하지 않아야 한다고 말했다고 [반대했다].

그녀는 소녀일 뿐이다.

하지만 쉬무엘은 분명히 했다. 당신은 나이가 들었든지 젊든지 여자들을 전혀 이용하지 않아야 한다!

당신은 당신의 찬사를 얄타(Yalta)[54]에게 보내고 [싶은가]?

[라브 예후다는 다시 반대했다]. 쉬무엘이 "여자의 목소리는 벌거벗음이다!"라고 말했다.

당신은 전령을 사용할 수 있다!

하지만 쉬무엘은, "그녀의 남편을 통해서라도, 당신의 안부를 여자에게 전하지 말라!"라고 말했다.

[얄타는 자기 남편 나흐만에게 메시지를] 보냈다. 그가 당신을 무식한 사람처럼 보지 않도록, 그를 가게 하라!

라브 나흐만이 말했다. 선생이여, 당신은 여기에 무엇 때문에 왔는가?

그는, 내가 당신에게서 소환장을 받았다고 대답했다.

[라브 나흐만:] 하지만 선생이여, 나는 당신의 강연도 가늠할 수 없는데, 왜 내가 당신에게 소환장을 보내겠는가?

[라브 예후다는] 자신의 겉옷에서 소환장을 꺼내 그에게 보여주면서 말했다. 이것이 소환장이며, 여기 그 사람이 있다!

[라브 나흐만이] 말했다. 당신이 왔으므로 당신의 사건을 시작하라. 누구도 랍비들에게 서로에게 호의를 베풀어 달라고 말하지 말라! 당신은 왜 그 사람을 파문했는가?

[예후다:] 그가 법정의 관료[55]를 모욕했기 때문이다!

[나흐만:] 그렇다면 당신은 왜 그를 [단지] 채찍질하지 않았는가?

라브는 법정 관리를 모욕한 사람은 누구든 채찍질하곤 했다.

[예후다:] 나는 그것보다 더 잘했다.

[나흐만:] 당신은 왜 그가 노예라고 선언했는가?

[예후다:] 그가 습관적으로 다른 사람들은 노예라고 선언했기 때문이다. [랍비들은] 누구든지 다른 이의 가문을 묻고 [사람들에 대해] 좋게 말하지 않는 자는 그 자신이 자격을 잃는다고 가르쳤다. 쉬무엘은, 그는 자신의 잘못에 따라 다른 이에게 의구심을 던진다고 말했다.

[나흐만:] 쉬무엘은 우리가 [이런 사람이 자신의 결점을 다른 이에게 투사하고 있다]고 의심해야 한다고 말했을 수 있다. 그러나 명백히 그는, 우리가 그것을 [사실로] 선언해야 한다고 말하지는 않았다.

이 일이 일어나고 있는 동안[56] 원고가 도착했고, 그가 라브 예후다에게 "당신은 하스몬가에서 온 나를 노예라고 부르는가?"라고 말했다.

[라브 예후다는], 쉬무엘이 하스몬가의 후예라고 주장하는 자는 누구든지 노예라고 말했다고 대답했다.

[라브 나흐만이] 끼어들었다. 선생이여, 당신은 라브 후나가 라브의 이름으로, 만약 한 학자가 사건 전에 판결을 내린다면 당신은 그에게 듣지만, 만약 [사건 후]라면 당신은 듣지 않는다고 랍비 아바가 말했다는 것에 동의하지 않는가?[57]

[라브 예후다는], 라브 마트나가 내가 [독립적으로 진술한 것과] 같은 것을 주

장한다고 대답했다.

[이제] 라브 마트나는 13년 동안 네하르데아에서 보이지 않았다. 그날 그는 [마을에] 도착했다. [라브 예후다는] 그에게 말했다. 선생이여, 당신은 쉬무엘이 한 다리는 강둑에 두고 한 다리는 배에 두고서 서 있을 때 말한 것을 기억하는가?

그가 대답했다. 쉬무엘은 다음과 같이 말했다. 하스몬가의 후손이라고 주장하는 자는 누구든지 노예일 것이다. 왜냐하면, 지붕에 올라가 "내가 하스몬가에 속한다고 말한 자는 누구나 노예다!"라고 외치고, 지붕에서 떨어져 죽은 한 소녀를 제외하고는 그들 가운데 누구도 남지 않았기 때문이다.

그래서 그들은 그 남자를 노예라고 선언했다.

그날 많은 결혼 계약서가 네하르데아에서 찢어졌다.

[라브 예후다가] 나타났을 때, [네하르데아 사람들은] 그를 돌로 치려고 그를 쫓았다. 그는 그들에게 말했다. 당신들이 하겠다면 침묵하라. 하지만 못하겠다면 나는 쉬무엘이 당신들에 대해 말한 것을 공표하겠다. 즉, 네하르데아에는 두 씨족, 곧 비둘기들과 까마귀들이 있는데, 징표는 깨끗한 것은 깨끗하고, 깨끗하지 않은 것은 깨끗하지 않다는 것이다![58] [그래서] 그들은 왕의 운하를 막으면서, 그들의 돌을 던졌다.

THE TALMUD

넷째 주제

네지킨

NEZIQIN, 상해

서론

유대인들은 미쉬나와 바빌로니아 탈무드 형성 시기 내내 온전한 사법 자율권이 없었다. 헬레니즘 시대 이집트에서 프톨레마이오스 왕조는 모든 국민에게 동등하게 의무를 지우는 칙령들(디아그라마타[diagrammata])을 공표했다. 그러나 시민법이 왕의 칙령들 및 형평법(그노메 디카이오타테[gnome dikaiotate])과도 모순되지 않는다면, 이 칙령들은 도시마다 민족 집단마다 다양하게 시민법(폴리티코이 노모이[politikoi nomoi])을 운영할 여지를 남겼다. 헬라어 70인경은 '조상의 관습' 또는 유대인의 시민법으로서 기능했다. [1]

주전 63년 폼페이가 유대를 합병한 후에 팔레스타인 거주민들은 로마의 민족들의 법(이우스 겐티움[ius gentium])에 복종해야 했다. 원리상으로 로마 시민권을 얻은 개인만이 시민법(이우스 시빌레[ius civile])에 접근할 수 있었는데, 이는 로마의 '인격의 원리'가 국가법의 운영을 국가의 시민권에 제한했기 때문이다(바바 카마[Bava Qama] 4장을 보라). 유대인만이 '외국'법에 대한 복종을 분개한 것은 아니다. 키케로(Cicero)는 주전 50년 아티코(Atticus)에게, "나는 스카에볼라(Scaevola)를 많은 세부 사항에서 따랐는데, 그 가운데서도 … 그리스 사건은 그리스 법에 따라 해결되어야 한다는 것을 따랐다"라고[2] 썼다.

A. M. 라벨로(Rabello)는 최소한 주후 70년까지, 로마 총독이 형사 재판은 아니더라도 민사 재판은 지역 유대 기관에 넘겼다고 주장했다. [3] 대략 미쉬나를 편찬할 시기인 212년에, 안토니우스(카라칼라[Caracalla]) 황제는 로마 시민권을 확대했고, 따라서 시

민법을 제국에 있는 모든 자유인에게 확대했다. 하지만 로마법을 받아들이는 것은 토라와 이스라엘의 전통법을 거부하는 것이었다. 랍비들은 유다 하 – 나시의 지도로 법적인 자율권을 유지하려고 최선을 다했으며, 최소한 유대의 독립 회복을 희망하면서 토라법을 계속 연구하고 해석했다. 로마 총독들은 어느 정도는 이에 동의하는 척했다. 3세기와 4세기 동안 총독들은 유대 랍비들뿐만 아니라 기독교 감독들과 같이 종교 권위자들에 의한 시민 분쟁 해결을 묵인했다. 아마도 자신들에게 책임을 덜어주고 사회 안정에 기여하므로 심지어 지지하기도 했던 것 같다. 사산 왕조의 바빌로니아에서도 더 큰 자율권이 형사 재판권에서 유대인들에게 허용되면서, 비슷한 상황이 지배적이었다.

탈무드는 그 시민법과 형사법을 성경 본문에 관련시킨다. 하지만, 언약서(출 20:19-23:33)와 같은 성경 법전에서 예견하는 사회적 상황과 경제적 상황은 미쉬나의 팔레스타인이나 바브리의 바빌로니아에서 직면하는 상황들과는 매우 다르다. 출애굽기의 법들은 개선하지 않고서는 후대의 더욱 복잡하고 도시화된 사회의 필요에 적절하게 기여하지 못할 것이다. 그 간격은 어떤 면에서 분명한 의미를 수정할 뿐만 아니라, 출애굽기의 결의법(casuistic law)을 광범위한 법적 원리의 사례로 해석하는 지속적인 과정에 의해 좁혀진다.

출애굽기 21장 29절의 '들이받는 소'는 이 과정을 잘 보여준다. 소가 본래 받는 버릇이 있고 그 임자는 그로 말미암아 경고를 받았으되 단속하지 아니하여 남녀를 막론하고 받아 죽이면 그 소는 돌로 쳐죽일 것이고 임자도 죽일 것이며. 그다음 구절과 민수기 35장 21절에 비추어, 현인들은 주인에게 내리는 형식상의 사형 선고를 '배상'이나 벌금으로 바꾼다. [4] 그다음에 그들은 '들이받는 소'나 케렌(qeren, '뿔')을, 그것이 일반적으로 위험요소가 아니더라도 제약의 법정 명령의 지배를 받는 소유물에 대한 원형으로 해석한다.

이런 해석이 로마, 그리스, 근동의 법 제도와 사회적 관행에 얼마나 영향을 받는가는 상당히 논의됐다. 후견인 제도와 같은 어떤 법적 개념들은 성경의 전례가 전혀 없어서, 랍비들은 그것을 분명히 표현하기 위해 에피트로포스(epitropos, '후견인'), 히포테케(hypothēkē, '공탁금', '담보'), 디아테케(diathēkē, '양도', '계약')와 같은 헬라어 용어들을 사용하지 않을 수 없었다. [5] 베트 딘 하 – 가돌(Bet Din ha – gadol, 대법원)과 같이 의심할 여지 없이 이스라엘에서 기원한 제도조차도 헬라어 이름 산헤드린(Sanhedrin)을 얻었다.

바바 카마

BAVA QAMA, 첫째 문

바바 카마는 시민법과 상업법을 포괄하는, 원래 하나의 큰 소책자였던 네지킨 (*Neziqin*, 상해, 불법 행위)의 첫 열 장(chapter)을 포함한다. 편의를 위해 이것은 바바 카마(첫째 문, 또는 첫 구획), 바바 메치아(*Bava Metzi'a*, 중간 문), 바바 바트라 (*Bava Batra*, 마지막 문)로 나뉘었다. 첫째 문은 손해, 개인적 부상, 가축 도둑질, 훔친 물건의 배상, 세금 징수 청부의 분류를 포함한다. 이것은 출애굽기 *21-22장*에서 도출되는 손해의 주요 네 가지 범주를 논의하는 것으로 시작한다.

1장

미쉬나:

손해의 네 가지 주요 범주는, 소와 구덩이와 먹어버리는 것[1]과 불이 있다. 소는 먹어버리는 것과 같지 않고, 먹어버리는 것은 소와 같지 않다. 그것들이 살아있는 생물인 것으로 보아, 어느 것도 불과 같지 않다. 이 가운데 그것들이 움직일 때 손해를 입히는 어떤 것도 구덩이와 같지 않은데, 구덩이는 움직여서 손해를 입히지 않기 때문이다. 이것들이 공유하는 공통 요소는, 이것들이 위험요소라는 것이다.

당신은 이것들을 통제해야만 하고, 만약 이것들이 손해를 입히면 그 손해에 책임이 있는 사람은 자신이 가진 최상의 땅에서 보상해야만 한다.

신중하게 구성된 수갸의 초반부는 각 범주의 범위를 탐구한다. 첫째, 이 수갸는 하위 범주가 있다는 것을 확립한다. 라브 파파는 때로 하위 범주가 주요 범주들과 닮았고, 때로는 닮지 않았다고 주장한다. 그래서 게마라는 각 범주를 시험하는데, 표면적으로는 주요 범주와는 다른 하위 범주가 있다는 라브 파파의 주장을 시험하기 위해서이지만, 사실은 불법 행위 전체 범위를 정리하려는 것이다. 쉬무엘에 따르면, '먹어버리는 것'은 '이빨', 즉, 주인에게 권리가 없는 소산물을 먹는 짐승으로 더 잘 이해할 수 있다. 하지만 라브에 따르면, 이것은 인간이 직접적으로 입힌 손해를 가리킨다.

게마라:

'이빨'의 하위 범주는 무엇인가? [짐승이] 자기만족을 위해 벽에 자신을 문지르다가 [우연히 벽을 훼손했거나] 자신을 만족시키면서 열매를 망친 경우이다. '이빨'의 독특한 특징은 [그 짐승이] 손해를 입히면서 만족을 얻으며, 그 짐승이 당신의 소유물이면서 당신이 그 짐승을 통제해야 한다는 것이다. 마찬가지로 여기서도 그 짐승은 손해를 입히면서 만족을 얻고, 그 짐승은 당신의 소유물이며, 당신이 그 짐승을 통제해야 한다.

그렇다면 '이빨'의 하위 범주는 '이빨'과 같아 보인다. 아마도 라브 파파는 '발'을 염두에 두었을 것이다. '발'의 하위 범주는 무엇인가? [그 짐승이] 걸어가면서 자기 몸이나 자기 털로, 또는 고삐나 목 주위의 방울로 손해를 입혔을 경우이다. '발'의 독특한 특징은, 그것이 흔히 일어나는 일이며, 그 짐승이 당신의 소유이면서 당신이 그 짐승을 통제해야 한다는 것이다. 마찬가지로 여기서도 그것은 흔히 일어나는 일이고, 그 짐승은 당신의 소유물이며, 당신이 그 짐승을 통제해야 한다.

그래서 '발'의 하위 범주는 '발'과 같아 보인다. 아마도 라브 파파는 '구덩이'를 염두에 두었을 것이다. '구덩이'의 하위 범주는 무엇인가? 아마도 주요 범주는 열 손바닥 깊이의 구덩이이고, 그 하위 범주는 아홉 손바닥 깊이일 것이다. 하지만 9

나 10은 성경에 기록되지 않았다. 그것은 문제가 안 된다. 왜냐하면, 성경은 죽은 것은 그가 차지할 것이니라(출 21:34)라고 말하고, 랍비들은 10[의 깊이]가 짐승을 죽이는 반면, 9의 깊이는 부상은 입히지만 죽이지는 않는다고 여기기 때문이다.

그다음에 라브 파파는 돌이나 칼이나 다른 물건을 공공 구역에 남겨두어 손해를 입힌 사람에 대해 생각하고 있음이 틀림없다. 그것은 어떤 범주이겠는가? 만약 그가 소유권을 포기했다면, 라브와 쉬무엘 모두 그것은 '구덩이'였다는 데 동의할 것이다. 만약 그가 소유권을 포기하지 않았다면, [공공장소에 남겨진] 모든 [위험요소가] '구덩이'에서 온다고 말한 쉬무엘에 따르면, 그것은 괜찮다. 하지만 [공공장소에 남겨진] 모든 [위험요소가] '소'에서 온다고 말한 라브에 따르면, 그것은 '소'일 것이다. '구덩이'의 독특한 특징은, 그것이 특성상 위험한 것이고, 그것이 당신의 소유물이며, 당신이 그것을 안전하게 유지해야 한다는 것이다.

그래서 '구덩이'의 하위 범주는 '구덩이'와 같아 보인다. 아마도 라브 파파는 '먹어 버리는 것'을 염두에 두었을 것이다. 하지만 '먹어버리는 것'은 무엇인가? 그것이 '이빨'이라고 말하는 쉬무엘에 따르면, 우리는 이미 '이빨'의 하위 범주가 '이빨'과 같다는 것을 보여주었다. 그것이 '인간'이라고 말하는 라브에 따르면 무슨 범주나 무슨 하위 범주가 있는가? 당신은 '깨어남'이 주요 범주이고 '잠이 듦'은 하위 범주라고 생각했을 수도 있지만, [이것들 사이에는] 아무런 차이가 없다. 왜냐하면] 미쉬나는 다음과 같이 진술하기 때문이다. **사람은 항상 깨어 있든 잠이 들었든 신중하게 [고려돼야 한다].**[2] 아마도 점액이나 코의 점액이 하위 범주일 것이다. 어떤 면에서인가? 만약 [그것들이] 움직이는 동안에 [기침이나 재채기를 통해 손해를 입힌다면] 그것은 직접적인 힘과 동일하다. 만약 그것들이 땅에서 움직이지 않는다면, 라브와 쉬무엘 모두 이것이 '구덩이'라는 데 동의할 것이다.

그래서 '먹어버리는 것'의 하위 범주는 '먹어버리는 것'과 같아 보인다. 아마도 라브 파파는 '불'을 염두에 두었을 것이다. 하지만 '불'은 무슨 범주에 드는가? 만약 당신이 [예를 들어,] 누군가가 지붕 위에 돌이나 칼이나 다른 물건을 남겨두었는데, 보통의 바람이 휩쓸어 손해를 입혔다고 말한다면, 그것은 '불'과 [같은 종류다]. '불'의 독특한 특징은, [그것을 퍼뜨리는 데] 외부의 힘이 필요하고, 그것이 당신의 소유물이며 당신은 그것을 안전하게 지켜야 한다는 것이다. 마찬가지로 여기서도 [불을 퍼뜨리는 데] 외부의 힘이 필요하고, 그것이 당신의 소유물이며 당신은 그것을 안전하게 지켜야 한다.

그래서 '불'의 하위 범주는 '불'과 같아 보인다. 아마도 라브 파파는 '발'을 염두에 두었을 것이다. 하지만 우리는 '불'의 하위 범주는 '불'과 같다는 것을 이미 보지 않았는가? [그렇다 해도,] 우리가 할라카로 알고 있는 조약돌[손해]에 대한 절반의 보상이라는 [이례적인 사례가 있다].[3] 어떤 면에서 이것은 '발'의 하위 범주인가? 그것은 [만약 손해가 그의 짐승의 가치를 초과한다면] 그는 그 초과분을 지불해야만 하기 때문이다.

하지만 그것은 의문점이 아닌가? 왜냐하면, 라바는 이렇게 물었다. 조약돌[손해]에 대한 절반의 보상이 손해를 입힌 그 짐승의 가치에 제한되는가, 아니면 [그 주인은] 어떤 초과분을 지불해야만 하는가? 라바에게 이것은 의문점이지만 라브 파파에겐 이것이 명백하다. 그렇다면 라바는 [이 사례를] '발'의 하위 범주로 분류하는가? 그것은 [만약 손해가] 공공장소에서 일어났다면 [그 짐승의 주인이] 면제되기 때문이다.[4]

'이빨'은 다음의 출애굽기 22장 5절에서 유래한다. 사람이 밭에서나 포도원에서 짐승을 먹이다가 자기의 짐승을 놓아 남의 밭에서 먹게 하면 … 배상할지니라. 이제 만약 어떤 짐승이 내 밭에서 뜯어 먹으면 짐승과 그 주인은 내 비용에서 이득을 얻는다. 그러나 심지어 그의 허락 없이 이득을 얻는다고 해도, 내가 그에게 어떤 손실을 일으키지 않고 누군가의 소유물에서 이익을 얻는 다른 상황이 있다. 이런 상황은 서쪽 법 제도에서는 '부당한 부요함'이라고 알려졌으며, 탈무드에서는 제 네헤네 브제 로하세르(ze nehene v'ze loḥaser, '하나는 이득을 보고 다른 이는 잃는다')로 알려졌다.[5]

히스다는 309년경 죽었다. 바빌로니아에서 팔레스타인으로 이주하여 270년 티베리아스에서 학교 교장이 된 암미는, 히스다보다 먼저 죽었을 수도 있다. 이 논의는 300년경을 배경으로 하는데, 이때 라미 바 하마와 라바는 젊은 학생들이었다.

2장

미쉬나:

짐승은 열매와 채소를 먹지 [않도록] 경고받는다고 [간주된다] ··· 만약 짐승이 이득을 얻으면, 짐승이 이득을 본 만큼 지불한다.[6]

게마라:

라브 히스다가 라미 바 하마에게 물었다. 몇 가지 훌륭한 질문이 제기될 때, 당신은 어제 우리 이웃에 있지 않았는가?

그가 물었다. 그것들은 무엇인가?

그가 대답했다. 만일 누군가가 자기도 알지 못한 채 다른 사람의 대지 위에 산다면 그는 임대료를 지불해야 하는가, 그럴 필요가 없는가?

이것은 어떤 종류의 사건인가? 만약 대지가 임대를 위한 것이 아니고 차지한 자가 보통 임대하지 않는다면, [차지한 자는] 어떤 것도 얻지 못했고, 주인도 잃지 않았다. [그래서 임대료를 지불할 이유가 없다.] 하지만, 만약 대지가 임대를 위한 것이고, 차지한 자가 보통 임대를 한다면, 한 사람은 얻었고, 다른 사람은 잃었다. [그래서 임대료를 지불해야 하는 것이 분명하다.] 그렇다면 이 질문은 임대용이 아닌 대지와 보통 임대료를 지불하는 차지한 자를 가리킴이 틀림없다. [이 경우] 무슨 일이 일어났는가? [차지한 자는, "당신은 대지를 임대하지 않았을 것이므로] 내가 당신에게 어떤 손실을 입혔는가?"라고 말하거나, [주인은], "당신이 [대지를 임대 없이 차지함으로써] 이득을 보았다고 말할 수 있는가?"라고 말할 것이다.

그는, 그것은 우리 미쉬나이라고 대답했다.

어느 미쉬나인가?

만약 당신이 내게 도움을 주면 [나는 설명하겠다].

그는 자기 수다르를 가져다가 그를 위해 그것을 접었다.[7]

[라미는] 만약 짐승이 이득을 얻으면, 짐승이 이득을 본 만큼 지불한다라고 말

했다.

라바는, 누군가가 자기편에 [하나님이] 계실 때, 그는 어떤 것이든 벗어날 수 있다고 주장했다.[8] 그 사건이 미쉬나에 있는 사건과 같지 않더라도, [히스다는 그의 비유를] 받아들였다. 하지만 [미쉬나는] 한 사람이 이득을 얻고 한 사람은 잃는 [사건을 다루는 반면, 논의 중인 이 사건에서는] 한 사람은 이득을 얻고 다른 이는 잃지 않는다.

그래서 라미 바 하마는 [그것에 대해 무엇이라고 말했겠는가]? [그는], 당신은 공공장소에 [남겨진] 열매는 이미 버렸다고 가정할 수도 있다고 [대답할 것이다].[9]

미쉬나는 다음과 같이 말한다. **만약 A가 세 측면에서 B에 접하고, 첫째, 둘째, 셋째 측면과 울타리로 구분된다면, [B는 울타리 비용을 지불할] 의무가 없다.**[10] 여기서 당신은 만약 A가 네 측면에서 B를 둘러싸고, 넷째 측면을 울타리로 구분한다면, B는 [자기 몫을 지불할] 의무가 있다고 추측할 수 있다. 여기서 만약 한 사람이 이득을 보면, 다른 사람은 어떤 것도 잃지 않지만, 그런데도 이득을 본 자는 [그 이득에 대해] 지불해야 한다는 결론이 나온다.[11] [아니다.] 이 사건은 다르다. 왜냐하면 [A가 B에게, 내가 추가로 울타리를 지은 것은 당신 때문이었다고 말할 수 있기 때문이다.[12]

한 증거는 다음과 같다. 랍비 요세는, 만약 그 사람의 [밭이] 둘러싸였는데, 그가 [직접] 넷째 측면에 울타리를 쳤다면, 그는 그 모두에 대해 책임이 있다.[13] 이것은 둘러싸인 이가 그이기 때문이지만, [만약] 둘러싼 자가 [넷째 측면에 밭을 사고 거기에 울타리를 쳤다면, 둘러싸인 자는] 책임이 없을 것이다. 여기서 당신은 만약 한 사람이 이득을 보고 다른 사람이 아무것도 잃지 않으면, 얻은 자는 지불에서 면제된다고 추론할 수 있다. 아니다. [아마도 이것은 다른데, 왜냐하면] 그가, 나는 더 싼 울타리에[14] 만족했을 것이라고 말할 수 있기 때문이다.

한 증거는 다음과 같다. **만약 집과 그 집의 다락방이 각각 다른 사람에게 속하는데, 그것들이 무너져서 다락방 주인이 집주인에게 다시 지으라고 요청했지만, 그**

는 그렇게 하고 싶지 않다면, 다락방 주인은 집을 다시 짓고 [집주인이] 자기 비용을 지불할 때까지 그곳에 머물 수 있다. [15] 집주인은 다락방 주인의 [건축] 비용을 보상해야 하지만, 임대료를 [뺄 수] 없다. 여기서 당신은 만약 한 사람이 이득을 보고 다른 사람이 아무것도 잃지 않으면, 얻은 자는 지불에서 면제된다고 추론할 수 있다. 아니다. 이것은 다른데, 왜냐하면 집은 다락방에 저당 잡혀서[, 다락방 주인은 집 재건축에 대한 동의가 있을 때까지 거기서 살 권리를 가지기] 때문이다.

한 증거는 다음과 같다. **랍비 유다는, 이것조차도 그는 다른 사람의 대지에 [그의 동의가 없이] 살기 때문에 임대료를 지불해야만 한다고 말한다.** [16] 여기서 당신은 만약 한 사람이 이득을 보고 다른 사람이 아무것도 잃지 않으면, 얻은 자는 지불할 의무가 있다고 추론할 수 있다. 아니다. 이것은 다른데, 벽을 어둡게 했기 때문이다. [17]

그들은 [위에서 규정된 대로, 무단 점유자가 임대료를 지불해야만 하는지에 대한 질문을] 랍비 암미에게 보냈다. [18] 그는 "그에게 무엇을 했는가? 그가 그에게 무슨 손실이나 손해를 입혔는가?"라고 말했다. 랍비 히야 바 아바는, 이것을 신중하게 고려하자고 말했다.

그들은 다시 랍비 히야 바 아바에게 질문을 보냈다. 그는 "그들은 내게 계속 물을 필요가 있는가? 만약 내가 논쟁을 발견했다면, 내가 이것을 그들에게 전달하지 않았겠는가?"라고 말했다.

이 섹션에 나오는 '우상숭배자들'에 대한 차별적인 법의 모델과 배경은, 국가법을 그 시민에게 제한하는 로마의 '인격의 원리'와 점령국의 인지된 강탈이다. [19] 예루살미는 여기서 차별은 '그들의 법에 따른' 것이라는 랍비 아바후의 주장을 보고 한다. 또한, 라반 가말리엘이 이것을 이용했던 유대인은 누구라도 '하나님의 이름을 신성모독한' 죄를 짓는 것이라고 말했다는 것을 지적한다. 후대 유대 권위자들은 이 본문으로 말미암아 상당히 당혹스러워했고, 실제적인 것을 고려해서 판결하려고 노력했다. 그러나 이것은 이방인들에 대한 랍비의 가장 긍정적인 논평의 일부, 특히 "토라 연구에 참여하는 이방인조차도 대제사장과 같다"라는 랍비 메이르의 언급을 포함한다.

4장

미쉬나:

만약 이스라엘 사람의 소가 성전에 속한 소를 들이받았거나 성전에 속한 소가 일반 사람의 소를 들이받았다면, 그는[20] [손해 배상에서] 면제되는데, 그의 이웃의 소(저 사람의 소, 개역개정)(출 21:35)라고 기록되었으며, 성전에 속한 소가 아니기 때문이다.

만약 이스라엘 사람의 소가 우상숭배자의 소를 들이받았다면, 그는 [손해 배상에서] 면제된다. 만약 우상숭배자의 소가 이스라엘 사람의 소를 들이받았다면, 그는 그 소가[21] 경고를 받았든지 그렇지 않든지 온전히 손해 배상해야 한다.

게마라:

만약 이스라엘 사람의 소가 우상숭배자의 소를 들이받았다면, 그는 면제된다. 38a 어느 쪽으로도! 만약 그의 이웃이 배제되는 것으로 의도된다면, 우상숭배자는 그의 소가 이스라엘 사람의 소를 들이받았을 때 면제되어야 한다. 만약 그의 이웃이 포함된다면, 이스라엘 사람의 소가 우상숭배자의 소를 들이받았을 때 그는 책임을 져야 한다!

랍비 아바후는, 성경이 그가 서신즉 '땅을 측정하며'(땅이 진동하며, 개역개정) 그가 보신즉 여러 나라가 '느슨해졌고'(전율하며, 개역개정)[22](합 3:6)라고 말한다고 했다. 즉, [하나님은] 여러 나라가 그분이 그들에게 준 일곱 계명을[23] 무시한 것을 보시고서, 그들의 재산을 이스라엘[이 사용하도록] 허락하셨다.[24]

랍비 요하난은 이것을 바란산에서 '드러내시고'(비추시고, 개역개정)[25](신 33:2)에서 도출했다. 즉, [하나님은] 그들의 재산을 이스라엘에게 드러내셨다.

한 바라이타는 마찬가지로 다음과 같이 진술한다. 만약 우상숭배자의 소가 이스라엘 사람의 소를 들이받았다면, 그는 그 소가 경고를 받았든지 그렇지 않든지 그가 서신즉 땅을 측정하며 그가 보신즉 여러 나라가 느슨해졌고라고 했고, 또한 바란산에서 드러내시고라고 한 대로, 온전히 배상해야만 한다.

추가 증거 본문은 왜 있는가? 그가 서신즉 땅을 측정하며가 라브 마트나와 라브 요세프의 해석을 뒷받침하는 데 필요하다고 당신이 주장할 경우를 대비해서다. [한 바라이타는], 바란산에서 드러내시고를 덧붙인다.

라브 마트나는 무엇을 말했는가? 라브 마트나는 그가 서신즉 땅을 측정하며 그가 보신즉 여러 나라가 느슨해졌고라고 말했다. 그렇다면 그는 무엇을 보았는가? 그는 여러 나라가 그분이 그들에게 준 일곱 계명을 무시하여 그분이 그들의 땅에서 그들을 추방하신 것을 보았다. [라브 마트나는] 바-야테르(va-yater)를 '추방하다'로 번역하는 것을 어떻게 정당화하는가? 여기서 여러 나라 *바-야테르*라고 하고, 거기서 땅에서 '있는 것'(뛰는 것, 개역개정) *르나테르*(l'nater)(레 11:21)라고 한다. 이를 탈굼은 '땅에서 그것들이 뛰었다'라고 번역했다. [26]

라브 요세프는 무엇을 말하는가? 라브 요세프는 그가 서신즉 땅을 측정하며 그가 보신즉 여러 나라가 느슨해졌고라고 말했다. 그렇다면 그는 무엇을 보았는가? 그는 여러 나라가 그분이 그들에게 준 일곱 계명을 무시하여 그분이 그들을 그것들에서 풀어주신 것을 보았다. 어떤 역설이 있다! 당신은 죄인들이 [자기 죄로] 이득을 본다고 말하는 것인가! 라바나의 아들 마르(Mar)는, 이것은 그들이 이제 그것들을 지킨다고 해도 보상을 받지 못한다는 것을 의미한다고 설명했다. 그들은 받지 못하는가? 한 바라이타는 다음과 같이 가르친다. **랍비 메이르는 토라 연구에 참여하는 이방인조차도 대제사장과 같다고 말하는데, 너희는 내 규례와 법도를 지키라 사람이 이를 행하면 그로 말미암아 살리라 나는 여호와이니라**(레 18:5)라고 기록됐기 때문이다. 이것은 제사장들과 레위인들과 이스라엘 사람들이라고 말하지 않고 '사람'이라고 하는데, 여기서 당신은 **토라 연구에 참여하는 이방인조차도 대제사장과 같다**는 것을 배운다. 이것은 다음과 같이 [설명된다]. 그들은 명령을 받고 실행하는 자들만큼 [큰] 보상을 받지 못하지만, [오직] 명령을 받지 못하고 실행하는 자들만큼 받는다. 왜냐하면, 랍비 하니나가 말한 대로, **명령을 받고 실행**

하는 자는 명령을 받지 않고 실행하는 자보다 더 크기 때문이다.[27]

랍비들은 다음과 같이 가르쳤다. 로마 정부는 두 관료[28]를 현인들에게 급파했다. "우리에게 당신의 토라를 가르쳐 달라!"라고 [그들이 요청했다.] 그들은 연구하고 개정하고 검토했다. 그들이 떠날 때, 그들은 다음과 같이 말했다. 우리가 당신의 토라를 신중하게 조사했는데, 당신이 다음과 같이 말하는 이것만 제외하고 모두가 사실이다. 만약 이스라엘 사람의 소가 우상숭배자의 소를 들이받았다면, 그는 [손해 배상에서] 면제된다. 만약 우상숭배자의 소가 이스라엘 사람의 소를 들이받았다면, 그는 그 소가 경고를 받았든지 그렇지 않든지 온전히 손해 배상해야 한다. 어느 쪽으로도! 만약 그의 이웃이 배제되는 것으로 의도된다면, 우상숭배자는 그의 소가 이스라엘 사람의 소를 들이받았을 때 면제되어야 한다. 만약 그의 이웃이 포함된다면, 이스라엘 사람의 소가 우상숭배자의 소를 들이받았을 때 그는 책임을 져야 한다! [그러나,] 우리는 정부에게 이것을 알리지 않을 것이다.

다음 단락은 할라카와 아가다가 전적으로 구분되는 장르라는 개념이 거짓임을 보여주면서, 정밀하게 할라카와 아가다를 결합한다. 다음 단락은 또한 영향력 있는 프랑스 유대 철학가 엠마누엘 레비나스(Emmanuel Levinas, 1905-1995년)의 지혜의 견본을 조사할 기회를 제공하는데, 그는 1975년에 전쟁이라는 주제로 프랑스어를 사용하는 유대 지성인들의 콜로키움에서 이 읽기를 제시했다. 본문에 엮어 들어간 인용들은 레비나스의 《탈무드 읽기》(Talmudic Readings)에서 왔다. 독자는 탈무드의 논쟁이 어디에서 멈추고 레비나스가 자신의 생각을 소개하는지 궁금할 것이다.

6장

미쉬나:

만일 누군가가 불이 퍼지게 하고, 그 불이 나무나 돌이나 흙을 태운다면, 불이 60a 나서 가시나무에 댕겨 낟가리나 거두지 못한 곡식이나 [트인] 밭을 태우면 불 놓은 자가

반드시 배상할지니라(출 22:6)라고 한 대로, 그는 [손해에 대해] 책임을 진다.

게마라:

라바는 다음과 같이 묻는다. 자비로우신 이[29]는 왜 가시나무와 낟가리와 거두지 못한 곡식이나 밭이라고 명시하는가? 만약 토라가 가시나무만 명시했다면, 나는 자비로우신 이가 가시나무에 대해서[만] 그에게 책임을 물으신다고 생각했을 수 있는데, 이는 가시나무에 불이 붙고 사람들이 [가시나무에 대해] 부주의한 일이 흔하기 때문이다. 하지만 불은 낟가리에는 흔히 일어나지 않으며, 사람들은 흔히 낟가리에 부주의하지 않다. 만약 자비로우신 이가 낟가리만 명시하셨다면, 나는 자비로우신 이가 낟가리에 대해서[만] 그에게 책임을 물으신다고 생각했을 수 있는데, 이는 상당한 [재정적] 손실이 [일어나기] 때문이다. 하지만 그는 가시나무에 [불을 놓았다고] 해서 책임을 지지 않을 것인데, 이는 그 손실이 적기 때문이다.

왜 거두지 못한 곡식을 언급하는가? 거두지 못한 곡식이 밭에 있듯이, [그가] 트인 곳에 있는 것은 무엇이든 [책임을 지겠지만, 감추어진 물건들에 대해서는 책임지지 않을 것이라고 우리에게 가르치기 위해서이다].

레비나스는 일반화가 '탈무드 주해의 특징적인 과정'이라고 지적한다(Levinas, Talmudic Readings, p. 184). 일반화는 실제로 랍비들이 성경의 제한된 사례법에서 복잡하고 종합적인 법 제도를 만드는 방식이다.

랍비 유다는 [불을 붙인 자는 누구든지] 숨겨진 물건에 [끼친 손해]에 대해 책임을 진다고 주장하는데, 그에 따르면 왜 거두지 못한(서 있는) 곡식이 명시되는가? 이것은 서 있는 어떤 것이라도, 심지어 짐승이라도 포함하려는 것이다.

[다른] 랍비들은 서 있는 모든 것에 대한 책임을 무엇에 근거하는가? 그들은 그 책임을 또는 거두지 못한(서 있는) 곡식이라는 표현에 근거한다.

그리고 랍비 유다는? 또는은 분리를 가리킨다.[30] 랍비들은 분리를 어디에 근거하는가? 또는 [트인] 밭이라는 [표현]에 근거한다.

그리고 랍비 유다는? 자비로우신 이는 또는 거두지 못한 곡식이라고 기록할 [필요가 있었으므로 마찬가지로] 또는 [트인] 밭이라고 기록한다.[31]

왜 트인 밭이라고 명시되는가? 밭고랑을 관리하는 것이나 돌을 태우는 것을 포함하기 위해서이다.

[이 경우] 자비로우신 이는 [단지 트인] 밭을 기록하고, 나머지는 이어질 수 없는가? [아니다.] 왜냐하면, 만약 그분이 [단지 트인] 밭을 기록했었다면, 나는 사람이 밭에 있는 것에 대해서는 책임을 지겠지만 다른 것에 대해서는 책임을 지지 않을 것으로 생각할 수도 있다. 그래서 우리에게 [이것이 그런 경우가 아니라는 것을] 알리는 데 [다른 표현들이] 필요하다.

"불은 다른 기초적인 힘들이 추가되는 기본적인 힘으로서 어떤 이성적인 추측을 넘어 손해를 배가시킨다! 바람은 불에 변덕과 폭력을 더한다. 그러나 책임은 줄어들지 않는다 … 하지만 우리는 전쟁에 대해서 말하고 있는가? 우리는 평화의 시기에 있지 않은가? … 아마도 불의 기본적인 힘은 이미 통제할 수 없는 것의 개입, 전쟁의 개입이다. 이것이 책임을 없애지 못한다! … 여기에 그 본문은 … 사법적 진리를 종교적 진리와 도덕적 진리로 바꾼다"(Levinas, Talmudic Readings, p. 185).

랍비 시므온 바 나흐마니는, 불이 나서 가시나무에 댕겨(출 22:6)라고 한 대로, 재앙은 악인들이 있을 때 세상에 오지만, 의인들과 함께 시작한다고 말했다. 그렇다면 불이 언제 나는가? 가시나무가 있을 때이다. 하지만 불은 낟가리가 태워졌으면(낟가리나 … 태우면, 개역개정)(출 22:6)이라고 한 대로, 먼저 의인들을 [태운다]. 여기서 성경은 낟가리를 태운다가 아니라 낟가리가 태워졌으면[32]이라고 하는데, 이는 낟가리가 이미 태워졌다는 것을 의미한다.

라브 요세프는 다음과 같이 가르쳤다. 성경에서 한 사람도 자기 집 문 밖에 나가지 말라 여호와께서 그 문을 넘으시고 멸하는 자에게 너희 집에 들어가서 너희를 치지 못하게 하실 것임이니라(출 12:22-23)는 무엇을 의미하는가? 일단 멸하는 이가 [하나님에게서 멸하라는] 승인을 받았다면, 그는 악인들과 의인들을 구분하지 않는다. 그뿐만 아니라, 내가 의인과 악인을 네게서 끊을 터이므로(겔 21:4)라고 한 대로, 그는 의인들로 시작한다.

"사회적 악은 이미 전쟁의 담을 수 없는 힘을 그 자체 안에 담는다. … 의인은 다른 누군가가 … 하기 전에 악에 대한 책임을 지는데, … 그들은 그들의 의가 퍼져서 불의를 제거할 만큼 의롭지 않았기 때문이다. … 사건이 이성적인 존재들의 의지가 전혀 없는 것은 아니다. … 또 다른 방식으로, 악한 사람들은 전쟁을 일으킨다. … 전쟁을 막을 수 있는 자들은 전쟁의 첫 희생자가 될 것이다. … 전쟁의 근거(reason)는 무질서(unreason)로 끝날 것이다. … 하지만 결국에 전쟁의 근거는 그 근거가 완전히 뒤집히는 데 있다. … 박멸의 광기가 조그마한 이성(reason)이라도 보유하는가? 이것이 아우슈비츠의 다의성(多義性)이다. 이것이 바로 그 질문이다. 우리 본문은 이것을 분석하지 않는다. 우리 본문은 이것을 강조한다. 우리 본문이 이것을 분석하지 않는 이유는, 아마도 모든 신정론이 그렇듯이 여기서의 대답이 부당할 것이기 때문이다"(Levinas, *Talmudic Readings*, pp. 186, 187).

라브 요세프는, "이것이 비교할 수 없는 것들에게 닥치는 것인가?"라며 울었다. 아바예는, 의인들은 악한 자들 앞에서 불리어가도다(사 57:1)[33]라고 한 대로, 이것은 그들에게 축복이라면서 그를 위로했다.

"만약 라브 요세프가 다른 이들을 위해 고난을 겪는다면, 의인이 부정적인 보상을 받을 것이라는 아바예의 위로는 라브 요세프의 눈물을 멈추게 할 것인가? … 아바예는 성도들에게 다른 이들의 고난을 모르는 것을 허락하는데, 그는 아마도 울고 있는 라브 요세프만큼이나 염세적일 것이다"(Levinas, *Talmdic Readings*, p. 188).

60b　　라브 예후다는 라브의 이름으로, 아침까지 한 사람도 자기 집 문 밖에 나가지 말라(출 12:22)라고 한 대로, 사람은 항상 [자기 집에] 좋았더라(창 1:4)일 때 들어가야 한다. [즉, 여전히 밝은 동안에] 들어가야 하며, 좋았더라에 나가야 한다고 말했다.

"멸하는 천사의 시간은 밤이다 … 인간 사이의 관계는 날의 맑음이 필요하다. 밤은 인간들 가운데 정의가 중지되는 위험한 시간이다"(Levinas, *Talmudic Readings*, p. 189).

랍비들은 다음과 같이 가르쳤다. 만약 역병이 마을에 발병하면, 내 백성아 갈지어다 네 밀실에 들어가서 네 문을 닫고 분노가 지나기까지 잠깐 숨을지어다(사 26:20)라고 하고, 밖으로는 칼에, 방 안에서는 놀람에 멸망하리니(신 32:25)라고 한 대로, 당신의 다리에 모이라. [34]

"밤이 낮으로 침투한다. … 절대적이고 통제할 수 없는 것은 여전히 보이는 전쟁을 넘어선다. … 폭풍은 몹시 위협적인 존재이며 사람은 집으로 돌아가야만 한다. 만약 사람이 집이 있다면 … 자신에게 다시 들어갈 때를 제외하고 구원이 없다. 사람은 피난처를 구할 수 있는 내면을 가져야만 한다…"(Levinas, Talmudic Readings, pp. 188, 189).

추가 구절은 왜 있는가? 당신은 낮이 아니라 밤에 [실내에 머무르기만 하면 된다고] 생각했을 수 있다. 그러므로 그는 네 밀실에 들어가서 네 문을 닫고라고 인용한다. 이때는 실내에 두려움이 없을 경우이지만, 만약 실내에 두려움이 있다면 당신은 나가서 다른 이들과 함께 앉아 있는 게 낫다고 생각했을 수도 있다. 그러므로 그는, 밖으로는 칼에, 방 안에서는 놀람에 멸망하리니라고 인용한다.

"우리는 여기서 … 여전히 의지와 이성에 복종하는 모든 폭력을 넘어서서 수용소의 냄새를 맡지 않는가? 폭력은 … 모든 도덕을 넘어선다. 이것은 아우슈비츠나 전쟁 중인 세상의 깊은 나락이다 … 이것이 이스라엘만의 일인가? 이것은 모든 인류에 적용되므로 온전한 의미를 지니지 않는가?"(Levinas, Talmudic Readings, pp. 190, 191).

역병이 위협했을 때, 무릇 사망이 우리 창문을 통하여 넘어 들어오며(렘 9:21, JPS)라고 한 대로, 라바는 창문을 닫았다.

"밖에서 그것은 칼이지만, 안에서 그것은 두려움이다. 하지만 사람은 안으로 돌아가야만 한다. … 두려움이 있는 그 안이 여전히 유일한 피난처다. 출구가 전혀 없다. … 내게는 이것이 전체 본문의 중심 단락이다. … 아마도 이스라엘의 출구 없음도 인간의 출구 없음일 것이다. 모든 사람은 이스라엘에 속한다. … 이 내면성이 보편적인 존재로서 이스라엘이 받는 고통이다"(Levinas, Talmudic Readings, p. 191).

랍비들은 다음과 같이 가르쳤다. 아브람이 애굽에 거류하려고 그리로 내려갔으니(창 12:10)라고 하고, 만일 우리가 성읍으로 가자고 말한다면 성읍에는 굶주림이 있으니 우리가 거기서 죽을 것이요(왕하 7:4)라고 한 대로, 마을에 기근이 있을 때 네 다리를

흩어라.³⁵⁾

추가 구절은 왜 있는가? 당신은 이것이 [마을을 떠날 때] 생명에 위험이 없을 경우만이라고 생각했을 수도 있지만, [밖에] 생명의 위험이 있는 곳에서는 [마을에 머무는 게 나으며], 그런 이유에서 우리가 가서 아람 군대에게 항복하자 그들이 우리를 살려두면 살 것이요 우리를 죽이면 죽을 것이라(왕하 7:4)라고 계속된다.

"외부의 위협과 내부의 두려움이 있는 시기에 … 심지어 시리아 사람들에게라도 가라! … 사람들에게서, 기근이 상징하는 절대적인 것, 즉 무가치한 것에서 온 것에 대해 더 많은 것을 희망할 수 있다"(Levinas, Talmudic Readings, p. 192).

랍비들은 다음과 같이 가르쳤다. 역병이 마을을 [칠] 때, 사람은 길 중앙으로 걷지 않아야 한다. 이는 죽음의 천사가 길 중앙으로 걸으며, [칠 수 있는] 권한을 부여받았으므로 대담하게 걷기 때문이다. 마을에 평화가 있을 때, 길가로 걷지 말라, 왜냐하면 죽음의 천사가 [칠 수 있는] 권한을 부여받지 못했으므로, 그는 걸을 때 [길가로] 숨기 때문이다.

"전멸시키는 폭력은 다음과 같다. 평화와 전쟁 사이에, 전쟁과 홀로코스트 사이에는 근본적인 차이가 없다. … 평화와 아우슈비츠 사이에 근본적인 차이는 없다. … 악은 인간의 책임을 능가하며, 이성이 가라앉힐 수 있는 손대지 않은 구석을 남겨두지 않는다. 하지만 아마도 이 논제는 정확하게 사람의 무한한 책임에 대한 부름일 것이다"(Levinas, Talmudic Readings, pp. 192, 193).

랍비들은 다음과 같이 가르쳤다. 역병이 마을을 [칠] 때, 사람은 모임의 집³⁶⁾에 홀로 가서는 안 되는데, 거기는 죽음의 천사가 자기 무기를 저장하는 곳이기 때문이다. 하지만 이것은 자녀들이 거기서 배우지 않거나 열 명이 거기에 기도하러 모이지 않은 경우에만 그렇다.

랍비들은 다음과 같이 가르쳤다. 만약 개가 낑낑거리면, 죽음의 천사가 마을로 내려온다. 만약 개들이 행복하면 선지자 엘리야가 마을로 내려온다. 하지만 이것은 그들 가운데 여자가 없을 경우에만 그렇다.

"에로티시즘과 메시아주의를 혼동하지 말라"(Levinas, Talmudic Readings, p. 194).

랍비 암미와 랍비 아시는 대장장이 랍비 이삭 앞에 앉아 있었다. 한 사람이 "선생이여, 우리에게 할라카를 좀 말해주시오"라고 말했다. 다른 이는 "선생이여, 우리에게 아가다를 좀 말해주시오"라고 말했다. 그는 아가다로 시작했지만, 그들 가운데 하나가 반대했고, 그다음에 그는 할라카 주제를 다뤘지만 다른 이가 반대했다.

그는 다음과 같이 말했다. [그렇다면] 내가 당신에게 비유를 말하겠다. 이것은 무엇과 같은가? 한 사람에게 두 아내가 있는데, 하나는 젊고 하나는 나이가 들었다. 젊은 아내는 그의 하얀 머리카락을 뽑았고, 나이 든 아내는 그의 검은 머리카락을 뽑았다. 그래서 그는 그들 사이에서 대머리가 됐다!

할라카, 나이 든 여자, 전통주의자, 그리고 아가다, 젊은 여자, 혁명주의자. 그들은 어떻게 조화를 이룰 수 있는가? 랍비 이삭은 대장장이이다. "그는 불을 평화롭게 다루는 법을 안다"(Levinas, Talmudic Readings, p. 194).

그는 계속 말하기를, 그렇기 때문에 내가 당신 둘을 똑같이 만족시키는 것을 말하겠다고 했다. 불이 나서 가시나무에 댕겨. 즉, 만약 불이 저절로 난다면 불을 시작한 자는 배상해야만 한다. 거룩하신 이, 그분은 찬양받으시리로다, 그분이 "내가 불에 책임이 있다. 내가 불을 붙였다"라고 말씀하신다. 시온에 불을 지르사 그 터를 사르셨도다(애 4:11)라고 한 대로, 시온에 불을 지른 것은 나이고, 여호와의 말씀에 내가 불로 둘러싼 성곽이 되며 그 가운데에서 영광이 되리라(슥 2:5)라고 한 대로, 내가 불로 그것을 다시 지을 것이다.

[그리고] 할라카는? 이 구절은 재산에 입힌 손해로 시작하고, 개인적인 부상으로 결론을 맺는다. 이것은 [한 사람이 쏜] 화살[로 야기된 손해]와 같은 근거에서 불의 손해[에 책임을 진다고] 가르친다.

이것은 대장장이의 교훈이다. "절대적인 힘을 평화롭게 사용할 줄 알고 책임을 확대하는 대장장이는 그 극단까지 밀어붙이는데, 전쟁의 혼란과 의심의 여지없이 국가 사회주의의 홀로코스트까지 밀어붙였다. … 태우고 복수하는 불이 보호하는 벽으로, 방어 장벽으로 변모하는 곳이 아니라면, 우리 가운데 그분의 임재의 영광이 어디에 계신가?"(Levinas, Talmudic Readings, p. 196).

7장은 주로 소 도둑질에 관심을 두며, 출애굽기 21장 36절을 상세히 설명한다. 이는 짐승들에게 풀을 뜯어 먹게 함으로써 작물에 손해를 입히는 위험을 고려하는 것으로 이어진다. 목축과 정착 농경 사이의 갈등은 정착 농경에 유리하게 해결된다. 양이나 염소에게 풀을 뜯기는 것은 이스라엘 땅 전반에서 금지되는데, 이는 제정됐더라면 성경의 족장들을 폐업하게 할 가혹한 조치다. 그러나 게마라는 즉각 그 조항을 제한한다.

7장

미쉬나:

당신은 양이나 염소를[37] 이스라엘 땅에서 기를 수 없지만, 시리아[38]와 이스라엘 땅의 경작되지 않은 지역에서 기를 수 있다.

당신은 희생제물 때문에 예루살렘에서 닭을 기를 수 없으며,[39] 코하님은 이스라엘 땅 [어디에서도 닭을 기를] 수 없는데, 이는 [닭이] 정결[하게 먹어야 하는 음식을 더럽힐 수 있기] 때문이다.

당신은 어디에서도 돼지를 기를 수 없다.

당신은 사슬로 묶지 않는다면 개를 길러서는 안 된다.

당신은 어떤 정착지에서도 [최소한] 30리스(ris) 떨어지지 않았다면 비둘기를 [잡으려고] 그물을 칠 수 없다.[40]

게마라:

랍비들은 다음과 같이 가르쳤다. 당신은 양이나 염소를 이스라엘 땅에서 기를 수 없지만, 이스라엘 땅의 숲 지역에서는 기를 수 있다. 시리아에서 당신은 양이나 염소를 거주 지역에서 기를 수 있으며, 당신이 이스라엘 땅 너머에서 그렇게 할 수 있다는 것은 말할 필요도 없다. 또 다른 바라이타는 다음과 같이 진술한다. 당신은 양이나 염소를 이스라엘 땅에서 기를 수 없지만, 유대 사막과 아크레(Acre)에 접한 사막에서 기를 수 있다. 그들은 당신이 양이나 염소를 기를 수 없다고 말했지만, 당신은 소를 기를 수 있다. 왜냐하면 [현인들은] 대부분의 사람들이 지킬 수 없는 법을 제정하지 않을 것이기 때문이다. 양과 염소는 그 땅 너머에서 가져올 수 있지만, 소를 가져오는 것은 가능하지 않을 것이다. 그리고 그들은 당신이 양이나 염소를 기를 수 없다고 말했지만, 마지막 것을 30일 동안 보유하지 않는 한, 당신은 절기 전 30일 동안 또는 당신 아들의 [결혼] 잔치 전 30일 동안, 양이나 소를 보유할 수 있다. 만약 절기가 지나갔지만, 당신이 [그 짐승을] 구매한 이후로 30일이 지나지 않았다면, 당신은 [온전히] 30일 동안 그것을 보유하도록 허용될 것으로 생각했을 수도 있다. 하지만 [이것은 옳지 않다]. 왜냐하면, 일단 절기가 지나갔다면 당신은 그것을 보유할 수 없기 때문이다. 도축업자는 도살을 위해 구매할 수 있으며, 그가 [구매한 날부터, 그것이 장날 너머까지 확대되어] 30일 동안 마지막 짐승을 보유하지 않는 한, [장날까지] 구매하여 보유할 수 있다.

미쉬나가 돼지를 언급한 것은, 알렉산더 야나이와 알렉산드라 살로메의 아들들인 경쟁자 대제사장 히르카누스(Hyrcanus)와 아리스토불루스(Aristobulus) 사이의 동족상잔의 전쟁으로 추정되는 사건을 떠올리게 한다. 이 사건은 주전 63년 폼페이가 유대를 합병하는 사건으로 이어졌다. 히르카누스는 바리새인들이 지지했고, 아리스토불루스는 사두개인들이 지지했다. [41] 여기서 '헬라 지혜'라는 용어는 철학에 대한 중세의 반대자들이 헬라 철학이라고 해석했다. 반면에 철학자들은 철학이 허용됐고, 금지된 '헬라 지혜'는 헬라인들이 자신의 적을 속이고자 사용한 비밀스러운 통신의 어떤 형태였다고 주장했다. [42] 메길라(Megilla) 9a(323쪽)를 보라.

당신은 어디에서도 돼지를 기를 수 없다. 랍비들은 다음과 같이 가르쳤다. 하스몬가에서 서로 싸웠을 때, 히르카누스는 [성전] 안에 있었고, 아리스토불루스는 밖에 있었다. 30일마다 한 번씩 [히르카누스 추종자들은] 매일의 제물을 [위해] 돈을 내리고, [아리스토불루스의 추종자들은 짐승을] 올릴 것이다. 헬라 지혜에 정통한 한 노인이 있었다. 그는 [아리스토불루스의 추종자들에게], 그들이 성전 봉사를 계속하는 한 그들은 당신들의 손에 떨어지지 않을 것이라고 조언했다. 다음 날 [안에 있던 자들은] 돈 상자를 내렸지만, [아리스토불루스의 추종자들]은 돼지를 올렸다. 돼지가 벽 위로 반쯤 올라갔을 때, 돼지가 그 발톱으로 벽을 팠고,

이스라엘 땅 400×400파라상이 흔들렸다. 이때 그들은 다음과 같이 말했다. 돼지를 올리는 자는 누구든지, 그리고 그의 아들에게 헬라 철학을 가르치는 자는 누구든지 저주가 있기를! 동일한 사건과 관련하여, 우리는 우연히 오메르-다발이 고트 츠리핌(Gagot Tz'rifim)에서 왔고 [샤부오트]를 위한 두 덩어리가 에인 소케르(Ein Sokher) 골짜기[43]에서 왔다는 것을 배웠다.

그렇다면, 헬라 지혜는 금지되는가? 한 바라이타는 다음과 같이 진술한다. 랍비가 말했다. 왜 이스라엘 땅에서 시리아어를 말하는가? [오히려] 거룩한 언어나 헬라어를 [말하라]! 마찬가지로 랍비 요세는 말했다. 왜 바빌로니아에서 아람어를 말하는가? [오히려] 거룩한 언어나 페르시아어를 [말하라]! 그들은, 헬라어와 헬라 지혜는 별개라고 말한다. [44]

그렇다면, 헬라 지혜는 금지되는가? 명백히 라브 예후다는 쉬무엘이 라반 시므온 벤 가말리엘의 이름으로, 나의 성읍의 모든 여자들을 내 눈으로 보니 내 심령이 상하는도다(애 3:51)라고 말했다고 보고했다. 즉, 내 아버지의 집에 천 명의 자녀들이 있었고, 오백 명이 토라를 배웠으며, 오백 명이 헬라 지혜를 배웠는데, 여기에는 나와 [소]아시아에 있는 내 아버지의 형제의 아들을 제외하고는 누구도 남지 않았다![45] 그들은, 라반 가말리엘 가문은 정부와 가까웠으므로 예외였다고 말한다. 이것은 다음과 같이 한 바라이타가 가르치는 대로이다. 이마를 면도하는 것은 우상숭배의 관습이므로 금지되지만, 그들은 유폴레무스(Eupolemus)가 정부와 가까웠으므로 그가 이마를 면도하는 것을 허용했다. 마찬가지로 그들은 정부와 가까웠으므로 라반 가말리엘 가문에게는 헬라 지혜를 말하는 것을 허용했다.

당신은 사슬로 묶지 않는다면 개를 길러서는 안 된다. 랍비들은 다음과 같이 가르쳤다. 당신은 사슬로 묶지 않는다면 개를 기를 수 없지만, 만약 당신이 국경 마을에 산다면, 당신은 그것을 기르면서 낮에는 묶어 두고 밤에는 풀어줄 수 있다. 한 바라이타는 다음과 같이 진술한다. 위대한 랍비 엘리에셀이 말했다. 개를 기르는 자는 돼지를 기르는 자와 같다. 이것은 무슨 차이를 만드는가? 그것은 그가 저주에 포함된다는 것이다.

라브 요세프 벤 마뉴미는 라브 나흐만의 이름으로, 바빌론은 국경 마을과 같아

[서, 당신은 개를 기를 수 있다]고 말했다. 이것은 네하르데아를 가리키는 것으로 이해됐다.

비리(Biri)의 랍비 도스타이(Dostai)는 다음과 같이 설교했다. 궤가 쉴 때에는 말하되 여호와여 이스라엘 종족들에게로 돌아오소서 하였더라(민 10:36). 이것은 세키나가 22,000명이 안 되는 이스라엘 사람들에게는[46] 내리지 않는다는 것을 가르친다. 만약 하나가 적고, 그들 가운데 숫자를 메울 수 있는 임신한 여자가 있으며, 개가 짖어 그녀가 유산하게 되었다면, 이는 세키나를 이스라엘에서 떠나게 할 것이다!

우연히 개가 한 여자에게 짖었을 때, 여자는 빵을 구우러 건물에 들어가는 길이었다. 그 주인이 말했다. 두려워하지 마라, 개의 이빨이 뽑혔다! 그녀가 말했다. 계속 호의를 베풀어라, 아이가 이미 요동쳤다!

8장은 성경법에 대한 독창적인 해석을 보여주는 놀라운 사례이다. 성경은 '눈은 눈으로'라고 말하지만, 이것은 무엇을 의미하는가? 이것은 비율에 따른 보상을 의미한다는 견해를 지지하며, 문자 그대로의 해석은 확고하게 거부된다. 이것은 다섯 구성 요소로 분석된다.

8장

미쉬나:

만일 누군가가 다른 사람에게 부상을 입히면, 그는 부상, 고통, 의료, 무위(無爲)(수입의 손실), 당혹이라는 다섯 가지의 책임을 진다. 83b

[우리는] 부상을 어떻게 평가하는가? 만약 그가 누군가의 눈을 멀게 하거나, 그의 손을 자르거나 그의 다리를 부러뜨렸다면, 우리는 [희생자를] 시장에 팔린 노예로 간주한다. [법정은] 그가 이전에는 얼마나 가치가 있었는지, 그리고 이제는 얼마의 가치가 있는지를 평가한다.

[우리는] 어떻게 고통을 평가하는가? 만약 그가 [항구적인] 상처를 입히지는 않더라도 쇠꼬챙이로 그를 태우거나 못으로 [그를 찌르거나] 손가락으로 [찔렀다

면], 우리는 이런 사람이 얼마나 이런 많은 고통을 감수하며 기꺼이 받아들이려
하는지를 평가한다.

의료? 만일 누군가가 다른 사람에게 부상을 입혔다면 그를 치료할 의무가 있
다. 만약 상처가 균상종에 감염됐다면,[47] 그리고 이것이 그 상처의 결과라면 그는
[치료에 대해] 지불해야 한다. 하지만 만약 상처의 결과가 아니었다면 그는 치료
에 대해 [지불할] 의무가 없다. 만약 치료했지만 거듭 다시 시작됐다면 그는 치료
를 위해 [지불할] 의무가 있지만, 만약 완전히 치료했다면 그는 치료에 대해 [지불
할] 의무가 없다.

무위(無爲)? 그가 이미 팔이나 다리의 손실에 대해 [첫 항목 아래에서] 보상받은
것으로 보아, 우리는 [부상당한 자를] 오이 파수꾼으로 평가한다.[48]

당혹? 이것은 당혹하게 한 자와 당혹한 자의 [지위에] 달려있다.

게마라:

[우리는] 왜 [이런 식으로 보상하는가]? 명백히 토라는 눈은 눈으로(출 21:24)라
고 말하는가? 이것은 문자 그대로 눈을 의미하는가?

그런 생각을 품지 말라! 한 바라이타는 다음과 같이 가르친다. 만약 A가 B의
눈을 멀게 했다면, [법정은] A의 눈을 멀게 할 수 있는가? 또는 A가 B의 손을 자
르면, [법정은] A의 손을 자르는가? [아니다.] 이런 이유에서 성경은 사람을 '친'(쳐
죽인, 개역개정)[49] 자는 … 짐승을 친(쳐죽인, 개역개정) 자는…(레 24:17-18)이라고 말한
다. 짐승을 다치게 한 자가 보상하듯이, 사람을 다치게 한 자는 보상한다. 당신
은 또한 성경이 살인자는 생명의 속전을 받지 말고(민 35:31, JPS)라고 말한다고 주장
할 수 있다. 즉, 당신은 실제로 살인자의 생명에 대한 속전은 받을 수 없지만, 팔
다리에 회복할 수 없는 손실을 입힌 자의 생명에 대해서는 속전을 받을 수 있다.

친 자. 이것은 짐승을 '친'(죽인, 개역개정) 자는 그것을 물어줄 것이요 사람을 '친'(죽
인, 개역개정) 자는 죽일지니(레 24:21)를 가리키는가? 명백히 이 구절은 [사람을]
죽인 자에 대해 말한다! 그렇다면 이것은 짐승을 '친'(쳐죽인, 개역개정) 자는 짐승
으로 짐승을 갚을 것이며(레 24:18)에서 오고, 이에 이어 사람이 만일 그의 이웃에

게 상해를 입혔으면 그가 행한 대로 그에게 행할 것이니(레 24:19)라고 해야 하는 가? 이것도 [마찬가지로] 가격하는 것이 아니라 [죽이는 것을] 가리킨다.

우리는 두 사례에서 '치는 것'을 비교할 수 있다. 짐승의 사례에서 '치는 것'으로 [생긴 부상은] 보상할 [책임이] 생기듯이, 인간의 사례에서 '치는 것'으로 [생긴 부상은] 보상할 [책임이] 생긴다.

하지만 이것은 [명백하게], 사람을 '친'(쳐죽인, 개역개정) 자는 반드시 죽일 것이요 (레 24:17)라고 하지 않는가?

성경 구절의 해석에 대한 결론에 이르지 못하는 논의가 더 있지만, 다음의 법에 대해서는 어떤 의심의 여지도 없다. 즉, 부상에 대한 치료는 피고에게 비슷한 부상을 입히는 것이 아니라, 금전적인 보상을 하는 것이다. 그다음에 게마라는 타나임 자료를 인용하고 논의한다.

한 바라이타에서 다음과 같이 가르쳤다. **랍비 도스타이 벤 예후다는 다음과 같이 말한다. 눈은 눈으로, [이것은] 금전적 보상을 [의미한다]. 당신은 이것이 금전적 보상이 아니라, 실제 눈을 의미한다고 생각하는가? 그렇다면 만약 하나는 큰 눈이고 다른 하나는 작은 눈이라면 당신은 어떻게 할 것인가? 그것들이 동등하지 않다는 것을 볼 때, 그것을 어떻게 눈은 눈으로라고 부를 수 있는가?**

만약 당신이 이와 같은 사례에서 [눈이 동등하지 않은] 경우라면 보상을 받아야 하지만, 눈이 동등할 경우에는 이 구절을 문자 그대로 적용해야 한다고 말한다면, 이것은 그러한 경우에 해당되지 않는다. 왜냐하면 토라는 당신에게 한 법이 있을 것이라(그 법을 동일하게 할 것은, 개역개정)(레 24:22)라고 말하기 때문이다. 즉, 법은 당신들 모두에게 동일하다는 것이다.

그들은 다음과 같이 말했다.[50] [랍비 도스타이 벤 예후다의] 문제는 무엇인가? A가 B의 눈에서 빛을 빼앗았는데, [왜] 토라는 [크기에 상관없이] A의 눈에서 빛을 빼앗으라고 [말하지 않는가]? 만약 당신이 이렇게 주장하지 않는다면, 토라가 당신에게 한 법이 있을 것이라, 즉 법이 당신들 모두에게 동일하다고 말하는 것으로 보아, 우리가 어떻게 거인을 죽인 난쟁이나 난쟁이를 죽인 거인을 처형할 수 있는가? [핵심은,] 그가 생명을 빼앗았다는 것이며, 토라는 그의 생명을 빼앗아야 한다고 말한다. 여기서 마찬가지로, A는 B의 눈에서 빛을 빼앗았으므로 토라는 A의 눈에서 빛을 빼앗으라고 말한다는 것이다.

또 다른 바라이타는 다음과 같이 말한다. 랍비 시므온 벤 요하이는 다음과 같이 말했다. 눈은 눈으로, [이것은] 금전적 보상을 [의미한다]. 당신은 이것이 금전적 보상이 아니라, 실제 눈을 의미한다고 생각하는가? 그렇다면 눈이 먼 사람이 누군가의 눈을 치거나, 팔다리가 절단된 사람이 누군가의 팔다리를 자르거나, 저는 사람이 누군가를 절게 했다면, 당신은 눈은 눈으로를 어떻게 실행할 수 있는가? 하지만 토라는, 당신에게 한 법이 있을 것이라, 즉 법이 당신들 모두에게 동일하다고 말한다.

더 깊은 논의를 한 후, 게마라는 보상의 다섯 범주를 검토한다. 의료가 여기서 제시된다. 중대한 신학적 제안이 여기서 나온다. 이것은 신적인 정의에 간섭이 되기는커녕, 치료의 과학기술은 신성한 의무이며 환자는 전문적인 조언을 주의해야만 한다는 것이다.

의료? 만일 누군가가 다른 사람에게 부상을 입혔다면 그를 치료할 의무가 있다. 만약 상처가 균상종에 감염됐다면 … 랍비들은 다음과 같이 가르쳤다. 만약 타격의 결과로 생긴 [상처에] 균상종이 감염되고 그 상처가 숨겨졌다면, 그는 의료비용과 무위에 대한 보상을 모두 지불해야만 한다. 만약 그것이 타격의 결과가 아니었다면, 그는 의료비용도 무위에 대한 보상도 지불하지 않는다. 랍비 유다는, 그것이 타격의 결과라고 해도, 그는 의료비용은 지불하지만 무위에 대한 보상은 하지 않는다고 말한다. 하지만 [대다수의] 현인들은 무위에 대한 보상과 의료비용을 모두 지불해야만 한다고 말한다. [왜냐하면] 무위에 대해 보상해야 하는 자는 누구든지 의료비용을 지불해야만 하며, 무위에 대한 보상에서 면제되는 자는 누구든지 의료비용에서 면제되기 때문이다.

그들의 주장은 무엇에 근거하는가?

라바는, 내가 학교[51]의 학자를 만났으며 그들은 이 주장이 다친 이가 상처를 붕대로 감는 게 허용될 수 있는지에 달려있다고 말한다고 한다. 하지만 랍비 유다는 그가 그렇게 할 수 없으며[, 그가 직접 공기가 상처에 닿지 못하게 방해함으로써 균상종이 자라게 한 책임을 져야 한다고 주장한다]. [공격한 자는] 의료비용을 지불할 의무가 있는데, 이는 토라가 그 단어를 이중으로 하기 때문이다. 하지만, 무위에 대해서는 지불할 의무가 없는데, 이것은 이중으로 되어 있지 않기 때문이다. 52)

하지만 나는 그들에게, 만약 희생자가 상처를 붕대로 감싸도록 허용되지 않는다면 [공격한 자는] 치료비를 지불하지 않아야 한다고 말했다. 명백히 모두는 그가 상처를 붕대로 감쌀 수 있으며, 너무 단단하게 감싸지만 않으면 된다는 데 동의한다. 랍비 유다는, [그 희생자가] 상처를 너무 단단하게 붕대로 감싸지 않아야 하지만[, 부주의하게 그렇게 했다고 할지라도 공격한 자는] 의료비용을 지불해야만 하며, 이는 토라가 '치료'라는 단어를 이중으로 했기 때문이라고 한다. 하지만 무위에 대해서는 보상하지 않는데, 이는 이중으로 되어 있지 않기 때문이다. 대다수는 '치료'가 이중으로 되어 있으므로, [이 구절에서] '치료'와 나란히 놓인 대로, 그가 무위에 대해서도 지불해야만 한다고 주장한다. 랍비 유다는, 그가 무위에 대해 보상할 필요가 없다고 하는데, 왜냐하면 토라가 라크(raq, '하지만' 또는 '오직')라는 단어[를 '무위' 앞에] 미리 말하여 이를 배제하기 때문이다.

대다수는 라크(raq)를, 맞은 것과 관계없이 균상종이 생긴 사례를 배제하는 것으로 이해한다. 대다수는 [인용의] 끝에서, **무위에 대해 보상해야 하는 자는 누구든지 또한 의료비용을 지불해야만 하며, 무위에 대한 보상에서 면제되는 자는 누구든지 의료비용에서 면제된다**고 말한다. 그들의 견해에서, 토라는 왜 '치료'라는 단어를 이중으로 하는가? 그들은 [이중으로 된 것이] 랍비 이스마엘의 다음 해석을 [뒷받침한다고] 주장한다. 즉, 그는 치료에 대해 지불해야 한다는 것이다. 여기서 [우리는] 의사가 고치도록 허용된다는 것을 [배운다]. 53)

랍비는 다음과 같이 가르쳤다. **만약 타격의 결과로 생긴 [상처에] 균상종이 감염되고 그 상처가 봉해졌다면, 그는 의료비용과 무위에 모두 보상해야만 한다는 것을 우리는 어떻게 아는가?** [이것은] 그의 무위에 대해 지불하고(그간의 손해를 배상하고, 개역개정) 그가 완치되게 할 것이니라(출 21:19)라는 구절에서 [유래한다]. 균상종이 자란 것이 타격 때문이 아니었더라도 이것이 [그 사례]가 되는가? [아니다. 왜냐하면] 이 구절은 라크(raq, '하지만')라고 말하기 때문이다. 랍비 요세 바 예후다는, 그것이 타격 때문이라고 해도 그는 면제되는데, 이는 라크라고 말하기 때문이라고 한다.

어떤 이는, 랍비 요세 바 예후다가 [인용의] 끝에서 대다수를 따르면서, 전적으로 면제된다는 것을 의미한다고 말한다.

다른 이들은, 그가 무위에 [대한 보상]에서 면제되지만, 의료비용에 대해서는 책임을 져야 한다는 것을 의미한다고 말한다. [이것은] 누구의 의견에 동의하는 것인가? 그의 아버지의 의견에 [동의하는 것이다].

한 선생은 다음과 같이 언급했다. **균상종이 자란 것이 타격 때문이 아니었다 해도 이것이 [그 사례]가 되는가? [아니다. 왜냐하면] 이 구절은 라크(raq)라고 말하기 때문이다.** 우리는 [공격한 자가 때린 것 때문이 아닌 부상에 대해 지불할 필요가 없다고] 말할 성경이 필요한가? [이 구절은] 다음과 같이 한 바라이타에 있는 것과 같은 [사례를 포함하는 데 필요하다].

만약 그가 의사의 지시를 위반하고 상처를 키울 수 있는 꿀이나 다른 단것을 먹어서 상처가 가르구타니(gargutani)가 되었다면, [공격한 자는] 의료비용의 책임을 지는가? [아니다. 왜냐하면] 라크(raq)라고 말하기 때문이다.

가르구타니는 무엇을 의미하는가? 아바예는 비틀린 아문 상처라고 말했다.

당신은 그것을 어떻게 고칠 수 있는가? 명반과 밀랍과 나뭇진(樹脂)으로 할 수 있다.

만약 [공격한 자가], 내가 직접 그것을 고치겠다고 말했다면, [그 희생자는] "당신은 나를 기다리며 웅크리고 있는 사자와 같다!"[라고 말하면서 거부할 수 있다].

만약 [공격한 자가], 내가 무료로 당신을 치료할 의사를 데리고 오겠다고 말했다면, [그 희생자는] "무료로 고치는 의사는 아무 가치가 없다!"[라고 말하면서 거부할 수 있다].

만약 [공격한 자가], 내가 멀리서 의사를 데리고 오겠다고 말했다면, [그 희생자는] "멀리서 온 의사는 맹인과 같다!"[54][라고 말하면서 거부할 수 있다].

만약 [희생자가 공격한 자에게] "내게 돈을 달라! 내가 직접 고치겠다!"라고 말했다면, [공격한 자는] 당신이 실수하여 내가 나쁜 평판을 얻을 것[55)][이라고 대답할 수 있다].

다음으로 선택된 미쉬나는 정직에 관한 것이다. 훔친 물건이나 돈을 다루는 것은 금지된다. 세금 징수 청부인('세금 징수인')은 사람들을 강탈한 것으로 여겨졌다. 게마라는 다음과 같은 두 가지 질문을 제기한다. 국가는 무슨 권위로 세금을 올리는가? "국토의 법이 [유효한] 법이다"라는 쉬무엘의 판결이 인용된다. [56)] 이스라엘 사람들에게서 훔친 '우상숭배자'에 대해서는 어떻게 해야 하는가? 그가 이스라엘 사람들에게서 적극적으로 훔치지 않았다면 그는 잃은 재산을 돌려줄 의무가 있는가? 이 본문은 이것을 이방인들의 도둑질을 용서하는 것으로 잘못 해석한 검열자가 수정했을 수 있다.

10장

미쉬나:

당신은 세금 징수원이나 세금 징수 청부인을 통해 돈을 바꿀 수 없고, 그들에게서 기부를 받을 수도 없다. 그러나 그들의 집이나 시장에서 [그들의 개인 돈을] 받을 수 있다.

113a

게마라:

그들은 가르쳤다. 하지만 당신은 [세금 징수 청부인에게 당신이 지불해야 할] 한 데나리온을 줄 수 있으며, 그는 당신에게 거스름돈을 줄 수 있다.

세금 징수 청부인. 하지만 쉬무엘은, 국토의 법은 법이어[서, 세금 징수 청부인의 상자에 있는 돈은 훔친 게 아니라 적법한 것이라고] 말하지 않았는가? 라브 하니나 바 카하나는 쉬무엘의 이름으로 다음과 같이 말했다. [미쉬나의 사례는] 고정된 수수료가 없고 [원하는 만큼 취하는 – 라쉬] 세금 징수 청부인과 [관련된다]. 랍비 야나이 학파에서 그들은, [미쉬나의 사례는 정부의 권한 없이] 스스로 세운 세금 징수 청부인과 [관련된다]고 말했다.

어떤 이는 [하니나와 야나이의 논의를 다음과] 관련하여 이해했다. **세금을 피하고자 심지어 열 벌의 옷 위에라도 양털과 베의 혼합물을 입는 것은 금지된다.**[57] 이 미쉬나는 랍비 아키바의 견해와 일치하지 않는데, 한 바라이타는 다음과 같이 가르치기 때문이다. **세금을 피하는 것은 금지된다. 랍비 시므온은 랍비 아키바의 이름으로, 세금을 피하는 것은 허용된다고 말했다.** 그렇다면 양털과 베의 금지된 혼합물에 대해, 그들은 다음과 같은 식으로 다르다. 하나는, 고의가 아닌 결과가 나오는 방식으로 행동하는 것은 허락된다고 주장하는 반면,[58] 다른 이는 고의가 아닌 결과가 나오는 방식으로 행동하는 것은 금지된다고 주장한다. 하지만 쉬무엘이 **국토의 법은 법**이라고 말했으므로 세금을 피하는 것은 어떻게 허락될 수 있는가? 라브 하나나 바 카하나가 쉬무엘의 이름으로, [미쉬나의 사례는] 고정된 수수료가 없는 세금 징수 청부인과 [관련된다]고 말한 반면, 랍비 야나이 학파에서 그들이, [미쉬나의 사례는 정부의 권한이 없이] 스스로 세운 세금 징수 청부인과 [관련된다]고 말한 것은 [이에 대한 반응에서]였다.

어떤 이는 [하니나와 야나이의 논의를 다음과] 관련하여 이해했다. **사람은 살인자나 폭력적인 강도나 세금 징수 청부인에게, 그 물건들이 심지어 제사장들 몫이나 왕의 재산이 아니더라도 그것이 제사장들 몫이나 왕의 재산이라고 서원할**[59] **수 있다.** [자신의 생명에 대한 위협을 피하고자 서원하는 것은 이해할 수 있지만, 명백히 단순히] 세금 징수 청부인에게 [서원하는 것은 이해할 수 없다]. 쉬무엘은, **국토의 법은 법**이라고 말하지 않았는가? 라브 하나나 바 카하나는 쉬무엘의 이름으로, [미쉬나의 사례는] 고정된 수수료가 없는 세금 징수 청부인과 [관련된다]고 말한 반면, 랍비 야나이 학파에서 그들이, [미쉬나의 사례는 정부의 권한이 없이] 스스로 세운 세금 징수 청부인과 [관련된다]고 말한 것은 [이에 대한 반응에서]였다.

4장에 대한 서론은 충돌하는 사법이라는 주제를 다뤘다. 즉, 한 소송 당사자가 로마 시민이고 다른 소송 당사자는 아닐 때 어떻게 되는가? 유대 재판이 비슷한 문제에 직면했다.

라브 아쉬는, 이것은 한 바라이타가 다음과 같이 가르치는 대로, 압제하는 가나안 사람에[60] 대한 것이라고 말했다. 만약 유대인과 압제하는 가나안 사람이 법에 호소하고, 만약 당신이 이스라엘 법에 따라 유대인에게 사건 지급 판정을 내릴 수 있다면, 그렇게 하라. 그래서 그 가나안 사람에게 "이것이 우리 법이다"라고 말하라. 만약 당신이 가나안 법에 따라 유대인에게 사건 지급 판정을 내릴 수 있다면, 그렇게 하라. 그래서 그 가나안 사람에게 "이것이 너희 법이다"라고 말하라. 그렇지 않다면 우회적인 방법을 사용하라. 이것은 랍비 이스마엘의 견해이지만, 랍비 아키바는, 당신은 [하나님의] 이름의 신성함 때문에 우회적인 방법을 사용할 수 없다고 말했다. 이것에서 볼 때, 만약 [하나님의] 이름의 신성함 때문이 아니라면, 랍비 아키바는 [우회적인 방법]을 사용하는 데 동의할 것 같다.

[랍비 아키바는] 실제로 가나안 사람에게서 도둑질하는 것을 허용하겠는가? [명백히 아니다.] 왜냐하면, 다음과 같이 가르쳐졌기 때문이다. 랍비 시므온은 이렇게 말했다. 이것은 랍비 아키바가 제피린에서 왔을 때 설명한 것이다. 우리는 가나안 사람에게서 어떤 것이라도 훔치는 것이 금지된다는 것을 어떻게 아는가? 그가 팔린 후에 그에게는 속량 받을 권리가 있나니(레 25:48)라고 기록되어 있다. 즉, [히브리 노예가 가나안 사람의 노예였던 것에서 속량 받을 때,] 그들은 [지불하지 않고] 그를 단순히 옮길 수는 없으며, 지불에 대해 [그 가나안 사람을] 속일 수도 없다. 그 산 자와 계산하여(레 25:50), 즉, 그는 [지불해야 할 것에 대해] 그 주인과 정확하게 계산하고 [그에 따라 지불]해야 한다.

다음 발췌는 땅 도둑질, 그리고 라브 카하나가 거룩한 땅으로 도피한 일에 관한 것이다. 만일 누군가가 훔치면 그는 그 주인에게 훔친 재산을 복구하거나, 그것이 가능하지 않다면 보상해야 한다. 하지만 훔친 밭이 정부나 악한들에게 압류된다면 어떻게 되는가? 그 도둑은 누가 그 밭을 소유했는가에 상관없이, 행해졌을 일에 대해 거의 책임을 질 수가 없다.

쉬무엘은 국토의 법이 구속력을 지닌다고 판결했을 수 있지만, 특히 샤푸르 2세[61] 밑에서 군사적 운영을 위해 샤(Shah)가 요구한 높은 세금은 사람들에게 참을 수 없는 짐을 지웠음이 틀림없다. 세금 회피는 정당하다고 느꼈을 것이며, 다른 사람들의 세금 부담을 드러내는 것이 공동체에 충실하지 못한 것이라고 느꼈을 수 있다.

미쉬나:

116b

만약 A가 B에게서 밭을 훔치고, 그다음에 악한들이 [강제로] 그것을 빼앗았고, 이것이 널리 알려진 문제라면,[62] [A는 B에게,] 여기 당신 앞에 당신의 밭이 있다고 말할 수 있다. 하지만 만약 [독립적인] 강도가 그것을 빼앗았다면, [A는 B에게] 다른 밭을 제공해야만 한다.[63]

게마라:

게마라는 '악한들'이라고 막연하게 번역된 용어를 명확히 하고, 그다음에 다음과 같이 이어간다.

만약 [독립적인] 강도가 그것을 빼앗았다면, [A는 B에게] 다른 밭을 제공해야만 한다. 이것은 [B의] 땅을 강제로 빼앗았지만 모든 사람의 땅을 빼앗은 것은 아닌 누군가를 의미하는가? [명백히 만약 이것이 널리 알려진 문제가 아니라면, 그는 여기 당신 앞에 당신의 땅이 있다고 말할 수 없을 것이다. 이런 의미에서,] 우리는 만약 이것이 널리 알려진 문제라면이라는 이전 진술로부터 이것을 추론했을 것이다. A 자신이 그 밭을 훔치지 않았지만, 그것을 [잠재적인 땅 강도에게] 가리킨 사례를 포함하도록 [진술]되어야만 한다. 그렇지 않으면, 우리는 우상숭배자들이[64] 자신들이 훔치려는 [땅]을 그에게 강제로 보여 달라고 하고, 그가 이 특정한 땅의 구역을 가리킨 사례를 고려하고 있다.

한 사람이 포로 지도자의 [장소에] 있는 약간의 밀 더미를 [정부 대리인에게] 보여주었다. 그는 라브 나흐만에 앞에 나타났는데, 라브 나흐만은 그에게 보상하라고 명령했다.[65] 라브 요세프는 라브 후나 바 히야 뒤에 앉아 있었고, 라브 후나 바 히야는 라브 나흐만 앞에 앉아 있었다. 라브 후나 바 히야는 라브 나흐만에게 물었다. [이 지불은 진정한] 법적 보상인가, 아니면 벌금인가?

[라브 나흐만이] 대답했다. [이에 대한 대답은] 미쉬나에서 나오는데, 미쉬나가 **[A는 B에게] 다른 땅을 제공해야만 한다**고 진술하기 때문이다. 66)

[라브 나흐만이] 떠난 후, 라브 요세프는 라브 후나 바 히야에게 이렇게 물었다. 그것이 법적인 보상인지 아니면 벌금인지의 문제가 어떤 차이를 가져오는가?

그가 대답했다. 만약 이것이 법적인 보상이라면 당신은 그것을 선례로 사용할 수 있다. 67) 만약 이것이 벌금이라면 당신은 그럴 수 없다.

당신은 벌금을 선례로 사용할 수 없다는 것을 어떻게 아는가? 한 바라이타는 다음과 같이 진술한다. **처음에, 그들은 더럽힌 자와 관제를 바치는 자만이 보상해야 한다고 말했지만, 그다음에 그들은 마음을 바꾸어 섞는 자도 추가했다.** 68) 그들이 마음을 바꿨을 때는 그렇다. 그들이 마음을 바꾸지 않았을 때는 아니다. 명백히 그 이유는, 그것이 벌금이고 당신은 세금에서 추론할 수 없기 때문이다. 아니다. [왜냐하면, 아마도] 그 이유는 [처음에] 그들은 상당한 손실에만 관심을 가졌고 작은 손실에는 관심을 가지지 않았지만, 69) 나중에 그들은 작은 손실에도 관심을 가졌기 때문일 것이다.

어떻게 그럴 수 있는가? 랍비 아빈의 아버지는 이렇게 가르친다. **처음에, 그들은 더럽힌 자와 섞는 자만이 보상해야 한다고 말했지만, 그다음에 그들은 마음을 바꾸어 관제를 바치는 자도 추가했는가?** 그들이 마음을 바꿨을 때는 그렇다. 그들이 마음을 바꾸지 않았을 때는 아니다. 명백히 그 이유는, 그것이 벌금이고 세금에 근거하여 주장할 수 없기 때문이다. 아니다. [왜냐하면, 아마도] 그들은 먼저 랍비 아빈의 의견을 주장하고, 그 후에 랍비 예레미야의 의견을 주장했기 때문이다. 먼저 그들은 랍비 아빈의 의견을 주장했는데, 랍비 아빈은 다음과 같이 말했기 때문이다. 만일 누군가가 [안식일에] 네 규빗의 처음부터 끝까지 화살을 쏘았고, 그 화살이 날 때, 그것이 [손해를 입히며] 재료를 통과하여 찢었다면, 그는 [그 손해에 대해 보상할] 책임이 없다. [화살을] 쏘면70) 반드시 착지하며 그는 이미 중한 처벌을 받은 것으로 보기

117a

때문이다.[71] 그러나 나중에, 그들은 랍비 예레미야의 의견을 채택했는데, [범죄자가 포도주를] 집어 들자마자 그는 그것을 소유하게 되[고, 따라서 보상의 책임을 져야 하지만] 그가 그것을 부을 때 [우상숭배에 대한] 사형의 처벌을 당하게 될 뿐이라는 것이다.

라브 후나 바 예후다는 우연히 베이 에브요네이(Bei Evyonei)[72]에서 라바 앞에 있게 됐는데, 라바는 그에게 이렇게 물었다. 어떤 [흥미로운] 사건이 당신에게 왔는가? 그가 대답했다. 우상숭배자들이 한 유대인에게 다른 누군가의 재산이 어디에 [숨겨졌는지] 자신들에게 보여 달라고 강요했다. 그 문제가 내게 와서 나는 그에게 다 지불하게 했다.

그렇다면 당신은 그에게 되갚아야만 할 것이라고 [라바는] 대답했다. 왜냐하면, 다음과 같이 가르침을 받았기 때문이다. **우상숭배자들이 한 유대인에게 다른 누군가의 재산이 어디에 [숨겨졌는지] 자신들에게 보여 달라고 강요했다면 그는 보상에서 면제되지만, 만약 그가 직접 그 물품을 다루었다면 그는 책임이 있다.**

라바는, 만약 그가 자발적으로 정보를 말했다면 그것은 마치 그가 물품을 직접 다룬 것과 같다고 말했다.

어떤 사람이 우상숭배자들에게 속박당하여 [그들에게] 라브 히스다의 아들인 라브 비느하스의 아들, 라브 메리에게 속한 포도주를 보였다. 그들은 그에게 자신들이 그것을 나를 수 있도록 도와 달라고 했고, 그는 그렇게 했다. 그가 라브 아쉬 앞에 끌려왔을 때, 아쉬는 그를 [보상에서] 면제시켰다. 랍비들은 라브 아쉬에게 말했다. 하지만 만약 그가 **물품을 직접 다뤘다면 그는 책임이 있다**는 가르침을 받지 못했는가? 그는, 그것은 [강도들이] 그를 거기에 배치하지 않았을 경우이지만, 만약 그들이 그를 거기에 배치했다면 [그것은 마치] 그들이 이미 [물품을] 태운 것과 같다고 대답했다.

랍비 아바후[73]는 라브 아쉬에게 다음과 같이 반대했다. **만약 [강도가] 곡식더미나 포도송이를 내게 건네라고 말하고 그가 그것을 그 강도에게 건넸다면, 그는 [보상을 지불할] 책임을 진다.** 이것은 어떤 [상황을] 다루는가? 내게 **달라고** 하기보다는 내게 **건네라는** 표현에서 입증되듯이, 이것은 그들이 강의 반대편 둑에 있을 때이다.

두 사람이 덫에 대해 다투고 있었다. 한 사람이 그것은 "내 것이다"라고 하고, 다른 이도 "그것은 내 것이다!"라고 말했다. 그들 가운데 하나가 가서 왕의 문지기에게 그것을 알렸다.[74] 아바에가 말했다. [그는] "나는 나 자신의 재산을 알렸다!"[라고 주장하여 변호할 수 있다]. 라바는 이렇게 말했다. 그는 실제로 할 수 있는가? 오히려 그가 재판에 복종하기 전까지 그를 금지시켜라.

다음의 많은 부분은 일관되지 않거나 받아들이기 어렵다. 어린 라브 카하나가 250년 이전에 죽었던 라브의 시대에 바빌로니아에서 도피해서, 270년대에 활동이 활발했던 나이 든 요하난 앞에 온다는 것은 연대기적으로 불가능하다. 제자들의 합의와 행동은 티베리아스가 아니라 바빌로니아 학교에서와 일치하며, 깔개 더미 위에 품위 있게 앉는 것과 같은 세부 내용은 3세기 갈릴리보다는 사산 왕조 말의 법정에 속한다. 다니엘 스퍼버(Daniel Sperber)는, 우리가 현재 가진 양식으로 된 내러티브는, 특히 수라에 있는 라브의 기반인 바빌로니아 학교가 팔레스타인의 학교보다 우월하다는 주장을 정당화하고자, 6세기에 고안된 문학적 구성물이라고 주장했다. 그는 예멘 미드라쉬에서의 매우 다른 기사에 주목했다.[75]

누군가의 짚의 소재를 밝히기 원했던 한 사람이 라브에게 왔다. 라브는 "그것을 밝히지 말라, 그것을 밝히지 말라!"라고 말했다. [하지만 다른 이는] "내가 그것을 밝히겠다, 내가 그것을 밝히겠다!"라고 말했다. 라브 앞에 앉아 있었던 라브 카하나는 그 사람의 숨통을 끊었다.[76] 라브는 [그 사람에게] 네 아들들이 곤비하여 그물에 걸린 영양 같이 온 거리 모퉁이에 누웠으니(사 51:20, JPS)라는 구절을 적용했다. 즉, 누구도 그물에 걸린 영양을 불쌍히 여기지 않듯이, 이스라엘의 재산이 우상숭배자들의 손에 들어갔을 때, 사람들은 불쌍히 여기지 않는다.[77]

라브는 그에게 말했다. 카하나여, 지금까지 우리에게는 피 흘림을 반대하지 않은 페르시아 사람들이 있었으나 이제 우리에게는 피 흘림을 반대하고 "살인이다! 살인이다!"[78]라고 말하는 헬라인들이[79] 있다. 일어나 이스라엘 땅으로 도망하라. 그리고 랍비 요하난에게 7년 동안 묻지 않겠다고 결단하라.

[라브 카하나]는 가서 레쉬 라키쉬가 앉아서 제자들을 위해 그날의 교훈을 준

비하고 있는 것을 발견했다.[80)

그는 그들에게 말했다. 레쉬 라키쉬가 어디에 있는가?

그들이 말했다. [당신은] 왜 [묻는가]?

그는, 이 질문, 저 질문, 이 대답, 저 대답이라고 말했다.

그들은 레쉬 라키쉬에게 말했다.

레쉬 라키쉬는 가서 랍비 요하난에게 말했다. 사자가 바빌론에서 도착했다! 내일 모임에서 조심하라, 선생이여.

다음 날 [카하나는] 레쉬 라키쉬를 마주 보고 앞줄에 앉았다. [랍비 요하난]은 한 주제를 소개했지만 [카하나는] 어떤 질문도 하지 않았고, 그다음에 [또 다른] 질문을 소개했지만 [카하나는] 어떤 질문도 하지 않았다. 그들은 그가 일곱째 줄에 앉을 때까지 한 줄씩 그를 뒤로 움직이게 했다.

랍비 요하난은 레쉬 라키쉬에게 이렇게 주장했다. 당신이 말한 사자는 여우가 됐다!

[카하나는] 이렇게 기도했다. 라브가 [어떤 질문도 하지 말라고 내게 부과한] 7년의 [기간을] 이 일곱 줄이 대신하는 것이 [당신의] 뜻이기를 바라나이다!

그는 일어나서 물었다. 선생이여, 당신은 처음부터 [그 교훈을] 반복해주겠는가?

[랍비 요하난은] 한 주제를 소개했고, [카하나는] 그에게 질문했다. 그들은 [카하나를] 한 줄 앞으로 움직이게 했다. [다시, 랍비 요하난은] 한 주제를 소개했고, [카하나는] 그에게 질문했다. 랍비 요하난은 일곱 깔개[81) 위에 앉았고, 그들은 하나를 그의 밑에서 옮겼다. 그들이 랍비 요하난의 아래에서 모든 깔개를 옮기고 그가 바닥에 앉을 때까지 [랍비 요하난은 다시] 한 주제를 소개했고, [카하나는] 그에게 질문했다.

랍비 요하난은 노인이었고, 그의 눈꺼풀은 늘어지고 있었다.[82) 그는 그들에게, 내가 [라브 카하나를] 볼 수 있도록 내 눈꺼풀을 들라고 말했다. 그들은 은으로 칠한 막대기로 그의 눈꺼풀을 들었다. 그는 [카하나의] 입술이 나뉘어 있는 것을 알아차리고 그가 자신을 비웃고 있다고 생각했다. 그는 화가 났으며, [카하나는 쓰러져] 죽었다[83)

다음 날 요하난은 제자들에게 말했다. 너희들은 그 바빌로니아 사람이 내게 한 것을 보았느냐?

그들이 말했다. 하지만 그것은 그의 [평소의] 모습입니다![84]

[랍비 요하난은 카하나가 묻힌] 동굴에 가서 뱀이 그 주위를 도는 것을 보았다. 뱀아, 뱀아! 그는 말했다. 네 입을 열고[85] 선생이 제자를 방문하도록 허락하라! [그 뱀은 그 입을] 열지 않았다. 동료들이 동료를 방문하게 하라! 그것은 여전히 그 입을 열지 않았다. 제자들이 선생을 방문하게 하라! 뱀은 그 입을 열었다. [랍비 요하난은] 라브 카하나를 위해 기도했고, 그를 되살렸다. 그는 말했다. 내가 이것이 당신의 보통 [얼굴 모습]이었다는 것을 알았다면, 나는 화를 내지 않았을 것이다. 이제 선생이여, 우리에게 와서 함께 하라!

그는, 만약 당신이 내가 다시 죽지 않도록[86] 기도한다면 내가 오겠으나, 그렇지 않으면 돌아오지 않겠으니 이제 시간이 지나갔다고 말했다.

[랍비 요하난은] 그를 깨우고 그를 일으켰다. 그는 [자신이 생각할 수 있는] 모든 질문을 제기했고, [라브 카하나는] 그 모두를 해결했다. 이런 이유에서 랍비 요하난은 이렇게 선언했다. 그들이 이것은 당신의 것이라고 말하지만, 이것은 그들의 것이다![87]

바바 메치아

BAVA METZI'A, 중간 문

이 소책자는 경쟁 청구인, 상실된 재산, 맡기기, 과잉청구, 이자, 일꾼들의 권리와 고용된 짐승, 수탁자, 빌리는 것과 임대, 소작, 임금과 대부, 협력과 이웃에 대한 법의 앞부분을 포함한다.

수탁자의 네 범주가 있는데, 즉 다른 사람들의 재산을 돌보는 책임을 지는 자가 있다. [1] 재산을 잃거나 손상을 입거나 도난당한다면 어떻게 되는가? 돈을 받지 않고 자기 친구의 물건들을 돌봄으로써 자기 친구에게 호의를 베풀고 있는 누군가는, 오직 그가 명백히 소홀히 했을 경우에만 해명이 요구된다. 다른 상황에서, 그는 그가 물품들을 착복하지 않았다는 맹세를 할 뿐이며, 지불에서 면제된다. 그가 아마도 종교적인 이유로 인해 맹세하는 것보다 배상하는 것을 선호하고, 그 후에 도둑이 잡힌다면 어떤가? 이것이 다음 미쉬나에서 언급하는 사례이다.

게마라의 권리 양도에 대한 논의는 4세기 메호자에 있는 라바 학교에서 이뤄지며, 라미와 제이라 3세는 그의 동료들이다.

3장

미쉬나:

만일 누군가가 동물이나 물건을 친구에게 맡겼다가 그것이 도난당하거나 분실되었고, [맡긴 자는 그가 소홀히 하지 않았거나 적극적으로 그 맡긴 것을 착복하지 않았다는 취지에서의] 맹세를 기꺼이 하려 하지 않는다면, 그때는, [법이] 돈을 내지 않고 무언가를 돌보는 자는 맹세하고 [자유롭게] 갈 수 있다고 보장하는 것으로 보아, 만약 도둑이 잡히면 그 도둑은 두 배로 지불해야만 하고, 만약 그가 [훔친 짐승을] 죽여서 팔았다면 [양에 대해서는] 네 배를 [지불하고 소에 대해서는] 다섯 배를 [지불해야만 한다].[2] 그는 누구에게 지불하는가? 맡긴 것을 [위탁한] 자이다.

하지만 만약 그가 맹세하고도 지불하지 않고, 그다음에 그 도둑이 잡히면, 그 도둑은 두 배로 지불해야만 하며, 만약 그 도둑이 [훔친 짐승을] 죽여서 팔았다면 [양에 대해서는 네 배를 [지불하고 소에 대해서는] 다섯 배를 [지불해야만 한다]. 그는 누구에게 지불하는가? 맡긴 것의 [원] 주인이다.

게마라:

미쉬나는 왜 **짐승**과 **물건** [둘 다]를 명시하는가? [둘 다] 필요하다. 만약 미쉬나가 짐승만 명시했다면, 나는 그 주인이 [짐승을] 돌보는 데[3] 많은 수고가 필요하므로 맡긴 것이 짐승인 경우에만 두 배의 배상에 대한 자신의 권리를 수탁자에게 양도하고, [만약 맡긴 것이] 성가시지 않은 물건이라면 그는 두 배의 배상에 대한 [권리를] 양도하지 않으리라고 추론했을 수 있다. [반면에] 만약 [미쉬나가] 물건만 명시했다면, 나는 두 배의 배상이 많은 배수가 아니므로, 주인이 맡긴 것이 물건인 경우에만 두 배의 배상에 대한 자신의 권리를 수탁자에게 양도하고, [만약 맡긴 것이] 짐승이라면 [그 도둑이] 짐승을 죽이고 팔았을 경우 그는 네 배 또는 다섯 배를 배상하며, [주인은 자기 권리를] 양도하지 않으리라고 추론했을 수 있다.

권리 양도에 대해

라미 바 하마는, "명백히 사람은 아직 존재하지 않는 것을 양도할 수 없다!"라고 반대했다. 아직 존재하지 않는 것을 양도할 수 있다고 주장하는 랍비 메이르에 따르면, 이것은 야자 열매[와 같은 것]일 뿐이다. 이 야자 열매는 [사건이 자연적으로 경과할 때] 존재하게 되겠지만,[4] 현재의 사례에서 누가 [그 맡긴 것이] 도난당할 것이라고 말하겠는가? 당신이 그것이 도난당할 것이라고 말할 수 있다고 해도, 누가 그 도둑이 잡힐 것이라고 말하겠는가? 그 도둑이 잡힌다고 해도, 그가 [두 배로] 지불[해야만] 할 것이라고 누가 말하겠는가? 아마도 그는 고백하고 [두 배의 배상에서] 면제될 것이다.

라바는 다음과 같이 [응답했다]. 그것은 마치 [그 주인이 자기 짐승을 수탁자에게 맡길 때, 이것이] 도난당하고 당신이 그것에 대해 내게 지불하는 데 동의하는 조건으로, 내 소가 지금부터 [소급하여] 당신의 것이 될 것이라고 말하는 것과 같다.

랍비 제이라는 [라바의 제안에] 다음과 같이 반대했다. 만약 그것이 그렇다면, [수탁자는] 그 새끼와 그것의 털에 대한 권리도 주어질 텐데, 왜 한 바라이타는 그 **새끼와 그 털은 예외**라고 가르치는가? 그래서 랍비 제이라는, 그것은 마치 그가 [명백하게, 내 짐승은] 그 새끼와 그 털을 제외하고는 … 당신의 것이 될 것이라고 말하는 것과 같다고 했다.

그는 어떻게 그렇게 명확할 수 있는가? [왜냐하면, 우리는] 사람이 외부의 출처에서 오는 이익은 [기꺼이] 양도할 것이지만, 그 자체에서 오는 이익은 양도하려 하지 않을 것이라고 [추측하기 때문이다].[5]

어떤 이들은, 라바가 [라미의 질문에 이렇게 응답했다고] 말한다. 그것은 마치 그가, 당신이 동의하고 그것에 대해 내게 지불한다는 조건으로, 내 소가 도난당하는 때부터 당신의 것이 될 것이라고 말하는 것과 같다.

이 두 가지 버전의 라바 진술에서 [실제적인] 차이는 무엇인가? 차이점은 랍비 제이라의 질문[과의 연관성에] 있다. 또는, 짐승이 [수탁자의 대지가 아닌] 목초지에 서 있는 [상황]에 있다.[6]

과잉청구, 사기, 모욕 모두는 히브리어 동사 르호노트(l'honot)와 여기서 파생된 명사 오나아(ona'a)로 다뤄진다. 핵심적인 성경 본문은, 너는 이방 나그네를 압제하지 말며 그들을 학대하지 말라 너희도 애굽 땅에서 나그네였음이라(출 22:21, JPS)이며, 이 번역에서 '압제하다'는 르호노트를 번역한 것이다. 주요 주제는 과잉청구이지만 미쉬나는 오나아의 개념을 개인 관계의 영역으로 확대한다.

4장

미쉬나:

'압제'(오나아[ona'a])는 상업에 적용되는 만큼이나 말에도 많이 적용된다. 만약 당신은 물건을 살 의도가 없으면서 "이 물건이 얼마인가?"라고 누군가에게 물어서는 안 된다. 만일 누군가가 회개하는 죄인이라면 당신은 그에게, 당신이 했던 일을 기억하라고 말해서는 안 된다! 만약 그가 개종자의 후손이라면, 너는 이방 나그네를 압제하지 말며 그들을 학대하지 말라(출 22:21, JPS)라고 한 대로, 당신은 그에게, 당신의 조상들이 한 일을 기억하라고 말해서는 안 된다.

게마라:

랍비들은 다음과 같이 가르쳤다. 너는 이방 나그네를 압제하지 말며 그들을 학대하지 말라 너희도 애굽 땅에서 나그네였음이라. 성경은 [여기서] 말다툼에서의 압제[오나아]에 대해 말한다. 당신은 그것이 '말에 의한 압제'라고 말하지만, 돈으로 하는 압제는 아닌가? 성경에서 네 이웃에게 팔든지 네 이웃의 손에서 사거든(레 25:14)이라고 말할 때, 돈으로 하는 압제가 다뤄진다. 그렇다면 너희 각 사람은 그의 형제를 속이지 말라(레 25:14)는 무엇을 가리키는가? 명백히 말에 의한 압제다.

'말에 의한 압제'는 무엇을 의미하는가? 만약 [말을 들은 그 사람이] 회개한 자였다면 당신은 그에게, "당신의 이전 행동을 기억하라!"라고 말해서는 안 된다. 만약 그가 토라를 배우러 온 개종자였다면, 그에게, "썩은 고기와 찢어진 고기, 땅에 기어 다니는 길짐승과 벌레를 먹는 입이 이제 전능한 자의 입에서 나온 토라를 배우러 온다!"라고 말하지 말라. 만약 그가 징벌을 당하거나 질병에 걸리거나 자녀를 잃었다면, 욥의 친구들이 욥에게 네 경외함이 네 자랑이 아니냐 네 소망이 네 온전한 길이 아니냐 생각하여 보라 죄 없이 망한 자가 누구인가 정직한 자의 끊어짐이 어디 있는가(욥 4:6-7, JPS)라고 말하는 것과 같이 그에게 말하지 말라. 만약 나귀 모는 자들이 사료를 요구하거든, 결코 어떤 것도 팔지 않는다고 알고 있는 아무개 사료 상인에게 그들을 보내지 말라.

랍비 유다는 이렇게 말한다. 당신은 돈이 없을 때 당신의 눈을 구매품에 두어서는 안 된다. 이것은 [오직] 마음의 문제이며, 이런 문제에 대해 네 하나님을 경외하라(레 25:17)[7]라고 기록되어 있다.

랍비 요하난은 랍비 시므온 벤 요하이의 이름으로 말했다. 말에 의한 압제는 돈으로 하는 압제보다 더 악하다. [왜냐하면] 말에 의한 압제에 대해서는 네 하나님을 경외하라라고 말하지만, 돈으로 하는 압제는 그렇게 말하지 않는다.

랍비 엘르아살은, 전자는 그의 몸과 함께 있고, 후자는 [오직] 그의 재산과 함께 있다고 말했다.

랍비 쉬무엘 바 나흐마니는, 전자에 대해서는 배상할 수 있지만, 후자에 대해서는 아니라고 말했다.

타나는 라브 나흐만 바 이삭의 면전에서, 만일 누군가가 다른 이에게 공적으로 수치스럽게 하면 그것은 마치 그가 피를 흘리는 것과 같다고 가르쳤다.

[라브 나흐만 바 이삭이] 설명했다. 당신이 잘 표현했어! 당신이 보는 것처럼, 붉은 것이 그에게서 빠져나오고 하얀 것이 그 자리를 차지했다!

아바예가 [한번은] 라브 디미에게 물었다. 서쪽에서 그들은 무엇에 가장 신중한가? 그가 이렇게 대답했다. 사람들을 수치스럽게 하는 것인데, 왜냐하면 랍비 하니나는 셋을 제외하고 모두가 지옥에 내려간다고 가르쳤기 때문이다.

모두가 지옥에 내려가는가? [명백히 아니다! 그가 의미한 것은,] 모두가 지옥에 내려가고 그 후에 세 명을 제외하고는 돌아온다는 것이다.[8] 이 세 명은 내려가지만 올라오지 않는다. 다른 남자의 아내와 잔 자, 다른 사람을 공적으로 수치스럽게 한 자, 누군가에 대해 모욕적인 별명을 사용한 자가 이에 해당한다.

　　　모욕적인 별명을 사용하는 것은 명백히 누군가를 공적으로 수치스럽게
　　　하는 것과 같은가? [그의 말은], "그 사람이 [그 별명에] 익숙하고 [화를
　　　내지 않는] 경우라도"의 [의미였다].

라바 바 바 하나는 랍비 요하난의 이름으로 다음과 같이 말했다. 사람이 다른
사람을 공적으로 수치스럽게 하는 것보다 아마도 결혼한 여자였을 누군가와 성관
계를 하는 게 더 나을 것이다.

　　　우리는 이것을 어디에서 추론하는가? 이것은 라바의 해석에서 나온다. 왜냐
하면, 라바가 그러나 내가 넘어지매 그들이 기뻐하여 서로 모임이여 불량배가 내
가 알지 못하는 중에 모여서 나를 치며 찢기를 마지아니하도다(시 35:15, JPS)라
는 구절을 해석했기 때문이다. 다윗은 거룩하신 이, 그분은 찬양받으시리로
다, 그분에게 다음과 같이 부르짖었다. "우주의 주시여! 당신에게는 그들이
내 살을 찢어도 내 피가 땅에 떨어지지 않을 것이 명백합니다. 그뿐만 아니라
[심지어] 네가임(Nega'im)과 오할로트(Ohalot)[9]라는 [먼 주제들을] 연구할
때, 그들은 '다윗이여, 다른 남자의 여자와 성관계한 누군가에게 내릴 징벌이
무엇인가?'라고 말하면서 [나를 비웃습니다]." 나는 대답한다. 그는 교수형
에 처해지지만, [회개했다는 것은] 다가올 세상에서 몫이 있다. 그러나 다른
사람을 공적으로 수치스럽게 한 자는 다가올 세상에서 어떤 몫도 없다![10]

마르 주트라 바 토비아(Mar Zutra bar Tovia)는 라브의 이름으로 말했다. (하지
만 어떤 이는 라브 하나 바 비즈나가 경건한 자 랍비 시므온의 이름으로 말했다고 하고, 다
른 이는 랍비 요하난이 랍비 시므온 바 요하이의 이름으로 말했다고도 한다). 다른 사람
을 공적으로 수치스럽게 하는 것보다 자신을 불타는 용광로에 던지는 게 낫다.
우리는 이것의 근거를 어디에 두는가? 다말에 대해, 여인이 끌려나갈 때에 사람을 보
내어 시아버지에게 이르되 이 물건 임자로 말미암아 임신하였나이다 ⋯한지라(창 38:25,
JPS)[11]라고 기록됐기 때문이다.

라브 이디의 아들 라브 히네나가 물었다. 너희는 서로 압제하지 말라(너희 각 사람
은 그의 형제를 속이지 말라, 개역개정)(레 25:14, JPS)[라는 구절에서 '서로'(아미토(['amito])

의 의미는] 무엇인가? 토라와 미트보트에서 [이것을 암 세 – 이트카('am she -it'kha),] 즉 '너희와 함께 있는 백성들'로 [이해하라]. 12) 그들을 압제하지 말라.

라브가 말했다. 남자는 특히 자기 아내에게 무례하게 하지(오나아[ona'al]) 않도록 주의해야 한다. 그녀는 쉽게 눈물을 흘리므로 모욕은 더더욱 쉽게 가해진다.

랍비 엘르아살은 이렇게 말했다. 성전이 파괴된 날에 내가 부르짖어 도움을 구하나 내 기도를 물리치시며(애 3:8)라고 기록된 대로, 기도의 문이 닫혔다. 하지만 기도의 문이 닫히더라도 눈물의 문은 닫히지 않았다. 주는 나를 용서하사 내가 떠나 없어지기 전에 나의 건강을 회복시키소서(시 39:13, JPS)라고 기록됐기 때문이다.

라브 역시 다음과 같이 말했다. 예로부터 아합과 같이 그 자신을 팔아 여호와 앞에서 악을 행한 자가 없음은 그를 그의 아내 이세벨이 충동하였음이라(왕상 21:25)13)라고 기록된 대로, 자기 아내의 [악한] 충고를 따르는 자는 누구든지 지옥에 떨어진다.

라브 파파가 아바예에게 말했다. "만약 당신의 아내가 작으면 구부려서 그녀의 말을 들으라"라는 유명한 격언은 어떤가?

전혀 문제가 안 된다. 한 사람은 세상의 문제에 대해 말하고 한 사람은 가정의 문제에 대해 말한다. 그렇지 않으면 한 사람은 영적인 문제에 대해 말하고 다른 사람은 세상의 문제에 대해 말한다.

라브 히스다는, 다림줄을 가지고 쌓은 담 곁에 주께서 손에 다림줄을 잡고 서셨더니(암 7:7)라고 기록된 대로, 모든 문이 닫혔지만 오나아(ona'a)의 문은 아니라고 말했다. 14)

랍비 엘르아살은, 손에 다림줄을 잡고라고 기록된 대로, 그분께서 직접 하시는 오나아의 경우를 제외하고, [하나님은] 항상 대리인을 통해 징벌을 측정하신다고 말했다.

랍비 아바후가 말했다. 휘장이15) 그들 앞에서 절대 닫히지 않을 세 가지가 있다. 곧 오나아와 강도와 우상숭배를 [범하는 자들이다]. 오나아는 손에 다림줄을 잡고라고 기록된 대로이며, 강도는 폭력과 탈취가 거기에서 들리며 질병과 살상이 내앞에 계속하느니라(렘 6:7, JPS)라고 기록된 대로이고, 우상은 동산에서 제사하며 벽돌

위에서 분향하여 내 앞에서 항상 내 노를 일으키는 백성이라(사 65:3, JPS)[16]라고 기록된 대로이다.

라브 예후다가 말했다. 남자는 항상 자기 집에 곡식의 [적절한 공급을 확보하려고] 주의를 기울여야 한다. 왜냐하면, 적절한 곡식이 없이는, 네 경내를 평안하게 하시고 아름다운 밀로 너를 배불리시며(시 147:14)라고 기록된 대로, 다툼이 있기 때문이다.

라브 파파는, 이것이 "단지에 보리가 비었을 때, 다툼이 문을 두드린다"라고 하는 유명한 격언의 의미라고 설명했다.[17]

라브 히네나 바 파파도 [마찬가지로] 말했다. 남자는 항상 자기 집에 곡식의 [적절한 공급을 확보하려고] 주의를 기울여야 한다. 왜냐하면, 이스라엘이 이스라엘이 파종한 때면 미디안과 아말렉과 동방 사람들이 치러 올라와서 진을 치고 가사에 이르도록 토지 소산을 멸하여 … 이스라엘이 미디안으로 말미암아 궁핍함이[18] 심한지라(삿 6:3-4,6, JPS)라고 한 대로, 오직 곡식의 [부족] 때문에 가난하다고 불릴 수 있기 때문이다.

랍비 헬보는, 남자는 항상 자기 아내를 존중하는 데 주의를 기울여야 하며, 그녀로 말미암아 아브람이 잘되었다(그로 말미암아 아브람을 후대하므로, 개역개정)(창 12:16, JPS)라고 한 대로, 복은 자기 아내를 통해서만 남자의 집에 있다고 말했다.

이것이 라바가 메호자의 사람들에게, "당신들이 번성하려면 당신들의 아내들을 존중하라"라고 말했을 때 의미한 바이다.

다음 이야기는 오나아 또는 언어적 폭력의 엄숙함과 관련이 있기 때문에 여기에 통합됐는데, 랍비 엘리에셀은 이 언어적 폭력의 주요 희생자였다.[19]

미쉬나는 다음과 같이 말한다. 만약 그가 [화덕을] 고리 모양으로 잘라 그 고리 모양 사이에 모래를 넣으면, 랍비 엘리에셀은 그것이 부정결하게 되기는 쉽지 않다고 말하지만, 현인들 [대다수는] 그것이 부정결하게 되기 쉽다고 말한다.[20] 이것이 '아크나이'('Akhnai)의 화덕'이다.

아크나이는 무엇인가? 라브 예후다는 쉬무엘의 이름으로, [이것이 그렇게 불리는 이유는,] 아크나[라고 불리는 뱀]과 같이, 말로 그것을 둘러싸고 부정결하게 [되기 쉽다]고 선언했기 때문이라고 말했다.

다음과 같이 가르침을 받았다. 그날에 랍비 엘리에셀이 [화덕이 정결하다고 선언하기 위해] 생각할 수 있는 모든 주장을 제시했지만, 그들은 모두 거부했다.

그가 말했다. 만약 법이 내 의견과 일치한다면, 이 캐럽 나무가 그것이 정당함을 인정하게 하라!

캐럽 나무는 그 장소에서 백 규빗을 옮겼는데, 어떤 이는 사백 규빗이라고 한다.

그들은 그에게 말했다. 캐럽 나무는 주장이 없다!

그다음에 그는 이렇게 말했다. 만약 법이 내 의견과 일치한다면 이 시내가 그것을 증명하게 하라!

그 후 즉시 물이 거꾸로 흘렀다.

그들은 반박했다. 시내는 주장이 없다!

그다음에 그는 말했다. 만약 법이 내 의견과 일치한다면 [이] 연구의 집 벽이 그것을 증명하게 하라!

벽이 무너지기 시작했다.

랍비 여호수아는 그들에게 항변했다. 만약 현인들이 할라카의 핵심에 대해 그들 가운데서 논의한다면 이것은 당신과 무슨 상관이 있는가?

벽들은 랍비 여호수아를 존중하여 무너지지 않았고, 랍비 엘리에셀을 존중하여 펴지지 않고 계속 구부러져 있었다.

그다음에 [엘리에셀은 현인들에게] 말했다. 법이 내 의견과 일치하면, 하늘 [자체가] 내가 옳다고 선언하게 하라!

[이에 대해] 하늘의 목소리가 선언했다. 당신은 왜 랍비 엘리에셀에게 도전하는가? 할라카는 모든 문제에서 그와 일치한다!

랍비 여호수아는 일어서서, 하늘에 있는 것이 아니니(신 30:12)라고 선언했다.

하늘에 있는 것이 아니니는 무엇을 의미하는가? 랍비 이르미야는 이렇게 말한다. 토라는 시내산에서 주어졌으므로 우리는 더 이상 어떤 하늘의 목소리에도 주목하지 않는다. 왜냐하면, 시내산에서 다수를 따라(출 23:2)라는 말씀이 토라에 기록됐기 때문이다. [21]

랍비 나단은 [선지자 엘리야][22]를 만나서 물었다. 거룩하신 이, 그분은 찬양받으시리로다, 그분은 이 일이 일어났을 때 무엇을 하셨는가? [엘리야는], 그분은 웃으셨다고 대답했다. 그리고 "내 자녀들이 나를 투표수로 이겼다!"라고 말했다.

그들은, 그날에 그들이 랍비 엘리에셀이 정결하다고 선언한 모든 [것들을] 가져와서 그것들을 불태웠고, 그 후에 그를 금지시키려고 투표했다고 말한다. 그다음에 그들이 물었다. 누가 그에게 [그 금지를] 알릴 것인가? 랍비 아키바는, 만약 적합하지 않은 누군가가 그에게 알리면 그는 세상을 멸망시킬 것이므로, 내가 [직접] 가겠다고 말했다. 랍비 아키바는 무엇을 했는가? 그는 검은 옷을 입고, 검게 자신을 감쌌고, [랍비 엘리에셀과] 4규빗 떨어진 거리에 앉았다.

오늘은 왜 다른 날들과 다른가? 엘리에셀이 물었다. [아키바가] 대답했다. 선생이여, 나는 당신의 동료들이 당신을 피한다는 인상을 받는다! [그러자 곧, 엘리에셀 자신은] 자기 옷을 찢고 자기 신발을 벗고서, [자기 자리에서] 미끄러져 내려와 땅에 앉았다. 그의 눈은 눈물로 가득했고, [그들이 그렇게 했을 때] 세상은 고통스러워했다. 감람과 밀과 보리 모두 3분의 1을 잃었고, 어떤 이는 여자들이 반죽하고 있는 가루 반죽조차 망쳤다고 말한다.

다음과 같이 가르침을 받았다. 랍비 엘리에셀의 눈이 화끈거리는 곳 어디에서나 그날에 큰 고통이 있었다.

[그 당시] 라반 가말리엘[23]이 배에 타고 있었고, 파도가 일어나 [거의] 그를 익사시킬 뻔했다. 그는, 이것이 틀림없이 랍비 엘리에셀 벤 히르카누스 때문이라고 말했다. 그는 일어나 선언했다. "우주의 주시여! 당신은, 논쟁이 이스라엘에 퍼지지 않도록 내가 취한 행동이 내 자신의 명예를 위한 것이 아니며, 내 아버지의 집의 명예를 위한 것도 아니고, 당신의 명예를 위한 것임을 아십니다." 바다가 그 위협하는 것을 멈추었다.

라반 가말리엘의 누이, 이마 샬롬(Imma Shalom)은 랍비 엘리에셀의 아내였다. 그 사건 이후 계속 그녀는 [그가 그녀의 형제의 몰락을 위해 기도할 것을 대비하여,] 그의 얼굴을 떨어뜨리지 않게 했다. 어느 때는 달이 뜰 무렵에 그녀는 [그 의식이] 하루 동안 [지속됐는지] 이틀 동안 지속됐는지에 대해 혼란스러웠다. 어떤 이는 그녀가 궁핍한 자에게 빵을 주려고 문가에 갔다고 하지만, 그녀는 랍비 엘리에셀이 [기도할 때, 그녀가 주목하지 않는 동안] 그의 얼굴을 떨어뜨린 것을 발견했다. 그녀가 "일어나라! 당신은 내 형제들을 죽였다!"라고 말했다. 그가 "당신은 어떻게 아는가?"라고 물었다. 그녀는, 나는 내 할아버지의 집에서 오나아의 문 이외에 모든 [기도의] 문들이 닫혔다는 것을 배웠다고 대답했다.

랍비들은 다음과 같이 가르쳤다. **이방 나그네를 압제하는 자는 세 가지 금지사항을 어기는 것이며, 그를 학대하는 자는 두 가지 금지사항을 어기는 것이다.**

왜 차이가 나는가? 압제(오나아)와 관련하여, 세 가지 금지사항은 다음과 같이 기록된다. 즉, 너는 이방 나그네를 압제하지 말며(출 22:21, JPS), 거류민이 너희의 땅에 거류하여 함께 있거든 너희는 그를 '압제'(학대, 개역개정)하지 말고(레 19:33, JPS), 너희는 서로 압제하지 말라(너희 각 사람은 그의 형제를 속이지 말라, 개역개정)(레 25:14, JPS). 이것은 이방 나그네를 포함한다. 학대와 관련해서도 다음과 같이 세 가지 [금지사항이] 기록된다. 즉, 그들을 학대하지 말라(출 22:21, JPS), 너는 이방 나그네를 '학대'(압제, 개역개정)하지 말라 너희가 애굽 땅에서 나그네 되었었은즉 나그네의 사정을 아느니라(출 23:9, JPS), 너는 그에게 채권자 같이 하지 말며(출 22:25, JPS). 이것은 이방 나그네를 포함한다. 그래서 차이점이 없다. 둘 다 세 가지 금지사항을 [어긴다].

한 바라이타는 다음과 같이 가르쳤다. **위대한 랍비 엘리에셀은 이렇게 말했다. 토라는 왜 36곳에서, 어떤 이는 46곳이라고 말하지만, 우리에게 이방 나그네를 [헤아리라고] 경고하는가? [그것은] 그들이 [우상숭배의 방식으로] 되돌아가려는 성향이 강하기 때문이다.**[24]

너는 이방 나그네를 압제하지 말며 그들을 학대하지 말라 너희도 애굽 땅에서 나그네였음이라(출 22:21)의 의미는 무엇인가? 랍비 나단은 이렇게 말한다. 당신도 가진 결점으로 당신 이웃을 꾸짖지 말라! 이것은, "만약 당신 가족 가운데 목을 매단 사람이 있다면, 누군가에게 당신을 위해 물고기를 매달라고 말하지 말라"는 유명한 격언의 [의미]이다.

이 구절 가운데 KJV에 있는 '이자'와 '이익' 같은 단어들은 성경 본문에 이질적인 해석을 부여한다. 미쉬나는 그 해석을 이 단어들('물기'와 '증가')의 어원에 기반을 둔다.

너는 그에게 '이자도 이익도'(이자를, 개역개정) 받지 말고 … 너는 그에게 이자를 위하여 돈을 꾸어주지 말고 이익을 위하여 네 양식을 꾸어주지 말라(레 25:36-37 KJV).

네가 형제에게 꾸어주거든 이자를 받지 말지니 곧 돈의 이자, 식물의 이자, 이자를 낼 만한 모든 것의 이자를 받지 말 것이라 타국인에게 네가 꾸어주면 이자를 받아도 되거니와 네 형제에게 꾸어주거든 이자를 받지 말라(신 23:19-20 KJV).

5장

미쉬나:

네셰크(neshekh, ['물기'(biting)])는 무엇이고, 타르비트(tarbit, ['증가'])는 무엇인가?[25] 네셰크는 무엇인가? 만일 누군가가 다섯 데나리온에 한 셀라를 빌려주거나 세 데나리온에 두 세아의 밀을 빌려준다면, 이것은 '물기'이므로 금지된다. 그리고 타르비트는 무엇인가? 열매의 '증가'이다. 이것은 어떻게 되는가? 누군가가 밀에 대해 쿠르(kur)당 금 한 데나리온을 지불했고, 그것이 [구매 때의 시장] 가격이었다. 그런데 그 후에 가격이 [은] 30데나리온까지 올랐다. [그 구매자는 파는 사람]에게 말했다. 나는 그것을 팔고 포도주를 사기 원하므로, 내 밀을 배달해 달라. 그 [파는 사람은] 다음과 같이 대답했다. [걱정하지 마라]. 내가 당신의 밀을 쿠르당 30[데나리온] 가치로 취급하고, [그 가치에 해당하는] 포도주를 당신에게 주겠다. 그러나, 그는 포도주를 [비축하고] 있지 않았다.

게마라:

[미쉬나]는 토라법이 금지하는 이자에 대한 화제를 포기하고, 랍비들이 금지한 것을 설명하려고 하므로, 토라법에서 네셰크와 타르비트 사이에 어떤 차이점도 없다는 결론이 나온다. 하지만 너는 그에게 이자(네셰크)를 위하여 돈을 꾸어주지 말고 '증가(마르비트[Martbit][26])를'(이익을, 개역개정) 위하여 네 양식을 꾸어주지 말라(레 25:37) 라고 기록되어 있지 않은가?

타르비트 없이 네셰크가 있을 수 있고, 네셰크 없이 타르비트가 있을 수 있다고 [가정하는 것이] 합리적인가?

어떻게 타르비트 없이 네셰크가 있을 수 있는가? A가 B에게 120에 100[주즈]를 빌려주었는데, [빌려준 당시] 한 다나크가 100의 가치였고, [갚을 당시] 한 다나크가 120의 가치였다고 가정해보자.[27] [겉으로는] 네셰크가 있는데, 왜냐하면 그가 준 것보다 더 많은 것을 받음으로써 그를 '물기' 때문이다. 하지만 타르비트는 없는데, 왜냐하면 그가 한 다나크를 빌렸고 한 다나크를 돌려받았으므로 그는 수익이 나지 않았기 때문이다. [하지만 이것은 그렇게 되지 않는다. 왜냐하면] 궁극적으로 [우리는 처음 교환 가치로나 마지막 교환 가치로 계산해야만 하기 때문이다]. 만약 처음 교환 가치로 한다면 네셰크도 타르비트도 없으며, 만약 마지막 교환 가치로 한다면, 네셰크도 타르비트도 있다.

더 나아가 네셰크가 없이 어떻게 타르비트가 있을 수 있는가? A가 B에게 100에 100[주즈]를 빌려주었는데, [빌려준 당시] 한 다나크가 100의 가치였고, [갚을 당시] 한 다나크가 120의 가치였다고 가정해보자. [이것도 그렇게 되지 않는다. 왜냐하면] 궁극적으로 [우리는 처음 교환 가치로나 마지막 교환 가치로 계산해야만 하기 때문이다]. 만약 처음 교환 가치로 한다면, 네셰크도 타르비트도 없으며, 만약 마지막 교환 가치로 한다면, 네셰크도 타르비트도 있다.

그러므로 라바는 당신이 타르비트 없는 네셰크를 발견할 수 없으며, 네셰크 없는 타르비트도 발견할 수 없다고 [결론 내렸다]. 성경은 그것을 어긴 자가 단지 두 계명을 어긴 것에 대한 책임을 지도록 이것들을 구분한다.[28]

랍비들은 다음과 같이 가르쳤다. 너는 그에게 이자(네셰크)를 위하여 돈을 꾸어주지 말고 '증가(마르비트)를'(이익을, 개역개정) 위하여 네 양식을 꾸어주지 말라(레 25:37)? 나는 네셰크가 돈에만 적용되고, 타르비트는 식물(음식)에만 적용된다고 생각할 수 있다. 나는 어떻게 네셰크가 식물에도 적용되는지 아는가? 이것은 식물의 '네셰크'(이자, 개역개정)(신 23:19)라는 말에 의해 가르침을 받는다. 나는 어떻게 타르비트가 돈에도 적용되는지 아는가? 이것은 돈의 '네셰크'(이자, 개역개정)(신 23:19)라는 말로 가르침을 받는다. 이제 [이 말들은] 우리에게 네셰크가 돈에 적용된다고 말하려는 의도일 수 없다. 왜냐하면, 이미 [이 구절의 시작에서] 네가 형제에게 … '네셰크'(이자, 개역개정)를 받지 말지니라고 말했으므로, 우리는 이것을 돈의 '증가'에 적용해야만 한다.

이것은 빌린 자에 대해서만 말한다. 나는 어떻게 [금지가] 빌려준 자에게[도 적용되는지] 아는가? 네셰크라는 용어는 빌린 자에게 사용되고 또한 빌려준 자에게도 사용된다. 빌린 자의 네셰크로 우리는 돈과 음식, 네셰크와 리비트(ribit)[29]를 구분하지 않듯이, 빌려준 자의 네셰크로 우리는 돈과 음식, 네셰크와 리비트를 구분하지 않는다.

우리는 어떻게 [단순히 돈과 음식만이 아니라] 모든 것이 [금지사항에] 포함되는지 아는가? 이자를 낼 만한 모든 것의 '네셰크'(이자, 개역개정)(신 23:19)라고 말하기 때문이다.

토라에서 어떤 것도 과다한 것은 없다. 그렇다면 이자와 약탈과 과잉청구는 왜 모두 명시되는가? 이 모두는 동일한 범죄, 즉 다른 사람의 재산 악용에 이르지 않는가? 게마라는 토라 조항들의 근본적인 일관성과 다른 이들의 소유를 악용하는 것의 극악함을 보여준다.

라바는 다음과 같이 말한다. 토라는 왜 이자의 금지, 약탈의 금지, 과잉청구의 금지를 포함하는가? 이들 각각은 [명시]돼야만 한다. 만약 토라가 이자[만] 금지했었다면, [나는 이자 금지에서 약탈과 과잉청구의 금지를 추론하지 않았을 것이다]. 왜냐하면, 이자 금지는 [실제로 청구를 하는 빌려준 자뿐만 아니라] 빌린 자에게도 적용된다는 새로운 측면을 지니기 때문이다.[30] 만약 토라가 약탈[만] 금지했다면, 나는 약탈 금지가 힘의 요소 때문이어서 과잉청구에는 적용되지 않는다고 생각했을 것이다. 만약 토라가 과잉청구[만] 금지했었다면, 나는 과잉청구되는 사람이 [과잉청구되는지] 인식하지 못해서 [초과액을] 포기했을 수도 있으므로 [이것은 달랐다]고 생각했을 것이다.

우리는 하나에서 다른 것을 추론할 수 없다. 우리는 다른 두 가지에서 어느 하나를 추론할 수 있는가?

우리는 어떤 것을 추론할 수 있는가? 토라가 이자 금지를 기록하지 않고, 다른 두 가지에서 이자 금지를 추론하도록 하는가? 하지만 다른 것들은 [희생자가] 합의를 알지 못한 채 행해진다. 그렇다면 우리는 어떻게 이것에서 [빌린 자가] 합의를 [아는 가운데 청구되는] 이자를 추론할 수 있는가?

[그다음에] 토라가 과잉청구 금지를 기록하지 않고 [우리가] 다른 두 가지에서 과잉청구 금지를 추론할 수 있게 하는가? [우리가] 다른 금지들은 보통의 상업이 아니라고 [반대할 수 있으므로, 이것은 실패할 것이다].

[그러므로] 토라에서 약탈 금지를 기록하지 않게 하고 다른 두 가지에서 약탈 금지를 추론해 보라. 당신은 어떻게 반대할 수 있는가? 만약 당신이 이자가 새로운 면이 있다고 반대한다면, 추론은 [새로운 면이 없는] 과잉청구에서 할 수 있다. 만약 당신이 과잉청구에서 구매자가 과잉청구되는지를 알지 못하고 [초과액을] 포기할 수 있다고 반대한다면, 추론은 이자에서 할 수 있다. 논쟁은 왔다 갔다 하면서, 어느 것도 [정확하게] 다른 것과 같지 않지만, 공통적인 요인은 둘 다 다른 것에 속하는 것을 취하는 데 관여한다는 것이다. 그리고 이에 근거하여 우리는 약탈이 [금지된다]는 것을 추론할 수 있다.

그들은 이렇게 말한다. 그것이 [정말로] 옳은데, 그렇다면 왜 [명백한] 약탈 금지인가? [왜냐하면] 약탈 금지는 고용된 노동자의 임금을 주지 않는 자를 가리키기 때문이다. 하지만 명백히 고용된 노동자의 임금을 주지 않는 것은 [분명히] 토라에, 곤궁하고 빈한한 품꾼은 … 학대하지 말며 그 품삯을 당일에 주고(신 24:14-15)라고 언급하지 않는가? [이것은, 어긴 자에게] 두 가지 범죄에서 유죄라는 것을 [알리려고 반복된다]. 그렇다면 왜 이것을 이자나 과잉청구에 적용해서 이중의 범죄로 삼지 않는가? 우리는 문맥에서 배우는데, 이것은 고용된 노동자의 맥락에서 기록된다.

토라는 왜 너희는 도둑질하지 말며(레 19:11)라고 기록하는가? 이것은 다음과 같이 한 바라이타가 가르치는 대로이다. 원한을 가지고 도둑질하지 말라(출 20:15). 심지어 두 배로 갚고자 도둑질하지 말라.[31]

라브 예이마르(Rav Yeimar)가 라브 아쉬에게 물었다. [거짓 무게 추가 이미 도둑질의 형태로 금지되는 것으로 보아,] 토라는 왜 [명백하게] 거짓 중량을 금지하는가? 그는, 이것은 [무게 추를 무겁게 하려고] 소금에 담그는 사람들을 위한 것이라고 대답했다. 그가 물었다. 하지만 명백히 그것은 독특한 도둑질이 아닌가? [라브 아쉬는], 토라는 [아직 무게 추를 부정하게 사용하지 않았더라도] [무게 추를] 소금에 담그는 것을 금지한다고 [대답했다].

랍비들은 다음과 같이 가르쳤다. 너희는 … 길이나 무게나 양(메수라, [mesura])을 잴 때 불의를 행하지 말고(레 19:35, JPS). 길이는 땅 측정을 가리키는데, 이와 관련하여 여름과 우기에 각각 다른 것으로 측정하지 말라.[32] 무게에 대해서는, 당신의 무게 추를 소금에 담그지 말라. 양에 대해서는, 액체로 된 거품을 사용하지 말라. 이제 우리는 사소한 것에서 주요한 것으로 추론할 수 없는가? 만약 토라가 메수라는 한 로그(log)의 일부일 뿐인데, 정확한 메수라를 주장한다면, 하물며 한 힌(hin), 2분의 1힌, 4분의 1힌, 한 로그, 2분의 1로그, 4분의 1로그에 관심을 가지지 않겠는가![33]

라바가 물었다. 토라는 왜 이자와 치치트 ['술 장식']과 무게와 관련하여 출애굽을 언급하는가? 거룩하신 이, 그분은 찬양받으시리로다, 그분이 [그것에 대해] 선언하신다. 처음 난 것과 그렇지 않은 것을 구분한 이는 나이며,[34] 이스라엘 사람에게 이자를 받고 돈을 빌려주기 위해 비유대인에게 자기 돈을 위탁하는 자는 누구든지, 그리고 자기 무게 추를 소금에 담그는 자는 누구든지, 채소 염료를 자기 술에 입히고서 그것이 [진짜] 파란색[35]이라고 주장하는 자는 누구든지, 징벌할 자는 나다!

라비나는 유프라테스강의 수라를 방문했다.[36] 수라의 라브 하니나가 그에게 물었다. 토라는 왜 [금지된] 기는 것과 관련하여 출애굽을 언급하는가(레 11:46)?

그가 대답했다. 거룩하신 이, 그분은 찬양받으시리로다, 그분이 [그것에 대해] 선언한다. 처음 난 것과 그렇지 않은 것을 구분한 이는 나이며, 금지된 물고기와 허용된 물고기의 속을 섞어 그것을 [동료] 이스라엘 사람들에게 파는 자는 누구든지, 징벌하는 자는 나다! [라브 하니나가] 말했다. 내 문제는 너희를 애굽 땅에서 인도하여 낸(레 11:45)이라는 말에 있다. 토라가 너희를 애굽 땅에서 인도하여 낸이라고 왜 여기에 기록하기로 했는가? [라비나는], 그것은 랍비 이스마엘 학파에서 가르침을 받은 대로라고 대답했다. 왜냐하면, 랍비 이스마엘 학파에서 다음과 같이 가르침을 받았기 때문이다. 만약 내가 단지 이것, 즉 그들이 자신을 기어 다니는 것들로 더럽히지 않도록 삼가는 것 때문에 이집트에서 이스라엘을 인도하여 냈다면, 그것은 그럴 만한 가치가 있었을 것이다. 라브 하니나가 말했다. 하지만 이에 대한 보상이 이자를 [취하지 않으려고 삼가는 것이나 치치트를 [입는 것]이나 올바른 무게 추에 대한 보상보다 더 큰가! [라비나는], 이 보상이 더 크지 않더라도 이런 것들을 먹는 것은 더 역겹다고 대답했다.

7장

미쉬나:

다음과 같이 네 가지 수탁자들이 있다. 즉, 보수를 받지 않고 재산을 돌보는 자, 빌린 자, [재산을 돌보는 것에 대해] 보수를 받는 자, 고용주가 있다. 보수를 받지 않는 관리인은 [손실]의 모든 경우에 맹세하고, [배상에서 면제된다]. 빌린 자는 모든 경우에 배상한다. 보수를 받는 관리인과 고용주는 [그들의 잘못이 아닌 것 때문에] 파손되거나 빼앗기거나 죽었다면 맹세하고 [배상에서 면제되지만], 잃거나 도난당했다면 배상한다.

게마라:

누가 네 가지 수탁자의 타나인가? 라브 나흐만은 라바 바 아부하의 이름으로, 랍비 메이르라고 말했다.

라바는 라브 나흐만에게 물었다. 네 가지 수탁자를 주장하지 않는 자가 있는가?

라브 나흐만이 대답했다. 내가 말하려는 의도는, 보수를 받은 관리인과 고용주는 동일한 법에 적용된다는 것이다. [따라서 법의 세 범주만 있다]고 주장하는 타나는 누구인가? 그것이 랍비 메이르다.

하지만 명백히 랍비 메이르는 반대를 주장하는데, 한 바라이타가 다음과 같이 진술하기 때문이다. **고용주는 어떻게 지불하는가? 랍비 메이르는, 보수를 받지 않는 관리인과 같다고 말한다. 랍비 유다는, 보수를 받는 관리인과 같다고 말한다.** 랍비 바 아부하는 이것을 반대로 가르쳤다. [어느 쪽이든] 네 가지 경우가 아니라 세 가지 경우가 있다. 라브 나흐만 바 이삭은, 네 가지 경우가 있지만, [그것들은] 세 가지 법적 범주 [안에 해당한다]고 말한다.

한 목자가 누군가의 양 떼를 강둑에서 풀을 뜯게 하고 있었는데, 그때 한 양이 미끄러져 강에 빠졌다. 그는 라바 앞에 [판결을 위해] 왔으며 면제받았다. 라바가 말했다. 그는 무엇을 더 할 수 있었는가? 그는 사람들이 관리하듯이 그것들을 관리했다. 아바예가 물었다. 그렇다면 만약 그가 사람들이 돌아올 때 마을에 돌아왔다면 그는 면제될 것인가? [라바는] 그렇다[고 대답했다]. 그리고 만약 그가 사람들이 낮잠을 자는 시간에 낮잠을 잤다면, 그는 면제될 것인가? [라바는] 그렇다[고 대답했다].

아바예는, **보수를 받는 관리인**은 스바 사람이 갑자기 이르러 그것들을 빼앗고 칼로 종들을 죽였나이다(욥 1:15, JPS)와 같은 **비상사태에서만 면제된다**고 반대했다. [라바가] 대답했다. 이것은 마을의 밤 파수꾼에게만 적용된다.

그는 다음과 같이 반대했다. **보수를 받는 관리인의 책임은 어디까지 확대되는가? 낮에는 더위와 밤에는 추위를 무릅쓰고**(창 31:40, JPS)**까지이다.** [라바는], 이것도 마을의 밤 파수꾼에게만 적용된다고 대답했다. 그렇다면 우리 조상 야곱은 마을의 밤 파수꾼인가? 아니다. 그러나 그는 라반에게, 나는 마치 마을의 밤 파수꾼인 것처럼, 당신의 양 떼를 특별히 보호했다고 항변하고 있었다.

그[37]는 다음과 같이 반대했다. 만약 목자가 양 떼를 책임지고 있는데, 마을로 가려고 양 떼를 남겨두어 이리가 와서 양을 찢거나 사자가 양을 짓이긴다면, 우리는 "그가 거기에 있었다면 그는 그 양을 구할 수 있었을 텐데"라고 말할 수 없지만, 우리는 그 상황을 다음과 같이 평가한다. 만약 그가 [거기에 있어서] 그 양을 구할 수 있었다면, 그는 지불해야만 한다. 그러나 만약 그가 [거기에 있어서] 그 양을 구할 수 없었다면, 그는 면제된다. 이것은 그가 사람들이 돌아왔을 시간에 그가 마을로 돌아온 사례에 대해 말하는 것이 아닌가? 아니다. 그는 사람들이 [보통] 돌아오지 않는 시간에 마을로 돌아왔다. 만약 이것이 그런 경우라면, 그는 왜 면제되어야 하는가? [명백히], 만일 누군가가 부주의해서 그 결과로 사건이 일어난다면, 그는 책임이 있다! 아마도 그가 마을에 돌아온 것은 그가 사자의 울음소리를 들었기 때문일 것이다. 만약 그런 경우라면, 그를 평가하는 핵심은 무엇인가? 그는 그 외에 무엇을 할 수 있는가? 그는 자기 동료 목자들을 모아서 막대기로 사자를 공격했어야 했다. 이런 경우라면, 보수를 위해 관리하는 자를 왜 언급하는가? 그가 공짜로 관리하고 있었다고 해도, 한 학자가 "만일 누군가가 공짜로 [다른 사람의 짐승을] 돌보고 있었고, 그의 동료 목자들을 모아서 막대기로 공격할 수 있었지만 하지 않았다면, 그는 책임이 있다"라고 말한 대로, 그는 그것을 해야만 한다. [차이점이 있다.] 공짜로 관리하는 자는 [도와줄 다른 이들을 고용하는 일에 어떤 비용도 들여서는 안 된다. 보수를 받고 관리하는 자는 [도와줄 다른 이들을] 고용해야 한다. 그는 얼마나 지급해야 하는가? [짐승들의] 가치만큼이다. 하지만 우리는 보수를 받은 관리인이 그 사건에 책임을 지는 것을 본 적이 있는가? 그는 짐승의 주인에게서 돈을 돌려받는다. 라브 파파는 아바에에게 물었다. 만약 그런 식이라면, [주인은] 이런 합의에서 무슨 이득을 얻는가?[38] 자기 짐승들이 그의 방식에 익숙[하므로 자기 짐승들을 되돌려 받는 것은 여전히 가치가 있다.] 그렇지 않으면, 그것은 그에게서 [새로운 것을 구매할] 수고를 덜어준다.

라브 히스다와 라바 바 라브 후나는 라바에 동의하지 않는데, 그들은, [당신의 짐승들을 돌보는 누군가에게] 지불하는 전체 핵심은 안전을 더 확보하기 위함이라고 말했기 때문이다. 짐꾼[39] 바 아다는 한 마리의 [소?]가 다른 소를 밀어서 그 소가 강에 떨어졌을 때 나레쉬(Naresh)에서 다리를 건너고 있었다. 그는 [손실에 대해 지불할] 책임이 그에게 있다고 한 라브 파파 앞에 나타났다. 그가 물었다. 내가 무엇을 할 수 있었는가? [라브 파파는], 당신은 한 번에 하나씩 그것들을 넘겨받았어야 했다고 대답했다. [바 아다:] 당신은 당신 누이의 아이가 한 번에 하나씩 그것들을 받을 수 있다고 내게 말하고 있는가? [라브 파파:] 당신 이전의 사람들이 동일한 불평을 했었지만, 그들은 전혀 주목받지 못했다. 40)

아이부(Aibu)는 로니아(Ronia)의 집에 아마를 맡겼지만 세부(Shevu)가 그것을 [로니아]에게서 훔쳐서 도둑으로 여겨졌다. [로니아는] 자신에게 지불하게 한 라브 나흐만 앞에 나타났다.

이것은 라브 후나 바 아빈의 [판결]과 충돌하는가? 왜냐하면, 라브 후나 바 아빈은, "만약 무언가가 무력으로 도난당했고 도둑이 발견됐다면, 보수를 받지 않고 [물건을] 돌보고 있었던 자는 맹세하고 [보상에서 면제될 것인지] 도둑을 고소할 것인지 선택할 수 있으며, 만약 그가 보수를 받고 있었다면, 그는 [그 주인에게 보상하고 도둑을] 보고해야만 한다"라는 [법]을 전달했기 때문이다.

라바는, 만약 누구라도 소란을 일으켰다면41) [세부를] 지원할 강도들 무리42)가 거기에 있었다고 [설명했다].

바바 바트라

BAVA BATRA, 마지막 문

이 소책자는 협력자들, 이웃들, 우수카피오(usucapio), 재산 판매, 구매와 판매, 유산, 문서, 계약을 포괄한다.

협력 관계가 깨어질 때 각 협력자가 실행 가능한 몫을 받는다면 개별 물품들은 나뉠 수 있다. 미쉬나는 거룩한 두루마리는 나뉠 수 없다고 진술한다. 이로 말미암아 게마라는 성경의 기원과 분류에 대해 고려하게 된다.

성경의 책들은 토라와 예언서와 성문서라는 세 묶음으로 분류된다. 토라 책들의 순서는 랍비 시대보다 오래전에 정착됐지만, 히브리 성경들은 이제 예언서와 성문서를 위해 여기에 시작된 순서와는 다소 다른 순서를 따른다.

1장

미쉬나:

뜰은, 각각에 대해 최소한 4[제곱] 규빗이 있지 않으면 [갈라서는 협력자들 사이에서] 나눌 수 없으며, 각각 아홉 카브(kab)를 경작하기에 충분한 구역을 받지 않는다면 밭도 나눌 수 없다. 랍비 유다는, 각각에 대해 아홉과 2분의 1카브라고 말한다. 채소밭은 각각이 2분의 1카브를 경작하기에 충분할 만큼 커야 한다. 랍비 아키바는 4분의 1이라고 말한다. 와인 저장실(torcularium),[1] 기둥으로 둘러싸인 안마당,[2] 비둘기장, 옷, 목욕실, 감람 압착기, 관개된 밭은 각각에 충분해야만 한다. 규칙은, 갈라설 때 이름을 보유한 것은 무엇이든지 그들 사이에 나뉠 수 있지만, 만약 이름을 보유하고 있지 않다면 그것은 나뉠 수 없다는 것이다. 이것은 그들이 동의하지 않을 경우이다. 만약 그들이 동의한다면, 각자가 더 작은 부분을 가질 수 있지만, 그들이 그렇게 하기로 동의한다고 해도 거룩한 두루마리는 나눌 수 없다.

게마라:

랍비들은 다음과 같이 가르쳤다. **예언서 [책들의] 순서는 여호수아서, 사사기, 사무엘서, 열왕기, 예레미야서, 에스겔서, 이사야서, 열두 예언서이다.** 하지만 호세아에게 임한 '하나님의 말씀의 시작이라'(여호와의 말씀이라, 개역개정)(호 1:1)라고 기록되었으므로 호세아가 먼저가 아닌가? 그분은 호세아에게 먼저 말씀하셨는가? 명백히 모세와 호세아 사이에 많은 선지자가 있었다. 하지만 랍비 요하난은 "[이 구절은], 호세아가 당시에 예언한 네 명의 선지자들, 즉 호세아와 이사야와 아모스와 미가 가운데 첫 선지자였다는 것을 [의미한다]라고] 말했는가? 그렇다면 호세아서는 왜 먼저 오지 않는가? 그의 예언은 마지막 선지자들, 학개와 스가랴와 말라기의 예언과 함께 [열두 예언서 사이에] 포함되므로, 그는 그들 가운데 자리 잡는다. 그렇다면 왜 그의 책을 분리하여 먼저 두지 않는가? 왜냐하면, 그것이 너무 짧아 [분리된 두루마리에 기록된다면] 분실할 수 있기 때문이다.

이제 이사야서는 예레미야서와 에스겔서보다 먼저가 아니었는가? 왜 그를 먼저 두지 않는가?[3] 열왕기는 멸망으로 끝나고, 예레미야서는 모두 멸망이며, 에스겔서는 멸망으로 시작하여 위로로 끝나고, 이사야서는 모두가 위로다. 그러므로 그들은 멸망을 멸망과 함께, 위로를 위로와 함께 둔다.

성문서 [책들의] 순서는 룻기, 시편, 욥기, 잠언, 전도서, 아가, 예레미야애가, 다니엘서, 에스더서, 에스라서,[4] 역대기다. 욥기가 모세 당시 기록됐다고 말하는 자들에 따르면, 욥기가 먼저 와야 하지 않는가? [아니다. 왜냐하면] 고난으로 시작하는 것이 적절하지 않기 때문이다. 하지만 룻기도 고난을 포함하지 않는가? 랍비 요하난이 말한 대로, 룻기의 고난은 [건설적인] 목적을 지녔다. 그녀가 왜 룻이라고 불리는가? 왜냐하면, 그녀에게서 노래와 찬양으로 거룩하신 이, 그분은 찬양받으시리로다, 그분의 '갈증을 해소한'[5] 다윗이 나왔기 때문이다.

누가 [그 책들을] 기록했는가? 모세는 발람 이야기와 욥기도 포함해서 자신의 책을 기록했다.[6] 사무엘도 자신의 책, 사사기와 룻기를 기록했다. 다윗은 열 명의 장로들, 즉 아담과 멜기세덱과 아브라함과 모세와 헤만과 여두둔과 아삽과 고라의 세 자손과 더불어[7] 시편을 기록했다. 예레미야는 자신의 책, 열왕기서와 예레미야애가를 기록했다. 히스기야와 그의 집필진은 이사야서, 잠언, 아가, 전도서를 기록했다. 큰 대회의 사람들은 에스겔서, 열두 예언서, 다니엘서, 에스더서를 기록했다. 에스라는 그의 책과 자신의 시대까지의 역대기 계보를 기록했다.

이것은 라브를 뒷받침하는데, 왜냐하면 라브 예후다는 라브의 이름으로, 에스라가 바빌론에서 올라와서야 자신의 계보를 확증했다고 말했기 때문이다.

누가 이것을 완성했는가? 하가랴의 아들 느헤미야이다.

한 학자는, 여호수아가 자신의 책과 토라의 여덟 절을[8] 기록했다고 말했다. 한 바라이타는 여호수아가 토라의 여덟 절을 기록했다는 견해를 뒷받침한다. 왜냐하면, 여호와의 종 모세가 … 죽어(신 34:5)라고 말하기 때문이다. 모세가, 모세가 … 죽어라고 기록할 수 있는가? 하지만 모세는 그전까지 기록했고, 거기서부터 계속 여호수아가 기록했다. 이것은 랍비 유다의 견해이지만, 어떤 이는 랍비 느헤미야의 의견이라고 말한다. 랍비 시므온 벤 요하이는 "만약 토라 두루마리가 한 단어[조차도] 없었다면 이 '토라 두루마리를'(율법책을, 개역개정) 가져다가(신 31:26)라고 기록할 수 있겠는가?"라고 말한다. 그래서 여기까지 거룩하신 이, 그분은 찬양받으시리로다, 그분이 말씀하셨고, 모세가 그것을 반복하여 기록했다. 이 지점에서 계속, 거룩하신 이, 그분은 찬양받으시리로다, 그분이 말씀하셨고, 바룩이 대답하되 그가 그의 입으로 이 모든 말을 내게 불러 주기로 내가 먹으로 책에 기록하였노라(렘 36:18)라고 [예레미야서에서] 발견하듯이, 모세가 눈물로 기록했다.

랍비 여호수아 바 아바는 라브 기델(Rav Giddel)이 라브의 이름으로, 토라의 마지막 여덟 절은 [나누지 않고] 한 사람이 읽어야만 한다고 말했다고 보고 하지 않았는가? [이것은] 누구에 따른 것인가? 명백히 랍비 시므온이 아니라 랍비 유다에 따른 것인가? 랍비 시므온에 따른 것일 수도 있다. 그들은 서로 다르므로 특별한 규칙이 적용된다.

여호수아는 자신의 책을 기록했다. … 하지만 여호와의 종 눈의 아들 여호수아가 백십 세에 죽으매(수 24:29)라고 기록되지 않았는가? 엘르아살이 그것을 마쳤다. 하 지만, 아론의 아들 엘르아살도 죽으매(수 24:33)라고 기록되지 않았는가? 비느하스 가 그것을 마쳤다.

사무엘은 자기 책을 기록했다. 하지만 사무엘이 죽었으므로(삼상 28:3)라고 기록 되지 않았는가? 선견자 갓과 선지자 나단이 그것을 마쳤다.

다윗은 열 명의 장로들과 함께 시편을 기록했다. 에스라인 에단은 왜 열거되지 않았는가? 라브는, 에스라인 에단은 아브라함이라고 말했다. 여기에 에스라인 에 단(시 89편 표제)이라고 기록되고, 거기에 누가 동방에서 사람을 일깨워서 공의로 그를 불러 자기 발 앞에 이르게 하였느냐(사 41:2)라고 기록되지 않았는가?9) 하지만 라브 는 [마찬가지로] 헤만이 모세라고 말했지만, 모세와 헤만을 모두 열거한다. 여기 서는 헤만(시 88편 표제)이라고 기록되고 거기서는 그는 내 온 집에 충성함이라(민 12:7) 라고 기록되지 않았는가?10) 두 명의 헤만이 있었다.

모세는 발람의 이야기와 욥기도 포함해서 자신의 책을 기록했다. 이것은 랍비 레 비 바 라흐마를 뒷받침하는데, 랍비 레비 바 라흐마는, 욥이 모세 시대에 살았다고 말했다. 여기에 나의 말이 곧 기록되었으면, 책에 씌어졌으면(욥 19:23, JPS)이라고 기 록되고, 거기에 주의 백성이 주의 목전에 은총 입은 줄을 무엇으로 알리이까(출 33:16, JPS)라고 기록되지 않았는가?11) 그렇다면, 그러면 사냥한 고기를 내게 가져온 자가 누구냐(창 27:33)라고 기록됐으므로, 이삭의 시대가 아닌가? 또는 그러할진대 이렇 게 하라(43:11)라고 기록됐으므로, 야곱의 시대가 아닌가? 또는 그들이 양 치는 곳 (37:16)이라고 기록됐으므로, 요셉의 시대가 아닌가? 아니다! [모세와 비교하는 것 이 더 적절하다. 왜냐하면] 욥에 대해 나의 말이 곧 기록되었으면이라고 기록되고, 그가 자기를 위하여 먼저 기업을 택하였으니 곧 '기록자'(입법자, 개역개정)의 분깃으로 준비된 것이로다(신 33:21)[12]라고 기록됐으므로, 모세는 '기록자'라고 간주되기 때문이다.

라바는, 욥이 정탐꾼 시대에 살았다고 말했다. 여기에 우스(utz) 땅에 욥이라 불리는 사람이 있었는데(욥 1:1)라고 기록되고, 거기에 나무(etz)가 있는지 없는지(민 13:20)라고 기록된다. 당신은 어떻게 이것들을 비교할 수 있는가? 한 곳에서는 우츠(utz)라고 말하고, 다른 곳에서는 에츠(etz)라고 말한다! 모세는 이스라엘에게, 그의 수명이 나무의 수명과 같이 길고 자신의 세대를 나무와 같이 보호하는 어떤 사람이 있다고 말하고 있었다.

한 학생이 라브 쉬무엘 바 나흐마니 앞에 앉아서, "욥은 결코 존재하지 않았다! [그 이야기는] 비유이다!"라고 말했다. [라브 쉬무엘 바 나흐만은], 성경이 우스(utz) 땅에 욥이라 불리는 사람이 있었는데라고 진술할 때 당신을 염두에 두었다. 그렇다면 가난한 사람은 아무것도 없고 자기가 사서 기르는 작은 암양 새끼 한 마리뿐이라…(삼하 12:3)는 어떤가? 이 일은 일어났는가? 명백히 아니며, 그것은 비유이다! 여기서도 마찬가지로 이것은 비유이다. [만약 그런 경우라면,] 왜 그의 이름과 그의 마을의 이름을 언급하는가?

랍비 요하난과 랍비 엘르아살 모두, 욥은 [바빌로니아] 포로에서 돌아온 자들 가운데 있었으며, 그의 연구의 집은 티베리아스에 있었다고 말했다. 한 반대는, **욥의 해는 이스라엘이 이집트에 내려온 때부터 출애굽까지였다**는 것이다. [문제가 전혀 안 된다]. 그가 이스라엘이 이집트로 내려올 때부터 출애굽까지 오랫동안 살았다는 것을 의미한다.

다른 반대는 다음과 같다. **일곱 선지자가 세상의 민족들에게 예언했고, 발람과 그의 아버지, 욥, 데만 사람 엘리바스, 수아 사람 빌닷, 나아마 사람 소발, 바라겔의 아들 엘리후가 그 선지자들이다.**[13] 당신은 바라겔의 아들 엘리후가 이스라엘 사람이 아니라고 제안하는가? 명백히 [그는 이스라엘 사람이었는데, 왜냐하면] 람 종족 부스 사람 바라겔의 아들 엘리후(욥 32:2)라고 기록됐기 때문이다. 그는 세상의 민족들에게 예언했지만[, 그 자신은 이스라엘 사람이었고], 마찬가지로 욥도 세상의 민족들에게 예언했지만[, 그 자신은 이스라엘 사람이었다].

하지만 모든 선지자가 세상의 민족들에게도 예언한 것은 아니었는가? [그들은 예언했지만,] 그들의 예언은 주로 이스라엘을 향했다. [이 일곱 선지자는] 그들의 예언을 주로 세상의 민족들에게 향했다.

또 다른 반대는 다음과 같다. 세상의 민족들 가운데 고결한 한 사람이 있었으며, 그는 욥이라고 불렸다. 그는 자신의 보상을 받으려고 세상에 들어갔다. 거룩하신 이, 그분은 찬양받으시리로다, 그분이 그에게 고난을 주었고, 그는 저주하고 신성모독하기 시작했다. 거룩하신 이, 그분은 찬양받으시리로다, 그분이 다가올 세계에서 그를 없애고자 이 세상에서 그의 보상을 두 배로 했다.

[욥의 정체는] 타나임 사이에서 논쟁의 주제였다. 한 바라이타는 다음과 같이 읽는다. 랍비 엘르아살이 말했다. 욥은 사사들이 치리하던 때에(룻 1:1) 살았는데, 왜냐하면 너희가 다 이것을 보았거늘 어찌하여 그토록 '무익한 말을 하는가'(무익한 사람이 되었은고, 개역개정)(욥 27:12, JPS)라고 하기 때문이다. 어느 세대가 무익한 말의 세대였는가? 명백히 사사가 치리하던 세대였다. 랍비 여호수아 벤 코르하는, 욥이 아하수에로 시대에 살았다고 하는데, 모든 땅에서 욥의 딸들처럼 아리따운 여자가 없더라(42:15, JPS)라고 말하기 때문이다. 어느 세대에 그들은 아름다운 여자들을 찾았는가? 아하수에로 세대이다.

아리따운 처녀를 구하던 중(왕상 1:3)이라고 말하는데, 그는 왜 다윗의 세대를 말하지 않았는가? 그것은 이스라엘 사방 영토 내였던 반면에 [아하수에로 시대에 그들은] 세계 전역에서 [찾았다](에 2:2).

[한 바라이타는 다음과 같이 계속한다]. 랍비 나단은 스바 사람이[14] 갑자기 이르러 그것들을 빼앗고(욥 1:15)라고 한 대로, 욥이 스바 여왕 시대에 살았다고 말한다. 하지만 현인들은 갈대아 시대였다고 말하는데, 갈대아 사람이 세 무리를 지어(욥 1:17)라고 하기 때문이다. 어떤 이는 욥이 야곱 시대에 살았고, 야곱의 딸 디나와 결혼했다고 말한다. [욥의 아내에 대해] 그대의 말이 한 어리석은 여자의 말 같도다(욥 2:10)라고 기록되고, [디나에 대해,] 야곱의 딸을 강간하여 이스라엘에게 부끄러운 일 곧 행하지 못할 일을 행하였음이더라(창 34:7)라고 기록됐기 때문이다.

수가는 계속해서 욥이 이스라엘 사람인지, 모세가 죽은 후에 이방인이 선지자가 될 수 있는지에 대해 계속 추측한다. 그다음에 욥의 서론에 나오는 대로, 욥이라는 인물과 사탄(대적자)의 정체와 역할에 대한 신중한 논의가 있다. 사탄에 대해 제시된 이미지는 기독교 문헌에서 묘사하는 것과 크게 대조된다. 논의의 한 발췌가 이어지는데, 그 논의는 욥기의 초반 장들에 대한 연속적인 주석의 형태를 취한다.

하루는 하나님의 아들들이 와서 여호와 앞에 섰고 '대적자'(사탄, 개역개정)도 그들 가운데에 온지라 여호와께서 '대적자'(사탄)에게 이르시되 네가 어디서 왔느냐 '대적자가'(사탄이) 여호와께 대답하여 이르되 땅을 두루 돌아 여기저기 다녀왔나이다(욥 1:6-7, JPS). [대적자, 사탄은] "우주의 주시여! 나는 온 땅을 두루 다녀서 누구도 당신의 종 아브라함에 필적할 만한 사람을 찾지 못했습니다. 당신은 그에게, 너는 일어나 그 땅을 종과 횡으로 두루 다녀 보라 내가 그것을 네게 주리라(창 13:17)라고 하셨습니다. 그러나 사라를 장례할 때 그는 그녀를 장례할 장소를 소유하고 있지 않았지만, 당신의 속성에 의문을 제기하지 않았습니다"라고 말했다.

여호와께서 '대적자'(사탄, 개역개정)에게 이르시되 네가 내 종 욥을 주의하여 보았느냐 그와 같이 온전하고 정직하여 하나님을 경외하며 악에서 떠난 자는 세상에 없느니라 … 네가 나를 충동하여 까닭 없이 그를 치게 하였어도 그가 여전히 자기의 온전함을 굳게 지켰느니라(욥 1:8, 2:3, JPS). 랍비 요하난은 이렇게 말했다. 이것이 성경에 기록되지 않았더라면, 이것을 말할 수 없었을 것이다. [이것은 마치 누군가가] 하나님을 자극하는 것과 같으며, 그분은 자신이 자극받기를 허용하셨다.

　　한 바라이타는 다음과 같이 말한다. [사탄은] 내려와서 [사람들을] 잘못 인도하며, 올라가서 위협하고 생명을 취할 허가를 받는다.

'대적자가'(사탄이, 개역개정) 여호와께 대답하여 이르되 가죽으로 가죽을 바꾸오니 사람이 그의 모든 소유물로 자기의 생명을 바꿀지라 이제 주의 손을 펴서 그의 뼈와 살을 치소서 그리하시면 틀림없이 주를 향하여 욕하지 않겠나이까 여호와께서 '대적자'(사탄)에게 이르시되 내가 그를 네 손에 맡기노라 다만 그의 생명은 해하지 말지니라 '대적자가'(사탄이) 이에 여호와 앞에서 물러가서 욥을 쳐서 그의 발바닥에서 정수리까지 종기가 나게 한지라(욥 2:4-7, JPS). 랍비 이삭은 이렇게 말했다. 사탄이 욥보다 더 어려움에 처했다. 그는, 주인에게서 "통을 부숴라. 하지만 포도주를 돌보라!"라는 명령을 받은 종과 같다.

레쉬 라키쉬는, 사탄, 강한 욕망(Evil Inclination), 죽음의 천사는 하나이며 동일하다고 말했다.

다음 수갸는 이웃하는 땅 주인들의 상호간의 책임을 대화 형태로 명확히 표현하고자 신중하게 만들어졌다. 누구도, "이것은 내 땅이어서 내가 그것에 원하는 대로 할 것이다"라고 말할 수 없으며, 이웃하는 재산에 해를 끼치지 않도록 신중해야만 한다.

2장

미쉬나:

만약 당신이 이웃의 벽과 최소한 세 손바닥 떨어지지 않고 [구덩이 판 것에] 회반죽을 바르지 않는다면, 당신은 당신 이웃의 구덩이 옆에 구덩이를 팔 수 없으며, 도랑이나 동굴이나 시내나 직물공의 개천도 팔 수 없다.

당신은 당신 이웃의 벽에서 최소한 세 손바닥 거리로 감람 찌꺼기, 똥, 소금, 석회, 바위를 떨어지게 해야만 한다. 그렇지 않으면[15) [도랑 쪽에] 회반죽을 발라야 한다.

당신은 당신의 이웃의 벽에서 최소한 세 손바닥 거리로 씨앗과 쟁기와 소변을 떨어지게 해야만 하며, [당신의] 아래 맷돌을 세 손바닥, 즉 위 맷돌에서 [측정된 대로] 네 손바닥 떨어지게 유지해야 하며, [당신은] 바닥에서 [측정된 대로 당신의] 화덕을 세 [손바닥 떨어지게] 유지해야 한다.

게마라:

[미쉬나는 당신이 당신 이웃의] 구덩이[로부터 거리를 유지해야 한다고 말하면서] 시작하지만, [당신이 당신 이웃의] 벽[으로부터 거리를 유지해야 한다고 말하면서] 끝난다. 명백히 미쉬나는 "네 이웃의 구덩이에서 최소한 세 손바닥 떨어지게   17b

유지하라!"라고 말해야 한다. 어떤 이는 라브 예후다라고 하는데, 아바예는, 미쉬나가 그의 구덩이의 벽을 의미한다고 말했다. 이 경우, "당신의 이웃 구덩이의 벽에서 최소한 세 손바닥 떨어지게 유지하라!"라고 말해야 한다. [미쉬나는] 당신에게 구덩이의 벽이 세 손바닥 두께[로 추정된다고] 가르치려고 [이런 식으로 표현한다]. 한 바라이타가 **만일 누군가가 다른 사람에게, 나는 당신에게 벽이 있는 구덩이를 팔겠다고 말한다면 그 벽은 세 손바닥 두께여야만 한다**고 가르치는 대로, 이것은 사고파는 것에 대해 영향을 미친다.

다음과 같은 가르침을 받았다. 만일 누군가가 자신의 경계 옆에 구덩이를 파고자 한다면,[16] 아바예는 그가 팔 수 있다고 말하지만, 라바는 그가 팔 수 없다고 말한다. 만약 [이웃의] 밭이 구덩이를 파기에 적합하다면, 그들은 그가 경계 옆에 [팔 수] 없다는 데 동의한다. 그들은 밭이 구덩이를 파기에 적합하지 않은 [상황에서는] 동의하지 않는다. 아바예는 그가 [그 경계 옆에 팔] 수 있다고 말한다. [그 밭이] 구덩이를 파기에 적합하지 않으므로[, 그의 이웃은 그 경계의 자기 쪽 옆에 파는 것을 원하지 않을 것이다]. 라바는, 당신이 [구덩이를 파기에 땅이 적합한지에 대한] 마음을 바꾸고 파듯이, 이웃이 나도 내 마음을 바꾸고 팔 수 있다고 말할 수 있으므로, 그는 [그 경계 옆에 팔] 수 없다고 말한다.

다른 이는 다음과 같이 말한다. [아바예와 라바] 모두 만약 밭이 구덩이를 파기에 적합하지 않으면 그는 그 경계 옆에 [팔] 수 있다는 데 동의한다. 그들은 밭이 파기에 적합한 [상황에서는] 동의하지 않는다. 아바예는 그 경계 옆에 [팔] 수 있다고 말한다. 심지어 나무를 심을 때 [적어도] 구덩이에서 25규빗 떨어져 심어야만 한다고 주장하는 랍비들에 따르면, 그것은 그가 [나무를] 심었을 당시 구덩이가 [이미] 거기에 있었지만, 우리의 경우 그가 [그 경계의 한쪽에] 팔 때, [다른 쪽에는] 구덩이가 없기 때문이다. [그러나] 라바는, [그 경계] 옆에 [팔] 수 없다고 말한다. 그리고 심지어 한 사람이 자기 쪽에 팔 수 있고 다른 사람이 자기 쪽에 심을 수 있다고 말하는 랍비 요세에 따르면, 그것은 그가 심을 때, 아직 구덩이를 훼손할 뿌리가 없는 경우이지만, 우리의 경우에는, 당신이 파내는 모든 삽마다 내 땅을 훼손한다고 그가 [불평]할 수 있다.

미쉬나는 당신은 당신 이웃의 구덩이 옆에 구덩이를 **팔 수 없다**고 말한다. 이유는, [경계의 이웃 쪽에] 구덩이가 있기 때문이다. [여기서] 만약 [그의 쪽에] 구덩이가 없다면 당신은 [경계] 옆에 구덩이를 팔 수 있다는 [결론이 나온다].

[아바예와 라바] 모두 만약 밭이 구덩이를 파기에 적합하지 않다면, 그가 경계 옆에 [팔] 수 있다는 데 동의한다고 말하는 자들의 견해에 대해, 이것은 괜찮다. 하지만, [아바예와 라바] 모두 구덩이를 파기에 적합하지 않은 밭에 동의하지 않는다고 말하는 자들의 견해에 대해, [미쉬나는] 아바예에게는 괜찮지만, 라바에게는 어려움을 제시한다. 라바는 아바예 또는 아마도 라브 예후다가 말했던 것과 [같이], 미쉬나는 '당신 이웃의 벽 옆'을 의미한다고 대답했을 것이다.

[이전 것의] 다른 버전이다. 아바예 또는 아마도 라브 예후다는, 미쉬나가 '당신 이웃의 벽'을 의미한다고 말했다. [아바예와 라바] 모두 만약 밭이 구덩이를 파기에 적합하다면 그는 경계 옆에 [팔] 수 없다는 데 동의한다고 주장하는 자들의 견해에 대해, 미쉬나는 구덩이를 파기에 적합한 밭을 다룬다. 하지만 [아바예와 라바가] 구덩이를 파기에 적합한 밭에 대해 동의하지 않는다고 말하는 자들에 따르면, [미쉬나는] 라바에게는 괜찮겠지만 아바예에게는 어려움을 제시한다. 아바예는, 미쉬나가 그들 둘 다 동시에 파기를 원했던 사례를 다룬다고 대답했을 수 있다.

여기에 [구덩이를 파는 첫 번째 사람이 경계에서 세 손바닥 거리를 둘 필요가 없다는 아바예의 추측이] 잘못이라는 증거가 있다. **부서지기 쉬운 흙에서**[17] 각각은 **경계의 자기 쪽에 파고, 각각은 [그 경계에서] 세 손바닥 떨어지게 유지하며, [그 구덩이를] 석회로 바른다.**

[아바예는], 부서지기 쉬운 흙은 다르다고 [대답할 수 있을 것이다].

이 진술을 한 자는 무엇을 염두에 두었는가? 그는 부서지기 쉬운 흙을 언급할 필요가 있었는데, 왜냐하면 흙이 부서지기 쉽[고, 구덩이는 쉽게 무너질 수 있]으므로, 당신은 더 많은 공간이 필요하다고 생각했을 수도 있기 때문이다. 그는 우리에게 [이것이 그렇지 않다고] 알린다.

또 다른 증거는 다음과 같다. **당신은 당신 이웃의 벽에서 최소한 세 손바닥 거리로 감람 찌꺼기, 똥, 소금, 석회, 바위를 떨어지게 해야만 한다. 그렇지 않으면**

[도랑 쪽에] 회반죽을 발라야 한다. 이유는, [만일 누군가가 벽 바로 옆에 구덩이를 판다면 훼손될 수 있는] 벽이 그에게 있기 때문이다. 여기서 만약 벽이 없었다면 나는 그 경계 [바로] 옆에 [구덩이를] 팔 수 있다는 결론이 나온다.

아니다. 벽이 없다고 해도, 당신은 그 경계 [바로] 옆에 [구덩이를] 팔 수 없다. 그렇다면 미쉬나는 우리에게 무엇을 말하는가? [단순히] 이것들이 벽에 위험하다는 것이다.

또 다른 증거는 다음과 같다. **당신은 당신 이웃의 벽에서 최소한 세 손바닥 거리로 씨앗과 쟁기와 소변을 떨어지게 해야만 한다.** 이유는, 그가 [벽 바로 옆에 이런 것을 놓으면 훼손될] 벽이 그에게 있기 때문이다. 여기서 만약 벽이 없었다면 나는 그 경계 [바로] 옆에 [이런 것들을] 놓을 수 있다는 결론이 나온다.

아니다. 벽이 없다고 해도, 당신은 그 경계 [바로] 옆에 [이런 것들을] 놓을 수 없다. 그렇다면 미쉬나는 우리에게 무엇을 말하는가? [단순히] 축축한 것들은 벽을 위험하게 한다는 것이다.

또 다른 증거는 다음과 같다. **[당신의] 아래 맷돌을 세 손바닥, 즉 위 맷돌에서 [측정된 대로] 네 손바닥 떨어지게 유지해야 한다.** 이유는, [누군가가 벽 바로 옆에 맷돌을 놓으면 훼손될] 벽이 그에게 있기 때문이다. 여기서 만약 벽이 없었다면 나는 그 경계 [바로] 옆에 [내 맷돌을] 놓을 수 있다는 결론이 나온다.

아니다. 벽이 없다고 해도, 당신은 그 경계 [바로] 옆에 [맷돌을] 놓을 수 없다. 그렇다면 미쉬나는 우리에게 무엇을 말하는가? 미쉬나는 우리에게 진동이 벽에 좋지 않다는 것을 말해준다.

또 다른 증거는 다음과 같다. **[당신은] 바닥에서 [측정된 대로 당신의] 화덕을 세 [손바닥 떨어지게] 유지해야 한다.** 이유는, [누군가가 벽 바로 옆에 화덕을 놓으면 훼손될] 벽이 그에게 있기 때문이다. 여기서 만약 벽이 없었다면 나는 그 경계 [바로] 옆에 [내 화덕을] 놓을 수 있다는 결론이 나온다.

아니다. 벽이 없다고 해도, 당신은 그 경계 [바로] 옆에 [화덕을] 놓을 수 없다. 그렇다면 미쉬나는 우리에게 무엇을 말하는가? 미쉬나는 우리에게 뜨거운 공기가 벽에 좋지 않다는 것을 말해준다.

또 다른 증거는 다음과 같다. **당신은 누군가의 창고 아래에 빵집이나 염색 가게를 열 수 없다.** 이유는 창고가 있기 때문이다. 만약 창고가 없다면 당신은 [그 대지에 빵집을 열거나 염색 가게를 열] 수 있다.

[아니다.] 인간의 주거지는 다르다. 만약 당신이 신중하게 생각한다면, [이것이 그렇다는 것을 이해할 것이다]. 왜냐하면, 이와 관련하여 **만약 외양간이 창고보다 앞선다면** [빵집이나 염색 가게를 여는 게] **허용된다**는 가르침을 받았기 때문이다. 18)

또 다른 증거는 다음과 같다. **당신이 나무를 4규빗 떨어지게 하지 않으면, [다른 사람의 밭] 가까이에 나무를 심을 수 없다.** 이와 관련하여 이렇게 가르침을 받았다. **그들은 4규빗이라고 말했는데, 그 이유는 당신이 포도 넝쿨을**19) **돌보는 데 많은 관심을 기울여야 하기 때문이다.** 그 이유는, 포도 넝쿨을 경작하는 데 [공간이] 필요함이 틀림없기 때문이다. [그래서] 만약 포도 넝쿨을 경작할 필요가 없다면, 그 뿌리가 손해를 입힐 수 있더라도 [그 경계] 옆에 [나무를 심을] 수 있다.

[아니다.] 당신은 여기서 무슨 사례에 대해서 말하고 있는가? [이것은 나무와 밭 사이에 뿌리가 퍼지는 것을 방해하는,] 돌이 많은 땅의 [사례이다]. 이에 대한 증거가 있는데, 미쉬나20)는 다음과 같이 진술하기 때문이다. **만약 나무와 밭 사이에 울타리가 있었다면 각각은 울타리 옆에 [자기 나무를 심을] 수 있다.**

만약 그렇다면 다음에서 미쉬나의 끝은 무엇을 의미하는가? **만약 그 뿌리가 그의 이웃 땅에까지 뻗는다면, 그는 뿌리가 쟁기를 방해하지 않도록 세 손바닥 깊이 [까지 뿌리를 잘라내야]만 한다.** 만약[, 당신이 주장하는 대로] 나무와 밭 사이에 돌이 많은 땅이 있다면, 그는 쟁기로 무엇을 해야 할 것인가?

다음이 이것이 의미하는 바이다. 만약 [그것들 사이에] 돌이 많은 땅이 없고, 그 뿌리가 이웃 땅에까지 뻗는다면, 그는 뿌리가 쟁기를 방해하지 않도록 세 손바닥 깊이로 뿌리를 잘라내야만 한다.

또 다른 증거는 다음과 같다. **나무는 최소한 구덩이에서 25규빗 떨어지게 유지해야만 한다.** 그 이유는, 구덩이가 있기 때문이다. 그래서 만약 구덩이가 없다면, 그는 [경계에 더 가까이 나무를 심을] 수 있을 것이다.

아니다. 구덩이가 없다고 해도, 당신은 [경계] 옆에 나무를 심을 수 없다. 그렇다면 미쉬나는 우리에게 무엇을 말하는가? [단순히] 나무의 뿌리는 25규빗 떨어져 있는 구덩이에 손해를 입힐 수 있다는 것이다.

만약 그렇다면 [미쉬나는] 왜 그다음에, **만약 나무가 먼저 거기에 있었다면 [주인은] 나무를 잘라낼 필요가 없다**고 말하는가? 만약 그가 결코 경계 가까이에 심을 수 없다고 한다면, 이것이 어떻게 일어날 수 있는가? 라브 파파가 [다른 것과 관련하여] 말한 대로, 이것은 주인이 나무를 산 것이다. 여기서도 마찬가지로 이것은 주인이 [나무를] 구매한 [사례]이다.

성경의 상속법은 민수기 27장 8-11절과 신명기 21장 15-17절에서 제시된다. 만약 남자가 하나 또는 그 이상의 아들을 남겨두고 죽는다면, 유산은 그들에게 전달되는데, 장자는 두 배의 몫을 받고 딸들은 배제된다. 만약 딸들만 있고 아들들이 없다면, 딸들은 상속을 받는다. 만약 그에게 자녀가 없다면, 그의 형제들이 상속을 받는다. 만약 그에게 형제들이 없다면, 유산은 그의 아버지의 형제들에게 전달된다. 각 사례에서 추정상의 상속자 자손들이 다음의 적합한 계통보다 우선권을 가진다. 예를 들어 만약 아들이 없지만, 어느 성별이든 자녀를 남기고 죽은 딸이 있다면, 그 자녀는 아버지의 형제들보다 우선권을 갖는다.

랍비들은 이것을 두 가지 면에서 수정했다. 그들은 케투바와 아내와 딸들의 생계를 부담하도록 하기 위해 상속 이전에 재산에 부과금을 물렸다. 실제로 이것은 만약 재산이 적다면 아내와 딸들은 혜택을 받겠지만 아들들은 아무것도 받지 못한다는 것을 의미했는데, 이는 9장의 시작에서 지적됐다. 그리고 로마법과 마찬가지로, 그들은 유언장이 없는 유산과 죽은 사람이 유언장을 작성한 유산을 구분했다. 명백하게 성경과 대조되는 수정은 그 사실 때문에 무효가 될 것이므로(Bava Batra 126b), 만약 A와 B가 토라가 지정한 상속자가 아니라면, 유언장은 "나는 A나 B를 내 상속자로 임명한다"라는 형식을 취할 수 없다. 대신에 유언한 사람은 살아있는 동안 효력을 발휘하려면 자기 재산에서 선물을 할당해야만 한다.

또한 베코로트(Bekhorot) 8장을 보라.

8장

미쉬나:

상속과 관련하여 아들과 딸 사이의 유일한 차이점은, [장자가] 아버지 재산의 두 배 몫을 받지만 어머니의 재산은 그렇지 않다는 것이며, 딸들은 아버지의 재산에서 배제되지만 어머니의 재산에서는 그렇지 않다는 것이다.

게마라:

[미쉬나]에서 **아들과 딸 사이의 유일한 차이점**은 무엇을 의미하는가? 미쉬나는 우리에게 [이런 차이점과는 별도로] 아들들과 딸들은 유산의 동일한 권리를 가진다는 것을 말하고 있는가? [명백히 아니다. 왜냐하면] 미쉬나[115a]는, **아들이 딸보다 우선권을 가지며 모든 그의 자손들은 딸보다 우선권을 가진다!**라고 진술했기 때문이다.

라브 나흐만 바 이삭은, 미쉬나가 지적하는 핵심은 아들과 딸 모두 [실제로] 아버지의 소유인 재산에서뿐만 아니라, [현재 아버지의 소유가 아닌, 아버지에게서] 기인하는 재산을 상속한다는 것이라고 말했다.

하지만 이것도 [이미] 미쉬나에서 가르침을 받았다. **슬로브핫 딸들은 [그 땅의] 유산에서 세 가지 몫을 받았다. 즉, 출애굽한 자들 가운데 그들 아버지의 몫과, 그들이 그들 아버지 헤벨의 몫을 상속받았을 때**[21] **그의 형제들 가운데 아버지가 받[았을] 몫의 [두 배]를 받는다.** 게다가 우리 미쉬나는 왜 유일한 차이점이라고 말하는가?

라브 파파는, 이것은 아들과 딸이 동일하게 그들 아버지의 장자로서의 두 배의 몫을 상속받는다는 것을 의미한다고 말했다.[22]

하지만 이것도 [슬로브핫의 딸들에 대한] 미쉬나에서 내포된 것이다. 왜냐하면 미쉬나는, **그가 그들의 아버지[에게서] 상속받은 … [두 배의] 몫**이라고 진술하기 때문이다. 그리고 다시 우리 미쉬나는 왜 '유일한 차이점'이라고 말하는가?

라브 아쉬는 이것이 의미하는 바는 다음과 같다고 말했다. 만약 [그 아버지가], "이 자가 내 모든 소유를 상속하도록 하라!"라고 한다면, 그가 아들들 가운데 한 아들이든 딸들 가운데 한 딸이든 어떤 차이점도 없다. 그의 말은 구속력을 지닌다.

누구에 따르면 [라브 아쉬의 해석이 유효할 것인가]? 랍비 요하난 벤 바로카에 따를 경우이다. 하지만 미쉬나는 이것을 [명백하게] 나중에 [130a]에서 다음과 같이 진술한다. **랍비 요하난 벤 바로카는, 만약 그가 [유일한 상속자로서 토라가] 그에게 상속받을 자격을 부여한 누군가를 [선택했다면], 그의 말은 구속력을 지니지만, 만약 상속받을 자격을 갖추지 않은 누군가를 [유일한 상속자로 선택했다면] 그의 말은 구속력을 지니지 않는다고 말했다.** 만약 당신이 여기서 랍비 요하난 벤 바로카의 의견이 익명으로 주어진다고 제안한다면, 익명의 판결에 논쟁[의 맥락에서] 동일한 판결이 이어질 때, 할라카는 익명의 판결을 따르지 않는다는 [규정이 있다]. 그리고 다시 우리 미쉬나는 왜 '유일한 차이점'을 말하는가?

그래서 마르 바 라브 아쉬는, [미쉬나가] 다음을 의미함이 틀림없다고 말했다. 즉, [장자가] 어머니의 재산은 아니지만, 아버지 재산의 두 배의 몫을 상속받는다는 것을 제외하고는, 아들과 딸은 동등하게 어머니의 재산과 아버지의 재산을 상속할 [자격이] 있다.

랍비들은 다음과 같이 가르쳤다. 자기의 소유에서 그에게는 두 몫을 줄 것이니(신 21:17). 즉, [다른 아들들]이 각각 받는 것의 두 배. 하지만 이것은 전체 재산과 관련하여 '두 배'를 의미하는가? 당신은, [재산이] 한 [형제와 분배될 때] 그의 몫은 두 배이며, 따라서 그의 몫은 다섯 [형제들과 분배될 때] 그의 몫은 [각자가 받은 것의 두 배라고 주장할 수 있다. 또는, 당신은 그가 한 형제와 분배할 때 두 배의 몫, 즉 재산의 3분의 2를 받듯이, 그는 [다른] 다섯이 [함께] 받는 것과 분배할 때, 두 배의 몫, [즉 재산의 3분의 2]를 받는다고 주장할 수 있다. 이런 이유에서 자기의 소유를 그의 아들들에게 기업으로 나누는 날에(신 21:16)라고 한다. 토라는 각 아들과 모든 아들을 유산에 포함한다. 따라서 당신은 후자의 방식으로 해석할 수 없고 오직 전자의 방식으로 해석할 수 있다. 성경은 또한 다음과 같이 진술한다. 이스라엘의 장자 르우벤의 아들들은 이러하니라(르우벤은 장자라도 그의 아버지의 침상을 더럽혔으므로 장자의 명분이 이스라엘의 아들 요셉의 자손에게로 돌아가서 족보에 장자의 명분대로 기록되지 못하였느니라 유다는 형제보다 뛰어나고 주권자가 유다에게서 났으나 장자의 명분은 요셉에게 있으니라)(대상 5:1-2, JPS). 즉 장자의 명분(장자권)은 요셉에게 언급되고, 장자의 명분은 그 세대에게 언급된다. 그래서 요셉의 경우처럼 장자의 명분은 각자가 받는 것의 두 배가 되며, 따라서 세대 전반에서 장자의 명분은 각자가 받는 것의 두 배다. 왜냐하면 [야곱이 요셉에게], 내가 네게 네 형제보다 '한 몫을'(세겜 땅을, 개역개정) 더 주었나니 이는 내가 내 칼과 활로 아모리 족속의 손에서 빼앗은 것이니라(창 48:22)라고 [말했기] 때문이다.

그는 실제로 자기 칼과 자기 활로 그것을 얻으려 애썼는가? 명백히 시편 기자는, [야곱을 위한 승리를 명한다…] 나는 내 활을 의지하지 아니할 것이라 내 칼이 나를 구원하지 못하리이다(시 44:6, JPS)라고 말한다. '내 칼'은 기도를 가리키고, '내 활'은 탄원을 가리킨다.

왜 **또한 다음과 같이 진술한다**고 하는가? 당신은 이것이, [누군가가 상속자로 자격이 있는 자들 가운데 누구라도 지정할 수 있다는] 랍비 요하난 벤 바로카의 견해를 뒷받침했으며, 따라서 이스라엘의 장자 르우벤의 아들들을 인용한다고 생각했을 수도 있다. 그리고 우리가 브코라(b'khora) [장자의 명분]이라는 용어가 브코라토(b'khorato) [그의 장자의 명분]이라는 용어에서 추론할 수 없다고 당신이 생각할 경우를 대비하여, 장자의 명분은 요셉에게 있으니라라는 [명백한 진술]을 인용한다. 당신은, "우리가 요셉 자신이 두 배로 받았는지 어떻게 아는가?"라고 물을 수도 있다. 그래서 그는 내가 네게 네 형제보다 한 몫을 더 주었나니라고 인용한다.

라브 파파는 아바에에게 물었다. 그는 단순히 그에게 여분의 야자 열매를 배분했는가? 아바에는, 당신을 위해 성경은 에브라임과 므낫세는 내 것이라 르우벤과 시므온처럼 내 것이 될 것이요(창 48:5)라고 진술한다고 대답했다.

산헤드린

SANHEDRIN, 법정

이 소책자는 원래 합쳐져 있던 마코트(Makkot)와 함께 법정의 구성, 증인 심사와 증거 평가를 포함한 법정 철자, 징벌을 다룬다. 이 소책자는 부분적으로 역사적인 회상이며, 부분적으로 성경 자료에서의 재구성이며, 부분적으로 메시아 시대에 기대할 수 있는 것에 대한 이상화된 묘사다.

신약 복음서는, 대제사장이 주관했던 법정(산헤드린)에 의한 것으로 추정되는 예수님의 재판에 대해, 다양하게 묘사한 것을 전달한다. 이 묘사들은 묘사들 내에서도 일관되지 않고, 전체적으로 법정 절차에 대한 랍비 자료와도 일치하지 않는다.[1] 어떤 학자가 제안했듯이, 대제사장이 주관하는 것과 '세속적' 재판관이 주관하는 것의 두 가지 산헤드린이 있었는가? 그런 것 같지는 않다. 어쨌든 미쉬나의 규정은 거의 2세기 후에 형성됐는데, 이 규정은 1세기 초, 예수님 당시의 실제적인 절차를 어떻게 설명하는가?

미쉬나는 예루살렘에 있는 하나의 산헤드린을 상정하는데, 이는 힐렐과 같은 사람들이 주관하며, 모세 당시 받았던 대로 토라법을 통치하는 더 작은 법정들의 전국적 제도를 책임진다. 1장은 사형감이 아닌 사건을 재판하는 데 적합한 세 명의 재판관으로 구성된 지역 법정부터, 사형에 해당하는 사건을 재판할 수 있는 23개의 법정까지, 그리고 최고 법원 역할을 하고 민족의 중요한 결정을 하는 권한이 주어진 71명의 원로로 구성된 대법원인 산헤드린까지 포괄하는 법정 제도를 다룬다. 만약 이런 제도가 가능했다면, 미쉬나가 편찬된 시기에는 먼 기억이었을 것이다.

예루살미는 다음과 같이 가르침을 받았다고 진술한다. *성전이 파괴되기 40년 전, 사형에 해당하는 사건을 [재판할 권한을 유대 재판에서] 빼앗겼다. 시므온 벤 요하이의 시대에는 금융 사건을 [재판할 권한을] 빼앗겼다.* [2]

랍비의 계율이 느슨해졌기 때문인지 아니면 유대 재판권이 로마인들에게 제약을 받았기 때문인지, 랍비 엘르아살과 다른 이들의 맹렬한 반대에도 불구하고, 엄격한 재판보다는 중재가 유대 법정에서 기준이 됐다. 기독교 공동체에서도 비슷하게 전개됐는데, 기독교 공동체의 구성원들도 '이교적인' 로마법 아래에서의 판결보다는 감독과 그의 동료들 앞에서의 중재를 선호했다. [3]

1장

미쉬나:

금융 사건은 세 명의 [재판관이] 필요하다. 강도질과 신체적 상해 사건은 세 명의 [재판관이] 필요하다. 손해, 절반의 손해, 두 배와 네 배와 다섯 배의 손해는 세 명의 [재판관이] 필요하다.

강간과 유괴와 비방[4]은 세 명의 [재판관이] 필요하다. 이것은 랍비 메이르의 견해이지만, [대다수의] 현인들은 비방이 중형으로 이어질 수 있다는 것으로 보아, 23개의 법정이 필요하다고 말한다.

게마라:

랍비 아바후는, 만약 두 사람이 금융 사건을 재판한다면 그들의 재판이 무효라는 데 모든 사람이 동의한다고 말했다.

랍비 아바는 랍비 아바후에게 반대했다. [만약 한 명의 재판관이] 재판을 하여, 죄 있는 사람을 무죄라고 선언하거나 무죄한 사람을 유죄라고 선언하거나, 정결

6a

한 것을 부정결하다고 선언하거나 부정결한 것을 정결하다고 선언하면, 그가 행한 것은 이미 행해졌고, 그는 자신의 주머니에서 보상해야만 한다.[5] 그것은 무슨 사건인가? 이것은 소송 당사자가 그를 재판관으로 받아들였던 경우이다. 만약 그렇다면 그는 왜 자기 주머니에서 보상해야만 하는가? 왜냐하면, 그들이 그에게 "토라의 법에 따라 우리를 [올바르게] 재판하소서!"라고 말했기 때문이다.

라브 사프라는 랍비 아바에게 물었다. 그는 어떤 종류의 실수를 했는가? 만약 그것이 미쉬나가 [결정한] 문제라면, 라브 셰셰트는 랍비 아시의 이름으로, 만약 한 재판관이 미쉬나가 [결정한] 문제에서 잘못했다면, 그 재판은 취소돼야만 한다고 말하지 않는가?[6] 그러므로 그 잘못이 의견을 가늠하는 문제였던 경우인 것이 틀림없다.

'의견 가늠하기'는 무엇을 의미하는가? 라브 파파는 이렇게 말했다. 만약 예를 들어, 두 타나임이나 두 아모라임이 그 점에 대해 논쟁했는데, 할라카는 어느 쪽으로든 결정되지 않았지만, 표준 수가는 한 의견과 일치했고, [이 재판관은] 다른 의견을 따랐다면, 이것은 '의견 가늠하기'[의 잘못]일 것이다.

이것은 타나임 사이에서의 논쟁이었는가? 랍비 메이르는, 중재는 세 명의 사정관이 필요하다고 말했다. 현인들은 합의를 위해서는 한 명으로 충분하다고 말한다. 그들 모두가 중재를 재판과 비교한다고 가정해 보자. 그 주장은 [랍비 메이르가] 재판을 위해 세 명을 요구한다는 것이며, 다른 이들은 두 명이 충분하다고 주장한다는 것이지 않는가? 아니다. 모두가 재판을 위해서는 세 명이 필요하다는 데 동의한다. 여기서의 논쟁은 [랍비 메이르가] 중재를 재판과 비교하지만, 다른 이들은 중재를 재판과 비교하지 않는다는 것이다.

아마도 중재에 대해 타나임의 세 가지 [의견이] 있을 것이다. 한 의견은 세 명의 [사정관이] 필요하다고 주장하며, 또 한 의견은 두 명이면 충분하다고 하고, 다른 의견은 한 명만 필요하다고 주장하는가? 어떤 이는 셀레미아의 아들 라브 예이마르라고 하는데, 라브 이카의 아들 라브 아하는 다음과 같이 말했다. 두 명의 [사정관을] 요구하는 [타나는 원리상으로] 한 명에 만족할 것이며, 그는 증인들이 있다는 것을 [보장할 경우에만] 두 명을 요구한다.[7]

라브 아쉬가 말했다. 당신은 여기서 어떤 키냔(qinyan)도 중재된 합의를 [확증하는 데] 필요하지 않다고 추론할 수 있다. 왜냐하면, 만약 키냔이 필요하다면 누군가가 왜 세 명의 [사정관을] 요구해야 하는가? 키냔이 효력을 발휘하는 데는 두 명이면 충분할 것이다.

[그런데도] 할라카는 중재된 협의가 키냔을 필요로 한다는 것이다.[8]

랍비들은 다음과 같이 가르쳤다. 재판은 세 명이 필요하듯이, 중재도 세 명이 필요하다. 일단 판결이 났다면 중재는 허용될 수 없다.

갈릴리 사람 랍비 요세의 아들 랍비 엘르아살은, 타협하는 것은 금지되며, 타협하는 자는 누구든지 죄를 짓는 것이며, 타협하는 자를 축하하는 자는 누구든지 [법을] 모욕하는 것이라고 말한다. 이에 대해 성경은 주님은 타협하는 사람을 축하하는 자를 경멸하신다(탐욕을 부리는 자는 여호와를 배반하여 멸시하나이다, 개역개정)(시 10:3)[9]라고 말한다. 오히려 재판은 하나님께 속한 것인즉(신 1:17)이라고 한 대로, 재판이 산을 꿰뚫게 하라.

모세는, 재판이 산을 꿰뚫게 하라고 말했지만, 그의 입에는 진리의 법이 있었고 그의 입술에는 불의함이 없었으며 그가 화평함과 정직함으로 나와 동행하며 많은 사람을 돌이켜 죄악에서 떠나게 하였느니라(말 2:6)[10]라고 한 대로, 아론은 평화를 사랑하고 평화를 추구하며 사람들을 서로 화해하게 했다.

랍비 여호수아 벤 코르하는, 너희 성문에서 진실하고 화평한 재판을 베풀고(슥 8:16)라고 한 대로, 중재하는 것이 미츠바라고 말한다. 명백히 재판이 있는 곳에 화평이 없으며,[11] 화평이 있는 곳에 재판이 없다. 하지만 어떤 재판이 실제로 화평을 가져오는가? 중재다!

세 명이 사소한 사건을 다루는 지역 법정은, 종종 즉석에서 마련된 시민들의 무리였다.

3장

미쉬나:

금융 사건은 세 [재판관의 법정이 재판한다]. 한 [소송 당사자는] 하나를 정하고, 다른 [소송 당사자가] 하나를 정하고, 둘이 [함께] 다른 하나를 정한다. 이것은 랍비 메이르의 견해이지만, [대다수] 현인들은 두 재판관이 [함께] 다른 하나를 정한다고 말한다.

각각은 다른 이의 재판관을 거부할 수 있다. 이것은 랍비 메이르의 견해이지만, [대다수] 현인들은 이렇게 말한다. 이것이 어디에 적용되는가? 그에게 [재판관들이 소송 당사자들과] 관계된다거나 [그렇지 않으면] 부적합하다는 증거가 있는 경우이다. 그러나 재판관들이 적합하거나 [확립된] 법정이 자격이 있다고 인정하는 경우, 그는 재판관들을 거부할 수 없다.

각각은 다른 이의 증인들을 거부할 수 있다. 이것은 랍비 메이르의 견해이지만, [대다수] 현인들은 이렇게 말한다. 이것이 어디에 적용되는가? [증인들이 소송 당사자들과] 관계된다거나 [그렇지 않으면] 부적합하다는 증거가 그에게 있는 경우이다. 그러나 증인들이 적합한 경우 그는 증인들을 거부할 수 없다.

게마라:

한 [소송 당사자는] 하나를 정하고, 다른 [소송 당사자가] 하나를 정하고, 둘이 [함께] 다른 하나[12]를 정한다는 것의 의미는 무엇인가? 세 명의 [재판관]이 충분하지 않은가? 이것은 한 명이 한 법정을 정하고 다른 이가 다른 법정을 정할 때, 그들은 함께 셋째 법정을 정해야만 하며,[13] 심지어 빌린 자도 주장할 수 있다는 의미이다.

랍비 엘르아살은 [타나임이] 빌려준 자만이 주장할 수 있다고 말하고, 빌린 자는 [빌려준 자의] 마을에 있는 [법정 앞에] 나타날 의무가 있다고 말하지 않았는가? 이것은 랍비 요하난이 "미쉬나는 여기서 시리아에서의 아르카이(archai)[14]를 다루고 있지만 [법은] 전문 법정에 적용되지 않는다"라고 말한 대로임이 틀림없다. 라브 파파는, 이것이 심지어 라브 후나와 라브 히스다의 전문 법정(둘 다 동일한 마을에 있다 - 라쉬[15])과 같은 전문 법정들을 가리킬 수 있다고 말했다. 왜냐하면 그는, 내가 [다른 법정에 심리를 요청함으로써] 당신을 어려움에 처하게 하지 않겠다고 말할 수 있기 때문이다.

하지만 미쉬나는, **현인들은 두 재판관이 다른 하나를 선택한다고** 말한다고 [명백하게] 진술했다. 만약 그 의미가 당신이 제안한 대로였다면, 어떻게 법정들이 각각 [한 소송 당사자에게] 거부된 후에 셋째 법정을 정할 수 있는가? 또한, 당신은 **한 [소송 당사자는] 하나를 정하고, 다른 [소송 당사자가] 하나를 정한다**를 어떻게 이해하는가? 명백히 [미쉬나가] 의미하는 것은 다음과 같다. 각 소송 당사자는 한 재판관을 정하고, 둘은 [함께] 셋째 재판관을 정한다는 것이다.

이런 식으로 하는 이유는 무엇인가? 서쪽에서 그들은 랍비 제이라의 이름으로, 각각은 한 재판관을 선택하고, 그들 사이에서 셋째 재판관을 정하기 때문에 참된 재판이 실현될 것이라고 말했다.

이 소책자의 많은 부분이 사형과 관련된 소송절차에 할애되는데, 이 사형을 성경은 광범위한 범죄에 대해 요구한다. 점령국 로마인들은 사형을 가할 권리를 자신들이 보유하지만, 이것만으로는 마코트(*Makkot*) 7a(570쪽을 보라)에서 가장 강력하게 표현된 랍비적 반감을 설명하지 못할 것이다. 여기에서의 특별한 훈계는 랍비들이 원리상 효과적인 재판을 고려할 때, 범죄자와 죄인들이 처형될 수 있는 상황이 있다고는 받아들였지만, 증거를 신중하게 조사할 필요성을 심각하게 인식했음을 나타낸다. 정황 증거는 받아들일 수 없었을 것이다.

4장

미쉬나:

우리는 어떻게 증인들에게 상황의 심각성을 깊이 새기게 하는가?[16] 중대한 사건의 증인들은 [법정 앞에] 와서 다음과 같이 경고를 받을 것이다. 당신은 추측에 의존하는가? 누군가가 다른 사람이 말한 것을 당신에게 말했는가? 당신은 우리가 당신에게 매우 자세하게 심문하리라는 것을 알고 있는가? 당신은 중대한 사건이 금융 사건과는 같지 않다는 것을 이해해야 한다. 금융 사건에서 죄가 있는 당사자는 돈을 지불하고 용서받는다. 하지만 중대한 사건에서는 그의 피와 그의 후손의 피가 영구적으로 [그 결과]에 달려있다. 우리는 자기 형제를 죽인 가인에게 성경이, 네 아우의 핏(복수)소리가 땅에서부터 내게 호소하느니라(창 4:10)라고 말한다는 것을 발견한다. 여기서 네 아우의 피(단수)가 아니라 피들, 곧 그의 피와 모든 그의 후손들의 피이다('피들'을 설명하는 다른 방법은 그의 피가 막대기들과 돌들에 쏟아졌다는 것이다). 아담이 홀로 창조된 것은, 만약 누구라도 한 생명을 파괴한다면[17] 성경은 이것을 마치 그가 전 세계를 파괴한 것과 같이 간주한다는 것을 당신에게 가르치려는 것이다. 역으로, 만약 누구라도 한 생명을 보존한다면, 성경은 그것을 마치 그가 전 세계를 보존한 것과 같이 간주한다. [한 명의 공통 조상의 창조는] 또한 사람들 사이의 평화로 이어지는데, 왜냐하면 누구도, "내 조상은 네 조상보다 더 컸다"라고 말할 수 없기 때문이다. 이것은 또한 하늘에 많은 권세가 있다고 말하는 이단들을 반박하며, 거룩하신 이, 그분은 찬양받으시리로다, 그분의 위대함을 입증한다. 즉, 사람이 한 거푸집에서 여러 동전을 주조할 때 동전들은 서로 동일하게 나오지만, 왕의 왕 중의 왕,[18] 거룩하신 이, 그분은 찬양받으시리로다, 그분이 아담이라는 거푸집에서 모든 사람을 만들었을 때, 누구도 [정확하게] 서로 닮지 않았다. 그러므로 사람은, "세상은 나를 위해서 창조됐다!"[19]라고 말해야 한다. [반면에,] 만약 당신이, '우리는 왜 이 모든 어려움을 감수해야 하는가?'라고 생각한다면, 성경은 만일 누구든지 저주하는 소리를 듣고서도 증인이 되어 그가 본 것이나 알고 있는 것을 알리지 아니하면 그는 자기의 죄를 져야 할 것이요(레 5:1)라고 말했다. 당신이 여전히, "우리가 어떻게 이 사람의 피에 대해 책임을 질 수 있는가?"라고 말한다면, 성경은 악인이 패망하면 기뻐 외치느니라(잠 11:10)라고 말한다.

게마라:

랍비들은 다음과 같이 가르쳤다. '추측'은 무엇을 의미하는가? 만약 당신이 누군가가 폐허에 들어가는 것을 보고 그를 따라 달려가서, 그가 피가 떨어지는 칼을 그의 손에 들고 있는 것과 어떤 사람이 죽음의 고통 가운데 살해된 것을 발견했다면, 당신은 아무것도 보지 못한 것이다.[20]

한 바라이타는 다음과 같이 진술한다. 랍비 시므온 벤 셰타가 말했다. 만약 내가 한 사람이 다른 사람을 쫓아 폐허에 들어가는 것을 보지 못했다면, 내가 위로를 보게 하소서.[21] 내가 그를 따라 달려가서, 그가 피가 떨어지는 칼을 그의 손에 들고 있는 것과 어떤 사람이 죽음의 고통 가운데 살해된 것을 보았고, 나는 그에게 말했다. 당신, 이 악한 사람아! 누가 이 사람을 죽였는가? 내가 아니면 당신이었다! 하지만 나는 무엇을 할 수 있는가? 그 문제는 내 능력에 있지 않은데, 왜냐하면 토라는 죽일 자를 두 사람이나 세 사람의 증언으로 죽일 것이요 [한 사람의 증언으로는 죽이지 말 것이며](신 17:6)라고 진술하기 때문이다. 사람들의 생각을 아는 자가 그의 동료를 살해한 자를 징벌할 것이다!

그들은, 뱀이 나와서 [그 살인자를] 물고, 그가 죽기 전에 그 장소를 떠나지 않았다고 말했다.

두 미쉬나가 다음 게마라 발췌에 대한 근거로 필요한데, 이는 탈무드에서 명백하게 예수님을 언급하는 몇 안 되는 단락들 가운데 하나이다.[22]

6장

미쉬나:

평결이 결정되면, 그들은 그를 돌로 치기 위해 끌고 나갈 것이다. 처형 장소는 법정에서 가까운데, 이는 그 저주한 사람을 진영 밖으로 끌어내어(레 24:14)라고 하기 때문이다.

[한 관리가] 법정 문에 깃발을 들고 서 있고, 기수가 보이는 곳에 머문다. 만일 누군가가, 내가 그에게 유리하게 말할 게 있다고 말한다면, [그 관리는] 깃발을 흔들고, 기수는 [처형을] 멈추게 하려고 급히 달린다. [피고인이], 나는 나에게 유리

42b

하게 말할 게 있다고 말한다 해도 그가 말한 것에 일리가 있다면, 그들은 네 번이나 다섯 번이라도 그를 다시 데려온다.

미쉬나:

그들이 그에게 유리한 것을 발견한다면 그들은 그를 석방하지만, 그렇지 않다면 그는 투석형에 처하도록 끌려간다.

전령이 그 앞에 가서 [다음과 같이 선언한다]. 아무개가 이런저런 범죄로 투석형에 처하도록 오는 중이며, 아무개가 그에 대한 증인들이다. 그에게 유리한 어떤 것이라도 아는 자가 있다면 나와서 그를 위해 변호하라!

게마라:

아바예는, [증인들이 다른 곳에 있다는 것을] 알고 그 증인들을 반박할 누군가가 있을 수 있으므로, [그 전령이] 또한 날과 때와 장소를 선언해야 한다고 말했다.

전령은 그 앞에 간다. '그 앞에'이지만 '이전'은 아닌가? 한 바라이타는 다음과 같이 진술하지 않는가? 나사렛 예수가 유월절 전날 매달렸다. 그가 [처형되기 전] 40일 동안 전령이 [다음과 같이 선언하며] 나갔다. 나사렛 예수는 마법을 행하고 이스라엘을 [우상숭배로] 잘못 인도한 데 대해 투석형에 처할 것이다. 그에게 유리한 어떤 것이라도 아는 자가 있다면 나와서 그를 위해 변호하라! 그들은 그에게 유리한 어떤 것도 발견하지 못했으며, 그리하여 그는 유월절 전날 매달렸다.

울라가 말했다. 이것이 어떤 종류의 질문인가? 나사렛 예수는 그에게 유리한 주장이 요구됐던 그런 사람이었는가? 그는 사람들을 잘못 인도했고, [이런 사람에 대해] 토라는 애석히 여기지 말며 덮어 숨기지 말고(신 13:8)라고 말한다. [대답은], 예수는 정부와 가까웠으므로 다르게 [취급]받았다는 것이다.

로마법은 로마 시민에게 적용되는 법 '이우스 시빌레'(ius civile)와, 로마 통치를 받는 다른 자유인인 페레그리니(peregrini)에게 적용되는 법 '이우스 겐티움'(ius gentium)을 구분했다. 마찬가지로 유대법에서 유대인으로 인정되는 사람인 '이스라엘 사람'과 여기서 '노아의 자녀'로 불리는 이방인들 사이에 구분이 있다. 탈무드는 노아 사람들은 '노아법'이라고 알려진 엄격한 범위의 법의 지배를 받는다고 주장한다. 모든 인간은 노아를 통한 아담의 후손들이며, 따라서 홍수 이후 노아와 맺은 하나님의 언약(창 9장)[23]뿐만 아니라 아담에게 전달된 법(창 2:16)의 지배를 받는다.

노아법의 개념은 유대 신학에 중대한 결과를 가져온다. 즉, 이것은 본질적인 유대의 '임무'가 이방인들을 가장 온전한 형태로서의 유대교로 개종시키는 것이 아니라 그들이 영적 배경에서 사회 정의를 위한 기본적인 계획인 노아 계명을 실행하도록 하는 것이라는 의미이다. 이는 다른 종교들이 노아 계명을 시인한다면 그 종교들에 대한 긍정적인 평가를 고려한다.

노아 계명의 숫자와 정확한 정의는 아래에서 논의한다.

7장

랍비들은 다음과 같이 가르쳤다. 노아 자녀들에게는 일곱 가지 계명이 주어졌다. 즉, 법, 신성모독, 우상숭배, 성적 부도덕, 피흘림, 절도, 살아있는 [짐승]의 수족을 [먹는 것]에 관한 것이다. 랍비 하나니아 벤 가말리엘은 살아있는 [짐승]의 피도 해당한다고 말한다. 랍비 히드카(Hidqa)는 [짐승들의] 거세도 해당한다고 말한다. 랍비 시므온은 주술도 해당한다고 말한다. 랍비 요세는 노아 자손들은 다음과 같이 주술에 대해 열거된 것은 무엇이든 행하는 게 금지된다고 말한다. [네 하나님 여호와께서 네게 주시는 땅에 들어가거든 너는 그 민족들의 가증한 행위를 본받지 말 것이니] 그의 아들이나 딸을 불 가운데로 지나게 하는 자나 점쟁이나 길흉을 말하는 자나 요술하는 자나 무당이나 진언자나 신접자나 박수나 초혼자를 너희 가운데에 용납하지 말라 … 이런 가증한 일로 말미암아 네 하나님 여호와께서 그들을 네 앞에서 쫓아내시느니라(신 18:9-12, JPS). 즉, 하나님이 그들에게 [이런 관습들을] 금지하지 않았더라면 그들을 징벌하지 않았을 것이다. 랍비 엘르아살은 금지된 혼합물도 해당한다고 말했다. 즉, 노아 자손들은 금지된 혼합물을 입거나 파종하는 것

은 허용되지만, 오직 짐승들을 교잡하고 [다른 종의] 나무를 접목하는 것은 금지된다.[24]

[노아 계명들은] 어떤 [구절에] 근거하는가? 랍비 요하난은, 그 계명들은 주(여호와, 개역개정) 하나님이 그 사람에게 명하여 이르시되 동산 각종 나무의 열매는 네가 임의로 먹되(창 2:16)에서 유래한다고 말한다.

명하여[25]는 내가 그로 그 자식과 권속에게 명하여 여호와의 도를 지켜 의와 공도를 행하게 하려고(창 18:19)라고 한 대로, 법을 가리킨다.

주는 여호와의 이름을 모독하면 그를 반드시 죽일지니(레 24:16)라고 한 대로, 신성모독[의 금지]를 가리킨다.

하나님은 너는 나 외에는 다른 신들을 네게 두지 말라(출 20:3)라고 한 대로, 우상숭배[의 금지]를 가리킨다.

그 사람은 다른 사람의 피를 흘리면 그 사람의 피도 흘릴 것이니(창 9:6)라고 한 대로, 피흘림을 가리킨다.

이르시되는 그들이 말하기를 가령 사람이 그의 아내를 버리므로 그가 그에게서 떠나 타인의 아내가 된다 하자(렘 3:1)라고 한 대로 성적 부도덕을 가리킨다.

동산 각종 나무의 열매는은 훔친 [열매]에서가 아니라는 것이다.

네가 임의로 먹되는 살아있는 [짐승]에게서 [찢은] 수족은 안 된다는 것이다.

랍비 이삭이 [바빌로니아에] 왔을 때, 그는 [추론 가운데 두 가지를] 바꾸었다. [그는 다음과 같이 말했다]. 명하여는 우상숭배를 가리킨다. 그리고 하나님은 법을 가리키는데, 이는 그 집 주인이 '하나님'(재판장, 개역개정) 앞에 가서(출 22:8 JPS)라고 기록됐기 때문이다. 하지만 명하여는 어떻게 우상숭배를 가리키는가? 라브 히스다와 라브 아브디미는 [다음과 같이 논의했다]. 그들 가운데 하나는 그들이 내가 그들에게 명령한 길을 속히 떠나 자기를 위하여 송아지를 부어 만들고(출 32:8)라고 말했고, 다른 이는 에브라임은 '무익한 것을'(사람의 명령, 개역개정) 뒤따르기를 좋아하므로 학대를 받고 재판의 압제를 받는도다(호 5:11)라고 말했다. [어느 구절을 예로 인용하는가에 따라] 어떤 차이가 있는가? 만약 한 이방인이 우상을 만들었지만 그것을 숭배하지 않았다면, 그들이 …

만들고를 인용한 자에 따르면 그는 유죄일 것이다. 하지만 그들이 … 뒤따르기를을 인용하는 자에 따르면, 그가 우상을 추구하고 숭배하지 않는다면 죄가 없을 것이다.

라바가 물었다. 만약 이방인이 우상을 만들었지만 그것을 숭배하지 않았다면, 그는 유죄로 판결될 것이라고 누구라도 실제로 주장하는가? 한 바라이타는 다음과 같이 진술한다. **우상숭배에 대해, 노아 자손은 이스라엘 사람이 범한다면 사형에 처할 이런 범죄에 대해서 유죄로 판결될 것이다. 그는 이스라엘 사람이 범한다면 사형에 처하지 않을 범죄에 대해서는 유죄로 판결되지 않을 것이다.** 이것은 무엇을 제외하는가? 명백히 이것은 이방인이 우상을 만들었지만, 그것을 숭배하지 않은 사례를 제외한다. 라바 파파는 "아니다. 이것은 우상을 포옹하거나 입 맞추는 것을 제외한다"라고 말했다. 어떤 종류의 포옹이나 입 맞추는 것을 말하는가? 만약 포옹이나 입 맞추는 것이 [우상을 숭배하는] 보통 방법이라면, 그는 사형을 당할 것이다. 제외되는 것은 [우상을 숭배하는] 보통 방법이 아닌, 포옹이나 입 맞추는 것이다.

노아 자손들은 실제로 [시민법과 형사법]에 대해 명령을 받았는가? 한 바라이타는 다음과 같이 진술한다. **이스라엘에게는 마라에서 십계명이 주어졌다. 노아 자손들이 인정한 일곱 계명과 그 외의 [시민법과 형사법], 안식일, 부모를 존중하기가 주어졌다. 법은 여호와께서 그들을 위하여 법도와 율례를 정하시고 그들을 시험하실새**(출 15:25)**라고 기록된 대로이며, 안식일과 부모 존중하기는, 네 하나님 여호와가 네게 명령한 대로**(신 5:12,16)**라고 기록되었기 때문이다. 그리고 라브 예후다는 이것이 마라에서 [발생했던 것을] 가리킨다고 말했다.**

라브 나흐만은 라바 바 아부하의 이름으로, [마라에서의 추가적인 법에 대한 언급이] 법정과 증언과 이전 경고를 포괄하는 데 필요했다고 말했다. 만약 그렇다면 [새로운 법이 없는 것으로 보아,] **그 외의 [시민법과 형사법]**의 의미는 무엇인가? 그래서 라바는, 그것은 벌금을 포괄하는 데 필요했다고 말했다. 그렇다 해도 **그 외의 법들**의 의미는 무엇인가? 그래서 라브 아하 바 야곱은, 그것이 이스라엘 사람들에게 모든 성읍과 마을에 법정을 세우라는 명령을 포괄하는 데 필요했다고 말했다.

하지만 노아 자손들은 그렇게 할 필요도 없는가? 한 바라이타는 다음과 같이 진술한다. 이스라엘이 모든 성읍과 마을에 법정을 세워야만 하듯이, 노아 자손들은 모든 성읍과 마을에 법정을 세워야만 한다. 그러므로 라브는 이렇게 말했다. 이 타나는 신성모독과 법을 제외하고 거세와 혼합물을 포함하는 므낫세 학파에 속한다. 왜냐하면, 므낫세 학파에서 다음과 같은 가르침을 받았기 때문이다. 노아 자녀들에게는 일곱 가지 계명이 주어졌다. 즉, 우상숭배, 성적 부도덕, 피흘림, 절도, 살아있는 [짐승]의 수족, 거세, 혼합물이다. 랍비 유다는, 여호와 하나님이 '아담에게'(그 사람에게, 개역개정)[26] 명하여라고 한 대로, 아담에게 오직 우상숭배에 대한 계명만 주어졌다고 말한다. 랍비 유다 벤 바티라는, [그에게] 또한 신성모독[에 대한 계명이 주어졌다]고 말한다. 어떤 이는 또한 법도 주어졌다고 말한다.

라브의 이름으로 라브 예후다에게 돌린 진술은 누구에 따른 것인가? 나는 하나님이라, 나를 모욕하지 말라. 나는 하나님이라, 나를 [다른 신들과] 바꾸지 말라. 나는 하나님이라, 나에 대한 경외함이 너희에게 있을지어다! 이것은 '누군가가 말한 것'에 따른 것이다.[27]

만약 므낫세 학파의 타나가 하나님이 … 명하여 이르시되라는 [구절을] 해석한다면, 그는 다른 [두 계명을] 포함했어야 했다. 만약 그가 그것을 해석하고 있지 않다면, 그는 [그가 열거하는 것들을] 어디에 근거하는가? 그는 이 구절을 해석하는 것이 아니라, 각각을 그 자체의 구절에 근거한다. 우상숭배와 성적 부도덕은 온 땅이 하나님 앞에 부패하여(창 6:11)에서 유래한다. 랍비 이스마엘 학파에서는 부패함이 언급되는 곳마다 이것은 우상숭배와 성적 부도덕을 가리킨다고 가르쳤다. 성적 부도덕은, 이는 땅에서 모든 혈육 있는 자의 행위가 부패함이었더라(창 6:12)라고 기록됐기 때문이며, 우상숭배는 스스로 부패하여 자기를 위해 어떤 형상대로든지 우상을 새겨 만들지 말라(신 4:16)라고 기록됐기 때문이다(다른 이들은 이 구절이 단순히 이런 것들의 방식을 설명한다고 말한다). 피흘림은 다른 사람의 피를 흘리면 그 사람의 피도 흘릴 것이니(창 9:6)라는 구절에서 유래한다(다른 이들은 이 구절이 그들이 어떻게 처형되어야 하는지를 드러낸다고 말한다). 도둑질은 채소 같이 내가 이것을 다 너희에게 주노라(창 9:3)에서 유래한다. 여기서 랍비 레비는, "[개인] 정원의 식물이 아니라, [야생] 식물처럼"이라고 주장했다(다른 이들은 이 구절이 고기 소비를 허용하는 것이라고 말한다). 살아있는 짐승에게 찢긴 수족을 [먹는 것을 금지하는 것은], 그러나 고기를 그 생명 되는 피째 먹지 말 것이니라(창 9:4)라는 구절에서 유래한다(다른 이들은 이 구절이 [노아 자손들에게] 기어 다니는 것을 먹도록 허용한다고 말한다). 거세는 땅에 가득하여 그 중에서 번성하라 하셨더라(창 9:7)에서 유래한다(다른 이들은 이 구절이 단순히 축복이라고 말한다). 혼합물은 새가 그 종류대로(창 6:20)에서 유래한다(다른 이들은 이것이 적절한 무리를 보장하는 것이라고 말한다).

폭력은, 예를 들어 안식일을 더럽히거나 우상숭배하는 것을 막으려는 종교적 목적으로는 용서되지 않는다. 이것은 공격하는 자에게서 희생자를 구하는 데 필요할 경우 필수적이다. 동성이든 이성이든 성적인 공격은 살인과 동등하다.

8장

미쉬나:

이것들은 심지어 그들의 목숨을 희생하고서라도 [죄에서] 보호받는다.[28] 즉, 다른 이를 죽이려고 쫓는 어떤 사람, 또는 다른 남자나 약혼한 여자를 [성관계를 위해] 찾는 남자.[29] 하지만 만일 누군가가 [성관계를 위해] 짐승을 찾거나 의도적으로 안식일을 더럽히려 하거나 우상을 숭배한다면, 당신은 그들의 목숨을 희생해서라도 그들이 [죄에서] 보호받도록 하지 않는다.

게마라:

랍비들은 다음과 같이 가르쳤다. 우리는 만일 누군가가 죽일 의도로 다른 누군가를 쫓고 있다면 당신은 [쫓는 자의] 생명을 희생해서라도 그를 구할 수 있는지 어떻게 아는가? 이것은 우리가 너는 네 형제의 피를 방관하지 말지라(네 이웃의 피를 흘려 이익을 도모하지 말라, 개역개정)(레 19:16)에서 **배우는 것이다.**

이는 그것을 위한 구절인가? 명백히 이것은 한 바라이타가 다음과 같이 가르치는 것을 위한 것이다. **당신이 만약 누군가가 바다에 빠지거나 야생 짐승에게 끌려가거나 강도들에게 공격당하는 것을 본다면, 당신이 그를 구해야 하는지 우리는 어떻게 아는가? 이것은 너는 네 형제의 피를 방관하지 말지라가 의미하는 바이다.** [30]

이것은 옳다. 질문은, "당신이 [공격자의] 생명을 희생하고서라도 구할 수 있다는 것을 우리가 어떻게 아는가?" 하는 것이다. 이것은 약혼한 처녀의 사례에서 더 강력한 논리로 추론된다. 만약 그녀의 명성에 오점을 남길 뿐인 약혼한 처녀의 사례에서, 토라는 당신이 공격자의 생명을 희생하고서라도 그녀를 구해야 한다고 말한다면, 하물며 누군가가 다른 사람을 죽이려고 하는 경우는 더더욱 정당화되지 않겠는가?

하지만 당신은 논리적 추론에 근거하여 형벌을 부과할 수 있는가? [아니다.] 이것은 비유이다. 처녀에게는 아무것도 행하지 말 것은 처녀에게는 죽일 죄가 없음이라 이 일은 사람이 일어나 그 이웃을 쳐죽인 것과 같은 것이라(신 22:26). 이 구절은 우리에게 무언가를 가르치지만, 그 자체로 '배운다'. 이 구절은 살인자를, 약혼한 처녀를 [강간한 누군가]에 비유한다. 당신이 공격자의 목숨을 희생하고서라도 약혼한 처녀를 구할 수 있듯이, 당신은 공격자의 생명을 희생하고서라도 [잠재적인] 살인 희생자를 구할 수 있다.

하지만 [당신이 공격자의 생명을 희생하고서라도] 약혼한 처녀를 [구할 수 있는지] 우리는 어떻게 아는가? 이것은 랍비 이스마엘 학파에서 배운 것인데, 그 약혼한 처녀가 소리질러도 구원할 자가 없었음이니라(신 22:27)라고 랍비 이스마엘 학파에서 가르치기 때문이다. **하지만 누군가가 그녀를 구할 위치에 있었다면 그는 [필요한] 어떤 수단이라도 사용할 수 있다.**

더 깊은 논의는 순교라는 주제로 이어진다. [31]

74a　랍비 요하난은 랍비 시므온 벤 예호체데크(Simeon ben Yehotzedeq)의 이름으로 다음과 같이 말했다. 그들은 룻다에 있는 베이트 니체(Beit Nitze')의 윗방에서, 만일 누군가가 토라의 계명을 어기지 않는 한 죽음의 위협을 당한다면, 그는 우상숭

배와 성적 부도덕과 피흘림의 경우를 제외하고는 죽음을 감수하기보다는 어겨야 한다고 단호하게 투표했다.

그렇다면 그는 [죽음의 고통에서조차도] 우상을 숭배하지 않아야 하는가? 하지만 한 바라이타는 다음과 같이 진술한다. **랍비 이스마엘**은 "만약 그들이 누군가에게 '우상을 섬겨라. 그렇지 않으면 죽임을 당할 것이다'라고 말했다면, 그가 우상을 숭배하고 죽임을 당하지 않아야 한다는 것을 우리는 어떻게 아는가?"라고 말했다. 성경은 너희는 내 규례와 법도를 지키라(레 18:5)라고 말하며, 당신은 그것들에 의해 죽지 않을 것이다. 이것은 공적으로도 사실일까? [아니다!] 그런 이유에서 성경은 너희는 내 성호를 속되게 하지 말라 나는 이스라엘 자손 중에서 거룩하게 함을 받을 것이니라(레 22:32)라고 말한다.

[룻다에 있는 랍비들은] 한 바라이타가 다음과 같이 진술하는 대로, 랍비 엘리에셀을 따르고 있다. **랍비 엘리에셀**은, 너는 마음을 다하고 '목숨'(뜻, 개역개정)을 다하고 '부32)'를(힘을, 개역개정) 다하여 네 하나님 여호와를 사랑하라(신 6:5)라고 말한다. 만약 너는 마음을 다하고라고 말한다면, 왜 부를 다하여라고 말하는가? 그리고 만약 부를 다하여라고 말한다면, 왜 목숨을 다하여라고 말하는가? 자기 재산보다 자기 생명을 더 가치 있게 여기는 누군가에게, 목숨을 다하여라고 말한다. 자기 생명보다 자기 재산을 더 가치 있게 여기는 누군가에게 부를 다하여라고 말한다.

성적 부도덕과 피흘림은 랍비가 말한 대로, [죽음의 고통에서 금지된다]. 왜냐하면, 한 바라이타가 다음과 같이 읽기 때문이다. **랍비**는 이 일은 사람이 일어나 그 이웃을 쳐죽인 것과 같은 것이라(신 22:26)라고 말한다. 우리는 살인자의 [사례]에서 무엇을 배우는가? 이 구절은 우리에게 무언가를 가르치지만, 그 자체로 '배운다'. 이 구절은 살인자를, 약혼한 처녀를 [강간한 누군가]에 비유한다. 당신이 공격자의 목숨을 희생하고서라도 약혼한 처녀를 구할 수 있듯이, 당신은 공격자의 생명을 희생하고서라도 [잠재적인] 살인 희생자를 구할 수 있다. 그리고 이것은 약혼한 처녀를 [강간한 누군가]를 살인자에 비유한다. 당신은 살인을 범하기보다는 죽임을 당해야 하듯이, 당신은 [약혼한 처녀와 성관계를 하기]보다는 죽임을 당해야 한다.

당신이 다른 누군가를 죽이기보다는 죽임을 당해야 한다는 것을 우리는 어떻게 아는가? 추론에 의해서다. 한 남자가 라브에게 와서, 내 마을의 시장이 내게 누군가를 죽이라고 명령했고, 내가 그것을 하지 않으면 그가 나를 죽이겠다고 [했다]고 말했다. 라바는, 당신은 당신이 또 다른 사람을 죽이기보다는 그가 당신을 죽이도록 해야만 한다고 대답했다. 당신은 왜 당신의 피가 다른 사람의 피보다 더 진하다고 생각하는가? 아마도 그의 피가 더 진할 것이다!

라브 디미가 [바빌로니아에] 왔을 때, 그는 랍비 요하난의 이름으로 말했다. 이 모두가 공식적인 [처형]의 때가 아니라 정부가 [유대인들을] 박해하고 있던 시기라면, 당신은 작은 미츠바를 어기는 것보다는 죽임을 당해야만 한다.

라브 라빈이 [바빌로니아에] 왔을 때, 그는 랍비 요하난의 이름으로 말했다. 이 모두는 개인적으로 적용되지만, 만약 그것이 공개적이라면, 당신은 작은 미츠바를 어기는 것보다는 죽임을 당해야만 한다.

이 마지막 장(미쉬나에서 이것은 열 번째에 위치한다)은 아가다의 거대한 창고다. 이 장은 고전적인 랍비 문헌에서 어디에서든 명확하게 신조에 가장 근접한 것으로 시작한다. 마이모니데스는 1160년경 미쉬나에 대한 자신의 아랍어 주석에서, 가장 영향력 있는 신앙의 13가지 원리를 이 지점에서 소개했다.

몇 페이지는 메시아(마시아흐[mashiah]는 '기름 부음 받은 이'를 의미한다), 즉 평화와 영성으로 온 세상을 다스릴 다윗 혈통의 군주에 할애했다. 그는 그리스도인들이 이해하는 대로의 하나님의 성육신이 아니다. 여기서의 발췌는 메시아가 언제 기대될 수 있는지에 대한 성찰의 과정에서 나온다. 세상 역사에 대한 6,000년 또는 7,000년이라는 고정된 틀의 개념은 초기 유대 문헌에서 뿌리를 두고 있다. 그리스도인들 가운데 이것은 천년왕국설로 발전하게 됐다. 33)

11장

미쉬나:

90a 모든 이스라엘 사람들은 네 백성이 다 의롭게 되어 영원히 땅을 차지하리니 그들은

내가 심은 가지요 내가 손으로 만든 것으로서 나의 영광을 나타낼 것인즉(사 60:21)이라 고 하는 대로, 다가올 세상에³⁴⁾ 참여한다. 하지만 다음과 같은 자들은 다가올 세 상에 참여하지 못할 것이다. 곧, [죽은 자의] 부활이 토라에 [언급되어] 있음을 부 인하는 자, 토라가 하늘에서 오는 것을 부인하는 자, 쾌락주의자들이 이에 해당 한다. 랍비 아키바는 "정경 이외의 글을 읽는 누구든지"라고 말한다. 또한, 내가 애 굽 사람에게 내린 모든 질병 중 하나도 너희에게 내리지 아니하리니 나는 너희를 치료하 는 여호와임이라(출 15:26)라고 말하면서 상처에 주문을 외는 자도 해당한다. 아바 사울은 "또한 하나님의 네 글자 이름을 말하는³⁵⁾ 자는 누구든지"라고 말한다.

세 명의 왕과 네 명의 평민은 다가올 세상에 참여하지 못한다. 세 명의 왕은 여 로보암과 아합과 므낫세이지만, 랍비 유다는 므낫세가 다가올 세상에 참여한다 고 말했다. 왜냐하면, 기도하였으므로 하나님이 그의 기도를 받으시며 그의 간구를 들으시사 그가 예루살렘에 돌아와서 다시 왕위에 앉게 하시매(대하 33:13, JPS)라고 기 록됐기 때문이다. [다른 랍비들은,] 그가 자신의 왕국에 회복됐지만, 다가올 세상 에는 아니라고 [말했다]. 네 명의 평민들은 발람과 도엑과 아히도벨과 게하시다.

게마라:

엘리야 학파에서는 다음과 같이 가르쳤다. 세상은 6,000년간 지속할 것이다. 2,000년은 황폐하고, 2,000년은 토라의 해이며 2,000년은 메시아의 해다. 우리 죄 때문에, 지나간 [해는] 이미 사라졌다.³⁶⁾

엘리야는 경건한 자 라브 살라(Rav Sala)의 형제인 라브 예후다에게 물었다. 세 상은 적어도 85희년 주기를 지속할 것이며, 다윗의 아들은 마지막 아들로 나타날 것이다.³⁷⁾ [라브 예후다가] 물었다. [주기의] 시작인가, 아니면 끝인가? 그는, 나 는 모른다고 대답했다. 완결될 것인가, 그렇지 않을 것인가? 나는 모른다.

라브 아쉬는 이렇게 말했다. [엘리야가] 그에게 말한 것은, 이 시간 전에는 [메시아를] 기대하지 말고, 이 시간부터는 계속 그를 찾으라는 것이었다.

라브 하난 바 타흐리파(Rav Ḥanan bar Taḥlifa)는 라브 요세프에게 다음과 같 이 소식을 전했다. 나는 앗수르 문자로 된 거룩한 글이 기록된 두루마리를 나르고 있는 한 사람을 만났다.[38] 나는 그에게 그것을 어디에서 얻었는지 물었고, 그는 내게 자신이 로마 용병이었으며, 그것을 로마 창고에서 발견했다고 말했다. 거기에는 다음과 같이 기록되어 있었다. 세상이 창조된 지 4,291년 후, 세상이 멈출 것이다.[39] 바다 괴물들 사이에 전쟁이 있고, 곡과 마곡의 전쟁이 있을 것이며, 그후에 메시아의 날이 있을 것이다. 거룩하신 이, 그분은 찬양받으시리로다, 그분이 7,000년 후까지는 세상을 새롭게 하지 않을 것이다[40](라바의 아들 라브 아하는, 정확한 읽기는 5,000년이라고 말했다).

다음과 같이 가르침을 받았다. 랍비 나단은, 다음의 구절이 깊은 곳까지 파고든다고 말했다. 이 묵시는 정한 때가 있나니 그 '종말에는 헐떡거리겠고'(종말이 속히 이르겠고, 개역개정) 결코 거짓되지 아니하리라 비록 더딜지라도 기다리라 지체되지 않고 반드시 응하리라(합 2:3).[41] 이것은 한 때와 두 때와 반 때(단 7:25)를 해석한 우리 랍비들이 [생각한] 대로가 아니다. 그리고 주께서 그들에게 눈물의 양식을 먹이시며 많은 눈물을 마시게 하셨나이다(시 80:5)를 해석한 랍비 심라이가 [생각한] 대로도 아니다. 조금 있으면 내가 하늘과 땅과 바다와 육지를 진동시킬 것이요(학 2:6)를 해석한 랍비 아키바가 [생각한] 대로도 아니다. 하지만 첫 왕국은 70년이었고, 둘째 왕국은 52년이었고, 바 코지바(Bar Kozība)의 왕국은 2년 반이었다.[42]

그 종말에는 헐떡거리겠고 결코 거짓되지 아니하리라는 실제로 무엇을 의미하는가? [이것은], "종말을 계산하는 자들이 [그들의 마지막] 숨을 헐떡거리게 하소서!"를 [의미한다]. 왜냐하면, 그들은 "정한 때가 왔고, [메시아가] 아직 도달하지 않았으므로, 그는 결코 오지 않을 것이다!"라고 말하기 때문이다. 하지만 비록 더딜지라도 기다리라고 한 대로, 계속 희망을 가져라. 만약 당신이, 우리는 그를 기다리지만, 그는 [우리를] 기다리지 않는다고 생각한다면, 성경은 그러나 여호와께서 기다리시나니 이는 너희에게 은혜를 베풀려 하심이요 일어나시리니 [이는 너희를 긍휼히 여기려 하심이라 대저 여호와는 정의의 하나님이심이라 그를 기다리는 자마다 복이 있도다](사 30:18)라고 말한다. 만약 우리가 그분을 기다리고 그분이 우리를 기다리신다면, 무엇이 그분이 오시는 것을 막고 있는가? 정의의 [신적인] 속성이 그분을 막는다. 만약 정의의 속성이 길을 막고 있다면, 우리는 왜 [희망 가운데] 기다리는가?

기다릴 때, 그를 기다리는 자마다 복이 있도다라고 한 대로, 보상이 있다. [43]

아바예는, 그를 기다리는 자마다 복이 있도다라고 기록된 대로, 각 세대에서 셰키나를 받을 가치가 있는 고결한 사람들이 최소한 36명이 된다고 말했다. 여기서 '기다리는 자'의 숫자 가치가 36이다.

이것이 옳을까? 라바는, 거룩하신 이, 그분은 찬양받으시리로다, 그분 앞에 서 있는 세대가 그 사방의 합계는 만 팔천 척[44]이라(겔 48:35)라고 하는 대로, 강력한 18,000명이라고 말하지 않았는가? 문제가 되지 않는다. [36명이] 맑은 유리에서 보는 것처럼 그분을 보고, 18,000명이 맑지 않은 유리에서 그분을 본다.

그러나 히스기야는 라브 이르미야가 랍비 시므온 바 요하이의 이름으로 다음과 같이 말한 것을 보고하지 않았다. 나는 오를 자들을 보았으며 그들은 매우 적었다. 만약 천 명이 있다면, 나와 내 아들은 그들 가운데 있다. 만약 백 명이라면 나와 내 아들은 그들 가운데 있다. 만약 두 명만이라면, 그들은 내 아들과 나다. 문제가 안 된다. 이들은 [오직] 허락을 받아 [하나님의 존전]에 오른다. 저들은 허락이 필요하지 않다.

라브는, 모든 종말이 지나갔고, 문제는 이제 오직 참회와 선행에 달려있다고 말했다. 쉬무엘은, 애도하는 자가 애도하게 하는 것으로 충분하다고 말했다.

이것은 타나임의 [논쟁]과 같다. 랍비 엘리에셀은, 만약 이스라엘이 회개한다면 그들은 속량될 것이며, 회개하지 않는다면 그들은 속량되지 않을 것이라고 말했다. 랍비 여호수아는 다음과 같이 말했다. 만약 이스라엘이 회개하지 않는다면 그들은 속량되지 않을 것이다. 그러나 거룩하신 이, 그분은 찬양받으시리로다, 그분이 그들에게 왕을 세울 것인데, 그 왕의 법령은 하만의 법령만큼이나 잔인하여, 그들은 회개하고 선한 길로 돌아올 것이다.

마코트

MAKKOT, 태형

이 소책자는 다음과 같이 거짓 증언의 사건으로 시작한다.

만일 위증하는 자가 있어 어떤 사람이 악을 행하였다고 말하면 ⋯ 그 증인이 거짓 증거하여 그 형제를 거짓으로 모함한 것이 판명되면 그가 그의 형제에게 행하려고 꾀한 그대로 그에게 행하여 너희 중에서 악을 제하라(신 19:16, 18-19).

만약 두 쌍의 증인들이 충돌하는 증언을 한다면, 왜 한 쌍의 증언을 다른 한 쌍의 증언보다 선호하는가? 게다가 그들이 피고인에게 하려고 계획한 것을 증인들에게 행하는 것이 가능하지 않을 수 있다. 예를 들어, 만약 그들이 코헨이라고 주장하는 누군가가 이혼한 사람의 아들이었다고 증언하여 제사장직에서 제외됐다면, 당신은 코헨이 아닌 증인에게 어떤 징벌을 가할 수 있는가? 증인이 코헨이라고 하더라도, 이 징벌이 그의 후손들에게도 미칠 것으로 보아, 그를 제사장직에서 내쫓는 것이 옳은가?

충돌하는 증언 문제는, 직접적인 모순이 없던 사례에 규칙을 제한함으로써 다뤘다. 즉 둘째 쌍의 증인은 첫째 쌍의 증인이 추정된 범죄의 시간에 다른 장소에서 그들과 함께 있었으므로 아마도 목격할 수 없었을 것이라고 증언했다. 첫째 쌍은 '모순된' 증인들이 아니라, '거짓' 증인들이다. 둘째 문제는 거짓 증인에게 39회 채찍질의 처벌을 부과함으로써 다뤘다. 이 소책자의 많은 부분은 이러한 지정된 처벌을 받는 범죄를 검토한다.

1장

미쉬나:

거짓 증인들에게 그들이 다른 이들에게 의도한 처벌이 어떻게 가해지는가? [만약 그들이], 우리는 아무개가 이혼한 자의 아들이거나 할리차를 받은 여자의 아들이라고 증언한다고 [말했다면],[1] 우리는 그들이 다른 이에게 의도했던 대로 이혼한 사람의 아들이나 할리차를 받은 여자의 아들의 [지위를] 그들이 [가지게] 하라고 말하지 않지만, 그들은 39회의 채찍질을 받는다.

[만약 그들이], 우리는 아무개가 추방을 당할 [범죄에 대해 유죄]라고 증언한다고 [말했다면],[2] 우리는 이들을 그들의 장소에서 추방하라고 말하지 않지만, 그들은 39회의 채찍질을 받는다.

게마라:

[미쉬나는,] 거짓 증인들에게 그들이 다른 이들에게 의도한 처벌이 어떻게 가해지는가?라고 [말했다]. 명백히 미쉬나는 거짓 증인들에게 그들이 다른 이들에게 의도한 처벌이 어떻게 가해지지 않는가!라고 말했어야 했다. 게다가, 미쉬나는 나중에 이렇게 말한다.[3] 하지만 만약 그들이 "당신들이 그날 이런저런 장소에서 우리와 함께 있었던 것으로 보아, 당신들은 어떻게 증언할 수 있는가?"라고 말했다면, 그런 식으로 그들의 거짓이 증명된다.

타나는 다음과 같은 그의 이전 진술을 언급하고 있다. [중대한 사건에서] 모든 거짓 증인들은, 코헨의 딸에 대한 거짓 증언과 그녀와 성관계를 한 자에 대해 [거짓 증언을 한] 거짓 증인들을 제외하고, [그들이 피고인에게 의도했던] 처형 형태를

당한다.[4) [타나는 다음과 같이 우리에게 말한다]. 이 거짓 증인들은 다른 사형을 당하며, 또 다른 거짓 증인들이 있는데 그들은 상응하는 처벌을 받지 않고 채찍질을 받는다. 즉 [만약 그들이], 우리는 아무개가 이혼한 자의 아들이거나 할리차를 받은 여자의 아들이라고 증언한다고 [말했다면], 우리는 그들이 다른 이에게 의도했던 대로 이혼한 사람의 아들이나 할리차를 받은 여자의 아들의 [지위를] 그들이 [가지게] 하라고 말하지 않지만, 그들은 39회의 채찍질을 받는다.

[그것이 법이라는] 것을 우리가 어떻게 아는가? 랍비 여호수아 벤 레비는, [그] 이유는 토라가 그가 그의 형제에게 행하려고 꾀한 그대로 그에게 행하여라고 말하기 때문이라고 설명했다. 여기서 '그에게'이지만 '그의 후손에게'는 아니다. 그렇다면 제사장직에서 그의 후손들이 아니라 그만 홀로 자격을 박탈하는 것은 어떤가? 성경은 그가 그의 형제에게 행하려고 꾀한 그대로라고 말하는데, 그것은 [그가 꾀한 것은 아닐 것이다.

바 페다는, 한층 더 강력한 이유로 다음과 같이 주장할 수 있다고 말한다. 만약 할랄을 만든 사람이 그 자신이 할랄이 되지 않는다면,[5) 명백히 누군가를 할랄로 만들려고 의도했지만 그렇게 하지 못한 [증인들은] 그 자신이 할라림이 되지 못한다! 라비나는, "만약 이것이 유효한 주장이라면, 당신은 거짓 증인들의 범주를 폐지할 것이다!"라고 반대했다. [왜냐하면 당신은 일반적으로 다음과 같이 주장할 수 있기 때문이다.] 만약 돌을 던져 죽음을 초래한 누군가가, 돌에 맞는 사형에 처하지 않는다면, 명백히 돌을 던져 죽음을 초래하려고 의도했지만 그렇게 하지 못한 자는 돌에 맞는 사형에 처하지 않아야 한다![6) 그래서 [여호수아 벤 레비의] 첫 번째 주장이 선호된다.

산헤드린에는 사형에 대한 이야기가 너무 많아서 사형이 흔히 일어나는 일이라는 인상을 받을 수 있다. 미쉬나는 이것을 수정한다.

미쉬나:

7a   만약 선고가 내려졌고, 유죄 선고를 받은 사람이 달아나서 그 후에 같은 법정에 끌려왔다면, 그들은 이전 재판도 고려한다.

두 증인이, 우리는 이런저런 법정에서 아무개에게 선고가 내려졌고, A와 B는 [기소자 측의] 증인이었다고 진술할 때마다, [피고인은 그에 근거하여] 처형된다.

산헤드린은 그 땅 안과 밖 모두에서 운용된다.

7년에 한 번 사형을 실시한 어떤 산헤드린도 잔인한 [산헤드린]으로 알려진다. 랍비 엘르아살 벤 아자리아는, 70년에 한 번이라고 말한다. 랍비 타르폰과 랍비 아키바는, 우리가 산헤드린에 있었다면 누구도 일찍이 사형에 처하지 않았을 것이라고 말한다. 라반 시므온 벤 가말리엘은, 그들은 이스라엘에서 피흘림을 증가시킬 것이라고 설명했다.

게마라:

동일한 법정은 이전 재판도 고려한다. 이것은 또 다른 법정이 이전 재판도 고려하리라는 것을 의미하는가? [이것은] 미쉬나의 나중 부분[과 충돌하는데], 미쉬나는 우리는 이런저런 법정에서 아무개에게 선고가 내려졌고, A와 B는 [기소자 측의] 증인이었다고 진술할 때마다, [피고인은] 처형된다라고 말한다. 아바예는 "그것은 문제가 안 된다. 한 바라이타가 다음과 같이 가르치는 대로, 한 법은 그 땅을 위한 것이고 다른 법은 그 땅 밖을 위한 것이다"라고 말했다. 랍비 유다 벤 도스타이는 랍비 시므온 벤 셰타의 이름으로 말한다. 만약 유죄 선고를 받은 사람이 [이스라엘] 땅에서 다른 곳으로 달아났다면, 그에 대한 평결이 무시되지 않으며, 만약 그가 다른 곳에서 그 땅으로 달아났다면, 그 평결은 무시된다. [그리고 그는] 이스라엘 땅이라는 장점 때문에 [다시 재판을 받는다].

산헤드린은 그 땅 안과 밖 모두에서 운용된다. 우리는 이것을 어떻게 아는가? 랍비들은 다음과 같이 가르쳤다. 이는 너희의 대대로 거주하는 곳에서 판결하는 규례라(민 35:29, JPS). 여기서 우리는 산헤드린이 그 땅 안과 밖 모두에서 운용된다는 것을 배운다. 만약 그렇다면, 왜 네 성중에서(신 17:8)라고 말하는가? '네 성중에서' 당신은 모든 구역과 모든 마을에 법정을 세워야 한다. 그 땅 밖에서 당신은 모든 구역에 세워야 하지만, 모든 마을은 아니다.

7년에 한 번 사형을 실시한 어떤 산헤드린도 잔인한 산헤드린으로 알려진다.

그들은 "70년에 한 번은 잔인한 것으로 간주하는가, 아니면 보통인 것으로 간주하는가?"라고 물었다. 어떤 대답도 주어지지 않았다.

랍비 타르폰과 랍비 아키바는, 우리가 산헤드린에 있었다면 누구도 사형에 처하지 않았을 것이라고 말한다. 그들은 어떻게 이것을 보장할 수 있는가? 랍비 요하난과 랍비 엘르아살은 둘 다 "그들은 '[피고인이] 죽어가는 사람을 죽였는가, 아니면 건강한 사람을 죽였는가?'라고 물었을 것이다"라고 말했다. 만약 당신이 그가 건강했다고 주장했다면, 아마도 칼이 [희생자가] 이미 찔렸던 곳으로 들어갔을 것이다. [7] 그들은 성관계가 연루된 사건을 어떻게 다루었는가? 아바예와 라바는 둘 다 "[그들은] '당신이 막대기 위의 화장 먹을 보았는가?'라고 물었을 것이다"라고 말했다. [다른 랍비들은] 어떻게 이런 사건을 판결할 수 있는가? 쉬무엘은, 그들이 간음을 범하고 있는 것 같을 때, 간음자들과 함께한 사건이라고 말했다. [8]

현인들이 토라를 토라의 본질적인 계명들로 '축소'한다는 몇몇 보고가 있다. 하나는 힐렐의 이름으로 샤바트(*Shabbat*) 31a에 인용된다. 아키바는 토라를 *네 이웃 사랑하기를 네 자신과 같이 사랑하라*(레 19:18)로 '축소'하고, 벤 아자이는 *이것은 '인류 이야기의'*(아담의 계보를 적은, 개역개정) *책이니라*(창 5:1)[9]라는 더욱 보편적인 것으로 축소한다. 다음 단락에서 초점은 미츠보트에 있다. 미츠보트가 많은 것에 관해서는 어떤 방어가 있다. 미츠보트를 단순히 부담으로 간주했던 그리스도인들과 이교도들에게서 그것은 자주 조롱의 대상이었다. 3세기 말 613개가 있었다는 랍비 시믈라이의 주장에는, 계명들을 점차 하박국의 하나로 축소하는 예언적 진술이 뒤따른다. 다른 곳에서 시믈라이 자신은, 토라가 인자함으로 시작하고 마무리하는 것을 관찰한 것으로 보고된다(*Sota* 14a).

중세 주석가들은 계명의 숫자가 축소될 수 있다는 개념에 불편해했다. 라쉬는 후속 세대들이 더 이상 너무 많은 것을 대처할 수 없다는 의미에서 이 단락을 해석한다. 그러나 사무엘 에델스(*Samuel Edels*, 1555-1631년)와 다른 이들은 현인들이 과도함을 포기한 것이 아니라 오히려 토대를 이루는 원리들이 더 작은 숫자로 요약됐음을 말하고 있다고 설명한다.

3장

미쉬나:

일단 그들이 태형에 처하게 되면, 못할지니 … 네가 네 형제를 경히 여기는 것이 될까 하노라(신 25:3)라고 한 대로, 카레트(karet)하기 쉬운 모두는 카레트에서 면제된다. 일단 그가 태형에 처하면, 그는 [다시] 당신의 형제다. 이것은 랍비 하나니아 벤 가말리엘의 의견이다. 랍비 하나니아 벤 가말리엘은 또한, 사람이 죄를 지을 때, 그는 죄를 위해 자기 목숨을 버린다고 말했다. 그렇다면 하물며 미츠바를 행하는 누구에게든지 생명이 주어지지 않겠는가. 랍비 시므온은, 당신은 한 단락에서 이것을 배울 수 있다고 말한다. 즉, 계명을 어기는 자들에 대해, 이 가증한 모든 일을 행하는 자는 그 백성 중에서 끊어지리라(레 18:29)라고 기록된다. 하지만 [계명을 지키는 자들에 대해서는], 너희는 내 규례와 법도를 지키라 사람이 이를 행하면 그로 말미암아 살리라(레 18:5)라고 말한다. 그러므로 순종하며 죄를 삼가는 자는 누구든지 미츠바를 행하는 자와 같이 보상을 받는다.

23b

[마찬가지로,] 랍비 [유다 하-나시]의 아들 랍비 시므온은, 성경이 다만 크게 삼가서 그 피는 먹지 말라 피는 그 생명인즉…(신 12:23)이라고 말한다고 한다. 이제 만약 당신이 사람들이 불쾌감을 느끼는 피를 삼가는 일에서 보상을 받는다면, 하물며 당신과 모든 미래 세대는 사람들이 바람직하고 솔깃하다고 느끼는 도둑질과 성적 부도덕을 삼가는 일에서 보상을 받지 않겠는가.

랍비 하나니아 벤 아카샤는 다음과 같이 말한다. 거룩하신 이, 그분은 찬양받으시리로다, 그분이 공로에 [대한 기회를] 이스라엘에게 주시기를 원했으며, 따라서 그분은 여호와께서 '그를 옹호하려고'10)(그의 의로 말미암아, 개역개정) 기쁨으로 '토라를'(교훈을, 개역개정) 크게 하며 존귀하게 하려 하셨으나(사 42:21)라고 말한 대로, 그들에게 수많은 계명이 있는 토라를 주셨다.

게마라:

랍비 시플라이는 다음과 같이 설명했다. 613개의 미츠보트가 모세에게 공표됐는데, 태양년의 365일과 일치하는 365개의 금지사항과 신체의 248부분과 일치하는 248개의 긍정적 계명이 있다. [11]

라브 함누나가 말했다. [이것이] 무슨 구절에 [근거하는가]? 모세가 우리에게 '토라를 유산으로 명령하였더라'(율법을 명령하였으니 곧 야곱의 총회의 기업이로다, 개역개정)(신 33:4). '토라'[라는 단어]의 숫자 가치는 611이며, [게다가] 우리는 전능하신 이에게 직접 나는 … [네 하나님 여호와니라] 너는 [나 외에는 다른 신들을] 네게 두지 말라(출 20:2-3)라는 말씀을 듣는다.

다윗이 왔을 때, 그는 그것들을 다음과 같이 기록된 대로 열하나로 줄였다. [다윗의 시]. 여호와여 주의 장막에 머무를 자 누구오며 주의 성산에 사는 자 누구오니이까 정직하게 행하며 공의를 실천하며 그의 마음에 진실을 말하며 그의 혀로 '악에게 내어주지 아니하며'(남을 허물하지 아니하고, 개역개정) 그의 이웃에게 악을 행하지 아니하며 '자기 친척 때문에 타고난 비난의 대상이 되며'(그의 이웃을 비방하지 아니하며, 개역개정) 그의 눈은 망령된 자를 멸시하며 여호와를 두려워하는 자들을 존대하며 그의 마음에 서원한 것은 해로울지라도 변하지 아니하며 이자를 받으려고 돈을 꾸어주지 아니하며 뇌물을 받고 무죄한 자를 해하지 아니하는 자이니 이런 일을 행하는 자는 영원히 흔들리지 아니하리이다(시편 15편, JPS).

정직하게 행하며. 이는 아브라함이며, 그에 대해 너는 내 앞에서 행하여 완전하라(창 17:1)라고 기록됐다.

공의를 실천하며. 아바 힐기야와 같다.

그의 마음에 진실을 말하며. 라브 사프라와 같다.

그의 혀로 악에게 내어주지 아니하며. 이는 우리 조상 야곱이며, 그에 대해, 아버지께서 나를 만지실진대 내가 아버지의 눈에 속이는 자로 보일지라[12](창 27:12)라고 기록됐다.

그의 이웃에게 악을 행하지 아니하며. 그는 다른 이의 사업을 방해하지 않았다.

자기 친척 때문에 타고난 비난의 대상이 되며. 이것은 자기 친척을 [하나님에게] 가까이 데려오는 자를 가리킨다.

그의 눈은 망령된 자를 멸시하며. 이는 히스기야 [왕]인데, 그는 자기 아버지의 뼈를 상여의 밧줄로 끌었다.

여호와를 두려워하는 자들을 존대하며. 이는 유다의 여호사밧 왕인데, 그는 배움의 사람을 보았을 때, 자기 자리에서 일어나 그를 껴안고 입을 맞추며, 그에게 이렇게 말할 것이다. 내 아버지여! 내 아버지여! 내 주인이여! 내 주인이여! 내 선생이여! 내 선생이여!

그의 마음에 서원한 것은 해로울지라도 변하지 아니하며. 이는, 나는 내가 집에 돌아올 때까지 금식하겠다고 선언한 랍비 요하난과 같다.

이자를 받으려고 돈을 꾸어주지 아니하며. 심지어 비이스라엘 사람에게도 그렇게 한다.

뇌물을 받고 무죄한 자를 해하지 아니하는 자이니. 예를 들어 랍비 요세의 아들, 랍비 이스마엘이 있다. 13)

이런 일을 행하는 자는 영원히 흔들리지 아니하리이다. 라반 가말리엘이 이 구절에 왔을 때, 그는 "이 모든 일을 한 자는 흔들리지 않지만, 만약 이것들 가운데 어느 하나라도 [빠뜨리는] 자는 흔들릴 것이다!"라고 말하면서 울었다. 그들은 그에게, 이것은 이런 모든 일을 행하는 자라고 말하지 않고, 이것들 가운데 어느 하나라도 이런 일을 행하는 자를 말한다고 말했다. [실제로,] 만약 당신이 이것을 그렇게 읽지 않는다면, 당신은 너희는 이 모든 일로 스스로 더럽히지 말라(레 18:24)라는 구절을 어떻게 이용할 것인가? 명백히 이 구절은, 이 모든 것과 접촉한 자만 더럽혀지고 이것들 가운데 하나만 접촉한 자는 더럽혀지지 않는다는 의미는 아니다! 여기서도 마찬가지로, 이것은 '이것들 가운데 어느 하나라도'를 의미한다.

이사야가 왔을 때, 오직 공의롭게 행하는 자, 정직히 말하는 자, 토색한 재물을 가증히 여기는 자, 손을 흔들어 뇌물을 받지 아니하는 자, 귀를 막아 피 흘리려는 꾀를 듣지 아니하는 자, 눈을 감아 악을 보지 아니하는 자, 그는 높은 곳에 거하리니 견고한 바위가 그의 요새가 되며 그의 양식은 공급되고 그의 물은 끊어지지 아니하리라(사 33:15-16, JPS)라고 기록된 대로, 그는 이것들을 여섯으로 줄였다.

오직 공의롭게 행하는 자. 이는 아브라함이며, 그에 대해, 내가 그로 그 자식과 권속에게 명하여 여호와의 도를 지켜 의와 공도를 행하게 하려고 그를 택하였나니(창 18:19)라고 기록됐다.

정직히 말하는 자. 그는 공개적으로 자기 이웃을 도발하지 않는다.

토색한 재물을 가증히 여기는 자. 이는 랍비 이스마엘 벤 엘리사와 같다.

손을 흔들어 뇌물을 받지 아니하는 자. 이는 랍비 이스마엘 벤 요세와 같다.

귀를 막아 피 흘리려는 꾀를 듣지 아니하는 자. 이는 랍비 엘르아살 벤 시므온과 같이 학식 있는 사람이 모욕당하는 것을 들었을 때 침묵하지 않는다.

눈을 감아 악을 보지 아니하는 자. 이는 랍비 히야 바 아바와 같이 여자들이 빨래할 때 그들을 보는 것을 피한다.

[그다음에] 미가가 와서, 사람아 주께서 선한 것이 무엇임을 네게 보이셨나니 여호와께서 네게 구하시는 것은 오직 정의를 행하며 인자를 사랑하며 겸손하게 네 하나님과 함께 행하는 것이 아니냐(미 6:8, JPS)라고 기록된 대로, 이것들을 셋으로 줄였다.

오직 정의를 행하며. 이것은 정의를 가리킨다.

인자를 사랑하며. 이것은 인자를 실천하는 것이다.

겸손하게 [네 하나님과 함께] 행하는 것. 이것은 죽은 자를 장사지내고 신부에게 망부의 유산을 주는 것을 가리킨다. 이제 만약 보통 은밀하게 행해지지 않는 문제들을 언급하며[14] 토라가 겸손하게 행하라고 말한다면, 하물며 보통 조용히 행해지는 문제들에서는 얼마나 더 겸손하게 행해야 하겠는가.

그다음에 이사야는, 여호와께서 이와 같이 말씀하시기를 너희는 정의를 지키며 의를 행하라[15](사 56:1)라고 기록된 대로, 이것들을 둘로 줄였다.

[그다음에] 아모스가 와서, 너희는 나를 찾으라 그리하면 살리라(암 5:4)라고 한 대로, 이것들을 하나로 줄였다.

라브 나흐만 바 이삭은, 아마도 [아모스는] 토라의 모든 [계명]을 통해 너희는 나를 찾으라라는 것을 의미했을 것이라고 반대했다.

하지만 하박국은 와서 의인은 그의 믿음으로 말미암아 살리라(합 2:4)라고 한 대로, 이것들을 하나로 줄였다.

샤부오트

SHAVUOT[1], 맹세

만일 누구든지 입술로 맹세하여 악한 일이든지 선한 일이든지 하리라고 함부로 말하면 그 사람이 함부로 말하여 맹세한 것이 무엇이든지 그가 깨닫지 못하다가 그것을 깨닫게 되었을 때에는 그 중 하나에 그에게 허물이 있을 것이니 … 아무 일에 잘못하였노라 자복하고 그 잘못으로 말미암아 여호와께 속죄제를 드리되 양 떼의 암컷 어린 양이나 … 끌어다가 속죄제를 드릴 것이요(레 5:4-6, JPS).

일반적으로 서원에 대해서는 네다림(Nedarim)에 대한 서론을 보라.

한 사람이 어떤 행동을 할 것인지 안 할 것인지를 맹세할 수도 있고, 그가 어떤 방식으로 행동을 했거나 하지 않았다고 맹세할 수도 있다. 그가 부주의하여 맹세를 깨뜨렸다는 것을 알았거나, 자신이 무엇을 했거나 하지 않은 일에 대한 자신의 주장에서 잘못된 것을 알았다면, 그는 그것을 고백하고 자기 죄를 위해 속죄할 제물을 가져와야만 한다. 과거에 대한 맹세는 그것이 참된 진술이라고 해도 '헛된 것' 즉, 무익한 것일 수 있다.

3장

미쉬나:

두 가지 [형태의 단순한] 맹세는 [성경에 기록되어 있으며],[2] [모두] 네 가지 맹세가 된다. 즉, 나는 내가 먹겠다고 맹세하거나, 나는 내가 먹지 않겠다고 맹세한다. 나는 내가 먹었다고 맹세하거나, [나는] 내가 먹지 않았다고 [맹세한다]. [만약 그가], "나는 내가 먹지 않겠다고 맹세한다"라고 [말하고서] 아주 적은 양[이라도] 먹었다면, 랍비 아키바에 따르면 그는 [처벌을] 면할 수 없다.

그들은 랍비 아키바에게 말했다. 우리는 적은 양을 먹은 누군가가 책임이 있다는 것을 어디에서 발견하는가?[3] 랍비 아키바는 다음과 같이 대답했다. 우리는 어디에서 [더 낮은 어떤 한계를] 발견하지 못하는가? 말 때문에 희생제물을 가져온 누군가에게서 발견한다. 이 자는 말 때문에 희생제물을 가져온다.[4]

게마라:

라브 디미가 왔을 때, 그는 랍비 요하난의 이름으로 말하기를, "[나는] 내가 먹겠다고 맹세한다" 또는 "나는 먹지 않겠다고 맹세한다"는, 너희는 내 이름으로 거짓 맹세함으로(레 19:12)라는 구절이 금지하는 거짓 맹세라고 했다. "내가 먹었다" 또는 "내가 먹지 않았다"는, 너는 네 하나님 여호와의 이름을 망령되게 부르지 말라(출 20:7)라는 구절이 금지하는 무익한 맹세다. 코남(qonam)으로 표현된 맹세는 서약하였으면 깨뜨리지 말고(민 30:2)를 어긴다.

그들은 '거짓'과 '무익한'이 동일하다고 반대했다. 이것은 무익한 맹세가 과거를 가리키듯이, 거짓 맹세도 그렇다고 의미하지 않는가? 아니다. 각각의 의미는 바로 이것이다. '동일하다'는 것은 [하나님이] 사람이 발음할 수도 들을 수도 없는 것으로 발음했다는 것을 의미한다. [두 단어를] 하나님이 동시에 발언했다는 [또 다른] 사례가 있는데, 이는 라브 아다 바 아하바가 다음과 같이 말한 대로이다. 즉, 여자들은 토라에 의해 키두쉬(qiddush)를 낭송할 의무가 있는데, 이는 성경이 지켜야 하는 자는 누구든지 기억해야만 한다는 것을 의미하면서, 기억하라 그리고 지켜라[5]라고 말하기 때문이다. 여자들은 지켜야 하기 때문에 기억해야 한다. 하지만 우리의 맥락에서는 [단어들을 동시에 발언하는 것에서] 어떤 할라카를 추론할 수 있는가? [인용에서] **동일하다**는 것은, 그가 무익한 맹세를 [어긴 데 대해] 태형을 면하기 어렵듯이, 거짓 맹세를 [어긴 데 대해] 태형을 면하기 어렵다는 것을 의미한다.

주장은 어느 방향으로 진행되는가? [당신은], 그가 무익한 맹세를 [어긴 데 대해] 태형을 면하기 어렵듯이, 거짓 맹세를 [어긴 데 대해] 태형을 면하기 어렵다고 [동일하게 주장할 수 있다]. 이것은 명백하지 않은가? 당신은 라브 파파가 아바예에게 제안한 대로, **죄 없다 하지 아니하리라**(출 20:7)는 전혀 아니라는 것을 의미하며, 따라서 그것은 [아바예의]의 반응[6]에 따라 당신에게 알려야만 한다고 추론했을 수 있다.

대안으로는, ['동일하다'는 것은] 그가 거짓 맹세를 [어긴 데 대해 속죄하고자] 희생제물을 가져와야만 하듯이, 무익한 맹세를 [어긴 데 대해 속죄하고자] 희생제물을 가져와야만 한다는 것을 [의미할 수 있다]. 이것은 랍비 아키바의 계통을 따르는 것인데, 그는 사람이 미래[와 관련된 맹세에 대해서]뿐만 아니라 과거[와 관련된 맹세]에 대해 책임을 질 수 있다고 주장한다.

그들은, **무익한 맹세는 누군가가 일반적인 지식에 반하여 맹세한 경우이며,**[7] **거짓 맹세는 그가 [부수적인] 사실에 반하여 맹세한 경우이다**라고 반대했다. 그런데도 거짓 맹세는 미래 행동에 대한 맹세를 포함할 수 있다.

라빈이 왔을 때 그는 이렇게 말했다. 랍비 이르미야가 그에게, 랍비 요하난이 다음과 같이 말한 것을 랍비 아바후가 보고했다고 했다. "내가 먹었다" 또는 "내가 먹지 않았다"라는 [양식의 맹세는] 거짓이며, 너희는 내 이름으로 거짓 맹세함으로에서 도출된다. "내가 먹겠다" 또는 "내가 먹지 않겠다"는 서약하였으면 깨뜨리지 말고를 어긴다. 그리고 무익한 맹세는 무엇인가? **무익한 맹세는 누군가가 일반적인 지식에 반하여 맹세하는 것이다.**

4장은 '증언의 맹세'를 다루는데, 이것은 다음과 같이 현대의 법 제도에서 소환장과 같은 기능을 한다.

만일 누구든지 저주하는 소리를 듣고서도 증인이 되어 그가 본 것이나 알고 있는 것을 알리지 아니하면 그는 자기의 죄를 져야 할 것이요 그 허물이 그에게로 돌아갈 것이며(레 5:1, JPS).

4장

미쉬나:

'증언의 맹세'는 어떻게 작용하는가? 만일 누군가가 두 명의 [잠재적인 증인들]에게 "와서 나를 위해 증언해 달라!"라고 말했고, [그들이] "우리는 당신을 위해 제시할 증거가 우리에게 없다고 맹세한다"라고 [대답한] 경우이다. 그렇지 않으면, 만약 그들이 그에게 "우리에게 당신을 위해 제시할 증거가 없다"라고 말했고, 그는 "나는 당신에게 탄원한다"라고 말했으며, 그들이 "아멘!"이라고 대답한 경우이다. [두 사례에서 만약 그들이 증거를 숨긴다면,] 그들은 유죄이다.

만약 그가 그들에게 법정 밖에서 다섯 번[이라도] 탄원했고, 그다음에 그들이 법정에 들어가서 [자신들에게 제시할 증거가 정말로 있다고] 인정했다면, 그들은 [어떤 처벌에서도] 면제된다. 하지만 그들이 [자신들에게 제시할 증거가 있다는 것을 여전히] 부인했다면, 그들은 각 [부인]에 대해 처벌을 면하기 어렵다.

만약 그가 그들에게 법정 앞에서 다섯 번 탄원했고, 그들이 [자신들에게 제시할 증거가 있다는 것을] 부인했다면, 그들은 한 번만 책임을 진다. 랍비 시므온은 말했다. 왜 그런가? 그것은 [증인이] 거듭 철회할 수 없기 때문이다.[8]

만약 두 [증인들이] 함께 [자신들에게 제시할 증거가 있었다는 맹세를] 부인했다면, 둘 다 책임을 져야 하지만, 만약 그들이 차례로 부인했다면 처음 부인한 자만 책임을 진다.[9] 그러나 만약 두 쌍의 증인들이 있었고, 그들이 연속적으로 [자신들에게 제시할 증거가 있었다는 맹세를] 부인했다면, 둘 다 책임을 진다. 이는 증거가 어느 [쌍]에서든 확증될 수 있기 때문이다.

게마라:

쉬무엘은 다음과 같이 말했다. 만약 그들이 누군가가 자신들을 쫓아오는 것을 보고, "당신들은 왜 우리를 쫓아오는가?"라고 말했다면, 우리는 당신에게 제시할 증거가 우리에게 없다고 맹세한다! 그들이 [그가 도대체 원하는 것이 무엇인지] 그 자신의 입에서 듣지 [않는 한] 들을 때까지 그들은 면제된다. 쉬무엘은 우리에게 무엇을 말하고 있는가? 명백히 미쉬나는 이렇게 가르친다. **만약 그가 자기 노예를 통해 보냈거나, 그 피고인이 "나는 당신에게 탄원한다. 만약 당신이 그에 대해 제시할 증거가 있다면 당신은 와서 그것을 달라"라고 말했다면, 그들이 고소인 자신에게서 듣지 않는 한, [그리고 들을 때까지] 그들은 면제된다.** [10] [쉬무엘은], 당신은 만약 [그 고소인이] 그들을 쫓아온다면 그것이 마치 그가 그들에게 말한 것과 같다고 생각했을 수 있지만, 그것은 그렇지 않다고 우리에게 말해줄 필요가 있다.

하지만 명백히 이것 역시 [우리] 미쉬나에서 다음과 같이 진술됐다. **'증언의 맹세'는 어떻게 작용하는가? 만일 누군가가 두 명의 [잠재적인 증인들]에게, "와서 나를 위해 증언해 달라!"라고 말했을 경우이다.** '만약 그가' 그렇다고 '말했지만', 만약 그가 [실제로] "아니다!"라고 말하지 않았다면, [아닌 것이다.] [미쉬나에서] '말했다'는 것은 문자 그대로 받아들이지 않아야 한다. 왜냐하면 [만약 당신이 그것을 문자 그대로 받아들인다면,] 맡기기의 맹세는 어떤가? 미쉬나는 다음과 같이 진술한다. **'맡기기의 맹세'는 어떻게 작용하는가? 만약 그가, 당신이 보유하고 있는 내가 맡긴 것을 되돌려 달라고 말한 경우,** [여기서도 역시] 자기 이웃을 속이며 대하거나(이웃이 맡긴 물건이나 전당물을 속이거나, 개역개정)(레 6:2)는 어떤 식으로든 의미가 있어야 할 것이므로, 당신은 '말하다'가 문자적이라고 말해야만 할 것이다. 그러므로 '말하다'는 문자 그대로 받아들이지 않아야 하며, 여기서도 마찬가지로 '말하다'는 문자 그대로 받아들이지 않아야 한다.

이것은 어디로 이어지는가? 만약 당신이 [우리 미쉬나에서] '말하다'가 문자적이라고 말한다면, [맡기기의 맹세에 대한] 미쉬나는 이 미쉬나와 비슷한 표현을 사용한다. 하지만 만약 '말하다'가 어느 맥락에서든 문자적이지 않다면, 이 표현을 왜 사용하는가? 아마도 이 표현은 단순히 보통의 상황을 다룰 것이다.

한 바라이타는 다음과 같이 쉬무엘의 견해를 지지한다. 만약 그들이 누군가가 그들을 쫓아와서 "당신은 왜 우리를 좇는가? 우리는 당신을 위한 어떤 증거도 알지 못한다고 맹세한다"라고 말했다면, 그들은 면제된다. 하지만, 만약 그것이 맡기기와 연관된다면 그들은 책임이 있다.

5장은 '맡기기의 맹세'에 할애한다. 누군가가 맡겨진 것을 보관하지만 그것이 자신의 소유에 있다는 맹세를 다음과 같이 부인한다.

누구든지 여호와께 신실하지 못하여 범죄하되 곧 이웃이 맡긴 물건이나 전당물을 속이거나 도둑질하거나 착취하고도 사실을 부인하거나 남의 잃은 물건을 줍고도 사실을 부인하여 거짓 맹세하는 등 사람이 이 모든 일 중의 하나라도 행하여 범죄하면 … 그 본래 물건에 오분의 일을 더하여 돌려보낼 것이니 … 그는 또 그 속건제물을 여호와께 가져갈지니 곧 네가 지정한 가치대로 양 떼 중 흠 없는 숫양을 속건제물을 위하여 제사장에게로 끌고 갈 것이요(레 6:2-6, JPS).

5장

미쉬나:

맡기기의 맹세는 [증언하기에] 적합하든 적합하지 않든, 법정의 앞에서든 아니든, 자발적이든 촉구된 것이든, 남자와 여자, 친척과 친척이 아닌 자 모두에게 적용된다. 랍비 메이르는, 법정에서 자신이 부인한 것을 맹세한 경우만 책임을 진다고 말하지만, [대다수의] 현인들은, 자발적이든 촉구된 것이든, 그가 부인한 곳이 [어디든지] 그는 책임을 진다고 말한다. 만약 그가 고의적으로 맹세했거나 무의식 중에[11] 맹세했지만, 그가 [잘못하여] 맡겨진 것을 소유하고 있다는 것을 인식했다면, 그는 책임을 진다. 만약 그가 [맡겨진 것을 가지고 있었다는 것을] 단지 인식하지 못했고, [따라서 거짓 맹세를 할 의도가 없었다면], 그는 책임을 지지 않는다. 고의적으로 [거짓 맹세하는 데] 대한 처벌은 무엇인가? 그는 최소한 은 두 셸

라임(selaim)의 가치가 있는 속건제물을 가져와야만 한다. [12]

게마라:

라브 아하 바 후나와 라바 바 바 하나의 아들인 라브 쉬무엘과 라브 예후다의 아들인 라브 이삭은 라바의 학교에서 [소책자] 샤부오트를 연구하고 있었다. 라브 카하나가 그들을 만났다. 그는 그들에게 물었다. 누군가가 의도적으로 맡기기의 맹세를 하고서 [공식적으로 범죄의 심각함에 대해] 경고받았다면 어떻게 되는가? [맡기기의 맹세의 법은] 이례적이므로, 어떤 다른 사례에서도 토라는 범죄가 고의적일 때 제물을 [받아들이지] 않지만, [13] 여기서는 받아들이기 때문에 그가 경고를 받았는지 아닌지가 어떤 차이가 있는가? 아니면, 우리는 만약 그가 경고를 받지 않았다면 그는 단지 속건제물을 가져오지만, 그가 경고를 받았다면 그는 채찍질을 당하고 속건제물을 가져오지 않을 것이라고 말하는가?

그들은 그에게, [해답은] 다음과 같이 한 미쉬나에서 [온다고] 대답했다. **맡기기의 맹세는 더욱 중대한데, 만약 당신이 고의적으로 맹세한다면 당신은 태형을 면할 수 없지만, 만약 무의식중에 했다면 은 두 세겔 가치의 속건제물을 가져와야 할 것이다.** 이것은 고의적인 [범죄]에 대해 태형을 규정하므로, 여기서 그는 경고를 받았음이 틀림없다는 결론이 나온다. 사람은 태형에 처하는 것보다 희생제물을 가져오는 것이 더 쉽다는 것을 알기 때문에, 맡기기의 맹세는 '더 중대하다'.

에두요트

EDUYOT, 증언 – 판례

이 소책자는 게마라가 전혀 없으며, 증언 형태로 된 타나임 보고서들의 모음집이다. 따라서 대부분은 적절한 맥락의 여러 곳에서 나온다. 여기에는, 랍비 A가 랍비 B보다 더 엄격한 곳이나 덜 엄격한 곳, 랍비 X가 랍비 Y에 동의하는 곳, 랍비 C가 랍비 D에게 또는 D의 이름으로 전한 것에 대한 목록이 포함된다. 이 발췌문들은 랍비 전통의 발전과 운영 방식을 이해하는 데 도움이 되도록 선택됐다.

1장

3. 힐렐은 말하기를, 사람은 자기 선생이 사용한 표현을 사용해야 하는데, 한 힌(hin)[1])의 길어 올린 물이 미크베(miqvé)의 자격을 갖추지 못한다고 한다. 샴마이는 아홉 카브라고 말한다. 현인들은 어느 것도 아니라고 말한다. [이것은] 두 직공이 예루살렘의 분문(Dung Gate)에 도착하여 셰마이아와 아브탈리온의 이름으로, "세 로그의 길어 올린 물은 미크베의 자격을 갖추지 못한다"라고 증언하고, 현인들이 그들의 말을 확증할 때까지, [여전히 그런 상황이다].

4. 그렇다면 샴마이와 힐렐의 말들은 왜 어떤 [실제적인] 목적에 맞게 전해지지

않았는가? 그것은 심지어 위대한 조상들도[2] 자신들의 의견을 고집하지 않았기 때문에 누구도 자기 의견이 [받아들여질 것을] 고집하지 않아야 한다는 것을 다음 세대에 가르치기 위해서이다.

5. 그리고 법은 대다수를 따르는데, 개인의 말이 왜 대다수의 말과 함께 기록되는가? 이것은 나중에 법정이 개인의 말들을 우연히 접하고 [잘못하여] 그 말들을 의지하는 경우를 대비하기 위함이다. 왜냐하면, 어느 법정도 어떤 이의 결정이 [다른 것보다] 학식과 수에서 더 크지 않은 한, 그 결정을 취소할 수 없기 때문이다. 만약 학식에서 더 크지만 수에서는 크지 않거나, 수에서는 크지만 학식에서는 크지 않다면, 학식과 수에서 더 크지 않은 한 그 결정을 취소할 수 없다.

6. 랍비 유다가 말했다. 만약 그렇다면 개인의 말은 왜 [실제적인] 목적에 맞게 대다수의 말과 함께 기록되지 않는가? 왜냐하면, 만일 누군가가 이것은 내가 받은 전통이라고 말한다면, 그들은 그에게, 그것은 아무개에 따른 것이며[, 투표로 졌다고 말할 수 있기 때문이다.

5장

7. 아카비아 벤 마할렐렐(Aqavia ben Mahalelel)은 네 가지 문제에 대해 입증했다. 그들은 그에게 말했다. 아카비아여! 당신이 말한 네 가지를 철회하라. 그러면 우리가 당신을 이스라엘 법정의 아버지로 임명하겠다! 그는 그들에게 대답했다. 내가 잠시 하나님의 눈에 악하게 되느니 내가 평생 바보로 여겨지는 게 낫다. 게다가 사람들은 직위를 구하려고 내가 의견을 바꾸었다고 생각할 것이다!

8. 그는 [나병의 딱지가] 놓인 머리카락과 녹색 빛을 띠는 피는 정결하지 않다고 주장하는 반면에, 현인들은 그것들이 정결하다고 선언했다. 그는, 나중에 도살되는 흠이 있는 첫 태생 소에게서 떨어져 창문에 놓였던 털을 [코헨이] 사용하는 것에 대해 허용한 반면에, 현인들은 그것을 금지했다. 그리고 그는 쓴 물은 개종자나 자유롭게 된 여자 노예에게 집행할 수 없다고 주장했지만, 현인들은 사용할 수 있다고 주장했다. 그들은 그에게, 셰마이아와 아브탈리온이 예루살렘의 자유

롭게 된 여자 노예인 카르케미트(Karkemit)에게 쓴 물을 집행하도록 했다고 말했다. 그는, "그들이 [단지] 그녀를 본보기로 삼으려고 그렇게 했다!"[3]라고 대답했다. 그래서 그들은 그를 파면했고, 그는 금지령을 받다가 죽었고 법정은 그의 관에 돌을 놓았다.

랍비 유다가 말했다. 하나님이 아카비아에게 금지령이 내려진 것을 금하셨다! 성전 뜰의 문들은 아카비아 벤 마할렐렐만큼 현명하고 하나님을 경외하는 이스라엘의 어떤 아들에게도 결코 닫히지 않았다! 그들이 금지령을 내린 사람은 엘르아살 벤 에눅이었는데, 그는 손을 씻는 것을 조롱했다. 그가 죽었을 때 법정은 그의 관에 돌을 놓도록 [관리를] 파견했다. 이는 우리에게, 만약 누구라도 금지령이 내려 죽으면 법정은 그의 관에 돌을 놓는다는 것을 가르친다.

9. 그가 죽어갈 때, 그는 자기 아들에게 "내 아들아, 내가 말하곤 했던 이 네 가지를 철회하라"라고 말했다. 그렇다면 왜 당신은 직접 [그것들을] 철회하지 않았는가? 그는, "나는 대다수로부터 그것들을 직접 들었던 대다수에게서 그것들을 들었으며, 나는 그들이 자신들이 들은 것을 지지했듯이, 내가 들었던 것을 지지했다. 하지만 너는 한 개인과 대다수에게서 [이 주제들에 대한 판결을] 들었다. 너는 개인의 판결을 철회하고 대다수의 판결을 채택해야 한다"라고 대답했다.

그는 "아버지여, 당신의 동료들에게 나를 추천하소서!"라고 그에게 물었다. 그는 거절했다. "당신은 내게서 어떤 잘못을 찾았습니까?"라고 [아들이 물었다]. 그는 "아니다! 하지만 너를 가까이 오게 하는 것도 네 [자신의] 행동이고, 너를 몰아내는 것도 네 [자신의] 행동이다"라고 대답했다.

8장

7. 랍비 여호수아는 다음과 같이 말했다. 나는 모세가 시내산에서 받은 할라카와 같이, 라반 요하난 벤 자카이에게서 [전통을] 받았는데, 그는 또한 그의 선생에게서 [그 전통을] 들었고 그의 선생은 그의 선생에게서 들었다. 이 전통은 엘리야[4]가, 사람들을 몰아내거나 가까이 데려오기 위해 부정하다거나 정결하다고 선언하

지 않고, 강제로 들어온 자를 몰아내고 강제로 몰아내진 자들을 가까이 데려오기 위해 온 것이라[5])는 전통이다.

트랜스요르단에는 벤지온(Benzion)이 강제로 몰아낸 체리파(Tzerifa)의 집이라 불리는 한 가문이 있었고, 그가 강제로 가까이 데려온 또 다른 가문이 있었다. 이들은 엘리야가 부정하거나 정결하다고 선언하고, 몰아내거나 가까이 데려올 부류들이다.

랍비 유다는, 그는 가까이 데려오겠지만 [누구라도] 몰아내지 않을 것이라고 말한다. 랍비 시므온은 그가 다투는 자와 화해할 것이라고 말한다.

하지만 현인들은, 보라 … 내가 선지자 엘리야를 너희에게 보내리니 그가 '부모들을 자녀들에게, 자녀들을 부모들에게 화해시킬 것이라'(아버지의 마음을 자녀에게로 돌이키게 하고 자녀들의 마음을 그들의 아버지에게로 돌이키게 하리라, 개역개정)(말 4:5-6, JPS)라고 한 대로, 그는 가까이 데려오지도 몰아내지도 않고 세상에 화평을 가져올 것이라고 말했다.

아보다 자라

AVODA ZARA, 우상숭배

미쉬나는 대부분 비참한 바 코크바 반란 후에 편찬됐다. 이때는 유대가 더는 유대가 아닌 시리아 팔레스타인(Syria Palaestina)[1]이라는 로마 지방이 되어 이교화가 상당히 진행된 시기였다. 마을들이 시의 사원들과 더불어 헬라 도시로 다시 세워졌다. 베트 구브린(Bet Guvrin)은 엘레우테로폴리스(Eleutheropolis)가 됐고, 엠마오(Emmaus)는 니코폴리스(Nicopolis)가 됐으며, 룻다는 디오스폴리스(Diospolis)가 됐고, 벧스안은 스키토폴리스(Scythopolis) 등이 됐다. 이교 사원들이 앨리아(Aelia, 예루살렘)와 세바스테(Sebaste, 숌론[Shomron], 사마리아), 네아폴리스(Neapolis), 가이사랴, 스키토폴리스, 가다라(Gadara), 히포스(Hippos)에 존재했던 것으로 알려졌다.[2] 유대인들은 공적인 제사가 시의 생활 특징이었던 이교 도시들에서 어떻게 처신해야 하는가? 일정한 유대 정체성의 형태를 유지하든 그렇지 않든 아마도 많은 이들이 동화됐을 것이다. 다른 이들은 유대인들에게 시의 직위를 가지도록 허용하며 그들이 그들의 수페르스타티오(superstitio, 미신)[3]에 반하여 행동할 의무가 없도록 요구하는 세베루스(Severus)와 안토니우스(Antoninus, 카라칼라[Caracalla])의 포고령을 이용했을 수 있다. 랍비 자신들은 어떤 타협을 싫어하지 않았는데, 가말리엘이 "우리가 목욕 장소를 아프로디테를 위한 장식으로 만들자고 말하지 말고, 목욕 장소를 장식하고자 아프로디테[의 조각상을] 만들자"라고 말함으로써, 조각상으로 장식된 공중 목욕 장소에서 목욕할 수 있다고 주장한 것은 유명하다. [4]

사산 왕조의 바빌로니아에서 탈무드가 제작되고 있을 때, 지배적인 종교는 유대인들이 우상숭배라고 간주했던 불 숭배와 관련된 조로아스터교의 형태였다.

많은 유대인들은 이교의 의식과 거리를 두려고 노력했다. 미쉬나는 이교 절기를 기념하는 마을에서 발생했음이 틀림없는 사회 마찰을 어렴풋이 보여준다. 게마라는 미쉬나의 가르침을 바빌로니아의 상황에까지 확대한다. 그리스도인들도 비슷한 문제에 직면했지만, 결국 지역의 의식에 기독교 성인들의 날이라는 새로운 의미를 부여하면서 많은 지역 의식을 채택했다.

현인들은 장사로 말미암아 우상숭배자의 우상에게 감사하게 되거나 탄원할 경우를 대비해서 절기 전 3일과 절기 후 3일 동안 우상숭배자와의 장사를 금지했다. 이것은 어느 절기에 적용되는가?

1장

미쉬나:

이것들은 우상숭배자들의 절기들[5]이다. 즉, 초하루(Kalends), 농신제 (Saturnalia, 농경의 신 Saturn을 섬기는 절기), 카르티심(Qartisim),[6] 왕의 생일들,[7] 즉 생일과 사망일 등이 있다. 이것은 랍비 메이르의 견해이지만 현인들은, 죽을 때에 불이 있는 곳은 어디든지 우상숭배가 있지만,[8] 불이 없는 곳은 우상숭배가 없다고 말한다.

그러나 [우상숭배자들이] 자신의 수염이나 땋은 머리를 미는 날,[9] 또는 그가 바다에서 돌아오는 날, 그가 포로에서 놓이는 날, [그가] 자기 아들을 위해 잔치를 벌이는 [날은 온전한 의미에서 절기들이 아니며, 따라서] 그 사람과의 거래와 그날의 거래만 [금지된다].

게마라:

그가 자기의 수염을 미는 날. 그들은 미쉬나가, 그가 자기 수염을 밀고 자기 땋은 머리는 남겨두는 날을 의미하는지, 그가 자기 수염을 밀고 자기 땋은 머리를 제거하는 날을 의미하는지 물었다.

한 바라이타에서 둘 다 [의도된 것이라는] 증거가 있는데, [그 바라이타는] 그가 자기 수염을 밀고 자기 땋은 머리는 남겨두는 날과 그가 자기 수염을 밀고 자기 땋은 머리를 제거하는 날[을 주장하기 때문이다].

라브 예후다는 쉬무엘의 이름으로 다음과 같이 말했다. 로마에서 그들이 또 다른 절기를 개최한다. 70년마다 한 번씩 그들은 적절한 사람을 데려와서 저는 사람[의 어깨] 위에 그를 태우고,[10] 그에게 아담의 옷을 입히고 그의 머리 위에 랍비 이스마엘의 두피를 얹고,[11] 그의 목 주위에 200주즈 가치의 정금을 드리우고, 그의 다리에 다른 [보석들을] 드리운다. 그다음에 그들은 "우리 주의 형제는 사기꾼이었다!"[12]라고 외친다. [의식을] 본 자는 그것을 보고, 그것을 보지 못한 자는 보지 못한다.[13] 그들은 "협잡꾼에게 속임수를 행하거나 사기꾼에게 사기를 행하는 게 무슨 소용인가?"라고 계속한다. 그리고 그들은 "한 사람이 승리할 때 다른 이에게는 화로다!"라고 결론을 내린다.[14]

라브 파파는, 이 악한 사람들이 자신들의 말로 넘어졌다고 주장했다. 그들이 "우리 주의 형제는 사기꾼이었다"라고 말했다면, 그것은 그들이 말한 대로일 것이다. 하지만 그들이 "우리 주는 사기꾼이었다"라는 말을 사용했다면, 그것은 에서가 사기꾼이었다는 것을 의미한다.[15]

그렇다면 왜 우리 미쉬나는 이 절기를 포함하지 않는가? 우리 미쉬나는 매년 개최되는 이런 [절기들]은 포함하지만, 매년 개최되지 않는 절기들은 포함하지 않는다.

이것은 로마의 [절기들]이다. 페르시아의 절기들은 어떤가? 모트라디(Motradi)와 토리스키(Toriski), 모하르나키(Moharnaki)와 모하린(Moharin).[16]

이것들은 로마와 페르시아의 [절기들]이다. 바빌로니아 절기들은 어떤가? 모하르나키(Moharnaki)와 아크니티(Aqniti), 바하누니(Bahanuni)와 아달월 10일.

두 랍비의 대조되는 운명에 관한 이야기는 로마 통치 아래에서의 유대인 삶의 유동성을 잘 보여준다(하나나 벤 테라디온[Ḥanina ben Teradion]은 하드리아누스의 박해 때 순교했을 것이다).

[로마인들은] 랍비 하나나 벤 테라디온을 데려가서 그에게 "당신은 왜 [법에 도전하는] 토라를 연구하는가?"라고 말했다. 그는, 나의 하나님 여호와께서 명령하신 대로(신 4:5)라고 대답했다. 그들은 즉시 그에게 화형을 선고했고 그의 아내에게 참수형을 선고했으며 그의 딸을 매춘 집에 보냈다.

그가 화형을 선고받은 이유는, 그가 기록된 대로 하나님의 이름을 발언했기 때문이다. 그는 어떻게 그렇게 할 수 있었는가? 한 미쉬나는 다음과 같이 진술하지 않는가? 이들은 다가올 세상에 참여하지 못한다. 곧 [죽은 자의] 부활을 부인하는 자는 토라에서 [지적된다]. 토라가 하늘에서 온다는 것을 부인하는 자 … 아바 사울은, "또한 네 글자의 하나님의 이름을 발언하는 누구라도"라고 말한다.[17] 한 바라이타가 너는 … '하려고'(행위를, 개역개정) 본받지 말 것이니(신 18:9)라고 한 대로, 그는 오직 본받으려고 그렇게 했다. 하지만 당신은 이해하고 감사하려고 본받을 수 있다. 그 경우 그는 왜 처벌을 받았는가? 그가 처벌을 받은 것은, 그가 공개적으로 그 이름을 발언했기 때문이다. 그의 아내가 참수형에 처한 것은, 그녀가 그를 막지 않았기 때문이다. 여기서 우리는 죄가 [일어나지 않도록] 막을 위치에 있으나 그렇게 하지 못하는 자는 누구든지 처벌을 받는다는 것을 배운다. 그리고 그의 딸을 매춘 집에 보낸 것에 대해서 랍비 요하난은, 그의 딸이 한번은 어떤 중요한 로마인들 앞에서 걷고 있었다고 말했다. 그들은 "이 소녀는 얼마나 우울한 걸음을 걷는가!"라고 말했다. 그녀는 즉시 자신의 걸음걸이를 주목했다. 이것은 랍비 시므온 벤 라키쉬가 "내 발의 죄악이 나를 둘러싸며(죄악이 나를 따라다니며, 개역개정)(시 49:5)는 무엇을 의미하는가?"라고 말한 것과 [같다]. 이것은 사람이 자신의 발로 밟는 그 죄들이[18] 심판의 날에 그 사람 주변에 쌓일 것을 의미한다.

그들 세 명이 자신들의 선고에 직면했을 때, 그들 각각은 하나님의 정의를 긍정했다. 그는, 그는 반석이시니 그가 하신 일이 완전하고(신 32:4)라고 말했고, 그의 아내는, 그의 모든 길이 정의롭고(신 32:4)라고 말했으며, 그의 딸은, 주는 책략에 크시며 하시는 일에 능하시며(렘 32:19)라고 말했다. 랍비는 "이 세 명의 의로운 사람이 얼마나 위대한가! 그들 각각은 하나님의 정의[에 대한 그들의 믿음이 시험을 받을 때] 하나님의 정의를 긍정하는 구절을 발견했다"라고 논평했다.

랍비들은 다음과 같이 가르쳤다. 랍비 요세 벤 키스마가 병들었을 때, 랍비 하니나 벤 테라디온이 그를 방문했다. 랍비 요세가 말했다. "내 아들 하니나여, 당신은 이 나라가 [하나님에] 의해 통치되고, 그분의 집을 파괴하고 그분의 성전을 태우도록 운명 지어져서, 그분의 경건한 자들을 죽이고 선한 사람들을 파멸시켰으나 여전히 번성한다는 것을 이해하지 못하는가! 하지만 나는 당신이 앉아서 토라를 연구하고, 공적으로 사람들을 모으고, 당신의 가슴에 토라 두루마리를 갖고 다닌다고 들었다." 하니나는 "하늘이 [내게] 자비를 베풀기를 원하노라!"라고 대답했다. [랍비 요세는 계속 이어갔다]. "내가 당신에게 합리적으로 말하겠다. [당신이 말하는 것은] '하늘이 [내게] 자비를 베풀기를 원하노라!'라는 것일 뿐이다. 그들이 당신과 당신의 토라 두루마리를 불로 태우지 않는다면 나는 놀랄 것이다." [그다음에] 하니나는 "선생이여, 내게 다가올 세상을 위해 어떤 [기회가] 있는가?"라고 물었다. "당신은 실제적인 어떤 것이라도 해보았는가?"라고 랍비 요세가 물었다. "내가 내 부림절 기념을 위해 확보했던 돈이 가난한 자들을 위한 돈과 섞였고, 그래서 나는 그것을 모두 가난한 자들에게 나누어주었다"라고 [그는 대답했다]. [랍비 요세는,] "그 경우 내 몫이 당신의 몫[과 같기를] 원하며, 내 운명이 당신의 운명과 [같기를] 원하노라!"[19]라고 [말했다].

오래지 않아 랍비 요세 벤 키스마가 죽었다. 그의 장례에 로마의 모든 위대한 이들이 참석했고, 그들은 좋은 찬사로 그를 존중했다. 돌아오는 길에, 그들은 우연히 랍비 하니나 벤 테라디온이 앉아서 토라를 가르치고, 공적으로 무리를 모으며 토라 두루마리를 자기 가슴에 껴안은 것을 보았다. 그들은 그를 체포하여 그를 토라 두루마리로 감쌌고, 나뭇가지로 그를 둘러 불을 놓았으며, 양털 뭉치를 가져와 물로 적시고 그의 가슴에 놓아 그가 빨리 숨지지 않도록 했다. 그의 딸은 "이런 식으로 내가 당신을 보아야 하는가!"라고 말했다. 그는 "나 홀로 태워지고 있다면 얼마나 나쁜 일이겠는가. 하지만 토라 두루마리가 나와 함께 화장되므로,

토라의 수치를 [제거하려고] 구하는 자가 내 수치를 제거하려고 구하기를 원하노라!"[20]라고 대답했다. 그의 제자들은 그에게 "선생이여, 우리가 무엇을 보는가?"라고 물었다. 그는, 두루마리가 타고 있고, 그들이 [위로] 날아간다고 대답했다. "당신은 왜 불이 들어오도록 입을 열지 않는가?" 그는, [영혼을] 준 이가 그것을 거두어들이며, 내가 나 자신에게 상해를 입히지 않는 게 낫다고 대답했다. 처형자는 그에게 "선생이여! 만약 내가 불꽃을 강하게 하고 양털 뭉치를 없앤다면 당신은 내게 다가올 세상을 줄 것인가?"라고 말했다. 그는 그렇다고 대답했다. "내게 맹세하라!" 그는 맹세했다. 즉시 그는 불꽃을 강하게 했고 양털 뭉치를 없앴으며, [랍비 하나냐는] 바로 숨을 거두었다. 그때 [처형자]도 불꽃에 뛰어들었다. 하늘의 목소리가 나와서, "랍비 하나냐 벤 테라디온과 그의 처형자는 다가올 세상에 받아들여졌다!"라고 선언했다.

랍비는 [이 이야기를 들었을 때] 울었다. 어떤 이는 순간적으로 그들의 세상을 얻고, 다른 이는 많은 해를 [수고한] 후에야 얻는다!

이 이야기는 계속해서 랍비 하나냐의 딸이 랍비 메이르 측인 그녀의 여동생 베루리아의 남편의 개입으로 자신의 운명에서 어떻게 구출 받는지를 설명한다. 그녀의 어머니 운명에 대해서는 어떤 것도 언급되지 않는다.

대부분의 사람은 레위기 11장과 다른 구절들에서 도출된 카셰르 음식에 관한 유대법에 익숙하다. 부분적으로만 금지된 '우상숭배자의 품목'이 성경의 음식법 준수에 대한 관심에서 나온다. 어떤 음식이나 음료가 금지되는 이유는, 그것들이 우상숭배에 직접 연루되기 때문이었으며, 다른 것들은 우상숭배자들과 친해지는 것을 피하며 궁극적으로 다른 민족과의 결혼을 피하기 위해서였다.

2장

미쉬나:

우상숭배자들의 다음 품목을 먹거나 마시는 것은 금지되지만, 그것들을 사

용하는 것은 금지되지 않는다. 우상숭배자가 이스라엘 사람이 보지 않는 데서 짠 우유, 그들의 **빵**과 기름(하지만 랍비[Rabbi]와 그의 법정은 기름을 허용했다), 보통 포도주나 식초를 포함한 끓인 음식과 방부제, 섞인 소금에 절인 작은 생선, 큰가시고기가 헤엄치지 않은 소금물, 힐리크(ḥilleq), 아위 조각들, 살콘드리트(salqondrit) 소금.[21] 이것들을 먹거나 마시는 것은 금지되지만 사용하는 것은 금지되지 않는다.

게마라:

우유는 무슨 문제가 있는가? 만약 그들이 대용품에 대해 걱정한다면, 허용된 우유는 하얀색이고, 금지된 우유는 녹색이다. 만약 그들이 섞인 것에 대해 걱정한다면, 우유를 엉기게 하라. 왜냐하면 한 선생이, 허용된 우유는 엉기고, 금지된 우유는 엉기지 않는다고 말했기 때문이다. 만약 그가 우유를 치즈로 만들고 싶다면 그것은 괜찮다. 하지만 [아마도] 우리는 여기서 우유를 음식으로 만들고 싶은 자를 다루고 있을 것이다. 그렇다면 그에게 약간 만들고 그것이 엉기는지 보게 하라. [그것은 충분하지 않을 것이다. 왜냐하면] 심지어 카셰르 우유도 그 안에 있는 어떤 유장이 엉기지 않으며, 따라서 구분할 수 없을 것이기 때문이다. 그렇지 않으면, 그가 우유를 치즈로 만들고 싶더라도 어떤 [유장이] 그 사이에 남아 있어[서 그는 비-카셰르 우유가 있지 않은지 확신할 수 없다].

빵. 라브 카하나는 랍비 요하난의 이름으로, 빵이 [랍비(Rabbi)의] 법정에서 허용되지 않았다고 말했다. 우리는 여기서 그것을 허용한 법정이 있는지 추론할 수 있는가? 그렇다. 왜냐하면, 라브 디미가 도착했을 때 그는 "나는 한번은 시골 지역에서 랍비를 만났고, 한 우상숭배자가 그에게 한 세아의 무게가 나가는 화덕 빵을 가져왔다"라고 말했기 때문이다. 랍비는 이렇게 말했다. 이것은 얼마나 좋은 빵인가! 현인들은 왜 이것을 금지했는가? 정말로 왜 그랬는가? 명백히 이것은 다른 민족과의 결혼[으로 이어질 친목] 때문이었다! [랍비가] 의미한 바는, "현인들은 왜 [친목이 가능하지 않을 것 같은] 시골 지역에서도 이것을 금지했는가?"라는 것이다. [이 사건에 대해 들은] 사람들은 랍비가 빵을 허용했었다고 생각했지만, 이것은 그렇지 않다. 랍비는 빵을 허용하지 않았다.

어떤 이는 쉬무엘 바 예후다라고도 하지만, 라브 요세프는, 이것은 일어난 일이 아니라고 말했다. 하지만 랍비는 또 다른 장소로 가서, 제자들이 빵이 부족한 것을 보았다. 그가, "이곳에 빵 굽는 사람이 없는가?"라고 물었다. 사람들은 그가 우상숭배자인 빵 굽는 사람을 의미한다고 생각했지만, 그는 이스라엘인 빵 굽는 사람을 의미했을 뿐이다.

랍비 헬보는, 우상숭배하는 빵 굽는 사람이 구웠던 빵을 허용하는 자들에 따르더라도, 그것은 오직 이스라엘인 빵 굽는 사람이 없을 경우이며, 이스라엘인 빵 굽는 사람이 있는 경우는 아니라고 말했다. 랍비 요하난은, 우상숭배하는 빵 굽는 사람이 구웠던 빵을 허용한 자들에 따르더라도, 그것은 오직 시골 지역에서이며, 다른 민족과의 결혼 때문에 마을에서는 아니라고 말했다. 아이부는 시골 지역에서 빵을 입으로 뜯어 먹곤 했는데, 어떤 이는 라브 나흐만 바 이삭이라고 말하지만, 라바는 "아이부에게 말하지 말라. 왜냐하면 그는 아람 빵을 먹기 때문이다"라고 말했다.

기름. 라브는 다니엘이 기름에 관한 법령을 공포했다고 말하지만, 쉬무엘은 기름이 부정한 그릇에서 뿌려졌으므로 그런 이유에서 금지된다고 말했다. 그렇다면 모두가 정결법에 따라 먹는가? [쉬무엘의 말은], 기름이 금지된 그릇에서 뿌려진다는 [의미였다].

쉬무엘이 라브에게 다음과 같이 말했다. 이 [기름은] 금지된 그릇에서 뿌려지기 때문에 [금지된다는] 내 견해에 대해, 랍비 이삭 바 쉬무엘 바 마르타가 왔을 때, 그가 랍비 시플라이의 설명을 통해 니시비스에서 랍비 유다와 그의 법정이 기름을 허락하는 데 찬성하는 투표를 했다고 말했다는 것은 [일리가 있다]. 이것은 그가 [단순히] 맛을 해치는 것은 허용된다고 주장했기 때문일 것이다. 하지만 다니엘이 법령을 선포했다는 견해에 대해, 만약 다니엘이 법령을 선포했다면, 랍비 유다 하-나시와 그의 법정이 그것을 폐지할 수 있는가? 우리는 **한 법정이 학식과 숫자 모두에서 더 크지 않은 한, 그 법정이 다른 법정의 결정을 취소할 수 없다고** 배우지 않았는가?[22]

당신은 룻다의 시믈라이에 대해 이야기하고 있는가? [라브]가 물었다. 룻다 사람들은 신중하게 받아들이지 않는다.

그렇다면 내가 그에게 전갈을 보내도 되겠는가?

라브는 당황했다. [23] 그가 말했다. 만약 그들이 설명하지 않았다면, 우리는 그렇게 하지 말아야 하는가? 다니엘은 뜻을 정하여 왕의 음식과 '자신의 연회들의'(그가 마시는, 개역개정) 포도주로 자기를 더럽히지 아니하리라 하고(단 1:8)라고 기록되어 있다.

성경은 복수로 된 '연회들'에 대해 이야기하는데, 포도주의 연회와 기름의 연회가 있다. 라브는 그가 뜻을 정하고 모든 이스라엘에게 지시했다고 주장하지만, 쉬무엘은 그가 뜻을 정했지만 모든 이스라엘에게 지시하지 않았다고 주장한다.

다니엘은 실제로 기름에 관한 법령을 선포했는가? 명백히 발리(Bali)는 다음과 같이 말했다. 아비미 노타아(Abimi Nota'a)는 라브의 이름으로, 빵과 포도주와 기름과 이방인의 딸들은 모두 18개의 조치의 일부로 [금지됐다]고 말했다. [24] 당신은 다니엘이 법령을 선포했다고 주장하기를 원할 수도 있지만, 그것이 인정받지는 못했다. 힐렐과 샴마이의 제자들은 그 법령을 다시 선포했고, 그 후에 받아들여졌다. 하지만 이 경우, 라브는 무엇을 증언하고 있었는가? 다니엘은 마을에 그것을 금지하는 법령을 선포했고, [학파들은] 시골 지역에서도 그것을 금지했는가? 그렇다면 랍비 유다 하 – 나시와 그의 법정은 힐렐과 샴마이 제자들이 제정한 것을 폐지할 수 있는가? 우리는 **한 법정이 학식과 숫자 모두에서 더 크지 않은 한, 그 법정이 다른 법정의 결정을 취소할 수 없다**고 배우지 않았는가? 그리고 나아가 라바 바 바 하나가 랍비 요하난의 이름으로 이렇게 말하지 않았는가? 만약 엘리야와 그의 법정이 왔을지라도 우리는 [18개의 조치에 대한 폐지를] 듣지 못할 것이므로, 한 법정은 다른 법정이 취한 어떤 조치도 개정할 수 있지만, 18개의 조치는 개정할 수 없다.

라브 메샤르샤는, [포도주와 빵에 대한 법령이 효력을 발휘한] 이유는, 그 법령들이 대다수의 이스라엘 사이에서 장악했지만, 기름에 대한 금지 법령은 대다수의 이스라엘 사이에서 장악하지 못했기 때문이라고 말했다. 실제로, 라브 쉬무엘 바 아바는 랍비 요하난의 이름으로 다음과 같이 말했다. 우리 랍비들은 앉아서 물었고, 기름에 대한 금지가 대다수의 이스라엘 사람들을 장악하지 못했다는 것을 [확인했다]. 그래서 우리 랍비들은, **대중 대다수가 준수할 수 없는 어떤 법령도 대중에게 선포될 수 없다**고 말하곤 했던 라반 시므온 벤 가말리엘과 랍비 엘르아살 벤 사독의 말들에 의존했다. 라브 아다 바 아하바가 말했다. 어떤 구절이 [이것을 보여주는가]? 너희 곧 온 나라가 나의 것을 도둑질하였으므로 너희가 저주를 받았느니라(말 3:9). 만약 온 나라가 그것을 지지한다면 그렇다는 것이며, 만약 지지하지 않는다면 아니라는 것이다![25]

다음의 진술을 조사해보자. 발리는 아비미 노타아가 라브의 이름으로, 빵과 포도주와 기름과 이방인들의 딸들은 모두 18개의 조치의 일부로 [금지됐다]고 말했다고 한다. '딸들'은 무엇을 의미하는가? 라브 나흐만 바 이삭이 말했다. 그들은 딸들이 요람에서부터 월경 가능한 여자로 간주되어야 한다고 판결했다. 그네이바(G'neiva)는 라브의 이름으로 말했다. 모든 법령은 우상숭배를 다루고자 한다. 라브 아하 바 아다가 왔을 때 그는 랍비 이삭의 이름으로, 그들이 기름 때문에 빵을 금지했다고 말했기 때문이다. 기름은 왜 빵보다 더 나빴는가? [오히려,] 그들은 포도주 때문에 빵과 기름을 금지했으며, 딸들 때문에 포도주를 금지했고, 다른 것 때문에 딸들을 금지했으며, 다른 무언가 때문에 다른 것을 금지했다.

다른 무언가 때문에? 명백히 그들의 딸들은 토라가 금지한다. 또 그들과 혼인하지도 말지니(신 7:3)라고 기록됐기 때문이다. 토라는 일곱 [가나안] 족속과의 결혼을 금지하지만, 다른 이방인들과의 결혼은 금지하지 않는다. 그들은 다른 이방인들과의 결혼에 대한 금지를 소개했다.

게마라(37a)는 기름을 허용한 이는 유다 2세(유다 하 - 나시의 손자인 랍비 유다 네시아)였다고 분명히 했다. 그는 자기 법정이 과도하게 허용했다는 평판을 얻기 원치 않았으므로, 빵을 허용하는 것을 삼갔었다.

4장

미쉬나:

그들은 로마에 있는 원로들에게 물었다. 만약 [하나님이] 우상들이 숭배되기를 원치 않는다면, 그분은 왜 우상들을 파괴하지 않으시는가? 그들은 다음과 같이 대답했다. 만약 사람들이 쓸모없는 것들을 숭배했다면, 그분은 그것들을 파괴하실 것이다. 하지만 사람들은 해와 달과 별과 별자리들을 숭배한다. 그분이 어리석은 자들 때문에 자신의 세계를 파괴하셔야 하는가?

그렇다면 그분은 왜 쓸모없는 것들을 파괴하고 유용한 것들을 남겨두시지 않는가? 그들은 이렇게 대답했다. [유용한 것들이] 파괴되지 않았으므로, 이것은 [유용한 것들을] 숭배하는 자들에게 그것들이 실제로 신이라고 믿도록 조장할 것이다.

게마라:

랍비들은 다음과 같이 가르쳤다. 어떤 철학자들은 로마에 있는 원로들에게 물었다. 만약 [하나님이] 우상들이 숭배되기를 원치 않는다면, 그분은 왜 우상들을 파괴하지 않으시는가? 그들은 다음과 같이 대답했다. 만약 사람들이 쓸모없는 것들을 숭배했다면, 그분은 그것들을 파괴하실 것이다. 하지만 사람들은 해와 달과 별과 별자리들을 숭배한다. 그분이 어리석은 자들 때문에 자신의 세계를 파괴하셔야 하는가? 하지만 세상은 예정된 방향으로 계속 나아가고, 세상을 오용했던 어리석은 자들은 심판에 직면할 것이다. 다른 설명이 다음과 같이 있다. 누군가가 한 세아의 밀을 훔쳐 그것을 땅에 파종했다면, 정의는 그것이 자라지 않아야 한다고 [지시한다]. 하지만 세상은 예정된 방향으로 계속 나아가고, 세상을 오용했던 어리석은 자들은 심판에 직면할 것이다. 또 다른 설명이 다음과 같이 있다. 만일 누군가가 다른 아내와 잤다면, 정의는 그녀가 임신하지 않아야 한다고 [지시한다]. 하지만 세상은 예정된 방향으로 계속 나아가고, 세상을 오용했던 어리석은 자들은 심판에 직면할 것이다.

이것이 레쉬 라키쉬가 다음과 같이 말할 [때 염두에 둔 것이다]. 거룩하신 이,

그분은 찬양받으시리로다, 그분이 이렇게 말씀하신다. 그들은 내 동전을 위조할 뿐만 아니라 내 의지와 반하여 그 동전 위에 내 인장을 찍도록 내게 강요한다.

한 철학자가 라반 가말리엘에게 다음과 같이 물었다. 당신의 토라에 네 하나님 여호와는 소멸하는 불이시요 질투하시는[26] 하나님이시니라(신 4:24)라고 기록되어 있다. 그분은 왜 자신의 열성을 숭배받는 것보다는 숭배자들에게 쏟으시는가? [라반 가말리엘은 다음과 같이 대답했다.] 내가 당신에게 한 비유를 이야기하겠다. 그것은 외아들이 있는 인간 왕과 같다. 그의 아들에게 개가 있었는데, 자기 아버지의 이름을 따라 그 개의 이름을 지었으며, 그가 맹세할 때 그는 '개 – 아버지'의 이름으로 맹세했다. 왕이 이것을 들었을 때, 그는 자기 아들에게 화를 낼 것인가, 아니면 그 개에게 화를 낼 것인가? 명백히 그는 자기 아들에게 화를 낼 것이다.

[그 철학자:] 당신은 [우상을] 개에 비교하는가? 이것은 실제다!

[라반 가말리엘:] 당신에게는 무슨 증거가 있는가?

[그 철학자:] 한번은 우리 성읍에 불이 났으며, 사원을 제외한 모든 건물이 탔다.

[라반 가말리엘:] 내가 당신에 [다른] 비유를 들겠다. 이것은 어떤가? 그것은 한 지방에서 배반당한 인간 왕과 같다. 그 후에 그는 살아있는 자들과 싸웠는가, 아니면 죽은 자들과 싸웠는가? 명백히 살아있는 자와 싸웠다.

[그 철학자:] 당신은 [우상을] 개와 비교했다. 이제 당신은 우상을 시체와 비교한다! 그렇다면 그분은 그것을 파괴하지 않으시는가?

[라반 가말리엘:] 만약 사람들이 쓸모없는 것들만 숭배했다면, 그분은 그것들을 파괴하실 것이다. 하지만 사람들은 해와 달, 별과 별자리들, 우물과 골짜기를 숭배한다. 그분이 어리석은 자들 때문에 자신의 세계를 파괴하셔야 하는가? 마찬가지로 여호와께서 이르시되 내가 땅 위에서 모든 것을 진멸하리라 내가 사람과 짐승을 진멸하고 공중의 새와 바다의 고기와 거치게 하는 것과 악인들을 '넘어지게 하는 것들을'[27] (아울러, 개역개정) 진멸할 것이라 내가 사람을 땅 위에서 멸절하리라 나 여호와의 말이니라(습 1:2-3, JPS)라고 기록되어 있다. 그분은 악인들이 그것들 때문에 넘어진다고 해서 세상에 있는 것들을 파괴해야 하는가? 그들은 심지어 [다른] 사람들도 숭

배한다. 그러므로 그분이 사람을 땅 위에서 멸절해야 하는가?

아그립바 장군이 라반 가말리엘에게 다음과 같이 물었다. 당신의 토라에 네 하나님 여호와는 소멸하는 불이시요 질투하시는 하나님이시니라라고 기록되어 있다. 현명한 사람은 다른 현명한 사람을 시기하고, 강한 사람은 강한 사람을 시기하고, 부자는 부자를 시기한다. [라반 가말리엘은 다음과 같이] 대답했다. 내게 당신에게 한 비유를 들겠다. 그것은 둘째 아내와 결혼한 한 남자와 같다. 만약 둘째 아내가 첫째 아내보다 더 높은 계층에 속한다면, 그녀는 질투하지 않을 것이지만,[28) 만약 더 낮은 계층에 속한다면 그녀는 질투할 것이다.

제노(Zeno)[29)가 랍비 아키바에게 말했다. 당신과 나는 우리 마음에 우상에 대한 실체가 전혀 없다는 것을 알지만, 우리는 아픈 사람들이 [사원에] 들어가고 치료받고 나오는 것을 보는데, 이것은 어떻게 일어나는가? 랍비 아키바는 다음과 같이 대답했다. 내가 당신에게 한 비유를 들겠다. 그것은 마을에 사는 어느 신뢰할 만한 사람과 같다. 마을의 모든 사람이 [자신들의 귀중품을] 그에게 증인 없이 맡겼다. 한 사람이 마을에 와서 그에게 증인 앞에서 무언가를 맡겼지만, 다른 경우에는 잊고서 증인 없이 맡겼다. 그 [신뢰할 만한] 사람의 아내가 [자기 남편]에게 말했다. 우리는 그것을 부인할 수 있다! 그가 대답했다. 이 사람이 단지 어리석다고 해서 우리가 우리 신뢰를 훼손해야 하는가? 고통도 마찬가지이다. 질병들이 사람에게 오게 될 때, 그것들은 이런저런 날에 그에게만 공격하고 이런저런 날 이런저런 시간에 이런저런 치료자에 의해 이런저런 약을 통해 떠나게 될 것이라고 맹세해야 했다. 질병들이 그를 떠날 시간이 되어, 만약 그가 우연히 사원에 들어간다면, 그 질병은, 우리는 권리에 따라 이제 그를 떠나지 않아야 한다고 말한다. 하지만 그때 그것들은 이렇게 말한다. 우리가 이 어리석은 자 때문에 우리의 맹세를 깨뜨려야 하는가?

이것은 랍비 요하난이 다음과 같이 주장한 것과 같다. **심하지만 신뢰할 만한 질병이라**(그 질병이 중하고 오랠 것이라, 개역개정)(신 28:59)의 의미는 무엇인가?[30) 그것들은 보내질 때 심하지만, 떠날 것이라고 신뢰할 만하다.

라바 바 라브 이삭은 라브 예후다에게 말했다. 우리 마을에 우상숭배하는 사원이 있다. 비가 필요할 때, [여신이] 꿈에 그들에게 나타나서 말한다. 나를 위해 한 사람을 죽여라. 그러면 내가 너희에게 비를 내리겠다. 그들은 한 사람을 죽였고, 비가 내렸다. [라브 예후다는,] 내가 죽는다면 나는 라브가 다음과 같이 말한 것을 당신에게 말하지 않겠다고 대답했다. 너희의 하나님 여호와께서 천하 만민을 위하여 배정하신 것(신 4:19)의 의미는 무엇인가? 그분은 그들을 세상에서 제거하려고 미끄러지게 하셨다. [31] 이것은 레쉬 라키쉬가 다음과 같이 말한 것과 같다. 진실로 그는 거만한 자를 비웃으시며 겸손한 자에게 은혜를 베푸시나니(잠 3:34, JPS)의 의미가 무엇인가? 만일 누군가가 부정결을 구한다면, 그에게 [죄를 지을] 기회가 주어진다. 만약 그가 정결을 구한다면 그는 도움을 받는다.

아보트

AVOT, 조상들의 지혜

이 소책자의 다섯 장(章)은 아보트 드 랍비 나단(*Avot de Rabbi Nathan*)으로 알려진 더 온전한 버전과 함께 성경의 지혜서와 대응하는 랍비 저작을 이룬다. 유명한 제목인 '조상들의 윤리학'은 다소 오해하기 쉽다.

하지만 이것은 랍비 전통의 신빙성을 입증하는 또 다른 논제를 가진다. 성경은 끊임없이 레위 지파의 제사장들을 토라의 보호자와 선생으로 지목하는 반면에, 아보트는 그들을 전통의 고리에서 빼고 '장로들'로 대체하는데, 이들은 성경 시대 전반에서 전통을 조용히 보존한 시대와는 맞지 않는 랍비들과 현인들로 제시된다. [1] '전통의 고리'는 힐렐과 샴마이 이후 두 경쟁 고리가 되는데, 한 고리(1:1-2:4a, 여기서 소개됨)는 나시 가문을 통해 유다 하 – 나시의 아들인 가말리엘 3세까지 나아가고, 다른 고리(2:4b-14)는 요하난 벤 자카이와 그의 제자들을 통해 나아간다.

1장

1. 모세는 시내산에서 토라를 받았다. 그는 토라를 여호수아에게 전했고, 여호수아는 장로들에게 전했고,[2] 장로들은 선지자들에게, 선지자들은 큰 대회 사람들에게 전했다.

그들은 세 가지를 말했다. 재판에서 신중하라, 많은 제자를 길러라, 토라를 위한 보호 조치를 취하라.

2. 의로운 자 시므온은 큰 대회의 마지막 사람들 가운데 하나였다. 그는, 세상이 토라와 성전 예배와 인애의 행위라는 세 가지에 달려있다고 말하곤 했다.

3. 소코(Sokho)의 안티고노스(Antigonos)는 의로운 자 시므온에게서 [그 전통을] 받았다. 그는 이렇게 말하곤 했다. 보상을 받으려고 자신들의 주인을 섬기는 종들과 같이 행동하지 말고, 보상을 생각하지 않고 자신들의 주인을 섬기는 종들과 같이 행동하라. 하늘에 대한 두려움이 너에게 있을지어다!

4. 체레다(Tzereda)의 요세 벤 요에제르와 예루살렘의 요세 벤 요하난은 그에게서 [그 전통을] 받았다. 요세 벤 요에제르는 이렇게 말했다. 당신의 집을 현명한 자들을 위한 모임 장소로 삼아라, 그들의 발에 있는 먼지를 덮어쓰라, 그들의 말씀을 갈망하며 흡수하라.

5. 예루살렘의 요세 벤 요하난은, 네 집을 널리 공개하고, 가난한 자들을 당신의 집 식구로 고용하며, 여자에게 너무 많이 말하지 말라고 말했다. 그들은, [그가 심지어] 자신의 아내에 대해서도 그렇게 하라는 [의미였는데] 하물며 다른 남자들의 아내에게는 얼마나 더 많이 말하지 말아야 하겠느냐고 말했다. 여기서 현인들은 남자가 여자들과 너무 많은 말을 할 때, 자신에게 해를 가져오며, 토라 연구를 소홀히 하고 결국 지옥에 처하게 된다는 것을 배웠다.

6. 여호수아 벤 페라히아(Joshua ben Perahia)와 아르빌의 니타이(Nittai of Arbil)는 그들에게서 [그 전통을] 받았다. 여호수아 벤 페라히아는, 직접 선생을 마련하고, 친구를 얻으며 모두의 말을 믿어주라고 말한다.

7. 아르빌의 니타이는, 나쁜 이웃을 피하고, 악한 친구를 사귀지 말며, 징벌에

절망하지 말라고 말한다.

8. 유다 벤 타바이와 시므온 벤 셰타는 그들에게서 [그 전통을] 받았다. 유다 벤 타바이는 이렇게 말한다. 법적 자문자[3]가 되지 말라. 소송 당사자가 당신 앞에 왔을 때 당신은 그들을 죄가 있다고 간주하고, 그들이 법정을 떠날 때 그들은 [법정의] 재판을 받았으므로, 그들이 무죄라고 간주하라.[4]

9. 시므온 벤 셰타는, 증인을 철저하게 조사하되, 그들이 당신에게서 거짓말하는 것을 배우지 않도록 어떻게 표현해야 할지 신중하라고 말한다.[5]

10. 셰마이아와 아브탈리온은 그들에게서 [그 전통을] 받았다. 셰마이아는, 일을 사랑하고, 이행되는 권위를 미워하며, 통치 무리에 있는 자들에게 자신을 알리지 말라고 말한다.

11. 아브탈리온은 이렇게 말한다. 현인들이여! 당신이 추방의 처벌을 야기하여 당신을 따르는 제자들이 하늘의 이름을 더럽히면서, 물이 나쁜 곳에서 나쁜 물을 마시고 죽는 곳으로 추방되지 않도록 당신이 어떻게 말할지 조심하라![6]

12. 힐렐과 샴마이는 그들에게서 [그 전통을] 받았다. 힐렐은, 아론의 제자가 되라, 즉 평화를 사랑하고 평화를 추구하며, 사람들을 사랑하고 그들을 토라에게로 데려오라고 말한다.

13. 그는, 명성을 추구하는 자는 자신의 [좋은] 이름을 잃으며, 자신의 배움을 증진시키지 않는 자는 배움을 저하시키고, [토라의] 왕관으로 세상적 이익을 취하는 자는 죽을 것이라고 말하곤 했다.

14. 그는 이렇게 말하곤 했다. 만약 내가 나 자신을 위하지 않는다면 누가 나를 위하겠는가? 내가 나 자신을 위한다면 나는 누구인가? 지금이 아니면 언제인가?

15. 샴마이는, 토라가 당신 삶의 초점이[7] 되게 하며, 말을 적게 하되 행동을 많이 하고, 환한 얼굴로 모든 사람을 맞이하라고 말한다.

16. 라반 가말리엘[8]은, 선생을 직접 마련하고, 의심을 제거하며, 어림짐작으로 십일조를 하지 말라고 말한다.

17. 그의 아들 시므온은 이렇게 말한다. 내가 현인들에 둘러싸여 성장하니 침묵보다 나 자신을 위해 더 좋은 것을 발견하지 못했는데, 말이 아니라 행동이 중

요한 것이며, 너무 많은 말을 하면 죄를 짓게 된다.

18. 가말리엘의 아들 라반 시므온[9]은 이렇게 말한다. 세상은 정의와 진리와 평화라는 세 가지에 달려있는데, 이는 너희 성문에서 진실하고 화평한 재판을 베풀고(슥 8:16)라고 한 대로이다.

2장

1. 랍비 [유다 하 – 나시]는 이렇게 말한다. 사람이 선택할 올바른 길은 무엇인가? 그것을 따르는 자에게 명예스럽게 되면서 그가 다른 이들의 존경을 얻는 것은 무엇이든지 해당한다. 큰 미츠바만큼이나 작은 미츠바도 신중을 기하라. 왜냐하면, 당신은 각 미츠바의 가치를[10] 모르기 때문이다. 선한 행동을 소홀히 하여 잃은 것과, 선한 행동을 한 것에 따른 보상을 비교하고, 죄로 인한 징벌과 죄를 [삼가하여] 잃은 것을 비교하여 고려하라. 세 가지를 고찰하라. 그러면 당신은 죄에서 삼갈 것이다. 당신의 위에는 보는 눈과 듣는 귀가 있으며, 당신의 모든 행동이 책에 기록된 것을 알라!

2. 랍비 유다 하 – 나시의 아들, 라반 가말리엘[11]은 다음과 같이 말한다. 토라 연구와 세상의 직업을[12] 함께 하는 것은 좋은데, 왜냐하면 둘이 함께 당신의 마음에서 죄악된 생각들을 몰아내기 때문이다. 만약 토라 [연구를] 일과 함께 하지 않는다면, 그것은 게으른 추구가 되고 죄로 이어진다. 공적인 일을[13] 수행하는 모든 사람은 하늘을 위해 그렇게 해야 하는데, 왜냐하면 [그때에야] 그들 조상의 공적이 그들에게 도움이 되고, 그들의 선한 일이 지속되기 때문이다. 당신들에 대해서 [하나님은 이렇게 말씀하실 것이다]. 내가 너희에게 마치 너희 자신이 [이런 것들을] 성취한 것처럼 큰 보상을 허락한다.

3. 정부 관료를 조심하라. 왜냐하면, 그들은 자신들의 이익을 위해서만 당신과 친구가 되기 때문이다. 그들은 그들에게 유리할 때만 친구들처럼 행동할 뿐, 당신에게 그들이 필요할 때는 당신의 편이 되지 않는다.

4. 그는 이렇게 말하곤 했다. 그분의 뜻이 마치 당신의 뜻인 것처럼 그분의 뜻

을 행하라. 그러면 그분이 당신의 뜻을 자신의 뜻처럼 행할 것이다. 그분의 뜻 앞에서 당신의 뜻을 부정하라. 그러면 그분은 당신의 뜻보다 다른 이들의 뜻을 부정할 것이다.

호라요트

HORAYOT, 결정들

레위기는 대제사장(4:3-12)이나 '온 회중'(4:13-21)이 부지중에 범한 죄에 대한 속죄 과정을 정리하는데, 후자는 현인들이 대법원(산헤드린, 또는 베트 딘[Bet Din])이 공표한 불완전한 판결에 근거하여 취한 조치를 가리킨다고 이해한다. 신명기 17장 8-13절은 대법원의 판결에 문제를 제기하여 반역하는 원로들의 사례를 포괄한다.

짧은 첫 부분은 논의가 학교에서 전달되고 게마라의 편집자들이 보존할 수 있는 대체 의견들을 완벽하게 보여준다. 이 부분은 이론적인 진술이 아니라 무엇이 '판결'을 구성하는가에 대한 질문을 다룬다.

1장

미쉬나:

만약 베트 딘(Bet Din)이 토라 계명들 가운데 어느 것과도 반대되는 판결을 공표하고, 개인은 그것이 잘못된 줄 알지 못하고서 그들이 말했던 것을 토대로 행동했다면, 그들이 행동하고 그가 그들과 함께 행동했든지, 또는 그들이 행동하고 그 2a

가 그들을 따랐든지, 그들이 행동하지 않았지만 그가 행동했든지, 그는 그들에게 의존했으므로 [어떤 처벌에서도] 면제된다.

만약 베트 딘이 판결을 공표하고, 한 구성원, 즉 판결할 수 있는 한 명의 제자라도 그것이 잘못된 줄 알고서 그들이 말했던 것을 토대로 행동했다면, 그들이 행동하고 그가 그들과 함께 행동했든지, 또는 그들이 행동하고 그가 그들을 따랐든지, 그들이 행동하지 않았지만 그가 행동했든지, 그는 베트 딘을 의존하지 않았으므로 [처벌을] 면할 수 없다.

규칙은, 그가 만약 [자기 자신의 판단을] 의지한다면 그는 책임이 있으며, 만약 그가 베트 딘의 [판단을] 의지한다면 그는 면제된다는 것이다.

게마라:

쉬무엘이 말했다. 그들이 "당신은 허락된다!"라고 말하지 않는다면 베트 딘은 책임이 없다! 네하르데아의 라브 디미는 이렇게 말했다. 그들이 [구체적인 사람들]에게 말하지 않는다면, 당신은 그것을 해도 좋다! 왜인가? 그렇지 않으면 그것은 완결된 '판결'이 아니기 때문이다.

아바예는 이것이 다음과 같이 미쉬나에서 명백하다고 말했다. 만약 [반역하는 원로가] 자기 마을에 돌아와 이전에 가르친 대로 가르쳤다면 그는 면제되지만, 만약 그가 사람들에게 행동하도록 지시한다면 그는 책임을 진다.[1]

랍비 아바는, 우리도 이것을 다음과 같이 한 미쉬나에서 발견했다고 말했다. 즉, 만약 법정이 그녀에게 재혼을 허락했지만, 그녀는 가서 간음을 했으며 [그 후에 그녀의 남편이 돌아왔]다면, 그녀는 희생제물을 바쳐야만 한다. 법정은 그녀에게 [간음을 허락한 게 아니라], 그녀의 결혼을 허락했을 뿐이기 때문이다.[2]

라비나는, 우리도 이것을 다음과 같이 한 미쉬나에서 발견했다고 말했다. 즉, 만약 베트 딘이 토라의 계명 가운데 어느 것이라도 반대되는 판결을 공표했다면 그것으로 종결이다!

어떤 이는 다음과 같이 [이전 설명에 대한 대안을 제시한다].

쉬무엘은 이렇게 말했다. 그들이 "당신은 그것을 하도록 허락된다!"라고 말하지 않는다면, 베트 딘은 책임이 없다! 네하르데아의 라브 디미는 다음과 같이 말했다. 그들이 단순히 "당신은 허락된다!"라고 말할지라도, 그것은 완결된 '판결' 이다.

아바예는, 그것은 미쉬나가 다음과 같이 진술한 것이 아니라고 말했다. 만약 [반역하는 원로가] 자기 마을에 돌아와 이전에 가르친 대로 가르쳤다면 그는 면제 되지만, 만약 그가 사람들에게 행동하도록 지시한다면 그는 책임을 진다.

랍비 아바는, 하지만 미쉬나는 다음과 같이 달리 말한다고 말했다. 만약 법정 이 그녀에게 재혼을 허락했지만, 그녀는 가서 간음을 했으며 [그 후에 그녀의 남편 이 돌아왔]다면, 그녀는 희생제물을 바쳐야만 한다. 법정은 그녀에게 [간음을 허락한 게 아니라], 그녀의 결혼을 허락했을 뿐이기 때문이다.

라비나는, 하지만 미쉬나는 다음과 같이 달리 말한다고 말했다. 즉, 만약 베트 딘이 토라의 계명 가운데 어느 것이라도 반대되는 판결을 공표했다면 그것으로 종결이다!

이 소책자와 주제의 마무리인 미쉬나들은 타나임이 본 대로 인간 가치의 척도를 명백하게 선언하는 것으로 구성된다. 최대의 특권은 토라를 배우는 것과 하나님의 계명에 대한 신실함에 부여된다. 다음과 같이 사회적 풍습에 대한 미묘한 차이가 있는 접근이 있다. 도덕적 절대주의는 확고하게 거부되지만, 고통스러운 선택은 해 야만 하며, 하고 있다.

3장

미쉬나:
남자가 인명구조와 잃은 재산의 회복에 대해 여자보다 우선권을 갖는다. 여자 는 옷과 포로에서의 구출에 대해 남자보다 우선권을 갖지만, 만약 둘이 [성적인] 학대를 당할 위험이 있다면 남자가 여자보다 우선권을 갖는다.

게마라:

랍비들은 다음과 같이 가르친다. 그와 그의 아버지와 그의 [토라] 선생이 포로로 끌려갔다. 그는 자기 선생보다 몸값을 지불하는 데 우선권을 지니고, 그의 선생은 그의 아버지보다 우선권을 가지며, 어머니는 그들 모두보다 우선권을 가진다. 현인이 이스라엘의 왕보다 우선권을 가졌는데, 왜냐하면 만약 현인이 죽으면 그는 대체할 수 없지만, 이스라엘의 왕이 죽으면 어떤 이스라엘 사람이라도 이스라엘의 왕이 될 수 있기 때문이다. 왕이 대제사장보다 우선권을 갖는데, 왜냐하면 왕이 그들에게 이르되 너희는 너희 주의 신하들을 데리고 … 제사장 사독 … (왕상 1:33-34)이라고 말하기 때문이다. 대제사장은 선지자보다 우선권을 갖는데, 왜냐하면, 거기서 제사장 사독과 선지자 나단은 그에게 기름을 부어(왕상 1:34)라고 말하며, 사독이 나단 앞에 놓이기 때문이다. 마찬가지로, 대제사장 여호수아야 너와 … 네 동료들은 내 말을 들을 것이니라 이들은 '이적'(예표, 개역개정)의 사람들이라(슥 3:8)라고 하는데, 이들은 일반 사람들이 아니다. 왜냐하면, 그들은 이적의 사람들이라 불리며, '이적의 사람들'은 그가 네게 말한 그 이적과 기사가 이루어지고(신 13:2)라고 한 대로, 선지자들을 가리킨다.

기름 부음 받은 대제사장은 [단순히] 대제사장의 의복을 입은 자보다 우선권을 가진다. 대제사장복을 입은 [대제사장 대행은] 정액 유출로 인해 정직 처분 당한 기름 부음 받은 대제사장보다 우선권을 갖는다. 정액 유출로 인해 정직 처분 당한 기름 부음 받은 대제사장은 더럽혀짐으로 정직 처분 당한 기름 부음 받은 대제사장보다 우선권을 갖는다. 더럽혀짐으로 정직 처분 당한 기름 부음 받은 대제사장은 전쟁을 위해 기름 부음 받은 대제사장보다 우선권을 갖는다. 전쟁을 위해 기름 부음 받은 대제사장은 보조 대제사장보다 우선권을 갖는다. 보조 대제사장은 아마르칼(amarkal)보다 우선권을 갖는다. (아마르칼은 무엇인가? 라브 히스다는, 모든 것[콜 (kol)]을 말하는 [아마르(amar)]³⁾라고 말한다.) 아마르칼은 보물 관리자보다 우선권을 갖는다. 보물 관리자는 제사 방침의 책임자보다 우선권을 갖는다. 제사 방침의 책임자는 아버지의 집의 책임자보다 우선권을 갖는다. 아버지의 집의 책임자는 보통 코헨보다 우선권을 갖는다.

다음과 같은 질문이 요청됐다. 더럽힘에 대해 보조 대제사장이 우선권을 갖는가, 아니면 전쟁을 위해 기름 부음 받은 대제사장이 우선권을 갖는가? 라브 나흐만의 아들인 마르 주트라는 다음과 같은 한 바라이타에 [근거하여 이 질문을] 해결했다. 만약 보조 [대제사장]과 전쟁을 위해 기름 부음 받은 대제사장이 걸어가다가 장례가 필요한 시체를 만났다면, 만약 대제사장이 불운을 겪으면 보조자가 그를 대신해야만 하므로, 보조자보다는 전쟁을 위해 기름 부음 받은 대제사장이 더럽혀지는 게 바람직하다. 하지만 [위의] 바라이타는, 전쟁을 위해 기름 부음 받은 대제사장이 보조 대제사장보다 우선권을 갖는다고 진술하지 않았는가? 라비 나는, 그것은 그의 목숨을 구하는 데 관한 것이었다고 말했다.

다음의 미쉬나는 훌륭한 자손보다도 토라를 배움이 우선한다는 급진적인 진술인데, 키두쉰(Qiddushin) 4장에 나오는 순수 혈통에 대한 강조를 고려할 때 더더욱 인상적이다. 우선권의 순서와 그 결과에 대한 성경적 토대를 논의한 후, 이 소책자는 어떤 역사적 논쟁에 대한 기사로 마무리한다. 랍비 메이르와 나단의 계획에 대한 이야기는 팔레스타인뿐만 아니라 바빌로니아에서 정치적·학문적 헌신으로 갈등을 겪는 지도자들 사이에 존재하는 일련의 관계에 비추어 철저히 조사됐다.

미쉬나:

코헨은 레위인보다 우선권을 가지며, 레위인은 이스라엘 사람보다, 이스라엘 사람은 마므제르(mamzer)보다, 마므제르는 나틴(natin)보다, 나틴은 개종자보다, 개종자는 자유롭게 된 노예보다 우선권을 가진다. 이것은 언제 적용되는가? 만약 그들이 다른 방법으로 동등했을 경우이다. 하지만 만약 마므제르가 학식 있는 사람이고 대제사장이 무식한 자라면, 학식 있는 마므제르가 무지한 대제사장보다 우선권을 갖는다.

게마라:

랍비들은 다음과 같이 가르쳤다. 나시(Nasi)가 들어올 때는 모든 사람이 서고, 그가 앉으라고 할 때까지 그들은 앉지 않는다. 법정의 원로가 들어올 때는 그가 자기 자리에 앉을 때까지 그의 옆으로 두 줄을 만든다. [일반] 현인이 들어올 때는 그가 자기 자리에 앉을 때까지 하나는 일어서고 하나는 앉는다.[4] 현인들의 자녀와 현인들의 제자들은, 만약 사람들에게 필요하다면 사람들 주변을 거닐 수 있다.[5] 만일 누군가가 자신의 [몸의] 필요를 위해 나가야만 한다면, 그는 돌아와서 자기 자리를 차지한다. 아버지가 공공의 지도자로 임명된 제자의 자녀들은 만약 그들이 강연을 이해할 수 있다면, 들어가서 자신의 등을 사람들에게 향한 채 자기 아버지를 보고 앉을 수 있다. 하지만 그들이 이해하지 못한다면 그들은 사람들을 마주 보고 아버지 앞에 앉는다. 랍비 사독의 아들인 랍비 엘르아살은, 심지어 잔치에서도 그들은 아버지에게 붙어 있을 수 있다고 말했다.

만일 누군가가 자신의 [몸의] 필요를 위해 나가야만 한다면, 그는 돌아와서 자기 자리를 차지한다. 라브 파파는, 그는 이전에 자신을 시험했어야 했기 때문에, 그것이 작은 필요에만 해당하고 큰 필요에는 해당이 안 된다고 말했다. 라브 예후다가 라브의 이름으로 말한 대로, 사람은 멀리 갈 필요가 없도록 일찍 그리고 늦게 [변을] 보아야 한다.[6] 라바[7]는, 요즘 사람들이 약하기 때문에 이것은 심지어 큰 [필요]에도 적용된다고 말했다.

랍비 사독의 아들인 랍비 엘르아살은, 심지어 잔치에서도 그들은 아버지에게 붙어 있을 수 있다고 말했다. 라바는, "자신들의 아버지가 살아있는 동안에, 그리고 아버지 앞에서"라고 설명했다.

랍비 요하난은, 이 미쉬나가 라반 시므온 벤 가말리엘 시절에 만들어졌다고 설명했다. 라반 시므온 벤 가말리엘은 나시였고, 랍비 메이르는 [유력한] 현인이었으며, 랍비 나단은 법정의 원로였다. 라반 시므온 벤 가말리엘이 있을 때 모든 사람이 일어났고, 랍비 메이르나 랍비 나단이 들어갔을 때 모든 사람이 그들 앞에 섰다. 라반 시므온 벤 가말리엘이 말했다. 나와 그들 사이에 어떤 구분도 없어야 하는가? 그래서 그는 이 미쉬나를 만들어냈다. 그날, 랍비 메이르도 랍비 나단도 없었다. 그들이 다음 날 들어왔을 때, 그들은 사람들이 전에 했던 대로 더 이상 자신들 앞에 서지 않았다는 것을 알아차렸다. 그들은 물었고, 이것이 라반 시므온 벤 가말리엘이 시행한 것이라고 들었다.

랍비 메이르는 랍비 나단에게 다음과 같이 말했다. 나는 [유력한] 현인이고, 당신은 법정의 원로다. 우리는 우리 지위를 보호하고자 무언가를 해야만 한다. 우리는 무엇을 할 수 있는가? 우리는 그에게 그가 익숙하지 않은 우크친('Uqtzin)을 설명하라고 요청할 것이며, 그가 그것을 배우지 않았으므로, 우리는, 누가 능히 여호와의 권능을 다 말하며 주께서 받으실 찬양을 다 선포하랴(시 106:2, JPS)라고 말할 것이다. 즉, 그분의 찬양을 모두 선언하는 자만이[8] 위대한 일들을 말하기에 적합하다. 그다음에 우리는 그를 물러나게 하고, 나는 법정의 원로가 되고 당신은 나시가 될 것이다.

랍비 야곱 벤 코르쉬가 그들의 말을 엿들었다. 그는 이것이 하나님이 금지한 것이며 깊은 범죄로 이어질 수 있다고 생각했다. 그래서 그는 가서 라반 시므온 벤 가말리엘의 방 뒤에 앉아서 거듭 [우크친]을 낭송했다. [라반 시므온은] '무슨 일인가? 아마도 무언가가 연구의 집에서 일어나고 있다'라고 생각했다. 그래서 그는 그것을 배우려고 전념했다.

다음 날 그들이 말했다. 당신의 명예로 우리에게 우크친을 설명할 수 있는가? 그가 마쳤을 때, 그는 이렇게 말했다. 내가 이것을 배우지 않았다면 당신은 나를 망신시켰을 것이다! 그리고 그는 그들을 연구의 집에서 배제하라고 명령했다. 그들은 평판에 질문들을 작성하고 그 질문들을 포함했다. 그는 할 수 있는 질문들만 대답했고, 그들은 그가 대답할 수 없는 질문들에 대한 답을 포기했다.

랍비 요세는 항변했다. 토라가 밖에 있고 우리는 안에 있다! 라반 시므온 벤 가말리엘이 말했다. 그렇다면 그들을 들여보내라. 하지만 우리는 그들의 이름으로 어떤 가르침도 반복되지 않도록 함으로써 그들을 벌하겠다. 랍비 메이르의 가르침은 '다른 이들이 말할' 때 주어질 것이며, 랍비 나단의 가르침은 '어떤 이가 말할' 때 주어질 것이다.

[랍비 나단과 메이르는] 자신들의 꿈에서 [한 메시지를] 받았다. 가서 라반 시므온과 화해하라! 랍비 나단은 갔지만, 랍비 메이르는 가지 않았다. 그는, 꿈은 아무 의미가 없다고 말했다. 랍비 나단이 갔을 때, 라반 시므온 벤 가말리엘은 그에게 다음과 같이 말했다. 당신 아버지의 캄라(qamra)[9]가 당신이 법정의 원로가

되도록 도울 수 있었을 것이다. 당신은 그것이 당신을 나시로 만들 것이라고 생각하는가?

이는 유다 하 – 나시('랍비')의 아버지인 시므온 벤 가말리엘 2세인데, 그는 다시 시므온이라는 이름의 아들을 가졌다. 다음 일화는, 오래된 싸움을 지속하는 것은 잘못이라는 시므온 2세의 법령에도 불구하고, 랍비 메이르가 왜 종종 이름으로 인용되는지를 설명한다.

랍비는 [미래] 라반 시므온 [3세]인 자기 아들에게 다음과 같이 가르쳤다. **다른 이들은, 만약 이것이 대체물이었다면, 그것은 제시되지 않는다고 말한다.** 시므온이 물었다. 이 '다른 이들'의 물을 우리가 마시는데, 이름이 거론되지 않는 이들은 누구인가? [랍비가 대답했다.] 내 아들아, 그들은 네 위엄과 네 아버지 집의 위엄을 무너뜨리려고 애쓰는 사람들이다. [시므온:] 그들의 사랑과 미움과 시기도 없어진 지 오래이니(전 9:6, JPS). [랍비:] 원수가 끊어져 영원히 멸망하였사오니 주께서 무너뜨린 성읍들을 기억할 수 없나이다(시 9:6). [시므온:] 그것은 만약 그들이 자신들의 목적을 달성했을 경우이며, 이 랍비들은 그들의 목적을 달성하지 못했다. 그다음에 [랍비는] 그에게 다시 다음과 같이 가르쳤다. **랍비 메이르는, 이것이 대체물이었다면, 그것은 제시되지 않는다고 말한다.**

라바는, 심지어 온순한 랍비도 다음과 같이 가르쳤다고 말했다. **그들은 랍비 메이르의 이름으로 말했지만, 그는 랍비 메이르가 말했다고** 말하지 않았다.

랍비 요하난은, 라반 시므온 벤 가말리엘과 랍비들이 서로 달랐다고 말했다. 하나는 시내산이 바람직하다고 말했지만 다른 이는 산들을 뿌리 뽑는 자가 선호된다고 말했다.[10]

라브 요세프는 시내산이었고, 라바는 산들을 뿌리 뽑는 자였다. 그들은 팔레스타인에 다음과 같은 전갈을 보냈다. 시내산이 우선하는가, 아니면 산들을 뿌리 뽑는 자가 우선하는가? 그 선생이 말한 대로, 모든 사람은 밀이 필요하므로 시내산이 선호된다는 전갈이 돌아왔다.[11] 그렇다 해도, 라브 요세프는 직위를 거부했다. 라바는 22년 동안 판결했고 그다음에 라브 요세프가 그의 뒤를 이었다. 라바가 판결한 전 시간 동안, 라브 요세프는 피를 제거하

는 의식을 하는 자를 자기 집에 들이기조차 허락하지 않았을 것이다. [12]

이 소책자는 네 명의 젊은 학생들이 자리를 차지하려고 애쓰는 것에 대한 가벼운 이야기로 마무리한다.

아바예, 라바, 랍비 제이라, 라브 마트나는 함께 앉아서 지도자를 원했다. 그들은 누구도 논박할 수 없는 진술을 하는 자는 누구든지 지도자가 될 것이라고 말했다. 그들의 진술은 아바예를 제외하고는 모두 논박되었다. 라바[13]는 아바예가 뽐내고 있다고 생각했다. 그가 말했다. 나흐마니! 시작하라![14]

그들이 물었다. 랍비 제이라가 우선하는가, 아니면 랍바 바 라브 마트나가 우선하는가? 랍비 제이라는 날카로우며, 어려운 질문을 한다. 라브 마트나는 시간이 걸리지만, 결론에 도달한다. 그들은 조용했다.

THE TALMUD

다섯째 주제

코다쉼

QODASHIM, 거룩한 것들

서론

랍비 엘르아살은, 공의와 정의를 행하는 것은 제사드리는 것보다 여호와께서 기쁘게 여기시느니라(잠 21:3, JPS)라고 한 대로, 정의를 행하는 것이 어떤 희생제물보다 크다고 말했다. 그리고 랍비 엘르아살은, 너희가 자기를 위하여 공의를 심고 인애를 거두라(호 10:12)라고 한 대로, 인애를 행하는 것이 정의를 행하는 것보다 크다고 말했다. 한 사람이 파종할 때 그가 먹을 것인지 먹지 않을 것인지는 의심스러우며, 그가 수확할 때 그는 분명히 먹을 것이다(Sukka 49b).

짐승 희생제사는 고대 세계에서 일반적이고 익숙한 활동이었다. 아리스토텔레스의 《아테네 헌정》(Athenian Constitution)은 희생제사의 정확한 시행을 위한 도시국가의 최고위직 관료의 책임을 정리한다. 1) 로마 정치가 키케로(Cicero, 주전 106-43년)는 이상적인 국가를 위한 입법의 기초를 마련하면서, 신들과 제사장들, 곡식과 열매와 우유와 새끼 등의 제물에 대한 종교적 규정으로 시작한다. 2) 주후 3세기 철학자 포르피리(Porphyry)는 채식주의를 주창하는 보고서에서 다음과 같이 기록한다. "짐승들을 제물로 바치고자 한다면 그 짐승들을 먹을 필요는 없으므로, 때로 그 짐승들을 제물로 바칠 필요가 있을지라도 우리는 이제 그 짐승들을 먹지 않아야 할 필요가 있다는 것을 보여주겠다."3) 황제 율리아누스(Julian, 361-363년)는 기독교가 전통적인 종교와 신들에 대한 제사를 반대하는 데 대해 충격을 받고서, 예루살렘에 있는 성전을 포함해서 성전들을 복구하려고 애썼다. 4)

제2성전기 말의 유대 희생제사는 다음과 같이 세 가지 근본적인 면에서 대부분의 당시 종교들과는 달랐다.

유대 희생제사는 어떤 형상으로 묘사될 수 없는 보편적인 하나님에게 바쳐졌다.

유대 희생제사는 예루살렘에 있는 하나의 중앙 성소에 제한됐다.

유대 희생제사는 다른 제도와 공통되게 신과의 개인적인 관계와 공동의 관계를 분명히 표현했지만(속제, 정화, 감사), 다른 제도들과 달리 어떤 종류의 점술과도 연관되지 않았다. 예를 들어, 로마 희생제사는 창자 점술가와 관련이 있었는데, 그의 역할은 창자를 해석하고 미래를 점치는 일이었다.

희생제사는 본질적으로 하나님에게 바쳐지는 식사이며, 대부분의 경우 사람들이 부분적으로 먹든 전체를 먹든 하나님과 함께한다(그러므로 '친교'이다). 희생제사는 속죄나 감사, 하나님의 존전에서의 단순한 기쁨을 표현할 수 있다.

랍비들은 이런 형태의 예배를 아보다(avoda, '예배의식', 즉 탁월한 하나님에 대한 예배)라고 부르며, 자녀는 레위기로 토라 연구를 시작해야 한다고 추천했다. 즉, "순수한 자들은 순수한 것을 연구하게 하라"는 것이다. [5]

예루살렘 성전은 주전 70년 로마인들에 의해 파괴됐다. 그렇다면 미쉬나와 탈무드는 왜 성전 절차에 이렇게 많이 주목하는가? 다음의 대화가 추가적인 대답이 되겠지만, 회복에 대한 희망이 강하게 남아 있었다.

라브 나흐만은 라바 바 아부하가 라브의 이름으로 다음과 같이 말했다고 한다. 할라카는 랍비 엘르아살이 랍비 요세의 이름으로 말한 것에 따른다. 라바는 이렇게 [항변했다]. 이것은 메시아를 위한 할라카이다! [6]

아바예는 그에게 말했다. 그런 경우 제바힘이라는 소책자는 모두 메시아를 위한 할라카이므로, 이 소책자 가운데 어느 것도 가르치지 않아야 한다! 하지만, "연구하라. 그러면 보상을 받을 것이다"라고 했듯이 마찬가지로 여기서도 연구하라. 그러면 보상을 받을 것이다.

[라바가 반박했다.] 내가 의미한 바는, 할라카의 [결정이] 메시아를 위해 [남겨질 수 있다는] 것이었다!(*Zevaḥim* 44b-45a).

라쉬는 라바의 마지막 말을 다음과 같이 해석한다. 나는 결정이 내려졌다는 점에 놀라움을 표현했다. 우리는 실제로 성전 절차에 대한 의견을 연구할 필요가 있는데, 이는 토라이기 때문이다. 그러므로, "연구하라. 그러면 보상을 받을 것이다." 하지만 할라카를 결정하는 것은 오직 실천과 관련되며, 그 법들은 이 시점에서는 실행되지 않고 있다.

아바예와 라바는 그 시기 이후 유대인들 사이에 명백히 흔했던, 희생제사 의식을 연구하는 태도를 전달한다. 하나님이 계시한 토라와 그 조항들을 묵상하는 것은 심지어 그것들을 실천할 수 없다고 해도 고귀한 일('미츠바')이다.

랍비들은 토라를 이음매가 없이 일관된 완전체라고 간주했는데, 이 가운데 희생제사법은 필수적인 한 부분이었다. 토라의 어떤 부분에 관한 연구를 소홀히 하는 것은, 완전체의 논리를 훼손할 것이다. 왜냐하면 한 섹션에서 다른 섹션을 비교하고 추론할 수 있기 때문이다.

희생제사를 가리키는 히브리어 용어에 상응하는 정확한 어휘는 없다. 성경 히브리어와 랍비 히브리어에 사용된 용어를 이 책에서 번역할 때, 문맥과 문체의 요구에 따라 다음과 같이 다양하게 번역한다.

히브리어	동등어구의 범위
아삼(asham)	속건제(reparation‑offering, 배상제[guilt‑offering, trespass‑offering])
하타트(ḥatat)	정화제(purification‑offering), 속죄제(sin‑offering)
이쉬셰(ishshé)	예물(gift),[7] 불의 제물
민하(minḥa)	소제(grain offering)[8]
올라(olah)	위로 올리는 제물(Upward‑offering), 번제, 완전한 제물(whole‑offering)
코르반(qorban)	제물(offering, '접근하다'를 의미하는 어근에서 유래된 일반적인 단어)
쉬라민(sh'lamim)	화목제(Well‑being offering, peace‑offering)
제바흐(zevaḥ)	희생제물(sacrifice, '도살하다'를 의미하는 어근에서 유래된 일반적인 단어)

제바힘

ZEVAḤIM, 희생제사

이 소책자는 의도에 대한 논의로 시작한다. 예배의식 행위가 거룩할수록, 그에 동반되는 생각이 순수하고 정확하다는 것이 더 중요해진다.

1장

미쉬나:

모든 희생제물은 정확하지 않은 범주를 염두에 두고 바쳤어도 유효한 채로 [남으나], 그들의 주인의 의무를 성취하지는 못한다.[1] 유월절 어린 양과 속죄제물은 예외인데, 유월절 어린 양은 적절한 시기에[만] 드려지며, 속죄제는 언제라도 드려진다.[2] 랍비 엘리에셀은 속건제도 해당한다고 말하는데, 왜냐하면 랍비 엘리에셀은 속죄제가 죄를 [속죄]하고, 속건제도 죄를 [속죄]한다고 주장하기 때문이다. 속죄제가 정확하지 않은 범주를 염두에 두고 바쳤다면 유효하지 않듯이, 속건제도 정확하지 않은 범주를 염두에 두고 바쳤다면 유효하지 않다.

요세 벤 호니는, [제물들이] 유월절 어린 양이거나 속죄제[라는 생각으로] 도살했지만 그런 것들이 아닌 [제물들은] 유효하지 않다고 말한다.

아자리아의 형제 시므온은, 만약 그가 더 높은 등급의 [거룩한] 희생제물이라고 생각하면서 [짐승을] 도살했다면 유효하지만, 더 낮은 등급의 희생제물이었다면 그것은 유효하지 않다고 말한다. 어떻게 그런가? 만약 그가 더 낮은 등급의 거룩한 제물이라고 생각하면서, 가장 거룩한 등급의 [희생제물을] 도살했다면, 그것들은 유효하지 않지만, 만약 가장 높은 등급의 제물이라고 생각하면서 더 낮은 등급의 [희생제물을] 도살했다면 그것들은 유효하다.

만일 누군가가 화목제물[이라고 생각하면서] 첫 태생 [짐승]이거나 십일조로 바쳐진 [짐승을] 도살했다면 그것들은 유효한 [제물들이다]. 만약 그가 첫 태생 [짐승]이거나 십일조로 바쳐진 [짐승을] 생각하고서 화목제물을 도살했다면 그것들은 유효하지 않다.

게마라:

미쉬나는 왜 *그리고 그것들은 성취하지 않고*라고 하지 않고 *그들의 주인의 의무를 성취하지 않을지라도*라고 말하는가? 이것은 제물들이 비록 그 주인의 의무를 성취하지 않을지라도, 제물의 거룩한 지위를 유지하며 다른 어떤 목적으로 전환될 수 없다는 것을 우리에게 가르친다. [이것은] 라바가 다음과 같이 말한 것과[도 일치한다]. 만일 누군가가 다른 종류의 제물이라고 생각하고서 번제물을 도살했다면, 그는 그 제물을 그런 종류의 제물로 만들려는 의도로 그 피를 뿌릴 수 없다.

이 [입장은] 추론이나 성경에 의해 [정당화될 수 있다].

추론에 의해서라면, 한 가지 실수를 저질렀기 때문에 그는 실수를 계속한다는 것인가?

성경에 의해서라면, 성경은 네 입으로 말한 것은 그대로 실행하도록 유의하라 무릇 자원한 예물은 네 하나님 여호와께 네가 서원하여 입으로 언약한 대로 행할지니라(신 23:23)라고 한다. 자원한? 명백히 이것은 서원이다![3] 만약 이것이 당신이 맹세한 대로라면, 그것은 서원이다. 그렇지 않으면 그것은 자원한 [제물]이다.

하지만 자원한 제물(free‑will offering, 낙헌제)을 [다른 어떤 목적으로] 전환하는 게 허용되는가?

라비나는 라브 파파에게 말했다. 라바가 반대되는 훌륭한 진술을 하고서 그다음에 그 진술을 조화시켰을 때, 당신은 지난밤 베이 하르마크의[4] 이웃에서 우리와 함께 있지 않았는가?

무슨 훌륭한 진술들인가? **모든 희생제물은 정확하지 않은 범주를 염두에 두고 바쳤어도 유효한 채로 [남으나], 그들의 주인의 의무를 성취하지는 못한다.** [그것들이 성취하지 못한다]는 것은, 정확하지 않은 범주를 염두에 두고 바쳐졌기 때문이다. [이것은] 그 제물들이 어떤 명시적인 범주 없이 바쳐졌다면, 주인의 의무를 성취할 것이라는 사실을 [의미한다]. 즉, 명시적인 지정이 없는 경우는 정확하게 지정한 것과 [다를 바가 없다].

그리고 그는 다음에 대해 반대한다. **아내를 명시하지 않고 작성된 게트(get)는 유효하지 않다.**[5] 이는 정확한 의도가 없으면 무효가 된다는 것을 의미한다.

그는 이와 같은 진술들을 조화시켰다. 즉, 희생제물은 [그와 반대되는 증거가 없을 때] 그것이 어떤 종류의 희생제물이든 지정된다고 여겨진다. 그러나 아내는 [그와 반대되는 증거가 없을 때] 이혼을 위해 지정된 것으로 여겨서는 안 된다!

그리고 우리는 [명시적인] 지정 없이 [바친] 희생제물이 모두 괜찮은지 어떻게 아는가? 만약 당신이 **모든 희생제물은 정확한 범주를 염두에 두지 않고 바쳤어도**[라고 하기보다], **모든 희생제물은 정확하지 않은 범주를 염두에 두고 바쳤어도**라는 미쉬나에서 주장한다면, 우리는 게트에 대한 것과 동일한 것을 발견한다. 왜냐하면 미쉬나는 **구체적인 아내를 위해 작성된 게트는 유효하지 않다**라기보다는 **아내를 명시하지 않고 작성된 게트는 유효하지 않다**라고 진술하기 때문이다.

그렇다면 아마도 [당신은] 다음의 미쉬나에서 [논증할 수 있다]. **[한 제물이] 어떻게 정확하게도 부정확하게도 지정될 수 있는가? 그가 그 제물을 유월절 [어린 양]으로 지정하고 그다음에 그것을 화목제물로 지정한 경우이다.**[6] [이것은] 만약 그가 그 제물을 유월절 [어린 양]으로 지정하고 그다음에 [어떤 지정도 하지 않았다면] 그것은 유효하며, 여기서 지정이 없다는 것은 정확한 지정[과 다를 바가 없다]고 추론할 수 있다. [하지만] 아마도 이 [사례]는 다른데, 왜냐하면 [희생제물 절차가 진행될] 때, 그는 자신의 원래 지정에 근거하여 이 절차를 행하고 있기 때문이다.

그렇다면 아마도 [당신은] 다음의 [동일한 미쉬나의] 끝에서 이렇게 [논증할 수 있다]. **그가 그 제물을 화목제물로 지정하고 그다음에 그것을 유월절 [어린 양]으로 지정한 경우이다.** [그것이 유효하지 않은] 이유는, 그가 그 제물을 화목제물로 지정하고 그다음에 유월절 어린 양으로 지정했다는 것인데, [이는] 만약 그가 [처음에는] 지정하지 않았지만, 나중에 그것을 유월절 어린 양으로 지정했다면, 그것은 유효할 것임을 [의미한다]. [하지만] 아마도 이 [사례] 역시 다른데, 왜냐하면 당신은 나중에 지정한 것은 [단순히] 이전에 지정한 것을 명확히 한 것이라고 생각했을 수도 있기 때문이다.[7] 그렇지 않으면, 미쉬나는 만일 누군가가 먼저 정확하게 지정하고 그다음에 부정확하게 지정했다면 [무슨 일이 일어나는가]를 가르쳤으므로, 또한 만일 누군가가 먼저 부정확하게 지정하고 그다음에 정확하게 지정했다면 [무슨 일이 일어나는가]도 가르친다.[8]

그래서 다음의 [미쉬나]에서 [추론]해야만 한다. **희생제물은 다음과 같이 여섯 가지 [방식으로] 지정된다. 즉, 어떤 종류의 희생제물에 대한 것이라도 지정되며, [하나님의] 이름으로 희생제물이 대신하여 바쳐지는 대상이 되는 그 사람에 대해, [제단 위에] 태우는 것에 대해, 향기로운 냄새에 대해, 기쁨에 대해 지정되며,[9] 속죄제와 속건제는 [이 외에도] 죄에 대해 [지정된다]. 랍비 요세는, [임무를 수행하는 제사장이] 이런 것들 가운데 어느 것도 염두에 두지 않았다면 그것은 유효한데, 왜냐하면 이것이 법정에서 부과하는 조건이기 때문이라고 말했다.[10]** 즉, 법정은 [제사장이] 오해해서 [그에 따라 그 제물을 무효로 할 것을] 대비하여 실제로 희생제물이 무엇을 위한 것이었는지 진술하지 않아야 한다는 조건을 부과했다. [이제] 만약 당신이 [명시적인] 지정 없이는 그 희생제물이 유효하지 않다고 생각한다면, 법정은 어떻게 그것을 무효로 할 조건을 부과할 수 있는가? [결론은 희생제물을 바치는 행위가 명확한 지정을 요구하지 않는다는 것이다.]

5장은 다음과 같이 각 종류의 제물에 대한 규칙을 요약한다. 즉, 제물의 거룩한 정도, 제물을 도살해야 하는 정확한 장소, 제물의 피를 얼마나 뿌려야 하는지, 제단 위의 어느 뿔에 뿌려야 하는지, 어떤 부위를 제단 위에 불살라야 하는지, 코하님이나 다른 이들이 어느 부위를 먹는지의 문제, 희생제물을 소비하는 시간제한, 그리고 특별한 요구사항이 있다. 이것은 어떤 논쟁도 기록되지 않은 미쉬나 소책자 가운데 몇 안 되는 소책자에 속한다. 이것은 성전 예배의식을 상기시키는 정통적인 매일의 예전에 포함된다.

5장

미쉬나:

위로 올리는 제물(번제)은 최고의 수준으로 거룩하며, [제단의] 북[쪽]에서 도살된다. 이 제물의 피는 북쪽에 위치한 거룩한 용기에 담겨야만 하며, [제단 위에] 제물의 피는 총 네 번이 되도록 두 번씩 바쳐져야만 한다. 이 제물은 껍질을 벗겨내고, 부분으로 나누며, 불의 제물로 철저하게 태울 필요가 있다.

게마라:

[위로 올리는 제물이 가장 거룩한 제물로 열거된다는 것을 이미 지적한 것으로 보아] [미쉬나는] 왜 [구체적으로 위로 올리는 제물이] 최고의 수준으로 거룩하다고 진술하는가? [그것은] 성경이 [목록에 있는 이전 항목들과 마찬가지로,] 이것을 "거룩한 것 중에 거룩하다"라고 언급하지 않기 때문이다.

제물의 피는 총 네 번이 되도록 두 번씩 바쳐져야만 한다. 이것은 어떻게 행해지는가? 라브는, 그가 두고 다시 둔다고 말한다. 쉬무엘은 그가 헬라어 감마(gamma)와 같이 그것을 뿌린다고 말한다.[11]

이것은 타나임의 다음 논쟁과 일치한다. 당신은 그가 한 [장소]에서만 [그 피를] **뿌려야 한다고 생각하는가? 성경은 그 피를 가져다가 … 제단 사방에 뿌릴 것이며**(레 1:5)라고 말한다. 만약 사방이라면 그는 그 주변으로 선을 그려야만 하는가? [그것은 불가능한데, 왜냐하면 뿌릴 것이며라고 말하기 때문이다. 그렇다면 이것은 어떻게 해야 하는가? 감마와 같이 총 네 번이 되는 두 번의 뿌림이다. 랍비 이스마엘은 다음과 같이 말했다. 여기에 사방이라는 표현이 있으며, 거기에 사방(네 귀퉁이, 개역개정)이라는 표현이 있다(레 8:15). 거기서 네 번의 개별 뿌림을 의미하듯이, 여기서도 네 번의 개별 뿌림을 의미한다. 거기서 제단의 네 뿔 각각에 뿌리는 것을 의미하듯이, 여기서도 제단의 네 뿔 각각에 뿌리는 것을 의미한다고 당신이 생각한다면, [그것은 불가능하다. 왜냐하면] 당신은 위로 올리는 제물[의 피를 뿌리는 것은] 토대 위(밑에, 개역개정)에서 시작해야만 하지만(레 4:7), 남동쪽 뿔은 토대 위에 있지 않다는 것을 알게 되기 때문이다.

제단(미쉬나 미도트 3장 1문단을 보라)은 32규빗 제곱의 토대 위에 있다. 이 위에는 30규빗 제곱의 넓이와 5규빗의 높이인 주요 제단이 있으며, 불-쇠살대가 올려져 있다. 그러나 그 토대는 남쪽과 동쪽의 전장까지 확장되지 않았다. 게마라는 아보트 드 랍비 나단 35에서 설명된 주제를 다시 거론하면서, 이 예외적인 것을 유다와 베냐민 지파의 옛 경계에 걸쳐 있는 성전의 지리적 장소와 관련시킨다.

남동쪽 뿔은 왜 토대 위에 있지 않은가? 랍비 엘르아살은, 그것이 물어뜯는 이리(창 49:27, 베냐민을 가리킴)의 영토에 포함되지 않았기 때문이라고 말했다. 라브 쉬무엘 바 라브 이삭이 말하듯이, 제단은 유다의 영토로 한 규빗 확장됐다.

한 바라이타[12)]는 다음과 같이 진술한다. 랍비 레비 바 하마는 랍비 하마 바 하니나의 이름으로, 한 좁고 긴 땅이 유다의 영토에서 베냐민의 영토까지 확장됐다고 말했다. 의로운 베냐민은, 그는 그것에 대해 온종일 염려한다(개역개정에는 없음)라고 한 대로, 끊임없이 자신이 [성취하지 못한] 갈망 때문에 고통스러워했다. 그러므로 그를 자기 어깨 사이에 있게 하시리로다(신 33:12)라고 한 대로, [그는] 거룩하신 이, 그분은 찬양받으시리로다, 그분을 접대하는 주인이 됨으로써 보상을 받았다.[13)]

[그 토대가 완결되지 않았다는 가설에 대한] 한 반대는 다음과 같다. 새의 정화제물이 어떻게 실행됐는가? [제사장은] 목덜미 반대로 그 머리를 떼어내고, 그것을 열어 제단 벽 위에 그 피를 짜냈다.[14)] 만약 당신이 [남동쪽 구석 위에는] 토대가 없었다고 말한다면, 그는 이것을 공중에서 했는가? 라브 나

흐만 바 이삭은, 아마도 그 배치는 상공이 베냐민의 영토였고 [따라서 제단과 연결되었으며] 땅만이 유다의 영토였다는 것이라고 말했다.

[남동쪽 구석 위에는] 토대가 없었다는 진술은 무엇을 의미하는가? 라브는, 토대가 지어지지 않았다고 말했다. 레비는, [토대가 지어졌지만, 유다의 영토에 있었으므로 그것은 제물의] 피[에 대해 받을 만하지 않았다]고 말했다. 그런 이유에서 라브는 [창세기 49장 27절에 나오는 야곱의 베냐민 축복을] "그의 상속 재산으로 제단이 세워질 것이다"라고 바꾸어 표현했고,[15] 레비는 그것을 "그의 상속 재산에서 성소가 지어질 것이다"라고 바꾸어 표현했다. 즉, 성소는 피를 받기 위해 성화된 장소이다.

법이 아무리 잘 규정된다고 해도, 인간은 불가피하게 법이 충돌하는 상황에 휘말린다. 랍비의 마음은 법적인 절대주의를 싫어하여 이런 충돌이 해결될 때보다 더 기쁜 적이 없어 보인다. 이런 복잡한 단편이 랍비들이 어떻게 토라를 이음매가 없고 일관된 전체로 해석했는지를 보여주며, 따라서 어떻게 그 전체의 논리가 한 주제에서 다른 주제로 옮겨질 수 있는지를 잘 보여준다.

8장

미쉬나:

만약 희생제물[로 지정된] 한 [짐승이] 불량으로 선고된 화목제물이나 투석형에 처할 소들과 섞였다면, 그것들 모두는 천 마리 가운데 하나일지라도 죽어야만 한다.[16]

그 소로 인해 죄가 범해졌거나, 그 소가 한 증인의 증언이나 그 주인의 인정으로 사람을 죽였거나, 남자나 여자와 성관계를 했거나, 우상숭배로 지정됐거나, 실제로 숭배됐거나, 비용의 대가로 창녀에게 주어졌거나, 개와 교환됐거나, 이종 교배되거나 훼손되거나 제왕절개로 태어났거나 했는데 만약 희생제물이 그 소와 섞였다면, 그것들 모두는 흠이 있을 때까지 풀을 뜯게 하고 그다음에 팔아야 하며, 동일한 종류의 새로운 희생제물은 그것들 가운데 최상의 것과 동일한 가치로 구매해야 한다.

만약 [희생제물 짐승이] 성별되지 않은 흠 없는 짐승과 섞였다면, 성별되지 않은 짐승은 팔아야 하며,[17] 그 수익으로 동일한 종류의 희생제물을 구매해야 한다.

만약 성별된 짐승이 다른 성별된 짐승과 섞였고, 그 짐승들이 동일한 종류의 희생제물로 지정됐다면, 각각은 '누구의 것이든 그의 이름으로' 바쳐야만 한다.[18]

만약 짐승들이 동일한 종류의 희생제물로 지정되지 않았다면, 그것들 모두는 흠이 있을 때까지 풀을 뜯게 하고 그다음에 팔려야 하며, 동일한 종류의 새로운 희생제물은 그것들 가운데 최상의 것과 동일한 가치로 구매해야 한다. 초과금액은 자신의 돈으로 지불해야만 한다.

만약 [성별된 짐승들이] 첫 태생 짐승이나 십일조로 바쳐진 짐승과 섞인다면 그것들 모두는 흠이 있을 때까지 풀을 뜯게 하고 그다음에 첫 태생 짐승과 십일조로 바쳐진 짐승의 법에 따라 먹는다.

온갖 [종류의 제물은] 정화제물과 배상제물이 섞이는 것을 제외하고는 섞일 수 있다.[19]

게마라:

[천 마리 가운데 하나일지라도.] 왜 '일지라도'인가? 이것은 다음을 의미한다. 불량으로 선고받은 정화제물이나 투석형에 처할 소가 다른 희생제물과 섞인다면, 그것이 천 마리가 가운데 하나일지라도 그것들 모두는 죽어야만 한다.

명백히 미쉬나는 이것을 [다른 곳에서] 한 번 진술했다. 제단 위에 금지된 모든 것들은, [그것이] 가장 적은 양[으로 존재한다고] 하더라도 [다른 것들을] 즉, 남자나 여자와 성관계한 것 등을 금지된 것으로 만든다.[20]

라브 아쉬는, 나는 이 쉬마타를 라브 쉬메이 앞에서 반복했다고 말했으며, 그는, 두 [미쉬나가] 필요하다고 말했다. 만약 핵심이 다른 곳에서만 지적됐다면, 우리는 [천 가운데 하나라는 엄중함이 지극히] 높으신 분에게 [바쳐질 짐승]에 대해서만 적용되고, 보통 사람에 대해서는 적용되지 않는다고 생각했을 수도 있다. 만약 여기서만 지적됐다면, 우리는 [천 가운데 하나라는 엄중함이] 사용이 금지된 것들에만 적용되고, 다른 방식으로 사용이 허용된 것들에는 적용되지 않는다고 생각했을 수도 있다. 그러므로 두 진술이 모두 필요하다.

하지만 [우리] 미쉬나는 다른 방식으로 사용이 허용된 것들을 실제로 열거한다! 그렇다 해도 미쉬나는 [이런 것들과 관련하여] '가장 적은 양이라도'라고 진술하지 않는 반면에, 다른 미쉬나는 진술한다. 그렇다면 명백히 다른 미쉬나로 충분해야 하며, 우리 미쉬나는 필요하지 않을 것이다! 그런데도 우리 미쉬나는 필요한데, 왜냐하면 [여러 사례에서] 구제책을 제시하기 때문이다.

다른 미쉬나는 다음과 같이 보통 사람들의 문제를 지적한다. [우상숭배적인] **전제의 포도주, 우상 등과 같은 것들은 가장 적은 양이라도 금지된다.**[21] 이것도 역시 필요하다. 그 미쉬나에서 나는 이것이 오직 보통 사람들에게 적용된다고 추론했을 수도 있다. 그러나 [단순한 의심 때문에] 너무나 많은 거룩한 재산을 파괴하는 것은 적절하지 않을 것이다. 여기의 이 미쉬나에서 [부적절해질 가장 작은 위험이라도 있는 것을 바치는 것이] 죄를 짓는 것일 수 있으므로, 나는 [그 짐승들은 모두 불량으로 선고된다]고 추론했을 수도 있다. 그러나 보통 사람들의 사례에서 사용이 금지된 것들은, 만약 허용되는 대다수와 섞인다면 무가치하게 될 수도 있다. 따라서 두 미쉬나가 필요하다.

그렇다면 사용이 금지된 것들이 만약 허용되는 대다수와 섞인다면 무시할 수 있게 하라! 만약 당신이 중요한 품목이 결코 무시되어서는 안 된다고 말하고 싶다면, **중요한 모든 것**이라고 읽을 때는 괜찮지만, **보통으로 간주되는 것은 무엇이든** 지라고 읽는 자들의 견해에 대해서는 무엇을 말할 수 있는가?

왜냐하면, 한 미쉬나가 다음과 같이 진술하기 때문이다. **만일 누군가가 포도나무와 함께 킬라임으로 자란 호로파 묶음을 가지고 있다면, 그것들을 태워야만 한다. 만약 그것들이 다른 [허용되는 호로파 묶음과] 섞였다면, 랍비 메이르에 따르면 그것들은 모두 태워야 한다. 하지만 현인들은, 그것들이 201 가운데 1보다 적다면 무시할 수 있다고 말한다.** 왜냐하면, 랍비 메이르는, 보통으로 간주하는 것은 무엇이든지 더럽힌다고 말하곤 하는 반면, 현인들은 다음과 같이 오직 여섯 가지만 더럽힌다고 말하기 때문이다(랍비 아키바는 일곱이라고 말한다). 즉, 부서지기 쉬운 껍질로 된 호두, 바단에서 온 석류, 봉인한 통, 시금치 잎, 양배추 줄기와 그리스 호리병박이 있다(랍비 아키바는 개인적으로 구운 빵 덩어리를 추가한다). 이것들은 올라(orla) 또는 포도나무 – 킬라임의 지위와 관련 있는 것으로 나타난다. 22)

이 미쉬나와 관련하여 다음과 같이 가르침을 받았다. 랍비 요하난은, 미쉬나는 **보통으로 간주되는** 것은 무엇이든지라고 읽는다고 말했다. 레쉬 라키쉬는, 미쉬나는 **중요한 모든 것**이라고 읽는다고 말했다. 즉, 레쉬 라키쉬에 따르면 괜찮지만, 랍비 요하난에 따르면 당신은 무엇을 말할 것인가?

라브 파파는 다음과 같이 말했다. 중대한 품목은 결코 무시되어서는 안 된다고 주장하는 이 타나는 무화과의 파운드23)인데, 숫자로 [팔리는] 것은 무엇이든지 랍비들이 금지할지라도 무시할 수 없으며, 토라가 금지한다고 하면 더더욱 무시할 수 없다고 말한다. 이는 한 바라이타가 다음과 같이 진술하는 대로이다. 만일 누군가가 한 파운드의 무화과를 짜서 무화과 케이크를 만들었고 무화과를 어느 케이크에 짜 넣었는지 알지 못하거나, [무화과를] 단지에 [짜 넣었고] 어느 단지에 그가 짜 넣었는지 알지 못하거나, 벌집에 짜 넣고 어느 벌집에 짜 넣었는지 알지 못한다면, 랍비 메이르는 랍비 엘리에셀의 이름으로 다음과 같이 말한다. 우리는 더 아래에 있는 무화과들이 중요해지고 위에 있는 것들은 무시할 수 있도록,24) 위의 [무화과들을] 마치 [아래에서] 분리한 것처럼 간주한다고 말한다. [랍비 메이르는] 랍비 여호수아[의 이름으로 말한다]. 만약 위에 100이 있다면, 그것들은 [금지된 것을] 무시할 수 있게 하지만, 만약 없다면 위에 있는 모든 것들은 금지되고, 아래 있는 것들은 허용된다. 랍비 유다는 랍비 엘리에셀의 이름으로, 만약 위에 100이 있다면, 그것들은 [금지된 것을] 무시할 수 있게 하지만, 만약 없다면 위에 있는 모든 것들은 금지되고, 아래 있는 것들은 허용된다고 [말한다]. [랍비] 유다는 랍비 여호수아[의 이름으로, 위에 300이 있다고 해도 그것들은 결코 무시할 수 없다고 말한다. 만약 그가 그것들을 무화과 케이크에 짜 넣었고, [어느 무화과 케이크에 그것들이 들었는지 알지만] 북쪽이든 남쪽이든 어느 위치인지 알지 못한다면, [적당한 양에 대해] 그것들은 무시될 수 있다는 데 모두 동의한다.

라브 아쉬는 다음과 같이 말했다. 그들은 심지어 숫자로 팔리는 물건들은 무시될 수 있다고 주장하면서 반대하는 랍비들일 수 있는데, 왜냐하면 그들은 살아있는 짐승은 무시될 수 없다는 데 동의할 것이기 때문이다.

[우리 미쉬나로 돌아오자면,] 왜 각 짐승을 차례로 끌어내어, [수집한 데서] 분리된 것은 무엇이든지 대다수에서 온 것으로 여겨지며 [따라서 허용될 수 있다]는 원리를 따르지 않는가? [이것은 도움이 되지 않을 것이다. 왜냐하면] 적극적으로 하나를 제거하는 것은, 마치 그것이 그 장소에 계속 고정된 것과 같으며, 자리에 고정된 것은 무엇이든지 마치 반반 섞인 것과 같기 때문이다.[25]

이 경우, 당신은 그것들을 밀어내고, 그다음에 [무리에서] 분리된 어느 짐승이든지 [허용된] 대다수에서 왔다고 여길 수 있는가? 라바는, 열 코하님이 한 번에 와서, 각각 흩어진 짐승들 가운데 하나를 잡아 그것을 바칠 것을 대비하여, [아니다]라고 말했다.

섞인 것들에 대한 다른 원리들은 비판받을 수 있으며, 더 깊은 제안이 논의된다. 후대 유대교에서 이런 규칙들은 음식법과 관련하여 발전된다.

12장에서는 제사장의 세 가지 권리를 고려한다. 즉, 희생제사를 수행하는 것과 희생제물 고기의 몫에 대한 것과 그것을 먹는 것이다. 다른 누군가의 식탁에서 먹을 권리를 가질 수는 있지만, 개인의 몫에 대한 권리는 없다.

12장

미쉬나:

트불 욤(t'vul yom)인 [한 코헨] 또는 그의 속죄제물이 미정인 자는 밤에 먹을 희생제물 [고기]의 몫을 취하지 못한다.

오넨(onen)인 [한 코헨은] 희생제물을 만질 수 없거나 수행할 수 없으며, 밤에 먹을 희생제물 [고기]의 몫을 취하지 못한다.

일시적이든 항구적이든 [신체적인] 흠[26]이 있는 [한 코헨은] 희생제물의 [고기를] 나누고 먹을 수 있지만, 희생제사를 수행할 수는 없다.

예배의식에 적합하지 않은 자는 누구든지 고기의 몫을 취할 수 없다. 고기의 몫에 대한 권리를 가지지 않은 자는 누구든지 가죽의 몫에 대해서도 권리를 가지지 못한다.

[한 코헨이] 피를 뿌릴 때 부정했지만 [제물의] 기름을 태울 때 정결했다면, 그는 고기의 몫을 취하지 못하는데, 왜냐하면 아론의 자손 중에서 화목제물의 피와 기름을 드리는 자는 그 오른쪽 뒷다리를 자기의 소득으로 삼을 것이니라(레 7:33, JPS)라고 하기 때문이다.

게마라:

우리는 이것을 어떻게 아는가? 레쉬 라키쉬는, 성경이 속죄제(죄, 개역개정)를 위하여 제사드리는 제사장이 그것을 먹되(레 6:26, JPS)라고 한다고 말했다. 즉, 바치는 [제사장은] 먹고, 바치지 않는 [제사장은] 먹지 못한다.

하지만 [제사장들의] 나머지 반열은 어떤가? 그들은 바치지 않았지만 [명백히] 먹을 수 있다! 우리가 의미하는 바는, [사실은 바치지 않았더라도] 바치기에 적합한 제사장들이다.

그렇다면 미성년자는 어떤가? 그는 '바치기에 적합'하지는 않지만 [명백히] 먹을 수 있다! 우리가 '먹는다'라고 말했을 때, 우리는 '몫을 취한다'를 의미했다. 바치기에 적합한 자들은 [고기를] 나눈다. 바치기에 적합하지 않은 자들은 [고기]의 몫을 취하지 못하지만 [그것을 먹는 것이 허용될 수 있다].

그렇다면 [신체적인] 흠이 있는 [제사장은] 어떤가? 그는 바치기에 적합하지 않지만, 몫을 취한다! [이것은] 성경이 제사장인 남자는 모두 그것을 먹을지니(레 6:29)라고 기록된 대로 그를 명백하게 포함하기 [때문이다]. 즉, 이것은 흠 있는 자들을 포함한다. 27)

하지만 '남자는 모두'는 [흠 있는 제사장들보다는] 트불 욤을 포함하기 위해 의도된 것이 아닌가? [나누기 위해서는] 흠 있는 제사장들을 포함하는 게 더 합리적이다. 왜냐하면, 우리는 그들이 [희생제물의 고기를] 먹을 수 있다는 것을 [이미] 알기 때문이다. 반대로, 트불 욤을 포함하는 것이 더욱 합리적일 것이다. 왜냐하면, 그는 밤이 되면 먹을 수 있기 때문이다. [아니다. 트불 욤 이] 이제 먹을 수 있는 위치에 있는 것이 아니라, [흠이 있는 제사장이 그런 지 위에 있다].

라브 요세프는 이렇게 말했다. 이제 만약 '먹는다'가 '몫을 취한다'를 의미한다 고 당신이 이해한다면, 성경은 왜 '몫을 취한다'라고 말하지 않는가? 이것은 먹을 수 있는 자들이 몫을 취하는 반면에 먹을 수 없는 자들은 몫을 취하지 못한다는 것을 가르치기 위함이 틀림없다.

레쉬 라키쉬가 물었다. 만약 흠 있는 제사장이 부정하다면 어떻게 되는가? 토 라는 그가 [예배의식에] 부적합하다는 사실에도 불구하고 그에게 몫을 허락하는 것으로 보아, 우리는 흠 있는 제사장이 부정하든 정결하든 차이가 없다고 말하는 가? 아니면 먹을 수 있는 자들은 몫을 취하고, 먹을 수 없는 자들은 몫을 취하지 않는다고 말하는가?

라바는 여기에 다음과 같은 증거가 있다고 말했다. **대제사장은 그가 오넨이라 고 해도 제사를 수행할 수 있지만, 그는 [희생제물을] 먹지도 않고, 밤에 먹을 몫 을 취하지도 않는다.**[28] 이것은 [먹을 수 있는 자만이 몫을 취할 수 있다는 것을] 증명한다.

라브 오샤야는 다음과 같이 말했다. 예외적인 상황에서 공적인 제물이 부정한 상태에서 일어날 수 있다는 것으로 보아, 부정한 [제사장이] 공적인 제물의 몫을 취할 수 있는가? 우리는 토라가 제사드리는 제사장과 [부정한 제사장이 공적인 제 사를] 수행하는 데 뽑힐 수 있다고 주장하는가, 아니면 먹을 수 있는 자는 몫을 취하지만, 먹을 수 없는 자는 몫을 취하지 못한다고 말하는 것인가?

라비나는, 여기에 다음과 같은 증거가 있다고 말했다. **대제사장은 그가 오넨 이라고 해도 제사를 수행할 수 있지만, 그는 [희생제물을] 먹지도 않고, 밤에 먹을 몫을 취하지도 않는다.** 이것은 [먹을 수 있는 자만이 몫을 취할 수 있다는 것을] 증명한다.

메나호트

MENAHOT, 소제

소제(레위기 2장)는 기름과 유향이 섞인 밀가루나 보릿가루로 구성된다. 다음과 같이 세 가지 범주가 있다. 즉, 첫 열매의 소제(레 2:14-16)를 포함하여, 간단하게 조리하거나 굽거나 튀긴, 자원하는 소제(레 2:1-7), 짐승이나 새의 희생제물을 바칠 여유가 없는 자들이 가져오는 정화제(레 5:11-13), 기름과 유향이 없는 의심의 소제(민 5:15,25)가 있다.

의도와 관계된 미쉬나의 초반부는 제바힘의 초반부와 매우 비슷하다. 짐승 희생제사에 대한 네 가지 예배의식의 작업이나 행위가 있듯이(도살, 피 모으기, 피 옮기기, 제단 위에 피 뿌리기), 소제에 대해서도 네 가지 예배의식의 행위가 있다(한 움큼의 밀가루 취하기, 용기에 담기, 옮기기, 제단 불 위에 던지기). 두 사례에서 제단 위에서의 마지막 작업은 속죄의 효과를 초래한다. 짐승의 도살은 일반 사람이 수행할 수 있는 반면에, 소량의 밀가루를 꺼내어 짐승과 소제 모두에 대해 다른 모든 작업을 이행하는 것은 코헨에게 요구된다.

1장

미쉬나:

정확하지 않은 범주를 염두에 두고 소량(한 움큼)의 밀가루를 꺼낸 모든 소제는, 그 주인의 의무를 이행하지 못할지라도 [여전히] 유효하다. 정화제물과 의심의 소제는 예외이다.

[제사장이] 정화제물이나 의심의 소제에서 정확하지 않은 범주를 염두에 두고 소량의 밀가루를 꺼내거나, 그가 정확하지 않은 범주를 염두에 두고 밀가루를 용기에 담고 그것을 옮기거나, 제단 불 위에 던지거나, 정확한 지시에 따라 한 가지 작업을 수행하고 그다음에 부정확한 지시에 따라 하나를 수행하거나, 하나는 부정확한 지시에 따라 수행하고 그다음에 하나는 정확한 지시에 따라 수행한다면, [그 제물은] 유효하지 않다.

'정확한 지시와 그다음 하나는 부정확한 지시'는 무엇인가? [한 작업이] 그것이 정화제물이라고 [이해하고 수행되고, 또 다른 것은] 그것이 자원 제물이라고 [이해하고] 수행되는 경우이다.

'부정확한 지시와 그다음 하나는 정확한 지시'는 [무엇인가]? [한 작업이] 그것이 자원 제물이라고 [이해하고 수행되고, 또 다른 것은] 그것이 정화제물이라고 [이해하고] 수행되는 경우이다.

게마라:

미쉬나는 왜 단순히 **그것들은 그 주인의 의무를 성취하지 못한다**고 하기보다는 **못할지라도**라고 말하는가? 이것은 주인의 의무가 성취되지 않았더라도 제물 자체는 유효하고, 평소대로 진행되어야 한다는 것을 강조하기 위함이다. 라바가 말한 대로, 만약 위로 올리는 제물이 잘못된 지시에 따라 도살됐다면, 잘못됐지[만 어울리는 지시에 따라] 피를 뿌리지 않고, [정확한 지시에 따라] 뿌려야 한다.

이 [입장은] 추론이나 성경에 의해 [정당화될 수 있다]. 추론에 의한 것이라면, 한 가지 실수를 저질렀기 때문에 그는 실수를 계속한다는 것인가? 성경에 의해서라면, 성경은 네 입으로 말한 것은 그대로 실행하도록 유의하라 무릇 자원한 예물은 네 하나님 여호와께 네가 서원하여 입으로 언약한 대로 행할지니라(신 23:23)라고 말한다. 자원한? 명백히 이것은 서원이다!1) 그래서 만약 이것이 당신이 맹세한 대로라면, 그것은 서원이다. 그렇지 않으면 그것은 자원한 [제물]이다.

하지만, 자원 제물의 [지시를] 변경하는 것이 허용되는가? 아마도 우리 미쉬나는 랍비 시므온의 의견과 충돌하는 것 같은데, 왜냐하면 한 바라이타가 다음과 같이 진술하기 때문이다. **랍비 시므온은 다음과 같이 말한다. 정확하지 않은 범주를 염두에 두고 소량의 밀가루를 꺼낸 모든 소제는, 그 주인의 의무를 이행하지 못할지라도 [여전히] 유효하다. 소제는 짐승 희생제물과 같지 않다. 왜냐하면, 만약 [제사장이] 그것이 프라이팬 제물이라고 생각하고서 한 움큼의 밀가루를 철판에서 꺼낸다 해도, 그 행동은 그것이 실제로 철판에서 꺼낸 것이라는 사실을 보여주기 때문이다. 만약 그가 그것이 기름과 섞인 것이라고 생각하고서 마른 소제에서 꺼낸다면, 그것이 다뤄지는 방식은 그것이 실제로 마른 것임을 보여준다. 하지만 이것은 짐승 희생제물에는 적용되지 않는다. 왜냐하면, 도살 행위는 동일한 것이며, 피를 뿌리는 것도 동일하고, [그릇에 피를] 모으는 것도 동일하기 때문이다.**

이제 이것은 라브 아쉬의 견해에 매우 잘 나타나는데, 그는 한 진술은 [제사장이] '프라이팬'이 아니라 '철판'이라고 말한 곳이고,2) 다른 진술은 그가 '프라이팬 소제'가 아니라 '철판 소제'라고 말한 곳이라고 설명한다. [이 견해는 우리 미쉬나와 일치하는데, 왜냐하면] 우리 미쉬나는 [그가 명백하게 한 종류의] 소제를 [다른 종류의] 소제로 대체하는 곳과 유사하기 때문이다. 하지만 우리는 라바(Rabba)와 라바(Rava)의 견해에서 무엇을 말해야 하는가?

당신은 제사장이 제물의 범주를 변경한 사례와 그가 주인의 정체를 변경한 사례 사이에서 라바(Rava)의 구분을 따르기를 원했을지도 모른다. 그러나 우리 미쉬나는 명백히 제물의 범주를 변경하는 것에 대해 말하는데, 미쉬나는 다음과 같이 계속하기 때문이다. **'정확한 지시와 그다음 하나는 부정확한 지시'는 무엇인가? [한 작업이] 그것이 정화제물이라고 [이해하고 수행되고, 또 다른 것은] 그것이 자원 제물이라고 [이해하고] 수행되는 경우이다.** 그리고 만약 당신이 라바를 따라, 한 사례는 그가 [그것이] 소제를 위한 것이라는 [생각으로] 소량을 꺼낸 곳이며, 다른 사례는 그가 [그것이] 짐승 희생제물을 위한 것이라는 [생각으로] 소량을 꺼낸 곳이라고 말한다면, 우리 미쉬나는 그것이 한 종류의 소제를 다른 것으로 착각하는 것을 말한다고 분명히 한다. 미쉬나는 다음과 같이 계속하기 때문이다. '**부정확한 지시와 그다음 하나는 정확한 지시**'는 [무엇인가]? [한 작업이] 그것이 자원 제물이라고 [이해하고 수행되고, 또 다른 것은] 그것이 정화제물이라고 [이해하고] 수행되는 경우이다.

그렇다면 라바(Rabba)와 라바(Rava)에 따르면, 우리 미쉬나는 랍비 시므온의 견해와 충돌한다는 것이 분명하다.

제사장은 그 고운 가루 한 움큼과 기름과 그 모든 유향을 가져다가 기념물로 제단 위에서 불사를지니 … (레 2:2, JPS).

만약 제사장이 제단 불에 던져야만 하는 소량의 부분을 잃으면, 이것은 전체 과정을 무효로 만드는가? 일반적으로 만약 미츠바의 부분을 잃으면, 이것은 나머지를 무효로 하는가?

메노라(Menora), 즉 성전 촛대에는 일곱 가지가 있다(출 25:31-40 ; 민 8:1-4). 만약 한 가지를 잃으면 이것은 메노라를 유효하지 않게 하는가?

3장

미쉬나:

메노라의 일곱 가지는 서로를 무효로 한다.[3] 그 가지의 일곱 빛은 서로를 무효로 한다.

메주자(mezuza)에 [기록된] 두 단락은 서로를 무효로 한다. 심지어 하나의 [잃은] 글자도 단락을 무효로 한다.

테필린에 있는 네 단락은 서로를 무효로 한다. 심지어 하나의 [잃은] 글자도 단

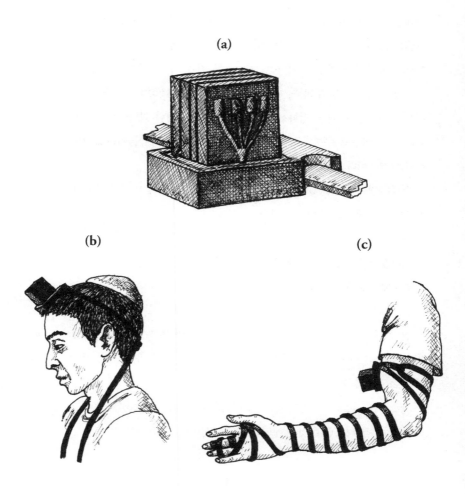

테필린(Tefillin, 성구함)

(a) 머리 테필라를 위한 네 구획의 상자

(b) 머리 테필라의 위치

(c) 팔 테필라의 위치

락을 무효로 한다.

[옷의 구석에 있는] 네 술(민 15:37-41)은 넷이 한 미츠바를 [구성]하므로 서로를 무효로 한다. [하지만] 랍비 이스마엘은, 네 [술이] [독립된] 네 미츠보트이며, [따라서 만약 하나를 잃으면 그것은 다른 셋을 무효로 하지 않을 것이다]라고 말한다.

게마라:

쉬무엘은 한 원로의 이름으로 다음과 같이 말했다. 메노라는 열여덟 손바닥 높이이다. 밑판과 꽃들은 세 손바닥 높이이며, 두 손바닥 높이는 매끄럽다. 잔과 꽃받침과 꽃잎은 한 손바닥 높이이고, 이어지는 두 손바닥 높이는 매끄럽다. 두 가지가 메노라의 전체 높이까지 위로 확장되는 꽃받침은 한 손바닥 높이이며, 이어지는 한 손바닥 높이는 매끄럽다. 또다시 두 가지가 메노라의 전체 높이까지 위로 확장되는 꽃받침은 한 손바닥 높이이며, 이어지는 한 손바닥 높이는 매끄럽다. 또다시 두 가지가 메노라의 전체 높이까지 위로 확장되는 꽃받침은 한 손바닥 높이이며, 이어지는 두 손바닥 높이는 매끄럽고, 이어지는 세 손바닥 높이는 세 잔과 한 꽃받침과 한 꽃잎을 위해 남겨진다.

잔은 어떻게 생겼는가? 잔은 알렉산드리아 잔과 닮았다.

꽃받침은 어떻게 생겼는가? 꽃받침은 크레타 섬의 사과를 닮았다.

꽃잎은 어떻게 생겼는가? 꽃잎은 기둥의 꽃잎을 닮았다.

[전체로] 22개의 잔과, 11개의 꽃받침과 9개의 꽃잎이 있다. 잔들은 서로를 무효로 했고, 꽃받침들은 서로를 무효로 했고, 꽃잎은 서로를 무효로 했다. 잔과 꽃받침과 꽃잎은 서로를 무효로 했다.[4)]

명백하게 22개의 잔이 있는데, 왜냐하면 등잔대 줄기에는 살구꽃 형상의 잔 넷과 (출 25:34)라고 기록되고, 이쪽 가지에 살구꽃 형상의 잔 셋(출 25:33)이라고 기록되기 때문이다. [줄기에] 넷이 있고, 가지에 18개가 있어서 즉 22개가 된다. 그리고 11개의 꽃받침이 있는데, 두 꽃받침은 [줄기] 자체에 있고, 여섯 가지에 각각 하나가 있고, 그다음에 꽃받침 … 꽃받침 … 꽃받침(출 25:35)이 있어 11개가 된다. 하지만 우리는 9개의 꽃잎이 있는 것은 어떻게 아는가? [줄기] 자체에 둘이 있고, 여섯 가지에 각각 하나가 있어 8개가 된다! 라브 살몬은 다음과 같이 말한다. 이 등잔대의 제작법은 이러하니 곧 금을 쳐서 만든 것인데 밑판에서 그 꽃까지 쳐서 만든 것이라(민 8:4, JPS)라고 기록되어 있는데, [이는 밑판에 추가된 꽃잎이 있다는 것을 의미한다].

라브는, 메노라의 높이가 아홉 손바닥이라고 말했다. 라브 쉬미 바 히야는, **메노라 앞에 있는 돌에는 제사장이 빛을 정돈하기 위해 서 있는 세 계단이 있었다**며 라브를 반대했다. 라브가 대답했다. 시므이, 당신인가? 내가 의미하는 바는 가지들의 [아래쪽] 가장자리에서 위쪽으로다.

또 순수한 금(미크로트 자하브[mikhlot zahav])으로 만든 꽃과 등잔과 부젓가락이며(대하 4:21)라고 기록되어 있다. 미크로트 자하브는 무엇을 의미하는가? 라브 암미는 이렇게 말한다. [이것은] 솔로몬의 최고의 순금을 다 소모했다는[5] 것을 [의미하는데], 이는 라브 예후다가 라브의 이름으로 말한 [대로] 솔로몬이 10개의 메노라를 만들었기 때문이다. 솔로몬은 각각에 대해 천 달란트의 금을 제공했고, 그들은 천 번을 정련하여 그것을 한 달란트로 줄였다.

어떻게 그렇게 될 수 있는가? 솔로몬 왕이 마시는 그릇은 다 금이요 레바논 나무 궁의[6] 그릇들도 다 정금이라 은 기물이 없으니 솔로몬의 시대에 은을 귀히 여기지 아니함은(왕상 10:21, JPS)이라고 기록되지 않았는가? 우리는 순금에 대해 말하고 있다. [보통의 금은 많이 남았지만, 그것은 솔로몬이 완전히 다 썼다.]

[금은 정련할 때] 그렇게 많이 줄어드는가? 다음과 같이 가르침을 받지 않았는가? **랍비 요세 바 예후다는 이렇게 말한다. 한번은 우연히 성전 메노라가 모세의 메노라보다 쿠르디쉬 금 한 데나리온의 무게만큼 더 초과하는 것으로 [발견됐는데], 그들은 용광로에서 그것을 팔십 번 정련하여 한 달란트로 축소하였다.** 솔로몬 시대에 철저하게 정련되었으므로, 더 심도 있는 정련은 오직 작은 효과만을 낳았다.[7]

라브 쉬무엘 바 나흐마니는 랍비 요나단의 이름으로 다음과 같이 말했다. 순결한 등잔대 위(레 24:4)는 무엇을 의미하는가? 등잔대 제조의 [세부 내용은] 순결한 곳에서[8] 내려왔다. 그렇다면 순결한 상 위(24:6)는 [마찬가지로] 상 제조의 [세부 내용이] 순결한 곳에서 내려왔다는 것을 의미하는가? 오히려 이것은 상이 부정 결함에서 깨끗하게 됐다는 것을 의미한다. 마찬가지로 메노라는 그 부정결함에서 깨끗하게 됐다.

이제 이것은 레쉬 라키쉬에 따른 것인데, 왜냐하면 "순결한 상 위의 의미는 무엇인가?"라고 말한 이는 레쉬 라키쉬였기 때문이다. [이는] 그것이 그 부정결에서 깨끗하게 됐다는 것을 [의미한다]. 하지만 명백히 이것은 쉴 목적으로 고안된 나무 물건이었으며, 쉴 목적으로 고안된 어떤 나무 물건도 부정결해지기 [쉽지] 않은가? 그러므로 이것이 우리에게 말하는 바는, 그들이 절기에 순례자들 앞에서 상을 들고, "하나님이 당신들을 얼마나 사랑하는지 보라!"라고 말하면서 그들에게 진설병을 보였다는 것이다. 이것이 어떻게 하나님의 사랑을 [보였는가]? 랍비 여호수아 벤 레비가 말한 대로, 큰 기적이 일어났다. 이 떡은 더운 떡을 드리는 날에 물려 낸 것이더라(삼상 21:6)[9]라고 말한 대로, 그 진설병은 거기에 [일주일 전에] 놓였던 때만큼이나 옮겨졌을 때도 신선했다.

그렇다면 [메노라는] 어떤가? 명백히 메노라는 그 부정결함에서 깨끗하게 됐다. 즉, 메노라는 금속 물건이었으며, 금속 물건들은 부정결해지기 쉽다. [그런 이유에서 우리는] 메노라 제조의 [세부 내용이] 순수한 곳에서 내려왔다고 말했다.

한 바라이타는 다음과 같이 진술했다. **랍비 바 예후다는 이렇게 말한다. 불의 언약궤와 불의 상과 불의 메노라가 하늘에서 내려왔으며, 모세는 [그것들을] 보고 너는 삼가 이 산에서 네게 보인 양식대로 할지니라(출 25:40)라고 한 대로, 복제했다.**

하지만 만약 그렇다면, 동일한 것을 성막에 대해서도 말할 수 있는데, 왜냐하면 너는 산에서 보인 '법'(양식, 개역개정)대로 성막을 세울지니라(출 26:30)라고 기록됐기 때문이다.

[아니다.] 여기서 [성막의 경우에,] 그 단어는 법이고, 거기서 [언약궤, 상, 메노라와 관련하여] 그것은 양식이다.

라브 히야 바 아바는 랍비 요하난의 이름으로, [천사] 가브리엘이 앞치마를 걸치고 모세에게 메노라를 어떻게 만드는지 보여주었다고 말했다.

[다음과 같이 이전 논의로 돌아온다.]

메주자(mezuza)의 두 단락은 서로를 무효로 한다. 심지어 하나의 [잃은] 글자도 단락을 무효로 한다. [이것은] 명백하지 [않은가]? 라브 예후다는 라브의 이름으로, [이것이 문자] 요드(yod)의 점도 포함한다고 [진술할] 필요가 있다고 말했다. [분명히 이것 역시] 명백하다! [그렇다면 이것은] 라브 예후다가 라브의 이름으로 한 다른 [판결]에도 [필요한 것이 틀림없다]. 이는 라브 예후다가 라브의 이름으로, 네 측면에서 [공백이 있는] 양피지로 둘러싸이지 않은 어떤 문자도[10) 무효라고 말했기 때문이다.

[문자의 형태에 대한 더 깊은 논의는 다음에서 이어진다.]

라브 예후다는 라브의 이름으로 다음과 같이 말했다. 모세가 [토라를 받으려고] 높이 올라갔을 때, 그는 거룩하신 이, 그분은 찬양받으시리로다, 그분이 앉아 문자들 위에 매듭을 묶고 계시는 것을 발견했다. [11)

[모세가] 그분에게 말했다. 우주의 주시여! 이것들은 무엇을 위한 것입니까?[12)

그분이 대답하셨다. 많은 세대가 지나고 아키바 벤 요셉이라고 불리는 한 사람이 태어날 것이며, 그는 이 표시들 각각에서 많은 법을 추론할 것이다.

[모세가] 그분에게 말했다. 우주의 주시여! 그를 내게 보여주소서!

그분이 말씀하셨다. 물러가라!

[모세는] 가서 [아키바 학교의] 여덟째 줄에 앉았지만, 그들이 무엇을 말하는지 이해할 수 없었고, 겁이 났다. [13)

[제자들이 토론에서] 어떤 지점에 도달했을 때, 그들은 [아키바에게] 물었다. 선생이여, 당신은 이것을 어디에 근거합니까? 그는, 그것은 모세가 시내산에서 [받은] 토라라고 대답했다.

모세는 [자신이 받은 토라가 잊히지 않았다는 것을] 다시 확신했다. 그는 거룩하신 이, 그분은 찬양받으시리로다, 그분에게 다시 다가가 말했다.

우주의 주시여, 당신은 이와 같은 사람을 가졌지만, 나를 통해 토라를 주셨습니다!

그분은 말씀하셨다. 조용히 해라! 그것이 내 의도이다!

[모세는] 그분에게 말했다. 우주의 주시여, 당신은 내게 그의 학식을 보여주셨

는데, [이제] 내게 그의 보상을 보여주소서!

그분은 말씀하셨다. 물러가라!

[모세는 로마 사람들이 아키바의] 살의 무게를 시장에서 달고 있는 것을 보았다.[14)]

그가 말했다. 우주의 주시여! 이것이 그의 학식이며, 이것이 그의 보상입니까?

그분은 말씀하셨다. 조용히 해라! 그것이 내 의도이다!

6장은 유월절 둘째 날 성전에 바쳐지는 보리 한 단인 오메르를 의례상으로 추수하는 것에 초점을 둔다. 새해의 수확은 다음과 같이 그 날짜 이전에 먹을 수 없다.

여호와께서 모세에게 말씀하여 이르시되 이스라엘 자손에게 말하여 이르라 너희는 내가 너희에게 주는 땅에 들어가서 너희의 곡물을 거둘 때에 너희의 곡물의 첫 이삭 한 단을 제사장에게로 가져갈 것이요 제사장은 너희를 위하여 그 단을 여호와 앞에 기쁘게 받으심이 되도록 흔들되 '안식일 후 그날'(안식일 이튿날, 개역개정)에 흔들 것이며 … 너희는 너희 하나님께 예물을 가져오는 그날까지 떡이든지 볶은 곡식이든지 생 이삭이든지 먹지 말지니 이는 너희가 거주하는 각처에서 대대로 지킬 영원한 규례니라 안식일 이튿날 곧 너희가 요제로 곡식단을 가져온 날부터 세어서 일곱 안식일의 수효를 채우고 일곱 안식일 이튿날까지 합하여 오십 일을 계수하여 새 소제를 여호와께 드리되(레 23:9-16, JPS).

단을 들거나 흔드는 날은 '안식일 후 그날'로 명시된다. 사두개인들은 불합리하지 않게 이것이 일요일을 의미한다고 여겼다. 따라서 그들은 유월절 첫날 이후의 일요일을 단을 바치는 날로 고정하고, 그때부터 15일째 되는 날, 항상 일요일에 샤부오트(Shavuot, '새 곡식을 바침')를 기념했다. 바리새인들은 '안식일 후 그날'을 유월절의 둘째 날로 이해했는데, 이는 그 주의 어떤 요일이라도 될 수 있다. 그렇다면 샤부오트는 7주 후 동일한 요일이 될 것이다. 다음 단락에서의 논쟁은 랍비적 재구성이며, 논쟁의 신랄함을 일부 보존한다. 기독교인들은 사두개인들의 관행을 따랐는데, 그런 이유에서 부활절과 성령강림절(페사흐와 샤부오트에 상응하는)은 항상 일요일이 된다.

게마라는 현대화된 형태로 여전히 현존하는 금식과 절기의 달력인 메길라트 타아니트(Megillat Ta'anit)에서의 한 인용으로 시작한다. 그 이후 두 가지 겹치는 모음집이 이어지는데, 여기서 타나임은 '안식일 후 그날'에서 '안식일'이 그 주간의 어떤 요일이 되더라도 절기의 첫날을 의미한다는 것을 입증하려 한다.

6장

미쉬나:

그들은 어떻게 이것을 했는가? 법정의 관리들은 절기 전에 나가서, 자라는 [보리를] 쉽게 수확하려고 함께 묶었다. 모든 가까운 마을[에서 온 사람들은] 최대한 기쁨으로 수확하려고 거기에 모였다. 어두워지자마자 [추수하는 사람들은] 그들에게 "해가 졌는가?"라고 말할 것이다. [사람들은] "그렇다. 해가 졌다!"라고 말할 것이다. "이 긴 낫으로?" "그렇다. 이 긴 낫으로!" "이 상자 안으로?" "그렇다. 이 상자 안으로!" 만약 안식일이었다면, 그는 "오늘은 안식일인가?"라고 말할 것이다. 그들은 "그렇다. 안식일이다!"라고 대답할 것이다. "오늘은 안식일인가?" 그들은 "그렇다. 안식일이다!"라고 대답할 것이다. "내가 추수할까?" "그렇다. 추수하라!" "내가 추수할까?" "그렇다. 추수하라!" 각 구절은 세 번 언급된다. 이 모두는 보에두시안 사람들(Boethusians) 때문인데,[15] 그들은 오메르를 수확하는 날이 절기 다음 날 밤이라는 것을 부인했다.

게마라:

랍비들은 다음과 같이 가르쳤다. 이날들은 금식이 금지된 날들이며, 이날들 가운데 일부는 찬미하지 않아야 한다. 즉, 니산월 1일과 8일 사이에, 매일의 희생제사의 [문제가] 결정됐으며, 찬미는 허용되지 않는다. 니산월 8일과 유월절 절기 마지막 사이에는 샤부오트의 날짜가 정해졌으며, 찬미는 허용되지 않는다.

니산월 1일과 8일 사이에, 매일의 희생제사의 [문제가] 결정됐다. 사두개인들은 [사적인] 개인이 매일의 희생제물을 후원할 수 있다고 주장했다. 이런 식으로 그들은 너는(단수) 어린 양 한 마리는 아침에 드리고 어린 양 한 마리는 해 질 때에 드릴 것이요(민 28:4)를 해석했다. [바리새인들은] 어떤 대답을 했는가? 내 헌물, 내 음식인 화제물 내 향기로운 것은 너희가(복수) 그 정한 시기에 삼가 내게 바칠지니라(민 28:2). [이는] 모든 [공적인] 제물은 성전 보고에서 지불해야 한다는 것을 [의미한다]. 16)

첫 모음집

니산월 8일과 [유월절] 절기의 마지막 사이에 샤부오트의 날짜가 정해졌으며, 찬미는 허용되지 않는다. 보에두시안 사람들은 샤부오트가 일요일이어야 한다고 주장했다. 라반 요하난 벤 자카이는 그들과의 대화에 합류했다. 어리석은 자들이여! 당신들은 그것을 어디에 근거하는가?17) 그들 가운데 누구도 그에게 대답할 수 없었다. 마침내 한 노인이, 우리 선생 모세가 이스라엘 사람들을 사랑했으며, 그는 샤부오트가 한 날[만]이라는 것을 알아서 이스라엘 사람들이 이틀 동안 즐기도록 안식일 후로 고정했다고 더듬거렸다. [요하난 벤 자카이는] 그에게 다음 구절을 읽어주었다. 호렙산에서 세일산을 지나 가데스 바네아까지 열 하룻길이었더라(신 1:2). 만약 우리 선생 모세가 이스라엘 사람들을 매우 사랑했다면, 그는 왜 사십 년 동안 사막에서 그들을 지체하게 했는가? [보에두시안 사람이 말했다.] 랍비여, 당신은 그것으로 나를 지체하게 하는가! 랍비가 그에게 말했다. 어리석은 자여! 우리의 완전한 토라는 너의 게으른 재잘거림보다 뛰어나지 않은가? 한 구절은 오십 일을 계수하여(레 23:16)라고 하고, 다른 구절은 일곱 온전한 주(일곱 안식일, 개역개정)의 수효를 채우고(레 23:15)라고 한다. 이것은 어떻게 계산하는가? [일곱 온전한 주]는 [계산이] 일요일에 시작되는 경우이며, [오십 일]은 계산이 주중에 시작되는 경우이다.

랍비 엘리에셀은 이 [논증]은 불필요하다고 말한다. 성경은 너는 … [일곱 주를] 세어(신 16:9)라고 말하고, 이는 법정에 전해진다. 달을 결정하고 절기의 날짜를 결정하는 이들이 그들이므로, 계산이 그들에게 달려있다. 그러므로 안식일 후 그날은 일요일을 의미할 수 없다. 일요일이라면 누구라도 계산할 수 있기 때문이다.

랍비 여호수아는, 토라가 우리에게 달의 시작을 결정할 날을 계산하라고 말하며, 샤부오트를 기념할 날을 계산하라고 말한다고 한다. 새 달(초하루)이 새로운 달이 나타난 직전으로 여겨지듯이, 샤부오트의 [날은] 그날이 도달한 직전으로 여겨진다. 그렇다면 샤부오트가 항상 일요일이라면, [샤부오트에 해당하는 그날이] 어떻게 그날이 도달한 직전[으로만] 여겨질 수 있는가?

랍비 이스마엘은, 토라는 우리에게 유월절에 오메르와 샤부오트에 두 덩어리를 가져오라고 말한다고 한다. [빵 덩어리를] 절기의 시작 날과 그 가까이에 [가져오]듯이, [오메르는] 절기의 시작 날과 그 가까이에 [가져온다].

랍비 유다 벤 바티라는, 토라는 안식일 위를 말하고 안식일 아래를 말한다고 한다. 한 경우에 이것은 절기의 시작을 가리키고, 절기의 가까운 곳을 가리키듯이, 다른 경우 이것은 절기의 시작을 가리키고, 절기의 가까운 곳을 가리킨다.[18]

두 번째 모음집

랍비들은 다음과 같이 가르쳤다. 너는(복수) 세어. 각 개인은 계산해야만 한다. 안식일 후 그날(안식일 이튿날, 개역개정). 이것은 [첫] 절기일의 다음 날을 의미한다. 이 것은 일요일을 의미하는가? 랍비 요세 바 유다는, [이것은 그럴 리가 없는데, 왜냐하면] 오십 일을 계수하려고 말하기 때문이라고 한다. 만약 샤부오트가 항상 일 요일이라면, 때로 당신은 [페사흐의 시작부터 샤부오트까지] 오십 일, 때로 오십일 일, 때로 오십이 일, 때로 오십삼 일, 때로 오십사 일, 때로 오십오 일, 때로 오십육 일이라는 것을 알게 될 것이다.

랍비 유다 벤 바티라는, 이것은 불필요하다고 말한다. 성경은 너는(단수) 세어라고 말한다. 계산은 법정의 문제이며, 이것은 일요일을 제외하는데, 일요일은 누구라도 계산할 수 있기 때문이다.

랍비 요세는, 안식일 후 그날은 절기 후의 날을 의미함이 틀림없다고 말한다. 이는 절기 후의 날인가, 아니면 [항상] 일요일인가? 만약 당신이 이것이 유월절[의 중간에 있는] 안식일 후 그날을 의미한다고 말한다면, 그것은 [유월절 중간을 명시하지 않고서] 안식일 후 그날만을 언급한다. 전체 해는 안식일들로 가득하다. 당신은 어떻게 어느 안식일을 [의미하는지] 알아낼 것인가? 또한, 성경은 안식일

위와 안식일 아래를 말한다. 한 경우에 이것은 절기의 시작을 가리키고, 절기의 가까운 곳을 가리키듯이, 다른 경우 이것은 절기의 시작을 가리키고, 절기의 가까운 곳을 가리킨다.

랍비 시므온 벤 엘르아살은, 한 구절은 너는 엿새 동안은 무교병을 먹고(신 16:8)라고 말하고, 다른 구절은 너희는 이레 동안 무교병을 먹을지니(출 12:15)라고 말한다고 한다. 어떻게 그럴 수 있는가? 당신이 이레 동안 먹을 수 없는 무교병은 새로운 소산물에서 [만들어진 무교병]이다.[19] 그러나 당신은 엿새 동안 새로운 소산물에서 [만들어진 무교병을] 먹을 수 있다. 당신은 당신이 [오메르를] 가져온 날부터 계산할 수 있다. 또는 당신이 수확하고, 오메르를 제시하고, 그 후 당신이 원할 때는 언제든지 계산을 시작할 수 있는가? 성경은 일곱 주를 셀지니 곡식에 낫을 대는 첫 날부터 일곱 주를 세어(신 16:9)라고 말한다. 당신은 수확하고 계산하고, 그다음에 당신이 원할 때는 언제든지 [오메르를] 제시할 수 있는가? 성경은 너희가 … 가져온 날부터라고 말한다. 당신이 가져온 날부터라면, 당신은 그날에 수확하고, 계산하고, 제시할 수 있는가? 성경은 일곱 주를 셀지니라고 말한다. 언제 주들이 마치는가? 당신이 밤에 계산하기 시작한 경우만이다.[20] 그렇다면 당신은 수확하고, [오메르를] 제시하고 밤에 계산을 시작할 수 있는가? 성경은 너희가 … 가져온 날부터라고 말한다. 이것은 어떻게 계산하는가? 수확과 계산은 밤이며, 제시는 낮이다.

라바는, 첫째 바라이타든 둘째 바라이타든 마지막 두 타나임의 논증을 제외하고는 이 모든 논쟁에 대한 반박할 수 없는 반대가 있다고 말했다. 라반 요하난 벤 자카이의 논증은 부족한데, 아바예가 날들뿐만 아니라 주들을 계산하는 것은 미츠바라고 말한 대로일 수 있기 때문이다.[21] 그리고 랍비 엘리에셀과 여호수아에 대해서는, 우리가 그것이 첫 절기일에 대해 말하는지 어떻게 아는가? 아마도 마지막 절기일을 의미할 것이다. 하지만 랍비 이스마엘과 랍비 유다 벤 바티라의 [논증]에 대해서는 어떤 반대도 없다. 랍비 요세 바 랍비 유다에 대해서는, 오십 [일은] 여분의 육 일을 포함하지 않는다. [둘째 버전의] 랍비 유다 벤 바티라에 대해서는, 우리는 그것이 첫 절기일을 말하는지 어떻게 아는가? 아마도 마지막 절기일을 의미할 것이다. 랍비 요세는 이 반대를 주목했고, 그런 이유에서 그는 자신의 설명을 덧붙였다.

이 점에 대해 아바예는, 날들뿐만 아니라 주들을 계산하는 것이 미츠바라고 말했다. 라브 아쉬의 학교에 있는 학자들은 날들을 계산하고, 주들을 계산했다. 아메이마르(Ameimar)는, [요즈음 계산은 단순히] 성전에 일어난 일을 회상하는 것이라고 말하면서, 날들은 계산했지만, 주들은 계산하지 않았다.

성전 예배의식을 다루는 두 가지 주요 소책자의 결론에 도달하면서, 이집트에서의 유대 성전과 그 제사장직에 대한 고찰이 있다. 신명기는 엄격하게 '하나님이 선택할 곳' 즉, 예루살렘 이외의 다른 곳에서는 희생제물의 예배를 금지했다. 유다 마카비가 셀레우코스 왕조를 패배시킨 이후 유대의 독립이 회복됐을 때, 의로운 자 시므온의 후손인 오니아스(Onias) 4세는 대제사장직을 물려받을 자로 추정됐다. 그러나 강력한 헬레니즘화를 하는 사람인 알키무스(Alcimus)가 그 대신에 임명됐다. 오니아스는 이집트로 도망하여 대략 주전 154년 프톨레마이오스 4세 필로메토르(Ptolemy VI Philometor)의 허락으로 레온토폴리스(Leontopolis)에 경쟁 성전을 세웠다. [22] 요세푸스에 따르면, 이 성전은 마침내 343년 후 베스파시아누스 아래에서 폐쇄됐다. [23]

탈무드에 보존된 이야기는 역사보다는 랍비적 태도를 드러낸다. 이 이야기는 명예를 추구하는 것과 그 추구가 연속적으로 가져올 부패에 대한 불편한 성찰로 이어진다.

13장

미쉬나:

오니아스의 집에서 섬긴 제사장들은 예루살렘의 거룩한 [성전]에서 섬길 수 없다. '다른 것들'[24]을 섬긴 자들이 거기서 섬길 수 없는 것은 말할 필요도 없다. 왜냐하면, 성경은 산당들의 제사장들은 예루살렘 여호와의 제단에 올라가지 못하고 다만 그의 형제 중에서 무교병을 먹을 뿐이었더라(왕하 23:9, JPS)라고 말하기 때문이다. [육체적으로] 흠 있는 제사장들과 마찬가지로, 그들은 [거룩한 고기를] 나누고 먹을 권리를 가졌지만, 제물을 수행할 권리를 가지지는 않았다.

게마라:

[미쉬나는] '다른 것들'을 섬긴 자들이 거기서 섬길 수 없는 것은 말할 필요도 없다고 말하므로, 오니아스의 집은 우상숭배의 장소가 아니었다는 결론이 나온다. 한 바라이타는 오니아스의 집이 우상숭배의 집이 아니었다는 견해를 지지하는데, 다음과 같이 가르치기 때문이다. 의로운 자 시므온이 죽던 해에 그는, 나는 올해에 죽을 것이라고 선언했다. "당신은 어떻게 아는가?"라고 그들이 물었다. 그는 이렇게 대답했다. 속죄일에 매년 하얀 옷을 둘러 입은 한 현인이 나를 만나서 안팎으로 나를 호위한다. 올해에는 검은 옷을 둘러 입은 한 현인이 나를 만났다. 그는 나를 안에서는 호위했지만, 바깥에서는 호위하지 않았다. 절기 후에 시므온이 7일 동안 아팠고, 그다음에 죽었다. 그 형제 제사장들은 그의 죽음에 거룩한 이름으로[25] 축복하기를 멈추었다. 그는, 내 아들 오니아스가 나를 계승할 것이라고 말했었다. [오니아스의] 형제 쉬메이는 나이가 두 살 반 더 많았는데, 질투를 느꼈다. 그는 [오니아스]에게, 내가 너에게 [신성한] 예배의식을 어떻게 수행하는지 보여주겠다고 말했다. 그는 튜닉과 거들[26]을 그에게 입히고, 그를 제단 옆에 세웠다. 그다음에 그는 자신의 형제 제사장들에게 얼굴을 돌리고 말했다. 이 동료가 자신의 사랑하는 자에게 "내가 대제사장이 되면 나는 당신의 튜닉과 거들을 입을 것이다"라고 맹세하는 것을 보라! 다른 제사장들은 [오니아스를] 죽이기를 원했다. 그래서 그는 그들에게서 달아났고, 그들은 그를 이집트의 알렉산드리아까지 쫓았다. 그는 거기에 제단을 세우고 우상에게 제물을 바쳤다. 현인들이 이에 대해 소식을 들었을 때, 그들은 이렇게 말했다. 만약 이것이 [명예를] 추구하지 않은 [쉬메이]에게 일어난 일이라면, 하물며 [적극적으로 질투를 통해 악해지기 쉬운 명예를] 추구하는 자들은 어떻겠는가!

이것은 랍비 메이르의 설명이지만, 랍비 유다는 그에게 이렇게 말했다. 그런 일은 일어나지 않았다. 오니아스는 자기 형제 쉬메이가 나이가 두 살 반 더 많으므로 직위를 거절했지만, 그러나 오니아스는 쉬메이를 질투했다. 그는 [쉬메이]에게,

내가 당신에게 [신성한] 예배의식을 어떻게 수행하는지 보여주겠다고 말했다. 그는 튜닉과 거들을 그에게 입혔고, 그를 제단 옆에 세웠다. 그다음에 그는 자신의 형제 제사장들에게 얼굴을 돌리고 말했다. 이 동료가 자신의 사랑하는 자에게 "내가 대제사장이 되면, 나는 당신의 튜닉과 거들을 입을 것이다"라고 맹세하는 것을 보라! 다른 제사장들은 [쉬메이를] 죽이기를 원했다. 그는 그들에게 모든 이야기를 들려주었고, 그래서 그다음에 그들은 [오니아스를] 죽이기를 원했다. 그래서 그는 그들에게서 달아났고, 그들은 그를 쫓았다. 그는 왕의 집까지 달려갔지만, 그를 본 자는 누구든지 "이 사람이 그 사람이다!"라고 말했다. 그래서 그는 이집트의 알렉산드리아까지 도망갔다. 그날에 애굽 땅 중앙에는 여호와를 위하여 제단이 있겠고 그 변경에는 여호와를 위하여 기둥이 있을 것이요(사 19:19, JPS)라고 한 대로, 그는 거기에 제단을 세우고 하늘에 제물을 바쳤다. 현인들이 이에 대한 소식을 들었을 때, 그들은 이렇게 말했다. 만약 이것이 [명예를] 피한 [오니아스]에게 일어난 일이라면, 하물며 [명예를] 추구하는 자들에게는 더 [끔찍한 일들이 일어나지] 않겠는가!

다음과 같은 가르침을 받았다. 랍비 여호수아 벤 페라히아(Joshua ben Peraḥia)가 말했다. 처음에 만일 누군가가 내게, "어서 해보라!"라고 말했었다면,[27] 나는 그를 묶어 사자들에게 던졌을 것이다. 이제 [나는 명예롭게 여겨지므로] 만일 누군가가 "포기하라!"라고 말한다면, 나는 끓는 물 주전자를 그에게 부을 것이다. 즉, 사울은 명예에서 달아났지만, 그가 왕이 됐을 때 그는 다윗을 죽이려 했다!

라브 히스다의 아들인 마르 카쉬샤가 아바예에게 물었다. 랍비 메이르는 랍비 유다가 이 바라이타에서 사용한 구절을 어떻게 해석할 것인가? 산혜립의 패배 후에 히스기야가 나가서 군주들이 금으로 된 마차에 앉아 있는 것을 보았다. 그는 그들에게 그날에 애굽 땅에 가나안 방언을 말하며 만군의 여호와를 가리켜 맹세하는 다섯 성읍이 있을 것이며 그 중 하나를 멸망의 성읍이라 칭하리라(사 19:18)라고 한 대로, 우상을 섬기지 않도록 맹세하게 했다. 그들은 이집트의 알렉산드리아에 가서, 그날에 애굽 땅 중앙에는 여호와를 위하여 제단이 있겠고라고 한 대로, 그는 제단을 세우고 하늘을 향해 그 위에 제물을 바쳤다.

그 중 하나를 멸망의 성읍이라 칭하리라. 이것은 무엇을 의미하는가? 라브 요세프가 번역한 대로, 파괴될 태양의 도시이다.[28] 그것은 그들 가운데 하나였다고 했다. 우리는 헤레스가 '해'를 의미하는지 어떻게 아는가? 그가 '헤레스'(해, 개역개정)를 명령하여 뜨지 못하게 하시며(욥 9:7)라고 기록되어 있다.

내 아들들을 먼 곳에서 이끌며 내 딸들을 땅끝에서 오게 하며(사 43:6, JPS).

내 아들들을 먼 곳에서 이끌며에 대해서 라브 후나는, 이들은 [부모의 집에 있는] 자녀들과 같이 마음이 안정된 바빌로니아에 있는 포로들이라고 말했다. 그리고 내 딸들을 땅끝에서 오게 하며에 대해서는, 이들은 다른 땅에 있는 포로들인데, 그들은 딸들과 같이 마음이 안정되지 않았다고 말했다.

랍비 아바 바 라브 이삭은 라브 히스다의 이름으로 말했다(어떤 이는 라브 예후다가 라브의 이름으로 말했다고 한다). 두로에서 카르타고까지 그들은 이스라엘과 하늘에 있는 그들의 아버지를 안다. 두로에서 서쪽까지, 그리고 카르타고에서 동쪽까지 그들은 이스라엘도, 하늘에 있는 그들의 아버지도 모른다.[29]

라브 쉬미 바 히야는, 해 뜨는 곳에서부터 해 지는 곳까지의 이방 민족 중에서 내 이름이 크게 될 것이라 각처에서 내 이름을 위하여 분향하며 깨끗한 제물을 드리리니(말 1:11)라고 라브[에게 돌려진 진술]에 반대했다. 그는 "쉬미여, 그게 당신인가?"라고 대답했다. 모든 곳에서 그분은 신들의 하나님으로 알려지셨기 때문이다.

현인들은 유대의 관심의 중심에 성전보다는 토라를 두지만, 성전 예배의식의 가치를 훼손하지 않는다.

각처에서 내 이름을 위하여 분향하며 깨끗한 제물을 드리리니. 그런가? 랍비 쉬무엘 바 나흐마니는 랍비 요나단의 이름으로, 이것은 모든 곳에서 토라 연구에 참여한 학자들을 가리킨다고 말했다. [하나님은,] 나는 그들이 마치 내 이름으로 분향하고 제물을 드리는 것처럼 여긴다고 [말씀하신다].

깨끗한 제물. 이것은 정결한 가운데 토라를 배우는 자들을 가리킨다. 그들은 먼저 결혼하고 그다음에 토라를 연구한다.[30]

[성전에 올라가는 노래] 보라 밤에 여호와의 성전에 서 있는 여호와의 모든 종들아 여

호와를 송축하라(시 134:1). 왜 '밤에'인가? 랍비 요하난은 이것이 밤에 토라 연구에 참여한 학자들을 가리킨다고 말한다. 성경은 이것을 마치 그들이 [성전에서 하나님을] 섬기고 있는 것과 같이 설명한다.

이스라엘의 영원한 규례니이다(대하 2:4, JPS). 라브 기델은 라브의 이름으로, 이것은 [대천사] 위대한 군주 미가엘이 서서 제물을 바치는 [하늘의] 제단이라고 말했다. 하지만 랍비 요하난은, 이들은 [성전] 예배의식의 법을 연구하는 학자들이라고 말했다. 성경은 이것을 마치 성전이 그들 시대에 지어졌던 것처럼 설명한다.

레쉬 라키쉬가 말했다. 이는 번제와 소제와 속죄제와 속건제 …의 '토라이다'(규례라, 개역개정)(레 7:37)의 의미가 무엇인가? 토라를 연구하는 자는 누구든지 그는 마치 번제와 소제와 속죄제와 속건제를 수행하는 것과 같다.

라바는, 그렇다면 이는 번제 … 의 토라이다라고 말하지 않고 이것은 토라이다, 즉 번제 … 라고 말해야 한다고 논평했다. 이것이 의미하는 바는, 토라를 연구하는 자는 번제 등등이 필요하지 않다는 것이다. [31]

랍비 이삭이 말했다. 속죄제의 토라(속죄제, 개역개정), 속건제의 '토라'(규례, 개역개정)(레 6:17, 7:1)의 의미는 무엇인가? 만약 당신이 속죄제의 법을 연구한다면, 그것은 마치 당신이 속죄제를 가져온 것과 같으며, 만약 당신이 속건제의 법을 연구한다면, 그것은 마치 당신이 속건제를 가져온 것과 같다.

미쉬나:

소의 번제에 대해 향기로운 냄새니라라고 말하고, 새의 번제에 대해 향기로운 냄새니라(레 1:9,17)라고 말한다. 이것은 당신에게 당신의 마음이 하늘로 향해 있기만 하다면, 당신의 제물이 크든 작든 상관이 없다는 것을 가르치기 위함이다.

셋째 소책자

훌린

ḤULLIN, 성별되지 않은 고기

이 소책자는 세히타트 훌린(sheḥitat ḥullin, 성별되지 않은 짐승의 도살)이라고 불리는 것이 더욱 적절한데, 다음을 포함해서 카셰르 음식에 대한 성경의 법을 발전시킨다.

- 세히타(Sheḥita, 도살). 랍비들은 신명기 12장 21절이 내포되었다고 생각하지만, 성경은 명백하게 짐승의 도살에 대한 정확한 방법을 규정하지 않는다(1장과 2장).
- 레위기 17장 15절과 22장 8절은 네벨라(nevela, 썩은 고기)와 테레파(terefa, '찢어진' 곧 부상한 것)는 금지된다고 진술한다. 랍비의 해석에서 네벨라는 정확한 세히타의 결과 이외에 죽은 동물이며, 테레파는 잠재적으로 치명적인 이상을 지녔거나 치명적인 부상으로 고통당한 짐승이다(3장).
- 어느 종을 먹을 수 있는지 먹을 수 없는지 결정하는 것은 레위기 11장과 신명기 14장 3-21절에 근거한다(3장).
- 피와 어떤 기름의 금지는 레위기 7장 23-27절에서 도출된다.
- '오그라든 힘줄' 즉, 좌골 신경에 대한 금지는 야곱이 천사와 씨름한 이야기

에서 온다(창 32:32) (7장).

- "너는 염소 새끼를 그 어미의 젖으로 삶지 말지니라"라는 세 번 반복되는 명령은 우유와 고기를 합치는 것에 대한 금지로 해석된다(8장).
- 레위기 22장 28절은 소나 양, 염소와 그 새끼를 같은 날에 도살하는 것을 금지한다(5장).
- 신명기 12장 23절은 우유 이외에 살아있는 짐승에게서 취한 어떤 것도 먹지 못하게 하는 금지로 해석된다.

1장은 셰히타에 대한 것이며, 쇼헤트(shoḥet, 도살자)의 칼은 날카롭고 부드러워야 한다. 특별한 칼이 셰히타를 위해 준비되며, 종종 날카로운지, 눌려 들어간 곳이 있는지 점검된다. 칼은 숨통과 식도('징후')와 어떤 혈관을 자르면서 목을 신속하게 그어야 한다. 무의식과 죽음이 거의 동시적이다.

아래 수갸는 라브 예후다 바 에스겔의 선생인 라브와 쉬무엘이 전해준 그의 판결 모음집이며, 후대 아모라임의 논평이 삽입되어 있다. 이것은 셰히타의 기본적인 '다섯 가지 법'을 포함하고 있으며, 라브 후나의 추측의 원리에 대한 논의가 이어진다.

1장

미쉬나:

셰히타를 망칠 경우에 대비하여, 농아나 바보나 아이를 제외하고 모두가 도살할 수 있으며, 그들이 도살한 것은 카셰르다.

게마라:

라브 예후다는 라브의 이름으로, 도살하는 자[1]는 세 개의 칼이 필요한데, 하나는 도살하고, 하나는 고기를 베어 나누며, 하나는 [금지된] 기름을 떼어내는 데 필요하다고 말했다.

고기를 베어 나누는 데 [단지] 하나가 필요하고, 그다음에 [금지된] 기름을

[그것으로] 잘라내는 것으로 충분하지 않겠는가? [아니다.] 이것은 그가 [먼저] 기름을 잘라내고, 그다음에 고기를 베어 나눌 [경우를 대비하여] 보호하는 규칙이다.[2] 하지만 그는 이제 [두 개의 칼이 있으므로] 그것들을 섞지 않을 수 있는가? [아니다.] 두 개의 [개별] 칼을 요구하는 것은 [그가 조심해야만 한다는 것을 그에게 상기시키는] 신호이다.

라브 예후다 [역시] 라브의 이름으로, 도살하는 자는 두 개의 물 용기를 가지고 있어야만 하는데, 하나는 고기를 헹구기 위한 것이고 하나는 기름을 헹구기 위한 것이라고 말했다.

고기를 헹구는 데 [단지] 하나가 필요하고, 그다음에 기름을 [그것으로] 헹구는 것으로 충분하지 않겠는가? [아니다.] 이것은 그가 [먼저] 기름을 헹구고, 그다음에 고기를 헹굴 [경우를 대비하여] 보호하는 규칙이다. 하지만 그는 이제 [두 개의 용기가 있으므로] 그것들을 섞지 않을 수 있는가? [아니다.] 당신이 그에게 두 개의 [개별] 용기를 요구하는 것은 [그가 조심해야만 한다는 것을 그에게 상기시키는] 신호이다.

아메이마르는, 기름이 스며 나와서 고기에 흡수되므로 당신이 고기의 허릿살을 [나머지에] 누르지 않아야 한다고 말했다. [하지만] 만약 그렇다면 허릿살을 [누르지 않고 보통의 방식으로] 정돈한다고 해도, 기름은 스며 나오고, 고기는 기름을 흡수한다! [아니다. 왜냐하면] 얇은 막이 그것들을 아래에서 구분하기 때문이다. 만약 그렇다면, [허릿살이 위에 있다고 해도 문제가 없어야 한다. 왜냐하면] 위에도 역시 얇은 막이 있기 때문이다. 도살하는 자는 [허릿살을 위에 두고 고기를] 다루므로, [얇은 막이] 찢어질 것이다.

라브 예후다 [역시] 라브의 이름으로, 학자는 세 가지 [실제적인 기술을] 습득해야 한다고 말했다. 즉, 글쓰기와 셰히타와 할레이다. 라브 하나니아 벤 셸레미아는 라브의 이름으로, [그는] 또한 테필린의 매듭을 묶는 법과 결혼 축복을 [낭송하는 것]과 치치트(tzitzit)를 [묶는] 법을 [배워야만 한다]고 말했다. [라브 예후다는 왜 이것들도 같이 열거하지 않았는가? 왜냐하면] 다른 것들이 더 일반적이기 때문이다.

라브 예후다 역시 쉬무엘의 이름으로 다음과 같이 말했다. 만약 도살하는 자가 세히타법을 알지 못한다면, 그가 도살한 [짐승]에게서 먹는 것은 금지된다. 멈추기, 누르기, 삽입하기, 잘못 두기, 찢기가 세히타의 법이다.[3]

그는 우리에게 무엇을 말하고 있는가? [명백히] 이 모든 [법]이 미쉬나에서 가르치는 것인가? 그는 [우리에게], 만일 누군가가 우리가 있는 데서 두 번이나 세 번 정확하게 도살했다면, [그런데도 그가 법을 배우지 않았을 경우, 당신은 그가 그것을 정확하게 한다고 믿을 수 없다]고 말할 필요가 있다. 당신은 그가 [과거에] 정확하게 [도살했]으므로, 그가 이제 [감독 없이] 했던 것 역시 정확하다고 [여길 것이라고] 생각했을 수 있다. 그래서 [쉬무엘은] [도살하는 자가] 법을 배우지 않았으므로 그는 [잘못했다고] 깨닫지 못하고서 멈추거나 누를 수 있다고 우리에게 알려준다.

그리고 라브 예후다는 쉬무엘의 이름으로, 도살하는 자는 세히타 이후 '징후'를 조사해야 한다고 말했다.

라브 요세프는, 그것이 다음과 같이 미쉬나에 [내포된다]고 말했다.[4] **만약 그가 조사할 정도로 충분히 멈추었다면.** 명백히 이것은 '징후'를 조사하는 데 필요한 시간의 길이를 의미하는가? 아바예는 그에게 아니라고 말했는데, 이는 랍비 요하난이 다음과 같이 [분명히 하기] 때문이다. [이것은] 전문가 [학자가 와서] 조사하는 데 걸리는 시간의 길이를 [의미한다]. [하지만 만약 아바예가 옳았다면,] 이것은 무한한 기간일 것이며[, 따라서 우리는 랍비 요하난이] 전문적인 도살자가 조사하는 데 필요한 시간[의 길이를 의미한다고 결론 내려야만 한다].

만약 그가 [그것들을] 조사하지 않았다면 어떻게 되는가? **랍비 엘리에셀 반 안티고노스는 랍비 엘르아살 벤 야나이의 이름으로, 그것은 테레파이며, 먹지 않아야만 한다고 말했다. 한 타나는 그것이 네벨라이며 옮김으로써 더럽힌다고 말한다.**[5]

그들의 논쟁은 무엇에 근거하는가? 그것은 라브 후나의 [원리]다. 왜냐하면 [라브 후나는] 다음과 같이 말했기 때문이다. 짐승이 살아있는 한, 당신은 그것이 어떻게 도살됐는지를 알기까지는 [그것을] 먹는 게 금지된다고 추정하며, 일단 그것이 [정확하게] 도살됐다면, 당신은 그것이 어떻게 테레파가 됐는지 알기까지는 [그것을] 먹는 게 허용된다고 추정한다. [그 타나는] 그것이 금지된다고 추정됐고 이제 죽었다고 주장한다. [당신은 그것이 정확하게 도살됐는지 명확하게 알지 못하므로, 그것은 네벨라이며 더럽힌다]. [랍비 엘르아살은] 그것이 금지됐지만 더럽혀지지는 않았다는 추정이 있다고 주장한다.

[라브 후나의 원리를 고려하자.] 라브 후나는 다음과 같이 말했다. 짐승이 살아있는 한, 당신은 그것이 어떻게 도살됐는지를 알기까지는 [그것을] 먹는 게 금지된다고 추정하며, 일단 그것이 [정확하게] 도살됐다면, 당신은 그것이 어떻게 테레파가 됐는지 알기까지는 [그것을] 먹는 게 허용된다고 추정한다. 그는 왜 [단순히] 일단 그것이 도살됐다면 그것은 허용된다고 말하지 않는가?[6] 그는 반대되는 추정이 소개될 수도 있었다고 해도, [그것은 허용된다]고 우리에게 말하기를 원한다. 이것은 랍비 아바가 라브 후나의 이름으로 다음과 같이 물은 것이다. 만약 이리가 와서 내장을 가져가면 어떻게 되는가?

그것들을 가져갔는가? 그렇다면 그들은 거기에 없었으며[, 질문은 대두하지 않는다]. 그래서 [질문은] "만약 이리가 와서 내장에 구멍을 냈다면 어떻게 되는가?"가 [됐음이 틀림없다]. 구멍인가? 그렇다면 우리는 [그 이리가 짐승이 죽은 후에] 구멍을 냈고, [이로 말미암아 더는 그것을 테레파로 만들지 못할 것이라는 사실을 알 수 있다]. 그래서 [질문은, "만약 이리가] 내장을 제거하고 그 후에 내장에 구멍을 내고서 돌려주었다[면 어떻게 되는가?"가 됐음이 틀림없다]. 우리는 [그것을 테레파로 만들] 구멍이 이미 있지만, 우리가 찾을 수 없는 구멍을 이리가 냈을 수 있다고 고려하는가, 아니면 고려하지 않는가?

라브 후나는, 우리는 이리가 이미 구멍이 있던 곳에 구멍을 냈다고 여기지 않는다고 대답했다.

[랍비 아바는] 다음과 같이 반대했다. 만일 누군가가 새가 무화과를 쪼아 먹는 것을 보았거나 쥐가 멜론을 갉아 먹는 것을 보았다면, 우리는 [뱀이] 이미 [그 과일에] 구멍을 냈었고 [독을 주입한 곳에] 그들이 구멍을 냈을 수도 있음을 고려한다.

[라브 후나가] 대답했다. 당신은 [삶에 대한] 위험과 [종교적] 금지를 비교하고 있는가? 위험은 다르다.

라바는 다음과 같이 물었다.[7] 그것이 왜 다른가? 위험에 대한 의심이 있을 때 우리는 [그것을 피하려고] 더 엄격한 면을 고려하기 때문인가? 우리는 금지에 대해서도 더 엄격하게 고려한다.

아바예는 그에게 다음과 같이 말했다. 그렇다면 위험과 금지 사이에는 차이가 전혀 없는가? 만약 공공장소에 있는 무언가가 부정하게 됐는지에 대해 의심이 된다면, 그것은 [여전히] 정결하다고 간주한다. 하지만 만약 [뱀이] 덮지 않은 물[을 마시고 그것에 독을 주입했는지에] 대해 의심이 된다면, [그것을 마시는 것이] 금지된다!

라바는 다음과 같이 반응했다. [정결의 예는] 간음한 여자라고 의심되는 자의 사례에서 도출된 [예외적인] 할라카이다. 간음한 여자가 [공적으로가 아니라] 개인적으로 죄를 범하듯이, 부정결[에 대한 의심이 공적인 상황에서가 아니라] 개인적인 [상황]에서 [엄격하게 다뤄진다].

라브 쉬미는 다음과 같이 반대했다. 만약 족제비가 자기 입에 파충류[8]를 물고서 테루마 덩어리들을 가로질러 걸었고, 우리는 [그 파충류가] 그것들을 건드렸는지 건드리지 않았는지를 모른다면, [그 덩어리들은] 의심[9]이 되더라도 [여전히] 정결하다. 하지만 만약 [뱀이] 덮지 않은 물[을 마시고 그것에 독을 주입했는지에] 대해 의심이 된다면, [그것을 마시는 것이] 금지된다!

[대답은 다음과 같다.] 그것 역시 간음한 여자라고 의심되는 자의 사례에서 도출된 [예외적인] 할라카이다. 간음한 여자에게 심문할 수 있듯이 심문이 가능한 다른 사건에서는 [더 엄격한 의미에서 의심이 해결되지만, 당신은 족제비에게 심문할 수 없으므로, 이 경우 우리는 관대한 관점을 취한다].

라브 아쉬는, 여기에 [위험이 금지보다 더 심각하다는] 증거가 다음과 같이 있다고 말했다. 만일 누군가가 단지를 덮어두지 않은 채 떠났고, 돌아와서 그것이 덮여 있는 것을 발견했다면, 그것은 부정하다. 왜냐하면, 나는 부정한 사람이 들어와서 그것을 덮었다고 말할 것이기 때문이다. 만약 그가 단지를 덮어둔 채 떠났고, 돌아와서 그것이 덮여 있지 않은 것을 발견했다면, [그렇다면] 라반 가말리엘의 견해에서, 족제비나 뱀이 그것을 마셨을 수 있거나, 또는 이슬이 밤에 그것에 떨어졌을 경우 그것은 부적합하다.[10] 랍비 여호수아 벤 레비는 다음과 같이 말했다. 이것은 왜 그런가? 짐승은 물건의 덮개를 열고 그것을 덮지 않기 때문이다.[11] [어쨌든, 우리는 그것이 부정하다고 여기지 않는 반면,][12] 만약 [뱀이] 덮지 않은 물[을 마시고 그것에 독을 주입했는지에] 대해 의심이 된다면, [그것을 마시는 것이] 금지된다! 이것은 위험이 금지보다 더 심각하다는 것을 입증한다.

한 미쉬나는 다음과 같이 진술한다. 세 가지 액체, 곧 물과 포도주와 우유는 덮지 않은 채 두면 금지된다. 금지되려면 얼마나 오래 그것들이 덮이지 않은 채 있어야만 하는가? 파충류가 가까이에서 나와 그것을 마실 정도로 충분히 긴 시간이다.[13]

'가까이'는 무엇인가? 라브 예후다의 아들 라브 이삭은, 파충류가 용기의 손잡이 밑에서 나와서 그것을 마실 정도로 충분히 긴 시간이라고 말했다. 마신다? 그렇다면 우리는 그것을 볼 수 있기 때문에 의심의 여지가 없지 않겠는가? 오히려 [파충류가 손잡이 밑에서 나와서] 마시고 구멍으로 되돌아갈 [정도로 충분히 긴 시간이다].

레위기 11장과 신명기 14장은 먹을 수 있는 생물과 먹을 수 없는 생물을 열거한다. 성경의 용법에 따라 랍비들은 종의 상태를 가리킬 때 카셰르와 테레파보다는 '정한'과 '부정한'이라는 용어를 사용하는 경향이 있다.

미쉬나의 각 범주를 검사한 후에, 게마라는 레위기 11장이 공중이나 땅이나 물에 기어 다니는 생물이 의미하는 바가 무엇인지 명확히 한다. 현인들은 일반적으로, 현대 이전 세계와 마찬가지로 자연 발생을 믿었다.[14] 예를 들어, 라브 후나는 대추야자에서 만들어진 물에 발견되는 작은 곤충들은 그 물의 일부라고 주장하며, 따라서 그 곤충들이 분리되지 않고 그것들이 독립적으로 '기어 다니는 곤충'으로 존재하지 않았다면, 그것들을 포함하는 물을 마시는 게 허용된다고 주장한다. 작은 생물을 의미하는 용어들은 정확하지 않다. '곤충'이나 '구더기'와 같은 번역들은 생물학적인 의미로 이해해서는 안 된다.

3장

미쉬나:

[정한] 가축과 야생 짐승의 표시는 토라에 진술된다.

[정한] 새의 표시는 토라에 진술되지 않지만, 현인들은 쉽게 벗겨지는 여분의 끝, 가죽, 내장이 있는 것은 무엇이든지 정하다고 말했다. 랍비 사독의 아들 랍비 엘르아살은, 자기 발을 분리하는 어떤 새도 부정하다고 말한다.

메뚜기에 대해, 네 다리와 네 날개와 뛰는 다리를 가지고 있고, 그 날개가 몸의 대부분을 덮은 것은 어떤 것이든지 [정하다]. 랍비 요세는, 그것이 또한 [히브리어로] 하가브(ḥagav)로 불려야 한다고 말한다.

[레위기 11장 9절에서] 카스케세트(qasqeset)는 고정된 [비늘]을 가리킨다. 스나피르(s'napir)는 [그 생물이] 그것으로 헤엄치는 것을 가리킨다. 지느러미와 비늘이 있는 어떤 물고기도 [정하다]. 랍비 유다는, 그것이 최소한 하나의 지느러미와 두 비늘이 있어야만 한다고 말한다.

게마라:

라브 후나는, 밤에 나무 조각을 통해 대추야자 물을 거르지 말라고 말했다. [작은 생물들이] 나무 조각으로 뛰어나왔다가 [물로] 다시 떨어져서 그 후에 [당신이 그것을 마실 때], 땅에 기는 길짐승 중에 네게 부정한 것은 이러하니(레 11:29)를 범하게 될 수 있기 때문이다.

만약 그렇다면, 그 생물들은 용기 쪽에 붙어서 그 후에 안으로 다시 떨어질 수 있으므로, [그 물이] 용기에 있을 때도 명백히 동일한 것이 적용돼야 하는가? 아니다. 이것이 그들의 본성이기 때문이다. 우리는 이것을 다음과 같은 바라이타에서 배운다. 즉, 우리는 이것이 우물과 도랑과 동굴을 포함하는지, 즉 당신이 구부려서 그것들을 마시는 것을 삼갈 필요가 없는지 어떻게 아는가? 성경은 물에 있는 모든 것 중에서 너희가 먹을 만한 것(레 11:9)을 말한다. 당신은 그 생물들이 곁에 붙어 있다가 다시 떨어질 수 있다고 걱정하지 않아도 되는가? [그렇다. 왜냐하면] 그것이 그들의 본성이기 때문이다. 여기서도 마찬가지로 이것은 그들의 본성이다.

라브 히스다는 라브 후나에게, 한 바라이타가 당신을 다음과 같이 지지한다고 말했다. 곧, 땅에 기어 다니는 모든 기는 것(레 11:42)에는 **걸러진 곤충들도 포함된다.** 그것들이 걸러졌기 때문에 금지되지만, 그렇지 않으면 그것들은 허용될 것이다.

쉬무엘은, 만약 오이가 자라고 있는 동안에 구더기를 만들어냈다면, 그것은 땅에 기어 다니는 모든 기는 것으로서 금지된다고 말했다. 다음은 그를 지지하는가? 한 바라이타는 다음과 같이 진술한다. 땅에는 **렌틸콩에 있는 구더기, 콩에 있는 애벌레, 대추야자와 무화과에 있는 벌레를 제외한다.** 다른 바라이타는 다음과 같이 진술한다. 땅에 기어 다니는 모든 기는 것은 **감람나무와 포도나무 뿌리에 우글거리는 벌레들을 포함한다.** 이 둘은, 하나는 자라고 있는 식물일 때의 열매이며 다른 하나는 자라고 있는 식물이 아닐 때의 열매를 가리키는 것이 아닌가? 아니다. 둘은 여전히 자라는 식물에 있는 열매를 가리키지만, 모순은 없다. 왜냐하면, 하나는 열매를 가리키고, 다른 하나는 식물을 가리키기 때문이다. 그것은 명백히 그러한데, **감람나무와 포도나무의 뿌리에 우글거린다**고 말하기 때문이다.

생물이 '땅에 기어 다닐 때까지'는 금지되지 않으므로 다음의 문제가 대두한다.

라브 요세프가 물었다. 만약 [한 생물이 숙주 식물을] 떠나 [땅에 도달하기 전에] 죽었다면, [그 상태는] 무엇인가? 답이 없다. 만약 그것의 일부[만이 땅에 기어 다녔다면, 그 상태는] 무엇인가? 답이 없다. 만약 그것이 공중으로 갔다면 [그 상태는] 무엇인가? 답이 없다.

라브 아쉬는 다음과 같이 물었다. 만약 [그것이] 대추야자 위를 [기어 다녔다면], 그러면 어떻게 되는가? 아니면 씨의 위를 기어 다녔다면? 또는 한 대추야자에서 다른 대추야자로 기어 다녔다면, 그때는 어떻게 되는가? 답이 없다.

라브 이디의 아들 라브 셰셰트는, 납작벌레[15]는 외부에서 오기 때문에 금지된다고 말했다. 라브 아쉬는, 만약 그 벌레들이 외부에서 왔다면, [숙주의] 배설물에서 발견될 것이라고 반대했다.[16]

다른 이들은 다음과 같이 전한다. 라브 이디의 아들 라브 셰셰트는, 납작벌레가 [짐승] 내부에서 [자연적으로] 형성되므로 허용된다고 말했다. 라브 아쉬는, 만약 그 벌레들이 외부에서 왔다면 [숙주의] 배설물에서 발견될 것이므로 그것은 명백하다고 말했다.

할라카는, 짐승이 잘 때 납작벌레들이 그 콧구멍을 통해 들어가므로 금지된다고 한다. [17] 짐승들의 살과 가죽 사이에 발견되는 기생하는 벌레들은 금지되지만, 물고기에 있는 벌레들은 허용된다. 라비나는 자기 어머니에게 말했다. 그것들을 물고기와 섞으면 내가 그것을 먹겠다! [18] 라브 아하의 아들 라브 메샤르샤가 라비나에게 물었다. 이것은 그 주검을 가증히 여기라(레 11:11, JPS)와는 다른가, 즉 **살에 있는 고기를 포함하는가?** 그는 다음과 같이 대답했다. 짐승이 셰히타에 의해 허용될 [때까지 금지되며], 셰히타가 벌레에 영향을 미치지 않으므로 그것들은 여전히 금지된다. 그러나 물고기는 단지 그것들을 모음으로써 허용되며, 따라서 물고기의 [벌레들은] 이미 허용된 것에서 형성됐다. [19]

창세기 32장 24-32절은 야곱이 밤에, 전통에서 에서의 수호 천사로 여겨지는 신비스러운 대적자와 씨름하는 이야기를 들려준다. 씨름 과정에서 야곱은 부상을 입었다.

그 사람이 야곱의 허벅지 '정맥'(관절, 개역개정)에[20] 있는 둔부의 힘줄을 쳤으므로 이스라엘 사람들이 지금까지 허벅지 관절에 있는 둔부의 힘줄을 먹지 아니하더라(창 32:32).

전통은 '허벅지 정맥의 힘줄'이 좌골 신경이라고 여긴다.

야곱의 이야기들은 음식의 혼합을 통제하는 여러 할라크 원리들을 만들 뿐만 아니라, 야곱의 사다리 꿈에 대한 주제(창 28:10-22)를 전환하는 것을 포함해서 몇 가지 훌륭한 아가다를 자극한다.

7장

미쉬나:

허벅지 정맥에 있는 힘줄의 [금지]는 성전이 서 있든 그렇지 않든 [이스라엘의] 땅 안과 밖 모두에서 적용되며, 성별된 짐승뿐만 아니라 성별되지 않은 짐승에까지 적용된다. 이 금지는 가축과 야생 짐승, 오른쪽 허벅지와 왼쪽 허벅지에도 적용되지만, 새는 관절 부분이 없어서 새에 적용되지는 않는다. [21] 이 금지는 배 속의 새끼에도 적용되지만, 랍비 유다는 이것이 배 속의 새끼에 적용되지 않는다고 말한다.

랍비 메이르의 견해에서 도살업자들은 허벅지 정맥의 힘줄을 [제거했는지] 신뢰할 수 없지만, 현인들은 힘줄과 금지된 기름 [제거]에 대해 도살업자들을 신뢰할 수 있다고 말한다. [22]

게마라:

야곱은 홀로 남았더니(창 32:24). 랍비 엘르아살은 그가 작은 단지들을 가지러 돌아갔다고 말했다. 여기서 당신은 의로운 자들이 자신들의 몸보다는 재산에 더 가치를 둔다는 것을 추론할 수 있다. 왜 그런가? 그들은 도난당한 재산에 결코 손을 대지 않았기 때문이다.

어떤 사람이 날이 새도록 야곱과 씨름하다가(32:24). 랍비 이삭은, 여기서 학식 있는 사람은 밤에 홀로 나가지 않아야 함을 추론할 수 있다고 말했다. 랍비 아바 바카하나는, 그가 오늘 밤에 타작마당에서 보리를 까불리라(룻 3:2, JPS)[23]라는 구절에서 그것을 추론할 수 있다고 말했다. 랍비 아바후는, 아브라함이 아침에 일찍이 일어나 나귀에 안장을 지우고(창 22:3)라는 구절에서 이것을 추론할 수 있다고 말했다. [다른 이들은], 가서 네 형들과 양 떼가 다 잘 있는지를 보고(창 37:14)라는 구절에서 이것을 추론할 수 있다고 말했다. 라브는, 그가 브니엘을 지날 때에 해가 '그에게 돋았고'(돋았고, 개역개정)(32:31)라는 구절에서 추론할 수 있다고 말했다.

랍비 아키바가 말했다. 나는 엠마오 시장에서 라반 가말리엘과 랍비 여호수아가 라반 가말리엘 아들의 [결혼] 잔치를 위해 구매할 짐승을 찾고 있을 때, 그들에게 이 질문을 던졌다. 성경은 해가 그에게 돋았고라고 말한다. 해가 [야곱]을 위해서만 돋았는가? 명백히 해는 전 세계를 위해 돋았다!

랍비 이삭은, 그를 위해 진 해가 그를 위해 돋았다고 말했다. 야곱이 브엘세바에서 떠나 하란으로 향하여 가더니라고 기록되고, 그다음에 한 곳에 이르러는 해가 진지라(창 28:10-11)라고 진술한다.[24]

[야곱이] 하란에 도착했을 때, 그는 다음과 같이 깊이 생각했다. 내가 과연 내 조상들이 기도했던 장소를 지나서 기도하려고 멈추지 않을 수 있었는가? 그는 돌아가기로 결심했다. 그 땅이 줄어들었고[25] 그는 즉시 그곳에 갈 수 있었다. 그가 기도했을 때, 그는 [하란에] 돌아가기를 원했지만, 거룩하신 이, 그분은 찬양받으시리로다, 그분이 말씀하셨다. 이 고결한 사람이 내 숙소에 도착했는데, 내가 밤새 머무르게 하지 않고 그를 가게 할 수 있는가? 그 즉시, 해가 졌다.

그 곳의 한 돌(복수)을 가져다가 [베개로 삼고 거기 누워 자더니](창 28:11)라고 기록됐고, 돌(단수)을 가져다가(창 28:18)라고 기록됐다. 랍비 이삭은, 이것은 돌들 모두가 "이 고결한 사람이 그의 머리를 내게 쉬게 하소서!"라고 말하면서, 한 곳에 스스로 모였다는 것을 가르친다고 말했다. 그것들 모두는 한 돌로 합쳐졌다고 가르쳤다.

꿈에 본즉 사닥다리가 땅 위에 서 있는데(28:12). 다음과 같은 가르침을 받았다. 사다리가 얼마나 넓었는가? 8,000파라상인데,[26] 이는 하나님의 사자들이 그 위에서 오르락내리락 하고라고 기록됐기 때문이다. 만약 두 천사가 오르고 두 천사가 내린다면 그들이 만날 때 네 천사가 될 것이다. 천사에 대해 그의 몸은 '타르수스'[27] (황옥, 개역개정) 같고(단 10:6)라고 기록되며, 우리는 타르수스가 직경 2,000파라상이라는 것을 배웠다. 따라서 8,000이 된다. 다음과 같은 가르침을 받았다. 그들은 야곱의 모습을 위에서 응시하려고 올라갔고, 그의 모습을 아래에서 응시하려고 내려갔다. 그들은 그를 위험에 처하게 했을 수도 있지만, 즉시, 본즉 여호와께서 그 위에 서서(창 28:13) 계셨다. 랍비 시므온은, 성경이 이것을 진술하지 않았더라면 그것을 말하는 것이 어려웠을 것이라고 말했다. 즉, 그것은 한 사람이 자기 아들에게 자기 손가락을 흔드는 것과 같았다!

네가 누워 있는 땅을 … 무엇이 대단한 것이었는가?[28] 랍비 이삭은 이렇게 말했다. 이것은 거룩하신 이, 그분은 찬양받으시리로다, 그분이 이스라엘 전체 땅을 접어서 그것을 우리 조상 야곱 아래에 놓으셨는데, [이는] 그의 자손들이 그것을 쉽게 정복할 것임을 [가르친다].

그가 이르되 날이 새려하니 나로 가게 하라(32:26). [야곱은] 그에게 말했다. 당신은 아침 [빛]을 두려워하니 도둑인가, 도박꾼인가? 그가 대답했다. 나는 천사다. 오직 이제 내가 창조된 날 이후로 처음 [하나님을 찬양하는 아침] 노래를 부르게 됐다!

이것은 라브 하나넬이 라브의 이름으로 다음과 같이 말한 것을 확증한다. 매일 섬기는 천사들의 세 반열은 찬양을 하는데, 하나는 거룩하다라고 부르고, 다른 하나는 거룩하다라고 부르며, 셋째는 거룩하다 만군의 여호와여(사 6:3)라고 부른다.

이에 대한 반대는 다음과 같다. 거룩하신 이, 그분은 찬양받으시리로다, 그분에게 이스라엘은 섬기는 천사들보다 더욱 사랑받는다. 왜냐하면, 이스라엘은 노래를 항상 낭송하고 섬기는 천사들은 하루에 한 번만 낭송한다. 어떤 이는 한 주에 한 번[만] 한다고 말하고, 어떤 이는 한 달에 한 번이라고 말하며, 어떤 이는 일 년에 한 번이라고 말하고, 어떤 이는 칠 년마다 한 번이라고 말하며, 어떤 이는 희년 주기마다 한 번이라고 말하고, 어떤 이는 오직 한 번만이라고 말한다. 또한, 이스라엘아 들으라 우리 하나님 여호와는…(신 6:4)이라고 한 대로 이스라엘은 두 마디 뒤에 하나님의 이름을 선포하는 반면에, 섬기는 천사들은 거룩하다 거룩하다 거룩하다 만군의 여호와여[29]라고 한 대로, 세 마디 뒤에서야 하나님의 이름을 선포한다. 그리고 그때에 새벽 별들이 기뻐 노래하며 '하늘의 존재들이'(하나님의 아들들이, 개역개정) 다 기뻐 소리를 질렀느니라(욥 38:7)라고 한 대로, 섬기는 천사들은 이스라엘이 아래에서 노래를 낭송할 때까지 위에서 노래를 낭송하지 못한다.

그리하여 한 반열은 거룩하다라고 부르고, 다른 하나는 거룩하다라고 부르며, 셋째는 거룩하다 만군의 여호와여(사 6:3)라고 부른다. 찬송할지어다 [여호와의 영광이 그의 처소로부터 나오는도다](겔 3:12)는 어떤가? '찬송할지어다'는 [섬기는 천사들이 아니라] 오파님(Ofanim, 문자적으로는 병거의 바퀴들을 의미하며, 천상의 존재들 곧 천사를 가리킨다고 여겨진다)이 부른다. 그렇지 않으면, 일단 허락이 떨어지면 그들이 계속한다.

천사와 겨루어 '군주로 행하고'(이기고, 개역개정) 울며 그에게 간구하였으며(호 12:4). [30] 여기서 나는 누가 누구의 군주가 됐는지 몰랐겠지만, 이는 네가 '하나님과 겨루어 군주로 행하였음이라'(하나님과 및 사람들과 겨루어 이겼음이니라, 개역개정)(창 32:28)라고 할 때, 천사에 대해 군주가 된 것은 야곱[이었다는 것이 분명하다]. [마찬가지로] 울며 그에게 간구하였으며에 대해서는, 누가 누구에게 간구했는가? 날이 새려하니 나로 가게 하라라고 할 때, 울고 야곱에게 [간구한 이는] 천사[였다는 것이 분명하다].

"너는 염소 새끼를 그 어미의 젖으로 삶지 말지니라"라는 구절이 토라에 세 번 나온다(출 23:19, 34:26 ; 신 14:21). 이것은 이 장(115b)의 뒷부분에서 다음의 삼중 금지로 해석된다. 즉, 우유와 고기는 함께 요리할 수 없으며, 만약 함께 요리된다면 그 혼합물은 먹어서도 안 되고, 다른 어떤 방법으로도 사용해서는 안 된다는 것이다. 랍비들은 비록 요리하지 않았다고 해도 우유와 고기의 혼합물을 먹거나 다른 방법으로 사용하는 것을 금지했다. 그리고 후에 유대 관습은 고기와 우유에서 나온 음식의 용기를 구분하여 사용할 것을 주장하기까지 한다. 토라 금지는 오직 포유동물에게 적용되지만, 대부분의 타나임은 이것을 새까지 확대했다.

8장

미쉬나:

새는 치즈와 함께 먹을 수 없더라도 함께 식탁에 놓을 수 있다. 이것은 샴마이 학파의 의견이지만, 힐렐 학파는 그것들이 [함께] 놓여서도 안 되고, [함께] 먹어서도 안 된다고 말한다. 랍비 요세는, 이것이 샴마이 학파는 관대하지만, 힐렐 학파는 엄격한 [사례]라고 말한다.

그들은 어떤 식탁을 말하고 있었는가? 그들이 먹을 때 사용하는 식탁이다. 하지만 당신은 음식을 준비하는 데 사용하는 식탁 위에서는 하나를 다른 것 옆에 놓을 수 있으며, 당신은 걱정할 필요가 없다.

게마라:

명백히 랍비 요세가 말한 것은 [미쉬나의] 첫 번째 타나와 동일하다! 당신은 그들이 [치즈와 새를 함께] 먹는 것에 대해 다르다고 생각할 수 있다. 즉, 첫 번째 타나는 [샴마이 학파와 힐렐 학파가] 치즈와 새를 식탁에 가져오는 것에 대해 다르지만, [그것들을 함께] 먹는 것을 [금지함]에 대해서는 다르지 않다고 주장하는 반면에, 랍비 요세는 그것들을 함께 먹는 것[에 대해] 샴마이 학파는 관대하지만, 힐렐 학파는 엄격하다고 평한다. 하지만 [이것은 그럴 수가 없는데,] 왜냐하면 한 바라이타가 다음과 같이 진술하기 때문이다. **랍비 요세는, 여섯 가지 사례에서 샴마이 학파는 관대하지만 힐렐 학파는 엄격했다고 말한다. 한 사례는, 샴마이 학파에 따르면 치즈와 새는 식탁에 함께 놓을 수는 있지만 함께 먹어서는 안 되는 반면에, 힐렐 학파에 따르면 그것들은 식탁에도 함께 놓을 수 없고 함께 먹을 수도 없다.**

그렇다면 미쉬나는 첫 번째 타나를 랍비 요세와 동일시하기 원한다. 왜냐하면, 에스더가 모르드개의 이름으로 왕에게 아뢴지라(에 2:22)라고 한 대로, [원래] 그것을 말한 자의 이름으로 어떤 문제를 보고하는 자는 누구든지 세상을 속량하기 때문이다.

랍비 아바의 아버지 아그라는, 새와 치즈는 자유로이 먹을 수 있다고 가르쳤다. 그는 이것을 가르치고 [자신이 의미하는 바를], 곧 [하나와 다른 하나 사이에] 손을 씻지 않거나 빵으로 입을 깨끗하게 하지 않는 것이라고 설명했다.

라브 메샤르샤의 아들 라브 이삭이 라브 아쉬의 집에 방문했다. 그들이 치즈를 가지고 와서 그가 그것을 먹었다. 그다음에 그들이 그에게 고기를 가져와서 그가

[그 사이에] 자기 손을 씻지 않고 그것을 먹었다. 그들은 그에게 물었다. 랍비 아바의 아버지 아그라가, 새와 치즈는 자유로이 먹되, 고기와 치즈가 아니라 새와 치즈라고 가르치지 않았는가? 그는 이렇게 대답했다. 그것은 밤이지만, 낮에는 [내가 고기를 먹을 때 내 손에 치즈가 남지 않는다]는 것을 눈으로 볼 수 있다.

다음과 같이 가르침을 받았다. **샴마이 학파는, "[빵으로] 입을 깨끗하게 하라!" 라고 말한다. 힐렐 학파는, "[손을] 씻으라!"라고 말한다.** 샴마이 학파는 깨끗하게 하지만 씻지 말라는 것을 의미하고, 힐렐 학파는 씻지만 깨끗하게 하지 말라는 것을 의미한다고 할 수 있는가? 만약 그렇다면 랍비 제이라가, 깨끗하게 하는 것은 오직 빵으로만 한다고 말할 때, 그는 샴마이 학파에 따라 말하고 있음이 틀림없다. 만약 샴마이 학파가 깨끗하게 하지만 씻지 말라는 것을 의미하고, 힐렐 학파는 [깨끗하게 하는 것이 필요하지만 당신은] 또한 씻어야[만 한다]는 것을 의미했다면, 이것은 샴마이 학파가 관대하지만, 힐렐 학파는 엄격한 또 다른 사례가 될 것이다. [그러나 이것은 그렇지 않다]. 그러므로 그 의미는 샴마이 학파가 깨끗하게 하는 것을 말했지만 씻는 것도 충분할 것이며, 힐렐 학파는 씻는 것을 말했지만 깨끗하게 하는 것으로도 충분하다는 것이다. 그들 사이에는 어떤 분쟁도 없으며, 서로 다른 것을 언급했다.

깨끗하게 하는 것은 오직 빵으로만 한다는 랍비 제이라의 언급을 더 자세히 살펴보자. 이것은 밀 [빵]으로만 하고 호밀은 아니며,[31] 밀이라고 하더라도 뜨거운 것은 아니고 차가운 것만 된다. 왜냐하면, 뜨거우면 빵이 [그의 입에서 치즈를] 퍼뜨리기 때문이다. 그렇다면 [빵이] 딱딱하기보다 부드러운 경우이다.

할라카는, 밀가루가 대추야자나 채소를 제외하고 어떤 것도 입을 깨끗이 하는 데 사용될 수 있다는 것이다.[32]

라브 아시는 랍비 요하난에게 물었다. 당신은 고기와 치즈 사이에 얼마나 오래 기다려야 하는가? 그는 어떤 시간도 필요하지 않다고 대답했다. 그럴 리가 없다. 왜냐하면, 라브 히스다는 "만약 당신이 고기를 먹으면 당신은 [그 후에] 치즈를 먹지 말아야 하지만, 만약 당신이 치즈를 먹으면 당신은 고기를 먹을 수 있는가?"라고 말했다. [이 질문은], "당신이 치즈와 고기 사이에 얼마나 오래 기다려야 하는가?"라는 [질문임이 틀림없다.] 이에 대해 그는, 어떤 시간도 필요하지 않다고 대답했다.

만약 당신이 고기를 먹었다면 [그 후에] 치즈를 먹지 말아야 하지만, 만약 치즈를 먹었다면 고기를 먹을 수 있다는, 라브 히스다의 언급을 더 자세히 살펴보자. 라브 아하 바 요세프는 라브 히스다에게 물었다. 당신의 이 사이에 [머무는] 고기는 어떤가? 라브 히스다는 고기가 아직 이 사이에 있어(민 11:33)라는 구절을 그에게 언급했다.

정통 유대인들은 오늘날 고기나 새를 먹은 후에 우유제품을 먹는 것을 삼간다. 그러나 관습은 마르 우크바(Mar Uqba)의 다음 언급에 대한 해석에 따라, 한 시간을 기다리는지 아니면 세 시간이나 여섯 시간을 기다리는지는 다르다.

마르 우크바는 다음과 같이 말했다. 이 문제에서 나는 내 아버지와 비교되는 포도의 아들 식초와 같다. 왜냐하면, 만약 내 아버지가 하루는 고기를 먹었다면 그다음 날까지 치즈를 먹지 않는 반면에, 나는 만약 한 끼에서 고기를 먹었다면 그다음 끼에서 치즈를 먹기 때문이다.

베코로트

BEKHOROT, 첫 태생

베코로트는 모든 것에 관한 것이다! 참으로 그렇다. 베코로트는 짐승이든 사람이든 첫 태생의 법에 분명히 초점을 두지만, 어쨌든 편집자는 흔히 샤스 카탄(Shas qatan), 즉 '간략하게 요약된 탈무드'로 알려진 것을 만들며, 이 법을 거의 모든 할라크 주제에 관련시켰다. 이것은 읽기 어려운 매우 간결한 문제로 되어 있어 번역할 때 확대할 필요가 있다.

다음과 같이 첫 태생에 대한 세 가지 범주, 곧 가축, '부정한' 짐승(나귀가 명시된다), 소년들이 있다.

모든 첫 태생은 다 내 것이며 네 가축의 모든 처음 난 수컷인 소와 양도 다 그러하며 나귀의 첫 새끼는 어린 양으로 대속할 것이요 그렇게 하지 아니하려면 그 목을 꺾을 것이며 네 아들 중 장자는 다 대속할지며 빈손으로 내 얼굴을 보지 말지니라(출 34:19-20).

고대세계에서는 소가 나귀나 낙타를 낳는다고 놀라는 사람이 거의 없을 것이다. 오비디우스(Ovid)와 같은 고대 저자들은 훨씬 더 강렬한 변화를 보고한다. 미쉬나는 변칙적인 새끼의 종을 규정하기 위해 이런 비범함에 관심을 둔다. 이것은 첫 태생의 법에 종속되는가, 그리고 음식으로서의 그 자격은 무엇인가? **정한 것에서 나오는 것은 정하고 부정한 것에서 나오는 것은 부정하다**는 원리는 역시 사회적인 함의를 지닐 수 있다.

우리는 우유를 마시는 게 허용되는지 어떻게 아는가? 법은 어떤 단계에서도 실제로 의심의 여지가 없으며, 오직 성경으로부터 파생된 것이다. 젖과 꿀이 흐르는 땅에서 오는 명백한 증거는 거의 마지막까지 남겨진다. 이것은 루이스 제이콥스(Louis Jacobs)[1]가 '수가의 극적인 구성'이라고 부르는 것의 한 사례이다. 즉, 우리는 그 문제에 대한 해결을 기다리며 계속 궁금해한다. '정한' 짐승의 우유가 허용된다면, 우리는 이런 허용이 비(非)카셰르 짐승의 우유에 확장되지 않는지 어떻게 아는가?

1장

미쉬나:

만약 소가 나귀 종류를 낳거나 나귀가 말 종류를 낳는다면 [새로 태어난 짐승은] 첫 태생 [나귀에 속하는 법]에서 면제된다. 토라는 낳은 것과 태어난 것이 나귀여야만 한다고 [가르치려고] 나귀의 첫 새끼(출 13:13, 34:20)라는 표현을 두 번 사용한다.

[이런 짐승들은] 먹을 수 있는가? 만약 정한 짐승이 부정한 종의 짐승을 낳았다면 [새로 태어난 것을] 먹는 게 허용되지만, 만약 부정한 짐승이 정한 종류의 짐승을 낳았다면 그것은 금지되는데, 왜냐하면 정한 것에 나온 것은 정하고 부정한 것에서 나온 것은 부정하기 때문이다.

게마라:

[이런 짐승들은] 먹을 수 있는가? 미쉬나는 왜 정한 것에 나온 것은 정하고… 라고 말하는가? 그것은 기억을 돕는 것으로, 당신이 혼동해서 [겉모습을] 보고 그것이 정하다고 [결정하지] 않도록 하기 위해서이다. 오히려 당신은 그 어미에 따라 [종을 결정]해야만 한다.

우리는 이것을 어떻게 아는가? 랍비들은 다음과 같이 가르쳤다. 새김질하는 '것과'(것이나, 개역개정)[2] 굽이 갈라진 짐승 중에도 너희가 먹지 못할 것은 이러하니(레 11:4), 즉 새김질하고 굽이 있는 짐승이 있으나 당신은 그 짐승을 먹지 말아야 한다. 어느 것이 그런 짐승인가? 부정한 것의 새끼인 정한 [짐승], 아니면 그것은 정한 것의 새끼인 부정한 것을 가리키는가? 이 경우, 그것은 되새김질하고 굽이 있는 것에서 나오지[만, 그 자체는 되새김질하고 굽이 있는 것이 아닌] 것을 먹지 말라는 의미인가? [아니다. 이것은 옳을 수가 없는데, 왜냐하면] 본문은 낙타는 … 부정하고(레 11:4)라고 말하기 때문이다. 즉, 낙타는 부정하지만 정한 것의 새끼인 부정한 짐승은 부정하지 않고 정하다. 랍비 시므온은, '낙타'라는 단어는 암컷 낙타로 태어난 낙타와 소로 태어난 낙타가 모두 [금지된다는 것을 의미하려고] 두 번 사용된다(레 11:4 ; 신 14:7)고 말했다.

[다른 랍비들은] '낙타'를 반복하여 사용한 것을 어떻게 [해석하는가]? 한 번은 낙타 자체를 [먹는 것을] 금하고, 두 번은 낙타의 우유 [역시] 금하지[만, 소로 태어난 낙타는 허용된다]. 랍비 시므온은 [금지된 짐승의] 우유의 금지를 무엇에 근거하는가? 그는 그것을 '낙타'라는 단어에 앞에 나오는 불변화사 에트(et)[3]에서 도출한다. 그러나 [다른] 랍비들은 에트를 해석하지 않는다.

이것은 다음과 같이 가르침을 받은 대로이다. 에메사(Emesa)의 시므온은 토라에 있는 모든 에트를 해석했다. 그가 네 하나님 '여호와 에트'(여호와를, 개역개정) 경외하며(신 6:13)에 왔을 때, 그는 [이 해석의 방법을] 중지했다. 그의 제자들은 그에게 말했다. 선생이여, 당신이 해석한 이 모든 에트는 어떻게 됩니까? 그는, 내가 해석에 대한 보상을 받듯이, 나는 중지에 대한 보상을 받는다고 대답했다.[4] 그때 랍비 아키바가 와서, 네 하나님 여호와 에트 경외하며는 현인들의 제자들을 포함한다고 가르쳤다.[5]

라바의 아들 라브 아하가 라브 아시에게 말했다. 그래서 랍비들은 [낙타의 우유가 금지된다는 것을] '낙타'가 두 번 나오는 것에서 추론하고, 랍비 시므온은 에트에서 추론하는 것 같다. 이는 만약 이런 해석이 없다면 우리는 부정한 짐승의 우유가 허용된다고 생각했을 수 있다는 것을 [의미한다]. 이것은 왜 다음과 같이 가르침을 받은 것과 다른가? 즉, 부정한 것(the unclean)(레 11:29)에서, [정관사]는 금지된 것에 즙, 고기 육즙, 침전물[6]을 추가하려는 것이며, [그래서 우유도 금지되는가]? [그렇다 해도 한 구절이 우유를 금지하는 데] 필요하다. 왜냐하면, 그 구절이 없으면 나는 다음과 같이 추론할 수도 있기 때문이다. 피가 짙어지고 우유로 변하는 것으로 보아, 우유를 [마시는 것을 허용하는 것은] 정한 동물의 경우에도 이례적인 것이며, 따라서 부정한 짐승의 우유도 허용된다. [이 구절은] 당신에게 [이것이 그렇지 않다는 것을] 알려준다.

만약 피가 짙어지고 우유로 변한다고 주장한다면 괜찮지만, 만약 당신이 "그의 수족이 약해지고 24개월 동안 온전한 건강을 되찾지 못한다"라고 주장한다면,[7] 당신은 무엇이라고 말할 수 있는가? [이 견해에서조차도 한 구절이 부정한 짐승의 우유를 금지하는 데] 필요한데, 왜냐하면 그렇지 않다면 나는 살아있는 짐승에게서 나오는 그 밖의 어떤 것도 허용되지 않는 것으로 보아 우유도 '살아있는 짐승의 수족'과 비슷하다고 생각했을 수도 있기 때문이다. 그리고 [살아있는 짐승에게서 얻은 그 밖의 어떤 것도 금지된다고 해도 그것은 허용되므로, 그것은] 부정한 짐승에게서 나왔을지라도 허용된다고 생각했을 수도 있기 때문이다.

하지만 우리는 정한 짐승의 우유가 허용된다는 것을 어떻게 아는가?

만약 당신이, 토라가 고기와 함께 우유를 금지한다는 [사실]에서, 각각이 허용됨을 [추론할 수 있다고] 말한다면, 나는 [다음과 같은 대안의 해석을 제안]할 수 있다. 즉, 우유 자체는 사용할 수 있지만 마실 수 없으며, 고기와 우유는 심지어 함께 사용할 수도 없다. 고기와 우유를 함께 [먹거나 요리하지는 않더라도] 함께 사용하는 것을 허용하는 랍비 시므온에 따르더라도, [이 구절은] 고기와 우유를 함께 요리하면 태형에 처한다는 것을 [가리키는 것으로 여겨질] 수 있다.

그렇다면 아마도 토라가 거부된 희생제물 짐승과 관련해서 **가축을 잡아**(신 12:15), 즉 **베어내는 것이 아니고**, 고기를, 즉 **우유가 아니라**고 분명히 하는데, 이것은 당신이 성별되지 않은 짐승의 우유를 마실 수 있음을 의미한다는 [사실]에서 [우유가 허용된다고 추론할 수 있다]. [그렇지 않다.] 즉, 나는 성별되지 않은 짐승의 [우유를] 사용할 수 있으나 마실 수는 없지만, 성별된 짐승의 우유는 심지어 사용할 수도 없다고 말할 수 있다.

그렇다면, 염소의 젖은 넉넉하여 너와 네 집의 음식이 되며 네 여종의 먹을 것이 되느니라 (잠 27:27, JPS)라고 기록됐기 때문인가? 아마도 그것은 [단지] 장사를 위해서일 것이다.

또는, 이 치즈 열 덩이를 가져다가 그들의 천부장에게 주고(삼상 17:18)라고 기록됐기 때문인가? 아마도 그것은 [단지] 장사를 위해서일 것이다. [아니다. 명백히] 장사는 전쟁의 방법으로 하지 않는다. [8]

그렇다면 당신은 젖과 꿀이 흐르는 땅(출 3:8)에서 그것을 도출할 수도 있다. 성경은 명백히 적합하지 않은 것을 자랑하지 않을 것이기 때문이다.

또는, 오라 너희는 와서 사 먹되 돈 없이, 값 없이 와서 포도주와 젖을 사라(사 55:1)에서 도출할 수도 있다.

다음으로 약간의 가벼운 휴식이 있다. 다양한 짐승들의 임신 기간을 논의한 후에 – 뱀은 (잘못하여) 하와를 유혹한 징벌로 가장 긴 기간이 할당됐다고 한다 – 랍비 여호수아와 아테네 원로들과의 특별한 이야기로 넘어가는데, 이는 토라를 옹호하는 여호수아의 논쟁 기술과 수수께끼와 민속적인 요소들을 결합하는 후대의 문학 구성이다. [9] 사무엘 에델스(Samuel Edels, 마하샤)와 같은 중세와 후대 변증가들은 그것에 상징적, 신비적, 역사적 암시를 부여하여 읽는다. 더욱 최근에 피터 셰퍼(Peter Schäfer)는 노새 이야기를 동정녀 탄생과 연결시켰고, 마태복음 5장 3절에서의 예수님의 언급에 맛이 고약한 소금에 대한 질문을 연결시켰다. [10] 이런 해석은 명확하지 않다. 내러티브의 전반적인 목적은 토라의 계시된 지혜가 그리스인들의 '인간의' 지혜보다 더 우월함을 강조하는 것이다. 본문은 보존 상태가 좋지 않으며 항상 명료한 것은 아니다.

게마라:

가이사는 랍비 여호수아 벤 하나니아에게 물었다. 뱀의 임신 기간이 얼마나 긴가? 그는 칠 년이라고 대답했다. 하지만 [가이사는,] 아테네의 현인들이 짝을 지어

3년 만에 새끼를 낳게 했다[고 이어갔다]. 그것들은 이미 4년 동안 임신했었다[고 랍비 여호수아는 대답했다].

[가이사:] 하지만 그것들은 교미했다!

[여호수아:] 그것들은 인간들이 하는 대로 [임신했을 때] 교미한다.

[가이사:] 만약 당신이 그렇게 현명하다면 [아테네 현인들을] 물리치고 그들을 내게 데려오라!

[여호수아:] 그들이 얼마나 많은가?

[가이사:] 60명이다.

[여호수아:] 그렇다면 각각 60개의 침상[11]이 있는 60개의 객실을 갖춘 배를 만들어 달라.

[가이사는 배를] 만들었다. [여호수아가 아테네에] 도착했을 때, 그는 도살업자의 집에 가서 짐승의 가죽을 벗기고 있는 한 사람을 발견했다. 그는 "당신의 머리는 얼마인가?"라고 물었다. 다른 이가, 반 주즈라고 대답했다. [여호수아는] 그에게 지불했다. 그 사람은 [그가 말했던 것을 깨달았을] 때, 나는 내 머리를 의미한 게 아니었고 짐승의 머리를 의미했다고 항의했다. 여호수아는, 만약 당신이 내게 아테네 현인들의 입구를 알려준다면, 당신을 놓아주겠다고 말했다.

[도살업자:] 나는 너무 무섭다. 그들은 들어가는 곳을 알려주는 자는 누구든지 죽인다!

[여호수아:] 그렇다면 막대기 한 묶음을 가져가서 당신이 거기를 지나갈 때, 마치 당신이 숨을 쉬고 있는 것처럼 그것을 세워라.

[그리하여 여호수아는] 도착했고, 파수꾼이 안과 밖에 있는 것을 발견했다. 만약 [아테네 현인들이] 한 발이 들어가는 것을 보았다면 그들은 바깥의 파수꾼을 죽일 것이고, 만약 그들이 하나가 나가는 것을 보았다면, 그들은 안의 파수꾼을 죽일 것이다. 그는 그들이 안의 파수꾼을 죽이도록 자기 신발을 바깥쪽으로 향하게 두었고, 그다음에 바깥 파수꾼을 죽이도록 안을 향하여 두었다.[12]

그래서 그들은 모든 [파수꾼을] 죽였고, [여호수아가] 들어갔다. 그는 위로 젊은 자들과 아래로 원로들을 발견했다. 그는 다음과 같이 생각했다. 만약 내가 [젊은 자들]에게 인사하면, 다른 이들은 나를 죽일 것이다. 그들은 자신들이 나이가 더 많고 다른 이들은 [단지] 어린아이들이므로 자신들이 더 중요하다고 믿기 때문이다. 그래서 그는 원로들에게 인사했다.

[원로들:] 당신은 누구인가?

[여호수아:] 나는 유대인들의 현인이다. 나는 당신의 지혜를 배우고 싶다.

[원로들:] 그렇다면 우리는 당신에게 몇 가지 질문을 해야 한다.

[여호수아:] 언제든지 좋다! 만약 당신이 나보다 지혜가 뛰어나다면, 당신은 내게 하고 싶은 것을 할 수 있다. 만약 내가 당신의 지혜보다 뛰어나다면, 당신은 내 배에 타서 나와 함께 식사해야 한다.

[원로들:] 한 사람이 아내를 원했는데, 그들은 그에게 그녀를 주려 하지 않았다. 그는 더 좋은 집안의 아내를 구해야 하는가?

[여호수아는] 나무 대못을 집었다. 그는 그것을 [벽에] 밀어 넣었지만 들어가지 않았다. 그 후에 더 높이 시도하니 그것이 들어갔다. [그는] 이것은 [결혼에서도] 일어나는 일이라고 [말했다]. 더 뛰어난 아내가 그의 운명이다.

[원로들:] 만일 누군가가 돈을 빌려주고 저당 잡힌 재산을 주장함으로써 그 돈을 돌려받았다면, 그는 다시 돈을 빌려줄 것인가?

[여호수아는] 숲에 나가서 첫 나무 묶음을 잘랐지만, 그것을 옮길 수 없었다. 결국, 그것을 나를 수 있는 누군가가 올 때까지 그는 더 자르고 묶음에 더했다. [13)](#)

[원로들:] 우리에게 터무니없이 과장된 이야기를 해 달라!

[여호수아:] 노새가 새끼를 낳았고, 그들은 그의 아버지가 누군가에게 10만 주즈를 빚졌다고 기록된 알림을 노새의 목에 매달았다.

[원로들:] 하지만 노새는 새끼를 낳을 수 없다!

[여호수아:] 그것이 바로 터무니없는 이야기다!

[원로들:] 만약 소금이 상한다면 그들은 무엇으로 소금을 치겠는가?

[여호수아:] 노새의 태반으로.

[원로들:] 노새가 태반을 가졌는가?

[여호수아:] 소금이 상하는가?

[원로들:] 우리에게 공중에 집을 지어 달라!

[여호수아는] 하나님의 이름을 말하고 자신을 땅과 하늘 사이에 매달았다. 그리고 그가 요구했다. 내게 벽돌과 회반죽을 전해 달라!

[원로들:] 세상의 중심은 어디인가?

[여호수아:] 여기이다!

[원로들:] 당신은 어떻게 아는가?

[여호수아:] 줄을 가져와서 측정하라!

[원로들:] 밖에 우물이 있다. 그것을 마을로 가져오라!

[여호수아:] 내게 왕겨로 줄을 만들어 달라. 그러면 내가 우물을 가져오겠다!

[원로들:] 우리에게 깨진 맷돌이 있다. 우리를 위해 꿰매어 달라!

[여호수아:] 그 맷돌에서 내게 실을 뽑아 달라. 그러면 내가 함께 맷돌을 꿰매겠다.

[원로들:] 당신은 칼 농장을 어떻게 수확하겠는가?

[여호수아:] 나귀의 뿔로!

[원로들:] 나귀가 뿔을 가졌는가?

[여호수아:] 칼 농장이 있는가?

그들은 그에게 달걀 두 개를 가져왔다. 어느 것이 하얀 닭에서 나왔고 어느 것이 색깔 있는 닭에서 나왔는가?

그는 그들에게 두 개의 치즈를 가져왔다. 어느 것이 검은 염소에게서 나왔고, 어느 것이 하얀 염소에게서 나왔는가?

[원로들:] 만약 달걀 안의 병아리가 죽으면 그 영혼은 어느 방향으로 나가는가?

[여호수아:] 그 영혼이 들어온 방향으로 나간다!

[원로들:] 우리에게 그것이 입힌 손해보다 덜한 가치가 있는 것을 보여 달라.

그는 돗자리를 가져와서 그것을 펼쳤으며, 그것은 문을 통과하지 못했다.

[그들은 패배를 인정했다.] 그는 그들을 한 명씩 배에 태웠고, 각 사람이 [자신의 객실에서] 60개의 침상을 보았을 때, 다른 이들이 거기서 그와 함께 합류할 것으로 생각했다.

[여호수아는] 선장에게 출발하라고 요구했으며, 그 사이에 그들 이웃에게서 흙

을 모았다. 그가 삼키는 물의 장소에 도착했을 때, 그는 그 물로 단지를 채웠다.

그들이 도착했을 때, 그는 그들을 가이사에게 보였다. [가이사가] 말했다. 이들이 그 현인들일 리가 없다. 그들은 너무 비참해 보인다! [여호수아는] 흙을 가져와서 그것을 그들 앞에 던졌다. 그들은 [밝아졌고14)] 자신에 차서 왕에게 말했다. [가이사는 여호수아에게] 말했다. 당신이 좋을 대로 그들에게 행하라! [여호수아는] 삼키는 물을 가져와 욕조에 두었다. 욕조를 채우라! 그가 말했다. 그들 모두는 가서 물을 길어 욕조에 쏟아부었지만 채워지지 않았고, 그리하여 그들의 어깨가 탈구되고 죽을 지경이 될 때까지 그들은 계속 쏟아부었다.

만약 첫 태생 짐승이 흠이 있는 것으로 밝혀지면, 그 짐승은 첫 태생의 지위를 상실하고 도살되어 그 주인에게 먹힌다. 그 짐승이 도살되기 전에 한 전문가에게 그
6a *흠이 비(非)신성화를 정당화할 정도로 심각한지를 확인하는 것이 요구된다. 짐승이 자격이 없는 사람의 조언으로 도살된다면 어떤 일이 일어날지에 대한 고려는, 재판의 실수에 대한 화제로 이어진다(또한 산헤드린 6a ; 549쪽을 보라).*

4장

미쉬나:

28a 만일 누군가가 [처음] 첫 태생의 짐승을 도살하고, 그 후에 그 흠을 [그것을 확인하는 전문가에게] 보여준다면, 랍비 유다는 그것이 허용된다고 말한다. 랍비 메이르는, 만약 그것이 [이전에] 전문가의 승인이 없이 도살됐다면 그것은 금지된다고 말한다.

만약 전문가가 아닌 누군가가 첫 태생을 보고, 그의 선언[에 근거하여] 그 짐승이 도살된다면, 그것은 땅에 묻어야만 하고, 그는 자신의 돈으로 보상해야만 한다.

게마라:

라바 바 바 하나는 다음과 같이 말했다. 만약 [그 짐승에게] 눈 위로 막이 [있고 주인이 그것을 전문가에게 보여주기 전에 도살했다]면, 그 막이 변할 수 있으므로 그것은 금지된다는 데 논쟁 없이 모두 동의한다.[15] 의견이 일치하지 않은 것은 몸의 흠에 관한 것이다. 랍비 메이르는 우리가 눈 위에 있는 막[에 대해 실수할 가능성] 때문에 몸의 흠의 경우에 그 법을 지지한다고 주장한다. 랍비 유다는, 눈 위에 있는 막[에 대해 실수할 가능성] 때문에 몸의 흠의 경우에 그 법을 지지하지 않는다고 주장한다.

한 바라이타가 다음과 같이 비슷한 점을 지적한다. 만일 누군가가 [처음] 짐승을 도살하고 그 후에 [전문가에게] 흠을 보여준다면, 랍비 유다는 다음과 같이 말한다. 만약 그것이 눈 위에 있는 막이었다면 그것은 변할 수 있으므로 금지되지만, 만약 그것이 몸의 흠이었다면 변하지 않을 것이므로 허용된다. 랍비 메이르는 우리는 변할 수 있다는 것 때문에 금지하므로, 두 경우 모두 금지된다고 말했다. 변할 수 있는 어떤 것 때문인가? 명백히 몸의 흠은 변하기 쉽지 않다! [그는, 우리가 변하기 쉽지 않은 것을] 변하기 쉬운 것 때문에 [금지한다고 의미한다].

라브 나흐만 바 이삭은 다음과 같이 주장했다. 미쉬나 자체는 이 점에 대해 정확한데, 미쉬나는 그것이 전문가의 승인 없이 도살됐으므로 금지된다고 진술하기 때문이다. 이것은 랍비 메이르가 [엄격한 법적인 근거보다는] 처벌로서 그것을 금지했다는 것을 보여준다.

28b

미쉬나:

만약 그가 판결을 내려 죄가 있는 자를 죄가 없다고 선언하고 죄가 없는 자를 죄가 있다고 선언하거나, 정결한 것을 정결하지 않다고 하고 정결하지 않은 것을 정결하다고 선언했다면, 그가 행한 것은 그대로이지만 자신의 돈으로 보상해야 한다. 만약 그가 [전문적인 재판관으로서] 법정에서 승인받았다면, 그는 보상을 [지불하는 것에서] 면제된다.

게마라:

이 익명의 미쉬나는 인과관계의 원리를 주장하는 랍비 메이르의 견해인가?[16] 랍비 일라는 라브의 이름으로 다음과 같이 말했다. 이것은 [재판관이 잘못된 사람에게 돈을 받아 그것을 다른 이에게 줌으로써] 개인적으로 거래에 연루된 경우이다. 만약 그가 죄가 없는 자를 죄가 있다고 선언했다면 그것은 괜찮다. 즉, 그는 그에게서 돈을 받아서 그것을 다른 이에게 전했을 수 있다. 하지만 만약 그가 죄가 있는 자를 죄가 없다고 선언했다면 어떻게 되는가? 그가 무엇을 행했는가? 만약 그가 단순히 당신은 아무것도 빚진 것이 없다고 말했다면, 그는 그 거래에 직접 연루된 것이 아니다. 라비나는 [채권자가] 담보를 보관하고 있었고 [재판관은] 그것을 그에게서 받았을 수 있다고 대답했다.

[만약 그가] 정결한 것을 정결하지 않다고 하고 정결하지 않은 것을 정결하다고 [선언했다면]. [그는 부정한] 기어 다니는 것들을 건드림으로써 정결한 것을 [능동적으로] 더럽[혔을 수도 있다]. 또한, 그는 그것을 항소인의 정결한 [음식]과 섞어서 [직접적으로 그에게 손실을 입힘으로써] 정결하지 않은 것을 '정결하게' 했을 수도 있다.

미쉬나:

어떤 소가 이전에 자궁이 제거됐는데, 랍비 타르폰은 [자궁절제술로 소가 죽을 부상을 입었으므로 옳게 도살됐더라도 테레파가 될 것이라는 점에 근거하여] 그것을 개에게 먹였다. 이 사건이 야브네에 있는 현인들에게 회부됐을 때, 그들은 그것이 카셰르라고 말했다. 왜냐하면, 로마 의사 테우도스(Theudos)가 알렉산드리아를 떠나는 모든 소나 암퇘지는 출산하지 못하도록 자궁을 제거하라고 선언했기 때문이다.[17] "거기 당신의 소가 간다, 타르폰!"이라고 랍비 타르폰이 외쳤다.[18] 랍비 아키바가 말했다. 타르폰이여! 당신은 전문적인 재판관이며, 전문적인 재판관은 보상에서 면제된다.

게마라:

명백히 그는 미쉬나에 진술된 문제에서 실수했으며, 만약 재판관이 미쉬나에 진술된 문제에서 실수했다면, 그 재판은 파기된다! 두 가지 이유가 적용된다. 첫째, 만약 재판관이 미쉬나에 진술된 문제에서 실수했다면, 그 재판은 파기된다. 또한, 만약 그 실수가 의견을 가늠하는 문제였다면 전문적인 재판관은 보상에서 면제된다.

미쉬나:

만약 [재판관이] 첫 태생 짐승을 검사하는 데 돈을 받는다면, 그가 야브네의 일라와 같은 전문가가 아니라면 그의 선언으로 그 짐승들은 도살될 수 없을 것이다. 일라는 현인들이 흠이 있든 온전하든 작은 짐승을 [검사하는 데] 네 앗사리온을 받고, 큰 짐승을 검사하는 데 여섯 앗사리온을 받도록 허용했기 때문이다.

게마라:

작은 짐승을 [검사하는 데] 네 앗사리온과 큰 짐승을 검사하는 데 여섯 앗사리온. 왜 그런가? 하나는 많은 일이 필요하고 다른 것은 그렇지 않기 때문이다.

흠이 있든 온전하든. 그 짐승이 만약 흠이 있다면, [그 짐승을 도살하여 먹도록] 허용했겠지만, 만약 그 짐승이 온전하다면 [그는 무엇으로 보상을 요구할 수 있는가]? 그것은, 그가 흠이 있다고 선언했던 [그 짐승이] 실제로는 온전했고, 그가 지불받으려고 흠이 있다고 선언했을 뿐이라고 사람들이 말하지 않도록, 의심을 피하기 위해서였다. 만약 그렇다면, 그가 온전하다고 선언한 경우에도 명백히 동일한 것이 적용될 것이다. 즉, 사람들은 그가 온전하다고 선언했던 [그 짐승이] 실제로는 흠이 있었고, 그가 다른 때 돌아와서 다시 지불받도록 그것이 온전하다고 선언했을 뿐이라고 말할 수도 있다! [그러므로] 랍비들은 그가 반복해서 지불받지 못하고 한 번만 받아야 한다고 판결했다.

미쉬나:

만일 누군가가 재판하는 데 돈을 받는다면 그의 재판은 무효가 된다. [만약 그가] 증언하는 데 [돈을 받는다면] 그의 증언은 무효가 된다. [붉은 암송아지 재를] 거룩하게 하기 위해, 그의 물은 동굴 물이며 그의 재는 구운 것의 재다.[19] 만약 [재판의 대상이] 코헨이었고, [그 재판관이] [그가] 테루마를 [먹을 수 없으며, 따라서 더 비싼 음식을 구입해야 한다고 하려고] 그를 부정하다고 선언했다면, [그 재판관은] 그에게 음식과 음료와 연고를 제공[해야만] 한다. 만약 [재판의 대상이] 노인이었다면, 그는 그에게 탈 나귀를 제공하고 그에게 일의 [손실]을 보상해야만 한다.

게마라:

우리는 어떻게 이것을 아는가? 라브 예후다는 라브의 이름으로, 성경이 [내가 나의 하나님 여호와께서 명령하신 대로 규례와 법도를] 너희에게 가르쳤나니(신 4:5)라고 말한다고 했다. 즉, 내가 공짜로 [가르친] 대로, 너희는 공짜로 [가르쳐야] 한다! 한 바라이타는 다음과 같이 동일한 점을 지적했다. 나의 하나님 여호와께서 명령하신 대로. 즉, 내가 공짜로 [배운] 대로 너희는 공짜로 [배워야] 한다! 그리고 만약 당신이 공짜로 배울 수 없다면, 당신이 배우기 위해 지불해야 한다는 것을 우리는 어떻게 아는가? 성경은 진리를 사되 팔지는 말며(잠 23:23)라고 말한다. 즉 당신은, 내가 배우기 위해 돈을 냈듯이 나는 가르치기 위해 돈을 받는다고 말하지 않아야 한다. 성경은 진리를 사되 팔지는 말며라고 말했기 때문이다.

첫 태생의 아들은 다섯 세겔로 코헨에서 속량되어야 한다. 그 아들은 또한 두 배의 몫을 상속받는다. 하지만 첫 태생의 정의는 다음과 같이 다르다. 속량에 대해서 그는 "어머니의 태를 연(태에서 처음 난, 개역개정)"(출 13:15) 자이며, 상속에 대해서, 그는 "자기(아버지)의 기력의 시작"(신 21:17)이다.

8장

미쉬나:

코헨에 대해서는 첫 태생이 아닌데 유산에 대해서는 첫 태생인 자가 있다. 유산에 대해서는 첫 태생이 아닌데 코헨에 대해서는 첫 태생인 자가 있다. 유산과 코헨에 대해서 첫 태생이 아닌 자와, 유산과 코헨에 대해서 첫 태생인 자가 있다.

누가 유산에 대해서는 첫 태생이지만 코헨에 대해서는 첫 태생이 아닌가? 사산아로 태어난 자다. [즉, 비록] 사산아의 머리가 산 채로 나온 경우라도 이에 해당하며, 온전한 기간을 채운 아기의 머리가 죽은 채로 나온 경우도 해당한다. 랍비 메이르에 따르면, [어머니가] 이전에 가축이나 야생 짐승이나 새와 닮은 것을 유산했더라도 이에 해당하지만, 현인들의 견해에서는 [어머니가] 사람의 형태로 된 것을 [유산했을] 경우만 해당한다.

만약 어머니가 신발[모양의 대상]이나 태반, 형성된 태아, 떨어진 몸의 일부를 유산했었다면, 후에 태어난 어떤 아기도 유산에 대해서는 첫 태생이지만 코헨에 대해서는 아니다.

만약 자녀가 없는 누군가가 이미 자녀를 가진 여자나 자유롭게 된 여자 노예나, [임신한 동안에] 개종하고 유대인이 된 후 출산한 비유대인 여자와 결혼했다면, [그 직후에 그녀에게 태어난 어떤 아들이라도] 유산에 대해서는 첫 태생이지만 코헨에 대해서는 아니다. 갈릴리 사람 랍비 요세는, 그는 유산에 대해서도 코헨에 대해서도 첫 태생인데, 성경은 태에서 처음 난 모든 것(출 13:2)이라고 말하기 때문이라고 한다. 즉, 그는 [자기 어머니가] 이스라엘 사람이 [된] 후에 [그녀의] 태를 열었다.

이미 자녀가 있는 남자가, 출산한 적은 없지만 [유대인이 아닌 상태에서] 개종했거나, [노예였던 상태에서] 자유롭게 되어 이미 임신한 여자와 결혼했을 경우, 또는 [이스라엘 여자]와 코헨의 아내나 레위인의 아내나 이전에 출산한 여자가, 두 여자 모두 출산했고 아기들이 섞였다면, 그리고 이와 비슷하게, 만약 재혼하기 전에 남편이 죽은 지 3개월을 기다리지 않아서, 그녀가 출산할 때 첫 남편에게서 낳은 9개월의 아기인지 둘째 남편에게서 낳은 7개월의 아기인지 확신할 수 없는 경우, [이 모든 아들은] 코헨에 대해서는 첫 태생이지만 유산에 대해서는 아니다.[20]

히포크라테스가 승인했으며 여전히 세계의 많은 지역에 널리 퍼진 신념이 있는데, 일곱 달과 아홉 달 만에 태어난 아기들은 생존할 수 있지만, '여덟 달 된 아기들'은 생존할 수 없다는 것이다. 게마라는 후자가 생명의 징후를 보인다고 해도 사산아로 다뤄야 한다고 판결한다. 만약 여덟 달 후에 태어난 아기가 생존했다면, 늦춰진 일곱 달 아기이거나 너무 이른 아홉 달 아기였다고 주장했다. 만약 일곱 달 아기나 아홉 달 아기가 죽었다면, 그것은 이르거나 늦춰진 '여덟 달 된 아기'였다고 생각했을 것이다. 예를 들어, 쉬무엘이 사산에 대해 말할 때, 그는 반드시 죽은 채 태어난 아기만이 아니라, 그 순간에는 살아있는 것처럼 보일 수 있지만 실제로는 생존하지 않을 것 같은 '여덟 달 된 아기'를 염두에 둔다. 21)

이어지는 단락은 생명의 시작뿐만 아니라 생명의 끝에 대한 윤리적인 딜레마의 함의를 전달한다. 예를 들어, 만약 생명의 시작이 콧구멍에 있는 '생명의 영혼', 즉 숨으로 규정된다면, 숨이 중단된다는 것은 생명의 끝을 의미하는가, 아니면 맥박이나 뇌 활동과 같은 다른 범주를 고려해야만 하는가?22)

게마라:

쉬무엘은, 사산아의 머리가 [나중 출생을 첫 태생의 지위에서] 면제하기에는 충분하지 않다고 말했다. 왜 그런가? 그 코에 생명의 '영혼'(기운, 개역개정)의 숨이 있는 것은 다(창 7:22)라고 했다. 즉, 만약 그것이 코에 '생명의 영혼'이 있다면, 그것은 [나중 출생을 첫 태생의 지위에서 면제시키며,] 그렇지 않다면 면제시키지 않는다.

미쉬나는 그 머리가 산 채로 나온 사산아에 이어 나오는 아기 또는 그의 머리가 죽은 채로 나온 아홉 달 된 아기에 [이어 나오는] 아기에 대해 말했다. 즉, 미쉬나는 [쉬무엘의 주장과는 대조적으로 문제가 되는 것으로서의] 머리에 대해 말한다. 미쉬나가 '머리'를 말할 때, 그것은 '머리와 몸의 대부분'을 의미한다. 그렇다면 왜 미쉬나는 '그리고 몸의 대부분'이라고 말하지 않는가? 실제로 미쉬나는 그렇게 해야만 한다. 그러나 미쉬나는 또한 아홉 달 된 아기가 그 머리가 죽은 채로 나온 사례를 다뤄야만 하므로, – 거기서의 핵심은 머리가 죽었다는 것이고 머리가 살아있었다면 이어 나오는 어떤 아들도 유산에 대해 첫 태생으로 간주할 수 없었을 것이기 때문에 – 미쉬나는 단순히 첫 사례에서도 '머리'를 말한다. 그리고 미쉬나는 우리에게 무엇을 말하고 있는가? 일단 머리가 나왔다면 그 아기는 태어난 것으로 [간주한다는 것을 우리에게] 말하고 있다.

한 미쉬나는 실제로 [짐승들과 관련하여] 다음과 같이 진술한다. **일단 머리가**

나온다면, 그 후에 다시 들어간다 해도 태어난 것으로 간주된다. 23) 아마도 그 미쉬나는 우리에게 짐승에 대해 말하지만, 우리 미쉬나는 인간에 대해 말한다. 짐승은 전정(前庭)이 없으므로, 24) 당신은 인간[에 속한 법]을 짐승[에 속한 법]에서 추론할 수 없으며, 인간에게는 얼굴이 중요하므로 짐승의 법을 인간의 법에서 추론할 수 없다.

하지만 또 다른 미쉬나는 인간에 대해 다음과 같이 말한다. **만약 정상으로 태어나고 그 후에 한 번 머리 대부분이 나왔다면, [그것은 태어난 것으로 간주된다].** '머리 대부분'은 무엇을 의미하는가? [그것은] 앞머리가 나왔을 때를 [의미한다]. 25) 그러므로 [머리가 나오는 것으로 출생을 확정하기에 충분하지 않다는] 쉬무엘의 의견은 거부되어야만 한다.

랍비 시므온 벤 라키쉬는 다음과 같이 말했다. 앞머리가 [나오면] 유산에 대해서는 제외하고 항상 나중의 출생을 첫 태생의 지위에서 면제시킨다. 왜 [예외가] 있는가? 왜냐하면, 토라는 야키르(yakir), "그가 인정할 것이다"26)라는 표현을 사용하기 때문이다(신 21:17). 하지만 랍비 요하난은, 앞머리가 [나오면] 유산에 대해서조차도 면제시킨다고 말했다.

[시므온 벤 라키쉬가 사용한] '항상'이라는 [용어는] 무엇을 포함하는가? 이것은 랍비들이 다음과 같이 가르친 [사례를] 포함한다. **여자 개종자가 비유대인이었을 때 아기의 머리가 나왔지만 그 후에 개종을 마쳤다면, 그 여자는 정결과 부정결의 날의 영향을 받지 않으며, 출생의 희생제물을 바칠 의무도 없다.**

그들은, '야키르'가 얼굴을 인정한다는 것을 의미한다는 [시므온 벤 라키쉬의 입장에] 반대했다. '얼굴을 인정'한다는 것은 무엇인가? 얼굴이 나타난다는 것은 코를 포함한다는 것이다. '코와 함께'라는 말을 [시므온 벤 라키쉬의 진술에] 추가하라.

한 증거는 다음과 같다. 증언27)은 코를 포함하는 얼굴에 근거해서만 주어질 수 있다. '코까지'라는 말을 [시므온 벤 라키쉬의 진술에] 추가하라.

한 증거는 다음과 같다. 증언은 얼굴이 없는 앞머리나 앞머리가 없는 얼굴에 근거해서 주어질 수 없다. 즉, 둘 다 코와 함께 있어야만 한다.

어떤 이는 라브 카하나라고도 하는데, 아바예는 이렇게 설명했다. 이에 대한 구절은 그들의 안색이 불리하게 증거하며²⁸⁾(사 3:9)이다.

[그 증거는 실패했는데, 왜냐하면] 랍비들은 여자들이 [재혼하는 것을 확인하는 것에] 특히 엄격했기 때문이다.

그들은 그렇게 엄격했는가? 한 바라이타는 다음과 같이 말하지 않는가? **한 증인이 또 다른 이를 보고하거나, 한 여자가 한 여자를 보고하거나, 한 여자가 한 남자 노예나 여자 노예를 보고하는 것에 [근거하여,] 결혼을 승인하는 것이 관습으로 인정됐다.**²⁹⁾ 그들은 결국은 관대했지만, 처음에 [남편의 시체를 확인할 때는] 엄격했다. 다른 대안은, "그는 인정할 것이다"와 얼굴 인식을 [확인하는 것]은 별개의 문제라는 것이다.

아라킨

ARAKHIN, 값 정하기

일반적인 서원에 대해서는 네다림(*Nedarim*)과 샤부오트(*Shavuot*)를 보라. 레위기 27장은 한 사람의 값을 성전에 드리는 서원을 한 누구에게든지 확정된 '평가'의 단계를 다음과 같이 제시한다.

이스라엘 자손에게 말하여 이르라 만일 어떤 사람이 '생명'(사람, 개역개정)의 값을 여호와께 드리기로 분명히 서원하였으면 너는 그 값을 정할지니 네가 정한 값은 스무 살로부터 예순 살까지는 남자면 성소의 세겔로 은 오십 세겔로 하고(레 27:2-3).

게마라는 생명이 육체적 능력이나 정신적 능력에 상관없이 동등하게 평가돼야 한다는 것을 의미한다.

1장

미쉬나:

레위인과 이스라엘 사람과 여자와 노예 모두 값의 서원을 하거나 값의 서원의 대상이 될 수 있으며, 서원하거나 서원의 대상이 될 수도 있다.

불확정적인 성과 자웅동체의 사람들은 서원하거나 서원의 대상이 될 수 있고, 값의 서원을 할 수도 있지만, 값의 서원의 대상이 될 수는 없다. 명확한 남자와 여자만이 값의 서원의 대상이 될 수 있기 때문이다.

농아, 지적 장애자, 미성년자는 서원의 대상이나 값의 서원의 대상이 될 수 있지만, 서원하거나 값의 서원은 할 수 없다. 그들은 [법적으로] 건전한 정신을 소유했다고 [여겨지지] 않기 때문이다.

게마라:

모두 값의 서원을 할 수 있다. 명시되지 않은 '모두'는 무엇을 포함하는가? 그것은 거의 성인인 사람을 포함하며, [그의 서원이 누구를 향한 것인지 그가 이해하는가의 여부를] 시험할 때 [확인된] 자를 포함한다.

값의 서원의 대상이 될 수 있다. 여기서 ['모두'는] 추한 자나 부스럼으로 덮인 자를 포함한다. 당신은, 토라가 값을 [드리기로 한] 서원을 말하므로, 오직 [노예시장에서] 구매 가격이 있는 자만이 값의 서원의 대상이 될 수 있다고 생각했을 수도 있다. 생명의 값은 우리에게 모든 생명이 [그들의 나이와 성의 범주 내에서 동등하게 값이 결정된다]는 것을 가르친다.

레위기 25장 29-34절의 특별 조항은 '성곽도시'에 있는 재산 판매와 관련하여 발전됐다. 만약 누군가가 자격을 갖춘 성읍에 집을 구매한다면, 그 원래의 주인은 12개월 이내에 그것을 '속량'할 권리, 즉 다시 살 권리가 있다. 이로 말미암아 권리를 남용하게 되는데, 즉 구매자는 시간제한이 지날 때까지 주인의 길을 피했다. 힐렐의 구제책은 로마의 법정에서의 공탁(depositio in aede)과 정확하게 대응하는 것으로서, 그 법 아래에서 자신의 빚을 갚기 원하지만 채권자가 자신을 피하여 그렇게 할 수 없는 채무자는, 총액을 법정에 공탁하여 채권자에게 선수를 쓸 수 있다.

9장

미쉬나:

처음에, [구매자는] 자신의 구매가 항구적으로 되도록 12개월이 지난 그날에 숨을 것이다. 원로 힐렐은 [원주인이] 자기 돈을 보고에 두며, [그 집의] 문을 부수고 들어갈 수 있다고 규정했다. 그렇다면 [구매자는] 자신이 원할 때는 언제든지 돈을 수금할 것이다.

게마라:

라바는, 힐렐의 규정에서 다음과 같은 결론이 나온다고 말했다. 즉, [한 남자가 자신의 아내에게], 당신이 내게 200주즈를 주는 조건에서 당신의 게트(get)라고 [말한] 경우, 만약 그녀가 그의 동의로 그에게 주었다면 그녀는 이혼하지만, 만약 그의 의지에 반하여 주었다면 그녀는 이혼하지 못한다. 힐렐이 강제 지불을 제정할 필요가 있다는 것을 알았으므로, 강제 지불이 보통은 유효하지 않다는 결론이 나온다.

어떤 이는 라브 아쉬라고도 하는데, 라브 파파는 다음과 같이 반대했다. 아마도 힐렐은 [채권자가] 없는 상황에 대한 규정을 선포할 필요가 있었을 것이다. 하지만 그가 그 자리에 있었다면 지불을 자발적으로 [받든지] [그 주인의] 의지에 반하여 받든지 차이가 없을 것이다.

문헌적 증거와 고고학적 증거 모두 열거된 마을들이 제2성전기 말에 유대에 속해 있었다는 것을 가리킨다. 데이비드 아단-베이어위츠(David Adan-Bayewitz)에 따르면, '성곽도시' 이오타파타(Iotapata)는 주전 4세기 말이나 3세기에 처음 거주민이 있었다. 고전학과 다른 증거들은 주전 2세기에 유대인들이 거주했다는 것을 가리킨다. 감라(Gamla)의 역사는 금석(金石) 병용 시대로까지 거슬러 확대한다. 감라는 알렉산더 야나이가 포위했고 주전 80년경 유대인들이 정착했다. 아단-베이어위츠는 토세프타에 확대된 목록이 그 비슷한 시기에 형성됐던 미쉬나보다 앞선다고 주장한다.

미쉬나:

밭을 제외하고 성곽 안에 있는 것은 무엇이든지 '성곽도시 안에 있는 집'으로 간주한다. 랍비 메이르는, 심지어 밭도 포함된다고 말한다. 랍비 유다는, 만약 집이 성곽 위에 지어진다면, 성곽도시 안에 있는 집으로 간주하지 않는다고 말한다. 랍비 시므온은 간주한다고 말한다.

미쉬나:

성의 지붕이 벽으로 둘러싸였거나, 눈의 아들 여호수아 시절에 성곽으로 둘러싸이지 않았던 성은 '성곽도시'로 간주하지 않는다. 다음이 성곽도시를 구성하는 것이다. [최소한] 두 집의 세 뜰이 [각각] 눈의 아들 여호수아 시절에 성곽으로 둘러싸였다. 예들은 다음과 같다. 셉포리스의 옛 요새(카스트라[castra]), 기스칼라(Gischala)의 요새(akra), 구 이호타파타, 감라, 가다라(Gadara),[1] 하디드(Ḥadid), 오노(Ono), 예루살렘 등 이와 같은 것들.[2]

게마라:

랍비들은 다음과 같이 가르쳤다. 주변에 연속된 지붕뿐만 아니라, 성곽이 있어야 한다. 이것은 티베리아스를 제외하는데, 그 '성곽'은 호수이기 때문이다. 랍비 엘리에셀은, 성벽이 둘리지(레 25:31)라고 하는데, 원래 성곽이 있었다면 이제는 하나도 없더라도 해당된다고 말했다.[3]

다음과 같이 가르침을 받았다. 즉, 갈릴리에 있는 감라, 트랜스요르단에 있는 가다라, 유대에 있는 하디드와 오노와 예루살렘. 이것은 우리에게 무엇을 말해주는가? 아바예는, 이것이 갈릴리에 있는 감라까지, 트랜스요르단에 있는 가다라까지, 유대에 있는 하디드와 오노와 예루살렘까지를 의미한다고 말했다. 라바는 다음과 같이 말했다. 갈릴리에 있는 감라는 다른 영토의 감라를 제외하고, 트랜스요르단에 있는 가다라는 다른 영토의 가다라를 제외하며, 다른 마을들은 전혀 이런 이름들을 공유하지 않으므로 나머지는 언급할 필요가 없었을 것이다.

테무라

TEMURA, 대체물

모든 소나 양의 십일조는 목자의 지팡이 아래로 통과하는 것의 열 번째의 것마다 여호와의 성물이 되리라 그 우열을 가리거나 바꾸거나 하지 말라 바꾸면 (그것과 그 대체물) 둘 다 거룩하리니 무르지 못하리라(레 27:32-33, JPS).

랍비들은 대체의 원리를 일반적인 거룩한 짐승들에게 적용한다.

다음의 미쉬나는 탈무드에서 여러 번 인용된다. 이 미쉬나의 토대를 이루는 주제는 특별한 지위가 이전될 수 있는 범위다. 마지막 사례는 미쉬나를 이 소책자의 주제, 즉 "테무라(대체물)의 지위는 한 짐승에서 다른 짐승으로 옮겨질 수 있는가?"와 관련시킨다.

1장

미쉬나:

[테루마의 혼합물에 의해] 오염된 [성별되지 않은 음식은] 비례하여 오염시킨다. [누룩이 없는 유월절 음식에 떨어진] 누룩이 있는 음식은 비례하여 누룩을 퍼

뜨린다. 길어낸 물은 비례하여 미크베(miqvé)를 무효로 한다. 정결의 물은 재가 더해질 때만 정결의 물이 된다. 정결하지 않은 근원이 존재할 수 있는 밭[1]은 [의심스러운 오명의 지위를] 함께 쟁기질하는 다른 밭에 옮기지 않는다. 테루마의 결과로 테루마가 나오지 않는다.[2] 대체물은 대체물을 만들지 못하며, [거룩한 짐승의] 새끼는 대체물이 되지 못한다.[3] 랍비 여호수아는, 새끼는 대체물이 된다고 말했다. 그러나 그들은 그에게, [자체로] 거룩한 것은 대체물이 되지만 그 새끼는 그렇지 못하다고 대답했다.

게마라:

[테루마의 혼합물에 의해] 섞인 [성별되지 않은 음식은] 비례하여 섞인다. 누가 이것을 가르쳤는가? 랍비 히야 바 아바는 랍비 요하난의 이름으로 다음과 같이 말했다. 이것은 랍비 엘리에셀의 견해가 아닌데, 왜냐하면 한 미쉬나는, 한 세아의 테루마가 [그 혼합물을] 오염시키면서 백 세아 이하의 [성별되지 않은 음식]에 떨어졌고, 그 혼합물의 일부가 다른 [음식]에 떨어진 경우라고 진술하기 때문이다. 랍비 엘리에셀은, [그 혼합물은] 마치 [모두가] 온전히 테루마였던 것처럼 오염된다고 말하지만, 현인들은, [그것이 포함하는 테루마의 양에] 비례해서만 오염된다고 말한다.[4]

대체물은 대체물을 만들지 못한다 등등. 왜 그렇지 [못한가]? 성경은 바꾸면 … 거룩하리니라고 말하는데, 이는 그것의 대체물이며, 대체물의 대체물이 아니다.

[거룩한 짐승의] 새끼는 대체물이 되지 못한다. 성경은 그것의 새끼가 아니라 그것이라고 말한다.

랍비 유다는, 새끼는 대체물이 된다고 말했다. 성경은 …하리니라고 말하는데, 이는 새끼를 포함한다. 현인들은 그것은 의도적인 대체물뿐만 아니라 우연적인 대체물도 포함한다고 말한다.

케리토트

KERITOT, 제외된 것들

출애굽기와 레위기에서는 여러 번, 악인은 '자기 백성에게서 *끊어질*' 것이라고 선언한다. 카레트(karet)는 원래 이스라엘의 진영이나 공동체에서 제외됨을 의미했을 것이다. 랍비들은 이것을, 아마도 이른 죽음과 관계되거나 내세에서의 결과를 내포하지만 어떤 인간 법정에 의해서도 부과되지 않는, 하나님의 징벌로 해석한다.

카레트는 랍비의 금지나 헤렘(ḥerem)과 혼동해서는 안 되는데, 이런 것에 의해서 범죄자는 정상적인 사회적 교제에서 삼십 일간 배제됐고, 만약 그가 법정의 요구에 순종하지 못했다면 그것은 갱신될 수 있었다.

1장

미쉬나:

토라에는 다음과 같이 36가지의 카레트가 있다. 자기 어머니나 자기 아버지의 아내나 자기 며느리나 다른 남자나 짐승과 성관계를 한 남자, 짐승과 성관계를 한 여자, 여자와 그녀의 딸이나 결혼한 여자나 자기 누이나 자기 아버지의 누이나 자기 어머니의 누이나 자기 아내의 누이나 자기 형제의 아내나 자기 아버지의 형제의 아내(, 자기 어머니의 형제의 아내)나[1] 월경 중인 여자와 성관계를 한 남자, 신성 모독자, 우상을 섬긴 자, '자기 후손을 몰렉에게[2] 준 자', 주술자, 안식일을 더럽힌 자, 신성한 음식을 먹은 부정한 자, 부정한 상태로 성소에 들어간 자, 먹을 시기가 지났거나 부정확한 지정으로 부적합하게 된 금지된 기름과 피와 희생제물을 먹은 자, [성전] 밖에서 [희생제물을] 도살하거나 바친 자, 페사흐에 하메츠를 먹은 자, 속죄일에 먹거나 일한 자, [거룩한 기름이나 향을 위한 공식에 따른] 기름이나 향을 [개인적인 용도로] 나누어 준 자, 자신에게 [거룩한] 기름으로 기름 부은 자, 적극적인 계명 가운데서는 유월절이나 할례의 준수를 소홀히 한 자.

이 모든 사례에서 의도적인 범죄자는 카레트에 처할 수 있으며, 우발적인 범죄자는 속죄제를 가져오고, [그가 이 범죄를 저질렀는지에 대해] 의심이 되는 자는 집행이 유예되는 속건제를 가져오는데, 성전이나 거룩한 예물을 더럽힌 자는 변하기 쉬운 제물을 가져오므로 예외가 된다(레 5:1-13). 이것은 랍비 메이르의 견해이지만 현인들은 [예외에] 신성모독자를 추가하는데, 누구든 부지중에 범죄한 자에 대한 법이 동일하거니와(민 15:29)라고 말하기 때문이다. 이는 신성모독자가 행위를 저지른 것이 아니므로 그를 제외한다.[3]

게마라:

현인들은 신성모독자를 추가한다. 그들이 신성모독자를 추가한다는 것은 무엇을 의미하는가? 현인들은, [이 미쉬나의 저자]인 랍비 아키바가 주술자를 열거하지만, 마술사는 열거하지 않는다고 들었다(레 20:27 ; 신 18:11). 그들은 그에게 물었다. [둘 사이의] 차이점은 무엇인가? 마술사가 [만약 부지중에 죄를 범했다면] 그가 희생제물을 가져오지 않는 이유는, 그가 [말로만 하고] 어떤 행위도 저지르지 않았다는 것이 아닌가? 신성모독자도 마찬가지로 [말로만 하고] 행하지 않지[만, 그런데도 열거된다].

랍비들은 다음과 같이 가르쳤다. **랍비 아키바에 따르면, [부지중의] 신성모독자는 희생제물을 가져오는데, 카레트라는 용어가 그에게 적용되기 때문이다. 게다가 성경은 이런 사람은 … 그의 죄를 담당할지며(민 9:13, JPS)라고 말하기 때문이**

다. 이것은 실제로 카레트라는 용어가 사용되는 곳마다 [부지중의 악인이] 희생제물을 가져온다는 사례인가? 카레트는 유월절이나 할례 준수를 소홀히 한 자에게 사용되지만, 그들은 [속죄의] 희생제물을 가져오지 않는다.

이것은[4] [그 바라이타가] 의미한 바이다. 랍비 아키바에 따르면, [부지중의] 신성모독자는 희생제물을 가져온다. 왜냐하면 [만약 그가 의도적이었다면], 카레트[의 징벌은] 그에게 희생제물과 동등한 것으로 적용되기 때문이다. [랍비 아키바는] 이렇게 주장한다. [성경이] 카레트를 기록해야만 하고, 우리가 희생제물이 언급될 것으로 예상하는 곳에 그것을 기록하므로, 그는 희생제물을 가져온다. 게다가 성경은 이런 사람은 … 그의 죄를 담당할지며라고 말한다라는 구절로, 그는 다음과 같이 현인들에게 말한다. 즉, 당신은 므가데프(m'gadef)[신성모독자]는 어떤 행위도 저지르지 않는다고 말한다. 하지만 므가데프는 무엇을 의미하는가? 그의 하나님을 저주[므카렐(m'qalel)](레 24:15)하는 자이다. 그렇다면 왜 이것은 [이런 사람은 … 그의 죄를 담당할지며라는 구절을 사용함으로써] 카레트를 그에게 적용하는가? 그들은 이렇게 대답한다. 그것은 [실제로] 하나님을 저주하는 자들을 위한 것인데, 왜냐하면 그에게 이런 사람은 … 그의 죄를 담당할지며라고 기록됐기 때문이다. [마찬가지로] 둘째 유월절[조차] 준수하지 못한 자에 대해서도,[5] 이런 사람은 … 그의 죄를 담당할지며(민 9:13)라고 기록되고[, 또한 그 백성 중에서 끊어지리니라고 하므로, 따라서 유추에 의해 카레트는 그 저주하는 자에게 적용된다]고 말하기 때문이다.

랍비들은 다음과 같이 가르쳤다. 그는 여호와를 비방하는[므가데프(m'gadef)] 자(민 15:30)이다. 이시 벤 예후다는, 그것은 "당신은 단지를 빼내어[6] [나무를] 줄였다"라는 표현과 같다고 말한다. 그는 므가데프가 신성모독자를 의미한다고 주장한다. 랍비 엘르아살 벤 아자리아는, 그것은 "당신이 단지를 빼냈지만 [나무는] 줄지 않았다"라는 표현과 같다고 말한다. 그는 므가데프가 우상숭배자를 의미한다고 주장한다.[7] 또 다른 바라이타는 다음과 같이 진술한다. 여호와. 랍비 엘르아살 벤 아자리아는, 성경이 우상숭배자에 대해 말한다고 한다. 그러나 현인들은, 이 구절의 목적은 카레트를 신성모독자에게 적용하는 것이라고 말한다.

메일라

ME'ILA, 신성모독죄

여호와께서 모세에게 말씀하여 이르시되 누구든지 여호와의 성물에 대하여 부지중에 신실하지 못하게 행하고(개역개정에는 '신실하지 못하게 행하고'가 없음) 범죄하였으면 여호와께 속건제를 드리되 네가 지정한 가치를 따라 성소의 세겔로 몇 세겔 은에 상당한 흠 없는 숫양을 양 떼 중에서 끌어다가 속건제로 드려서 성물에 대한 잘못을 보상하되 그것에 오분의 일을 더하여 제사장에게 줄 것이요 제사장은 그 속건제의 숫양으로 그를 위하여 속죄한즉 그가 사함을 받으리라(레 5:14-16).

범죄 또는 신성모독죄는 지정된 제물이나 성전 재산을 잘못 사용한 것이다. 하지만 희생제물이나 제물의 잔존물은 언제 그 거룩한 지위를 잃어서 더 이상 신성모독의 법에 적용되지 않는가? 무엇이 그 잘못된 사용을 구성하는가? 랍비들은 한 때 거룩했던 물품이 그 목적을 성취하고서 심지어 그 거룩한 지위를 잃었을 때에도, 그것에 대한 사용을 금지했다. 이로써 그들은 신성모독의 법을 얼마나 확대하는가?

1장

미쉬나:

만약 그가 [제단의] 남쪽 [부분]에서 가장 거룩한 등급의 희생제물을 도살했다면, 그것은 [여전히] 신성모독[법]의 지배를 받는다. 만약 그가 남쪽에서 도살하고 그 피를 북쪽에서 받거나, 북쪽에서 도살하고 남쪽에서 그 피를 받거나, 만약 그가 낮에 도살하고 밤에 그 피를 뿌리거나, 밤에 도살하고 낮에 그 피를 받거나, 만약 그가 잘못된 시간이나 장소를 [지정하여] 도살했다면, [이 모든 경우] 그것은 [여전히] 신성모독[법]의 지배를 받는다.

랍비 여호수아가 말하기를, 원리는 만약 그것이 제사장이 [먹는 게] 허용될 단계에 도달했다면 신성모독은 더 이상 적용되지 않지만, 만약 그것이 제사장이 [먹는 게] 허용될 단계에 도달하지 않았다면 그것은 여전히 신성모독에 속한다. 제사장이 [먹는 게] 허용되는 단계에 도달한 사례는, [그것이 정확하게 도살되고 피가 정확하게 뿌려졌]지만, [그것을 먹도록 허용된 시간을 넘어서] 남겨졌거나 더럽혀졌거나 성전 구역을 떠난 경우이다. 제사장에게 허용되는 단계에 도달하지 못한 사례는, 그것이 잘못된 시간이나 장소에서 도살됐거나 자격이 없는 사람이 그 피를 받았거나 뿌렸을 경우이다.

게마라:

미쉬나는, 만약 그가 [제단의] 남쪽 [부분]에서 가장 거룩한 등급의 희생제물을 도살했다면, 그것은 [여전히] 신성모독[법]의 지배를 받는다고 말한다. 남쪽에서의 도살은 희생제물을 신성모독에 대한 책임에서 풀어주지 않을 것이 명백하지 않은가? 이것은 진술될 필요가 있는데, 울라는 랍비 요하난의 이름으로 이렇게 말했기 때문이다. [바쳐지기 전에 자연적인 원인으로] 죽은 희생제물의 짐승은, 더는 신성모독의 토라법의 지배를 받지 않는다. 당신은 남쪽에서 도살된 가장 거룩한 등급의 희생제물들이 마치 [도살된 것이 아니라 단순히] 질식사해서 [그들의 거룩한 지위를 상실했을 것으로] 생각했을 수 있다. 그래서 [미쉬나는] 당신에게 이것이 그런 경우가 아니라고 알려준다. 즉, 만약 짐승이 자연적으로 죽으면 그것은 결코 제단에 적합하지 않지만, 남쪽에서의 도살은 가장 거룩한 희생제물에는 옳지 않아도 덜 거룩한 희생제물로는 적합하다.

5장

미쉬나:

만약 누구라도 거룩한 것에서 [개인적으로] 사용할 가치가 있는 한 페루타(peruta)를 얻는다면, 그가 그것을 훼손하지 않았더라도 그는 랍비 아키바에 따르면 신성모독의 죄를 지었다. 현인들은, 만약 그것이 [정상적인 사용으로] 훼손되기 쉬운 물건이라면, 그가 실제로 그것을 훼손하지 않는 한 신성모독의 죄를 짓지 않았지만, 만약 그것이 [정상적인 사용으로] 훼손되기 쉽지 않다면, 그는 그것을 사용하자마자 신성모독의 죄를 지은 것이라고 말한다. 다음은 어떤가? 만약 [한 여자가] 자신의 목 주위에 목걸이를 했거나 자신의 손가락에 반지를 했거나 만약 그녀가 금으로 된 잔에서 물을 마셨다면,[1] 그녀는 [그 물건을] 사용하자마자 신성모독의 죄를 짓지만, 만일 누군가가 드레스나 다른 의복을 입었거나 나무를 자르려고 도끼를 사용했다면, 그가 실제로 그것을 훼손하지 않는 한 신성모독의 죄를 짓지 않았다.

만일 누군가가 속죄제로 지정된 살아있는 짐승을 사용한다면, 그는 그것을 훼손하지 않는 한 신성모독의 죄를 짓지 않지만, 만약 그것이 사체였다면 그는 그것을 사용하자마자 신성모독의 죄를 지었다.[2]

게마라:

다음과 같은 가르침을 받았다. 랍비 아키바는 훼손되기 쉬운 물건에 대해 현인들에 동의한다. 그들은 무엇에 동의하지 않는가? 라바는, 가운데 옷이나 매우 고운 세마포 옷에 대해서라고 말했다.[3]

랍비들은 다음과 같이 가르쳤다. 개인이든, 군주든, 기름 부음 받은 제사장이든, 한 사람이 신실하지 못하게 행하고(개역개정에는 없음)(레 5:15). 여기서 '신실하지 못하게 행하고'(trespass)는 무언가를 바꾸는 것을 의미한다. 이는 만일 어떤 사람의 아내가 탈선하여 남편에게 신의를 저버렸고(민 5:12)라고 말하고, 그들이 그들의 조상들의 하나님께 '신실하지 못하게 행하여 바알림(Baalim)을 따라[4] 잘못된 길로 나아간지라'(범죄하여 하나님이 그들 앞에서 멸하신 그 땅 백성의 신들을 간음하듯 섬긴지라, 개역개정)(대상 5:25)라고 말한 대로이다. 만일 누군가가 이득을 얻지 못하고서 훼손시켰거나, 훼손시키지 않고 이득을 얻었거나, [만약 문제가 되는 그 품목이] 땅이거나, 대리인이 그의 지침을 수행하지 않았다면,[5] [그가 책임을 져야 한다고] 볼 수 있는가? 성경은 범죄하였으면(레 5:15)이라고 진술하는데, 여기서 '범죄하였다'(sinned)라는 용어는 신성모독 및 테루마(22:9)와 관련하여 사용된다. 테루마의 경우에 '범죄하였다'는 것은 손해를 일으키는 것과 [그 물건에서] 이익을 얻는 것을 의미하는데, 손해를 일으킨 자는 손해를 입은 것에서 이익을 얻으며, 손해와 이익이 동시에 발생하고, 그 품목은 그 땅에서 분리되며 그는 자신의 지침을 수행한 대리인에 대한 책임을 진다. 따라서 신성모독의 경우도 '범죄하였다'는 것은 손해를 일으키는 것과 [그 물건에서] 이익을 얻는 것을 의미하는데, 손해를 일으킨 자는 손해를 입은 것에서 이익을 얻으며, 손해와 이익이 동시에 발생하고, 그 품목은 그 땅에서 분리되며, 그는 자신의 지침을 수행한 대리인에 대한 책임을 진다.

키님

QINNIM, 새의 쌍들

이 주제의 마지막 세 개의 소책자는 토세프타와는 유사하지 않으며, 마지막 단계에서 미쉬나에 추가된 독립적인 바라이토트일 수 있다. 여기서 세 개의 소책자는 페이지 매김이 있는 탈무드의 인쇄판에 나오는 순서로 제시되며, 키님(Qinnim)도 미도트(Middot)도 게마라가 없다.

출산 후 여자는 다음과 같이 번제물로 어린 양을 가져오고 정화제물로 집비둘기나 산비둘기를 가져온다.

그 여인이 어린 양을 바치기에 힘이 미치지 못하면 산비둘기 두 마리나 집비둘기 새끼 두 마리를 가져다가 하나는 번제물로, 하나는 속죄제물로 삼을 것이요(레 12:8).

비정상적인 피의 유출이 있는 여자는 비슷하게 두 마리의 산비둘기나 두 마리의 집비둘기를 가져온다(레 15:29-30).

산비둘기나 집비둘기의 자원하는 번제는 여자뿐만 아니라 남자도 바칠 수 있다 (레 1:14-17).

이 기본은 미쉬나의 첫 부분에서 요약된다. 미쉬나는 번제물과 정화제물에 대한 과정의 차이와 서원제물과 낙헌제물 사이의 차이도 규정한다.

1장

1. 새 정화제물의 [피는 제단 주변 붉은 선] 아래에 [뿌리]고, 짐승 정화제물의 피는 위에 뿌린다. 새 번제물의 [피는 제단 주변 붉은 선] 위에 [뿌리]고, 짐승 제물의 피는 아래에 뿌린다. 만약 [제사장이] 그것들 가운데 어느 것이라도 바꾼다면 [그 희생제물은] 유효하지 않다.

다음은 새의 쌍들의 규칙이다. 필수적인 제물에 대해서는 [그 쌍 가운데] 하나는 정화제물이고 다른 하나는 번제물이다. 서원제물과 낙헌제물에 대해서는 모두가 번제물이다.

무엇이 서원인가? 누군가가, 내가 번제물을 가져오겠고 그것을 나 자신에게 책임을 지운다고 말한 경우이다. 낙헌제물은 무엇인가? 누군가가, 내가 이 [새를] 번제라고 선언한다고 말한 경우이다. 서원제물과 낙헌제물의 유일한 차이점은, 서원제물에 대해서 만약 [새들이] 죽었거나 도난당했다면 그는 그것들을 대체해야만 하지만, 낙헌제물에 대해서 만약 [새들이] 죽었거나 도난당했다면 그는 그것들을 대체할 필요가 없다.

2. 심지어 1만 가운데 하나라도 만약 정화제물[로 지정된 새가] 번제물과 섞였거나 번제가 정화제물과 섞였다면, 그것들 모두는 죽어야만 한다.[1] 만약 정화제물[로 지정된 새가] 필수적인 제물[로 지정된 새의 쌍들]과 섞였다면, 필수적인 제물에 포함된 정화제물의 수만 유효하[고, 바칠 수 있다]. 마찬가지로, 만약 번제물[로 지정된 새가] 필수적인 제물[로 지정된 새의 쌍들]과 섞였다면, 필수적인 제물이 많고 낙헌제물이 적거나 낙헌제물이 많고 필수적인 제물이 적은 것에 상관없이, 필수적인 제물에 포함된 번제물의 수만 유효하다.

3. 이것은 어디에 적용되는가? 필수적인 제물이 낙헌제물과 섞인 경우이다. 하지만 필수적인 제물이 다른 필수적인 제물과 섞인다면, 즉 하나와 하나, 둘과 둘, 또는 셋과 셋이 섞인다면, 반은 유효하고 반은 유효하지 않다. 만약 이 [세트]에

서 하나가 있고 저 세트에서 둘이 있거나, 하나에서 셋, 하나에서 열, 하나에서 백이 있다면, 그것들이 한 범주나 두 범주에 속하든지, 그것들이 한 여자나 두 여자에게서 오든지, 낮은 수가 유효하다.

4. '한 범주'는 무엇을 의미하는가? 출산과 출산 또는 유출과 유출이 한 범주이며, 출산과 유출은 두 범주이다. 이것은 어떻게 계산하는가? 만약 두 여자가 있는데 각각이 출산 제물을 가져올 필요가 있거나 두 여자가 있는데 각각이 유출 제물을 가져올 필요가 있다면, 그것은 '한 범주'이다. 만약 하나가 출산 제물을 가져오고 다른 여자가 유출 제물을 가져올 필요가 있다면 그것은 두 범주가 될 것이다.

랍비 요세는, 만약 두 여자가 함께 자신들의 새의 쌍들을 구매했거나, 제사장에게 새를 위한 돈을 주었다면, 제사장은 어느 여자에 대해서든 그것들 가운데 어느 것이라도 정화제물이나 번제물로 바칠 수 있다고 말한다.

키님의 2장과 3장은 다양하게 구성된 학생들의 마음을 훈련하여 그들이 그 한계까지 할라카의 개념을 추구하도록 준비시키는 경구들이다. 원리는 매우 인위적인 실례를 통해 조사되는데, 그 가운데 가장 이상한 실례는 2장 3문단이다. 즉 일곱 여자가 있는데, 그 가운데 하나는 한 쌍의 새를 가졌고, 둘째는 두 쌍을 가졌으며, 셋째는 세 쌍을 가지며 이렇게 일곱째까지 계속되고, 새는 첫째 세트에서 둘째 세트로, 둘째 세트에서 셋째 세트로 날아가며 이렇게 일곱째까지 계속되어(동일한 새인지는 명확하지 않지만) 그 후 다시 돌아온다. 전반적으로 질문들은, (a) 제사장은 자신이 정화제물과 번제물을 혼동하지 않는지 어떻게 확신할 수 있는가, 그리고 (b) 제사장은 자신이 올바른 주인 이외의 다른 누군가를 위해 새를 제물로 바치지 않는지 어떻게 확신할 수 있는가에 대한 것이다. 개연성이 없는 상황을 고안할 때 재미의 요소가 있다. 즉, 토라는 즐겨야 한다!

타미드

TAMID, 정규적인 성전 절차

이 소책자는 성전에서의 일상적인 삶에 대한 것이며, 비록 이상화된 재구성이지만 초기 자료에 의존했을 것이다. 이 소책자의 상당 부분은 요마(*Yoma*)와 비슷하다. 짐승 희생제물의 도살과 태움에는 많은 더러운 것이 나온다. 2장은 일상적인 청소 작업을 묘사한다.

2장

미쉬나:

그의 형제 [코하님이] 그가[1] [제단에서] 내려오는 것을 보았을 때, 그들은 그들의 손과 발을 물동이에 씻기 위해 빨리 달려가고, 그 후에 삽과 갈퀴를 가지고 제단 꼭대기에 올라갔다. 그들은 완전히 타지 않은 수족이나 기름 조각을 제단의 한쪽에 밀었으며, 만약 제단의 가장자리에 공간이 없다면, 그들은 신중하게 주변이나 경사진 곳에 그것들을 정리했다.[2] 그 후에 그들은 제단 중앙에 있는 더미 위에 재를 쌓기 시작했다. 때로 거기에는 300쿠르(kur)의 재가 있었다. 그들은 절기에는 재를 제거하지 않았는데, 재들이 제단의 장식이었기 때문이다. 어떤 제사장도 [시간이 됐을 때] 재를 제거하는 데 지체하지 않았다.

그 후에 그들은 제단 불을 위한 나무를 가져오기 시작했다. 어떤 종류의 나무라도 제단 불에 받아들여질 수 있는가? 그렇다. 포도나무와 감람나무 이외의 모든 나무는 제단 불에 받아들여질 수 있다. 그러나 그들이 관례상으로 사용한 것은 무화과나무와 호두나무와 감나무의 가지였다.[3]

게마라:

라바는 [명시된 재의 양]은 과장이라고 말했다. 그들이 희생제물의 짐승에게 금으로 된 잔에서 마시도록 했다.[4] 라바는 이것도 과장이라고 말했다.

랍비 암미는, 토라가 과장해서 말하고 선지자들이 과장해서 말하며 현인들이 과장해서 말한다고 했다. 토라는 그 성읍들은 크고 성곽은 하늘에 닿았으며(신 1:28)라고 과장해서 말한다. 성곽들은 문자 그대로 하늘에 닿았는가? 명백히 이것은 과장이다. 현인들도 과장해서 말하는데, 즉 우리가 말한 잿더미와 희생제물의 짐승에게 금으로 된 잔에서 마시도록 하는 것도 과장이다. 선지자들도 모든 백성이 그를 따라 올라와서 피리를 불며 크게 즐거워하므로 땅이 그들의 소리로 말미암아 갈라질 듯하니(왕상 1:40, JPS)라고 기록된 대로, 과장해서 말한다(히브리 성경은 열왕기서도 예언서로 분류한다).

랍비 야나이 바 나흐마니는 쉬무엘의 이름으로, 현인들은 세 경우, 즉 잿더미와 포도나무와 성소 휘장에서 과장했다고 말했다. 이것은 라바의 사례를 제외하는데, 왜냐하면 미쉬나는 그들이 희생제물의 짐승에게 금으로 된 잔에서 마시도록 했다고 진술하기 때문이다. 그리고 라바는 그것이 과장이라고 말했으나 부(富)의 장소에는 어떤 가난도 없으므로 이 사례는 거부되어야 한다.[5]

잿더미는 우리가 말했던 대로이다. 포도나무는 한 바라이타가 다음과 같이 진술하는 대로이다. 금으로 된 포도나무는 성소의 문에 있는 기둥을 넘어 퍼졌으며, 잎이나 포도나 송이를 바친 자는 누구든지 가져와서 거기에 걸 것이다. 랍비 사독의 아들, 랍비 엘르아살은 300명의 제사장이 그것을 움직이는 데 할당돼야만 했다고 말했다. 성소 휘장은 다음과 같이 한 미쉬나가 진술한 대로이다. 대제사장 대리인의 아들 시므온이 자기 아버지의 이름으로 다음과 같이 말했다. 휘장은 한 손바닥 두께이고 72겹 가닥으로 엮였으며, 각 실은 24겹으로 되어 있다. 길이는 40규빗이며, 넓이는 20규빗이고, 82명의 소녀가[6] 만들었다. 그들은 매년 두 개를 만들었고, 각각을 물에 담그는 데 300명의 제사장이 필요했다.[7]

70년 전에 성전 밖에서 정기적인 공적 기도가 언제 그리고 어느 정도 뿌리를 내렸었는지에 대해 학문적인 추측이 상당히 많았다. 어쨌든 여기서 열거된 성전 기도는 초기 랍비 시대까지 회당 예배의 핵심을 형성했다. 십계명은 유일한 참된 토라를 구성한다고 주장한 분파주의자들에 반대하는 항변으로서, 예루샬미 베라코트(Yerushalmi Berakhot)에 따라 삭제됐다.[8] 베라코트에 대한 서론적 설명을 보라.

5장

미쉬나:

관리는 그들에게, "축복을 낭송하라!"라고 말했다. 그들은 축복을 낭송했다. 그 후에 그들은 십계명, 셰마의 세 단락, 셰마에 이어지는 축복, 예배의식에 대한 축복, 제사장의 축복을 낭송했다. 안식일에 그들은 떠나는 제사장들의 반열을 위해 축복을 낭송했다.

미도트

MIDDOT, 성전 도량형법

세 개의 연속적인 성전이 예루살렘에 세워졌다. 첫째는 솔로몬이 세웠고 둘째는 에스라와 느헤미야가 세웠으며, 셋째는 헤롯이 둘째 성전을 개선하고 강화한 것이 었다. 선지자 에스겔(40-48장)은 미래 성전의 제의와 차원을 '예견'하는데, 이것은 대부분의 랍비들이 메시아가 올 때 세워질 성전을 가리키는 것으로 여긴다.

미쉬나는 헤롯의 건물을 묘사한다. 본문 일부는 같은 시대일 수도 있으며, 일부 는 엘리에셀 벤 야곱과 같은 현인들에게서 전달된 개인적인 회상에 근거했을 수 있 다. 후대 현인들은 간격을 메웠고, 성전 제의가 어떻게 진행돼야 하는지에 대한 랍 비들의 이해에 맞게 자료를 조화시켰다.

요세푸스는 헤롯 성전에 대한 목격자의 이야기를 남겨주었는데, 이는 미쉬나의 묘사와 완전히 일치하지는 않더라도 많은 세부 내용을 확증한다.[1] 고고학은 문 학적 이야기를 보충하지만, 주요 유적지는 바위 사원(Dome of the Rock)과 엘 아 크사 사원(El Aqsa Mosque)이 차지하였으므로 발굴되지 않은 채로 남아 있다. 헤 롯 성전 경내의 서쪽 벽 상당 부분과 남쪽 벽 일부는 이제 노출되어 있다. 헤롯 성 전의 재현은 예루살렘에 있는 이스라엘 박물관에서 볼 수 있다.

2장

1. 성전산의 [영역은] 500×500규빗이었다. [주변 공간] 대부분은 남쪽 끝에 있고, 그다음으로 동쪽에, 세 번째로 북쪽에 있으며, 서쪽이 가장 적었다. 가장 긴 길이는 가장 많이 사용된다는 것이다.

2. 성전산에 들어간 자는 누구든지 오른쪽으로 돌고, 빙 돌며 왼쪽으로 나갔지만,[2] 만일 누군가가 불운을 겪었다면 그는 왼쪽으로 돌았다. [사람들은 물을 것이다.] 당신은 왜 왼쪽으로 도는가? [만약 그가] 나는 애도자이기 [때문이라고 대답했다면,] [그들은 이렇게 말할 것이다.] 이 집에 거하는 이가 당신을 위로하소서! 만약 그가 금지당했다면, 그들은 이렇게 말할 것이다. 이 집에 거하는 이가 당신을 가까이 이끌도록 그들의 마음에 그것을 두게 하소서! 이것은 랍비 메이르에 따른 것이지만, 랍비 요세는 그에게 이렇게 말했다. 당신은 [그를 금지시킨 자들이] 잘못한 것처럼 보이게 만든다. [사람들은] 이렇게 말해야 한다. 이 집에 거하는 이가 당신의 동료들에게 귀 기울여 듣게 할 마음을 당신에게 주셔서 그들이 당신을 가까이 이끌게 하소서!

3. [성전산 벽] 안에 열 손바닥 높이의 격자 가장자리가 있는데, 거기에는 외국 왕들이 만든 13개의 터진 곳이 수리되어 있었다. 그들은 사람들이 13개의 곳 각각에 절해야 한다고 판결했다. 이 안에는 12계단이 있는 10규빗 넓이의 공간이 있고, 각각은 높이가 2분의 1규빗이고 넓이가 2분의 1규빗이다. [성전 복합건물에 있는] 모든 계단은 성소의 계단을 제외하고는 높이가 2분의 1규빗이고 넓이가 2분의 1규빗이다.

모든 문에는 성소의 문을 제외하고 작은 문이 있다. 모든 출입구에는 테디(Tedi) 출입구를 제외하고 상인방이 있는데, 거기에는 다른 돌 위에 하나가 놓인 채 두 개의 돌이 있다. 모든 출입구는 니카노르(Nicanor) 출입구를 제외하고는 금 출입구로 대체됐는데, 기적이 일어났었기 때문이다. 어떤 이들은 그곳의 놋쇠가 반짝였기 때문이라고 말한다.

4. 모든 벽은 동쪽 벽을 제외하고는 높았는데, [붉은] 암송아지를 태우는 책임

을 맡은 제사장이 피를 뿌릴 때, 감람산 위에 서서 그의 눈을 성소에 집중했기 때문이다.

5. 여인의 뜰은 넓이 135규빗에 길이 135규빗이었다. 뜰의 네 구석 각각에는 40×40규빗 크기의 지붕이 없는 방이 있었으며, 나를 데리고 바깥뜰로 나가서 나를 뜰 네 구석을 지나가게 하시는데 본즉 그 뜰 매 구석에 또 뜰이 있는데 뜰의 네 구석 안에는 집이 있으니 길이는 마흔 '규빗'(척, 개역개정)이요 너비는 '서른'(서른 척, 개역개정)이라 구석의 네 뜰이 같은 크기며(겔 46:21-22, JPS)라고 한 대로, 그런 식으로 미래에 네 구석이 구성될 것이다.

네 구석은 무슨 목적에 기여했는가? 남동쪽은 나실인의 방이었는데, 거기에서 그들은 자신들의 복을 기원하는 제물을 삶았고, 자신들의 머리카락을 잘라 그것을 큰 솥 아래에 두었다. 북동쪽은 나무 창고였는데, 거기에서 코하님은 벌레 먹은 나무를 골라냈다. 벌레 먹은 나무는 제단에 적합하지 않았기 때문이었다. 북서쪽은 나병 환자들의 방이었다. 랍비 엘리에셀 벤 야곱은, 나는 남서쪽이 무엇을 위한 것이었는지 잊었다고 말했다. 아바 사울은, 그곳은 그들이 포도주와 기름을 저장하는 곳이었으며 기름 창고로 불렸다고 말했다. [여인의 뜰]은 원래 평평했지만, 뜰 주변에 주랑을 세워서 여인들이 위에서 보고 남자들이 아래에서 보며 그들이 함께 섞이지 않고 보도록 했다.[3] 15개의 계단은 거기서 이스라엘의 뜰까지 이어졌다. 이것은 성전에 올라가는 15개의 시편과 상응했으며, 그 계단 위에서 레위인들이 노래했다. 계단은 곧지 않고 반쯤 나선형이었다.

6. 이스라엘 뜰의 낮은 쪽에 있는 방들은 여인의 뜰에 열려 있다. 레위인들은 그곳에 자신들의 하프, 살터리(psaltery, 14-15세기의 현악기의 일종), 심벌즈와 그 외 악기들을 보관했다. 이스라엘의 뜰은 135×11규빗의 크기였으며, 모자이크로[4] 제사장들의 뜰과 분리됐다. (랍비 엘리에셀 벤 야곱은, 1규빗 더 높은 한 계단이 있었는데, 그것은 2분의 1규빗 높이의 세 계단이 있는 연단이었으며, 따라서 제사장의 뜰은 이스라엘의 뜰보다 2와 2분의 1규빗이 더 높았다고 말한다.) [이스라엘과 제사장의] 전체 뜰은 길이가 187규빗이고 넓이가 135규빗이었으며, 절할 수 있는 13개의 장소가 있었다. 아바 요세 벤 하난은, 이 장소들이 13개의 출입구와 상응했다고 말한다.[5]

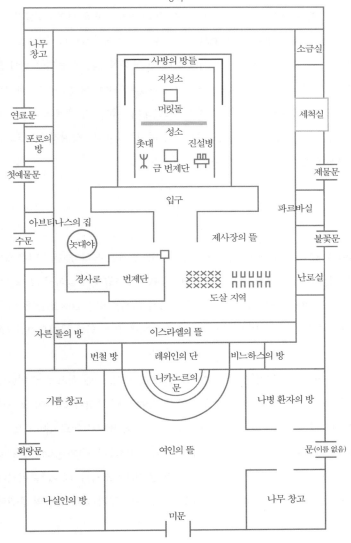

도살 지역

예루살렘 성전 평면도

《이스라엘 도해서》(Atlas of Israel, 2nd edn[Jerusalem: Survey of Israel, Ministry of Labour, 1970]에 나오는 요세푸스와 랍비 문헌들에 근거하여 재구성한 자료에서 수정했다. 다섯 개의 추가 문들(훌다문 1과 2, 키포니스, 테디, 수사)은 성전산으로 통하는 입구를 통제했다.

[13개의 출입구:] 서쪽 끝에 있는 남쪽 출입구로는 상측 문, 불의 문, 첫 태생의 문, 수문이 있었다(이것은 그 문을 통과하여 수코트 관제를 위한 물 단지를 날랐기 때문에 수문이라고 불렸다. 랍비 엘리에셀 벤 야곱은, 물이 그곳을 통과하여 흘렀고, 미래에는 집의 문지방 아래에서 흐를 것이라고 말한다).[6] 서쪽 끝에 있는 북쪽에는 이 출입구 반대편에, 여고냐의 문, 제물의 문, 여인의 문, 노래의 문이 있었다(여고냐의 문이 그렇게 불린 이유는 [왕] 여고냐가 포로로 끌려갈 때 그 길로 떠났었기 때문이다). 동쪽에는 니카노르의 문이 있었는데, 두 작은 문이 하나는 오른쪽, 하나는 왼쪽에 갖춰져 있었고, 서쪽에는 두 개의 이름 없는 문이 있었다.

3장

1. 제단은 32규빗 제곱이었다.[7] 바닥은 1규빗 크기로 올라있고, 그다음에는 1규빗이 줄어들고, 그다음에 주위는 5규빗이 올라있고 1규빗이 줄어서 [위에는] 28×28규빗의 [구역이] 된다. 각 구석의 기둥은 1규빗 제곱이며, 26×26규빗이 된다. 제사장들은 주변으로 1규빗의 넓이가 필요했으므로 불을 위한 구역은 24규빗 제곱이었다.

랍비 요세는, 바닥 크기는 원래 28×28규빗이었으며, 이런 식으로 줄어들었으므로 불을 위한 구역은 20규빗 제곱이었다고 말했다. 그러나 그들이 포로에서 돌아왔을 때, 그 번제하는 바닥의 길이는 열두 '규빗'(척, 개역개정)이요 너비도 열두 '규빗'(척, 개역개정)이니(겔 43:16, JPS)라고 기록된 대로, [헬라어] 감마(gamma)와 같이 북쪽에 4규빗과 서쪽에 4규빗을 더했다. 이것은 바닥 크기가 12×12뿐이었다는 것을 의미하는가? 네모 반듯하고라고 계속할 때, 12의 크기는 각 방향의 중간에서 온 것을 가리킨다.

붉은 선은 위에 뿌려진 피와 아래 뿌려진 피를 구분하려고 반쯤 위까지 그 주변에 올라와 있었다.

바닥은 북쪽과 서쪽을 따라 계속됐고 남쪽과 동쪽을 따라 한 규빗만 튀어나오게 했다.

4. 경사진 곳과 제단을 위한 돌은 베트 케렘 골짜기에서 왔다. 그 돌들은 미개간지 아래에서 발굴했고, 어떤 철도 그 위에 휘두르지 않은 온전한 돌만을 가져왔는데, 철은 접촉으로 무효가 될 것이며 어떤 재료도 움푹 들어가게 하면 무효가 될 것이기 때문이다. 만약 돌이 움푹 들어갔다면 그 돌은 무효가 되겠지만 다른 것들은 여전히 유효하다.

일 년에 두 번, 페사흐와 수코트 후에 [그 돌을] 청소한다. 성소 [자체는] 매년 페사흐 후에 청소한다. 랍비는, [그 돌을] 피 때문에 안식일 전날마다 천으로 청소한다고 말한다.

그들은 철 모종삽이 돌들을 건드려 무효로 만들 경우를 대비하여 [그 돌들에] 석회를 뿌리는데, 철 모종삽을 사용하지 않았다. 철은 인간의 생명을 짧게 하려고 만들어졌지만, 제단은 인간의 생명을 길게 하려고 만들어졌다. 짧게 하는 것이 길게 하는 것 위에 휘둘러지는 것은 옳지 않다.

THE   TALMUD

여섯째 주제

토호로트

TOHOROT, 정결

서론

탈무드의 주요 관심사였던 '정결'은 인도의 많은 부분과 다른 곳에서도 여전히 그렇듯이, 고대 생활에서 전적으로 정상적인 측면이었다. 그리스인들과 로마인들은 자신들의 사원과 심지어 매일의 생활에서 정결에 익숙했다. 예를 들어, 테오프라스토스(Theophrastus, 대략 주전 370-287년)는, "아홉 샘에서 자기 손을 씻으며 자신에게 뿌리고, 성전에서 나온 월계수 잎을 자기 입에 넣을 때까지는 그날에 나서지 않을 당신의 미신적인 사람"을 조롱했다.[1] 바빌로니아 유대인들이 조로아스터교도들 가운데 살았는데, 그들에게 정결의 문제는 거의 모든 삶의 측면에 영향을 미쳤다. 심지어 죽었을 때도 땅을 오염시키지 않도록 시체를 묻기보다는 노출했다.[2] 현대 서구 세계는 청결과 영성과 같은 문제에 대한 어휘는 유지했지만 이런 정결 개념을 포기했다. 그래서 단어들을 사용할 때의 미묘한 변화로 말미암아 정결이 우리 조상들에게 무엇을 의미했는지를 충실하게 표현하는 것이 어렵게 됐다.

정결의 체계는 죽음과 성이 오염의 원인으로서 두드러지는 것이 공통된 특징이지만, 그 특징들을 나누는 많은 것들이 있다. 조로아스터 체계는 오염을 데바(daeva), 즉 악한 영에 연결하는 반면에, 랍비 체계는 단순히 거룩함에 대해 실제적으로 표현하는 드러난 규칙의 체계로 해석하면서 오염을 '비신화화'한다. 이것은 때로 직관에 반대되는 결과를 낳는다. 즉, 뱀이 죽음의 원인이라고 해도 죽은 뱀은 '부정'하지 않다. 왜냐하면, 뱀이 성경의 기어 다니는 생물에 대한 목록에 포함되지 않기 때문이다(레 11:29-30).[3] 그리고 인간의 소변과 대변도 다른 대부분의 정결 체계에서 그런 것처럼 정결하지 못함의 근원이 아닌데, 성경은 그것들을 그렇게 규정하지 않기 때문이다.

핵심 단어들은 다음과 같다.

타호르(tahor) 순결한, 정결한
타메(tamé) 순결하지 못한, 부정한, 오염된, 더럽혀진

이 단어들은 히브리어와는 다른 함의를 지닌다. 예를 들어, 히브리어에서 '더러운'
과 반대되는 '정결한'을 의미하는 나키(naqi)와 '부정한'(순결하지 못한)에 반대되는 '정
결한'(순결한)을 의미하는 타호르(tahor) 사이에는 히브리어로는 혼란이 있을 수 없다.
독자는 현대적 연관성과 태도를 제쳐두고, 정결과 오염의 정도가 일상생활의 특징이었
던 사회에서 이런 단어들이 미칠 반향을 알아챌 필요가 있다.

랍비 문헌은 종종 정결과 부정결을 은유로 사용한다. '죄'와 '악한 본능'은 '부
정결한 것'으로 인격화된다(Sukka 52a ; 278쪽을 보라). 조나단 클라완스(Jonathan
Klawans)는 랍비 문헌에서 '죄의 더럽히는 힘'이 은유적 의미뿐만 아니라 비은유적 의미
도 계속 지니지만, 항상 명백하게 제의적 용도와 구분된다고 주장했다. [4]

체계

어떤 정결 체계에서도 부정결의 근원, 수용자(사람 또는 물건), 근원에서 수용자로서
의 전달이라는 세 가지 요소가 있다.

랍비 체계는 부정결의 12가지 근원을 인지한다. [5] 여섯 가지는 인간의 몸에서 나오
는데, 남자의 유출병, 여자의 유출병, [6] 월경혈, 출산, 나병, 정액이 있다. 세 가지는 죽
음에서 오는데, 시체와 사체와 파충류가 있다. [7] 세 가지는 어떤 의식을 수행하는 개인
에게 영향을 미치는데, 붉은 암송아지를 불사르는 것, 희생제물의 소와 염소를 불사르
는 것, 희생 염소와 동행하는 것이 있다. [8]

오염을 전달하는 방식들은 그 근원에 따라 다양하며, 건드림, 들어 올림, 건드림이
없이 옮기거나 움직임, 같은 지붕('장막') 아래 있음, 가구 위에 앉거나 드러누움, 성관
계를 포함한다.

음식과 많은 물건이 타메가 될 수도 있지만, 그것들이 '가능하게' 된 경우만 그렇다.
가능하게 된다는 것은 사람이 사용할 준비가 되어 있다는 것이다. 예를 들어 나무 조각
은 가공품이 되지 않았다면 타메가 될 수 없으며, 열매는 수확된 후에, 게다가 의도적으
로 일곱 가지의 명시된 액체 가운데 하나에 적시고 나서야 비로소 타메가 될 수 있다.

현인들은 앞의 것을 미드오라이타(mid'Oraita), 즉 성경의 지위에 관한 법으로 간주했으며, 부정결에 추가되는 형태와 사례들을 안전장치로 만들거나 (우상의 경우) 사람들이 다른 악을 멀리하도록 만들었다. 이 가운데 가장 호기심을 끄는 한 관결은 거룩한 두루마리가 손을 더럽힌다는 것이다(Yadayim 3:4에 대한 서론적 설명을 보라, 763쪽).

부정결의 단계는 그 범위가 부정결의 '조부'라고 여겨지는 인간 시체의 부정결에서부터, 다양한 '아버지들'과 그 아래로 다섯 단계까지 이른다. 셋째와 더 낮은 단계는 성전과 제사장과 관련해서만 적용될 수 있다. 일반적으로 거룩하면 할수록, 더 더럽혀지기 쉽다(Yadayim 4:6).

대부분의 체계는 1세기 초에 힐렐 학파와 샴마이 학파의 시기에 자리를 잡은 것 같다. 야브네와 우샤에서 그들의 계승자들은 세부 내용을 상세히 설명하고 분류하고 새로운 관결을 추가한다. 다메섹 문서 및 다른 사해 사본과 비교하면, 중대한 차이점에도 불구하고 주전 1세기보다 늦지 않게 정결의 이런 형태가 실행됐다는 것이 분명해진다. 이것이 얼마나 퍼졌는지는 널리 알려진 논쟁의 문제이다. 대부분의 유대인은 성전을 자주 방문했고 거룩한 산에 오르기 전에 자신을 정화해야만 한다는 것을 알았으므로, 어떤 형태의 정결 준수는 일반적이었던 것 같다. 그들은 또한 테루마와 다른 제물들을 정결하게 유지하려고 노력했을 것이다. 게다가 그들은 비슷한 의식을 행하며 살았던 이들 가운데 '우상숭배자들'을 목격했다.

에세네 사람들과 하베림은 성전 밖에서 온전한 범위의 정결 규칙을 실천했고, 그 규칙들을 구성원 자격의 기준으로 삼았다. 둘은 널리 행해진 관습을 기반으로 그것을 성경 본문에 맞추려고 노력했지만, 에세네 사람들은 대부분의 사람과 자신들을 분리하는 반면에, 하베림은 공동체 내에 남으려고 했고, 때로 그렇게 하고자 규칙들을 굽혔다. 예를 들어, 그들은 절기 동안 예루살렘에서 아메 하 – 아레츠의 정결 기준을 용인하는 것을 정당화하고자, "이스라엘 모든 사람이 하나 같이 '하베림'(합심하여, 개역개정) 그 성읍을 치려고 모였더라"(삿 20:11)를 인용했다. [9]

첫째 소책자

케림

KELIM, 가공품

케림은 '물건들', '그릇들', '도구들'과 다양한 다른 용어로 번역될 수 있다. 이것은 옷이나 도구, 그릇, 또는 사람의 의도를 통해 사용하도록 설정된 어떤 것도 가리킬 수 있다. 소책자는 부정결이 가공품에 의해 전달되는 것에 대한 일반적인 규칙을 제시하며, 그 규칙을 종종 라틴어 명칭이나 헬라어 명칭으로 제시된 가정용품목 및 상업용 품목에 널리 적용해 나간다. 3세기 팔레스타인의 경제적인 삶에 대한 많은 정보가 이 소책자의 서른 장(章)에 나온다.

미쉬나 1-4는 오름 순으로 더럽힘(부정결)의 단계를 제시한다. 미쉬나 6-9는 이것을 거룩함의 단계와 균형을 맞춘다.

자브(zav)와 자바(zava)라는 용어는 레위기 15장에서 유래하는데, 거기서 이 용어들은 각각 비정상적인 정액의 유출병을 가진 남자와 비정상적인 피의 유출병을 가진 여자를 가리킨다. 나중 소책자들은 나병과 자브와 자바에 할애한다.

1장

1. 더럽힘의 주요 근원은 기어 다니는 것들, 정액, 시체와의 접촉으로 더럽혀진 사람, 정화를 기다리는 나병 환자, 뿌리기에 불충분한 정결의 물이 있다. 이것들은 접촉으로 사람과 옷을 더럽히고, 들어감으로써 질그릇을 더럽힌다.

2. 이것들 이상으로는 사체, 뿌리기에 충분한 정결의 물이 있다. 이것들은 옮기는 사람들을 더럽히고, [다시] 접촉으로 옷이나 옷이 벗겨진 사람들을 더럽힌다.

3. 이 이상으로는 월경 중인 여자와 성관계를 한 사람이 있는데, [다른 것들이] 그 자체 위에 있는 것을 더럽히듯이 그는 자신 아래 있는 침상을 더럽히기 때문이다.

다음으로는 자브와 그의 타액과 정액과 소변과 월경혈의 유출이 오는데, 이는 접촉과 옮기는 것에 의해 더럽혀진다.

다음으로는 승마 장비가 오는데,[1] 이것은 큰 바위 아래 있더라도 더럽힘을 전하기 때문이다.

그다음에는 사람이 누워 있는 것이 오는데, 이것은 옮겨지는 것뿐만 아니라 접촉에 의해서도 [더럽힘을 전하기] 때문이다.

다음으로 자브 자신이 오는데, 그는 사람이 그 위에 누운 것의 더럽힘을 초래하는 반면에, 사람이 그 위에 누운 것 [그 자체로는] 더럽힘의 단계를 초래할 수 없다.

4. 자브 위에는 자바가 오는데, 그녀는 성관계로 더럽히기 때문이다.

자바 위에는 나병 환자가 오는데, 그는 [건물에] 들어감으로써 더럽히기 때문이다.

나병 환자 위에는 시체에서 나온 보리알 크기의 뼈가 있는데, 이것은 7일 동안 지속되는 부정결을 초래하기 때문이다.

가장 높은 단계의 [부정결은] 시체의 부정결인데, 이것은 [단순히] 같은 지붕 아래 있어도 더럽히며, 다른 어떤 [부정결의 근원도] 그렇게 하지 않기 때문이다.

미쉬나 5는 다양한 단계의 부정결에 덧붙이는 금지를 열거한다.

거룩함은 정결함과 관련이 있다. 그 땅은 거룩한데, 그 땅이 하나님의 계명을 성취할 수 있도록 하기 때문이다. 최대의 거룩함은 매년 대제사장이 속죄일에 지성소에 들어가며 사람들을 하나님에게 가까이 다가가게 할 때 달성된다.

6. 열 단계의 거룩함이 있다. 이스라엘 땅은 다른 땅들보다 더 거룩한데, [샤부오트를 위한] 오메르 다발과 첫 열매와 빵 두 덩어리는 그 땅의 소산물에서 가져오지만 다른 땅의 소산물에서 가져오지는 않기 때문이다.

7. [그 땅 안에 있는] 성곽도시는 더 거룩한데, 나병 환자들이 성곽도시에서 배제되며, 시체들이 그 주변에서 옮겨질지라도 일단 시체가 떠나면 성곽도시로 돌아올 수 없기 때문이다.

8. [예루살렘의] 성곽 안이 더 거룩한데, 비교적 낮은 거룩함의 제물과 둘째 십일조는 거기서 먹을 수 있기 때문이다.

성전산은 더 거룩한데, 자브, 자바, 월경 중인 여자, 새로 출산한 여자들은 들어갈 수 없기 때문이다.

[성전의] 외곽 구역은 더 거룩한데, 비 이스라엘 사람들과 시체와의 접촉으로 더럽혀진 사람들은 들어갈 수 없기 때문이다.

여인의 뜰은 더 거룩한데, 트불 욤(t'vul yom)이 [부지중에 그런 상태에 들어간다면] 속죄제의 의무를 지지는 않더라도, 거기에 들어갈 수는 없기 때문이다.

이스라엘의 뜰은 더 거룩한데, 자신들의 속죄제물이 [자신들의 정화를 완성하기를] 기다리는 자들은 들어갈 수 없으며, [만약 그들이 부지중에 그런 상태에 들어가면] 속죄제의 의무를 지기 때문이다.

제사장의 뜰은 더 거룩한데, 이스라엘 사람들은 손을 희생제물의 머리에 두거나 희생제물을 도살하거나 흔드는 의식을 위해 요구될 때를 제외하고는 들어갈 수 없기 때문이다.

9. 주랑과 제단 사이는 더 거룩한데, 흠 있는 [제사장들]이나 다듬지 않은 머리를 한 사람들은 들어갈 수 없기 때문이다.

성소는 더 거룩한데, 먼저 손과 발을 씻지 않고서는 누구도 들어갈 수 없기 때문이다.

지성소는 다른 어떤 곳보다 더 거룩한데, 속죄일에 대제사장이 예배의식을 수행할 때 대제사장을 제외하고는 누구도 들어갈 수 없기 때문이다.

랍비 요세는, 다음과 같이 다섯 가지 방법에서 주랑과 제단 사이의 구역은 성소와 동등하다고 말했다. 흠이 있거나, 머리를 단정하게 하지 않았거나, 취하거나, 먼저 손과 발을 씻지 않으면 누구도 들어갈 수 없으며, 그들은 향이 바쳐질 때 주랑과 제단 사이의 구역을 비워야만 한다.

몇몇 장에서는 사람이 사용하도록 고안된 물건들이, 그것이 모두는 아니더라도 더럽혀질 수 있음을 확립한다. 예를 들어, 명백한 금속 물건은 더럽혀질 수 있지만, 나무로 된 물건은 용기일 때, 즉 그것이 의도된 것이 무엇이든 담을 수 있다면, 더럽혀질 수 있다. 만약 물건이 더 이상 유용한 목적을 다할 수 없다면 그것은 더럽힘의 대상이 아니다. 이 장의 주제인 크기(쉬우림[shi'urim])가 중요하다. 어떤 크기의 구멍이 용기를 쓸모없게 만들고, 따라서 더 이상 더럽힘의 대상이 되지 않을 것인가?

미쉬나는 일반적으로 미츠보트를 수행할 때 관련된 측정법의 기준을 정한다. 게마라(Yoma 80a)는 이런 측정법은 모세가 시내산에서 받았으나 상실됐고, 사사 시대에 야베스와 그의 법정이 다시 소개했다고 주장한다. 미쉬나 6에서 아르키메데스의 원리를 사용한 것과, 9에서 길이 측정법에 대한 두 가지 공식적인 기준을 언급한 것에 주목하라.

17장

1. 가정용 도구를 [쓸모없게 만들고, 따라서 더 이상 더럽힘의 대상이 되지 않는 구멍의 크기는, 석류의 크기이다.[2] 랍비 엘리에셀은, 그 크기는 [그 용기의][3] 평소의 용도에 달려있다고 말한다.

시장의 채소 장사의 상자 크기는 한 묶음의 푸성귀 크기이며, 가정용 상자의 크기는 밀짚이 빠져나갈 정도의 크기이다. 목욕을 시중드는 사람들[이 사용한 용기]에 대해서는, 그루터기 연료가 통과하여 떨어질 수 있는 크기이다. 랍비 여호수아는, 모든 경우에 [그 크기는] 석류의 크기라고 말한다.

4. 그들이 석류를 언급했을 때, 그것은 세 개가 함께 있[으면 하나는 구멍을 통해 떨어지는] 경우를 의미했다. 라반 시므온 벤 가말리엘은, 만약 그것이 바구니이

거나 조리이고[, 그가 그것을 자기 어깨에 걸쳐서 석류가 구멍을 통해 떨어진다면, 그것이 그 크기이다]라고 말했다.

석류를 담을 정도로 큰 용기가 아닐 경우, 예를 들어 4분의 1카브나 8분의 1카브 또는 잔가지로 엮은 작은 바구니의 경우, 랍비 메이르는 구멍이 [용기의] 절반 크기 이상일 필요가 있다고 주장하지만, 랍비 시므온은 감람 크기라고 말한다. [즉,] 만약 용기가 깨지면 [그 크기는] 감람 크기이지만, 만약 테두리[만] 훼손됐다면, 그때는 용기가 어떤 것이라도 담을 수 있는 한, [여전히 더럽힘의 대상이다].

5. 그들이 말하는 석류는 작지도 크지도 않은 평균 크기였다.

바단(Badan) 석류는 어떤 연관성에서 언급됐는가?[4] 랍비 메이르는, [그것이 금지된다면] 심지어 그것들 가운데 하나라도 어떤 혼합물이든 금지되게 만들기 때문이라고 말한다. 랍비 요하난 벤 누리는, 바단 석류가 용기의 크기에 대한 기준이었기 때문이라고 말했다. 랍비 아키바는, 용기를 측정하는 것은 두 가지 모두의 이유 때문이며, 어느 하나라도 어떤 혼합물이든 금지된 것으로 만들기 때문이라고 말한다. 랍비 요세는, 바단 석류와 게바(Geva) 리크가 어디에 있든지 명백히 십일조를 바칠 필요가 있는 것으로 명시됐다고 말했다.

6. 그들이 말하는 달걀은 크지도 작지도 않은 평균 크기이다.

랍비 유다는, 당신이 [찾을 수 있는] 가장 큰 달걀과 가장 작은 달걀을 가져와서, 물에 넣고 [옮겨진] 물을 나누면 된다고 말했다.

랍비 요세가 말했다. 누가 내게 가장 큰 것이 무엇이고 가장 작은 것이 무엇인지를 말해줄 수 있는가? 그것은 모두 보는 자의 눈에 달려있다.

9. 그들이 말하는 규빗은 보통 규빗이다.

성전에 있는 수사(Susa) 방에는 두 개의 [표준] 규빗이 있는데, 하나는 북동쪽 구석에 있고, 하나는 남동쪽 구석에 있다. 북동쪽 구석에 있는 하나는 모세의 규빗보다 손가락 너비의 반이 더 길었으며, 남동쪽 구석에 있는 하나는 손가락 너비의 반이 더 길어서 모세의 규빗보다 손가락 너비만큼 더 길었다.

왜 하나는 길고 하나는 짧은가? 그것은 기술공들이 짧은 것에 따라 취하고 긴 것에 따라 되돌아와서 무단 침범할 가능성을 피하기 위해서였다.[5]

오할로트

OHALOT, 장막들

장막에서 사람이 죽을 때의 법은 이러하니 누구든지 그 장막에 들어가는 자와 그 장막에 있는 자가 이레 동안 부정할 것이며(민 19:14).

오할로트는 부정결을 야기하는 인간의 신체 부분과 짐승의 신체 부분의 양과 상태를 규정하고, 근원에서 그 지붕 아래 있는 누구에게라도 부정결을 옮길 '장막'(지붕)의 크기와 구조를 규정한다.

해부학은 현대 교과서에서 보이는 것만큼 결코 간단하지 않다. 당신은 함께 합칠 수 있는 아이의 뼈나 어른의 뼈의 숫자를 세는가? 당신은 미저골을 하나의 척추골로 세는가, 아니면 다섯 개의 척추골로 세는가? 두개골은 얼마나 많은 뼈로 형성되는가? 대답은 어느 정도 관례의 문제이다.

1장

6. 인간은 실제로 죽을 때까지는 [가장 높은 정도의] 부정결을 야기하지 않는다. 만일 누군가가 심하게 부상을 입거나 죽음의 고통 가운데 있다면, 그는 여전

히 수혼제의 의무를 지거나 아니면 [상황에 따라] 수혼제의 의무가 없다. 그리고 [다른 살아있는 사람과 마찬가지로] 죽을 때까지 테루마에 대한 권리가 주어지거나 그 권리에서 박탈된다. 마찬가지로 가축과 야생 짐승은 [죽을 때까지는] 부정결을 야기하지 않는다.

만약 그것들이 목이 베였다면, 예를 들어 도마뱀 꼬리가 [잘린 후에도] 꿈틀거리는 것과 마찬가지로 여전히 꿈틀거린다고 해도, [즉각] 더럽힌다.

7. [온전한] 신체 부분들은 크기에 상관없이 [부정결을 옮긴다]. 시체의 감람 크기 이하나 사체의 감람 크기 이하, 기어 다니는 것의 렌틸콩 크기 이하는 [온몸이든 온전한 부분이든 부정결을 옮긴다].

8. 인간의 몸은 248개의 부분[1]으로 되어 있다. 즉, 발에 30개(각 발가락에 6개), 발목에 10개, 아랫다리에 2개, 무릎에 5개, 넓적다리에 1개, 골반대에[2] 3개, 갈비뼈 11개, 손에 30개(각 손가락에 6개), 아래팔에 2개, 팔꿈치에 2개, 위쪽 팔에 1개, 어깨에 4개가 있다. 이것은 각 측면에 101개가 된다. 그다음에 [가슴과 목의] 척추골 18개, 머리에 9개의 [부분], 목에 8개, 가슴 부분[3]에 6개, 그리고 5개의 구멍[4]이 있다.

이 각각의 [부분들은 그 자체로] 건드리고, 옮기고, 같은 지붕 아래 있음으로써 더럽힌다. 이것은 그것들이 적절히 살로 덮일 경우이지만, 만약 살로 적절하게 덮이지 않았다면 건드리고 옮김으로써는 더럽히지만, 같은 지붕 아래 있음으로써는 더럽히지 않는다.

2장

1. 이것들은 같은 지붕 아래 있음으로써 더럽힌다. 즉, 시체, 시체의 감람 크기, 부패한 살의 감람 크기, 썩은 시체의 한 국자 분량, 적절히 살로 덮여 있는 척추, 두개골, 온전한 신체 부분이나 살아있는 사람에게서 [떼어낸] 부분, 4분의 1카브의 뼈들이 [몸에 있는 뼈들의] 구조물이나 숫자의 대부분을 구성하거나, 4분의 1카브가 안 될지라도 그 뼈들이 시체에서 나온 구조물이나 숫자의 대부분을 구성

한다면, [그 모두는] 정하지 않다. '숫자 대부분'은 125이다.

7장

4. 만약 한 여자가 출산하는 데 어려움을 겪고 있으면서, 한 집에서 다른 집으로 옮겨져 [둘째 집에서 사산아를 낳았다면], 첫째 집은 부정결한지 의심스럽고, 둘째 집은 명백히 부정결하다. 랍비 유다는 다음과 같이 말했다. 이것은 그녀가 [한 집에서 다른 집으로] 옮겨진 경우이지만, 그녀가 [홀로] 걸어갔다면 첫째 집은 정결한데, 왜냐하면 일단 태가 열렸다면 그녀는 걸을 수 없었을 것이기 때문이다. 사산은 그 머리가 방적기의 실패만큼 크지 않으면 '태를 연' 것으로 간주하지 않는다.

5. 만약 [그녀가 둘을 출산하고] 첫째는 죽었지만 둘째는 살았다면, [둘째는] 정결하다. 만약 첫째가 살고 둘째가 죽었다면, [첫째는] 부정결하다. 랍비 메이르는 다음과 같이 말한다. 만약 그들이 모두 동일한 주머니에 있었다면, [살아있는 이는] 부정결하다. 만약 그들이 분리된 주머니에 있었다면 [살아있는 이는] 정결하다.

다음 미쉬나는 낙태를 언급할 때 후대 랍비 문헌에 인용됐다. 그 적용이 복잡할지라도, 기본적인 원리는 단순하다. 즉, 어머니의 생명이 태어나지 않은 아이의 생명보다 우선시된다는 것이다. [5]

6. 만약 한 여자가 출산에 어려움을 겪고 있다면, 그들은 그녀 안에 있는 태아를 해체하여 수족을 제거하는데, 그녀의 생명이 [태어나지 않은] 태아의 [생명]보다 우선시되기 때문이다. 하지만 만약 태아가 거의 나왔다면 그들은 그 태아를 건드리지 않는데, 어떤 생명도 다른 생명보다 우선시되지 않기 때문이다.

신약(눅 10:25-37)은 결국 한 사마리아인의 도움을 받았던, 죽어가던 사람과 그를 피하려고 길의 다른 쪽으로 지나간 한 제사장에 대해 말한다. [6] *이 이야기의 토대는 한 코헨이 제사장 대행이 아니더라도 자신의 가까운 친척 이외에는 죽은 사람 때문에 자신을 더럽힐 수 없다는 것이다(레 21:1-4). 랍비들은 비상시에는 이 규*

칙을 지지하지 않았다. 그러나 보통 상황에서 심지어 오늘날 정통 코하님은 시체와 같은 지붕 아래 있거나 무덤 사이를 걸어가는 것을 포함해서, 죽은 이와의 접촉을 피한다. 오래된 무덤이나 묘지를 갈아엎고서 그 지역에 여전히 뼈가 있을 때, 특별한 문제가 대두된다.

16장

1. 만일 누군가가 무덤을 갈아엎는다면, 이것은 베트 하 – 프라스(bet ha – p'ras)[7]를 만든다. 그것은 얼마까지 확대되는가? 1펄롱(약 201미터), 또는 100규빗 제곱으로, 네 세아를 파종하기에 충분하다. 랍비 요세는 다섯이라고 말한다. 이것은 [그 땅이] 내리막이 될 경우지만 만약 오르막이라면 그는 쟁기 끝에[8] 4분의 1카브의 살갈퀴를 놓아야 한다. 그가 세 개 이하의 씨앗이 함께 떨어진 곳에 도달할 때, 그것이 베트 하 – 프라스의 한계이다. 랍비 요세는, [베트 하 – 프라스의 법은] 내리막 경사에[만 적용되며] 오르막 경사에는 적용되지 않는다고 말한다.

18장

5. 베트 하 – 프라스는 어떻게 정결하게 될 수 있는가? 그들은 세 손바닥 깊이의 흙을[9] 거기서 벗겨내거나 세 손바닥의 [순결한] 흙을 그 위에 편다. 만약 그들이 들의 절반을 벗겨내고 들의 절반 위에 [순결한 흙을] 편다면, 그것은 순결하다.

랍비 시므온은, 만약 그들이 한 손바닥과 절반을 거기서 벗겨내고, 다른 곳에 한 손바닥과 절반을 펴면, 그것은 순결하다고 말한다.

만약 그가 베트 하 – 프라스를 움직일 수 없는 돌로 포장한다면, 그것은 순결하다.

랍비 시므온은, 그가 베트 하 – 프라스에서 돌들을 제거한다고 해도 그것은 순결하다고 말한다.

네가임

NEGA'IM, 역병

레위기 13장은 나병 진단 및 가능성 있는 징후를 가진 자들의 격리와 명백하게 병에 걸린 자들의 분리에 책임을 지는 제사장들에 관한 규정을 제시한다. 레위기 14장은 회복된 자들을 위한 정화 과정을 대략 설명한다.

레위기에 열거된 징후는 명백하게 이해되지 않으며, 랍비들의 설명도 마찬가지이다. 일부는 현재 나병 또는 한센병으로 알려진 다양한 형태의 연결된 징후와 일치하지만, 다른 것들은 일치하지 않는다. 성경의 역병과 마찬가지로, 한센병은 색소침착 저하의 피부 손상(하얀 반점들)을 보인다. 초기 단계에서 한센병은 감염된다. 랍비들은 성경 용어 차라아트(tzara'at)가 하나님이 비방하는 자들을 징벌하려고 보낸 특별한 질병을 언급한다고 이해했다. 이 소책자에서 랍비들은 그것을 단순히 네가(nega', 역병)라고 부른다. 나병법이 미쉬나의 시대나 그 후의 시대에 실행됐는지에 대한 기록은 없다. 처음 검사한 후, 희생자는 일주일간 미정의 검사를 위해 코헨에게 격리될 수 있다. 검사할 때 그는 한 주간 더 격리되거나, 명백한 '나병'으로 증명되거나, 질병이 없다고 선언되어 놓일 수 있다.

1장

1. 역병의 모습은 둘이며, 이는 넷으로 나뉜다.

하얀 반점(색점, 개역개정)(레 13:4)은 눈같이 희고, 그다음으로는 성소의 석회와 같이 하얗다.

부풀어 오르는 것(흰 점이 돋고, 개역개정)(13:10)은 달걀의 흰자와 같다. 그다음으로는 염색하지 않은 양모의 [모습]과 같다. 이것은 랍비 메이르의 견해이지만, 현인들은, 부풀어 오르는 것이 염색하지 않은 양모와 같으며, 그다음으로는 달걀의 흰자와 같다고 말한다.

2. 눈(snow) [색상 병변]은 불그스름할 때(13:19), 포도주와 섞인 눈과 같아 보인다. 석회 [색상 병변]은 불그스름할 때, 우유와 섞인 피와 같아 보인다. 이것은 랍비 이스마엘의 견해이지만 랍비 아키바는 다음과 같이 말한다. 두 가지 모두에 있는 붉은 색조는 물과 섞인 포도주와 같지만, 눈 색깔에 비해 밝으며, 석회 색깔에 비해 더 엷다.

3. 이 네 가지 색조를 종합적으로 판단하여 놓아주고 인증하고 격리한다.

네 가지 색조는 [종합적으로 판단되며, 첫 검사 후] 한 주간의 마지막에 [고통당하는 자를] 격리한다. 둘째 주 마지막에는 그를 놓아주고, 가벼운 상처나 하얀 머리가 첫 검사에서 발견된 자는 누구든지 첫 주간이나 둘째 주간 끝에, 또는 심지어 자유롭게 됐다고 선언된 후에도 인증한다. 하얀 것이 그에게 전체에 퍼졌으므로 자유롭게 됐다고 선언된 누구라도 인증하고(레 13:12-13) 하얀 것이 전체에 퍼졌지만 이미 인증되거나 격리된 자는 누구든지 자유롭게 됐다고 선언한다.

이것들은 역병[에 관한] 모든 [결정을] 좌우하는 역병의 모습이다.

역병을 진단하는 제사장의 특권을 랍비들은 단순한 의식적 기능으로 격하시켰다. 제사장은 전문적인 '검사자', 즉 적절하게 자격을 갖춘 현인의 진단에 의존한다.

3장

1. 비이스라엘 사람들과 거주 외국인들을 제외한 모두가 역병에 의한 더럽힘의 대상이다.

모두가 역병을 검사할 수 있지만, 코헨만이 그것이 정한지 아닌지 선언할 수 있다. [전문가가] 코헨에게 "부정하다고 말하라"라고 하면 코헨은 부정하다고 말한다. 또는 전문가가 코헨에게 "정하다고 말하라"라고 하면 코헨은 정하다고 말한다.

두 가지 발병에 대해서는, 한 사람에게서든 두 사람에게서든 동시에 검사해서는 안 된다. [검사자는] 먼저 한 사람을 보고서, 격리하거나 인증하거나 자유롭다고 선언하고, 둘째로 돌아온다.

이미 격리된 희생자는 [다른 발병에 근거하여] 격리될 수 없으며, 인증된 자는 [다른 발병에 근거하여] 인증될 수 없다. 인증된 자는 격리될 수도 없고 격리된 자는 인증될 수도 없다.

처음에 [그의 상태가 결정되지 않은 주간에], 그는 [다른 발병에 근거하여] 격리되거나 인증될 수 있다. 격리 [기간] 후에 그는 자유롭다고 선언될 수 있으며, 인증된 [기간] 후에 그는 놓일 수 있다.

2. 만약 역병의 [징후가] 신랑에게 나타났다면, 그와 그의 집과 그의 옷은 [공식적인 진단이 선언되기 전에 잔치의] 7일 동안 허용된다. 마찬가지로 잔칫날에도 그는 그 잔치 전체에 허용된다. [1]

14장

1. 나병 환자는 어떻게 정결하게 되는가? [제사장은] 새로운 단지를 가져와서 그것을 4분의 1로그의 '흐르는 물'[2]에 넣고 그 후에 그는 자유롭게 나는 새 두 마리를 가져온다. [3] 제사장은 그 새들 가운데 하나를 단지와 '흐르는 물' 위에서 도살하고, 그 후에 땅을 파고 자신 앞에 그것을 묻는다. 그는 백향목과 우슬초와 홍색 실을 가져다가 실의 끝으로 함께 그것들을 묶고, 둘째 [새]의 날개 끝과 머리와

머리 바로 옆에 그것들을 둔다. 어떤 이는 그의 이마에 한다고 말하는 이도 있지만, 제사장은 나병 환자의 손 등에 일곱 번 적시고 뿌린다. [만약 피해를 입은 집을 정화한다면(레 14:34-53)] 그는 상인방 바깥에 뿌린다.

2. 그 후에 제사장은 살아있는 새를 놓아준다. 그는 바다나 도시나 사막을 향하지 않는데, 왜냐하면 그 살아있는 새는 들에 놓을지며(14:7, JPS)라고 하기 때문이다.

그다음에 제사장은 나병 환자의 몸 전체에 면도칼을 대어 모든 털을 밀어야 한다.

[그다음에 나병 환자는] 자기 옷을 빨고 목욕한다. 그는 이제 더 이상 출입으로 더럽혀지지 않고, 기어 다니는 것과 접촉한 자 정도로만 정하다. 그는 [예루살렘의] 성곽 안에 들어갈 수 있지만, 자기 [자신의] 집에는 7일 동안 금지되고 성관계도 금지된다.

3. 칠 일째 되는 날에 그는 다시 첫날처럼 몸을 밀고, 자기 옷을 빨며 목욕한다. 그는 이제 기어 다니는 것과 접촉한 자의 부정결함의 단계도 아니며, 트불 욤(t'vul yom)과 같다. [만약 그가 레위인이라면 그는] 십일조를 먹을 수 있으며, [만약 그가 코헨이라면] 저녁이 될 때, 그는 테루마를 먹을 수 있다.

그가 자신의 속죄제물을 가져왔다면 그는 다시 희생제물에 참여할 수 있다.

그래서 나병 환자의 정결에는 세 단계가 있으며, 출산 후의 여자의 정결에도 마찬가지로 세 단계가 있다.

파라

PARAH, 붉은 암송아지

시체와의 접촉으로 더럽혀진 사람들에 대한 정결 의식은 민수기 19장에 묘사된다. 온전하여 흠이 없고 아직 멍에 메지 아니한(19:2) 붉은 암송아지를 도살하고, 그 후에 백향목과 우슬초와 홍색 실(19:6)과 함께 재가 되도록 불사른다. 재는 성전에 놓인 돌 단지에 저장된다. 작은 양의 재는 정결 의식에 필요할 때 단지에서 옮겨 물에 넣었다. 이것은 '정결의 물'로 알려졌다. 붉은 암송아지를 태우는 것에서 물을 긷는 것까지의 전 과정은 정결의 요구에 최대한 주의하며 행해졌다.

3장 3문단에서 묘사된 능숙한 수행은 재의 오염을 피하고자 고안됐다. 이전 미쉬나와 마찬가지로, 그것은 역사적인 기록이라기보다는 아마도 우샤에서 현인들이 이렇게 드물고 섬세한 과정을 오염을 피하면서 어떻게 수행했는지 가늠하려는 시도였을 것이다. 역사적인 기록이었다면, 랍비 요세는 그것이 발생했다는 것을 단호하게 부인했을 것 같지는 않다. (본문은 토세프타 3장 2-3문단을 참고하여 약간 수정됐는데, 거기서는 이 과정이 오직 바빌론에서 돌아왔을 때 발생한 것으로 진술된다.)

3장

1. 붉은 암송아지를 불사른 제사장은 미리 자기 집에서 7일 동안 나와서 북동쪽의 성전 복합 건물 앞에 있는 돌의 집이라고 불리는 방에 격리됐다.

그들은 매일 그에게 [이른 시간부터] 모든 사용 가능한 정화제의 물을 뿌린다. 랍비 요세는 그들이 [그를 격리한] 셋째 날과 일곱째 날에만 뿌린다고 말한다. 대제사장 대리인 랍비 하나냐는, 그들이 7일 동안 매일 붉은 암송아지를 불사른 제사장에게 [정결의 물을] 뿌렸지만, 속죄일에 직무를 수행하는 제사장에게는 셋째 날과 일곱째 날에만 뿌렸다고 말한다.

2. 예루살렘의 뜰은, 깊은 곳에 있을 수도 있는 어떤 매장[의 오염이라도] 피하려고, 아래를 파낸 바위 위에 지어졌다. 임신한 여자들은 출산하러 와서 거기서 아이들을 길렀다.¹⁾ 그들은 소 위에 판자를 놓고서 소를 데려왔는데, 그 판자 위에 아이들이 돌 용기를 쥐고서 앉았다.²⁾ [아이들이] 실로아 시내에 도착했을 때, 그들은 내려서 [시내에서 그 용기를] 채웠다. 하지만 랍비 요세는, 그들이 [줄]로 [용기를] 내려서 채웠다고 말한다.

3. 그들이 성전산에 도착했을 때 그들은 내렸는데, 왜냐하면 성전 아래 [땅]과 뜰이 깊은 매장[의 오염을] 막도록 깊이 파였기 때문이다. [재를 담는] 단지는 뜰 입구에 정결의 물을 위해 준비되어 있었다.

그들은 숫양을 데려와 그 뿔 사이에 줄을 묶었다. 그들은 솔 끝의 막대기를 줄에 묶고, 줄의 끝을 당겨서 [막대기를] 단지에 몰아냈다. 그다음에 그들은 숫양을 때렸고, 그 숫양이 갑자기 뒷걸음질하여 [재가 단지에서 소에게로 던져지게 했다. 아이들은] 눈에 보이는 양의 재를 물에 넣어, 사용할 수 있도록 거룩하게 했다.

랍비 요세가 말했다. 사두개인들에게 우리를 조롱할 기회를 주지 말라! [아이들은] 재를 직접 잡고서 물에 넣었다.

5. 만약 그들이 [이전의] 일곱 마리의 [붉은 암송아지의 재를] 발견할 수 없다면, 그들은 여섯이나 다섯, 넷, 셋, 둘, 하나를 사용했다.

누가 [이전 것들을] 만들었는가? 랍비 메이르에 따르면, 모세가 처음 것을 만들었고, 에스라가 두 번째를 만들었으며, 에스라부터 계속 다섯이 있었다. 그러나 현인들은 에스라부터 계속해서 일곱이 있었다고 말한다. 누가 그것들을 만들었는가? 의로운 자 시므온과 대제사장 요하난은 각각 둘을 만들었다. 엘리에호이나이 벤 하-쿠프(Eliehoinai ben ha-Quf), 이집트 사람 하나멜(Hanamel)과 이스마엘 벤 포에부스(Ishmael ben Phoebus)는 각각 하나를 만들었다.

6. 깊은 매장의 오염을 피하려고 그들은 성전산부터 감람산까지 계단이 있는 아치의 방죽 길을 만들었으며, 각 아치는 각 이웃의 교각 옆에 있었다. 이런 식으로 붉은 암송아지를 불사른 제사장은 붉은 암송아지와 참석할 필요가 있는 사람과 함께 감람산까지 걸어갔다.

7. 만약 붉은 암송아지가 움직이려 하지 않는다면, 사람들이 검은 암송아지를 도살하려 한다고 생각할 경우를 대비하여 [붉은 암송아지를 자극하려고] 붉은 암송아지와 함께 검은 암송아지를 놓지 않았으며, 또한, 사람들이 둘 다 도살하려한다고 생각할 경우를 대비하여 [붉은 암송아지와 동행하려고] 또 다른 붉은 암송아지를 데려갈 수도 없었다. 랍비 요세는 말하기를, 그것이 이유가 아니었으며, 성경은 그는 그것을 진영 밖으로 끌어내어서(민 19:3), 즉 그것만[3] 끌어내라고 말하기 때문이라고 한다.

이스라엘 원로들은 감람산으로 앞서서 걸어갔는데, 거기에는 담그기 위한 웅덩이가 있었다. 그들은 암송아지를 불살라야 할 제사장을 더럽혔다. 이는 [담그기 이후] 해가 내린 제사장에 의해서만 이 과정이 행해져야 한다고 주장한 사두개인들을 [무시하는 것이었다.[4]

8. 그다음에 그들은 자신들의 손을 그에게 얹고서 말했다. 선생이여! 담그시오! 그는 내려가서 담그고 나와서 말렸다.

백향목과 소나무와 삼나무와 부드러운 무화과나무 등의 나무가 [미리] 거기에 준비됐으며, 나무는 창문이 있는 탑과 같이 쌓였으며 서쪽을 향했다.

9. 그들은 파피루스 끝으로 [붉은 암송아지를] 묶고 그 머리는 남쪽으로 하고 서쪽을 향한 채 장작더미 위에 놓았다. 제사장은 서쪽을 향하면서 동쪽에 섰다. 그는 오른손으로 도살하고 왼손으로 [피를 그릇에] 모았다(랍비 유다는, 제사장이 오

른손으로 모으고 그것을 왼손으로 넘겼다가, 그 후에 오른손으로 뿌렸다고 말한다). 그는 [성전에 있는] 지성소를 향하여 매번 뿌리기 전에 적시면서, 일곱 번 적시고 뿌렸다. 그가 뿌리기를 마쳤을 때, 붉은 암송아지의 사체 위에 자신의 손을 닦고 내려와 나뭇가지로 불을 붙였다. 랍비 아키바는, 야자나무 잎으로 한다고 말한다.

10. 사체가 완전히 벌어졌을 때 그는 그 장소에서 옆에 서고 백향목과 우슬초와 홍색 실을 집어 들었다. 그는 [주변에 서 있는 자들에게], "이것은 백향목인가? 이것은 우슬초인가? 이것은 홍색 실인가?"라고 말했다. 각 품목에 대해 세 번 말하고 그들은 각각에 대해 세 번 "그렇다"라고 대답했다.

11. 그는 [백향목과 우슬초를] 홍색 실에 묶고 [그 묶음을] 큰불에 던졌다. 그 묶음이 태워질 때, 그들은 막대기로 그것을 때리고 체질을 했다. 랍비 이스마엘은 그들이 [오염을 피하고자] 돌 망치와 체를 사용했다고 말한다. 만약 그들이 재를 포함한 검은 잔여물을 발견하면 그것을 분쇄했지만, 그렇지 않으면 그것을 남겨 두었다. 뼈는 어떤 조각이라도 분쇄했다.

그다음에 [재는] 셋으로 나뉘었다. 한 부분은 성전에 놓이고, 한 부분은 감람산에 남겨졌으며 한 부분은 제사장의 반열들 사이에 나누었다.

토호로트

TOHOROT, 정결

또 스스로 죽은 것이나 들짐승에게 찢겨 죽은 것을 먹은 모든 자는 본토인이거나 거류민이거나 그의 옷을 빨고 물로 몸을 씻을 것이며 저녁까지 부정하고 그 후에는 정하려니와(레 17:15, JPS).

사체를 통한 오염의 일반적인 원리는 레위기 5장 2절에서 표현됐다. 성경 구절의 과도한 표현을 피하고자, 랍비들은 이 구절을 이 소책자가 시작하는 '정한 새의 사체'의 이례적인 사례로 적용했다. [1] 이 소책자의 대부분은 의심의 상황에 대한 해결을 다룬다.

1장

1. 정한 새의 사체가 [오염되는 조건들]에 대해 다음의 열세 가지가 언급됐다. 즉, [부정한 음식이라고 알려진 것을 먹을] 의도가 있어야만 한다. 어떤 조력자도 필요하지 않다. 달걀 크기는 음식 오염을 옮긴다. 감람 크기는 삼켰을 때 오염된다. 그것을 먹는 자는 저녁까지는 계속 부정하다. 만약 그것을 먹은 자가 [정결

하게 하지 않고] 성전에 들어왔다면, 그는 죄가 있다. 그것에 의해 [오염된] 테루마는 태워야만 한다. 만일 짐승이 살아있을 때 누군가가 그 짐승에서 찢긴 수족을 먹었다면, 그는 태형을 면할 수 없다. 만약 정확하게 도살됐거나 '비틀어'졌다면,[2] 그것은 사체가 아니다(이것은 랍비 메이르의 견해이며, 랍비 유다는 그것이 여전히 사체라고 말한다. 랍비 요세는, 정례적인 도살은 사체인 것에서 놓이지만, 비트는 것은 그렇지 않다고 말한다).

5장

1. 공적인 장소에 있는 기어 다니는 것과 개구리,[3] 시체에서 나온 감람 크기의 것과 사체의 감람 크기, 시체에서 나온 뼈와 사체에서 나온 뼈, 정한 땅에서 나온 흙과 베트 하-프라스에서 나온 흙, [이스라엘] 땅에서 나온 흙과 온 나라 땅에서 나온 흙이 있다. 두 길이 있는데, 하나는 정하고 하나는 부정하며 그가 어느 길을 밟았는지 알지 못한다. 그가 그것들 가운데 하나[4]가 있는 곳의 지붕 아래를 지나갔지만, 어느 것인지 알지 못한다. 그는 하나를 옮겼지만, 어느 것을 옮겼는지 알지 못한다. [이 모든 경우에] 랍비 아키바는 그가 부정하다고 선언하지만, 현인들은 그가 정하다고 선언한다.

6장

4. 개인적인 장소에서 [오염이 있는지에 대해] 아무리 의심하고 의심에 대한 의심을 해도 그것은 부정하지만, 공적인 장소에서는 정하다.

이것은 어떤가? 누군가가 막다른 골목에 들어갔고, [이어지는] 뜰 가운데 하나에 부정한 것이 있지만, 그는 [그 뜰에] 들어갔는지 아닌지 확신하지 못한다. [또는] 부정한 것이 집에 있지만, 그가 [그 집에] 들어갔는지 들어가지 않았는지 확신하지 못한다. 또는 그가 들어갔었다고 해도, 부정한 것이 있었는지 없었는지, 그리고 거기에 있었다면 오염시키기에 충분한 양이 있었는지 없었는지, 그리고 충분한 양이 있었다고 해도 [사실은] 부정한지 그렇지 않은지, 그리고 [명백하게] 부정하다고 해도 그가 그것을 건드렸었는지 그렇지 않은지 확신하지 못한다.

랍비 엘르아살은, 만약 출입에 대한 의심이 있다면 그는 정하지만, 만약 오염에 대한 의심이 있다면 그는 부정하다고 말한다.

5. 만약 그가 우기에 골짜기에 들어갔는데 밭에 부정한 것이 있었고, 그가 말하기를, 나는 그 지역에 있었지만 내가 그 밭에 들어갔는지 그렇지 않은지 알지 못한다고 한다면, 랍비 엘르아살은 그가 정하다고 선언하지만, 현인들은 그가 부정하다고 선언한다.

6. 그가 [부정결의 근원을] 건드리지 않았다고 확신하지 못한다면, 개인적인 지역에서의 의심은 부정하다. 그가 [부정결의 근원을] 건드렸다고 확신하지 못한다면, 공적인 지역에서의 의심은 정하다.

'공적인 지역'은 무엇을 의미하는가? 베트 길굴(Bet Gilgul)⁵⁾의 길 등은 안식일법과 관련하여 개인적이라고 간주되지만, 오염과 관련해서는 공적이다. 랍비 엘르아살은, 베트 길굴의 길은 둘 다와 관련하여 개인적이라고 간주되기 때문에 주목받았다고 말한다.

우물과 구덩이와 동굴과 포도주 틀에 열려 있는 길들은 안식일법과 관련하여 개인적이지만, 오염과 관련해서는 공적이다.

미크바오트

MIQVA'OT, 웅덩이들

물로 몸을 씻을 것이라 그리하면 정하리니(레 14:8).

샘물이나 물이 고인 웅덩이(미크베[miqvé])는 부정하여지지 아니하되(레 11:36).

　정화의 주요 방법은 미크베, 문자 그대로 물의 '고인 것'에 담그는 것이다. 이것은 기독교 '세례'의 기원이다.[1] 오염의 단계가 있듯이 정결과 물의 효력도 단계가 있다. 오직 '자연의' 물만이 정화할 수 있다. 그 근원에서 옮겨진 물, 전형적으로 단지나 수조에 저장된 물은 '길어낸 물'로 알려졌으며, 자격이 박탈된다.

　이스라엘 땅에 있는 강들은 쉽게 접근할 수 없으므로, 미크바오트는 일반적으로 빗물이 떨어진 동굴이나 바위의 움푹 꺼진 곳이다. 사막 지역은 미크베와 물 저장고를 구분하기가 항상 쉬운 것은 아니지만, 고고학자들은 예루살렘의 갈릴리 마을, 마사다와 쿰란에서 이런 많은 것들을 발굴했다.

1장

1. 서로 다른 미크바오트의 여섯 단계가 있다.

[40세아 이하를 담은] 빗물 웅덩이는 [가장 낮은 단계다]. 만약 부정한 사람이 [거기서] 마시고 그다음에 정한 사람이 거기서 마시면 [그 정한 사람은] 부정하게 [된다]. 만약 부정한 사람이 [거기서] 마시고, 한 덩어리의 테루마가 그 안에 떨어 졌다면, 그것을 [웅덩이에서] 세척한다고 해도 그것은 부정하지만, 그렇지 않으면 그것은 [계속] 정하다. [2]

6. 이 위에 계속 흐르는 시내를 형성하는 빗물이 온다. 만약 부정한 사람이 [거 기서] 마시고 그다음에 정한 사람이 거기서 마시면 [그 정한 사람은 계속] 정하다. 만약 부정한 사람이 [거기서] 마시고 한 덩어리의 테루마가 그 안에 떨어졌다면, 그것을 [웅덩이에서] 세척한다고 해도 그것은 [계속] 정하다.

만약 그가 그것으로 부정한 용기를 채우고 정한 사람이 [거기서] 마셨다면, [그 정한 사람은 계속] 정하다. 만약 그가 그것으로 부정한 용기를 채우고, 그다음에 그것으로 정한 용기를 채웠다면, [정한 용기는 계속] 정하다. 만약 그가 그것으로 부정한 용기를 채우고 한 덩어리의 테루마가 [그 흐르는 물에] 떨어졌다면, 그가 [그 물에서 덩어리를] 세척했다고 해도 [그 덩어리는 계속] 정하다.

만약 부정한 물이 [흐르는 물에] 떨어지고 정한 사람이 [거기서] 마셨다면, [그 정한 사람은 계속] 정하다. 만약 부정한 물이 [흐르는 물에] 떨어지고 그가 그것으 로 정한 용기를 채웠다면, [그 정한 용기는 계속] 정하다. 만약 부정한 용기가 그 안에 떨어지고 그 후에 한 덩어리의 테루마가 [흐르는 물에] 떨어지면 그가 [그 물 에서 덩어리를] 세척했다고 해도 [그 덩어리는 계속] 정하다.

이 물은 테루마와 손을 씻기에 적합하다.

7. 이 위에 40세아 이상을 담은 미크베가 온다. 그것은 사람과 물건 모두를 담 그기에 적합하다.

다음으로 더 많은 양의 길어낸 물이 더해진, [오직] 작게 흐르는 샘이 온다. 미 크베와 마찬가지로, 이것은 움직이지 않을 때는 정화한다. 샘과 같이 이것은 40세아 이하로 있을 때도 정화한다.

8. 소금기가 있는 물이거나 온천수는 더 높은데, 그것들은 흐를 때 정화하기 때문이다.

모든 것 가운데 가장 높은 것은 '살아있는 물'[3] (흐르는 물, 개역개정)(레 15:13)이다. 유출병이 있는 자들은 이 물로 정화되며, 이 물은 나병 환자 위에 뿌려지고, [붉은 암송아지의 재와 더불어] 정결의 물로 사용될 수 있다.

2장

1. 만약 부정한 사람이 담그려고 웅덩이에 들어가고, 그가 실제로 담갔는지 의심의 여지가 있거나 미크베가 40세아를 담고 있는지에 대해 의심의 여지가 있다면, 또는 두 미크바오트가 있는데 하나는 40세아를 담고 있고 다른 하나는 그렇지 않으며, 그가 하나에 담갔는데 어느 것에 담갔는지 알지 못한다면, 그는 [계속] 그 의심 [때문에] 부정하다.

2. 만약 미크베에 [있는 물의 양이] 측정되어 부족하다고 발견되면, 개인적이든 공적이든[4] 그 힘으로 가능해진 어떤 정결도 소급하여 부정결하게 된다.

이것은 높은 단계의 부정결에만 적용되고 낮은 단계의 부정결에는 적용되지 않는다. 만약 예를 들어 누군가가 부정한 음식을 먹었거나 부정한 액체를 마셨거나, 만약 그의 머리와 그의 몸 대부분이 길어낸 물에 들어갔거나, 만약 세 로그 이상의 길어낸 물이 그의 머리와 그의 몸 대부분에 쏟아졌거나, 만약 그가 담그려고 웅덩이에 들어갔는데 미크베가 40세아를 담고 있는지 의심이 되거나, 만약 두 미크바오트가 있는데 하나는 40세아를 담고 다른 하나는 그렇지 않으며, 그가 하나에 들어갔는데 어느 것인지 알지 못한다면, [이 모든 경우에] 그는 의심[에도 불구하고] 정하다.

그러나 랍비 요세는 그가 부정하다고 주장하는데, 랍비 요세는 부정하다고 확립된 것은 무엇이든지 그것이 정하다고 알려지기 전까지는 계속 부정하다고 주장하기 때문이다. [다른 한편] 만약 [그것이 정하]고 그것이 오염됐는지 또는 [다른 무언가를] 오염시켰는지에 대해 의심이 있다면, 그것은 [달리 입증될 때까지는] 계속 정하다.

6장

1. [물의] 어떤 [부분]이든지 미크베에 들어가면 그것은 미크베 자체와 같다.

물건들은 동굴 [안에 있는 바위에서 형성된 미크베]의 구멍이나 틈에 그것들을 담금으로써 정화될 수 있다. [그러나,] 그것이 [최소한] 가죽 병 입구5)의 직경 크기의 구멍으로 미크베에 들어가지 않는다면, 당신은 그 미크베의 옆에 있는 구덩이에 담글 수 없다. 랍비 유다는 그것이 오직 [구덩이와 미크베] 사이에 있는 벽이 확고할 경우만 그렇다고 설명한다.

사람이든 물건이든 전체를 담가야만 한다. 이 장은 무엇이 사람이나 물건과 물 사이에 하치차(ḥatzitza), 즉 장애물을 구성하는지에 대해 더 세부적인 점들을 다룬다. 미크베에 들어가기 전에 사람이나 물건의 이런 모든 장애물을 깨끗이 할 필요가 있다.

9장

1. 양모나 세마포 실과 소녀의 머리에 있는 리본은 사람에게 장애물이 된다. 랍비 유다는, 양모와 머리카락은 장애물이 되지 않는데, 왜냐하면 그것들은 물이 들어오도록 허용하기 때문이라고 말했다.

2. [또한] 가슴에 있는 엉킨 털이나 수염, 여자의 숨겨진 장소에 있는 것, 눈 옆의 분비물, 상처에 있는 껍질이나 붕대, [피부 위에서] 마른 체액, 피부 위에 마른 배설물, 손톱 밑의 가루 반죽, 땀의 부스러기 같은 조각들, 야벤(yaven) 진흙, 토기장이의 진흙, 찌그러진 진흙.

야벤 진흙은 무엇인가? 나를 기가 막힐 웅덩이와 '더러운 [야벤] 진흙에서'(수렁에서,

개역개정) 끌어올리시고(시 40:2)라고 한 대로 구덩이에서 나온 진흙이다. 토기장이의 진흙은 성경이 말하는 대로이지만, 랍비 요세는, 토기장이의 진흙은 달걀과 섞이지 않은 한 정하다[6]고 말한다. 찌그러진 진흙은 사람들이 걸을 때 발에 찌그러진 것이다. 이것들은 당신이 그 안에 담글 수 없거나 당신이 그것을 담글 수 없는 종류의 진흙이지만, 그것이 부드러운 한 당신은 다른 모든 종류의 진흙에 담글 수 있다.

당신은 당신 발의 [여행한] 먼지와 함께 담글 수 없다.

당신은 [석탄을] 문질러 벗길 때까지는 탄 석탄[의 잔여물이 포함된] 주전자를 담글 수 없다.

3. 이것들은 장애물이 되지 않는다. 즉, 머리 위나 겨드랑이나 남자들의 숨겨진 장소에 있는 엉킨 털.[7] 랍비 엘리에셀은 [이 점에서] 남자와 여자 사이에 차이점이 없다고 말한다. 만약 [한 개인이] 이에 대해 특별하다면 그것은 장애물이며, 그것들이 특별하지 않다면 그것은 장애물이 아니다.

니다

NIDDA, 월경 중인 여자

레위기 15장에는 정결법에 관하여 정상적인 월경과 비정상적인 출혈에 대한 섹션이 있다. 자빔(*Zavim*)에 대한 서론적인 해설을 보라. 니다(*Nidda*)는 월경 중의 성관계에 대한 기본적인 금지뿐만 아니라 이런 문제들을 다룬다(레 18:19, 20:18). 이런 금지는 랍비 유대교 안에서 계속 효력을 발휘했다.

힐렐과 샴마이 사이의 시작하는 논쟁을 포함한 미쉬나 섹션들은 성전 시대를 떠올리게 한다. 시작하는 문제는 정결법과 관련된다. 월경의 출혈로 고생하는 한 여자는 정결의 상태로 유지해야 하는 테루마 또는 다른 어떤 음식이나 음료를 더럽힌다. 하지만 그녀는 정확하게 언제 출혈이 시작됐는지, 따라서 오염의 가능성이 시작됐는지를 어떻게 확신할 수 있는가?

1장

미쉬나:

샴마이는, 모든 여성에 대해 [그들이 출혈을 알아차리는] 시기로 충분하다고 말한다. 힐렐은, 며칠 전이었다고 해도 마지막 [자가] 진단으로 되돌아가야만 한다고 말한다. 현인들은, 누구도 정확하지 않으며, 온전한 하루는 이전 진단까지의 시간으로 한정되고, 진단은 그 온전한 날로 한정된다고 말한다. [1]

주기가 규칙적인 어떤 여자에 대해서도, [그녀가 출혈을 알아차린] 시기로 충분하다.

만약 여자가 성관계할 때에 어느 재료로 스스로 진단한다면, 이것은 [다른 어떤] 진단이나 다름없다. 이것은 온전한 그날과 이전 시기까지의 시간 모두에 한정된다.

"[그녀가 출혈을 알아차린] 시기로 충분하다"는 것은 무엇을 의미하는가? 만약 그녀가 정결의 상태로 보관되어야 하는 품목을 다루고 있었는데, 그것을 옮긴 후에 출혈을 알아차렸다면 그녀는 부정하지만, 그 품목은 [계속] 정하다.

그들이 그녀가 [소급하여] 온전히 하루 동안 오염시킨다고 말했을지라도, 그녀는 출혈을 알아차린 시간부터 [자신의 칠 일을 월경 중인 것으로] 간주한다.

게마라:

샴마이의 이유는 무엇인가? 그는 여자가 [이전에 확립된] 상태인 정한 상태에 있는 것으로 가정된다고 주장한다. 힐렐은, 우리가 관련된 그 몸의 상태를 더 나빠지게 하지 않는 이전의 상태에 대한 추정에만 의존한다고 주장하지만, 여자의 몸은 출혈하기 쉬우므로 우리는 추정에 의존할 수 없다.

왜 이것은 미크베를 [지배하는 법]과 다른가? 미쉬나는 다음과 같이 진술한다. **만약 미크베에 [있는 물의 양이] 측정되어 부족하다고 발견되면, 개인적이든 공적이든 그 힘으로 가능해진 어떤 정결도 소급하여 부정결하게 된다.** [2] 샴마이에게는 소급과 관련하여 문제가 발생한다. 힐렐에게는 명백함을 확립하는 것과 관련하여 문제가 있다. [힐렐은 나중에 [3] 다음과 같이 말한다. 우리가 소급하여 그녀가 만진 것이 부정하다고 선언하는] 니다의 경우에, [우리는 그것을 의심스럽게 부정하다고 취급하여,] 그것을 먹지도 그것을 불사르지도 않는다. 반면에, 이 바라이타는 오염된 품목이 명백하게 부정하다고 취급한다.

[한 가지 제안된 해결책은 다음과 같다.] 차이점은 [미크베]의 경우에 그 사

람이 부정하다고 가정하기 때문에 우리는 그가 [유효한 미크베에] 자신을 담그지 않았다고 여긴다는 것이다. 그와는 반대로, 명백히 우리는 그 미크베가 원래는 유효했으며 [물의 양은] 줄어들지 않았다고 가정해야 하는가? [아니다. 왜냐하면] 당신은 그것이 이제 부족하다고 보기 때문이다. 그렇다면 여기서도 당신은 피가 있다고 본다! 그녀는 그것을 보았을 뿐이다! 거기서도 우리는 [물의 양이] 줄어들었다고 보았을 뿐이다. [비교가 안 된다! 미크베]의 경우에 물은 점차로 줄어들지만, 당신은 [한 여자가] 점차적으로 [피를] 보았다고 말할 수 없다. 그것은 정말로 문제인가? 명백히 출혈의 시작이 점차적일 수 있다! 그런데도 다음과 같이 차이점이 있다. [미크베]의 경우에 두 가지 반대되는 징후가 있는데,[4] 여기에는 하나만 있다. 그렇다면 [우리의 경우]는 그 통[의 경우와] 어떻게 다른가? 왜냐하면, 다음과 같은 가르침을 받았기 때문이다. **만일 누군가가 일정 기간 [자기 포도주의 나머지를] 테루마로 따로 두려고 의도하면서 한 통[의 포도주를] 시험하고, 그다음에 그것이 식초[로 변한] 것을 발견했다면, 그는 [시험 이후에] 3일 동안 그것이 [포도주였다]는 데 의존할 수 있지만, 그 후에는 의심스럽다.**[5] 명백히 이것은 샴마이에게 문제가 되는가? [아니다. 왜냐하면] 거기서 소산물의 십일조를 바치지 않았다고 가정하므로, 우리는 여전히 십일조를 바치지 않았다고 여기기 때문이다. 그와는 반대로, 우리는 포도주가 식초가 아니었다고 가정하고, 그것이 [변한 것으로 발견될 때까지] 식초가 되지 않았다고 말하자! [비교가 안 된다!] 포도주는 점차 식초로 변한다. 반면, [한 여자가] 점차 [피를] 보았다고 말할 수 없다. 그것은 정말로 문제인가? 명백히 출혈의 시작이 점진적일 수 있다! 그런데도 다음과 같은 차이점이 있다. [미크베]의 경우에 두 가지 반대되는 징후가 있는데, 여기에는 하나만 있다.

각각이 두 가지 모순된 징후를 지니는 것으로 보아, 통의 경우와 미크베의 경우는 서로 충돌하지 않는가? 왜 하나는 의심스러운 것으로 취급하고 다른 하나는 명백한 것으로 취급하는가? 수라의 랍비 하나는 다음과 같이 말했다. 통의 타나는 랍비 시므온이며, 그는 미크베의 경우도 의심스러운 것으로 취급한다. 한 바라이타가 다음과 같이 진술하기 때문이다. 만약 미크베에 [있는 물의 양을] 측정하여 부족하다고 발견하면, 개인적이든 공적이든 그 힘으로 가능해진 어떤 정결도 소급하여 부정결하게 된다. 랍비 시므온은 공적인 지역에서는 그것이 정결하지만, 개인적인 지역에서는 부정결하다고 말한다.

여호와께서 모세에게 말씀하여 이르시되 이스라엘 자손에게 말하여 이르라 여인이 임신하여 남자를 낳으면 그는 이레 동안 부정하리니 곧 월경할 때와 같이 부정할 것이며 … 그 여인은 아직도 삼십삼 일을 지내야 산혈이 깨끗하리니[6] (레 12:1-2,4).

남자아이 출생의 정함과 부정함의 기간은 각각 7일과 33일이며, 여자아이 출생의 정함과 부정함의 기간은 14일과 66일이다(레 12:5). 남자아이와 여자아이의 기간이 다르므로, 아이의 성이나 사산한 태아의 성을 아는 것이 중요하다. 태아가 임신 후 40일이 되어서야 정식적인 출산이 된다는 개념은 '영혼을 부여함'과 관계가 있을 수 있다. 오늘날조차도 실제적인 결과는, 할라카가 40일 전 유산을 행하는 것에 (불법으로 허용된 것은 아니더라도) 관대하다는 것이다.[7]

클레오파트라 여왕이 선고받은 죄수에게 심술궂은 실험을 했다는 주장은 알렉산드리아에서든 다른 곳에서든 의학 실험에 대한 혼동된 보고일 수 있다. 2세기 로마의 갈렌은 의사로서의 자신의 지위를 이용해서 자신의 연구를 위해 검투사들을 사용했지만, 인간 몸의 해부는 로마법으로 엄격하게 금지됐으므로, 그의 발견은 대부분 짐승 해부에 근거했다. 랍비들은 명백하게 성경의 연구가 실험에 의한 방법보다 인간의 몸에 대한 더 좋은 지침이었다고 생각했다!

3장

미쉬나:

만약 여자가 [임신한 지] 40일째 되는 날에 유산했다면, 그녀는 그것이 아이라고 생각할 필요가 없지만, 41일째 되는 날이라면 그녀는 마치 그것이 남자아이이거나 여자아이거나 정상적인 월경인 것처럼 앉아야 한다.[8]

랍비 이스마엘은 만약 41일째였다면 그녀는 마치 그것이 남자아이거나 정상적인 월경인 것처럼 앉아야만 하며, 만약 81일째였다면 남자아이는 41일에 완성되고 여자아이는 81일에 완성되므로 그녀는 마치 그것이 남자아이거나 여자아이거나 정상적인 월경인 것처럼 앉아야만 한다고 말한다. 그러나 현인들은 둘 다 41일에 완성된다고 말한다.

게마라:

왜 남자아이의 [출생]을 언급하는가? 부정한 날에 대해서는 [훨씬 긴 부정함의 기간과 관계된] 여자아이의 [출생이] 언급되므로, 그것은 [불필요한] 경우이며, 정한 날에 대해서는 [아무 소용이 없는데] 니다가 언급되므로 [정한 날이 전혀 없는 경우이다]! 만약 그녀가 34일에 [피를] 보고 그다음에 41일에 본다면, 그녀는 48일까지 부정하게 된다. 또는, [만약 여자아이가 출생했을 경우] 그녀가 74일에 [피를] 보고, 그다음에 81일에 본다면 그녀는 88일까지 부정할 것이다.

랍비 이스마엘은 만약 41일째였다면 그녀는 마치 그것이 남자아이이거나 정상적인 월경인 것처럼 앉아야 한다고 말한다. 다음과 같은 가르침을 받았다. 랍비 이스마엘은 다음과 같이 말한다. [성경은] 남자아이의 정함과 부정함의 [날을 할당하고] 여자아이의 정함과 부정함의 [날을 할당한다]. 즉, 남자아이의 정함과 부정함의 [날이] 아이의 형성 시기와 일치하듯이, 여자아이의 정함과 부정함의 [날이] 아이의 형성 시기와 일치한다. 그들은 랍비 이스마엘에게, 당신은 부정함에서 정보를 추론할 수 없다고 말했다. 그들은 [더 나아가] 이렇게 말했다. 알렉산드리아의 클레오파트라 여왕에게는[9] 사형을 당하는 [노예 소녀들이] 있었다. 그녀는 그들에게 실험했고, 남자와 여자 태아 모두 41일에 온전히 형성됐다는 사실을 발견했다. 랍비 이스마엘은 다음과 같이 대답했다. 나는 토라에서 증거를 가져왔지만, 당신은 어리석은 자들에게서 증거를 가져왔다!

'토라에서의 증거'는 무엇을 [의미했는가]? 만약 [성경이] 남자아이의 정함과 부정함의 [날을 할당하고] 여자아이의 정함과 부정함의 [날을 할당한다]면, 그들은 이미 그에게 부정함에서 정보를 추론할 수 없다고 대답했다. [그의 증거는] 두 배의 형성 기간을 가리키는 여자아이에 대해 [그녀가 낳는] 텔레드(teled)라는 단어를 토라가 반복한다는 것[이어야 한다]. 10)

'어리석은 자들에게서의 증거'는 무엇을 [의미했는가]? 여자아이를 [임신한 노예 소녀는] 남자아이를 [임신한 소녀]보다 이미 40일 전에 먼저 임신했을 수 있[으므로 그 '실험'은 가치가 없었다]. 랍비들은 [클레오파트라가] 먼저 그들에게 임신 중절 약을 마시게 했다고 여기지만, 랍비 이스마엘은 일부 사람들은 임신 중절 약에 반응하지 않는다고 주장했다.

[대안의 버전.] 랍비 이스마엘은 그들에게 다음과 같이 말했다. 그리스 여왕 클레오파트라에게는 사형을 당하는 [노예 소녀들이] 있었다. 그녀는 그들에게 실험했는데, 남자 태아는 41일에 온전히 형성됐고, 여자 태아는 81일에 온전히 형성됐다는 사실을 발견했다. 그들은 그에게 말했다. 어리석은 자들에게서는 전혀 증거가 나오지 않는다!11) 왜 그런가? 여자아이를 임신한 자는 40일 후에 임신했기 때문이다. 랍비 이스마엘은 [클레오파트라가 그들이 임신하지 않았다는 것을 명확히 하도록] 그들을 책임지는 감독자를 두었다고 생각했지만, 랍비들은 성에 대한 [효과적인] 감독자가 없다고 주장했다. 감독자 자신이 임신하게 했을 수도 있다.

만약 그들이 41일 된 여자 태아를 가진 자를 열었더라면, 완전한 상태로 발견되었을까? 둘 다 동일한 발전 단계에 도달했었다. [남자아이는 41일, 여자아이는 81일이었다.]

그러나 현인들은 41일에 모두 완성된다고 말한다. 이것은 첫 번째 타나가 말한 것이 아닌가? 만약 단순히 동일한 진술을 익명의 다수에게로 돌려서, 할라카가 개인 [랍비 이스마엘]에게 반대되는 그런 방식으로 결정된다면, 이것은 [어떤 경우든] 명백하다. 당신은 랍비 이스마엘의 입장이 그럴듯했고, 성경의 뒷받침을 받고 있다고 생각했을 수 있기에, [그렇다 해도 그것은 받아들여지지 않는다는 것이] 분명하다.

랍비 시믈라이는 다음과 같이 설명했다. 어머니의 태에 있는 아기는 무엇과 같은가? 그는 접힌 공책과 같은데, 그의 손은 두 뺨 위에 있고 그의 두 팔꿈치는 두 무릎 위에 있으며, 그의 두 뒤꿈치는 엉덩이 위에 있고 그의 머리는 무릎 사이에 있으며, 그의 입은 닫혀 있고 그의 배꼽은 열려 있다. 그는 어머니가 먹는 것을 먹고, 어머니가 마시는 것을 마시지만, 그는 배설하면 어머니를 죽일 수도 있어 배설하지 않는다. 아기가 신선한 공기에 나오자마자, 닫혔던 것이 열리고 열렸던 것이 닫히는데, 그렇지 않으면 그는 생존할 수 없기 때문이다. [여전히 태 속에 있을 때] 빛이 그의 머리 위에 비추고, 그때에는 그의 등불이 내 머리에 비치었고 내가 그의 빛을 힘입어 암흑에서도 걸어 다녔느니라(욥 29:3, JPS)라고 한 대로, 그는 세상의 한쪽 끝에서 다른 끝까지 본다. 이에 대해 놀라지 말라. 사람이 여기서 잠을 자고 자기 꿈에서 스페인을 보기 때문이다. 그리고 이것은 나는 지난 세월과 하나님이 나를 보호하시던 때가 다시 오기를 원하노라(욥 29:2, JPS)라고 한 대로, 사람의 생애 중 최상의 날이다. 즉, 출생하기 전의 시간으로, 몇 년이 아니라 몇 달이 있었던 때다. 아버지가 내게 가르쳐 이르기를 내 말을 네 마음에 두라 내 명령을 지키라 그리하면 살리라(잠 4:4, JPS)라고 한 대로, 그리고 또한 그때에는 전능자가 아직도 나와 함께 계셨으며(욥 29:5, JPS)라고 기록된 대로, 그는 전체 토라를 배운다. 왜 '그리고 또한'이라고 하는가? 당신은 [이 잠언의 구절을 하나님이 아니라] 선지자가 말하고 있었다고 생각할 수도 있기 때문이다. 그래서 그때에는 전능자가 아직도 나와 함께 계셨으며가 추가된다.

아기가 신선한 공기로 나오자마자, 죄가 문에 엎드려 있느니라(창 4:7)라고 한 대로, 천사가 그의 입을 때리고 그가 토라 전체를 잊게 한다.[12] [실제로,] 그는 내게 모든 무릎이 꿇겠고 모든 혀가 맹세하리라 하였노라(사 45:23)라고 한 대로, 맹세할 때에 비로소 밖으로 나오는 것이 허락된다. 왜냐하면, 진토 속으로 내려가는 자 곧 자기 영혼을 살리지 못할 자도 다 그 앞에 절하리로다(시 22:29)라고 한 대로, 내게 모든 무릎이 꿇겠고는 죽음의 날을 가리키기 때문이다. 손이 깨끗하며 마음이 청결하며 뜻을 허탄한 데에 두지 아니하며 거짓 맹세하지 아니하는 자로다(시 24:4)라고 한 대로, 모든 혀가 맹세하리라는 출생의 날이다. 그리고 그는 무슨 맹세를 해야 하는가? "의롭게 되고 불의하지 말라. 전 세계가 당신에게 당신이 의롭다고 말하더라도 너 자신이 불의한지 보라. 거룩하신 이, 그분은 찬양받으시리로다, 그분은 순결하시고 그분의 종들은 순결하며 그분이 당신에게 허락한 영혼은 순결하다는 것을 알라. 만약 네가 순결함 가운데 영혼을 보존하면 그 영혼이 잘 되겠지만, 그렇지 못하다면 나는 너에게서 그것을 가져가겠다."

갈렌은 다음과 같이 주장한다. 정액은 무엇인가? 명백하게 짐승의 활동 원리로, 물질적 원리가 월경의 피가 된다. 13) 랍비들은 '활동 원리'를 하나님과 연결하고, 물질적 측면(고대 생리학에서 이것은 뇌의 부드러운 물질을 포함할 것이다)을 어머니와 아버지 사이에 배분한다.

세 협동자가 한 사람을 [형성한다]. 즉, 거룩하신 이, 그분은 찬양받으시리로다, 그분과 그의 아버지와 그의 어머니이다. 그의 아버지는 하얀 씨앗을 생산하는데, 거기서 뼈와 힘줄과 손톱 및 발톱과 머리에 있는 뇌[의 부드러운 부분]과 눈의 하얀 부분이 [형성된다]. 그의 어머니는 붉은 씨앗을 생산하는데, 거기서 피부와 살과 머리카락과 눈의 어두운 부분이 [형성된다]. 거룩하신 이, 그분은 찬양받으시리로다, 그분이 그에게 영과 혼과 얼굴 모습과 눈의 보는 것과 귀의 듣는 것과 입의 말과 다리의 동작과 분별과 이해를 넣으신다. 그가 세상에서 떠나게 될 때, 거룩하신 이, 그분은 찬양받으시리로다, 그가 그분의 몫을 가져가고, 그의 어머니와 아버지 앞에 그들의 몫을 남겨둔다.

소년이 13살이 될 때의 바 미츠바(bar mitzva, 성년) 의식은 비교적 근래의 일이며, 탈무드에서는 언급되지 않는다. 12살의 소녀에 대한 바트 미츠바(bat mitzva)는 12세기 말에서야 일반화됐다. 그러나 그 나이는 아이들이 자신의 행동에 책임을 지는 단계로 간주했다.

5장

미쉬나:

열한 살과 하루가 되는 [나이부터, 소녀의] 서원이 시험을 받는다. 열두 살과 하루가 되는 때부터 그녀의 서원은 구속력을 지니지만 그녀의 열두째 해 내내[14] 시험을 받는다. 열두 살과 하루가 되는 [나이부터, 소년의] 서원이 시험을 받는다.

열세 살과 하루가 되는 때부터 그의 서원은 구속력을 지니지만 그의 열셋째 해 내내 시험을 받는다.

그 나이 이하일 때는 그들이, "우리는 우리가 누구에게 서원하는지 안다" 또는 "[우리는] 우리가 [이 물건을] 누구에게 봉헌하는지 [안다]"라고 말하더라도, 그들의 서원은 서원이 아니고 그들의 봉헌은 무효가 된다.

그 나이 이상일 때는 그들이, "우리는 우리가 누구에게 서원하는지 알지 못한다" 또는 "우리는 우리가 [이 물건을] 누구에게 봉헌하는지 알지 못한다"라고 말하더라도, 그들의 서원은 서원이고 그들의 봉헌은 유효하다.

게마라:

랍비들은 다음과 같이 가르쳤다. 이것은 랍비(Rabbi)의 견해이지만, 랍비 시므온 벤 엘르아살은, [미쉬나가] 소녀에게 적용하는 말은 [또한] 소년에게도 적용되며 소년에게 적용하는 말은 소녀에게도 적용된다고 말했다.

라브 히스다는 다음과 같이 묻는다. 랍비의 추론은 무엇인가? 그것은 여호와 하나님이 아담에게서 취하신 그 갈빗대로 여자를 만드시고(창 2:22)라고 기록된다. 이것은 우리에게, 거룩하신 이, 그분은 찬양받으시리로다, 그분이 남자보다 여자에게 더 많은 명철을 두신다고 가르친다. [15]

마크쉬린

MAKHSHIRIN, 부정결하게 할 수 있는 자들

이것들의 주검이 심을 종자에 떨어지면 그것이 정하거니와 만일 종자에 물이 '놓였을 때에'(묻었을 때에, 개역개정) 그것이 그 위에 떨어지면 너희에게 부정하리라(레 11:37-38, JPS).

물이 씨앗에 떨어지면 그 씨앗은 오염이 되기 쉽지만, 그렇지 않으면 오염이 되기 쉽지 않다. 랍비들은 이 사실에서 일반적인 식량은 일곱 가지의 명시된 액체 가운데 어느 것에 젖어 오염되지 않는 한 부정하게 될 수 없다는 사실을 추론했다 (Mishna 6 : 4 ; 753쪽을 보라). '만약 그것이 떨어지면'이 아니라 '만약 그것이 놓인다면'이라는 수동태에서, 그들은 오염을 가능하게 하는 액체가 식량에 의도적으로 놓이거나 최소한 사람의 희망과 일치하여 놓여야 한다고 추론했다. 학파들 사이의 첫 논쟁은 우샤의 현인들에 대한 자세한 논의와 함께 1장 6문단에서 계속 이어진다.

1장

1. 처음에 받아들여지지만 나중에는 받아들여지지 않거나, 나중에 받아들여지

지만 처음에는 받아들여지지 않는 어떤 액체도 '그것이 만약 놓인다면'이라는 [제목] 아래 온다.

부정한 액체는 받아들여지든 그렇지 않든 오염시킨다.

2. 만일 누군가가 열매나 어떤 부정한 것을 떨어뜨리려고 나무를 흔들었는[데, 물이 떨어지]면 [물은] '그것이 만약 놓인다면'이라는 [제목] 아래에 오지 않는다. 만약 그의 의도가 [나무에서] 물을 흔들어 떨어뜨리려는 것이었다면, 샴마이 학파는 나온 물과 [나무에 남아 있는 물 모두는] '그것이 만약 놓인다면'이라는 [제목] 아래에 온다고 말한다. 힐렐 학파는 그가 가능한 한 흔들어 떨어뜨리려고 했으므로, 나온 것은 '그것이 만약 놓인다면'이지만, 남아 있는 것은 '그것이 만약 놓인다면'이 아니라고 말한다.

6. 만일 누군가가 렌틸콩이 괜찮은지 보려고 불고 있었다면, 랍비 시므온은, 그것들은 '그것이 만약 놓인다면'이 아니라고 말하지만, [대다수의] 현인들은 그것들은 '그것이 만약 놓인다면'이라고 말한다.

만일 누군가가 도둑을 피하려고 자신의 열매를 물 아래 숨긴다면, [그가 실제로 그것이 젖기를 바라지 않았으므로] 그것은 '그것이 만약 놓인다면'이라는 [제목] 아래에 오지 않는다. 예루살렘 사람들은 강도들을 [두려워하여] 무화과를 물 아래 숨겼고, 현인들은 그것들이 정하다고 선언했다.

만일 누군가가 자기 열매를 시내에 두어 자신과 함께 떠 있게 한다면, 그것은 '그것이 만약 놓인다면'이라는 [제목] 아래에 오지 않는다.

4장

1. 만일 누군가가 마시려고 몸을 구부린다면 그의 입이나 그의 콧수염에 묻은 물은 '그것이 만약 놓인다면'이지만, 그의 코나 머리나 수염에 [묻은 것은] '그것이 만약 놓인다면'이 아니다.

만일 누군가가 [우물에서] 단지를 채우고 있다면, [단지의] 바깥에 있는 물이나 단지에 묶인 줄과 [단지를 조절하는 데] 필요한 긴 줄 위에 있는 물은 '그것이 만약 놓인다면'이라는 [제목] 아래에 온다. 그것을 다루는 데는 얼마나 많은 양이 필요한가? 랍비 시므온 벤 엘르아살은, 한 손바닥의 길이라고 말한다. 만약 그가 관(管)에서 채운다면 [넘치는 물은] '그것이 만약 놓인다면'이 아니다.

2. 만일 비가 누군가에게 내린다면, 그가 가장 높은 단계에서 부정하다고 해도 빗물은 '그것이 만약 놓인다면'이 아니지만, 만약 그것을 흔들어 떨어뜨린다면 그것은 '그것이 만약 놓인다면'이다.

만일 누군가가 시원하게 하거나 샤워하려고 [물의] 관 아래에 서 있다면, 만약 그가 부정하다면 그 물은 부정하며, 만약 그가 정하다면 그것은 '그것이 만약 놓인다면'이다.

5장

1. 만일 누군가가 강에 담그고, 후에 또 다른 강을 건너야 한다면, [그가 어쩔 수 없이 들어간] 두 번째 강의 물은 [첫째 강에서 그에게 남아 있는 어떤 물이라도] 정화한다. 만약 취한 친구가 그를 [둘째 강에] 밀거나 짐승을 밀었다면, [그가 어쩔 수 없이 들어갔으므로] 둘째 강의 물은 첫째 강[에서 그에게 남아 있는 어떤 물이라도] 정화한다. 그러나 만약 그의 친구가 그를 재미로 밀었다면 그 물은 '그것이 만약 놓인다면'이다.

2. 만일 누군가가 수영하고 있다면, [부지중에] 튀긴 것은 '그것이 만약 놓인다면'이 아니지만, 만약 그가 누군가에게 의도적으로 튀긴다면 그것은 '그것이 만약 놓인다면'이다.

만일 누군가가 물방울을 호스를 통해 분다면 거기서 나온 것이나 호수에 남은 것은 '그것이 만약 놓인다면'이 아니다.

6장

4. 일곱 가지 액체는 [부정결하게 할 수 있다]. 즉, 이슬, 물, 포도주, 감람유,

피, 우유, 꿀벌의 꿀이다.

말벌의 꿀은 정하며, 먹을 수 있다.

5. 물의 하위 범주에는 눈과 귀와 코와 입의 분비물, 어른이나 아이의 소변이 있다.

피의 하위 범주에는 가축이든 야생 짐승이든 정한 새들이든 셰히타(sheḥita)의 피와 마시려고 빼낸 피가 있다.

유장(乳漿)은 우유와 동등하다.

랍비 시므온은, 기름을 추출한 후 감람에서 나오는 검은 액체는 감람유와 동등하다고 말한다. 랍비 메이르는, 어떤 기름이 그것과 섞이지 않더라도 [이것은 그렇다]고 말한다.

기어 다니는 것의 피는 독특하다. 그것은 그 살과 마찬가지로 오염시키지만, [그런데도] 오염을 허용하지는 않는다.

자빔

ZAVIM, 유출병

만약 한 남자가 정상적인 정액을 유출한다면, 그와 그가 성관계한 여자는 반드시 목욕해야 하고 저녁까지는 부정하다(레 15:16-18). 만약 그가 발기하지 않고 무의식적인 유출병(정액루[精液漏])으로 고생한다면, 그는 자브(zav)의 범주에 들어간다. 한 사건은 그가 반드시 목욕해야 하고 저녁까지는 부정하다는 것을 의미한다. 두 사건은 그가 침상에 눕거나 자리에 앉음으로써 오염시키며, 따라서 그는 칠 일간 정한 날을 세고 그 후에 목욕해야 하지만, 희생제물에서는 면제된다는 것을 의미한다. 세 사건(반드시 세 개의 구분된 날은 아니지만)은 그를 온전한 자브로 만들어, 칠 일간 정한 날을 계산할 필요가 있으며, 이어서 그는 목욕하고 새의 희생제물을 가져와야 한다(15:13-15). 이 기간의 접촉이나 성관계는 다양한 단계의 오염을 옮긴다.

만약 여자가 정상적인 월경주기라면, 시작일부터 칠 일의 마지막 날에 정화를 위해 목욕한다(15:19).[1] 만약 그녀가 정상적인 주기 이외에 피를 흘린다면, 하루나 이틀을 흘릴 경우 그녀는 자바(zava)가 되고, '하루씩 지켜본다'. 그녀는 목욕을 하고 저녁까지 부정하다. 만약 그녀가 정상적인 주기 이외에 삼 일 연속 피를 흘린다면, 그는 온전한 자바이며, 칠 일간의 '정한' 날이 지나가고 목욕을 할 때까지는 계속 그 상태이다. 그 후에 그는 새의 희생제물을 가져온다(15:28-30). 이 기간의 접촉이나 성관계는 다양한 단계의 오염을 옮긴다.

이 소책자는 거의 전적으로 남성 자브에 관심을 가지며, 그와 자바가 자리와 침상을 통해 부정결을 옮기는 방법에 관심을 가진다.

1장

1. 만약 남자가 분출의 한 사건[2])을 당한다면, 샴마이 학파는 그가 하루씩 지켜보는 여자와 같다고 말하지만, 힐렐 학파는 그는 바알 케리(ba'al qeri)[3])라고 말한다.

만약 그가 한 사건을 당하고 하루를 놓쳤으며 셋째 날에 두 사건이나 두 사건만큼 긴 한 사건을 당했다면, 샴마이 학파는 그가 온전한 자브라고 말하지만, 힐렐 학파는 그가 침상과 자리를 통해 더러워지고 '흐르는 물'에 잠길 필요가 있지만, 희생제물에서는 면제된다고 말한다.

랍비 엘리에셀 벤 유다는 다음과 같이 말한다. 샴마이 학파는 이런 사람은 온전한 자브가 아닌 것에 동의하며, 두 사건이나 둘만큼 긴 한 사건을 당하고 하루를 놓치며 셋째 날에 한 사건을 당한 자에 대해서는 동의하지 않는다. 샴마이 학파는 그가 온전한 자브라고 말하지만, 힐렐 학파는 그가 침상과 자리를 통해 더러워지고 '흐르는 물'에 잠길 필요가 있지만, 희생제물에서는 면제된다고 말한다.

2. 만약 그가 [두 사건 후에] 칠 일간의 정한 날을 계산하고 있고, 셋째 날에 한 번 더 사건을 당한다면, 샴마이 학파는 이것은 이전의 두 날을 취소하[고, 그는 칠 일의 계산을 다시 시작해야만 한다]고 말하지만, 힐렐 학파는 그날만 취소한다고 말한다.

랍비 이스마엘은, 만약 그가 [계산하는] 둘째 날에 한 사건을 당한다면, 그것은 이전 날을 취소한다고 말한다. 랍비 아키바는 다음과 같이 말한다. 그 사건이 둘째 날에 일어나든 셋째 날에 일어나든, 샴마이 학파는 그것이 이전 날들을 취소한다고 말하고, 힐렐 학파는 그것이 그날만 취소한다고 말한다. 그렇지만 그들은 만약 그것이 넷째 날에 일어났다면 그것은 그날만 취소한다는 데 동의한다.

이 모두는 그 사건이 케리(qeri)였던 경우이지만,[4] 만약 그것이 적절한 분출이었다면 일곱째 날에 일어났다고 해도 그것은 전체 이전 계산을 취소한다.

3. 만약 그가 한 날 한 사건을 당하고 다음 날 두 사건을 당하거나, 하루에 두 사건을 당하고 다음 날 한 사건을 당하여 삼일 낮이나 삼일 밤에 세 사건을 당한다면, 그는 온전한 자브이다.

분출이 전적으로 무의식적이고 식사나 움직임이나 성적인 자극과 같은 외부적인 원인에 돌릴 수 없을 경우에만, 남자는 자브가 될 수 있다.

2장

2. 누군가가 온전한 자브로 확증되기 전에 그는 일곱 가지 방법으로 검사받는다. 즉, 음식과 음료와 운반하는 것과 뛰는 것과 질병과 모습과 생각 – 보기 전에 생각한 것이든 생각하기 전에 본 것이든 – 이다. 랍비 유다는, 그가 짐승이나 새가 교미하는 것을 보았거나 여자의 밝은 색깔의 옷을 본 경우라도 해당한다고 말한다.

랍비 아키바는, 좋든 나쁘든 그가 무엇을 먹든지, 또는 그가 무엇을 마시든지 그것은 [외부적인 원인으로 간주될 수 있다]고 말했다. [현인들은 그에게,] 만약 그렇다면 누구도 일찍이 자브가 되지 않을 것이라고 [말했다]. 그는, "우리는 자빔이 [분명히 있게 할] 책임이 없다!"라고 대답했다.

일단 그가 온전한 자브로 확증되면 가능성이 확립됐으므로, 사고인지, 의심이나 어떤 정액 분출이 부정한지 더 이상 질문을 하지 않는다.[5] 그는 첫 사건 후와 둘째 사건 후에 심문을 받지만 셋째 사건 후에는 받지 않는다. 랍비 엘리에셀은, 그가 셋째 사건 후에도 그것 때문에 그가 희생제물을 바칠 의무를 지닐 수도 있으므로 심문을 받는다고 말한다.

레위기는 만약 자브나 자바가 침상에 기대거나 자리에 앉았다면 부정결은 침상이나 자리를 통해 나중에 그 위에 눕거나 앉은 누구에게라도 옮겨진다고 규정한다. 이것은 자브나 자바가 압력을 가한 어떤 것도 포함하도록 현인들이 일반화시켰으며, 툼아트 미드라스(tum'at midras), 즉 '압력에 의한 부정결'이라고 알려졌다. 모든 종류의 흥미로운 가능성이 발생하는데, 그다음에는 사례가 나온다(일부 번역들은 추측에 의한 것이다).

3장

1. 만약 자브와 정한 사람이 배나 뗏목에 앉거나 짐승을 [함께] 태웠다면, 압력에 의한 부정결은 그들의 옷이 서로 닿지 않더라도 옮겨진다. 만약 그들이 판자나 의자에 앉았거나, 단단히 고정되지 않은 침상의 단상이나 베틀의 말코에 앉았거나, 만약 그들이 약한 나무나 정상적인 나무의 약한 가지[6]나 단단하게 못 박히지 않은 이집트 사다리 위나 제자리에 회반죽을 바르지 않은 경사로나 들보나 문에 올랐다면, 그들은 부정하다. 랍비 유다는 그들이 정하다고 말한다.

3. 만약 자브와 정한 사람이 큰 배(랍비 유다는 말하기를, 큰 배는 한 사람이 움직일 수 없는 배라고 한다) 또는 단단한 판자나 의자나 침대의 단상이나 베틀의 말코에 앉았거나, 만약 그들이 강한 나무나 단단한 가지나 두로 사다리[7]나 단단히 못을 박은 이집트 사다리나 한쪽 끝에도 제자리에 회반죽을 바른 경사로나 들보나 문에 올랐다면, [정한 자는 계속] 정하다.

만약 부정한 자가 정한 자를 치면, 정한 자는 [압력에 의해] 부정하게 된다.[8] 만약 정한 자가 피했다면 부정한 자는 넘어질 것이기 때문이다.

부정결은 건드림이 없는 압력이나 건드림만으로 옮길 수 있다. 부정결은 움직이거나 운반하는 것으로 옮길 수도 있다. 이런 식으로 더럽혀진 사람은, 대부분의 경우(예외는 더 높은 단계의 오염을 손에 옮길 수 있는 액체다) 받은 자가 부정결의 더 낮은 단계에 해당하지만 계속 부정결을 옮길 수 있다.

5장

1. 만일 누군가가 자브를 건드리거나 자브가 누군가를 건드리거나, 만일 누군가가 자브를 움직이게 하거나 자브가 누군가를 움직이게 하면, 그는 운반이 아니라 건드림으로써 음식과 음료와 씻을 수 있는 그릇들을 더럽힌다.

랍비 여호수아는 다음과 같은 한 규정을 공식화했다. 건드림으로 옷을 더럽힌 무엇이든지 그것은 음식과 액체에 첫 단계[의 부정결]을 전하면서 그것들을 더럽히고, 손은 둘째 단계를 달성한다. 그러나 그것은 사람이나 질그릇을 더럽히지 않는다. [더럽혀진 물품이] 일단 부정결의 근원과 접촉을 끊으면, 그것은 첫 단계로 액체를 더럽히고 둘째 단계로 음식과 손을 더럽히지만, 옷은 더럽히지 않는다.

2. [랍비 여호수아는] 다음과 같은 또 다른 규정을 공식화했다. 자브의 등으로 옮겨진 것은 무엇이든지 부정하지만, 자브를 옮긴 것은 침상과 자리와 사람들을 제외하고 정하다.

어떻게 이렇게 되는가?[9] 만약 자브의 손가락이 돌 더미 아래 있거나 정한 사람이 돌 더미 위에 있다면 그는 두 [단계들을] 더럽히고 [셋째 단계]는 실격시킨다. 그것들이 분리될 때에는 [이전의 정한 사람은] 하나는 더럽히고 하나는 실격시킨다.

만약 음식이나 액체, 침상, 자리, 마다프(maddaf)[10]가 위에 있다면 그는 두 [단계를] 더럽히고 [셋째 단계]는 자격을 박탈시킨다. 그것들이 분리될 때에는 [이전의 정한 물건은] 하나는 더럽히고 하나는 자격을 박탈시키지만, 아래의 침상과 자리는 둘은 더럽히고 하나는 자격을 박탈시킨다. 그리고 그것들이 분리될 때, [여전히] 둘은 더럽히고 하나는 자격을 박탈시킨다. 그러나 만약 음식이나 액체, 침상, 자리, 마다프가 아래에 있다면, 그들은 계속 정하다. 그들은, 침상 위에 옮기는 것이나 침상 위에 옮겨지는 어떤 것도 사람을 제외하고는 정하며, 사체 위에 옮기는 것이나 사체 위에 옮겨지는 어떤 것도 그것을 이동시키는 사람 이외에는 정하다고 말했기 때문이다 (랍비 엘리에셀은, 그가 그것을 운반한 경우만이라고 말했다). 시체 위에 옮기는 것이나 시체 위에 옮겨지는 어떤 것도, 그것이 [같은] 지붕 아래 있지 않다면 정하고, 그것을 이동시키는 사람과는 별도이다.

트불 욤

T'VUL YOM, 그날에 담그다

그의 옷을 빨고 물로 몸을 씻을 것이며 저녁까지 부정하리라(레 15:5 및 다른 곳). 이 소책자는 트불 욤, 곧 그날에 목욕했으나 해가 아직 지지 않아 정결하지 않은 자의 부정결의 단계를 규정한다. 그의 정확한 지위는 바리새인과 사두개인을 나뉘게 했다고 하는데, 바리새인은 더 관대한 견해를 취하며, 붉은 암소를 준비한 제사장은 트불 욤이어야 한다고 의도적으로 결정하여 사두개인을 자극한다.[1] 미쉬나의 초반부는 이 논의를 학파들의 기간에 둔다.

트불 욤은 접촉으로 테루마의 자격을 박탈시킨다고 여겨진다.

1장

1. 샴마이 학파는, 만약 [코헨이] 따로 보관하려고 할라-가루 반죽 조각들을 모으고 있는데 그들이 서로 붙어 있고 그가 트불 욤이라면, 그것들은 연결된 것으로 [간주]한다고 말한다.[2] 힐렐 학파는, 이것을 연결된 것으로 [간주하지] 않는다고 말한다.

가루 반죽 조각들이 서로 붙었고, 덩어리들이 서로 붙었으며, 화덕의 빵들은 가루 반죽이 빵 껍질을 형성하기 시작하지 않았을 때 서로의 위에 놓여 있고, 거품이 끓는 물에 있으며, 첫 거품이 끓는 콩죽 위에 있고, 새 포도주 위에 거품이 있을 때 (랍비 유다는 '끓는 쌀 위에'를 추가한다), 샴마이 학파는 [이 모두는] 트불 욤과 관련하여 연결된 것이라고 말하지만, 힐렐 학파는 그것들이 연결된 것이 아니라고 말한다.

[그러나, 학파들은 이 모두가] 주요한 단계의 [부정]이든 비교적 사소한 단계의 [부정]이든 부정한 다른 사람들과 [연결된 것이라는 데] 동의한다.

2장

1. 트불 욤에게서 나오는 액체나 그가 건드리는 어떤 [액체도] 정하다. 하지만 주요한 단계의 [부정]이든 비교적 사소한 단계의 [부정]이든 부정한 다른 사람들에게서 나온 액체는, 그들이 건드리는 것들과 같다. 부정결의 조상인 것들을 제외하고는 그것들은 첫 단계의 부정결에 해당한다.

2. 만약 한 단지가 액체로 가득하고 트불 욤이 [그 액체를] 건드린다면, 그 액체가 테루마라면 그것은 자격이 박탈되지만, 그 단지는 계속 정하다. 만약 그 액체가 성별되지 않는다면 그것은 모두 정한 반면에, 부정한 손을 가진 누군가는[3] 그것을 모두 부정하게 할 것이다. 이런 면에서 손은 트불 욤보다 더 엄격하다. 그러나 트불 욤은 의심이 될 경우에 테루마의 자격을 박탈시키는 반면에, 손은 그렇지 않다는 점에서 손보다 더 엄격하다.

3장

2. 트불 욤인 한 여자가 가루 반죽을 주무르고, 제사장을 위해 한 몫을 떼어내어 따로 챙겨두며 자신의 이집트 바구니나 [부정결의 영향을 받지 않는] 다른 용기에 둘 수 있으며, 그것을 [나머지] 가루 반죽 옆에 두고 그것을 할라라고 선언할 수 있다. 왜냐하면 [트불 욤은 오직] 셋째 단계의 부정함에 해당하고, 성별되지 않은 음식에 대해서는 이것이 부정하다고 간주하기 때문이다.[4]

야다임

YADAYIM, 손들

오늘날도 여전히 빵을 포함하는 어떤 식사 전에 정통 유대인들은 공식적으로 용기에서 물을 각 손에 차례로 부어 손을 씻는데, 이는 예배의식 전에 행한 제사장들의 정화에 근거한 관습이다.

1장

1. [물의] 4분의 1로그는 한 사람이나 두 [사람]의 손에 붓기에 [충분하다]. 2분의 1로그는 셋이나 넷에 [충분하다]. 그리고 1의 온전한 로그는 다섯, 열, 또는 백에 충분하다. 랍비 요세는, 마지막 것은 적어도 4분의 1로그를 받아야 한다고 말한다.

당신은 첫 번째 [씻음]이 아니라 두 번째 [씻음]에 추가할 수 있다. [1]

현인들이 손을 더럽힐 것이라고 결정한 품목 가운데 거룩한 두루마리가 있다. 이것은 역설적으로 책이 진정한 성경이라는 것을 확증하는 한 방법이다. 전통적인 설명은, 현인들이 거룩한 두루마리가 테루마와 같은 거룩한 음식과 함께 저장되지 않았다는 것을 확인하고 싶어 한다는 것이다. 왜냐하면 음식에 끌린 쥐들이 두루마리를 훼손할 수 있기 때문이다. 그들이 승인하지 않은 문헌은 쥐들이 먹을 수도 있다! 무언가가 더 거룩할수록, 더럽혀질 가능성이 더 높다는 개념은 4장 6문단에 상세히 설명된다.

3장 5문단에서는 아가 및 전도서의 정경적 위치가 2세기 후반에 여전히 의문시되고 있는 것으로 보인다.

3장

4. 두루마리 여백과 위와 아래와 시작과 끝은 손을 더럽힌다. 랍비 유다는, 끝에 있는 여백은 빗장에 붙지 않았다면 더럽히지 않는다고 말한다.

5. 만약 두루마리가 지워졌고, 민수기 10장 35-36절[2]과 비슷하게, 85자가 남아 있다면, 그것은 손을 더럽힌다.

민수기 10장 35-36절과 비슷하게 85자를 포함하는 [분리된] 양피지는 손을 더럽힌다.

모든 거룩한 성경은 손을 더럽힌다.

아가서와 전도서는 손을 더럽힌다. 랍비 유다는, 아가서는 손을 더럽히지만 전도서는 논란의 여지가 있다고 말한다. 랍비 요세는, 전도서는 손을 더럽히지만 아가서는 논란의 여지가 있다고 말한다. 랍비 시므온 [벤 요하이는], 전도서와 관련하여 힐렐 학파가 샴마이 학파보다 더 엄격했다고 말했다.

랍비 시므온 벤 아자이는, 내가 72명의 장로를 통해 그날에 그들이 랍비 엘르아살 벤 아자리아를 총회[3]의 우두머리로 임명했고, [그들은] 아가서와 전도서가 손을 더럽힌다고 [결정했다]는 전통을 가지고 있다고 말했다.

랍비 아키바는 다음과 같이 말했다. 하늘이 금지한다! 누구도 일찍이 아가서가 손을 더럽히는지에 대해 의문을 제기하지 않았다. 아가서가 이스라엘에 계시된 날에야 비로소 세상은 완전해졌는데, 왜냐하면 모든 책이 거룩하지만 아가서는 가장 거룩하기 때문이다. 만약 그들이 어떤 것에라도 의문을 제기했다면 그것은 전도서였다.

랍비 아키바의 장인의 아들인 여호수아의 아들 랍비 요하난은, 그들이 벤 아자이가 보고한 대로 논쟁했으며, 그런 식으로 그들이 결정했다고 말했다.

미쉬나는 '그들이 랍비 엘르아살 벤 아자리아를 총회의 우두머리로 임명한 날'을 언급하고서, '그날에' 결정했다고 주장되는 몇 가지 주요 사항을 열거한다. [4] 어느 것도 역사적으로 랍비 여호수아의 결정보다 더 중요한 것은 없는데, 그는 '단번에' 암몬 사람과 모압 사람과 함축적으로 다른 민족 집단에 대한 토라의 차별적인 법을 없앴다.

암몬 사람이나 모압 사람이 유대교로 개종할 수 있다는 사실은 여호수아뿐만 아니라 가말리엘도 인정했다. 유다는 이미 개종했었다. "내가 회중에 들어가도 되는가?"라는 그의 말은, "내가 본토 이스라엘 여인과 결혼해도 되는가?"를 의미했다. [5]

4장

4. 그날에 암몬 사람 개종자 유다는 총회에서 그들 앞에 와서 섰다. 그가 물었다. 내가 회중에 들어가도 되는가? 라반 가말리엘은 그에게, 당신은 금지된다고 말했다. 랍비 여호수아는, 당신은 허용된다고 말했다.

라반 가말리엘은 [랍비 여호수아에게] 말했다. 성경이 암몬 사람과 모압 사람은 여호와의 총회에 들어오지 못하리니 그들에게 속한 자는 십 대뿐 아니라 영원히 여호와의 총회에 들어오지 못하리라(신 23:3)라고 말한다.

랍비 여호수아는 이렇게 대답했다. 하지만 암몬 사람들과 모압 사람들은 여전히 자신들의 자리에 있는가? 앗수르의 왕 산헤립은 열국의 경계선을 걷어치웠고 그들의 재물을 약탈하였으며 또 용감한 자처럼 위에 거주한 자들을 낮추었으며(사 10:13)라고 한 대로, 일어나서 민족들을 뒤죽박죽으로 만들었다.

가말리엘이 대답했다. 하지만 성경은 그 후에 내가 암몬 자손의 포로를 돌아가게 하리라(렘 49:6)라고 말한다. 그들은 돌아갔다!

여호수아: 성경은 내가 내 백성 이스라엘이 사로잡힌 것을 돌이키리니(암 9:14)라고 말했지만, 그들은 아직 돌아오지 않았다!

그들은 [유다가] '회중에 들어오는 것'을 허락했다.

미쉬나는 손을 더럽힌 두루마리 문제로 돌아온다.

6. 사두개인들은 이렇게 말한다. 우리가 당신들 바리새인들을 비판한 이유는 당신들이 거룩한 두루마리는 손을 더럽힌다고 말하면서, 호머의 두루마리는 손을 더럽히지 않는다고 말하기 때문이다.

그것이 당신이 바리새인들을 비판하는 전부인가? 라반 요하난 벤 자카이가 물었다. [바리새인들]도, 나귀의 뼈는 정하지만 대제사장 요하난의 뼈는 부정하다고 말한다.[6]

[사두개인들이] 대답했다. 부정함은 그들이 [하나님에게] 얼마나 사랑을 받는가에 비례하며, 이것은 사람이 자기 아버지와 어머니의 뼈를 숟가락으로 만들어서는 안 된다는 것이다.

[요하난은] 이렇게 대답했다. 여기서도 마찬가지로, 거룩한 두루마리가 부정한 이유는 그 두루마리가 [하나님에게서] 너무나 사랑을 받기 때문이며, 호머의 두루마리는 그렇게 사랑을 받지 않으므로 그것들은 손을 더럽히지 않는다.

우크친

'UQTZIN, 줄기

줄기나 가시인 오케츠('Oqetz)는, 여기서 열매나 채소에 붙은 먹을 수 없는 것을 가리킨다. 이런 붙어 있는 것들은 부정함에 요구되는 크기로 계산되며, 먹을 수 있는 부분까지, 또는 먹을 수 있는 부분에서부터 오염을 옮기는가?

1장

1. 보호가 아니라 손잡이인 것은 무엇이든지 부정하게 되고, 부정하게 하지만, [그것이 붙어 있는 것과] 함께 계산되지는 않는다.[1] 보호하지만 손잡이가 아닌 것은 무엇이든지 부정하게 되고, 부정하게 하며, [그것이 붙여진 것과] 함께 계산된다. 보호하지도 않고 손잡이로 [기능을 하지도] 않는 것은 부정하게 되지도 않고 부정하게 하지도 않는다.

4. 껍데기와 껍질은 부정하게 되고, 부정하게 하며, [그것들이 붙여진 것과] 함께 계산된다.

랍비 유다는 이렇게 말한다. 양파는 세 [종류의] 껍질이 있다. 온전하든 구멍이 뚫렸든 가장 깊숙한 곳은 [양파와 함께] 계산된다. 중앙에 있는 것은 온전하지만 뚫리지 않았을 경우 계산된다. 온전하든 구멍이 뚫렸든 가장 바깥에 있는 것은 정하다.

5. 만일 누군가가 [채소를] 요리하고자 잘게 썬다면, 그가 완전히 자르지는 않았더라도 [그 조각은] 함께 합쳐진 것[으로 간주하지] 않는다. 만약 그가 그것을 절이거나 보존하거나 [있는 그대로] 탁자 위에 놓으려고 의도했다면, 함께 합쳐진 것[으로 간주한다]. 만약 그가 조각들을 분리하기 시작했다면, 실제로 분리된 것들만 합쳐지지 않은 것[으로 간주한다].

만일 누군가가 호두나 양파를 함께 묶는다면, 그것들은 합쳐진 것[으로 간주한다]. 그가 호두나 양파 묶은 것을 풀기 시작하자마자, 그것들은 합쳐진 것[으로 간주함을] 멈춘다.

호두와 아몬드의 [껍질은] 깨져서 열리기 전까지는 [호두와 아몬드에] 합쳐진 것[으로 간주한다].

미쉬나의 마지막 장은 쉽게 분류되지 않는 사례의 부록이며, 이 가운데 마지막 것은 벌집과 관련된 법의 모음집이다. 미쉬나는 화평의 가치에 대한 성찰로 마무리한다.

3장

10. 랍비 엘리에셀은 벌통이 부동산[으로 분류]되고, 프로스불(prosbul)[2]을 계약하는 데 사용될 수 있다고 말한다. 벌통은 제자리에 [계속 있는 한] 부정하게 될 수 없으며, 만일 누군가가 안식일에 벌통에서 벌집을 제거한다면 그는 속죄제를 가져와야 한다.

현인들은, 그것은 부동산이 아니며, 프로스불을 계약하는 데 사용될 수 없고, 제자리에 있어도 부정하게 될 수 있으며, 만일 누군가가 안식일에 벌통에서 벌집을 제거한다면 그는 속죄제를 가져올 [의무에서] 면제된다고 말한다.

11. 어떤 단계에서 벌집은 액체로서 오염되는가? 샴마이 학파는 벌들이 꿀벌통

에서 쫓겨날 때라고 말하고, 힐렐 학파는 [벌집이] 뭉개질 때라고 말한다.

12. 랍비 여호수아 벤 레비는 이렇게 말한다. 내가 나를 사랑하는 자들에게 유산으로 예쉬(yesh)[3]를 주어(나를 사랑하는 자가 재물을 얻어서, 개역개정) 그 곳간에 채우게 하려 함이니라(잠 8:21)라고 한 대로, 거룩하신 이, 그분은 찬양받으시리로다, 그분은 모든 의로운 사람을 310개의 세계로 보상하실 것이다.

랍비 시므온 벤 할라프타는 이렇게 말한다. 여호와께서 자기 백성에게 힘을 주심이여 여호와께서 자기 백성에게 평강의 복을 주시리로다(시 29:11)라고 한 대로, 거룩하신 이, 그분은 찬양받으시리로다, 그분은 화평보다 더 큰 이스라엘을 위한 축복의 도구를 찾을 수 없으셨다.

| 역사 연표 |

주전

333년 알렉산더가 당시 페르시아 통치 아래에 있던 유대를 정복하고, 페르시아(이란)를 정복하려고 전진하다.

약 300년 또는 200년 의로운 자 시므온. '큰 대회의 사람들'의 시대의 끝.

약 165년 유다스 마카베우스(Judas Maccabeus)가 셀레우코스 왕조를 무찌르고 유대의 독립을 확립하다.

63년 폼페이(Pompey)가 유대를 로마에 합병하다.

20년 로마(아우구스투스)와 파르티아(프라아테스[Phraates] 4세) 사이의 평화조약.

19년 헤롯이 성전 재건을 시작하다.

주후

약 1년 타나임의 첫 세대: 힐렐과 샴마이.

6년 아우구스투스가 사마리아와 이두매(Idumea)를 통합하여 유대의 로마 지방을 확립하다.

8년 오비디우스(Ovid)의 《변신 이야기》(Metamorphoses).

23년 스트라보(Strabo)의 《지리학》(Geography).

약 30년 가말리엘 1세. 예수님의 사역. 아울루스 켈수스(Aulus Celsus)가 《의학》(De medicina)을 저술하다.

약 38-100년 요세푸스 플라비우스(Josephus Flavius).

40년 필로(Philo)가 알렉산드리아 유대 대표를 칼리굴라(Caligula)에게 인도하다.

66년 로마에 대항한 첫 유대인의 반란이 유대에서 시작되다.

68-69년 네로의 죽음. 네 황제의 해. 베스파시아누스(Vespasian)가 황제가 되다.

70년 티투스(Titus)에 의해 진압된 반란. 성전 파괴.

70년대 요하난 벤 자카이가 야브네(Yavné)에 학교를 세우다. 콜로세움이 로마에 세워지다.

약 75년 플리니우스(Pliny)의 《자연 역사》(Natural History).

약 75-110년 타나임의 둘째 세대: 가말리엘 2세, 여호수아 벤 하나니아, 엘리에셀 벤 히르카누스. 가말리엘 2세가 유대의 기도 양식을 규정하다.

약 77년 디오스코리데스(Dioscorides)가 《약물지》(De Materia Medica)에 대한 저술을 시작하다.

79년 요세푸스가 《유대 전쟁사》(*Wars of the Jews*)를 완성하다. 베수비오(Vesuvius) 산의 폭발이 폼페이를 파괴하다.

약 110-135년 타나임의 셋째 세대: 아키바, 타르폰, 이스마엘, 엘르아살 벤 아자리아.

113년 트라야누스(Trajan)가 파르티아 전쟁을 시작하다.

117년 트라야누스 통치 아래 디아스포라의 반란이 진압되다. 그는 죽고 하드리아누스(Hadrian)가 승계하다. 하드리아누스는 동쪽 정복을 포기하다.

약 120년 유대의 정경이 마무리되다. 영지주의의 대두, 로마에 만신전(Pantheon) 재건.

약 127년 프톨레마이오스(Ptolemy)의 《지리학》(*Geography*).

약 130년 프톨레마이오스의 《알마게스트》(*Almagest*)가 지구 중심의 우주론을 시작하다.

130년 하드리아누스가 성전 부지에서 잡석을 제거하고 주피터를 위한 성전을 세우고, 예루살렘을 엘리아 카피톨리나(Aelia Capitolina)라고 개명하여, 둘째 반란의 발단이 되다.

131년 바 코크바 반란(Bar Kokhba Revolt)과 짧은 기간 동안 로마로부터의 유대 독립.

135년 하드리아누스가 반란을 진압하다. 유대인들이 예루살렘에서 쫓겨나다.

약 135-170년 우샤(갈릴리)에서의 갱신. **타나임의 넷째 세대:** 메이르, 유다 바 일라이, 시므온 벤 가말리엘 2세. 시므온 바 요하이, 요세 벤 할라프타.

약 150년 신약 정경이 규정되다(기독교).

약 160년 버가모(Pergamum)의 갈렌(Galen)이 그리스의 의학과 생리학을 시작하다.

161년 마르쿠스 아우렐리우스 안토니우스(Marcus Aurelius Antoninus)가 보낸 비단 상인들이 중국 한 왕조(Han China)에 도달하다.

약 170-220년 타나임의 다섯째 세대: 유다 하 - 나시, 나단 하 - 바브리, 심마쿠스. 미쉬나의 완성. 최초로 기록된 바빌로니아 포로의 지도자인 후나 1세.

195년 셉티미우스 세베루스(Septimius Severus)가 메소포타미아의 로마 지방을 확립하고 226년 아르다시르(Ardashir) 1세에게 패하다.

212년 《안토니우스의 칙령》(*Constitutio Antoniniana*, '카라칼라[Caracalla]의 칙령')이 제국에 있는 모든 자유인에게 로마 시민권을 부여하다.

약 216-277년 마니교(Manichaeism)의 창립자 마니 히야(Mani Ḥiyya).

약 219년 라브(Rav)가 바빌로니아로 돌아가서 수라(Sura)에 미쉬나를 실행하고, 쉬무엘은 네하르데아(Nehardea)에서 마찬가지로 실행하다. **팔레스타인 아모라임의 첫 세대:** 하니나, 여호수아 벤 레비.

224년 마지막 파르티아 왕, 아르다반(Ardavan) 5세는 이란/이라크에 사산 왕조를 건립한 아르다시르에게 패배하다.

241-272년 샤푸르(Shapur) 1세의 통치.

250-290년 아모라임의 둘째 세대: 팔레스타인(요하난, 레쉬 라키쉬), 바빌로니아(라브 후나, 라브 예후다 바 에스겔).

256년 사산 왕조의 두라(Dura, 유프라테스강) 정복.

259년 또는 263년 팔미라의 네하르데아 약탈.

260년 샤푸르가 로마 황제 발레리아누스(Valerian)를 무찌르고 사로잡다. 신플라톤주의 철학자 플로티노스(Plotinus)가 존재의 거대한 고리(Great Chain of Being)라는 개념을 발전시키다.

290-320년 아모라임의 셋째 세대: 팔레스타인(아바후, 암미, 아시), 바빌로니아(히스다, 라바 바 후나, 라바 바 나흐마니, 요세프, 셰세트, 카하나).

297-298년 디오클레티아누스(Diocletian)와 나르세스(Narseh) 사이의 니시비스(Nisibis) 조약에서 티그리스강 서쪽 땅을 로마에 양도하다.

306-373년 에프렘(Efrem, 시리아 교부).

309-373년 샤푸르 2세의 통치.

313년 콘스탄티누스(Constantine)가 밀라노 칙령을 공표하여, 기독교인들과 다른 이들에게 그들이 선호하는 종교를 준수할 동등한 권한을 주다.

320-350년 아모라임의 넷째 세대: 팔레스타인(요나, 요세, 예레미야), 바빌로니아(아바예, 라바).

324년 콘스탄티누스 1세가 새로운 로마로 콘스탄티노플(Constantinople)을 건립하다.

325년 니케아 회의(기독교인들이 교리를 규정하다).

350-375년 아모라임의 다섯째 세대: 팔레스타인(마니), 바빌로니아(라브 파파, 라브 제비드, 라브 나흐만 바 이삭).

352년 팔레스타인에서 로마에 대한 반란이 갈루스(Gallus)에 의해 잔혹하게 진압되다.

363년 로마 황제 율리아누스(Julian)가 유대인들에게 성전을 재건하고 희생제물을 바치도록 독려하지만, 전투에서 죽임을 당하다. 샤푸르 2세는 잃은 영토를 되찾고 요비아누스(Jovian)와 평화롭게 마무리하다.

375-427년 아모라임의 여섯째 세대: 바빌로니아(라비나 1세, 라브 아쉬).

395년 로마가 공식적으로 로마의 지배를 받는 서쪽 제국과 콘스탄티노플의 지배를 받는 동쪽 제국으로 나뉘다.

410년 서고트 족(Visigoth) 알라리크(Alaric)의 로마 약탈.

427-460년 아모라임의 일곱째 세대: 바빌로니아(마르 바 라브 아쉬[타브요미(Tavyomi)], 베이 크틸[Bei Q'til]의 게비하[Geviha]). 스타마임의 탈무드에 대한 편집 활동이 추정됨.

438년 《테오도시우스 법전》(*Codex Theodosianus*, 로마법) 출판.

약 450년 예루살렘 탈무드 '완성'.

약 450년 아베스타(조로아스터교)의 편찬.

451년 칼케돈 회의(기독교)

460-500년 아모라임의 여덟째 세대: 바빌로니아(라비나 2세, 요세).

약 484년 마즈닥(Mazdak)이 이란에서 자기 분파를 도모하다. 카바드(Kavadh) 2세가 채택한 후 거부하여 혼란을 일으키고, 아마도 유대인들과 다른 소수자들도 박해하기에 이르렀을 것이다.

496년 니시비스 학파를 위한 법령(기독교)

약 500년 세보라임(Sevoraim)의 활동 시작. 《천 개의 재판의 책》(*The Book of a Thousand Judgements*, 사산 왕조의 법).

약 507-511년 프랑크족의 왕 클로비스(Clovis) 통치 때 만든 《살리카 법전》(*Lex Salica*).

529-565년 《로마 대법전》(*Corpus Juris Civilis*, 유스티니아누스 1세 통치 때 편찬된 로마 법전).

532년 유스티니아누스(Justinian)와 후스로우(Khosrow) 1세 사이의 평화조약. 542년에 재교섭되다.

약 600년 바빌로니아 탈무드 '완성'.

614-629년 사산 왕조가 예루살렘을 장악하다.

622년 히즈라(Hijrah, 무함마드의 도주).

약 635-636년 아랍이 사산 왕조와 비잔틴에게서 승리하다.

642년 사산 왕조의 제국이 칼리프 국가(Caliphate)의 일부가 되다.

| 용어 해설 |

두 형태가 주어진 곳에서 첫째는 단수이고, 둘째는 복수이다. 셋째가 주어지는 곳에서는, 그것은 형용사이다. 대안의 철자는 괄호로 처리했다.

동전과 중량과 다른 도량 단위에 대해서는 부록 3 동전과 중량과 도량을 보라.

가온, 게오님(Gaon, Geonim) '저명한'. 이슬람 시대의 수라 또는 품베디타 학교 교장의 명칭.

게트, 기틴(get, gittin) 이혼증서.

게힌놈(Gehinnom) 지옥.

기어 다니는 것들(swarming creatures) 레위기 11장 29-30절에 열거된 금지된 파충류.

나시(nasi) 군주, 우두머리.

나지르(nazir) 나실인.

나틴(natin) 여호수아가 "나무를 패며 물을 긷는 자들"(수 9:27)로 삼은 기브온 사람들의 자손을 일컫는 말.

네벨라(nevela) 썩은 고기.

다가올 세상(World to Come) 죽음 이후의 삶, 천국.

다나크(danak) 헬라어 드라크마(drachma)에서 옴.

드라바난(d'rabbanan) 랍비들이 제정한 [법].

드오라이타(d'Oraita) 기록된 토라에 의해 제정된 [법].

레비르(levir) 시아주버니(라틴어).

레쉬 갈루타(Resh Galuta) 포로의 지도자: 바빌로니아 유대 공동체의 정치적 우두머리.

레위의(levitical) 레위 지파에 속한.

레케트(Leqet) 채집.

로쉬 하샤나(Rosh Hashana) 새해 절기.

루라브(lulav) 야자나무 가지.

마구스, 마기, 마기의(Magus, Magi, Magian) 조로아스터교 사제.

마네(maneh) 중량 또는 화폐 단위.

마니교(Manichaean) 조로아스터교와 유대교와 기독교 사상을 통합한, 강력하게 이원론적인 분파다. 3세기 예언자 마니에 의해 건립되었다.

마므제르(mamzer) 금지한 결혼에서 태어난 아이, 또는 그런 신분의 사람.

마아세르(ma'aser) 십일조.

마즈다의(Mazdean) 조로아스터교의(지혜의 신 아후라 마즈다[Ahura Mazda]에 나옴).

마차(matza) 무교병.

메노라(menora) 하누키야(ḥanukiya)를 보라.

메수라(mesura) 측량.

메시아(Messiah) '기름 부음 받은 이': 평화와 영성의 세상을 다스릴 다윗 혈통의 군주.

메주자(mezuza) 신명기 6장 4-9절과 11장 13-21절의 본문이 있는 양피지. 용기에 놓이거나 문설주에 붙여짐.

모헬(mohel) 할례를 행하는 자.

무크체(muqtzé)[미-다아트(mi-da'at)] '[마음에서] 잘린'. 안식일이나 절기에 이동하는 것이 금지된 품목.

미냔(minyan) 숫자, 기도를 위한 정족수.

미드라바난(mid'rabbanan) 드라바난(d'rabbanan)을 보라.

미드라쉬(midrash) 해석.

미드오라이타(mid'Oraita) 드오라이타(d'Oraita)를 보라.

미츠바, 미츠보트(mitzva, mitzvot) 엄격한 의미: 토라의 계명, 넓은 의미: 선한 행위.

미크베, 미크바오트(miqvé, miqva'ot) 담그기 위한 웅덩이.

바 미츠바(bar mitzva) 성년(13세)에 도달한 소년.

바라이타, 바라이토트(baraita, baraitot) 미쉬나에 통합되지 않은 타나임 자료.

바실리카(basilica) 왕궁, 큰 공적인 건물.

반열, [제사장의] 반열(courses [of priests]) 성전에서 교대로 봉사하는 제사장 가문들(대상 24장 이하).

베레라(berera) 선택, 소급하는 결정.

베트 딘(bet din) 법정.

베트 하-프라스(bet ha-p'ras) 무덤이 파헤쳐진 밭.

사보라, 세보라임, 사보라임(Savora, Sevoraim, Saboraim) 아모라임(Amoraim, 주후 500년경) 시기의 끝에서부터 게오님(Geonim, 주후 600년경) 시기의 시작까지 활동한 주도적인 랍비나 랍비들(일종의 해석가).

샤미르(shamir) 돌을 자른다고 여겨지는 신비의 곤충.

샤바트(Shabbat) 안식일.

샤부오트(Shavuot) 샤부아(shavu'a, 주[week])와 쉬부아(sh'vu'ah, 맹세) 모두의 복수이다. '주들'(weeks)이라는 의미에서 샤부오트 절기의 명칭.

세파르디의(Sephardic) 조상이 이베리아반도에 살았던 유대인들과 관련됨. 부정확하게 일반적으로 비아슈케나지(non-Ashkenazic) 유대인들에게 적용된다.

셰바림(Shevarim) 나팔이나 쇼파르(shofar, 양의 뿔로 만든 악기)에서의 흐느끼는 소리.

셰키나(Shekhina) (하나님의) 임재.

셰히타(Sheḥita) 도살.

소타(Sota) 간음했다고 의심받아 시련에 의한 재판(trial by ordeal)을 받아야 하는 여자.

쇼파르, 쇼파로트(shofar, shofarot) 양 뿔로 만든 악기.

수갸(sugya) 주제, 단락.

수다르(sudar) 옷, 아마도 지위를 나타내는 터번의 종류.

수카(sukka) 오두막 또는 장막.

수혼제(levirate marriage) 죽은 남편 형제와의 결혼. 할리차(ḥalitza)를 보라.

순례 절기(pilgrim festivals) 순례자들이 예루살렘을 방문하는 페사흐(Pesach), 샤부오트
(Shavuot), 수코트(Sukkot).

쉬마타(sh'ma'ta) 할라크 주제에 대한 논의.

쉬크하(Shikh'ḥa) 잊힌 것.

쉴로쉼(sh'loshim) 문자적으로는 '삼십'을 뜻하며, 30일 동안의 애도 기간을 가리키기도 한다.

슐한 아루크(Shulḥan Arukh) 조셉 카로(Joseph Caro, 1488-1575년)의 법전.

스타마임(Stammaim) 탈무드에서 익명의 진술이나 주장을 작성한 랍비들.

시리아(Syria) 현대 레바논과 시리아 지역을 포함하는 팔레스타인의 북쪽과 북동쪽.

쓴 물(bitter waters) 성전 시대에 의심되는 간음한 여자에게 주어짐(민 5:23-28).

아가다, 아가도트(aggada, aggadot) 설교, 내러티브.

아구나(aguna) 묶인 여자.

아모라, 아모라임, 아모라임의(Amora, Amoraim, Amoraic) 엄격한 의미: 강의자, 넓은 의
미: 타나임에 이어지는 시대의 현인.

아미다(Amida) '서 있음'. 매일의 기도에 대한 명칭.

아슈케나지(Ashkenazic) 북부 유럽과 서부 유럽의 유대인들과 관련됨. 세파르디(Sephardic)도 보라.

암 하-아레츠('am ha-aretz) 보통 사람이나 무지한 사람으로, 하베르(ḥaver)와는 대조된
다. 데마이(Demai)에 대한 서론적 해설을 보라.

에루브(eruv) 혼합물: 안식일 경계를 확립하기 위한 한 무리의 법적 장치들.

에세네(Essene) 주전 1세기부터 활동한 금욕적인 유대 분파.

예쉬바, 예쉬보트(yeshiva, yeshivot) 토라 연구를 위한 대학.

오경(Pentateuch) 모세의 다섯 권의 책(창세기, 출애굽기, 레위기, 민수기, 신명기).

오나아(ona'a) 예를 들어 상거래에서 상대방을 속이는 행위.

오넨(onen) 장례를 기다리는 가까운 친척을 가진 사람.

오메르(omer) 유월절 둘째 날에 추수하여 바쳐진 보릿단.

욤 키푸르(Yom Kippur) 속죄일.

우수카피오(usucapio) 계속되는 소유에 의한 획득(로마법).

이붐(yibbum) 사람이 자신의 죽은 형제의 과부와 결혼하는 과정.

자바(zava) 비정상적인 피의 유출병을 가진 여자.

자브(zav) 비정상적인 정액의 유출병을 가진 남자.

치치트(tzitzit) 옷 구석에 있는 술.

카레트(karet) '[사람들에게서] 잘리다'. 출애굽기와 레위기에 언급되는 징벌(케리토트에 대한 서론적 해설을 보라).

카바나(kavana) 의도, 기도에서의 헌신.

카셰르(kasher) (코셰르[kosher]) 특히 음식이나 개인의 지위에 대해 받아들일 만하다.

케투바, 케투보트(ketuba, ketubot) 결혼한 아내의 권리를 확인시켜주는 서류

코남(qonam) 서원을 가리키는 표현.

코헨, 코하님(Kohen, Kohanim [Cohen, Cohanim]) 제사장, 제사장들, 대제사장 아론의 후손들.

크랄(k'lal) 집합적인 용어, 프라트(p'rat)도 보라.

키냔(qinyan) 거래를 확증하는 공식적인 행위.

키두쉬(qiddush) 안식일이나 절기를 위한 축복의 기도로, 포도주 한 잔을 두고 낭송됨.

키두쉰(qiddushin) 약혼.

킬라임(kil'ayim) 곡식의 금지된 혼합물.

타나, 타나임, 타나의(Tanna, Tannaim, Tannaitic) 엄격한 의미: 반복하는 자, 넓은 의미: 미쉬나 시기의 현인.

타메(tamé) 부정결한.

타호르(tahor) 정결한.

탈굼(Targum) 성경의 아람어 번역본.

탈미드 하캄(talmid ḥakham) '현인들의 제자': 학식 있는 사람.

테레파(terefa) '찢어진', 카셰르(kasher)의 반대말.

테루마(teruma) 제사장의 몫.

테루아(teru'a) 짧은, 나팔이나 쇼파르(shofar)에서 나는 흐느끼는 소리.

테슈바(teshuva) 참회.

테쿠파(tequfa) 주기, 한 해의 네 계절.

테키아(teqi'a) 나팔이나 쇼파르(shofar)에서 나는 긴 음표.

테필라(tefilla) 기도, 특히 아미다(amida).

테필린(tefillin) 출애굽기 13장 1-10절과 13장 11-16절, 신명기 6장 4-9절과 11장 13-21
절을 넣어 앞이마와 왼쪽 팔에 붙들어 맨 가죽 상자.

토사포트(Tosafot) 라쉬의 주석에 '첨가된 내용'.

토세프타(Tosefta) 미쉬나와 같은 성격의 유다 전통들을 모은 문집.

트불 욤(t'vul yom) 정화를 겪고 그것의 효력이 발생하도록 해 질 녘을 기다리는 사람.

페레트(Peret) 열매.

페사흐(Pesaḥ) 유월절.

페아(pe'ah) 밭의 모퉁이.

포로의 지도자(Exilarch) 레쉬 갈루타(Resh Galuta)를 보라.

프라트(p'rat) (일반적인 용어와 대조되는) 구체적인 용어. 크랄(k'lal)도 보라.

하가다(haggada) 출애굽 해설. 아가다(aggada)도 보라.

하누키야(ḥanukiya) 하누카(Ḥanuka) 절기를 기념하는 데 사용되는 여덟 가지의 큰 촛대.
메노라(menora)라고도 불림.

하다쉬(ḥadash) 오메르(omer) 이전의 새로운 계절의 소산물.

하메츠(ḥametz) 누룩.

하베르, 하베림(ḥaver, ḥaverim) 교제 집단의 구성원. 데마이(Demai)에 대한 서론적 해설을 보라.

하베르(ḥaver) 교제 집단의 구성원. 데마이(Demai)에 대한 서론적 해설을 보라.

하브달라(havdala) 안식일이나 절기 끝에 낭송되는 기도.

하시드, 하시딤, 하시드의(ḥasid, ḥgasidim, ḥasidic) '경건한', '사랑하는'. 여러 고대 분파와
현대 분파에 주어진 명칭.

할라(ḥalla) 가루 반죽.

할라카(halakha) 법, 판결.

할라카 르모세 미-시나이(halakha l'Moshe mi-Sinai) 모세가 시내산에서 [받]았지만 토라에
는 기록되지 않은 법.

할라크(halakhic) 문자적으로는 '행동 방식', '걷는 방식'을 의미하지만, 보통 '유대법'(Jewish
Law)을 의미함.

할랄, 할라림(ḥalal, ḥalalim) 제사장의 지위에서 거부된 남자.

할리차(ḥalitza) 과부가 자신의 죽은 남편의 형제에게서 놓이는, 신발을 푸는 의식(신 25:5-10).

헤렘(ḥerem) 금지, 파문. 케리토트(Keritot)에 대한 서론적 해설을 보라.

헤프케르(hefqer) 주인이 없는.

호라아(hora'a) 의사 결정.

탈무드 시기의 해들은 기록 목적을 위해 보통 근동의 관습에 따르거나 제2성전 파괴에서부터 셀레우코스 왕조 시대에 따라 계산됐다. 창조의 날짜를 가정하여 계산하는 현재의 일반적인 유대 관습은 중세 시대 말에는 표준이 됐다(845쪽 미주 36번을 보라).

해의 길이는 계절에 의해 결정된다. 달들은 달의 단계를 따른다. 양력의 한 해는 12개월의 음력보다 대략 11일이 더 길기 때문에, 윤달을 넣어 어떤 해는 13개월이 되게 함으로써 종종 이를 보상할 필요가 있다.

현인들은 이상적으로, 달력을 정하는 특권을 지닌 예루살렘 법정에서 각 달을 선언해야 한다고 주장했다. 탈무드 시기 말 즈음, 계산된 달력은 주전 15세기에 아테네의 메톤(Meton)이 계산한 19년 주기와 맞추어 운용됐다. 이 해 가운데 12년은 각각 12개의 음력 달을 가졌고, 나머지 7년은 13개의 달을 가졌다.

여기에 달의 목록이 있는데 이들 절기와 금식일은 탈무드에서 인정했다. 날짜는 상용력과 관련하여 거의 한 달 차이로 변동이 있으므로, 임의의 해(2020-2021년, 창조의 해 5781년과 상응함)가 비교를 위해 선택됐다.

날짜	행사	2020-2021년의 보통 날짜
티쉬레이(Tishrei)월		
1-2	새해	9월 19-20일
3	그달리야의 금식	9월 21일
10	속죄일	9월 28일
15	수코트(Sukkot), 초하루	10월 3일
22	셰미니 아체레트(Shemini Atzeret)	10월 10일
헤쉬반(Ḥeshvan)월		
기슬르(Kislev)월		
25	하누카의 8일의 첫날	12월 11일
테베트(Tevet)월		
10	테베트월 10일의 금식	12월 25일
셰바트(Shevat)월		
15	나무들을 위한 새해	2021년 1월 28일
아달(Adar)월		
13	에스더의 금식	2월 25일

14	부림절	2월 26일

니산(Nisan)월

15	페사흐(유월절), 첫날	3월 28일
21	페사흐, 마지막 날	4월 3일

이야르(Iyar)월

시반(Sivan)월

6	샤부오트(오순절)	5월 17일

담무르(Tammuz)월

17	담무르월 17일의 금식	6월 27일

압(Av)월

9	압월 9일의 금식	7월 18일

엘룰(Elul)월

새해는 표시됐지만, 성경 시대에서처럼 더는 축제의 행사가 아니었다(cf. 삼상 20:18 ; 왕하 4:23).

윤년의 부림절과 그와 관련된 행사는 둘째 아달월에 기념된다. 첫째 아달월 14일은 부림 카탄(Purim Qatan, '작은 부림')이다. 부림절의 날짜(*Megilla* 2a; 317쪽을 보라)와 몇 금식은 안식일과 충돌되지 않도록 약간 다를 수 있다. 바빌로니아를 포함한 디아스포라에서 다음의 절기들은 이중으로 지켜졌다. 즉, 페사흐의 첫날과 마지막 날, 샤부오트, 수코트의 첫날, 셰미니 아체레트(Shemini Atzeret)이다.

민수기(18:8-13, 19-32)와 신명기(14:22-29, 18:1-8, 26:12-15)에는 제사장들(코하님)과 레위인들과 궁핍한 사람들의 생계를 위한 공급을 제시하는 여러 법의 모음집이 포함되어 있다. 성경학자들은 이 법 배후에 있는, 서로 다르고 때로 일관적이지 않은 자료의 증거를 본다. 민수기의 제사장법은 십일조를, "그들이 하는 일 곧 회막에서 하는 '일에 대한 그들의 몫으로서'(일을 갚나니, 개역개정)"(민 18:21, JPS)라고 한 대로, 제사장들을 포함해서 전체 레위 지파에 할당한다. 신명기는 십일조를 일종의 성찬으로 다르게 보는데, 이는 예루살렘에서 정결함 가운데 먹고 레위인들과 나누며, 매 셋째 해에는 그 지역의 가난한 자들에게 나누어주는 잔치이다.

현인들은 토라에서의 어떤 불일치도 받아들이지 않았다. 대신에 그들은 일관되고 조화로운 체계를 만드는 방식으로 본문들을 해석했는데, 이 체계를 그들은 미쉬나 및 관련된 저작에서 설명했다. 체계의 발전은 위경 희년서와 사해 문서의 《성전 문서》(Temple Scroll), 그리고 기타 랍비의 이전 저술들에서 볼 수 있다. 데이비드 헨쉬케(David Henshke)는 십일조에 대해 문서들과 랍비 전통 사이의 연속성을 입증했다. 《성전 문서》는 십일조가 원래 '하나님을 위한 것'이었으며(레 27:30-31과 같이), 나중에서야 하나님이 레위인들에게 지급하셨다고(민 18:21-24) 주장한다. 그리고 랍비 전통에서 이런 해석의 흔적이 있는데, 예를 들어, 십일조는 '지극히 높으신 [이]의 재산'인지 아니면 '보통 [인간]의 재산'인지에 대한 논쟁이 있다. [1]

십일조는 주로 농부의 책임이었으며, 다른 이들은 농부가 이미 십일조를 바쳤다고 확신하지 못하는 경우에만 십일조를 바쳤을 것이다.

마이모니데스는 다음과 같이 기록한다.

"테루모트(Terumot)와 마아세로트(Ma'aserot)는 성전이 서 있든 그렇지 않든 이스라엘 땅에서만 성경적으로 적용된다. 선지자들은 시날 땅[바빌로니아]에서도 바쳐야 한다고 규정했는데, 거기는 이스라엘 땅과 가깝고 이스라엘 사람들은 둘 사이를 자주 이동하기 때문이다. 초기 현인들은 [십일조는] 이집트와 암몬과 모압 땅에서도 바쳐야 한다고 규정했는데, 그 땅들은 이스라엘 땅과 인접하기 때문이다."[2]

랍비들이 이해한 대로, 제물은 다음과 같이 구성됐다.

1. 테루마(Teruma, 제사장들의 몫, 거제). 소산물의 60분의 1은 제사장들을 위해 따로 떼어

두었다. 이 음식은 거룩한 지위를 가졌으며 코헨이나 그의 부양가족이 아닌 누구도 그것을 먹는 것이 엄격하게 금지됐다. 음식 및 그 음식을 먹는 자들은 정결 상태에 있어야만 했다 (신 18:4).

2. 마아세르 리숀(Ma'aser Rishon, 첫 십일조). 소산물의 10분의 1은 레위인을 위해 따로 떼어 두었다. 이것은 거룩한 지위를 가지지 않지만, 단순히 레위인의 재산이었다. 누구라도 주인의 허가가 있으면 먹을 수 있었다(민 18:21-24).

3. 테루마트 마아세르(Terumat Ma'aser, 레위의 십일조). 레위인은 코헨을 위해 테루마로 자신의 마아세르 리숀의 10분의 1을 확보했다. 이것은 이스라엘 사람들이 따로 떼어 둔 테루마와 동일하게 거룩한 지위를 가졌다(민 18:25-32).

4. 마아세르 셰니(Ma'aser Sheni, 둘째 십일조). 나머지 소산물의 10분의 1은 예루살렘에 가져가거나 돈으로 예루살렘에 가져가도록 교환됐으며, 가난한 자들과 궁핍한 자들과 함께 나누며 거기서 즐겁게 소비됐다(신 14:22-27).

5. 마아세르 아니(Ma'aser 'Ani, 가난한 자들을 위한 십일조). 어떤 해에는 둘째 십일조 대신에 10분의 1을 구체적으로 가난한 자들을 위해 따로 떼어 놓았다(신 14:28-29, 26:12).

제물은 안식년의 7년 주기의 해에 따라 달랐다.
첫째, 둘째, 넷째, 다섯째 해: 테루마, 마아세르 리숀, 테루마트 마아세르, 마아세르 셰니
셋째, 여섯째 해: 테루마, 마아세르 리숀, 테루마트 마아세르, 마아세르 아니.
일곱째 해(안식년): 그 땅이 비워지고 자라는 어떤 소산물도 주인이 없었으며(헤프케르 [hefqer]) 그것이 필요한 자는 누구든지 마음대로 사용할 수 있었으므로 어떤 제물도 바치지 않았다.
이런 정기적인 제물 이외에도, 다음과 같이 특별한 상황과 관련된 여러 제물이 있었다.

6. 비쿠림(Bikkurim, 첫 열매). 적절한 계절에 성전에 바친다(신 26:1-11).

7. 할라(Ḥalla, 가루 반죽). 각 보릿단에서 나온 가루 반죽의 일부는 빵 굽는 자나 가정주부가 제사장들을 위해 따로 떼어 놓았다(민 15:17-21).

8. '그 앞다리와 두 볼과 위'는 도살하는 자가 제사장을 위해 따로 떼어 놓았다(신 18:3).

9. 처음 깎은 양털은 제사장에게 준다(신 18:4).

10. 첫 태생 짐승은 제단에 바치고, 그 후에 제사장들이 먹는다(민 18:15).

가난한 자들은 수확 시 매년 이삭줍기(소책자 페아[Pe'ah]를 보라)와 재정적인 공급과 기타 공급에서 적절하게 혜택을 받았다.

이 제도의 많은 부분은 랍비 유대교가 발전한 시기에는 실제로 일찍이 온전히 운용됐다고 해도[3] 쓸모없었다. 팔레스타인의 사회경제적 구조는 성경 시대 이후로 변했으며, 나라의 인구는 민족적으로나 종교적으로도 다양해졌고, 이전에는 레위 지파의 특권이었던 교육 기능을 서기관들이 차지했다. 아론 오펜하이머(Aharon Oppenheimer)는 코하님인 하스몬가(家) 왕들이 십일조를 세금으로 징수했다고 주장하며,[4] 탈무드는 헬레니즘 시기 말의 십일조가 레위인들보다는 제사장들에게 전해졌다고 확증한다.[5]

말라기는 너희의 온전한 십일조를 창고에 들여 나의 집에 양식이 있게 하고 그것으로 나를 시험하여 내가 하늘 문을 열고 너희에게 복을 쌓을 곳이 없도록 붓지 아니하나 보라(말 3:10, JPS)라고 예언했다. 주후 1세기 초에 많은 종교적 지도자들은 성전의 영적 기준이 쇠퇴한 것과, 결과적으로 이를 이스라엘의 운명이 쇠퇴한 것으로 간주한 것에 당황스러웠다. 어떤 이들은 메시아적인 인물에게서 이뤄질 성전의 정화를 미결로 미뤄둔 채, '퇴락한' 성전을 피한 유대 사막의 무리와 같은 집단들을 세웠다.[6] 다른 이들은 말라기의 말씀을 마음에 새기고, 이스라엘의 고통이 십일조와 제의적 정결의 법을 소홀히 했기 때문이라고 결론 내렸다. 문제들을 개선하기 위해 그들은 일반적으로 토라 준수뿐만 아니라 이런 법들의 준수에 헌신하는 교제 집단을 세웠다. 미쉬나의 많은 현인은 이런 집단의 구성원이었다(데마이[Demai]의 서론적 해설을 보라).

동전과 중량

성경의 게라(gera)와 세겔(sheqel)과 마네(maneh)는 은이나 금의 중량이며(동사 ShQL은 '무게를 재다'를 의미한다), 고대 바빌로니아의 기루(giru)와 세겔(sheqel)과 미나(mina)와 상응한다. 바빌로니아 60진법 체계에서 60기루 = 1세겔, 그리고 60세겔 = 1미나이다. 페니키아의 세겔은 바빌로니아의 세겔과 약간 달랐으며, 둘은 무겁고 가벼운 정도가 다양했다. 세겔은 8.4그램으로 측정됐다.

구체적으로 유대 동전들은 유대 독립이나 반란 기간에만 만들어졌다.[1] 탈무드는 유대인들이 일반적인 화폐를 사용한다고 여긴다.

미쉬나에서 가장 자주 언급되는 세 가지 화폐 단위는 로마의 앗사리온(assarius) 또는 아스(as, 미쉬나 잇사르[issar]) 데나리온(denarius, 디나르[dinar] 또는 주즈[zuz]), 두폰디우스(dupondius, 푼디온[pundion])이며, 은 마아(ma'a)는 아마도 원래 2½앗사리온의 가치가 있는 은화 세스테르티우스(sestertius)에 상당할 것이지만, 미쉬나 시기에는 큰 황동전이 4앗사리온의 가치가 있었다. 두폰디우스와 세스테르티우스는 황동이었고, 데나리온은 은이며, 아우레우스(aureus)는 금이다. 더 작은 화폐 단위는 구리였다.

로마 화폐는 금속 비용의 변화에 따라 변동했고, 자주 가치가 떨어져 상대적인 가치를 왜곡했다. 주요 개혁은 아우렐리우스(Aurelius, 270-275년)와 디오클레티아누스(Diocletian, 294-296)에 의해 단행됐다.

바브리는 때로 페르시아 용어, 예를 들어, 한 데나리온과 동등한 다나크(danak, 헬라어 드라크마[drachma]에서 옴)를 사용한다.[2]

히브리/아람어 명칭	라틴어 등가	페루토트(Perutot)
페루타(peruta)		1
잇사르(issar)	아스(as), 앗사리온(assarius)	8
푼디온(pundion)	두폰디우스(dupondius)	16
(은) 마아(ma'a)	세스테르티우스(sestertius)	32

이스티라(istira), 타르피크(tarp'iq)[3]		96
(트로파이코스[tropaikos])		
은 디나르(dinar), 주즈(zuz)	데나리온(*denarius*)	192[4]
은 세겔(sheqel)		384
은 셀라(sela), 토라 세겔		768
금 디나르	아우레우스(*aureus*)	4,800
은 마네(maneh)		19,200

길이 측정법

단위	등가	손가락 넓이
손가락 넓이[5]		1
손바닥	4 × 손가락 넓이	4
한 뼘(span)	3 × 손바닥	12
규빗(cubit)	6 × 손바닥	24
리스(ris)	266⅔ 규빗	6,400
마일	2,000 × 규빗	48,000
파라상(parasang)	4 × 마일	192,000

전통적인 유대 당국은 종교적 목적을 위해 규빗을 44 또는 57.6cm로 다양하게 측정한다.[6] 현대의 로마 도량형의 계산은 다음과 같다. 디지투스(digitus) = 18.5mm, 운시아(uncia, 인치, 즉 1피트의 12분의 1) = 24.6mm, 페스(pes, 피트) = 296mm, 쿠비투스(cubitus) = 44.4cm, 밀레(mille, 파숨[passuum]) (마일) = 1.48km. 탈무드의 손가락 넓이와 규빗은 로마의 운시아와 쿠비투스와 상응하지만, 탈무드의 '마일'은 로마 마일의 5분의 3일뿐이다.

땅 면적

1 베트 쿠르(bet kur, 곡식 한 쿠르[kur]를 파종하는 데 필요한 면적) = 30 베트 세아(bet seah),

또는 75,000 제곱 규빗

1 베트 세아(bet seah) = 24 베트 로바(bet rova', 4분의 1 카브[kab]의 곡식을 파종하는 데 필요한 면적)

부피

단위	등가	달걀 크기
달걀 크기		1
1/4 로그(log)	1.5 × 달걀	1.5
로그(log)	6 × 달걀	6
카브(kab)	4 × 로그	24
오메르(omer), 잇사론(issaron)	43.2 × 달걀	43.2
세아(seah)	144 × 달걀	144
에파(efah), 바트(bat)	10 × 잇사론	432
쿠르(kur), 호멜(Homer)	10 × 에파	4,320

밀가루 한 잇사론(한 에파의 10분의 1)은 대략 1킬로그램의 무게가 나가며, 이스라엘 사람들이 광야에서 받은 만나의 매일 '한 에바의 10분의 1'과 관련된다(출 16:17,36).

감람, 무화과, 대추야자, 보리알, 렌틸콩은 달걀 크기보다 작은 도량에 사용되지만, 이들의 정확한 관계는 논란의 여지가 있다.

인쇄된 히브리 성경에서 책들은 아래와 같이 세 부분으로 배열되며, 순서는 바바 바트라 (*Bava Batra*) 12b에서 제시된 것과는 약간 다르다.

토라

창세기
출애굽기
레위기
민수기
신명기

네비임(선지서)

전기 선지서
여호수아서
사사기
사무엘서 상하
열왕기서 상하

후기 선지서
이사야서
예레미야서
에스겔서
열두 선지서: 호세아, 요엘, 아모스, 오바댜, 요나, 미가,
나훔, 하박국, 스바냐, 학개, 스가랴, 말라기

케투빔(성문서)

시편
잠언
욥기
다섯 두루마리: 아가, 룻기, 예레미야애가, 전도서, 에스더서
다니엘서
에스라서
느헤미야서
역대기 상하

부록 5 │ 가나다 순서로 된 미쉬나의 소책자

히브리어 알파벳

히브리어 알파벳은 22개의 자음으로 구성된다. 대문자와 소문자의 차이는 없지만, 다섯 글자는 단어의 끝에 나오면 다른 형태를 취한다. 중세 시대 초에 성경의 히브리어 본문을 편집한 맛소라 학자들은 모음 부호와 발음 구별 부호를 고안했다. 어떤 초기 미쉬나와 전례(典禮)의 사본들은 이것들을 가지고 있지만, 일반적으로 성경과 기도서 이외에는 히브리어 본문에서 생략된다.

영어 자음은 히브리어와 대략적으로만 동등하다. 다게쉬는 자음의 두 형태를 구분하려고 모음을 붙인 본문(즉, 모음이 있는 본문)에 삽입된 발음 구별 부호의 점이다.

자음	명칭	일반적인 음역
א	알렙	(묵음) ', 또는 생략됨
ב	베트(다게쉬가 없는)	v, b, bh
בּ	베트(다게쉬가 있는)	b
ג	김멜	g
ד	달렛	d
ה	헤	h(종종 단어 끝에서 생략됨)
ו	바브	v, w
ז	자인	z
ח	헤트	ḥ, h, ch
ט	테트	t
י	요드	y, j
כ	카프(다게쉬가 없는)	k, kh, ch
כּ	카프(다게쉬가 있는)	k, c
ל	라메드	l
מ,ם	멤	m
נ,ן	눈	n
ס	사멕	s
ע	아인	(서쪽 방언에서는 발음되지 않은 후음) ', g, gh, 또는 생략됨

자음	명칭	일반적인 음역
ף, פ	페(다게쉬가 없는)	f, ph
פ	페(다게쉬가 있는)	p
ץ, צ	차데	ts, tz, ṣ, ẓ
ק	코프	k, c, q
ר	레쉬	r
שׁ	쉰(오른쪽 점)	sh, š
שׂ	신(왼쪽 점)	s
ת	타브(다게쉬가 없는)	t, th, s
תּ	타브(다게쉬가 있는)	t

표준 영어가 아닌 이 책에서 사용된 유일한 부호는 'ḥ'(헤트)와 아인('ayin)에 대해 시작하는 인용 부호인데, 이것들은 비슷한 단어 사이의 혼란을 피하는 데 필요하기 때문이다. 그러나 아인은 대개 생략된다.

마지막 'h'는 많은 단어에서 선택적이다. 예를 들어 '미쉬나'(Mishna)는 흔한 철자 '미쉬나'(Mishnah) 대신에 사용된다.

일반적으로, 모음은 현재의 이스라엘 발음에 따라 음역됐다(따라서 코셰르[kosher] 보다는 카셰르[kasher]). 대부분 이것은 간단하지만, 히브리어와 아람어는 반모음을 사용하며, 반모음들은 다른 방식으로 표시될 수 있다. 예를 들어 '바라이타'(baraita)라는 단어의 시작하는 'b'에는 반모음이 이어지는데, 이는 '파자마'에서의 "ㅏ"(a)와 같이 발음되며, 단어는 '브라이타'(b'aita) 또는 '보라이타'(boraita), '베라이타'(beraita)라는 철자로 될 수도 있다.

히브리어와 다른 외국 명칭의 철자

많은 히브리 명칭은 음역을 위한 일반적인 지침과 일치하지 않는 통상적인 영어 철자를 지닌다. 예를 들어, 사무엘은 히브리어 쉬무엘(Sh'muel)의 통상적인 영어 번역이며, 이삭은 히브리어 이츠하크(Yitzḥaq)의 통상적인 영어 번역이다. 여기에 다음과 같이 인명 철자에서 다양한 예가 있다.

아키바(Aqiva, Aqiba, Akiva)
이삭(Isaac, 이츠호크[Yitzchok])
야곱(Jacob, 야아코브[Yaakov], Ya'aqob)

예루살렘(Jerusalem, 예루샬라임[Yerushalayim])

요하난(Johanan, Jo ̣hanan, John, Yo ̣hanan)

요세(Jose, José, Yosé)

요셉(Joseph, 요세프[Yosef])

유다(Judah, 예후다[Yehuda])

솔로몬(살로모네[Salomone], 쉴로모[Shlomo], Solomon, Schelomo, Salomon)

사무엘(Samuel, 쉬무엘[Shmuel], 삼윌[Samwil])

시몬(Simon, 시므온[Simeon], Shimon)

이스마엘(이쉬마엘[Yishmael], 이쉬마엘[Ishmael], Ismael, 이스마일[Isma'il])

인명과 지명을 번역하는 데 혼란이 되는 추가적인 원인이 다음과 같이 있다.

1. 모음이 없으므로 발음을 알기 어려울 수 있다.
2. 이름이 외국 기원인 곳에서 우리는 아람어를 말하는 자들이 어떻게 그것을 발음했을 수 있는지 확신할 수 없다. 예를 들어, 잘 알려진 2세기 현인의 이름은 보통 '타르폰'(Tarfon)이라고 발음된다. 자음 TRFWN만이 나오므로, 이름은 아마도 헬라어 '트리폰'(Tryphon)일 것이다.
3. 지명은 항상 확인할 수 있는 것은 아니다. 한 장소를 확인할 수 있더라도 필사자가 이름을 실수했을 수도 있다. 대부분의 히브리어 필사자는 비슷해 보이는 마지막 m을 s로 잘못 읽기 때문에, '엠마오'(Emmaus)보다는 '엠마움'('Emmaum)이라고 쓴다. 때로 장소는 다른 언어나 다른 시기에 다른 명칭을 가진다. 예를 들어 베트 구브린(Bet Guvrin)은 헬라어로 '엘레우테로폴리스'(Eleutheropolis)라고 알려졌다.
4. 중세 페르시아(파흘라비[Pahlavi]) 이름과 용어는 대개 단순화된다. 예를 들어 '샤푸르'(Shapur)는 '샤부르'(Šābuhr)보다 선호되어 사용된다.

서문

1) Kovelman, *Alexandria and Jerusalem*, Chapter 3은 '랍비식 아가다'(rabbinic aggada)에서 발견되는 유머에 주목하지만 할라카(halakha)에도 유쾌한 가벼운 언급이 있다.

서론

1) '참고 사항'(58쪽)을 보라.

2) Kraemer, *Mind*, pp. 117-18. 어떤 잘 알려진 이야기들은 시대착오로 1세기 초에 이 용어를 힐렐 학파와 샴마이 학파가 표명한 것으로 본다. 예를 들어 *Shabbat* 31a(162쪽)를 보라.

3) Julianus, in *Digest* 1.3.32; Josephus, *Antiquities* 13:297. Sanders, *Jewish Law*, p. 99를 보라.

4) 심지어 원리들이 기록돼야 한다고 주장하는 학자들도, 대부분의 학생들이 후대 중세까지는 기록된 사본이 아닌 기억에 의존해야 했다는 점에 동의한다.

5) 레쉬 라키쉬(Resh Laqish, 3세기)는 "구술로 된 것은 기록되지 않아야 하며, 기록된 것은 구술로 되지 않아야 한다"라고 말했다(*Gittin* 60b; *Temura* 14b). 정확한 동기는 숙고의 문제이다.

6) 나시(Nasi)라는 명칭은 '탈무드는 어떻게 시작됐는가?'(25쪽)에서 설명된다.

7) Migne's *Patrologia Latina* (1864 edn)의 Vol. 22, p. 1054에 나오는 Jerome, *Letter* 121:10, no. 884. 제롬(Jerome)은 랍비들을 '바리새인들'이라고 부르는데, 그가 그들을 보는 관점과 비슷하게 랍비들도 스스로를 그렇게 여겼다. 그러나 이제 역사가들은 바리새인과 랍비들의 유사점을 인정하면서도 그들의 차이점을 강조한다.

8) Kovelman, *Alexandria and Jerusalem*은 탄원 문헌에 근거하여, 법이 2세기 이집트와 팔레스타인에서 '시대의 묘미'였다고 주장한다.

9) 이 사상은 Neusner, *Vanquished Nation*에서 잘 다루고 있다.

10) 용어의 변화는 탈무드가 전반적으로 게마라로 변경돼야 한다는 탈무드의 바젤 판(1578-81)이 기독교 비판을 요구한 데서 유래한다. 참고를 위해 Albeck, *Talmud*, p. 3을 보라.

11) Frankel, *Mavo*, pp. 28b-36b.

12) Lieberman, *Greek and Hellenism*; Neusner, *Judaism in Society*, pp. 110-11; Kraemer, *Mind*, p. 95.

13) 이 문헌들은 '미쉬나와 탈무드를 만든 사람들'(34쪽)에서 묘사된다.

14) 문자 그대로, '집들'.

15) 예로는 에루브(eruv)와 무크체(muqtzé)의 법들이 있다. 용어 해설을 보라.

16) Cassius Dio, *Roman History* 69.14.1에서는 50개의 요새와 985개의 마을이 파괴됐고, 580,000명의 군사들이 죽임을 당했다고 주장한다. 최근 평가에 대해, Schäfer, *Bar Kochba War*를 보라.

17) Millar, 'Transformations', pp. 144ff.

18) 바울이 그의 문하에 있었다고 주장하는(행 22:3) 가말리엘 2세의 할아버지 가말리엘 1세는,

혜롯 왕조와 약간의 연관성이 있었을 것이다(*Pesaḥim* 88b). 이것은 랍비 사회에서 자존심의 문제가 아니겠지만, 이 가족이 로마와 가깝다는 것을 설명할 것이다. 시므온 바 코지바는 그 명칭에 서명하고 자신의 동전에 새기도록 했다. Yadin, *Cave of Letters*, pp. 369-72를 보라.

19) *I mishum* 아래에서 Rashi *Shabbat* 122a이 이 제안을 한다. 그러나 로마 통치가 종교나 민족의 정체성이 아니라 영토에 근거하여 조직됐으므로, 유다가 어떤 직위를 가졌는지 알기는 어렵다.

20) Mishna *Eduyot* 7:7; Bavli *Sanhedrin* 11a; Yerushalmi *Sanhedrin* 7:19.

21) Goodman, 'Roman State', pp. 127-37; *Didascalia apostolorum*에 근거한 Harries, 'Resolving Disputes', p. 73.

22) M. Jacobs, *Institution*, p. 232.

23) S. Cohen, 'Place of the Rabbi', p. 172.

24) *Codex Theodosianus* 16,8,13, No. 81, in M. Jacobs, *Institution*, pp. 284-7. 복수를 사용한다는 것은 어떤 지위를 내포하든지 나시에 제한되지 않고(만약 그가 실제로 포함된다면) 유대 지도자들에게 집단적으로 적용됐다는 것을 의미한다. 테오도티온(Theodotion)의 책임하에 편찬하고 438년에 출판한 *Codex*는 312년부터 기독교 황제들이 통치할 때의 로마 제국의 법을 정리한다.

25) Ibid., 16, 8, 22, No. 83, in M. Jacobs, *Institution*, pp. 287-91; ibid., 16, 8, 29, No. 88, in M. Jacobs, *Institution*, pp. 284-7. 복수 사용에 주의하라.

26) M. Jacobs, *Institution*, p. 307; ibid., p. 327, Theodoret, *Eranistes* 36, ed. Ettlinger, pp. 82-3에서 옴.

27) S. Schwartz, *Imperialism*, 8-10장을 보라.

28) *Berakhot* 16b(68쪽을 보라). 누구도 크추체(q'tzutzé)의 의미에 대해 확신하지 못한다. 아마도 이들은 로마 행정관보다 앞서는 자들과 비슷한 관리였을 것이다.

29) 이 주장은 오리겐의 *Epistola ad Africanum* 20에서 신학적인 논점을 위해 제시된다. M. Jacobs, *Institution*, p. 251에서 이것은 로마가 지역 지배자의 지위를 공식적으로 인정한 것을 의미하지는 않는다고 공정하게 주장한다. 전도서 10장 2절에 대한 *Midrash Rabba*는 유다가 체벌을 명령했다고 내포하지만, 이것이 사형이었다고 구체적으로 밝혀지는 않는다.

30) 예를 들어, *Berakhot* 45b.

31) *Berakhot* 47a. 보고가 반드시 정확한 것은 아니며, 로마의 나단 벤 예히엘(Nathan ben Yeḥiel)이 제안한 대로, 쉬무엘이 단순히 그의 개인 이름으로 라브라고 불렸을 수도 있다 (*Amar Shmuel* 아래에서의 Tosafot *Yevamot* 57b). *Shabbat* 53a는 그리 존중하지 않는 것 같으며, 108a는 라브가 팔레스타인에서 돌아왔을 때 쉬무엘이 결정적으로 냉담하게 받아들인 것을 기록한다. Kalmin, *Sages, Stories*, p. 157은 두 현인 사이의 상호 적대감의 사례를 기록하지만, 187-9쪽에서 Kalmin은 더 적절하게 판단한다.

32) Neusner, *Jews in Babylonia*, Vol. I, pp. 56-8. 116-17의 사건과 관련하여 Ben Zeev (*Diaspora Judaism*, p. 266)는 다음과 같이 말한다. "그러므로 유대의 반란은 로마가 바빌로니아를 로마의 한 지방으로 삼지 못하게 한 하나의 발전으로 간주할 수 있다."

33) Yerushalmi *Ketubot* 12:3 (35a) 그리고 *Kil'ayim* 9:3 (32b); *Genesis Rabba* 33:3.

Sherira (Lewin, *Iggeret*, p. 76)는 후나 1세가 랍비 당시에 포로의 지도자(Exilarch)였다고 진술한다.

34) 아니레우스(Anileus), 아시네우스(Asineus)와 같은 두 사람의 대두와 몰락은 Josephus, *Antiquities* 18:9에서 설명된다.

35) 비슷한 상황이 사산인의 통치에서 그리스도인들에게 일어났다. 쟝 밥티스트 샤보(Jean-Baptiste Chabot)가 1902년에 편집한 *Synodicon Orientale*은 최소한 6세기 즈음 기독교 교회가 어떻게 교회 문제뿐만 아니라 시민 재판권 분야에서도 법을 내놓기 시작하며, 자신들의 탈무드에 준하는 것을 만들었는지에 대한 약간의 실마리를 제공한다. 예를 들어, Erhart, 'Canon Law', pp. 123-9를 보라.

36) Goodblatt, *Rabbinic Instruction*, 특히 pp. 63-92. Brody, 'Chronology', p. 104는 라브 후나(Rav Huna)와 라브 히스다(Rav Ḥisda)가 학교를 세웠다는 것을 암시한다.

37) *Yevamot* 63b.

38) *Avoda Zara* 10b-11a; *Shabbat* 11a와 75a.

39) J. Duschene-Guillemin, in Yarshater, *History of Iran*, Vol. 3, Part 2, p. 875.

40) 쉬무엘의 죽음에 대한 전통적인 연대는 셰리라(Sherira)의 *Epistle* (Lewin, *Iggeret*, p. 82 Schlüter, *Auf welche Weise*, p. 213)에 근거하여, 셉티미우스 오다이나투스(Septimius Odaenathus)가 통솔하는 팔미라인들(Palmyrenes)이 네하르데아(Nehardea)를 약탈하기 6년 전인 253년이다. *Berakhot*(75-76쪽을 보라)도 쉬무엘이 비교적 젊은 나이에 죽었다고 가리킨다. Neusner(*Jews in Babylonia*, Vol. II, p. 48-51)와 Goodblatt(*Rabbinic Instruction*, p. 39)는 네하르데아 약탈이 나중에 263년에 일어났음이 틀림없다고 주장했는데, 이 경우 후대 연대가 쉬무엘이 죽은 연대가 될 수도 있다. 이것은 *Mo'ed Qatan* 26a에서의 샤푸르(Shapur) 1세가 가이사랴 마자카(Caesarea Mazaca)의 주민들을 살해한 사건, 곧 260년 이후의 사건에 대한 논평을 쉬무엘에게 귀속시킬 것이다.

41) 팔레스타인에서 로마 통치의 적법성을 인정하는 것이 훨씬 더 문제가 될 것이다.

42) 라바가 부과한 태형의 결과로 범죄자가 죽을 때, 라바 자신의 생명은 위태롭게 됐다(*Ta'anit* 24b).

43) *Ḥagiga* 5b, *Bava Metzi'a* 86a; 또한 *Bava Qama* 116b-117b(506-511쪽)를 보라.

44) 아마도 "다윗의 아들 [곧 메시아]는 전체 국가가 이단으로 넘어갈 때에야 비로소 올 것이다"(*Sanhedrin* 97a)라는 진술이 이를 가리킬 것이다.

45) Geiger, 'Gallus Revolt'.

46) 예루살렘 감독 키릴로스(Cyril)가 썼다고 여겨지는 편지에 따르면, 유대인들이 성전에서 일을 개시할 준비가 되어 있을 때, '그리스인 알렉산더 왕국의 674년 이야르(Iyyar)월 19일', 즉 363년 5월 19일에 많은 사람을 죽이고 나라를 혼든 끔찍한 재앙으로 말미암아 기적적으로 그것이 제지됐다. 편지는 율리아누스의 죽음을, 그가 그리스도를 거부한 데 대한 징벌로 해석한다. Brock, *Syriac Perspectives* X:267-86이 이 편지를 번역하는데, 그는 이 편지가 키릴로스의 실제 저작이 아니라 5세기 초의 위작이라고 믿는다(p. 283).

47) 이것은 Milson, *Art and Architecture*에 상세히 기록되어 있다. 셉포리스(Sepphoris)의 5세기 회당의 유물은 1993년에 발견됐다. Weiss, *Sepphoris Synagogue*를 보라.

48) Parikhanian, in Yarshater, *History of Iran*, Vol. 3, Part 2, pp. 632-46. 세 가지 유산

이 Tafazzuli, *Sasanian Society* (저자는 사제와 재판관에 대한 설명 작업을 완성하기까지 살지는 못했다)에 훌륭하게 묘사되어 있다. 사산 왕조의 법과 사회에 대한 가장 가치 있는 정보 자료는 후스로우(Khosrow) 2세 파비즈(Parviz)가 통치한 500년경에 편찬된 Parikhanian, *The Book of a Thousand Judgements*이다. 이것은 탈무드의 특징이 되는 변론의 종류가 없는 결정의 목록이거나 아베스타(Avesta: 조로아스터교의 경전)에 대한 주석이며, 이것이 3세기의 관행을 얼마나 깊이 반영하는지는 알려지지 않았다.

49) 더욱 정확하게는, 샤힌샤(Shahinshah, '왕중의 왕'). 사산 왕조의 지배체계는 Gyselen, *Géographie*, pp. 27-40에 묘사된다.

50) 알-카디쉬야(al-Qādishīyah)의 전투의 정확한 연대는 종종 635년이나 636년으로 제시되지만 논란의 여지가 있다. 어쨌든 패배는 긴 과정이었다.

51) 12세기 안달루시아(Andalusia)에서 아브라함 이븐 다우드(Abraham *ibn Daud*)(G. Cohen, Ibn Daud)는 광범위한 게오님 자료를 활용했다. 그는 타나임과 아모라임을 '세대'로 배열한 책임자다. Brody, *Chronology*는 셰리라와 *Seder Tannaim v'Amoraim*이 아모라임 학교가 형성되기 전에 시작한 포로의 지도자들을 위해 편찬된 자료를 독립적으로 활용했다고 주장한다.

52) Lewin, *Iggeret*, p. 71 Schlüter, *Auf welche Weise*, p. 193, no. 144.

53) 'Transmission of the Text'를 보라.

54) *Rav Tanna hu u-falig* (*Eruvin* 50b와 병행자료).

55) Kalmin, *Sages, Stories*, p. 59.

56) 라비나 2세가 499년에 죽었으므로, 아마도 라비나 1세일 것이다.

57) 다른 철자는 S'vora, Sevora, Sebora 등을 포함한다.

58) Lewin, *Iggeret*, p. 69 Schlüter, *Auf welche Weise*, p. 192, no. 143. 사보라(savora)라는 용어는 몇 가지 뉘앙스를 전달하는데, 즉 의견을 가진 자, 추론을 제안하는 자, 결정하는 자 등이 있다.

59) 시무나(Simuna)는 540년경 죽었다. (코헨,) 이븐 다우드와 같은 다른 권위는 그의 *Sefer ha-Qabbala*에서 세보라임의 시기를 라브 셰쉬나(Rav Sheshna)가 689년경 죽을 때까지로 확장한다.

60) Sperber, in *Encylopaedia Judaica*, 사보라(Savora)에 대한 항목.

61) Halivni, *M'qorot*, p. 15 (내 번역).

62) 리쇼님(Rishonim, '이른 시기의 사람들')은 10세기부터 16세기 초까지의 랍비 권위자들이다.

63) Halivni, *Midrash*. Chernick, *Essential Papers*, pp. 141-2에서 재인쇄됨.

64) *Horayot* 14a (614쪽을 보라) 그리고 *Berakhot* 64a(96쪽).

65) Shmuel Ha-Nagid, *Introduction to the Talmud*, 수라의 교장 쉬무엘 벤 호프니(Shmuel ben Ḥofni)(1013년에 사망)의 이름으로 된 저작에 근거함; Rashi *Shabbat* 30b.

66) L. Jacobs, *Structure and Form*. *Bekhorot* 5b(671쪽)를 보라.

67) 해석자의 시대에 속하는 사람들과 사건들에서 예언이 성취된다는 점에서 예언이 주해에 따라 읽히는데, 이 주해의 한 형태를 가리키고자, 페셰르('해석')라는 단어가 사해문서 일부, 예를 들어 하박국 주석에 적용된다.

68) *Sota* 49b, 그리고 *Bava Qama* 83a(496쪽을 보라)에 비슷한 내용이 있다. 귀속시킴은 반드

시 옳은 것은 아니다. 랍비가 '아람어'라고 사용한 단어는 sursi(시리아어, 옛 시리아어)인데, 아마도 모욕적인 용어일 것이다.

69) *Shabbat* 66b에서, *l'terutzé sugya*는 '[그의] 단계를 해결하다'를 의미한다.

70) Kalmin, *Sages, Stories*, pp. 169-73을 보라.

71) *Megilla* 15a, 에스더서 2장 22절에 근거함.

72) 예를 들어 일곱 가말리엘이나 수많은 유다 가운데 누구를 의미하는가? 또는 이와 같은 혼란은 다음과 같이 *Pesaḥim* 113b-114a에서 해결된다. "훗잘(Hutzal)의 요세프는 바빌로니아 사람 요세프이며, 이시 벤 구르 아르예(Isi ben Gur Aryeh)는 이시 벤 예후다(Isi ben Yehuda), 이시 벤 가말리엘(Isi ben Gamaliel) 또는 이시 벤 마할랄(Isi ben Mahalal)이지만, 그의 실제 이름은 이시 벤 아카비아(Isi ben Aqavia)이다. 랍비 이삭 벤 타브라(Isaac ben Tavla)는 랍비 이삭 벤 하클라(Isaac ben Ḥaqla)이다."

73) Rosh, 빌나(Vilna) 1886판의 여백에서 *Nazir* 17a에 대한 논평.

74) 예를 들어, 빌나의 엘리야(1720-99): "시간 내내 있었고, 지금도 있으며, 있게 될 모든 것이 토라에 포함된다. …그리고 일반적인 원리뿐만 아니라 각 종과 각 개인의 세부 내용, 그가 태어난 날부터 마지막 날까지 그에게 무슨 일이 일어나든지, 모든 이주, 세부적인 모든 것이 설명되어 있다"(Commentary on *Sifra di-Tsni'uta*, Chapter 5).

75) 예를 들어, *Shabbat* 66a에서는 "다리 저는 자는 도움을 받아 나갈 수도 있지만 랍비 요세는 그것을 금한다"를 "다리 저는 자는 도움을 받아 나가지 못할 수도 있지만 랍비 요세는 그것을 허용한다"라고 수정하도록 제안한다.

76) 사례들: *Shabbat* 121a, *Pesaḥim* 100a, *Gittin* 73a, *Qiddushin* 47b, *Ḥullin* 141b.

77) *Yevamot* 50a.

78) Halivni, *Peshat & Derash*, pp. 36, 37-9. 그는 타나임 문헌들이 쓸데없는 반복이 없었다고 가정하지 않지만, 스타마임은 가정했다고 주장한다.

79) 힐렐의 판결은 Tosefta *Sanhedrin* 7:11 (Zuckermandel edn)에 열거된다. 이스마엘과 요세의 판결은 각각 Sifra과 Mishnat Rabbi Eliezer(ed. Enelow)의 서론에 덧붙여진 독립적인 바라이토트(baraitot)이다.

80) 호머(Homer)의 해석에 대해, Lamberton and Keaney, *Homer's Ancient Readers*를 보라. Lieberman, *Hellenism*, pp. 47-82는 탈무드의 병행 내용을 검토한다.

81) 이것은 헬라어 이소프세파(*isopsēpha*)와 동등하다. cf. Artemidorus, *Interpretation* 3:28.

82) Cotton and Yardeni, DJD, Vol. XXVII, pp. 153f.

83) Jerome, *Letter* 121:10.

84) Lewin, *Iggeret*, p. 125. Rashi (*Ketubot* 43b)는 이것이 이스라엘 땅의 랍비들이 바빌로니아 랍비들이 없는 동안에 임명받았기 때문이었다고 설명했다.

85) 후세대들이 요하난 벤 자카이(Yoḥanan ben Zakkai)를 나시(nasi)로 생각했기 때문에 그에 대해서도 사용된다.

86) Breuer, 'Rabbi is greater'. Breuer도 바빌로니아 랍비들이 임명되지 않았다는 탈무드의 주장(*Sanhedrin* 14a과 Yerushalmi *Bikkurim* 65d)을 논박한다(pp. 47,48).

87) Lewin, *Iggeret*, p. 126.

88) Schechter, *Aspects*.

89) 문자 그대로, '이스라엘의 적들'. 죄인들은 백성의 적들로 간주된다.

90) 문맥이 JPS의 '내가 거칠게 다룬 자들'과 같은 번역을 요구하지만, 마지막 구절은 히브리어 문자 그대로의 번역으로 가능하다.

91) Neusner, *Judaism in Society,* Preface to the Second Printing, pp. xxvii, xxxiii.

92) Kalmin, *Sages, Stories*, p. 215.

93) 크리소스톰의 《유대인들에 대한 설교》(Homilies on the Jews)에 관해, Wilken, *Chrysostom* 을 보라. 일반적으로 초기 기독교의 반-유대주의에 대해, 다음을 보라. Ruether, *Faith and Fratricide*; Limor and Stroumsa, Contra *Iudaeos*; Simon, *Verus Israel*; 그리고 Dunn, *Parting of the Ways*.

94) Schäfer, *Jesus*, p. 8. 또한 Krauss, *Handbook*을 보라.

95) de Lange, *Origen*을 보라.

96) *Ta'anit* 27b. '나사렛 사람들'은 그리스도인들인 것 같다. 마아마드(ma'amad)는 마을 사람들의 집단이며, 그들의 차례에 성전 봉사하는 사람들을 대표하는 자들이다.

97) *Yoma* 28b.

98) 기독교 주해와 유대인 성경 주해 사이의 관계에 대해, Horbury, *Jews and Christians,* 특히 8장(pp. 200-225)을 보라.

99) Weiss, *Sepphoris Synagogue*, pp. 250-52. 모자이크 장식은 79-81쪽에서 재현하고 해석했다.

100) *Shita Mequbbetzet to Bava Metzi'a* 13b. 라쉬의 수정은 *Berakhot* 38a에 있다.

101) Sefer ha-Yashar (ed. Schlesinger), Introduction, p. 9.

102) 마이모니데스(Maimonides)(*Mishné Torah: Malvé v'lové* 15:2)는 자신이 이집트에서 찾은, '약 500년 전 [즉, 650년경] 양피지 위에 기록된' 한 사본을 언급하지만, 분실된 것으로 추정된다. David Rozental (Rosenthal)은 *Babylonian Talmud, Codex Florence* (3 vols. Jerusalem: Maqor, 1972)의 복사판을 편집했고, 이전 사본들을 1-2쪽에서 열거한다. 19세기 말 라파엘 라비노빅즈(Raphael N. Rabbinovicz)는 자신의 기념비적이지만 완성되지 않은 *Diqduqei Soferim*을 뮌헨 사본에 기초했다.

103) Shereshevsky, *Rashi*, p. 149는 이 진술을 메나헴 벤 제라(Menaḥem ben Zeraḥ)가 *Tzedah La-Derekh*의 서론에서 한 것으로 여긴다.

104) Haskin, *Renaissance*. 최근 평가에 대해, Benson and Constable, *Renaissance and Renewal*과 Swanson, *Renaissance*를 보라.

105) G. Cohen, *Ibn Daud*, pp. 46-9과 63-7. 어떤 초기 권위자들은 하나넬(Ḥananel)을 '로마 출신'으로 언급한다. 그의 아버지는 이탈리아까지 이동했으며, 거기서 그는 예루샬미를 알게 됐다. 예루샬미는 하나넬의 주석에 두드러지게 나온다.

106) Fraenkel, *Rashi's Methodology*, p. 2.

107) Stephen Kuttner, 'The Revival of Jurisprudence', in Dahan, *Rashi*, pp. 299-323을 보라.

108) R. W. Southern, 'The School of Paris and the School of Chartres', in Dahan, *Rashi*, pp. 113-33.

109) *v'hakha* 아래에서의 *Keritot* 4a. 다른 예는 *v'af Rabbi Yoḥanan Shavuot*, 3b 아래에서 와 *qashya* 아래에서의 *Betza* 12a를 포함한다("어떤 혼동된 문제가 있는 학생은 이것을 여백에 썼다"). *v'h'g l'olam bizmano* 아래에서의 *Zevaḥim* 115a; 그리고 그는 자기 선생들의 탓으로 돌리는 실수를 용납하지 않는다(*Shabbat* 85a과 101a).

110) *h'g etzim d'hasaqa* 아래에서의 *Sukka* 40.

111) Kalmin, *Sages, Stories*, p. 179, n. 19는 *Sinai* 55 (1992), pp. 140-64의 한 아티클에서 철자법의 구분이 중세 필사자들의 고안이었다고 제안한 샴마 프리드먼(Shamma Friedman)을 언급한다. 나는 이것을 조사할 수 없었다.

112) 고대 번역 기술에 대한 설명으로, Brock, *Syriac Perspectives*, III:69-87을 보라. 그는 성경 번역가들과 문자대로의(*verbum e verbo*) 방법을 선택한 이들이 문학적 적절성을 모르는 게 아니라 매우 구체적인 동기에서 그렇게 한다고 강조한다.

113) 다른 본문에 근거한 랍비의 해석 20가지의 예는, Aqiva Eger(1761-1837년)가 *Shabbat* 55b에 대한 자신의 여백의 메모에서 열거하고 있지만, 이것은 명백히 과소평가된 것이다.

114) 창 32:29, 35:10. 동전과 서류에서의 '이스라엘' 사용에 대해, Goodman, *Rome*, p. 19를 보라.

첫째 주제 │ 제라임(ZERAIM, 씨앗들)

첫째 소책자 베라코트(BERAKHOT, 축복들)

1) Mishna *Tamid* 5장을 보라.

2) 단 6:10. 이것은 초대 교회의 견해이기도 했다. "그러므로 하루에 세 번 기도하라"(*Didache* 8:3).

3) 코하님(Kohanim)은 사람들에게 테루마(teruma, 음식 제물)를 받으며, 그것을 정결한 상태에서만 먹을 수 있다. 예를 들어, 부정한 짐승의 사체를 접촉하여 더럽혀진 코헨은 낮 동안 정결하게 하기 위해 목욕하지만, 해 질 녘까지는 정결함을 회복하지 못한다. *T'vul Yom*을 보라.

4) 황혼부터 새벽까지의 밤은 '경'(watches)으로 나뉜다. 셋으로 나뉘는지 넷으로 나뉘는지에 대해서는 의견의 차이가 있다.

5) 미쉬나를 공식화한 자. 34-35쪽을 보라.

6) *Berakhot* 1:4 (11a).

7) '찬송'은 복수이다. 즉, 찬양하는 자는 여기에서 하나님을 찬양하며, 다가올 세계에서도 다시 하나님을 찬양할 것이다.

8) 마지막 구절은 모호하다. 라쉬는 이것을 기도로 읽는데, 우리 물질이 충족될 필요가 있기 때문이다.

9) 릭토르(lictor, 라틴어)는 로마 정무관(Roman magistrate)을 수행하는 관리였으며, 즉결심판을 할 준비가 돼 있었다. 요점은, 랍비에게 인간 근위병이 동행했더라도 랍비는 결국 자신의 안전이 하나님의 손에 있다는 것을 깨달았다는 것이다.

10) 악한 성향.

11) 아마도 헬라어 디사키온(dissakion), 이중 주머니.

12) 즉, 장례 행렬.

13) 히브리어 므라베(m'lavé)('동행하다')와 말베(malvé)('빌리다')는 동일하게 쓰인다.

14) 우리는 치치트(tzitzit, 민수기 15장 37-41절에서처럼 옷단 귀의 술)와 같은 계명을 준수한다는 것을 보임으로써 그들을 조롱하는 반면에, 그들은 그렇게 할 수 없다.

15) 히브리어 하이(hai)의 문자 그대로의 의미는 '살아있는'이지만, 대부분의 번역본에는 '용맹한 자' 또는 '영웅'이라고 되어 있다. JPS는 '위대한 일들을 행하는 용감한 군사'라고 번역하면서 이 구절을 브나야(Benaiah)에 관련시킨다.

16) 이 지점부터 해석은 히브리어 언어유희에 매우 많이 의존한다. 이것을 영어로 포착하려는 시도는 소용없을 것이다. 다윗의 영웅들의 군사적 공헌은 토라 성취에 대한 비유로 해석된다.

17) 토라를 연구하기 위해 – 라쉬.

18) 레위기에 대한 할라크 미드라쉬 – 라쉬.

19) 히브리어 '할랄'(halal)은 대부분의 번역가가 문맥에서 형용사로 취급한다. '굴욕당한 악한 왕'(JPS, 30절), '더럽혀진 악한 왕'(KJV).

20) 문자 그대로는 '죽은 자'이다. 번역가들은 확대하는데, 예를 들어 '죽음의 선고를 받은 자'로 번역한다.

21) 신실한 자는 살아있는 자이고 죄인은 죽은 자라는 개념은 신약에서도 일반적인데, 예를 들어 요한복음 11장 25-26절과 로마서 8장 13절이 있다.

22) 다양한 집단들이 하시딤(hasidim)('경건한 자들' 또는 '하나님을 사랑하는 자들')으로 알려졌다. 18세기에 유래했던 현대 하시딤 운동과는 전혀 관련이 없다. 여기서 이 용어는 단순히 거룩한 사람을 가리킨다.

23) 그들과 셰키나(하나님의 임재)를 구분하는 칸막이 – 라쉬.

24) 문자 그대로는 '또 다른'이지만 문맥은 '다음'을 가리킨다.

25) 그녀는 다른 여자가 죽어가고 다음 날에 묻힐 것을 알았기 때문이다. – 라쉬.

26) 죽은 자들을 관장하는 천사.

27) 다시 말해서, 그들은 돈의 위치를 파악할 수 없었다.

28) 아빠.

29) 레비 벤 시시(Levi ben Sisi)는 쉬무엘의 선생이자 동료였다.

30) 일출부터 일몰까지 낮은 12시간으로 나뉜다.

31) 일몰의 한 시간 15분 전.

32) 현인들 – 토라를 위한 전사들.

33) 문자 그대로는 '번역가'. 이야기꾼은 가말리엘의 강의를 보좌하는 이가 있을 것이라고 여기는데, 이는 나중에 바빌로니아 학교에서 기준으로 채택된 과정이다.

34) 각각 Mishna *Rosh Hashana* 2:9과 *Bekhorot* 36a인데, 거기서 여기와 비슷한 어구가 사용된다.

35) 아키바의 부모는 유대교 회심자들이었다.

36) 이 지점에서 내러티브는 히브리어에서 아람어로 바뀐다. 명백하게 뒷부분은 덧붙여졌다.

37) 랍비 회의 또는 아마도 학교를 가리키는 바빌로니아 용어(Goodblatt, *Rabbinic Instruction*,

pp. 76-92를 보라). 또 다른 시대착오적 표현.

38) 문자 그대로는 '사용하다'.

39) 당신은 권위를 행사할 정도로 나이 들어 보이지 않는다.

40) Mishna *Berakhot* 1:5. 엘르아살의 말의 단순한 의미는 "나는 약 70세이다"가 된다.

41) 그 밖의 제자들은 사실 불성실한 '연기 항아리들'이 아니었다.

42) 문자 그대로는 '의존했던'.

43) *Yadayim* 4:4(764쪽을 보라). 다시 말해서, "내가 본토에서 태어난 유대인 여자와 결혼할 수 있는가?"

44) 다시 말해서, 개종자 유다는 암몬 족속이 아닌 일반 주민에 속한다. 이 구절은 여호수아가 말한 것으로 여겨지는 내용의 해설이다.

45) 암호로 된 메시지는 랍비에게 "나시 집안의 가말리엘은 그가 물려받은 지위를 회복해야 한다"라고 말한다.

46) 아마도 그 직공이 전달한 메시지의 응답으로.

47) 시체를 접촉한 자를 정결하게 하기 위해 재를 준비하는 것은 어린 암송아지의 피를 뿌리는 대제사장의 특권이었다(민 19:4). 역설적이게도 엘르아살은 제사장의 후손이었지만 가말리엘은 아니었다. '동굴 물'과 '구운 고기의 재'는 의식을 이행하기에 적합하지 않다.

48) Cf. *Shabbat* 21b(155쪽을 보라).

49) 문자 그대로는 '설명하다'.

50) Soloveitchik, *Ḥiddushei R'Ḥ, on Tefilla* 4:1.

51) 심장은 감정의 자리일 뿐만 아니라 지성의 자리로 이해됐다. '자기 마음(mind)을 향하다'가 동일하게 만족스러운 번역이 될 것이다.

52) Weiss, *Sepphoris Synagogue*, p. 45는 이에 대한 타나임의 위치가 '유동적'이었다고 언급한다. 5세기 셉포리스 회당의 방향은 예루살렘의 방향보다는 건축상의 토대에 따라 결정됐다.

53) 주요 아침 기도 이전의 축복.

54) '벨리알의 딸' 대신에, JPS는 '쓸모없는 여자'로 번역하지만, 문자 그대로의 번역으로 이 설명을 이해할 필요가 있다.

55) JPS: '악당'.

56) 히브리어 츠바오트(만군)는 '많음'이나 '군중들'을 의미한다. 사무엘상 1장은 처음으로 성경에서 이 용어를 하나님에게 적용한다.

57) '보다'에 대한 히브리어는 문자 그대로 '만약 당신이 보고, 보려 한다면'이 된다. 성경 히브리어는 동사를 반복하여 강조한다. 이 관용구는 엘르아살 당시에는 통용되지 않았고, 그는 이것을 버릇으로 해석한다.

58) 즉, 이것은 보통의 언어 용법이며 특별한 해석을 요구하지 않는다.

59) JPS는 '남자 자녀'라고 번역한다.

60) 한나의 아들 선지자 사무엘은 그들 둘에게 기름을 부었다.

61) '너무 날씬하거나 너무 살찐' – 라쉬.

62) 이 공식은 모든 예에서 당연하게 여겨진다. 미쉬나는 축복의 포괄적인 끝말을 논의한다.

63) 문자 그대로의 번역. KJV는 "여호와를 찬양하는 것도 동시에 거룩할 것이다"라고 읽는다.

64) 레위기 19장 24절에서 '찬송'을 가리키는 용어는 복수이다.

65) 페아(*Pe'ah*)에 대한 서론적인 메모를 보라.

66) 이것은 할라(*Ḥalla*)에서 설명한다.

67) 우리가 보여주었던 대로의 포도주. 신명기 8장 10절에 근거한 밀가루 – 라쉬.

68) 케렘 자체는 '포도원'을 의미한다.

69) 밀, 보리, 포도, 무화과, 석류, 감람나무와 '대추야자'(꿀, 개역개정)(신 8:8).

70) Artemidorus, *Oneirocriticon*, pp. 14-15.

71) '가이사'는 어떤 지역의 로마 관원이겠지만, 이는 여호수아가 로마의 두려움을 이해한 전통을 전달하려고 고안한 문학적 허구일 가능성이 높다.

72) 다르게 해석하면, "그들이 우리에게 낭송하게 했다" 또는 "그들은 우리에게 문헌을 보여주었다"가 된다. 마음이 조작해도 꿈의 본질은 '전달된다'.

73) 문자 그대로, "당신에게서 한층 더 강력한 이유로 추론할 것이다".

74) 고대의 다양한 상추의 맛이 썼다(Pliny, *Historia Naturalis* 19:38을 보라). 그런 이유에서 이것은 유월절을 위해 선택된 '쓴 식용식물'이다(Mishna *Pesaḥim* 2:6 (39a)).

75) 당신은 그것을 싸게 팔아야만 할 것이다 – 라쉬.

76) 다시 말해서, 아바예는 학교의 교장이 될 것이다. 지위 문제로 그는 개인적으로 강의하지 않고, 아모라가 그 앞에서 강의할 것이다.

77) "나귀의 첫 새끼"(출 13:13).

78) 이것은 당혹스럽다. 하모르는 바브와 함께 나올 수 있었고, 사실 맛소라 히브리 본문에서는 그것이 없다. 그러므로 라쉬는 라바의 테필린에서 필사자가 정확하지 않게 바브와 함께 그것을 기록했고 그다음에 그것을 삭제했다고 추정한다. 다른 사본은 이 반대의 여지가 없는 읽기를 보존한다.

79) 예상되는 타격을 피하기 위해서.

80) 배가 침수할 수 있다. 그는 구원받겠지만 나는 그렇지 못할 것이다.

81) 모호함.

둘째 소책자 페아(PE'AH, 밭의 모퉁이)

1) 히브리어 용어는 모호하지만, 아마도 '풋내기'를 의미하는 단어와 연관될 것이다.

2) 이 미쉬나 본문의 이문(異文)은 '남편과 아내 사이를 화해시키는'이라는 추가사항을 포함한다.

3) '작물의 크기'라고 번역된 구절은 모호하다. 어떤 이는 이것이 주인의 겸손이나 경건을 의미한다고 이해했다.

4) 여기서 '시작', '중간', '끝'은 수확 과정을 가리키는 것이며, 밭의 위치를 가리키는 것이 아니다 (Rashi, *Shabbat* 23a, *l'sof sadehu* 구절에 대해).

5) 헤프케르(Hefqer)는 '주인이 없는'을 의미한다. 가난한 사람(또는 다른 누군가)이 이것을 실제로 취할 수 있지만, 주인은 자기 의무를 이행하지 않았다.

6) 소산물이 수확 과정에서 떨어진 것이 아니라, 사고로 떨어졌기 때문이다.

7) 이것은 주인의 소유로 남는다.

8) 당신은 당신의 소유권을 포기한 이후에 누가 그 물건에 대한 권리를 가질 것인지 명시할 수 없다.

9) 이 구절의 초반부만 표준 미쉬나 본문에 인용된다. 아마도 뒷부분은 의도됐을 것이다.

10) 주요 가지에 속하지 않는 '고아가 된' 포도. 주요 가지(shoulder)는 각각 개별 포도송이들이 있으면서 큰 가지가 나오게 된 가지를 가리킨다.

11) 즉, 각 가난한 사람들에게 권장량을 나눠주기에 충분하지 않다.

12) 4분의 1의 카브 덩어리.

13) 그것이 정직하고 공평하게 보이게 하려고.

14) 그 돈의 양은 1년간 생활을 유지하기에 충분하다고 여겨졌다.

15) 그가 집과 그 이상의 가치가 있는 도구를 소유했다고 해도, 자신의 유동 자산이 200주즈가 되지 않는다면 그는 혜택을 요구할 수 있다.

셋째 소책자 데마이(DEMAI, 의심스럽게 십일조로 바쳐진 소산물)

1) Neusner, *Fellowship* 그리고 Oppenheimer, *'Am ha-aretz*를 보라. 암 하-아레츠('am ha-aretz)의 정의에 대해, 다음을 보라. Tosefta *Avoda Zara* 3:10; *Berakhot* 47b; *Sota* 21b-22a; *Gittin* 61a.

2) Tosefta *Demai* 2:14(리버만 판[Lieberman edition])는 다음과 같이 명시한다. "단체 앞에서 [하베르(ḥaver)의 의무를] 받아들이는 자…."

3) Ibid. 2:16. Sarason, *History*, p. 91은 마치 여자나 종이 공식적으로 새로운 지위를 얻은 것처럼 번역한다. 이것이 옳다면, 모인 단체 앞에서가 아니라 남편이나 주인이 있을 때일 것이다.

4) 여전히 이스라엘에서 흔한 식물인 지지푸스 스피나-크리스티(Ziziphus spina-christi). 히브리어로 림(rim)으로 알려진 식물에 중세 그리스도인들이 예수님을 지칭하는 라틴어 명칭을 부여했다.

5) 열거된 이 열매들은 보통 경작되는 것이 아니며 거의 가치가 없다.

6) 이스라엘 땅의 북쪽 경계에 있는 엑딥파(Ecdippa).

7) 이런 물자들의 세부 내용은 관련 소책자들에서 발견할 수 있으며, 암 하-아레츠가 어떤 식으로든 그것을 오염시켰다고 의심할 이유가 없다.

8) 옷은 부정함을 의미한다.

9) 그것들이 다른 사람의 곡식을 먹지 못하도록 막기 어렵기 때문이다.

10) 십일조는 안식일에는 허용되지 않는다. 암 하-아레츠는 보통은 거짓말을 할 수도 있지만, 안식일에는 그렇게 하지 않을 것이다!

11) 그는 그가 절기에 참여하지 않으면 자신과 관련이 없다고 맹세한다.

12) 이 경우 그를 냉대하는 것은 매우 공격적인 일이 될 것이다.

13) 이런 형태의 맹세는 사실상 관계를 깨뜨리는 위험이 됐다.

넷째 소책자 킬라임(KIL'AYIM, 혼합)

1) 문자 그대로는 '거룩해질 것이다'. 이 표현은 완곡어법일 수 있다.

2) 즉, 그들은 개별 종으로 간주되지 않는다. 독보리는 단순히 밀의 퇴보한 형태일 뿐이다.

3) Feliks, *Ha-Tsomeaḥ*, 모든 고수풀이 야생이었다는 것을 주목하면서, 둘째 식물은 영어 이름

이 없는 Bifora testiculata라고 제안한다.

4) 또는 '조롱박'. 하지만 종종 이것과 밀접하게 연관된 '호박'(pumpkin)으로 번역된다. 그러나 호박은 구 세계에 콜럼버스 이후의 미국인이 소개했다.

5) '가느다란(얇은 잎의?) 양배추' – 탈무드 예루샬미.

6) 이 용어는 모호하다. 이것은 적용할 수 있는 곳에서 접붙이기를 포함할 수 있다.

7) 다른 대안으로는 '그늘을 위해'. 해총(Urginea maritima)은 거담제로 사용되는 백합과이다.

8) Avery-Peck, *Agriculture*, p. 141.

9) 예루샬미에 따르면, 이것은 직사각형의 6×2 규빗이 될 것이다.

10) 문자 그대로, '한 줄의 끝' 또는 아마도 '삼각형의 끝'.

11) 즉, 소가 쟁기나 수레를 끌 수 있도록 기본적인 작은 구획의 각 측면에 포도나무와 4규빗의 공간을 둔다.

12) 직경 16규빗의 원은 4규빗 떨어진 공간에 심긴 45그루의 포도나무를 포함할 것이다. 주석 가들은 직경 16규빗의 원이 그렇게 많은 나무를 포함하지 못할 것이라고 이해하고서, 45그루의 포도나무가 5규빗 떨어져 심기면 왜 그 나무들이 금지되는지에 대해 독창적인 설명을 제공한다.

13) 다음 장에서와 마찬가지로 양의 털과 린넨.

14) 레위기 11장에서처럼 '먹는 것이 금지됐다'는 의미에서 '부정한'.

15) 미쉬나는 샤아트네즈(sha'atnez)라는 모호한 단어를 각 행의 첫 글자를 모은 단어(acrostic)로 이해한다. 누즈(nuz)의 의미에 대해서는 상당한 의문을 갖게 된다.

다섯째 소책자 셰비이트(SHEVI'IT, 일곱째 해)

1) Yerushalmi *Shevi'it* 1:1 그리고 Bavli *Mo'ed Qatan* 3b-4a. 학파들의 규칙은 성전 시대에만 적용할 수 있으며, 그러므로 가말리엘이 그것을 완화할 수 있었다는 라브 아쉬의 추측(*Mo'ed Qatan* 4a)에는, 마이모니데스(Maimonides, *Mishneh Torah: Shemita v'Yovel* 3:1)와 같은 후대 권위자들이 뒤따른다.

2) 몇몇 이전 권위자들을 인용하는 Feliks, *Yerushalmi*, p. 22와 David Rothkopff (*Encyclopedia Judaica*, 안식년과 회년에 대한 아티클)도 마찬가지이다. 대부분의 주석가들은 야브네의 가말리엘 2세를 의도한 것이라고 여기지만, 이것은 왜 야브네 사람이 학파의 규정을 계속 상세히 설명했는지에 대한 질문을 제기한다.

3) '그리스의 이탈리아', 즉, 마그나 그라에키아(Magna Graecia) 또는 남부 이탈리아.

4) 즉, 무화과 추수자와 그의 바구니[에 필요한] 거리.

5) 즉, 곡식이나 콩류의 밭.

6) 이것은 안식년이 시작되기 전에 식물이나 취목이 확실히 뿌리내리거나 접목이 자리 잡도록 하기 위한 것이다.

7) 이것은 이 장의 초반에 다뤘다. 거름은 농부가 안식년에 자기 밭을 비옥하게 하는 것처럼 보이지 않는 이런 방식으로 비축되어야 한다.

8) 예루샬미는 원리상으로 막대기가 필요하면 안식년에 막대기를 모으지 않아야 할 이유가 없지만, 어떤 사람들은 파종할 밭을 준비하기 위해 '대신'하는 것으로 이것을 남용했다고 설명

한다. 그들은 보답이나 보수가 없이 파종을 위해 이웃의 밭을 준비하지는 않을 것이다.

9) '시리아'는 현대의 레바논과 시리아의 일부를 포함한다.

10) 에스라와 느헤미야 시대에.

11) 모세 시대에.

12) 즉, 일곱째 해에 자신의 밭을 개간한다고 의심되는 사람들에게조차도.

13) 지불된 돈이나 교환된 물품.

14) 미쉬나는 '음식이 아닌'이라고 읽지만, 이것은 잘못인 것 같다. 나는 마이모니데스의 읽기를 따랐다.

15) 불확실하지만 아마도 감송(spikenard)일 것이다.

16) 반면에 테루마와 둘째 십일조 기름은 불을 밝히는 데 사용되지 않을 수 있다.

17) 즉, 당신은 그 지역의 어떤 곳에서든 야생으로 어떤 것이 자라는 동안 감람과 대추야자를 계속 먹을 수 있다.

18) 누군가가 외상으로 샀고, 그 돈을 갚기 전에 같은 가게 주인에게서 더 많이 외상으로 샀다면, 첫째 빚은 대부가 되고 안식년에 취소된다. 랍비 유다와 랍비 요세의 이 의견은 거부됐다.

19) 이것은 문자적이다. 더 관용적인 번역은 '특성'이다.

20) 문자 그대로, '현인들의 영'.

21) 즉, 당신이 일단 거래에 동의했다면, 엄밀히 말해 판매가 완성되지 않았더라도 당신의 말을 되돌리지 말라.

여섯째 소책자 테루모트(TERUMOT, 거제)

1) 엄밀한 의미에서 처음 거둔 곡식은 비쿠림(Bikkurim)에서 다뤘다.

2) *Pesaḥim* 72b-73a.

3) 예루샬미는 이 숫자를 에스겔서 45장 13절에서 도출한다.

일곱째 소책자 마아세로트(MA'ASEROT, 십일조)

1) 문자 그대로, '끝에 먹은'. 미쉬나는 자라는 모든 단계에서 먹을 수 있는 시금치와 같은 채소를 염두에 둔다.

2) 성경 본문 자체는 일꾼들의 권리를 제한하지 않는다.

3) 또는, 무화과를 마르도록 내놓는 것이다.

여덟째 소책자 마아세르 셰니(MA'ASER SHENI, 둘째 십일조)

1) 약혼의 증표로 사용되는 물건은 현재의 반지를 사용하는 방식으로 이용되며, 돈거래가 가능한 신랑의 개인 소유임이 틀림없다. 소의 십일조는 팔 수 없으므로, 이 목적으로 사용할 수 없다.

2) 즉, 양, 염소, 소 이외의 짐승들, 따라서 화목제일 수 없는 것.

3) 이것은 둘째 십일조의 지위를 잃고, 당신은 예루살렘에서 먹을 음식을 사는 데 그 수익을 사

용해서 그것을 속량할 필요가 없다.

4) 즉, 당신은 그 돈이 둘째 십일조 돈이었다는 것을 깨닫지 못했다.

5) *Zavim*과 *Qinnim*을 보라.

6) 이 모두는 제물을 가져온 자가 먹지 않는 번제와 관련이 있다.

7) 허브는 기름을 흡수하기 때문에 '보통의' 사용에서 벗어나게 한다.

8) 포도주에 있는 향신료나 생선에 있는 완두와, 굽는 가루 반죽에 사용된 나무는 다르다.

9) 더 먼 밭에서 온 열매는 속량될 것이다. 그리고 돈은 예루살렘에서 적절하게 사용하도록 예루살렘에 가져왔다.

10) 홍해 해변에 위치한 에이라트가 아니라, 예루살렘에서 약 24km 떨어진 마을.

11) Lieberman, *Hellenism,* pp. 139-43. 존 히르카누스(John Hyrcanus)에 대해, Neusner, *Rabbinic Traditions,* 1:160-76을 보라. 요세푸스는 그에 대해 Wars 1:54f 그리고 *Antiquities* 13에 기록했다. Abbaye(*Qiddushin* 66a)는 그를 알렉산더 야나이(Alexander Yannai)와 혼동하는 것 같다.

아홉째 소책자 할라(ḤALLA, 가루 반죽 제물)

1) 145쪽을 보라.

2) 레위기 22장 9절에서 "그것을 속되게 하면 … 그 가운데에서 죽을까 하노라"라고 진술하지만, 인간 법정이 어떤 벌금도 부과하지 못한다.

열째 소책자 올라('ORLA, 첫 삼 년의 열매)

1) 마치 나무가 새롭게 심긴 것과 같기 때문이다.

2) 즉, 이것들이 있다는 것을 무시해도 좋다. 혼합물이 허용되기 때문이다.

3) 문자 그대로, '샴마이 원로'.

4) 이것은 허용되지만, 다른 이들이 오해할 수 있다.

5) 그 채소들은 포도원에 금지된 혼합 파종에서 왔을지도 모른다.

6) 즉, 이스라엘 땅을 넘어서도.

열한째 소책자 비쿠림(BIKKURIM, 처음 거둔 열매)

1) 확인하기 어려움.

2) Lieberman, *Hellenism,* pp. 144-6.

3) 미쉬나는 이 단어를 인용하지만, 이 단어는 예레미야의 표준 본문에 없다.

4) 그들은 히브리어를 유창하게 낭송할 수 없는 것에 당황했다.

1) *Bikkurim* 1:6, *Rosh Hashana* 1:3; *Ta'anit* 2:10; *Megilla* 34, 6; *Mo'ed Qatan* 3:9; *Bava Qama* 6:6.

첫째 소책자 샤바트(SHABBAT, 안식일)

1) 당신이 어린 시절 배운 것은 당신의 마음에 더욱 확고하게 뿌리를 내린다. Kalmin (*Sages, Stories*, p. 162)은 아바예가 처음에는 이 견해를 거부했는데, 라브 이르미야가 비교적 권위가 약했기 때문이라고 제안한다.

2) 거리에 빛이 없었던 시절에 이것은 보통 일몰 후 대략 반 시간이 됐을 때일 것이다.

3) 여기서의 이 언급은 아마도 불을 밝히는 재료를 돌아다니며 파는 자들을 가리킬 것이다. 타르모다이(Tarmodai) 대신에 타드모라이(Tadmorai)라고 읽으라. 타드모르(Tadmor)는 팔미라(Palmyra)를 가리키는 히브리어/아람어다(cf. 왕상 9:18, 이것은 이제 타마르[Tamar]를 잘못 읽은 것이라고 여겨진다).

4) 이스라엘의 땅.

5) 열세 마리의 소가 초막절 첫날에 희생제물로 바쳐졌고, 그 숫자는 7일 동안 매일 하나씩 줄었다(민 29:12-34). 마카비 2서 10장 6절은 유다 마카비(Judas Maccabeus)가 기슬래(Kislev)월 25일에 성전을 되찾았을 때, 유대인들이 어떻게 8일 동안 장막절을 기념하고, 이 날을 시작하여 매년 8일을 기념해야 한다고 규정했는지를 설명한다. 하누카의 기원에 대한 이 설명은 하누카를 명백히 초막절과 연결시킨다.

6) 랍비들은 불이 신성하다고 여겼던 조로아스터교도들의 박해를 염두에 두었다.

7) 이것은 요세푸스와 마카비서에서 제시한 역사에 대한 과감한 개정인데, 둘 중 어느 곳에서도 기름의 기적을 언급하지 않는다. 랍비들은 군사적인 승리에서 주의를 돌려서 사건의 영적인 측면에 초점을 두었다.

8) 문자 그대로, '숨다'. 위경은 '숨겨진' 책들이다.

9) "이것이 사람의 목적이다"가 더 낫지만, 문자 그대로의 번역은 랍비의 해석을 뒷받침한다.

10) 이 단어는 일반적으로 '분노'를 의미한다.

11) 그는 선생의 강화에 신중하게 참여해야 한다.

12) 문자 그대로, "[그들을 위해] 이유를 찾아라".

13) 이 기도는 정통적인 유대의 아침 예식에서 확장된 형태로 발견된다.

14) 이것은 문자적인 번역이다. JPS는 '자녀가 있는 자들과 진통하는 자들'이라고 번역했다.

15) 케이퍼 베리는 한 해의 각기 다른 시기에 베리와 꽃눈과 어린 순을 맺으면서 항상 풍요롭다. – 라쉬, Mishna *Ma'aserot* 4:6에 근거함. 케이퍼(Capparis spinosa)는 여전히 흔히 사용되는 전통적인 지중해 양념이다.

16) '풍성한'을 가리키는 데 사용된 특이한 히브리어 단어는 '비단'을 시사한다.

17) Kraemer, *Mind*, p. 157.

18) 문자 그대로, '말하면서'.

19) 히브리어 알파벳의 첫 네 글자.

20) 문자 그대로, '왕'.

21) 즉, 다른 어떤 죄 때문이 아니라, 뱀이 하와에게 준 조언 때문이다. 왜냐하면, 그들은 죄를 짓지 않았기 때문이다. – 라쉬. 이 견해는 나중에 어거스틴(354-430)이 공식화한 '원죄'라는 기독교 교리와 닮았다.

22) 이것들은 성경의 토대는 없고 전통적인 가르침이다.

23) 역대상 2장 17절에는 이름이 '이스마엘 사람 예델'로 주어진다.

24) 켈수스의 《참된 강화》(Alēthēs Logos)는 178년경에 기록됐다. 이것은 가이사랴(Caesarea)의 그리스도인 오리겐(185- 254년)의 논박(Contra Celsum)을 통해 알려졌다. 오리겐은 유대 현인들과 광범위하게 접촉했었다(de Lange, Origen을 보라). 마르키온과 파우스투스는 터툴리안과 어거스틴에게 각각 공격을 받았다.

25) 이것은 다음 단락에 적합하게 하려고 부정사를 문자 그대로 번역한 것이다. 더 관용적인 번역은 '그리고 …했다' 또는 '함으로써'일 것이다.

26) 후반절이 우리아와 밧세바의 훨씬 나중의 에피소드를 가리킨다는 명백한 대답은, 셰키나가 그에게 임했다는 개념에 의해 배제됐다. 이 개념은 유대 신학자들이 공유하지 않는 견해로서 선지자가 죄를 지을 수 없다고 주장하는 무슬림 신학자들의 개념과 비교될 만한 개념이다.

27) 아루바(Aruba)는 일반적으로 '서약'을 의미하지만, 여기서는 모호하다. 이 단어는 '섞다', 또는 '관여하다'를 의미하는 어근에서 유래하며, 따라서 라브 요세프의 해석이다.

28) 문자 그대로, '징벌을 받다'.

29) '자기 주인과의 싸움'은 히브리어 단어 메리브(merib)와 바알(baal)에 대한 자의(字義)가 아닌 번역이다.

30) 그는 다윗의 집에 반대했다.

31) 일반적인 번역은 '골짜기에 매복하다'이지만, '매복하다'를 가리키는 히브리어 단어는 보통 '겨루다', 또는 '싸우다'를 가리키는 말이다. 랍비 마니는 사울이 아말렉 사람들을 멸절시키라는 명령에 반대했다고 주장했다(Yoma 22b).

32) 주요 범주들.

33) 가공품 완성하기. 예를 들어 전력을 다하여 대장장이가 마지막으로 치는 것.

34) 땅이 딱딱하므로 씨는 갈아엎어 섞어야 한다 – 라쉬.

35) 그는 나무가 필요할 때 수확한다. 가지치기는 성장을 촉진하므로, 그것은 심는 것과 같다.

36) 또는 클로버(Sokoloff, Babylonian, aspasta 항목).

37) 또는 '사료용 비트'(mangel-wurzel)(같은 책, silqa 항목).

38) 즉, 그는 쟁기질하기에서처럼, 땅의 상태를 개선하려는 목표를 가지고 있지 않다.

39) 히브리어는 나중에 '치다'에 대해서처럼, 각 종류의 열매를 수확하는 것에 대해 다른 동사를 사용한다.

40) 매우 곱게 갈기. 이것은 성소를 위한 염료를 준비할 때 행해졌다 – 라쉬.

41) 각 활동에 대해 정해진 양이 있으며, 그 아래로는 안식일법을 침범한 책임이 없다.

42) 라브 나흐만의 피보호자인 아바예의 별칭.

43) 사람들은 보통 하루에 두 번만 먹었다.

44) 바위 주변에서 발견되는 작은 물고기 – Sokoloff, Babylonian, harsana 항목.

45) '사람'을 가리키는 히브리어 용어이며, 대략 영어의 '인간'(mortal)과 비슷하다. 또한, 타락한 아담의 후손이라고 여겨지는 인명이다(창 5:6-11).

46) 즉, 그들은 안식일에 집에 머물라는 지시에 불순종했다.

47) '그녀'는 안식일이며, (라바가 아니라) 안식일을 기념하여 진미가 준비됐다.

48) 라쉬가 이 말을 삽입한다.

49) 모호한 단어로, 명백히 특별한 경우에만 입는 옷을 가리킨다.

50) 어떤 이는 이것을 '금으로 가득한 13개의 다락'으로 이해하지만, 이것은 과장된 것 같다. 요셉은 보석의 출처를 알지 못했던 것으로 여겨진다.

51) 만일 누군가가 부를 소유한다면 그것은 그의 덕행 때문에 하나님이 그를 축복하신 것이라고 여겼다.

52) 여기서는 '아세르'(aser, 십일조)와 '아쉬르'('ashir, 부요한)라는 단어의 언어유희가 있다.

53) 즉, 고위 로마 장교.

54) 딜(dill, 허브 종류)을 가리키는 히브리어는 셰베트(shevet)이며, 정확하게 샤바트와 동일한 철자로 되어 있다. 여호수아 또는 이야기를 전달하는 자는 아마도 언어유희로 표현하고 있는 것 같다.

55) 그는 그들에게 '안식일의 기쁨'을 누리라고 장려하기를 원했다 – 라쉬.

56) 즉, 수동적이 아니라 능동적이며, 기도하는 자가 참여함을 가리키는 복수이다.

57) 히브리어는 '행동'과 '만들었다'에 대해 동일한 어근을 사용한다.

58) 마시거나 씻기 위해 – 라쉬.

59) 즉, 샤바트 후에 먹게 될 송아지 – 라쉬.

60) 아바예는 라바의 재판관으로서의 활동을 가리킨다. 바빌로니아 유대 법정은 사형 사법권을 행사하지 않았던 것 같지만, 명백히 범죄자에게 태형을 가했다.

61) 이것은 일반적인 번역이 아니다. 왜냐하면 체데크(tzedeq)는 '승리'이거나 '의'이기 때문이다. 그러나 이것도 목성을 가리키는 히브리어 이름이다.

62) 바빌로니아의 이방 현인이자 점성술사이며, 탈무드 밖에서는 알려지지 않았다.

63) 문자 그대로, '다른'.

64) 야자가 그에게 속하지 않았을지라도 – 라쉬.

둘째 소책자 에루빈(ERUVIN, 경계들)

1) *Eruvin* 48a; 51a. Jerome, *Letter* 121:10, no. 884, in Vol. 22, p. 1054는 랍비들이 성경의 '세속적인 의미'를 따른다고 조롱하면서(그는 이것을 골로새서 2장 18-23절에 도입하여 읽었다), Migne의 *Patrologia Latina* (1864 edn)에 대해 다음과 같이 썼다. "안식일에는 각자가 자기 집에 앉아서 그가 사는 곳을 떠나지 않아야 한다고 명령하므로 … 그들은, '우리 선생들 바라키바스(Barachibas)와 시므온과 힐렐이 우리가 안식일에 2천 보를 갈 수 있다는 전통을 우리에게 주었다'고 말했다." 아마도 이 선생들은 아키바와 시므온과 힐렐일 것이다.

2) 표준 히브리어 본문은 PLNDRSN라고 읽지만, 몇 가지 사본의 차이점들이 있다. 네 명의 랍비들이 로마로 여행하는 일이 여러 곳에서 입증된다. 브린디시(브린디시움[Brindisium])는 로마 시대의 주요 항구였다.

3) 문자 그대로, "경계들이 있는가?"

4) 배 갑판은 땅 위에서 열 손바닥 이상인 것으로 여겨진다.

5) 라바(아래)는 그들이 항구에 도착한 것에 관해 설명하고 있었는데, 그때 그들은 얕은 물에 있었을 것이다. 여기서는 그들이 넓은 지중해에 있다.

6) 엘리야는 자신의 불수레를 타고(왕하 2:11) 10뼘 높이 위로 이동했으며, 명백히 안식일법을 위반하지 않았을 가능성이 높다. 반면에 악마는 안식일을 준수하는 자들이 아니다.

7) 나실인은 포도의 생산물 및 죽은 자와의 접촉을 삼가고, 머리카락을 기른다(민 6장). '다윗의 아들'은 메시아다.

8) 그것은 안식일이나 절기 준비에 방해가 될 것이다.

9) 즉, 그가 안식일의 경계를 측정할 수 있게 처리됐다. 이것은 이미 주전 300년에 사용되고 알렉산드리아의 헤로(Hero of Alexandria)(주후 1세기)가 묘사한, 원시적인 측량기인 디옵터(dioptra)와 같은 기구일지도 모른다.

10) 라쉬는 당신이 먼저 평평한 땅에 관을 통해 어떻게 거리가 나타났는지 정할 필요가 있을 것이라고 설명한다.

11) 걱정되는 것은 짐승이 시체의 냄새를 맡아서 끌고 갈 수 있다는 것이다 – 라쉬.

12) 어떤 사람들은 아마도 에루브를 통해 그들 자신을 위한 더 많은 경계를 세웠을 수도 있다.

13) Gafni, *Yehudei Bavel*, pp. 274-9는 라브 나흐만의 두 제자, 앞 열의 라바와 둘째 열의 나흐만 바 이삭이 논의에 참여하고 있었다고 설명한다. 그러나 나흐만 바 이삭은 여전히 라바에 종속됐고 라바의 한 제자다. 또한, 다음을 보라. Goodblatt, *Rabbinic Instruction*, pp. 221-38, 그리고 Kalmin, *Sages, Stories*, p. 199.

14) '챙겨두었다'는 빌나 가온(Vilna Gaon)의 읽기를 따른다. 표준 본문은 "당신이 챙겨두지 않았다"라고 되어 있다. 이것은 탈무드에서 유일하게 페아 개념이 종을 위해 음식을 남겨두는 데까지 확장된 곳이다. 이것은 *Shulḥan Arukh*에 요약됐지만 마이모니데스는 무시했다.

15) Mishna *Avot* 1:5(603쪽을 보라).

16) 문자 그대로, '그를 찼다'.

17) 즉, 만약 당신이 당신의 마음뿐만 아니라 목소리와 손발을 사용한다면. 248가지 몸의 부분은 Mishna *Ohalot* 1:8(723쪽을 보라)에 열거된다.

18) JPS는 '네 머리 주위의 아름다운 관'이라고 번역했다. '관'으로 번역된 히브리어 용어 르비야(l'viya)는 문자 그대로, '동반된 것'이다.

19) 즉, 품베디타 학교의 교장인 요세프 바 히야(대략 주후 333년 사망)이며, 그는 그 시기에 자신의 시력을 잃었었다.

20) 즉, 만약 당신이 겸손하여 모욕에 반응하지 않는다면.

21) 아마도 질(膣)에 대한 완곡어법.

22) 그는 너무나도 토라를 사랑하여 자기 일을 소홀히 했다.

23) 즉, 북쪽과 남쪽의 경계는 동서의 축을 따른다.

24) 즉, 봄과 가을.

25) 탈무드는 태양을 이 구절의 주제로 삼는다. 어떤 번역가는 바람을 주제로 삼는다.

26) 이 진술은 명백히 잘못됐다. 본문은 사본에서 지지를 받지만 훼손됐을 수 있다.

27) 시계에서, 쉬무엘은 봄 분점이 정확하게 오전 6시, 정오, 오후 6시, 또는 한밤중에 떨어져

야 하며, 가을 분점은 1½ 시간 후에 떨어져야 한다고 말하고 있다. 다음 메모를 보라. 쉬무엘은 정확하게 365¼의 율리우스년을 받아들인다. 이것이 최소한 1,500년 동안 유대 달력에 대한 토대로 남아 있었으므로, 절기들은 이 계산이 도입될 때보다 이제 평균 13일 일찍 돌아온다. 365일 7시간 28분의 태양년에 대한 더 정확한 값은, 중세 후기 자료에서 쉬무엘의 동시대 사람인 아다 바 아하바(Ada bar Ahava)의 것으로 돌려진다. W. M. Feldman, *Mathematics*, p. 75를 보라.

28) 모라드(molad), 즉 달의 출생에 대한 가능성 있는 해석에 대해, Stern, *Calendar*, pp. 99-112를 보라. '행성의 시간들', 즉 태양, 달, 수성, 금성, 화성, 목성, 토성에 의해 '지배되는 시간들'이라는 개념은 바빌로니아 사람들에게 알려졌으며, 오늘날 점성술사들이 이어간다.

셋째 소책자 페사힘(PESAHIM, 유월절)

1) 이 장의 뒷부분에.

2) 아바예의 핵심은 만약 하메츠가 니산월 15일(유월절 첫날)에 금지된다면 그날에 하메츠가 제거되어야 한다고 말하는 것은 말이 되지 않는다. 그러므로 우리는 바-욤 하-리숀(ba-yom ha-rishon)을 '첫날에'가 아니라 '첫날까지'로 이해해야만 한다.

3) 당혹스러운 진실이다. 왜냐하면, 이 구절의 '첫째'는 명백히 날이 아니라 달을 가리키며, '이전의'로 해석하는 데 관련이 있을 '첫째'가 나오는 것은 15절에서다. *Tosafot*는 이 문제에 이목을 집중시킨다.

4) 구절들이 성경에서는 반대 순서로 되어 있지만, 논증을 진행해 가려고 이런 식으로 인용된다.

5) 성경의 홀레드(holed)(레 11:29)의 여성형인 훌다(hulda)라는 단어는 Jastrow, *Dictionary*에서 '두더지', '족제비', '호저', '뒷문' 등으로 다양하게 번역된다. 현대 히브리어로 이것은 '쥐'를 의미한다.

6) 단어는 세아(seah)다. 이 용량만큼 담을 수 있는 용기, 아마도 자루를 가리킬 것이다.

7) 문자 그대로, '내가 말한다'.

8) Tosefta *Terumot* 6:11 (Lieberman edn).

9) Mishna *Tohorot* 5:5.

10) Ibid., 6:5.

11) Mishna *Nidda* 9:5 (61a).

12) 족장 유다와 그의 아버지 시므온 벤 가말리엘 2세.

13) Tosefta *Ma'aser Sheni* 5:7 (Lieberman edn).

14) 라쉬.

15) Zythos는 맥주를 가리키는 이집트어를 헬라어에서 차용한 것이다(Jastrow, *Dictionary*). 미쉬나에는 헬라어 조모스(zōmos, 수프)와 콜라(kolla, 접착제)도 있다.

16) 이전 미쉬나에서 명시된 대로, 밀 또는 보리, 오트밀, 호밀, 스펠트밀.

17) 유월절에 누룩을 먹는 자는 "자기 백성[카레트(karet)]에서 끊어지리라"(출 12:15).

18) 라틴어 cibaria([곤충의] 구공[口孔]).

19) 그는 원래 유대 포도주는 에돔 것보다 더 좋았다고 말하고 있다. 이제 이것은 역전된다.

20) 에스겔서에서, 두로가 이런 자랑을 한다.

21) Mishna *Ma'aserot* 5:6.

22) 그리고 아마도 포도주의 찌꺼기를 포함한 - 라쉬.

23) 이것은 요세프가 구성 성분 가운데 보리(히브리어 세오르[se'or])를 포함했다는 것을 기억하도록 돕는 약어다.

24) Sokoloff, *Babylonian*, lakha에 대한 항목. 빌라 본문에서의 라바(laba) 읽기는 부정확하다.

25) 서기관의 딸들 - 라쉬.

26) 헬라어. 스며들거나 똑똑 떨어지는 것을 의미함.

27) 헬라어. 기름이 아니라, 익지 않은 포도로 만든 포도주를 의미함. 아마도 여기서 일부 필사자의 혼란이 있을 것이다.

28) 이스라엘 땅에서.

29) 이 단락은 상세하게 Oppenheimer, '*Am ha-aretz*, pp. 172-88에서 분석한다. *Demai*에 대한 도입 해설(104-105쪽)을 보라.

30) 여기서는 '의무'라는 의미에서 사용됨.

31) 신부가 신랑에게 두 번째 '이어지는' 식사에서 주는 선물.

32) 코헨의 딸과 결혼하라.

33) 라브 카하나가 바빌로니아에서 팔레스타인으로 도주한 이야기는 *Bava Qama* 117a(509-511쪽을 보라)에 나온다. 초기 주석가들은 그의 이름에도 불구하고 그가 코헨이었는지의 여부에 대해 일치하지 않았다(*Tosafot to Pesaḥim* 49b).

34) 문자 그대로, '선택적인 축제'.

35) 즉, 선한 행위에서 우수한 자 - 라쉬.

36) 카셰르(kasher) 도살에 사용된 동사. 안식일이나 속죄일에는 어떤 짐승도 도살하거나 찌르는 것이 허용되지 않는다.

37) 문자 그대로, '관여하다'.

38) 핵심은 무지한 사람이 아직 이해할 준비가 되어 있지 않다는 것이다. 결혼 전에 성관계를 하는 것과 마찬가지로, 그가 준비되기 전에 그에게 토라를 제시하는 것은 금지된다.

39) 잃은 물건을 발견한 자는 어떤 사람이라도 잃어버린 자가 자신의 재산을 주장할 권리를 갖도록 공적으로 알려야만 한다.

40) 지문(Zimmun)은 셋이나 그 이상의 사람들의 정족수 가운데 은혜를 소개하는 공식이다. 언급되는 미쉬나는 *Berakhot* 7:2 (45a)이다.

41) 즉, 돌림.

42) 지문의 경우에.

43) 라쉬는 그 연관성이 예루살렘에 대한 언급이라고 생각하지만, 이것은 더 깊은 관계를 간과한다.

44) 두 단어는 모호하다. 예카로트의 어근은 '소중한', '존중할 만한', '드문', '무거운'을 의미할 수 있다. 키파욘의 어근은 '응결'을 의미할 수 있으며, 라쉬는 액체에서 응결되어 꼭대기까지 뜨는 재료를 가리키는 아람어와 랍비 히브리어에서의 용법을 가리킨다. JPS는 '햇빛도 차가운 달빛도 아닌'이라고 번역한다. Brown, Driver and Briggs *Lexicon*, p. 430는 심마쿠스(Symmachus)를 따라, "빛이 없고 차가움과 응결이 있을 것이다"라고 번역한다. 각 랍비의 해석은 히브리어의 특별한 뉘앙스를 포착한다.

45) 문자 그대로, '촉진된'. 이것은 다가올 세상에서 의인들을 위해 비축된 창조의 놀라운 빛이다.

46) 라쉬는 *Ta'anit* 18b를 언급하는데, 이는 박해에서 유대인들을 구하려고 자신들의 생명을 희생한 비유대인 두 형제에 대한 것이라고 말한다. *Bava Batra* 10b에 대한 설명에서, 그는 그들을 파포스(Pappos)와 율리아누스(Julianus)라고 부른다. 그들은 '라오디게아'에 있는 투르누스 루푸스(Turnus Rufus)에게 살해됐다. 트라야누스(Trajan)가 파르티아 사람들과 싸웠던 주후 115년에 키레나이카(Cyrenaica)에서 일어났던 소위 '디아스포라의 반란'에서 루시우스 퀴에투스(Lusius Quietus)가 잔인하게 진압한 사건을 가리킬 것이다. 이것은 *Mishna Sota*의 끝에 나오는 '랍비 묵시록'에서 언급된다. '룻다'(Lydda)는 거의 분명히 룻(Lydia)을 잘못 읽은 것이거나, 더 분명하게 라오디게아(소아시아의 부르기아[Phrygia]에 있는)를 잘못 읽은 것일 가능성이 높다. 이 반란에 대해서는, Ben Zeev, *Diaspora Judaism*, 그리고 Goodman, *Rome and Jerusalem*, pp. 475-82를 보라.

47) 아마도 바티라에서 온 현인들 가문일 것이며, 장소는 명확하지 않다.

48) 안식일에 성전에서 바친 매일의 희생제물과 같은 200개 이상의 희생제물을 의미한다.

49) 안식일에 공공장소에 칼을 가져오는 것은 허용되지 않았을 것이다.

50) 아모스서 7장 14절에 대한 인유(引喩).

51) Mishna *Betza* 5:2 (36b)의 생략된 버전(289쪽을 보라).

52) 드보라는 자신의 예언 능력을 회복하려고 노력하고 있다.

53) 그렇지 않으면 그는 그것을 자신이 알렸을 것이다.

54) 즉, 엘리사는 자신의 예언 능력을 잃었었고, 음악가가 연주했을 때 그 능력을 회복했을 뿐이었다.

55) 성립할 수 없는 개인적인 상황에 대한 고전적인 예: Mishna *Gittin* 4:5 (41a).

56) 바빌로니아의 '작은 누이'인 엘람의 유대인들은 토라를 배웠지만, 자신들의 선생을 내지는 못했다.

57) 처녀들은 자신들의 남편을 향한 욕망으로 가득한데, 왜냐하면 그들은 다른 남자들에게서 떨어져 있기 때문이다 - 라쉬.

58) '궁전'으로 번역된 헤이칼(Heikhal)은 성전을 가리킬 수 있다.

59) 이것은 문자 그대로의 번역이다. JPS는 "주님이 먼저 호세아에게 말씀하셨을 때"라고 한다.

60) 어근 GMR는 '마치다' 또는 '완성하다'이다. 디블라임은 (부정확하게) 디바(dibba), '나쁜 소식' 또는 '나쁜 소문'과 관련된다(cf. 창 37:2 ; 민 13:32). '짓밟다'는 성적인 완곡어법이며, 디블라임은 '대추야자'를 의미하는 데벨라(devela)의 복수이다.

61) 두 해석은 어근 GMR의 의미에 의존한다.

62) 즉, 네가 시도했더라면 너는 판결을 피할 수 있었다.

63) 왕들은 지도력을 행사하지만, 선지자들은 하지 못한다.

64) 이것은 문자 그대로의 번역이다. 그러나 관용구는 "내가 … 계속 긍휼을 베풀지 않을 것이다"를 의미한다.

65) 마찬가지로, "나는 계속 용서하지 않을 것이다"라는 의미의 관용구를 문자 그대로 번역한 것이다.

66) 라쉬는 이 인용의 뒷부분이 탈무드 본문에는 없다고 지적하면서, 현재는 하나님의 백성이 아닌 자들이 그들 가운데 포함될 것임을 입증한다.

67) 이스라엘이 실제로 죄를 범했다고 해도, 호세아는 이스라엘을 비방한 것으로 곤경에 빠졌다 – 라쉬.

68) '구원'이라고 번역된 단어는 '흩어버리다'를 의미할 수 있는 어근에서 유래한다. 랍비 오샤야의 핵심은 이스라엘이 단순히 한 민족의 통제를 받았다면 더욱 취약할 수 있다는 것이다.

69) 문자 그대로, '한 분파에 속하는 사람'. 문맥은 이것이 한 로마 사람이라는 것이 분명하다.

70) 오샤야는 로마가 페르시아와 경쟁 관계인 것을 이용한다.

71) 추론은 각 인용에서 '날'을 사용한 데서 이뤄졌다.

72) Cf. 출애굽기 12장 19절과 신명기 16장 4절. 랍비들은 이 금지사항들이 유월절 동안 당신의 소유에 누룩이 있을 수 없다는 것을 의미한다고 이해했다.

73) 시편 113-118편.

74) 이것은 또한 무교병과 쓴 나물에도 적용된다.

75) 더 일반적인 용어(무교병 등)가 이어지는 구체적인 용어(어린 양/새끼). 서론, '해석의 규칙' 45쪽을 보라.

76) '바치다'는 복수이다.

77) 이어지는 논증은 다음 개념에 근거한다. 만약 토라가 일반적인 진술, 즉 "유월절 모든 율례대로"를 말하지만, 그다음에 그것을 무교병과 함께 먹는 것과 같은 구체적인 세부 내용을 진술한다면, 이것은 첫째 진술의 일반성을 제한하므로 첫 유월절을 위한 모든 법이 둘째 유월절에 적용되는 것은 아니다.

78) 즉, 굽는 것은 제외하고, 발효제를 제거하는 것을 포함하라.

79) 즉, 이것들은 두 배가 되도록 합쳐지지 않는다.

80) 문자 그대로, '마음의 변화'. 이것은 라바가 남자 후손을 낳기 위한 처방과 대조된다(*Eruvin* 100b).

81) 그는 자신에게 생길 수 있는 어떤 해에 대해서도 책임져야 한다.

82) 문자 그대로, '거리를 보다'.

83) 그가 마시는 잔의 숫자를 기록하고 두 배를 피하려고. – 라쉬와 라쉬밤.

84) 아바예의 어머니는 출산 때 죽었다. 그는 자신을 기른 유모를 자기 어머니로 간주했으며(*Qiddushin* 31b), 그녀는 그에게 많은 치료법과 미신을 전달했다(cf. *Shabbat* 134a).

85) '평화'는 민수기 6장 24-26절 제사장적 축복의 마지막 문장에 나오는 일곱째이자 마지막 단어이다. '은혜'는 중간 문장에 나오는 다섯째이자 마지막 단어이다. '보호'는 첫 문장에 나오는 셋째이자 마지막 단어이다 – 라쉬와 라쉬밤.

86) *Sanhedrin* 20b.

87) 또는 아마도 '도망했다'.

88) 주문 공식에 나오는 머리카락의 역할에 대해, Lieberman, *Greek*, p. 111을 보라.

89) 이 번역은 라쉬밤을 따르는데, 그는 거짓 여선지자들에 대해 에스겔서 13장 20절을 인용한다. 본문과 번역은 의심스럽다.

90) 이런 두 배가 얼마나 위험한가를 강조하려는 과장.

91) 의문시되는 음식이 라브 디미가 명시하지 못한 '다른 것'인 경우 – 라쉬밤.

92) 즉, 두 여관에서 마시는 것은 '두 배'가 아니다.

93) 손님은 주인에게 의존하므로, 그가 얼마나 많은 잔을 마실 것인지 알 수 없다. 각각은 '마음

의 변화'와 같다. 이것은 중요하지 않은 여자들에게도 동일하게 적용된다.

94) 식사 전에 둘째 잔을 드는 것이 일상적인 것은 아니므로 – 라쉬.

95) 다양한 읽기는 지속되는 논의에서 반영된다.

96) 이것은 더욱 정확하게 "내 아버지는 방랑하는 아람 사람이었다"라고 번역되는 구절에 대한 랍비의 해석이다.

97) 그들은 아직 바 미츠바(bar mitzva, 성년)의 나이(13세)에 도달하지 않았는데, 그때 개인적인 책임이 시작된다.

98) 두 구절은 하가다에 나온다.

99) "여호와를 찬양하라." 하지만 여기서는 할렐을 특별히 언급한다. 그러므로 식사 이전의 이 지점에서 얼마나 많이 낭송할 것인가에 대해 계속되는 질문이다.

100) 즉, 성전이 파괴되고 희생제사 의식이 멈춘 이후.

넷째 소책자 세칼림(SHEQALIM, 연간 성전세)

1) Josephus, *Wars*, 7:216-18; Suetonius, *Twelve Caesars*, Domitian 12. *Antiquities* 18:311-14에서 요세푸스는 그들이 예루살렘으로 전달하기 전에, 바빌로니아의 네하르데아에서 두 드라크마 동전을 징수한 것을 묘사한다.

2) *Megilla* 2a(317쪽을 보라).

3) 그래서 법정은 누구든지 스스로 하도록 허용했다.

4) 코하님은 세겔을 지불할 자신들의 책임을 논의했고, 그들을 강제하려는 시도가 있었다면 폭력적인 것이 될 수 있었다.

5) 이 명칭들 모두가 확인할 수 있는 것은 아니지만, 핵심은 그것들이 가치가 떨어지는 순서로 되어 있다는 것이다.

6) 짐승들은 제물로 구매하는 데 쉽게 이용할 수 있을 것이다.

7) 돈은 주로 희생제물 구매에 사용됐고, 이 제물들은 모든 이스라엘을 위해 바쳐졌다.

8) 또는 아마도, '좋은 선행의'.

9) 이 전통은 *Yoma* 54a에서 상세히 설명한다.

10) 즉, 성전 보고에서.

11) 개종자는 관제를 제공할 친척이 없을 것이다.

다섯째 소책자 요마(YOMA, 그날)

1) 보조인이나 보좌역을 의미하는 헬라어 '파레드로스'(paredros)에서 유래함.

2) Mishna *Parah* 3:1(731쪽을 보라).

3) Ibid., 3:7(732쪽을 보라). 트불 욤(t'vul yom)이라는 주제 – 물에 담갔지만, 태양이 그 위에 지지 않은 자 – 는 이 이름의 소책자에서 다뤄진다.

4) 라쉬는 제사장이 의식을 수행하려고 감람산 위에 서 있었으며, 거기서 성전의 동쪽 문을 향해 보았다고 설명한다.

5) Kushelevsky, 'Skylight', p. 375는 이 단락에 대한 기호학적 평가에서, '채광창에 있는 그

남자'의 형상을 계시의 징표로 본다. "채광창을 통해 드러난 그 얼굴 – 진심 어린 관심의 의무, … 그리고 타인을 향한 책임감의 의무."

6) 안가리아(Angaria, 헬라어) – 강제 노역, 이 경우 마을 주인, 즉 엘르아살 자신을 대신하여 징발됨.

7) 온전한 분량에서 부족한 어떤 것도 절반의 분량이라고 불린다.

8) Mishna *Shavuot* 3:4 (22b).

9) Ibid., 4:1 (30a).

10) 전문적인 도박꾼은 당연히 부정직하다고 여겨진다. 그래서 그가 하는 어떤 증언도 무가치할 것이며, 따라서 그는 '말할' 의무를 갖지 못한다.

11) 모호한 구절이며, 라쉬에 따르면 이것은 민수기와 신명기에 대한 미드라쉬를 언급하는 것이다.

12) 이것은 직접적인 보고가 아니라, 그가 제기할 수 있는 반대에 대한 추측이다.

13) 랍비들은 아마도 영양인 이 짐승을 가축으로 분류해야 하는지 야생으로 분류해야 하는지 결정할 수 없었다. 가축의 경우 어떤 기름은 금지되고, 야생인 경우는 금지되지 않는다.

14) *Sanhedrin* 73-4(561-562쪽을 보라).

15) 이어지는 사례에서처럼, 물고기를 잡는 것은 안식일에 금지된 노동이다.

16) '(땅을) 고르는 것'은 Sokoloff, *Babylonian*, p. 676을 따른다. 라쉬는 이것이 샤바트 후에 타다 남은 것을 구이에 사용하려고 땅을 고르는 것을 가리킨다고 이해한다.

17) 만약 그가 정말로 회개한다면 물론 용서받겠지만, 그는 회개할 생각으로 의도적으로 죄를 지음으로써 참된 회개를 더욱 어렵게 했다.

18) 예레미야의 말씀을 문맥에 맞게 통상적으로 번역하면 "오 주님이시여, 이스라엘의 희망이시여!"이다. 명사 미크베는 '희망'이라는 의미와 물을 '모은 것'이라는 의미로 성경에 나온다. 아키바의 주해는 이 양의성(兩義性)을 탐구한다.

19) 사람들은 그가 도둑질했다고 의심하고, 똑같이 하려고 배우거나(라쉬), 그가 이득을 보려고 자신의 지위를 이용하고 있다고 생각할 것이다.

20) 청구서(기록한 것이든 그 외의 것이든)를 제시하기 전까지는 지불할 의무가 없다.

21) 그가 거주했던 마을.

22) 그가 지불하지 않았다고 누구도 의심할 수 없도록.

23) 특이한 단어 메슈바는 여기서 '고통'으로 번역됐지만, 회개를 가리키는 히브리어와 깊은 관련이 있다.

24) 즉, 만약 당신이 하나님을 사랑하는 것으로 회개한다면, 당신의 죄는 단지 젊은이의 탈선으로 간주된다. 만약 당신이 징벌을 두려워해서 회개한다면, 그 '질병'은 완전히 제거될 수 없다.

25) "나는 너를 아내로 삼았다"(JPS). 하지만 이 번역은 해석에 들어맞지 않는다.

26) 신명기 24장 1-4절은 이혼과 재혼을 허용할지라도, 이것을 허용하지 않는다.

27) 낙헌제를 가리킨다.

28) JPS는 히브리어가 '그'라고 지적하면서, '그들'이라고 했다.

29) 죄가 공적으로 알려진다면, 공적인 배상을 하는 것이 적절하다.

여섯째 소책자 수카(SUKKA, 장막절)

1) 주제는 에루브(eruv)에 의해 경계를 결정하는 것이다. *Eruvin*에 대한 도입 설명을 보라.

2) 품베디타에 있는 라브 요세프의 한 제자인 제이라(Zeira) 3세.

3) "두 꼭대기의 아스다롯"(아스드롯 가르나임, 개역개정)(창 14:5). 랍비들은 좁은 협곡으로 이해했다.

4) 이 단어는 이전 구절에 있다.

5) 아디아베네(Adiabene, 수도 아르벨라[Arbela], 현재의 이라크의 이르빌[Irbil])의 헬레나 여왕(주후 50년 사망)과 그의 아들 모노바주스(Monobazus) 2세와 이자테스(Izates) 2세의 유대교 개종은, Josephus, *Antiquities* 20:34에 묘사된다.

6) 키토니요트(Qitoniyot). 이것은 '작은'을 의미하는 히브리어 카탄(qatan)이나, '누울 장소'를 의미하는 헬라어 코이테(koite)에서 유래했을지도 모른다.

7) 즉, 그들은 신선한 야자 잎을 얻을 수 없었으므로, 대안이 없었다.

8) 감귤류 열매는 고정된 계절이 없지만, 연중 내내 나무에서 발견될 수도 있다.

9) 다음을 보라. 서론, '성경 해석' 43쪽과 Solomon, *Interpretation*.

10) 성전 의식에서 의무가 아니라면, 안식일이나 주요 절기에 악기를 연주하는 것이 금지된다.

11) 절기는 안식일보다 덜 거룩하다.

12) 이 갈대 악기(엄밀하게는 오보에가 아니다)는 나무로 만들었다고 주장됐다. 이 악기는 신성한 예배의식에 사용됐으므로, 나무로 된 용기가 받아들여질 수 있다는 것을 입증한다.

13) 갈대 악기는 나무 이외의 재료로 만들 수 없다고 추정된다. 모세는 색소폰을 발명하기에는 너무 현명하다!

14) 시편 120-134편.

15) 어떤 이는 이것을 '수탉이 울 때'라고 이해하지만, 토사포트(Tosafot)가 지적하는 대로 이것은 문제가 있다. 동일한 모호함이 *Yoma* 20b에 나온다.

16) 성소를 마주하려고.

17) 에스겔서 8장 16절에 대한 인유.

18) 문자 그대로, '그 건물 안에'.

19) 돌의 명칭은 정확하지 않다. 쿨라(kuḥla) – 문자 그대로, '푸른' – 가 휘안석(Sokoloff, *Babylonian*)과 같이 개별 돌의 명칭인지, 또는 '대리석'을 수식하는 형용사인지는 명확하지 않다.

20) Josephus, *Antiquities* 15:11는 헤롯이 주전 20/19년에 성전을 재건하자는 제안으로 유대 사람들에게 편지를 보냈을 때 "그들은 그가 전체 건축물을 무너뜨리고 그의 프로젝트를 완성할 충분한 수단이 없을까 봐 당황해했다"라고 말한다. 요세푸스와 마찬가지로, 랍비들은 불가피하게 무거운 세금으로 재정을 충당해야 할 야심에 찬 계획을 걱정했다.

21) 문자 그대로, '타르시스인들'(Tarsians). 이 번역은 라쉬를 따른다. Jastrow (*Dictionary*)는 그들이 일반적인 직공들과는 대조되는, 금속 실을 다루는 기술 직공(즉, 가는 줄 세공 작업자)이었다고 제안한다.

22) 이것은 불가능하며 예루샬미(*Sukka* 5:1)와 모순되는데, 거기서 명칭은 거의 분명하게 트라야누스(Trajan)의 한 형태다. 117년에 루시우스 퀴에투스(Lusius Quietus)가 트라야누스의 명령에 근거하여, 이집트까지 퍼졌던 디아스포라의 반란을 진압했다. 414년 기독교 주교 키

릴로스(Cyril)의 주도 아래 짧은 축출이 있었는데도, 줄어들고 궁핍해진 유대 공동체는 알렉산드리아에 남아 있었다. 유대 공동체는 거의 유대인들이 남아 있지 않더라도 여전히 좋은 회당을 가지고 있었다. 아자리아 데이 로시(Azaria dei Rossi, 대략 1511-78년)는 현대에 와서 외부 역사적 증거에 근거하여 본문에 의문을 제기한 첫 유대인이었다. Weinberg, *Light of the Eyes*, pp. 241-51를 보라.

23) 박해는 하나님에게서 오는 징벌로 해석된다.

24) 이것은 아마도 정통 회당에 있는 여자들의 발코니의 전신일 것이다.

25) 다윗이 솔로몬에게 한 말. 누가 성전에 대해 하나님이 계시하신 고안을 바꿀 권리를 가졌겠는가? 헤롯의 재건축 제안 발언에 대한 요세푸스의 본문은, *Antiquities* 15:11에 있는데, 이는 마찬가지로 그의 의도가 솔로몬의 성전 규모를 복구하려는 것이었다고 강조한다. 이 규모는 스룹바벨의 자금을 넘어서는 것이었다.

26) 또는 아마도 거미줄.

27) 다른 번역은 '거짓의 끈' 또는 '헛된 끈'이라고 되어 있다. 핵심은 죄를 야기한 약한 끈이 죄인들을 묶는 강한 줄이 된다는 것이다.

28) 또는 '숨겨진'. 요엘은 '숨겨진' 방향인 북에서 왔던 메뚜기 재앙을 가리키는데, 왜냐하면 북반구에서 태양이 남쪽으로 돌기 때문이다. 히브리어 차폰(tzafon, '북')은 차푼(tzafun, '숨겨진')과 어원이 같다.

29) 악한 유대인들에 대한 완곡어법.

30) 아바예는 그 두 사람이 저항할 수 없을 것이라고 여겼던 유혹에 빠지지 않았으므로 혼란스러웠다.

31) 즉, 만약 당신이 유혹에 에워싸인다면.

일곱째 소책자 베차(BETZA, 절기법)

1) Stern, 'Second Day', 그리고 Stern, *Calendar*.

2) Cf. 레 17:13.

3) Mishna *Rosh Hashana* 2:2 (22b). 각각의 새로운 달은 달 관찰에 근거하여 예루살렘에서 선언됐다. 원래 언덕 햇불 제도는 바빌로니아까지 멀리 정보를 전달하는 데 사용됐지만, 랍비들을 반대하는 자들('사마리아 사람들'이라는 읽기가 정확하지 않을 수도 있다)은 잘못된 신호를 밝혔다고 주장한다. 전령들은 그달 15일의 절기를 위해 제 때에 도착하지 않을 수 있다.

4) 바빌론에 있는 우리는 새 달의 출현을 계산할 수 있으므로. 어떤 학자들은 H Y. 보른스타인(Bornstein)을 따라, 이것은 계산이 아니라 디아스포라 공동체가 이스라엘 땅의 최고 의회에서 받은 절기의 날짜에 대한 연간 통지를 가리킨다고 제안했다(Yerushalmi *Eruvin* 3:9 Stern, 'Second Day', p. 51). 박해가 일어난다면 이 제도는 쉽게 붕괴했을 것이다.

5) Mishna *Rosh Hashana* 4:4 (30b).

6) Ibid.

7) 아모라임으로서 라브와 쉬무엘은 요하난 벤 자카이보다는 권위가 약했다.

8) 라브와 쉬무엘의 판결은 바빌로니아에 적용되고, 요하난 벤 자카이의 판결은 이스라엘 땅에 적용된다.

9) 문자 그대로, '수에 의해' 즉, 재판관들의.

10) 유대인들은 그때 예루살렘 법정이 목격자들의 증언에 근거하여 그달의 시작을 결정할 제도로 돌아갈 것이며, 먼 지역에서는 전령들이 전달하는 정보에 의존할 것이다.

11) 날을 배가하는 것이 의심 때문이라면, 한 날은 실제로 절기이고 다른 날은 절기가 아니다. 즉, 두 개의 분리되고 구분되는 날이 있다('두 거룩함'). 하지만 만약 배가하는 것이 증인들이 늦게 도착하기 때문이라면, 일어나는 일은 첫날이 배가된 길이의 한 날로 확대되는 것이며, 한 날에 낳은 달걀을 다음 날에 먹는 것에 대해 말하는 것이 더는 의미가 없다.

12) 그들은 먹을 게 너무 많아서 일찍 떠나고 있다.

13) 여기서 '안식'과 '선택'은 기록된 토라가 금지하지는 않더라도, 랍비들이 금지한 활동이라는 전문적인 의미에서 사용된다. 그들 사이의 구분은 명확하지 않으며, 후대의 할라카에서는 중요하지 않다.

14) 일부다처를 허용할 수 있지만 미츠바는 아니다.

여덟째 소책자 로쉬 하샤나(ROSH HASHANA, 새해)

1) 날짜가 앞서는 권리 주장은, 그의 증서에서 겉으로 보이는 날짜와 실제 날짜 사이의 권리를 주장하는 나중 채권자보다 부당하게 우선을 가지는 결과를 낳을 수도 있다.

2) 이것은 달들이 니산월부터 세어진다고 가정하는데, 이는 나중에 입증된 것이다(하지만 여기서 번역되지는 않았다).

3) 랍비 아바후는 "전체 회중이 두려워했는데, 아론이 죽었기 때문이다"라고 번역했다. 키(ki)에 대해서, 또한 Gittin 90a(449-450쪽)를 보라.

4) 영어 번역본은 여기에 '날'을 삽입하지만, 히브리어에는 없다.

5) 그래서 문제는 일어날 수 없다. 악마에 사로잡힌 누군가가 미쳐서 어떤 법적 의무에 종속되지 않는다.

6) 문자 그대로의 번역. JPS에 대해서는 이 소책자의 도입 해설을 보라.

7) 요하난 벤 자카이는 70년 예루살렘 멸망에 이어 야브네에 법정을 세웠다. 14세기 주석가 헤로나(Gerona)의 니심 벤 르우벤(Nissim ben Reuben)에 따르면, 이삭 알파시(Isaac Alfasi, 1013-1103년경)는 요하난 벤 자카이의 판결을 따랐고, 로쉬 하샤나가 안식일에 해당할 때, 자신의 법정에서 쇼파르를 불었다(페즈[Fez]인지 루세나[Lucena]인지는 명확하지 않다). 그러나 대부분의 권위자들은 반대했다.

아홉째 소책자 타아니트(TA'ANIT, 공적 금식)

1) 월요일과 목요일이 기도와 금식에 특히 적합했다는 증거는 120년경 기록된 기독교 Didache에서 온다. "너희는 위선자들과 함께 금식하지 않도록 하라. 왜냐하면 그들은 월요일과 목요일에 금식하기 때문이다. 너희는 수요일과 금요일에 금식하라"(Didache 8:1; Loeb Apostolic Fathers에 나오는 Kirsopp Lake의 번역)

2) 즉, 그들은 낮에만 금식하고 전날 저녁에는 하지 않는다(전례[典禮]의 '낮'은 해 질 녘 저녁부터 다음 저녁 별빛까지이다). 역대상 24장 3-18절에 열거된 대로, 24반열의 코하님이 있고, 각각은

교대로 성전을 한 주 동안 섬긴다. 반열들은 각각 일곱 '조상의 집들'로 나뉘는데, 하나가 한 주의 각 날을 섬긴다. 명확히 하기 위해 나는 '조상의 집'보다는 '섬기는 가족'으로 번역했다.

3) 테필린은 '영광'으로 이해된다.

4) 랍비 히야 바 아바의 이론에 근거하여, 이것은 충분하지 않을 것이다. 왜냐하면, 회당은 '열려' 있지 않기 때문이다. 레쉬 라키쉬의 이론에 따르면, 이것은 괜찮다. 왜냐하면, 다른 회당으로 옮기는 것은 일종의 '추방'이기 때문이다.

5) 기도 강대상은 하나님의 임재의 상징이다.

6) 이것은 낮춤을 상징하겠지만, 이삭 대신에 바쳐진 희생제물의 재와 일치하지 않는다.

7) Vermes, *Jesus*, chapter 3.

8) 한 바라이타에는 없지만 미쉬나에 보존되어 있는 이 문장은, 하나님과 자신의 밀접한 관계에 대한 자랑을 보여주고, 그가 원을 그리는 것과 시므온 벤 셰타의 질책을 설명하는 데 필요하다.

9) 문자 그대로, "우리는 당신을 바라보았습니다. 우리가 죽지 않게 하소서!"

10) 질책은 아마도 가뭄을 명령했다고 해도 하나님이 풍부한 비를 내리실 것이라는 호니의 확신을 향한 것 같다. 호니는 하나님의 뜻을 방해하고 있는 것 같다.

11) 성전에 있는 최고 법정(산헤드린)의 자리.

12) 몇몇 영어 번역본은 '아니다'(not)를 생략하지만, 탈무드의 읽기는 이것을 요구한다.

13) 가능성 있는 의미. 라쉬는 므슈니타(m'shunita)라는 드문 단어를 바위의 톱니나 돌기로 이해한다.

14) 즉, 랍비들은 우리가 이것을 어찌할 게 전혀 없다는 것을 보지 못할 것이다.

15) 이 가운데 마지막에 대해 다니엘서 12장 11절을 보라.

16) *Mo'ed Qatan* 20b(335-336쪽을 보라).

17) 이 단락은 아가서의 연인들을 하나님과 이스라엘 백성으로 해석한다.

18) 30일. 보통은 단지 29일이다.

19) 즉, 성경적인 토대가 없다. 베이타르의 사로잡힘과 성전산의 갈아엎어짐은 바 코크바 반란(131-5)과 관련 있다. 서론, '탈무드는 어떻게 시작됐는가?'(24쪽)를 보라.

20) Cf. 예수와 백부장의 이야기(마 8:5-13).

21) 역사적으로 이것은 믿기 어렵다. 가말리엘 2세는 바 코크바 반란 전에 죽었음이 틀림없다. 여러 비문은 티니우스 루푸스가 벳스안(스키토폴리스[Scythopolis])에 있었다는 것을 입증한다. 그는 하드리아누스(Hadrian)가 주후 130년 봄에 성읍에 방문했을 때, 유대 지방의 총독이었다. 성전은 70년에 파괴됐고, 하드리아누스는 그 부지를 갈아엎었으며 이교 사원이 거기에 세워졌다.

22) 네 히브리어 단어들은 모호하며, 문맥에 맞추어 번역됐다. 서론, '성경 번역'(55쪽)을 보라.

23) 여로보암과 호세아는 이스라엘 북 왕국의 왕들이다. 여로보암은 솔로몬의 아들 르호보암에 반란을 일으켰고, 예루살렘의 매혹적인 성전과 경쟁하려고 단과 벧엘에 성소를 세웠다. 열왕기하 17장 2절은 하나님을 불쾌하게 할지라도 호세아는 그의 전임자들보다는 악하지 않았다고 진술한다. 랍비들은 이것을 그가 "근위대를 폐지했다"라는 암시로 읽는다.

24) 여기서 요세프(yosef, '증가하다')와 야에세프(yaesef, '멸망하다') 단어들에 대한 언어유희가 있다. 라브 요세프는 적절하게 설명한다. 라쉬는 밤이 더 길어질수록 사람은 토라를 무시하여 죽기보다는, 토라 연구를 위해 더 많은 시간을 '더하고' 살아야 한다고 설명한다.

열째 소책자 메길라(MEGILLA, 부림)

1) Isserles, notes on *Shulḥ an Arukh: Oraḥ Ḥayyim* 490은 14세기 스페인 예전학자 데이비드 벤 요셉 아부다르햄의 주석에 근거한다.

2) 월요일 또는 목요일.

3) Mishna *Eduyot* 1:5(585쪽을 보라).

4) 에스더서의 이 장은 이미 부림절이 성곽도시에서 15일에, 다른 곳에서는 14일에 기념된다는 것을 분명히 했다.

5) 두 날짜 즉, 14일과 15일이 있으므로 복수가 요구된다.

6) 랍비 유다는 유월절을 위한 정확한 날짜를 확정하는 데 관심이 있다. 사람들이 흩어지고 소통도 신뢰할 수 없어서, 사람들은 부림절부터 유월절까지의 날들을 계산한다. 만약 부림절이 11일이나 12일에 열렸다면 혼란이 있을 것이다 – 라쉬.

7) 현대 학자들은 히브리 성경에 대한 세 가지 구분되는 본문 전통을 인지한다. 즉, 첫째, 원형-맛소라(proto-Masoretic) 본문으로, 이것에서 현재 흔히 사용되는 맛소라 본문이 발전한 것으로 본다. 이는 탈무드의 랍비들이 받아들인 본문이기도 하다. 둘째, 히브리어 70인경-원본(Hebrew Septuagint-Vorlage) 본문으로, 헬라어 70인경이 토대로 삼았다. 셋째, 원형-사마리아(proto-Samaritan) 본문으로, 여기에서 사마리아 오경이 도출됐다. Tov, Textual Criticism을 보라.

8) '손을 더럽히다'라는 표현은 역설적으로 무엇이 성경을 구성하는지를 규정한다(*Yadayim*에 대한 도입 해설을 보라, 762쪽).

9) 즉, 히브리어 단어들이 아람어로 기록되거나 그 반대로 된다면.

10) Mishna *Yadayim* 4:5.

11) *Letter of Aristeas*, 46-50, 307. 같은 시기에 보급됐던 또 다른 이야기와의 문학적 연관성이 있을 수 있는데, 이에 따르면, 72명의 그라마치코이(grammatikoi)가 독립적으로 호머 작품을 편집했었다. 이 작품은 경합에 근거하여 선택된 사모드라게의 아리스타르코스(Aristarchus of Samothrace)의 가장 우수한 버전이다(James I. Porter, 'Hermeneutic Lines and Circles: Tristarchus and Crates on the Exegesis of Homer', in Lamberton and Keaney, *Homer's Ancient Readers*, pp. 67-8.)

12) Philo, *Life of Moses* 2:5-7; Josephus, *Antiquities* 12:2.

13) 즉, 그들은 독립적으로 동일한 본문을 만들었다.

14) 어떤 것도 하나님 이전에 존재하지 않았다. 헬라어 어형 변화는 어떤 모호함도 방지한다. 70인경은 히브리어를 정확하게 따른다.

15) 즉, 번역가들은 복수(하나님은 어떤 협동자도 없으시다)와 하나님이 인간의 형태를 지니셨다는 것을 암시하는 신인동형론적 표현을 피했다.

16) 이것은 70인경 본문과 일치한다. 하나님은 일곱째 날에 일하지 않으셨다.

17) 미드라쉬는 아담이 양성체로 창조됐다고 진술한다.

18) 하나님은 협동자가 없으시다.

19) 70인경이 그렇게 까다롭지는 않더라도 여자의 '내부'를 언급하는 것은 상스러워 보인다. 카로브(qarov, '친척')는 케레브(qerev, '내부')와 같은 어근에서 온다.

20) 그래서 유대인들의 조상들은 살인자들이 아니었다.

21) 누구도 모세가 말이나 낙타를 살 여유가 없었다고 생각하지 않는다 – 라쉬.

22) 성경에서의 연대기적 문제로 말미암아 랍비들은 아브라함 시대의 언약부터 430년을 계산하게 됐다. 70인경은 "이스라엘 사람들이 이집트와 가나안 땅에 살았다"라고 읽는다.

23) 이 단어의 언어와 의미와 철자는 모호하다. 라쉬는 5절의 히브리어 나아레(na'aré)보다 더 엄숙한 용어라고 제안하는데, 이것은 '종들'을 의미할 수도 있지만 토사포트가 지적한 대로, 이 경우 11절에서처럼 그들은 '장로'로 조정해야 했다. 70인경은 문제가 없으며, 정확하게 히브리어 나아레와 상응한다.

24) 아마도 다시 나귀에 대한 편견. 그러나 수정은 70인경에서 뒷받침된다. '욕망의 대상'인 에피투메마(epithumēma)로 읽는데, 이는 히브리어에서 어근 자음 하나의 차이만을 전제한다.

25) '빛을 주다'가 없다면, 하나님이 태양과 달과 별 등에 다른 민족들이 숭배하도록 배정하는 것 같다.

26) 라쉬는, '예배하다'라는 단어가 없이는 하나님이 태양과 달 등이 존재하도록 명령하지 않았으며, 그것들이 독립적인 세력으로 추론될 수 있다고 제안했지만, 핵심은 이전과 비슷할 수 있다.

27) 프톨레마이오스 1세는 귀족 라구스(Lagus)의 아들이며, 때로 프톨레마이오스 라구스로 알려졌고, 그의 계승자는 라기즈(Lagids)로 알려졌다. 라고스(Lagōs)는 '토끼'를 가리키는 헬라어이며, 프톨레마이오스의 아내들의 이름은 아니었다.

28) 여러 대안의 번역들이 여기에 들어맞지 않는다. 예, "하나님은 야벳을 창대하게 할 것이다."

29) 야벳의 후손들, cf. 창 10:2. 헬라인들의 이름의 시조 야반은 또 다른 후손이었다(10:2, 4).

30) '아름다움을 허락하다'와 '야벳'은 히브리어로 정확하게 동일한 철자로 되어 있다. 야벳의 아름다움이 야반(그리스)의 문화를 통해 출중하게 표현되는 것은 의심의 여지가 없다.

31) 기도를 인도하려고.

32) '분파주의자들'과 '외부인들' 사이의 차이점은 분명하지 않으며, 본문도 명확하지 않다. 라쉬는 분파주의자들이 랍비 전통을 경시하는 자들이고, 외부인들이 단순히 성경에 대한 자신들의 독립적인 해석을 따랐던 자들이라고 제안한다.

33) 라브 파파의 의미는 모호하다. 아마도 마기(조로아스터교 사제들)는 부적을 테필린과 비슷하게 만들었을 것이다.

34) 이 진술은 외경 레위 언약서(14:6)와 희년서(30:7-10)에서 표현된 견해에 대한 것이다. 희년서는 자기 딸을 비유대인과 결혼하게 한 아버지와, 딸을 몰렉에게 준 아버지를 비교한다.

35) Mishna *Berakhot* 9:5 (48b). 이것은 조로아스터교의 이원론을 거부하는 것이다.

36) 마치 하나님이 새들은 불쌍히 여기시지만 짐승은 아니라고 말하는 것과 같다 – 라쉬.

37) 하나님의 속성은 우리의 이해를 넘어서며, 우리는 그의 계명의 이유를 알 수 없다. 이것은 단호하게 마이모니데스가 거부했는데(*Guide* 3:48), 그는 철저하게 계명의 합리성을 주장한다.

38) 라바는 아바예를 자녀로 입양했고 그의 선생이었다.

39) 즉, 사람이 하나님을 경외함이 너무 없어서 집중하지 못해서는 안 된다.

열한째 소책자 모에드 카탄(MO'ED QATAN, 절기의 중간)

1) 즉, '피곤하다'의 아람어 번역은 미쉬나가 밭에 대해 사용하는 용어와 비슷한 어근을 지닌다.
2) 이 단어의 어근은 미쉬나에 나오는 것과 마찬가지로, B'L이며, 바알이라는 이름에서처럼 지배와 상관이 있다. 이 어근은 또한 강력한 성적인 함의를 지니며, 종종 완곡어법으로 번역된다.
3) 문자 그대로, "왜냐하면 그들이 말하기를".
4) 여기서 '법전'은 레위기 21장과 22장만을 가리킨다. 코헨이 장사 지냄으로써 자신을 더럽히는 친척들(시체와의 접촉은 더럽힌다)은 21장 2-3절에 열거된다.
5) 아버지의 아버지, 아들의 아들, 딸의 아들, 누이의 아들 – 라쉬.
6) 예를 들어, 만약 자신의 아버지의 아버지가 죽으면, 그는 자기 아버지와 함께 애도한다.
7) 당신 아내의 친척을 위해 애도할 때의 당신의 아내.
8) 불명확한 어원의 단어(Sokoloff, *Babylonian*)이지만 명백히 애도자들을 위한 음식이다 – 라쉬.
9) 여기서 다른 읽기가 있으며, '선생의 의자'라고 번역된 모호한 단어가 있다(Jastrow, *Dictionary*를 따라).

열두째 소책자 하기가(HAGIGA, 절기의 희생제물)

1) Philo, *Special Laws* 1:69f. (Loeb edn).
2) 랍비의 장애에 대한 태도를 일반적으로 연구한 것에 대해, Marx, *Disability*를 보라.
3) 이것은 토사포트의 해석이다. 라쉬는 제물이 이 지점에서 내포되는지의 문제를 열어둔다.
4) 히브리어 레갈(regel, '발')은 '순례 절기'를 의미하는데, 순례자 대부분은 예루살렘에 걸어서 도착하기 때문이다. 이 단어는 여기서 걸을 수 있는 자들에게 참석할 의무를 제한하는 것으로 해석된다.
5) 이 견해에서, 첫날에 저는 사람은 면제될 것이고, 둘째 날의 '보임'은 전혀 의무가 없는 첫날을 보상하는 데 기여할 뿐이므로, 의미가 없을 것이다.
6) 모음이 없는 성경 히브리어에서 수동태 예라에(yera'eh), "그가 보일(나타날) 것이다"는 정확하게 능동태 이라에(yir'eh), "그가 볼 것이다"와 동일하다.
7) 이것은 히브리어 미프네이 티쿰 하-올람(mipnei tiqqun ha-'olam, "세상을 올바르게 하다")를 매우 자유롭게 해석한 것이다.
8) Mishna *Eduyot* 1:13.
9) 히브리어 헤레쉬(ḥeresh)는 '귀먹은' 또는 '귀먹고 말 못 하는'을 의미할 수 있다.
10) Mishna *Terumot* 1:2.
11) 이 아람어 관용구는 문자 그대로, "그의 말들은 그에게서 빼앗겼다"이다. 이것이 무엇을 증명하려고 의도한 것인지는 명확하지 않다. 라쉬는 이것을 알파벳 시라고 해석한다.
12) 모여있는 민족에게 왕이 토라를 읽어주는 안식년의 의식.
13) 시프라와 시프레는 할라크 미드라쉬이다. '탈무드'는 여기서는 책의 이름이 아니라, 토라의 해석 활동에 사용된다.
14) 모음이 표기되지 않은 성경 히브리어에서 일르두(yilm'du, "그들이 배울 것이다")와 일라메두(y'lammedu, "그들이 가르칠 것이다")가 정확하게 같은 철자로 되어 있다. 마르 주트라는 말 못 하는 자들이 배울 수 있다고 인정한다. 그러나 그들은 말할 수 없으므로 가르칠 수 없다.

15) 헤이칼(Heikhal)은 '왕궁'을 의미한다. 어떤 헤이칼로트(heikhalot) 찬양이 Carmi, *Hebrew Verse*, pp. 195-201에 번역된다. 헤칼로트(Hekhalot)와 메르카바(Merkava) 신비주의에 대해, Scholem, *Gnosticism* 그리고 Schäfer, *Hekhalot*를 보라. 비전(秘傳) 신앙(Hermetism)와 유대 영지주의와 로마와 그리스의 성체 사이의 관계에 대해, Gilles Quispel, 'The Asclepius', in van den Broek and Hanegraff, *Gnosis*, pp. 69-78을 보라. 또한, 고린도후서 12장 1-4절을 보라.

16) 예, *Avot de Rabbi Nathan* 4:20; *Mo'ed Qatan* 20a.

17) Goshen-Gottstein, *Sinner and the Amnesiac*, pp. 48-54.

18) 하나님. 문자 그대로, '그의 주인'.

19) 토세프타와 예루샬미 버전은 엘리사의 이름을 사용한다. Goshen-Gottstein, *Sinner and the Amnesiac*, p. 207을 보라.

20) 히브리어 파르데스(pardes)는 정원이나 울타리, 종종 과수원이며, 여기서는 비유로 하늘의 정원이다. 이것을 낙원이라는 후대 개념과 혼동해서는 안 된다.

21) 몇몇 주석가는 이것이 그가 신앙의 뿌리를 포기했다는 것을 의미한다고 여기지만, 예루샬미와 비교해 보면, 이것은 그가 젊은 사람들을 토라에서 멀어지게 했다는 의미인 것을 알 수 있다(Goshen-Gottstein, *Sinner and the Amnesiac*, p. 207).

22) 레위기 21장 13절은 대제사장이 처녀와만 결혼할 수 있다고 진술한다. 아마도 여기에는 처녀 출생의 기독교 교리에 대한 숨겨진 논평이 있는 것 같다.

23) 이것은 허구적 논쟁이다. 벤 조마는 두 세대 후의 쉬무엘이 한 주장에 대해 설명할 수 없었을 것이다.

24) 어떤 버전은 대화가 성전에서 일어났다고 하는데, 이것은 시대와 맞지 않는다.

25) "랍비 요세는, 셰키나는 결코 땅에 내려오지 않았고, 모세나 엘리야도 결코 하늘에 올라가지 않았다고 말한다"(*Sukka* 5a). 랍비들은 왕의 신성화나 예수님이 하나님의 성육신이라는 개념과 같이, 인간과 하나님의 어떤 혼동에 대해서도 반박했다.

26) 매우 중요한 천사이며, 임재의 군주, 대천사 미가엘, 또는 하늘로 올라간 후의 에녹 등으로 다양하게 여겨졌다. 이름은 명백히 헬라어 메타 쓰로누(meta thronou, '[하나님의] 보좌와 함께')이다. 이름의 숫자(314)가 히브리어 샤다이('전능한')와 같다는 것은 신비주의자들이 지적했다.

27) 천사들은 모든 방향으로 얼굴이 있다 – 라쉬.

28) Sperber, *Dictionary*, p. 21은 풀사(pulsa)가 라틴어 풀수스(pulsus)라는 것을 부정하지만 영지주의적인 *Book of Thomas the Contender*에서 '불의 응징'이라는 표현을 주목한다. 아마도 다른 천사들이 메타트론을 응징하고 심문했을 것이다.

29) 이 세상과 하늘의 세계 너머를 분리하는 것.

30) 즉, 당신의 악한 행위를 회개하라.

31) 라-라샤(La-rasha', '악인들에게')와 르엘리샤(L'Elisha, 엘리사에게)는 희미하게 발음하면 비슷하게 들릴 수도 있다. 많은 세부 내용에서는 다를지라도, 예루샬미의 비슷한 기사는 제자들의 살해를 엘리사에게 돌린다.

32) 무덤 너머의 세계에 있는 천사와 같은 '재판관'.

33) 엘리사는 태워짐으로써 그의 죄에 대해 징벌을 받을 것이며, 죄가 깨끗하게 될 때 그는 다가

올 세상에 들어갈 수 있을 것이다.

34) 게힌놈의 문. 랍비 요하난은 게힌놈에 내려가서 그가 [다가올 세상에 들어가도록] 엘리사를 데려왔다 – 라쉬.

35) 엘리사의 배움으로 얻은 하나님의 개입.

36) 문자 그대로, '~의 입에서'.

37) 엘리야는 죽지 않고 때로 현명한 자들을 방문하고 가르친다.

셋째 주제 ┃ 나쉼 (NASHIM, 여자)

첫째 소책자 예바모트(YEVAMOT, 법적인 누이 관계)

1) A. M. Rabbello, 'Jewish and Roman Jurisdiction', in Hecht, Jackson, Passamanek, *Jewish Law*, p. 156은 393년부터 명백히 이것이 금지됐다고 지적한다(*Code of Justinian* 1.9.7). 팔레스타인 랍비 암미는 300년경 일부다처제를 금지했지만, 바빌로니아 사람 라바는 허용했다(*Yevamot* 65a).

2) D. Katz, *Jews in England*, pp. 15-48. 헨리는 탈무드의 사본을 명령했지만, 그것을 묶는 사람에게 돈을 지불하지 못했다. 이것은 웨스트민스터 도서관에 전달됐는데, 거기서 존 셀던(John Selden)이 연구했고, 현재는 발마도나 자선 단체(Valmadonna Trust)의 소유로 있다.

3) 즉, 그가 태어나기 전에 죽은.

4) 만약 소녀가 미성년일 때 그녀의 어머니나 형제들이 그녀의 동의하에 그녀를 결혼시키면, 그녀는 성년이 됐을 때 항변할 권리가 있으며, 거슬러 올라가 결혼을 무효로 하게 된다. (그녀의 의지에 반하여 그들이 계약한 결혼은 효력이 없다.)

5) Feinstein, *Igrot Moshe*, 3:43 (pp. 152f.).

6) 즉, 불법적으로 결혼한. 남편은 자신의 이혼한 아내가 그동안 다른 남자와 결혼하지 않았을 때만 그녀와 재혼할 수 있다(cf. 신 24:1-4).

7) 문자 그대로, '그녀가 태아를 유산하게 될 경우를 대비해서'.

8) 그녀는 11살 나이 이전에 출산할 수 있었으며, 12살 성년에 도달했을 때 '항변'했을 수 있다.

9) 즉, 출산하는 것.

10) 랍비 시기의 개종 권유에 대해, Goodman, *Mission*을 보라. 랍비의 가르침에 나오는 회심에 대한 더 폭넓은 평가에 대해, Finkelstein, *Conversion*을 보라.

11) 문자 그대로, "우리는 두 번 할례를 한다".

12) 비유대인 노예는 자신의 자유를 얻자마자, 자동적으로 이스라엘 사람이 된다.

13) 즉, 실제적으로 물과 입수자 사이에 끼어든 어떤 것이라도.

14) 히브리어 브니스프후(v'nisp'ḥu, "그들은 연합할 것이다")는 레위기 13장에서 묘사하는 병('나병')의 징후 가운데 하나인 사파하트(sapaḥat, '딱지' – 피부에 붙는 것)와 동일한 어근에서 유래한다. 랍비 헬보는 명백하게 개종을 축복으로 간주하는 한 구절을 인용함으로써, 자신의 언급에 대해 양날을 둔다. 즉, 이것은 어떤 경우든 "토라 연구에 참여하는 자는 이방인조차

도 대제사장과 같다"(*Bava Qama* 38a; 485쪽을 보라)라는 랍비 메이르의 논평과 모순된다.

15) 우리는 그가 더는 노아의 후손이 아니라 이스라엘 사람일 때, 명백하게 규정된 제한으로 법에 종속될 것이라고 설명한다(도둑질은 사형죄가 아니며, 그 가치가 한 페루타를 넘고 보상의 가능성이 있는 경우에만 기소할 수 있다). 그런데도 가난한 사람에게서 마땅히 받아야 할 것을 빼앗는 것은 하나님 앞에서 통탄할 범죄다.

16) Mishna *Shabbat* 19:6 (137a).

17) 즉, 그는 셋이 필요했다는 그의 의견에 맞추려고 바라이타의 본문을 조정했다.

18) 문자 그대로, "미츠보트의 멍에를 받아들이는 것".

19) 주제는 전쟁의 포로로 사로잡혀간 아름다운 여자이다.

20) 즉, 아담과 하와.

21) 문자 그대로, "그는 무엇을 해석했는가?"

22) '당신의 가정들'로 이해된다. 즉, 당신의 아내들과의 관계를 재개한다.

23) 금송아지를 숭배함으로써.

24) 아셰르 쉬바르타(asher shibbarta, '네가 깨뜨린')와 이야셰르 (코하카) 셰-쉬바르타(y'yasher [koḥakha] she-shibarta, '깨뜨린 것에 대해 고맙다') 사이에는 언어유희가 있다.

25) 히브리어 목적격 불변화사 에트(et)는 '함께'(with)로 번역된다. 즉, 각 남자와 함께 여자 쌍둥이가 태어났다.

26) 이것은 구체적으로 이스라엘이 아니라, 모든 인류의 대표자인 아담과 하와에게 전해진다.

27) 가바스는 북쪽의 깁브돈(Gibbethon, 수 21:23) 또는 유대의 남쪽 경계에 있는 한 마을로 확인됐다. 안디바드리(Antipatris, 현재의 카페르 사바[Kefar Saba])는 예루살렘의 북서쪽이다. 팔레스타인에 있는 랍비식의 지명에 대해서는 Reeg, *Ortsnamen*을 보라.

28) 갈릴리 남쪽, 유대(Judaea).

29) 역사적 배경은 일반적으로 주후 131-135년 로마에 맞서 일어난 둘째 반란(Second Revolt)으로 생각된다. 아키바는 이 봉기를 지지했었는데, 생명의 많은 손실로 실패했다. 그의 이야기와 그의 연속되는 제자들에 대한 여러 버전이 있는데, 이는 그가 생존하여 135년 후 팔레스타인에서 유대 생활을 재건하는 데 참여했다는 것을 시사한다. 이 이야기와는 대조되게 *Berakhot* 61b에 설명된 아키바의 순교 이야기는, 그가 하드리아누스의 박해에 살아남지 못했다는 것을 암시하는 것 같다. 아미트(Amit, 'Rabbi Aqiva's Disciples', p. 266)는 그의 제자들의 이야기가 "후대 바빌로니아 아가다 전통과 거의 동일한 방식으로 구성된 팔레스타인 아모라임 전통이며, 역사적인 중요성을 지니지는 않는다"라고 주장한다.

30) 의미는 불명확하다. Sokoloff, *Babylonian*는 '디프테리아' 질병이라고 번역하는 Preuss에 의존한다.

31) Satlow, 'One who loves'; Erhart, 'Canon Law', pp. 118-23; Gafni, *Yehudei Bavel*, Appendix 2, pp. 266-73, 그리고 'Institution'. 랍비의 금욕주의에 대한 태도에 대해, Diamond, *Holy Men*을 보라.

32) 이 해석과 이어지는 해석들은 '권속'(household), '가정'(home), '장막'을 '아내'와 동일시하는 것에 의존한다.

33) '도움'은 아내(cf. 창 2:18)이고 '능력'은 토라이다.

34) 성관계를 가리키는 완곡어법. 하나님을 경외하는 아내는 주도하지 않을 것이며, 그녀의 성

욕을 이해하고 돌보는 것은 남편의 책임이다.

35) 라쉬는 미츠바에 골몰하는 것, 예를 들어 포로를 속량하는 것이 그의 부부의 의무에서 그를 면제시키는지, 또는 그의 부부의 의무를 성취하는 것이 그가 미츠바를 수행하는 데 방해가 될 것인지는 명확하지 않다고 주장한다.

36) 남자가 그의 질녀와 결혼할 수 있지만, 여자는 자기 조카와 결혼할 수 없다(레위기 18장 14절과 20장 20절에서 유래한다).

37) 히브리어 아담, '인간'.

38) 히브리어 크네그도(k'negdo)는 '상응하는' 또는 '반대의'(거스르는)를 의미할 수 있다. 탈무드에서 이 문장에는 이 단어가 그 의미에 상응하는 두 가지 다른 방식으로 발음될 수 있음을 암시하는 다른 읽기가 이어진다.

39) 엘리야는 약 1000년 전에 하늘로 '옮겨졌다'. 하지만 때로 그는 특별히 깨우칠 만한 사람에게 '나타난다'.

40) 암몬 사람 나아마는 르호보암의 어머니이며(왕상 14:21), 따라서 다윗 집의 여자 조상이다.

41) 즉, 아브라함을 통해.

42) 그들은 경작하고 수확하기 위해 자신들의 집을 떠나야 할 것이다 – 라쉬.

43) 더 높은 사회 계층에서의 아내는 너를 멸시할 수 있으나, 더 높은 사회 계층에서의 친구는 너를 도울 것이다.

44) 용서받았다.

45) 복수를 나타내는 문자 바브(vav)가 없다.

46) 이 명령은 명백히 단수이다.

47) 하나님은 그때 사울에게 할 변명을 제공하셨다.

48) 아바후는 로마 정부와 좋은 관계에 있었기에 암미와 아시는 그에게 감히 도전하려 하지 않았을 것이다.

49) 한 여자가 남편의 무능에 근거하여 이혼을 위한 소송을 제기했다.

50) 유디스의 딸들은 유다와 히스기야보다 어렸다. 만약 그녀가 약을 마셨다면 그녀는 어떻게 더 많은 자녀를 낳을 수 있었는가?

51) Kraemer, *Mind*, p. 138. pp. 108-9에서 그는 샤마 프리드먼의 분석을 인용하면서 비슷한 수갸를 논의한다.

52) 미쉬나는 복수 동사로 되어 있지만, 게마라는 이것이 오직 한 증인이 연루된 한 사건을 다루고 있음을 확고히 한다.

53) 라쉬도 마찬가지이다. 알파시(Alfas)와 다른 이들은, 그녀가 가치가 떨어진 자기 재산에 대한 보상을 요구할 수 없다는 것을 의미한다고 생각한다.

54) *Yevamot* 122a.

55) *Keritot* 11b.

56) 성적인 범죄와 부부의 지위.

57) 테벨(tevel)은 소산물로서, 여기서는 십일조와 테루마, 십일조 또는 테루마를 챙겨두지 않으며, 헤크데쉬(heqdesh)는 희생제물로서든 팔린 재산과 성전 기금에 추가된 이익이든 성전을 위해 사용하는 데 봉헌된 재산이다. 코남(qonam)은 맹세의 유형이다(*Nedarim* 16a; 408쪽을 보라).

둘째 소책자 케투보트(KETUBOT, 결혼 자격)

1) Tosefta *Ketubot* 12:1; Bavli *Shabbat* 14b 그리고 *Ketubot* 82b. 시므온 벤 셰타에 대해, Neusner, *Rabbinic Traditions*, pp. 86-141을 보라.

2) 바바타 문서들은 Yadin, *Cave of Letters*, pp. 118-41에 있으며, 에돔 문서는 Eshel and Kloner, 'Aramaic Ostracon'에 있다.

3) *Yevamot* 22a, 에르바 라-콜 므수라('erva la-kol m'sura).

4) Satlow, 'Slipping Toward'.

5) *Ketubot* 57a. 처녀인 신부는 혼숫감을 준비하는 데 열두 달이 허락될 것이다. 그다음에 결혼이 아직 치러지지 않았다면 신랑은 그녀를 부양할 의무가 있었다.

6) 따라서 그녀를 부양할 그의 책임은 규정된 시기가 끝난 후 수요일에만 시작된다.

7) 그는 그녀가 결혼을 지체하고 있고, 그는 그 결과에 책임을 질 수 없다고 주장할 수 있는가? 아니면 그녀는 "애석하군요. 당신은 좋든 나쁘든 나를 가졌으니 나를 먹이시오!"라고 말할 수 있는가?

8) *Gittin* 72a을 보라.

9) '우리 랍비들'은 미쉬나와는 다른데, 그들은 "이것이 내가 죽을 때 당신의 게트이다"와 같은 진술이 게트가 남편의 죽음을 조건으로 즉각 효력을 발휘한다는 것을 의미한다고 해석하기 때문이다.

10) 즉, 대략 225년부터 250년까지 셉포리스에서 티베리아스까지 이동하면서 족장 직위를 가졌던, 유다 하-나시의 손자인 유다 2세(유다 네시아[Judah Nesial])의 법정.

11) 즉, 그는 그의 과부를 위해서 그녀가 원하는 자와 자유롭게 결혼하도록 조치를 하고 있다.

12) 게트는 그가 속박으로만 멀리 떨어져 있을지라도 그의 의지에 반하여 효력을 발휘한다. 이것은 이혼에 대한 속박의 호소는 전혀 없다는 라바의 주장을 뒷받침한다.

13) 탈무드 시기에는 한 페루타 이상의 가치가 있는 돈이나 상품이었을 수 있지만, 오늘날에는 반지이다.

14) Mishna *Qiddushin* 1장(454쪽을 보라).

15) 즉, 그는 자기 아내와 조정하여, 규정된 총액의 절반만 사용할 수 있다.

16) Mishna *Bava Metzi'a* 1:6 (12b). 빌려주는 자와 빌리는 자가 공모하여 그 사이에 저당 잡힌 재산을 구매했던 제삼자에게서 빚을 징수할 수도 있기 때문이다.

17) 문자 그대로, '자유로운'.

18) 문자 그대로, '배반하는'.

19) 즉, 결혼한 동안 스스로 권리의 일부를 찾는.

20) 만약 그들이 공식적으로 절차를 비준한다면.

21) 두 경우는 심문할 수 없는 대리인의 참된 의도에 대해 법정의 추정에 의존한다.

22) 죽음을 기대하는 가운데 만들어진 선물은 키냔을 요구하지 않고, 좋은 건강에서 만들어진 선물이 그것을 요구하는데, 왜냐하면 키냔이 없다면 기부자는 자신의 마음을 바꿀 수도 있기 때문이다. 여기서 기부자는 자신의 선물의 유효성을 두 가지 면에서 보증했다.

23) 문자 그대로, "그의 마음을 가까이한다".

24) "그것을 해병대에 말하라!" 당신은 말도 안 되는 소리를 하고 있다.

25) 라브 – 라쉬.

26) 랍비 쉬무엘 스트라순(Rabbi Shmuel Strasun, 'Rashash', 1794-1872)은 이 사람이 나흐만 바 아바이며, 이전 사람은 나흐만 바 이삭이라고 제안한다. 아마도 그는 단락의 역설을 간과한 것 같다.

27) 즉, 그녀는 온전한 청산으로 이혼을 요구할 수 있다.

28) 랍비 히야는 그녀가 양털을 짤 수 있다는 것에는 논쟁하지 않는다. 그러나 그녀는 자신의 아름다움을 훼손할 수도 있는 갈기와 굽기와 돌보기 같은 행위를 피해야 한다(Tosafot).

29) 그는 맹세를 확증하여 법적인 불이익을 자신이 당했다. 그렇지 않으면 그는 미쉬나가 지적하는 대로, 그녀에게 강제로 젖을 먹이게 할 수 있었다.

30) 이것은 자기 아기를 주장하는 어머니가 아니라, 아기에게 젖을 먹이기를 거부하는 어머니이다.

31) 즉, 카셰르(kasher, '적합한') 하지 않은 것. cf. 레 11:29.

32) 예를 들어 낙타와 접촉한 자는 그에 따라 부정하게 되지 않지만, 낙타의 우유는 금지된다.

33) 문자 그대로, "이것은 모두에게 동일하지 않다." 해석은 라쉬를 따른다.

34) 모호한 용어이며, 게마라에서 논의된다(62a).

35) 안식일 날의 성관계를 어떤 유대 선생들은 금지했다. 희년서(Jubilees) 50:8는 이것을 사형죄로 분류한다. Michael Corinaldi, 'Karaite Halakha' in Hecht, Jackson, Passamanek, *Jewish Law*, p. 262는 카라이 법정이 안식일의 부부 관계를 아내가 이혼을 호소할 때 원인이 되는 요인이라고 인용한 최근 사례를 보고한다.

36) 애도의 한 표시로서. 아마도 야나이는 농담을 하고 있었겠지만, 중요한 사람이라면 더 신중해야 한다.

37) 왕의 혈통에 속하는 랍비의 가문은 시므아(Shimma) 가문과 결혼하지 않을 것이다. 인쇄된 탈무드 문헌은 삼마(Shamma, 삼상 16:9)나 시므아(Shim'a, 대상 2:13) 대신에 시므이(Shimei, 삼하 16:7)라고 되어 있지만, 이것은 명백히 실수다.

38) 하나님은 먼저 이스라엘 사람들을 그 땅에 정착시키려고 '계획'하셨으며, 준비 기간 후에 그분은 자신의 임재를 위해 성전을 짓도록 허락하심으로써 그들과의 관계를 '완성'하실 것이다. 하지만 그분은 측은히 여겨, 그들이 기다리지 않도록 자신의 임재를 사막에서 그들 가운데 세우셨다.

39) 랍비 아키바의 아내는 라헬이라고 불렸는데, 이는 히브리어로 양을 가리킨다.

40) 여기는 미쉬나가 이스라엘보다는 예후디트(yehudit), '유대인'을 사용한 드문 경우 가운데 하나이다. 서론, '이스라엘과 유대인과 팔레스타인'을 보라.

41) 그녀는 팔을 드러낼 것이다.

42) 즉, 만약 아내가 그것들을 받아들일 수 없다는 것을 알게 되면.

43) Aumann and Maschler, 'Game Theoretic Analysis', p. 195.

44) 금 한 개는 25주즈의 가치가 있다.

45) 문자 그대로, "지갑에 돈을 넣다".

46) 이 문장과 아래에 인용된 '뒷부분'은 토세프타에 있는 병행 단락에서 온다.

47) 다른 가치의 – 라쉬.

48) 즉, 어느 쪽이든 다른 쪽이 그들과 함께 그 땅이나 예루살렘으로 움직이자고 주장할 권리가 있지만 누구도 떠날 것을 주장할 수 없다.

49) Tosefta *Avoda Zara* 5.

50) 문자 그대로, '벽에서'. 아마도 이것은 벽이나 요새를 의미하는 라틴어 vallum과 비슷한 것 같다.

51) 아가 5장 8절에도 "내가 부탁한다"가 있지만, "깨우지 말지니라"는 없다.

52) 이것은 셋째 맹세를 다룬다.

53) 마지막 절은 "그리고 그의 백성의 땅을 깨끗이 하라"(JPS) 또는 "그리고 그의 땅과 그의 백성에게 자비로울 것이다"(KJV)라고 더 정확하게 번역되지만, 어느 것도 랍비가 이해하는 방식이 아니다.

54) 인쇄된 판은 '사마리아 사람'을 의미하는 쿠티트(kutit)라고 되어 있는데, 아마도 검열자들이 '이방인'을 의미하는 고야로 대체하자고 주장했기 때문일 것이다. 과부는 명백히 유대인이었을 것이다. 그렇지 않으면 문제가 대두하지 않았을 것이다. 랍비 하나냐는 불쾌해하고 있을 뿐이다.

55) 해석은 대조되는 '나무들', 즉 열매를 맺지 못하는 나무들과 '무화과나무와 포도나무'를 대조시키는 것에 달려있다.

셋째 소책자 네다림(NEDARIM, 서원)

1) 소책자의 초반에서 논의했다.

2) 게마라는 앞서 미쉬나가 맹세를 하기 위한 '구실'로 열거하는 이 용어와 다른 용어들이 외국어인지, 아니면 현인들이 하나님의 이름을 사용하는 것을 피하려고 고안한 표현들인지 의문을 제기했다(10a). 코남(qonam)은 '희생제물'을 의미하는 코르반(qorban)의 다른 형태일 수 있다.

3) 아바예와 라바 둘 다 서원과 서약을 구분하는데, 서원은 물건 사용을 금하여 간접적으로 서원을 한 사람이 미츠바를 이행하지 못하게 막는 것이며, 서약은 미츠바가 그에게 말하는 방식에 반하여 그 사람이 행동하도록 구속력을 지니는 것이다. 이것은 actio in rem과 actio in personam을 구분하는 로마법과 비슷하다.

4) 여기서 '선한 일'과 '악한 일'은 오직 토라가 명령하지도 금지하지도 않는 행동에만 관련된다.

5) 한 셀라는 네 데나리온이고, 한 세겔은 두 데나리온이다.

6) Tosefta Nazir 3:11. 이 사건은 다른 사람이 나실인이라는 조건에서 각 사람이 자신이 나실인이라고 주장하는 두 사람과 관련된다. 아바 바 메멜은 상인들의 서원은 각각 다른 이의 반응에 따라 조건적이므로 무효라고 생각한다.

7) 라바는 상인들이 누구도 실제로 진심으로 말하지 않기 때문에 그들의 서원은 무효라고 생각한다. 즉, "나는 한 셀라 이하로는 팔지 않겠다"라는 것은 실제로 "내가 세 데나리온에 협상하겠다"를 의미한다.

8) Nedarim 63b.

9) '의로운' 주인은 "만찬에 참여하라"라는 의미로, "와서 물 한 모금, 음식 약간을 먹으라"라고 말할 것이다. 손님도 같은 방식으로 대답할 것이다.

10) 즉, 주도권은 면제를 구하는 사람에게서 와야만 하며, 학자는 자신의 입으로 표현하지 않아야 한다.

11) 자신을 서원으로 속박함으로써, 그는 자신이 이미 전체 토라를 지키며, 그것에 더할 필요가 있다는 것을 의미한다. 하늘은 그의 과도한 경건에 의문을 제기할 것이다.

12) 문자 그대로, '높은 장소'. 일단 예루살렘이 선택됐다면, 다른 곳에서 희생제물을 바치는 것은 금지됐다.

13) 이 구실들은 후대의 권위자들이 거부하는데(Savoraim 또는 아마도 Geonim), 그 구실들이 너무 놀랍기 때문이다. 누구도 감히 그 구실들을 부인하려 하지 않을 것이다 – 라쉬.

14) 고결한 사람들은 서원하지 않기 때문이다. 여기서 본문에 약간의 혼란이 있는데, 이는 정확하게 미쉬나와 일치하지 않는다(9a).

15) 즉, 반드시 자기 부인과 관련된 문제일 필요는 없다.

16) 미쉬나(85a)는 아내의 정상적인 책임을 이행하지 못하게 하는 서원을 다룬다. 그는 그녀와 이혼하려고 할 수도 있으므로, 서원을 취소하는 것에 관심이 없을 것이다. 요하난 벤 누리는 그가 나중에 그녀와 다시 결혼하고 싶을 때를 대비하여 그에게 서원을 취소하라고 충고한다.

넷째 소책자 나지르(NAZIR, 나실인)

1) 관련된 많은 본문이 Chepey, *Nazirites*에서 편집됐다.

2) Maimonides, *Guide*, 3:48, pp. 600-601.

3) Kraemer, *Mind*, pp. 87-9.

4) Tosefta *Nazir* 2:9.

다섯째 소책자 소타(SOTA, 제멋대로인 아내)

1) 나는 이 맥락에서 이 구절에 대한 라쉬의 해석을 따른다. 대부분의 버전은 다르게 번역한다.

2) '생기는 것'은 임신과 출산 사이 어딘가에 위치한다.

3) *Sota* 31a. 그녀는 실제적인 더럽힘에 대한 증거가 없는 경우에만 마시게 된다.

4) 대략 주전 600년으로 추정되는 제사장의 축복의 한 버전은 고고학자들이 발굴한 가장 오래된 성경 본문이다(Tov, *Textual Criticism*, p. 118).

5) 이 관은 출애굽기 28장 36-38절, 39장 30-31절과 레위기 8장 9절에 묘사된다.

6) 바라이타에 삽입된 랍비 요나단의 질문은 대답되지 않은 채 있다.

7) 코하님이 백성을 축복하려고 서는 강단.

8) 두 경우 그는 제사장직의 특권을 상실할 것이다.

9) 아미다(Amida) 기도를 마무리하는 세 가지 가운데 첫 축복. 이것은 성전 의식을 상기시킨다. 레위기에서 온 증거 본문은 아론이 축복을 시작하기 전에, 이 '의식', 즉 희생제사를 마쳤다는 것을 보여준다.

10) 문자 그대로, "그들의 다리를 움직였다".

11) Mishna *Berakhot* 5:4.

12) 증거 본문의 관련성은 명백하지 않다. 라쉬는 잠언 22장 9절이 인색한 사람을 가리키며, 이 구절은 새들이 그들이 펴놓은 그물에서 먹기를 거부한다는 것을 의미한다고 제안한다.

13) 431쪽을 보라.

14) '~뒤에'는 '~에게 보이지 않는'을 의미한다. 들에서 일하는 사람들은 '속박 상태'에 있다. 회

당에 있지만 방자하게 코하님 뒤에 앉은 자들은 '속박 상태'에 있지 않다.

15) 그는 자기 자리에 가기 위해 학생들을 넘어서는 것을 피하려고 일찍 도착하거나 밖에 앉았다 – 라쉬.

16) 유대교에서 전쟁 윤리를 온전히 다룬 것에 대해, Ravitsky, 'Prohibited Wars', 그리고 Solomon, 'Ethics of War'를 보라. 우림과 둠밈은 대제사장의 신탁이다(출 28:21,30 ; 삿 20장 ; 삼상 10장 ; *Yoma* 73).

17) 즉, 새롭게 약혼한 자나 새로운 집을 짓거나 포도원을 심은 자들(5-7절). 사람들은 마음이 허약한 자가 다른 무리 중 하나에 속한다고 여기므로, 떠날 때 당황할 필요는 없다.

18) 이것들은 상대적으로 결혼법을 사소하게 위반한 것이다. *Qiddushin*, 464쪽을 보라.

19) '임의적인'은 권위자들의 재량을 의미한다. 그들이 어떻게 규정되든지 개인의 재량은 아니다.

20) 즉, 손 테필린과 머리 테필린을 착용하는 것 사이에 – 상대적으로 사소한 죄.

21) 질문자는 겁에 질린 징집병은 죄가 없다고 여긴다.

22) 수많은 본문의 이문(異文)은 무시했으며, 나는 미쉬나가 끝나고 게마라가 시작하는 것에 대해 빌나(Vilna) 판의 관례를 따른다.

23) '송이들'은 학식 있고 경건한 사람의 무리들이다.

24) Mishna *Ma'aser Sheni* 5:15(138쪽을 보라).

25) 명확하지 않다. 아마도 '작고 밝게 장식된 작은 드럼으로, 결혼에 사용된 것'일 것이다(Sendrey, *Music*, p. 413).

26) 바 코크바 반란.

27) 즉, 그가 도착하기 전 시기.

28) 이것은 이 단락에서 몇 가지 모호한 것 가운데 하나인데, 이는 많은 사본에 없다. 메시아가 오기 전에 사회가 붕괴된다는 개념은 바룩2서 27-30장에서 잘 발전되며, 마가복음 13장 12절과 Didache 16에서 기독교의 비슷한 내용이 있다. Cf. 또한 Hesiod, *Works and Days*, 170-201행.

29) 만약 이것이 313년 밀라노 칙령(Edict of Milan)을 가리킨다면, 이 단락은 후대에 미쉬나에 추가된 것이다.

30) 문자 그대로 '거룩한 영'.

여섯째 소책자 기틴(GITTIN, 이혼)

1) 만약 여자가 첫 사례 이외에, 미쉬나가 무효라고 열거한 기틴 가운데 어떤 것이라도 받는다면, 그녀는 이혼자로 간주되고 코헨과 결혼할 수 없다 – 라쉬.

2) 즉, 할리차가 무효이고 다시 행해져야 한다고 해도, 그녀는 더 이상 형제들 누구와도 결혼하는 게 허락되지 않는다.

3) 만약 형수나 제수가 남편 형제의 왼쪽 신발을 제거하거나, 밤에 오른쪽 신발을 제거하거나, 만약 그가 미성년자이거나, 그녀가 신발이 아니라 양말을 제거한다면, 할리차는 무효이다 (Yevamot 104a).

4) 즉, 베레라는 이 아들이 도살 순간부터 권리를 얻는다는 것을 소급하여 확립하기 위해 작용한다 – 라쉬. 도살할 때 지목된 자들만이 어린 양을 먹을 수 있다.

5) Kraemer, *Mind*, pp. 64-5는, 의도적인 보존은 스타마임의 혁신이었다는 할리브니(Halivni) 의 견해와는 대조적이다. 그는 아바예와 같은 중간 세대들의 아모라임이 의도적으로 그들의 논증과 그들의 전임자들의 논증을 보존했다는 것을 입증하려고 이 단락을 인용한다.

6) 하지만 이 가능성은 적기 때문에 그것에 대해서는 걱정할 필요가 없다 – 라쉬.

7) 어느 시기를 가리키는지 명확하지 않다. 라쉬는 이것이 '티투스의 전쟁', 즉 첫 반란을 가리킨 다고 말한다.

8) '단검 사람', '살인자'를 의미하는 라틴어 시카리우스(sicarius)인데, 여기서는 죽이려고 위협하여 땅을 착복한 폭력을 일삼는 자들이나 더 구체적으로는 열심당에게 사용된다(각주 21번을 보라).

9) 정당한 주인이라면 판매에 동의하지 않았을 것이기 때문이다.

10) 그녀는 자신의 케투바에 담보 잡힌 땅의 판매나 자신이 개인적인 권리를 주장하는 땅을 판매하는 데 동의하지 않았을 것이다.

11) 알려지지 않은 사람들. 캄차(Qamtza)는 메뚜기다.

12) '거룩한 산'. 탈굼 위 요나단(Targum Pseudo-Jonathan)은 사사기 4장 5절에서 에브라임산 이라고 이름을 붙였지만 확인되지 않았다.

13) Midrash *Eikha Rabbati* 4:3에서의 비슷한 기사는 랍비 스가랴 벤 유킬로스가 거기에 있었 고, 개입하지 못했다고 명시한다.

14) 로마 관료는 가이사에게 보냈다. 네로는 주후 54-68년 황제였으므로, 명백히 반란이 시작됐 을 때 권력을 차지하고 있었다. 동일하게 분명히 그의 죽음에 대해 신비가 있기는 하지만, 그 는 팔레스타인으로 가지 않았으며 유대교로 개종하지 않았다. Suetonius, *Twelve Caesars* 는 그가 단검으로 자신의 목을 찔렀다고 말하지만, Tacitus, *Histories*는 그가 그리스로 도 망갔는데, 거기서 키스노스(Cythnos)의 총독이 69년에 그를 처형시켰다고 주장한다.

15) 랍비의 상징에서 에돔은 로마다.

16) 플라비우스 왕조의 창시자인 티투스 플라비우스 베스파시아누스(Titus Flavius Vespasianus) 는 주후 69-79년에 황제였다.

17) 이것은 헬라어 니고데모(Nicodemos)와 히브리어 나카드(naqad, 찌르다, 비추다)의 언어유 희이다. 인유(引喩)는 *Ta'anit* 20a에 있는 한 이야기에 대한 것이다.

18) 아람어 칼바(kalba)는 '개'이며, 사부아(savu'a)는 '만족한'이다.

19) 히브리어 치치트(tzitzit)는 '술'이며, 케세트(keset)는 '방석'이다.

20) Sokoloff, *Babylonian*, k'laka에 대한 항목.

21) 요세푸스에서도 알려졌고, 아마도 사해 문서 일부에서도 알려진 한 분파로, 로마와 유대인 들 가운데 로마 동조자들에게 집요하게 적대적이었다. 그들 가운데 일부는 테러에 가담했 다고 주장되며, 그들은 아마도 우리 미쉬나의 시카리일 것이다. 여기서 사용된 실제 용어(모 음이 명확하지 않다)는 Sokoloff, *Babylonian*에 따르면 '반역자'를 의미하는 아카드어 바라 무(bārāmǔ)에서 유래한 비료네이(biryonei)이다.

22) 로마와 대결하도록 하기 위해서이다. Tacitus, *Histories* 5:12을 보라.

23) 중세 이란어 큐쉬카르(xushkar)(Sokoloff, *Babylonian*, kushkar에 대한 항목).

24) 문자 그대로, '밖에서'.

25) 요하난 벤 자카이가 예루살렘에서 도주한 사건, 베스파시아누스와의 면담, 베스파시아누 스가 황제의 권력을 차지하게 될 운명이었다는 그의 운명에 관한 이야기는, 요세푸스가 갈

릴리에서 로마로 도주한 것과 베스파시아누스와의 대화에 관한 기사와 놀랍도록 비슷하다 (Josephus, *Wars* 3:341; 392-408; 4:622-9).

26) 그것으로 인해 실제 황제에 대한 반역을 저질렀다.

27) 그와 마찬가지로 당신은 열심당을 제거하려고 벽을 무너뜨리거나 불을 놓을 수 있었다.

28) 마찬가지로, 우리는 당신에게 손상되지 않은 성읍을 넘겨줄 수 있었다 - 라쉬.

29) 베스파시아누스는 69년에 황제라고 선언되자마자, 자기 아들 티투스에게 유대 전쟁을 책임 지게 했다. 티투스의 개선문은 로만 포룸(Roman Forum) 입구에 여전히 서 있으며, 그의 승 리를 기념한다.

30) Shemesh, 'Matrimonial Law', 246, 248. 쿰란 할라카와 초기 랍비 할라카의 관계에 대해, Noam, 'Divorce in Qumran'을 보라.

31) 이것은 엄격하게 문자 그대로의 번역이다. JPS는 '불쾌한 일'이라고 번역하고 KJV은 '어떤 부정결함'이라고 번역한다. 이것은 정확한 번역이지만, 학파들의 해석을 지지하기에는 불충 분한 문자 그대로의 번역이다. 힐렐 학파는 '부적합한 것'이라고 번역하며, 히브리어 다바르 (davar)는 '말' 또는 '일'을 의미할 수 있다.

32) 문자 그대로, '벌거벗음'.

33) 통상적인 번역은 '문제'(matter)이다.

34) 즉, 그는 간음에 대한 적절한 증거 없이 이혼해서는 안 된다.

35) 정확한 번역은 가능하지 않다. 예를 들어, '왜냐하면'(since)이라고 번역된 키(ki)라는 단어 는 for 또는 because로도 번역될 수 있다. 또한, *Rosh Hashana* 3a(294쪽)를 보라.

36) 즉, 그는 그녀에 대해 평생 책임을 져야 한다.

37) 그가 자기 아내에 대해 불만을 가지는 이유가 없더라도 이혼은 효력을 발휘할 것이다. 이어 지는 유대법은 법정이 명령하는 것 이외에, 여자의 동의 없이는 이혼을 금지했다.

38) 프랑스에 있는 에돔 (기독교) 여자들과 같이 드러내어 옆면이 보이는, 그녀의 팔꿈치 반대 쪽 - 라쉬.

39) Cassius Dio, *Roman History* 69.8.2는 하드리아노(Hadrian)에 대해 특별한 경우에, "그 리고 더 나아가 그는 그들(남자들과 여자들)에게 따로 목욕하라고 명령했다"라고 기록했다.

40) '미워하다'와 '이혼하다'라는 단어의 어근은 명확하지만, 구문론은 명확하지 않다.

41) 엘르아살은 말라기의 비유를 하나님에 대한 불충실로 이해한다. 하지만 '어려서 맞이한 아 내'와의 신의를 저버리는 것은 나쁜 일이라는 것이 문자 그대로 사실이 아니라면, 이 비유는 모든 설득력을 잃게 될 것이다.

일곱째 소책자 키두쉰(QIDDUSHIN, 약혼)

1) *Yevamot* 12a에 대한 도입 해설(358쪽을 보라).

2) 즉, 144 페루토트(perutot) = 1 데나리온(denarius)(부록 3을 보라). 유대인들이 결혼반지를 사용하는 것은 중세 이전에는 입증되지 않는다.

3) 신성한 재산. 키두쉰(Qiddushin)과 헤크데쉬(heqdesh)는 '신성한', '제한된'을 의미하는 어근 QDSH에서 유래한다.

4) 이 번역은 의도적으로 원문의 모호함을 재현한다. '아버지에 대한 아들의 계명'은 아버지를

향한 아들의 책임인가, 아들을 향한 아버지의 책임인가? '아들'과 '아버지'는 성별을 밝히는 용어인가, 아니면 '아이'와 '부모'를 가리키는 포괄적인 용어인가?

5) 처음 두 가지는 신체적으로 여자들에게 부적절하다. 세 번째 범주에 속하는 제사장의 제한은 오직 남자들에게만 적용된다.

6) 이 소책자에 대한 토세프타.

7) 성경 히브리어는 강조를 위해 동사를 중복한다. 랍비들은 이것이 두 가지 다른 상황을 가리킨다고 해석한다. 즉, 하나는 아버지가 책임지는 상황이고, 다른 하나는 아들이 책임을 지는 상황이라는 것이다.

8) 히브리어 자음은 어느 식으로든 읽을 수 있다.

9) 즉, 의무가 두 가지 방식으로 대두한다. 아버지에게 자신을 대속하라는 권리를 주장하는 아들을 통해, 그리고 자기 아들을 대속할 의무를 지닌 아버지를 통해.

10) 민수기 18장 16절은 다섯 세겔의 대속 비용을 정한다.

11) 아버지의 대속 비용에 대한 코헨의 주장은 토라가 부과한 빚이며, 따라서 그것은 마치 문서로 기록된 것과 같다. 이것이 아버지가 직접 대속해야 하는 때, 즉 그(아버지)가 30세가 되었을 때 대두했으므로, 그것이 날짜가 앞서며, 따라서 이후에 발생한 빚보다 우선시된다.

12) Tosefta *Bekhorot* 6:3.

13) *Mekhilta d'Rabbi Ishmael: Pisḥa 18, v'khol peter* 섹션.

14) 통상적인 번역은 '자녀들'이다. 하지만 후대에 랍비들이 이 용어를 포괄적으로 읽지 않은 것이 명백하다.

15) 이 단락에서의 이문(異文)은 무시했다. 이 인용과 다음 인용은 Tosefta *Bekhorot* 6에서 온다.

16) 문자 그대로, '그의 주제들은 날카롭지 않다'.

17) 즉, 아바예는 아하가 밤에 학교에 머물게 하기를 원했는데, 아하가 너무나 거룩한 사람이어서 그가 귀신들을 물리칠 수 있다고 확신했기 때문이다.

18) '우리'는 쉬무엘이 그의 판결을 내린 바빌로니아 사람들이며, '그들'은 랍비 요하난이 자신의 판결을 내린 팔레스타인 사람들이다. 라쉬는 다음과 같이 설명한다. 바빌로니아 사람들은 이스라엘 땅에서 연구하려고 집에서 멀리 나왔으므로, 그들은 '자신들의 충동을 이기고자' 먼저 결혼했을 수 있지만, 그들이 멀리 있는 동안 가정의 책임에서는 자유로웠을 것이다. 반면에 팔레스타인 사람들은 연구하면서 집에 머물렀고, 만약 결혼했다면 '맷돌이 그들의 목 주변에' 있었을 것이다.

19) 즉, 그는 확신 있게 사탄에 도전하려는 자신의 악한 충동에 대해 충분히 통제할 힘이 있었을 것이다.

20) '소녀'를 의미하는 히브리어 나아라(na'ara)는 13살 초반의 소녀에게 사용되는데, 그때 그녀는 더 이상 미성년자가 아니지만, 아직 독립적인 어른은 아니다.

21) *Shabbat* 119a(176쪽을 보라). 결혼하는 것은 안식일을 지키는 것과 마찬가지로 미츠바이며, 개인적인 참여는 중요하다.

22) 전혀 없는 것보다 어떤 남편이라도 있는 게 낫다.

23) 번역된 단어는 신명기 24장 1절에 있다. 히브리어 브쉴하(v'shilḥah, "그리고 그는 그녀를 보낼 것이다")는, 브샬하(v'shalḥ, "그리고 그녀는 보낼 것이다")로 읽을 수 있다. 이 구절은 이혼에 대한 것이다.

24) Mishna *Terumot* 4:4.

25) Mishna *Pesaḥim* 9:9 (98b).

26) 히브리어는 계보에 형용사를 사용한다. 영어 형용사는 대부분 부족하므로 나는 단수 명사를 사용했다. 어떤 것은, 예를 들어 할랄은 영어에 상당하는 어구가 없다.

27) 마므제르는 종종 '악당'으로 번역된다. 그러나 부모가 결혼하는 데 어떤 법적인 장애가 없다면, 결혼하지 않은 부모의 아이는 마므제르가 아니다. 마므제르는 어떤 상황에서도 허락될 수 없는 관계의 아이이며, 예를 들어, 근친상간의 결합으로 낳은 아이, 또는 다른 누군가와 결혼한 여자와 한 남자의 아이이다.

28) 즉, 그는 자신이 데려온 자들의 가족 계보를 철저하게 조사했다.

29) 다른 땅들은 바빌로니아의 '고운 가루', 즉 순수한 계보와는 대조적으로 혼합된 계보에 속한다. 라쉬는 "효모, 물, 밀가루, 소금, 밀기울이 혼합된 것 같은 가루 반죽처럼"이라고 한다.

30) 후속편이 의미가 통하도록 JPS의 '성전 종들'을 히브리어 용어의 음역으로 대체했다.

31) 이 호칭은 느헤미야에 적용된다(느 10:2). 랍비 전통은 일관되게 티르샤타를 느헤미야로 여기지만, 여기서 이 호칭은 페르시아 관료를 가리키는 것 같다.

32) 문자 그대로 '그 지방에서 [먹는] 거룩한 것들'. 이것은 테루마를 가리킬 때 사용되는데, 왜냐하면 코하님이 성전 밖에서 그것을 먹는 게 허락되고, 따라서 그들은 이스라엘 땅에서뿐만 아니라 바빌론에서 그것을 받을 수 있기 때문이다.

33) 즉, 만약 한 가족이 제사장들의 몫을 받고 있다는 것이 확립될 수 있다면, 그들에게 제사장 계보의 온전한 특권이 부여된다.

34) 그것은 바빌론에서 제사장들 몫의 지위일 것이다.

35) 그들에게는 전혀 새로운 특권이 주어지지 않을 것이기 때문이다.

36) 그들의 확립된 지위로 말미암아 그들은 그렇지 않았다면 거부됐을 특권을 보유할 수 있다.

37) [성스러운 제물, 레 7:30,32]의 가슴과 넓적다리 – 라쉬.

38) 개종자들과 자유롭게 된 노예들은 비이스라엘 출신에 속하는 것으로 정의된다.

39) JPS는 '종'(servant)이라고 번역하는데, 이는 여기서의 핵심을 놓칠 수 있다.

40) 마므제림이 바빌론에서 왔다는 증거는, 노예의 지위를 가졌던 도비야와 그의 아들이 바빌론의 이스라엘 사람 아내에게서 낳은 자녀들과 함께 이스라엘 땅에 도착했다는 사실을 보여주는 것에 달려있다.

41) 훨씬 가능성이 높은 기원은 '나무로 된 언덕'이지만, 동일한 히브리어 어근이 관련된다. 이것은 또한 아래에서 보듯이, '쟁기질하다'를 의미한다.

42) 혼합된 계보를 가리키는 비유로서의 많은 장소. '그룹'과 '표범'은 집합 명사로서, 단수이다.

43) 법적으로 부적합한, 즉 금지된.

44) 라바 바 바 하나는 하르샤(ḥarsha)를 '쟁기질하다'를 의미하는 동사 하라쉬(ḥarash)의 파생어로 읽는다.

45) 코헨, 레위, 이스라엘 사람 – 라쉬.

46) Oppenheimer, *Rome and Babylon*, pp. 339-55을 보라. 오펜하이머(Oppenheimer)와 레커(Lecker)는 343쪽에서 그 경계가 사산 왕조의 행정 구역의 경계와 일치했다고 주장한다.

47) Kalmin, *Sages, Stories*, pp. 30-31.

48) 이름의 모욕적인 변조.

49) 라브 후나가 수라에 있었고, 아마도 전령은 그 문제를 받아 전달했을 것이다.

50) 문자 그대로, '나시의 집을 위해'. 라브 나흐만은 그 포로 지도자의 사위였다.

51) 또는 단순히 '선생이여'. 하지만 라브 예후다의 대화에는 역설이 있다.

52) 작은 울타리. 용어들은 아람어로 남겨두었는데, 대화가 적절한 용어라는 이슈에 달려있기 때문이다. 라브 예후다는 라브 나흐만이 '화려한' 언어를 사용한다고 놀린다. 라브 나흐만은 겉으로는 이것을 무시하며, 주인으로서의 그의 의무에서 벗어나지 않는다.

53) 카르페타(Qarpeta)는 헬라어 크라바토스(krabatos), 라틴어 그라바투스(grabatus)이며, '침상'을 의미한다. 이스파르고스(ispargos)는 포도주와 아스파라거스의 혼합물이며, 아나파크(anapak)는 중세 페르시아어로 '섞이지 않은 [포도주]'이다.

54) 라브 나흐만의 아내이자 포로 지도자의 딸이다.

55) 문자 그대로, '랍비의 대리인'.

56) 아드아키(ad'akhi, '이것이 일어나고 있는 동안' 또는 '단순히 그때')라는 아람어 표현을 탈무드에서 극적으로 사용하는 것은, L. Jacobs, Structure and Form, pp. 95-9에서 *Menah. ot* 37, *Ketubot* 67b, *Yevamot* 105에 대한 참고와 더불어 조사했다. 하지만 그는 이 단락을 인용하지 않는다.

57) 재판관은 현안의 사건에 영향을 받을 수도 있다. 라브 예후다는 이 사례에서 쉬무엘의 판결, 즉 스스로 선언한 하스몬가는 사건이 발생한 후에만 노예라는 것을 보고했다. 그래서 그것은 편견으로 의심받을 수 있다. 라브 마트나는 법에 대한 독립적인 진술서를 가지고 도착한다.

58) 비둘기는 카셰르(kasher) 새이고, 까마귀는 그렇지 않다. 비둘기 가문은 순수한 자손들이고 까마귀 가문은 그렇지 않다.

넷째 주제 | 네지킨(NEZIQIN, 상해)

1) J. M. Modrzejewski, 'Jewish Law and Hellenistic Legal Practice in the Light of Greek Papyri in Egypt', in Hecht, Jackson, Passamanek, *Jewish Law,* pp. 75-99.

2) Cicero, *Ad Atticum* 6.1.15 (tr. Winstedt, Loeb edn (1912), p. 430).

3) A. M. Rabello, 'Jewish and Roman Jurisdiction', in Hecht, Jackson, Passamanek, *Jewish Law,* p. 144.

4) Mekhilta; *Bava Qama* 27a 그리고 *Sanhedrin* 15b.

5) 탈무드에 나오는 헬라어와 라틴어 법 용어들에 대해, Sperber, *Dictionary*를 보라.

첫째 소책자 바바 카마(BAVA QAMA, 첫째 문)

1) 모호한 용어이며, 게마라는 짐승이 다른 누군가의 소산물에서 풀을 뜯는 것을 가리킨다.

2) *Bava Qama* 26a.

3) 소가 우연히 걸으면서 조약돌들을 건드리고, 그 돌들이 굴러서 손해를 입혔다. 여기서 할라카는 '시내산에서 모세가 받은 법'을 의미한다. 즉, 논쟁의 여지가 없지만, 성경에 어떤 토대가 없는 법이다.

4) 사람들은 합리적으로 조심한다면 공공 구역에서 자신들의 짐승을 거닐게 할 수 있다.

5) 유대법에서 부당한 부요함이 많은 것에 대해, *The Jewish Law Annual,* vol. 3 (Leiden: E. J. Brill, 1980)을 보라. 이 수가의 문학적 분석에 대해, L. Jacobs, *Structure and Form,* pp. 56-64를 보라. 제 네헤네 브제 로하세르(ze nehene v'ze loḥaser)에 대해, Solomon, 'Concepts'를 보라.

6) 법정이 주인에게 그의 짐승이 다른 사람들의 작물을 먹지 못하도록 경고하지 않았더라도, 법은 그가 경고받은 것으로 대한다. 따라서 그는 짐승이 먹어치운 음식에 대해 온전히 보상해야 한다.

7) 라미는 자신이 성숙한 학자라는 것을 분명히 하고 싶어 한다. 라브 히스다는 연장자이고 아마도 이미 그의 장인이라고 해도, 제자가 주인을 위해 하듯이 라미의 수다르를 접음으로써 쾌활하게 이에 동의한다.

8) 문자 그대로, "그는 걱정하거나 [나쁘게] 느끼지 않는다".

9) 미쉬나는 공공의 울타리를 치지 않은 음식을 먹은 짐승을 다룬다. 그래서 희생자는 손실을 주장할 수 없다. 그렇다 해도 짐승의 주인은 그에게 보상해야만 한다.

10) *Bava Batra* 4b.

11) B는 A가 만든 울타리에서 혜택을 받았지만, A는 어쨌든 자기 밭을 울타리로 구분한 것이므로, B에게 혜택을 줌으로써 어떤 것도 잃지 않았다.

12) 즉, A는 B의 밭이 거기에 없었으면 울타리가 필요하지 않았을 것이므로, B 때문에 손실을 겪었다고 주장한다.

13) 즉, 그는 자기 행동을 통해 그가 둘러싸이기를 원한다는 것을 명백하게 한 것으로 보고, 다른 세 측면에 치는 울타리에 대해 자기 몫을 기여해야만 한다 – 라쉬.

14) 문자 그대로, '한 주즈에 대한 보호'. 즉, 둘러싸는 자는 울타리가 처진 밭 주변에 강력한 경계를 세우는 데 관심이 없다.

15) *Bava Metzi'a* 117a.

16) Ibid.

17) 그는 새로운 벽을 닳게 하고 무너지게 한 것에 대해 지불한다.

18) 즉, 아마도 티베리아스에게 보냈을 것이다. 암미와 히야 바 아바는 바빌로니아 본토인들이었고, 이즈음에 그들은 늙었고 유명했다.

19) 키케로는 푸블리우스 루필리우스(Publius Rupilius)가 주전 131년 시실리에서 재정한 법을 무시했다고 베레스(Verres)를 다음과 같이 심문했다(the Lex Rupilia): "만약 로마 시민이 시실리아 사람에게 권리를 주장한다면, 시실리아 재판관이 배정되고, 만약 시실리아 사람이 로마 시민에게 권리를 주장한다면, 로마 시민이 재판관으로 배정된다"(*Contra Verres* 2:32). 유대인들의 경험은 베레스 아래에서 시실리아 사람들의 경험과 비슷했을 것이다. 로마 사람들은 자신들의 이익을 위해 '자신들의' 법을 이용했다.

20) 개인적인 주인이나 성전의 보고.

21) 즉, 주인은 자기 소를 통제하도록 경고받았다.

22) 이 구절은 보통 '뿔뿔이 쫓아버렸다'라고 번역된다. 어근의 의미는 '느슨하게 하다'이며, 이는 랍비 히브리어에서 또한 '허락하다'를 의미한다.

23) *Sanhedrin* 56a(557쪽을 보라).

24) 그들은 훔치지 말라는 계명을 무시했으므로, 그들이 소유한 재산의 정당한 소유주가 아니었다.

25) 보통 '비추다'로 번역된다.

26) 추방은 자신의 본토 땅에서의 분리('도약')이다.

27) 겉으로 보기에 이런 역설적인 진술은, 사랑하라는 하나님의 계명에 순종하는 특권을 강조하고자 한 것이다.

28) 게마라는 헬라어 단어 사르디오테스(sardiotes, '군인들')를 사용하지만, 명백히 행정 관료를 가리킨다. 이 사건은 A. M. Rabello, 'Jewish and Roman Jurisdiction', in Hecht, Jackson, Passamanek, *Jewish Law*, p. 150에서 잘 설명한다.

29) 아람어로 라흐마나(raḥmana, '자비로우신 이')는 토라를 주는 자로서의 하나님의 호칭에 대해 엄격하게 말하고 있다. 탈무드는 자주 이것을 토라 자체를 가리키는 데 사용한다. 그래서 나는 보통 이것을 '토라'라고 번역했다. 여기서 이것은 문자 그대로 레비나스의 프랑스어 번역과 조화를 이루도록 번역된다. 레비나스는 자신의 주석에서, 라함(raham), 곧 자궁과 이 단어와의 관계의 의미에 대해 자세히 설명한다. 즉 "여성의 요소가 이 자비의 깊은 곳에서 움직인다"(*Talmudic Readings*, p. 183).

30) 즉, 당신은 책임을 지기 위해 모든 네 범주에 불을 놓을 필요는 없다.

31) 즉, 이것은 문학적 양식의 문제이다.

32) 성경 히브리어는 '태워지다'와 '태워졌다'를 구분하지 않는다.

33) 즉, 의인들이 먼저 죽고, 그에 따라 시련과 고난에서 구원받는다.

34) 집에 머문다.

35) 도망쳐라.

36) 이 단어는 보통 '회당'으로 번역된다.

37) 문자 그대로, '작은 짐승들'. 곧 수소와 암소와 같은 '큰 짐승들'과는 대조적인 짐승들.

38) 이제는 주로 남부 레바논인 지역이며, 미쉬나 시기에는 실질적으로 유대 사람들이 있었던 지역이다.

39) 닭들은 뼈나 다른 부정한 것들을 집어서 희생제물의 고기를 더럽힐 수 있다.

40) 비둘기는 개인 재산일 수 있다.

41) 이 사건들은 Josephus, *Antiquities* 14:5-13에서 묘사된다.

42) 헬라 지혜의 금지로 추정되는 진술의 역사적 평가를 위해, Lieberman, *Hellenism*, pp. 100-114를 보라.

43) 이 지역들은 예루살렘에서 멀리 떨어져 있고, 가까운 곳에서 가져오는 게 바람직했을지라도 - Mishna *Menaḥot* 10:2 (64b).

44) 시리아어와 아람어는 동일한 언어의 방언들이다. '거룩한 언어'는 히브리어다.

45) Lieberman (*Greek*, p. 20)은 이것이 "유대 족장의 집과 연결된 오백 명의 남자들이 그들의 시간을 헬라 문학을 연구하는 데 헌신했다"를 의미한다고 받아들이며, 여러 팔레스타인 현인들이 그들의 설교에서 헬라어에 능통했고 헬라어 언어유희와 대중적인 격언들을 사용했다

는 증거를 제시한다.

46) 2만+2천.

47) 문자 그대로, '식물이 그 위에 자랐다면'.

48) 즉, 그는 회복하는 동안 어쩔 수 없이 무위하게 된 것에 대해 보상을 받지만, 그가 이어서 할 수 있는 가벼운 일에 대한 비율로만 보상받는다.

49) 어떤 영어 번역은 '죽이다'라고 되어 있지만, 이것은 의문의 여지가 있다. 랍비들은 곧 나오겠지만 이런 모호함을 인식했다.

50) 이 동사의 주어는 확인되지 않는데, 아마도 넷째 세대나 후대 세대의 아모라임일 것이다.

51) 또는 '집'. 이 맥락에서의 베이 라브(bei rav)라는 용어에 대해, Goodblatt, *Rabbinic Instruction*, p. 116을 보라.

52) 이는 출애굽기 21장 19절을 가리킨다. 성경 히브리어는 이중으로 강조를 전달한다. 예를 들어 한정 동사에 부정사를 더하여 이중으로 한다. "그가 자기 치료를 위해 지불해야만 한다"라고 번역된 구절에도 이중으로 되어 있다. 때로 이런 중복은 영어에서는 부사로 번역된다. 예를 들어, "그는 명백히 지불해야만 한다"가 된다.

53) 그렇지 않으면 우리는 만약 하나님이 누군가를 질병에 걸리게 하신다면 그것은 그분의 심판이며 우리는 그분의 뜻에 간섭할 수 없다고 생각할 수 있다.

54) 그는 다시 멀리 가서 환자에게 일어난 일을 돌보지 않을 것이다.

55) 여기서의 본문은 혼란스러워서 *Shulḥan Arukh: Ḥoshen Mishpat* 420:20에 근거하여 수정했다.

56) 서론 31쪽을 보라.

57) Mishna *Kilayim* 9:2. 옷감(샤아트네즈[sha'atnez])에서 양털과 베의 결합을 금지하는 것은 레위기 19장 19절과 신명기 22장 11절에서 유래한다. 미쉬나는 유대인에게만 겨눈 차별적 세금에 관심을 가지는데, 그들은 비유대인과 같이 입어서 이 세금을 피할 수 있었다.

58) 차별적 세금을 피하고자 양털과 세마포로 된 옷을 잠시 입은 유대인은 옷의 따뜻함에서 혜택을 누리려고 한 것이 아니다.

59) 서원은 하나님의 이름으로 맹세하는 것을 포함하지 않는다.

60) '가나안 사람'은 검열자들이 요구한 완곡어법이다. 사본들마다 다르다.

61) 샤푸르 2세가 셀루시아 크테시폰(Seleucia- Ctesiphon) 감독인 시몬을 통해 기독교 공동체와의 국고 문제를 어떻게 다루었는가에 대한 기사를 위해서는, *Acts of Simeon*, 교정판 B, 섹션 4를 보라. 또한 Brock, *Syriac Perspectives*, VI:4를 보라.

62) 문자 그대로, '국가의 응징'.

63) 그는 더 이상 밭을 잃은 것에 대해 책임이 없으므로, 배상할 필요가 없다.

64) '왕의 대리인' – 라쉬.

65) 정부 대리인이 밀을 압수하는지 유대인들이 피하려고 하는 세금을 걷는지는 명확하지 않다.

66) 즉, 이것은 보상이다.

67) 문자 그대로, "당신은 그것에서 배울 수 있다".

68) 만일 누군가가 테루마를 코헨이 먹기에 부적합하게 하여 그것을 더럽히거나, 관제인 포도주를 우상에게 부어서 마시기에 부적합하게 한다면, 그는 '손해'가 신체에 가해진 것이 아니더라도 보상해야만 한다. 마찬가지로 만약 그가 성별되지 않은 음식을 테루마와 섞는다면,

다(Gittin 53).

69) 더럽힘과 관제로 인한 손실은 큰데, 이는 음식이나 음료가 쓸모가 없어지기 때문이다. 섞는 것으로 인한 손실은 작은데, 이는 코하님이 여전히 그것을 소비할 수 있기 때문이다.

70) 문자 그대로, '올리는 것'. 당신은 (a) 그것을 집어 올려 (b) 그것을 내리지 않고서는 물건을 옮길 수 없다.

71) 사람은 동일한 사건에 사형 선고와 보상의 책임을 질 수 없다는 원리가 있다. 안식일을 어기는 것과 우상숭배(예를 들어 관제를 우상에게 붓는 것) 모두는 성경에 따르면, 랍비들이 이런 선고를 이행하지는 않았더라도 사형에 해당하는 죄이다.

72) 문자 그대로 '가난한 자들의 집에'이지만, 라쉬는 이것이 한 장소의 명칭이라고 말한다. B.-Z. Eshel, *Yishuvei*, p. 52는 S. 펑크(Funk)가 모술의 티그리스강 북쪽에 위치한 아브준(Abjun)으로 여긴다는 것을 인용한다.

73) 이것은 유명한 가이샤라의 랍비 아바후(Abbahu)였을 리가 없다. 그는 라브 아쉬가 태어나기 전에 죽었기 때문이다. 본문은 아마도 훼손됐을 것이다.

74) 중세 이란어 파라크-반(pāhrag-bān)(Sokoloff, *Babylonian*).

75) Sperber, 'Fortunate Adventures', pp. 83 그리고 100.

76) 여기서의 읽기는 매우 의심스럽다. 라쉬는 '자신의 목을 부러뜨렸다'라고 해석하지만, 뮌헨 사본은 '숨통'을 가리키는 단어가 없다. 많은 이문(異文)이 있다.

77) 라브는 카하나의 폭력적인 반응을 정당화하고 있다 – 라쉬.

78) MRDYN의 한 가지 가능성 있는 해석. Sperber, 'Fortunate Adventures'는 팔레비어(Pahlavi)의 '죽음'을 의미하는 무르드(안)[murd(an)], 또는 '사람'을 의미하는 마르드(mard)를 선호하지만, 누스너는 이 단어를 '배반하다'를 의미하는 히브리어 MRD에서 도출한다(*Babylonia*, vol. 2, p. 31, cf. Gittin 56a).

79) 이것이 옳은 읽기라면, 그것은 일관되지 않을 뿐만 아니라, 명백히 잘못됐다. 대부분의 사본은 '페르시아 사람들' 앞에 '헬라인들'이 있는 것으로 되어 있다. 실제로 224년 라브 당시 파르티아에서 사산 왕조로 바빌로니아에서의 주요한 제도 변화가 있었지만, 이것은 헬라인들과 상관이 없으며, 파르티아 사람들이 유대인들에게 사형 선고를 집행하도록 허락했지만 사산 왕조는 허락하지 않았거나 그 반대였던 것 같다.

80) 어떤 사본은 그가 레쉬 라키쉬가 누구였는지 정말로 깨달았다는 취지의 구절들을 여기에 추가했다.

81) 중세 이란어 비스타라크(bistarak, 침구 또는 깔개)(Sokoloff, *Babylonian*).

82) Sperber ('Fortunate Adventures', p. 90)는 아랍 역사가 알-타바리(al-Tabari, 839-923년)가 눈꺼풀이 눈 위에 늘어진 와리즈(Wahriz)라 불리는 나이 든 사산 왕조의 장군에게 말하는 한 이야기에 주목한다. 그는 자신이 아비시니아의 왕 마스룩(Masruk)에게 화살을 쏘아 그를 죽일 수 있도록 자기 눈꺼풀을 부관에게 들라고 시켰다.

83) 카하나는 이렇게 화나게 한 것을 후회했다.

84) 그는 당신을 비웃지 않았고 그의 얼굴은 부상 때문에 그렇게 된 것이다 – 라쉬.

85) 네 꼬리를 내려 동굴 입구를 허락하라 – 라쉬.

86) 당신에게 질문한 결과로 – 라쉬.

87) 그들은 토라가 이스라엘 땅의 학자들 소유라고 말하지만, 바빌로니아 사람들이 실제로 선생이다!

둘째 소책자 바바 메치아(BAVA METZI'A, 중간 문)

1) 528쪽을 보라. 그리고 *Shavuot* 8:1.
2) 두 배의 지불은 출애굽기 22장 10절에 규정되며, 네 배 또는 다섯 배는 22장 27절에 규정된다. 이것은 바바 카마(*Bava Qama*) 7장에서 다뤘다.
3) 문자 그대로, '그것을 들여오고 내놓는 것'.
4) 즉, 야자열매가 익기도 전에 그것을 팔 수 있다.
5) 즉, 그는 초과 배상에 대한 권리에 대해서는 서명하겠지만, 새끼와 털에 대한 권리에 대해서는 하지 않을 것이다.
6) 라쉬는 수탁자가 도둑맞을 시기에만 소유권을 획득한다면 새끼와 털에 대한 문제는 대두하지 않을 것이라고 설명한다. 만약 소가 수탁자의 대지가 아니라 목초지에 있었다면, 그는 그 당시 법적으로 소유권을 획득할 수 없었다.
7) 당신이 행동하지 않았기 때문에 하나님이 당신을 벌하시지 않으리라 생각지 말라.
8) 랍비 하니나는 지옥을 정화의 장소로 이해한 것 같다.
9) 토호로트 주제에 있는 소책자들.
10) 랍비 요하난은 자신의 진술을 라바에 근거했을 수 없다. 라바는 한 세기 후에 살았기 때문이다. 아마도 그가 의미했던 바는 다윗이 우리아의 아내였을 수 있는 밧세바와 잤다는 것이다(*Shabbat* 56a). 그의 죄는 나중에 공개적으로 계속해서 그에게 모욕을 준 사람들의 죄보다 덜했다.
11) 그녀는 그를 아버지라고 불러 유다에게 공개적으로 모욕을 주기보다는 화형을 당할 준비가 되어 있었다.
12) 이 문맥에 따라, 주석가 세빌의 욤토브(Yomtov of Seville, 대략 1250-1330년)는 '너희와 함께 있는 백성들'이 '너희 아내'를 의미한다고 해석했다. 다른 주석가들은 매우 좁게 규정된 '하나님을 두려워하는 백성' 이외의 모두를 배제하기까지 하면서 이 구절을 더욱 일반적으로 적용한다(cf. Isserles의 *Hoshen Mishpat* 228에 대한 해설).
13) 이것은 남편이 자기 아내를 부드럽고 이해심 있게 대해야 하지만, 그가 반드시 그녀가 말한 모든 것을 그렇게 해야 하는 것은 아니라는 것을 가리킴으로써, 라브의 이전 진술을 보충한다.
14) 즉, 부당하게 압제당한 자의 기도는 들릴 것이다.
15) 헬라어 파라고도스(paragōdos)에서 온 히브리어 파라고드(pargod)는, '나누다'를 의미하는 셈어 어근 FRG에서 왔다. 여기서 휘장은 셰키나와 하늘의 주인 사이의 구분이다 – 라쉬.
16) 이 모든 증거 본문들은 행악자들을 처벌하는 일에 대한 하나님의 직접적이고 '개인적'인 관심을 보여준다.
17) 이 번역은 뮌헨 사본에 근거한 Jastrow, *Dictionary*, *kada*에 관한 항목을 따른다.
18) JPS: '비참함'.
19) 대부분은 문맥이나 문학적 역사에 대한 언급이 없이 그것의 신학적 함의에 대한 상당한 사색이 있었다. 가장 만족할 만한 해석 가운데, Peshat & Derash, pp. 107ff.에서의 Halivni의

해석과 *Mind*, pp. 120-24에서의 David Kraemer의 문학 분석이 있다. 이야기는 부분적으로 *Yerushalmi Mo'ed Qatan* 3:1 (81c, d)과 비슷하다.

20) *Kelim* 5:10 그리고 *Eduyot* 7:7.

21) 사실, "악을 행하기 위해 대다수(또는 '많은 이들')를 따르지 말라"는 것은 당신이 법을 올바르게 실행하려면 대다수를 따라야 한다는 것을 의미한다.

22) *Yevamot* 62b(366쪽을 보라).

23) 가말리엘의 개입의 성격은 분명하지 않다. 본문은 가말리엘이 엘리에셀을 억제하려고 했었다는 것을 의미하는 것 같다. 이 단락과 다음 단락은 예루샬미 버전에서는 없다.

24) Rashi on *Horayot* 13a. 이 구절("되돌아가려는 … 때문이다")은 모호하다.

25) 이 두 용어(또는 두 용어의 같은 어족어)는 이자 지불을 가리키기 위해 레위기(25:36-37)와 잠언 28장 8절에 사용된다. 시편 15장 5절과 신명기(23:19-20)에서는 네셰크만 나온다.

26) 마르비트와 타르비트는 상당 어구이다.

27) 문제는 동과 은의 상대 가치가 변한다는 것이다.

28) 즉, 범죄의 심각함을 강조하려고.

29) 이것은 타르비트라는 용어의 더욱 일반적인 형태이며, '이자'를 가리키는 통상적인 히브리어 용어이다.

30) 약탈의 희생자가 약탈되지 않도록 하거나 구매자가 과잉청구 되지 않도록 하는 것은 의미가 통하지 않을 것이다.

31) 즉, 선물 받기를 주저하는 사람에게 선물하려는 의도에서 – 라쉬.

32) 측정은 줄로 하는데, 이 줄은 우기에는 더 길어질 수 있다.

33) 즉, 양 측정은 상향 순서로 된다. 다른 것들과 상대적인 메수라의 가치는 논란의 여지가 있다.

34) 하나님만이 누가 사실상 장자인지 알 수 있다.

35) 진짜 파란색 염색은 연체동물에서 추출했다.

36) 수라강이 아니라 유프라테스강의 수라 근교(Obermeyer, B.-Z. Eshel, *Yishuvei*, p. 196에서 인용됨). 대안으로는, 제노비아 위의 수라.

37) 이 사람이 누구인지는 명확하지 않다.

38) 짐승들을 구하려고 사람들을 고용한 관리인에게 짐승들의 온전한 가치를 지불해야만 한다면 짐승들을 구하는 데 의미가 없다.

39) 다른 사본은 '사콜라(Sakola)의'라고 읽는다.

40) 라브 파파는 짐승들을 한 번에 하나씩 다리를 건너게 하는 것이 현실적이지 않다는 바 아다의 호소를 거부한다.

41) 라브 나흐만은 로니아가 부주의했고, 따라서 도둑질에 대한 책임이 있었다고 주장했다 – 라쉬.

42) 모호한 용어. 라쉬는 이것이 정부 관료라고 생각한다.

셋째 소책자 바바 바트라(BAVA BATRA, 마지막 문)

1) 저장실(라틴어).

2) Jastrow, *Dictionary*. 모란(moran)이라는 단어는 다른 곳에서는 나오지 않으며, 사본들이 다양하다.

3) 이것은 이제 책들이 나오는 순서다.

4) 에스라서와 느헤미야서는 한 책으로 간주됐다.

5) 그는 '적시다'를 의미하는 어근 RWH에서 룻이라는 이름을 도출한다.

6) '그의 책'은 그의 이름이 붙지 않았다고 해도 토라이다. 발람 이야기에 나온 사건들(민수기 22-24장)은 이스라엘에게 알려지지 않았다. 그래서 모세는 하나님에게서 오는 계시로만 그 사건들에 대해 알 수가 있었다.

7) 전통에서 시편 92편에 지정하는 아담과 아마도 시편 110편 4절에 나오는 멜기세덱을 제외하고는, 모두 표제에 거론된다. 아브라함은 아래에서 논의한다.

8) 모세의 죽음을 보고하는 신명기 34장 5-12절.

9) '에단'은 '강력한 자 또는 의로운 자'이다. '에스라 사람'은 아브라함이 그랬던 것처럼 '동방에서 온 사람'을 의미할 수 있다.

10) 또 다른 언어유희. 네에만(ne'eman, 신실한)은 헤만(Heiman)처럼 들린다.

11) 두 절은 강조의 불변화사 에이포(eifo)를 사용한다. 그러나 이것은 드문 단어가 아니므로, 동일한 불변화사를 포함하는 다른 절에서 반대가 제기된다.

12) 동일한 히브리어 단어는 '기록자'와 '입법자' 모두를 의미한다. 이 구절은 모호하며, 어떤 경우든 갓 지파를 가리킨다. 번역은 매우 다양하다.

13) 함의는 욥을 포함해서 그들 가운데 누구도 이스라엘 사람이 아니었다는 것이다 – 라쉬.

14) 통상적인 영어 이름은 'Sabeans'이다.

15) 토사포트(Tosafot)는 '아니면' 보다는 '그리고'로 읽는다.

16) 그리고 이웃은 경계의 자기 쪽에 구덩이가 없다 – 라쉬.

17) 문자 그대로, '손에 들어오는 바위'.

18) 즉, 이 건물의 주요 목적은 인간의 주거지가 아니었다.

19) 포도 넝쿨은 이 맥락에서 나무로 간주한다.

20) *Bava Batra* 26a.

21) 미쉬나(116b)는 슬로브핫의 딸들이 그의 장자 슬로브핫보다 오래 살았던 헤벨이 그에게 무엇을 남겼든지 그것을 상속받으려고 서 있었다는 것을 의미한다. 민수기 27장 1-11절과 36장 1-12절을 보라.

22) 만약 A라는 아버지가 장자였는데, 그가 그의 아버지가 살아있는 동안 죽었다면, A의 상속자는 아들이든 딸이든 A에 기인한 두 배의 몫을 상속할 것이다 – 라쉬밤.

넷째 소책자 산헤드린(SANHEDRIN, 법정)

1) Cohn, Trial; Winter, *Trial*를 보라.

2) Yerushalmi *Sanhedrin* 1:1. 인쇄된 본문은 시므온 벤 셰타라고 되어 있으며, 물론 7:2에서의 병행 본문은 시므온 벤 요하이라고 읽는데, 이는 재판권의 상실이 더욱 적절하게는 하드리아누스 시대에 일어났다고 여긴다. Winter, *Trial*, pp. 110-30은 유대 법정이 최소한 주후 70년까지 중형의 재판권을 가졌다고 설득력 있게 주장한다.

3) Harries, 'Resolving Disputes'. 또한 이 주제에 대한 서론을 참고하라.

4) 구체적으로 새로 결혼한 여자가 처녀가 아니었고, 약혼했을 때 암묵적으로 간음을 범했다는

고발(신 22:13-21).

5) "그가 행한 것은 이미 행해졌다"라는 것은, 부정확하다고 해도 재판이 유효하다는 것을 의미한다. 재판관은 자신의 잘못에 대해 보상해야 하지만 재심은 없다. 또한, *Bekhorot* 28(678-679쪽)을 보라.

6) 문자 그대로, '되돌리다', 즉 주인이 바뀐 어떤 돈도 반환되어야만 한다. 현재 상황은 복구되고 재심이 요구되므로 보상은 관련이 없다.

7) 사정관은 증인의 역할을 할 수도 있다.

8) 이 문장은 아마도 후대에 삽입된 것으로, 게오님이 했을 것이다.

9) 이 구절은 모호하다. 다른 번역은 "탐욕이 가득한 자는 주님을 찬양할 때 자신에게 축복한다"를 포함한다.

10) 어떤 행은 여기서 생략되어 시편 10편 3절을 이 주제와 관련이 없는 방식으로 해석한다.

11) 즉, 권리를 침해당한 당사자는 항상 있는 반면에, 중재는 두 당사자 누구도 침해하지 않도록 타협에 동의한다.

12) 이 시점에서의 가정은 "하나를 선택하다"가 "한 법정을 선택하다"를 의미한다는 것이다.

13) 어느 것도 다른 이에게 자신이 선택한 법정을 받아들이도록 강제할 수 없다 – 라쉬.

14) 법정들을 가리키는 헬라어 용어이며, 여기서는 랍비법에 있는 비전문적인 유대 법정들에 적용된다.

15) 토사포트는 반대한다.

16) 더 문자적으로는, "우리가 어떻게 증인들을 두려워하게 하는가?"

17) '이스라엘'라는 단어들이 일부 사본에 나오지만, 그 단락의 의미뿐만 아니라 사본의 증거는 이것이 매우 늦은 시기에 삽입된 것임을 시사한다.

18) 샤(Shah)는 자신을 '왕 중의 왕'이라고 부른다. 하나님은 더 위대하다.

19) 이것은 그에게 감사와 책임감을 고취할 것이다.

20) 이것은 정황이며 증거로 간주되지 않는다.

21) 가벼운 맹세. 시므온에게 붙여진 '랍비'라는 명칭은 시대에 맞지 않는다.

22) 서론, '탈무드와 기독교'를 보라.

23) '노아법'의 기원과 성격에 대한 이론들은 Novak, *Image*에서 충분히 검토된다.

24) 이것과 인용된 다른 바라이토트 일부는 Tosefta *Avoda Zara* 9장에 대한 확장이다. 금지된 혼합물은 킬라임(Kil'ayim)을 보라.

25) 히브리어 구문은 이 동사를 문장 처음에 둔다.

26) 아담은 '그 사람'을 의미한다.

27) 아담에게 전한 '하나님'이라는 단어에 근거한 이 진술은, 신성모독에 대한 금지와 법의 순종 모두를 내포한다 – 라쉬.

28) 문자 그대로, '구원된다'.

29) 이것들은 제한하는 사례들이다. 예를 들어, 결혼한 여자가 비슷한 상황에서 구해져야 하는 것은 명백하다.

30) 이 문자적인 번역은 "네 이웃의 피를 흘려 이익을 도모하지 말라"(JPS), 또는 "당신은 당신 이웃의 피에 맞서 서지 말라"(KJV)보다 더 적합한 번역이다.

31) 또한 *Ta'anit* 29a(311쪽)를 보라.

32) '생명'과 '부'라고 번역된 단어들은 종종 여기서 '영혼'과 '힘' 또는 '강함'으로 번역된다.

33) 희년(50년) 주기의 미리 정해진 숫자라는 개념은 희년서 1:29; 23:14-21에서 발견되며, 일시적인 메시아 왕국이라는 개념은 바룩2서 24-27장에서 발견된다. 에녹2서 33:1은 세상이 7,000년간 지속할 것이라고 진술하며, 여덟째 천년은 "어떤 해나 어떤 달이나 어떤 주나 날이나 시간도 없이 영원한 시간"이 될 것이라고 한다(Charles, *Apocrypha*, p. 451). 요한계시록 20장 6절은 그리스도와 그의 성도들의 천년의 통치를 예언하며, 어거스틴은 *City of God* 22:30:5에서 역사의 기독교 해석을 위한 개념을 발전시킨다.

34) 즉, 죽음 후의 삶.

35) 또는 '묵상한다'. 네 글자 이름은 성경에 기록된 이름이지만, 속죄일에 지성소에서 대제사장 이외에는 발음하지 않는다.

36) 타나임 소책자 세데르 올람(Seder Olam)에 근거한 통상적인 유대 계산은, 1650년 감독 어셔(Ussher)가 발표한 계산보다 244년 늦게 시작해서 그리스도인들에게 익숙하다. 유대 계산에서 창조부터의 4000년은 주후 240년과 일치할 것이다. 천년의 진술은 아마도 먼저 공식화됐을 것이고, 예상된 구원이 실현되지 않았을 때, 마지막 논평은 240년 후에 추가됐을 것이다.

37) 85희년은 4,200년이며 따라서 주후 440년 경이다.

38) *Megilla* 8b(322쪽을 보라).

39) 또는 '고아가 될 것이다'.

40) 본문은 분명히 훼손됐다. 그러나 이런 종류, 특히 *Sybilline Oracles*의 묵시적 두루마리는 유대 위경에 포함되었으며, 모음집은 실제로 로마에 저장됐다.

41) 하박국서 2장은 사해문서에서 묵시적으로 해석된다. 이어지는 언어유희에 맞추어 '헐떡거리다'로 번역된 단어는, 일반적으로 '말하다'(예: KJV)로 번역된다. 이 단어는 '붙다'를 의미하는 어근에서 유래하며, 자랑하거나 과장하는 연설 또는 방귀를 뀌는 것에 사용된다.

42) 라쉬는 이 짧은('조금') 왕국은 유대가 각각 하스몬가와 헤롯과 바 코지바(바 코크바[ar Kokhba]) 아래에서 유대인이 독립한 시기였다는 그의 선생의 의견을 인용한다. 아키바는 바 코크바의 반란을 지지했다.

43) 메시아를 기다리는 것 자체가 미덕이다.

44) KJV는 '자'(measures)를 삽입하고, JPS는 '규빗'을 삽입하지만, 어느 단어도 히브리어에는 없다.

다섯째 소책자 마코트(MAKKOT, 태형)

1) 코하님의 아들들이라면 둘 다 제사장직에서 내쫓긴다.

2) 이것은 민수기 35장 22-28절에서처럼 우연적인 살인 사건일 것이다. 이것은 마코트(Makkot) 2장의 주제이다.

3) *Makkot* 5a.

4) *Sanhedrin* 89a, 원래 배열에서 미쉬나의 '이전 진술'.

5) 만약 코헨이 이혼한 자에게서 아이를 낳으면 그 아이는 할랄이지만, 코헨은 자신의 제사장 지위를 유지한다.

6) 랍비들이 해석한 대로, 거짓 중인들에 대한 성경법의 이례적인 것 가운데 하나는, 만약 중인들의 거짓이 입증되기 전에 사형이 이행됐다면 중인들은 그 형을 당하지 않는 반면에, 사형이 이행되기 전에 중인들의 거짓이 입증된다면 중인들은 그 형을 당한다는 것이다(*Makkot* 5b).

7) 테레파(*Terefa*), 문자 그대로, '찢어진'. 이 용어는 불가피하게 죽게 될 질병이나 부상을 가진 사람 또는 짐승에게 사용된다. 랍비 요하난과 엘르아살이 말하고자 한 바는, 랍비 타르폰과 아키바가 기소자 측 중인들의 증언을 훼손함으로써 사형 선고를 내리는 것을 피할 것이라는 점이다.

8) 반드시 매우 세밀하게 증언할 필요는 없다. 즉, '막대기 위의 화장 먹과 같이'.

9) Sifra *Qedoshim* 2:4.

10) 이 구절은 모호하다. 대부분의 번역가는 '그를'이 고난당하는 종, 아마도 이스라엘을 가리킨다고 여긴다.

11) Mishna *Ohalot* 1:8(723쪽을 보라)에서 상세히 설명한다.

12) 핵심은 야곱이 자기 아버지를 속이기를 꺼렸다는 것이다.

13) *Ketubot* 105b는 자신에게 어떤 호의를 베푼 소작인이 연루된 사건에서, 그가 재판관으로 행하기를 어떻게 거부했는지 기록한다.

14) 이것들은 공적인 행위들이기 때문이다.

15) 여기서의 의미는 정의와 긍휼의 균형을 맞추라는 것이다.

여섯째 소책자 샤부오트(SHAVUOT, 맹세)

1) 명사 샤부오트(shavu'ot)는 샤부아(shavu'a, '주'[week])와 쉬부아(sh'vu'ah, '맹세') 모두의 복수이다. '여러 주'(weeks)라는 의미에서 샤부오트는 절기의 명칭이다.

2) '나쁜 목적을 위해'와 '좋은 목적을 위해'는 개별적인 범주로 해석된다. 즉, 부정적인 것과 긍정적인 것이다.

3) 최소한의 양은 대부분의 예에서 책임으로 정해진다. 예를 들어 금지된 음식을 먹는 것에 대해, 그것은 감람 크기이다.

4) 죄는 먹은 것 자체가 아니라 자신의 말을 어긴 것이다.

5) 이것들은 십계명의 두 가지 버전의 다른 표현들이다(출 20:8 ; 신 5:12). 두 버전은 하나님이 동시에 발언하셨다고 여겨진다.

6) 이것은 여기에 번역된 것이 아니라 다음 페이지에서의 복잡한 논의를 가리킨다.

7) 즉, 터무니없는 것이다. 예를 들어 일어날 수 있는 일이지만 일어나지 않았다기보다는, 태양이 그날 아침에 떠오르지 않았다는 것이다.

8) 일단 증인이 자신의 부인이 거짓이었다고 인정함으로써 공식적으로 증거를 제시했다면, 그는 그 과정을 되풀이할 수 없다. 그러므로 첫째 맹세만이 유효하고 후속 맹세들이 무효이므로, 그는 그 후속 맹세들을 어긴 데 대해 책임을 질 수 없다.

9) 홀로 남은 증인으로서 둘째 증인은, 법이 최소한 두 증인을 요구하므로 증언할 수 없다.

10) Mishna *Shavuot* 35a.

11) 즉, 그것이 속건제의 제물을 책임져야 할 범죄였다는 것을 알지 못하고서.

12) 명백히 그는 잘못 점유한 물품을 정당한 주인에게 돌려주어야 하지만, 그것은 '처벌'이 아니다.

13) 라쉬는 네 가지 사례가 있다고 지적한다.

일곱째 소책자 에두요트(EDUYOT, 증언 – 판례)

1) 대부분의 주석가들은 미쉬나가 여기서 '흰'이라는 표현에 주목한다고 생각한다. 이 '흰'은 현인들이 보통 사용하지 않는 성경의 도량 단위다. 마이모니데스는 자신의 선생들이 그리스에서 태어난 자신의 선생들인 세마이아와 아브탈리온이 했던 것과 마찬가지로, 힐렐이 고의적으로 'ㅎ'을 빠뜨렸다고 지적한다.
2) 문자 그대로, '세상의 조상들', 즉 힐렐과 샴마이.
3) 이것은 재판 외의 소송절차였다.
4) 여기서는 메시아의 선구자.
5) 그는 가문들이 순수한 혈통에 속한다고 여겨지는지 결정할 것이다.

여덟째 소책자 아보다 자라(AVODA ZARA, 우상숭배)

1) Belayche, *Iudaea-Palaestina*.
2) Millar, 'Transformations', p. 145.
3) Ulpian, in Justinian, *Digest* 50:2.3.3.
4) Mishna *Avoda Zara* 3:4 (44b). 가말리엘이 어떤 것을 의도했는지는 명확하지 않다.
5) 에이드(eid)라는 용어는 성경의 절기에 대한 하그(ḥag)와 대조적으로 우상숭배의 절기에 사용된다. 이것은 아마도 아랍어 이드(id)와 같은 어족일 수 있지만, 히브리어로 경멸적인 어조를 지닌다. 왜냐하면, 이것은 '고통'이나 '재앙'을 의미하는 성경 히브리어 단어와 비슷하기 때문이다(예, 욥 21:30).
6) 히브리어는 이런 식으로 흔히 읽힌다. Lieberman, *Greek*은 이 단어가 주전 1년 8월 30일 아우구스투스가 알렉산드리아의 생포를 기념하려고 제정한 절기인 크라테시스(kratēsis)였다는 것을 입증했다.
7) 게네시아(Genesia).
8) 즉, 만약 한 왕이 그가 죽었을 때 그의 소유물이 태워질 정도로 충분히 중요하다면 그의 장례식은 우상숭배이다.
9) 로마와 그리스의 상류층 젊은이들은 자신들의 머리를 길렀고 성년에 도달하면 신들에게 그것을 바쳤다(Jastrow, *Dictionary*). 그렇지 않으면, 이것은 주후 59년 네로가 처음으로 자기 수염을 민 사건을 기념하려고 제정한 유베날리아(Juvenalia) 경기를 가리킨다.
10) 이것은 유대 캅타(Judaea capta, 유대를 정복한 기념으로 만든 금화)의 로마 금화 형상에 의해 제안됐을 수 있다. 라베누 하나넬은 이 적합한 사람이 유대 전설에서 로마의 조상인 에서이며, 저는 사람은 이스라엘의 조상 야곱(그는 천사와 대면하여 부상을 입었다, 창 32:32)이라고 설명한다. 여기서 본문은 혼란스럽다. 라쉬는 종말에 대한 야곱의 예언이 망상적이었음을 의미한다고 해석하는 추가 구절을 이것보다 앞에 둔다.
11) 랍비 이스마엘이 순교했다는 전설이 있으며, 그의 머리 가죽이 벗겨져 왕들이 부적으로 사용했다(*Hullin* 123a).

12) 야곱이 에서로 분장했다(창 27:19).

13) 만약 당신이 이것을 놓쳤다면 당신은 이것을 볼 다른 기회가 없을 것이다. 왜냐하면, 이것은 70년에 한 번만 개최되기 때문이다 – 라쉬.

14) 창세기 27장 40절에 대한 인유(引喩). 여기서 이삭은 한 형제가 일어날 때, 다른 형제는 넘어진다고 예언한다.

15) 아람어로 이것은 두 단어를 바꾸기만 하면 된다. 에서는 그가 자기 아버지를 속여 자신이 고결하다고 생각하게 했다는 주장에 근거하여 사기꾼이라고 비난받는다.

16) 이 이름들과 다음 목록에 있는 것들은 읽기 편하도록 모음이 삽입됐지만, 아람어 본문에는 없다. 자음으로 된 본문 자체는 명백하게 훼손됐다. 페르시아 절기 가운데 셋은 Taqizadeh, 'Iranian Festivals', pp. 637-9에서 나우사르드(Nausard, 새해), 티라칸(Tirakan), 미흐라칸(Mihrakan)으로 확인됐다. 마지막 이름은 첫 번째 이름이 훼손된 것으로 여겨진다. 또한 Kohut, 'Fêtes Persannes'을 보라.

17) *Sanhedrin* 90a(564쪽을 보라).

18) 신중하게 여기지 못하다.

19) 당신이 너무 관대한 것으로 보아 – 라쉬. 여기서 역설의 의미가 있다.

20) 그는, 만약 사람들이 토라가 태워지는 것과 토라를 가르쳤다고 자신이 태워지는 것을 본다면, 그로 말미암아 토라가 경멸당할 수도 있다고 걱정한다.

21) '큰가시고기'(Jastrow, *Dictionary*)는 의심스럽다. '아위'는 악마의 똥(냄새가 고약해서 붙여진 별명)이며, 힐리크(ḥilleq)는 정체불명의 또 다른 작은 생선이다. 게마라는 나중에(39b) 살콘드리트(salqondrit)는 일종의 소금으로, 고위층 로마인들에게 유명하다고 제안하는데, 여기에는 비-카셰르 생선의 작은 조각이 섞여 있다.

22) Mishna *Eduyot* 1:5(585쪽을 보라). 랍비들은 다니엘이 큰 대회 법정을 관장했었다고 간주한다.

23) 본문은 여기서 훼손된 것 같다.

24) 다니엘 이후 수세기가 지나서 샴마이 학파가 힐렐 학파보다 수적으로 우세했을 때 18개의 법령이 통과됐다고 여겨진다(*Shabbat* 13b; 17b). 하지만 정확하게 이 법령들이 무엇이었는지에 대해서는 일치하지 않는다.

25) '저주'는 법령을 어긴 데 대해 랍비들이 사람들에게 부과한다. 저주는 온 나라가 그 법령을 받아들일 경우에만 적용된다.

26) 어원적으로는 동일하지만, '열성적인'과 '질투하는'은 영어에서 다른 의미를 지녔다. 히브리어는 둘 다 포함하며, 문맥에 따라 번역된다.

27) JPS는 "내가 악인들을 넘어지게 할 것이다"라고 하지만, 히브리어의 의미는 명확하지 않다고 설명한다.

28) 대명사들은 불확실하다. 라쉬는 그의 당시 서구 유대인들이 엄격하게 일부일처제였으므로, 첫째 아내는 둘째 아내에 대한 질투에서 자기 남편을 괴롭히지 않을 것으로 생각한다. 다른 설명들도 가능하다.

29) 가능성 있는 번역이지만 엘레아(Elea) 또는 키티움(Cytium)의 제노일 수는 없다.

30) 이것은 해석에 맞추기 위한 문자 그대로의 번역이다. JPS는 '악성이며 만성적인 질병들'이라고 했다.

31) 할라크(Ḥalaq, 배정하다)과 헤헤리크(heḥeliq, 미끄러지다)는 동일한 어근에서 나온다.

아홉째 소책자 아보트(AVOT, 조상들의 지혜)

1) 제사장들에서 랍비들로의 변화에 대해, Rivkin, *Hidden Revolution*을 보라.
2) "이스라엘이 여호수아가 사는 날 동안과 여호수아 뒤에 생존한 장로들 … 여호와를 섬겼더라"(수 24:31).
3) 법정에서 소송을 어떻게 제시할지에 대해 조언하고 심판을 왜곡할 위험이 있는 변호사들.
4) 사람들은 물론 유죄로 입증되기 전까지는 법 앞에서 무죄다. 유다는 단순히 논쟁하는 두 당사자가 철저하게 심문받도록 확실히 하기를 원한다.
5) 심문의 양식은 쉽게 증인에게 거짓 대답을 하는 법을 제안할 수 있다.
6) 이것은 파괴적인 종교 영향이 있는 곳으로 추방하는 것에 대한 비유이다. 전통적인 주석가들은 안티고노스를 가리킨다. 그는 보상을 생각하지 않고 섬기는 이상을 과도하게 강조하므로, 제자들은 그를 버리고 '사독과 보이티우스'(Boethius)를 따랐는데, 이들은 아마도 사두개인일 것이다.
7) 문자 그대로, '고정된 것'.
8) 가말리엘 1세 – '원로'.
9) 이전 단락의 시므온 손자와 여기서 인용되지 않은 가말리엘 2세의 아들.
10) 문자 그대로, '보상'.
11) 유다 하-나시의 아들인 가말리엘 3세. 그의 진술을 포함한다는 것은 우리가 가지고 있는 아보트가 미쉬나의 대부분보다 늦다는 것을 가리킨다.
12) 데레크 에레츠(derekh eretz)가 종종 '선한 태도'를 의미하지만, 여기서는 이것이 이 단어의 의미이다.
13) 문자 그대로, '회중과 함께 일하다'.

열째 소책자 호라요트(HORAYOT, 결정들)

1) *Sanhedrin* 86b.
2) *Yevamot* 87b(375쪽을 보라).
3) 즉, 행정가.
4) 사람들이 그가 지나갈 때 개인적으로 일어서고 그다음에 앉는다.
5) 문자 그대로, "사람들의 머리 위를 거닐 수 있다". 즉, 누구도 그들을 위해 일어서지 않지만, 사람들이 이미 있더라도 그들은 들어갈 수 있다.
6) 적절한 시설이 마을 밖에 있었을 수 있다.
7) 명확하지 않은 읽기.
8) 우크친을 포함해서 토라의 모든 소책자를 아는 자.
9) 높은 지위를 가리키는 허리띠.
10) 시내산은 학자의 전통에 대한 지식이 전적으로 신뢰할 만할 때 그 학자를 가리키는 용어이다. '산을 뿌리째 뽑는 자'는 논쟁에서 우수한 자다.

11) 당신에게 논쟁할 확고한 토대가 없다면, 논쟁의 어떤 핵심도 없다.

12) 이 번역은 라바를 존중하여 모든 것이 라바의 장소에서 행해져야만 한다는 라쉬의 첫 해석과 일치한다.

13) 아바예의 스승이자 양부.

14) 라쉬의 둘째 설명은, 라바가 그를 나흐마니로 부르면서 그에게 그가 여전히 학생이라는 것을 상기시키고 있다는 것이다.

다섯째 주제 | 코다쉼(QODASHIM, 거룩한 것들)

1) Aristotle, *Athenian Constitution*, Book 8. 일반적인 그리스 희생제사에 대해, Burkert, *Greek Religion*, Part II를 보라.

2) Cicero, *De legibus* 2:8.

3) Porphyry, 'Books on Abstinence', p. 71.

4) 예: Julian, *Against the Galileans*, pp. 152-5.

5) *Pesikta d'Rav Kahana* (Mandelbaum) 6:3.

6) 이런 경우는 메시아 시대에만 대두할 수 있으므로, 이것은 무의미하다.

7) 우가릿어의 같은 어족어에 근거하여.

8) KJV에서는 '고기'(meat)로 번역됐지만, 현대 영어에서 '고기'는 짐승의 살을 가리킨다.

첫째 소책자 제바힘(ZEVAHIM, 희생제사)

1) 희생제사의 '주인'은 그 제물이 대신하여 바쳐지는 대상이 되는 사람이다. 예를 들어, 누군가가 화목제를 서원했고, 제사장이 그것이 다른 종류의 제물이라고 생각하고 바친다면, 그것은 그 차제로 유효한 제물이지만, 서원을 성취하지는 못한다.

2) "유월절 어린 양은 적절한 시기에[만] 드려지며, 속죄제는 언제라도 드려진다"라는 표현이 여기서 반복되는데, 이는 일부 사본에서 발견되지만 아마도 필사자의 실수일 것이다.

3) 서원은 의무를 야기하며, 이것은 정확하게 이행되어야만 한다. 만약 서원이 성전에 희생제물을 가져오는 것이었고, 제사장이나 짐승을 도살한 누구든지 잘못된 의도로 그렇게 했다면, 희생제물은 익명의(또는 추가적인) 자원 제물로 진행할 수는 있어도, 서원한 사람은 자신의 의무를 성취하지 못했다.

4) 품베디타 가까이에(Oppenheimer, *Babylonia*, p. 471).

5) *Gittin* 24a.

6) 두 가지 개별적인 운영에서.

7) 유월절 어린 양은 결국, 일종의 화목제물이다.

8) 즉, 이것은 문학적 문제의 문제이다.

9) 레위기(예: 1:9)에 자주 나오는 구절은 레아 니호아(reaḥ niḥoaḥ)로, '[여호와께] 향기로운 냄

새'인데, 여기서는 두 개의 개별 용어로 취했다.

10) *Zevaḥim* 46b.

11) 코헨은 어떻게 두 번의 행위로 네 곳에 피를 묻히게 할 수 있는가? 라브에 따르면, 그는 제단의 한쪽 구석에서 다른 구석으로 대각선 반대쪽으로 움직이며, 각 위치에서 차례로 근접한 곳에 피를 뿌린다. 쉬무엘은 이 위치에 동의하지만, 각 위치에서 코헨은 각도(감마[gamma])에 따라서 한 번의 움직임으로 두 곳을 망라하면서, 한 번씩만 뿌린다고 말한다.

12) 이것은 *Yoma* 12a의 병행 본문을 따른다.

13) 베냐민은 땅에서 가장 거룩한 곳, 즉 미래의 성전 장소를 소유하려고 갈망했다는 의미에서 '의로운'으로 묘사된다. 훈계는 신명기 구절에 있는 대명사들을 보통 번역과는 다르게 규정하는 것에 달려있다.

14) Mishna *Zevaḥim* 64b.

15) 문자 그대로, '번역됐다'이지만, 어떤 아모라도 문자 그대로의 번역에 관심이 없었다. 현존하는 탈굼은 레비의 해석을 따른다.

16) 불량으로 선고받은 화목제물이나 투석형에 처할 소를 사용하는 것은 금지되므로, 그 짐승들은 흠이 발견된 후 팔릴 때까지는 풀을 뜯게 할 수 없다. 후속 사례와 달리 이 짐승들을 죽게 할 다른 대안이 없다.

17) 즉, 모든 짐승은 판다. 그 수익은 대체물을 사는 데 사용돼야 하겠지만, 심지어 성별됐던 짐승도 만약 그것이 흠을 얻는다면, 성별되지 않은 지위로 전락한다.

18) 명백하게 주인을 잘못 확인한 경우만 희생제물이 무효가 될 것이다. 그것은 익명으로 바쳐질 수 있다.

19) 배상제물은 양이지만, 정화제물은 다른 동물이므로 실수가 있을 수 없다.

20) *Temura* 6:1 (28a).

21) *Avoda Zara* 5:9 (74a).

22) Mishna *'Orla* 3:6, 7.

23) 히브리어(그리고 헬라어) 리트라(litra), 라틴어 리브라(libra).

24) 즉, 100 가운데 1도 안 되게(또는 관련된 양은 무엇이든지).

25) 그것을 무시할 수 있게 하는 대다수는 전혀 없다.

26) 레 21:16-23. *Bekhorot* 6장은 성전 예배의식과 관련하여 인간의 흠과 짐승의 흠을 가장 온전하게 논의한다.

27) 레위기 21장 22절은 흠이 있는 제사장이 희생제물의 고기를 먹을 수 있다고 명백하게 진술한다. 레위기 6장 29절은 그러므로 나눌 권리를 수여하는 것으로 이해된다 – 라쉬.

28) Tosefta *Qorbanot* (*Zevaḥim*) 11:2.

둘째 소책자 메나호트(MENAḤOT, 소제)

1) 서원은 의무를 야기하며, 이것은 정확하게 이행되어야만 한다. 만약 서원이 성전에 희생제물을 가져오는 것이었고, 제사장이나 짐승을 도살한 누구든지 잘못된 의도로 그렇게 했다면, 희생제물은 익명의(또는 추가적인) 자원 제물로 진행할 수는 있더라도, 서원한 사람은 자신의 의무를 성취하지 못했다.

2) 그가 제물을 지정하고 있지 않으므로 이것은 중요하지 않다. 라브 아쉬는 이 바라이타와 랍비 시므온의 것으로 여겨지는 다른 진술 사이의, 겉으로 보이는 모순에 대해 논평하고 있다.

3) 하나를 잃으면 다른 것들은 유효하지 않다.

4) 즉, 하나를 잃으면 전체 메노라는 받아들여질 수 없을 것이다.

5) '마치다'를 의미하는 칼라(kala)에서 미크로트(mikhlot)가 유래함.

6) 솔로몬의 왕궁(왕상 7:2).

7) "더 심도 있는 정련은 오직 작은 효과만을 낳았다"는 문자 그대로, "그것이 서 있었으므로, 그것이 서 있었다"라고 되어 있다. 그 의미는 순금을 정련하는 것이 실제로 부피를 천 배 줄일 수도 있지만, 그 금이 솔로몬 시대에 정련되었으므로, 아마도 수 세기 동안 흡수된 불순물 때문에 약간 줄어들었을 것이라는 뜻이다.

8) 하늘에서부터.

9) 단순한 의미는 다윗과 그의 사람들이 가져간 빵은 신선하고 뜨거운 빵으로 대체됐다는 것이다.

10) 즉, 어느 문자가 다른 문자에 닿는 것.

11) '매듭'은 어떤 문자에 덧붙여지는 장식의 타긴(tagin), 또는 곡선의 비쭉한 끝의 모양(spike)이다.

12) 문자 그대로, "누가 당신을 막고 있습니까?"

13) 원래의 토라가 잊힐까 봐 두려워했다.

14) 랍비 아키바의 순교에 대한 이야기가 *Berakhot* 61b와 병행 본문에 나온다.

15) 보에두시안 사람들의 정체에 대해, Herr, 'Who were the Boethusians'을 보라. 여기서는 사두개인들을 가리키는 암호명인 것 같다.

16) 셰칼림(Sheqalim) 3장(245쪽)을 보라.

17) 당신은 왜 '안식일 후'를 절기 다음 날이 아닌 '일요일'로 해석하는가?

18) 그는 레위기 23장 16절(샤부오트에 대해)과 23장 11절(오메르에 대해)을 언급한다.

19) 그해의 소산물은 오메르를 가져올 때까지 먹을 수 없다. 즉, 페사흐의 둘째 날부터 계속이다.

20) 희생제물 이외의 대부분의 종교적인 목적을 위해, 토라는 밤을 그날의 시작으로 간주한다.

21) 요하난 벤 자카이의 논증은 토라가 계산을 위해 날들과 주들을 명시한다는 사실에 근거했다.

22) Josephus, *Antiquities* 12:4,5; 13:3. 알키무스에 대해 마카비1서 7, 9장; 마카비2서 14장을 보라. 레온토폴리스(Leontopolis, 텔 엘-무크담[Tel el-Muqdam])는 중앙 나일강 삼각주에 있다.

23) Josephus, *Wars* 7.10.4.

24) 우상숭배

25) 그들은 하나님의 네 글자 이름을 발음할 자격이 없다고 느꼈다.

26) 모호한 단어들. 아마도 여자 옷을 가리키는 것 같다.

27) 명예를 추구하다.

28) 헬리오폴리스(Heliopolis). 라브 요세프는 '멸망'을 의미하는 헤레스(heres)보다는 '해'를 의미하는 헤레스(ḥeres)로 읽는다. 사해 문서를 포함해서 많은 이사야 사본들은 이 읽기를 뒷받침한다. (헬라어 70인경은 '의의 마을'을 의미하는 이르 하-체데크['ir ha-tzedek]라고 읽는다.)

29) 제안된 바와 같이, 지리적으로 이것은 '동'과 '서'가 바뀌어도 의미가 통하지 않는다. 본문은 훼손된 것이 틀림없다.

30) 그들의 생각이 부정한 성으로 빗나가지 않도록 하기 위해서이다. *Qiddushin* 29b-30a(460-461 쪽)를 보라.

31) 그는 '이것은 …을 대신한 토라이다'라는 의미에서 '이것은 …을 위한 토라'를 이해한다.

셋째 소책자 훌린(ḤULLIN, 성별되지 않은 고기)

1) 고기를 파는 도살업자가 또한 도살한다고 여겨진다.

2) 그렇다면 금지된 기름의 나머지는 고기를 오염시킬 수 있다.

3) 멈추기: 한 번에 빠르게 잘라야 한다. 최소의 멈추기도 세히타를 무효로 한다. 누르기: 칼은 식도와 숨통을 누르지 않고 가로질러 그어야 한다. 삽입하기: 칼은 식도와 숨통 사이에 삽입되어서는 안 된다. 잘못 두기: 식도와 숨통을 통과하여 정확한 장소를 잘라야 한다. 찢기: 식도와 숨통은 찢지 않고 깨끗하게 잘라야 한다.

4) *Ḥullin* 2:3 (32a).

5) 네벨라(Nevela)는 부정하고 더럽힌다. 정확한 세히타는 짐승이 테레파로 발견된다고 해도 네벨라가 되지 않도록 한다.

6) 즉, 왜 법적인 추정의 개념을 소개하는가?

7) 라바와 아바예는 라브 후나와 두 세대의 차이가 난다.

8) 동물학적인 의미에서의 파충류가 아니라, 레위기 11장 29-30절에 열거된 여덟 가지 생물들 가운데 어떤 것이라도 해당된다. 족제비는 그 가운데 없다.

9) Mishna *Eduyot* 2:7 그리고 *Tohorot* 4:2.

10) 즉, 붉은 암송아지의 재에 대한 의식과 관련하여 사용하기에 부적합하다. Mishna *Parah* 11:1의 이 버전은 부분적으로만 받은 읽기와 일치한다.

11) 어떤 사본은 대안의 이유를 삽입하지만, 이 읽기는 16세기 할라카 정통자 솔로몬 루리아(Solomon Luria)가 거부했다.

12) 이것은 라쉬가 제안한 여러 해석들 가운데 하나이다.

13) *Terumot* 8:4.

14) 자연 발생이라는 개념에 대한 첫 번째 신중한 공격은 1668년 이탈리아 물리학자이자 시인인 프란시스코 레디(Francesco Redi, 1626-97년)가 했지만, 1859년 파스퇴르의 결정적인 시험 전에는 거의 확신하지 못했다.

15) 쿠카니(Quqani)는 아카드어 쿠카누(quqanu)와 관련되는데(Sokoloff, *Babylonian*), 기생 벌레를 가리키는 일반적인 용어이다. 라쉬는 이것이 간과 폐에 있는 벌레를 가리킨다고 생각한다. 라베누 탐(Rabbenu Tam)은 물고기에 있는 벌레를 가리킨다고 생각한다.

16) 만약 그 짐승(또는 물고기)가 납작벌레들을 소화했었다면, 그것들은 그 짐승의 소화관을 통과했을 것이다.

17) 이 판결은 아마도 게오님이 삽입했을 것이다.

18) 그것들이 보인다면 먹기에는 너무 혐오스럽다!

19) '자연히 발생한' 기생충들은 짐승이나 물고기의 일부분이다.

20) 이것은 그럴듯한 문자적 번역이다. KJV는 '줄어든 힘줄'로 번역했다. JPS는 '허벅지 근육'이라고 번역한다.

21) 새의 엉덩이 관절 마디는 포유동물과 비슷하지만 아마도 더 작아서 관절 부분이 '스푼과 같이'(여기서의 용어에 대한 문자 그대로의 번역이다) 생기지 않았기 때문일 것이다.

22) 도살업자들은 자신들의 짐승을 도살했고, 가능한 한 많은 고기를 파는 데 관심을 가졌을 것이다.

23) 그는 홀로 집으로 돌아오지 않았을 것이다.

24) 단순한 의미는 야곱이 하란을 향해 떠났고, '그 장소'에서 도중에 밤을 지내려고 멈추었다는 것이다(영어 번역은 정관사를 생략한다). 랍비 이삭은 야곱이 실제로 하란에 도착했고, 그 후에 자신이 기도의 장소에 잠시 머무르지 않았던 것을 후회했다고 읽는다. 하란은 시리아에 있고, '그 장소'(명칭이 밝혀지지 않음)는 예루살렘에 있는 미래 성전의 부지이다.

25) 또는 '뛰어올랐다'.

26) 1파라상(parasang)은 약 516km이므로, 이것은 지구의 원주를 넘는다!

27) 히브리어 타르쉬쉬(Tarshish)는 지명으로서, 소아시아(터키)의 타르수스 또는 아마도 스페인의 타르테수스(Tartessus)를 가리킬 것이다. 다니엘서에서(출 28:20 등과 같이) 이것은 보석을 가리킬 가능성이 큰데, 아마도 이런 품목들은 타르쉬쉬에서 수입됐기 때문일 것이다. 그러나 라쉬는 다니엘서에 대해, 그것은 '아프리카의 바다'라고 말한다. 사디아 가온(Saadia Gaon)은 자신의 다니엘 주석에서 이것이 바다의 깊이였다고 제안했다.

28) 그는 단지 네 규빗에 누워 있다 – 라쉬.

29) 히브리어에서는 영어의 관사가 없다.

30) 호세아는 직접적으로 야곱의 싸움 이야기를 언급한다. 여기서 '군주로 행하다'로 번역된 사리타(sarita)는 보통 '겨루다'로 번역된다. 동일한 내용이 창세기의 구절에 적용된다.

31) 빵이 입에서 부서지기 때문이다 – 라쉬.

32) 이전 진술과 충돌하는 판결은 아마도 게오님의 삽입일 것이다.

넷째 소책자 베코로트(BEKHOROT, 첫 태생)

1) Jacobs, *Structure and Form*, 특히 12장(pp. 95-9).

2) 문맥상 정확한 번역은 '또는'이다. 그러나 불변화사는 '그리고'를 의미할 수도 있으며, 랍비들은 모호함을 이용한다.

3) 이 불변화사는 문장에서 목적어를 가리킨다. 이것은 보통 번역하지 않지만 때로 '~와 함께'라는 의미를 지니며, 랍비 시므온은 이것을 '~이외에'를 의미하는 것으로 받아들인다.
에서 도출한다. 그러나 [다른] 랍비들은 에트를 해석하지 않는다.

4) 즉, 토라 연구는 좋은 믿음으로 행해지고, 자신의 실수를 인정할 준비가 되어 있는 한 항상 고결하다.

5) 하나님을 공경하는 것의 일부로서, 토라에서 배운 자들을 공경하라. 히브리어 이라(yir'ah)는 '두려움', 또는 '공포', '공경'으로 번역될 수 있다. 아킬라의 성경 번역은 일관되게 에트(et)를 '~함께'를 의미하는 순(sun)으로 번역하여 언어도단의 헬라어가 된다.

6) 그 단어들은 정확하지 않다. 일반적인 개념은 금지된 고기에서 유출되는 어떤 것도 역시 금지된다는 것이다. 명백히 이것은 우유를 포함해야 한다!

7) 유아는 보통 24개월 젖을 먹인다. 문제는 "산후의 무월경이 월경의 피가 우유로 변했기 때문

인가, 아니면 단순히 여자의 일반적인 연약함의 결과인가"라는 것이다. 만약 우유가 '실제로' 피라면 우리는 그것이 금지된다고 예상할 것이다.

8) 이새는 다윗을 군대 진영에 있는 그의 형제들에게 치즈를 포함한 식량을 전달하도록 보냈다.

9) Jacobs, *Structure and Form*, pp. 76-80.

10) Schäfer, *Jesus*, pp. 23-4.

11) 라쉬는 '왕좌'를 말하지만, 이 단어는 '침구'를 의미하는 중세 이란어 비스타라크(bistarak)에서 유래한다(Sokoloff, *Babylonian*).

12) [아테네] 현인들은 승인받지 않는 사람들의 출입을 막지 못했다고 파수꾼들을 직접 죽였다 – 라쉬.

13) 함축하는 바는, 채권자가 한 사람의 나쁜 채무자 때문에 중지해서는 안 되고, 그가 누군가 신뢰할 만한 사람을 찾을 때까지 지속해야 한다는 것이다.

14) 그들 자신의 땅의 흙냄새를 맡자마자.

15) 그것은 일시적인 흠이었을 수도 있다.

16) 즉, 간접적인 손해에 대한 책임. 재판관이 직접 돈을 다루지 않았더라도, 그는 자신의 평결을 통해 잘못된 자가 돈을 지불하게 했다. 만약 '인과관계의 원리'가 유효하다면, 그것은 마치 그가 한 사람에게서 개인적으로 돈을 받아 그것을 다른 이에게 준 것과 같다.

17) 이것은 짐승들이 자궁절제술의 결과로 죽지 않았다는 것을 입증한다. (알렉산드리아 사람들은 자신들의 소와 돼지의 우월한 종에 대한 독점을 유지하고 싶어 했다.)

18) 그는 테레파라고 잘못 선언했던 소의 주인에게 보상해야 했을 것이다.

19) 즉 거룩하게 되지 않음. *Berakhot* 28a(81쪽)를 보라.

20) 몇 가지 의심스러운 사례가 여기서 오히려 혼란스럽게 섞였다. 그것들 모두의 공통점은 아기가 '자기 어머니의 태를 열었다'는 것이며, 따라서 어떤 단계에서는 자신을 속량해야만 한다(코헨은 아버지에게서 다섯 셰켈을 요구할 위치에 있지 않지만). 그러나 그는 유산의 두 배의 몫을 주장할 수는 없다. 왜냐하면, 그의 아버지는 임신 시기에 유대인이 아니었거나 그의 지위가 의심스럽기 때문이다.

21) Reiss and Ash, 'Eighth-month Fetus'; Hippocrates, *De Octı´mestri Partu; Yevamot* 80a/b.

22) 고전적인 유대 문헌에 의존하는 이 주제를 현대에 다루는 것에 대해, Sinclair, *Tradition*을 보라.

23) *Ḥullin* 4:1 (68a).

24) 일반적으로 사용된 용어는 질전정(膣前庭)을 가리키는데, 이 맥락에서는 더 낮은 산도(産道)를 가리킨다. 라쉬와 토사포트는 모두 그것이 여기서는 다르게 사용된다고 생각한다. 핵심은 소의 머리는 완전히 보이게 나오는 반면에, 아기의 머리는 어느 정도 여자의 넓적다리 사이에서 숨겨져 나온다는 것이다. 이것은 골반 해부에서의 다른 점을 반영한다.

25) *Nidda* 3:5 (28a).

26) 보통의 번역은 "그가 인정해야만 한다"라는 것이다.

27) 시체의 확인.

28) JPS: "그들의 판단의 편파로 말미암아 그들을 고소한다."

29) *Yevamot* 87b(375쪽을 보라).

다섯째 소책자 아라킨(ARAKHIN, 값 정하기)

1) 이것이 정확한 읽기인 것 같다. 전통적인 인쇄된 본문은 GDUD라고 되어 있다.
2) 카스트라(castra, 라틴어 '진영'), 아크라(akra, 헬라어 '높은 점', '요새'). 베냐민 영토에 있는 오노는 성경에서 언급된다(예: 느 6:2).
3) 랍비 엘리에셀의 해석은, '그것은 가진다'에 있는 히브리어 로(lo)가 '아니다'를 의미하는 로(lo)와 같은 철자라는 사실에 의존한다.

여섯째 소책자 테무라(TEMURA, 대체물)

1) '망가진 밭'을 의미하는 베이트 하-프라스(Beit ha-p'ras)는 시체나 시체의 일부가 묻혔을 수도 있는 밭을 가리키는 전문적인 용어이다.
2) 만일 누군가가 자신의 곡물에서 테루마를 분리하고, 그다음에 다시 그렇게 한다면, 둘째 할당된 것은 테루마의 지위를 얻지 못한다.
3) 즉, 만약 당신이 한 짐승을, 그 자체로 거룩한 짐승이거나 거룩한 짐승의 새끼를 위한 대체물인 다른 짐승을 위한 대체물로 선언한다면, 그 선언은 효력을 발휘하지 못한다.
4) Mishna *Terumot* 5:6.

일곱째 소책자 케리토트(KERITOT, 제외된 것들)

1) 일부 사본에는 생략됨.
2) 레 20:2, 즉 우상에게.
3) 말은 신체적인 행위로 간주하지 않는다.
4) 라쉬는 이 본문이 훼손됐다고 지적하고, 그것을 수정하려 한다.
5) *Pesaḥim*, 231쪽을 보라.
6) 그는 어근 GDF를 '빼내다'를 의미하는 GRF와 연결시킨다(히브리어에서 r과 d는 비슷하게 보인다). 므가데프는 많은 훼손을 일으켰고 신앙의 토대를 약화시켰다.
7) 이것은 그가 하나님을 직접적으로 부인하지 않았으므로 다소 약한 범죄다.

여덟째 소책자 메일라(ME'ILA, 신성모독죄)

1) 이것들과 나중에 언급된 물건들은 성전의 재산으로 이해된다.
2) 게마라(19a)는 미쉬나가 온전한 값으로 '속량'해야 하는 흠이 있는 제물을 의미한다고 설명한다. 누구든지 그것의 가치를 줄이면서 그것을 훼손한 자는 성전 보고에 손실을 일으킨다.
3) 가운데 옷은 보이게 입지도 않고 피부에 닿지도 않으므로 훼손되지 않을 것 같다. 입는 자는 매우 고운 세마포 옷에 대해 더욱 주의해야 할 것이다.
4) 맛소라 히브리 본문과 70인경에는 '그 땅 사람들의 신들을 따라'라고 되어 있다. 탈무드 본문은 아마도 필사의 실수일 것이다.
5) 쉬타 므쿠베체트(Shita M'qubetzet)의 각주(b)에서 다양한 읽기에 비추어 가능성이 있는 의미.

아홉째 소책자 키님(QINNIM, 새의 쌍들)

1) 즉, 어느 것도 유효한 제물이 될 수 없는데, 왜냐하면 피를 선 아래에 뿌려야 하는지 위에 뿌려야 하는지 결정할 수 없기 때문이다.

열째 소책자 타미드(TAMID, 정규적인 성전 절차)

1) 공식적으로 재의 제거를 시작한 제사장.
2) 그것들은 매일의 희생제물 후에 태워질 준비를 한 채 보관됐다 – 라쉬.
3) 문자 그대로, '기름 나무'. 감은 이제 흔히 '(이스라엘산) 감'(Sharon fruit)이라고 불리지만, 식별은 명확하지 않다.
4) 이것은 3장에서 인용된다.
5) 성전 당국은 짐승이 마실 금으로 된 잔을 제공했을 수도 있다.
6) '한 소녀'를 의미하는 리바(riva)와 '만'을 의미하는 리보(ribo)는 쉽게 혼동된다. 대안의 읽기이지만 가능성이 낮은 읽기는, 이것이 82만 금 조각의 비용이 든다는 것이다(Rosh). 마이모니데스(*Mishneh Torah: Klei ha-Miqdash* 7:17)는 이 구절을 생략한다.
7) Mishna *Sheqalim* 8:5.
8) Reif, *Prayer*, p. 57; Hammer, 'What Did They Bless'.

열한째 소책자 미도트(MIDDOT, 성전 도량형법)

1) Josephus, *Antiquities* 15. 11. 3-7.
2) 그는 시계 반대 방향으로 돌지만, 그 회전을 마치지 않고 그가 들어온 곳의 왼쪽의 문에서 나간다. 에스겔서 46장 8-9절을 보라. Lieberman(*Hellenism*, pp. 166-7)은 피타고라스학파가 거룩한 곳에 들어가는 동일한 방향을 추천한 것을 언급했다. 그러나 이것의 근원은 미쉬나보다 훨씬 뒤인 주후 4세기 철학자 이암블리코스(Iamblichus, *Life of Pythagoras* 156)이다.
3) *Sukka* 51b(276쪽을 보라).
4) 또는 '구역'.
5) 뜰의 면적은 5장(여기서는 번역되지 않았다)에서 충분히 설명된다. *Sheqalim* 6:1(6장을 보라)에 있는 절하는 장소를 참고할 수 있다.
6) 그는 에스겔서 47장 2절과 스가랴서 14장 8절을 염두에 두고 있다.
7) 제단의 구조에 대해, *Zevaḥim* 5장(625쪽)을 보라.

1) Theophrastus, *Characters* XVI (tr. J. M. Edmonds, Loeb edition (1929), p. 79).

2) 그리스의 정결에 대해, Parker, *Miasma*을 보라. 조로아스터교도에 대해, *Vendidad*, 5-17 장, 그리고 Boyce, *Zoroastrianism*, pp. 294-330을 보라.

3) 반면에, 조로아스터교의 정결법은 크라프스트라(khrafstra)의 비슷한 범주를, 일반적으로 공 격적이고 혐오스러운 생물에까지 확대한다(Boyce, *Zoroastrianism*, p. 298).

4) Klawans, 'Impurity'.

5) 이 요약은 빌나의 엘리야가 자신의 주석 *Eliyahu Rabba*에서 이 주제(Order)에 대해 작성한 간략하고 능숙한 서론에 근거한다.

6) 첫 두 가지는 소책자 자빔(Zavim)에서처럼 각각 정자와 피의 비정상적인 유출병이다.

7) 즉, 레위기 11장 29-30절에 열거된 인간의 시체와 어떤 짐승과 여덟 가지 생물.

8) 소책자 파라(*Parah*)와 요마(*Yoma*)를 보라.

9) *Ḥagiga* 26a. *Ḥagiga* 22b와 Sanders, *Jewish Law*, 특히 pp. 242-52도 보라.

첫째 소책자 케림(KELIM, 가공품)

1) 어떤 주석가들은 이것이 안장 이외의 모든 장비를 포괄한다고 생각하고, 다른 이들은 이것을 고삐로 제한한다.

2) 만약 용기에 석류 크기의 구멍이 있다면, 그것은 쓸모없는 것으로 간주된다.

3) 문자 그대로, '그것이 무엇이든지'.

4) 바단은 석류로 유명한 사마리아의 한 마을이라고 한다. 바단 석류는 '평균'이 아니었으므로 크기의 기준이 될 수 없었다.

5) 기술공에게 야기된 사소한 손실은 그들이 우연히 성전 재산을 불경스럽게 사용하지 못하도 록 할 것이다.

둘째 소책자 오할로트(OHALOT, 장막들)

1) 에베르(ever), 여기서는 '부분'으로 번역됐는데, 보통 '수족'을 의미하지만, 이것은 문맥에 적 합하지 않다. 열거된 모든 항목은 '구멍'을 제외하고는 뼈들이다.

2) 아마도 헬라어 코툴레(kotule)일 것이다. 갈렌(Galen, *On the Bones*, section 736)은 더 깊은 종류의 '머리를 받는 우묵한 곳'으로 묘사한다.

3) 문자 그대로, '심장의 열쇠'이지만, 흉골을 가리킬 수는 없는데, 이는 세 부분으로 되어 있기 때문이다. 프로이스(Preuss, *Medicine*, Chapter 2, p. 61)는 이것이 갈비뼈의 부분과 함께 흉 골을 가리키며, 이 뼈들과 함께 제거되어 제사장에게 주어진 짐승의 가슴에서 유래한다고 생 각한다.

4) 전통적인 주석가는 마이모니데스를 따르면서, 이것이 생식기를 가리킨다고 말한다. 숫자와 뼈 재료가 없는 것도 문맥에 적합하지 않으므로 이것은 문제가 된다. Preuss, *Medicine*는

천골의 척추골이라고 제안한다.

5) 후대 유대 발전에 대해, D. Feldman, *Marital Relations*과 Jakobovitz, *Medical Ethics*을 보라.

6) 누가가 레위인을 포함한 것은 받아들이기 어려운데, 레위인은 어떤 제약도 받지 않을 것이기 때문이다.

7) 이것은 '깨진 [부분]의 장소'나 '[신체의 부위가] 펼쳐진 곳'을 의미할 수 있다.

8) '무릎'을 의미하는 히브리어 보레크(borekh)는 아마도 '쟁기의 뒷부분'을 의미하는 라틴어 부리스(buris)를 잘못 읽은 것으로 보인다.

9) 그것은 쟁기가 뒤집는 깊이이다.

셋째 소책자 네가임(NEGA'IM, 역병)

1) 역병은 심지어 징후가 나타났더라도 잔치 동안에는 검사하지 않는다.

2) 이 표현은 레위기에서 여러 번 사용되며, '샘물'이라고 번역될 수 있다. *Miqva'ot* 1:7-8(738-739쪽)을 보라.

3) 들에서뿐만 아니라 집에서 사는 새들.

넷째 소책자 파라(PARAH, 붉은 암송아지)

1) 여덟 살 때까지 - 토세프타.

2) 판자는 아이들이 지나갈 수도 있는 어떤 부정한 것과 아이들 사이에서 장벽이 되는 역할을 했다.

3) Lieberman (*Hellenism*, pp. 159-61)은 방죽길을 마련한 이유는 염소가 자발적으로 가도록 하여 도망을 막으려는 것이었으며, 더군다나 도망한 염소는 고대세계에서 나쁜 징조로 흔히 간주했다고 주장한다.

4) Neusner, *History of . . . Purities*, pp. 242-50은 붉은 암송아지의 절차가 원래 가장 큰 정결로 행해졌지만, 바 코크바 반란 이후 우샤에서 그 기준이 낮아졌다고 한다. 그때는 사람들이 성전에서의 정결을 거룩한 구역 밖에서의 의식으로는 필적할 수 없는 이상으로 생각하기 시작했다고 주장한다. 이것은 사두개인들이 더 이상 우샤 시대에 위협이 되지 않았기 때문에 그들의 견해와 충돌한다. 또한 트불 욤(t'vul yom)은 엄격하게 시체의 더럽힘에서 보호되었고, '기어 다니는 것들'에 의한 비교적 중요하지 않은 더럽힘의 대상만 됐다.

다섯째 소책자 토호로트(TOHOROT, 정결들)

1) *Shavuot* 7b.

2) 레위기 1장 15절에서처럼 이것은 새의 희생제물에 제한된 도살 방법이다.

3) 레위기 11장 29-30절에 있는 '기어 다니는 것들' 가운데 열거되지 않았으므로 '정하다'고 간주한다.

4) 시체 또는 사체 - Bertinora, *Commentary*.

5) 험준하고 구불구불한 길. 베트 길굴은 골고다일 수도 있다.

여섯째 소책자 미크바오트(MIQVA'OT, 웅덩이들)

1) 헬라어 밥티조(baptizo)는 '담그다'를 의미한다.
2) 가장 낮은 단계의 물은 그 근원에서 분리되면 그 지위를 상실한다. 만약 부정한 사람이 거기 서 마신다면 그는 불가피하게 일부를 분리하고, 분리된 물이 다시 떨어진다면 그것은 나머지 를 오염시켜서 다음에 마시는 사람은 오염된다.
3) 문자 그대로의 번역. JPS는 '신선한 물'이라고 하며, KJV는 '흐르는 물'이라고 한다. 또한 Nega'im 14:1(728쪽)과 미주 2번(859쪽)을 보라.
4) *Tohorot*, 735-736쪽을 보라.
5) 두 손가락으로 돌리기에 충분하다고 규정되는 표준적인 원형의 크기.
6) 즉 장애물이 아니다.
7) 가정은 남자들이 개인적인 위생에 대해 여자들보다 덜 세밀하다는 것이다.

일곱째 소책자 니다(NIDDA, 월경 중인 여자)

1) 즉, 그녀는 자신이 두 번 가운데 더 짧은 것에서만 부정했다고 여긴다.
2) *Miqva'ot* 2:2(739쪽을 보라).
3) *Nidda* 6a에 관한 바라이타.
4) 품목이 명백히 부정했다는 사실과 미크베가 이제는 부족하다는 사실.
5) Tosefta *Terumot* 4:8. 여기서의 문제는 식초를 포도주를 위한 테루마로 줄 수 없다는 것이다.
6) 월경의 출혈과 같이 부정하다고 간주하지 않는다는 것을 의미하는 어려운 구절.
7) 아리스토텔레스는 40일을 명시하지는 않지만, 만약 유산이 필요하다면 '감각과 생명(엠프슈 케[empsuchē])이 태아에서 시작되기 전에' 유산해야만 한다고 주장한다(*Politics* 7:1335b20).
8) 정결과 부정결의 날을 준수한다.
9) 일곱 명의 클레오파트라가 이집트의 여왕이었다. 그들은 그리스인이었으며, 수도는 알렉산드 리아였다.
10) 문자 그대로, "성경은 여자아이에 대해 또 다른 출생을 추가한다."
11) 이 둘째 버전은 토세프타에서 온다. 아람어로 된 이 설명은 후대의 논평이다.
12) 예를 들어 플라톤은 *Meno* 81a-86b와 *Republic* X에서, 모든 지식은 이전에 존재하던 것 에서 회상하는 것이며, 출생 때에 상실한다고 주장한다.
13) Galen, *Natural Faculties*, II:3 (85), p. 134.
14) 즉, 그녀가 아직 열한 살일 때. 소년에게는 아직 열두 살일 때.
15) '그가 형성했다'를 의미하는 히브리어 바-이벤(va-yiven)은, 또한 '그가 이해했다'를 의미할 수도 있다. 라브 히스다는 소녀들의 더 이른 성숙을 설명하기 원한다.

아홉째 소책자 자빔(ZAVIM, 유출병)

1) 이것은 관습에 의해 자바와의 혼란을 피하려고 피가 중단된 후 칠 일까지 확장되었고, 후에 랍비들이 승인했다.

2) 문자 그대로, '보는 것', 즉 정액의 무의식적인 분출.

3) 문자 그대로, '사고를 당한 자'이며, 정상적인 정액 분출을 한 자를 가리킨다. 힐렐 학파는 부정결의 단계를 약간 축소한다(*Nidda* 72a-b).

4) 정상적인 정액 분출.

5) 문자 그대로, '그 문제는 다리를 가졌다'.

6) Bertinora, *Commentary*, 는 '오두막'을 의미하는 수카(sukka)보다는 '가지'를 의미하는 소카(sokha)로 읽는다.

7) 두로에서 만든 사다리가 이집트에서 만든 것보다 더 안전해 보였다.

8) '쳤다'라고 번역된 단어는 '기대다'를 의미할 수도 있다. 희생자는 어떤 경우든 접촉을 통해 부정하게 되지만, 압력에 의한 부정결은 매우 높은 단계에 속한다.

9) 랍비 여호수아가 계속한 것이 아니라 아마도 우샤의 후대 해설일 것이다.

10) 전통적인 주석들은 이것이 자리나 침상 이외의 물건을 가리킨다고 받아들이지만, 마다프(maddaf)의 정확한 의미는 명확하지 않다. Neusner, *History of . . . Purities*, pp. 63-71을 보라.

열째 소책자 트불 욤(T'VUL YOM, 그날에 담그다)

1) Mishna *Parah* 3:7(732쪽을 보라).

2) 그가 하나를 건드렸다면 부정한 것이 모두에게 옮길 수 있다.

3) 트불 욤이 아니다.

4) 이 과정은 성별된 부분, 즉 할라가 일단 그렇게 선언됐다면, 그녀가 그것을 건드리지 않았다는 것을 보증한다.

열한째 소책자 야다임(YADAYIM, 손들)

1) 물은 각 손에 두 번 붓고, 손목까지 닿아야 한다. 왜냐하면, 첫 번째 씻는 것은 한 번의 행동으로 해야 하지만, 두 번째 씻는 목적은 오염될 수 있는 첫 번째 물을 씻어 내려는 것뿐이므로, 한 번의 행동으로 하지 않더라도 문제가 되지 않는다.

2) 이 두 구절은 끝에 거꾸로 된 글자 눈(nun)에 의해 토라 두루마리에서 분리되어 있는데, 이 글자는 헬라의 필사자들이 분리된 부분을 가리키려고 사용한 거꾸로 된 시그마를 히브리어에서 채택한 것이다.

3) *Berakhot* 27b-28a(78-79쪽을 보라).

4) M. Kahana, 'Mishnaic Controversy'는 *Eduyot* 6:2-3 및 *Keritot* 3:7-10와 함께 4:3에 초점을 두면서, 여기서의 긴 주장이 "고대 전통에 대한 할라코트의 토대에서부터 논리적인 연역법에 점차 의존하는 것까지의 전환을 반영한다"라고 주장했다(영어 발췌본의 6쪽).

5) 현대 성경 학자는 신명기 23장 3절을 암몬 사람과 모압 사람을 민족 회의의 구성원에서 금지

하는 것으로 이해한다. 개종의 개념은 시대에 맞지 않는 개념이다.

6) 조로아스터교의 *Vendidad* (5:28, 35)는, 모든 시체 가운데 가장 크게 오염시키는 것은 제사장의 시체이고, 반면에 악인의 시체는 '독이 말라버린, 죽은 지 일 년 이상 된 개구리만큼' 오염시킨다고 진술한다.

열두째 소책자 우크친('UQTZIN, 줄기)

1) 이것은 열매에게 오염을 옮기고 또 열매로부터 오염을 옮기지만, 오염의 수용성을 측정하기 위해 열매의 양에는 추가되지 않는다.

2) Mishna *Shevi'it* 10:3(125쪽을 보라).

3) 예쉬(Yesh)는 '본질'을 의미한다. 이 단어의 숫자 가치는 310이다.

부록 2 │ 십일조와 안식년

1) *Qiddushin* 24a. Henshke, 'Exegesis'.

2) Maimonides, *Mishné Torah: Terumot* 1:1.

3) 부분적으로는 명백히 운용됐다. 느헤미야 10장 35-39절은 그 제도들을 입증한다. 고고학자들은 단지들을 발굴했는데, 이 단지들은 거룩한 제물을 위해 예비됐다는 것을 보여준다. 그리고 제2성전기 말에 나온 많은 문헌적 증거가 있다. 자료들은 외경(유딧서 11:13; 토비트서 1:6-7; 마카비1서 3:49-50)과 필로(Philo, *Special Laws* 1:132-55)와 요세푸스(Josephus, *Life* 12:62, 53, 80; *Antiquities* 14:10:6; 20:8:8; 20:9:2)를 포함한다. 바 코크바(Bar Kokhba, 약 130년)가 서명한 차용증서가 발견됐는데, 거기서 소작인들은 십일조를 제한 후에 땅 주인의 몫을 지불할 의무를 지닌다(Benoît, *Grottes de Murabba'at*, pp. 124-5).

4) Oppenheimer, 'Am ha-aretz', p. 34. 41-42쪽에서 그는 십일조가 그 당시 코하님에게만 주어졌는지 아니면 레위인들에게도 주어졌는지에 대한 질문을 논의한다.

5) 탈무드(*Yevamot* 86a/b와 병행 본문)는 미쉬나 *Sota* 9:10와 *Ma'aser Sheni* 5:15를 상세히 설명하면서 그 변화를 에스라에게 돌렸으며, 그것의 확증을 대제사장 요하난(John Hyrcanus, 주전 약 175-104년)에게 돌렸다.

6) 비슷한 태도가 예수님의 성전 '정화'에 대한 복음서 기사 배후에 있다(마가복음 11장과 병행 본문).

부록 3 │ 동전과 중량과 도량

1) 자세한 사항과 삽화에 대해서는, Banesh, *Middot*; Reifenberg, *Jewish Coins;* Meshorer,

*Jewish Coins*을 보라.

2) *Bava Metzi'a* 60b(5장을 보라).

3) 이 등가는 *Ketubot* 64a에서 제시한다.

4) 이것은 불변하는 것은 아니다. *Qiddushin* 2a는 한 디나르가 144페루토트라는 것을 시사한다.

5) 일반적으로 엄지손가락 관절의 넓이로 여겨진다(Banesh, *Middot,* pp. 76-92).

6) Banesh, *Middot,* pp. 68-75는 전자에 대해서는 엘리야후 하임 나에(Eliyahu Ḥayyim Naeh)의 주장을 요약하고, 후자에 대해서는 아브라함 이사야 칼리츠(Abraham Isaiah Karlitz, [하존 이쉬 Ḥazon Ish])의 주장을 요약한다.

참고 문헌

1차 문헌

흔히 사용되는 바빌로니아 탈무드의 본문은 1886년 리투아니아 빌니우스의 위도우 앤 브라더스 롬(Widow and Brothers Romm) 출판사에서 완성하고, 때로 증보하여 종종 재판된 인쇄본이다. 메콘 하-탈무드 하-이스라엘리(Mekhon ha-Talmud ha-Yisraeli, 이스라엘 탈무드 재단)는 1971년 이후로 온전한 비평 자료를 갖춘 거의 완벽한 현대 인쇄본을 출간하는 데 관여했다. 여러 권의 책들이 나왔지만 이 프로젝트는 완성되려면 시간이 더 걸릴 것이다.

대부분의 중요한 사본들은 예루살렘 소재 히브리 대학교를 통해 http://jnul.huji.ac.il/dl/talmud/에서 온라인으로 접속하여 사용할 수 있다.

영어 번역본들

바빌로니아 판의 여러 완성된 영어 번역본들은 아래와 같이 출판됐다.

The Soncino Talmud, ed. I. Epstein, 18 vols. (London: Soncino, 1935-48). 이것은 CD와 온라인으로 사용 가능하다.

The Artscroll edition: Bavli. The Gemara: The classic Vilna edition with an annotated interpretive elucidation under the general editorship of Hersh Goldwurm, Schottenstein student edition (New York: Mesorah Publications, 1996-).

Neusner, J., The Talmud of Babylonia. An Academic Commentary, rev. edn (Atlanta: Scholars Press, 1994-6, 1999).

현재 완성되지 않은 시리즈는 다음과 같다.
The Talmud: With Translation and Commentary by Adin Steinsaltz (New York: Random House: 1989-).

이외에도 광범위한 온라인 자료뿐만 아니라 수많은 단행본 선집과 안내서가 있다.

사전과 참고서적

모든 번역가는 수세대의 사전 편찬자들의 막대한 연구, 특히 게오님 시대와 중세 시대의 막대한 연구에 신세를 지고 있는데, 이 시대의 많은 저작이 로마의 랍비 나단 벤 예히엘(1035-1100년)의 아루크(Arukh)에 요약됐다.

현대에는 동프러시아의 브레슬라우(현재 폴란드의 브로츠와프)에서 연구한 제이콥 레비(Jacob Levy, 1819-1892년)가 탈무드 사전 편찬의 선구자였으며, 헝가리 학자 알렉산더 코후트(Alexander Kohut, 1842-1894년)가 뒤를 이었다.

마커스 재스트로(Marcus Jastrow)의 Dictionary of Talmud Babli, Yerushalmi, Midrashic Literature and Targumim, 2 vols. (1903)는 여전히 널리 보급되어 있다.

마이클 소콜로프(Michael Sokoloff)는 다음 책들에서 추가된 1세기의 연구와 학계에 의존한다.

: *A Dictionary of Jewish Palestinian Aramaic of the Byzantine Period* (Ramat Gan, Israel: Bar-Ilan University Press, 1990); *A Dictionary of Jewish Babylonian Aramaic of the Talmudic and Geonic Periods* (Baltimore and London: Johns Hopkins University Press, with Ramat Gan, Israel; Bar-Ilan University Press, 2002); and *A Dictionary of Judean Aramaic* (Ramat Gan, Israel: Bar-Ilan University Press, 2003).

그리스어와 라틴어 법적 용어들은 Daniel Sperber, *A Dictionary of Greek and Latin Legal Terms in Rabbinic Literature* (*Ramat Gan, Israel: Bar-Ilan University Press,* 1984)에서 망라된다.

〈종합 아람어 사전〉(*The Comprehensive Aramaic Lexicon*)이라고 불리는 아람어 새 사전은 현재 소콜로프를 포함한 국제학자들 팀이 준비하고 있다.

이츠하크 프랭크(*Yitzḥak Frank*)의 *The Practical Talmud Dictionary,* 2nd edn (Jerusalem: Ariel, 1994)은 탈무드 관용구를 정확하게 이해하는 데 도움이 된다.

성경 히브리어에 대해서는, 표준 저작은 여전히 *A Hebrew and English Lexicon of the Old Testament, ed. Francis Brown, S. R. Driver and Charles A. Briggs* (*Oxford: Clarendon Press,* 1907)이다. 나는 1976년 재판을 사용했다. 더욱 최근에는 최신 연구과 포함된 것에는 Ludwig Koehler and Walter Baumgartner, *The Hebrew and Aramic Lexicon of the Old Testament,* 5 vols. (Leiden: E. J. Brill, 1994-2000)이 있다.

The Cambridge Companion to the Talmud and Rabbinic Literature, ed. C. E. Fonrobert and Martin S. Jaffee (*Cambridge: Cambridge University Press,* 2007)은 유익한 또 다른 참고서적이다.

2차 문헌

포괄적인 참고 문헌은 전문적인 저자들에게서 찾을 수 있다. 이 책을 준비하는 데 실제로 인용되거나 사용된 책이나 연구서는 여기에 열거된다.

일부 출판사들은 예를 들어 흔히 사용되는 계산법에서 3760년이 앞선 5760년이라는 유대력에 따른 출판연도를 제시한다. 유대력은 1월부터 시작하기보다는 9/10월에서 시작하므로, 두 개의 연도가 겹처서 5760년은 1999/2000년이 된다.

Adan-Bayewitz, David, 'The Tannaitic List of "Walled Cities" and the Archaeological-Historical Evidence from Iotapata and Gamala', *Tarbiz* 66:4 (July-September 1997) pp. 449-70 (Hebrew).

Albeck, Hanokh, *Mavo la-Mishna* (Jerusalem: Mosad Bialik, 1959)(Hebrew).

–, *Mavo ha-Talmud*(Tel Aviv: Dvir, 1969)(Hebrew).

Amit, Aaron, 'The Death of Rabbi Aqiva's Disciples: A Literary History', *Journal of Jewish Studies* 56:2 (Autumn 2005), pp. 265-84.

Artemidorus, *The Interpretation of Dreams (Oneirocriticon),* tr. and commentary by Robert J. White (Park Ridge, NJ: Noyes Press, 1975).

Aumann, Robert J., and Michael Maschler, 'Game Theoretic Analysis of a Bankruptcy Problem from the Talmud', *Journal of Economic Theory* 36 (1985), pp. 195-213.

Avery-Peck, Alan J., *Mishnah's Division of Agriculture: A History and Theology of Seder Zeraim* (Chico, CA: Scholars Press, 1985).

Avot de Rabbi Nathan: synoptische Edition beider Versionen, ed. Hans-Jürgen Becker and Christoph Berner (Tübingen: Mohr Siebeck, 2006).

Banesh, Chaim P., *Middot v'Shiurei Torah,* 2nd edn (Bnei Braq, Israel:n. p., 5747 (1986/7)) (Hebrew).

Beer, Moshe, 'Notes on Three Edicts against the Jews of Babylonia in the Third Century C. E.', in *Irano-Judaica,* ed. Shaul Shaked (Jerusalem: Ben-Zvi Institute, 1982), pp. 25-37 (Hebrew).

Belayche, Nicole, *Iudaea-Palaestina: The Pagan Cults in Roman Palestine (Second to Fourth Century)* (Tübingen: Mohr Siebeck, 2001).

Benoît, P. et al., *Les Grottes de Murabba'at* (Oxford: Clarendon Press, 1961).

Benson, R. L., and G. Constable (eds), *Renaissance and Renewal* (Cambridge: Harvard University Press, 1982).

Ben Zeev, Miriam Pucci, *Diaspora Judaism in Turmoil: 116/117 CE: Ancient Sources and Modern Insights* (Leuven: Peeters, 2005).

Bokser, Baruch M., *Post Mishnaic Judaism in Transition: Samuel on Berakhot and the Beginnings of Gemara* (Chico, CA: Scholars Press, 1980).

–, 'An Annotated Bibliographical Guide to the Study of the Palestinian Talmud', in *The Study of Ancient Judaism II: The Palestinian and Babylonian Talmuds,* ed. Jacob Neusner (New York: Ktav, 1981), pp. 187-94.

Boyarin, Daniel, *Intertextuality and the Reading of Midrash* (Bloomington and Indianapolis: Indiana University Press, 1990).

Boyce, Mary, *A History of Zoroastrianism: Volume One, The Early Period* (Leiden: E. J. Brill, 1975).

Breuer, Yochanan, 'Rabbi is greater than Rav, Rabban is greater than Rabbi, the simple name is greater than Rabban', *Tarbiz* 66:1 (October-December 1996), pp. 41-60 (Hebrew).

Brock, Sebastian P., *Syriac Perspectives on Late Antiquity* (London:Variorum Reprints, 1984).

–, *The Heirs of the Ancient Aramaic Heritage,* Vol. 2: *The Hidden Pearl: The Syrian Orthodox Church and its Ancient Aramaic Heritage, ed.* Sebastian P. Brock with David G. K. Taylor (Rome: Trans World Film Italia, 2001).

Brody, Robert (Yerahmiel), 'Sources for the Chronology of the Talmudic Period', *Tarbiz* 70:1 (October-December 2000), pp. 75-107 (Hebrew).

Burkert, Walter, *Greek Religion: Archaic and Classical,* tr. John Raffan(Oxford: Basil Blackwell, 1985).

Carmi, T. (ed. and tr.), *The Penguin Book of Hebrew Verse* (New York:Penguin Books, 1981).

Chajes, Z. H., *The Student's Guide Through the Talmud,* tr. Jacob Shachter(London: East and West Library, 1952).

Charles, T. H. (tr.), *Apocrypha and Pseudepigrapha of the Old Testament* (Oxford: Oxford University Press, 1913).

Chepey, Stuart, *Nazirites in Late Second Temple Judaism* (Leiden:E. J. Brill, 2005).

Chernick, Michael (ed.), *Essential Papers on the Talmud* (New York and London: New York University Press, 1994).

Christensen, Arthur, *L'Iran sous les Sassanides* (1936; Copenhagen:Levin & Munksgaard, 1944).

Cohen, Gerson, *The Book of Tradition of Abraham ibn Daud* (London:Routledge & Kegan Paul, 1967).

Cohen, Shaye J. D., 'The Place of the Rabbi in Jewish Society', in The *Galilee in Late Antiquity,* ed. Leo I. Levine (New York: Jewish Theological Society of America, 1992), pp. 157-73.

Cohn, Haim H., *The Trial and Death of Jesus* (London: Weidenfeld and Nicolson, 1972).

Cotton, H. M., and A. Yardeni, *Aramaic, Hebrew and Greek Documentary Texts from Naḥal Ḥever and Other Sites.* Documents from the Judean Desert *(DJD)* XXVII, 1997.

Dahan, Gilbert, Gérard Nahon and Elie Nicolas(eds), *Rashi et la culture juive en France du Nord au moyen âge* (Paris-Louvain: Peeters, 1997).

Dan, Joseph, *The Ancient Jewish Mysticism,* tr. Shmuel Himelstein (Tel Aviv: MOD Books, 1989).

de Lange, Nicholas, *Origen and the Jews* (Cambridge: Cambridge University Press, 1976).

Diamond, Eliezer, *Holy Men and Hunger Artists: Fasting and Asceticism in Rabbinic Culture* (Oxford: Oxford University Press, 2003).

Dunn, J. D. G., *The Parting of the Ways: Between Judaism and Christianity and Their Significance for the Character of Christianity* (London: SCM Press and Trinity International, 1991).

Epstein, Jacob N., *Mavo l'nusaḥ. ha-Mishna,* 2nd edn, 2 vols. (Jerusalem: Magnes Press, 1964) (Hebrew).

Erhart, Victoria, 'The Development of Syriac Christian Canon Law in the Sasanian Empire', in *Law, Society, and Authority in Late Antiquity,* ed. Ralph W. Mathisen (Oxford: Oxford University Press, 2001), pp. 115-29.

Eshel, Ben-Zion, *Yishuvei ha-Yehudim b'Bavel bi-T'qufat ha-Talmud* (Jerusalem: Hebrew University, 1979) (Hebrew).

Eshel, Esther, and Amos Kloner, 'An Aramaic Ostracon of an Edomite Marriage Contract from Maresha, Dated 176 B. C. E.' *Israel Exploration Journal 46* (1996), pp. 1-22.

Feinstein, M., *Igrot Moshe,* Vol. 3: *Even ha-Ezer I* (New York:Balshan Press, 5734(1974)) (Hebrew).

Feldman, David, *Marital Relations, Birth Control and Abortion in Jewish Law* (New York:Schocken Books, 1974).

Feldman, W. M., *Rabbinical Mathematics and Astronomy* (1931; New York: Hermon

Press, n.d.).

Feliks, Yehuda, *Talmud Yerushalmi Masekhet Shevi'it*(Jerusalem: Tzur-Ot, 5740(1979)) (Hebrew).

—, *Ha-Tsomeaḥ veha-hai ba-Mishnah* (Jerusalem: Makhon l'Heqer ha-Mishna, 5743(1982)) (Hebrew).

—, *Mishnah Shevi'it*(Jerusalem: Reuben Mass, 5747(1987)) (Hebrew).

Finkelstein, Menachem, *Conversion: Halakhah and Practice* (Ramat Aviv: Bar-Ilan University, 2006).

Fraenkel, Jonah, *Rashi's Methodology in his Exegesis of the Babylonian Talmud* (Jerusalem: Hebrew University, 1980) (Hebrew).

Frankel, Zacharias, *Mavo la-Yerushalmi*(Breslau (Wrocław): 1870) (Hebrew).

Gafni, Isaiah, 'Hibburim Nistoriim k'maqor l'Toldot Yeshivot Bavel', *Tarbiz* 51 (1982), pp. 567-76 (Hebrew).

—, 'L'Heqer ha-Kronologia ha-Talmudit b'Iggeret Rav Sherira Gaon', *Zion* 52 (1987), pp. 1-24 (Hebrew).

—, 'The Institution of Marriage in Rabbinic Times', in *The Jewish Family-Metaphor and Memory*, ed. D. Kraemer (Oxford: Oxford University Press, 1989), pp. 13-30.

—, *Yehudei Bavel bi-T'kufat ha-Talmud*(Jerusalem: Merkaz Zalman Shazar l'Toldot Israel, 5751 (1990)) (Hebrew).

—, 'The Political, Social, and Economic History of Babylonian Jewry, 224-638 CE', in *Cambridge History of Judaism*, Vol. 4, ed. Katz, pp. 792-820.

Galen, *On the Natural Faculties*, ed. A. J. Brock (Loeb edn, 1916).

Geiger, J., 'The Gallus Revolt, and the Projected Rebuilding of the Temple in the Time of Julianus', in *Eretz Israel from the Destruction of the Second Temple to the Muslim Conquest*, ed. Z. Baras, S. Safrai, M. Stern and Y. Tasfrir (Jerusalem: Yad Yitzchak Ben-Zvi, 1982), pp. 202-27 (Hebrew).

Ginzei Talmud Bavli, ed. Abraham Katsah (Jerusalem: Rubin Mass, 1979).

Goodblatt, David M., *Rabbinic Instruction in Sasanian Babylonia* (Leiden: E. J. Brill, 1975).

—, 'Bibliography' (on the Talmud of Babylonia), in *The Study of Ancient Judaism: The Palestinian and Babylonian Talmuds*, ed. J. Neusner (New York: Ktav, 1981).

—, 'The Jews in Babylonia, 66-c. 235 C.E.', in *Cambridge History of Judaism*, Vol. 4, ed. Katz, pp. 83-92.

Goodman, Martin, 'The Roman State and the Jewish Patriarchate', in *The Galilee in Late Antiquity*, ed. Leo I. Levine (New York: Jewish Theological Society of America, 1992).

—, *Mission and Conversion: Proselytizing in the Religious History of the Roman Empire* (Oxford: Clarendon Press, 1994).

—, *Rome and Jerusalem: The Clash of Ancient Civilizations* (London: Penguin Books, 2008).

Goshen-Gottstein, Alon, *The Sinner and the Amnesiac: The Rabbinic Invention of*

Elisha ben Abuya and Eleazar ben Arach (Stanford: Stanford University Press, 2000).

Gyselen, Rika, *La Géographie administrative de l'Empire Sassanide: Les témoignages sigillographiques* (Paris: Groupe pour l'Etude de la Civilisation du Moyen-Orient, 1989).

Habermann, A. M., *Ha-Madpisim bene Soncino* (Vienna: Buchhandlung David Fränkel, 1933) (Hebrew).

—, *Ha-Madpiss Daniel Bomberg u-Reshimat Sifre Beth Defusso* (Safed, Israel: Museum of Printing, 1978) (Hebrew).

Halivni, David Weiss, *M'qorot uM'sorot (Sources and Traditions)* (Tel Aviv: Devir, 1968).

—, *Midrash, Mishnah and Gemara: The Jewish Predilection for Justified Law* (Cambridge: Harvard University Press, 1986).

—, *Peshat & Derash: Plain and Applied Meaning in Rabbinic Exegesis* (New York and Oxford: Oxford University Press, 1991).

Hammer, R., 'What Did They Bless? A Study of Mishna Tamid 5.1', *Jewish Quarterly Review* 81 (1991), pp. 305-24.

Harries, Jill D., 'Resolving Disputes in Late Antiquity', in *Law, Society and Authority in Late Antiquity,* ed. Ralph W. Mathisen (Oxford: Oxford University Press, 2001), pp. 68-82.

Harrington, H. K., *The Purity Texts,* Companion to the Qumran Scrolls 5 (London and New York: T. & T. Clark International, 2004).

Harris, Jay, *How Do We Know This?* (New York: SUNY Press, 1994).

Haskin, Charles Homer, *The Renaissance of the Twelfth Century* (Cambridge: Harvard University Press, 1927).

Hauptman, Judith, *Development of the Talmudic Sugya: Relationship Between Tannaitic and Amoraic Sources* (Lanham, MD: University Press of America, 1988).

—, *Rereading the Mishnah: A New Approach to Ancient Jewish Texts* (Tübingen: Mohr Siebeck, 2005).

Hecht, N. S., B. S. Jackson, S. M. Passamanek, et al. (eds), *An Introduction to the History and Sources of Jewish Law* (Oxford: Clarendon Press, 1996).

Henshke, David, 'On the History of Exegesis of the Pericopes Covering Tithes: From the Temple Scroll to the Sages', *Tarbiz* 72 (October 2002-March 2003), pp. 85-112 (Hebrew).

Herr, Moshe David, 'Who were the Boethusians?', in *Proceedings of the Seventh World Congress of Jewish Studies: Studies in the Talmud, Halacha and Midrash* (Jerusalem, 1981), pp. 1-20.

Hippocrates, *De Octimestri Partu,* tr. Hermann Grensemann (Berlin: Akademie-Verlag, 1968).

Hoffman, David, *Mar Samuel - Rector der jüdischen Akademie zu Nehardea in Babylonien* (Leipzig: Oskar Leiner, 1873).

Horbury, William, *Jews and Christians in Contact and Controversy* (Edinburgh: T. & T. Clark, 1998).

Ibn Daud, *Sefer Ha-Qabbalah, see* Cohen, Gerson

Jacobs, Louis, *Structure and Form in the Babylonian Talmud* (Cambridge: Cambridge University Press, 1991).

—, *Rabbinic Thought in the Talmud* (London and Portland, OR: Vallentine Mitchell, 2005).

Jacobs, Martin, *Die Institution des jüdischen Patriarchen: Eine quellenund traditionskritische Studie zur Geschichte der Juden in der Spätantike* (Tübingen: J. C. B. Mohr, 1995).

Jaffee, Martin, *Mishnah's Theology of Tithing: A Study of Tractate Maaserot* (Chico, CA: Scholars Press, 1981).

Jakobovits, I., *Jewish Medical Ethics* (New York: Bloch Publishing Company, 1959). There are later editions.

Jastrow, Marcus, *Dictionary of Talmud Babli, Yerushalmi, Midrashic Literature and Targumim,* 2 vols. (reprinted, New York: Pardes, 1950).

Jellinek, Adolf, *Elischa Ben Abuja gennant Acher* (Leipzig: A. M. Coldotz, 1847).

Josephus, Titus Flavius, *Antiquities of the Jews,* tr. H. St J. Thackeray, Vols. 5-12 (Loeb edn; Harvard: Harvard University Press, 1930-65).

—, *Wars of the Jews,* tr. G. A. Williamson, rev. Mary Smallwood (London: Penguin Classics, 1981).

Julian, *Against the Galileans,* ed. and tr. R. Joseph Hoffman (Amherst, NY: Prometheus Books, 2004).

Kahana, Kalman (ed.), *Seder Tannaim we Amoraim* (Frankfurt-am-Main: Hermon, 1935).

Kahana, Menahem, 'On the Fashioning and Aims of the Mishnaic Controversy', *Tarbiz* 73:1 (October-December 2003), pp. 51-82 (Hebrew).

Kalmin, Richard, *The Redaction of the Babylonian Talmud: Amoraic or Saboraic?* (Cincinnati: Hebrew Union College Press, 1989).

—, *Sages, Stories, Authors and Editors in Rabbinic Babylonia* (Atlanta: Scholars Press, 1994).

Kaplan, Julius, *The Redaction of the Babylonian Talmud* (New York: Bloch Publishing Company, 1933).

Katz, David S., *The Jews in the History of England: 1485-1850,* 2nd edn (Oxford: Clarendon Press, 1996).

Katz, Steven T. (ed.), *The Cambridge History of Judaism, Vol. 4: The Late Roman and Rabbinic Period* (Cambridge: Cambridge University Press, 2006).

—, 'The Rabbinic Response to Christianity', in *Cambridge History of Judaism, Vol. 4,* ed. Katz, pp. 259-98.

Klawans, Jonathan, 'The Impurity of Immorality in Ancient Judaism', *Journal of Jewish Studies* 48 (1997), pp. 1-16.

Kohut, Alexander, 'Les fêtes Persannes et Babyloniennes dans les Talmuds de Babylon et de Jérusalem', *Revue des Études Juives* 24 (1965), pp. 256-71.

Kovelman, A. B., *Between Alexandria and Jerusalem: The Dynamic of Jewish and Hellenistic Culture* (Leiden: E. J. Brill, 2005).

Kraemer, David, *The Mind of the Talmud: An Intellectual History of the Bavli* (New

York and Oxford: Oxford University Press, 1990).

−, *Reading the Rabbis: The Talmud as Literature* (New York: Oxford University Press, 1996).

−, 'The Mishnah', in *Cambridge History of Judaism,* Vol. 4, ed. Katz, pp. 299-315.

Krauss, Samuel, *A Handbook to the History of Christian-Jewish Controversy from the Earliest Times to 1789,* ed. William Horbury, (Tübingen: Mohr, 1996).

Kushelevsky, Rella, 'Hillel as the "Image of a man in the Skylight": A Hermeneutic Perspective', *Revue des Études Juives* 165 (2006), pp. 363-81.

Lamberton, Robert, and John J. Keaney (eds), *Homer's Ancient Readers: The Hermeneutics of Greek Epic's Earliest Exegetes* (Princeton: Princeton University Press, 1992).

Lapin, Hayim, *Early Rabbinic Civil Law and the Social History of Roman Galilee: A Study of Mishna Baba' Meṣi'a'* (Atlanta: Scholars Press, 1995).

Levinas, Emmanuel, *Nine Talmudic Readings,* tr. Annette Aronowicz (Bloomington: Indiana University Press, 1994).

Levine, I. I., 'The Status of the Patriarch in the Third and Fourth Centuries: Sources and Methodology', *Journal of Jewish Studies* 47 (1996), pp. 1-32.

Lewin, B. M., *Iggeret R. Scherira Gaon* (Haifa, 5681 / Berlin: n.p., 1921) (Hebrew).

Lieberman, Saul, *Greek in Jewish Palestine,* 2nd edn (1942; New York: Philipp Feldheim, 1965).

−, *Hellenism in Jewish Palestine* 2nd edn (1950; New York: Jewish Theological Seminary of America, 1962).

Limor, Ora, and Guy G. Stroumsa (eds), *Contra Iudaeos: Ancient and Medieval Polemics between Christians and Jews* (Tübingen: Mohr, 1996)

Linder, Amnon, *The Jews in the Legal Sources of the Early Middle Ages* (Detroit, MI: Wayne State University Press for Israel Academy of Sciences and Humanities, 1997).

Luzzatto, Moshe Chaim, *Mesilas Yesharim: Path of the Upright,* tr. and annotated by Aryeh Kaplan (Jerusalem: Feldheim Publishers, 1977)

Maimonides, Moses, *The Guide of the Perplexed,* tr. S. Pines (Chicago: University of Chicago Press, 1963).

Mandelbaum, Irving, *A History of the Mishnaic Law of Agriculture: Kilayim* (Chico, CA: Scholars Press, 1982).

Mantel, Hugo, *Studies in the History of the Sanhedrin* (Cambridge: Harvard University Press, 1961).

Marx, Tzvi C., *Disability in Jewish Law* (London: Routledge, 2002).

Meshorer, Yaakov, *Ancient Jewish Coins* (Dix Hills, NY: Amphora Books, 1982).

Millar, Fergus, *A Greek Roman Empire: Power and Belief under Theodosius II (408-450),* (Berkeley: University of California Press, 2006), Chapter III:6, pp. 123-9.

−, 'Transformations of Judaism under Graeco-Roman Rule: Reponses to Seth Schwarz's "Imperialism and Jewish Society" ', *Journal of Jewish Studies 57:1* (Spring 2006), pp. 139-58.

Milson, David, *Art and Architecture of the Synagogue in Late Antique Palestine: In the Shadow of the Church* (Leiden: E. J. Brill, 2007)

Neusner, J., *Fellowship in Judaism: The First Century and Today* (London: Vallentine Mitchell, 1963).

–, *A History of the Jews in Babylonia,* 5 vols. (Leiden: E. J. Brill, 1965-70).

–, *The Rabbinic Traditions about the Pharisees before 70,* 3 vols. (Leiden: E. J. Brill, 1971).

–, *A History of the Mishnaic Law of Purities,* Vol. XXII (Leiden: E. J. Brill, 1977).

–, *Vanquished Nation, Broken Spirit: The Virtues of the Heart in Formative Judaism* (New York: Cambridge University Press, 1987).

–, *The Bavli That Might Have Been: The Tosefta's Theory of Mishnah Commentary Compared with the Bavli's* (Atlanta: Scholars Press, 1991).

–, *The Bavli's One Voice* (Atlanta: Scholars Press, 1991).

–, *Judaism in Society: The Evidence of the Yerushalmi,* 2nd edn (Atlanta: Scholars Press, 1991).

Newman, Louis, *The Sanctity of the Seventh Year: A Study of Mishnah Tractate Shebiit* (Chico, CA: Scholars Press, 1983).

Noam, Vered, 'Divorce in Qumran in Light of Early Halakhah', *Journal of Jewish Studies 56:2* (Autumn 2005), pp. 206-23.

Novak, David, *The Image of the Non-Jew in Judaism: An Historical and Constructive Study of the Noahide Laws* (New York: Edwin Mellen Press, 1983).

Oppenheimer, Aharon, *The 'Am ha-aretz: A Study in the Social History of the Jewish People in the Hellenistic-Roman Period,* tr. I. H. Levine (Leiden: E. J. Brill, 1977).

–, *Babylonia Judaica in the Talmudic Period* (Wiesbaden: Dr Ludwig Reichert Verlag, 1983).

–, *Between Rome and Babylon: Studies in Jewish Leadership and Society* (Tübingen: Mohr Siebeck, 2005).

Parikhanian, Anahit, *The Book of a Thousand Judgements (A Sasanian Law-Book),* tr. Nina Garsoïan (Costa Mesa, CA: Mazda Publishers in association with Bibliotheca Persica, 1997).

Parker, Robert, *Miasma: Pollution and Purification in Early Greek Religion* (Oxford: Clarendon Press, 1983).

Philo Judaeus (Philo of Alexandria), *On the Special Laws,* tr. F. H. Colson, Vols. 7-8 (Loeb edn; Harvard: Harvard University Press, 1937-9).

Porphyry of Tyre, 'Four Books on Abstinence from Animal Food', in *Select Works of Porphyry,* tr. Thomas Taylor (1823; reprinted Frome: Prometheus Trust, 1994), pp. 11-138.

Preuss, Julius, *Biblical and Talmudic Medicine* (1961), tr. and ed. Fred Rosner (New York: Sanhedrin Press, 1978).

Ravitsky, Aviezer, 'Prohibited Wars in the Jewish Tradition', in *The Ethics of War and Peace: Religious and Secular Perspectives,* ed. T. Nardin (Princeton: Princeton University Press, 1996), pp. 115-27.

Reed, Anna Yoshiko, and Adam H. Becker, *The Ways that Never Parted: Jews and Christians in Late Antiquity and the Early Middle Ages* (Tübingen: J. C. B. Mohr, 2003).

Reeg, G., *Die Ortsnamen Israels nach der rabbinischen Literatur* (Wiesbaden: Reichert, 1989). This is the documentation volume relating to *Tübinger Atlas des Vorderen Orients* B VI 16.

Reif, Stefan C., *Judaism and Hebrew Prayer: New Perspectives on Jewish Liturgical History* (Cambridge: Cambridge University Press, 1993).

Reifenberg, A., *Ancient Jewish Coins,* 5th edn. (Jerusalem: R. Mass, 1969).

Reiss, Rosemary E., and Avner D. Ash, 'The Eighth-month Fetus: Classical Sources for a Modern Superstition', in *Obstetrics & Gynecology* 71 (1988), pp. 270-73.

Rivkin, Ellis, *A Hidden Revolution: The Pharisees' Search for the Kingdom Within* (Nashville, TN: Abingdon, 1978).

Rosenblatt, Jason P., *Renaissance England's Chief Rabbi: John Selden* (Oxford: Oxford University Press, 2006).

Rouwhorst, G., 'Jewish Liturgical Traditions in Early Syriac Christianity', *Vigiliae Christianae* 51:1 (March 1997), pp. 72-93.

Ruether, R. R., *Faith and Fratricide: The Theological Roots of Anti-Semitism* (New York: Seabury Press, 1974).

Russell, James R., 'Sages and Scribes at the Courts of Ancient Iran', in *The Sage in Israel and the Ancient Near East,* ed. John G. Gammie and Leo J. Perdue (Winona Lake, IN: Eisenbrauns, 1990).

Sanders, E. P., *Jewish Law from Jesus to the Mishnah* (London: SCM Press, 1990).

Sarason, Richard S., *A History of the Mishnaic Law of Agriculture: A Study of Tractate Demai,* Part One (Leiden: E. J. Brill, 1979).

Satlow, Michael L., ' "One who loves his wife like himself ": Love in Rabbinic Marriage', *Journal of Jewish Studies* 49 (1998), pp. 67-86.

—, 'Slipping Toward Sacrament', in *Jewish Culture and Society in the Christian Roman Empire,* ed. Richard Kalmin and Seth Schwartz (Leuven: Peeters, 2003), pp. 65-89.

Schäfer, Peter, *Hekhalot Studien* (Tübingen: J. C. B. Mohr, 1998).

—, (ed.), *The Bar Kochba War Reconsidered* (Tübingen: J. C. B. Mohr, 2003).

—, *Jesus in the Talmud* (Princeton: Princeton University Press, 2007).

—, and Klaus Hermann (ed.), *Übersetzung der Hekhalot-Literatur,* 4 vols (Tübingen: J. C. B. Mohr, 1991-5).

Schechter, Solomon, *Aspects of Rabbinic Theology,* with intro. by Louis Finkelstein (1909; New York: Schocken Books, 1961).

Schlüter, Margaret, *Auf welche Weise wurde die Mishna geschrieben?: das Antwortschreiben des Rav Sherira Gaon: mit einem Faksimile der Handschrift Berlin Qu. 685 (Or. 160) und des Erstdruckes Konstantinopel 1566* (Tübingen: Mohr, 1993).

Scholem, Gershom G., *Jewish Gnosticism, Merkabah Mysticism, and Talmudic Tradition* (New York: Jewish Theological Seminary of America, 1960).

Schwartz, J., *Lod (Lydda) Israel: From Its Origins through the Byzantine Period* (Oxford:

Oxford University Press, 1991).

Schwartz, Seth, *Imperialism and Jewish Society, 200 B.C.E. to 640 C.E.* (Princeton: Princeton University Press, 2001).

Sendrey, Alfred, *Music in Ancient Israel* (London: Vision Press, 1969).

Shemesh, A., '4Q271.3: A Key to Sectarian Matrimonial Law', *Journal of Jewish Studies 49* (1998), pp. 244-63.

Shereshevsky, Esra, *Rashi: The Man and His World* (New York: Sepher-Hermon Press, 1982).

Simon, Marcel, *Verus Israel: A Study of the Relations between Christians and Jews in the Roman Empire 135-425, new edn* (Oxford: Littman Library of Jewish Civilization, 1996).

Sinclair, Daniel B., *Tradition and the Biological Revolution: The Application of Jewish Law to the Treatment of the Critically Ill* (Edinburgh: Edinburgh University Press, 1989).

Smolenskin, Peretz, *Am Olam, Hashachar 3* (Vienna, 1872), pp. 643-50 (Hebrew).

Sokoloff, Michael, *A Dictionary of Jewish Babylonian Aramaic of the Talmudic and Geonic Periods* (Baltimore and London: Johns Hopkins University Press, with Ramat Gan, Israel: Bar-Ilan University Press, 2002).

Solomon, Norman, 'Extensive and Restrictive Interpretation of Terms in Rabbinic Hermeneutic', in *Jewish Law and Current Legal Problems*, ed. N. Rakover (Jerusalem: Library of Jewish Law 1984). Also Jewish Law Association Studies, Vol. I (1985),The Touro Conference Volume.

—, 'Concepts of *ze neheneh* in the Analytic School', in *Jewish Law and Legal Theory*, ed. Martin Golding, International Library of Essays in Law and Legal Theory (Aldershot.: Dartmouth Publishing Company, 1993).

—, 'The Ethics of War in Judaism', in *The Ethics of War in Asian Civilizations*, ed. Torkel Brekke (Oxford: Routledge, 2006), pp. 39-80; and 'The Ethics of War: Judaism', in *The Ethics of War: Shared Problems in Different Traditions*, ed. Richard Sorabji and David

Rodin (Aldershot: Ashgate, 2006), pp. 108-37.

Soloveitchik,H., *Ḥiddushei Rabbenu Ḥayyim ha-Levi al ha-Rambam* (Bresc, 1936).

Sperber, Daniel, 'On the Fortunate Adventures of Rav Kahana: A Passage of Saboraic Polemic from Sasanian Persia', in *Irano-Judaica*, ed. Shaul Shaked (Jerusalem: Ben-Zvi Institute, 1982), pp. 83-100.

—, *A Dictionary of Greek and Latin Legal Terms in Rabbinic Literature* (Ramat Gan, Israel: Bar-Ilan University Press, 1984).

—, *Material Culture in Eretz-Yisrael in the Talmudic Period* (Jerusalem: Hebrew University, 1993) (Hebrew).

—, *Magic and Folklore in Rabbinic Literature* (Ramat Gan, Israel: Bar-Ilan University Press, 1994).

—, *The City in Roman Palestine* (Oxford: Oxford University Press, 1998).

Sprengling, Martin, *Third Century Iran, Sapor and Kartir* (Chicago: Oriental Institute,

University of Chicago, 1953).

Stern, Sacha, 'The Second Day of Yom Tov in the Talmudic and Geonic Literature', in *Proceedings of the Eleventh World Congress of Jewish Studies,* Vol. C1 (Jerusalem: World Union of Jewish Studies, 1994), pp. 49-55.

—, *Calendar and Community: A History of the Jewish Calendar, Second Century BCE-Tenth Century CE* (Oxford: Oxford University Press, 2001).

Strack, H. L., and G. Stemberger, *Introduction to the Talmud and Midrash* (Edinburgh: T. & T. Clarke, 1991).

Swanson, Robert N., *The Twelfth-Century Renaissance* (Manchester: Manchester University Press, 1999).

Tafazzuli, Ahmad, *Sasanian Society* (New York: Bibliotheca Persica Press, 2000).

Taqizadeh, S. H., 'The Iranian Festivals Adopted by the Christians and Condemned by the Jews', *Bulletin of the School of Oriental and African Studies* 10 (1940-42), pp. 632-53.

Tov, Emanuel, *Textual Criticism of the Hebrew Bible* (Minneapolis, MN: Fortress Press, 1992).

Tübinger Atlas des Vorderen Orients B VI 16 *Israel nach der rabbinischen Literatur* (Wiesbaden: Reichert, 1984). Documentation in Reeg.

van den Broek, Roelof, and Wouter J. Hanegraff (eds), *Gnosis and Hermeticism from Antiquity to Modern Times* (New York: SUNY Press, 1998).

Vendidad. English translation by James Darmesteter, M. N. Dhalla, B. N. Dhabhar, L. Mills, et. al., on www.avesta.org/avesta.html.

Vermes, Geza, *Jesus the Jew* (London: Collins, 1973).

Weinberg, J. (tr.), *The Light of the Eyes by Azariah de' Rossi* (New Haven: Yale University Press, 2001). With an introduction and notes.

Weiss, Zeev, *The Sepphoris Synagogue: Deciphering an Ancient Message through Its Archaeological and Socio-Historical Contexts* (Jerusalem: Israel Exploration Society, 2005).

Wiesehöfer, Josef, *Ancient Persia: From 550 BC to 650 AD* (London: I. B. Tauris, 1996).

Wilken, Robert L., *John Chrysostom and the Jews: Rhetoric and Reality in the Late Fourth Century* (Berkeley: University of California Press, 1983).

Winter, Paul, *On the Trial of Jesus,* 2nd edn (Berlin: Walter de Gruyter, 1974).

Yadin, Y., et al. (eds), *The Documents from the Bar Kokhba Period in the Cave of Letters. Hebrew, Aramaic and Nabatean-Aramaic Papyri* (Jerusalem: Israel Exploration Society, 2002).

Yardeni, Ada, *A Textbook of Aramaic, Hebrew and Greek Documentary Texts from the Judean Desert,* I-II (Oxford: Clarendon Press, 1997).

—, *The Book of Hebrew Script: History, Palaeography, Script Styles, Calligraphy & Design* (New Castle, DE: Oak Knoll Press, 2002).

Yarshater, Ehsan, *The Cambridge History of Iran,* Vol. 3, Parts 1 and 2 (Cambridge: Cambridge University Press, 1983).

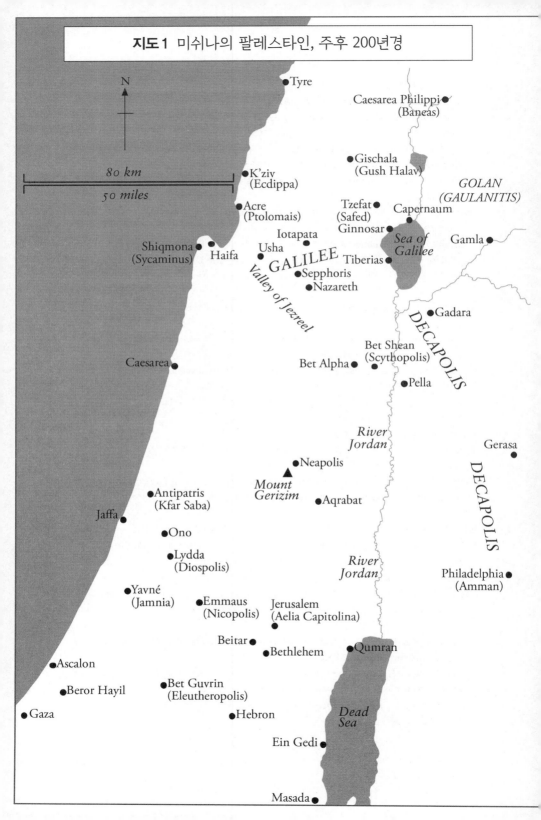

지도1 미쉬나의 팔레스타인, 주후 200년경

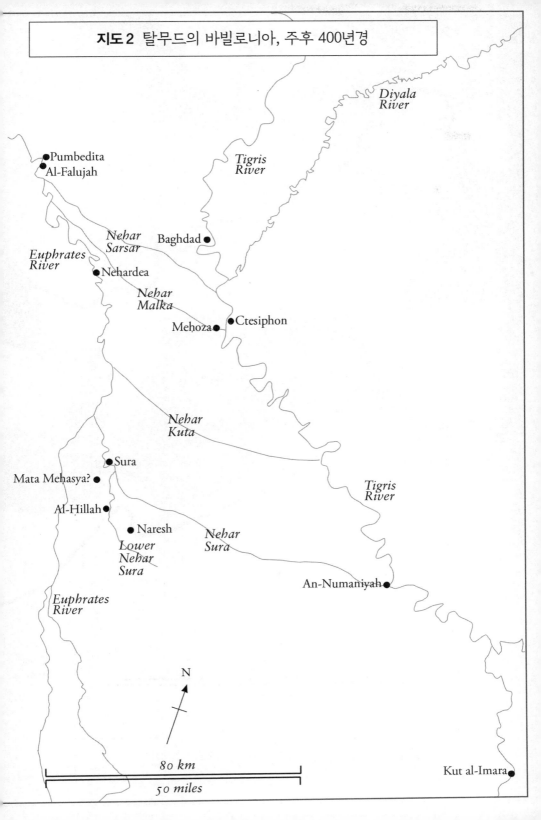

지도 2 탈무드의 바빌로니아, 주후 400년경

Diyala River

Tigris River

● Pumbedita
● Al-Falujah

Nehar Sarsar

Baghdad ●

Euphrates River

● Nehardea

Nehar Malka

Meḥoza ● ● Ctesiphon

Nehar Kuta

● Sura

Mata Mehasya? ●

Tigris River

Al-Ḥillah ●

● Naresh

Nehar Sura

Lower Nehar Sura

An-Numaniyah ●

Euphrates River

N

80 km

50 miles

Kut al-Imara ●

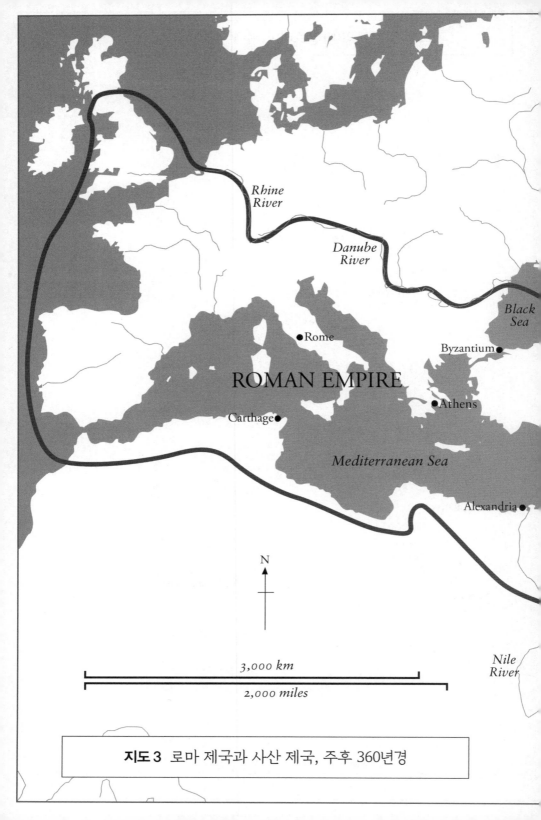

지도 3 로마 제국과 사산 제국, 주후 360년경

• 〈주의〉 몇 가지 사례(예, 엘르아살(Eleazar), 엘리에셀[Eliezer], 가말리엘[Gamaliel], 후나[Huna], 유다[Judah], 시므온[Simeon], 요하난[Yoḥanan], 요세[Yosé], 제이리[Zeiri], 주트라[Zutra])에서는 이 이름의 어떤 랍비를 인용하는 것인지 분명하지 않다.

ㄱ

ㅂ

ㅊ

ㅎ

탈무드

초판 1쇄 발행 2021년 4월 5일
초판 4쇄 발행 2024년 1월 12일

엮은이 노먼 솔로몬
옮긴이 임요한

펴낸이 여진구
책임편집 최현수
편집 이영주 박소영 안수경 김도연 김아진 정아혜
책임디자인 노지현 | 마영애 조은혜 이하은
홍보 · 외서 진효지
마케팅 김상순 강성민   **마케팅지원** 최영배 정나영
제작 조영석 허병용   **경영지원** 김혜경 김경희 이지수

303비전성경암송학교 유니게 과정
이슬비전도학교 / 303비전성경암송학교 / 303비전꿈나무장학회

펴낸곳 규장

주소 06770 서울시 서초구 매헌로 16길 20(양재2동) 규장선교센터
전화 02)578-0003   팩스 02)578-7332
이메일 kyujang0691@gmail.com   홈페이지 www.kyujang.com
페이스북 facebook.com/kyujangbook   인스타그램 instagram.com/kyujang_com
카카오스토리 story.kakao.com/kyujangbook
등록일 1978.8.14. 제1-22

ⓒ 한국어 판권은 규장에 있습니다.
이 출판물은 저작권법에 의해 보호를 받는 저작물이므로 무단 전재와 무단 복제를 할 수 없습니다.

책값 뒤표지에 있습니다.
ISBN 979-11-6504-131-1 03230

규 | 장 | 수 | 칙

1. 기도로 기획하고 기도로 제작한다.
2. 오직 그리스도의 성품을 사모하는 독자가 원하고 필요로 하는 책만을 출판한다.
3. 한 활자 한 문장에 온 정성을 쏟는다.
4. 성실과 정확을 생명으로 삼고 일한다.
5. 긍정적이며 적극적인 신앙과 신행일치에의 안내자의 사명을 다한다.
6. 충고와 조언을 항상 감사로 경청한다.
7. 지상목표는 문서선교에 있다.

하나님을 사랑하는 자 곧 그의 뜻대로 부르심을 입은 자들에게는 모든 것이 合力하여 善을 이루느니라(롬 8:28)

Member of the
Evangelical Christian
Publishers Association

규장은 문서를 통해 복음전파와 신앙교육에 주력하는 국제적 출판사들의 협의체인 복음주의출판협회(E.C.P.A:Evangelical Christian Publishers Association)의 출판정신에 동참하는 회원(Associate Member)입니다.